COVID-19
Rechtsfragen zur Corona-Krise

COVID-19

Rechtsfragen zur Corona-Krise

Herausgegeben von

Professor Dr. Hubert Schmidt

Professor an der Hochschule Trier
Rechtsanwalt in Koblenz
Honorarprofessor an der Universität Trier

C.H.BECK

Zitiervorschlag
Bearbeiter in Schmidt COVID-19 § … Rn. …

www.beck.de

ISBN 978 3 406 75923 9

Wilhelmstraße 9, 80801 München

Druck: Druckhaus Nomos
In den Lissen 12, 76547 Sinzheim
Satz: jürgen ullrich typosatz, nördlingen
Umschlaggestaltung: Kunst oder Reklame, München

CO_2
neutral
chbeck.de/nachhaltig

Gedruckt auf säurefreiem, alterungsbeständigem Papier
(hergestellt aus chlorfrei gebleichtem Zellstoff)

Die Bearbeiter

Professorin Dr. Charlotte Achilles-Pujol
Professorin an der Hochschule für Angewandte Wissenschaften
München

Professor Dr. Markus Artz
Professor an der Universität Bielefeld

Dr. Thomas Brübach
Rechtsanwalt in Koblenz

Frank Dickmann
Rechtsanwalt in Bonn/Euskirchen

Valentin Klumb, B.A.
Rechtsanwalt in Koblenz

Professor Dr. Kai-Oliver Knops
Professor an der Universität Hamburg

Professor Dr. Josef Franz Lindner
Professor an der Universität Augsburg

Professor Dr. Stephan Lorenz
Professor an der Universität München
Mitglied des Bayerischen Verfassungsgerichtshofs

Dr. Arne Löser
Rechtsanwalt in Koblenz

Professor Dr. Ulrich Noack
Professor an der Universität Düsseldorf

Professor Dr. Jan F. Orth, LL.M.
Vorsitzender Richter am Landgericht Köln
Honorarprofessor an der Universität zu Köln

Dr. Ingo Rau
Oberstaatsanwalt Göttingen

Professor Dr. Roland Rixecker
Präsident des Oberlandesgerichts Saarbrücken a.D.
Präsident des Verfassungsgerichtshofs des Saarlandes
Honorarprofessor an der Universität des Saarlandes

Professor Dr. Hubert Schmidt
Professor an der Hochschule Trier
Rechtsanwalt in Koblenz
Honorarprofessor an der Universität Trier

Martin Schumm, LL.M.
Rechtsanwalt in Bonn

Professor Dr. Ansgar Staudinger
Professor an der Universität Bielefeld

Elmar Streyl
Vorsitzender Richter am Landgericht Krefeld

Dr. Sophie Charlotte Thürk
Rechtsanwältin, Karlsruhe

Dr. Karl-Heinz Thume
Rechtsanwalt in Nürnberg

Dr. Thomas Winter
Rechtsanwalt am Bundesgerichtshof, Karlsruhe

Dr. Frank Zschieschack
Vorsitzender Richter am Landgericht Frankfurt a.M.

Vorwort

Das Corona-Virus hat die Welt im Griff – und derzeit ist es noch nicht abzusehen, wann der Satz in seiner Umkehrung gelten wird. Abzusehen ist aber, dass bis zu diesem hoffentlich bald erreichten Zustand noch etliche Fragen zu klären sind, die natürlich zuallererst dem medizinischen Fach zuzuordnen sind. Sie stehen sicher im Moment im Vordergrund. Die Sorge so vieler Menschen um ihre Gesundheit und diejenige ihrer Angehörigen ist derzeit ganz gewiss mehr als dominant. Dank und Anerkennung gebühren in einer solchen Situation vor allem denen, die im Gesundheitswesen und in anderen Bereichen schier Übermenschliches leisten, die Not zu wenden und Versorgung so weit wie möglich aufrecht zu erhalten.

Der Schutz von Gesundheit und Leben hat die in Politik und Verwaltung Verantwortlichen zu Maßnahmen bewogen, die zu anderen Zeiten undenkbar wären: Beschränkungen vielfältigster Art haben das wirtschaftliche, gesellschaftliche, kulturelle oder auch soziale Leben auf ein Minimum weitgehend zum Stillstand gebracht. Die Politik versucht durch verschiedene Maßnahmen, die ärgsten Folgen insbesondere in wirtschaftlicher Hinsicht abzufedern. Wann und wie die Beschränkungen wieder zurückgeführt werden können, ist Gegenstand zunehmender Diskussionen in der gesamten Gesellschaft.

Auch und gerade das Recht ist aufgerufen, in einer solchen ganz und gar ungewöhnlichen und ungewohnten Lage Antworten auf so viele Fragen zu geben. Zur Lösung eines Teils dieser Fragen hat der Deutsche Bundestag bekanntlich Ende März in verschiedenen gesetzlichen Regelungen – Gesetz zur Abmilderung der Folgen der COVID-19-Pandemie im Zivil-, Insolvenz- und Strafverfahrensrecht; Gesetz für den erleichterten Zugang zu sozialer Sicherung und zum Einsatz und zur Absicherung sozialer Dienstleister aufgrund des Coronavirus SARS-CoV-2 (Sozialschutz-Paket); Gesetz zum Schutz der Bevölkerung bei einer epidemischen Lage von nationaler Tragweite u.a.m. – teils sehr tiefgreifende Änderungen der bisher bestehenden Vorschriften beschlossen. Insbesondere das Gesetz zur Abmilderung der Folgen der COVID-19-Pandemie im Zivil-, Insolvenz- und Strafverfahrensrecht hat sich zum Ziel gesetzt, den Folgen der zur Bewältigung der Corona-Krise getroffenen Maßnahmen Rechnung zu tragen.

Der vorliegende Band beleuchtet aus den Blickwinkeln von Wissenschaft und Praxis eine Reihe von Rechtsbereichen, ohne den Anspruch auf vollständige Durchleuchtung aller betroffenen Rechtsgebiete zu erheben. So bleibt etwa der gesamte Bereich des Arbeitsrechts einem gesonderten Band vorbehalten. Verlag und Autoren hoffen, mit den Stellungnahmen dazu beizutragen, die derzeit brennenden Fragen ein Stückweit zu beantworten und Lösungsansätze zu bieten, die vielleicht auch noch tragen, wenn die unmittelbaren pandemiebedingten Einschränkungen abgebaut sind. Als Herausgeber möchte ich den Autorinnen und Autoren von Herzen dafür danken, dass sie sich mit einem Höchstmaß an (Fristen-) Disziplin zur Fertigung der Beiträge bereitgefunden haben. Mein Dank gilt auch dem Beck-Verlag für die professionelle Betreuung des Werks und die überaus zügige Fertigstellung als print- und online-Medium; schließlich danke ich meiner Tochter Frederike Engels für die Erstellung des Gesamtsachverzeichnisses.

Das Corona-Virus hat zu einer weltweiten Krise geführt, so liest und spürt man es allenthalben. Vielleicht liegt im Begriff aber zugleich der Hoffnungsschimmer: Sieht man sich die Etymologie des Begriffs Krise an, so wird man den Ursprung im Griechischen χρίσις finden, von wo aus er ins Lateinische als crisis übernommen wurde und wiederum als Krise ins Deutsche gelangt ist. Seine Bedeutung ist (auch): entscheidende Wendung. Hoffen wir, dass die Krise eine solche (positive) Wendung nehmen wird.

Trier/Koblenz, im April 2020 Hubert Schmidt

Inhaltsverzeichnis

Abkürzungsverzeichnis

„2019-nCoV"-Meldepflicht-Verordnung	Verordnung über die Ausdehnung der Meldepflicht nach § 6 Absatz 1 Satz 1 Nummer 1 und § 7 Absatz 1 Satz 1 des Infektionsschutzgesetzes auf Infektionen mit dem erstmals im Dezember 2019 in Wuhan/Volksrepublik China aufgetretenen neuartigen Coronavirus („2019-nCoV") vom 30.1.2020 (BAnz AT 31.01.2020 V1)
aA	am Anfang/ anderer Ansicht
ABB Flugpassage	Allgemeine Beförderungsbedingungen für Fluggäste und Gepäck
ABl.	Amtsblatt
ABl. EG	Amtsblatt der Europäischen Gemeinschaft (bis Februar 2003)
ABl. EU	Amtsblatt der Europäischen Union (seit Februar 2003)
Abs.	Absatz
AcP	Archiv für die civilistische Praxis (Zeitschrift)
ADR	Europäisches Übereinkommen vom 30. September 1957 über die internationale Beförderung gefährlicher Güter auf der Straße (BGBl. 1969 II 1489)
ADS 1919	Allgemeine Deutsche Seeversicherungsbedingungen von 1919
ADS-Güter 73/84/94	Allgemeine Deutsche Seeversicherungsbedingungen – Besondere Bestimmungen für die Güterversicherung in den Fassungen 1973, 1984 und 1994
ADSp	Allgemeine Deutsche Spediteur-Bedingungen
aE	am Ende
AEUV	Vertrag über die Arbeitsweise der Europäischen Union vom 9. Mai 2008
aF	alte Fassung
AG	Aktiengesellschaft/ Amtsgericht/ Die Aktiengesellschaft (Zeitschrift)
AGB	Allgemeine Geschäftsbedingungen
AGBH	Allgemeine Geschäftsbedingungen für den Hotelaufnahmevertrag

AGGerStrG .... Gesetz zur Ausführung des Gerichtsstrukturgesetzes (Mecklenburg-Vorpommern)
AGVO .... Verordnung (EU) Nr. 651/2014 der Kommission vom 17. Juni 2014 zur Feststellung der Vereinbarkeit bestimmter Gruppen von Beihilfen mit dem Binnenmarkt in Anwendung der Artikel 107 und 108 des Vertrags über die Arbeitsweise der Europäischen Union
AGVwGO .... Ausführungsgesetz zur VwGO
AHB .... Allgemeine Versicherungsbedingungen für die Haftpflichtversicherung
AIDS .... Acquired Immune Deficiency Syndrome
AktG .... Aktiengesetz
Aktionärsrechte-RL .... Richtlinie 2007/36/EG des Europäischen Parlaments und des Rates vom 11. Juli 2007 über die Ausübung bestimmter Rechte von Aktionären in börsennotierten Gesellschaften
allg. .... allgemein/ allgemeine
Alt. .... Alternative
aM .... am Main
AMG .... Gesetz über den Verkehr mit Arzneimitteln
AnfG .... Gesetz über die Anfechtung von Rechtshandlungen eines Schuldners außerhalb des Insolvenzverfahrens
Anh. .... Anhang
Anm. .... Anmerkung
AnwZert MietR .... AnwaltZertifikat Online – Miet- und Wohnungseigentumsrecht
AO .... Abgabenordnung
APG DVO .... Verordnung zur Ausführung des Alten- und Pflegegesetzes Nordrhein-Westfalen und nach § 8a SGB XI vom 21. Oktober 2014
AR .... Aufsichtsrat
Art. .... Artikel
ASOG Bln .... Allgemeines Gesetz zum Schutz der öffentlichen Sicherheit und Ordnung in Berlin
AT .... Allgemeiner Teil
AUB .... Allgemeine Unfallversicherungs-Bedingungen
AufenthG .... Gesetz über den Aufenthalt, die Erwerbstätigkeit und die Integration von Ausländern im Bundesgebiet
Aufl. .... Auflage
ausdr. .... ausdrücklich

ausf.	ausführlich
AV	Allgemeinverfügung
AV d. MS	Allgemeinverfügung des Niedersächsischen Ministeriums für Soziales, Frauen, Familie und Gesundheit
AVB	Allgemeine Versicherungsbedingungen
AVB-AT Reise	Allgemeiner Teil der Versicherungsbedingungen für die Reiseversicherung
AVR	Allgemeine Bedingungen für die Versicherung von Rindern
Az.	Aktenzeichen
B2B	Business-to-Business (Rechtsbezehung Unternehmer-Unternehmer)
BaFin	Bundesanstalt für Finanzdienstleistungsaufsicht
BAM	Bundesanstalt für Materialforschung und -prüfung
BAnz.	Bundesanzeiger
Bärmann	Bärmann, Wohnungseigentumsgesetz, Kommentar, 14. Aufl. 2018
BauGB	Baugesetzbuch
Baumbach/Hueck	Baumbach/Hueck, GmbHG, Kommentar, 22. Aufl. 2019
BauR	Baurecht – Zeitschrift für das gesamte öffentliche und zivile Baurecht
Bay.	bayerisch
BayAGVwGO	Gesetz zur Ausführung der Verwaltungsgerichtsordnung (Bayern)
BayGVBl.	Bayerisches Gesetz- und Verordnungsblatt
BayHSchG	Bayerisches Hochschulgesetz
BayIfSG	Bayerisches Infektionsschutzgesetz vom 25. März 2020 (GVBl. 2020, 174)
BayIfSMV	Bayerische Infektionsschutzmaßnahmenverordnung vom 27. März 2020 (BayMBl. 2020, Nr. 158)
BayKSG	Bayerisches Katastrophenschutzgesetz
BayMBl	Bayerisches Ministerialblatt
BayObLG	Bayerisches Oberstes Landesgericht
BayPAG	Gesetz über die Aufgaben und Befugnisse der Bayerischen Staatlichen Polizei
BayRS	Bayerische Rechtssammlung
BayVerf	Verfassung des Freistaates Bayern
BayVerfGH	Bayerische Verfassungsgerichtshof
BayVGH	Bayerische Verwaltungsgerichtshof
BayVwVfG	Bayerisches Verwaltungsverfahrensgesetz
BayZustV	Zuständigkeitsverordnung (Bayern)

BB .... Betriebs-Berater (Zeitschrift)
BbgOBG .... Gesetz über Aufbau und Befugnisse der Ordnungsbehörden (Brandenburg)
BbgPBWoG .... Brandenburgisches Pflege- und Betreuungswohngesetz
BbgPolG .... Gesetz über die Aufgaben, Befugnisse, Organisation und Zuständigkeit der Polizei im Land Brandenburg
beA .... besonderes elektronisches Anwaltspostfach
Beck VergabeR ..... Burgi/Dreher (Hrsg.), Beck'scher Vergaberechtskommentar, Band 1, 3. Aufl. 2017
Beckmann/Matusche-Beckmann VersR-HdB Beckmann/Matusche-Beckmann, Versicherungsrechts-Handbuch, 3. Aufl. 2015
BeckOGK .... Gsell/Krüger/Lorenz/Reymann (Hrsg.), beck-online.Großkommentar zum Zivilrecht
BeckOK BGB ...... Bamberger/Roth/Hau/Poseck (Hrsg.), Beck'scher Online-Kommentar BGB, 53. Edition 2020, Stand 1.2.2020
BeckOK FluggastVO .... Schmid (Hrsg.), Besch'scher Online-Kommentar Fluggastrechte-Verordnung 14. Edition, Stand 1.4.2020
BeckOK GVG ...... Graf (Hrsg.), Beck'scher Online-Kommentar GVG, 6. Edition, Stand 1.2.2020
BeckOK HGB ...... Häublein/Hoffmann-Theinert (Hrsg.), Beck'scher Online-Kommentar HGB, 27. Edition, Stand 15.1.2020
BeckOK InfoMedienR .... Gersdorf/Paal (Hrsg.), Beck'scher Online- Kommentar Informations- und Medienrecht, 27. Edition, Stand: 1.2.2020
BeckOK Mietrecht .... Schach/Schultz/Schüller (Hrsg.), Beck'scher Online-Kommentar Mietrecht, 19. Edition, Stand 1.3.2020
BeckOK OWiG .... Graf (Hrsg.), Beck'scher Online-Kommentar OWiG, 25. Edition, Stand 1.1.2020
BeckOK StGB ...... v. Heintschel-Heinegg (Hrsg.), Beck'scher Online- Kommentar StGB, 45. Edition, Stand 1.2.2020
BeckOK VVG ...... Marlow/Spuhl (Hrsg.), Beck'scher Online-Kommentar VVG, 6. Edition, Stand 15.10.2019

BeckOK WEG	Timme (Hrsg.), Beck'scher Online-Kommentar WEG, 40. Edition, Stand 1.2.2020
BeckOK ZPO	Vorwerk/Wolf (Hrsg.), Beck'scher Online-Kommentar ZPO, 36. Edition, Stand 1.3.2020
BeckRS	Beck-Rechtsprechung
Begr.	Begründung
Beschl.	Beschluss
BFH	Bundesfinanzhof
BGB	Bürgerliches Gesetzbuch
BGBl.	Bundesgesetzblatt
BGH	Bundesgerichtshof
BGHZ	Entscheidungen des Bundesgerichtshofs in Zivilsachen
BHV	Berufshaftpflichtversicherung
Binz/Dorndörfer/ Zimmermann	Binz/Dorndörfer/Zimmermann, Gerichtskostengesetz, Gesetz über Gerichtskosten in Familiensachen, Justizvergütungs- und -entschädigungsgesetz, Kommentar, 4. Aufl. 2019
Blank/ Börstinghaus	Blank/Börstinghaus, Miete – Das gesamte BGB-Mietrecht, Kommentar, 5. Aufl. 2017
BMG	Bundesministerium für Gesundheit
BMI	Bundesministerium des Innern, für Bau und Heimat
BMJV	Bundesministerium der Justiz und für Verbraucherschutz
BMVI	Bundesministerium für Verkehr und digitale Infrastruktur
BMWi	Bundesministerium für Wirtschaft und Energie
Bock/Zons	Bock/Zons (Hrsg.), Rechtshandbuch Anlagenbau, 1. Aufl. 2015
BPA	Bundesverband privater Anbieter sozialer Dienste e. V.
BRAO	Bundesrechtsanwaltsordnung
BR-Drs.	Bundesratsdrucksache
BReg	Bundesregierung
BremPolG	Bremisches Polizeigesetz
BremWBG	Bremisches Wohn- und Betreuungsgesetz
Breuer/Gärditz Öffentliches und privates Wasserrecht	Breuer/Gärditz, Öffentliches und privates Wasserrecht, 4. Aufl. 2017
Brüssel Ia-VO	Verordnung (EU) Nr. 1215/2012 des Europäischen Parlaments und des Rates vom 12. Dezember 2012

	über die gerichtliche Zuständigkeit und die Anerkennung und Vollstreckung von Entscheidungen in Zivil und Handelssachen (Brüssel Ia)
BSeuchG	Gesetz zur Verhütung und Bekämpfung übertragbarer Krankheiten beim Menschen (Bundes-Seuchengesetz)
bspw.	beispielsweise
BT-Drs.	Bundestagsdrucksache
BTO	Build-to-Order (dt. Fertigung nach Auftrag)
Buchst.	Buchstabe
Bull-EG	Bulletin der Europäischen Gemeinschaften (Schriftenreihe von 1968-1993)
BVerfG	Bundesverfassungsgericht
BVerfGE	Sammlung der Entscheidungen des Bundesverfassungsgerichts
BVerfGG	Gesetz über das Bundesverfassungsgericht
BVerwG	Bundesverwaltungsgericht
BVerwGE	Entscheidungen des Bundesverwaltungsgerichts
BWPolG	Polizeigesetz (Baden-Württemberg)
bzw.	beziehungsweise
c.i.c.	culpa in contrahendo
ca.	circa
Calliess/Ruffert	Calliess/Ruffert, EUV/AEUV, Kommentar, 5. Aufl. 2016
CAPEX	capital expenditure (dt. Investitionsausgaben)
CIM	Einheitliche Rechtsvorschriften für den Vertrag über die internationale Eisenbahnbeförderung von Gütern vom 3. Juni 1999
CISG	Übereinkommen der Vereinten Nationen vom 11.4.1980 über Verträge über den internationalen Warenkauf (Convention on Contracts for he International Sale of Goods)
CLNI	Abkommen zu dem Straßburger Übereinkommen vom 4. November 1988 über die Beschränkung der Haftung in der Binnenschiffahrt vom 6. August 1998
CMNI	Budapester Übereinkommen über den Vertrag über die Güterbeförderung in der Binnenschifffahrt vom 22. Juni 2001
CMR	Übereinkommen über den Beförderungsvertrag im internationalen Straßengüterverkehr vom 19. Mai 1956
CoBeVO	Coronabekämpfungsverordnung

CoronaAufnahmeVO .... Verordnung zur Regelung von Neu- und Wiederaufnahmen in vollstationären Dauer- und Kurzzeitpflegeeinrichtungen sowie besonderen Wohnformen für Menschen mit Behinderungen einschließlich Kurzwohneinrichtungen der Eingliederungshilfe zur Verhinderung der weiteren Ausbreitung von SARS-CoV-2 vom 3. April 2020 (Nordrhein-Westfalen befristet bis 19. April 2020)

CoronaBetrVO ..... Verordnung zum Schutz vor Neuinfizierungen mit dem Coronavirus SARS-CoV-2 im Bereich der Betreuungsinfrastruktur vom 2. April 2020 (Nordrhein-Westfalen)

CoronaSchVO ...... Verordnung zum Schutz vor Neuinfizierungen mit dem Coronavirus SARS-CoV-2 vom 22. März 2020 (Nordrhein-Westfalen)

CoronaVO/ CoronaVV BW .... Verordnung der Landesregierung über infektionsschützende Maßnahmen gegen die Ausbreitung des Virus SARS-CoV-2 vom 16. März 2020 (Baden-Württemberg)

COTIF-CIM .... Übereinkommen über den internationalen Eisenbahnverkehr (COTIF) vom 9. Mai 1980 – Einheitliche Rechtsvorschriften für den Vertrag über die internationale Eisenbahnbeförderung von Gütern (CIM – Anhang B zum Übereinkommen)

COVFAG .... Gesetz zur Abmilderung der Folgen der COVID-19-Pandemie im Zivil-, Insolvenz- und Strafverfahrensrecht vom 27. März 2020

COVID-19 .... Corona Virus Disease 2019 (dt. Coronavirus-Krankheit 2019)

COVID-19-ArbZV .... Verordnung zu Abweichungen vom Arbeitszeitgesetz infolge der COVID-19-Epidemie (COVID-19-Arbeitszeitverordnung) vom 7. April 2020

COVInsAG .... Gesetz zur vorübergehenden Aussetzung der Insolvenzantragspflicht und zur Begrenzung der Organhaftung bei einer durch die COVID-19-Pandemie bedingten Insolvenz vom 27. März 2020

COVKEG .... Gesetz zum Ausgleich COVID-19 bedingter finanzieller Belastungen der Krankenhäuser und weiterer Gesundheitseinrichtungen vom 27. März 2020

COVMG .... Gesetz über Maßnahmen im Gesellschafts-, Genossenschafts-, Vereins-, Stiftungs- und Woh-

	nungseigentumsrecht zur Bekämpfung der Auswirkungen der COVID-19-Pandemie vom 27. März 2020
COVuR	COVID-19 und Recht – Zeitschrift für alle Rechtsfragen zur Corona-Krise
CRR	Verordnung (EU) Nr. 575/2013 des Europäischen Parlaments und des Rates vom 26. Juni 2013 über Aufsichtsanforderungen an Kreditinstitute und Wertpapierfirmen und zur Änderung der Verordnung (EU) Nr. 646/2012
d.i.	das ist
DAR	Deutsches Autorecht (Zeitschrift)
Dauses/Ludwig EU-WirtschaftsR-HdB	Dauses (Begr.)/Ludwigs (Hrsg.), Handbuch des EU-Wirtschaftsrechts, 49. Aufl. 2020
DAWI	Dienstleistungen von allgemeinem wirtschaftlichem Interesse
DAWI-Freistellungsbeschluss	Beschluss der Kommission vom 20. Dezember 2011 über die Anwendung von Artikel 106 Absatz 2 des Vertrags über die Arbeitsweise der Europäischen Union auf staatliche Beihilfen in Form von Ausgleichsleistungen zugunsten bestimmter Unternehmen, die mit der Erbringung von Dienstleistungen von allgemeinem wirtschaftlichem Interesse betraut sind (2012/21/EU)
DAX	Deutscher Aktienindex
DB	Der Betrieb (Zeitschrift)
DDIV	Dachverband Deutscher Immobilienverwalter
DEL	Deutsche Eishockey Liga
De-minimis-Verordnung	Verordnung (EU) Nr. 1407/2013 der Kommission vom 18. Dezember 2013 über die Anwendung der Artikel 107 und 108 des Vertrags über die Arbeitsweise der Europäischen Union auf De-minimis-Beihilfen
DFB	Deutscher Fußball-Bund e. V
DFL	Deutsche Fußball Liga
dh	das heißt
Dickmann	Dickmann, Heimrecht, 11. Aufl. 2014
Dickmann WTG ...	Dickmann, Wohn- und Teilhabegesetz, Alten- und Pflegegesetz, 3. Aufl. 2019

DIVI-Empfehlungen .... Klinisch-ethische Empfehlungen der Deutschen Interdisziplinären Vereinigung für Intensiv- und Notfallmedizin zu „Entscheidungen über die Zuteilung von Ressourcen in der Notfall- und der Intensivmedizin im Kontext der COVID-19-Pandemie“ vom 25.3.2020
DNotZ .... Deutsche Notar-Zeitung (Zeitschrift)
Dölling/Duttge/König/Rössner StGB .... Dölling/Duttge/König/Rössner (Hrsg.), Gesamtes Strafrecht, Handkommentar, 4. Aufl. 2017
DÖV .... Die Öffentliche Verwaltung (Zeitschrift)
Dreier .... Dreier, Grundgesetz Kommentar, 3. Aufl. 2013 ff.
DrittelbG .... Gesetz über die Drittelbeteiligung der Arbeitnehmer im Aufsichtsrat
DRiZ .... Deutsche Richterzeitung (Zeitschrift)
DStR .... Deutsches Steuerrecht (Zeitschrift)
DSW .... Deutsche Schutzvereinigung für Wertpapierbesitz
DTV .... Deutscher Transport-Versicherungsverband (bis 1995), Deutsche Transport-Versicherer
DTV-Güter 2000/2011 .... DTV-Güterversicherungsbedingungen 2000 in der Fassung 2011
DTV-VHV .... DTV-Verkehrshaftungsversicherungs-Bedingungen für die laufende Versicherung für Frachtführer, Spediteure und Lagerhalter 2003/2011
DTV-VHV 2003/2011 .... DTV-Verkehrshaftungsversicherungs-Bedingungen für Frachtführer, Spedition und Lagerhalter 2003 in der Fassung 2011
DtZ .... Deutsch-Deutsche Rechts-Zeitschrift

EBA .... European Banking Authority (dt. Europäische Bankenaufsichtsbehörde)
ebd. .... ebenda
EBJS .... Ebenroth/Boujong/Joost/Strohn, Handelsgesetzbuch, Kommentar, 3. Aufl. 2015 f.
EFZG .... Gesetz über die Zahlung des Arbeitsentgelts an Feiertagen und im Krankheitsfall (Entgeltfortzahlungsgesetz)
EG .... Europäische Gemeinschaft
eG .... eingetragene Genossenschaft

EGBGB .... Einführungsgesetz zum Bürgerlichen Gesetzbuch
EGMR .... Europäischer Gerichtshof für Menschenrechte
EGStPO .... Einführungsgesetz zur Strafprozeßordnung
EG-Vertrag .... Vertrag zur Gründung der Europäischen Gemeinschaft vom 25. März 1957 idF bis 30. November 2009
EGVVG .... Einführungsgesetz zum Versicherungsvertragsgesetz
Einf. .... Einführung
Einl. .... Einleitung
EMRK .... Konvention zum Schutz der Menschenrechte und Grundfreiheiten – In der Fassung der Bekanntmachung vom 22. Oktober 2010
Entw. .... Entwurf
EQG M-V .... Einrichtungsqualitätsgesetz vom 17.5.2010
EQV .... Verordnung über Quarantänemaßnahmen für Einreisende zur Bekämpfung des Coronavirus vom 9. April 2020 (Bayern)
Erbs/Kohlhaas ...... Erbs/Kohlhaas Strafrechtliche Nebengesetze, 228. Aufl. 2020
Erdle IfSG .... Erdle, Infektionsschutzgesetz, 7. Aufl. 2020
Erman .... Erman, Bürgerliches Gesetzbuch mit Nebengesetzen, Kommentar, 15. Aufl. 2017
ERP .... European Recovery Program
EStG .... Einkommensteuergesetz
etc .... et cetera
EU .... Europäische Union
EuG .... Gericht der Europäischen Union
EuG Slg. .... Sammlung der Rechtsprechung des Gerichts der Europäischen Union
EuGH .... Gerichtshof der Europäischen Union
EuGH Slg .... Sammlung der Rechtsprechung des Europäischen Gerichtshofes
EUGRCh .... Charta der Grundrechte der Europäischen Union
EUR .... Euro
EURO 2020 .... UEFA-Fußball-Europameisterschaft 2020
EUV .... Vertrag über die Europäische Union in der Fassung des Vertrags von Lissabon vom 13. Dezember 2007
EuZW .... Europäische Zeitschrift für Wirtschaftsrecht
eV .... eingetragener Verein
E-Vergabe/
eVergabe .... elektronische Vergabe
evtl. .... eventuell

EWiR	Entscheidungen zum Wirtschaftsrecht (Zeitschrift)
EWR	Europäischer Wirtschaftsraum
f., ff.	folgende, fortfolgende
FamFG	Gesetz über das Verfahren in den Familiensachen und in den Angelegenheiten der freiwilligen Gerichtsbarkeit
FamRZ	Zeitschrift für das gesamte Familienrecht
FAQ	Frequently Asked Question
FBUB	Allgemeine Feuer-Betriebsunterbrechungs-Versicherungs-Bedingungen
FD-StrafR	Fachdienst Strafrecht (beck-online-Modul)
ff.	folgende Seiten
FIDIC	Fédération Internationale des Ingénieurs Conseils (Internationaler Dachverband von nationalen Verbänden beratender Ingenieure im Bauwesen)
FIDIC Conditions of Contract	FIDIC Conditions of Contract for Construction (Red Book), 2. Edition 2017
FIFA	Fédération Internationale de Football Association
Fischer	Fischer, Strafgesetzbuch, Kommentar, 67. Aufl. 2020
Fluggastrechte-VO	Verordnung (EG) Nr. 261/2004 des Europäischen Parlaments und des Rates vom 11. Februar 2004 über eine gemeinsame Regelung für Ausgleichs- und Unterstützungsleistungen für Fluggäste im Fall der Nichtbeförderung und bei Annullierung oder großer Verspätung von Flügen und zur Aufhebung der Verordnung (EWG) Nr. 295/9
FMStFV	Verordnung zur Durchführung des Finanzmarktstabilisierungsfondsgesetzes vom 20. Oktober 2008
Fn.	Fußnote
FS	Festschrift
GbR	Gesellschaft bürgerlichen Rechts
GdV	Gesamtverband der Deutschen Versicherungswirtschaft e.V.
GE	Das Grundeigentum (Zeitschrift)
gem.	gemäß
GenG	Gesetz betreffend die Erwerbs- und Wirtschaftsgenossenschaften
GG	Grundgesetz
ggf.	gegebenenfalls

GGVSEB	Verordnung über die innerstaatliche und grenzüberschreitende Beförderung gefährlicher Güter auf der Straße, mit Eisenbahnen und auf Binnengewässern in der Fassung vom 11. März 2019
GKG	Gerichtskostengesetz
GKV-Spitzenverband	Spitzenverband Bund der Krankenkassen
GmbH	Gesellschaft mit beschränkter Haftung
GmbHG	Gesetz betreffend die Gesellschaften mit beschränkter Haftung
GmbH-Handbuch	Centrale für GmbH (Hrsg.), GmbH-Handbuch, Loseblattwerk, 171. Aktualisierung 2020
GmbHR	GmbH-Rundschau (Zeitschrift)
GO	Geschäftsordnung
GPR	Zeitschrift für das Privatrecht der Europäischen Union
GRCh	Charta der Grundrechte der Europäischen Union
grds.	grundsätzlich
GroßkommAktG	Hirte/Mülbert/Roth (Hrsg.), Großkommentar zum Aktiengesetz, 5. Aufl. 2015 ff.
GRUR	Gewerblicher Rechtsschutz und Urheberrecht (Zeitschrift)
GSZ	Zeitschrift für das Gesamte Sicherheitsrecht
Guhling/Günter	Guhling/Günter, Gewerberaummiete, Kommentar, 2. Aufl. 2019
GüKG	Güterkraftverkehrsgesetz
GuP	Gesundheit und Pflege – Rechtszeitschrift für das gesamte Gesundheitswesen
GuT	Gewerbemiete und Teileigentum (Zeitschrift)
GV NRW	Gesetz- und Verordnungsblatt Nordrhein-Westfalen
GVBl.	Gesetz- und Verordnungsblatt
GVG	Gerichtsverfassungsgesetz
GWB	Gesetz gegen Wettbewerbsbeschränkungen
GWR	Gesellschafts- und Wirtschaftsrecht (Zeitschrift)
Halbs./ Hs.	Halbsatz
Hannemann/Wiegner	Hannemann/Wiegner, Münchener Anwaltshandbuch Mietrecht, 5. Aufl. 2019
HbgSOG	Gesetz zum Schutz der öffentlichen Sicherheit und Ordnung (Hamburg)
HdB-ReiseR	Führich/Staudinger, Reiserecht, 8. Aufl. 2019
HeimG	Heimgesetz

Henssler/Strohn ...	Henssler/Strohn, Gesellschaftsrecht, Kommentar, 4. Aufl. 2019
Hentschel/Krumm	Hentschel/Krumm, Fahrerlaubnis – Alkohol – Drogen im Straf- und Ordnungswidrigkeitenrecht, 7. Aufl. 2018
HGB	Handelsgesetzbuch
HGBP	Hessisches Gesetz über Betreuungs- und Pflegeleistungen
HGrG	Gesetz über die Grundsätze des Haushaltsrechts des Bundes und der Länder
HIV	Humane Immundefizienz-Virus
HK-BGB	Schulze/Dörner/Ebert u.a., Bürgerliches Gesetzbuch, Handkommentar, 10. Aufl. 2019
HK-FluggastVO ...	Staudinger/Keiler (Hrsg.), Fluggastrechte-Verordnung, Handkommentar, 1. Aufl. 2016
HK-VVG	Rüffer/Halbach/Schimikowski (Hrsg.), Versicherungsvertragsgesetz, Handkommentar, 4. Aufl. 2019
hM	herrschende Meinung
HmbVgG	Hamburgisches Vergabegesetz
HmbWBG	Hamburgisches Wohn- und Betreuungsqualitätsgesetz
Hölters	Hölters, Aktiengesetz, Kommentar, 3. Aufl. 2017
Hömig/Wolff	Hömig/Wolff (Hrsg.), Grundgesetz für die Bundesrepublik Deutschland, Kommentar, 12. Aufl. 2018
HSOG	Hessisches Gesetz über die öffentliche Sicherheit und Ordnung
Hüffer/Koch	Hüffer/Koch, Aktiengesetz, Kommentar, 14. Aufl. 2020
Hügel/Elzer	Hügel/Elzer, Wohnungseigentumsgesetz, Kommentar, 2. Aufl. 2018
HV	Hauptversammlung
IBOR	Interbank Offered Rate (Referenzzinssatz am Geldmarkt)
IBRRS	Immobilien- & Baurecht Rechtsprechung (Datenbank)
idF	in der Fassung
idR	in der Regel
iE	im Einzelnen
iErg	im Ergebnis
IFF	Institut für Finanzdienstleistungen
Iffland/Düncher	Iffland/Düncher, WBVG – Wohn- und Betreuungsvertragsgesetz, Kommentar, 2014

IfSG	Gesetz zur Verhütung und Bekämpfung von Infektionskrankheiten beim Menschen
IfSG-ZustV BW	Verordnung des Sozialministeriums über Zuständigkeiten nach dem Infektionsschutzgesetz vom 19. Juli 2007 (Baden-Württemberg)
IGV-DG	Gesetz zur Durchführung der Internationalen Gesundheitsvorschriften (2005)
IHA	Hotelverband Deutschland (IHA) e.V.
insb./insbes.	insbesondere
InsO	Insolvenzordnung
IPR	Internationales Privatrecht
iRd	im Rahmen des
iS	im Sinne
iSd	im Sinne der/des
iSv	im Sinne von
iÜ	im Übrigen
iV	in Verbindung
iVm	in Verbindung mit
iwS	im weiteren Sinne
JA	Juristische Arbeitsblätter (Zeitschrift)
Jauernig	Stürner (Hrsg.), Jauernig – Bürgerliches Gesetzbuch, Kommentar, 17. Aufl. 2018
Jennißen	Jennißen (Hrsg.), Wohnungseigentumsgesetz, Kommentar, 6. Aufl. 2019
jew.	jeweils
jM	juris – Die Monatszeitschrift (Zeitschrift)
Jura	JURA – Juristische Ausbildung (Zeitschrift)
jurisPK-BGB	Herberger/Martinek/Rüßmann/Weth/Würdinger (Hrsg.), juris PraxisKommentar BGB, 8. Aufl. 2017 ff.
jurisPR-BGH-ZivilR	juris PraxisReport BGH-Zivilrecht (Zeitschrift)
jurisPR-ITR	juris PraxisReport IT-Recht (Zeitschrift)
jurisPR-IWR	juris PraxisReport Internationales Wirtschaftsrecht (Zeitschrift)
jurisRR-StrafR	juris PraxisReport Strafrecht (Zeitschrift)
JuS	Juristische Schulung (Zeitschrift)
JustG NRW	Gesetz über die Justiz im Land Nordrhein-Westfalen
JZ	JuristenZeitung (Zeitschrift)
KAGB	Kapitalanlagegesetzbuch
KapitalmarktR	Kapitalmarktrecht

KFOR	Kosovo Force
KfW	Kreditanstalt für Wiederaufbau
KfzPflVV	Verordnung über den Versicherungsschutz in der Kraftfahrzeug-Haftpflichtversicherung vom 29. Juli 1994
KG	Kammergericht/ Kommanditgesellschaft
Kissel/Mayer	Kissel/Mayer, Gerichtsverfassungsgesetz, Kommentar, 9. Aufl. 2018
KK-OWiG	Mitsch (Hrsg.), Karlsruher Kommentar zum Gesetz über Ordnungswidrigkeiten, 5. Aufl. 2018
KK-StPO	Hannich (Hrsg.), Karlsruher Kommentar zur Strafprozessordnung, 8. Aufl. 2019
Klausel-RL	Richtlinie 93/13/EWG des Rates vom 5. April 1993 über mißbräuchliche Klauseln in Verbraucherverträgen
KMU	kleine und mittlere Unternehmen
Köhler/Bornkamm/Feddersen	Köhler/Bornkamm/Feddersen, Gesetz gegen den unlauteren Wettbewerb, 38. Aufl. 2020
Kölner Komm AktG	Zöllner/Noack (Hrsg.), Kölner Kommentar zum Aktiengesetz, 3. Aufl. 2004 ff.
KonsularG	Gesetz über die Konsularbeamten, ihre Aufgaben und Befugnisse
Krenberger/Krumm	Krenberger/Krumm, Ordnungswidrigkeitengesetz, Kommentar, 5. Aufl. 2018
krit.	kritisch/-er
KWG	Gesetz über das Kreditwesen
Lackner/Kühl	Lackner/Kühl, Strafgesetzbuch, Kommentar, 29. Aufl. 2018
LAG	Landesarbeitsgericht
Langheid/Rixecker VVG	Langheid/Rixecker, Versicherungsvertragsgesetz, Kommentar, 6. Aufl. 2019
Langheid/Wandt VVG	Langheid/Wandt, Münchener Kommentar zum Versicherungsvertragsgesetz, 2. Aufl. 2016 f.
Laufs/Kern/Rehborn	Laufs/Kern/Rehborn, Handbuch des Arztrechts, 5. Aufl. 2019
LG	Landgericht
Lit.	Literatur

lit.	litera (dt. Buchstabe)
LMK	Kommentierte BGH-Rechtsprechung Lindenmaier-Möhring
Looschelders Schuldrecht AT	Looschelders, Schuldrecht AT, 17. Aufl. 2019
LS	Leitsatz
LSG	Landessozialgericht
LTO	Legal Tribune Online (Onlinemagazin)
LWTG	Landesgesetz über Wohnformen und Teilhabe vom 22.12.2009 (Rheinland-Pfalz)
m	Meter/ mit
MAGS	Ministerium für Arbeit, Gesundheit und Soziales des Landes Nordrhein-Westfalen
mAnm	mit Anmerkungen
MAH-MietR	Hannemann/Wiegner, Münchener Anwaltshandbuch Mietrecht, 5. Aufl. 2019
MAR	Verordnung (EU) Nr. 596/2014 des Europäischen Parlaments und des Rates vom 16. April 2014 über Marktmissbrauch (Marktmissbrauchsverordnung) und zur Aufhebung der Richtlinie 2003/6/EG des Europäischen Parlaments und des Rates und der Richtlinien 2003/124/EG, 2003/125/EG und 2004/72/EG der Kommission
MaRisk	Mindestanforderungen an das Risikomanagement
Maunz/Dürig	Maunz/Dürig, Grundgesetz, Kommentar, 89. Aufl. 2020
MB/KK	Musterbedingungen für Krankheitskosten- und Krankentagegeldversicherung
MB/KT	Musterbedingungen für die Krankentagegeldversicherung
MDR	Monatsschrift für Deutsches Recht (Zeitschrift)
mE	meines Erachtens
MedR	Medizinrecht (Zeitschrift)
Mers	Middle East Respiratory Syndrome
Mers-CoV	Middle East Respiratory Syndrome Coronavirus
Meyer-Goßner/ Schmitt StPO	Meyer-Goßner/Schmitt, Strafprozessordnung, Kommentar, 62. Aufl. 2019
MietRB	Der Miet-Rechtsberater (Zeitschrift)
Mio.	Million
MitbestG	Gesetz über die Mitbestimmung der Arbeitnehmer

MMR	MultiMedia und Recht – Zeitschrift für IT-Recht und Recht der Digitalisierung
MMR-Aktuell	Newsletter zur Fachzeitschrift MMR
MN-Schutz	Mund-Nase-Schutz
Möllers Wörterbuch der Polizei	Möllers, Wörterbuch der Polizei, Lexikon/Wörterbuch, 3. Aufl. 2018
Mot.	Motive zu dem Entwurf eines Bürgerlichen Gesetzbuches für das Deutsche Reich
MÜ	Übereinkommen zur Vereinheitlichung bestimmter Vorschriften über die Beförderung im internationalen Luftverkehr (Übereinkommen von Montreal) vom 28. Mai 1999
MüKoAktG	Goette/Habersack (Hrsg.), Münchener Kommentar zum Aktiengesetz, 5. Aufl. 2019 ff.
MüKoBeihilfenR	Säcker (Hrsg.), Münchener Kommentar Europäisches und Deutsches Wettbewerbsrecht, Band 5: Beihilfenrecht, 2. Aufl. 2018
MüKoBGB	Säcker/Rixecker/Oetker/Limperg (Hrsg.), Münchener Kommentar zum Bürgerlichen Gesetzbuch, 8. Aufl. 2019 f.
MüKoHGB	K. Schmidt (Hrsg.), Münchener Kommentar zum Handelsgesetzbuch, 4. Aufl. 2016 ff.
MüKoStGB	Joecks/Miebach (Hrsg.), Münchener Kommentar zum Strafgesetzbuch, 3. Aufl. 2016 ff.
MüKoZPO	Krüger/Rauscher (Hrsg.), Münchener Kommentar zur Zivilprozessordnung, 5. Aufl. 2016 ff.
Musielak/Voit ZPO	Musielak/Voit, Zivilprozessordnung, Kommentar, 17. Aufl. 2020
mwN	mit weiteren Nachweisen
mWv	mit Wirkung vom
Nds.	Niedersächsischen
Nds. GVBl.	Niedersächsisches Gesetz- und Verordnungsblatt
NdsCOVID-19VO KontBeschränk	Niedersächsische Verordnung zur Beschränkung sozialer Kontakte anlässlich der Corona-Pandemie
NdsSOG	Niedersächsisches Polizei- und Ordnungsbehördengesetz
Newsdienst Compliance	Newsdienst Compliance (Zeitschrift)
nF	neue Fassung
NGF	Nettogrundfläche

Niedenführ/ Schmidt-Räntsch/ Vandenhouten WEG	Niedenführ/Schmidt-Räntsch/Vandenhouten, Wohnungseigentumsrecht, Kommentar und Handbuch, 13. Aufl. 2020
NJ	Neue Justiz (Zeitschrift)
NJOZ	Neue Juristische Online-Zeitschrift
NJW	Neue Juristische Wochenschrift
NJW-RR	NJW Rechtsprechungs-Report Zivilrecht
NK-BGB	Heidel/Hüßtege/Mansel/Noack (Hrsg.), Bürgerliches Gesetzbuch, NomosKommentar
NK-StGB	Kindhäuser/Neumann/Paeffgen (Hrsg.), Strafgesetzbuch, NomosKommentar, 5. Aufl. 2017
NMVO	Verordnung über die Ermittlung der zulässigen Miete für preisgebundene Wohnungen vom 12.10.1990
npoR	Zeitschrift für das Recht der Non Profit Organisationen
Nr.	Nummer
NRW	Nordrhein-Westfalen
NRWOBG	Gesetz über Aufbau und Befugnisse der Ordnungsbehörden – Ordnungsbehördengesetz (Nordrhein-Westfalen)
NRWPolG	Polizeigesetz des Landes Nordrhein-Westfalen
NStZ	Neue Zeitschrift für Strafrecht
NStZ-RR	NStZ Rechtsprechungsreport Strafrecht
NuWG	Niedersächsisches Betreuungs- und Wohnqualiätsgesetz
NVersG	Niedersächsisches Versammlungsgesetz
NVersZ	Neue Zeitschrift für Versicherung und Recht
NVwZ	Neue Zeitschrift für Verwaltungsrecht
NVwZ-RR	Neue Zeitschrift für Verwaltungsrecht Rechtsprechungs-Report
NWertVO	Verordnung über Auftragswertgrenzen und Verfahrenserleichterungen zum Niedersächsischen Tariftreue- und Vergabegesetz vom 3. April 2020
NZA	Neue Zeitschrift für Arbeitsrecht
NZBau	Neue Zeitschrift für Baurecht und Vergaberecht
NZG	Neue Zeitschrift für Gesellschaftsrecht
NZI	Neue Zeitschrift für Insolvenz- und Sanierungsrecht
NZM	Neue Zeitschrift für Miet- und Wohnungsrecht
NZV	Neue Zeitschrift für Verkehrsrecht

o. ä.	oder ähnlich
o. g.	oben genannt
OBG	Ordnungsbehördengesetz NRW
OECD	Organisation für wirtschaftliche Zusammenarbeit und Entwicklung
OGH	Der Oberste Gerichtshof (Österreich)
OHG	Offene Handelsgesellschaft
OLG	Oberlandesgericht
OLGZ	Rechtsprechung der Oberlandesgerichte in Zivilsachen, Amtliche Entscheidungssammlung
OPEX	operational expenditure (dt. Aufwendungen für den operativen Geschäftsbetrieb)
ÖPNV	Öffentlicher Personennahverkehr
OVG	Oberverwaltungsgericht
OWiG	Gesetz über Ordnungswidrigkeiten
Palandt	Palandt (Begr.), Bürgerliches Gesetzbuch, Kommentar, 79. Aufl. 2020
PAngVO	Preisangabenverordnung vom 18.10.2002
Pauschalreise-RL	Richtlinie (EU) 2015/2302 des Europäischen Parlaments und des Rates vom 25. November 2015 über Pauschalreisen und verbundene Reiseleistungen, zur Änderung der Verordnung (EG) Nr. 2006/2004 und der Richtlinie 2011/83/EU des Europäischen Parlaments und des Rates sowie zur Aufhebung der Richtlinie 90/314/EWG des Rates
PBefG	Personenbeförderungsgesetz
Pechstein/Nowak/Häde, Frankfurter Kommentar EUV/GRC/AEUV	Pechstein/Nowak/Häde, Frankfurter Kommentar zu EUV, GRC und AEUV, 1. Aufl. 2017
PfleWoqG	Gesetz zur Regelung der Pflege-, Betreuungs- und Wohnqualität im Alter und bei Behinderung (Bayern)
PM	Pressemitteilung
POG RP	Polizei- und Ordnungsbehördengesetz (Rheinland-Pfalz)
Pöhlmann/Fandrich/Bloehs	Pöhlmann/Fandrich/Bloehs, Genossenschaftsgesetz, Kommentar, 4. Aufl. 2012
PolG BW	Polizeigesetz (Baden-Württemberg)
PolG NRW	Polizeigesetz des Landes Nordrhein-Westfalen
pp.	lat. perge perge (dt. und so fort)

PrävG	Präventionsgesetz
PreisV 30/53	Verordnung PR Nr 30/53 über die Preise bei öffentlichen Aufträgen
Prölss/Martin	Prölss/Martin, Versicherungsvertragsgesetz, 30. Aufl. 2018
r+s	Recht und Schaden (Zeitschrift)
RdTW	Recht der Transportwirtschaft (Zeitschrift)
RegE	Regierungsentwurf
Reichert VereinsR	Reichert, Vereins- und Verbandsrecht, 14. Aufl. 2018
resp.	respektive
RG	Reichsgericht
RGZ	Amtliche Sammlung von Entscheidungen des Reichsgerichts in Zivilsachen
RhPfPOG	Polizei- und Ordnungsbehördengesetz (Rheinland-Pfalz)
Riecke/Schmid	Riecke/Schmid (Hrsg.), Wohnungseigentumsgesetz, Kommentar, 5. Aufl. 2019
RiStBV	Richtlinien für das Strafverfahren und das Bußgeldverfahren
RKI	Robert Koch-Institut
RL	Richtlinie
Rn.	Randnummer
RND	RedaktionsNetzwerk Deutschland
Rom I-VO	Verordnung (EG) Nr. 593/2008 des Europäischen Parlaments und des Rates vom 17. Juni 2008 über das auf vertragliche Schuldverhältnisse anzuwendende Recht
Rom II-VO	Verordnung (EG) Nr. 864/2007 des Europäischen Parlaments und des Rates vom 11. Juli 2007 über das auf außervertragliche Schuldverhältnisse anzuwendende Recht
RPflG	Rechtspflegergesetz
RRa	ReiseRecht aktuell (Zeitschrift)
Rs.	Rechtssache
Rspr.	Rechtsprechung
Rüffer/Halbach/ Schimikowski	Rüffer/Halbach/Schimikowski, Versicherungsvertragsgesetz, 4. Aufl. 2019
s.	siehe
S.	Satz/ Seite/ Siehe
s.a.	siehe auch
s.o.	siehe oben

SA	Société Anonyme (Aktiengesellschaft)
SaarlPolG	Saarländisches Polizeigesetz
Sachs	Sachs, Grundgesetz, Kommentar, 8. Aufl. 2018
SachsAnhSOG	Gesetz über die öffentliche Sicherheit und Ordnung des Landes Sachsen-Anhalt
SächsBeWoG	Sächsisches Betreuungs- und Wohnqualitätsgesetz
SächsJG	Gesetz über die Justiz im Freistaat Sachsen
SächsPolG	Polizeigesetz des Freistaates Sachsen
Saenger ZPO	Saenger, Zivilprozessordnung, Kommentar, 8. Aufl. 2019
SAM	State Aid Modernisation (dt. Modernisierung der EU-Beihilfenkontrolle)
SARS	Schweres Akutes Respiratorisches Syndrom
SARS-CoV-2	lat. severe acute respiratory syndrome coronavirus 2 (dt. Schweres akutes Atemwegssyndrom Coronavirus 2)
SARS-CoV-2-EindmaßnV	Verordnung über erforderliche Maßnahmen zur Eindämmung der Ausbreitung des neuartigen Coronavirus SARS-CoV-2 in Berlin vom 22. März 2020 (Außer Kraft – Text galt vom 10.04.2020 bis 19.04.2020)
SARS-CoV-2-EindV	Verordnung über Maßnahmen zur Eindämmung des neuartigen Coronavirus SARS-CoV-2 und COVID-19 in Brandenburg
SbStG	Selbstbestimmungsstärkungsgesetz (Schleswig-Holstein)
SCE	lat. Societas Cooperativa Europaea (dt. Europäische Genossenschaft)
SCE-VO	Verordnung (EG) Nr. 1435/2003 des Rates vom 22. Juli 2003 über das Statut der Europäischen Genossenschaft
SchengenVisa-COVID-19-V	Verordnung zur vorübergehenden Befreiung von Inhabern ablaufender Schengen-Visa vom Erfordernis eines Aufenthaltstitels auf Grund der COVID-19-Pandemie vom 8. April 2020
K. Schmidt GesR	K. Schmidt, Gesellschaftsrecht, 4. Aufl. 2002
Schmidt-Futterer/Blank	Schmidt-Futterer/Blank, Mietrecht, Kommentar, 14. Aufl. 2019
Schönke/Schröder	Schönke/Schröder, Strafgesetzbuch, Kommentar, 30. Aufl. 2019

SektVO	Verordnung über die Vergabe von öffentlichen Aufträgen im Bereich des Verkehrs, der Trinkwasserversorgung und der Energieversorgung
SGB V	Sozialgesetzbuch – Fünftes Buch – Gesetzliche Krankenversicherung
SGB VIII	Sozialgesetzbuch – Achtes Buch – Kinder- und Jugendhilfe
SGB XI	Sozialgesetzbuch – Elftes Buch – Soziale Pflegeversicherung
SGB XII	Sozialgesetzbuch – Zwölftes Buch – Sozialhilfe
Soergel	Soergel (Begr.), Bürgerliches Gesetzbuch, Kommentar, 13. Aufl. 1999 ff.
SOG LSA	Gesetz über die öffentliche Sicherheit und Ordnung des Landes Sachsen-Anhalt
SOG MV	Gesetz über die öffentliche Sicherheit und Ordnung in Mecklenburg-Vorpommern
sog.	sogenannt
Spickhoff	Spickhoff, Medizinrecht, Kommentar, 3. Aufl. 2018
SpO-DFB	Spielordnung des Deutschen Fußballbundes
Staudinger	Staudinger, Bürgerliches Gesetzbuch, Kommentar
StFG	Gesetz zur Errichtung eines Finanzmarkt- und eines Wirtschaftsstabilisierungsfonds
StGB	Strafgesetzbuch
Stiefel/Maier	Stiefel/Maier, Kraftfahrtversicherung: AKB, Kommentar, 19. Aufl. 2017
StMGP	Bayerisches Staatsministerium für Gesundheit und Pflege
Stöber/Otto VereinsR-HdB	Stöber/Otto, Handbuch zum Vereinsrecht, 11. Aufl. 2016
StPO	Strafprozeßordnung
stRspr	ständige Rechtsprechung
SVR	Straßenverkehrsrecht (Zeitschrift)
SWBPQG	Saarländisches Wohn-, Betreuungs- und Pflegequalitätsgesetz
SZ	Süddeutsche Zeitung
t	Tonnen
Thomas/Putzo	Thomas/Putzo, Zivilprozessordnung, Kommentar, 41. Aufl. 2020
Thume/de la Motte/ Ehlers Transportversicherungsrecht	Thume/de la Motte/Ehlers, Transportversicherungsrecht, Kommentar, 2. Aufl. 2011

ThürOBG .... Thüringer Gesetz über die Aufgaben und Befugnisse der Ordnungsbehörden
ThürPAG .... Thüringer Gesetz über die Aufgaben und Befugnisse der Polizei
ThürPOG .... Thüringer Gesetz über die Organisation der Polizei
ThürWTG .... Thüringer Wohn- und Teilhabegesetz
Tonner/Bergmann/Blankenburg ReiseR .... Tonner/Bergmann/Blankenburg (Hrsg.), Reiserecht, 1. Aufl. 2018
TranspR .... Transportrecht (Zeitschrift)

u. .... und
ua .... unter anderem
UEFA .... Union of European Football Associations
UmwG .... Umwandlungsgesetz
UN .... United Nations (dt. Vereinte Nationen)
Urt. .... Urteil
US .... United States (dt. Vereinigte Staaten von Amerika)
usw .... und so weiter
uU .... unter Umständen
UVgO .... Verfahrensordnung für die Vergabe öffentlicher Liefer- und Dienstleistungsaufträge unterhalb der EU-Schwellenwerte

v. .... vom
v. Verf. .... vom Verfasser
VAG .... Gesetz über die Beaufsichtigung der Versicherungsunternehmen
Var. .... Variante
VB-Reiserücktritt . Besondere Versicherungsbedingungen für die Reiserücktrittkostenversicherung
VDV .... Verband Deutscher Verkehrsunternehmen
Verbraucherkredit-RL .... Richtlinie 2008/48/EG des Europäischen Parlaments und des Rates vom 23. April 2008 über Verbraucherkreditverträge und zur Aufhebung der Richtlinie 87/102/EWG des Rates
VerbrKrG .... Verbraucherkreditgesetz
VerfGH Sachs ...... Verfassungsgerichtshof des Freistaates Sachsen
VergabeR .... Vergaberecht (Zeitschrift)
VergRModG .... Gesetz zur Modernisierung des Vergaberechts
Vers .... Version
VersR .... Versicherungsrecht (Zeitschrift)

VerwRspr	Sammlung obergerichtlicher Entscheidungen aus dem Verfassungs- und Verwaltungsrecht
VfGHG	Gesetz über den Bayerischen Verfassungsgerichtshof
VG	Verwaltungsgericht/ Verwertungsgesellschaft
VGG	Gesetz über die Wahrnehmung von Urheberrechten und verwandten Schutzrechten durch Verwertungsgesellschaften
VGH	Verwaltungsgerichtshof
vgl.	vergleiche
VgV	Verordnung über die Vergabe öffentlicher Aufträge vom 12. April 2016
VHV	virtuelle Hauptversammlung
VK Bund	Vergabekammern des Bundes
VK Sachsen	Vergabekammer des Freistaates Sachsen
VK Südbayern	Vergabekammer Südbayern
VKR	Richtlinie 2004/18/EG des Europäischen Parlaments und des Rates vom 31. März 2004 über die Koordinierung der Verfahren zur Vergabe öffentlicher Bauaufträge, Lieferaufträge und Dienstleistungsaufträge
VO	Verordnung
VOB	Vergabe- und Vertragsordnung für Bauleistungen
VOB/A	Vergabe- und Vertragsordnung für Bauleistungen Teil A (VOB/A): Allgemeine Bestimmungen für die Vergabe von Bauleistungen, Ausgabe 2019
VOB/B	Vergabe- und Vertragsordnung für Bauleistungen (VOB) Teil B: Allgemeine Vertragsbedingungen für die Ausführung von Bauleistungen, Ausgabe 2016
VOF	Vergabeordnung für freiberufliche Dienstleistungen
VOL/A	Vergabe- und Vertragsordnung für Leistungen (VOL) Teil A: Allgemeine Bestimmungen für die Vergabe von Leistungen
Vor	Vorbemerkung
VR	Volksrepublik
VRR	VerkehrsRechtsReport (Zeitschrift)
VVG	Gesetz über den Versicherungsvertrag
VwG SH	Allgemeines Verwaltungsgesetz für das Land Schleswig-Holstein
VwGG	Gesetz über die Errichtung der Verwaltungsgerichtsbarkeit und zur Ausführung der Verwaltungsgerichtsordnung im Land Brandenburg/ Nieder-

	sächsisches Ausführungsgesetz zur Verwaltungsgerichtsordnung
VwGO	Verwaltungsgerichtsordnung
VwVfG	Verwaltungsverfahrensgesetz
WA	Warschauer Abkommen zur Vereinheitlichung von Regeln über die Beförderung im internationalen Luftverkehr in der Fassung v. 12. 10. 1929
Wandt Versicherungsrecht	Wandt, Versicherungsrecht, 6. Aufl. 2016
WBVG	Wohn- und Betreuungsvertragsgesetz
WEG	Wohnungseigentümergemeinschaft/ Wohnungseigentumsgesetz
WEMoG	Wohnungseigentumsmodernisierungsgesetz
WHO	World Health Organization (dt. Weltgesundheitsorganisation)
Wiedemann GesR Bd. II	Wiedemann, Gesellschaftsrecht Bd. II, Recht der Personengesellschaften, 2004
WM	Wertpapier-Mitteilungen IV – Zeitschrift für Wirtschafts- und Bankrecht
wN	weitere Nachweise
WTG	Wohn- und Teilhabegesetz (NRW)/ Wohnteilhabegesetz (Berlin)
WTG DVO	Verordnung zur Durchführung des Wohn- und Teilhabegesetzes (NRW)
WTG LSA	Wohn- und Teilhabegesetz des Landes Sachsen-Anhalt
WTPG	Wohn-, Teilhabe- und Pflegegesetz (Baden-Württemberg)
WuM	Wohnungswirtschaft und Mietrecht
ZAG	Gesetz über die Beaufsichtigung von Zahlungsdiensten
zahlr.	zahlreich
Zahlungsdienste-RL	Richtlinie 2007/64/EG des Europäischen Parlaments und des Rates vom 13. November 2007 über Zahlungsdienste im Binnenmarkt, zur Änderung der Richtlinien 97/7/EG, 2002/65/EG, 2005/60/EG und 2006/48/EG sowie zur Aufhebung der Richtlinie 97/5/EG
zB	zum Beispiel

ZfBR	Zeitschrift für deutsches und internationales Bau- und Vergaberecht
ZfIR	Zeitschrift für Immobilienrecht
zfs	Zeitschrift für Schadensrecht
ZGR	Zeitschrift für Unternehmens- und Gesellschaftsrecht
Ziekow/Völlink	Ziekow/Völlink, Vergaberecht, Kommentar, 3. Aufl. 2018
Ziff.	Ziffer
ZIP	Zeitschrift für Wirtschaftsrecht
ZMR	Zeitschrift für Miet- und Raumrecht
Zöller	Zöller, Zivilprozessordnung, Kommentar, 33. Aufl. 2020
ZPO	Zivilprozessordnung
ZRI	Zeitschrift für Restrukturierung und Insolvenz
ZRP	Zeitschrift für Rechtspolitik
ZStV	Zeitschrift für Stiftungs- und Vereinswesen
zT	zum Teil
ZUM	Zeitschrift für Urheber- und Medienrecht
ZustV	Zuständigkeitsverordnung (Bayern)
ZVO-IfSG NRW	Verordnung zur Regelung von Zuständigkeiten nach dem Infektionsschutzgesetz (Nordrhein-Westfalen)
ZWE	Zeitschrift für Wohnungseigentumsrecht

§ 1 Allgemeines Leistungsstörungsrecht

Inhaltsübersicht

I. Einführung

1 Die Corona-Krise hat weitgehende Einwirkung auf die Erfüllung von Verträgen. Im Regelfall wird es sich um Fälle von Leistungsverzögerung, Unmöglichkeit und der seit 2002 in § 313 BGB geregelten Geschäftsgrundlage handeln. Damit werden auch vermehrt Störungen in Leistungsketten sowie in Dauerschuldverhältnissen auftreten. Für Dauerschuldverhältnisse hat der Gesetzgeber durch das COVID19-FAG[1] Sonderregelungen eingeführt, die jedoch nur einen Teilbereich betreffen. Die

[1] Gesetz zur Abmilderung der Folgen der COVID-19-Pandemie im Zivil-, Insolvenz- und Strafverfahrensrecht vom 27.3.2020, BGBl. 2020 I 569.

meisten zivilrechtlichen Fragestellungen werden sich in der Praxis erst nach Ende der Pandemie stellen. Der vorliegende Beitrag versucht, denkbare Fallkonstellationen im allgemeinen Leistungsstörungsrecht darzustellen. Zu untersuchen sind schließlich auch vertragliche Schuldverhältnisse mit Auslandsberührung.

II. Leistungsverzögerungen

Vertragliche Leistungsverpflichtungen stehen idR in einem synallagmatischen, dh gegenseitigen Verhältnis. Verzögert sich eine Leistung aus dem Vertrag, so hat das auch Auswirkungen auf die Gegenleistung. 2

1. Zurückbehaltungsrechte

a) Einrede des nichterfüllten Vertrags (§ 320 BGB)

Nach § 320 Abs. 1 BGB kann der Gläubiger der verzögerten Leistung seine Leistung zurückbehalten. Von besonderer Bedeutung ist, dass bereits das Bestehen einer solchen Einrede ausreicht, um den Verzug des Schuldners der Gegenleistung zu verhindern. An dieser Grundentscheidung des Gesetzgebers ist für punktuelle Austauschverträge auch in der Krise festzuhalten, zumal die Vorschrift keinerlei besonderen Spielraum für Billigkeitserwägungen lässt. Bei bereits teilweise erbrachter Leistung lässt § 320 Abs. 2 BGB solche Erwägungen zu. Zum Zurückbehaltungsrecht im Rahmen von Art. 240 § 1 EGBGB → Rn. 42ff. 3

b) Unsicherheitseinrede (§ 321 BGB)

Ist ein Schuldner kraft Vertrags oder – wie zB ein Werkunternehmer – kraft Gesetzes aus einem gegenseitigen Vertrag zur Vorleistung verpflichtet, so hat er nach § 321 BGB das Recht, seine Leistung zu verweigern, wenn nach Abschluss des Vertrags erkennbar wird, dass sein Anspruch auf die Gegenleistung durch mangelnde Leistungsfähigkeit des anderen Teils gefährdet wird. Auch diese Konstellation ist im Rahmen der Corona-Krise denkbar. Soweit es sich jedoch um Dauerschuldverhältnisse handelt, bei welchen der Schuldner nach Art. 240 § 1 BGB die Leistung verweigern kann, ist auch das Leistungsverweigerungsrecht nach § 321 BGB ausgeschlossen (dazu → Rn. 54). 4

2. Rücktrittsrecht des Gläubigers

Wird bei einem gegenseitigen Vertrag eine fällige und durchsetzbare Leistungspflicht nicht erfüllt, so kann gem. § 323 BGB der Gläubiger 5 nach fruchtlosem Ablauf einer von ihm zu setzenden, angemessenen Nachfrist vom Vertrag zurücktreten.

a) Fälligkeit

aa) Allgemeine Regel

6 Die Fälligkeit von Forderungen wird – vorbehaltlich der Regelungen in Art. 240 § 1 EGBGB (→ Rn. 41 ff.) – durch die Pandemie und den daraus resultierenden Einschränkungen nicht berührt. In Abwesenheit besonderer vertraglicher Regelungen werden Forderung gem. § 271 Abs. 1 BGB sofort, dh mit ihrem Entstehen fällig. Da dieser Fälligkeitszeitpunkt kein Element des Vertretenmüssens enthält, gibt es zunächst keinen Anhaltspunkt, bedingt durch die besondere wirtschaftliche Situation zu anderen Ergebnissen zu kommen.

bb) Verbrauchsgüterkauf

(1) Fälligkeit der Leistung des Verkäufers

7 Etwas anders gestaltet sich die Situation beim Verbrauchsgüterkauf, dh bei Verträgen zwischen Unternehmern als Verkäufer und Verbrauchern als Käufer über eine bewegliche Sache (§ 474 Abs. 1 BGB). Die Primärleistungspflichten von Verkäufer und Käufer, dh die Lieferpflicht bzw. Zahlungspflicht sind hier nach § 475 Abs. 1 S. 1 BGB abweichend von § 271 Abs. 1 BGB nicht sofort, sondern lediglich „unverzüglich" zu erfüllen. Allerdings muss der Unternehmer die Sache spätestens 30 Tage nach Vertragsschluss liefern. Der Begriff „unverzüglich" ist wohl iSd Legaldefinition des § 121 BGB als „ohne *schuldhaftes* Zögern" zu verstehen.[2] Das bedeutet auf der Verkäuferseite, dass etwa ein krisenbedingt selbst nicht belieferter Verkäufer sich binnen der ersten 30 Tage nach Vertragsschluss gegenüber einem Verbraucher mangels Vertretenmüssen auf fehlende Fälligkeit berufen kann. Gleiches gilt, wenn der Verkäufer die Sache an die Bedürfnisse des Käufers anpassen, liefern oder montieren muss oder andere besondere Umstände (Krankheit, höhere Gewalt) einer sofortigen Leistung entgegenstehen.[3] Dabei dürfte – entgegen dem Wortlaut von § 475 Abs. 1 S. 1 BGB die Beweislast beim Unternehmer liegen: In einer Gesamtanalogie zu § 280 Abs. 1 S. 2 und § 286 Abs. 4 BGB wird dessen Vertreten vermutet.[4]

(2) Fälligkeit der Leistung des Verbrauchers

8 Die besondere Fälligkeitsregelung des § 475 Abs. 1 BGB gilt auch für die Zahlungspflicht des Verbrauchers. Zwar gilt der allgemeine

---

[2] Zu Zweifeln s. MüKoBGB/Lorenz BGB § 475 Rn. 3.
[3] Begr. RegE, BT-Drs. 17/12637, 70; MüKoBGB/Lorenz BGB § 475 Rn. 5.
[4] MüKoBGB/Lorenz BGB § 475 Rn. 6; J. Kohler NJW 2014, 2817 (2820).

Grundsatz, dass der Schuldner einer Geldforderung für seine mangelnde finanzielle Leistungsfähigkeit immer einzustehen hat, jedoch stellt § 475 Abs. 1 BGB – wenn man ihn denn beim Wort nehmen will – durch den Begriff „unverzüglich" über die Legaldefinition in § 121 BGB nicht auf „Vertretenmüssen" iSv § 276 BGB, sondern auf Verschulden ab. Dass in Krisenzeiten mangelndes Verschulden in Bezug auf die Zahlungsfähigkeit von Verbrauchern vorliegen kann, lässt sich aber nicht bestreiten.

cc) Einstweilige Unmöglichkeit

Fälligkeitshinderd wirkt sich auch die einstweilige (vorübergehende) Unmöglichkeit der Leistung aus, weil der Schuldner dabei vorläufig von der Leistungspflicht befreit ist. Diese wird → Rn. 23 im Zusammenhang mit der Unmöglichkeit erörtert. 9

dd) Vorfälliger Rücktritt (§ 323 Abs. 4 BGB)

§ 323 Abs. 4 BGB gestattet dem Gläubiger einen Rücktritt bereits vor Fälligkeit der Leistung, wenn offensichtlich ist, dass die Voraussetzungen des Rücktritts eintreten werden. Dies setzt voraus, dass auf Grund der Tatsachenlage mit an Sicherheit grenzender Wahrscheinlichkeit zu erwarten ist, dass die sonstigen Rücktrittsvoraussetzungen eintreten werden. In diese Prognose sind sämtliche Voraussetzungen des § 323 BGB einzubeziehen. Soweit eine Fristsetzung nicht entbehrlich ist, muss damit auch feststehen, dass der Schuldner nach Ablauf einer angemessenen Nachfrist (und nicht lediglich bei Fälligkeit) zur Leistung nicht imstande sein wird (zur Angemessenheit der Frist → Rn. 13). Das Recht zum vorfälligen Rücktritt besteht dabei nur bis zum Eintritt der Fälligkeit.[5] 10

b) Einredefreiheit

Ungeschriebenes Tatbestandsmerkmal von § 323 BGB ist das Erfordernis der Einredefreiheit der Forderung. Dabei wird weiter unterschieden, ob bereits das Bestehen der Einrede genügt (so zB bei der Einrede aus § 320 BGB) oder ob die Einrede geltend gemacht werden muss (so bei der Einrede aus § 273 BGB). Für die durch den Corona-Virus ausgelöste Situation ist eine generelle Einrede nicht ersichtlich. Selbstverständlich ist aber eine Forderung nach § 320 Abs. 1 BGB einredebehaftet, wenn dem Schuldner nicht die Gegenleistung in Annahmeverzug begründender Weise angeboten wird. Die besonderen Einreden, welche durch die neu eingeführten Regelungen in Art. 240 § 1 Abs. 1 und 2 EGBGB für Verbraucher und Kleinstunternehmen geschaffen wurden, gelten nur für Dauerschuldverhältnisse (dazu → Rn. 41 ff.). 11

---

[5] BGH NJW 2012, 3714.

c) Fristsetzung

12 Weitere Regelvoraussetzung eines Rücktritts gem. § 323 BGB ist eine Fristsetzung des Gläubigers. Die Anforderung an eine solche Fristsetzung hat die Rechtsprechung des BGH insofern herabgesetzt, dass eine Fristsetzung weder die Angabe einer bestimmten Frist noch die Angabe eines bestimmten Leistungsdatums erfordert. Ausreichend ist vielmehr ein Verlangen nach sofortiger, unverzüglicher oder umgehender Leistung oder vergleichbare Formulierungen, die deutlich machen, dass dem Schuldner für die Erfüllung nur ein begrenzter (bestimmbarer) Zeitraum zur Verfügung steht.[6] Fehlt es an einer entsprechenden Vereinbarung der Parteien, beurteilt sich die Angemessenheit der Frist nach objektiven Kriterien.[7] Zu beachten sind dabei sowohl das Interesse des Gläubigers an einer fristgerechten Leistung als auch das Interesse des Schuldners, die Leistung noch erbringen zu dürfen. Die Nachfrist muss auch nicht so lange sein, dass der Schuldner erst zum Zeitpunkt der Fristsetzung mit der Bewirkung der Leistung beginnen darf. Er soll lediglich eine letzte Gelegenheit erhalten, bereits begonnene Leistungsbemühungen zu Ende zu führen. Auch spielt eine Rolle, wie lange der Eintritt der Fälligkeit zum Zeitpunkt der Fristsetzung bereits verstrichen ist. In den Fällen, in welchen nach § 323 Abs. 2 BGB eine Fristsetzung entbehrlich ist, insbesondere in den Fällen relativer Fixgeschäfte (§ 323 Abs. 2 Nr. 2 BGB) besteht ein solcher Spielraum nicht.

13 Damit kann die Corona-Krise an der Länge der Frist bei solchen Verpflichtungen nichts ändern, deren Erfüllung schon vor dem Ausbruch der Pandemie fällig war. In Fällen, in welchen die Fälligkeit erst nach Ausbruch der Pandemie eingetreten ist, kann hingegen einzelfallabhängig eine längere Frist angemessen sein. Vor einem pauschalen Schuldnerschutz ist aber zu warnen: Die Rücktrittsmöglichkeit nach § 323 BGB eröffnet dem Gläubiger die Möglichkeit, sich von einem gegenseitigen Vertrag zu lösen, d. h. seine Dispositionsfreiheit wiederzuerlangen und sein Leistungsinteresse anderweitig zu befriedigen. Dieses Interesse ist dem Interesse des Schuldners an der Vertragserhaltung nicht ohne weiteres untergeordnet.

3. Rücktrittsrecht des Schuldners

14 Wenn der Schuldner wegen temporärer Leistungshindernisse aus der Sphäre des Gläubigers die Leistung nicht erbringen kann, stellt sich die Frage, ob sich der *Schuldner* vom Vertrag lösen kann, um seine Dispositionsfreiheit wiederzuerlangen. Sofern nicht bereits Leistungsunmöglich-

---

[6] S. nur BGH NJW 2009, 3153.

[7] MüKoBGB/Ernst BGB § 323 Rn. 72.

keit, insbesondere ein absolutes Fixgeschäft vorliegt (was gem. § 275 Abs. 1 BGB zur Befreiung auch des Schuldners führt), kann es zu Situationen kommen, in welchen dem Schuldner ein weiteres Abwarten auf die Möglichkeit der Leistungserbringung nicht mehr zumutbar ist. In einem solchen Fall wird eine vorübergehende (einstweilige) Unmöglichkeit der Leistung angenommen, welche den Schuldner ebenfalls nach § 275 Abs. 1 BGB befreit. Aus Gründen der Rechtsklarheit wird man aber analog § 323 BGB eine rechtsgestaltende Erklärung des Schuldners zu verlangen haben, der – ähnlich wie bei einem Rücktrittsrecht – erklären muss, dass er durch den Vertrag nicht mehr gebunden sein will. Die dann erfolgende Gleichstellung zeitweiliger mit endgültiger Unmöglichkeit ist aus Rechtssicherheitsgründen endgültig.[8] Sollte die Leistung also nach dem maßgeblichen Zeitpunkt unerwartet doch möglich werden, so ist dies ohne Belang.

4. Verzug des Schuldners

a) Der Verzug des Sach-, Werk- oder Dienstschuldners

Nach § 286 Abs. 1 BGB gerät der Schuldner in Verzug, wenn er auf eine 15
frühestens mit der Fälligkeit erklärte Mahnung nicht leistet. Unter den Voraussetzungen des § 286 Abs. 2 BGB ist eine Mahnung entbehrlich. Anders als der Rücktritt nach § 323 BGB setzt der Verzug nach § 286 Abs. 4 BGB jedoch Vertretenmüssen iSv § 276 BGB voraus. Zu vertreten hat der Schuldner dabei Vorsatz und Fahrlässigkeit, dh Verschulden, sofern nicht etwa eine Garantie vorliegt. Dieses Vertretenmüssen wird vermutet, dem Schuldner steht daher der Entlastungsbeweis offen. Für Schuldner von Sach-, Werk-, oder Dienstleistungen ist im Zusammenhang mit der Corona-Pandemie durchaus denkbar, dass der Beweis fehlenden Vertretenmüssens gelingt. Das gilt insbesondere in Lieferketten jeder Art: So kann einem Verkäufer kein Verschuldensvorwurf gemacht werden, wenn er in Folge der Pandemie selbst nicht beliefert wurde. Gleiches gilt für Werkunternehmer, deren Materiallieferant aus diesen Gründen nicht liefern kann. Ebenso fehlt es am Vertretenmüssen bei Lieferverzögerung aufgrund behördlicher Betriebsschließungen oder Tätigkeitsverbote durch Allgemeinverfügungen nach dem IfSG. Liegt der Schuldnerverzug hingegen daran, dass der Schuldner mangels eigener wirtschaftlicher Leistungsfähigkeit nicht beliefert wird, stellt sich die gleiche Frage wie beim sogleich zu erörternden Verzug des Geldschuldners.

b) Der Verzug des Geldschuldners

Schwieriger ist die Beurteilung beim Verzug des Geldschuldners. 16
Nach § 276 BGB hat der Schuldner zunächst Vorsatz und (jede) Fahrläs-

[8] BGHZ 174, 61 Rn. 24 = NJW 2007, 3777.

sigkeit zu vertreten. Dies gilt aber nur dann, sofern sich nicht eine strengere oder mildere Haftung aus Gesetz, Vertrag oder dem „sonstigen Inhalt des Schuldverhältnisses" ergibt. Beim Zahlungsverzug stellt sich das Problem des Vertretenmüssens in besonders verschärfter Weise. Dabei sind zwei grundlegende Situationen zu unterscheiden: Der Zahlungsverzug kann auf mangelnder finanzieller Leistungsfähigkeit oder aber auf anderen Gründen beruhen. Beruht die Verzögerung der Leistung auf Geldmangel, stellt sich die Frage, ob der Schuldner Geldmangel nach dem – gesetzlich nirgends ausdrücklich verankerten – Satz „Geld hat man zu haben" auch ohne Verschulden zu vertreten hat. Das BGB enthält keine ausdrückliche Regelung dieses Inhalts. Dass der Schuldner für sein finanzielles Leistungsvermögen stets einzustehen hat, haben Rechtsprechung und Literatur vor der Schuldrechtsmodernisierung des Jahres 2002 auf § 279 BGB aF gestützt. Danach hatte der Gattungsschuldner, solange die Leistung aus der Gattung möglich ist, für sein subjektives Unvermögen stets einzustehen.[9] Freilich hat man bereits früher erkannt, dass die Geldschuld nicht ohne weiteres mit der Gattungsschuld gleichzusetzen ist und überdies § 279 aF BGB nach seinem Wortlaut nur das Unvermögen, nicht aber die bei Geld praktisch wesentlich bedeutsamere Leistungsverzögerung betraf. Man hat den genannten Grundsatz des unbedingten Einstehenmüssens für die eigene Zahlungsfähigkeit dann auf das der Rechts- und Wirtschaftsordnung zugrundeliegende Prinzip der unbeschränkten Vermögenshaftung zurückgeführt, welches insbesondere in der Existenz des Insolvenzrechts und des Zwangsvollstreckungsrechts zum Ausdruck kommt. Das entsprach wohl auch der Ansicht des historischen Gesetzgebers des BGB. Auch die durch Insolvenzrechtsreform 1999 eingeführte Möglichkeit einer Restschuldbefreiung (§§ 286ff. InsO) lieferte ein weiteres Argument dafür, denn sie ist nur vor dem Hintergrund einer grundsätzlich unbeschränkten Einstandspflicht für Geldschulden zu verstehen. Dieser Grundsatz ist durch die Schuldrechtsreform 2002 nicht in Frage gestellt worden.[10] Damit gilt weiter der Satz, dass man „Geld haben muss", dh dass jedweder Schuldner für seine finanzielle Leistungsfähigkeit auch ohne Verschulden einzustehen hat. Dieser Grundsatz gilt daher nicht nur für Geldschulden, sondern für alle Arten vermögensrechtlicher Verpflichtungen, die sich letztlich alle in Geldleistungsverpflichtungen umwandeln können.[11] Daran kann, vorbehaltlich spezialgesetzlicher Krisengesetzgebung auch die Corona-Krise nichts ändern. Allerdings besagt der dargelegte Grundsatz nicht, dass der

---

[9] S. etwa BGHZ 28, 123 (128) = NJW 1958, 1681; BGHZ 83, 293 = NJW 1982, 1585.

[10] Zur Entwicklung im Hinblick auf Zahlungsverzug und Verschulden s. Lorenz WuM 2013, 202ff.

[11] Staudinger/Löwisch/Caspers, 2019, BGB § 275 Rn. 72 mwN.

Schuldner für die rechtzeitige Erfüllung einer Geldschuld stets unter allen Umständen einzutreten hat. So beruht es nicht auf fehlender finanzieller Leistungsfähigkeit, wenn besondere Gründe (zB der Ausfall elektronischer Zahlungssysteme, ein Zusammenbruch der Bargeldversorgung oder Krankheit) an der Übermittlung von Geld hindern. Über diese Fälle hinaus bleibt es aber grundsätzlich, dh vorbehaltlich besonderer gesetzlicher Regelungen, bei dem Grundsatz, dass man mangelnde finanzielle Leistungsfähigkeit verschuldensunabhängig zu vertreten hat. Solche Regelungen können etwa besondere Leistungsverweigerungs- und Stundungsvorschriften (Moratorien) sein, die der Gesetzgeber in Art. 240 §§ 1, 3 EGBGB nur für „wesentliche" Dauerschuldverhältnisse und nur zugunsten von Verbrauchern und Kleinstunternehmern bzw. für Verbraucherdarlehnsfälle eingeführt hat (dazu → Rn. 41 ff.).

5. Verzug des Gläubigers

Im Unterschied zum Schuldnerverzug ist der Gläubigerverzug (Annahmeverzug, §§ 293 ff. BGB) vom Vertretenmüssen des Gläubigers unabhängig. Sofern also ein Gläubiger etwa wegen krisenbedingter Betriebsschließung Leistungen nicht annehmen kann, treffen ihn die Rechtsfolgen des Gläubigerverzugs. Auch dies gilt freilich vorbehaltlich der unten zu erörternden Fragen der Unmöglichkeit (§ 275 BGB) sowie der Geschäftsgrundlage nach § 313 BGB (dazu → Rn. 37). 17

6. Schadensersatzansprüche

Auf der Leistungsverzögerung beruhende Schadensersatzansprüche wegen Verzögerung der Leistung beruhen auf § 280 BGB, je nach Schadensart iVm § 280 Abs. 2 BGB, § 286 BGB (Verzögerungsschaden) oder § 280 Abs. 3 BGB, § 281 BGB (Schadensersatz statt der Leistung). Sowohl der Anspruch auf den Verzögerungsschaden als auch der auf das positive Interesse gerichtete Anspruch auf Schadensersatz statt der Leistung verlangen – wie bereits beim Rücktritt nach § 323 BGB dargelegt – Fälligkeit und Einredefreiheit der jeweiligen Forderungen. Für alle Arten von Schadensersatzansprüchen gilt das bereits oben zum Schuldnerverzug ausgeführte Verschuldensprinzip einschließlich des dem Schuldner obliegenden Entlastungsbeweises. Wie bereits → Rn. 16 im Zusammenhang mit dem Verschuldenserfordernis beim Verzug dargelegt, ist im Zusammenhang mit der Corona-Pandemie insbesondere bei durchbrochenen Lieferketten durchaus denkbar, dass der Beweis fehlenden Vertretenmüssen gelingt. 18

III. Leistungsbefreiung des Schuldners

19 Während in den Fällen der Leistungsverzögerung das Leistungsstörungsrecht keine wesentlichen Besonderheiten in Bezug auf die Corona-Krise aufweist, werden wegen der behördlichen Maßnahmen nach dem IfSG wohl Fälle der Leistungsbefreiung nach § 275 Abs. 1–3 BGB größere Bedeutung erlangen. Dabei ist zunächst die Leistungsbefreiung selbst und im Anschluss daran deren Folgen für die Gegenleistung zu untersuchen.

1. Unmöglichkeit (§ 275 Abs. 1 BGB)

20 Nach § 275 Abs. 1 BGB wird der Schuldner von seiner Leistungspflicht befreit, wenn die Leistung für jedermann oder lediglich für ihn selbst unmöglich ist. Im Rahmen der Corona-Krise kommen dabei insbesondere sog. absolute Fixgeschäfte sowie rechtliche Unmöglichkeit in Betracht.

a) Absolute Fixgeschäfte

21 Ein absolutes Fixgeschäft liegt vor, wenn nach dem Parteiwillen eine Leistung nur zu einem bestimmten Zeitpunkt oder innerhalb eines bestimmten Zeitraums erbracht werden kann und die entsprechende Verpflichtung mit Einhaltung des Erfüllungszeitraums „stehen und fallen" soll. Dabei muss der Leistungszeitpunkt nach Sinn und Zweck des Vertrags und nach der Interessenlage der Parteien so wesentlich sein, dass eine verspätete Leistung keine Erfüllung mehr darstellt, weil sie für den Gläubiger absolut sinnlos ist. [12] Das gilt insbesondere für Arbeitsleistungen, aber auch für bestimmte Werk- und Dienstleistungen, bei welchen bedingt durch die Corona-Krise die Leistung nicht erbracht werden konnte und auch nicht nachholbar ist.

b) Rechtliche Unmöglichkeit

22 Wesentlich relevanter dürfte unter den aktuellen Umständen die sonst in der Praxis seltener anzutreffende rechtliche Unmöglichkeit sein. Eine solche liegt vor, wenn die Vornahme der versprochenen Leistung zumindest dem Schuldner verboten oder aus rechtlichen Gründen unmöglich ist.[13] Rechtliche Verbote bestehen derzeit etwa durch die im Wege der Allgemeinverfügungen verschiedener Bundesländer erfolgte Schließung sämtlicher Betriebe und Einrichtungen, die nicht notwendigen Verrich-

[12] BGH NJW 2009, 2743 Rn. 12.
[13] BGH NJW 2013, 152 Rn. 33.

tungen des täglichen Lebens dienen, wie zB von Gaststätten, aber auch von Kinos, Theatern, Tagungs- und Veranstaltungsräumen, Handels- und Industriemessen, Fitnessstudios, Bibliotheken, Fort- und Weiterbildungsstätten, Ladengeschäften des Einzelhandels etc.[14] In diesen Bereichen sind die jeweiligen Schuldner wegen rechtlicher Unmöglichkeit befreit, wenn und soweit die versprochene Leistung innerhalb des Geltungszeitraums dieser gesetzlichen Verbote erbracht werden sollte und nicht nachholbar ist. Ist das nicht der Fall, stellt sich die Frage der vorübergehenden Unmöglichkeit.

c) Vorübergehende (einstweilige) Unmöglichkeit

Das Problem einer nicht endgültigen, sondern zeitweiligen Unmöglichkeit hat der Gesetzgeber bewusst nicht geregelt, sondern die Lösung der Rechtsprechung und der Rechtswissenschaft überlassen. Es besteht Konsens darüber, dass § 275 Abs. 1 BGB bei einstweiliger Unmöglichkeit zu einer Suspendierung der Leistungspflicht für die Zeit des Bestehens des Leistungshindernisses führt. Eine Klage gegen den Schuldner wäre also nicht generell, sondern nur als „derzeit unbegründet" abzuweisen.[15] Wenn somit ein Schuldner, ohne dass es sich um ein absolutes Fixgeschäft handelt, aufgrund der Corona-Krise tatsächlich oder rechtlich nicht zu leisten vermag, ist seine Leistungspflicht suspendiert. Die Suspendierung der Leistungspflicht bei einstweiliger Unmöglichkeit hindert allerdings nach Auffassung des BGH als solche nicht den Eintritt des Schuldnerverzugs.[16] 23

2. Leistungsbefreiende Einreden (§ 275 Abs. 2 und 3 BGB)

Nach § 275 Abs. 2 BGB kann ein Schuldner die Leistung verweigern, soweit diese einen Aufwand erfordert, der unter Beachtung des Inhalts des Schuldverhältnisses und der Gebote von Treu und Glauben in einem groben Missverhältnis zum Leistungsinteresse des Gläubigers steht. Im Rahmen der Corona-Krise mag man im Zusammenhang mit dieser Regelung insbesondere an Fälle denken, in welchen dem Schuldner durch Preissteigerungen in seiner eigenen Beschaffung bei der Leistung Verluste entstehen. Man denke etwa an einen Verkäufer von Schutzmasken, der sich vor Ausbruch der Krise zu deren Lieferung verpflichtet hat und sich nunmehr wegen erhöhter Preise verlustreich selbst eindecken muss. Allerdings führt § 275 Abs. 2 BGB in diesen Fällen nur selten zu einer Befreiungsmöglichkeit des Schuldners. Zu vergleichen sind dabei nämlich 24

---

[14] S. beispielhaft die Allgemeinverfügung des Bay. Staatsministeriums für Gesundheit und Pflege vom 16.3.2020, Az. 51-G8000-2020/122-67.

[15] BGH NZI 2010, 956.

[16] BGH NJW 2013, 3437 Rn. 52.

der Aufwand des Schuldners mit dem Leistungsinteresse des Gläubigers, dh dem Nutzen, den der Gläubiger aus der Leistung zieht. Bei gestiegenen Marktpreisen oder anderen Lieferschwierigkeiten stünde der Gläubiger, wenn er sich die Leistung anderweitig verschaffen würde, regelmäßig vor denselben Beschaffungsproblemen wie der Schuldner. Die bloße Tatsache, dass der Aufwand des Schuldners und sein Gewinn auseinanderklaffen, wird von § 275 Abs. 2 BGB gerade nicht erfasst. Fälle dieser Art können lediglich unter den Voraussetzungen des Wegfalls der Geschäftsgrundlage erfasst werden (dazu → Rn. 37 ff.).

25 Eine Befreiung des Schuldners nach § 275 Abs. 3 BGB kommt in Betracht, wenn er die Leistung persönlich erbringen muss und ihm diese unter Abwägung des Leistungshindernisses mit dem Leistungsinteresse des Gläubigers nicht zugemutet werden kann. Relevanz hat diese Regelung möglicherweise im Dienst-, Werk- und Arbeitsvertragsrecht. So kann sich ein zu einer Dienst- oder Werkleistung Verpflichteter, dessen Tätigkeit nicht bereits durch besondere öffentlich-rechtliche Allgemeinverfügungen untersagt ist, auf persönliche Unzumutbarkeit berufen, wenn er zu einer durch das Coronavirus besonders gefährdeten Risikogruppe gehört.

3. Einfluss der Leistungsbefreiung auf die Gegenleistung

a) Allgemeine Regel

26 Ist der Schuldner nach § 275 Abs. 1–3 BGB von seiner Leistungspflicht befreit, entfällt gem. § 326 Abs. 1 S. 1 Hs. 1 BGB ipso iure die Gegenleistungspflicht des Gläubigers. Ausnahmen dieser Regelung (sog. vergütungserhaltende Normen) wie § 326 Abs. 2 BGB (überwiegende Verantwortlichkeit des Schuldners) sowie §§ 446, 447 BGB (Gefahrtragung beim Kauf) spielen dabei in Bezug auf die Corona-Krise keine besondere Rolle. Relevant ist das insbesondere bei Geschäften mit Fixschuldcharakter wie etwa Fitnessstudioverträgen, Verträgen über Theater- und Kinobesuche und sonstige Veranstaltungen (s. aber dazu bei → Rn. 27 zur geplanten Sonderregelung für das Veranstaltungsrecht). Hier ist für die Dauer von behördlichen Betriebsschließungen eine vereinbarte Gegenleistung nach § 326 Abs. 1 S. 1 Hs. 1 BGB grundsätzlich nicht geschuldet und – soweit die Gegenleistung bereits erbracht war – nach § 326 Abs. 4 BGB zurückzuerstatten. § 326 Abs. 1 BGB ist zwar individualvertraglich abdingbar.[17] Eine Abbedingung im Wege von AGB wäre aber wegen eines Verstoßes gegen § 307 Abs. 1, Abs. 2 Nr. 1 BGB unwirksam.[18] Das gilt auch im unternehmerischen Bereich.

---

[17] BGH NJW 2011, 756 Rn. 16.

[18] BGH NJW 1984, 2162 (2163); 1982, 181 (jeweils zur Rechtslage vor der Schuldrechtsreform 2002); MüKoBGB/Ernst BGB § 326 Rn. 116; BeckOGK/Herresthal BGB § 326 Rn. 41.

b) Sonderregelung für das Veranstaltungsrecht (Gutscheinlösung)

Nach einer „Formulierungshilfe der Bundesregierung“ zu einem Entwurf eines Gesetzes zur Abmilderung der Folgen der COVID-19-Pandemie im Veranstaltungsrecht soll für Musik-, Kultur-, Sport- oder sonstige Freizeitveranstaltungen, die aufgrund der COVID-19-Pandemie nicht stattfinden oder bereits nicht stattfinden konnten, eine sog. „Gutscheinlösung“ eingeführt werden. Das geplante Gesetz ermöglicht es Veranstaltern, im Falle der Unmöglichkeit die Gläubiger zunächst mit einem Gutschein abzufinden und damit eine wirtschaftliche Existenzbedrohung abzuwenden. Es handelt sich damit um eine Ausnahmeregelung zu § 326 Abs. 1 S. 1 Hs. 1 BGB (→ Rn. 26). Da im Falle der Nichtinanspruchnahme des Gutscheins spätestens am 31.12.2021 dessen Wert auszuzahlen ist (→ Rn. 35), stellt die Regelung wirtschaftlich auch einen Rückzahlungsaufschub für die betroffenen Veranstalter und Einrichtungen dar. 27

aa) Voraussetzungen

Die Regelung erfolgt durch die Anfügung eines § 5 an die bereits bestehenden Sonderregelungen in Art. 240 EGBGB (→ Rn. 41 ff.). Konnte oder kann eine Musik-, Kultur-, Sport- oder sonstige Freizeitveranstaltung aufgrund der COVID-19-Pandemie nicht stattfinden, so ist der Veranstalter gem. Art. 240 § 5 Abs. 1 EGBGB berechtigt, dem Inhaber einer vor dem 8.3.2020 erworbenen Eintrittskarte oder Teilnahmeberechtigung anstelle der Erstattung des Eintrittspreises einen Gutschein zu übergeben. 28

Sachlich ist Art. 240 § 5 Abs. 1 EGBGB auf Freizeitveranstaltungen wie etwa Konzerte, Festivals, Theatervorstellungen, Filmvorführungen, Wissenschaftsveranstaltungen, Vorträge, Lesungen, Sportwettkämpfe und ähnliche Freizeitveranstaltungen beschränkt. Nicht in den Anwendungsbereich fallen sollen hingegen Veranstaltungen, die im beruflichen Kontext erfolgen. Gemeint sind dabei etwa Fortbildungen und Seminare oder Veranstaltungen, die sich vorrangig an ein Fachpublikum wenden, wie etwa Fachmessen und Kongresse. Diese wollte der Gesetzgeber nicht in den Anwendungsbereich einbeziehen, weil für sie in der Regel deutlich höhere Entgelte zu zahlen seien und die Übergabe eines Gutscheins anstelle einer Erstattung des Entgelts für beruflich veranlasste Veranstaltungen wie Fachfortbildungen oder Fachseminare, zu einer erheblichen Liquiditätsbindung bei den Inhabern einer Teilnahmeberechtigung führten. Hier sieht die Entwurfsbegründung in einer Gutscheinlösung zu starke Belastungen für Selbstständige, Freiberufler und kleinere Betriebe. 29

Ähnliches gilt nach Abs. 2 der Regelung für den Fall, dass eine entsprechende Einrichtung aufgrund der COVID-19-Pandemie zu schließen war oder ist. Hier ist der Betreiber berechtigt, dem Inhaber einer vor dem 8.3.2020 erworbenen Nutzungsberechtigung anstelle einer Erstattung des 30

Entgelts einen Gutschein zu übergeben. Die in Abs. 2 vorgeschlagene Gutscheinlösung betrifft Freizeiteinrichtungen wie etwa Schwimmbäder, Sportstudios, Tierparks, Freizeitparks oder Museen. Der Betreiber der Einrichtung ist berechtigt, dem Inhaber einer im Voraus erworbenen Eintrittskarte, einer Monats-, Saison- oder Jahreskarte ebenfalls einen Gutschein zu übergeben, statt das (anteilige) Entgelt zurückzuerstatten.

31 In allen geschilderten Fällen ist der Gutschein zu übergeben, dh es ist unmittelbarer Besitz daran zu verschaffen. Das dürfte eine elektronische Übermittlung mit der Möglichkeit des Ausdrucks durch den Empfänger einschließen.

bb) Wert und Inhalt des Gutscheins

32 Der Wert des Gutscheins muss nach Abs. 3 den gesamten Eintrittspreis oder das gesamte Entgelt einschließlich etwaiger Vorverkaufsgebühren erfassen, seine Ausstellung und Übersendung müssen kostenlos sein. Eine Einschränkung der Geltungsdauer des Gutscheins ist nicht möglich. Da es sich um einen reinen Wertgutschein handelt, kann er bei allen zukünftigen vertraglichen Leistungen des Veranstalters oder der Freizeiteinrichtung als Entgelt eingelöst werden. Wer also eine Konzertkarte für das Konzert eines bestimmten Künstlers erworben hatte, kann mit dem Gutschein bei demselben Veranstalter auch eine Eintrittskarte für ein anderes Konzert erwerben.

33 Die formellen Anforderungen an den Gutschein sind in Abs. 4 geregelt: Aus ihm muss sich ergeben, dass dieser wegen der COVID-19-Pandemie ausgestellt wurde und dass der Inhaber des Gutscheins die Auszahlung des Werts des Gutscheins unter einer der in Abs. 5 genannten Voraussetzungen verlangen kann.

cc) Auszahlungsanspruch

34 Einen Anspruch auf sofortige Auszahlung des Werts des Gutscheins erwirbt dessen Inhaber nach Art. 240 § 5 Abs. 5 Nr. 1 EGBGB, wenn der Verweis auf einen Gutschein für ihn angesichts seiner persönlichen Lebensumstände unzumutbar ist. Nach der Entwurfsbegründung ist diese Ausnahmevorschrift u. a. dann anwendbar, wenn der Inhaber einer Eintrittskarte die Veranstaltung im Rahmen einer Urlaubsreise besuchen wollte und einen Nachholtermin nur unter Aufwendung hoher Reisekosten wahrnehmen könnte oder der Inhaber des Gutscheins ohne die Auszahlung des Gutscheinwerts nicht in der Lage ist, existenziell wichtige Lebenshaltungskosten wie Miet- oder Energierechnungen zu begleichen.

35 Unabhängig davon kann der Gläubiger nach Art. 240 § 5 Abs. 5 Nr. 2 EGBGB ab dem 31.12.2021 Auszahlung des Gutscheinwerts verlangen. Damit wird den Veranstaltern bzw. den Betreibern der og. Einrichtungen ein Zahlungsaufschub für die eigentlich geschuldete sofortige Rückzahlung nach § 326 Abs. 4 BGB (→ Rn. 26) gewährt.

4. Schadensersatzansprüche aufgrund der Leistungsbefreiung

Schadensersatzansprüche in Bezug auf das Leistungsinteresse im Falle einer Leistungsbefreiung beruhen bei einer nachträglichen Leistungsbefreiung auf § 280 Abs. 1, 3 iVm § 283 BGB, dh im Falle einer vertraglichen Verpflichtung auf einer nach Vertragsschluss eintretenden Unmöglichkeit. Auch für diesen Anspruch gilt gem. § 280 Abs. 1 S. 2 BGB das Verschuldensprinzip mit einer Vermutung des Vertretenmüssens. Ebenso wie im Fall der Verzögerung der Leistung dürfte dieser Entlastungsbeweis in Fällen der durch die Corona-Krise bedingten Leistungsausfälle in der Regel, dh in Abwesenheit einer vereinbarten Garantie gelingen. Fälle von anfänglicher Unmöglichkeit, in welchen sich der Schadensersatzanspruch aus § 311a Abs. 2 BGB ergibt, wird es im Zusammenhang der Corona-Krise wohl kaum geben. 36

IV. Störung der Geschäftsgrundlage (§ 313 BGB)

1. Begriff

Die seit 2002 in § 313 BGB kodifizierten Regeln der Geschäftsgrundlage gelten grundsätzlich für alle schuldrechtlichen Verträge. Im Rahmen der Corona-Krise kommt eine Geschäftsgrundlagenstörung nach § 313 BGB vor allem im Rahmen der sog. objektiven Geschäftsgrundlage nach § 313 Abs. 1 BGB in Betracht. Darunter wird jeder Umstand verstanden, dessen Vorhandensein oder Fortdauer objektiv erforderlich ist, damit der Vertrag noch als eine sinnvolle Regelung verstanden werden kann. Die weitere Unterscheidung zwischen sog. „kleiner Geschäftsgrundlage" und „großer Geschäftsgrundlage" mag bestimmte Fallgruppen bezeichnen, ist aber für die konkrete Falllösung irrelevant. Will man aber diese Bezeichnungen für die vorliegende Situation fortschreiben, so wird man die infolge der Corona-Krise auftretende Geschäftsgrundlagenproblematik als sog. „große Geschäftsgrundlage" zu qualifizieren haben. Damit werden Fälle beschrieben, in welchen die Vertragserfüllung ua durch Naturkatastrophen erschwert wird. Zu Recht ist bemerkt worden, dass sich in Fällen der „großen Geschäftsgrundlage" mit § 313 BGB keine befriedigende Lösung einer allgemeinen Not erzielen lässt.[19] 37

2. Subsidiarität

§ 313 BGB ist gegenüber den Vorschriften über die Leistungsbefreiung nach § 275 Abs. 1–3 BGB subsidiär.[20] Wie oben dargelegt, erfasst 38

---

[19] MüKoBGB/Finkenauer BGB § 313 Rn. 18.
[20] BGH NJW-RR 1995, 854; Begr. RegE BT-Drs. 14/6040, 177.

aber § 275 Abs. 2 BGB nicht Fälle, in welchen sich zwar der Leistungsaufwand des Schuldners unvorhergesehen erhöht, diesem erhöhten Aufwand aber ein entsprechender Nutzen gegenübersteht (→ Rn. 24).

3. Relevanz im Rahmen der Corona-Krise

39 Im Fall des Wegfalls der Geschäftsgrundlage setzt § 313 Abs. 1 BGB eine schwerwiegende Veränderung der die Vertragsgrundlage begründenden Umstände voraus. Der entsprechende Umstand muss dabei so bedeutsam sein, dass wenigstens eine Partei den Vertrag nicht oder nicht mit dem vereinbarten Inhalt abgeschlossen hätte. Ein Festhalten am unveränderten Vertrag muss weiter für zumindest eine Partei auch angesichts der vertraglichen und gesetzlichen Risikoverteilung unzumutbar sein. So trägt etwa bei einem Kaufvertrag grundsätzlich der Verkäufer das Beschaffungsrisiko. Denkbar ist allerdings, dass die wirtschaftlichen Folgen der Pandemie in Teilbereichen zu schweren, unvorhersehbaren Äquivalenzstörungen führen, die man früher als „wirtschaftliche Unmöglichkeit"[21] bezeichnet hat. So ist es zB möglich, dass bedingt durch die Corona-Pandemie der Schuldner von medizinischem Material zu Leistungsaufwendungen verpflichtet wird, die nunmehr zwar nicht im Missverhältnis zum Leistungsinteresse des Gläubigers, aber in einem groben Missverhältnis zur vereinbarten Gegenleistung stehen. § 313 Abs. 1 BGB kann dann zu einer Preisanpassung zugunsten des Schuldners führen.[22] Im Miet- und Pachtrecht ist zu beachten, dass § 537 Abs. 1 BGB (für die Pacht: § 581 Abs. 2 BGB) dem Mieter bzw. Pächter das Verwendungsrisiko zuweisen. Zu diesem Verwendungsrisiko gehört auch die Möglichkeit, mit dem Mietobjekt oder durch dessen Gebrauch Gewinne erzielen zu können.[23] Kann der Mietgegenstand wegen behördlicher Verbote nicht genutzt werden, so handelt es sich nicht um einen Sachmangel, weil öffentlich-rechtliche Gebrauchsbeschränkungen nur dann einen Mangel iSv § 536 BGB darstellen, wenn sie sich auf die Beschaffenheit oder die Lage der Mietsache beziehen.[24] Betriebsbezogene Umstände gehören hingegen zum Risikobereich des Mieters. Das dürfte auch für die aufgrund der COVID-19-Pandemie erfolgten Betriebsschließungen gelten. Diese sind dem allgemeinen Lebensrisiko des Mieters zuzuordnen. Auch angesichts der vom Gesetzgeber getroffenen Sonderregelung in Art. 240 § 2 EGBGB bleibt hier wenig Raum für die Anwendung von § 313 BGB (dazu auch § 3).

---

[21] S. dazu die Nachweise bei BeckOK BGB/Lorenz BGB § 275 Rn. 33.
[22] BeckOK BGB/Lorenz BGB § 313 Rn. 20, 23 mwN.
[23] BGH NJW 2000, 1714 (1717).
[24] S. nur Staudinger/Emmerich, 2018, BGB § 536 Rn. 42; BGH NJW 2011, 3151 Rn. 8.

Wenngleich das volle Fallpotential der Corona-Krise noch nicht ersichtlich ist, kann wohl prognostiziert werden, dass § 313 BGB nur ein geringes Potential zur Bewältigung allgemeiner zivilrechtlicher Fallgestaltungen birgt. 40

V. Besonderheiten in Dauerschuldverhältnissen

1. Sonderregelungen durch Art. 240 § 1 EGBGB

Das Gesetz zur Abmilderung der Folgen der COVID-19-Pandemie im Zivil-, Insolvenz- und Strafverfahrensrecht vom 27.3.2020 (BGBl. 2020 I 569) enthält in seinem Art. 5 besondere vertragsrechtliche Regelungen, die gem. Art. 5 Abs. 5 des Gesetzes am 1.4.2020 in Kraft getreten sind. Art. 5 enthält Änderungen von Art. 240 EGBGB, der zuvor mit Wirkung vom 15.7.2016 aufgehoben worden war. Im Zusammenhang mit dem allgemeinen Leistungsstörungsrecht ist allein Art. 240 § 1 EGBGB von Interesse. Die dort getroffenen Regelungen betreffen spezielle temporäre Leistungsverweigerungsrechte für Verbraucher und sog. Kleinstunternehmer. 41

2. Moratorium für Verbraucher (Art. 240 § 1 Abs. 1 EGBGB)

Art. 240 § 1 Abs. 1 EGBGB gibt Verbrauchern unter bestimmten weiteren Voraussetzungen das Recht, Leistungen zur Erfüllung eines Anspruchs zu verweigern, der im Zusammenhang mit einem Verbrauchervertrag steht, der ein Dauerschuldverhältnis ist und vor dem 8.3.2020 geschlossen wurde. Damit soll Verbrauchern geholfen werden, deren Haushaltseinkommen wegen der Pandemie verringert oder weggebrochen ist.[25] 42

a) Persönlicher und sachlicher Anwendungsbereich

aa) Verbraucherverträge

Sachlich betrifft die Regelung zunächst Verbraucherverträge. Nach der Legaldefinition des § 310 Abs. 3 BGB sind das Verträge zwischen einem Unternehmer (§ 14 BGB) und einem Verbraucher (§ 13 BGB). 43

bb) Dauerschuldverhältnisse

Das Leistungsverweigerungsrecht gilt nur für Dauerschuldverhältnisse. Dieser Begriff, der vom Gesetzgeber bislang bewusst gesetzlich nicht 44

[25] BT-Drs. 19/18110, 34.

definiert worden ist, wird auch im vorliegenden Rahmen nicht erläutert.[26] Er erfasst nach hM sowohl die sog. „eigentlichen" Dauerschuldverhältnisse, bei welchen auf bestimmte oder unbestimmte Zeit Leistungen ausgetauscht werden (zB Unterrichtsverträge, Verträge über den Zugang zum Telefonnetz und zum Internet) als auch Wiederkehrschuldverhältnisse, Bezugsverträge sowie Sukzessivlieferungsverträge (wie zB Verträge über Wasser, Gas, Strom etc).[27] Keine Dauerschuldverhältnisse sind hingegen Ratenlieferungsverträge und Teilzahlungsgeschäfte.[28]

cc) Sachlicher Zusammenhang der Forderung

45 Der betreffende Anspruch muss lediglich „im Zusammenhang" mit einem solchen Vertrag stehen. Damit sind nicht nur Erfüllungsansprüche, sondern auch Rückforderungsansprüche, Schadensersatzansprüche sowie auch Zinszahlungen aus jedem Rechtsgrund gemeint. Das Moratorium betrifft damit nicht nur die Durchsetzung von Primäransprüchen, sondern will auch die Entstehung von Sekundäransprüchen verhindern, die insbesondere deshalb drohen, weil Verbraucher als Geldschuldner mangelnde finanzielle Leistungsfähigkeit stets i.S.v. § 276 BGB zu vertreten haben.[29]

dd) Begrenzung des Anwendungsbereichs

46 Nach § 1 Abs. 4 gilt diese Regelung nicht für Miet- und Pachtverträge, Darlehensverträge und arbeitsrechtliche Ansprüche. Für Miet- und Pachtverträge sowie für Darlehensverträge sieht das Gesetz nämlich in Art. 240 §§ 2, 3 EGBGB Sonderregelungen vor (s. dazu § 2 und § 3). Für Arbeitsverträge wurde bewusst keine Regelung getroffen. Nach Ansicht des Gesetzgebers sieht dieses nämlich bereits ausdifferenzierte Lösungen für Fälle vor, in welchen der Arbeitnehmer an der Erbringung der Arbeitsleistung verhindert ist. Auf Mietverträge und Leasingverträge über bewegliche Sachen bleibt Art. 240 § 1 EGBGB aber anwendbar.

b) Zeitlicher Anwendungsbereich

47 Das Verweigerungsrecht gilt für Dauerschuldverhältnisse, die vor dem 8.3.2020 geschlossen wurden. Der Gesetzgeber hält lediglich Schuldner für schutzwürdig, die bis zum Zeitpunkt, in welchem die Pandemie des Corona-Virus absehbar war, im Vertrauen auf ihre wirtschaftliche Leistungsfähigkeit einen Vertrag geschlossen haben.[30] Das Leistungsverwei-

---

[26] RegE zu § 314 BT-Drs. 14/6040, 177.

[27] MükoBGB/Gaier BGB § 314 Rn. 12; BeckOK BGB/Lorenz BGB § 314 Rn. 6.

[28] BGH NJW 1981, 679 (680); BeckOK BGB/Lorenz BGB § 314 Rn. 6; MükoBGB/Gaier BGB § 314 Rn. 12.

[29] BT-Drs. 19/18110, 34 unter wörtliche Bezugnahme auf den Satz „Geld hat man zu haben".

[30] BT-Drs. 19/18110, 34.

gerungsrecht besteht ab dem 1.4.2020 zunächst bis zum 30.6.2020. Art. 240 § 4 Abs. 1 Nr. 1 EGBGB enthält aber eine Verordnungsermächtigung, welche der Bundesregierung erlaubt, das Moratorium bis zum 30.9.2020 zu verlängern. Über diesen Zeitraum hinaus ist die Bundesregierung nach Art. 240 § 4 Abs. 2 EGBGB ermächtigt, diese Frist mit Zustimmung des Bundestags über den 30.9.2020 weiter zu verlängern, wenn die Beeinträchtigungen durch die COVID-19 Pandemie fortbestehen.

Zu bedauern ist, dass der Gesetzgeber keine Auslaufregelung für die 48
Zeit nach dem Ende des Moratoriums getroffen hat. Nach Beendigung des Moratoriums werden nämlich sämtliche durch das Moratorium aufgeschobenen Verpflichtungen von Verbrauchern schlagartig fällig. Dann ist eine erhebliche finanzielle Überforderung von Verbrauchern sowie eine Kündigungswelle zu befürchten. Das Moratorium verschiebt damit nur ein Problem, ohne es wirklich zu lösen. Eine Verlängerung des Moratoriums nach Beendigung der Krise könnte hier für ausreichend Zeit sorgen, um aufgelaufene Verbindlichkeiten zu tilgen.

c) Beschränkung auf „wesentliche Dauerschuldverhältnisse"

Art. 240 § 1 Abs. 1 S. 2 EGBGB beschränkt ist das Leistungsverwei- 49
gerungsrecht auf *wesentliche* Dauerschuldverhältnisse. Nach Art. 240 § 1 Abs. 1 S. 3 EGBGB sind das solche Dauerschuldverhältnisse, die zur Eindeckung mit Leistungen der angemessenen Daseinsvorsorge erforderlich sind. Nach der Intention des Gesetzgebers sind damit Pflichtversicherungen und die Grundversorgung mit Strom, Gas, Wasser und Telekommunikation gemeint, wenn Verbraucher krisenbedingt ihren Zahlungsverpflichtungen nicht nachkommen können.[31] Damit dürften auch Internetproviderverträge erfasst sein, nicht jedoch Streaming-Abonnements für Musik, Filme oder Online-Spiele, die der reinen Unterhaltung dienen. Eine Schutzlücke besteht möglicherweise insoweit, dass Teilzahlungsgeschäfte offenbar nicht erfasst werden. Auch solche Leistungen können der angemessenen Vorsorge dienen. Man denke etwa an den Ratenkauf von unentbehrlichen Möbeln und Haushaltsgeräten. „Wesentliche Dauerschuldverhältnisse" können aber Miet- und Leasingverträge über bewegliche Sachen sein. So kann ein Leasingvertrag eines Verbrauchers über ein Kfz unter das Moratorium fallen (so etwa bei Berufspendlern, die ein Kfz dringend benötigen).

d) Voraussetzungen des Leistungsverweigerungsrechts

Das Leistungsverweigerungsrecht besteht nur, wenn dem Verbraucher 50
„infolge von Umständen, die auf die Ausbreitung der Infektionen mit

[31] BT-Drs. 19/18110, 4, 18.

dem SARS-CoV-2-Virus (COVID-19-Pandemie) zurückzuführen sind, die Erbringung der Leistung (meist der Gegenleistung) ohne Gefährdung seines angemessenen Lebensunterhalts oder des angemessenen Lebensunterhalts seiner unterhaltsberechtigten Angehörigen nicht möglich wäre". Die Beweislast für diese Voraussetzungen trägt der Verbraucher.[32]

e) Ausschluss des Leistungsverweigerungsrechts (Abs. 3 S. 1); Kündigungsrecht

51 Nach Art. 240 § 1 Abs. 3 S. 1 EGBGB ist das Leistungsverweigerungsrecht ausgeschlossen, wenn dessen Ausübung für den Unternehmer unzumutbar ist, weil die Nichterbringung der Leistung die wirtschaftliche Grundlage seines Erwerbsbetriebs gefährden würde. Die Beweislast hierfür trägt der Unternehmer. Ist das Leistungsverweigerungsrecht danach ausgeschlossen, so hat der Schuldner nach Art. 240 § 1 Abs. 3 S. 3 EGBGB das Recht zur – offenbar fristlosen – Kündigung des Dauerschuldverhältnisses. Dieser Ausnahmetatbestand ist seinerseits nicht als Einrede ausgestaltet. Das erlaubt dem Schuldner, sich zum Zweck eines Kündigungsrechts auch dann auf Art. 240 § 1 Abs. 3 S. 3 EGBGB zu berufen, wenn der Unternehmer dies (bewusst oder unbewusst) unterlässt. Man wird in einem solchen Fall dem Schuldner gem. § 242 BGB die Berufung auf das Kündigungsrecht versagen müssen.

f) Einredecharakter

52 Das Moratorium ist als Leistungsverweigerungsrecht und damit als Einrede ausgestaltet. Es wirkt damit nicht ipso iure, vielmehr muss sich der Schuldner gegenüber dem Unternehmer ausdrücklich darauf berufen, dass er gerade wegen der Covid-19-Pandemie nicht leisten kann, ohne seinen angemessenen Lebensunterhalt oder denjenigen seiner unterhaltsberechtigten Angehörigen zu gefährden.

g) Rechtsfolgen

aa) Wegfall der Durchsetzbarkeit

53 Die Erhebung der Einrede hindert ab Inkrafttreten des Gesetzes (1.4.2020) für die Geltungsdauer des Moratoriums (dazu → Rn. 47) die Durchsetzbarkeit von Forderungen aus Dauerschuldverhältnissen, die vor dem 8.3.2020 begründet wurden. Das bewirkt, dass ein bereits bestehender Schuldnerverzug mit der Erhebung der Einrede zunächst beendet wird. Das Leistungsverweigerungsrecht verhindert damit auch das Entstehen von Ansprüchen auf Schadensersatz statt der Leistung aus § 280 Abs. 1, 3 iVm § 281 BGB (dazu → Rn. 18). Vor der Erhebung der Ein-

---

[32] BT-Drs. 19/18110, 35.

rede bereits bestehende Verzugsfolgen oder Schadensersatzansprüche werden allerdings nach allgemeinen Grundsätzen nicht berührt. Lediglich ihre Durchsetzung ist für die Dauer des Moratoriums ausgeschlossen. Auch eine Kündigung des Dauerschuldverhältnisses durch den Gläubiger ist aufgrund nach der Einredeerhebung ausbleibender Zahlungen nicht möglich.

bb) Leistungsverweigerungsrecht des Unternehmers?

Auch für Dauerschuldverhältnisse ist ein Leistungsverweigerungsrecht 54
des Schuldners (im Kontext von Art. 240 § 1 Abs. 1 EGBGB des Unternehmers) nach § 320 Abs. 1 BGB anerkannt. Da die synallagmatische Verknüpfung der Leistungspflichten der Vertragsparteien auch hier gegeben ist, ist es grundsätzlich möglich, das Zurückbehaltungsrecht nach § 320 Abs. 1 BGB hinsichtlich noch zu erbringender Leistungen auszuüben, auch wenn die mit ihr zeitlich korrespondierende (Teil-) Zahlungsforderung noch nicht entstanden oder fällig geworden ist. Es genügt, dass die (fällige) Zahlung für zeitlich nicht korrespondierende vorangegangene zeitliche Abschnitte nicht erbracht worden ist.[33] Da aber § 320 Abs. 1 BGB ein Druckmittel zur Durchsetzung der (Gegen-)Leistungspflicht des Gläubigers sein soll, dem die Einrede entgegengehalten wird, verlangt die Regelung auch die Durchsetzbarkeit der Forderung, auf welche die Einrede gestützt wird.[34] Damit kann der Unternehmer, gegen dessen Zahlungsanspruch ein Verbraucher die Einrede nach Art. 240 § 1 Abs. 1 EGBGB einwendet, bis zum Ablauf des Moratoriums die Leistung aus dem Dauerschuldverhältnis weder nach § 320 Abs. 1 BGB noch nach § 321 BGB verweigern.

3. Moratorium für Kleinstunternehmer (Art. 240 § 1 Abs. 2 EGBGB)

a) Sachlicher und zeitlicher Anwendungsbereich

Art. 240 § 1 Abs. 2 EGBGB sieht ein ähnliches Moratorium für 55
Kleinstunternehmer vor. Für den Begriff des Kleinstunternehmers wird auf die Empfehlung 2003/361/EG der Kommission vom 6.5.2003 (ABl. EG 2003 L 124, 36 v. 20.5.2003) verwiesen. Nach Art. 2 Abs. 2 des Anhangs zu dieser Empfehlung sind das Unternehmen, die weniger als 10 Personen beschäftigen und deren Jahresumsatz bzw. Jahresbilanz 2 Mio. EUR nicht überschreitet. Da bei der Mitarbeiterzahl auch mitarbeitende Eigentümer mitgerechnet werden, sind auch reine Einzelunter-

[33] So BGH NJW 2011, 2122 Rn. 31 (für Mobilfunkverträge); Staudinger/Schwarze, 2015, § 320 Rn. 25.
[34] BeckOGK/Rüfner BGB § 320 Rn. 14.

nehmen erfasst. Sachlich betrifft das Leistungsverweigerungsrecht ebenso wie dasjenige nach Abs. 1 Leistungen zur Erfüllung eines Anspruchs, der „im Zusammenhang“ mit einem vor dem 8.3.2020 begründeten vertraglichen Dauerschuldverhältnis steht. In Bezug auf die Einbeziehung auch von Sekundäransprüchen gilt das bei → Rn. 45 Ausgeführte. Der Ausschluss von Ansprüchen aus Miet-, Pacht- und Darlehensverträgen sowie arbeitsrechtlichen Ansprüchen nach Art. 240 § 1 Abs. 4 EGBGB gilt auch hier. Gleiches gilt für die Dauer des Leistungsverweigerungsrechts bis zum 30.6.2020 und die Möglichkeit der Verlängerung nach Art. 240 § 4 Abs. 1 Nr. 1 EGBGB (dazu → Rn. 47). In Bezug auf den Einredecharakter des Leistungsverweigerungsrechts gilt das bei → Rn. 52 Ausgeführte.

b) Beschränkung auf „wesentliche Dauerschuldverhältnisse“

56 Auch das Leistungsverweigerungsrecht für Kleinstunternehmer ist gem. Art. 240 § 1 Abs. 2 S. 2 EGBGB auf „wesentliche Dauerschuldverhältnisse“ beschränkt. Nach Art. 240 § 1 Abs. 2 S. 3 EGBGB sind das solche Dauerschuldverhältnisse, „die zur Eindeckung mit Leistungen zur angemessenen Fortsetzung seines Erwerbsbetriebs erforderlich sind.“ Auch hier ist an Pflichtversicherungen, Verträge über die Lieferung von Strom und Gas oder über Telekommunikationsdienste, soweit zivilrechtlich geregelt auch Verträge über die Wasserversorgung und -entsorgung gedacht.[35] Das Leistungsverweigerungsrecht gilt für Kleinstunternehmer nicht nur für Entgeltforderungen, sondern auch für andere Forderungen. Die Gesetzesbegründung erwähnt beispielhaft Kleinstunternehmer, die Dienstleistungen erbringen oder Vermietungen von Kraftfahrzeugen anbieten. Der praktische Anwendungsbereich dürfte hier angesichts der Beschränkung auf Kleinstunternehmer und „wesentliche Dauerschuldverhältnisse“ allerdings gering sein. „Wesentlich“ ist ein Dauerschuldverhältnis gem. Art. 240 § 1 Abs. 2 S. 2 EGBGB, wenn es zur Eindeckung mit Leistungen zur angemessenen Fortsetzung des Erwerbsbetriebs erforderlich ist. Bei Kleinstunternehmern können das auch Miet- oder Leasingverträge über Firmenfahrzeuge und Werkzeugmaschinen sein.

c) Voraussetzungen des Leistungsverweigerungsrechts

57 Voraussetzung für das Verweigerungsrecht ist nach Abs. 2, dass das Unternehmen die Leistung nicht erbringen kann (Art. 240 § 1 Abs. 2 Nr. 1 EGBGB) oder dem Unternehmen die Erbringung der Leistung ohne Gefährdung seines Erwerbsbetriebs nicht möglich wäre (Art. 240 § 1 Abs. 2 Nr. 2 EGBGB). Die Unmöglichkeitsregelung in Nr. 1 hat dabei wohl eine Ergänzungsfunktion zu § 275 Abs. 1 BGB. Wenn das Un-

---

[35] BT-Drs. 19/18110, 34.

ternehmen nämlich die Leistung, die keine Entgeltforderung ist, nicht ohne Gefährdung des Erwerbsbetriebs erbringen kann, ist es bereits nach § 275 Abs. 1 BGB für die Dauer des Leistungshindernisses von seiner Leistungspflicht befreit. Die Regelung in Nr. 1 will wohl verhindern, dass Sekundäransprüche bestehen, wenn das Unternehmen die Leistung aufgrund mangelnden finanziellen Leistungsvermögens nicht erbringen kann. Dass dieses gesetzgeberische Ziel sich möglicherweise nicht in die Dogmatik des Unmöglichkeitsrechts einfügt ist dabei unbeachtlich. Nr. 2 dürfte dagegen eher auf Entgeltleistungen abzielen.

d) Ausschluss des Leistungsverweigerungsrechts (Abs. 3 S. 2); Kündigungsrecht

Nach Abs. 3 S. 2 ist das Leistungsverweigerungsrecht ausgeschlossen, 58
wenn dessen Ausübung „für den Gläubiger unzumutbar ist, da die Nichterbringung der Leistung zu einer Gefährdung seines angemessenen Lebensunterhalts oder des angemessenen Lebensunterhalts seiner unterhaltsberechtigten Angehörigen oder der wirtschaftlichen Grundlagen seines Erwerbsbetriebs führen würde.“ Ist das Leistungsverweigerungsrecht ausgeschlossen, steht dem Kleinstunternehmer gem. Abs. 3 S. 3 ein Kündigungsrecht zu (dazu → Rn. 51).

e) Rechtsfolgen

Hinsichtlich der Rechtsfolgen gilt das bei → Rn. 53 f. Ausgeführte. 59

VI. Schuldverhältnisse mit Auslandsberührung

1. Internationales Privatrecht

a) Anwendbarkeit der Rom I-VO

Das auf Schuldverträge mit Auslandberührung anwendbare Recht 60
(Vertragsstatut) unterliegt der Rom I-Verordnung.[36] Diese hat einen universellen Anwendungsbereich, dh sie gilt auch dann, wenn dadurch eine Verweisung auf das Recht eines Nicht-Mitgliedstaates der EU erfolgt (Art. 2 Rom I-VO). Ein Schuldvertrag unterliegt primär dem von den Parteien gewählten Recht (Art. 3 Rom I-VO). Liegt eine solche Rechtswahl nicht vor, so bestimmt sich das anwendbare Recht nach den Art. 4ff. Rom I-VO. Art. 4 Abs. 1 Rom I-VO enthält zunächst einen Ka-

---

[36] Verordnung (EG) Nr. 593/2008 des Europäischen Parlaments und des Rates vom 17. Juni 2008 über das auf vertragliche Schuldverhältnisse anzuwendende Recht (Rom I).

talog bestimmter Verträge. So ist etwa auf einen Kaufvertrag das Recht des Landes anzuwenden, wo der Verkäufer seinen gewöhnlichen Aufenthalt oder seinen Sitz bzw. seine Niederlassung hat. Sofern der jeweilige Vertrag nicht unter diesen Katalog fällt, ist gem. Art. 4 Abs. 2 Rom I-VO das Recht des Staates anzuwenden, in dem die Partei, welche die für den Vertrag charakteristische Leistung zu erbringen hat, ihren gewöhnlichen Aufenthalt oder ihren Sitz bzw. Niederlassung hat. Sonderregelungen bestehen für Beförderungsverträge (Art. 5 Rom I-VO), Verbraucherverträge (Art. 6 Rom I-VO); Versicherungsverträge (Art. 7 Rom I-VO) und Individualarbeitsverträge (Art. 8 Rom I-VO).

b) Verbraucherverträge

61 Soweit nach diesen Regelungen ausländisches Recht anwendbar ist, gelten die hier behandelten Regelungen des COVID-19-Sondergesetzes nicht. Allerdings gilt bei Verbraucherverträgen gem. Art. 6 Rom I-VO eine Sonderregelung. Danach ist immer dann deutsches Recht anwendbar, wenn der Unternehmer seine berufliche Tätigkeit im Aufenthaltsstaat des Verbrauchers ausübt oder seine Tätigkeit in irgendeiner Weise (zB auch durch Web-Seiten) auf diesen Staat ausrichtet. Auch darf eine auch bei Verbraucherverträgen zulässige Rechtswahl unter denselben Voraussetzungen nicht dazu führen, dass dem Verbraucher der Schutz des zwingenden Rechts seines Aufenthaltsstaats entzogen wird. Sofern es überhaupt „wesentliche Dauerschuldverhältnisse“ eines Verbrauchers iSv Art. 240 § 1 Abs. 1 EGBGB mit Auslandsbezug gibt, dürften daher zugunsten des Verbrauchers die oben dargelegten Regelungen über das Moratorium Anwendung finden.

c) Verträge von (Kleinst-)Unternehmern

62 In Bezug auf das Moratorium zugunsten von Kleinstunternehmern gem. Art. 240 § 1 Abs. 2 EGBGB kann es dann zur Anwendung ausländischen Rechts kommen, wenn eine entsprechende Rechtswahl gem. Art. 3 Rom I-VO vorliegt oder die Anwendung von Art. 4 Rom I-VO zur Anwendung ausländischen Rechts kommt. Betrachtet man den Anknüpfungskatalog des Art. 4 Abs. 1 EGBGB unter dem Aspekt von „wesentlichen Dauerschuldverhältnissen“ kommt die Anwendung deutschen Rechts vor allem bei Verträgen über Dienstleistungen, Franchiseverträgen und Vertriebsverträgen in Betracht, wenn der Kleinstunternehmer Dienstleister, Franchisenehmer oder Vertriebshändler ist. Ausländisches Recht kommt bei allen Verträgen zur Anwendung, in welchen die Partei, welche die vertragscharakteristische Leistung zu erbringen hat, ihren Sitz oder ihren gewöhnlichen Aufenthalt im Ausland hat. Das wäre dann der Fall, wenn Kleinstunternehmer Zahlungsverpflichtungen treffen und die andere Vertragspartei des „wesentlichen Dauerschuldverhältnisses“ iSv

Art. 240 § 1 Abs. 2 EGBGB ihren gewöhnlichen Aufenthalt oder ihre Hauptniederlassung bzw. ihren Sitz (Art. 19 Rom I-VO) im Ausland hat.

d) Eingriffsnormen (Art. 9 Rom I-VO)

Unterliegt ein Vertrag mit einem Kleinstunternehmer ausländischem Recht, stellt sich die Frage, ob Art. 240 § 1 Abs. 2 EGBGB als sog. Eingriffsnorm iSv Art. 9 Rom I-VO dennoch Anwendung finden kann. Eine Eingriffsnorm ist nach der Legaldefinition in Art. 9 Abs. 1 Rom I-VO eine zwingende Vorschrift, „deren Einhaltung von einem Staat als so entscheidend für die Wahrung seines öffentlichen Interesses, insbesondere seiner politischen, sozialen oder wirtschaftlichen Organisation, angesehen wird, dass sie ungeachtet des nach Maßgabe dieser Verordnung auf den Vertrag anzuwendenden Rechts auf alle Sachverhalte anzuwenden ist, die in ihren Anwendungsbereich fallen". Nach Art. 9 Abs. 2 Rom I-VO können solche Normen des Staates des angerufenen Gerichts (der „lex fori") unabhängig von dem für den Sachverhalt maßgeblichen Vertragsstatut Anwendung finden. Es geht damit um Normen des Gerichtsstaates, die ihren Anwendungsbereich aus den genannten Gründen selbst definieren, d.h. nach ihrem Sinn und Zweck auch dann angewendet werden wollen, wenn im Übrigen ausländisches Recht Anwendung findet. Die Frage, ob es sich bei einer Norm um eine Eingriffsnorm handelt, ist damit eine Frage der Auslegung. 63

aa) Inländische Exportbeschränkungen

Nahezu klassische Eingriffsnormen sind außenwirtschaftliche Exportbeschränkungen. Das gilt auch für die im Rahmen der Corona-Krise erlassenen Vorschriften der EU. So wurde mit der Durchführungsverordnung (EU) 2020/402 der Kommission vom 14.3.2020 über die Einführung der Verpflichtung zur Vorlage einer Ausfuhrgenehmigung bei der Ausfuhr bestimmter Produkte[37] eine Genehmigungspflicht für den Export von medizinischer Schutzausrüstung in Drittstaaten erlassen. Diese Regelung gilt gem. Art. 9 Abs. 2 Rom I-VO unabhängig von dem jeweiligen Vertragsstatut. 64

bb) Art. 240 § 1 Abs. 1 EGBGB als Eingriffsnorm

Auch privatrechtliche Regelungen zB des Verbraucherschutzes können Eingriffsnormen darstellen, sofern die Vorschriften nicht nur dem Schutz und Ausgleich widerstreitender Interessen der Vertragsparteien dienen, sondern neben reinen Individualbelangen auch öffentliche Gemeinwohlinteressen verfolgen.[38] Die Gesetzesmaterialien zum COVFAG erweisen 65

---

[37] ABl. EU 2020 L 77I v. 15.3.2020. Die entsprechende nationale Beschränkung im Außenwirtschaftsverkehr vom 12.3.2020 (BAnz. AT 12.03.2020 B1) wurde im Hinblick auf die EU-Regelung aufgehoben.

[38] BeckOK BGB/Lorenz Einl. IPR Rn. 49.

sich insoweit als unergiebig, als dort auf Fälle mit Auslandsberührung nicht eingegangen wird. Angesichts des wirtschafts- und sozialpolitischen Zwecks der Regelung, für „Verbraucher und Kleinstunternehmen (zu gewährleisten), dass sie etwa von Leistungen der Grundversorgung (…) nicht abgeschnitten werden, weil sie ihren Zahlungspflichten krisenbedingt nicht nachkommen können" (→ Rn. 49), spricht vieles für die Einstufung als Eingriffsnorm iSv Art. 9 Abs. 1 Rom I-VO, so dass die Regelungen des Art. 240 § 1 EGBGB auch dann zur Anwendung kommen können, wenn die jeweilige Forderung ausländischem Recht unterliegt. Gleiches muss – wenngleich praktische Fallkonstellationen schwer vorstellbar sind – für die Sonderregelungen im Veranstaltungsrecht in Art. 240 § 5 EGBGB gelten (dazu → Rn. 27ff.).

cc) Ausländische Exportbeschränkungen

66 Außenwirtschaftliche Exportbeschränkungen fremder Staaten gelten nach Art. 9 Abs. 1 Rom I-VO, wenn das jeweilige ausländische Recht auf den Vertrag anwendbar ist. Ist auf den Vertrag deutsches Recht anwendbar, kann ausländischen (sog. drittstaatlichen) Eingriffsnormen nach Art. 9 Abs. 3 Rom I-VO „Wirkung verliehen werden, soweit diese Eingriffsnormen die Erfüllung des Vertrags unrechtmäßig werden lassen." Dabei sind „Art und Zweck dieser Normen sowie die Folgen zu berücksichtigen, die sich aus ihrer Anwendung oder Nichtanwendung ergeben würden". Drittstaatliche Eingriffsnormen finden dabei allerdings nicht in der Qualität als Rechtsnorm Anwendung, sondern werden als tatsächlicher Umstand berücksichtigt.[39] So kann etwa eine als Eingriffsnorm zu qualifizierende ausländische Vorschrift bei Anwendbarkeit deutschen materiellen Rechts nicht zur Nichtigkeit eines Vertrags nach § 134 BGB führen, wohl aber als tatsächliches Leistungshindernis Unmöglichkeit iSv § 275 Abs. 1 BGB begründen[40] oder unter dem Gesichtspunkt des Wegfalls der Geschäftsgrundlage von Bedeutung sein.[41]

2. Kaufverträge nach UN-Kaufrecht (CISG)

a) Anwendungsbereich und Haftungsregime

67 Für Verbindlichkeiten aus Kaufverträgen, die dem CISG unterliegen, verdrängt das CISG in seinem sachlichen Anwendungsbereich die Kollisionsnormen der Rom I-VO. Das CISG regelt „Kaufverträge über Waren" (Art. 1 Abs. 1 CISG) zu geschäftlichen Zwecken zwischen Parteien,

---

[39] S. dazu BeckOK BGB/Lorenz Einl. IPR Rn. 50 mwN.

[40] BGHZ 128, 41 (53) = DtZ 1995, 250; unrichtig insoweit Weller/Lieberknecht/Habricht NJW 2020, 1017, die rechtliche Unmöglichkeit annehmen.

[41] BGH NJW 1984, 1746.

die ihre Niederlassung in verschiedenen Vertragsstaaten haben oder wenn das IPR des Gerichtsstaates zur Anwendung des Rechts eines Vertragsstaats führt. Ist eine Leistung wegen der Corona-Krise unmöglich geworden, wird der Schuldner, ohne dass es eine ausdrückliche Regelung gibt, auch nach dem CISG von der Leistungspflicht befreit. Liefert der Verkäufer die Ware deshalb nicht oder liefert er nicht rechtzeitig, so kann der Käufer nach Ablauf einer vom ihm zu setzenden Frist den Vertrag aufheben (Art. 49 Abs. 1 lit. b CISG). Zahlt der Käufer den Kaufpreis nicht, steht dem Verkäufer gem. Art. 64 Abs. 1 lit. b CISG das gleiche Recht zu. Insofern entspricht die Rechtslage im Wesentlichen dem heutigen deutschen Schuldrecht.

b) Verschuldensunabhängiger Schadensersatz und höhere Gewalt

Eine Besonderheit im Vergleich zum deutschen Recht besteht für Scha- **68**
densersatzansprüche von Käufer und Verkäufer. Beide Seiten können bei Vertragsverletzungen nach Maßgabe der Art. 74 ff. CISG Schadensersatz verlangen. Anders als im deutschen Recht ist diese Verpflichtung zum Schadensersatz unabhängig vom Verschulden der jeweiligen, den Vertrag verletzenden Partei. Bezüglich dieses grundsätzlich verschuldensunabhängigen Schadensersatzes regelt Art. 79 CISG sog. Befreiungen. Die wichtigste im vorliegenden Zusammenhang ist die sog. *force majeure*-Klausel in Art. 79 Abs. 1 CISG. Sie entlastet den Schuldner (nur) von Schadensersatzersatzverpflichtung, wenn er nachweist, dass die Nichterfüllung auf einem außerhalb seines Einflussbereichs liegenden Hinderungsgrund beruht und dass von ihm vernünftigerweise nicht erwartet werden konnte, den Hinderungsgrund bei Vertragsschluss in Betracht zu ziehen oder den Hinderungsgrund oder seine Folgen zu vermeiden oder zu überwinden. Unter diese *force majeure* (höhere Gewalt) fallen unter anderem auch außergewöhnliche Naturereignisse wie u. a. auch Epidemien.[42] Damit sind Schuldner unter dem CISG bei Vertragsverletzungen, die durch die Corona-Pandemie verursacht wurden, von der Schadensersatzpflicht befreit. Das gilt jedoch nicht für die eigene finanzielle Leistungspflicht, die auch unter Geltung des CISG zum typischen Verantwortungsbereich des Schuldners gehört.[43]

[42] BeckOGK/Bach CISG Art. 79 Rn. 9.1.
[43] S. nur MüKoHGB/Mankowski CISG Art. 77 Rn. 27 mwN.

§ 2 Kreditrecht

Inhaltsübersicht

Rn.

I. Kredite in der Krise[1]

Wie jede andere volkswirtschaftliche Krise wird auch die COVID-19-Pandemie zu erheblichen Schwierigkeiten bei fast allen Wirtschaftsteilnehmern führen. Betroffen sind Kreditinstitute als Darlehensgeber und Einzelunternehmer, kleine, mittlere und große Unternehmen sowie in der Masse vor allem Verbraucher als Darlehensnehmer und über die Verbrie- 1

[1] Sämtliche angegebenen Links wurde zuletzt abgerufen am 15.4.2020.

fung von Krediten auch Kapitalanleger aller Couleur. Bei der **strukturellen Abhängigkeit** der westlichen Staaten vom Konsum seiner Bürger, der oft nicht aus den laufenden Einnahmen getragen, sondern Kredit finanziert ist, führt ein Rückgang der Nachfrage zu einer Absatzkrise bei Unternehmen, die selbst ansonsten nur teilweise oder temporär auf Darlehen angewiesen sind. Die Befeuerung der Kapitalmärkte wie die Ausstattung der Unternehmen und privaten Konsumenten mit relativ billigem Geld führt seit Jahrzehnten trotz Verschärfungen etwa zur Kreditwürdigkeitsprüfung zu einer gewissen Sorglosigkeit bei der Darlehensaufnahme. Derzeit sind in Deutschland knapp sieben Millionen Personen, also fast jede zehnte erwachsene Person überschuldet, mithin über einen längeren Zeitraum nicht in der Lage, ihren Verbindlichkeiten nachzukommen. Die Hauptgründe dafür sind mangelnde Rücklagen,[2] womit auch die ungleiche Verteilung des Vermögens in der Bevölkerung angesprochen ist. Nur knapp unter einem Zehntel ist die Überschuldung unmittelbar auf das Konsumverhalten der Verbraucher zurückzuführen.[3] Selbst in den langen Jahren des wirtschaftlichen Aufschwunges seit der Finanzkrise 2007 ist es nicht gelungen, die immense Zahl der überschuldeten Haushalte signifikant und vor allem dauerhaft zu vermindern, auch um zu verhindern, dass Familien ihr finanziertes Eigenheim verlieren und dann möglicherweise insgesamt auf staatliche Hilfe angewiesen sind. Deutlich verbessert hat sich dagegen die Lage für viele kleine und mittelständige Unternehmen, vor allem hinsichtlich ihrer Eigenkapitalquote[4]; doch gelten Werte über knapp 30 % gerade mal als ausreichend; die Abhängigkeit **von Krediten**, besonders im Abschwung, erst recht bei gravierenden Krisen bleibt enorm. Keine politische Klasse hat bislang die Kraft aufgebracht, diese Abhängigkeit von Krediten entscheidend zu reduzieren, weil damit immer auch die Befürchtung verbunden ist, die Wachstumsraten könnten bei restriktiver Kreditvergabe zurückgehen. So ist die Anfälligkeit der Wirtschaft im Allgemeinen für global betrachtet relativ leichte oder absehbar nur temporär wirkende Ereignisse hoch; bei echten Krisen droht allein über die unzureichende Eigenkapitalausstattung vielerorts schnell der Zusammenbruch.

---

[2] Überschuldungen beruhen zu 23 % auf Arbeitslosigkeit und reduzierter Arbeit, zu 10,5 % auf Scheidung/Trennung und zu etwa 10 % auf Krankheit der Betroffenen (siehe iff-Überschuldungsreport 2019, S. 6, https://www.iff-hamburg.de/wp-content/uploads/2019/06/iff-%C3%9Cberschuldungsreport-2019.pdf).

[3] Siehe iff-Überschuldungsreport 2019, S. 6 (https://www.iff-hamburg.de/wp-content/uploads/2019/06/iff-%C3%9Cberschuldungsreport-2019.pdf).

[4] Von der Jahrtausendwende bis zum Geschäftsjahr 2018 stieg die Eigenkapitalquote von rund 18 auf 31,2 Prozent (siehe https://de.statista.com/statistik/daten/studie/150148/umfrage/durchschnittliche-eigenkapitalquote-im-deutschen-mittelstand/ und https://www.mittelstandsbund.de/themen/finanzen/mittelstand-in-zahlen-wie-ist-die-eigenkapitalquote-von-kmu/).

2 Der deutsche Gesetzgeber will zur Abmilderung der Folgen der COVID-19-Pandemie mit dem COVFAG helfen, die Auswirkungen der Krise so klein wie möglich zu halten. Während Banken und große Unternehmen auf staatliche Zuschüsse und möglicherweise sogar staatliche Beteiligungen hoffen können (und ggf. zugleich ihre Anteilseigner und Führungskräfte als wäre nichts gewesen entlohnen[5]), werden **Verbindlichkeiten** von Schuldnern **nur zeitlich verschoben**, nicht gemindert oder gar aufgehoben, wodurch diesen lediglich Zeit verschafft werden soll, ihren Verbindlichkeiten vollständig nachzukommen (dazu → Rn. 3 ff.). Staatliche Zuschüsse können nur Unternehmer erwarten, Kleinstunternehmer und selbst Start-Ups, aber eben nicht Verbraucher. Hier hat man Geld einfach zu haben. So werden Verbraucher vor allem Dispositions- und geduldete Überziehungskredite ausreizen und ihre Kreditkarten hoch belasten, so dass am Ende kommen wird wie es immer kommt: Die Schwächsten werden in der Krise über die zum Teil unverschämt hohen Zinsen und Gebühren[6] die höchste Zeche zahlen.[7] Nur selten wird in der Krise, wenn nicht gerade der Tod des Kreditnehmers eintritt, die Restschuld durch Versicherer getragen, soweit solche vorhanden und überhaupt eintrittspflichtig sind (dazu → Rn. 38 ff.). Kommt es - wie fast sicher ist - zu realen Kreditausfällen, werden diese häufig auch nicht von den Banken selbst zu tragen sein, sondern von Kapitalanlegern, die verbriefte Kreditpakete mittelbar erworben haben und nun deren Ausfall befürchten müssen, was sich erst in einigen Monaten zeigen wird (dazu → Rn. 41 f.). Früh haben hingegen die Europäische Zentralbank und die Europäischen Aufsichtsbehörden, insbes. auch die BaFin reagiert und u.a. ihre aufsichtsrechtlichen Anforderungen angepasst (dazu → Rn. 43 f.).

II. Darlehen von Banken an Verbraucher

3 Die durch die COVID-19-Pandemie verursachten Einschränkungen führen bei einer Vielzahl von Privatpersonen zu Einkommens-, wie bei

[5] BMW, Daimler und VW schütten Milliarden an ihre Aktionäre aus, obwohl sie Kurzarbeit in Anspruch nehmen (https://www.handelsblatt.com/unternehmen/industrie/bmw-haelt-an-ausschuettung-fest-dividende-trotz-staatshilfe-autokonzerne-stehen-in-der-kritik/25720114.html?utm_term=Autofeed&social=tw-hb_hk-li-ne-or-&utm_medium=Social&utm_content=hb_hk&utm_source=Twitter&ticket=ST-2600173-QiR5TZXc3goigkLqnbVQ-ap6#Echobox=1586191084).

[6] Diese Gefahr sieht insbesondere auch die Europäische Bankenaufsichtsbehörde, die zuletzt am 25. 3.2020 alle Finanzinstitute an ihre Pflichten zum Verbraucherschutz erinnerte, insbesondere daran, keine versteckten Gebühren einzuführen (https://eba.europa.eu/eba-provides-clarity-banks-consumers-application-pru-dential-framework-light-covid-19-measures).

[7] So auch die Einschätzung des Nobelpreisträges Joseph Stiglitz, 'It won't be a robust recovery' (https://www.businessinsider.com/stiglitz-trillion-coronavirus-bill-fail-drive-us-recovery-economy-2020-3?r=DE&IR=T).

Unternehmern zu Einnahmeverlusten. Ohne hinreichende finanzielle Rücklagen sind diese nicht nur – wie die Gesetzesbegründung anführt - bis zur Aufhebung der Maßnahmen[8], sondern vermutlich auch darüber hinaus nicht oder nur eingeschränkt in der Lage, ihre laufenden Darlehensverbindlichkeiten zu bedienen, erst recht nicht aufgelaufene Rückstände auf einen Schlag oder möglicherweise überhaupt zu erfüllen. Zugleich spricht die Gesetzesbegründung ausdrücklich davon, dass die durch die COVID-19-Pandemie verursachten **Einnahmeausfälle** viele Personen nicht nur als Mieter, sondern auch als Darlehensnehmer schmerzhaft treffen und Darlehen in der Regel aus dem laufenden Einkommen oder aus erzielten Einnahmen abbezahlt werden.[9] Weil Löhne und Gehälter sowie sonstige Einnahmen aber nicht nachgezahlt werden, sind die danach aufgelaufenen Zins- und Tilgungszahlungen von den Kreditnehmern auch bei Beseitigung der Einschnitte nicht oder nur noch mit Abstrichen zu erwarten, so dass auch über den gestundeten Zeitrahmen die Gefahr besteht, dass Darlehen verzugsbedingt gekündigt und gestellte Sicherheiten zügig verwerten werden. Allerdings ist dies beabsichtigt; dies ergibt sich aus der Zusammenschau der beschlossenen Regeln und Maßnahmen: Für „Unternehmer, Einzelunternehmer, andere kleine, mittlere und große Unternehmen sowie Kreditinstitute [sind] verschiedene wirtschaftliche Unterstützungsmaßnahmen" vorgesehen und zwar zusammengenommen mehrere hunderte Milliarden Euro; „betroffenen Verbrauchern und Kleinstunternehmen, die wegen der COVID-19-Pandemie ihre vertraglich geschuldeten Leistungen nicht erbringen können, [wird hingegen lediglich] ein Aufschub gewährt"[10] – mehr nicht. Wie sie die aufgelaufenen Verbindlichkeiten nach Aufhebung der Maßnahmen erfüllen können sollen, bleibt im Wesentlichen offen. Im Einzelnen:

1. Überblick über die für den Verbrauchkredit geltenden Regeln der §§ 497-499 BGB

4 In Falle des Verzuges hat der Verbraucherkreditnehmer den geschuldeten Betrag nach § 288 Abs. 1 BGB zu verzinsen, wobei der Darlehensgeber im Einzelfall einen höheren oder der Darlehensnehmer einen niedrigeren Schaden nachweisen kann, § 497 Abs. 1 BGB.[11] **Kündigen** kann

---

[8] So der Gesetzentwurf der Fraktionen der CDU/CSU und SPD v. 24.3.2020, BT-Drs. 19/18110, 1.

[9] Gesetzentwurf der Fraktionen der CDU/CSU und SPD v. 24.3.2020, BT-Drs. 19/18110, 2.

[10] Gesetzentwurf der Fraktionen der CDU/CSU und SPD v. 24.3.2020, BT-Drs. 19/18110, 1.

[11] Nach § 497 Abs. 2 werden die Zinsen, die nach Verzugseintritt anfallen, einer besonderen Regelung unterworfen; Abs. 3 legt abweichend von § 367 Abs. Abs. 1 BGB eine differierende Anrechnungsfolge für Teilleistungen des Verbrauchers im Verzugs-

der Darlehensgeber ein Darlehen, das in Teilzahlungen zu tilgen ist, **wegen Zahlungsverzugs**, wenn der Darlehensnehmer mit mindestens zwei aufeinander folgenden Teilzahlungen ganz oder teilweise und bei einer Vertragslaufzeit bis zu drei Jahren mit mindestens zehn Prozent oder bei einer Vertragslaufzeit von mehr als drei Jahren mit mindestens fünf Prozent des Nennbetrags des Darlehens im Verzug ist. Zudem muss er dem Darlehensnehmer erfolglos eine zweiwöchige Frist zur Zahlung des rückständigen Betrags mit der Erklärung gesetzt haben, dass er bei Nichtzahlung innerhalb der Frist die gesamte Restschuld verlange, § 498 Abs. 1 S. 1 BGB. Bei Immobiliar-Verbraucherdarlehensverträge muss der Darlehensnehmer nach § 498 Abs. 2 BGB mit mindestens 2,5 Prozent des Nennbetrags des Darlehens in Verzug sein.

Spätestens mit der Fristsetzung soll der Darlehensgeber dem Darle- 5
hensnehmer ein Gespräch über die Möglichkeiten einer einverständlichen Regelung anbieten – Voraussetzung für eine wirksame Kündigung ist dies indes nicht. Auszugehen hat die Initiative hierfür vom Darlehensgeber, vor allem, weil Verbraucher über die verschiedenen Möglichkeiten nicht informiert sind und von sich aus derartige Gespräche bei finanziellen Schwierigkeiten meiden.

Nach Auffassung des Gesetzgebers sind Verbraucherinnen und Ver- 6
braucher damit vor einer verzugsbedingten Kündigung lediglich für einen **Mindestzeitraum** geschützt, was aber angesichts der zu erwartenden Dauer der Krise aller Voraussicht nach nicht ausreichend ist, um sie vor einem Abgleiten in die Überschuldung zu bewahren.[12] Aufgrund von ausbleibenden Zahlungen des Darlehensnehmers kann der Darlehensgeber den Verbraucherdarlehensvertrag im Verzug mithin nur unter den Voraussetzungen des § 498 Abs. 1 S. 1 Nr. 1 und 2 und Abs. 2 BGB kündigen und darf nicht auf die insoweit geringere Voraussetzungen stellende Kündigung des allgemeinen Darlehensrechts (§ 490 Abs. 1 BGB) oder allgemeinen Schuldrechts (§ 314 BGB, der für alle Dauerschuldverhältnisse gilt) ausweichen.[13] Bleibt der Verbraucher nur eine Rate schuldig, kann der Darlehensgeber nicht schon kündigen, weil die Voraussetzungen des Abs. 1 S. 1 Nr. 1 und 2 nicht erfüllt sind. Ohne deren Eintritt kann der Darlehensgeber wegen der Bestimmung „nur dann“ wegen der fehlenden Rate also weder wegen Vertragsverletzung nach § 314 BGB noch nach § 490 Abs. 1 BGB kündigen, gerade weil der Ver-

---

fall fest, damit der Schuldner bei laufenden Zinsen und Kosten eine Chance hat, die Hauptschuld zu tilgen; Abs. 4 beinhaltet Sonderregelungen für Immobiliar-Verbraucherdarlehensverträge.

[12] Gesetzentwurf der Fraktionen der CDU/CSU und SPD v. 24.3.2020, BT-Drs. 19/18110, 38.

[13] BeckOGK/Knops, 1.3.2020, BGB § 498 Rn. 38; Knops WM 2012, 1649 (1650); ebenso OLG Stuttgart ZIP 2017, 1897 (1900 f.), Soergel/Seifert BGB § 498 Rn. 6 und Ganter WM 2016, 1813 (1815 f.).

zug Ausdruck der wirtschaftlichen schlechten Lage des Verbraucherkreditnehmers ist.[14]

7 Wenn die Zahlungsschwierigkeiten des Verbrauchers dauerhaft und nicht bloß vorübergehend gegeben sind, kann der Darlehensgeber aber **auch nach § 490 Abs. 1 BGB kündigen**.[15] Eine solche Situation liegt vor, wenn der Verbraucher eine eidesstattliche Versicherung abgegeben hat, weil sie regelmäßig Anzeichen dafür ist, dass die eingetretene Zahlungsunfähigkeit (oder -unwilligkeit) des Schuldners von einiger Dauer ist.[16] Bei lediglich kurzzeitiger oder vorübergehender Verschlechterung der Vermögenslage des Verbrauchers ist eine solche Situation indes noch nicht gegeben. Erst recht reicht noch keine bloße Drohung einer Verschlechterung der Vermögensverhältnisse: Wie die Gesetzesbegründung zu den §§ 12, 13 VerbrKrG aF als Vorgängernormen zu § 498 BGB offenbart, wollte der Gesetzgeber mithilfe dieser verhindern, dass „dem Verbraucher bereits bei einer kurzfristigen, vorübergehenden Störung seiner Zahlungsfähigkeit die Sache entzogen wird."[17] Im Ergebnis bleiben daher die §§ 490 und 314 BGB im Verbraucherkredit betreffend die wirtschaftliche Lage des Kreditnehmers nach Darlehensvalutierung und vor Verzugseintritt in dem dargestellten Maß, je ob Allgemein-[18] oder Immobiliar-Verbraucherdarlehen, unanwendbar oder nur eingeschränkt anwendbar,[19] wohingegen außerordentliche Kündigungen von Verbraucherkrediten, die auf ganz anderen Gründen beruhen, davon aber selbstverständlich nicht betroffen sind.[20]

2. Temporär geltende Ausnahmeregelungen

8 Der durch das COVFAG eingeführte Art. 240 EGBGB trifft in § 3 für sämtliche Verbraucherdarlehensverträge eine **zeitlich befristete Sonderregelung**, die dem Darlehensnehmer in einer durch die Pandemie verursachten verschlechterten finanziellen Lage eine Stundung seiner Verpflichtungen und einen Kündigungsschutz verschafft, was ausweislich

---

[14] BeckOGK/Knops, 1.3.2020, BGB § 498 Rn. 38.

[15] OLG Stuttgart ZIP 2017, 1897 (1900 f.); iErg bestätigt durch BGH BeckRS 2017, 119241.

[16] BGH NJW 2001, 292.

[17] S. BT-Drs. 11/5462, 28, worauf auch BGHZ 145, 203 Rn. 76 ausdrücklich hinweist.

[18] Vgl. Knops WM 2012, 1649 (1650 f.).

[19] Konsequenterweise ist daher auch Nr. 19 Abs. 4 AGB-Banken zu beanstanden, wonach die „Sonderregelungen" des BGB den klauselmäßigen Kündigungsbestimmungen der AGB-Banken nur insoweit vorgingen, wie Verzug mit der Rückzahlung eines Verbraucherdarlehensvertrages betroffen sei.

[20] Ein ordentliches Kündigungs- oder Leistungsverweigerungsrecht kann sich der Darlehensgeber durch eine vertragliche Vereinbarung in einem Allgemein-Verbraucherdarlehensvertrag nur in den Grenzen des § 498 BGB ausbedingen.

der Gesetzesbegründung dazu dient, beiden Vertragsparteien Zeit zu verschaffen, von Hilfsangeboten Gebrauch zu machen und ihre vertragliche Beziehung angesichts der Krise auf eine tragfähige Grundlage zu stellen.[21]

a) Erfasste Verträge

9 Betroffen sind sowohl **Allgemein- wie Immobiliar-Verbraucherdarlehensverträge** iSd § 491 BGB.[22] Erfasst werden damit auch sämtliche eingeräumten und geduldeten Überziehungen nach den §§ 504ff. BGB, nicht aber Sachdarlehen iSd § 607 BGB, bei dem der Darlehensgeber zur Übereignung vertretbarer Sachen (§ 91 BGB – nicht Geldzeichen, § 607 Abs. 2 BGB) und den Darlehensnehmer zur Zahlung eines Darlehensentgelts sowie zur Rückübereignung von Sachen gleicher Art, Güte und Menge verpflichtet ist.[23] Weil dies keine Verbraucherdarlehensverträge sind, ist die Sonderregelung natürlich auch nicht auf Einlagen des Verbrauchers wie etwa im Rahmen von Sparverträgen anwendbar. Etwas seltsam wirkt es, wenn die Gesetzesbegründung ausdrücklich erwähnt, dass die Regelung ferner nicht für das Interbankengeschäft gilt.[24]

10 Ebenfalls **nicht** erfasst werden **Finanzierungshilfen und Teilzahlungsgeschäfte** iSd § 506 BGB, auf die nach dessen Abs. 1 S. 1 alle wesentlichen Normen anwendbar sind, die für Allgemein-Verbraucherdarlehensverträge gelten. Nach der Gesetzesbegründung kann auf diese allerdings im Einzelfall die allgemeine Regelung in Art. 240 § 1 EGBGB zur Anwendung kommen, sofern deren Voraussetzungen erfüllt sind (s. dazu ausf. → § 1 Rn. 41ff.); dies wird vom Gesetzgeber für solche Verträge als ausreichend betrachtet.[25]

b) Zeitlicher Anwendungsbereich

11 Zum einen muss es sich um Verbraucherdarlehensverträge handeln, die **vor dem 15. März 2020** abgeschlossen wurden. Erforderlich ist daher, dass die Verträge bis zu diesem Datum wirksam zustande gekommen sind. Nicht ausreichend ist es dagegen, wenn nur eine Seite einen bindenden Antrag an die andere Seite gerichtet hat, diese aber das Angebot noch nicht bis zum Ablauf des 15.3.2020 angenommen hat. Dies kann

---

[21] So ausdrücklich der Gesetzentwurf der Fraktionen der CDU/CSU und SPD v. 24.3.2020, BT-Drs. 19/18110, 39 unten.

[22] Siehe dazu eingehend BeckOGK/Knops, 1.3.2020, BGB § 491 Rn. 50 ff., insbes. 57 ff.

[23] Jauernig/Mansel, 17. Aufl. 2018, BGB § 609 Rn. 1.

[24] Gesetzentwurf der Fraktionen der CDU/CSU und SPD v. 24.3.2020, BT-Drs. 19/18110, 38.

[25] Gesetzentwurf der Fraktionen der CDU/CSU und SPD v. 24.3.2020, BT-Drs. 19/18110, 38.

darlehensgeberseits konkludent u.a. auch durch Auszahlung der Darlehensvaluta geschehen. Der Stichtag wurde vom Gesetzgeber aus drei Gründen auf den 15.3.2020[26] gelegt: Erstens, weil Verbraucherdarlehensverträge oft langfristig vorbereitet werden und bei Immobiliarkrediten auch eine Verpflichtung zum Erwerb des finanzierten Objekts oft schon eingegangen wurde; zweitens, weil zu diesem Zeitpunkt die Krise nicht mehr unvorhersehbar war und drittens Verträge, die ab dem 15.3.2020 gerade zur Unterstützung für Verbraucher abgeschlossen wurden und werden, um in der Krise solvent zu bleiben, nicht auch noch gleich kraft Gesetzes gestundet werden.[27]

12 Zum anderen werden von der Regelung gemäß Art. 240 § 3 Abs. 1 EGBGB **Ansprüche** des Darlehensgebers auf Rückzahlung sowie Zins- oder Tilgungsleistungen, die **zwischen dem 1. April 2020 und dem 30. Juni 2020** fällig werden. Zum Eintritt der Fälligkeit kommt es auf die vertraglichen Vereinbarungen, bzw. auf die gesetzlichen Regelungen an; Besonderheiten gegenüber diesen Regelungen ergeben sich durch Art. 240 § 3 EGBGB nicht.

c) Gegenständlicher Anwendungsbereich

13 Der Sache nach sind von der Stundungsregelung sämtliche, in dem Zeitraum vom 1.4.2020 bis 30.6.2020 fällig gewordene oder werdende **Zins- oder Tilgungsleistungen** des Verbraucherkreditnehmers wie auch solche auf **Rückzahlung** des Darlehens betroffen. Mithin spielt es keine Rolle, ob die geschuldeten Leistungen des Verbraucherdarlehensnehmers innerhalb eines laufenden Vertrages oder nur zu dessen Abwicklung nach Widerruf, Kündigung o.ä. dienen. Erfasst werden mithin auch in dieser Zeit fallende und fällige Ansprüche des Darlehensgebers auf Vorfälligkeitsentschädigung nach § 502 BGB. Gleiches gilt für eine sog. Nichtabnahmeentschädigung – soweit diese mit Verbrauchern überhaupt wirksam vereinbart werden können.[28] Bei vorzeitiger Rückzahlung nach § 500 Abs. 2 ermäßigen sich die Gesamtkosten des Darlehens (§ 6 Abs. 3 PAngVO) um die Zinsen und die Kosten, die bei gestaffelter Berechnung auf die Zeit nach der Fälligkeit oder Erfüllung entfallen. Anders als § 501 BGB dies vorsieht, sind davon nach dem Urteil des EuGH vom 11.9.2019[29] nicht nur die laufzeitabhängigen, sondern im Anwendungsbereich des Art. 16 Abs. 1 Verbraucherkredit-RL 2008/48, also bei All-

---

[26] – in bewusster Abweichung von Art. 240 § 1 EGBGB -

[27] Gesetzentwurf der Fraktionen der CDU/CSU und SPD v. 24.3.2020, BT-Drs. 19/18110, 38.

[28] Siehe dazu Derleder in Derleder/Knops/Bamberger, Deutsches und europäisches Bank- und KapitalmarktR, Bd. I, 3. Aufl. 2017, § 12 Rn. 10 u. Knops, ebd., § 16 Rn. 2.

[29] EuGH BeckRS 2019, 20655 = NJW 2019, 3565.

gemein-Verbraucherdarlehen sämtliche dem Verbraucher auferlegten Kosten erfasst.[30] Die Stundungswirkung erfasst mithin auch solche Verbindlichkeiten des Verbraucherkreditnehmers.

d) Unzumutbarkeit der Leistung

Eine Stundung erfolgt nur, wie es in Art. 240 § 3 Abs. 1 S. 1 EGBGB heißt, „wenn der Verbraucher aufgrund der durch Ausbreitung der COVID-19-Pandemie hervorgerufenen außergewöhnlichen Verhältnisse Einnahmeausfälle hat, die dazu führen, dass ihm die Erbringung der geschuldeten Leistung nicht zumutbar ist.“ Hintergrund ist, dass der Gesetzgeber die temporäre gesetzliche Stundung von Forderungen als einen schwerwiegenden Eingriff in grundrechtlich geschützte Rechte und Freiheiten, wie etwa die aus Art. 2 Abs. 1 GG hergeleitete Vertragsfreiheit oder das Recht am eingerichteten und ausgeübten Gewerbetrieb ansieht und daher nicht schrankenlos gewähren will. Vielmehr soll der Darlehensgeber nur in den Fällen mit einem Leistungsaufschub belastet werden, in denen der **Darlehensnehmer krisenbedingt in eine Notlage** geraten ist, die seinen oder den Lebensunterhalt seiner Familie gefährdet.[31] **14**

Voraussetzung für die Stundung ist daher, dass der Darlehensnehmer durch die außergewöhnlichen Verhältnisse **Einnahmeausfälle** hat. Während diese außergewöhnlichen Verhältnisse nach der Begründung des Fraktionsentwurfes durch das „Auftreten des SARS-CoV-2-Virus hervorgerufen sein müssen[32], spricht der Gesetzeswortlaut von „durch Ausbreitung der COVID-19-Pandemie“ hervorgerufenen außergewöhnlichen Verhältnissen, was durchaus different ist. Für den Normzusammenhang und die mit der Regelung verfolgte Ansicht ergeben sich daraus aber keine Unterschiede: Entscheidend ist, dass der Verbraucher kausal aufgrund der unbestreitbar außergewöhnlichen Umstände für die gesamte Gesellschaft in nahezu allen Bereichen tatsächlich „Einnahmeausfälle“ hat und diese ebenso kausal „dazu führen, dass ihm die Erbringung der geschuldeten Leistung nicht zumutbar ist.“ Im Bereich des Insolvenzrechts besteht hingegen die Vermutung, dass alle finanziellen Schieflagen seit dem 1.1.2020 auf den Corona-Virus zurückzuführen sind.[33] **15**

Einnahmeausfälle liegen vor, wenn der Verbraucherkreditnehmer nicht oder nicht mehr in dem Maße diejenigen Einkünfte erzielt, die zuvor be- **16**

---

[30] Siehe dazu BeckOGK/Knops, 1.3.2020, BGB § 501 Rn. 4ff.

[31] Gesetzentwurf der Fraktionen der CDU/CSU und SPD v. 24.3.2020, BT-Drs. 19/18110, 38.

[32] Gesetzentwurf der Fraktionen der CDU/CSU und SPD v. 24.3.2020, BT-Drs. 19/18110, 38.

[33] Siehe § 1 S. 3 COVInsAG und den Bericht des Ausschusses für Recht und Verbraucherschutz (6. Ausschuss) zu dem Gesetzentwurf der Fraktionen der CDU/CSU und SPD – Drucksache 19/18110 – vom 25.3.2020, BT-Drs. 19/18158, 2.

standen. Bei abhängig Beschäftigten sind dies etwa gekürzte Bezüge durch Kurzarbeitergeld anstatt des normalen Lohns in voller Höhe. Bei Selbstständigen liegen Ausfälle vor, wenn in dem betreffenden Monat weniger eingenommen wird als in dem Monat zuvor, oder im Jahresschnitt oder im Vergleichsmonat des Vorjahres bei Saisongeschäften. Feste Stichtage für einen Vorher-Nachher-Vergleich existieren nicht. Ausdrücklich betont die Gesetzesbegründung, dass die Schwelle der relevanten Einnahmeminderung nicht pauschal festgelegt, sondern **vom individuellen Einzelfall** abhängig ist.[34]

17 Dass der Verbraucherkreditnehmer Einnahmeausfälle hinnehmen muss, genügt aber als solches nicht; vielmehr müssen diese nach Art. 240 § 3 Abs. 1 S. 1 EGBGB dazu führen, dass ihm die Erbringung der geschuldeten Leistung nicht zumutbar ist. Eine solche **Unzumutbarkeit** liegt nach Abs. 1 S. 2 der Norm vor, wenn sein angemessener Lebensunterhalt oder der angemessene Lebensunterhalt seiner Unterhaltsberechtigten gefährdet ist. Auch wenn das Gesetz und dessen Begründung dazu schweigt, wie dies festzustellen ist, kann dies nicht bedeuten, dass erst der notwendige Lebensunterhaltes nach SGB XII oder § 114 ZPO unterschritten sein muss, um von einer Unzumutbarkeit auszugehen. Immer kommt es darauf an, ob die Einnahmeausfälle dazu führen, dass der Darlehensnehmer die geschuldete Leistung **ohne Gefährdung** seines oder **des angemessenen Lebensunterhalts** seiner Unterhaltsberechtigten nicht zumutbar erbringen kann.[35] Damit ist der angemessene Lebensunterhalt unter analoger Heranziehung der unterhaltsrechtlichen Bestimmungen des BGB, insbesondere die §§ 1360a, 1603 BGB zu bestimmen, was relativ leicht möglich ist. In der Sache geht es um den angemessenen Selbstbehalt, der einer Person für seine Existenz zur Verfügung bleiben muss; die Leistungsfähigkeit besteht bis zur Grenze der Gefährdung des jeweils maßgeblichen Selbstbehalts.[36] Wenn selbst im Verhältnis zwischen Ehegatten der angemessene Selbstbehalt des Verpflichteten gewahrt bleiben muss,[37] kann gegenüber Dritten nichts anderes gelten, weil es um den angemessenen und ja gerade nicht um den notwendigen, auch unter Beachtung der Pfändungsfreigrenzen zu bestimmenden Betrag für die eigene Lebensführung geht.

18 Durch die Formulierung „insbesondere dann" ist klar, dass dieser zu erfüllende Tatbestand lediglich als gesetzliches Regelbeispiel anzusehen

---

[34] Gesetzentwurf der Fraktionen der CDU/CSU und SPD v. 24.3.2020, BT-Drs. 19/18110, 38.

[35] Gesetzentwurf der Fraktionen der CDU/CSU und SPD v. 24.3.2020, BT-Drs. 19/18110, 39.

[36] Siehe nur OLG Celle FamRZ 2014, 783; OLG Köln FamRZ 1999, 792; Staudinger/Voppel, 2018, BGB § 1360a Rn. 75; MüKoBGB/Weber-Monecke, 8. Aufl. 2019 BGB § 1360a Rn. 24 und schon Knops NJW 1993, 1237 (1238 f. m. zahlr. wN).

[37] Siehe nur BeckOGK/Preisner, 1.2.2020, BGB § 1360a Rn. 271 mwN.

ist und daher auch weitere, **ähnlich schwerwiegende Gründe** dazu führen können, dass dem Verbraucher die Erbringung der geschuldeten Leistung gegenüber dem Darlehensgeber wegen der Corona-Pandemie nicht zumutbar ist.

e) Rechtsfolgen

aa) Stundung

19 Rechtsfolge der Sonderregelung ist es, dass die von dem Verbraucher geschuldeten Leistungen kraft Gesetzes gestundet sind. Die Fälligkeit der Ansprüche, die im Zeitraum vom 1.4 bis 30.6.2020 zu erbringen sind, wird **um drei Monate hinausgeschoben**, so dass der Verbraucherkreditnehmer mit den genannten Ansprüchen des Darlehensgebers während des Zeitraums der Stundung nicht in Verzug gerät;[38] sie sind daher auch nicht nach § 497 Abs. 1 S. 1 BGB zu verzinsen. Dabei ist jeder in dieser Zeit an sich fällig gewordene Anspruch separat zu betrachten und für ihn der jeweils geltende Stundungszeitraum zu ermitteln. So ist etwa ein Anspruch, der am 2.6.2020 fällig wird, somit bis zum Ablauf des 1.9.2020 gestundet; seine Fälligkeit ist auf den 2.9.2020 verschoben.[39] Die Stundungswirkung tritt – vorbehaltlich einer Leistung des Verbraucherkreditnehmers nach Abs. 2 der Norm – **ipso jure** ein; es bedarf mithin von keiner Vertragspartei eine Ausübung oder Erklärung. Auch die Gesetzesbegründung legt lediglich die Erwartung, dass betroffene Verbraucherkreditnehmer der Bank Mitteilung machen werden, dass sie sich auf die gesetzliche Stundungswirkung berufen.[40]

20 Auch wenn die genannten Ansprüche des Darlehensgebers mit Eintritt deren Fälligkeit für die Dauer von drei Monaten gestundet, also eben nicht fällig sind, bleiben sie erfüllbar, was in Art. 240 § Abs. 1 S. 3 klargestellt wird. Danach hat der Verbraucherkreditnehmer das Recht, die an sich in dem Zeitraum vom 1. April bis 30. Juni 2020 zu erbringenden Zahlungen zu leisten und zwar zu den ursprünglich vereinbarten Leistungsterminen. Wie S. 4 ebenfalls klarstellt, gilt die Stundungsregelung über den gesamten genannten Zeitraum mit der Folge, dass lediglich hinsichtlich derjenigen Zahlungen, die er gleichwohl in dieser Zeit an den Darlehensgeber leistet, die in S. 1 geregelte Stundung als nicht erfolgt gilt. Dies betrifft aber nicht andere als die in diesem Zeitraum an und für sich ohne die Stundungsreglung fälligen Leistungen. Oft wird es schon durch eingerichtete Daueraufträge so sein, dass Verbraucherkreditnehmer

[38] Gesetzentwurf der Fraktionen der CDU/CSU und SPD v. 24.3.2020, BT-Drs. 19/18110, 38.

[39] So das Beispiel im Gesetzentwurf der Fraktionen der CDU/CSU und SPD v. 24.3.2020, BT-Drs. 19/18110, 38.

[40] Gesetzentwurf der Fraktionen der CDU/CSU und SPD v. 24.3.2020, BT-Drs. 19/18110, 38.

ihre Zahlungen für April 2020 noch geleistet haben und erst in den Folgemonaten merken, dass sie dazu etwa ohne ihren eigenen angemessenen Lebensunterhalt oder den ihrer Unterhaltsberechtigten zu gefährden nicht (mehr) in der Lage sind.[41] Die genannte Erfüllung im April determiniert also nicht die Stundung von danach fälligen Leistungen; mit anderen Worten führt eine Leistung in dem vorgesehenen Stundungszeitraum nicht dazu, dass eine Stundung für andere Leistungen ausgeschlossen wäre. Vielmehr sind auch insofern jedwede **Leistungen und Leistungspflichten unabhängig voneinander** zu betrachten. Nur „soweit" sie leisten, gilt die gesetzliche Stundungswirkung nach Art. 240 § 3 Abs. 1 S. 4 EGBGB als nicht eingetreten.[42] Einzelne Zahlungen führen also nicht dazu, dass der Verbraucher die Stundungswirkung insgesamt verliert; vielmehr kann er sich für den restlichen Zeitraum hierauf berufen.[43]

bb) Verschiebung der Ansprüche des Darlehensgebers auf fortlaufende Zinsen

21 Während der gesetzlich eintretenden Stundung entstehen zugunsten des Darlehensgebers **keine** vertraglichen Ansprüche, auch nicht auf **Verzinsung des ausgereichten Kapitals**. Dies ergibt sich zwar nicht unmittelbar aus dem Wortlaut des Art. 240 § 3 EGBGB, aber aus der Systematik des Gesetzes und seiner Begründung. Wenn für den Zeitraum nach dem 30. Juni 2020 eine einverständliche Regelung zwischen den Parteien nicht zustande kommt, verlängert sich nach Art. 240 § 3 Abs. 5 S. 1 EGBGB die Vertragslaufzeit um drei Monate (→ Rn. 29). Die jeweilige Fälligkeit der vertraglichen Leistungen wird um diese Frist hinausgeschoben, was nichts anders bedeutet als dass der Darlehensgeber nicht kumulativ für den Stundungszeitraum und für die Vertragsverlängerung Zinsen verlangen darf, sondern für den verlängerten Zeitraum nur einmal. Anderenfalls würde der Verbraucherkreditnehmer mit Zinsen doppelt belastet, also in deren grundrechtlich geschützte Positionen eingegriffen, wofür das Gesetz und seine Begründung nicht ein Wort der Rechtfertigung gefunden hat, ganz im Gegenteil: Nach dem klar zum Ausdruck gebrachten Willen soll eine doppelte Belastung des Darlehnsnehmers durch Art. 240 § 3 Abs. 5 S. 1 EGBGB vermieden werden.[44] Die zwischenzeitlich schon von der bankvertretenden Anwaltschaft for-

---

[41] Vgl. Gesetzentwurf der Fraktionen der CDU/CSU und SPD v. 24.3.2020, BT-Drs. 19/18110, 39.

[42] Gesetzentwurf der Fraktionen der CDU/CSU und SPD v. 24.3.2020, BT-Drs. 19/18110, 39.

[43] Gesetzentwurf der Fraktionen der CDU/CSU und SPD v. 24.3.2020, BT-Drs. 19/18110, 39.

[44] Gesetzentwurf der Fraktionen der CDU/CSU und SPD v. 24.3.2020, BT-Drs. 19/18110, 40.

mulierten Antithese[45] wäre zudem mit den beiden genannten Richtlinien zum Verbraucherkredit und zu den Wohnimmobilien keinesfalls vereinbar. Durch die vorgesehene Vertragsverlängerung verliert auch der Darlehensgeber keine Ansprüche, so dass auch von daher für eine doppelte Belastung des Verbraucherkreditnehmers keinerlei Rechtfertigung vorhanden wäre.

Auch für eine **Hemmung der Verjährung** von Ansprüchen des Dar- 22
lehensgebers nach § 205 BGB ist von vornherein kein Raum, zum einen weil die Stundung auf dem Gesetz und nicht auf einer vertraglichen Vereinbarung beruht, vor allem aber, weil zum anderen dafür auch kein Bedürfnis besteht, weil die Vertragslaufzeit ja verlängert wird und für diesen Zeitraum Zinsen anfallen, die darlehensnehmerseits bedient werden müssen.

cc) Kündigungsausschluss

Wenn die Voraussetzungen des Art. 240 § 3 Abs. 1 EGBGB vorliegen, 23
sind nach Abs. 3 S. 1 der Norm für den genannten Zeitraum **Kündigungen** des Darlehensgebers **wegen Zahlungsverzugs, wegen wesentlicher Verschlechterung** der Vermögensverhältnisse des Verbrauchers oder der Werthaltigkeit einer für das Darlehen gestellten Sicherheit bis zum Ablauf der Stundung **ausgeschlossen**. Hinsichtlich eines Zahlungsverzugs hat diese Regelung – wie die Gesetzesbegründung anführt – klarstellenden Charakter, weil die Stundung nach Abs. 1 die Fälligkeit der betreffenden Ansprüche ohnehin hinausschiebt, so dass der Darlehensnehmer mit diesen Ansprüchen gar nicht in Verzug gerät.[46] Von Bedeutung ist die Norm aber etwa für den Fall, dass die Voraussetzungen der Verzugskündigung gemäß § 498 BGB teils vor dem Stichtag 1. April 2020 eingetreten sind, die gemäß § 498 BGB notwendige Fristsetzung erst nach dem 1. April 2020 abläuft oder die Kündigung erst nach diesem Stichtag erklärt wird, und mithin auch in diesem Fall eine Kündigung ausgeschlossen ist, weil nach der Ansicht des Gesetzgebers davon auszugehen ist, dass krisenbedingte Einnahmeausfälle es dem Darlehensnehmer erschweren, innerhalb der gesetzten Nachfrist, die Zahlungen noch zu erbringen und die Kündigung abzuwenden.[47]

Ebenfalls ausgeschlossen sind bei Vorliegen der Voraussetzungen des 24
Abs. 1 und für die genannte Zeitspanne Kündigungen von Kreditgebern nach § 490 Abs. 1 BGB – soweit diese Norm betreffend die wirtschaftli-

---

[45] Siehe etwa Meier, Stundungsanordnung und Kündigungsausschluss bei Verbraucherdarlehen (https://www.fch-gruppe.de/Beitrag/6471/-stundungsanordnung-und--kuendigungsausschluss-bei-verbraucherdarlehen).

[46] Gesetzentwurf der Fraktionen der CDU/CSU und SPD v. 24.3 2020, BT-Drs. 19/18110, 39 unter Verweis auf § 286 Abs. 1 BGB.

[47] Gesetzentwurf der Fraktionen der CDU/CSU und SPD v. 24.3.2020, BT-Drs. 19/18110, 39.

che Lage des Kreditnehmers nach Darlehensvalutierung und vor Verzugseintritt nach den qualifizierten Voraussetzungen des § 498 BGB überhaupt anwendbar oder nur eingeschränkt anwendbar ist; gleiches gilt für eine **außerordentliche Kündigung** nach § 314 BGB (→ Rn. 6f.). Von den Kündigungsausschlüssen des Art. 240 § 3 Abs. 3 S. 1 EGBGB kann nach S. 2 der Norm nicht zulasten des Verbrauchers abgewichen werden.

dd) Gesprächsangebot

25 In Art. 240 § 3 Abs. 4 S. 1 EGBGB ist vorgesehen, dass der Darlehensgeber dem Verbraucher ein **persönliches** Gespräch über die Möglichkeit einer einverständlichen Regelung und über mögliche Unterstützungsmaßnahmen anbieten soll. Für dieses können nach S. 2 auch Fernkommunikationsmittel wie Telefon oder Videotelefonie genutzt werden; **rein textbasierte Kontaktaufnahmen scheiden aus**. Adressiert werden damit nur Verbraucherkreditnehmer hinsichtlich derer die Voraussetzungen des Art. 240 § 3 Abs. 1 EGBGB vorliegen, deren Darlehensverpflichtungen also gestundet sind. Nach den Vorstellungen des Gesetzgebers soll die dadurch gewonnene Zeit in beiderseitigem Interesse genutzt werden:[48] Zum einen soll der Verbraucher vom Darlehensgeber über mögliche Hilfs- oder Überbrückungsmaßnahmen informiert werden, womit vor allem naheliegende und übliche Instrumente, nicht aber sämtliche denkbaren Hilfsangebote angesprochen werden; Angebote Dritter gehören nur dazu, soweit sie dem Darlehensgeber positiv bekannt sind wie beispielsweise Förderkredite der Kreditanstalt für Wiederaufbau. Zum anderen soll sich das Gespräch auf die Fortführung des Darlehensverhältnisses nach Ablauf der in Abs. 1 genannten Stundungsfrist beziehen, womit Zins- und Tilgungsanpassungen, Verlängerung der Vertragslaufzeit, Umschuldungsvereinbarungen etc. Gegenstand des Gesprächs sein können.

26 Verpflichtend ist das Gespräch aber für beide Seiten nicht; ein Fall des § 313 BGB liegt ebenso nicht vor[49] – auch eine **Nachverhandlungspflicht** löst die Corona-Krise angesichts der gesetzlich vorgesehenen Folgen (Stundung, Verlängerung der Vertragslaufzeit und Kündigungsschutz) **nicht** aus. Allerdings dürfte bei Unterlassen eines entsprechenden Gesprächsangebotes für Darlehensgeber eine Nebenpflichtverletzung vorliegen, weil „Soll"-Normen nun eben nicht für den Adressaten eine völlige rechtliche Unverbindlichkeit bedeuten, sondern vielmehr eine Gebundenheit erzeugen, deren Verletzung zu einem Schadenersatzanspruch gem. § 280 Abs. 1 BGB führen kann. Wie bei § 498 Abs. 1 S. 2 BGB ist aber fraglich, ob der Darlehensnehmer den Nachweis führen kann, dass

---

[48] Gesetzentwurf der Fraktionen der CDU/CSU und SPD v. 24.3.2020, BT-Drs. 19/18110, 39.

[49] Wie hier wohl auch BeckOGK/Martens, 1.4.2020, BGB § 313 Rn. 224 ff.

das Unterlassen des Gespräches tatsächlich zu einem Schaden geführt hat.

ee) Abweichende Vereinbarungen der Vertragsparteien

Gemäß Art. 240 § 3 Abs. 2 EGBGB können die Vertragsparteien von der Stundungsregelung in Abs. 1 abweichende Vereinbarungen treffen, um die Vertragsfreiheit zu gewährleisten. Zutreffend führt die Gesetzesbegründung an, dass Darlehensnehmer ein Interesse daran haben können, ihre Verbindlichkeiten zu erfüllen und nicht in dem Umfang des Abs. 1 hinauszuschieben, etwa durch Verwertung oder Aktivierung anderer Vermögensgegenstände oder Umschichtungen auf der Ausgabenseite; verpflichtet sind sie dazu jedoch nicht.[50] Dies betrifft insbesondere, aber eben nicht ausschließlich, zum einen Teilleistungen, die der Verbraucher (dadurch) noch zu leisten imstande ist. Insoweit werden die Ansprüche des Darlehensgebers teilweise durch Leistung zum Untergang gebracht; für den Rest greift die Stundungsregelung nach Abs. 1. Ebenso möglich sind zum Zweiten Anpassungen der Zins- und Tilgungsleistungen, also etwa die Umstellung von einer monatlichen auf eine jährliche Zahlungsweise. Angesichts der in Rede stehenden, doch relativ kurzen Zeiträume einer Stundung von (zunächst → Rn. 35 f.) drei Monaten kommen zwar auch Umschuldungen in Betracht, sind jedoch wegen der damit verbundenen höheren Kostenbelastung der Verbraucher aber wohl nur wenig sinnvoll. Bei den darüber zu führenden Gesprächen trifft den Darlehensgeber eine besondere Verantwortung, weil Verbraucher sich in der Krise oft auf (fast) jedwede Kondition einlassen, nur damit das Darlehen nicht insgesamt fällig gestellt wird, womit bei Immobiliardarlehen häufig auch der Verlust der zu eigenen Wohnzwecken genutzten Immobilie verbunden ist. Ohne dass der Darlehensgeber den Kunden über die vorbehaltlose Möglichkeit zur Inanspruchnahme der Stundungsregelung nach Abs. 1 zumindest informiert, werden solche Vereinbarungen daher einer gerichtlichen Kontrolle unter Maßgabe von Treu und Glauben im Nachhinein kaum standhalten können. Nur eine Selbstverständlichkeit ist es, dass neben den hierfür geltenden allgemeinen Anforderungen insbesondere auch die **Regeln des Verbraucherdarlehensrechts** zu beachten sind,[51] insbes. auch deren formellen Anforderungen, womit u.A. ein Verzicht auf Erstellung einer Vertragsurkunde natürlich unvereinbar ist. 27

Klarstellend betont der Gesetzgeber schließlich, dass in einer Vereinbarung, die die im Darlehensvertrag vor Eintritt der Stundungswirkung geltenden Zahlungstermine wieder in Kraft setzt, **keine vorzeitige Er-** 28

[50] Vgl. Gesetzentwurf der Fraktionen der CDU/CSU und SPD v. 24.3.2020, BT-Drs. 19/18110, 39.

[51] Gesetzentwurf der Fraktionen der CDU/CSU und SPD v. 24.3.2020, BT-Drs. 19/18110, 39.

füllung im Sinne des § 502 Abs. 2 S. 2 BGB oder § 502 BGB zu sehen ist, was auch unter Maßgabe der europarechtlichen Vorgaben der Richtlinien zum Verbraucherkredit 2008/48/EG und zu den Wohnimmobilienkreditverträgen 2014/17/EU nicht zu beanstanden ist.

ff) Vertragsverlängerung

29 Können sich die Vertragsparteien nicht einverständlich auf eine Regelung für den Zeitraum nach dem 30.6.2020 einigen, verlängert sich nach Art. 240 § 3 Abs. 5 S. 1 EGBGB die Vertragslaufzeit des Verbraucherdarlehens **um die** drei **Monate der Stundung** und nach S. 2 wird die jeweilige Fälligkeit der vertraglichen Leistungen um diese Frist hinausgeschoben. Die Verschiebung der jeweiligen Fälligkeit der vertraglichen Leistungen führt in deren Umfang zeitlich zu einer Verlängerung der Vertragslaufzeit. Mithin ändert sich die Vertragslaufzeit nicht immer starr um, sondern bis zu drei Monate. Zu Recht nennt die Gesetzesbegründung dies eine gesetzliche Vertragsanpassung, bei der Verzugszinsen, Entgelte oder Schadensersatzansprüche zulasten des Verbrauchers nicht entstehen können.[52] Gemäß Art. 240 § 3 Abs. 5 S. 3 EGBGB hat der Darlehensgeber den Darlehensnehmer über alle Details der Vertragsanpassung schriftlich zu informieren und zwar durch Verfügungsstellung einer Abschrift des Vertrags, in der sämtliche vereinbarten Vertragsänderungen oder die sich aus S. 1 sowie aus Abs. 1 S. 1 ergebenden gesetzlichen Anpassungen berücksichtigt sind.

30 Grund für diese Regelung ist insgesamt, dass ohne eine solche Regelung mit Ablauf der in Abs. 1 geregelten Stundungsfrist die bis zum 30. Juni 2020 fälligen, aber gesetzlich gestundeten Ansprüche und die nach diesem Zeitpunkt wieder regulär fällig werdenden Ansprüche parallel zu erfüllen wären, Verbraucher mithin für eine Übergangszeit **doppelt belastet** wären, was diese überfordern könnte und deshalb **vermieden** werden soll.[53] Allerdings ist keineswegs ausgemacht, dass die Verbraucher nach Ende der gesetzlich vorgesehenen Stundung auch tatsächlich wieder in der Lage sind, ihren Verbindlichkeiten in vollem Umfang nachzukommen.

gg) Stundungsausschluss bei Unzumutbarkeit für den Darlehensgeber

31 Gemäß Art. 240 § 3 Abs. 6 gelten die Abs. 1 bis 5 nicht, wenn dem Darlehensgeber entweder die Stundung oder der Ausschluss der Kündigung nicht zumutbar ist und zwar unter Berücksichtigung aller Umstän-

---

[52] Gesetzentwurf der Fraktionen der CDU/CSU und SPD v. 24.3.2020, BT-Drs. 19/18110, 40.

[53] Gesetzentwurf der Fraktionen der CDU/CSU und SPD v. 24.3.2020, BT-Drs. 19/18110, 40.

de des Einzelfalls einschließlich der durch die COVID-19-Pandemie verursachten Veränderungen der allgemeinen Lebensumstände. Diese sehr allgemein gehaltene Regelung soll einerseits die grundrechtlich geschützten Positionen des Darlehensgebers, insbesondere dessen wirtschaftliche Betätigungsfreiheit wahren; andererseits geht der Gesetzentwurf jedoch grundsätzlich davon aus, dass wegen der großen Schutzbedürftigkeit von Verbrauchern deren Interesse an einem Zahlungsaufschub im Regelfall überwiegen.[54] Die Norm soll daher lediglich für **außergewöhnliche Fallkonstellationen** die Möglichkeit für Darlehensgeber offenhalten, entweder eine Stundung seiner Ansprüche nicht hinnehmen zu müssen oder aber das Vertragsverhältnis zum Verbraucher kündigen zu können – wobei selbstverständlich die gesetzlichen Voraussetzungen einer solchen (wie insbes. nach § 498 BGB) eingehalten werden müssen. In der Gesetzesbegründung werden dementsprechend auch nicht die verzugsbedingte Kündigung, sondern solche Gründe in Bezug genommen, die eine Kündigung aus § 314 BGB rechtfertigen, wie gravierende oder sich über einen längeren Zeitraum hinziehende schuldhafte Pflichtverletzungen des Verbrauchers, zB betrügerische Angaben oder vertragswidrige Veräußerungen von Sicherheiten vor oder während der Pandemiebedingten Ausnahmesituation, die das Sicherungsinteresse des Gläubigers erheblich beeinträchtigen.[55] Das ist zutreffend, weil eine außerordentliche Kündigung eines Dauerschuldverhältnisses abgesehen von der wirtschaftlichen Lage des Kreditnehmers nach Darlehensvalutierung und vor Verzugseintritt nach den qualifizierten Voraussetzungen des § 498 BGB immer möglich sein muss, § 314 BGB. Nur hätte das auch in Art. 240 § 3 Abs. 6 EGBGB konkret benannt werden sollen – zumal in solchen Fällen ohnehin immer eine sorgfältige Abwägung im Einzelfall vorzunehmen ist, bei der natürlich auch die wirtschaftlichen Belange des Kreditgebers eine wichtige Rolle spielen. Allerdings drohen dem Darlehensgeber bei einem Zahlungsaufschub und Kündigungsausschluss wegen der wirtschaftlichen Lage seines Schuldners nicht die gleichen wirtschaftlichen Folgen wie einem Vermieter. Dieser verliert möglicherweise sogar das Mietobjekt, wenn er durch die ausbleibenden Mieten seine Darlehensraten nicht mehr bedienen kann und ihm deswegen die Finanzierung insgesamt gekündigt und die Immobilie verwertet wird.

hh) Gesamtschuldnerausgleich

Abs. 7 von Art. 240 § 3 EGBGB verweist hinsichtlich des Ausgleiches **32**
und des Rückgriffs unter Gesamtschuldnern (§ 426 BGB) konsequen-

[54] Gesetzentwurf der Fraktionen der CDU/CSU und SPD v. 24.3.2020, BT-Drs. 19/18110, 40.

[55] Gesetzentwurf der Fraktionen der CDU/CSU und SPD v. 24.3.2020, BT-Drs. 19/18110, 40.

terweise auf die Abs. 1 bis 6 der Norm. Diese greifen mithin auch ein, wenn unter mehreren Darlehensnehmern als Gesamtschuldnern **nur zugunsten eines oder mehrerer die Stundungswirkung** des Abs. 1 eintritt, zugunsten anderer aber nicht.[56] Das kann nicht nur dann der Fall sein, wenn nicht alle Gesamtschuldner entsprechende Einnahmeminderung erleiden, sondern liegt jedenfalls vor, wenn Verbraucher und Unternehmer gemeinsam ein Darlehen abschließen, weil sich letztgenannte keinesfalls auf die Norm insgesamt berufen können. Der Verweis auf die vorherigen Absätze soll zum einen verhindern, dass der Kreditgeber während des Stundungszeitraums nach § 426 Abs. 1 BGB den gestundeten Betrag von den anderen Gesamtschuldner zusätzlich zu deren Anteil verlangt und zum anderen ein Gesamtschuldner, der den Gläubiger befriedigt, während des Stundungszeitraums von den übrigen Schuldnern gemäß § 426 Abs. 2 BGB Ausgleich verlangt.[57]

33 Der Kreditgeber kann ohnehin den Darlehensvertrag nur **einheitlich** gegenüber allen Darlehensnehmern **kündigen**, wie die Kündigungsvoraussetzungen des § 498 Abs. 1 S. 1 Nr. 1 und 2 BGB bei allen Darlehensnehmern vorliegen müssen, die Verbraucher sind, selbst wenn der Darlehenszweck sich auf das Gewerbe oder die freiberufliche Tätigkeit eines anderen bezieht. Wenn Darlehensnehmer nicht dem Schutzbereich der §§ 491 ff. unterfallen, kann die Kündigung allerdings auch schon dann ausgesprochen werden, wenn die Voraussetzungen bei einem anderen von mehreren Gesamtschuldner vorliegen.[58]

f) Darlegungs- und Beweislast

34 Die Voraussetzungen des Eintritts der Stundungsvoraussetzungen hat der Darlehensnehmer „ggf. darzulegen und zu beweisen“ – wie die Gesetzesbegründung betont.[59] Er hat daher hinsichtlich der genannten **Tatbestände** (Einnahmeausfälle und Unzumutbarkeit) und **der kausalen Verknüpfung** zwischen den der durch Ausbreitung der COVID-19-Pandemie hervorgerufenen außergewöhnlichen Verhältnissen und den Einnahmeausfällen zum einen und der dadurch verursachten Unzumutbarkeit der Leistungserbringung zum anderen die insoweit erforderlichen Nachweise zu erbringen.[60] Dies muss allerdings nicht bereits vor oder zum Zeitpunkt der

---

[56] Gesetzentwurf der Fraktionen der CDU/CSU und SPD v. 24.3.2020, BT-Drs. 19/18110, 40.

[57] Gesetzentwurf der Fraktionen der CDU/CSU und SPD v. 24.3.2020, BT-Drs. 19/18110, 41.

[58] MüKoBGB/Schürnbrand/Weber BGB § 498 Rn. 23.

[59] Gesetzentwurf der Fraktionen der CDU/CSU und SPD v. 24.3.2020, BT-Drs. 19/18110, 39.

[60] Gesetzentwurf der Fraktionen der CDU/CSU und SPD v. 24.3.2020, BT-Drs. 19/18110, 39.

ansonsten anstehenden Fälligkeit erfolgen, sondern erst bei Streit hierüber und damit letztlich erst im Rahmen eines Zivilprozesses.

g) Inkrafttreten und Verlängerung

Nach Art. 6 Abs. 5 COVFAG sind die vertragsrechtlichen Regelungen aus Anlass der COVID-19-Pandemie gemäß Art. 240 EGBGB, mithin auch dessen § 3 am **1. April 2020** in Kraft getreten; nach Art. 6 tritt Art. 240 EGBGB insgesamt am 30.9.2020 außer Kraft. 35

Gemäß Art. 5 § 4 Abs. 1 COVFAG wird die Bundesregierung u.a. **ermächtigt**, durch Rechtsverordnung ohne Zustimmung des Bundesrates den in § 3 Abs. 1 genannten Zeitraum vom 1.4.2020 bis 30.6.2020 auf den Zeitraum bis zum 30.9.2020 und die in § 3 Abs. 5 geregelte Verlängerung der Vertragslaufzeit **um drei Monate auf bis zu zwölf Monate** zu erstrecken. Voraussetzung dafür ist die Erwartung, dass das soziale Leben, die wirtschaftliche Tätigkeit einer Vielzahl von Unternehmen oder die Erwerbstätigkeit einer Vielzahl von Menschen durch die COVID-19-Pandemie weiterhin in erheblichem Maße beeinträchtigt bleibt. Der Grund dafür ist, dass schon nach Einschätzung des Gesetzgebers vor Erlass des COVFAG die Dauer und Auswirkungen der COVID-19-Pandemie nicht verlässlich vorhergesagt werden können und dass die in dem Gesetz vorgesehenen Moratorien möglicherweise nicht ausreichend sind, um die genannten Ziele zu erreichen.[61] Vor allem war für den Gesetzgeber nicht absehbar, wann der Höhepunkt der Pandemie erreicht sein und wann sich das Wirtschaftsleben danach wieder so stabilisieren wird, dass sich die wirtschaftliche Lage der betroffenen Schuldner wieder normalisieren kann.[62] 36

Art. 5 § 4 Abs. 2 COVFAG ermächtigt die Bundesregierung darüber hinaus, durch Rechtsverordnung mit Zustimmung des Bundestages, aber ohne Zustimmung des Bundesrates die in § 3 Abs. 1 genannten Fristen **über den 30.9.2020 hinaus zu verlängern**, wenn die Beeinträchtigungen auch nach Inkrafttreten der Rechtsverordnung nach Abs. 1 fortbestehen. Denn es ist keineswegs ausgemacht, dass ein lediglich kurzzeitig wirkender Zahnungsaufschub Darlehensnehmer tatsächlich „in der Pandemie-bedingten Notsituation unmittelbar davor bewahren, in eine Überschuldungsspirale zu geraten, beispielsweise ihr finanziertes Eigenheim zu verlieren und am Ende trotz Verwertung von Sicherheiten noch mit erheblichen Schulden belastet zu sein.[63] 37

---

[61] Gesetzentwurf der Fraktionen der CDU/CSU und SPD v. 24.3.2020, BT-Drs. 19/18110, 41.

[62] Siehe wortgleich den Gesetzentwurf der Fraktionen der CDU/CSU und SPD v. 24.3.2020, BT-Drs. 19/18110, 4.

[63] Gesetzentwurf der Fraktionen der CDU/CSU und SPD v. 24.3.2020, BT-Drs. 19/18110, 41.

III. Darlehen an Kleinstunternehmer sowie kleine oder mittlere Unternehmen

38 Vor Erlass des COVFAG war umstritten, ob insbesondere die Abs. 1 bis 7 von Art. 240 § 3 EGBGB auch auf Darlehensverträge erstreckt werden sollen, die von einem Kleinstunternehmen oder einem kleinen oder mittleren Unternehmen (im Sinne von Artikel 2 Absatz 3 des Anhangs der Empfehlung 2003/361/EG der Kommission vom 6. Mai 2003 betreffend die Definition der Kleinstunternehmen sowie der kleinen und mittleren Unternehmen) als Darlehensnehmer aufgenommen wurden. Dies wurde in den Gesetzesberatungen **abgelehnt**[64] und wie ursprünglich beabsichtigt, die Bundesregierung gemäß Art. 240 § 3 Abs. 8 EGBGB **ermächtigt**, durch Rechtsverordnung mit Zustimmung des Bundestages und ohne Zustimmung des Bundesrates den personellen Anwendungsbereich der Abs. 1 bis 7 von § 3 zu ändern und insbesondere Kleinstunternehmen entsprechend der genannten Definition in den Anwendungsbereich **einzubeziehen**.[65]

39 Die Beschränkung der darlehensrechtlichen Stundung auf Kredite mit Verbrauchern ist allerdings der Begründung nach **nicht widerspruchsfrei**. In dem Gesetzesentwurf wird anfänglich noch ausdrücklich hervorgehoben, dass nicht nur zugunsten von Verbrauchern sondern ebenso für Kleinstunternehmen ein Moratorium für die Erfüllung vertraglicher Ansprüche aus Dauerschuldverhältnissen eingeführt wird, womit Betroffenen dieser Gruppen, die wegen der COVID-19-Pandemie ihre vertraglich geschuldeten Leistungen nicht erbringen können, ein Aufschub gewährt wird und zwar explizit „für Geldleistungen und andere Leistungen".[66] In den Detailregelungen ist dann viele Seiten später nur noch davon die Rede, dass in dem Gesetz eine Ermächtigung an die Bundesregierung vorgesehen ist, mittels Rechtsverordnung den Anwendungsbereich des § 3 auf weitere Darlehensnehmergruppen, insbesondere auf Kleinstunternehmen zu erstrecken, was aber bislang nicht passiert ist. Auffällig ist, dass die Herausnahme von Kleinstunternehmen gegenüber der vorangestellten Zusammenfassung des Gesetzes nicht mit einem einzigen Wort erwähnt oder begründet wird.

---

[64] Siehe Bericht des Ausschusses für Recht und Verbraucherschutz (6. Ausschuss) zu dem Gesetzentwurf der Fraktionen der CDU/CSU und SPD – Drucksache 19/18110 – vom 25.3.2020, BT-Drs. 19/18158, 6.

[65] Gegen dem über dem Gesetzentwurf der Fraktionen der CDU/CSU und SPD vom 24.3.2020 wurde lediglich die Regelung in Art. 5 § 3 Abs. 8 an die Formulierung in Art. 5 § 4 Abs. 2 angeglichen (s. Bericht des Ausschusses für Recht und Verbraucherschutz (6. Ausschuss) zu dem Gesetzentwurf der Fraktionen der CDU/CSU und SPD – Drucksache 19/18110 – vom 25.3.2020, BT-Drs. 19/18158, 18).

[66] Gesetzentwurf der Fraktionen der CDU/CSU und SPD v. 24.3.2020, BT-Drs. 19/18110, 1.

40 Erleichterungen für kleine und mittlere Unternehmen für bestehende Darlehensverträge sind offensichtlich nicht mehr in der politischen Diskussion. Stattdessen wurden nun für Unternehmen solcher Größenordnung Hilfen über die Europäische Investitionsbank[67] beschlossen.[68] Zuvor hatte sich die Bundesregierung bei der Europäischen Kommission erfolgreich um eine Genehmigung für eine Ausweitung von Beihilferegelungen bemüht, insbesondere um eine Verlängerung der deutschen Regelungen für zinsvergünstigte Darlehen, womit auch andere öffentliche Einrichtungen die deutsche Wirtschaft unterstützen und Maßnahmen der Kreditanstalt für Wiederaufbau (KfW)[69] ergänzen können. Unter Wahrung von Art. 107 Abs. 3 lit. b AEUV können deutsche Bundes- und Landesbehörden sowie Förderbanken zusätzlich zur KfW in derselben Weise tätig werden, mithin günstige Konditionen für Darlehensgarantien und -bürgschaften zur Deckung des unmittelbaren Betriebskapital- und Investitionsmittelbedarfs gewähren. Im Rahmen des sog. befristeten Rahmens sind daneben direkte Zuschüsse, selektive Steuervorteile und rückzahlbare Vorschüsse, vergünstigte öffentliche Darlehen an Unternehmen, Zusicherungen für Banken, die staatliche Beihilfen an die Realwirtschaft weiterleiten und kurzfristige Exportkreditversicherungen möglich.[70] Konkret bietet die KfW seit dem 15.4.2020 sog. **Schnellkredite** für Anschaffungen (Investitionen) und laufende Kosten (Betriebsmittel) an, die zu 100 % durch eine Garantie des Bundes abgesichert werden. Mit dem **KfW-Unternehmerkredit** können KMU Anschaffungen und laufende Kosten bis zu 1 Mrd. Euro beantragen; für realtiv neu am Markt tätige Unternehmen stehen sog. **ERP-Gründerkredit** bereit; zudem beteiligt sich die KfW an Konsortialfinanzierungen für Investitionen und Betriebsmittel von mittelständischen und großen Unternehmen und bis zu 80 % des Risikos, jedoch maximal 50 % der Gesamt-verschuldung.[71]

IV. Kreditversicherungen

1. Bei Verbraucherdarlehen

41 Ratenkredite aller Art sind wie teilweise auch eingeräumte Überziehungen bis hin zu Salden für Verbindlichkeiten aus Kreditkartenverträ-

---

[67] Siehe dazu die Informationen unter https://www.eib.org/de/products/clients.htm

[68] Siehe die PM der BReg v. 9.4.2020 (https://www.bundesregierung.de/breg-de/themen/coronavirus/statement-scholz-1742786).

[69] Siehe dazu SZ v. 6.4.2020 (https://www.sueddeutsche.de/wirtschaft/coronavirus-wirtschaft-news-aktuell-1.4869377).

[70] Siehe EU-Aktuell v. 3.4.2020 (https://www.juris.de/jportal/portal/page/homerl.psml?nid=jnachr-JUNA200400998&wt_mc=pushservice&cmsuri=%2Fjuris%2Fde%2Fnachrichten%2Fzeigenachricht.jsp).

[71] Zum Ganzen https://www.kfw.de/KfW-Konzern/Newsroom/Aktuelles/KfW-Corona-Hilfe-Unternehmen.html.

gen über sog. Restschuldversicherungen abgesichert.[72] Bei Immobiliarkrediten sind solche Versicherungen aber bislang ganz weitgehend unüblich und wegen des den Kreditnehmern stets abverlangten banküblichen Sicherungspaketes[73] (bestehend aus grundpfandlicher Absicherung, Abgabe eines abstraktem Schuldanerkenntnisses und der darauf bezogenen, doppelten Unterwerfung unter die sofortige Zwangsvollstreckung[74]) an sich auch überflüssig.[75] Eintrittspflichtig sind solche Versicherungen bedingungsgemäß vor allem bei **Tod des Darlehensnehmers**; nur relativ selten werden auch dessen Arbeitsunfähigkeit oder Arbeitslosigkeit versichert. Aber auch dann ist keineswegs sicher, ob von der Versicherung die Zahlung ausbleibender Raten oder der noch offenstehenden Restforderung insgesamt übernommen werden, sehen deren Bedingungen doch vielfältige Einschränkungen und Ausschlüsse (auch von Kurzarbeit) vor. Zudem bestehen auch zum Teil über viele Monate währende Wartezeiten, so dass die Versicherung erst relativ spät greifen würde. Insgesamt entpuppt sich das auf den ersten Blick als sinnvoll erscheinende Produkt „Restschuldversicherung" bei genauerer Betrachtung nach Ansicht der Bundesregierung nicht selten als **großes Ärgernis**[76] – allein schon deshalb, weil für deren Vertrieb an die vermittelnden Banken in der Praxis bis zu 80 Prozent der Versicherungsprämien zurückfließen[77] – nicht selten von Versicherern, die Tochterunternehmen der Banken sind.[78]

2. Bei gewerblichen Krediten

42 Nach Ansicht des Gesamtverbandes der Deutschen Versicherungswirtschaft wird sich die COVID-19-Pandemie mittelbar auch auf die deutschen Kreditversicherer auswirken.[79] Kreditversicherungen im gewerbli-

---

[72] Zu den verschiedenen Vertragsabschlussmodellen zuletzt Knops JZ 2020, 21 f.

[73] Siehe dazu Knops NJW 2015, 3121 (3126); WM 2010, 2063 (2064).

[74] BeckOGK/Binder, 15.2.2020, BGB § 488 Rn. 84.4.

[75] BeckOGK/Knops, 1.3.2020, BGB § 505b Rn. 18.

[76] BReg, Restschuldversicherungen - Häufig teuer und überflüssig (abrufbar unter https://www.bundesregierung.de/Content/DE/Artikel/2017/09/2017-09-12-restschuldversicherung-haeufig-teuer-und-ueberfluessig.html).

[77] Siehe Protokoll-Nr. 18/113 der 113. Sitzung des Ausschusses für Wirtschaft und Energie des Deutschen Bundestages vom 31. Mai 2017, S. 20 und *BaFin*, Marktuntersuchung zu Restschuldversicherungen – Ergebnisse der Marktuntersuchung vom 21.6.2017 (abrufbar unter https://www.bafin.de/SharedDocs/Downloads/DE/Anlage/dl_170620_marktuntersuchung_restschuldversicherungen.pdf?__blob=publicationFile&v=8): Danach erhalten zwölf Kreditinstitute 50 Prozent der Versicherungsprämie, sieben Institute über 50 Prozent, wobei in Einzelfällen die Provisionen mehr als 70 Prozent betragen; so bereits *Knops* VersR 2006, 1455 f.

[78] Knops NJW 2019, 1847 f. mwN.

[79] GdV e.V., Corona-Krise: Folgen für den Versicherungsschutz (https://www.gdv.de/de/themen/news/corona-krise--folgen-fuer-den-versicherungsschutz-58378, zuletzt abgerufen am 9.4.2020).

chen Bereich sollen vor allem **Lieferanten gegen Zahlungsausfälle** ihrer Abnehmer schützen, die zweifellos zunehmen werden. Nach Einschätzung des Verbandes werden aber die Ausweitung staatlicher Exportkreditversicherungen auf EU- und OECD-Kernländer zum einen (→ Rn. 40) und die geänderte Insolvenzordnung (dazu § 14) zum anderen die Folgen abmildern.

V. Verbriefte Kredite und Gefahren für Anleger

Abgeschlossene Kreditverträge werden seit mittlerweile Jahrzehnten im großen Stil von Banken an Dritte veräußert, die den Erwerb mittels Ausgabe von Schuldverschreibungen und Anleihen aller Art finanzieren. Dabei geht es um Darlehen aller Art und von Kreditinstituten aus aller Welt – obwohl die **Ausplatzierung von Kreditrisiken** und ihre Verbriefung unbestritten eine wesentliche Ursache für die weltweite Finanz- und Wirtschaftskrise seit 2007 war, die beinahe zur Katastrophe für viele Volkwirtschaften führte.[80] 43

Für die Stabilität des Finanzmarktes und seine Akteure sind solche Verbriefungen **sehr riskant**. Systemisch vor allem deshalb, weil das an die abgeschlossenen Darlehen gebundene Eigenkapital der Banken durch die Veräußerung weitgehend frei wird und wieder für neue Kreditgeschäfte eingesetzt wird, womit sich die Risiken verselbstständigen und potenzieren. Enorm sind auch die Risiken für Käufer der genannten Wertpapiere,[81] u. a. weil sie die Qualität der in den Papieren steckenden Forderungen nicht oder nur unzureichend beurteilen können.[82] 44

Derzeit sind die Folgen der weltweiten COVID-19-Epidemie noch nicht absehbar. Kommt es zu größeren Zahlungsausfällen – wie in der Finanzkrise 207 vor allem bei US-amerikanischen privaten Hypothekenschuldnern – verlieren die Wertpapiere sehr schnell an Wert, möglicherweise bis auf null. Inhaber solcher Schuldverschreibungen müssen dann reale Verluste hinnehmen, weil die aus den Rückzahlungen der Darlehensschuldner resultierenden Erträge ausbleiben. So haben vor allem Banken in der EURO-Zone bis heute zum Teil gewaltige Kredite in ihren Büchern und besitzen zugleich eine große Anzahl solcher Papiere, wovon sie sich Profite und keine Verluste erhofften. Ebenso geht es anderen, 45

---

[80] Siehe dazu bspw. Finanzkrise: Der Tag, an dem die Welt fast unterging (https://www.zeit.de/zeit-magazin/2018/37/finanzkrise-2008-lehman-brothers-investmentbank-pleite-auswirkungen).

[81] Siehe dazu ausf. Wesser, Die Verbriefung von Darlehensforderungen - Risiken des Anlegers, 2019, 93 ff. u. Knops BB 2008, 2535 ff.; WM 2008, 2184 ff. sowie bank und markt 2008, Heft 6, 40 ff.

[82] Noch gefährlicher sind sog. synthetische Verbriefungen, wo nicht die Kredite an sich, sondern nur deren Risiken mit Hilfe von Kreditderivaten weitergereicht werden.

vor allem deutlich kleineren Anlegern. Ihnen droht nicht nur der **Totalverlust**, sondern dass sie aufgrund ausbleibender Zahlungen unter Umständen selbst in Liquiditätsschwierigkeiten kommen. Dass sich Schieflagen nur einer oder weniger Volkswirtschaften, vor allem von einer großen Anzahl von Kreditnehmern fast wie eine Art Pandemie über die ganze Welt verbreiten kann, hat die Finanzkrise bewiesen. Die Verbriefung von Krediten ist dafür das Vehikel.

VI. Aufsichtsrechtliche Anforderungen

46 Sowohl die Europäische Zentralbank und die Europäischen Aufsichtsbehörden, insbes. auch die BaFin haben **relativ frühzeitig** auf die COVID-19-Pandemie und sich daran anknüpfende Auswirkungen auf Banken und Kreditinstituten reagiert. Die aufsichtlichen und regulatorischen Maßnahmen beziehen sich dabei auf vielfältige, ganz unterschiedliche Aspekte in der Banken-, Versicherungs- und Wertpapieraufsicht. Die Entwicklung verläuft äußerst dynamisch und kann hier nur punktuell in Bezug auf das COVFAG angerissen werden. Insoweit ist zunächst zu bemerken, dass die BaFin mit zahlreichen Anfragen von Verbänden und Instituten zu tun hat, diese thematisch ordnet und konsolidiert und dann beantwortet, auch mit FAQ-Listen. Materiell bedeutsam sind vor allem die **EBA-Leitlinien** EBA/GL/2020/02 zu allgemeinen Zahlungsmoratorien. Diese sind für Deutschland von der BaFin bereits am 3.4.2020 in ihre Verwaltungspraxis übernommen worden und werden nun bereits in Bezug auf den oben ausführlich behandelten Art. 240 § 3 EGBGB angewandt.[83] Die gesetzlich vorgesehene Stundung wird von der BaFin zu Recht nicht unter die Ausfalldefinition gemäß Art. 178 Eigenmittel-Verordnung (Capital Requirements Regulation – CRR) subsumiert; bei sog. Problemkrediten hat die Behörde derzeit zudem die ansonsten vorgesehene Behandlungsweise gemäß den Vorgaben der Mindestanforderungen an das Risikomanagement **(MaRisk)** ausgesetzt.[84]

---

[83] So verpflichten beispielsweise die Anforderungen nach Rn. 17 c) und e) der Leitlinien EBA/GL/2020/02 ein Institut, der zuständigen Aufsichtsbehörde Informationen zur Gesamtheit der Schuldner und Risikoposition zu übermitteln; für sämtliche allgemeine Zahlungsmoratorien muss ein Institut ferner nach Rn. 19 a) der Leitlinien EBA/GL/2020/02 die Schuldner oder Risikopositionen identifizieren, für die das jeweilige allgemeine Zahlungsmoratorium angeboten wurde (s. nur „Allgemeines Zahlungsmoratorium: Wie wenden BaFin und Deutsche Bundesbank die EBA-Leitlinien EBA/GL/2020/02 an?“, https://www.bafin.de/DE/Aufsicht/CoronaVirus/CoronaVirus_node.html, zuletzt abgerufen am 9.4.2020).

[84] Siehe dazu Anlage 1: MaRisk – Regelungstext mit Erläuterungen, BTO 1.2.5 S. 27 (https://www.bundesbank.de/resource/blob/598658/a10a3b354e514676bb7184b9e23dbde8/mL/2005-12-20-anlage-1-erlaeuterungen-zu-den-marisk-data.pdf).

Zum gegenwärtigen Zeitpunkt ist nicht abzusehen, welche aufsichtsrechtlichen Maßnahmen ergriffen werden, wenn Kredite oder Kreditverbriefungen in einem größeren Umfang ausfallen. Schon jetzt bestehen reale **Gefahren für die Stabilität des Finanzsystems** durch die COVID-19-Pandemie insgesamt – in Deutschland, Europa und weltweit. Daher ist es auch an der Zeit, nicht über mögliche Fehler und Verbesserungen im System, sondern vor allem auch über die sich in den vergangenen Jahren immer höher drehende Spirale im Finanzsektor an solche nachzudenken und daraus Konsequenzen zu ziehen. 47

§ 3 Mietrecht

Inhaltsübersicht

I. Wohnraummiete

1. Die spiegelverkehrte Konsumkrise

1 Der Ausbruch der COVID-19-Pandemie hat Deutschland in eine fundamentale Konsumkrise gestürzt. Zahlreiche Unternehmen oder Selbständige leiden sehr darunter, dass Verbraucher von Investitionen absehen, oftmals, weil ihnen die Möglichkeit durch gesetzliche Verbote schlicht genommen wurde, etwa im Einzelhandel, in Hotels und Gaststätten oder beim Besuch von kulturellen Veranstaltungen. In vielen Fällen der Geschäftsraummiete zeigt sich ein ähnliches Bild. Mietern von Gewerbeimmobilien wird der Betrieb ihres Geschäfts untersagt oder zumindest stark eingeschränkt und der übliche Umsatz durch den Betrieb des Gewerbes kann nicht generiert werden (ausf. → Rn. 54–105).

2 Im Falle der Wohnraummiete zeigt sich die Krise von einer anderen, geradezu spiegelverkehrten Seite, wodurch noch einmal ganz deutlich wird, dass Wohnen kein Konsumgut wie jeder andere ist. Diese These stand im Zentrum der teilweise hitzigen Debatten über die Notwendigkeit und Angemessenheit der Einführung gesetzlicher Regelungen zur Begrenzung der Miethöhe auf Bundes- und Landesebene vor dem Ausbruch der Pandemie. Während die Wirtschaft unter dem erzwungenen Verzicht der Bürger auf

Konsum leidet, können dieselben Menschen nicht darauf verzichten, unter einem Dach zu leben. Im Gegenteil, die Nutzung der Wohnung als Rückzugsort erfährt in Zeiten von Kontakt- und Ausgangsbeschränkungen eine ganz besondere Relevanz. Während dieser „Konsum an Wohnraum“ gerade in diesen Zeiten somit unersetzlich ist, brechen Mietern vielfach die Einnahmen weg, um die Miete pünktlich zahlen zu können. Auf der anderen Seite sind viele Vermieter auf den regelmäßigen Eingang der Mietzahlung angewiesen, um etwa Kredite zu bedienen. Die COVID-19-Pandemie bringt aber neben den Fragen von Zahlungspflicht und -verzug zahlreiche andere Probleme im Bereich der Wohnraummiete mit sich. Zu denken ist an die Einschränkung von Gebrauchsrechten, das Entstehen von Schutzpflichten gegenüber Vertragspartnern und anderen Nutzern einer Immobilie oder etwa den Umgang mit bereits geplanten Maßnahmen der Instandsetzung und Modernisierung. Wohnungen werden in diesen Zeiten vielfach zu heimischen Büros, woran bei Vertragsschluss womöglich nicht gedacht wurde. Auch die Wohnungsübergabe, sei es zu Beginn oder zum Ende des Mietverhältnisses, kann durch die mit der COVID-19-Pandemie einher gehenden Beschränkungen des öffentlichen Lebens und der Bewegungsfreiheit beeinträchtigt werden.

2. Angebot und Entgegennahme der Leistung unter Geltung einer Kontaktsperre

Die von der Pandemie ausgehenden Mobilitätsbeschränkungen können dem ordnungsgemäßen Beginn des Mietverhältnisses im Wege stehen. Der Vermieter kann die Wohnung zum vereinbarten Zeitpunkt nicht zur Verfügung stellen, weil der Vormieter quarantänebedingt nicht ausziehen konnte, der Mieter kann aus entsprechenden Umständen nicht einziehen. Es mag dem Mieter auch der Umzug in diesen Zeiten logistisch nicht realisierbar sein. 3

Die nicht fristgerechte Übergabe der Wohnung stellt einen Fall der zeitweiligen Unmöglichkeit dar. Es gelten die allgemeinen Grundsätze und bei Lichte betrachtet liegt abgesehen vom Umstand des Vertretenmüssens kein außergewöhnlicher Fall vor. Der Vermieter kann die Wohnung dem neuen Mieter zum vereinbarten Zeitpunkt nicht zur Verfügung stellen, weil der Vormieter noch nicht ausgezogen ist. Dies kam auch vor der Krise vor (zum Anspruch auf Nutzungsentschädigung gegenüber dem Vormieter → Rn. 52). 4

Da die nicht erbrachte Leistung für die vergangene Mietzeit nicht nachholbar ist, liegt in aller Regel ein Fall der Unmöglichkeit und kein Verzug vor.[1] Der Vermieter ist, so lange das Leistungshindernis besteht, 5

[1] BGH NJW-RR 1991, 267; NJW 1991, 3277; Staudinger/V. Emmerich, 2019, BGB § 535 Rn. 17; Blank/Börstinghaus BGB § 535 Rn. 289.

nicht zur Leistung verpflichtet (§ 275 Abs. 1 BGB). Dies gilt unabhängig davon, ob er das Leistungshindernis zu vertreten hat. Auf der anderen Seite hat der Vermieter keinen Anspruch auf Zahlung der Miete (§ 326 Abs.1 S. 1 BGB) und der Mieter kann in der Zeit des Leistungshindernisses vom Vertrag zurücktreten (§ 326 Abs. 5 BGB, § 323 BGB);[2] ist das Leistungshindernis behoben, ist auch der Rücktritt ausgeschlossen.

6 In den vorliegenden Lebenssachverhalten dürfte es sich regelmäßig um einen Fall der nachträglichen, vorübergehenden Unmöglichkeit handeln, da das Leistungshindernis bei Vertragsschluss noch nicht vorlag (§ 311a BGB). Als der Mietvertrag geschlossen wurde befand man sich im Zweifel noch nicht in der Corona-Krise, lag jedenfalls noch keine Ausgangsbeschränkung beim Bestandsmieter vor. Grundsätzlich steht dem Mieter gegen den Vermieter im Fall der nachträglichen Unmöglichkeit ein Anspruch auf Schadensersatz statt der Leistung (§ 283 BGB) oder Aufwendungsersatz (§ 284 BGB) zu. Die Kosten der Unterbringung in der betreffenden Zeit haben Relevanz. Der Anspruch auf Schadens- oder Aufwendungsersatz ist allerdings ausgeschlossen, wenn der Vermieter die Pflichtverletzung nicht zu vertreten hat. Beim pandemiebedingten Verbleib des Vormieters in der Wohnung mag es dem Vermieter oftmals gelingen, den Nachweis zu führen, die Nichtleistung nicht zu vertreten zu haben.

7 Im spiegelverkehrten Fall, dass dem Mieter der Einzug nicht möglich ist, weil er sich nicht fortbewegen darf, gerät er zwar verschuldensunabhängig in den Verzug der Annahme, da er pandemiebedingt die angebotene Wohnung nicht annimmt, § 293 BGB. Hieraus kann der Vermieter als Schuldner aber keine Schadensersatzansprüche herleiten (→ § 1 Rn. 17).[3] Wird dem Mieter die Wohnung angeboten und kann er nicht einziehen, weil er sich nicht fortbewegen darf, bleibt er zur Mietzahlung verpflichtet.

3. Erweiterung der Gebrauchsgewährungspflicht – „Home Office“

8 Die Pandemie hat dazu geführt, dass viele Wohnraummieter plötzlich zu Hause arbeiten müssen und auf einen stabilen Internetzugang in ihrer Wohnung angewiesen sind. Es stellt sich die Frage, inwieweit der Vermieter für die „Internetfähigkeit“ der Mietwohnung verantwortlich ist, so dass der Mieter aus dem sog. „Home-Office“ arbeiten kann.

9 Grundsätzlich ist es dem Wohnraummieter mietrechtlich erlaubt, auch in der Privatwohnung seiner beruflichen oder gewerblichen Tätigkeit nachzugehen, solange er nicht nach außen sichtbar auftritt, indem er etwa einen Verkaufsraum einrichtet.

---

2 Staudinger/V. Emmerich, 2018, BGB § 535 Rn. 16; Blank/Börstinghaus BGB § 535 Rn. 289.

3 MüKoBGB/Ernst BGB § 300 Rn. 1.

Der Umfang des Gebrauchsrechts des Mieters resp. der Gebrauchsgewährungspflicht des Vermieters gem. § 535 Abs. 1 S. 2 BGB richtet sich nach den vertraglichen Vereinbarungen unter Berücksichtigung von Treu und Glauben. Zur Erweiterung der Rechte und Pflichten bedarf es grundsätzlich einer einvernehmlichen Änderung des Vertrags. Neben der autonomen Entschließung der Parteien zur Vertragsänderung ist ein solches auch – wie etwa mit § 554a BGB für den mieterinitiierten behindertengerechten Umbau der Wohnung (demnächst auch hins. der Elektromobilität) oder § 313 Abs. 1 BGB im Allgemeinen – aufgrund der Durchsetzung eines gesetzlich für eine Vertragspartei vorgesehenen Anpassungsanspruchs möglich. In Ausnahmefällen räumt das Gesetz – wie etwa mit § 555d Abs. 1 BGB für Modernisierungsmaßnahmen – die einseitige Änderungsmöglichkeit für des Vertragsgefüges ein. 10

Soweit die wirtschaftliche oder berufliche Tätigkeit in der Wohnung grundsätzlich möglich ist, erfordert dies oftmals die Herstellung einer telekommunikativen Verbindung vom Heimrechner zum Rechner/Server im Büro, zur Betriebsstätte, jedenfalls aber zur Außenwelt im Allgemeinen, sei es um an Videokonferenzen teilnehmen oder zu bearbeitende Dokumente empfangen und versenden zu können. Die Verfügbarkeit eines Internetanschlusses in der Wohnung, welcher eine (leistungsstarke) Internetverbindung (sog. Breitbandverbindung) ermöglicht, ist dafür unerlässlich. Verfügt eine Mietwohnung über keinen Internet- oder gar Festnetz-Telefonanschluss, stellt sich die Frage, ob dem Mieter ein Anspruch auf Herstellung der entsprechend benötigten Ausstattung zusteht, er aber zumindest eine solche auf eigene Kosten bzw. finanziert durch seinen Arbeitgeber veranlassen darf. 11

a) Anspruch auf Herstellung der Internetfähigkeit

Zunächst ist zu klären, ob ein Anspruch des Wohnraummieters auf Installation einer hinreichenden Internetversorgung besteht. Dies wird teilweise mit dem Hinweis darauf abgelehnt, der Mieter könne den fehlenden Internetanschluss über eine entsprechende Erweiterung des Leistungspakets seines Festnetzanbieters selbst herstellen lassen.[4] 12

Es stellt sich aber die Frage, ob ein Anspruch gegen den Vermieter auf Herstellung der Internetfähigkeit der Wohnung tatsächlich per se ausscheidet. Schließlich ist es nicht in allen Regionen Deutschlands möglich, sich schlicht an einen Internetprovider zu wenden und einen Vertrag über die Bereitstellung von Internet in der benötigten Geschwindigkeit zu bestellen.[5] 13

[4] So jedenfalls Lützenkirchen MietRB 2020, S1 (Heft 03), 1, 3.

[5] Vgl. dazu die Ergebnisse der vom BMVI in Auftrag gegebenen Studie „Aktuelle Breitbandverfügbarkeit in Deutschland (Stand Mitte 2019), abrufbar unter https://www.bmvi.de/goto?id=459974 (1.4.2020).

14 Eine Pflicht des Vermieters zur Herstellung der „Internetfähigkeit“ der Wohnung könnte in Ermangelung einer ausdrücklichen Vereinbarung zwischen Vermieter und Mieter aus § 535 Abs. 1 S. 2 BGB folgen, so dass es einer Erweiterung der Gebrauchsrechte resp. Gebrauchsgewährungspflichten nicht bedürfte. Entscheidend dafür ist, ob sich eine Wohnung ohne Internetanschluss resp. mit Anschluss von lediglich geringer Internetgeschwindigkeit zum vertragsgemäßen Gebrauch – dem Wohnen – eignet. Für den Umfang der vom Vermieter grundsätzlich geschuldeten Ausstattung kommt es neben dem konkreten Vertragszweck auch auf die Verkehrssitte und den dem Mieter bekannten Eigenschaften des Mietobjektes an.[6] Danach soll heute richtigerweise jedenfalls ein Telefonanschluss zum vertragsgemäßen Zustand einer Mietwohnung zählen.[7] Ob der Ausschluss bereits durch den Vermieter für die Internetnutzung vorbereitet sein muss oder dies Sache des Mieters ist, insbesondere mit welcher zu erzielenden Internetgeschwindigkeit ein solches möglich sein muss, ist eine andere Frage. Es lässt sich damit jedenfalls nicht pauschal ein Anspruch des Mieters auf Herstellung der Nutzbarkeit des Telefonanschlusses für Internetverbindungen mit angemessener Geschwindigkeit gegenüber dem Vermieter verneinen.[8] Denkbar bleiben schließlich Fälle, in denen der Vermieter nicht die ortsüblichen und danach zu erwartenden technischen Voraussetzungen geschaffen hat, um Zugang zum Internet in ortsüblicher angemessener Geschwindigkeit zu erhalten.[9] Zutreffend ist aber die Annahme, dass – sofern diese Grundvoraussetzung entsprechend der örtlichen zu erwartenden und üblichen Gegebenheiten erfüllt ist – es nach der Verkehrssitte – dh entsprechend der überörtlich gängigen Praxis – grundsätzlich dem Mieter selbst obliegt, die Nutzbarkeit der vorhandenen Festnetzleitung für das Surfen im Internet durch den Telefonanbieter auf seine Kosten zu veranlassen.

15 Ein Anspruch des Mieters auf Erweiterung der Gebrauchsgewährungspflicht gegenüber dem Vermieter infolge der Corona-Krise für den Fall, dass er selbst bisher noch keine Internetverbindung geschaffen hat, dahingehend, dass die „Internetfähigkeit“ der Wohnung Teil des Pflichtenkatalogs des Vermieters wird, besteht indes ebenso wenig wie eine einseitige dahingehende Änderungsmöglichkeit des Vertragsgefüges. Ein entsprechender mietrechtlicher Vertragsanpassungsanspruch gegenüber dem Vermieter existiert – anders als etwa mit § 554a BGB für den behin-

---

[6] MüKoBGB/Häublein BGB § 535 Rn. 85.

[7] Schmidt-Futterer/Eisenschmid BGB § 535 Rn. 466 mwN zur Rechtsprechung.

[8] So auch BeckOK BGB/Zehelein BGB § 535 Rn. 347, 359, der sich vor dem Hintergrund von BGH NJW 2013, 1072 gar für einen Anspruch des Mieters auf Schaffung der Möglichkeit, Internet in einer angemessenen Geschwindigkeit nutzen zu können, gegenüber dem Vermieter ausspricht.

[9] Vgl. dazu auch BGH MDR 2019, 283.

dertengerechten Umbau – nicht und auch die gegebenenfalls mögliche Anwendbarkeit der Grundsätze über die Störung der Geschäftsgrundlage gem. § 313 Abs. 1 BGB gewährt einen solchen nicht. Es fehlt in der Regel an jeglichem Hinweis darauf, dass die Parteien bei vorheriger Kenntnis der aktuellen Entwicklungen in Bezug auf die Verantwortlichkeit für Internetfähigkeit der Wohnung eine (abweichende) Regelung im Mietvertrag getroffen hätten.

b) Zustimmungserfordernis für technische Installationen

Soweit für die Herstellung der Internetfähigkeit der Wohnung, dh au- 16
ßer dem vorhandenen Telefonanschlusses noch bauliche Veränderungen erforderlich sein sollten, etwa die Installation einer Verteilerdose, darf der Mieter diese – weil die Herstellung der „Internetfähigkeit" der Wohnung vom vertragsgemäßen Gebrauch gedeckt ist und soweit diese, wie es regelmäßig der Fall sein dürfte, allenfalls mit einer geringen Eingriffsintensivität verbunden sind – auch ohne vorherige Zustimmung des Vermieters durchführen resp. durchführen lassen.[10]

c) Rechtsfolge fehlender angemessener Internetverbindungsgeschwindigkeit

Aus den vorstehenden Feststellungen folgt zwangsläufig, dass eine 17
Minderung der Miete gem. § 536 Abs. 1 BGB wegen nichtbestehender Möglichkeit der Ausübung von Heimarbeit infolge fehlender, resp. nicht ausreichend schneller Internetverbindung grundsätzlich lediglich in den – zugegebener Maßen wohl selten anzutreffenden – Fällen eintreten kann, in denen der Vermieter die vertraglich geschuldeten technischen Voraussetzungen für die Einrichtung einer Internetverbindung durch den Mieter nicht geschaffen hat. Liegt ein solcher Fall jedoch vor, handelt es sich – weil auf Mieterseite das grundrechtlich geschützte Informationsinteresse betroffen ist – stets um eine erhebliche Minderung der Tauglichkeit zum vertragsgemäßen Gebrauch.[11] Dies gilt erst recht für den Fall, dass die Bereitstellung einer Internetverbindung Teil der vom Vermieter geschuldeten Leistung ist – so etwa bei den immer öfter am Markt anzutreffenden „Flatrate-Mieten"[12], bei denen sämtliche Kosten, insbesondere kalte und warme Betriebskosten sowie Stromkosten, enthalten sind.

---

[10] Vgl. Streyl NZM 2017, 785 (787), der sich ausführlich mit den vom Eingriffsumfang und -typus abhängigen Bestehen eines Zustimmungserfordernis des Vermieters für Eingriffe des Mieters in die Bausubstanz des Mietobjekts befasst.

[11] In diese Richtung deutend BGH NJW 2013, 1072.

[12] Vgl. dazu Saxinger NZM 2018, 849 sowie jüngst Beuermann GE 2019, 1548.

4. Schutz- und Rücksichtnahmepflichten im Wohnraummietverhältnis

18 Das Leben in Mietshäusern ist geprägt von dem Kontakt von Mitbewohnern zueinander. Es gibt zahlreiche Einrichtungen, die gemeinsam genutzt werden und viele Alltagssituationen, in denen sich die Bewohner eines Mehrfamilienhauses begegnen. Hier kann die Einhaltung besonderer Verhaltensregeln angezeigt sein. Rücksichtnahmepflichten werden aktualisiert. Auch zwischen den Vertragsparteien, also Vermieter und Mieter, kommt es unter gewöhnlichen Bedingungen ab und an zu unmittelbarem Kontakt. Auch diesbezüglich gelten Besonderheiten in Zeiten der COVID-19-Pandemie.

19 Nach § 241 Abs. 2 BGB sind beide Mietparteien ohnehin zur Rücksichtnahme auf die Rechte, Rechtsgüter und Interessen ihres Vertragspartners verpflichtet. Die genauen Anforderungen an die Rücksichtnahmepflicht werden im Wege der Auslegung aus dem Vertragszweck, der Verkehrssitte und dem redlichen Geschäftsverkehr hergeleitet.[13] Im Rahmen von Dauerschuldverhältnissen ist zudem das zwischen den Parteien bestehende Vertrauensverhältnis zu berücksichtigen.[14] Insgesamt ist eine mehrstufige Interessenabwägung erforderlich.[15] Daraus folgt insbesondere, dass jede Partei ihre Rechte schonend auszuüben hat.[16]

20 Wegen der Corona-Pandemie kommt dem sog. Rücksichtnahmegebot allerdings besondere Bedeutung zu. Insofern können aufgrund der derzeitigen Lage einerseits spezielle Rücknahmepflichten begründet, zum anderen kann mit Blick auf allgemeine Rücksichtnahmepflichten eine vom sonst Üblichen abweichende Interessenbewertung angezeigt sein.

a) Vermeidung von Ansteckungsgefahren in Mehrfamilienhäusern

21 Mit Blick auf die Vermeidung von Ansteckungsgefahren dürften die Anforderungen an die Mietvertragsparteien selbst in Mehrfamilienhäusern trotz der Rücksichtnahmepflicht nicht über das allgemeinübliche Verhalten zur Ansteckungsvermeidung hinausgehen. Grundsätzlich beschränkt sich die Rücksichtnahmepflicht darauf, nicht schädigend in die Rechtssphäre des anderen einzugreifen.[17] Eine darüber hinausgehende Pflicht zum aktiven Schutz der Gegenseite bedarf einer besonderen Rechtfertigung.[18] Neben vorangegangenem risikoerhöhendem Verhalten

---

[13] Staudinger/Olzen, 2019, BGB § 241 Rn. 495.
[14] BGH NJW 1983, 2813 (2814).
[15] Staudinger/Olzen, 2019, BGB § 241 Rn. 497.
[16] BGH NJW 1983, 2813 (2814).
[17] Staudinger/Olzen, 2019, BGB § 241 Rn. 489, 498.
[18] Staudinger/Olzen, 2019, BGB § 241 Rn. 498.

kommt hierzu in Betracht, dass der jeweiligen Partei aktive Erhaltungsmaßnahmen nach Treu und Glauben zuzumuten sind, da für sie die Gefahrenbewältigung leichter und billiger ist und keine berechtigten Interessen entgegenstehen.[19]

Mit Blick auf die Ansteckungsvermeidung sind diese Voraussetzungen 22
im Verhältnis des Vermieters zum Mieter allerdings selbst bei Mehrfamilienhäusern üblicher Weise nicht erfüllt. Zwar käme als aktive Schutzmaßnahme etwa eine regelmäßige Desinfektion der Gemeinschaftsflächen durch den Vermieter in Betracht. Davon ausgehend, dass grds. bereits die Einhaltung der allgemeinen Vorgaben zum Abstand und zur Hygiene ausreichend Schutz vor einer Ansteckung mit dem Corona-Virus bieten, ist die Gefahrenbewältigung für den Vermieter indes nicht leichter oder billiger als für den Mieter, der lediglich diese Regeln einhalten muss.

Andererseits kann der Mieter auf Grund der Rücksichtnahmepflicht 23
dazu gehalten sein, die Nutzung der Gemeinschaftsflächen auf das Notwendigste zu beschränken. Das gilt jedenfalls dann, wenn der Mieter Kontakt mit einem nachweislich am Coronavirus Erkrankten hatte und deshalb das Risiko besteht, dass er selbst ansteckend ist. Dies folgt aus der Pflicht die eigenen Rechte im Interesse des anderen schonend auszuüben.

b) Aufklärungspflicht der Vertragsparteien über Corona-Erkrankungen

Aus dem Rücksichtnahmegebot folgt grds. weder eine Pflicht des Mie- 24
ters, den Vermieter über eine Corona-Erkrankung zu informieren, noch eine Pflicht des Vermieters andere Mieter in einem Mehrfamilienhaus über einen ihm bekannten Fall einer Erkrankung aufzuklären. Zwar können aus § 241 Abs. 2 BGB auch Informationspflichten folgen, diese setzen indes neben einer Kenntnis des Aufklärenden und der Unkenntnis des Aufzuklärenden insbesondere die Unbilligkeit der Informationsasymmetrie voraus.[20] Unbillig ist die Informationsasymmetrie, wenn die eine Partei ein berechtigtes Interesse an der Information hat und deshalb unter Berücksichtigung der Verkehrsanschauung redlicher Weise eine Mitteilung erwarten darf.[21] Normalerweise reicht die Quarantäne eines Erkrankten in der eigenen Wohnung jedoch aus, um andere Bewohner zu schützen. Ein besonderes Bedürfnis des Vermieters oder der anderen Hausbewohner an der Kenntnis einer Corona-Erkrankung besteht deshalb grds. nicht. Damit fehlt idR das berechtigte Interesse an der Information über die Erkrankung und somit an einer Unbilligkeit der Informationsasymmetrie.

Anders kann der Fall zu beurteilen sein, wenn der Vermieter angekün- 25
digt hat, dass er selbst oder andere Personen in seinem Auftrag (berechtig-

[19] Vgl. BGH NJW 1972, 1363.
[20] MüKoBGB/Bachmann BGB § 241 Rn. 134–137.
[21] Vgl. BGH NJW 2010, 3362 Rn. 22.

ter Weise) die Wohnung betreten will und der angekündigte Termin in den Quarantänezeitraum fällt. Sofern die Quarantäneanordnung die Betretung der Wohnung vereitelt, kann der Mieter aus Rücksichtnahme auf die Interessen des Vermieters verpflichtet sein, den Vermieter darüber zu informieren. Denn andernfalls könnten dem Vermieter vergebliche Aufwendungen – etwa Anfahrtskosten für Handwerker – entstehen. Zudem kommen Informationspflichten hinsichtlich einer Corona-Erkrankung in Betracht, wenn im Einzelfall wegen besonderer Umstände eine Gefährdung anderer Bewohner etc. nicht ausgeschlossen werden kann.

c) Mitwirkungspflicht des Vermieters bei der Beantragung staatlicher Hilfeleistungen

26 Sofern der Mieter für staatliche „Corona-Hilfen" Nachweise vom Vermieter im Hinblick auf das Mietverhältnis benötigt – etwa über bestehende Mietrückstände – dürfte der Vermieter regelmäßig nach § 241 Abs. 2 BGB zur Mitwirkung verpflichtet sein.[22] Dem steht auch die BGH-Rechtsprechung zur sog. Mietschuldenfreiheitbescheinigung nicht entgegen. Denn die Pflicht zur Ausstellung einer solchen hat der BGH mit Verweis auf darauf abgelehnt, dass ihr entnommen werden könne, der Mieter schulde dem Vermieter (abgesehen von ausdrücklich vorbehaltenen Forderungen) nichts mehr, weshalb eine solche Erklärung dem Vermieter billigerweise auch unter Beachtung der Rücksichtnahme auf die Interessen des Mieters nicht zuzumuten sei.[23] Auf etwaige Mitwirkungspflichten des Vermieters bei der Geltendmachung von „Corona-Hilfen" lassen sich die Bedenken gegen die Pflicht Mietschuldenfreiheitserklärung jedoch nicht übertragen.[24] Insofern bleibt es bei den allgemeinen Grundsätzen, nach denen eine Verpflichtung zur Auskunftserteilung zwischen den Parteien einer rechtlichen Sonderverbindung auch ohne ausdrückliche Absprache bestehen kann, wenn sich die eine Seite die zur Wahrnehmung ihrer Rechte notwendigen Auskünfte nicht auf zumutbare Weise selbst beschaffen kann und die andere Seite die Auskünfte unschwer, dh ohne unbillig belastet zu sein, zu geben vermag.[25] Diese Voraussetzungen dürften mit Blick auf die erforderlichen Auskünfte des Vermieters zur Geltendmachung von Corona-Hilfen durch den Mieter in der Regel erfüllt sein.

d) Anspruch auf Übersendung von Belegen

27 Nach § 259 BGB kann der Mieter die Vorlage von Belegen hinsichtlich der Betriebskostenabrechnung verlangen. Nach der überwiegenden An-

---

[22] Lützenkirchen MietRB 2020, 1 (3).
[23] BGH NJW 2010, 1135 Rn. 15ff.
[24] Lützenkirchen MietRB 2020, 1 (3).
[25] BGH NJW 2010, 1135 Rn. 15ff.

sicht sind die Belege dort einzusehen, wo die Verwaltungstätigkeit des Vermieters erfolgt.[26] Dabei hat der BGH entschieden, dass (im preisfreien Wohnraummietrecht) grds. kein Anspruch des Mieters auf Zusendung von Fotokopien der Abrechnungsbelege besteht.[27] Weder sei ein solcher aus einer analogen Anwendung von § 29 Abs. 2 S. 1 NMVO zu entnehmen noch ergäbe er sich aus Treu und Glauben.[28] Dem Interesse des Mieters an einer Überprüfung der Abrechnung wird, so der BGH, im Regelfall bereits dadurch Rechnung getragen, dass er vom Vermieter Einsicht in die der Abrechnung zu Grunde liegenden Belege verlangen und sich hierbei, soweit erforderlich, fachkundiger Hilfe bedienen kann.[29] Allerdings käme, so der BGH weiter, ein Anspruch des Mieters auf Übermittlung von Fotokopien von Rechnungsbelegen ausnahmsweise nach Treu und Glauben in Betracht, wenn ihm die Einsichtnahme in die Abrechnungsunterlagen in den Räumen des Vermieters nicht zugemutet werden könne.[30] Im Rahmen der Corona-Krise dürfte eine Unzumutbarkeit der Einsichtnahme in den Räumen des Vermieters begründet sein. Das wird insbesondere für solche Personen gelten, die zu den Risikogruppen[31] zählen, wie etwa ältere Menschen. Aber auch von Personen, die zu keiner Risikogruppe gehören, kann derzeit nicht verlangt werden, sich in die Räume des Vermieters zu begeben. Die Bürgerinnen und Bürger sind nach dem Bund-Länder-Beschluss zum Coronavirus vom 22.3.2020 angehalten, die Kontakte zu anderen Menschen außerhalb der Angehörigen des eigenen Hausstands auf ein absolut nötiges Minimum zu reduzieren.[32] Insofern fließen neben den Interessen der Mieter, die eigene körperliche Unversehrtheit nicht zu gefährden, auch das Allgemeininteresse, an der Vermeidung unnötiger sozialer Kontakte zur Eindämmung der Pandemie, in die Abwägung, sodass diese zugunsten des Mieters ausfallen dürfte.

e) Einwirkungen auf die Mietsache

Während der Dauer des Mietvertrags ist das alleinige und uneingeschränkte Gebrauchsrecht an der Wohnung dem Mieter zugewiesen.[33] Art. 13 GG gewährleistet dabei das Recht des Mieters in der räumlichen Sphäre seines Privatlebens grds. in Ruhe gelassen zu werden.[34] Das be- 28

---

[26] Blank/Börstinghaus BGB § 556 Rn. 185.
[27] BGH NJW 2006, 1419.
[28] BGH NJW 2006, 1419 Rn. 23 f.
[29] BGH NJW 2006, 1419 Rn. 24.
[30] BGH NJW 2006, 1419 Rn. 25.
[31] https://www.rki.de/DE/Content/InfAZ/N/Neuartiges_Coronavirus/Risikogruppen.html.
[32] Vgl. https://www.bundesregierung.de/breg-de/themen/coronavirus/faqs-neue-leitlinien-1733416.
[33] BGH NJW 2014, 2566 Rn. 18.
[34] BVerfG NJW 1993, 2035 (2037).

gründet auch ein Abwehrrecht gegen Beeinträchtigungen durch den Vermieter.[35] Allerdings besteht, sofern die Mietvertragsparteien keine besonderen Absprachen getroffen haben, eine Nebenpflicht des Mieters, das Betreten der Wohnung durch den Vermieter oder von ihm beauftragte Personen unter bestimmten Umständen zu dulden.[36] Ein Betretungsrecht des Vermieters bzw. von ihm beauftragter Dritter kann etwa aus Anlass von Erhaltungs- oder Modernisierungsmaßnahmen, aufgrund eines beabsichtigten Verkaufs der Immobilie oder zur Weitervermietung wegen einer bevorstehenden Vertragsbeendigung bestehen.[37]

29 Aus dem Gebot der schonenden Rechtsausübung können sich mit Blick auf die Corona-Krise insoweit Einschränkungen für den Vermieter ergeben. Auch insoweit ist die Aufforderung, soziale Kontakte auf ein Minimum zu reduzieren, zu berücksichtigen.

30 Demnach dürfte der Vermieter etwa gehalten sein, von vorübergehend verzichtbaren Renovierungs- oder Modernisierungsarbeiten abzusehen, sofern diese pandemiebedingt eine unzumutbare Beeinträchtigung des Mieters bedeuten. Hierbei sind in der Interessenabwägung zugunsten des Mieters neben gesundheitlichen Aspekten, nämlich die Vermeidung von Ansteckungsgefahren, ggf. auch berufliche Aspekte zu beachten – wenn nämlich der Mieter vorübergehend ins Homeoffice „umgezogen" ist. Deshalb kann es etwa unzumutbar für den Mieter sein, derzeit eine größere Anzahl von Personen etwa Handwerkern, Architekten etc, in die Wohnung kommen zu lassen. Entsteht die Belästigung indes nicht bereits in der Planungsphase, sondern während der Durchführung der Maßnahme, sind – wegen des besonderen Bedürfnisses des Vermieters an Planungssicherheit – die Regelungen zu den persönlichen Härteeinwendungen nach § 555d BGB zu berücksichtigen. Insofern können Modernisierungsmaßnahmen etwa wegen der mit ihnen einhergehenden Lärmbelästigung für den unvorhersehbar vorübergehend auch tagsüber in der Wohnung anwesenden und arbeitenden Mieter unzumutbar sein und können deshalb einen auch nach Ablauf der Frist aus § 555d Abs. 3 BGB zu berücksichtigenden Härteeinwand begründen. Unter Berücksichtigung der berechtigten Interessen des Vermieters wird dies allerdings nur bei kleineren bzw. leicht verschiebbaren Maßnahmen in Betracht kommen. Bei umfangreicheren Arbeiten dürfte vor dem Hintergrund der Planungssicherheit und etwaiger Kosten einer Verschiebung oftmals das Interesse des Vermieters an planmäßiger Durchführung der Maßnahme obsiegen.

31 Mit Blick auf das Interesse des Vermieters hat die mit der Corona-Krise einhergehende Infektionsgefahr idR nicht zur Folge, dass der Vermieter auf Wohnungsbesichtigungen wegen einem beabsichtigten Ver-

---

[35] Hannemann/Wiegner/Lehr § 54 Rn. 178.
[36] BGH NJW 2014, 2566 Rn. 20.
[37] Hannemann/Wiegner/Lehr § 54 Rn. 181.

kauf oder einer anstehenden anderweitigen Weitervermietung vollständig verzichten muss. Allenfalls bei Zugehörigen von Risikogruppen könnte man über einen vollständigen Verzicht auf Wohnungsbesichtigungen nachdenken. Aufgrund einer Abwägung des wirtschaftlichen Interesses des Vermieters mit dem besonderen Schutzbedürfnis des Mieters wird man aber hinsichtlich des Rechts des Vermieters Wohnungsbesichtigungen für Interessenten zu organisieren auch generell derzeit Einschränkungen machen müssen. Jedenfalls Sammelbesichtigungen wird der Mieter nicht dulden müssen – unter Berücksichtigung des geltenden Kontaktverbots dürfte dem Mieter grds. nicht zumutbar sein, mehr als zwei (zusammenlebende) Interessenten zur gleichen Zeit zu empfangen. Auch die Zahl der zu dulden Besichtigungstermine dürfte auf einen pro Woche beschränkt sein.[38] Zudem wird der Mieter im Rahmen der Rücksichtnahmepflicht verlangen können, dass der Vermieter dafür sorgt, dass die Interessenten Mundschutz und Gummihandschuhe tragen, um die Gefahr einer Kontamination der Wohnung zu verringern.

5. Mietzahlung und Zahlungsverzugskündigung

Die Bundesregierung hat am Mittwoch, dem 25. März 2020 einen Ge- 32
setzesvorschlag in den Bundestag eingebracht,[39] der innerhalb von drei Tagen weitgehend unverändert die parlamentarischen Beratungen von Bundestag und -rat passiert und bereits zwei Tage darauf, am Freitagabend im Bundesgesetzblatt stand.[40] Die für das Mietrecht einschlägige Vorschrift finden sich in Art. 240 § 2 und 4 EGBGB und haben folgenden Wortlaut:

§ 2 Beschränkung der Kündigung von Miet- und Pachtverhältnissen 33

(1) Der Vermieter kann ein Mietverhältnis über Grundstücke oder über Räume nicht allein aus dem Grund kündigen, dass der Mieter im Zeitraum vom 1. April 2020 bis 30. Juni 2020 trotz Fälligkeit die Miete nicht leistet, sofern die Nichtleistung auf den Auswirkungen der COVID-19-Pandemie beruht. Der Zusammenhang zwischen COVID-19-Pandemie und Nichtleistung ist glaubhaft zu machen. Sonstige Kündigungsrechte bleiben unberührt.

(2) Von Absatz 1 kann nicht zum Nachteil des Mieters abgewichen werden.

(3) Die Absätze 1 und 2 sind auf Pachtverhältnisse entsprechend anzuwenden.

(4) Die Absätze 1 bis 3 sind nur bis zum 30. Juni 2022 anzuwenden.

§ 4 Verordnungsermächtigung

(1) Die Bundesregierung wird ermächtigt, durch Rechtsverordnung ohne Zustimmung des Bundesrates

1. die Dauer des Leistungsverweigerungsrechts nach § 1 bis längstens zum 30. September 2020 zu verlängern,

---

[38] So bereits für „normale“ Zeiten LG Kiel WuM 1993, 52.

[39] BT-Drs. 19/18110.

[40] BGBl. 2020 I 569.

2. die in § 2 Absatz 1 und 3 enthaltene Kündigungsbeschränkung auf Zahlungsrückstände zu erstrecken, die im Zeitraum vom 1. Juli 2020 bis längstens zum 30. September 2020 entstanden sind,
3. den in § 3 Absatz 1 genannten Zeitraum bis zum 30. September 2020 und die in § 3 Absatz 5 geregelte Verlängerung der Vertragslaufzeit auf bis zu zwölf Monate zu erstrecken,

wenn zu erwarten ist, dass das soziale Leben, die wirtschaftliche Tätigkeit einer Vielzahl von Unternehmen oder die Erwerbstätigkeit einer Vielzahl von Menschen durch die COVID-19-Pandemie weiterhin in erheblichem Maße beeinträchtigt bleibt.

(2) Die Bundesregierung wird ermächtigt, durch Rechtsverordnung mit Zustimmung des Bundestages und ohne Zustimmung des Bundesrates die in Absatz 1 genannten Fristen über den 30. September 2020 hinaus zu verlängern, wenn die Beeinträchtigungen auch nach Inkrafttreten der Rechtsverordnung nach Absatz 1 fortbestehen.

a) Fortbestehen der Hauptleistungspflichten

34 Im Bereich der Wohnraummiete – dies mag für die Miete von Gewerbe- oder Geschäftsräumen anders zu beurteilen sein – lässt sich der Mietgegenstand, die Wohnung trotz der Krise und der behördlichen Verfügungen weitestgehend weiter nutzen. Die Intensität und Notwendigkeit der Wohnungsnutzung nimmt in Zeiten der Einschränkung von Freiheitsrechten sogar zu. In besonderen Konstellationen mag die Sperrung von gemieteten Flächen zwar zur Minderung der Miete führen, grundsätzlich ist aber festzuhalten, dass der Vermieter die Wohnung weiterhin zur Verfügung stellen und der Mieter monatlich Miete und gegebenenfalls Vorauszahlungen auf die Betriebskosten zahlen muss. Die mietrechtliche Regelung des COVID-19-Gesetzes ändert daran nichts. Auch wenn dies in der Tagespresse immer wieder anders zu lesen war, enthält § 2 keine Anordnung in dem Sinne, dass die Verpflichtung des Mieters zur Zahlung der Miete gestundet wird.[41] Das Gesetz hat dies für andere Dauerschuldverhältnisse in Art. 240 §§ 1 und 3 EGBGB anders geregelt, für die Miete in § 2 nicht. Somit lässt sich festhalten, dass die Parteien des Wohnraummietvertrags in aller Regel trotz der Pandemie zur Erbringung ihrer Hauptleistungen verpflichtet bleiben.

b) Zahlungsverzug des Mieters

35 Da die Zahlungsansprüche des Vermieters auch während der Krise fällig werden, im Zweifel zum 3. April, 6. Mai, 4. Juni 2020, kommt der Mieter in Verzug, wenn die Miete nicht rechtzeitig beim Vermieter ankommt. Im Einzelfall mag es dem Mieter helfen, die Nichtleistung nicht zu vertreten zu haben, § 286 Abs. 4 BGB. Allerdings beansprucht auch in diesen Zeiten der Pandemie der Grundsatz „Geld hat man zu haben“ Geltung.[42] Zahlungsschwierigkeiten gehen in aller Regel zu Lasten des

---

[41] Schmidt-Kessel/Möllnitz, NJW 2020, 1103 (1106).
[42] Eingehend dazu St. Lorenz WuM 2013, 220.

Mieters. Unterbleibt die Mietzahlung trotz Fälligkeit, so gerät der Mieter daher grundsätzlich in Verzug und es fallen Verzugszinsen an.

c) Halbzwingender Kündigungsschutz durch Art. 240 § 2 EGBGB

Die mietrechtliche Regelung des COVID-19-Gesetzes bezweckt die Einführung eines besonderen Kündigungsschutzes für den Fall, dass der Mieter in der Phase von April bis Juni 2020 kündigungsrelevant in Verzug gerät. Betroffen ist hier sowohl die ordentliche Kündigung des Vermieters wegen Pflichtverletzung nach § 573 Abs. 2 Nr. 1 BGB als auch die fristlose Kündigung aus § 543 Abs. 2 Nr. 3 BGB. Überschlägig und unter Verzicht auf Einzelfragen lässt sich hier festhalten, dass ein Kündigungsrecht des Vermieters jedenfalls dann entsteht, wenn der Mieter nach der ersten auch die zweite Mietzahlung schuldig bleibt.[43] Konkret: Nachdem die Aprilmiete nicht gezahlt wurde, bleibt auch die Mietzahlung zum 6. Mai 2020 aus. Für diesen Fall ordnet die Regelung nun an, dass der Vermieter nicht allein aus dem Grund kündigen kann, dass das Ausbleiben der Zahlung auf den Auswirkungen der COVID-19-Pandemie beruht. **36**

Die Regelung ist wohl so zu verstehen, dass das Kündigungsrecht des Vermieters in Folge des Verzugs zwar entsteht, er aber an der Ausübung gehindert ist. Diese Sperrwirkung gilt nach § 2 Abs. 4 bis zum 30. Juni 2022. Betroffen von diesem Kündigungsausschluss sind sämtliche Mietverträge über Räume und Grundstücke, also insbesondere die Wohnraum- und Geschäftsraummiete. Von der Regelung kann nach Maßgabe von Abs. 2 nicht zu Lasten des Mieters abgewichen werden. Die aus dem Wohnraummietrecht bekannte halbzwingende Wirkung erfasst hier auch die Geschäftsraummiete, unabhängig davon, ob der Vermieter seinerseits Unternehmer oder ein Privatmann, also Verbraucher ist. **37**

Entsteht im Regelungszeitraum – April bis Juni 2020 – ein Kündigungsgrund unter einem anderen Gesichtspunkt als dem Zahlungsverzug, etwa wegen unbotmäßigen Verhaltens des Mieters oder wegen Eigenbedarfs des Vermieters, so kann der Vermieter auch in dieser Phase kündigen. **38**

d) Probleme der Regelung

Die Formulierung des § 2 hat, sicher der Eile des Gesetzgebungsprozesses geschuldet, einige Fragen aufgeworfen. Viele Probleme sind sicher im Wege der verständigen Auslegung des Gesetzes lösbar, eine Klarstellung durch den Gesetzgeber schadet allerdings nicht. **39**

---

[43] Zu den Einzelheiten Schmidt-Futterer/Blank BGB § 543 Rn. 81ff. und BGB § 573 Rn. 25ff.; Staudinger/V. Emmerich BGB § 543 Rn. 51 und BGB § 543 Rn. 46.

aa) Nichtleistung trotz Fälligkeit im bezeichneten Zeitraum

40 Nach § 2 Abs. 1 ist die Kündigung ausgeschlossen, wenn „der Mieter im Zeitraum vom 1. April 2020 bis 30. Juni 2020 trotz Fälligkeit die Miete nicht leistet“. Der Bezugspunkt müsste hier richtigerweise die Fälligkeit der Miete sein und nicht die Leistung des Mieters.[44] Hinsichtlich des Verbraucherdarlehens ist das Gesetz in § 3 so vorgegangen: „Für Verbraucherdarlehensverträge, die vor dem 15. März 2020 abgeschlossen wurden, gilt, dass Ansprüche des Darlehensgebers auf Rückzahlung, Zins- oder Tilgungsleistungen, *die zwischen dem 1. April 2020 und dem 30. Juni 2020 fällig werden,* (…)“. Ebenso dürfte § 2 zu interpretieren sein. Es geht darum, dass der Vermieter nicht aus dem Grund kündigen kann, *dass der Mieter im Zeitraum vom 1. April 2020 bis 30. Juni 2020 fällig werdende Miete nicht leistet.*

bb) Das Wörtchen „allein“

41 Die Vorschrift verfolgt das Ansinnen, einen Kündigungsschutz für den Fall zu gewähren, dass der Mieter in dem bezeichneten Zeitraum in Verzug gerät und dies auf die Auswirkungen der Pandemie zurückzuführen ist. Liquide Mittel muss der Mieter freilich einsetzen, auch wenn regelmäßige Einnahmen wegfallen.[45] Zu denken ist an einen Gastwirt, der privat nicht über hinreichende Rücklagen verfügt und dem durch die Schließung seiner Gaststätte die nötigen Einnahmen wegbrechen, um die Miete für die entsprechenden Monate zu zahlen. Die Verwendung des Worts „allein“ führt nun allerdings dazu, dass nur der Fall erfasst ist, in dem sich der Mieter nicht bereits im März in Schwierigkeiten befunden und das Ausbleiben der Zahlung im April das Fass zum Überlaufen gebracht hat.[46] Die Zahlungsschwierigkeiten müssen sich auf den gesetzlich bestimmten Zeitraum beschränken. Hier hätte man sich eine großzügigere Regelung vorstellen können. Womöglich führt auch hier eine großzügige Auslegung zu angemessenen Ergebnissen. Es stellt sich dann aber die Frage, welche Bedeutung dem Wort „allein“ zukommt.

cc) Zwischenzeitliche oder nachträgliche Befriedigung des Vermieters

42 Der hinreichende Zahlungsverzug berechtigt den Vermieter zur ordentlichen Kündigung nach § 573 Abs. 2 Nr. 1 BGB und zur fristlosen Kündigung nach § 543 Abs. 2 Satz 1 Nr. 3 a BGB. Hinsichtlich der fristlosen

---

[44] Ebenso Schmidt-Kessel/Möllnitz, NJW 2020, 1103 (1106).

[45] So auch Schmidt-Kessel/Möllnitz, NJW 2020, 1103 (1106); mehr als fernliegend ist allerdings die Einschätzung, der Wohnraummieter müsse belegen, nicht über irgendein Vermögen zu verfügen, etwa Aktiendepots, Fondsbeteiligungen, Bausparverträge, Lebensversicherungen, Immobilien, Gold oder Schmuck; so aber (!) *A. Walther,* SZ v. 18./19.4.2020, S. 42.

[46] So auch Sittner NJW 2020, 1169 (1173).

Kündigung kennt das Gesetz zwei Möglichkeiten, durch die der Mieter oder ein Dritter die Beendigung des Mietverhältnisses trotz einmal entstandenen Kündigungsgrunds noch verhindern kann. Die Befriedigung des Vermieters nach § 543 Abs. 2 Satz 2 vor Ausspruch der Kündigung und die sogenannte Schonfristzahlung nach § 569 Abs. 3 Nr. 2 BGB. In beiden Fällen ist allerdings die Anwendung dieser Rettungswege auf die ordentliche Kündigung sehr umstritten, wobei man sich hinsichtlich der Schonfristzahlung sogar über eine entgegenstehende Rechtsprechung des BGH hinwegsetzen müsste, um die ordentliche Kündigung nachträglich aus der Welt zu schaffen.[47] Aus der Begründung zu Art. 240 § 2 EGBGB ergibt sich nun, dass der Gesetzgeber offenbar davon ausgeht, auch das Recht zur ordentlichen Kündigung falle nachträglich weg, wenn der Mieter den Rückstand nachzahlt.[48] Dies hätte, weil dem nach den Vorschriften des BGB jedenfalls nicht eindeutig so ist, in der Vorschrift geregelt werden sollen. Eine Schonfristzahlung rettet den Mieter im Übrigen in einem solchen Fall auch nach der Gesetzesbegründung nicht. Kommt der Mieter in dem Zeitraum von April bis Juni 2020 kündigungsrelevant in Verzug und gelingt es nicht, den Rückstand bis zum 30. Juni 2022 auszugleichen, kann der Vermieter ab Juli 2022 aus diesem Grund kündigen und der Mieter den Verlust der Wohnung durch eine Schonfristzahlung im Sinne des § 569 Abs. 3 Nr. 2 BGB nicht mehr verhindern.

dd) Glaubhaftmachung des Zusammenhangs mit der Pandemie

An dieser Stelle sei nur kurz klargestellt, dass die Bestimmung, der Mieter müsse den Zusammenhang von Nichtleistung und COVID-19-Pandemie glaubhaft machen, eine Privilegierung und keine Belastung des Mieters darstellt. Es geht darum, dass der Mieter den Zusammenhang „nur" glaubhaft machen muss. Das bedeutet, es ist nicht Voraussetzung des zeitweiligen Kündigungsausschlusses, dass der Mieter sich bei Fälligkeit an den Vermieter wendet und den Grund für das Ausbleiben der Miete erläutert und beweist. Freilich ist es angezeigt, dass der Mieter im gegebenen Fall Kontakt zum Vermieter aufnimmt. Dies mag man sogar aus den gegenseitigen Verhaltenspflichten im Dauerschuldverhältnis herleiten. Relevant wird die Glaubhaftmachung erst im Rechtsstreit (im Streitfall[49]). Hier führt sie zu einer Herabsetzung des Beweismaßes zu Gunsten des beweispflichtigen Mieters. Er hat den Zusammenhang von Nichtleistung und COVID-19-Pandemie nicht zur vollen Überzeugung des Gerichts zu beweisen, sondern nur mit überwiegender Wahrscheinlichkeit.[50] Außerdem darf er sich der eidesstattlichen Versicherung als 43

---

[47] Dazu Schmidt-Futterer/Blank BGB § 569 Rn. 71a und BGB § 573 Rn. 31.
[48] BT-Drs. 19/18110, 37 zu Abs. 4.
[49] BT-Drs. 19/18110, 36.
[50] BGH NJW-RR 2007, 669.

Beweismittel bedienen. Die Beschränkung auf präsente Beweismittel gem. § 294 Abs. 2 ZPO entspricht hingegen nicht dem Gesetzeszweck.

ee) Verordnungsermächtigung

44 Hinzuweisen ist auf Art. 240 § 4 EGBGB. Danach kann nach Maßgabe von § 4 Abs. 1 Nr. 2 die Bundesregierung den Kündigungsschutz „auf Zahlungsrückstände" ausweiten, die bis zum 30. September 2020 entstanden sind. Auch hier dürfte der Bezugspunkt die in diesem Zeitraum, Juli bis September 2020, fällig werdenden Mieten sein. Nach § 4 Abs. 2 kann der Kündigungsschutz mit Zustimmung des Bundestags über diesen Zeitraum hinaus verlängert werden. Nicht angepasst wurde durch § 4 allerdings die Regelung des § 2 Abs. 4, der nach dem Willen des Gesetzgebers die Nachzahlung der Miete bis zum 30. Juni 2022 ermöglicht. Sollte der Umstand eintreten, dass „zu erwarten ist, dass das soziale Leben, die wirtschaftliche Tätigkeit einer Vielzahl von Unternehmen oder die Erwerbstätigkeit einer Vielzahl von Menschen durch die COVID-19-Pandemie weiterhin in erheblichem Maße beeinträchtigt bleibt", könnte der Kündigungsschutz zeitlich erheblich ausgedehnt werden, müsste der Mieter aber dafür Sorge tragen, dass beim Vermieter bis zur Mitte des Jahres 2022 keine Zahlungsrückstände mehr bestehen.

6. Einschränkungen des Gebrauchsrechts – Mietminderung und § 313 BGB

45 Im Bereich der Geschäftsraummiete ist die mietrechtliche Diskussion stark davon geprägt, dass Mietobjekte in Folge der Pandemie nicht mehr oder nur sehr eingeschränkt genutzt werden können und sich daher die Frage stellt, ob Mieter zumindest teilweise von der Pflicht zur Mietzahlung befreit sind (→ Rn. 45). Dieses Problem stellt sich in der Wohnraummiete in dieser Schärfe nicht, da die Wohnung grundsätzlich weiterhin genutzt werden kann. Allerdings mag es dazu kommen, dass Einschränkungen der Nutzungsmöglichkeit eintreten, so dass die Frage der Mitminderung auftritt.

46 Es geht somit um die mietrechtliche Einordnung von etwaigen Nutzungseinschränkungen der Wohnung. Zahlreiche Bundesländer haben Gesetze erlassen, die auf den ersten Blick geeignet erscheinen, die bisherige und vollumfängliche Nutzungsmöglichkeit der eigenen vier Wände einzuschränken. Es stellt sich somit etwa die Frage, ob es mietvertragliche Relevanz hat, dass das gemeinsame Grillen mit Familie und Freunden im Garten nicht mehr erlaubt ist. Welche Auswirkungen auf den Mietvertrag hat es, dass die Skatrunde in den eigenen vier Wänden nicht mehr stattfinden darf und was gilt schließlich, wenn die Nutzung des mitgemieteten Spiel- und Bolzplatzes nicht mehr möglich ist?

a) Ausgangs- und Kontaktsperren

Steht ein Mieter unter häuslicher Quarantäne oder muss er in Folge einer behördlich angeordneten Ausgangssperre in seiner Wohnung bleiben und kann keinen Besuch empfangen oder den – ausdrücklich an- oder als mitgemieteten geltenden – Gemeinschaftsspielplatz[51] nicht nutzen, führt dies in aller Regel nicht zur Mietminderung, weil es zu keiner Beeinträchtigung des Gebrauchsrechts des Mieters an der gemieteten Wohnung kommt.[52] Die Wohnung eignet sich weiterhin zum vertragsgemäßen Gebrauch. Der Umfang des zulässigen Umgangs mit der Wohnung folgt aus den aktuell geltenden Gesetzen und Verordnungen, was auch für Kontaktsperren gilt. 47

Wegen der fehlenden Nutzungsmöglichkeit eines mitgemieteten Spiel- und Bolzplatzes infolge einer verhängten Ausgangssperre könnte seitens des Mieters an einen Anspruch auf Anpassung der vertraglich vereinbarten Miete gem. § 313 Abs. 1 BGB gedacht werden, weil die Parteien bei Abschluss des Mietvertrags vor der Anordnung der Ausgangssperre von gänzlich anderen gesetzlichen Rahmenbedingungen der Mietgebrauchsmöglichkeit ausgegangen sein dürften, nämlich solchen, die eine Benutzung des Spiel- und Bolzplatzes erlauben.[53] Voraussetzung für einen entsprechenden Anspruch wäre aber – neben der grundsätzlichen Anwendbarkeit von § 313 Abs. 1 BGB auf den vorliegenden Fall[54] – weiter, dass diese Veränderung der Umstände als schwerwiegend zu qualifizieren wäre und davon ausgegangen werden können müsste, dass die Parteien – hätten die Parteien die Veränderung vorhergesehen – den Vertrag mit anderem Inhalt, dh konkret einer geringeren Miete geschlossen hätten. Dabei darf jedoch nicht übersehen werden, dass es sich lediglich um eine vorübergehende Einschränkung handelt, die an die Person des Mieters und seine Rechte anknüpft und nur mittelbar bewirkt, dass er die Gemeinschaftsflächen nicht mehr benutzen darf. Insofern bestehen erhebliche Zweifel, ob der lediglich temporär bestehenden Veränderung der Umstände tatsächlich ausreichend 48

---

[51] MüKoBGB/Häublein BGB § 535 Rn. 82.

[52] So aktuell auch Lützenkirchen MietRB 2020, S1 (Heft 03), 1 (3).

[53] Ob eine Ausgangs- oder Kontaktsperre die Nutzungsmöglichkeit tatsächlich ausschließt ist in jedem Einzelfall genau zu prüfen. Oftmals sind dabei Ausnahmen für sportliche Betätigung oder Spazierengehen an der frischen Luft vorgesehen. Die Benutzbarkeit dürfte daher vielmehr regelmäßig aufgrund behördlicher Untersagung der Benutzung öffentlicher wie privater Spielplätze ausgeschlossen sein, dazu sogleich.

[54] Kritisch zur Anwendbarkeit des § 313 Abs. 1 BGB, wenn das Verwendungsrisiko wie hier ausschließlich in den Bereich des Mieters fällt Lützenkirchen MietRB 2020, S1 (Heft 03), 1 (2) unter Verweis auf Palandt/Grüneberg BGB § 313 Rn. 19, 36; für die Anwendbarkeit grundsätzlich wohl Häublein, https://www.lifepr.de/inaktiv/mller-radack-schultz-rechtsanwlte-notare/Mueller-Radack-Schultz-Geschaeftsraummieter-koennen-aufgrund-Corona-Krise-unter-Umstaenden-Anpassung-der-Mieten-verlangen/boxid/791319.

Gewicht zu kommt und insbesondere die Parteien – bei Kenntnis des Eintritts dieser Umstände – eine abweichende Regelung im Mietvertrag getroffen hätten. Regelmäßig wollen die Parteien nämlich eine Verteilung des Lebensrisikos entsprechend des gesetzlichen Leitbilds vornehmen. Danach wirkt sich persönliches Unvermögen des Mieters zur Nutzung der vom Vermieter angebotenen Leistung nicht auf dessen Zahlungspflicht aus.

b) Gemeinschaftsflächen

49 Anders verhält es sich bei in Bezug auf die zum Mietobjekt gehörenden und mitgemieteten Gemeinschaftsflächen, wie etwa dem Spiel- und Bolzplatz, indes dann, wenn diese aufgrund von allgemein wirkenden Erlassen/Verordnungen durch den Vermieter geschlossen werden müssen. In diesem Fall knüpfen die hoheitlichen Eingriffe nämlich nicht an die Person des Mieters, sondern direkt an die Beschaffenheit und Benutzbarkeit des Mietobjekts an.[55] Die fehlende rechtliche Möglichkeit den mitgemieteten Gegenstand nutzen zu können, begründet einen Mangel am Mietobjekt,[56] der zu einer Minderung berechtigt. Angemessen erscheint es, insofern von einer Reduzierung der Miete um 5 % auszugehen.[57]

c) Instandsetzung und Modernisierung

50 Werden aktuell Instandsetzungs-[58] oder Modernisierungsmaßnahmen durchgeführt, so ist vorstellbar, dass es durch krankheits- oder quarantänebedingte Ausfälle von Handwerkern zu einer Verlängerung der Arbeiten kommt, zB ein Baugerüst länger als üblich stehen bleiben muss und die Mietwohnung damit länger als geplant verdunkelt. Wenngleich ein solches im Falle einer Ausgangssperre sich für den Mieter aufgrund der gesteigerten häuslichen Anwesenheit besonders belastend auswirken kann, hat er im Regelfall keinen Anspruch auf Abbruch der Maßnahmen. In diesen Fällen ist aber auch die Miete weiterhin für den Zeitraum der Gebrauchsbeeinträchtigung gemindert und vom Mieter demensprechend nicht die volle Miete zu bezahlen. Dass dem Vermieter insofern kein Vorwurf zu machen ist, d.h. kein Verschulden seinerseits vorliegt, ist – wie grundsätzlich im Falle von Gebrauchsbeeinträchtigungen[59] – irrelevant.

7. Kündigung, Vertragsende, Nutzungsentschädigung

51 Auch während der COVID-19-Pandemie erreichen Dauerschuldverhältnisse – wie die Wohnraummiete – ihr Ende. Zeitmietverträge laufen

---

[55] Vgl. dazu auch BeckOGK/Bieder BGB § 535 Rn. 62;

[56] Schmidt-Futterer/Eisenschmid BGB § 536 Rn. 78 ff.

[57] So auch Lützenkirchen MietRB 2020, S1 (Heft 03), 1 (4) unter Verweis auf LG Freiburg ZMR 1976, 210; AG Köpenick MM 2007, 299.

[58] Die Begriffe Instandhaltung und Instandsetzung werden hier synonym verwendet, weil es auf die Feinheiten der Unterscheidung vorliegend nicht ankommt.

[59] Vgl. dazu schon Derleder NZM 2002, 676.

aus, Kündigungstermine werden erreicht. Jenseits der Fragen des Räumungsschutzes (→ Rn. 112) wird das Vertragsverhältnis beendet.

Verbleibt der Mieter trotz Beendigung des Vertrags in der Wohnung, schuldet er gem. § 546a BGB Nutzungsentschädigung, auch wenn ihm der Auszug in Folge der Pandemie nicht möglich war. 52

Sonderkündigungsrechte wegen der Pandemie bestehen nicht. Nicht fernliegend ist die Situation, dass Eigentümer einen längerfristigen Auslandsaufenthalt wegen der Krise vorzeitig beenden mussten und nun ein Interesse haben, einen Zeitmietvertrag über ihre Wohnung vorzeitig zu kündigen. Dies ist unter Beachtung des angemessenen Mieterschutzes – auch und gerade in diesen Zeiten nicht möglich. 53

II. Gewerberaummiete

Viele Gewerbemieter sind durch die Corona-Krise von direkten Betriebsuntersagungen, Ausgangs- bzw. Zugangsbeschränkungen für ihre Kunden oder einer durch die Corona-Krise verursachten Rezession betroffen. Das beeinträchtigt auch die Nutzung des Mietobjekt, im Fall der Betriebsuntersagung ist eine Nutzung nicht mehr möglich. Anders als der Wohnraummieter ist der Gewerbemieter aber auf die Amortisation der von ihm zu leistenden Miete angewiesen, er generiert seine Einnahmen aus und mit dem Mietobjekt. Ist ihm das ganz oder teilweise nicht mehr möglich, verliert nicht nur die Anmietung ihren Sinn, der Mieter verliert vielmehr auch die Einnahmequelle, um die Miete zahlen zu können. 54

Bei den genannten krisenbedingten Einschränkungen kann der Mieter das Gewerbeobjekt nicht mehr wie vorgesehen für den vereinbarten Verwendungszweck nutzen. Diese faktische Einschränkung ist auf ihre rechtlichen Folgen zu untersuchen: Ist dem Vermieter etwa bei einer Betriebsuntersagung die Gebrauchsgewährung unmöglich? Ist die Mietsache mangelhaft? Ist die Miete anzupassen oder kann der Vertrag beendet werden? Oder bleibt die Nutzungseinschränkung rechtlich folgenlos? 55

An der Krise schärft sich die Dogmatik; es gilt angemessene Ergebnisse zu finden. 56

1. Pflicht zur Mietzahlung

Entscheidend für den Anspruch des Vermieters auf Miete aus § 535 Abs. 2 BGB ist bei den Corona-bedingten Betriebseinschränkungen die Frage nach dem Verwendungsrisiko. Es kann sich in verschiedenen Vertragsstadien verwirklichen. Maßgeblich ist die Unterscheidung zwischen der Zeit vor und nach Überlassung der Mietsache. Hiervon hängt die dogmatische Verortung der Rechtsfolgen ab. 57

a) Konkurrenzen

58 Wird dem Vermieter die Gebrauchsgewährung (ganz oder teilweise) unmöglich, ist der Mieter gem. § 326 Abs. 1 BGB (ganz oder teilweise) von der Mietzahlungspflicht befreit.[60] Soweit die Unmöglichkeit auf einer Mangelhaftigkeit bzw. Gebrauchsuntauglichkeit der Mietsache beruht, werden die Regeln des allgemeinen Schuldrechts *nach Überlassung der Mietsache*[61] allerdings durch das Gewährleistungsrecht der §§ 536ff. BGB verdrängt; das gilt auch bei teilweiser oder zeitweiser Unmöglichkeit.[62] Nur bei einer völligen Zerstörung der Mietsache ist das anders, weil es dann keinen überlassungsfähigen Gegenstand mehr gibt, der mangelhaft sein könnte.[63]

59 *Vor Überlassung der Mietsache* ist hingegen das allgemeine Schuldrecht anwendbar. Die praktische Frage lautet: Muss der Mieter das Mietobjekt übernehmen bzw. hat der Vermieter im Fall der Weigerung des Mieters einen Mietzinsanspruch? Außer im Fall der Betriebspflicht besteht keine Pflicht zur Übernahme der Mietsache oder gar zum Gebrauch; der Mieter hat aber die vereinbarte Miete zu zahlen.[64] Von der Mietzahlungspflicht wäre er nur befreit, wenn der Vermieter wegen Unmöglichkeit den Gebrauch nicht gewähren konnte (§ 326 Abs. 1 BGB).

60 In Bezug auf das Verwendungsrisiko bedeutet das Folgendes: Trägt der Vermieter das Verwendungsrisiko[65], dann wird ihm – vor Überlassung – die Gebrauchsgewährung (teilweise/zeitweise) unmöglich bzw. dann ist – nach Überlassung – das Mietobjekt mangelhaft und die Miete gem. § 536 BGB gemindert; letzteren falls hat der Mieter auch ein Kündigungsrecht gem. § 543 Abs. 2 S. 1 Nr. 1 BGB. Trägt der Mieter das Verwendungsrisiko muss er die Miete ab Beginn der Vertragslaufzeit zahlen bzw. weiterzahlen; §§ 326, 536 BGB sind nicht anwendbar, es gilt § 537 Abs. 1 BGB.

61 Unabhängig davon, wem man das Verwendungsrisiko zuordnet, ist eine Korrektur (Vertragsanpassung oder Kündigung) nach den Grundsätzen des Wegfalls der Geschäftsgrundlage (§ 313 BGB) möglich.

---

[60] S. näher zum Zusammenhang von §§ 326, 537 BGB Schmidt-Futterer/Lehmann-Richter BGB § 537 Rn. 10.

[61] Kritisch zur Maßgeblichkeit des Überlassungszeitpunkts MüKoBGB/Häublein BGB Vor § 536 Rn. 12.

[62] Allg. Meinung, s. nur MüKoBGB/Häublein BGB Vor § 536 Rn. 8.

[63] BeckOGK/Bieder BGB § 536 Rn. 7; BeckOGK/Harke BGB § 537 Rn. 16.

[64] Staudinger/V. Emmerich BGB § 535 Rn. 91. Soweit der Vermieter dann weiterhin die nach der Überlassung dem Mieter obliegende Obhut ausüben muss, kann er Schadensersatzansprüche haben.

[65] S. zum Zusammenhang von Verwendungsrisiko und Mangel auch Staudinger/V. Emmerich BGB § 536 Rn. 44 und Schmidt-Futterer/Lehmann-Richter BGB § 537 Rn. 14.

b) Unmöglichkeit

Eine Leistung kann objektiv aus tatsächlichen (naturgesetzlichen) oder aus rechtlichen Gründen unmöglich sein.[66] Die körperliche Beschaffenheit einer Gewerbemieteinheit ist durch die Einschränkungen in Folge der Corona-Krise nicht einmal vorübergehend gestört. Auch ist es dem Vermieter weder tatsächlich noch rechtlich verwehrt, dem Mieter die Mietsache zu überlassen.[67] Zu diskutieren ist allenfalls eine Zweckstörung, wenn etwa der Mieter das Objekt nicht für Kundenverkehr öffnen darf, weil ihm der Betrieb öffentlich-rechtlich untersagt wurde, wenn der Kundenverkehr wegen Ausgangsbeschränkungen ausbleibt oder, allgemein gesprochen, wenn der Mieter das Mietobjekt nicht so verwenden kann, wie er es beabsichtigt hat und wie es ihm vertraglich erlaubt war. Eine Zweckstörung der Vermieterleistung liegt darin aber nur, wenn der von ihm geschuldete Leistungserfolg ausbleibt.[68] Hierzu ist die vom Vermieter geschuldete Leistung zu bestimmen.[69] Der Vermieter hat, wie eingangs dargelegt, lediglich das Mietzinsrisiko zu tragen, soweit sein Leistungserfolg gestört ist. **62**

Die Abgrenzung von Vermieterleistung und Verwendungsrisiko kann nicht als endgültig geklärt angesehen werden, wie insbesondere die jetzt auftretenden Fälle der allgemeinen Betriebsuntersagung zeigen. Zwar kann etwa ein Vermieter dem Mieter von Gaststättenräumlichkeiten auch während des Shutdowns den Zugang zum Mietobjekt ermöglichen und insoweit den Gebrauch gewähren. Aber niemandem ist dort ein sinnvoller Betrieb einer Speisegaststätte möglich. Ein Mieter mietet aber nicht, um Gaststättenräumlichkeiten zu besitzen, er möchte dort Gäste bewirten – und Geld verdienen, um ua die Miete zu bezahlen. **63**

Nach der ständigen Rechtsprechung des BGH[70] zur Mangelhaftigkeit eines Mietobjekts gefährden öffentlich-rechtliche Gebrauchshindernisse und Gebrauchsbeschränkungen, die dem vertragsgemäßen Gebrauch eines Mietobjekts entgegenstehen, den vom Vermieter geschuldeten Leistungserfolg nur dann, wenn sie auf der konkreten Beschaffenheit der Pachtsache beruhen und nicht in persönlichen oder betrieblichen Umständen des Pächters ihre Ursache haben; letzteres betrifft ausschließlich das Verwendungsrisiko des Mieters. Diese Rechtsprechung ist auf die Frage nach einer Unmöglichkeit vor Gebrauchsüberlassung oder eines persönlichen Hinderungsgrundes gem. § 537 Abs. 1 BGB zu übertragen. Denn sowohl der Mangelbegriff, als auch die Unmöglichkeit, als auch **64**

---

[66] Palandt/Grüneberg BGB § 275 Rn. 13.
[67] AA Schall JZ 2020, 389.
[68] Zur Maßgeblichkeit des Leistungserfolgs s. Palandt/Grüneberg BGB § 275 Rn. 18; BGH NJW 2011, 756.
[69] So auch BeckOGK/Harke BGB § 537 Rn. 9.
[70] S. nur BGH NJW 2011, 3151 Rn. 8; BGH NJW 1981, 2405.

die persönliche Verhinderung erfordern dieselbe Abgrenzung von Vermieter- und Mieterrisiko.

65 Ein Teil der Literatur[71] weist in Präzisierung dieser Rechtsprechung das Mietzinsrisiko sowohl für individuelle als auch für allgemeine Nutzungshindernisses dem Mieter zu, der Vermieter habe lediglich das Mietzinsrisiko für sachbezogene Hindernisse zu tragen.

66 Ein anderer Teil der Literatur[72] möchte insbesondere das Risiko für allgemeine Hindernisse anders verteilen und verneint ein persönliches Hindernis des Mieters iSv § 537 BGB, wenn die konkret vereinbarte Nutzung für jedermann unmöglich ist. Nach dieser Meinung wäre ein Corona-bedingtes Betriebsverbot ein Fall der Unmöglichkeit bzw. – nach Überlassung der Mietsache – ein Mangel gem. § 536 BGB.

67 Die unterschiedlichen Ansätze beruhen auf einer unterschiedlichen Bestimmung des vom Vermieter geschuldeten Leistungserfolgs. Dessen Bestimmung ist deshalb essentiell und im Grunde eine Frage der Vertragsauslegung. Sind konkrete Absprachen hierzu nicht vorhanden, kommt es maßgeblich darauf an, was für die Vermieterleistung vertragstypisch ist. Hier gilt zunächst das immer wiederholte, aber letztlich unkonkrete Mantra, dass der Vermieter dem Mieter grundsätzlich nur die Möglichkeit des Gebrauchs zu verschaffen und hierzu die Mietsache in einem dem Verwendungszweck entsprechenden Zustand zu halten hat. Immerhin aber wird hierdurch die Richtung vorgegeben. ME gilt Folgendes:

68 Der Vermieter will und soll dem Mieter die beabsichtigte Nutzung ermöglichen. Bei der Gewerbemiete bedeutet das idR die Möglichkeit, dort einen Geschäftsbetrieb zu führen. Er schuldet aber nicht die Überlassung des Betriebs selbst, sondern nur die Überlassung der dazu notwendigen Räume. (Gewerberaum-) Miete ist ein Rechtsgeschäft, dass eine körperliche Sache als Vertragsgegenstand hat, nicht eine Gesamtheit von materiellen und immateriellen Sachen. Das hat auch Auswirkungen auf Rechtshindernisse wie die hier in Rede stehenden Betriebsuntersagungen. Nur rechtliche Umstände, die die körperliche Beschaffenheit der Mietsache betreffen oder Einfluss auf sie haben, gehören zum Leistungserfolg des Vermieters. Alles andere betrifft eine erfolgreiche Nutzung des Mieters und damit sein Verwendungsrisiko.

69 Die Betriebsuntersagungen oder -erschwerungen auf Grund der Corona-Krise betreffen das Verwendungsrisiko des Mieters, da hierfür die baulichen Gegebenheiten des Mietobjekts in aller Regel unerheblich sind, sondern es allein auf die Art der Nutzung der Gebäude und den dort stattfindenden Publikumsverkehr ankommt. So hat es auch der BGH für

---

[71] BeckOGK/Harke BGB § 537 Rn. 9ff., auch in Auseinandersetzung mit der gelegentlich unscharfen Abgrenzung in Literatur und Rechtsprechung, was unter einem von "in seiner Person liegenden Grund" gem. § 537 Abs. 1 BGB zu verstehen ist.

[72] Schmidt-Futterer/Lehmann-Richter BGB § 537 Rn. 26.

die Einschränkungen ausgeurteilt, die mit dem Erlass der Nichtraucherschutzgesetze für Gaststätten- und Restaurantbetreiber verbunden waren.[73] Beide Sachlagen sind vergleichbar.[74] Auch wenn ein Betriebsverbot erheblich weiter geht als die mit den Nichtraucherschutzgesetzen verbundenen Einschränkungen, so setzt das öffentliche Recht in beiden Fällen gleichermaßen nicht beim Mietobjekt und dessen Gegebenheiten an, sondern bei der Art des dort geführten Betriebs. Zu Ausnahmen → Rn. 73.

Das entspricht den Grundsätzen des allgemeinen Unmöglichkeitsrecht, wo anerkannt ist, dass das Verwendungsrisiko einer Sache der Gläubiger trägt, also kein Fall der Unmöglichkeit vorliegt.[75] Soweit das RG[76] für kriegsbedingte Betriebsverbote eine Unmöglichkeit angenommen hatte, weil der Vertragszweck nicht zu erreichen war, so entspricht dies zunächst nicht mehr der dargestellten Auffassung des BGH. Zu erklären ist diese Rechtsprechung des RG wohl vor allem damit, dass das Risiko kriegsbedingter Wirtschaftseinschränkungen nicht allein dem Mieter als persönliches Hindernis zugewiesen werden sollte. Das rechtfertigt es aber nicht, das Verwendungsrisiko unter Außerachtlassung des im Wege der Auslegung ermittelten Leistungserfolgs vollständig auf den Vermieter zu verlagern. Ein angemessener Ausgleich für eine derartige Sondersituation ist mit den üblichen Risikozuweisungsregeln vielmehr nicht zu erreichen; er ist, wenn überhaupt, nur nach den Regeln über den Wegfall der Geschäftsgrundlage (§ 313 BGB) zu finden,[77] die das RG erst spät, jedenfalls nach den genannten Entscheidungen im 100. Band entwickelte.[78] 70

Fazit: Der Mieter trägt das Verwendungsrisiko der Mietsache. Die durch die Corona-Krise bedingten Betriebseinschränkungen betreffen idR (Ausnahmen → Rn. 73) das Verwendungsrisiko und nicht die Gebrauchsgewährungspflicht des Vermieters. Eine Unmöglichkeit der Gebrauchsgewährung iSv § 275 BGB liegt deshalb nicht vor. Weil die Regeln des Unmöglichkeitsrechts bei der Miete praktisch nur vor Überlassung der Mietsache anwendbar sind, hat dies folgende Konsequenz: Der Mieter darf die Übernahme des Mietobjekt nicht wegen Corona-bedingter Betriebseinschränkungen zurückweisen; tut er es dennoch, ist 71

---

[73] BGH NJW 2011, 3151.

[74] So auch Sittner NJW 2020, 1171.

[75] BGH NJW 1979, 1818; Palandt/Grüneberg BGB § 275 Rn. 20. S. auch Guhling/Günter/Leonhard BGB § 313 Rn. 38 zum vom Mieter zu tragenden Ertragsrisiko bei Einkaufszentren.

[76] S. etwa RGZ 94, 268 und, in dieselbe Richtung weisend, RGZ 89, 203. Anders RGZ 86, 397, der Fall betraf aber nicht ein kriegsbedingtes Verbot, sondern eine Verschlechterung der Geschäftschancen.

[77] So auch BeckOGK/Harke BGB § 537 Rn. 11.1.

[78] S. dazu MüKoBGB/Finkenauer BGB § 313 Rn. 23.

er – vorbehaltlich einer Anpassung wegen Wegfalls der Geschäftsgrundlage – zur Zahlung der Miete verpflichtet.

c) Minderung

72 Nach Überlassung der Mietsache werden die Folgen einer Mangelhaftigkeit durch das Gewährleistungsrecht der §§ 536ff. BGB geregelt. Ob ein Mangel vorliegt, der gem. § 536 BGB zur Minderung der Miete berechtigt, beurteilt sich ebenso wie die Frage der Unmöglichkeit danach, ob die Gebrauchsgewährungspflicht des Vermieters betroffen ist. Es ist dieselbe Abgrenzung zu machen wie bei der Frage nach der Unmöglichkeit. Deshalb ist auch hier maßgeblich, dass die Corona-bedingten Betriebseinschränkungen grundsätzlich das Verwendungsrisiko des Mieters betreffen und kein Mangel der Mietsache sind.

73 Ausnahmen sind allerdings denkbar: Wenn es dem Vermieter seinerseits verboten ist, dem Mieter die Mietsache (weiterhin) zu überlassen, kann der Mieter mindern. Im üblichen Fall der Miete oder Untermiete, bei der der Mieter unmittelbarer Alleinbesitzer der Mietsache ist, kommt das nicht in Betracht. Möglich ist es aber etwa bei der Shop-in-Shop-Vermietung, wenn der Vermieter (!) dem Shop-Betreiber oder dessen Kunden den Zugang aus öffentlichem Recht verweigern muss[79]. Die Beschaffenheit der Mietsache und damit das Vermieterrisiko sind auch betroffen bei der ab Ende 2020 angeordneten Betriebsbeschränkung auf Verkaufsflächen von unter 800 qm, da es hierbei auf die physische Beschaffenheit der Mietsache ankommt.

74 Ähnlich wäre es bei allgemeinen Ausgangssperren, wie sie offenbar in Frankreich und Spanien verhängt wurden. Wenn sie so weit gingen, dass jeglicher Zugang zum Mietobjekt untersagt wäre, dann würde der Vermieter seiner Pflicht zur Verschaffung einer Gebrauchsmöglichkeit nicht nachkommen können. Damit wären ein Mangel und eine wohl vollständige Minderung der Miete gegeben.

d) Wegfall der Geschäftsgrundlage

75 Gem. § 313 Abs. 1 BGB kann eine Anpassung des Vertrags verlangt werden, wenn sich Umstände, die zur Grundlage des Vertrags geworden sind, nach Vertragsschluss schwerwiegend verändert haben und die Parteien den Vertrag nicht oder mit anderem Inhalt geschlossen hätten, falls sie diese Veränderung vorausgesehen hätten; dies gilt aber nur, soweit das Festhalten am unveränderten Vertrag unter Berücksichtigung aller Umstände des Einzelfalls, insbesondere der vertraglichen oder gesetzlichen Risikoverteilung, unzumutbar ist.

---

[79] Die Verschaffung des Zugangs zur Mietsache gehört nach BGH NJW 1981, 2405 zur Vermieterleistung.

aa) Störung der Geschäftsgrundlage

Die Störung der Geschäftsgrundlage ist für von der Corona-Krise betroffene Gewerberaummietverhältnisse unproblematisch zu bejahen, soweit die Parteien nicht, was vorrangig wäre,[80] vertragliche Vorsorge getroffen hätten oder eine ergänzende Vertragsauslegung möglich wäre: Selbstverständlich haben die Vertragsparteien vorausgesetzt, dass es nicht zu einer globalen Pandemie mit weitreichender Stilllegung des öffentlichen Lebens, mit Kontakt- und Zugangsbeschränkungen, mit Betriebsuntersagungen bzw. Betriebseinschränkungen, mit dem Abbruch von Lieferketten sowie zu einem weitreichenden Erlahmen wirtschaftlicher Tätigkeit kommt. Das stellt ohne Weiteres eine Änderung der (objektiven[81]) Vertragsgrundlage gem. § 313 Abs. 1 BGB dar. Betroffen ist die sog. große Geschäftsgrundlage, weil die Änderung aus den allgemeinen politischen, wirtschaftlichen und sozialen Rahmenbedingungen herrührt und nicht aus sonstigen, nur den konkreten Vertrag betreffenden Umständen.[82] Diese allgemeine Feststellung entpflichtet aber nicht davon, die Betroffenheit des konkreten Vertragsverhältnisses nach den Umständen des Einzelfalls zu prüfen.[83] Dies erfolgt – notwendig vergröbernd – später fallgruppenbezogen. 76

Schwerwiegend ist eine Änderung der Umstände dann, wenn unzweifelhaft zumindest eine Partei den Vertrag nicht abgeschlossen hätte, hätte sie das Fehlen oder den Wegfall der Vertragsgrundlage gekannt oder vorhergesehen.[84] Auch diese Voraussetzung ist für den konkreten Einzelfall zu prüfen. Bei Dauerschuldverhältnissen wie der Miete geht es allerdings nicht darum, dass ein Vertragsschluss ganz unterblieben wäre, weil nicht zu erwarten ist, dass die Vertragspartner jegliches Wirtschaften aus Sorge vor einer Krise eingestellt hätten, deren Eintritt und Ausmaß ungewiss war. Aber es dürfte offensichtlich sein, dass redliche Vertragspartner einen beiderseits angemessenen Ausgleich für die Zeit der Krise je nach dem Ausmaß der Betroffenheit vereinbart hätten. 77

bb) Unzumutbarkeit

Ähnliches gilt für die Unzumutbarkeit der Vertragsfortsetzung zu den vereinbarten Bedingungen. Eine Vertragsanpassung ist nach der ständigen Rechtsprechung des BGH[85] nur dann zulässig, wenn es zur Vermeidung eines untragbaren, mit Recht und Gerechtigkeit nicht zu vereinbarenden 78

---

[80] Warmuth COVuR 2020, 16.

[81] Hierunter fallen alle Umstände, die notwendig sind, um einen Vertrag als sinnvolle Regelung ansehen zu können (→ § 1 Rn. 37).

[82] So auch Weller/Habrich NJW 2020, 1021.

[83] BeckOGK/Martens BGB § 313 Rn. 58.2.

[84] Palandt/Grüneberg BGB § 313 Rn. 18; MüKoBGB/Finkenauer BGB § 313 Rn. 58.

[85] S. nur BGH NJW 2012, 1718 Rn. 30.

und damit der betroffenen Partei nach Treu und Glauben nicht zuzumutenden Ergebnisses unabweislich erscheint. Der Kritik an dieser Formel[86] ist zuzugeben, dass sie keine klare Grenzziehung erlaubt. Das trifft aber auf den Begriff der Zumutbarkeit in anderen Zusammenhängen ebenso zu. Die damit verbundene Unsicherheit bei der Rechtsanwendung ist einem allgemeinen Korrekturinstrument wie dem Wegfall der Geschäftsgrundlage wesensimmanent und muss hingenommen werden.

79 Die Unzumutbarkeit ist wiederum für den Einzelfall zu prüfen, was gewisse Typisierungen und Leitlinien nicht ausschließt. Bei Redaktionsschluss dieses Buches stand noch nicht fest, wie lange der allgemeine Shutdown dauert, absehbar war lediglich eine Mindestfrist von einem guten Monat. Damit wäre ein erheblicher Teil der jährlichen Nutzungszeit betroffen und potenziell über 10 % des Jahresumsatzes und Jahresgewinns. Schon das erscheint angesichts der niedrigen Margen und Rücklagen in vielen Geschäftsbereichen als sehr erheblich. Wenn man zudem darauf abstellt, dass die Miete periodisch, nämlich üblicherweise nach Monaten, bemessen wird, dann steht mindestens einer dieser Perioden kein oder nur ein sehr eingeschränkter Nutzwert der Mietsache gegenüber. Abgesehen davon wird man für die Bestimmung der Unzumutbarkeit wohl auf längere Zeiträume abstellen müssen als die Dauer der Betroffenheit von einem allgemeinen Shutdown. Die Geschäftstätigkeit und damit die Verwirklichung des Verwendungszwecks der Mietsache wird nicht nur durch gesetzliche oder behördliche Verbote beeinträchtigt, sondern auch durch behördliche oder wissenschaftliche Verhaltensempfehlungen, die schon vor dem allgemeinen Shutdown zu Kontakteinschränkungen aufforderten und die es mutmaßlich nach Lockerungen des Shutdown weiter geben wird.

cc) Risikozuweisung

80 Die eigentliche Hürde für eine Vertragsanpassung gem. § 313 Abs. 1 BGB ist die Frage nach der Risikoverteilung. Ist das Risiko einer Partei durch Vertrag oder Gesetz zugewiesen, kommt eine Anpassung grundsätzlich nicht in Betracht. Vorliegend geht es um die Verwirklichung des Vertragszwecks, konkret darum, dass der Mieter das Gewerbemietobjekt krisenbedingt nicht wie vorgesehen nutzen kann und die Anmietung unrentabel ist. Das betrifft das Verwendungsrisiko, das nach dem eingangs zur Unmöglichkeit Gesagten grundsätzlich der Mieter trägt.

81 Diese Risikoverteilung hindert eine Anpassung aber nur, solange sich ein „normales" Verwendungsrisiko verwirklicht. Ist hingegen die Grenze des übernommenen Risikos überschritten und kann die benachteiligte Vertragspartei in der getroffenen Vereinbarung ihr Interesse nicht mehr auch nur annähernd gewahrt sehen, kommt eine Anpassung in Betracht[87]. Bei

---

[86] MüKoBGB/Finkenauer BGB § 313 Rn. 76.
[87] BGH NJW 1980, 2241.

der Frage der Risikoverteilung zeigt sich wiederum, dass die Voraussetzungen des § 313 Abs. 1 BGB ineinandergreifen, ja fast redundant sind: Wenn die Geschäftsgrundlage weitreichend und schwerwiegend außerhalb der Vorstellung der Parteien liegt, wird sie regelmäßig auch nicht von deren vereinbarter oder vorausgesetzter Risikoverteilung erfasst sein.

So ist es vorliegend[88]. Der krisenbedingte Shutdown war spätestens ab 82
dem 23.3.2020 allumfassend. An diesem Tag traten in ganz Deutschland umfangreiche Ausgangs- und Kontaktverbote sowie Betriebseinschränkungen in Kraft; in einigen Bundesländern (zB Bayern) oder Kommunen bzw. in einigen Lebensbereichen (zB Schulen) galten sie schon früher. Vom Shutdown ausgenommen waren nur wenige unerlässliche Versorgungs- und Infrastruktureinrichtungen. Eine derartige Stilllegung des öffentlichen wie privaten Lebens und Wirtschaftens hat es seit dem II. Weltkrieg nicht gegeben. Dauer und wirtschaftliche Folgen waren bei Redaktionsschluss dieses Buches noch nicht ansatzweise absehbar. Es wurde aber allgemein eine schwere Rezession vorhergesagt und der Bund hat finanzielle Soforthilfen in bisher ungekanntem Ausmaß zugesagt, um einen gesamtwirtschaftlichen Kollaps und eine Welle von Insolvenzen zu verhindern.

Es ist allerdings zwischen einer allgemeinen gesellschaftlichen bzw. 83
wirtschaftlichen Notlage und einer Störung der Geschäftsgrundlage zu unterscheiden. Das Zivilrecht ist weder dazu berufen noch in der Lage einen gesamtgesellschaftlichen Lastenausgleich herzustellen; es hat grundsätzlich nur die Beziehung Einzelner zueinander im Blick. Deshalb muss eine gesellschaftliche oder wirtschaftliche Notlage unmittelbare Auswirkungen auf ein Schuldverhältnis, hier das Gewerberaummietverhältnis haben.[89] Die allgemeine Beeinträchtigung von Erwerbschancen oder sonstige Folgen der Notlage zu beheben oder abzumildern, ist Aufgabe des Gesetzgebers; die Übergänge sind aber fließend, eine Abgrenzung schwierig und weitgehend ungeklärt. Hierzu kann er etwa die Steuerlast vermindern, direkte Unterstützungsleistungen erbringen oder in Verträge eingreifen. Letzteres ist nach dem II. Weltkrieg durch das inzwischen aufgehobene Gesetz über die richterliche Vertragshilfe (Vertragshilfegesetz)[90] geschehen (zur COVID-19 Gesetzgebung → Rn. 88).

Eine über die allgemeine Notlage hinausgehende unmittelbare Betrof- 84
fenheit durch die Corona-Krise ist für viele Gewerberaummietverhältnis-

---

[88] Wie hier: Weller/Habrich NJW 2020, 1021; Weidt/Schiewek NJOZ 2020, 481 (484); Warmuth COVuR 2020, 16 (20); Schall JZ 2020, 388 (394); Krepold WM 2020, 734. AA, aber nur unter Verweis auf das allgemeine Lebensrisiko → § 1 Rn. 40; BeckOK Mietrecht/Bruns BGB § 542 Rn. 58; Lützenkirchen MietRB 2020, 111 (114).

[89] Ähnlich Palandt/Grüneberg BGB § 313 Rn. 5; BeckOGK/Martens BGB § 313 Rn. 219 und Warmuth COVuR 202, 18.

[90] BGBl.1952 I 198.

se gegeben. Das gilt insbesondere und offensichtlich für Betriebsuntersagungen und Betriebseinschränkungen, die bestimmte Geschäftstätigkeiten direkt unterbinden. Das ist keine bloß mittelbare Folge der Krise, es geht vielmehr um die Abwehr von Gesundheitsgefahren, die ihre Ursache in einem pandemischen Infektionsgeschehen haben, welches nur durch weitgehende Kontaktbeschränkungen eingedämmt werden können. Teil dieser Kontaktbeschränkungen sind Betriebsuntersagungen und Betriebserschwerungen, die nichts mit der konkreten Betriebsführung oder dem konkreten Nutzungszweck der Mietsache zu tun haben, sondern allein damit, dass es Publikumsverkehr mit einer unkontrollierbaren Vielfalt von Personen gibt. Der betroffene Gewerbemieter übernimmt hier (auch) eine gesamtgesellschaftliche Aufgabe, weil die Infektionszahlen durch die Kontaktverbote so gesteuert werden sollen, dass das Gesundheitssystem nicht durch einen zu hohe Zahl Erkrankter überlastet wird. An der damit verbundenen wirtschaftlichen Last ist der Vermieter angemessen zu beteiligen.

85 Überdies haben die Parteien diese Situation bei Vertragsschluss nicht berücksichtigt, sie hat deshalb weder Auswirkungen auf die Preisfindung gehabt, noch haben sie Regeln für die Handhabung einer solchen Lage entwickelt.[91] Sie unterlagen vielmehr einer beiderseitigen Fehlvorstellung. In einer solchen Konstellation hat der BGH[92] die Anpassung einer werkvertraglichen Pauschalpreisabrede gem. § 313 BGB zugelassen, obwohl die dortige Fehlvorstellung sehr viel weniger abseitig war als diejenige, von einem Shutdown anlässlich einer Pandemie betroffen zu werden, und obwohl die Folgen wesentlich geringer waren.

86 Dass der Vermieter einen Teil der Last mittragen muss, leuchtet auch ein, wenn man sich die Widervermietungssituation verdeutlicht. Bei Betriebsuntersagungen würde es ihm nicht bzw. kaum gelingen, das Objekt weiterzuvermieten.

87 Schließlich ist es eine Frage der Rechtstechnik, wessen Vertragsrisiko betroffen ist, wie der oben schon angesprochene Fall des Einkaufszentrums zeigt: Hätte der Gesetzgeber nicht Betriebseinschränkungen verfügt, sondern den Grundstückeigentümern auferlegt, die Grundstückszugänge gegen Zutritt zu sperren, hätte der Vermieter die Möglichkeit des Gebrauchs nicht mehr gewähren können. Auch bei den ab Ende April 2020 angerechneten Betriebsbeschränkungen auf Flächen von unter 800 qm ist die Gebrauchsgewährungspflicht des Vermieters betroffen.

---

[91] Soweit eine große Modehauskette in ihren Mietverträgen vorgesehen hat, dass bei ähnlichen Krisen alle vertraglichen Pflichten ausgesetzt werden, dürfte dies wegen unangemessener Benachteiligung gem. § 307 BGB unwirksam sein; ein Alles oder Nichts ist in einer derartigen Situation nicht angemessen. S. auch Sittner NJW 2020, (1169) 1170.

[92] BGH NJW 2011, 3287.

Das verdeutlicht, dass die krisenbedingten Beschränkungen über das Vertragsrisiko hinausgehen.

dd) Art. 240 § 2 EGBGB als spezialgesetzliche Regelung

Eine Anwendung von § 313 BGB wäre gesperrt, wenn der Gesetzgeber 88 die mietrechtlichen Folgen der Corona-Krise in Art 240 § 2 EGBGB abschließend geregelt hätte. Für das oben erwähnte Vertragshilfegesetz hatte der BGH[93] eine entsprechende Sperrwirkung angenommen. Eine Sperrwirkung kann Art. 240 § 2 EGBGB jedoch nicht entnommen werden.[94] Unmittelbar wird dort nur eine Beschränkung des Kündigungsrechts geregelt, aber nichts zur Höhe der Miete oder einem Anpassungsrecht des Mieters gem. § 313 Abs. 1 BGB. Die zeitliche Beschränkung des Kündigungsausschlusses in Abs. 4 der Regelung besagt hierzu ebenfalls nichts. Zwar geht der Gesetzgeber davon aus, dass der Vermieter bei entsprechendem Rückstand nach dem 30.6.2022 kündigen kann; er unterstellt also eine weiterhin bestehende Zahlungspflicht. Dass der Mieter die volle vereinbarte Miete schuldet, folgt daraus jedoch nicht. Die Gesetzesmaterialien schweigen sich zu einer Anwendung von § 313 BGB aus. Möglicherweise hat der Gesetzgeber diese Frage nicht bedacht. In der Gesetzesbegründung[95] wird als Gesetzeszweck allein die Bestandssicherung des Mietverhältnisses genannt. Schon das dürfte eine Sperrwirkung für Mietanpassungen gem. § 313 Abs. 1 BGB ausschließen. Überdies differenziert die Gesetzesbegründung nicht zwischen der Wohnraum- und der Geschäftsraummiete. In Bezug auf den Wegfall der Geschäftsgrundlage gibt es zwischen beiden aber wesentliche Unterschiede. Während bei der Wohnraummiete der vom Mieter beabsichtigte Zweck, das Wohnen, auch in Krise verwirklicht werden kann, ist dies, wie dargestellt, bei der Geschäftsraummiete oftmals nicht oder nur eingeschränkt möglich.

ee) Fallgruppen

Wie zuvor erwähnt führen die Pandemie als solche, der dadurch verur- 89 sachte Shutdown oder die allgemeine wirtschaftliche Rezession nicht bzw. nicht automatisch zu einer Anpassung aller Mietverträge gem. § 313 Abs. 1 BGB. Es ist vielmehr eine Prüfung jedes einzelnen Vertragsverhältnisses vorzunehmen. Für jeden Einzelfall müssen auch die Anpassungsfolgen bestimmt werden. Das schließt allerdings eine gewisse Fallgruppenbildung und Typisierung nicht aus.

(1) Grundregel

Entscheidend ist folgende Weichenstellung: War das Mietverhältnis 90 von unmittelbaren Auswirkungen der Corona-Pandemie betroffen? Mit-

---

93 BGH NJW 1955, 59.
94 AA, aber ohne Begründung → § 1 Rn. 40.
95 BT-Drs. 19/18110, 36.

telbare Auswirkungen wie etwa eine Corona-bedingte Rezession oder eine allgemeine wirtschaftliche Notlage genügen nicht. Ebenso genügen nicht allein in der Person eines Beteiligten liegende Hinderungsgründe wie etwa die Erkrankung einer Vertragspartei durch das Virus oder das Betroffensein von einer Quarantänemaßnahme. Hier verwirklicht sich das vom Mieter zu tragende[96] allgemeine Lebensrisiko. Ähnlich ist es bei Erkrankung oder Quarantäne von Mitarbeitern des Mieters. Die Vertragsbezogenheit greift erst dann, wenn auf Vermieterseite die Gebrauchsgewährungsmöglichkeit und auf Mieterseite die Nutzungsmöglichkeit objektiv eingeschränkt wird.

(2) Keine Krisenbetroffenheit

91 Es gibt Mietverträge, bei denen der Mieter nicht oder kaum von krisenbedingten Einschränkungen oder Umsatzeinbußen betroffen ist. Hierzu gehören etwa Lebensmittelmärkte, Apotheken, Büroräume, Versandhändler evtl. auch Bäckereien. Sie dürfen für Publikumsverkehr weiter geöffnet sein. Teilweise steigen ihre Umsätze krisenbedingt sogar, weil die Menschen sich in höherem Maß zu Hause als an der Arbeitsstelle verpflegen. Soweit die Mieter solcher Geschäfte krisenbedingten Mehraufwand haben (Personal zur Kontrolle von Zugangsbeschränkungen, Hygienemaßnahmen, Schutzeinrichtungen an Kassen etc), dürfte dies in aller Regel nicht die notwendige Unzumutbarkeitsschwelle überschreiten.

(3) Bloße Umsatzeinbußen

92 Andere Mieter unterliegen ebenfalls keinen krisenbedingen Einschränkungen, sie erleiden aber teilweise erhebliche Umsatzeinbußen, weil ihre Leistungen wegen der wirtschaftlichen Unsicherheit oder schon eingetretener wirtschaftlicher Schwierigkeiten von den Kunden in geringerem Umfang nachgefragt werden. Das betrifft etwa Autowerkstätten. Hierbei handelt es sich allerdings nur um mittelbare Folgen der Krise, nämlich um die Folgen einer allgemeinen wirtschaftlichen Notlage. Eine Vertragsanpassung kommt hier nicht in Betracht.

(4) Direkte Betriebsuntersagung

93 Soweit die Nutzung zum vertraglichen Zweck vollständig untersagt ist, greift das Anpassungsrecht des § 313 Abs. 1 BGB ein. Das betrifft etwa den Bereich der Gastronomie (außer Liefer- bzw. Abholdienste)[97] oder weite Bereiche des Einzelhandels, aber etwa auch die Ferienhausvermietung. Hier kommt der Geschäftsbetrieb nahezu vollständig zum Erliegen. Das ist eine schwerwiegende, unzumutbare Störung. Da das Risiko für die Betriebsuntersagung in gleichem Maß außerhalb des Risikobereichs von Mieter und Vermieter lag, scheint eine Anpassung auf die

---

[96] Staudinger/V. Emmerich, 2018, BGB § 536 Rn. 44.
[97] Zur Absage von Veranstaltungen s. Spenner/Estner BB 2020, 852.

Hälfte des Mietzinses angemessen.[98] Das gilt auch für verbrauchsunabhängige Betriebskosten. Lediglich die verbrauchsabhängigen Betriebskosten hat der Mieter vollständig zu tragen, da sie durch seine (eingeschränkte) Fortsetzung der Geschäftstätigkeit verursacht wurden.

Krisenbedingte Unterstützungsleistungen des Staates führen im Ansatz 94
nicht zu einer anderen Anpassung des Mietzinses.[99] Denn mit diesen Leistungen muss der Mieter zunächst die angepasste (hälftige) Miete bestreiten. Umgekehrt gilt dies auch für Unterstützungsleistungen des Staates an den Vermieter; hiermit kann dieser zunächst den Mietausfall kompensieren. Ab einer bestimmten Höhe der Unterstützungsleistungen kommt aber ggf. eine geänderte Anpassung in Betracht. Als Faustformel für eine Grenzziehung könnte evtl. dienen, dass der Mieter mehr als 50% seines durchschnittlichen Umsatzes vor der Krise (einschließlich Unterstützungsleistungen) erzielt haben muss. Ähnlich wie bei der Berücksichtigung von Unterstützungsleistungen ist es bei der Berücksichtigung von Umsätzen auf Grund kurzfristiger Umstrukturierungen des Betriebs, etwa die Außer-Haus-Lieferung von Speisen durch einen Gastronomiebetrieb.

Die Vertragsanpassung dauert so lange, wie die krisenbedingten Ein- 95
schränkungen andauern. Das ist mindestens die Länge der Betriebsuntersagung. Danach sind weitere Einschränkungen denkbar (aber bei Redaktionsschluss noch nicht konkret absehbar), etwa eine Beschränkung der Gästezahlen in Gastronomiebetrieben. Solche Beschränkungen können den Anspruch auf Vertragsanpassung fortbestehen lassen. Er entfällt erst dann (vollständig), wenn es keinerlei unmittelbare Beschränkungen für den Mieter mehr gibt, wobei gleichgültig ist, ob diese auf Verboten oder behördlichen bzw. wissenschaftlichen Empfehlungen beruhen; entscheidend ist die verhaltenssteuernde Wirkung. Eine Anpassung entfällt also erst, wenn ein in Bezug auf den betroffenen Gewerbemieter ungestörtes Wirtschaftsleben möglich (nicht aber unbedingt erfolgreich möglich) ist. Danach verbleibende Geschäftseinbußen wegen fortbestehender Rezession berechtigen nicht zur Vertragsanpassung, da das Zivilrecht nicht dazu berufen ist, einen allgemeinen gesellschaftlichen Lastenausgleich herbeizuführen (→ Rn. 83).

(5) Allgemeine Beschränkungen

Es gibt Betriebe, die ihre Leistungen Großteils außerhalb des Mietob- 96
jekts erbringen. Dazu gehören etwa Caterer, Handwerker, aber auch fahrende Friseure. Soweit die krisenbedingten Einschränkungen dazu führen, dass der Mieter seine Leistungen nicht erbringen kann, etwa weil ein Betreten von Altenheimen nicht mehr zulässig ist oder weil Veranstal-

---

[98] So auch BeckOGK/Martens BGB § 313 Rn. 226.

[99] AA wohl Weidt/Schiewek NJOZ 2020, 481 (484). Differenzierend Schall JZ 2020, 88 (395).

tungen aller Art verboten sind, handelt es sich ebenfalls um eine unmittelbare Krisenfolge, die – abhängig vom Ausmaß der Betroffenheit – zur Anpassung berechtigen kann.

(6) Zugangsbeschränkungen

97 Teilweise gibt es – etwa in Einkaufszentren oder bei Betriebsbeschränkungen auf Verkaufsflächen von unter 800 qm – direkte Zugangsbeschränkungen zum Mietobjekt. In diesem Fall kann nach den obigen Ausführungen (→ Rn. 73) der Vermieter seiner Gebrauchsgewährungspflicht nicht mehr nachkommen, sein Risikobereich ist im Ansatz betroffen.[100] Die Miete ist dann gemindert, wenn der Mieter ein Geschäft mit Publikumsverkehr führt.[101] In diesem Fall führt das Anpassungsrecht gem. § 313 Abs. 1 BGB dazu, dass der Mieter einen Teil der Miete weiterzahlen muss, obwohl er die Mietsache nicht für den vereinbarten Zweck nutzen kann.[102]

ff) Verfahren

98 § 313 Abs.1 BGB führt nicht zu einer Anpassung des Vertrages qua Gesetz, die Vertragsparteien müssen sich hierüber verständigen[103], nötigenfalls ist die Anpassung einzuklagen.[104] Bei einer auf die unangepasste Miete gestützten Zahlungsverzugskündigung des Vermieters bietet es sich an, die Vorschrift des § 543 Abs. 2 S. 3 BGB entsprechend anzuwenden; dass bedeutet, dass der Mieter sich unverzüglich nach Ausspruch der Kündigung auf ein konkretes, dh der Höhe nach bestimmtes Anpassungsrecht berufen muss. Im Passivprozess kann der Mieter den Anpassungsanspruch auch einredeweise geltend machen.[105] Um Bestehen und Umfang des Anpassungsrechts beurteilen zu können, sind die Vertragspartner ggf. zur gegenseitigen Auskunft über die maßgeblichen Umstände verpflichtet.[106]

2. Kündigung

a) Nichtgewährung des Gebrauchs

99 Wenn der Mieter, wie oben dargelegt (→ Rn. 71), das Verwendungsrisiko trägt, hat der Vermieter seiner Gebrauchsgewährungspflicht genüge

---

[100] So auch BGH NJW 1981, 2405; KRG NZM 2008, 526.

[101] So auch Lützenkirchen MietRB 2020, 111 (113).

[102] Ähnlich Schall JZ 2020, 388 (395).

[103] Gem. BGH NJW 2012, 373 besteht eine ggf. schadensersatzauslösende Verhandlungspflicht.

[104] Einzelheiten bei MüKoBGB/Finkenauer BGB § 313 Rn. 82ff.; BeckOGK/Martens BGB § 313 Rn. 127ff.

[105] BGH NJW 2010, 1663. S. auch BeckOGK/Martens BGB § 313 Rn. 125.

[106] BeckOGK/Martens BGB § 313 Rn. 132.

getan, der Mieter kann nicht gem. § 543 Abs. 2 S. 1 Nr. 1 BGB außerordentlich kündigen.

b) § 313 Abs. 3 S. 2 BGB

Auch eine Kündigung gem. § 313 Abs. 3 S. 2 BGB kommt nicht in **100** Betracht. Zwar ist nach dem Vorgesagten die Geschäftsgrundlage vieler Gewerberaummietverhältnisse gestört; dies führt aber lediglich zu einem Anpassungsrecht gem. § 313 Abs. 1 BGB, nicht aber zu einem Beendigungsrecht gem. § 313 Abs. 3 BGB. Würde man ein Beendigungsrecht annehmen, würde – wie bei Aufrechterhaltung der üblichen Risikoverteilung – die Krisenlast nur von einer Vertragspartei zu tragen sein.

c) Art. 240 § 2 EGBGB

Das außerordentliche Kündigungsrecht des Vermieters wegen Zah- **101** lungsverzugs gem. § 543 Abs. 2 S. 1 Nr. 3 BGB ist durch Art. 240 § 2 Abs. 1 EGBGB beschränkt. Die Vorschrift gilt nicht nur für Wohnraum-, sondern auch für Gewerbemietverhältnisse über Räume und Grundstücke sowie über Pachtverhältnisse (Art. 240 § 2 Abs. 3 EGBGB), nicht aber für die Erbpacht, die ein dingliches Rechtsinstitut ist. Die Erstreckung auf Gewerbemietverhältnisse ergibt sich aus dem einschränkungslosen Gesetzeswortlaut und der Gesetzesbegründung.[107] Wegen der Voraussetzungen und Rechtsfolgen der Kündigungseinschränkung gem. Art. 240 § 2 Abs. 1 EGBGB kann auf die entsprechenden Ausführungen zur Wohnraummiete verwiesen werden (→ Rn. 36). Wegen der Folgen einer Vertragsanpassung gem. § 313 Abs. 1 BGB auf ein nach dem Auslaufen der Kündigungsbeschränkung ausgeübtes Kündigungsrecht → Rn. 98.

Hier sei ansonsten zur Voraussetzung des Art. 240 § 2 Abs. 1 S. 1 **102** EGBGB, dass die Nichtzahlung der Miete im relevanten Zeitraum auf den Auswirkungen der Corona-Pandemie beruht, im Hinblick auf die Besonderheiten von Gewerbemietverhältnissen ergänzend nur folgendes ausgeführt:

Der Mieter muss im relevanten Zeitraum außer Stande sein, die fällige **103** Miete zu zahlen. Das ist nicht gleichzusetzen mit Zahlungsunfähigkeit im insolvenzrechtlichen Sinn. Aus der Beschränkung des Kündigungsrechts des Vermieters ergibt sich vielmehr, dass Gesetzeszweck die Betriebsfortführung ist, was die Aufrechterhaltung des Mietverhältnisses erfordert. Das bedeutet, dass der Mieter außer Stande sein muss, zum Fälligkeitszeitpunkt (!) die Miete aus den vorhandenen Mitteln oder Rücklagen zu befriedigen, einschließlich rechtzeitig ( ) beschaffbarer Kredite oder staatlicher Unterstützungsleistungen. Der Mieter ist hierbei nicht gehalten, den Vermieter vorrangig zu befriedigen. Der Gesetzes-

---

[107] BT-Drs. 19/18110, 36.

zweck intendiert vielmehr, dass der Mieter diejenigen Verbindlichkeiten zuerst befriedigen darf, die er nach seiner unternehmerischen Entscheidung für die Fortführung seines Betriebes für vorrangig hält. Diese unternehmerische Entscheidung muss nachvollziehbar und vernünftig sein, ansonsten steht sie aber im nicht nachprüfbaren Ermessen des Mieters.

104 In den Fällen der Betriebsuntersagung dürfte es für Betriebe vieler Branchen auf der Hand liegen, dass ein vollständiger Einnahmeausfall der Grund für die Nichtzahlung der Miete ist. Dann reicht nach der Gesetzesbegründung[108] zur Glaubhaftmachung zunächst der bloße Hinweis auf die pandemiebedingte Betriebsuntersagung. Zweifelt der Vermieter das aber mit nachvollziehbaren Gründen an, muss der Mieter die Ursächlichkeit näher in der zuvor geschilderten Weise darlegen und glaubhaft machen (zur Glaubhaftmachung → Rn. 43).

d) Wiederauffüllung der Kaution

105 In der Literatur[109] wird diskutiert, dass der Vermieter sich aus einer geleisteten Sicherheit befriedigen könne, woraufhin der Mieter zur Wiederauffüllung der Sicherheit verpflichtet sei; komme er dem nicht nach, könne ein Kündigungsrecht bestehen. Ein solches Vorgehen ist aus mehreren Gründen nicht erfolgreich. Zunächst dürfte eine solche Kündigung unwirksam sein, weil sie eine Umgehung von Art. 240 § 2 EGBGB darstellt. Abgesehen davon müsste der Vermieter überhaupt ungehinderten alleinigen Zugriff auf die Sicherheit haben, um sich aus ihr befriedigen zu können; das ist nur bei der Barkaution und allenfalls noch bei der Bürgschaft auf erstes Anfordern der Fall. Ist ein solcher faktischer Zugriff gegeben, steht die Treuhandabrede einer Verwertung der Sicherheit auch im laufenden Gewerbemietverhältnis entgegen.[110] Schließlich wäre aber, dies alles hintangestellt, eine Kündigung nach der Rechtsprechung des BGH[111] wohl nicht möglich, weil in die anzustellende Interessenabwägung die gesetzgeberische Wertung des Art. 240 § 2 EGBGB einzubeziehen wäre.

III. Miete beweglicher Sachen

106 Für die Miete beweglicher Sachen gilt das zur Gewerbemiete Ausgeführte entsprechend. Bei der Anwendung von § 313 BGB ist allerdings die Betroffenheit von den krisenbedingten Beschränkungen genau zu prüfen. Außerdem ist zu betonen, dass die Unfähigkeit des Mieters, die Mietsache wegen einer eigenen Corona-Infektion oder einer Quarantä-

---

[108] BT-Drs. 19/18110, 37.
[109] Lindner AnwZert MietR 6/2020 Anm. 2.
[110] Schmidt-Futterer/Blank BGB § 551 Rn. 118; Sittner NJW 2020, 1169 (1173).
[111] BGH NZM 2007, 401.

nemaßnahme zu nutzen (etwa bei der Automiete), zum allgemeinen Lebensrisiko gehört und nicht zu einer Vertragsanpassung führt (→ Rn. 90).

Weiter zu beachten, dass die Miete beweglicher Sachen oftmals nur kurz dauert und zu einem verhältnismäßig geringen Mietzins erfolgt, wie etwa bei der Kurzzeitmiete von PKW oder Transportern. In diesen Fällen dürfte die Unzumutbarkeit einer Vertragsdurchführung ohne Anpassung gem. § 313 Abs. 1 BGB meist zu verneinen sein. Anders ist das aber bei einer längerfristigen und kostenintensiveren Anmietung etwa von Baumaschinen oder Wohnmobilen. **107**

Art. 240 § 2 EGBGB gilt nicht für die Miete beweglicher Sachen, sondern nur für die Grundstücks- und Raummiete. Deshalb ist ein Kündigungsrecht des Vermieters bei Zahlungsverzug nicht ausgeschlossen. **108**

IV. Räumungsvollstreckung

Die Corona-Krise hat insbesondere während der Zeit des Shutdown bzw. der Kontaktbeschränkungen auch Auswirkungen auf die Handlungsfähigkeit der öffentlichen Gewalt. Das betrifft, soweit es mietrechtliche Fragen angeht, einmal die Prozessführung und hier insbesondere das in § 272 Abs. 4 ZPO angeordnete Beschleunigungsgebot von Räumungsprozessen; diese Folgen werden bei § 13 abgehandelt. Zum anderen betrifft es die Handlungsfähigkeit der Vollstreckungsorgane und die Vollstreckbarkeit von Urteilen, insbesondere Räumungsurteilen. **109**

1. Vollstreckung

Vollstreckungshandlungen, insbesondere auch Räumungsvollstreckungen, sind ebenfalls von der Krise betroffen. Sie sind trotz der Kontaktbeschränkungen nicht ausgeschlossen, die Funktionsfähigkeit des Staates und die von ihm zu gewährleistende Rechtsschutzgarantie müssen aber mit den Belangen des Gesundheitsschutzes abgewogen werden. Bei Letzterem steht nicht so sehr der individuelle Gesundheitsschutz im Vordergrund, solange der Gerichtsvollzieher nicht erkannt infektiös ist. Es besteht kein Recht auf einen absoluten Gesundheitsschutz, das Risiko, durch einen unerkannt erkrankten Gerichtsvollzieher infiziert zu werden, gehört zum allgemeinen Lebensrisiko. Die Notwendigkeit einer Vollstreckungshandlung während der Zeit von Kontaktbeschränkungen muss vielmehr mit entgegenstehenden Allgemeinwohlbelangen abgewogen werden. Die Kontaktbeschränkungen dienen nämlich der Unterbrechung von Infektionsketten, um die Zahl der Erkrankten so klein zu halten, dass das Gesundheitssystem sie verkraften kann. **110**

Falls der Gerichtsvollzieher während der Zeit von Kontaktbeschränkungen Vollstreckungshandlungen vornehmen soll, hat er das damit einhergehende Risiko einer Infektionsübertragung abzuwägen mit der **111**

Dringlichkeit der Vollstreckung. Hierbei kommt es bei Räumungsvollstreckungen insbesondere auf die Aspekte an, die bei einer Entscheidung über eine Einstellung der Zwangsvollstreckung zugunsten des Gläubigers, also des Räumung begehrenden Vermieters sprechen. Das kann einmal sein Erlangungsinteresse sein (Eigenbedarf, Anschlussvermietung) oder auch ein finanzielles Interesse, wenn sich sein Schaden bei einer Zahlungsverzugskündigung dadurch vertieft, dass der Mieter die laufende Nutzungsentschädigung nicht zahlt. Die Belange des Mieters werden vornehmlich bei der Entscheidung über die Vollstreckbarkeit des Titels bzw. einer Einstellung der Zwangsvollstreckung berücksichtigt (dazu nachfolgend). Ansonsten hat der Gerichtsvollzieher gegenüber dem Mieter bei seiner Vollstreckungshandlung nur die notwendigen gesundheitsschützenden Maßnahmen zu beachten, die für alle Vollzugsbeamte gelten (Abstandsgebot, ggf. Mundschutz etc.).

2. Vollstreckbarkeit

112 Im vorliegenden Rahmen kann nicht umfassend aufbereitet werden, wann Räumungstitel (vorläufig) vollstreckbar sind und unter welchen Bedingungen die Vollstreckbarkeit zeitweise aufgehoben werden kann. Es werden nur die wesentlichen krisenbedingten Besonderheiten dargestellt. Zu untersuchen sind hierbei die Vorschriften der §§ 712, 719, 721/794a und 765a ZPO.

113 § 712 ZPO ermöglicht eine Schutzanordnung zu Gunsten des Mieters, wenn die Räumung für ihn einen unersetzlichen Nachteil bedeuten würde. Dann kann die Vollstreckung auf seinen vor Schluss der mündlichen Verhandlung erforderlichen Antrag hin gegen Sicherheitsleistung eingestellt werden, ohne dass dem Vermieter eine Abwendungsbefugnis zusteht. Kann der Mieter die Sicherheit nicht leisten, ist das Urteil gar nicht für vorläufig vollstreckbar zu erklären. Ist eine solche Schutzanordnung unterblieben, kann die Zwangsvollstreckung im Berufungsverfahren gem. § 719 ZPO eingestellt werden. Eine Einstellung erfordert eine Erfolgsaussicht der Berufung. Ist sie gegeben, darf ohne Sicherheitsleistung nur eingestellt werden, wenn der Mieter sie nicht leisten kann und die Vollstreckung einen unersetzlichen Nachteil für ihn bedeuten würde. Ein unersetzlicher Nachteil liegt dabei jeweils nicht schon in der Räumung selbst, sie ist vielmehr die normale Folge eines durch Kündigung beendeten Mietverhältnisses; damit das Gläubigerinteresse an der Räumung ausnahmsweise zurückstehen muss, sind gravierendere Folgen notwendig.[112] Unersetzbar ist dabei das, was nicht mehr rückgängig gemacht werden kann.[113]

---

[112] BGH GuT 2013, 217; BGH NZM 1998, 863.
[113] Zöller/Herget ZPO § 707 Rn. 13.

§ 721 ZPO enthält keine ausdrücklichen Voraussetzungen für die Bewilligung einer Räumungsfrist, die – wie die Schutzanordnung in § 712 ZPO – mit dem Räumungsurteil zuerkannt werden kann, im Unterschied zu dieser aber nicht nur auf Antrag, sondern auch von Amts wegen. Es ist anerkannt, dass bei der Entscheidung über die Räumungsfrist ebenfalls eine Abwägung der Gläubiger- und Schuldnerinteressen notwendig ist.[114] Während Anordnungen nach §§ 712, 719 ZPO immer nur bis zur Rechtskraft der Entscheidung wirken, kann die Räumungsfrist auch darüber hinaus andauern, maximal aber bis ein Jahr nach Rechtskraft (§ 721 Abs. 5 ZPO). Die Vorschrift gilt nur für die Wohnraummiete und hat eine Entsprechung in § 794a ZPO für vollstreckungsfähige Vergleiche. **114**

§ 765a ZPO schließlich ist eine allgemeine Vollstreckungsschutzvorschrift, die § 242 BGB für das Prozessrecht nachbildet. Bedeutung hat sie vornehmlich bei der Räumungsvollstreckung, wenn diese mit Gefahren für Leib oder Leben des Schuldners verbunden ist. Das stellt nach der ständigen Rechtsprechung des BVerfG und es BGH[115] regelmäßig eine, wie es der Gesetzeswortlaut erfordert, sittenwidrige Härte dar. Um diese festzustellen ist wiederum eine Abwägung der Gläubiger- und Schuldnerinteressen notwendig.[116] **115**

Ein gesetzliches Rangverhältnis dieser strukturähnlichen Vorschriften gibt es nicht; nur in der Revision ist § 719 Abs. 2 ZPO subsidiär zu § 712 ZPO.[117] Aber allein mit der Existenz von § 721 ZPO erkennt der Gesetzgeber an, dass die Wohnung eine zentrale Bedeutung für die Lebensführung hat und Obdachlosigkeit ein schweres Schicksal darstellt. Mit der Möglichkeit der Gewährung einer Räumungsfrist mildert das Gesetz die Schwierigkeiten des Übergangs, insbesondere bei der Wohnungssuche. Das ist in Bezug auf die Räumungsvollstreckung auch die Intention der anderen Vorschriften. **116**

In der Corona-Krise hat diese Intention besondere Bedeutung, da es eine Vielzahl von Berichten gibt, wonach der Wohnungsmarkt jedenfalls in der Zeit des Shutdown weitgehend zum Erliegen gekommen ist.[118] Die Chance, Ersatzwohnraum zu finden, ist bei ohnehin vielfach angespannten Wohnungsmärkten nochmals gesunken. Hinzu kommt, dass die wirtschaftlichen Verhältnisse vieler Wohnungssuchender sich krisenbedingt verschlechtert haben (Arbeitslosigkeit, Kurzarbeit etc), was den Druck auf günstige Wohnungssegmente verstärkt. **117**

---

[114] Zöller/Herget ZPO § 721 Rn. 6; Schmidt-Futterer/Lehmann-Richter ZPO § 721 Rn. 16.

[115] Einzelheiten bei Schmidt-Futterer/Lehmann-Richter ZPO § 765a Rn. 16.

[116] Schmidt-Futterer/Lehmann-Richter ZPO § 721 Rn. 14.

[117] BGH NZM 2014, 707.

[118] S. nur LG Berlin Beschl. v. 26.3.2020 – 67 S 16/20, BeckRS 2020, 4426.

118 Diese allgemeine Situation gewährt den betroffenen Mietern aber nicht per se ein Recht auf Räumungsfrist oder Vollstreckungsschutz.[119] Auch in der Krise sind Mieter- und Vermieterbelange abzuwägen, wozu gehört, dass der Mieter sich um Ersatzwohnraum bemüht haben muss, soweit ihm dies persönlich und situationsbedingt zuzumuten ist. Gerade situationsbedingte Einschränkungen dürften aber vielfach auf der Hand liegen, was die Anforderungen an die Darlegung und Glaubhaftmachung des Mieters deutlich herabsenkt. Nicht möglich ist allerdings ein Verweis auf ein Unterkommen bei Freunden, Verwandten oder in einer Massenunterkunft für Obdachlose. Solches ist angesichts der Notwendigkeit der Vermeidung von Infektionsketten aus Gründen des allgemeinen Gesundheitsschutzes untunlich.

119 Sahen sich weder Mieter noch Gericht vor Erlass des erstinstanzlichen Urteils veranlasst, einen Antrag gem. § 721 ZPO zu stellen bzw. bei Erlass amtswegig eine Räumungsfrist zu gewähren, kann dies erst im Berufungsurteil nachgeholt werden. Wurde der Mieter dann zwischenzeitlich von den Schwierigkeiten der Wohnungssuche durch die Corona-Krise überrascht, kann er eine Einstellung gem. § 719 ZPO beantragen oder eine vorläufige Maßnahme gem. § 721 Abs. 4 S. 3 ZPO, § 732 Abs. 2 ZPO anregen.

---

[119] Zu weitgehend LG Berlin Beschl. v. 26.3.2020 – 67 S 16/20, BeckRS 2020, 4426.

§ 4 Wohnungseigentumsrecht

Inhaltsübersicht

1 Das Wohnungseigentumsrecht gehört zu den Rechtsgebieten, die in besonderer Weise auf die Interaktion von Menschen angewiesen sind und ist daher stark von der Corona-Pandemie betroffen. Neben zahlreichen praktischen Fragen stellt sich hier vor allem das rechtliche Problem, dass eine **Eigentümerversammlung** in Zeiten strenger Kontaktbeschränkungen nicht und auch nach deren schrittweisen Lockerungen nur unter erheblichen Schwierigkeiten möglich sein wird.[1] Da anders als im Gesellschaftsrecht – noch – die Rechtsstellung des **Verwalters** äußerst **schwach** ist, ist es von existentieller Bedeutung für die Gemeinschaft, dass auf einer Versammlung die Eigentümer Beschlüsse über die Verwaltung ihres Eigentums fassen können.

2 Erfreulicherweise hat der Gesetzgeber, vielleicht weil das Bundesjustizministerium in unmittelbarem zeitlichem Zusammenhang mit der Vorbereitung des COVFAG ohnehin mit dem letzten Feinschliff an dem Regierungsentwurf zum **Wohnungseigentumsmodernisierungsgesetz** (WEMoG[2]) befasst war, auch Regelungen für das Wohnungseigentumsrecht in das COVFAG aufgenommen, um die Krisenzeit besser zu überstehen. Dies führte für das Wohnungseigentumsrecht zu der kuriosen Situation, dass in der Kabinettssitzung vom 23.3.2020 nicht nur – soweit ersichtlich erstmals – das Wohnungseigentumsrecht in einem Krisengesetz berücksichtigt, sondern auch auf der gleichen Sitzung als eines der letzten „normalen" Gesetzesvorhaben das „heiß erwartete" WEMoG auf den parlamentarischen Weg gebracht wurde. Dieses Gesetz wird das WEG grundlegend und tiefgreifend umgestalten.

3 Die für das Wohnungseigentumsrecht relevante Vorschrift in Artikel 2 § 6 COVFAG lautet[3]:

(1) Der zuletzt bestellte Verwalter im Sinne des Wohnungseigentumsgesetzes bleibt bis zu seiner Abberufung oder bis zur Bestellung eines neuen Verwalters im Amt.

(2) Der zuletzt von den Wohnungseigentümern beschlossene Wirtschaftsplan gilt bis zum Beschluss eines neuen Wirtschaftsplans fort.

4 Beide Regelungen helfen zwar über einen Teil der Klippen hinweg. Sie sind aber **nicht ausreichend,** um die Probleme zu lösen, die sich in der Verwaltung des Wohnungseigentums in der Krise zeigen. Infolge der Schwierigkeiten, Eigentümerversammlungen durchzuführen, werden bald **Finanzprobleme** in vielen Wohnungseigentümergemeinschaften hervortreten, da der Verwalter nicht in der Lage ist, über bestehende Wirtschaftspläne hinaus durch Sonderumlagen die Finanzausstattung der Gemeinschaft zu erhöhen. Dies wird aber in vielen Gemeinschaften nötig sein, da

---

[1] Dazu bereits Zschieschack NZM 2020, 297; Manuskriptschluss war der 15.4.2020.

[2] BR-Drs. 168/20.

[3] Dazu bereits Zschieschack ZWE 2020, 165.

die dem Verwalter zukommende Aufgabe, durch **Eilmaßnahmen** Schäden am Gemeinschaftseigentum abzuwenden (§ 27 Abs. 1 Nr. 3 WEG), in der aktuellen Krise einen nie zu erwartenden Stellenwert gewinnt.

I. Eigentümerversammlung während der Corona-Pandemie

Aufgrund der Bedeutung der Wohnungseigentümerversammlung als 5 **oberstes Organ**[4] stellt sich zuallererst und entscheidend die Frage, wie unter den Bedingungen einer Verbreitung des Coronavirus Eigentümerversammlungen durchgeführt werden können, wobei diese Frage sich nicht nur in den Hochzeiten von Ausgangsbeschränkungen und Versammlungsverboten stellt, sondern auch noch lange nach dem Abklingen der Hochphase der Virenausbreitung Relevanz haben wird.

Dabei stehen sich – nahezu unvereinbar – zwei **entgegengesetzte An-** 6 **liegen** der Eigentümer gegenüber. Auf der einen Seite, das **Begehren** über Fragen, die das eigene (Wohn-)Eigentum betreffen, möglichst umfassend auf einer Eigentümerversammlung **entscheiden zu können** und auf der anderen Seite der **Anspruch,** nicht durch eine potentielle Teilnahme an einer Versammlung, eine **Ansteckung zu erleiden.** Hier einen sachgerechten **Mittelweg** zu finden, dürfte eine der schwierigsten Entscheidungen der Verwalter in der nächsten Zeit sein.

1. Wann kann wieder zu einer Eigentümerversammlung geladen werden?

Im Grundsatz ist es **Aufgabe** des **Verwalters** – abgesehen von den 7 Fällen eines wirksamen Einberufungsverlangens (§ 24 Abs. 2 Alt. 2 WEG) oder dringender Fälle – einmal im Jahr eine Eigentümerversammlung einzuberufen (§ 24 Abs. 1 WEG). Über Ort und Zeit der Versammlung entscheidet dabei der Verwalter zwar nach **pflichtgemäßem Ermessen.** Begeht er hierbei aber einen **Fehler,** der einem Eigentümer die Teilnahme an der Versammlung unzumutbar erschwert, weshalb dieser nicht zur Versammlung erscheint, kann alleine dies zur **erfolgreichen Anfechtung** aller auf der Versammlung gefasster Beschlüsse führen. Denn zu den elementaren Rechten der Eigentümer gehört nicht nur das Stimmrecht, sondern auch die Möglichkeit durch eine Wortmeldung auf der Versammlung, das Meinungsbild zu seinen Gunsten zu beeinflussen.

Die Probleme, die sich derzeit bei der Entscheidung stellen, wo und ob 8 eine Eigentümerversammlung durchzuführen sind, sind einzigartig und

[4] Skauradszun ZWE 2020, 105 (106).

bislang nicht erörtert. Allerdings können einige Leitlinien der bisherigen Diskussion übertragen werden. Bislang wurden vor allem Fragen dazu behandelt, an welchem Ort und mit welcher Erreichbarkeit eine Eigentümerversammlung stattfinden darf sowie zu welchen Zeiten die Durchführung ermessensfehlerfrei ist. Auch wenn über die Details an zahlreichen Punkten Streit herrscht, kann als Essenz zusammengefasst werden, dass das Erscheinen zur Eigentümerversammlung den Eigentümern **zumutbar** sein muss.[5] Ist es den Eigentümern nicht zumutbar, zu der Versammlung zu erscheinen, ist die Terminierung pflichtwidrig. Dieses Kriterium kann für die aktuelle Situation übertragen werden. Auch hier ist zu fragen, wann und unter welchen Bedingungen ein Erscheinen der Eigentümer zu der Eigentümerversammlung zumutbar ist.

9 Klar ist, dass eine Versammlung nicht stattfinden kann, wenn ihre Durchführung gegen ein **Verbot** in einer **Allgemeinverfügung** nach § 28 Abs. 1 S. 2 IfSG verstoßen würde. Ebenso ist eine Versammlung ausgeschlossen, wenn der Versammlungsort nicht erreichbar ist, weil etwa für ihn eine **Zugangsbeschränkung** besteht. Das bedeutet, dass natürlich in der Hochzeit der Virenausbreitung, in der diese Zeilen geschrieben werden, eine Wohnungseigentümerversammlung nicht durchgeführt werden kann. In Zeiten, in denen das gesamte öffentliche Leben ruht, ist an die Durchführung von Wohnungseigentümerversammlungen nicht zu denken.

10 Aber auch bereits bei einer bloßen **Empfehlung,** Veranstaltungen in einer gewissen Größenordnung nicht durchzuführen, wie sie am Anfang der Epidemie von den Gesundheitsämtern ausgegeben wurde und wovon auch bei einem Abflachen der Ansteckungsraten wieder ausgegangen werden kann, kann eine Versammlung nicht durchgeführt werden. Denn es kann von den Eigentümern nicht erwartet werden, dass sie entgegen einer Empfehlung der für den Gesundheitsschutz zuständigen Behörden der Einladung zur Wohnungseigentümerversammlung folgen.

11 Kommt es, wie bei Versammlungsverboten und Absageempfehlungen auf die **Teilnehmerzahl** an, stellt sich sogleich die Frage, ob die zu **erwartenden Teilnehmer** oder die **einzuladenden Teilnehmer** maßgeblich sind, was im Einzelfall zu erheblichen Abweichungen führen kann. Maßgeblich dürfte die zu erwartenden Teilnehmerzahl sein. Waren etwa bei einer WEG mit über 1000 Eigentümern in der Vergangenheit stets nur einige Eigentümer anwesend,[6] kann zur Versammlung eingeladen werden, wenn die Zahl der zu erwartenden Teilnehmer unterhalb der Grenze in der Verbotsverfügung liegt.

---

[5] BGH NZM 2002, 450 (454); OLG Köln NZM 2005, 20; BeckOGK/Hermann WEG § 24 Rn. 91; BeckOK BGB/Hügel WEG § 24 Rn. 9; Jennißen/Schultzky WEG § 24 Rn. 96.

[6] Vgl. etwa LG Frankfurt aM NZM 2015, 384, wo sich von über 1000 Eigentümern (üblicherweise) nur 35 auf der Versammlung einfanden.

Ein weiteres Hindernis kann sich ergeben, wenn im Zuge der Krankheitswellen **Einschränkungen** des **öffentlichen Nahverkehrs** erfolgen. Da der Versammlungsort **verkehrsüblich** sein muss, was eine Erreichbarkeit mit öffentlichem Nahverkehr einschließt,[7] kann nicht an einen Ort geladen werden, bei dem diese Erreichbarkeit nicht gegeben ist. 12

Hat sich die Situation schon wieder entspannt oder ist die Zahl der Teilnehmer so klein, dass die Versammlung nicht einmal unter eine Absageempfehlung fällt, ist es eine Frage des **Einzelfalls,** ob zu einer Versammlung geladen werden kann. Wohnen alle Eigentümer in **räumlicher Nähe** der Anlage und besteht für die Gegend keine nennenswerte **Ansteckungsgefahr** mehr, was sich etwa daran messen lassen kann, dass Schulen, öffentliche Einrichtungen etc wieder im Regelbetrieb arbeiten, kann zu einer Versammlung geladen werden. Diese Situation der räumlichen Nähe wird indes vor allem bei kleineren Gemeinschaften, deren Eigentümer überwiegend in der Einheit wohnen, gegeben sein. 13

In allen anderen Fällen, in denen die Teilnehmer weitere Anreisen zu tätigen haben, stellt sich die problematische Frage, ob der Verwalter bereits bei der Terminierung zu berücksichtigen hat, dass alle Teilnehmer zu der Versammlung **anreisen** können. Im Grundsatz ist es sicher so, dass die Versammlung so abzuhalten ist, dass allen Teilnehmer eine Anreise jedenfalls grundsätzlich möglich sein sollte. Auf individuell begründete Hindernisse einzelner Teilnehmer (Urlaub, Krankheit, Abwesenheit)[8] kann hier nicht Rücksicht genommen werden. Darum geht es aber nicht, wenn objektive Hindernisse vorliegen. Solche können zunächst darin liegen, dass Gebiete, aus denen Teilnehmer zu erwarten sind, unter Quarantänemaßnahmen fallen oder gar mit Teilnehmern aus dem Ausland zu rechnen ist und aufgrund von Grenzschließungen oder Unterbrechungen des Reiseverkehrs eine Erreichbarkeit nicht sichergestellt ist. Noch problematischer ist, ob zur Versammlung geladen werden kann, wenn damit zu rechnen ist, dass **Teilnehmer** aus **Risikogebieten** anreisen und sich daher die Frage stellt, ob dies den anderen Teilnehmern zuzumuten ist. Die Situation spitzt sich noch weiter zu, wenn etwa aufgrund der Altersstruktur der Anlage bekannt ist, dass Eigentümer zu Risikogruppen gehören. 14

In beiden Fällen wird man die **Anforderungen** an den Verwalter **nicht überspannen** dürfen. Gerade bei großen Anlagen ist der Verwalter nicht verpflichtet, die Wohnorte der Eigentümer daraufhin zu überprüfen, ob – nach der dynamisch wandelnden Lage – eine Anreise jedes einzelnen Teilnehmers gefahrlos möglich ist und welche Risken bei Anreisen für die restlichen Teilnehmer bestehen.[9] Zudem besteht die Möglichkeit, 15

---

[7] Riecke/Schmid/Riecke WEG § 24 Rn. 16; Niedenführ/Schmidt-Räntsch/Vandenhouten/Vandenhouten WEG § 24 Rn. 26.

[8] Riecke/Schmid/Riecke WEG § 24 Rn. 24 mwN.

[9] Strenger noch Zschieschack NZM 2020, 297 (300).

dass sich Eigentümer auf der Versammlung vertreten lassen oder gar kein Interesse haben, zu der Versammlung zu erscheinen. Daher wird im Grundsatz auch bei entfernt wohnenden Eigentümern eine Versammlung anberaumt werden können, wenn eine derartige Zusammenkunft nach den Vorschriften der für den Gesundheitsschutz zuständigen Behörden möglich ist. In der Einladung sollte bereits die **Vertretungsmöglichkeit aktiv beworben** werden. Damit ist allerdings nicht sichergestellt, dass die Versammlung auch stattfinden kann, denn auch bei einer Besserung der Krisensituation, kann es noch berechtigte Verlegungsansprüche von Eigentümern geben (→ Rn. 24). Ist insoweit von Vorneherein klar, dass diese geäußert werden und begründet sind, kann eine Einladung zu einer Versammlung nicht erfolgen. Denkbar ist dies etwa, wenn der im Ausland wohnende Mehrheitseigentümer bereits vor der Versammlung auf persönlicher Anwesenheit besteht.

16 Die Frage, ob zu einer Versammlung eingeladen werden konnte, spielt nicht nur bei der Frage der **Anfechtbarkeit** gefasster Beschlüsse eine Rolle, sondern kann sich auch im Hinblick auf **Schadensersatzansprüche** des Verwalters stellen. Zwar hat der Verwalter bei der Terminierung einen nicht zu kleinlich zu bemessenden **Ermessensspielraum,** ist dieser aber überschritten, handelt er pflichtwidrig und Schadensersatzansprüche können die Folge sein. Da die Einladung regelmäßig mit Kosten der Gemeinschaft (Saalmiete, Portokosten etc) verbunden ist, liegt es auch praktisch nicht fern, dass der Verwalter in Anspruch genommen wird. Pflichtwidrig handelt der Verwalter nur dann, wenn zum Zeitpunkt der Einladung klar ist, dass die Versammlung nicht durchgeführt werden kann, etwa weil sei von einer Schutzmaßnahme nach dem IfSG betroffen ist.

2. Rahmenbedingungen der Versammlung

17 Ist nach den vorgenannten Ausführungen eine Versammlung möglich, hat der Verwalter sich auch bei den Rahmenbedingungen nach der **Situation** der **Krisenzeit** zu richten.

18 Zu beachten ist, dass die Versammlung nach allgemeiner Auffassung in räumlicher **Ortsnähe** zur Wohnanlage stattfinden muss, so dass eine „Flucht“ in virenärmere Gebiete, so es sie denn gibt, nicht statthaft ist. Ebenso ist es nicht zulässig, einem Teil der Eigentümer dadurch entgegenzukommen, dass man die Versammlung an den Ort des Mehrheitseigentümers oder der Mehrheit der Eigentümer verlegt.

19 Die öffentlich-rechtlichen **Vorgaben** und **Empfehlungen,** etwa zum **Abstandsgebot** und der **Beschaffenheit** des **Sitzungssaals,** sind selbstverständlich einzuhalten. Auch hier droht neben Sanktionen aus dem IfSG, dass Eigentümer sich durch das Nichteinhalten der Vorgaben daran gehindert sehen, an der Versammlung teilzunehmen, was zur erfolgreichen Beschlussanfechtung führen kann. Für die Praxis bedeutet dies, dass der Verwalter möglichst große Räumlichkeiten anmieten muss, in denen die Abstände bei der zu erwartenden Teilnehmerzahl sicher eingehalten werden. Wohnungseigentümerversammlungen in Waschküchen,[10] Kanzleien oder Wohnungen der Miteigentümer sind derzeit sicher unstatthaft. Auch ansonsten sind zumindest die Empfehlungen der zuständigen Stellen einzuhalten. Gehen diese – was sicher alsbald zu erwarten ist – dahin, dass ein Mund-Nasen-Schutz in der Öffentlichkeit empfohlen wird, kann auch zum Schutze der Teilnehmer hierauf bestanden werden. Eine Beschränkung der Teilnahmerechte geht damit nicht einher, wenn die Beschaffung für den Eigentümer keinen unzumutbaren Aufwand darstellt. Dies ist sicher nicht der Fall, wenn etwa auch Schals oder selbstgeschneiderte Masken zugelassen werden.[11]

3. Absage der Eigentümerversammlung

Ist zu einer Versammlung eingeladen worden, so ist in der derzeitigen **20**
Lage nicht sicher, ob sie auch durchgeführt werden kann. Sowohl der **Verwalter** kann sich aufgrund einer Neubeurteilung der Situation nicht in der Lage sehen, eine anberaumte Versammlung durchzuführen, als auch einzelne **Eigentümer** werden eventuell **Absagewünsche** äußern.

a) Absagebefugnis nur durch Einladenden

Regelungen zur Absage einer Eigentümerversammlung enthält das **21**
WEG nicht. Gleichwohl geht der BGH[12] mit allgemeiner Zustimmung im Schrifttum[13] von einem allgemeinen auch im WEG geltenden verbandsrechtlichen Grundsatz aus, dass derjenige, der die Versammlung einberufen hat, sie auch wieder absagen kann. Damit liegt die **Zuständigkeit** für die Absage alleine beim **Verwalter,** wenn er zu der Versammlung eingeladen hat.

Wird die Versammlung **abgesagt**, **findet** diese **nicht statt.** Ob die Ab- **22**
sage ordnungsmäßiger Verwaltung entsprach oder nicht, ist schon aus Gründen der Rechtssicherheit für die Absage ohne Relevanz.[14] Daher ist ein einstweiliger Rechtsschutz hier ohne Erfolgsaussichten; dies aller-

---

[10] LG Dortmund NJW-RR 2019, 208.

[11] Vgl. etwa zu den Formulierungen die Allgemeinverfügung des Landkreises Nordhausen vom 3.4.2020, abzurufen unter https://www.landratsamt-nordhausen.de/informationen-coronavirus.html (abgerufen am 9.4.2020).

[12] BGH NZM 2011, 806 Rn. 6.

[13] Vgl. nur Staudinger/Häublein, 2018, WEG § 24 Rn. 107; Bärmann/Merle WEG § 24 Rn. 51; jew. mwN.

[14] Vgl. nur Staudinger/Häublein, 2018, WEG § 24 Rn. 109.

dings bereits aus dem praktischen Grund, dass anderenfalls die bereits Abgeladenen erneut zu laden wären, was bereits zeitlich in aller Regel nicht zu bewerkstelligen sein wird. Relevant kann die Frage, ob der Verwalter die Versammlung zu Recht abgesagt hat, aber im Rahmen von Ersatzansprüchen gegen ihn werden. Eine zu **Unrecht abgesagte Versammlung** löst **Ersatzansprüche** der Eigentümer aus, die etwa in bereits verauslagten Reisekosten liegen können. Zudem kann die unberechtigte Absage einer Versammlung dazu führen, dass die Voraussetzungen des § 23 Abs. 3 WEG angenommen werden können und nun der **Beiratsvorsitzende** zu der Versammlung **einladen** kann.

23 Aus der Kompetenzzuweisung der Absage beim Verwalter folgt im **Umkehrschluss,** dass zu einer Absage weder der Beiratsvorsitzende noch gar Eigentümer berechtigt sind.[15] Dies schließt aber nicht aus, dass Teilnehmer, die sich an der Versammlungsteilnahme gehindert sehen, einen Absagewunsch an den Verwalter richten.

b) Kriterien für eine Absage – Anspruch auf Absage?

24 Noch deutlicher als bei der Anberaumung einer Versammlung steht der Verwalter, wenn eine Absage diskutiert wird, in einer **Dilemmasituation.** Wird eine Versammlung zu Unrecht abgesagt, ist damit den Eigentümern die Möglichkeit genommen, über die **Verwaltung ihres Eigentums zu beschließen,** verauslagte Kosten für die Versammlungsplanung sind verloren. Wird andererseits die Versammlung nicht abgesagt, obwohl einzelne Eigentümer hierauf einen Anspruch hatten, sind diese in ihrem **Teilnahmerecht** verletzt, was eine Anfechtungsklage provoziert. Ersatzansprüche gegen den Verwalter sind in beiden Konstellationen denkbar.

25 Ein Verweis auf eine mögliche **Vollmachtserteilung** ist zwar ein praktisch möglicher aber **keineswegs rechtlich sicherer Ausweg.** Denn die Eigentümer haben nicht nur das Recht, ihren Willen durch das Abstimmungsverhalten zum Ausdruck zu bringen, sondern auch durch Wortmeldungen auf der Versammlung die Mehrheit in Richtung der von ihnen gewünschten Willensbildung zu beeinflussen. Wird dem Eigentümer dies genommen, droht eine erfolgreiche Beschlussanfechtung.

26 Maßstab ist auch hier die **Zumutbarkeit.** Die Versammlung ist (natürlich) abzusagen, wenn nachträglich **Versammlungsbeschränkungen** für den Versammlungsort erlassen werden, wozu auch Absageempfehlungen gehören. In diesen Fällen muss der Verwalter nicht auf Absagewünsche warten, sondern hat die Versammlung **unverzüglich** selbst **abzusagen,** um finanzielle Schäden durch eine verspätete Absage gering zu halten.

27 Ob ein **Absageanspruch** aber auch dann besteht, wenn einzelne Teilnehmer geltend machen, sie sähen sich an einer Teilnahme gehindert und

---

[15] BGH NZM 2011, 806 Rn. 6.

würden daher eine Absage wünschen, ist problematisch. Diese Frage ist bislang wenig erörtert. Diskutiert wird, dass natürlich nicht auf **Terminskollisionen** oder **andere individuelle Belange** aller Eigentümer bei der Terminierung Rücksicht genommen werden kann.[16] Daher dürfte im Grundsatz eine Verlegung nicht alleine deshalb in Betracht kommen, weil einzelne Eigentümer **erkrankt** sind oder aus anderen gesundheitlichen Gründen sich nicht in der Lage sehen, zur Versammlung zu erscheinen. Als einen derartigen individuellen Verhinderungsgrund wird man wohl auch eine **individuelle Quarantäneanordnung** nach § 30 IfSG ansehen können, weil etwa der Eigentümer erkrankt ist oder Kontakt zu einem Erkrankten hatte.

Anders dürfte es aber liegen, wenn nicht derart rein – zufällige – individuelle Hindernisse vorliegen, sondern dem konkreten Eigentümer es **nicht zumutbar** oder **objektiv unmöglich** ist, zu der Versammlung anzureisen und hierauf im Rahmen der Treuepflicht Rücksicht zu nehmen ist. Erfüllt dürften dies Voraussetzungen bei **Reisebeschränkungen** sein. Kann ein Eigentümer nicht anreisen, weil sein Wohngebiet – und nicht er individuell, was einer Erkrankung gleichstehen dürfte – von Quarantänemaßnahmen betroffen ist, oder ist der **Reiseverkehr** zu seinem Wohnort **unterbrochen,** was vor allem für Teilnehmer aus dem Ausland Relevanz haben kann, ist eine Anreise und damit eine Wahrnehmung der Eigentümerrechte auf der Versammlung nicht möglich und der Eigentümer damit an der Ausübung seiner Verwaltungsbefugnisse gehindert. Dies dürfte zu einem Absageanspruch führen, wenn der Eigentümer hierauf besteht und sich nicht zu einer Vollmachtserteilung bereitfindet. 28

Andererseits kann die rein **subjektive Ansteckungsangst** noch nicht dazu führen, dass ein Anspruch auf Absage der Versammlung besteht. Mehr als eine subjektive Angst dürfte jedoch vorliegen, wenn ein objektiv **erhöhtes Ansteckungsrisiko** besteht. Von einem solchen Risiko ist etwa auszugehen, wenn mit Teilnehmern aus **Hochrisikogebieten** zu rechnen ist, in denen das öffentliche Leben noch ruht. Hier dürfte viel dafürsprechen, dass ein Anspruch auf Absage besteht. Bei der Abwägung ist nicht nur das Infektionsrisiko zu berücksichtigen, sondern auch das Risiko als Ansteckungsverdächtiger mit weitreichenden und strafbewehrten Quarantänemaßnahmen belegt zu werden, weil ein Kontakt mit einem Infizierten bestand. 29

Am problematischsten sind Absagewünsche von **Teilnehmern,** die eine weite Anreise zu tätigen haben, sich aber diese nicht zutrauen, etwa weil sie zu einer **Risikogruppe** gehören. Im Grundsatz gilt hier natür- 30

[16] Staudinger/Häublein, 2018, WEG, § 24 Rn. 108; Riecke/Schmid/Riecke WEG § 24 Rn. 50.

lich, dass die Versammlung am Ort der Wohnanlage stattzufinden hat, so dass Reiseerschwernisse zu Lasten der entfernt wohnenden Eigentümer gehen. Allerdings ist auch hier zu berücksichtigen, dass die Situation außergewöhnlich ist. Maßstab dürfte deshalb wiederum die **Zumutbarkeit** sein. Jedenfalls wenn in dem Gebiet der Anlage ein erhöhtes Infektionsrisiko besteht, ist eine Anreise unzumutbar. Gleiches gilt wohl, wenn die Reise mit einem erhöhten Risiko verbunden ist, etwa weil für ausländische Eigentümer lediglich eine Anreise mit einem Flugzeug in Betracht kommt.

31 Liegen hingegen **nur individuelle Risiken** vor, auch wenn für die Personengruppe – etwa aufgrund des Alters oder von Vorerkrankungen empfohlen wird – Menschenansammlungen zu vermeiden, dürfte dies noch nicht einen Absageanspruch begründen, sondern dem Fall einer individuellen Erkrankung gleichstehen.

4. Verlegung der Versammlung

32 Die Grundsätze zur Absage gelten auch für die Verlegung der Versammlung. Auch dies kann nur durch den **Einladenden** erfolgen.[17] Aber auch nach der Verlegung gilt, dass der Versammlungsort in **Ortsnähe** zur Anlage der Gemeinschaft stattfinden muss, so dass damit kaum Probleme einer sich ändernden Gefahrensituation behoben werden können. Zudem ist zu beachten, dass eine Verlegung einer Neuladung gleichkommt, so dass die **Ladungsfristen** einzuhalten sind.[18] Da es sich hier nicht um eine starre Frist handelt, ist eine Abkürzung sicher statthaft, wenn sichergestellt ist, dass die Umladung alle Eigentümer erreicht und die Anreise zu dem neuen Versammlungsort nicht mit erheblichen Veränderungen verbunden ist.

5. Abbruch der Versammlung

33 Ein besonderes Problem kann sich stellen, wenn die Versammlung durchgeführt wird, im Laufe der Versammlung sich aber herausstellt, dass ein **Teilnehmer** aus einem **Risikogebiet** auf der Versammlung anwesend ist oder gar **Krankheitssymptome** auftreten, wobei für Eigentümer kaum erkennbar sein dürfte, ob ein Hustenanfall eines Teilnehmers auf eine harmlose Erkältung oder eine Infektion mit COVID-19 beruht. Maßgeblich ist hier das Verhalten der Eigentümer.

---

[17] BGH NJW-RR 2011, 1519 Rn. 9.

[18] MüKoBGB/Engelhardt WEG § 24 Rn. 18; Riecke/Schmid/Riecke WEG § 24 Rn. 19; zur GmbH BGHZ 100, 264 = NJW 1987, 2580.

Haben die Eigentümer keine Bedenken, können sie selbstverständlich die Versammlung durchführen. Schwieriger wird es, wenn Wünsche auf einen Versammlungsabbruch geäußert werden. Am einfachsten ist es dann – worauf ggf. auch hingewiesen werden kann – wenn eine ausreichende Zahl von Eigentümern die Versammlung verlässt, so dass diese damit **beschlussunfähig** wird (§ 25 Abs. 3 WEG). Wünscht ein Eigentümer einen Abbruch, muss er dies beantragen. Sodann haben die Eigentümer über die **Vertagung abzustimmen.**[19] Wird der Antrag abgelehnt, obwohl der Eigentümer einen Anspruch darauf hat, kann dieser Beschluss als **Geschäftsordnungsbeschluss** zwar nicht isoliert angefochten werden, die gefassten Beschlüsse jedoch schon. Materiell dürfte ein Abbruchanspruch nur bestehen, wenn den Teilnehmern der weitere Verbleib auf der Versammlung unzumutbar ist. Hiervon dürfte nur in Ausnahmefällen auszugehen sein. Stets ist auch zu erwägen, ob nicht mildere Mittel zur Verfügung stehen, etwa die Vergrößerung des Sitzabstandes oder eine Änderung der Sitzordnung. 34

Legt der Verwalter als Versammlungsleiter die Entscheidung über die Vertagung in die Hände der Versammlung, wahrt er in jedem Falle das **Selbstorganisationsrecht.** Teils wird allerdings auch vertreten, dass bei hinreichend gewichtigen Gründen auch eine Befugnis des Versammlungsleiters zur Vertagung besteht.[20] Ob alleine die mehr oder weniger abstrakte Gefahr einer Infektion jedoch einen solchen Fall darstellt, erscheint zweifelhaft. 35

6. Anspruch auf Versammlungsdurchführung

Spiegelbildlich zu dem Bestreben besorgter Eigentümer, in der Krisenzeit nicht zu einer Versammlung erscheinen zu brauchen, kann das Bestreben von Eigentümern stehen, Versammlungen durchzuführen, um eine **Verwaltung** ihres Eigentums **sicherzustellen**. Insoweit sind, vielleicht nicht in der Hochzeit der Krise, aber sicher bald danach, Verwalter zweifellos mit Begehren – vielleicht sogar mit dem **Quorum des § 24 Abs. 2 WEG** – nach Versammlungsdurchführung konfrontiert. 36

Hier gelten die vorgenannten Ausführungen entsprechend. Wäre eine Einladung des Verwalters selbst nach den oben entwickelten Kriterien nicht möglich und damit pflichtwidrig (→ Rn. 9 ff.), kann jedenfalls derzeit dem **Einladungsbegehren nicht nachgekommen** werden. Dies stellt dann keine Pflichtverletzung dar: Gleiches gilt, wenn der Verwalter aufgrund der derzeitigen Situation nicht in der Lage ist, die Versamm- 37

---

19 BGHZ 106, 179 = NJW 1989, 1090.

20 Staudinger/Häublein, 2018, WEG § 24 Rn. 111; im Einzelfall eine Pflicht zur Vertagung bejahend Jennißen/Schultzky WEG § 24 Rn. 116a; aA ein Vertagungsrecht ablehnend Bärmann/Merle WEG § 24 Rn. 115b.

lung in der Frist des § 24 Abs. 2 S. 1 WEG durchzuführen. Ist hingegen eine Einladung möglich, ist zur Versammlung zu laden.

7. Anfechtbarkeit von Beschlüssen auf Versammlungen in der Krisenzeit

38 Findet eine Beschlussfassung statt, obwohl ein Eigentümer der Auffassung ist, dass zu dieser Versammlung derzeit nicht hätte geladen werden können und hat er gar einen Absagewunsch geäußert, ist eine hierauf gestützte **Anfechtungsklage** vorprogrammiert. Da es sich bei der Durchführung einer Versammlung in einer aus Sicht des Anfechtenden unzumutbaren Situation um einen **formellen Fehler** handelt, befindet man sich nun mitten im „Wespennest" der Auswirkungen von formellen Fehlern. Es ist denkbar, dass die Corona-Krise an dieser Stelle für das Wohnungseigentumsrecht Katalysatorenfunktion hat und endlich der BGH Gelegenheit zur abschließenden Lösung dieses Problems erhält. Hier kann die Problematik nur skizziert werden.

39 Nicht völlig auszuschließen ist zunächst, dass es sogar Situationen gibt, in denen Gerichte zur **Nichtigkeit** von Beschlüssen gelangen, die auf einer Versammlung in Corona-Zeiten gefasst wurden. Eine Nichtigkeit ist zwar im Bereich von formellen Mängeln die absolute Ausnahme. Der BGH nimmt sie aber an, wenn ein Eigentümer **vorsätzlich** und **bewusst** zu einer Versammlung nicht geladen wurde und damit sein unverzichtbares Teilnahmerecht vereitelt und so in den Kernbereich seiner Mitgliedschaft eingegriffen wurde.[21] Dem ist in der Rechtsprechung bereits der Fall gleichgestellt worden, dass bewusst ein Versammlungsort gewählt wurde, den ein Eigentümer aus Gesundheitsgründen – dort einer Gehbehinderung – nicht erreichen konnte.[22] Objektiv kann man dem Fälle gleichstellen, in denen in der Hochzeit der Virusepidemie zu Versammlungen eingeladen wird, bei denen offensichtlich war, dass die Teilnahme den Teilnehmern unzumutbar war oder – etwa aufgrund von (Ein)Reisebeschränkungen – objektiv unmöglich. Erforderlich ist aber stets noch ein subjektives Element, dass damit Teilnehmer bewusst ausgeschlossen werden sollten. Dies dürfte in der Praxis in vielen Fällen nicht zu beweisen sein. Ausgeschlossen ist dies jedoch nicht.

40 In allen anderen Fällen kommt es auf die Frage an, wie sich formelle Verstöße auf die Beschlussfassung auswirken. Namenhafte Überlegungen, die insoweit im Gesellschaftsrecht geltende **Relevanztheorie**[23] auf

---

[21] BGH NJW 2012, 3571 Rn. 8.
[22] OLG Köln NZM 2004, 793.
[23] Vgl. etwa BGH NJW 2018, 52 Rn. 74 mwN; stRspr.

das Wohnungseigentumsrecht zu übertragen[24], haben in der Rechtsprechung bisher keine Resonanz gefunden[25], so dass es nicht auf abstrakte Kriterien, sondern die **Kausalität** im jeweiligen **Einzelfall** ankommt. Insoweit gilt im Grundsatz, dass die Kausalität eines formellen Beschlussmangels **widerlegbar vermutet** wird.[26]

Höchst streitig wird jedoch die Frage behandelt, welche **Anforderungen** an den **Klägervortrag** und die **Widerlegbarkeit** gestellt werden. Einerseits wird für den Fall der versehentlichen Nichtladung die Auffassung vertreten, hierdurch sei dem Eigentümer sein Teilnahme- und Stimmrecht und damit die Möglichkeit entzogen, auf die Willensbildung der Gemeinschaft Einfluss zu nehmen. Der Beschluss sei daher sogar nichtig aber in jedem Falle anfechtbar sei.[27] Andererseits wird verlangt, dass der Eigentümer für eine schlüssige Anfechtungsklage darzulegen habe, dass er zu der Versammlung erschienen wäre und sich der formelle Fehler daher ausgewirkt habe.[28] Zur Widerlegung der Kausalitätsvermutung soll den Eigentümern die Möglichkeit verbleiben, zu beweisen, dass der Beschluss auch bei Anwesenheit ebenso gefasst worden wäre. In der Rechtsprechung ist es hierzu weit verbreitet, bei klaren Abstimmungsergebnissen zu dem Ergebnis zu gelangen, dass sich der formale Mangel nicht ausgewirkt hat.[29] 41

Es steht zu erwarten, dass auch bei der Beurteilung der Frage, wie sich eine Ladung zu einer Versammlung, bei welcher einem Eigentümer die Anreise nicht zumutbar oder gar objektiv nicht möglich war, die vorgenannten Argumente vertreten werden. Aus Sicht des Anfechtenden wird es jedenfalls die Prozesschancen steigern, wenn bereits in der **Anfechtungsbegründung** (§ 46 Abs. 1 S. 2 WEG) **vorgetragen** wird, dass eine **Teilnahme** ohne die Beschränkungen **erfolgt** wäre und idealerweise auch noch **warum** man sich (ggf. sogar wie) **gegen** die angefochtenen **Beschlüsse** auf der Versammlung **gewandt** hätte. Bei einem derartigen Vortrag liegt die Messlatte für den Gegenbeweis jedenfalls hoch. Ob auch hier noch das Argument eines eindeutigen Abstimmungsergebnisses trägt, erscheint zweifelhaft. Ist jedoch ein derartiger Vortrag nicht erfolgt und das Abstimmungsergebnis eindeutig, wird die Rechtsprechung, die formellen Fehlern ohnehin skeptisch gegenübersteht, vermutlich überwiegend eine Kausalität verneinen. 42

---

[24] Staudinger/Häublein, 2018, WEG § 24 Rn. 112ff.; Häublein ZMR 2018, 110; Dötsch/Hogenschurz NZM 2010, 297; Bärmann/Merle WEG § 23 Rn. 186; AG München BeckRS 2013, 198816.

[25] Ablehnend ausdr. LG München I ZMR 2015, 490 = BeckRS 2015, 11953 Rn. 7; ZMR 2019, 297 = BeckRS 2018, 42024 Rn. 24.

[26] Vgl. statt Aller Bärmann/Merle WEG § 23 Rn. 185 mwN.

[27] Bärmann/Merle WEG § 23 Rn. 188.

[28] Niedenführ/Schmidt-Räntsch/Vandenhouten/Vandenhouten WEG § 24 Rn. 36.

[29] Vgl. etwa LG Hamburg ZWE 2017, 183; LG Köln ZWE 2013, 38; LG Berlin ZWE 2013, 458; ausf. zum Streitstand Jennißen/Schultzky WEG § 23 Rn. 175.

8. Alternative Möglichkeiten der Beschlussfassung

43 Zum Zeitpunkt des Verfassens dieses Werkes ist nicht absehbar, wie sich die Situation entwickelt, wobei die Prognosen wenig Anlass zur Hoffnung bieten, dass sich die **Situation schnell** so **verbessern** wird, dass unproblematisch wieder Versammlungen möglich sind. Erforderlich ist es daher, alternative Varianten der Beschlussfassung in den Blick zu nehmen.

a) Virtuelle Eigentümerversammlungen

44 Hoffnungen, die derzeitige Situation für **virtuelle Versammlungen** nutzen zu können, müssen enttäuscht werden. Derartige Möglichkeiten sieht das aktuelle WEG – anders etwa als das Aktienrecht (§ 118 Abs. 2 AktG), das Vereinsrecht oder das Genossenschaftsrecht (§ 43 Abs. 7 GenG) – (noch) nicht vor. Daher ist nach derzeitiger Rechtslage auch in Krisensituationen eine virtuelle Versammlung, bei der die Eigentümer nicht vor Ort präsent sind und ihre Abstimmung online tätigen, **nicht möglich.**[30] Auch wenn das **WEMoG** hier durch die Neufassung des § 23 Abs. 1 S. 2 WEG[31] Abhilfe verspricht, würde dies in der aktuellen Krise selbst dann nichts nützen, wenn nach Inkrafttreten der Novelle die aktuelle Situation noch andauert. Voraussetzung für die Neuregelung ist, dass auf einer Versammlung über die virtuelle Teilnahme an für die Zukunft Beschlüsse gefasst werden. Auch in der Sache ist allerdings zweifelhaft, ob die Reform wirklich zu einer erleichterten Teilnahme von Eigentümern im virtuellen Raum führen wird.[32]

45 Zwar wird teilweise diskutiert, ob es zulässig sei, eine **„Halb-Onlineversammlung"** durchzuführen, bei der die Nichtanwesenden per **Bild- und Tonübertragung** zugeschaltet werden, die Stimmabgabe aber durch **Vertreter** vor Ort ausgeübt wird.[33] Eine solche Vorgehensweise ist unzulässig, denn dem steht der Grundsatz der **Nichtöffentlichkeit** entgegen, der nach herrschender Auffassung für Eigentümerversammlungen gilt.[34] Den Eigentümern wird ein schutzwürdiges Interesse daran zugestanden, ihre Versammlung frei von fremden Einflüssen abzuhalten und sicher zu sein, dass ihre Angelegenheiten – und vor allem ihre Wortäußerungen – nicht in die Öffentlichkeit gelangen. Dieses Interesse ist jedoch bereits tangiert, wenn durch eine Onlineübertragung die **Gefahr** besteht,

---

30 Ausf. dazu Gündel ZWE 2019, 199 (204).

31 BR-Drs. 168/20.

32 Dazu Zschieschack NZM 2020, 297 (300 f.).

33 Gündel ZWE 2019, 199 (204 f.). unter Bezugnahme auf einen Vortrag von Jacoby bei der Zukunftswerkstatt des DDIV am 30.3.2017 in Weimar; ebenso Hügel/Elzer WEG § 23 Rn. 17.

34 Zusammenfassend dazu Riecke/Schmid/Riecke WEG § 24 Rn. 20.

dass Dritte Zugriff auf die Übertragung der Versammlung haben. Da bei einer Übertragung nicht sicherzustellen ist, dass der Versammlungsteilnehmer keinen Souffleur oder Beobachter hinter der Kamera – oder im virtuellen Raum – versteckt hat, verstoßen sämtliche derartigen Varianten gegen den Nichtöffentlichkeitsgrundsatz[35] und tragen das Risiko der **Beschlussanfechtung** in sich.

b) Virtuelle Vorversammlungen und Vertretung

46 Da gleichwohl Kommunikation mit und zwischen den Eigentümer auch und gerade in Krisenzeiten an oberster Stelle stehen muss, soll im Folgenden ein **Konzept** vorgeschlagen werden, wie eine Eigentümerversammlung in **kooperativen Gemeinschaften,** welche – mit Ausnahme der Gerichtspraxis – tatsächlich wohl die Mehrheit der Wohnungseigentümergemeinschaften ausmachen, trotz Problemen der Anreise durchgeführt werden können. Der Schlüssel könnte in einer virtuellen Vorversammlung und einer daran anschließenden Versammlung von wenigen Vertretern liegen.

aa) Vertretungsprobleme

47 Die einfachste Möglichkeit der Durchführung von Eigentümerversammlungen besteht aktuell darin, dass die an einer Anreise gehinderten Eigentümer **Vollmachten** erteilen. Auch hier gilt aber, dass die derzeitige Situation keine Möglichkeiten bietet, von **Vollmachtsbeschränkungen** in der Teilungserklärung abzusehen. Sieht diese nur eine Bevollmächtigung anderer Wohnungseigentümer oder des Verwalters vor, ist auch hieran festzuhalten.[36]

48 Als Vertreter bietet sich natürlich in besonderer Weise der **Verwalter** an. Hier ist allerdings darauf zu achten, dass die Vertretung nicht zu **Stimmrechtsverboten** (§ 25 Abs. 5 WEG) führen darf. Diese Gefahr besteht vor allem, wenn über Änderungen oder Verlängerung des Verwaltervertrages abgestimmt werden muss, denn auch für den Vertreter gilt, dass er im Falle eines Stimmverbotes nicht vertreten darf.[37]

49 Bestehen bleibt natürlich das Problem der **Beschlussfähigkeit (§ 25 Abs. 3 WEG).** Hier besteht derzeit in gewisser Weise das Problem der sich selbst erfüllenden Prophezeiungen. Wenn die Gefahr besteht, dass die Versammlung nicht beschlussfähig ist, werden sicher auch in der

---

[35] Vgl. zum identischen Problem im Zusammenhang mit virtuellen Betriebsratssitzungen Fündling/Sorber NZA 2017, 552 mit umfassenden Nachweisen zur hM im Arbeitsrecht, wonach die Gefahr des Verstoßes gegen die Nichtöffentlichkeit derartigen Sitzungen entgegensteht.

[36] Dazu jüngst im Hinblick auf juristische Personen BGH NJW-RR 2019, 1354.

[37] Vgl. nur Niedenführ/Schmidt-Räntsch/Vandenhouten/Vandenhouten WEG § 25 Rn. 36.

Nähe wohnende Eigentümer von einem – vermutlich sinnlosen – Besuch absehen, wodurch sich die Zahl der Teilnehmer weiter absenkt. Häufig wird daher eine Wiederholungsversammlung (§ 25 Abs. 4 WEG) erforderlich sein, zu der aber erneut einzuladen ist. Eine **Eventualeinberufung** ist auch in Krisenzeiten **unzulässig.**[38]

bb) Virtuelle Vorversammlung

50 In unmittelbarem Vorfeld der Versammlung besteht aber eine **effektive Möglichkeit,** die Chancen **virtueller Kommunikation** zu nutzen. Denkbar ist es vor dem offiziellem Beginn der Eigentümerversammlung, im Rahmen einer **inoffiziellen Zusammenkunft** der Eigentümer, die nicht vor Ort anwesenden Eigentümer online – oder bei kleineren nicht technikaffinen Gemeinschaften im Wege der **Telefonkonferenz**[39] – zuzuschalten und sodann mit diesen über die beabsichtigen Beschlüsse zu diskutieren. Dies würde den Eigentümern eine Beteiligungsmöglichkeit gewährleisten, ohne dass sie vor Ort erscheinen müssten. Dass eine Zusammenkunft der Eigentümer abseits der Versammlung zulässig und gelegentlich auch sinnvoll ist, hat der BGH jüngst ausdrücklich betont, allerdings auch darauf verwiesen, dass Beschlüsse hierbei nicht gefasst werden können.[40]

51 Haben sich die Eigentümer ausgetauscht, können die nicht vor Ort anwesenden Eigentümern ihren Vertretern – bindende – Weisungen für die Stimmabgabe erteilen. Die tatsächliche **Versammlung** müsste dann jedoch **im Anschluss** ohne eine online-Beteiligung mit dem herkömmlichen Mittel der Bevollmächtigung erfolgen. Diese dürfte in der Praxis dann jedoch **zügig** abzuhalten sein.

52 Auf diesem Wege wäre es zumindest möglich, dass die Eigentümer ihre Ansichten zu den Beschlussthemen **austauschen** und die Chance besteht, dass die Eigentümer durch **Weisungen** der von ihnen Bevollmächtigten auf das Abstimmungsergebnis Einfluss nehmen. Die Beteiligungsquote dürfte hierdurch deutlich erhöht werden und die Eigentümer erhalten eine reale Chance auch in Krisenzeiten das Eigentum zu verwalten. Das **Anfechtungsrisiko** dürfte dadurch jedenfalls erheblich **gesenkt** werden.

c) Beschlussfassung im schriftlichen Verfahren

53 Eine Möglichkeit, Beschlüsse zu fassen, besteht nach derzeitiger Rechtslage im schriftlichen Verfahren (§ 23 Abs. 3 WEG). Dies setzt al-

---

[38] Allg. Auffassung; vgl. nur OLG München ZMR 2018, 534 = NZM 2018, 997 (LS); Niedenführ/Schmidt-Räntsch/Vandenhouten/Vandenhouten WEG § 25 Rn. 26.

[39] Vgl. LG München I NZM 2005, 591.

[40] BGH BeckRS 2019, 38140 Rn. 22.

lerdings voraus, dass eine **Allstimmigkeit** erreicht wird, was bei größeren Anlagen regelmäßig scheitert.

aa) Fehlende Aufweichung der Allstimmigkeit für das WEG

Anregungen, hier Erleichterungen im COVFAG zu schaffen[41], hat der **Gesetzgeber nicht aufgegriffen.** Für das Vereinsrecht, das in § 32 Abs. 2 BGB eine mit § 23 Abs. 3 WEG identische Regelung zum schriftlichen Verfahren enthält, sieht demgegenüber § 5 Abs. 3 COVMG vor, dass in der Krisenzeit „ein Beschluss ohne Versammlung der Mitglieder gültig [ist], wenn alle Mitglieder beteiligt wurden, bis zu dem vom Verein gesetzten Termin mindestens die Hälfte der Mitglieder ihre Stimmen in Textform abgegeben haben und der Beschluss mit der erforderlichen Mehrheit gefasst wurde.“ Da aufgrund der vorgenannten Ausführungen zu erwarten ist, dass zumindest bis in das Jahr 2021 hinein, Eigentümerversammlungen nicht ohne Weiteres durchgeführt werden können, ist hier der Gesetzgeber **dringend aufgefordert nachzuschärfen.** 54

Mit einer Erleichterung der Beschlussfassung im schriftlichen Verfahren bestünde für die Eigentümer eine zumutbare und leichte **Möglichkeit,** auch in Krisenzeiten ihr **Eigentum** zu **verwalten.** In der Sache böte sich hier eine Regelung in Anlehnung an § 5 Abs. 3 COVMG an. Allerdings bietet sich, um den gerade bei Eigentümerversammlungen besonders wichtigen Diskussionsprozess zu fördern, ein **zweistufiges** – etwa an § 128 Abs. 2 ZPO angelehntes – **Verfahren** an, indem etwa in einem ersten Schritt ein Termin genannt wird, bis zu dem Stellungnahmen der Eigentümer abgegeben werden können. Auf einer zweiten Stufe wären diese Stellungnahmen den anderen Eigentümern zuzuleiten und sodann eine Frist zur Stimmabgabe zu setzen. 55

bb) Pflicht der Eigentümer zur Mitwirkung an schriftlichen Beschlüssen?

Solange indes eine Eigentümerversammlung nicht möglich ist, weil die Anreise den Teilnehmern nicht zumutbar ist und auch der Gesetzgeber nicht handelt, hat der Verwalter faktisch nur die Möglichkeit, die Eigentümer zu ersuchen, im schriftlichen Verfahren die Beschlüsse zu fassen, welche zwingend zur **Aufrechterhaltung** der Gemeinschaft erforderlich sind. Dies werden neben ggf. dringend anstehenden und unaufschiebbaren **Sanierungsbeschlüssen** vor allem solche über **Sonderumlagen** sein. Hier ist die Hürde der Allstimmigkeit zwar hoch und in großen Anlagen vermutlich unerreichbar, zumindest in mittleren und kleinen Anlagen ist das Unterfangen aber nicht aussichtslos. Dies vor allem deshalb, weil im Falle der Verweigerung von unzweifelhaft zu fas- 56

---

[41] Dazu Häublein NZM 2020 Heft 7, I.

senden Beschlüssen durchaus Schadensersatzansprüche in Betracht kommen, auf die der Verwalter hinweisen sollte.

57 Nach neuerer Rechtsprechung des BGH macht sich ein Eigentümer **schadensersatzpflichtig,** wenn er seine aus der Treuepflicht folgende Mitwirkungspflicht an einer Beschlussfassung unterlässt und dadurch ein Miteigentümer einen Schaden erleidet. Dies gilt dabei ausdrücklich nicht nur für den Eigentümer, der gegen die Beschlussfassung gestimmt hat, sondern auch für denjenigen, der nicht zur Versammlung erschienen ist oder sich enthalten hat.[42] In der derzeitigen Ausnahmesituation kann sich die **Treuepflicht** auch dazu **verdichten,** nicht erst in einer späteren Eigentümerversammlung, sondern bereits zuvor im **schriftlichen Verfahren** einem Beschluss zuzustimmen, um so Schaden von Miteigentümern oder der Gemeinschaft abzuwenden. Voraussetzung ist stets, dass eine Ermessensreduzierung auf Null vorliegt, also nur die „bestimmte Maßnahme" ordnungsmäßiger Verwaltung entspricht.[43] Für das Verschulden ist nach Auffassung des BGH zudem erforderlich, dass der Eigentümer über die Notwendigkeit der Beschlussfassung im Vorfeld der Versammlung vom Verwalter hinreichend in Kenntnis gesetzt wurde.[44]

58 Hieraus folgt, dass bei **dringendem Instandsetzungs- oder Finanzierungsbedarf** eine Verpflichtung der Eigentümer besteht, einem **Umlaufbeschluss** zuzustimmen. Wird hierauf und auf die Gefahr von Schadensersatzansprüchen hingewiesen, mögen zumindest in nicht völlig zerstrittenen und ohnehin kaum verwaltbaren Anlagen wirklich zwingend erforderliche Beschlüsse gefasst werden können. Ein Allheilmittel ist dies indes nicht.

59 Scheitert der Versuch eines Umlaufbeschlusses und ist eine Versammlung immer noch nicht durchführbar, verbleibt theoretisch der Weg einer **Beschlussersetzungsklage** nach § 21 Abs. 8 WEG. Voraussetzung für eine derartige Klage ist zwar – und dies wird von der Rechtsprechung aufgrund der Selbstverwaltung durch die Eigentümer durchaus ernst genommen – eine Vorbefassung der Versammlung. Ist diese aber wie hier nicht möglich und waren die Eigentümer nicht umfassend bereit, im schriftlichen Verfahren einen Beschluss zu fassen, wird ein Rechtsschutzbedürfnis nicht zu verneinen sein. Diese Klageart, der der BGH in den letzten Jahren zum Durchbruch verholfen hat, hat viele Vorteile, da sie – zum Leidwesen der Gerichte – es relativ leicht erlaubt, die Verwaltung der WEG zumindest teilweise in die Hände der Gerichte zu legen. Nicht zu unterschätzen ist dabei insbesondere, dass ein konkreter an § 253 Abs. 2 Nr. 8 ZPO zu messender Klageantrag nicht erforderlich ist,

[42] Zusammenfassend BGH NZM 2018, 615 Rn. 24 ff.
[43] BGH NZM 2018, 615 Rn. 24.
[44] BGH NZM 2018, 615 Rn. 77 ff.

sondern es ausreicht, das Rechtsschutzziel zu nennen.[45] Im Gegenzug wird allerdings auch das Gericht nur minimalintensiv tätig und versucht, das Selbstorganisationsrecht der Gemeinschaft so weit wie möglich zu wahren.[46] Gerichte werden daher in aller Regel nur Beschlüsse fassen, die eine Richtung vorgeben und der Gemeinschaft, wie etwa bei Sanierungsmaßnahmen, einen weitgehenden Spielraum zur Ausfüllung lassen.

Da Gerichte bei Terminsladungen derzeit vor vergleichbaren Schwie- 60
rigkeiten wie die Eigentümer stehen (→ § 13 Rn. 43ff.), ist allerdings kaum zu erwarten, dass ein derzeit angestrengtes erstinstanzliches Verfahren entschieden wird, bevor nicht auch eine Eigentümerversammlung wieder durchgeführt werden kann. Dies hilft gerade in eilbedürftigen Fällen nicht, zumal im Verfahren nach § 21 Abs. 8 WEG das Urteil, wie jedes Gestaltungsurteil, für die Eigentümer erst nach **Rechtskraft** der Entscheidung **Bindungswirkung** entfalten würde.[47] Dann dürfte es im Regelfall zu spät sein. In Betracht zu ziehen ist daher ein Antrag auf Erlass einer **einstweiligen Verfügung.** Die grundsätzliche Möglichkeit des einstweiligen Rechtsschutzes auch in Verfahren nach § 21 Abs. 8 WEG ist auch vom BGH für eilige Fälle anerkannt.[48] Dieses Verfahren hat neben dem Aspekt der Beschleunigung des Betreibens des Verfahrens durch das Gericht vor allem den Vorteil, dass der Ausspruch unmittelbare Wirkungen entfaltet. Allerdings werden Gerichte von diesem Instrument nur zurückhaltend Gebrauch machen, so dass eine erhebliche Notlage erforderlich ist, zumal mit der einstweiligen Verfügung im Grundsatz die Hauptsache nicht vorweggenommen werden darf. Anerkannt ist dieses Verfahren schon bisher für Fälle der eiligen Verwalterbestellung oder Abberufung.[49] Hiermit mindestens gleichzusetzen dürften Fälle sein, in denen der WEG aufgrund der fehlenden Möglichkeit zu Sonderumlagen die finanzielle Ausblutung droht, da während der Krise unerwartete Steigerungen des Finanzbedarfs eingetreten sind. Bei dringend nötigen Instandsetzungs- und Reparaturmaßnahmen hingegen dürfte Zurückhaltung geboten sein, denn hier hat der Verwalter einen Handlungsspielraum für Eilfälle (§ 21 Abs. 1 Nr. 3 WEG → Rn. 106).

Soll dieser Weg gegangen werden, ist darauf zu achten, dass der **Ver-** 61
walter nicht klagebefugt ist. Die Klage ist von einem **Eigentümer** gegen alle übrigen – und nicht nur gegen die der Beschlussfassung nicht zustimmenden – Eigentümer zu richten, wobei auf die vom Verwalter vorzulegende Eigentümerliste Bezug genommen werden kann.[50]

---

45 BGH NZM 2016, 523.
46 BGH NZM 2016, 523.
47 BGH ZWE 2011, 356 Rn. 8.
48 BGH ZWE 2011, 356 Rn. 11; Bärmann/Merle WEG § 21 Rn. 216.
49 BGH ZWE 2011, 356.
50 Zu den Einzelheiten Hügel/Elzer WEG § 21 Rn. 15.

II. Das Finanzsystem der WEG und die Corona-Krise

62 Das Finanzsystems der WEG setzt bekanntlich für das Entstehen eines Zahlungsanspruchs der Gemeinschaft gegen die Eigentümer voraus, dass ein entsprechender **Beschluss** über den Wirtschaftsplan (§ 28 Abs. 1 WEG), eine diese ergänzende Sonderumlage oder bezüglich der Abrechnungsspitze ein Beschluss über die Jahresabrechnung (§ 28 Abs. 2 WEG) gefasst wird. All dies ist derzeit nicht und – wie ausgeführt – auch in naher Zukunft nur mit erheblichen Einschränkungen möglich. **§ 6 Abs. 1 COVMG** hilft hier weiter, indem es den zuletzt beschlossenen Wirtschaftsplan bestehen lässt. Dies hilft, ist aber nicht ausreichend.

1. Fortgeltung des Wirtschaftsplans

63 Die angeordnete Fortgeltung des Wirtschaftsplans hilft jedenfalls, **Finanzierungslücken** zu vermeiden, wobei in gut verwalteten Gemeinschaften sich diese Regelung (hoffentlich) nicht auswirkt. Nachdem der BGH bereits eine Beschlussfassung über eine **Fortgeltungsklausel** im Wirtschaftsplan gebilligt hat,[51] bestand nämlich schon bisher die dringende Empfehlung an jeden Verwalter, einen Wirtschaftsplan immer mit einer Fortgeltungsklausel zu versehen.[52]

64 Da das Wirtschaftsjahr, wenn die Teilungserklärung oder eine sonstige Vereinbarung keine andere Regelung vorsieht, dem **Kalenderjahr** entspricht (§ 28 Abs. 1 S. 1, Abs. 3),[53] dürften für das Jahr 2020 die Auswirkungen gering sein, denn an sich sollte über den Wirtschaftsplan vor Beginn oder spätestens ganz am Anfang des Wirtschaftsjahres beschlossen werden. Bis über die Wirtschaftspläne 2021 beschlossen werden muss, wird hoffentlich wieder eine Beschlussfassung möglich sein.

65 In den Genuss der Neuregelung gelangen jedoch **alle Gemeinschaften ohne** einen **aktuellen Wirtschaftsplan,** denn dass Eigentümerversammlungen zum Zeitpunkt des Auslaufens des geltenden Wirtschaftsplans aufgrund der Gefährdungssituation durch das Coronavirus nicht durchgeführt werden können, ist keine Bedingung. Die Vorschrift gilt im Anwendungszeitraum – bis 31.12.2021 – bedingungslos und daher in allen Fällen, in denen – aus welchem Grund auch immer – während der Geltungsdauer von § 6 Abs. 2 COVMG kein Wirtschaftsplan existiert. Diese Auslegung ist auch vom Schutzzweck der Norm gedeckt, denn so werden Finanzierungslücken vermieden. Denn die Gemeinschaften können

[51] BGH NZM 2019, 374 (LS ZWE 2019, 280 mit Anm. Häublein).
[52] Vgl. nur Greiner ZWE 2019, 295.
[53] Niedenführ/Schmidt-Räntsch/Vandenhouten/Niedenführ WEG § 28 Rn. 14.

derzeit, wenn sie noch keinen Wirtschaftsplan beschlossen haben, dies nicht zeitnah durch eine Beschlussfassung nachholen.[54]

66 Ebenso wie § 6 Abs. 2 COVMG nicht verlangt, dass die Gemeinschaft deshalb ohne Wirtschaftsplan war, weil eine Versammlung, auf der dieser beschlossen werden sollte, wegen der Gefahren durch das Coronavirus unmöglich ist, setzt sie andererseits die Fortgeltung des Wirtschaftsplans nicht außer Kraft, wenn ein Zusammentritt zu einer Versammlung (wieder) möglich ist. Erforderlich ist dafür vielmehr ein **Beschluss** über einen **neuen Wirtschaftsplan.** Damit entspricht das Ergebnis dem einer beschlossenen Fortgeltungsklausel. Hierzu hat der BGH allerdings entschieden, dass eine Fortgeltungsklausel nichts an der Verpflichtung des Verwalters ändert, gem. § 28 Abs. 1 S.1 WEG jeweils für ein Kalenderjahr einen Wirtschaftsplan aufzustellen. Hierauf haben die einzelnen Eigentümer einen Individualanspruch, der gerichtlich im Verfahren des § 43 Nr. 3 WEG durchgesetzt werden kann.[55] Daher ist der Verwalter klug beraten, auf der ersten Eigentümerversammlung nach Ende der Krise die Eigentümer über einen Wirtschaftsplan abstimmen zu lassen.

67 **Existiert kein** beschlossener **Wirtschaftsplan,** was vor allem bei neu entstandenen Eigentümergemeinschaften ein Problem werden kann, gibt § 6 Abs. 2 COVMG keine Möglichkeit hier einen Wirtschaftsplan in Kraft zu setzen. Da in diesen Gemeinschaften auch nicht auf Rücklagen zurückgegriffen werden kann, verbleibt hier für den Zeitraum, in dem keine Versammlungen durchgeführt werden können, alleine die Hoffnung auf eine Beschlussfassung im schriftlichen Verfahren, wobei auch dies ein Fall sein kann, in welchem eine Verpflichtung zur Zustimmung besteht (→ Rn. 57).

2. Keine Möglichkeit zur Erhebung von Sonderumlagen

68 Ein erhebliches Manko ist, dass die Neuregelung keine Möglichkeit dafür vorsieht, dass der Verwalter einen während der Zeit der Krise **auftretenden Finanzbedarf** durch Sonderumlagen decken kann.[56] Wirtschaftspläne sind häufig „auf Kante genäht“, jedenfalls sehen sie in aller Regel kein größeres Polster für Instandsetzungsarbeiten vor. Dies ist auch nicht nötig, weil über derartige Maßnahmen ohnehin die Eigentümer beschließen müssen und dabei auch die Finanzierung sicherzustellen haben. Wenn jetzt aber eine Versammlung nicht möglich ist und der Ver-

[54] Vgl. zur Beschlussfassung während des laufenden Wirtschaftsjahrs nur Bärmann/Becker WEG § 28 Rn. 14; Staudinger/Häublein, 2018, WEG § 28 Rn. 160; jew. mwN.

[55] BGH NZM 2019, 374 Rn. 16.

[56] Kritisch auch insoweit Jahns ZWE 2020, 207 (208).

walter (→ Rn. 106ff.) in größerem Umfang als bisher für teils **kostenintensive Notreparaturen** zuständig ist, stellt sich das Problem, wie er diese finanzieren soll.

69 Hier bleibt dem Verwalter in der Praxis gar keine andere Möglichkeit als durch einen **Griff** in die **Instandhaltungsrücklage,** Finanzierungslücken zu überdecken, so unzulässig dieses Vorgehen auch ist.[57] Tritt die Versammlung wieder zusammen, sollte er jedoch darauf bestehen, dass die Eigentümer dieses Vorgehen billigen,[58] zugleich ist dafür zu sorgen, dass die Rücklage wieder aufgefüllt wird.

3. Jahresabrechnung

70 Keine Auswirkungen hat die Neuregelung auf Jahresabrechnungen. Diese müssen **beschlossen** werden, sobald die Eigentümerversammlung wieder zusammentreten kann.[59] Anders als beim Wirtschaftsplan und bei Sonderumlagen ist hier eine andere Regelung nicht vorstellbar, denn die Jahresabrechnung dient auch der **Kontrolle des Verwalters** und kann daher schlechterdings nicht von ihm selbst „in Vollzug“ gesetzt werden. Für die Jahresabrechnungen 2019, die derzeit zur Beschlussfassung anstehen, dürfte die wirtschaftliche Relevanz verkraftbar sein, denn anspruchsbegründend wirkt die Jahresabrechnung nur in Bezug auf die sogenannte **Abrechnungsspitze,** also die Differenz der laut Wirtschaftsplan geschuldeten Vorauszahlungen und der tatsächlichen Ausgaben.[60] Die Nachzahlungen sollten hier normalerweise überschaubar sein. Die Finanzprobleme der Gemeinschaften werden sich aber noch weiter verstärken, wenn es nicht gelingen sollte, im nächsten Jahr Beschlüsse über die Jahresabrechnungen 2020 herbeizuführen. Denn mangels Möglichkeit zur Nachfinanzierung ist hier mit erheblichen Abrechnungsspitzen zu rechnen, wenn der Verwalter für die Gemeinschaft handeln musste.

71 Nach der Gesetzesbegründung soll der Verwalter allerdings die Verpflichtung haben, den Eigentümern das **Zahlenwerk** (gemeint ist wohl die für die Beschlussfassung vorbereitete Abrechnung) schon zuvor zur Verfügung zu stellen, wenn dies die Eigentümer für andere Zwecke benötigen.[61] Das bedeutet, dass der Verwalter – wie bisher – spätestens zum **30.6.**[62] eine beschlussfähige Abrechnung vorzulegen und den Eigentümern zur Verfügung zu stellen hat.

---

[57] LG München I ZWE 2017, 286.
[58] Dazu Hügel/Elzer WEG § 21 Rn. 123.
[59] BT-Drs. 19/18110, 31.
[60] StRspr; zuletzt BGH BeckRS 2020, 4096 Rn. 7.
[61] BT-Drs. 19/18110, 31.
[62] Vgl. Niedenführ/Schmidt-Räntsch/Vandenhouten/Niedenführ WEG § 28 Rn. 229.

4. Anwendung der Vorschriften des Zahlungsmoratorium gemäß Art. 5 § 1 COVFAG auch auf Hausgelder?

Die Finanzierungsprobleme der WEG würden sich weiter verschärfen und viele Gemeinschaften wären **handlungsunfähig,** wenn sich das Zahlungsmoratorium des Art. 5 § 1 COVFAG auch auf Hausgelder erstrecken würde, zumal wenn die vorgesehen Verlängerungsmöglichkeiten zum Tragen kommen. Anders als das Miet- und Pachtrecht, für die das Gesetz Sonderregelungen vorsieht, ist das Wohnungseigentumsrecht jedenfalls nicht von Vorneherein aus dem Anwendungsbereich ausgenommen (vgl. Art. 5 § 1 Abs. 4 COVFAG), so dass jedenfalls zu erwarten ist, dass Verwalter im Zusammenhang mit dem Hausgeldinkasso sich diesem Einwand häufig ausgesetzt sehen werden. 72

Hinsichtlich des in Art. 5 § 1 Abs. 1 COVFAG vorgesehenen Zahlungsmoratoriums für **Verbraucher** ist eine Anwendung wohl ausgeschlossen. Zumindest das Merkmal des **Verbrauchervertrages** ist bei Wohnungseigentümergemeinschaften nicht erfüllt. Denn erforderlich wäre insoweit ein Vertrag zwischen einem Unternehmer und einem Verbraucher (§ 310 Abs. 3 BGB). Zwar sind Wohnungseigentümer Verbraucher nach § 13 WEG, gleiches gilt aber für die WEG selbst. Damit scheidet ein Verbrauchervertrag aus. Denn die WEG steht nach der Rechtsprechung des BGH dann einem Verbraucher gem. § 13 BGB gleich, wenn ihr wenigstens ein Verbraucher angehört.[63] Damit ist für Zahlungspflichten durch Wohnungseigentümer das Zahlungsmoratorium ausgeschlossen. 73

Anders könnte es hingegen bei dem Moratorium des Art. 5 § 1 Abs. 2 COVFAG liegen, dass **Kleinstunternehmen** ein epidemiebedingtes **Leistungsverweigerungsrecht** für vertragliche Dauerschuldverhältnisse einräumt (dazu ausführlich → § 1 Rn. 55 ff.). Relevant kann dies bei Teileigentum werden, denn zahlreiche Teileigentümer werden unter den weitgefassten Begriff des Kleinstunternehmers fallen. Dieser erfasst nämlich nach der im Gesetz in Bezug genommenen Empfehlung der EU-Kommission, Unternehmen, die weniger als 10 Personen beschäftigen und deren Jahresumsatz bzw. Jahresbilanz 2 Mio. EUR nicht überschreitet.[64] Relevant sind daher die wenig diskutierten Fragen, ob Hausgeldansprüche vertragliche Ansprüche aus einem Dauerschuldverhältnis sind. 74

Es ist nicht abwegig, dies zu bejahen. Wenngleich im Zusammenhang mit der internationalen Zuständigkeit für Hausgeldklagen hat erst jüngst der EuGH entschieden, dass Hausgeldansprüche als Ansprüche aus einem **Vertrag** im Sinne von Art. 7 Abs. 1 a VO (EU) 1215/2012 (Brüssel Ia) und 75

---

63 BGH ZWE 2015, 322.

64 KMU Definitionsempfehlung 2003/361/EG der Kommission vom 6. Mai 2003 ABl. EG L 124, 36 v. 20.5.2003.

Art. 4 Abs. 1 b VO (EG) 593/2008 (Rom I) anzusehen sind.[65] Zwar sind die dort in diesen Verordnungen für die internationalen Zuständigkeiten verwandten Vertragsbegriffe autonom auszulegen, fernliegend ist es aber nicht, hierauf zurückzugreifen, da im deutschen Recht diese Frage kaum diskutiert wird. Gerade die vom EuGH besonders betonte Freiwilligkeit[66] kann durchaus auf die Argumentation im deutschen Recht übertragen werden. Zudem ist bereits die Subsumtion von Hausgeldern als Ansprüche aus einem **Dauerschuldverhältnis** auch im deutschen Recht – etwa im Bereich des Insolvenzrechts – im Rahmen des § 209 Abs. 2 Nr. 3 InsO anzutreffen, der diesen Begriff ebenfalls verwendet.[67] Es ist daher nicht fernliegend, dass auch im Zusammenhang mit dem hier relevanten Leistungsverweigerungsrecht der Standpunkt vertreten wird, dass die Norm einschlägig ist. Die weitere Voraussetzung des Art. 5 § 1 Abs. 2 S. 2 COVFAG, dass es sich um ein „wesentliches Dauerschuldverhältnis“ handelt, wird bei Teileigentümern für ihre Geschäftsräume zweifellos zu bejahen sein. Auch ein Ausschluss nach Art. 5 § 1 Abs. 3 COVFAG wird nicht angenommen werden können, denn die WEG übt weder einen Erwerbsbetrieb aus, noch ist ihr „Lebensunterhalt“ gefährdet, auch wenn sie auf das Hausgeld zwingend angewiesen ist.

76 Sollte man zu diesem Ergebnis gelangen, überrascht der Befund, dass Teileigentümern ein Leistungsverweigerungsrecht zusteht, welches Wohnungseigentümern definitionsgemäß nicht zustehen kann, obwohl die Interessenlagen vergleichbar sind. Bereits dies zeigt, dass der Gesetzgeber hier unbewusst über das Ziel hinausgeschossen ist, weshalb der Anwendungsbereich von Art. 5 § 1 Abs. 2 COVFAG für Hausgeldforderungen **teleologisch zu reduzieren** ist. Dies ergibt sich mit hinreichender Eindeutigkeit bereits aus der Begründung zu Art. 2 § 6 Abs. 2 COVFAG, denn die Anordnung der Fortgeltung der Wirtschaftspläne wurde für notwendig gesehen, um die Gemeinschaft mit den erforderlichen Finanzmitteln auszustatten. Ersichtlich ist es nicht gewollt, dass von der Zahlungspflicht Teileigentümer ausgenommen werden. Wäre dies gewollt, wäre es zumindest erforderlich gewesen, die Möglichkeit von Sonderumlagen zu schaffen, um die Ausfälle durch Teileigentümern zu kompensieren.

77 **Ausgeschlossen** ist bei **Hausgeldern** – auch für Teileigentümer – jedenfalls die Diskussion, die derzeit im Gewerbemietrecht um die Frage

---

[65] EuGH ZWE 2019, 503; so bereits LG Frankfurt aM ZWE 2014, 336.

[66] EuGH ZWE 2019, 503 Rn. 25 ff.

[67] LG Stuttgart BeckRS 2011, 13018; Bergerhoff in Bärmann/Seuß, Praxis des Wohnungseigentums, 7. Aufl. 2017, § 93 Rn. 42; Ries in Kayser/Thole, Heidelberger Kommentar zur Insolvenzordnung, 9. Aufl. 2018, § 38 Rn. 17; die Anwendbarkeit des § 209 Abs. 2 Nr. 2 InsO indes iE im Hinblick auf die fehlende Kündbarkeit indes ablehnend OLG Düsseldorf NZI 2007, 50 (51).

geführt wird, ob die Verwerfungen im Zusammenhang mit der Corona-Krise zu einer **Änderung** der **Geschäftsgrundlage** (§ 313 BGB) geführt haben. Anders als die Miete sind die Hausgelder nämlich kein Entgelt für die Überlassung der Räumlichkeiten, sondern dienen der Deckung der Verwaltungskosten, die auch bei der Krise unvermindert weiterlaufen.

III. Fortdauer der Verwalterbestellung in der Krisenzeit

Um die WEG in der Krisenzeit, in der eine Eigentümerversammlung nicht stattfinden kann, nicht handlungsunfähig zu machen, wenn die Amtszeit des Verwalters endet[68], sieht § 6 Abs. 1 COVMG vor, dass der zuletzt bestellte Verwalter weiter im Amt bleibt. Diese Norm greift erheblich in das Verhältnis der WEG zu ihrem Verwalter ein und löst in der praktischen Anwendung erhebliche **Probleme** dadurch aus, dass nur die **Amtsstellung** verlängert wird, der **Verwaltervertrag** jedoch nicht. 78

1. Fortdauer des Bestellungsrechtsverhältnisses

Auch wenn sich aus § 6 Abs. 1 COVMG keine Tatbestandsvoraussetzungen ergeben, ist eindeutig, dass die Norm eine **Gemeinschaft ohne Verwalter** voraussetzt. Allerdings gilt auch hier – ebenso wie bei der Neuregelung zum Wirtschaftsplan –, dass es auf die Gründe, warum es keinen bestellten Verwalter gibt, nicht ankommt. 79

In den Anwendungsbereich der Norm fallen daher auch Fälle, in denen die **Bestellung** zum Zeitpunkt des Inkrafttretens des COVMG **bereits abgelaufen** ist – selbst wenn die Eigentümer vor der Krise keine Veranlassung sahen, einen Verwalter wieder zu bestellen –, denn auch in diesen Fällen besteht der vom Gesetzgeber gesehene Regelungsbedarf. Dies ist auch die ausdrückliche Intention des Gesetzgebers.[69] Jedoch passt auf bereits beendete Bestellungszeiträume der Wortlaut nicht, denn hier kann der Verwalter nicht im Amt „bleiben", er muss erst wieder in das Amt „eingesetzt" werden. Allerdings erfolgt auch dies nicht durch eine „echte" Neubestellung. Der Verwalter wird vielmehr auch hier durch das **Gesetz in sein Amt eingesetzt.** 80

Mangels ausdrücklicher Regelung wird der Verwalter allerdings **nicht rückwirkend** in das Amt gesetzt, die Norm gilt vielmehr erst mit Inkrafttreten am 28. März 2020. Daher hatte der Verwalter für die abgelaufene Zeit keine Pflichten zu erfüllen und kann auch auf die Neuregelung keinen Vergütungsanspruch stützen. 81

[68] BT-Drs. 19/18110, 31.
[69] BT-Drs. 19/18110, 31.

a) Verweigerung der Verlängerung durch den Verwalter – Amtsniederlegung

82 Da § 6 Abs. 1 COVMG nicht von einer Wiederbestellung des Verwalters spricht, sondern von einer Verlängerung der Amtszeit auf unbestimmte Zeit, tritt diese **Folge kraft Gesetzes** ein. Anders als bei einer Bestellung durch die WEG[70] bedarf es daher **keiner Willenserklärung** des Verwalters. Auch bei einem entgegenstehenden Willen des Verwalters bleibt er im Amt. Dies gilt auch in den Fällen, in denen die Amtszeit abgelaufen ist, denn hier trennt das Gesetz nicht.

83 Dieser **Eingriff** in die (negative) **Berufsfreiheit** des **Verwalters** (Art. 12 GG) mag zwar durch die Krisensituation gerechtfertigt sein, widerspricht aber er dem Grundsatz, dass niemand gezwungen werden kann, Verwalter einer WEG zu sein.[71] Dass dies auch so nicht beabsichtigt ist, zeigt sich daran, dass in der Gesetzesbegründung ausdrücklich hervorgehoben wird, dass die Möglichkeit der Amtsniederlegung unberührt bleibt.[72] Demzufolge kann der Verwalter auch seine durch § 6 Abs. 1 COVMG verlängerte Amtsstellung grundsätzlich **jederzeit** durch **Niederlegung**, ohne dass es dafür besonderer Voraussetzungen bedürfte, beenden.[73]

84 In der Krise gewinnt allerdings die Streitfrage Bedeutung, wem gegenüber die Amtsniederlegung zu erfolgen hat. Die **Passivvertretung** des Verbandes durch den Verwalter kommt hierbei natürlich nicht in Betracht (§ 181 BGB). Teils wird angenommen, die Versammlung, die den Verwalter gewählt hat, sei auch für den Empfang der Niederlegungserklärung passivlegitimiert.[74] Dies würde derzeit eine Niederlegung ausschließen, da die Versammlung nicht zusammentreten kann. Indes findet diese Auffassung auch im WEG keine Stütze. Die Versammlung ist der Ort der Willensbildung der Eigentümer. Sie ist aber kein Organ, welches nach außen Erklärungen abgibt oder entgegennimmt. Dies kann nur durch vertretungsberechtigte (natürliche) Personen erfolgen. Vertretungsberechtigt ist im Regelfall der **Verwalter** (§ 27 Abs. 3 Nr. 1 WEG); fehlt er oder ist er zur Vertretung ausgeschlossen, vertreten **alle Wohnungseigentümer** (§ 27 Abs. 3 S. 2 WEG). Im Falle der Passivvertre-

---

[70] Dazu Staudinger/Jacoby, 2018, WEG § 26 Rn. 43; Bärmann/Becker WEG § 26 Rn. 23.

[71] Staudinger/Jacoby, 2018, WEG § 26 Rn. 43; Bärmann/Becker WEG § 26 Rn. 23.

[72] BT-Drs. 19/18110, 31.

[73] AG Hamburg-Blankenese ZMR 2016, 314 (315); BeckOK BGB/Hügel WEG § 26 Rn. 22; BeckOK WEG/Baer WEG § 26 Rn. 66; Bogen ZWE 2002, 153; grds. zur Amtsniederlegung BGHZ 121, 257 = NJW 1993, 1198; krit. BeckOGK/Greiner WEG § 26 Rn. 329 f.

[74] BeckOGK/Greiner WEG § 26 Rn. 331.

tung ist aber anerkannt, dass eine Willenserklärung nicht gegenüber allen Eigentümern erfolgen muss[75], sondern in analoger Anwendung von § 125 Abs. 2 S. 3 HGB, § 78 Abs. 2 S. 2 AktG, § 25 Abs. 1 S. 3 GenG, § 170 Abs. 3 ZPO ein **Zugang an einen Wohnungseigentümer ausreicht.**[76] Diese herrschende Auffassung erleichtert die Amtsniederlegung für den Verwalter enorm, da anderenfalls es für die Wirksamkeit der Amtsbeendigung darauf ankäme, dass auch dem letzten Eigentümer die Amtsniederlegungserklärung zugegangen ist, was im Streitfalle den Verwalter vor erhebliche Beweisprobleme stellen würde.

Diese Auslegung führt allerdings dazu, dass der Eigentümer, der die Niederlegung mitgeteilt bekommt, die Aufgabe hat, die übrigen Eigentümer hiervon zu informieren. Dies stellt natürlich eine kaum zu lösende Aufgabe dar, denn die Eigentümer verfügen idR gar nicht über die Kenntnis aller Adressen der Miteigentümer. Allerdings besteht hier eine **nachwirkende Treuepflicht** des ausscheidenden Verwalters, dass er den Miteigentümer, dem gegenüber er die Amtsniederlegung erklärt, durch Überlassung einer Eigentümerliste in die Lage versetzt, die anderen Eigentümer hiervon in Kenntnis zu setzen. 85

Die **Treuepflicht** des Verwalters geht allerdings noch deutlich weiter und dürfte im Ergebnis eine **Amtsniederlegung ausschließen,** wenn eine Eigentümerversammlung nicht zusammentreten kann. Denn auch in einer Amtsniederlegung zur **Unzeit** kann eine **Pflichtverletzung** des besonderen Treueverhältnisses des Verwalters zur WEG liegen, wenn sie zur Unzeit erfolgt.[77] Dies macht die Amtsniederlegung zwar nicht unwirksam, kann aber zu Schadensersatzansprüchen führen. 86

Zur Ausfüllung, in welchen Fällen eine Niederlegung statthaft ist, kann auf **§ 671 Abs. 2 BGB** zurückgegriffen werden.[78] Jedenfalls solange Eigentümerversammlungen nicht abgehalten werden können und die Gemeinschaft sich nicht in der Lage sieht, durch die Bestellung eines anderen Verwalters auf die Amtsniederlegung zu reagieren, bedarf es eines besonders wichtigen Grundes[79], damit in der Amtsniederlegung keine Pflichtverletzung liegt. Dies gilt im Übrigen nicht nur für Verwalter, die unter die Verlängerungsregel fallen, sondern generell. Der Grund muss daher so bedeutend sein, dass er nicht nur die Amtsniederlegung rechtfertigt, sondern sogar die Beendigung der Amtsstellung zu einer Zeit, in welcher die Gemeinschaft sich nicht um einen neuen Verwalter 87

---

[75] So noch OLG München NZM 2005, 750.

[76] Vgl. Bärmann/Becker WEG § 27 Rn. 284; Staudinger/Jacoby, 2018, WEG § 27 Rn. 235.

[77] Riecke/Schmid/Abramenko WEG § 26 Rn. 51; allg. dazu Baumbach/Hueck/Beurskens GmbHG § 38 Rn. 78; vgl. auch BGHZ 121, 257 = NJW 1993, 1198.

[78] Baumbach/Hueck/Beurskens GmbHG § 38 Rn. 78.

[79] MüKoBGB/Schäfer BGB § 671 Rn. 20.

kümmern kann und damit eine derzeit zeitlich nicht absehbare Zeit der **Unverwaltbarkeit** droht.

88 In Betracht kommen hier vor allem **persönliche Verhinderungsgründen,** etwa langfristige schwere Erkrankungen des Verwalters. Ist der Bestellungszeitraum schon länger abgelaufen, mag auch eine anderweitige Auslastung des Verwalters mit Aufgaben, die ihn objektiv nachvollziehbar nicht mehr in die Lage versetzen, die Verwalteraufgabe, die er durch die gesetzliche Verwalterstellung erlangte, zu erfüllen. Gerade in diesen Fällen wird man die Treuepflichten des Verwalters durchaus als gemindert ansehen können und zu Lasten der Gemeinschaft zu berücksichtigen haben, dass diese es unterlassen haben, nach Auslaufen der Verwalterbestellung für einen neuen Verwalter zu sorgen. In der Praxis werden dies indes vor allem kleine zerstrittene Gemeinschaften sein, die objektiv gesehen dringend auf einen Verwalter angewiesen sind. Letztlich kommen auch schwere Pflichtverletzungen in Betracht, die dem Verwalter eine Fortführung seines Amtes auch in der Krisenzeit als unzumutbar erscheinen lassen.[80] Die Messlatte liegt allerdings hoch.

b) Unbefristet Verlängerung der Bestellung?

89 Da es sich bei dem COVMG um ein **Notgesetz** für eine außergewöhnliche Situation handelt, hätte es eigentlich nahegelegen, die Einsetzung des Verwalters zeitlich zu befristen, entweder absolut auf einen Zeitpunkt wenige Monate nach Außerkrafttreten des Gesetzes oder individuell bis zum Zusammentreten der nächsten Eigentümerversammlung. Diesen Weg ist der Gesetzgeber nicht gegangen, so dass die gesetzlich verlängerte Verwalterstellung andauert, bis ein Beendigungsgrund vorliegt. Die **Verwalterstellung** ist jedenfalls **nicht** auf die **Geltungsdauer** des Gesetzes befristet, denn mit dessen Außerkrafttreten verliert der Verwalter nicht sein Amt, es ist dann nur bei Ablauf der Amtszeit nicht mehr möglich, ohne Beschluss der Eigentümer im Amt zu bleiben.

90 Als **Beendigungsgründe** sieht das Gesetz die Abberufung oder die Bestellung eines neuen Verwalters vor. In beiden Fällen ist es unproblematisch, dass der Verwalter sein Amt verliert. Beides setzt aber die Möglichkeit voraus, eine Eigentümerversammlung durchzuführen oder einen einstimmigen Beschluss im schriftlichen Verfahren (§ 23 Abs. 3 WEG).

91 Darüber hinaus ist eine Beendigung des Amtes durch Niederlegung möglich (→ Rn. 83). In den anderen Fällen scheint eine Wiederwahl nicht erforderlich zu sein. Der Verwalter ist **unbefristet im Amt.** Dass damit die Höchstfristen des § 26 Abs. 1 WEG überschritten werden können, hat der Gesetzgeber ausdrücklich in Kauf genommen.[81] So es keine

---

[80] BeckOGK/Riesenhuber BGB § 671 Rn. 43.
[81] BT-Drs. 19/18110, 31.

gesetzliche Aufhebungsregel in einem weiteren Folgegesetz – etwa in einer Begleitnorm des WeMoG – gibt, dürfte daher an sich eine Neubestellung nicht erforderlich sein. Sachgerecht ist dies nicht. Es wird hierzu auch in der Praxis nicht kommen, denn die von § 6 Abs. 1 COVMG dem Verwalter eingeräumte Stellung ist eine andere, als er sie durch eine Bestellung durch die Eigentümer erhalten würde. An dieser kann nicht festgehalten werden, wenn eine Versammlung wieder zusammentreten kann (→ Rn. 99).

2. Kein Verwaltervertrag durch die Bestellungsverlängerung

Nach der herrschenden, auch vom BGH vertretenen, **Trennungstheorie** ist die Organstellung des Verwalteramtes vom Verwaltervertrag zu trennen.[82] Regelungen für den Verwaltervertrag enthält § 6 Abs. 1 COVMG nicht, obwohl es nahe gelegen hätte, hier den bisherigen Vertrag zu verlängern. Dass man dies nicht getan hat, ist **kein Redaktionsversehen,** sondern eine **bewusste Entscheidung** des Gesetzgebers. Es ist jedenfalls ausgeschlossen, dass diese Thematik der Gesetzgeber übersehen hat, denn in dem am gleichen Tag vom Kabinett auf den Weg gebrachten WEMoG ist die Trennung von Verwalteramt und Vertrag ausdrücklich hervorgehoben.[83] Daher ist der Weg verbaut, von einer konkludenten Vertragsverlängerung auszugehen.[84] Dies wäre auch komplikationslos nicht möglich, da jedenfalls bei einer Vertragsverlängerung zumindest eine gesetzliche Regelung zur Vertragslaufzeit erforderlich gewesen wäre. Denn sonst könnte durchaus die Ansicht vertreten werden, der Vertrag würde sich um die bisherige Laufzeit erneut verlängern, was anders als eine unbefristete Vertragsverlängerung Kündigungsmöglichkeiten erheblich erschwert hätte. 92

Da das Bestellungsrechtsverhältnis jedoch für die Rechtsbeziehungen zwischen Verwalter und Gemeinschaft nicht ausreichend ist, bedarf es hierfür Regelungen, wobei letztlich nur der Rückgriff auf das Recht der **Geschäftsführung ohne Auftrag** in Betracht kommt. 93

Der **BGH** hat wiederholt dem Verwalter, der ohne wirksamen Verwaltervertrag tätig war, eine **Vergütung** nach den **Grundsätzen der Geschäftsführung ohne Auftrag** zugebilligt.[85] Diese Rechtsprechung ist zwar zunehmend auf Kritik gestoßen. Überwiegend wird vorgeschlagen, die Grundsätze der fehlerhaften Anstellungsverhältnisse aus dem Gesellschaftsrecht für den bestellten Verwalter ohne wirksamen Vertrag zu übernehmen, was zur Folge hätte, dass der unwirksame Vertrag als wirk- 94

[82] Vgl. statt aller Bärmann/Becker WEG § 26 Rn. 22.
[83] BR-Drs. 168/20, 82.
[84] Ebenso BeckOGK/Greiner WEG § 26 Rn. 82.
[85] BGH NJW-RR 1989, 970; NJW 1997, 2016 (2107).

sam behandelt wird.[86] Diesen Überlegungen lag aber stets die Konstellation zu Grunde, dass ein zunächst zwischen dem Verwalter und der Gemeinschaft geschlossener Verwaltervertrag unerkannt unwirksam ist. Ein derartiger Rückgriff ist hier aber nicht möglich, denn an einem Vertrag fehlt es nicht deshalb, weil ein geschlossener Vertrag (zunächst unerkannt) unwirksam ist. Vielmehr ist aufgrund einer gesetzgeberischen Entscheidung lediglich das Bestellungsrechtsverhältnis verlängert worden, ohne dass die Möglichkeit besteht, auf einer Versammlung über einen Vertrag zu beschließen und diesen dann mit dem Verwalter in Vollzug zu setzen. Hier ist ein Rückgriff auf die Grundsätze der Geschäftsführung ohne Auftrag komplikationslos möglich.[87]

95 Rechtsfolge ist zunächst, dass der Verwalter **Ersatz** seiner **Aufwendungen** verlangen kann (§§ 683, 670 BGB). Insoweit entspricht es gefestigter Rechtsprechung des BGH, dass der nach §§ 683, 670 BGB geschuldete Aufwendungsersatz, wenn das fremde Geschäft im Rahmen eines Berufes oder des Gewerbes des Geschäftsführers ausgeübt wird, in **Höhe der üblichen Vergütung** besteht.[88] Diese Voraussetzungen liegen bei Verwaltern, von den wenigen Ausnahmen der unentgeltlichen Verwaltung durch Miteigentümer abgesehen, problemlos vor. In der Praxis kann die geschuldete übliche Vergütung, wenn die Parteien vor der Zeit der Geschäftsführung ohne Auftrag ein **Vertrag** verband, den **dort vereinbarten Sätzen** entnommen werden.[89] Damit steht dem Verwalter idR weiterhin die zuletzt vereinbarte Vergütung zu. Ausgeschlossen ist es allerdings nicht, dass Gerichte im Einzelfall von den vereinbarten Vergütungen Abweichungen vornehmen, weil sie die vertraglichen Regelungen für unüblich halten.[90] Diese Gefahr dürfte vor allem bei Sondervergütungen bestehen.

96 Da die Verwaltertätigkeit vom Gesetzgeber verlängert wurde, um Gefahren durch verwalterlose Zustände abzuwenden, mag man auf die Idee kommen, von einer **Geschäftsführung** zur **Gefahrenabwehr** auszugehen, die gemäß § 680 BGB zu einem **Haftungsprivileg** für Vorsatz und grobe Fahrlässigkeit führen würde, welches der Verwalter in einem Vertrag kaum wirksam vereinbaren kann.[91] Dieser Gedanke trägt aber nicht, denn es entspricht herrschender Auffassung, dass das Haftungsprivileg des § 680 BGB dann teleologisch zu reduzieren ist, wenn der Geschäfts-

---

[86] Bärmann/Becker WEG § 26 Rn. 173; Riecke/Schmid/Abramenko WEG § 26 Rn. 156.

[87] BeckOGK/Thole BGB § 677 Rn. 51; MüKoBGB/Schäfer BGB § 677 Rn. 79.

[88] Vgl. nur BGH NJW 2015, 1020 mwN.

[89] Vgl. etwa für den Fall eines gerichtlich bestellten Verwalters KG NJW 1994, 138 (139).

[90] Vgl. BeckOGK/Greiner WEG § 26 Rn. 257; wonach die vereinbarte Vergütung nicht zwingend üblich sein muss.

[91] LG Frankfurt aM ZWE 2019, 377.

führer über seinen Aufwendungsersatz (§ 683 S. 1 BGB, § 670 BGB) hinaus – wie der Verwalter – vom Geschäftsherrn ein Entgelt für seine Geschäftsführung fordern kann.[92] Insoweit soll der Geschäftsführer **nicht ungerechtfertigt besser stehen,** indem er einerseits die übliche Vergütung erhält, andererseits aber nur in begrenztem Umfang haftet.

Zu beachten ist, dass mangels eines Vertrages sich die Rechtsstellung des Verwalters alleine nach dem WEG – insbesondere dem **Katalog des § 27 WEG** – richtet. Der Verwalter hat nur die Aufgaben zu erledigen und lediglich die Rechte, welche das WEG vorsieht. **Erweiterungen** seiner Kompetenzen im bisherigen **Verwaltervertrag haben nun keine Relevanz** mehr. 97

Dies wirft insbesondere im Hinblick auf die **Inkassoberechtigung** für **Hausgelder** Fragen auf. Bekanntlich gehört die Befugnis zur Klageerhebung gegen säumige Eigentümer nicht zu dem Kompetenzkatalog des § 27 WEG, so dass insoweit gem. § 27 Abs. 3 Nr. 7 WEG eine Kompetenzerweiterung durch Beschlussfassung oder eine entsprechende Vereinbarung erforderlich ist.[93] Enthält die Teilungserklärung einen entsprechenden Passus, stellt sich kein Problem, denn diese Ermächtigung gilt für alle bestellten Verwalter.[94] Häufig fehlt es aber hieran und die Klagebefugnis findet sich in dem Verwaltervertrag, der nun nicht (mehr) gilt. Hier gilt es jedoch sauber zu trennen. Der Verwaltervertrag kommt zwischen der teilrechtsfähigen WEG und dem Verwalter zustande. Daher können in dem Vertrag auch nur Regelungen enthalten sein, die das Rechtsverhältnis zur WEG betreffen. Regelungen, die eines Beschlusses der Eigentümer bedürfen, etwa Einzelanlastungen nach § 21 Abs. 7 WEG, sind im Verwaltervertrag ohne Relevanz auf die Eigentümer. Dies gilt im Grundsatz auch für die Ermächtigung des Verwalters zur Klageerhebung, die gemäß § 27 Abs. 3 Nr. 7 WEG ebenfalls einen Beschluss der Eigentümer erfordert. Insoweit kann dem Verwalter zwar im Vertrag die Aufgabe zur Klageerhebung (zusätzlich) übertragen werden. Erforderlich ist aber, dass dies auf einer entsprechenden Beschlussfassung der Eigentümer beruht, die hinreichend deutlich die Kompetenzerweiterung nach § 27 Abs. 3 Nr. 7 WEG enthält.[95] Geschieht dies – wie nahezu stets – nicht ausdrücklich, ist zu prüfen, ob die durch Beschluss einem Eigentümer, zumeist dem Beiratsvorsitzenden, erteilte Vollmacht den Verwaltervertrag abzuschließen, konkludent diese Ermächtigung enthält oder aber eine ohne Vertretungsmacht im Verwaltervertrag erteilte Ermächtigung durch Beschluss der Wohnungseigentümer genehmigt worden ist (§ 180 S. 2 BGB, § 177 BGB).[96] 98

---

[92] Vgl. nur MüKoBGB/Schäfer BGB § 680 Rn. 9 mwN.
[93] Vgl. nur BGH NJW 2012, 2797 Rn. 9ff.
[94] LG Dortmund ZWE 2012, 229 Rn. 12.
[95] LG Frankfurt aM ZWE 2017, 320 Rn. 7; Bärmann/Becker WEG § 27 Rn. 262.
[96] LG Frankfurt aM ZWE 2017, 320 Rn. 7; Bärmann/Becker WEG § 27 Rn. 262.

Liegen diese Voraussetzungen vor, spricht wenig dafür, die **Ermächtigung** auf die Zeit der Vertragslaufzeit zu beschränken. Ein am Ziel der effektiven Durchsetzung von Hausgeldern orientierte objektiv-normative Auslegung dürfte vielmehr zu dem Ergebnis gelangen, dass sich die Ermächtigung zumindest auf die konkrete Person des bestellten Verwalters bezieht, so dass nach der gesetzlichen Verlängerung der Amtszeit auch die Ermächtigung zur klageweisen Geltendmachung von Hausgeldern **fortbesteht.**

3. Beschlüsse über Verwalter auf der ersten Versammlung nach der Krise

99 Die Verwalterstellung, die § 6 Abs. 1 COVMG gewährt, unterscheidet sich durch den fehlenden Verwaltervertrag und die unbefristete Bestellungsverlängerung grundlegend von der üblichen Stellung eines Verwalters. Sobald eine Versammlung wieder zusammentreten kann, entspricht alleine ein Beschluss ordnungsmäßiger Verwaltung, der das **Rechtsverhältnis** zum Verwalter **klärt,** so dass entweder die Stellung des Verwalters in eine „ordnungsgemäße" überführt wird oder die Bestellung des Verwalters durch **Abberufung** beendet wird.

100 Will die WEG sich vom Verwalter trennen und ihn **abberufen,** ist zu beachten, dass nach § 26 Abs. 1 S. 3 WEG die Beschränkung der **Abberufungsgründe** auf **wichtige Gründe** zwar der praktische Regelfall ist, eine derartige Beschränkung sich aber aus einer Vereinbarung in der Gemeinschaftsordnung ergeben muss, damit sie auch dann Anwendung findet, wenn das Bestellungsrechtsverhältnis durch den Gesetzgeber verlängert worden ist. Die übliche Beschränkung der Abberufungsgründe im Verwaltervertrag[97] kann hier mangels eines bestehenden Vertrages nicht zum Tragen kommen. Die Rechtslage entspricht damit schon vorweggenommen den angedachten Regelungen in § 26 WEG-E nach der WEG Reform.[98] Die gesetzgeberische Lösung für die Krisenzeit ist sachgerecht, damit sich die Gemeinschaft von einem ihr durch den Gesetzgeber aufgezwungenen Verwalter ohne weitere Gründe lösen kann. Anders liegt es jedoch, wenn eine **Vereinbarung** eine derartige Beschränkung vorsieht.

101 Will die WEG den Verwalter hingegen behalten oder kann sie sich von ihm nicht trennen, weil eine Vereinbarung einen wichtigen Grund für die Abberufung erfordert, der nicht gegeben ist, muss zwingend auf der ersten Versammlung über einen **Verwaltervertrag** eine **Beschlussfassung** herbeigeführt werden. Denn ein dauerhaftes Tätigwerden eines Verwal-

---

[97] Bärmann/Becker WEG § 26 Rn. 216.
[98] BR-Drs. 168/20.

ters ohne einen Vertrag widerspricht nach der Rechtsprechung des BGH den Grundsätzen ordnungsmäßiger Verwaltung.[99] Dieser Zustand soll nach Ansicht des BGH sogar dazu führen, dass jeder Wohnungseigentümer dann nach § 21 Abs. 3 und 5 WEG verlangen kann, dass der wirksam bestellte Verwalter abberufen wird, wenn es nicht gelingt, mit ihm einen Verwaltervertrag zu schließen.[100] Demzufolge ist entweder ein Eigentümer zu beauftragen, einen Vertrag mit dem Verwalter auszuhandeln, oder aber es kann bereits über ein vom Verwalter vorgelegten Vertrag abgestimmt werden.[101] Gelingt es nicht, mit dem Verwalter ein Vertragsverhältnis zu schließen, ist der Verwalter abzuberufen. Sollte hierfür ein wichtiger Grund vereinbart sein, liegt dieser – nach der neuen BGH-Rechtsprechung – im Scheitern, mit ihm ein Vertragsverhältnis zu begründen.

Ist eine Einigung über den Verwaltervertrag erzielt, könnte man sich 102
auf den Standpunkt stellen, dass dies genügt, da der Verwalter vom Gesetz **unbefristet bestellt** und daher eine Neubestellung nicht erforderlich ist. Sachgerecht und vom Schutzzweck des § 6 Abs. 1 COVMG gedeckt, ist dies nicht. Denn Ziel der Neuregelung ist es, verwalterlose Zustände während der Zeit zu vermeiden, in denen eine Eigentümerversammlung nicht tagen kann. Ist dieses Hindernis weggefallen, gibt es jedoch keinen Grund, an der unbefristeten Rechtsstellung des Verwalters festzuhalten und so auch dauerhaft ein Auseinanderlaufen von Vertrag und Bestellungsrechtsverhältnis zu akzeptieren. Vielmehr dürfte es nun im Rahmen **ordnungsmäßiger Verwaltung** erforderlich sein, über die Bestellung ebenfalls eine **Beschlussfassung** herbeizuführen und damit wieder die in § 26 WEG vorgesehene Befristung der Verwalterstellung sicherzustellen. Damit ist die Gemeinschaft gezwungen, nach dem Ende der Krise durch eine Beschlussfassung sowohl im Hinblick auf das Bestellungsrechtsverhältnis als auch den Verwaltervertrag klare Verhältnisse zu schaffen. Hieran dürfte allerdings ohnehin auch ein Interesse des Verwalters bestehen, um – solange dies noch geht[102] – die Abberufungsgründe einzuschränken.

Um Streitigkeiten über die angemessene Vergütung während der ver- 103
tragslosen Zeit von Vorneherein zu vermeiden, bietet es sich zudem an, auf dieser Versammlung ebenso einen **Beschluss** über die **Vergütung** für die **vertragslose Zeit** zu fassen. Eine Fortgeltung der vertraglich zuvor vereinbarten Vergütung sollte hier den Eigentümern stets zu vermitteln sein.

---

[99] BGH ZWE 2020, 83 Rn. 41.
[100] BGH ZWE 2020, 83 Rn. 41.
[101] Zu den Einzelheiten der Beschlussfassung jüngst BGH ZWE 2020, 83.
[102] Vgl. § 26 Abs. 1 S. 3 WEG-E nach dem Vorschlag des WEMoG – BR-Drs. 168/20.

IV. Verwaltung des gemeinschaftlichen Eigentums

104 Für die Eigentümer, vor allem die nicht vor Ort weilenden, ist es von entscheidender Bedeutung, dass ihr Eigentum auch während der Krisenzeit so verwaltet wird, dass es **keinen Schaden** nimmt. Der Gesetzgeber sah im COVFAG keine Veranlassung, hier Änderungen vorzunehmen. Ob dies genügt, wird ein Blick auf die bereits im WEG enthaltenen Krisenvorschriften zeigen, wobei Handlungsoptionen des Verwalters von denen der vor Ort befindlichen Eigentümer zu trennen sind. Der Verwalter hat – anders als etwa der Geschäftsführer einer GmbH oder ein Vorstand einer AG – nach geltendem Recht nur sehr **begrenzt Entscheidungsbefugnisse** im Hinblick auf die Verwaltung des gemeinschaftlichen Eigentums und muss nahezu für jede Einzelfallentscheidung das Votum der Eigentümerversammlung abwarten. Dies wird schon in normalen Zeiten als äußerst **schwerfällig** angesehen und ist ein Grund, warum die Kompetenzen des Verwalters durch die anstehende WEG-Reform[103] erheblich erweitert werden sollen (vgl. § 27 Abs. 1 WEG-E in der Fassung des WEMoG[104]).

1. Aufgaben des Verwalters während der Krisenzeit

105 Grund für die Annahme des Gesetzgebers, der Verwalter habe einen hinreichenden Handlungsspielraum, war die Annahme, die **Kompetenzregelungen** des **§ 27 Abs. 1 Nr. 3, Abs. 3 S. 1 Nr. 2 WEG** genügten in der Krisensituation, um ohne Beschlussfassung angemessen reagieren zu können.[105] Jedenfalls wenn die Situation länger andauert, dürften diese Kompetenzen jedoch kaum ausreichen.

a) Erhaltungsmaßnahmen für das gemeinschaftliche Eigentum

106 Richtig ist, dass die vorgenannten Vorschriften die engen Grenzen der Handlungsbefugnisse des Verwalters in **Notsituationen** erweitern. Sachlicher Maßstab, ob eine Notsituation vorliegt, ist dabei immer, ob die **Maßnahme einen Aufschub** duldet, bis die an sich zur Entscheidung befugten Eigentümer auf einer notfalls außerordentlich einzuberufenden **Eigentümerversammlung** unter Verkürzung der Ladefristen ihren Wil-

---

[103] Vgl. den Abschlussbericht der Bund-Länder-Arbeitsgruppe zur WEG Reform, abgedruckt in NZM 2019, 705 (717); dazu Dötsch/Schultzky/Zschieschack ZfIR 2019, 649.

[104] BR-Drs. 168/20.

[105] BT-Drs. 19/18110, 31.

len bilden können.[106] Hier zeigt sich die fehlerhafte Konstruktion der Notregelungen für die WEG, bei der anders als bei allen anderen Verbänden, keine Erleichterungen zur Abhaltung von Versammlungen vorgesehen ist. Damit nimmt man den Eigentümern de facto Entscheidungsmöglichkeiten und **erweitert die Zuständigkeit des Verwalters.**

Gem. § 27 Abs. 1 Nr. 3 WEG hat der Verwalter nun die Aufgabe, in dringenden Fällen zur Erhaltung des gemeinschaftlichen Eigentums notwendige Maßnahmen zu treffen. Aufgabe des Verwalters ist es dabei, drohende Schäden vom Gemeinschaftseigentum abzuwenden, wobei der Schaden nicht unmittelbar bevorstehen muss.[107] In **„normalen" Zeiten** ist der **Anwendungsbereich** dieser Norm sehr **gering,**[108] denn nur in wirklich eiligen Fällen, wie etwa dem Leck in einer Gasleitung[109] oder anderen plötzlich hereinbrechenden **Katastrophen,** kann der Verwalter hier handeln, ohne den Willen der Eigentümer zu erfragen. Liegt jedoch eine derartige Notmaßnahme vor, ist es nicht nur das Recht des Verwalters zu handeln, sondern er hat hierzu eine **Verpflichtung.**[110] Daher wird sich das Pflichtenprogramm des Verwalters deutlich erweitern, wenn er nicht in absehbarer Zeit zu einer Eigentümerversammlung laden kann. **107**

Zu beachten ist, dass derartige Notmaßnahmen nur zur Beseitigung der Gefahrensituation berechtigen, nicht jedoch zu einer – gar kostenintensiven – Sanierung zur Ursachenbeseitigung.[111] Auch hier zeigt sich der Vorrang, den das Gesetz den Eigentümern einräumt, um über die Verwaltung ihres Eigentums zu entscheiden. Für die Handlungsbefugnis des Verwalters gilt: Der Verwalter darf, ohne die Eigentümer zu beteiligen, nur handeln, **wenn** und **soweit** dies **zwingend erforderlich** ist. *Skaudraszun* hat dazu jüngst zutreffend folgende Kontrollfragen entwickelt: War sofortiges Handeln tatsächlich geboten? Wird tatsächlich nur das Nötigste getan?[112] **108**

In der Praxis wird vor allem die Beschränkung auf die **vorübergehende Ursachenbeseitigung** gerade in der derzeitigen Situation, in der das Provisorium vermutlich nicht nur wenige Wochen, sondern eventuell monatelang halten muss, zu einer **Verteuerung** führen. Gleichwohl ist auch in der aktuellen Ausnahmesituation dem Verwalter keine generelle Befugnis zuzugestehen, umfassende Sanierungen im Rahmen der Notgeschäftsführung vorzunehmen. Anders liegt es, wenn eine **vorüberge-** **109**

---

[106] Niedenführ/Schmidt-Räntsch/Vandenhouten/Niedenführ WEG § 27 Rn. 52; Hügel/Elzer WEG § 27 Rn. 3; LG Frankfurt aM ZWE 2016, 275.

[107] Jennißen/Heinemann WEG § 27 Rn. 31.

[108] Skauradszun ZWE 2020, 105 (106).

[109] LG Frankfurt aM ZWE 2016, 275.

[110] Bärmann/Merle WEG § 27 Rn. 65; Jennißen/Heinemann WEG § 27 Rn. 31.

[111] BGH NZM 2011, 454 Rn. 27; LG Frankfurt aM ZMR 2018, 791 Rn. 27 f. = BeckRS 2018, 9675.

[112] Skauradszun ZWE 2020, 105 (106).

hende Reparatur – wie etwa bei einer Gasleitung – **nicht möglich** oder **völlig unwirtschaftlich** ist. Dies wird sicher bei Kleinstreparaturen der Regelfall sein.[113] Die Grundannahme der Gesetzesbegründung zum COVFAG, dass der Verwalter auf dieser Basis notwendige Reparaturen „veranlassen“[114] kann, verschleiert dies jedoch.

110 Liegen allerdings die Voraussetzungen vor, ist der Verwalter zu **allen notwendigen Maßnahmen** befugt und insbesondere nicht darauf beschränkt, dass diese Maßnahme der Instandsetzung oder Instandhaltung dient. Er kann also etwa auch bei Einsturzgefahr eine Wand abreißen lassen.[115] Ebenfalls ist – ohne dass dies im Wege einer einstweiligen Verfügung – mit einem Duldungstitel erstritten werden muss, im Anwendungsbereich des § 14 Nr. 4 WEG ein **Eingriff** in das **Sondereigentum** möglich, wenn dies – etwa für die Reparatur einer Gasleitung[116] – nötig ist.[117] Allerdings fallen nicht nur bauliche Maßnahmen in den Anwendungsbereich der Vorschrift. Ein Schaden droht dem Gemeinschaftseigentum auch, wenn Versicherungen auslaufen oder in anderen Fällen – etwa in verwaltungsrechtlichen Gerichtsverfahren – Fristversäumnis droht.[118]

111 Zu beachten ist ferner, dass es sich nicht um eine Notmaßnahme handelt, wenn die **Gefahrensituation** schon längere Zeit **bekannt** ist, die Eigentümer aber von Maßnahmen absehen und sich der Zustand nun verschärft, sodass ein Schadenseintritt unmittelbar bevorsteht.[119] In diesen Fällen kann nicht durch ein Zuwarten und Erdulden des gefahrträchtigen Zustandes letzten Endes vermieden werden, dass über die durchzuführende Maßnahme in dem dafür vorgesehen Verfahren ein Beschluss gefasst wird.[120] Dies gilt natürlich – erst Recht – wenn die Eigentümer die **Maßnahme abgelehnt** haben.[121] Die derzeitige Situation bietet dem Verwalter also sicher keinen Freibrief für aus seiner Sicht dringend nötige Maßnahmen, welche die Eigentümer bisher – aus seiner Sicht zu Unrecht – abgelehnt haben. Handelt er hier trotzdem, macht er sich schadensersatzpflichtig.[122]

112 Der Handlungsspielraum des Verwalters nach § 27 Abs. 1 Nr. 3 WEG ist daher im Normalfall äußerst gering. Die Krise hat ihn gesteigert, wo-

---

[113] So auch Skauradszun ZWE 2020, 105 (106 dort Fn. 12).
[114] BT-Drs. 19/18110, 31.
[115] Jennißen/Heinemann WEG § 27 Rn. 32.
[116] LG Frankfurt aM ZWE 2016, 275.
[117] Niedenführ/Schmidt-Räntsch/Vandenhouten/Niedenführ WEG § 27 Rn. 53.
[118] Umfassend zu Einzelfällen Jennißen/Heinemann WEG § 27 Rn. 34.
[119] Vgl. nur LG Frankfurt aM ZWE 2019, 377; LG Berlin NZM 2018, 874; jew. mwN.
[120] LG Berlin NZM 2018, 874; zum Problem ausf. Jennißen/Heinemann WEG § 21 Rn. 23.
[121] LG Frankfurt aM ZWE 2019, 377.
[122] Vgl. LG Berlin NZM 2018, 874.

bei sich der Wirkungskreis beständig erhöht, je länger es nicht (mehr) möglich ist, eine Beschlussfassung der Eigentümer herbeizuführen. Dauert der derzeitige Zustand jedoch länger an und steigt der Handlungsbedarf des Verwalters, wird dieser allerdings bald vor dem Problem stehen, dass er zwar handeln müsste, hierzu aber nicht (mehr) über die erforderlichen Mittel verfügt. Hier gilt, dass ein Griff in die **Instandhaltungsrücklage** zur Finanzierung von Notmaßnahmen in der derzeitigen Situation, zweifellos **keine Pflichtverletzung** des Verwalters darstellt und im Vergleich zu einem Nichthandeln und damit dem Eintritt eines Schadens in jedem Falle das mildere, vom Verwalter zu wählende, Mittel ist. Genügt aber auch die Rücklage nicht (mehr), verbleibt nur der Weg, die Eigentümer zu ersuchen, im schriftlichen Verfahren eine **Sonderumlage** zu beschließen. Weigern sie sich daran mitzuwirken, und ist die Gemeinschaft zwingend auf die Mittel angewiesen, um eine unaufschiebbare Reparatur durchzuführen, verbleibt als letztes Mittel, einen Eigentümer – zumeist den Beiratsvorsitzenden – zu ersuchen, ein Klageverfahren nach § 21 Abs. 8 WEG im Wege des Eilverfahrens (→ Rn. 59) einzuleiten.

Im Grundsatz berechtigt § 27 Abs. 1 Nr. 3 WEG den Verwalter nur zu **113**
Maßnahmen, die eine Gefährdung des Gemeinschaftseigentums betreffen, so dass aus dieser Norm keine Handlungsbefugnis folgt, wenn „nur" das **Sondereigentum betroffen** ist. Allerdings hat der BGH anerkannt, dass nach § 683 S. 1 BGB, § 680 BGB der Verwalter zum Schutz des von ihm verwalteten Vermögens und in Wahrung der Interessen der Wohnungseigentümer berechtigt ist, die Maßnahmen zu ergreifen, die zur Abwehr eines durch Arbeiten am Gemeinschaftseigentum unmittelbar drohenden Schadens am Sondereigentum notwendig sind.[123] Teils wird auch darüber hinaus ein Ersatzanspruch nach den Grundsätzen der **Geschäftsführung ohne Auftrag** angenommen.[124]

Dass eine Berechtigung besteht, dass der Verwalter als Geschäftsfüh- **114**
rer ohne Auftrag Notmaßnahmen auch für den Sondereigentümer veranlassen kann, dürfte außer Zweifel stehen. Dies dürfte in der aktuellen Situation insbesondere dann sachgerecht sein, wenn der vor Ort anwesende Verwalter Maßnahmen alleine im Hinblick auf das Sondereigentum vornimmt und den Sondereigentümer nicht erreichen kann. Problematisch ist jedoch, ob er hierfür **Mittel der Gemeinschaft** einsetzen kann. Dies dürfte wohl – abgesehen von der vom BGH entschiedenen Konstellation, in der eine Reparatur des Gemeinschaftseigentums Schäden am Sondereigentum zur Folge hatte – zu verneinen sein, denn zum Einsatz für Maßnahmen am Sondereigentum ist das Gemeinschaftsvermögen nicht vorgesehen.

---

[123] BGH NZM 2011, 454.
[124] Jennißen/Heinemann WEG § 27 Rn. 31.

b) Maßnahmen zur Fristwahrung

115 Die **Vertretungsbefugnis** des Verwalters für den Verband ist in § 27 Abs. 3 S. 1 Nr. 2 WEG geregelt. Auch hier sah der Gesetzgeber ausreichend Vorsorge für den Krisenfall gegeben, so dass er auf Kompetenzerweiterungen verzichtet hat.[125] Diese Einschätzung dürfte zutreffend sein. Soweit es um Maßnahmen in gegen die Gemeinschaft angestrengten Prozessen geht, besteht bereits bisher Einigkeit darüber, dass der Verwalter weitreichende Handlungsbefugnisse hat.[126] Falls diese in der Krise nicht ausreichen, gestattet die Norm ihm, alle fristwahrenden Handlungen vorzunehmen. Gesteigerte Relevanz wird dies aktuell ohnehin nicht haben, da derartige Verfahren aktuell ohnehin weitgehend nicht aktiv betrieben werden.

116 Soweit es um die **Vertretung der Wohnungseigentümer** geht, ist § 27 Abs. 2 Nr. 2 WEG einschlägig. Hauptanwendungsfall dieser Norm ist das **Beschlussanfechtungsverfahren**, das bis zur WEG-Reform noch als Klage gegen alle übrigen Eigentümer ausgestaltet ist (§ 46 Abs. 1 WEG). Abgesehen davon, dass mangels Versammlung neue Klagen kaum zu erwarten sind, hat der BGH hier gerade jüngst die Vertretungsbefugnis des Verwalters – die er ohnehin bereits der eines gesetzlichen Vertreters angenähert hatte – noch einmal erweitert,[127] so dass auch hier der Verwalter gut aufgestellt ist.

2. Notgeschäftsführung des Miteigentümers

117 Neben dem Verwalter besteht eine Handlungsbefugnis der einzelnen Eigentümer für Maßnahmen im Rahmen der **Notgeschäftsführung** gemäß § 21 Abs. 2 WEG. Der Anwendungsbereich ist allerdings enger als bei der Handlungsbefugnis des Verwalters, da § 21 Abs. 2 WEG einen unmittelbar bevorstehenden Schadenseintritt verlangt. Auch hier gelten die Einschränkungen, die für ein Handeln des Verwalters gelten. Kein unmittelbar drohender Schaden liegt vor, wenn der gefahrträchtige Zustand schon längere Zeit bestand oder sich die Eigentümer bereits gegen eine Beseitigung der Gefahrsituation ausgesprochen haben. Auch in der Sache besteht eine Berechtigung nur dazu, den Schaden zu verhindern, also Notmaßnahmen zu ergreifen. Ebenso wie von § 27 Abs. 1 Nr. 2 WEG sind von § 21 Abs. 2 WEG keine umfassenden Reparaturmaßnahmen gedeckt.

118 In der Sache sind von § 21 Abs. 2 WEG indes alle Maßnahmen der ordnungsmäßigen Verwaltung gedeckt, die zur **Schadensabwehr** erfor-

---

[125] BT-Drs. 19/18110, 31.

[126] Vgl. zusammenfassend Niedenführ/Schmidt-Räntsch/Vandenhouten/Niedenführ WEG § 27 Rn. 108.

[127] BGH NJW 2020, 1134 Rn. 22.

derlich sind. Auch hier ist keine Beschränkung auf bauliche Maßnahmen gegeben, sodass hierunter auch etwa Zahlungen an Versicherungen etc. fallen. Zu beachten ist dabei aber, dass es sich nicht (mehr) um Notmaßnahmen handelt, wenn die Zahlungsausstände schon längere Zeit andauerten und etwa auf der letzten regulären Eigentümerversammlung versäumt wurde, hierfür Vorsorge zu treffen. In Zwei-Personen-Gemeinschaften gilt insoweit nichts Abweichendes.

Die **Vertretungsmacht** des handelnden Wohnungseigentümers erweitert § 21 Abs. 2 WEG nicht. Diese ist in **§ 27 WEG abschließend geregelt.** Anders als der Verwalter kann der einzelne Eigentümer daher auch im Falle von Notmaßnahmen keine Klage für den Verband erheben, insbesondere nicht Wohngeldzahlungen bei Eigentümern einklagen.[128] 119

Praktische Relevanz hat § 21 Abs. 2 WEG vor allem in **verwalterlosen Gemeinschaften.** Gibt es einen Verwalter schließt dessen Pflicht aus § 27 Abs. 1 Nr. 2 WEG zwar den Anwendungsbereich des § 21 Abs. 2 WEG nicht aus, allerdings entfällt für den Wohnungseigentümer die Erforderlichkeit des Eingreifens, wenn der Verwalter gehandelt hat.[129] Der BGH geht sogar noch einen Schritt weiter und räumt dem Eigentümer erst dann eine Handlungsbefugnis ein, wenn der handlungswillige Eigentümer durch Einschaltung des Verwalters die Behebung der Notlage nicht erreichen kann.[130] Dies bedeutet, dass solange ein Verwalter handlungsfähig und handlungspflichtig ist, ein Eingreifen eines einzelnen Eigentümers erst dann möglich ist, wenn dieser die Behebung der Notlage nicht angeht. In der derzeitigen Situation ist in verwalteten Gemeinschaften daher weiter von einem **Primat des Verwalters** auszugehen. Der Eigentümer kommt aber zum Zuge, wenn der Verwalter handlungsunfähig ist. Dies kann der Fall sein, wenn er sich etwa aufgrund von Quarantänemaßnahmen etc. nicht mehr in der Lage sieht, auch ggf. fernmündlich zu handeln. In Betracht kommt dies aber auch, wenn der Verwalter zwar handlungsfähig ist, aber dazu nicht mehr in der Lage, weil das Budget der Gemeinschaft weitere Reparaturen nicht zulässt, diese aber plötzlich in der Krise nötig geworden sind. 120

Liegt jedoch eine Situation vor, in denen der Eigentümer handeln kann, besteht aufgrund der Treuepflicht auch eine **Pflicht** zum **Tätigwerden,** um Schäden vom Gemeinschaftseigentum abzuwenden.[131] 121

Kostenmäßig ist das Handeln des Eigentümers allerdings **risikobehaftet.** Auch im Falle einer berechtigten Notgeschäftsführung bestehen nach 122

[128] BGHZ 111, 148 = NJW 1990, 2386; NZM 2017, 445 Rn. 8.

[129] Jennißen/Heinemann WEG § 27 Rn. 31; Bärmann/Merle WEG § 27 Rn. 65; Niedenführ/Schmidt-Räntsch/Vandenhouten/Niedenführ WEG § 21 Rn. 20.

[130] BGHZ 207, 40 = NZM 2016, 169 Rn. 7.

[131] Jennißen/Heinemann WEG § 21 Rn. 22; Bärmann/Merle WEG § 21 Rn. 5; Niedenführ/Schmidt-Räntsch/Vandenhouten/Vandenhouten WEG § 21 Rn. 20.

neuer Rechtsprechung des BGH **keine Ansprüche** gegen die **Miteigentümer,** sondern alleine Ersatzansprüche gegen die Gemeinschaft.[132]. Daher ist der handelnde Eigentümer zunächst darauf angewiesen, dass die Miteigentümer die Gemeinschaft durch eine Sonderumlage wieder hinreichend ausstatten, so dass diese seinen Anspruch erfüllen kann. Dies gilt auch in einer Zweipersonengemeinschaft.[133] Gegen die **Gemeinschaft** bestehen im Falle des Vorliegens der Voraussetzungen des § 21 Abs. 2 WEG demgegenüber unproblematisch Ersatzansprüche aus **berechtigter Geschäftsführung** ohne Auftrag (§§ 677, 683, 670 BGB). Liegt hingegen kein Fall der Notgeschäftsführung vor, versagt der BGH in der Fensterentscheidung dem handelnden Eigentümer jegliche Ersatzansprüche.[134]

V. Fazit und Ausblick

123 Die fehlende Möglichkeit der Willensbildung der Eigentümer auf einer **Eigentümerversammlung** ist für das Wohnungseigentumsrecht ein **Einschnitt,** der durch Notmaßnahmen jedenfalls für einen längeren Zeitraum kaum zu kompensieren ist. Solange die Stellung des Verwalters, wie im geltenden Recht, derart schwach ist, ist eine Beteiligungsmöglichkeit für die Eigentümer zur Sicherstellung einer ordnungsmäßigen Verwaltung zwingend. Die Regelungen im COVFAG sind zwar nützlich, helfen aber dann nicht weiter, wenn die Krise länger andauert und die **Finanzierung** von Maßnahmen durch den – ggf. fortgeltenden – Wirtschaftsplan nicht abgedeckt ist.

124 Das COVFAG hat für alle Rechtsformen, die verbandsmäßig organisiert sind und auf Zusammenkünfte angewiesen sind, hier erhebliche **Erleichterungen** entweder für eine **virtuelle** Teilnahme oder eine Beschlussfassung im **schriftlichen Verfahren** vorgesehen. Dies den Wohnungseigentümer vorzuenthalten, ist sachlich nicht zu rechtfertigen. Dies gilt umso mehr, weil das Wohnungseigentum – anders als eine Beteiligung an einer Kapitalgesellschaft – für die meisten Eigentümer die Kapitalinvestition ihres Lebens ist, an deren Verwaltung ein hohes, vom Gesetzgeber zu berücksichtigendes, Interesse besteht. Verweigert man den Eigentümern diese Möglichkeit, hat dies zur Folge, dass die Befugnisse des Verwalters steigen und damit eine dem noch geltenden Recht fremde Kompetenzverschiebung hin zum Verwalter erfolgt. Hinzu kommt, dass

[132] BGH NZM 2019, 415 Rn. 15.
[133] BGH NZM 2019, 415.
[134] BGHZ 222, 187 = NJW 2019, 3780 Rn. 9 ff.; ausf. zu den Auswirkungen der Rechtsprechungsänderung des BGH hierauf Niedenführ/Schmidt-Räntsch/Vandenhouten/Vandenhouten WEG § 21 Rn. 24 f.

die Eigentümer – anders als es § 27 Abs. 2 WEG-E in der Fassung des WEMoG[135] vorgesehen ist – hier auch keine Möglichkeit haben, diese Kompetenzerweiterung einzuschränken. Letztlich gilt aber ohnehin, dass die vielleicht sogar bewusst gewählte Stärkung des Verwalters rein praktisch dadurch an Grenzen stößt, weil der Verwalter nicht in der Lage ist, durch eine Sonderumlage die Finanzausstattung der Gemeinschaft an einen erhöhten Bedarf anzupassen.

Im Sinne des bestehenden Bedürfnisses, den Eigentümern auch in der Krisenzeit eine Möglichkeit zur Entscheidungsfindung zu bieten, ist es dringend erforderlich, hier für die Krisenzeit **erleichterte Beschlussmöglichkeiten** zu schaffen. Hier bietet sich nachdrücklich eine Erleichterung der Beschlussfassung **im schriftlichen Verfahren** an, denn mit Wegen zur virtuellen Versammlung wird der Gesetzgeber, wie der Entwurf zu § 23 Abs. 1 S. 2 WEG-E in der Fassung des WeMoG zeigt, kaum experimentieren wollen. Letztlich böte dies auch die Chance, derartige Möglichkeiten kurzfristig auszuprobieren, um diese, so sie sich bewähren, bei der anstehenden Reform des WEG noch aufzugreifen. Will man diesen Weg nicht gehen, sind die **Kompetenzen** des **Verwalters** mindestens dahin zu **erweitern,** dass er zur Anforderung von **Sonderumlagen** in der Krisenzeit berechtigt ist. 125

[135] BR-Drs. 168/20.

§ 5 Heimrecht

Inhaltsübersicht

Rn.

1 Das Heimrecht im hier betrachteten Sinne umfasst das öffentliche Heimrecht, das Heimvertragsrecht und das Leistungserbringungsrecht in Einrichtungen. Die Materie ist in Bund und Ländern verstreut geregelt.

2 Das öffentliche Heimrecht, früher im HeimG des Bundes geregelt, fällt seit der Föderalismusreform im Jahre 2006 gem. Art. 74 Abs. 1 Nr. 7 GG in die Gesetzgebungskompetenz der Bundesländer. Alle Bundesländer haben seitdem von ihrer Kompetenz Gebrauch gemacht und Landesheimgesetze erlassen, freilich unter verschiedenen Gesetzesbezeichnungen, anfangs teilweise noch als „Landesheimgesetz", mittlerweile aber durchgängig unter euphemistischer Vermeidung des Begriffes Heim.[1] Um mit einem länderübergreifenden Begriff zu arbeiten, wird der Begriff des Heimes hier in Anlehnung an den früheren § 1 HeimG für

[1] Baden-Württemberg: Wohn-, Teilhabe- und Pflegegesetz (WTPG) vom 20.5.2014;
Bayern: Pflege- und Wohnqualitätsgesetz (PfleWoqG) vom 8.7.2008, geändert durch Gesetz vom 22.5.2013;
Berlin: Wohnteilhabegesetz (WTG) vom 3.6.2010, zuletzt geändert durch Gesetz vom 17.6.2016;
Brandenburg: Brandenburgisches Pflege- und Betreuungswohngesetz (BbgPBWoG) vom 8.7.2008;
Bremen: Bremisches Wohn- und Betreuungsgesetz (BremWBG) vom 12.12.2017, geändert durch Gesetz vom 30.1.2018;
Hamburg: Hamburgisches Wohn- und Betreuungsqualitätsgesetz (HmbWBG) vom 15.12.2009, zuletzt geändert durch Gesetz vom 4.10.2018;
Hessen: Hessisches Gesetz über Betreuungs- und Pflegeleistungen (HGBP) vom 7.3.2012, zuletzt geändert durch Gesetz vom 19.12.2016;
Mecklenburg-Vorpommern: Einrichtungenqualitätsgesetz (EQG M-V) vom 17.5.2010;
Niedersachsen: Niedersächsisches Gesetz über unterstützende Wohnformen (NuWG) vom 14.4.2016;
Nordrhein-Westfalen: Wohn- und Teilhabegesetz (WTG) vom 2.10.2014, zuletzt geändert durch Gesetz vom 11.4.2019;
Rheinland-Pfalz: Landesgesetz über Wohnformen und Teilhabe (LWTG) vom 22.12.2009, geändert durch Gesetz vom 16.2.2016;
Saarland: Saarländisches Wohn-, Betreuungs- und Pflegequalitätsgesetz (SWBPQG) vom 6.5.2009, zuletzt geändert durch Gesetz vom 15.3.2017;
Sachsen: Sächsisches Betreuungs- und Wohnqualitätsgesetz (SächsBeWoG) vom 12.7.2012, zuletzt geändert durch Gesetz vom 6.6.2019;
Sachsen-Anhalt: Wohn- und Teilhabegesetz (WTG LSA) vom 17.2.2011;
Schleswig-Holstein: Selbstbestimmungsstärkungsgesetz (SbStG) vom 17.7.2009, zuletzt geändert durch Gesetz vom 17.12.2010;
Thüringen: Thüringer Wohn- und Teilhabegesetz (ThürWTG) vom 10.6.2014, zuletzt geändert durch Gesetz vom 6.6.2018.

Einrichtungen verwendet, die dem Zweck dienen, ältere Menschen oder pflegebedürftige oder behinderte Volljährige aufzunehmen. Einrichtungen der Kinder- und Jugendhilfe gem. § 45 SGB VIII werden daher nicht betrachtet. Wohnformen wie zB Senioren-Wohngemeinschaften oder Service-Wohnen werden von Land zu Land unterschiedlich behandelt. Im Vordergrund der hier vorgenommenen Betrachtung stehen die vollstationären Angebote, dies entspricht den Heimen im umgangssprachlichen Sinne.

Das Vertragsrecht für Heime ist im Wohn- und Betreuungsvertragsgesetz (WBVG) vom 29. Juli 2009, BGBl. 2009 I 2319, geregelt. 3

Das Leistungsgeschehen in vollstationären Einrichtungen wird wesentlich durch das SGB bestimmt. Für stationäre Pflegeeinrichtungen gilt die Definition des § 71 Abs. 2 SGB XI. Das Recht der Einrichtungen der Eingliederungshilfe wird in SGB XII, seit dem 1. Januar 2020 im SGB IX geregelt. 4

I. Öffentliches Heimrecht

1. Öffentliches Heimrecht der Bundesländer und die Verpflichtung zum Infektionsschutz

Die meisten Heimgesetze der Bundesländer verpflichten die Einrichtungen in Fortführung der früheren Vorschrift des § 11 Abs. 1 Nr. 9 HeimG zum Infektionsschutz der Bewohner.[2] Nur Mecklenburg-Vorpommern und Schleswig-Holstein haben auf eine ausdrückliche Normierung des Infektionsschutzes verzichtet. Das bedeutet nicht, dass dort andere Maßstäbe des Infektionsschutzes gelten, diese werden vielmehr einheitlich über das IfSG definiert. Allerdings sind ohne eine verpflich- 5

[2] Baden-Württemberg: § 10 Abs. 2 Nr. 11 WTPG;
Bayern: Art. 3 Abs. 2 Nr. 5 PfleWoqG;
Berlin: § 11 Abs. 2 Satz 2 Nr. 8 WTG;
Brandenburg: § 8 Abs. 2 Nr. 2 BbgPBWoG;
Bremen: § 14 Abs. 5 BremWBG;
Hamburg: § 11 Nr. 8 HmbWBG;
Hessen: § 9 Abs. 2 Nr. 4 HGBP;
Mecklenburg-Vorpommern: ohne ausdrückliche gesetzliche Normierung im EQG M-V;
Niedersachsen: § 5 Abs. 2 Nr. 10 NuWG;
Nordrhein-Westfalen: § 4 Abs. 4 WTG;
Rheinland-Pfalz: § 15 Abs. 1 Nr. 6 LWTG;
Saarland: § 5 Abs. 2 Nr. 7 SWBPQG;
Sachsen: § 3 Abs. 2 Nr. 10 SächsBeWoG;
Sachsen-Anhalt: § 11 Abs. 3 Nr. 10 WTG LSA;
Schleswig-Holstein: ohne ausdrückliche gesetzliche Normierung im SbStG;
Thüringen: § 9 Abs. 1 Nr. 7 ThürWTG.

tende Norm im Landesheimgesetz die Handlungsmöglichkeiten der für die Heimaufsicht zuständigen Behörde eingeschränkt.[3] Es verbleibt die Gesundheitsüberwachung durch die Gesundheitsämter. Typisch für eine landesrechtliche Regelung der übrigen Länder ist etwa die nordrhein-westfälische Bestimmung in § 4 Abs. 4 WTG, dass die Träger sicherzustellen haben, dass bei der Leistungserbringung ein ausreichender Schutz vor Infektionen gewährleistet ist und die Beschäftigten die Hygieneanforderungen nach dem anerkannten Stand der fachlichen Erkenntnisse einhalten. Was im Detail unter ausreichendem Infektionsschutz zu verstehen ist, findet sich nicht in den Heimgesetzen der Länder. Das IfSG vermittelt die standardsetzende Kompetenz des RKI. Das öffentliche Heimrecht sieht allerdings vor, dass die Besonderheiten einer stationären Pflegeeinrichtung sowie konzeptionelle Besonderheiten zu berücksichtigen sind. In den einschlägigen bayerischen und sächsischen Normen heißt es ausdrücklich, dass „ein ausreichender und dem Konzept der stationären Einrichtung angepasster Schutz der Bewohnerinnen und Bewohner vor Infektionen gewährleistet wird."[4] Pflegeeinrichtungen sind nicht verpflichtet, klinische Bedingungen herzustellen.[5] Ob die für die Heimaufsicht zuständigen Behörden Maßnahmen treffen dürfen, die über die Standards des RKI hinausgehen, ist fragwürdig. Der Infektionsschutz fällt in den Katalog der konkurrierenden Gesetzgebung gem. Art. 74 Abs. 1 Nr. 19 GG. Den Ländern steht gem. Art. 72 GG keine Rechtssetzungskompetenz zu, da der Bund mit Erlass des IfSG von seiner konkurrierenden Gesetzgebungskompetenz Gebrauch gemacht hat. Wohl aber steht den Ländern über die Ermächtigung des § 32 IfSG die Möglichkeit zu, „entsprechende" Ge- und Verbote über Verordnungen durchzusetzen.[6] Ob es der sprachliche Rückbezug („entsprechend") zulässt, strengere Regeln als das RKI empfiehlt zu erlassen, scheint offen. In der akuten pandemischen Lage wird man dies hinnehmen, zu gegebener Zeit aber rechtssystematisch überprüfen müssen.

Die Richtlinien des RKI lassen in Einrichtungen der Altenpflege die Quarantäne im Zimmer des Bewohners zu.[7] Nordrhein-Westfalen hat mit CoronaAufnahmeVO

---

[3] Dickmann/Wiedersberg C. III Rn. 97.

[4] Art. 3 Abs. 2 Nr. 5 PfleWoqG, § 3 Abs. 2 Nr. 10 SächsBeWoG.

[5] Dickmann WTG § 4 Rn. 14.

[6] Zur Kompetenzlage von Bund und Ländern → § 16 Rn. 16.

[7] Hinweise zu Prävention und Management von COVID-19-Erkrankungen in der stationären und ambulanten Altenpflege unter https://www.rki.de/DE/Content/InfAZ/N/Neuartiges_Coronavirus/Altenpflegeheime.html, Abruf am 8. April 2020, mit Verweis auf den Nationalen Pandemieplan Teil I Anhang 2 zu Kapitel 5: „Planungshilfe für Altenheime und Altenpflegeheime" https://www.gmkonline.de/documents/pandemieplan_teil-i_1510042222_1585228735.pdf, Abruf am 8. April 2020; dort ist von separaten Zimmern oder Stationen die Rede.

vom 3. April 2020 die vollstationären Dauer- oder Kurzzeitpflegeeinrichtungen sowie anbieterverantworten Wohngemeinschaften bzw. besonderen Wohnformen verpflichtet, unverzüglich Isolations- und Quarantänebereiche in einer für die Bewohnerzahl angemessenen Größe vorzubereiten und in Betrieb zu nehmen. Die nach RKI-Empfehlung zulässige Quarantäne im eigenen Zimmer war damit in Nordrhein-Westfalen nicht mehr vorgesehen Die CoronaAufnahmeVO wurde mit Ablauf der Befristung am 19. April 2020 nicht verlängert.

Rheinland-Pfalz hat mit der LandesVO vom 15. April 2020 vergleichbare Regelungen eingeführt, befristet bis zum 1. Juni 2020.

Zweck des IfSG ist es nach § 1 Abs. 1, übertragbaren Krankheiten 6
beim Menschen vorzubeugen, Infektionen frühzeitig zu erkennen und ihre Weiterverbreitung zu verhindern. § 1 Abs. 2 IfSG erwähnt die hierfür notwendige Mitwirkung und Zusammenarbeit. Neben den einzelnen konkret genannten Körperschaften und Berufsgruppen sind auch die „sonstigen Beteiligten" aufgeführt, unter die man Pflegeeinrichtungen subsumieren kann. Das RKI übernimmt nach § 4 Abs. 2 IfSG die koordinierende Funktion und erstellt im Benehmen mit den jeweils zuständigen Bundesbehörden für Fachkreise Richtlinien, Empfehlungen, Merkblätter und sonstige Informationen zur Vorbeugung, Erkennung und Verhinderung der Weiterverbreitung übertragbarer Krankheiten. Im Zuge der COVID-19-Pandemie spielen die speziellen Richtlinien des RKI für Pflegeeinrichtungen eine besondere Rolle.[8] Wenn in Landesheimgesetzen vom „ausreichenden Infektionsschutz" die Rede ist (vgl. das Beispiel aus NRW), dann ist die Kenntnis und Umsetzung dieser Referenzstandards zu fordern. Die Rolle der Träger und Leiter von Gemeinschaftseinrichtungen, Gesundheitseinrichtungen bei der Prävention übertragbarer Krankheiten wird in § 1 Abs. 2 Satz 2 IfSG unter Verweis auf die Eigenverantwortung angesprochen.

2. Freizügigkeitseinschränkende Maßnahmen zum Schutz der Bewohner

Die Heimgesetze der Länder nehmen in der Regel Bezug auf den 7
Schutz der Grundrechte der Bewohner. Die Corona-Krise lässt die Wertekollision von Freiheitsrechten und Gesundheitsschutz in den Heimgesetzen offen zu Tage treten.

---

[8] https://www.rki.de/DE/Content/InfAZ/N/Neuartiges_Coronavirus/Altenpflegeheime.html
https://www.rki.de/DE/Content/InfAZ/N/Neuartiges_Coronavirus/Personal_Pflege.html
https://www.rki.de/DE/Content/InfAZ/N/Neuartiges_Coronavirus/Pandemieplan.html
https://www.rki.de/DE/Content/InfAZ/N/Neuartiges_Coronavirus/Ergaenzung_Pandemieplan_Covid.html.

In Nordrhein-Westfalen etwa sollen die Menschen in Einrichtungen nach § 1 Abs. 4 Nr. 1 WTG ein möglichst selbstbestimmtes Leben führen können, nach Nr. 3 dieser Norm sollen sie zugleich vor Gefahren für Leib und Seele geschützt werden. Der Schutzzweck nach Nr. 3 wird durch die Verpflichtung zur Beachtung des Infektionsschutzes in § 4 Abs. 4 WTG konkretisiert.

8 Im Verlaufe des März 2020 wurde in einer dramatisch schnellen Entwicklung offenkundig, dass Bewohner in Heimen vor dem Corona-Virus besonders geschützt werden müssen. Die Gründe dafür liegen auf der Hand. Bei den Bewohnern von Heimen handelt es sich um Angehörige der Risikogruppen. Sie leben in Einrichtungen eng zusammen. Teilweise fehlt erkrankungsbedingt die Einsichtsfähigkeit in bestimmte Maßnahmen, etwa des Kontaktverbots oder des Verbleibens im eigenen Zimmer aus Gründen der vorbeugenden Selbstisolation. Solange es kein Heilmittel und keinen Impfstoff gibt, scheint Kontaktvermeidung die einzige Möglichkeit, die Ausbreitung des Virus zu verlangsamen. Die Dynamik spiegelt sich in der Entwicklung der Risikobewertung des RKI. Das RKI bewertete das Risiko für die Bevölkerung in Deutschland am 28. Februar 2020 noch als „gering bis mäßig“, seit dem 17. März als „hoch“ und für Risikogruppen seit dem 26. März als „sehr hoch“.[9] Bundesländer, Kreise und kreisfreie Städte erließen Mitte März 2020 verschiedene Vorschriften zum Schutz der Bewohner in Einrichtungen.

In NRW wies das Gesundheitsministerium (MAGS) am 13.3.2020 gestützt auf § 28 IfSG und § 14 Abs. 1 OBG die nachfolgenden Stellen an, Allgemeinverfügungen nach einem vorgegebenen Muster zu erlassen.[10] Kurze Zeit später, am 22.3.2020, erließ das MAGS eine Verordnung[11], so dass die Allgemeinverfügungen hinfällig sind bzw. aufgehoben wurden.

Im Einzelnen geht es um folgende Maßnahmen:

a) Besuchsbeschränkungen

9 Zur Freizügigkeit in Pflegeeinrichtungen gehört, dass es in Pflegeeinrichtungen im Grundsatz keine Besuchsverbote geben soll. Soweit Ausnahmen geregelt sind, standen den Gesetzgebungsorganen der Länder ersichtlich Lebenssachverhalte vor Augen, die den Hausfrieden in einer Einrichtung stören können.

---

9 Nachweise bei https://de.wikipedia.org/wiki/COVID-19-Pandemie_in_Deutschland, Abruf am 6.4.2020.

10 Erlass vom 13.3.2020 zu Besuchseinschränkungen für Pflegeeinrichtungen und Einrichtungen der Eingliederungshilfe, in denen besonders schutzbedürftige Personen leben.

11 CoronaSchVO vom 22. März 2020, GV NRW 2020, 177a, geändert durch die ÄnderungsV vom 30. März 2020, GV NRW 2020, 201.

So dürfen zB in Nordrhein-Westfalen gem. § 19 Abs. 2 WTG Besuche ganz oder teilweise nur untersagt werden, wenn dies unerlässlich ist, um eine unzumutbare Beeinträchtigung der Interessen von Nutzerinnen und Nutzern oder des Betriebes der Einrichtung abzuwenden.

Diese individuellen hausrechtlichen Besuchsverbote, die auf dem (Fehl-)Verhalten einzelner Besucher beruhen, decken keine generellen, durch eine pandemische Lage veranlassten Besuchsverbote.

Generelle Besuchseinschränkungen sind nicht durch den Hausfrieden zu rechtfertigen, sondern durch den Gesundheitsschutz. Daher sind in formaler Hinsicht auch nicht die landesspezifischen Regelungen der Heimgesetze zu beachten, die für individuelle Besuchseinschränkungen gelten. 10

Nordrhein-Westfalen etwa verlangt gem. § 19 Abs. 2 S. 3 WTG für individuelle Besuchseinschränkungen die unverzügliche schriftliche Begründung gegenüber dem betroffenen Besucher und gegenüber dem betroffenen Bewohner, außerdem die Anzeige gegenüber der zuständigen Behörde. Diese Regelungen gelten nicht bei generellen Besuchsbeschränkungen aufgrund einer Gesundheitsschutzlage.

Generelle Besuchsbeschränkungen können ihre Rechtsgrundlage im IfSG finden. Bereits vor der Neufassung des § 28 Abs. 1 S. 1 IfSG zum 28. März 2020 war geregelt, dass die zuständige Behörde, wenn Kranke, Krankheitsverdächtige, Ansteckungsverdächtige oder Ausscheider festgestellt werden, die notwendigen Schutzmaßnahmen trifft, soweit und solange es zur Verhinderung der Verbreitung übertragbarer Krankheiten erforderlich ist. Hinsichtlich Art und Umfang der Bekämpfungsmaßnahmen – „wie" des Eingreifens – ist der Behörde jedoch ein Ermessen eingeräumt.[12] Dem liegt die Erwägung zugrunde, dass sich die Bandbreite der Schutzmaßnahmen, die bei Auftreten einer übertragbaren Krankheit in Frage kommen können, nicht im Vorfeld bestimmen lässt. Das behördliche Ermessen wird dadurch beschränkt, dass es sich um „notwendige Schutzmaßnahmen" handeln muss, nämlich Maßnahmen, die zur Verhinderung der (Weiter-) Verbreitung der Krankheit geboten sind. Darüber hinaus sind dem Ermessen durch den Verhältnismäßigkeitsgrundsatz Grenzen gesetzt.[13] Allgemeine Ausgangs- und Betretungsverbote dürften von der Verordnungsermächtigung gedeckt sein; Inhalt, 11

[12] Zum Ermessen → § 16 Rn. 67 ff.

[13] BVerwG NJW 2012, 2823, speziell zur Corona-Pandemie: VG Bayreuth Beschl. v. 11.3.2020 – B 7 S 20.223, BeckRS 2020, 3610, betreffend die Allgemeinverfügung des Bayerischen Staatsministeriums für Gesundheit und Pflege (StMGP) vom 6.März 2020 zum Besuch von Schulen, Kindertageseinrichtungen, Kindertagespflegestellen und Heilpädagogischen Tagesstätten im Zusammenhang mit der Eindämmung des neuartigen Coronavirus SARS-CoV-2.

Zweck und Ausmaß der vom Gesetzgeber erteilten Verordnungsermächtigung sind daher als hinreichend bestimmt anzusehen.[14]

12 Ein spezielles Besuchsverbot wurde durch das PrävG vom 17. Juli 2015 mit § 28 Abs. 2 IfSG in das Gesetz eingefügt. Dieses Besuchsverbot betrifft Personen in Gemeinschaftseinrichtungen, die an Masern erkrankt oder dessen verdächtig oder ansteckungsverdächtig sind. Zwar ist diese Norm für Corona-Fälle nicht anwendbar, auch nicht analog, da die Konkretisierung auf Masern zu speziell für eine Analogie ist. Die Norm zeigt aber, dass Besuchsverbote eine zulässige Reaktion auf ansteckende Krankheiten sein können. Der Gesetzgeber hat mit dem Besuchsverbot für Masernerkrankte umgesetzt, was zuvor bereits durch Rechtsprechung zur Generalklausel des § 28 Abs. 1 S. 1 IfSG entwickelt war.[15]

13 § 28 Abs. 1 S. 1 IfSG wurde durch das Gesetz zum Schutz der Bevölkerung bei einer epidemischen Lage von nationaler Tragweite vom 27. März 2020 mit Wirkung zum 28. März 2020 neu gefasst. Durch Einfügung des zweiten Halbsatzes „sie kann insbesondere Personen verpflichten, den Ort, an dem sie sich befinden, nicht oder nur unter bestimmten Bedingungen zu verlassen oder von ihr bestimmte Orte oder öffentliche Orte nicht oder nur unter bestimmten Bedingungen zu betreten" wurden die Ermächtigungsgrenzen bestimmter gefasst als zuvor.

14 Einige Bundesländer erließen für Einrichtungen vollständige Besuchsverbote, mit allenfalls eng gefassten Ausnahmen.

Bayern untersagte mit der Bayerischen Infektionsschutzmaßnahmenverordnung (BayIfSMV) vom 27. März 2020 ausnahmslos den Besuch ua von vollstationären Einrichtungen der Pflege gemäß § 71 Abs. 2 SGB XI, von Einrichtungen für Menschen mit Behinderungen im Sinne des § 2 Abs. 1 SGB IX, in denen Leistungen der Eingliederungshilfe über Tag und Nacht erbracht werden, von ambulant betreuten Wohngemeinschaften nach Art. 2 Abs. 3 PfleWoQG zum Zwecke der außerklinischen Intensivpflege (IntensivpflegeWGs), in denen ambulante Pflegedienste gemäß § 23 Abs. 6a IfSG Dienstleistungen erbringen, und von Altenheimen und Seniorenresidenzen.

Nordrhein-Westfalen verordnete mit § 2 Abs. 2 CoronaSchVO vom 22. März 2020, dass Besuche in vollstationären Einrichtungen der Pflege und in Wohnformen der Eingliederungshilfe untersagt sind, sofern sie nicht der medizinischen oder pflegerischen Versorgung dienen oder aus Rechtsgründen erfolgen.

Brandenburg verordnete mit § 8 SARS-CoV-2-EindV vom 22. März 2020, dass Bewohnerinnen und Bewohner von Pflegeheimen und in besonderen Wohnformen im Sinne des SGB XII keinen Besuch empfangen dürfen. Ausgenommen sind Hospize. Außerdem sind ausgenommen Schwerstkranke, die insbesondere zur Sterbebegleitung Besuch von Seelsorgern, Urkundspersonen sowie nach ärztlicher Genehmigung von ihnen nahestehenden Personen empfangen dürfen.

---

[14] VGH München Beschl. v. 30.3.2020 – 20 NE 20.632, BeckRS 2020, 4618.

[15] BVerwG NJW 2012, 2823, VG Berlin Beschl. v. 11.3.2015 VG 14 L 35.15, BeckRS 2015, 43156, und 14 L 36.15, BeckRS 2015, 42683, Erdle IfSG § 28 Rn. 1.

Andere Bundesländer regeln restriktive Besuchseinschränkungen. Eine typisch verwendete Formel schränkt die Besuche pro Bewohner auf einen Besucher pro Tag für die Dauer maximal einer Stunde ein.[16] 15

Die Regelungen wurden zunächst über Allgemeinverfügungen der Kreise und kreisfreien Städte erlassen, die textlich weitestgehend zentral vorgegeben waren. Später erließen die Bundesländer Verordnungen. 16

Selbst die generellen Besuchsverbote (Beispiel Bayern, Nordrhein-Westfalen und Brandenburg) dürften zulässig sein. Die Verordnung in Brandenburg wurde vom OVG Berlin-Brandenburg im Eilrechtsweg gehalten.[17] 17

Die Antragstellerin wollte im Wege einer einstweiligen Anordnung durchsetzen, ihren in einer vollstationären Pflegeeinrichtung im Bundesland Brandenburg lebenden Vater am Ostermontag 2020 im Zeitraum von 15:30 bis 17:00 Uhr besuchen zu dürfen, unter der Voraussetzung, dass sie eidesstattlich versichert, nicht erkältet zu sein und wissentlich keinen Kontakt zu einer mit dem Coronavirus infizierten Person gehabt zu haben.

Das OVG Berlin-Brandenburg erachtet die Verordnungsermächtigung des IfSG in der Fassung der Änderung vom 27. März 2020 in jeder Hinsicht als ausreichend. 18

Der Einwand der Antragstellerin der möglichen Verletzung der Menschenwürde und der Hinweis auf mögliche mildere Mittel (zB die Tragepflicht einer Schutzmaske für Besucher und das Einhalten von Abständen zu anderen Bewohnern) wurde im Rahmen der summarischen Prüfung zurückgewiesen. Die durch das IfSG geschützten besonders hochwertigen Rechtsgüter rechtfertigen es nach dem OVG in der gegenwärtigen Lage, Besuchskontakte, wie in § 8 der brandenburgischen Verordnung geschehen, prinzipiell zu unterbinden und nur streng reglementierten Ausnahmen vorzubehalten. Ob anderweitige Maßnahmen wie zB das Tragen von Atemschutzmasken und die Einhaltung eines ausreichenden Sicherheitsabstandes zu allen Bewohnern und dem Pflegepersonal oder die Limitierung der Anzahl der jeweils anwesenden Besucher in der Pflegereinrichtung oder die Bereitstellung eines besonderen Besuchsraumes als vermeintlich mildere Mittel vorzugswürdig sind, hat das OVG unter Verweis auf den derzeitigen begrenzten Kenntnisstand als ungewiss angesehen und der Mittelauswahl des Verordnungsgebers deshalb einen breiten Raum eingeräumt. 19

Dem Argument der Antragstellerin, der Besuch von Angehörigen stelle kein generell höheres Ansteckungsrisiko dar als es vom Pflegepersonal ausgehe, ist das OVG mit dem Gegenargument begegnet, dass das Ge- 20

---

[16] ZB Rheinland-Pfalz mit § 7 3. CoBeVO vom 23. März 2020.

[17] OVG Berlin-Brandenburg Beschl. v. 3.4.2020 – 11 S 14/20, BeckRS 2020, 5147 = COVuR 2020, 43.

fährdungsrisiko durch das Pflegepersonal nicht gänzlich vermeidbar sei, wohl aber das von Besuchern kumulativ hinzutretende Risiko.

21 Das Zitiergebot gemäß Art. 19 Abs. 1 S. 2 GG sieht das OVG nicht als verletzt an. Dieses Gebot betrifft nur Gesetze, die darauf abzielen, ein Grundrecht über die in ihm selbst angelegten Grenzen hinaus einzuschränken, dh für solche Grundrechtsbeschränkungen, zu denen der Gesetzgeber im Grundgesetz ausdrücklich ermächtigt ist, mithin nur für Grundrechte, die vom Grundgesetz unter einen ausdrücklichen Gesetzesvorbehalt gestellt sind.[18] Einen diesbezüglichen Gesetzesvorbehalt enthalten jedoch weder Art. 1 GG, der in Absatz 1 die Menschenwürde schützt, noch Art. 6 Abs. 1 GG, der die Ehe und Familie unter den besonderen Schutz der staatlichen Ordnung stellt.

22 Auch der Begriff des „Schwerstkranken" ist nach dem Beschluss des OVG Berlin-Brandenburg nicht zu unbestimmt.

23 Es scheint vieles dafür zu sprechen, dass Besuchseinschränkungen in Heimen auch von anderen Gerichten und aufgrund anderer Ländernormen bestätigt werden. Es sei auch auf die Rechtsprechung zu Ladenschließungen im Zuge der Corona-Krise verwiesen.[19]

24 Soweit nach den Regeln der Bundesländer überhaupt Besuche zugelassen sind, sind die Besucher über persönliche Schutzmaßnahmen zu unterweisen.

25 Soweit Besuche zugelassen sind, müssen sie im Zimmer des Bewohners stattfinden, nicht in Gemeinschaftsräumen.

26 Ausnahmen in Sondersituationen sind zuzulassen. Dies betrifft etwa die Sterbebegleitung (vgl. die brandenburgische Regelung zu Schwerstkranken). Damit dürfte auch den berechtigten Mahnungen zu ethischen Grenzfällen Rechnung getragen sein.[20]

27 Betroffen sind auch Besuche „aus Rechtsgründen" (vgl. die Regelung in NRW), etwa die Anhörung des Betroffenen durch den Richter in Unterbringungssachen. Gem. § 319 Abs. 1 S. 1 FamFG hat das Gericht den Betroffenen vor einer Unterbringungsmaßnahme persönlich anzuhören und sich einen persönlichen Eindruck von ihm zu verschaffen. Den persönlichen Eindruck verschafft sich das Gericht gem. § 319 Abs. 1 S. 2 FamFG, soweit dies erforderlich ist, in der üblichen Umgebung des Betroffenen.

---

[18] OVG Berlin-Brandenburg Beschl. v. 3.4.2020 – 11 S 14/20, BeckRS 2020, 5147 mit Verweis auf Hömig/Wolff/Antoni GG Art. 19 Rn. 2 und 4 mwN zur diesbezüglichen Rechtsprechung des Bundesverfassungsgerichts.

[19] OVG Münster Beschl. v. 6.4.2020 – 13 B 398/20.NE.

[20] Beachtlich etwa die Mahnung des Pflegebeauftragten der Bundesregierung Westerfellhaus, wonach pauschale Besuchsverbote, die dazu führen, dass Mütter oder Väter alleine sterben müssen und Kinder sich nicht verabschieden können, nur weil die Eltern in einer Pflegeeinrichtung leben, von der Gesellschaft nicht akzeptiert werden könnten (Interview mit dem RedaktionsNetzwerk Deutschland RND).

b) Verbot von Gemeinschaftsveranstaltungen

28 Gemeinschaftsveranstaltungen mit Externen kommen nicht in Betracht und sind in den einschlägigen Verordnungen verboten. Hierunter fallen Freizeitangebote wie Vorträge, Gesangsdarbietungen, „Hundebesuche" o.ä. Vor dem Hintergrund der gebotenen Kontaktreduzierung und der Schaffung von räumlichen Distanzen bei den Zuhörern werden diese Verbote gerechtfertigt sein. Auch Hausandachten fallen hierunter, insoweit existiert kein Religionsprivileg.

29 Interne Gemeinschaftsveranstaltungen sind in Grenzfällen anders zu beurteilen. Vor allem in der Betreuung von Demenzerkrankten oder auch in der Eingliederungshilfe ist bei fehlender Einsichtsfähigkeit der Betroffenen die Isolierung im Zimmer ohne freiheitsentziehende Maßnahmen kaum möglich. Massenhafte freiheitsentziehende Beschlüsse der Amtsgerichte, gerichtet idR auf Isolierung im eigenen Zimmer des Betroffenen, sind nicht zu erwarten, wären in Einrichtungen auch fast nicht durchführbar, und sie werden auch gesellschaftlich nicht gewünscht sein. In aller Regel findet die Dementenbetreuung bei mobilen Bewohnern in Gruppen statt. Hier wird man versuchen müssen, auf größere Abstände zu achten. Im Übrigen wird man angesichts der mangelnden Einsichtsfähigkeit der Betroffenen kompromissbereit sein müssen. Gleiches gilt für die Eingliederungshilfe.

c) Registrierungsmaßnahmen

30 Soweit Besuchszugang überhaupt nach Landesrecht zugelassen bleibt, wird eine Registrierung des Zugangs erforderlich und auch zulässig sein. Die Ein- und Ausgangsregistrierung ist schon deshalb nötig, um die Zugangsbeschränkung (zB ein Besucher pro Tag pro Bewohner für eine Stunde) so durchzusetzen, wie sie vom Landesgesetz- oder -verordnungsgeber vorgegeben ist. Hinzu kommt die Belehrung der Besucher über persönliche Schutzmaßnahmen. Nicht zuletzt geht es auch um die Feststellung, ob nicht im Einzelfall doch ein Besucher zurückgewiesen werden muss, weil er einem besonders risikobehafteten Personenkreis angehört (zB die Regelung in Rheinland-Pfalz, die auf Basis der RKI-Empfehlungen auf einen Aufenthalt in den letzten 14 Tagen in einem Risikogebiet oder besonders betroffenen Gebiet abstellt bzw. Kontaktpersonen der Risikoklasse 1 und 2 umfasst).

d) Ausgangsbeschränkungen

31 Ausgangsbeschränkungen sind dem Heimrecht grundauf fremd. Auf individueller Ebene kommen sie als freiheitsentziehende Maßnahme nur mit richterlichem Beschluss in Betracht.

32 Für allgemeine Ausgangsbeschränkungen gilt: Sofern Bundesländer generelle Ausgangsbeschränkungen erlassen, sind auch Pflegeeinrichtungen davon betroffen. So hat Bayern mit § 1 Abs. 4 iVm Abs. 5 CoronaV ein präventives Ausgangsverbot mit Erlaubnisvorbehalt erlassen, das im Eilverfahren vom VGH München gehalten wurde. Die Verpflichtung, einen Ort (hier das eigene Zuhause) nur unter bestimmten Bedingungen zu verlassen, wird von § 28 Abs. 1 S. 1 Halbs. 2 IfSG nF gedeckt sein und betrifft auch die Bewohner von Heimen. Der im Wortlaut des § 28 Abs. 1 S. 1 IfSG nF zum Ausdruck kommende und im verfassungsrechtlichen Übermaßverbot verankerte Grundsatz der Verhältnismäßigkeit wird durch die beim Vorliegen „triftiger Gründe" geltenden Ausnahmen vom Ausgangsverbot hinreichend gewahrt. Die in § 1 Abs. 5 CoronaV beispielhaft, dh nicht abschließend aufgezählten Gründe stellen sicher, dass der mit dem präventiven Ausgangsverbot verbundene schwerwiegende Eingriff (zumindest) in die Rechte der Betroffenen aus Art. 2 Abs. 2 S. 2 GG und Art. 11 GG diese nicht übermäßig belastet. Die beispielhafte Aufzählung triftiger Gründe in § 1 Abs. 5 CoronaV nennen unaufschiebbare gesundheitliche, private oder berufliche Belange von erheblichem Gewicht. Zu den gesundheitlichen Belangen wird man auch einen generell gesundheitsförderlichen Spaziergang zählen können.

33 Strengere Regeln können für Bewohner in Quarantäne- und Isolierbereichen gelten. Hier ist es gerade Sinn, die Betroffenen am Verlassen der Einrichtung zu hindern.

> In Nordrhein-Westfalen etwa galt für Bewohner von Quarantäne- und Isolierbereichen, dass sie die Einrichtung unter den Voraussetzungen des § 2a CoronaSchV nur mit der weiteren Einschränkung verlassen dürfen, dass sie beim Verlassen der Einrichtung von Beschäftigten begleitet werden, die ausschließlich im Quarantäne- und Isolationsbereich eingesetzt sind oder durch entsprechende Schutzausrüstung sicher vor einer Infektion geschützt sind (§ 4 Abs. 4 S. 3 CoronaAufnahmeVO; gültig bis 19. April 2020). Ähnliches ist nun in Rheinland-Pfalz geregelt.

In der Praxis wird das kaum leistbar sein. Die erste Variante scheidet im Regelfall aus, weil die (wenigen) Mitarbeiter im Quarantäne- und Isolierbereich dort gebraucht werden und für Spaziergänge kaum zur Verfügung stehen. Hinsichtlich der übrigen Beschäftigten, die unter Schutzausrüstung begleiten dürften, gilt das gleiche, weil das verbleibende Personal in geringerer Stärke den Betrieb im übrigen aufrecht erhalten muss. Außerdem ist Schutzausrüstung bekanntlich nicht in dem Maße verfügbar, wie es der Verordnungstext suggeriert. Nicht zu unterschätzen sind auch die praktischen Probleme, wenn es an der Einsichtsfähigkeit der Betroffenen mangelt.

3. Abweichen von baulichen und personellen Vorgaben

Wird eine epidemische Lage von nationaler Tragweite festgestellt, so ist gem. § 5 Abs. 2 Nr. 8 IfSG das Bundesministerium für Gesundheit ermächtigt, durch Rechtsverordnung ohne Zustimmung des Bundesrates Maßnahmen zur Aufrechterhaltung der pflegerischen Versorgung in ambulanten und stationären Pflegeeinrichtungen in Abweichung von bestehenden gesetzlichen Vorgaben vorzusehen und insbesondere bundesgesetzliche oder vertragliche Anforderungen an Pflegeeinrichtungen auszusetzen oder zu ändern, untergesetzliche Richtlinien, Regelungen, Vereinbarungen und Beschlüsse der Selbstverwaltungspartner nach dem Elften Buch Sozialgesetzbuch und nach Gesetzen, auf die im Elften Buch Sozialgesetzbuch Bezug genommen wird, anzupassen, zu ergänzen oder auszusetzen. 34

Diese Verordnungsermächtigung gilt unbeschadet der länderrechtlichen Regelungen. Die Bundesländer können generelle heimrechtliche Ausnahmen zulassen oder Einzelbefreiungen erteilen. 35

4. Schließungen, Belegungsstopps, Aufnahmepflichten

Aus Infektionsschutzgründen kann die generelle Schließung bestimmter Einrichtungstypen angeordnet werden. So hat Nordrhein-Westfalen mit § 4 Abs. 1 CoronaBetrVO vom 2. April 2020 die Schließung sämtlicher Tages- und Nachtpflegeeinrichtungen im Sinne des SGB XI angeordnet, daneben die Schließung tagesstrukturierender Einrichtungen der Eingliederungshilfe (Werkstätten, Tagesstätten oder sonstigen vergleichbaren Angebote) sowie Einrichtungen der beruflichen Rehabilitation.[21] § 4 Abs. 2-8 CoronaBetrVO enthalten zahlreiche Ausnahmen, etwa für Nutzerinnen und Nutzer von Tages- und Nachtpflegeeinrichtungen, deren häusliche Versorgung bei Wegfall der teilstationären Pflege und Betreuung glaubhaft gefährdet wäre. Über die Gewährung einer Ausnahmeregelung entscheidet die Leitung der bisher genutzten Einrichtung im Einzelfall unter Abwägung der Gesamtumstände. 36

Die Schließung einer einzelnen Einrichtung ist nach den allgemeinen heimrechtlichen Vorschriften denkbar.[22] Zu beachten sind die allgemeinen Prinzipien, dass die Schließung nur als ultima ratio in Betracht kommt, wenn die milderen Mittel (Beratung, Anordnung, Belegungsstopp) nicht greifen. 37

Belegungsstopps können von den Heimaufsichtsbehörden nach den allgemeinen heimrechtlichen Vorschriften verhängt werden. Behördlich angeordnete Belegungsstopps sind Maßnahmen der Qualitätssicherung 38

---

[21] CoronaBetrVO vom 2. April 2020, in Kraft getreten am 3. April 2020 und befristet vorerst bis zum 19. April 2020, verlängert bis zum 3. Mai 2020.

[22] Beispielhaft Nordrhein-Westfalen § 15 Abs. 2 S. 3 WTG.

nach Feststellung von Mängeln.[23] In der Corona-Krise ist zu beachten, dass die Einhaltung zahlreicher Pflichten ausgesetzt ist.

39 Die Einrichtungen können sich auch selbst Belegungsstopps auferlegen. Selbstauferlegte Belegungsstopps kommen im allgemeinen in Betracht, um das Verhältnis von Belegung und Personalmenge bzw. -qualifikationsmix wiederherzustellen.[24] Selbstauferlegte Belegungsstopps kommen in der Corona-Krise ebenso in Betracht, um freie Kapazitäten für Quarantäne- oder Isolierbereiche zu schaffen, um vorhandene Doppelzimmer aufzulösen oder um personelle Engpässe, die durch infizierte oder infektionsverdächtige Mitarbeiter auftreten, durch Neuaufnahmen nicht noch zu verschärfen.

40 Belegungsstopps führen in der Corona-Krise dazu, dass Krankenhäuser kaum noch Entlassungen in die Pflegeeinrichtungen vornehmen können. Dies gilt jedenfalls für Patienten, die zuvor in der eigenen Häuslichkeit gelebt haben, nach Krankenhausaufenthalt aber nicht mehr dorthin zurückkehren können und eine stationäre pflegerische Versorgung benötigen. Dies blockiert Krankenhausplätze, weshalb einzelne Länder versuchen, selbstauferlegten Belegungsstopps von Heimen mit einer Aufnahmepflicht für Bewohner zu entgegnen.

Beispielsweise hat Nordrhein-Westfalen am 3. April 2020 verordnet, dass alle vollstationären Dauer- und Kurzzeitpflegeeinrichtungen sowie besondere Wohnformen für Menschen mit Behinderung einschließlich Kurzzeitwohneinrichtungen der Eingliederungshilfe Neuaufnahmen vorzunehmen sowie aus dem Krankenhaus zurückkehrende Bewohner aufzunehmen haben.[25] Ähnlich lautet die Regelung in Rheinland-Pfalz.

Um die Bewohner des betroffenen Heimes nicht zu gefährden, muss dies mit anderen Maßnahmen des Infektionsschutzes einhergehen. So muss sichergestellt sein, dass der zur Neuaufnahme vorgesehene Bewohner auf eine Infektion getestet ist. Dies ist seitens des entlassenden Krankenhauses bzw. (bei Einzug aus der Häuslichkeit) durch den Hausarzt zu gewährleisten.[26] Eine 14-tägige Quarantänezeit ist einzuhalten.[27]

5. Quarantäne-, Isolier- und Notpflegeeinrichtungen

41 Alle bislang genannten Aspekte betreffen bestehende Heime. Die Corona-Pandemie zeigt, dass die bestehenden Einrichtungen mit der Fallzahl überfordert sein können. Im Krankenhausbereich ist die Eröffnung

---

[23] Beispielhaft Nordrhein-Westfalen § 15 Abs. 2 S. 2 WTG.

[24] Gesetzlich vorbildlich nur in Rheinland-Pfalz geregelt, vgl. § 26 Abs. 2 LWTG.

[25] CoronaAufnahmeVO vom 3. April 2020, in Kraft seit dem 4. April 2020, befristet bis 19. April 2020; mit Ablauf der Befristung nicht verlängert.

[26] Vgl. etwa §§ 2, 3 CoronaAufnahmeVO NRW.

[27] Vgl. etwa § 4 Abs. 4 CoronaAufnahmeVO NRW.

von Not- und Ausweichkrankenhäusern, etwa in einer Messehalle in Hannover zu beobachten.[28] Die Kapazitäten, die der unter Ziff. 4 geschilderte Weg der zwangsweisen Verpflichtung bestehender Einrichtungen zur Bewohneraufnahme schafft, dürften rasch erschöpft sein. Neue reguläre Einrichtungen sind so kurzfristig, wie sie nötig sind, nicht zu realisieren. Die Projektzeiten einer neuen Einrichtung der Altenpflege oder Eingliederungshilfe sind dafür viel zu lang. Mangels verfügbarer passender Gebäude für Heime erscheint es naheliegend, Quarantäne-, Isolier- und Notpflegeeinrichtungen vorübergehend in Hotels, Messehallen oder sonstigen Gebäuden zu eröffnen, die unter regulären Umständen für eine Pflegeeinrichtung baulich nicht geeignet wären.

Vor dem Hintergrund der verzweifelten Versuche, Krankenhausplätze frei zu bekommen, sind folgende Bedarfslagen abzudecken: 42

- Quarantäneeinrichtungen, die die reinen Verdachtsfälle aufnehmen,
- Isoliereinrichtungen, die infizierte Personen mit leichten Krankheitssymptomen aufnehmen,
- Notpflegeeinrichtungen, die Pflegebedürftige aufnehmen, die weder infiziert noch Verdachtsfall sind, deren Versorgung aber in der eigenen Häuslichkeit nicht mehr gewährleistet ist, zB weil pflegende Familienangehörige nicht in Betracht kommen (was nicht coronaspezifisch sein muss), und/oder weil die Betreuung durch eine ausländische Pflege- oder Haushaltskraft ausfällt, in der Regel durch Ausreise dieser Kraft und Rückkehrbeschränkungen oder Rückkehrunwilligkeit.

Für Isoliereinrichtungen für Infizierte scheinen Behelfskrankenhäuser die geeignete Versorgungsvariante zu sein. Eine größere Anzahl von Infizierten dürfte, selbst wenn die Krankheitsverläufe leicht sind, in einer Krankenhausumgebung richtig aufgehoben sein. Auf eine Verlaufsverschlechterung kann unter Krankenhausbedingungen schneller und ohne Verlegung reagiert werden. Zwar können Infizierte mit leichtem Krankheitsverlauf auch ansonsten in Pflegeeinrichtungen betreut werden. Plant man aber eine Isoliereinrichtung, so verfolgt man damit das Ziel oder zumindest die Option, eine Mehrzahl an Infektionsfällen aufzunehmen. Dies ist eine Risikoballung, die mit einer Pflegeeinrichtung nicht zu vergleichen ist. 43

Einzelne Länder treffen hoheitliche Maßnahmen in diesem Sinne. 44

Beispielsweise hat Nordrhein-Westfalen am 3. April 2020 die Kreise und kreisfreien Städte des Landes verpflichtet, unverzüglich mit der Vorbereitung von Qua-

---

[28] Meldung vom 4. April 2020 https://www.welt.de/regionales/niedersachsen/article207028793/Weil-besichtigt-Behelfskrankenhaus-auf-Messegelaende-Hannover.html – das Krankenhaus ist für Menschen gedacht, die nicht mehr zu Hause betreut werden können, aber auch keine Behandlung auf der Intensivstation benötigen. Es solle nur zum Einsatz kommen, wenn alle anderen Möglichkeiten ausgeschöpft sind.

rantäne- und Isolationseinrichtungen zu beginnen, die in Betrieb genommen werden können, wenn die Kapazitäten der bereits vorhandenen Einrichtungen oder Wohnformen für die Versorgung pflegebedürftiger Menschen nicht mehr ausreichen oder die Pflege und Betreuung pflegebedürftiger Menschen in der eigenen Häuslichkeit nicht mehr gewährleistet werden kann.[29] Die VO ist freilich mit Ende der Befristung am 19. April nicht verlängert worden.

45 Die Vorbereitung als hoheitliche Aufgabe liegt nahe, weil angesichts der Eile umfangreiche Kompromisse in baulicher Hinsicht zu machen sind, wie das Beispiel des Behelfskrankenhauses in der Messehalle zeigt, die für Einrichtungsträger zwar planbar wären, aber in dem Genehmigungsprozess mit den zuständigen Behörden ein unwägbares Risiko darstellen. Gem. Art. 6 Gesetz v. 27. März 2020 zum Schutz der Bevölkerung bei einer epidemischen Lage von nationaler Tragweite wurde mit § 246b BauGB befristet bis 31. Dezember 2020 die Option geschaffen, umfangreich von den Vorschriften des BauGB abzuweichen. Vorhabenträger muss der Bund, ein Land, ein Landkreis, eine Kommune oder ein im Auftrag eines der Vorgenannten tätiger Dritten.

46 Ordnungsrechtlich unterfallen Einrichtungen dieser Art – sofern sie nicht als Behelfskrankenhäuser geführt werden – dem jeweiligen Landesheimgesetz. Klar ist, dass die besondere Pandemielage und der Umstand, dass die Einrichtungen nur vorübergehend genutzt werden, Anlass zu großzügigen Ausnahmen von Bau- und Strukturvorschriften der Landesheimgesetze geben. Dabei wird der Weg technisch über Dispensregelungen gehen, oder auch über die in vielen Heimgesetzen anzutreffende Experimentierklausel. Gleichwohl ist darauf zu achten, dass der Quarantänebereich, in dem die Verdachtsfälle untergebracht sind, nur Einzelzimmer aufweist, damit nicht im Doppelzimmer ein erkrankter Verdachtsfall einen gesunden Verdachtsfall ansteckt.[30] Im Isolierbereich dagegen ist die Kohortenisolierung (Zusammenlegung von gleichartig Erkrankten) in Doppelzimmern[31], in Extremsituation sogar Mehrbettzimmern, denkbar.

47 Die Versorgungart einer solchen Einrichtung wird, sofern sie nicht als Krankenhaus geführt wird, als Kurzzeitpflegeeinrichtung zu qualifizieren sein.

II. Heimvertragsrecht (WBVG)

1. Lösung vom Wohn- und Betreuungsvertrag

48 Das zivilrechtliche Verhältnis zwischen Bewohnern von Einrichtungen der Alten- bzw. Eingliederungshilfe und den Einrichtungsträgern ist im

---

[29] § 5 Abs. 1 CoronaAufnahmeVO vom 3. April 2020.
[30] Vgl. in NRW § 5 Abs. 2 Satz 1 CoronaAufnahmeVO.
[31] Vgl. in NRW § 5 Abs. 2 Satz 2 CoronaAufnahmeVO.

Wohn- und Betreuungsvertragsgesetz (WBVG) geregelt.[32] Zwischen dem Bewohner und dem Träger wird ein Vertrag (oder mehrere verbundene Verträge) abgeschlossen.[33] Charakteristisch für den Wohn- und Betreuungsvertrag ist die Verknüpfung von Wohnraumüberlassung einerseits und Pflege- und Betreuungsleistungen andererseits.[34]

a) In Vollzug gesetzte Wohn- und Betreuungsverträge

Wohnt der Bewohner bereits in der Einrichtung, sind die Kündigungsrechte nach WBVG zu betrachten. 49

aa) Unbefristete Verträge, besonders vollstationäre Dauerpflegeverträge

Wohn- und Betreuungsverträge werden im Grundsatz gem. § 4 Abs. 1 Satz 1WBVG auf unbestimmte Zeit geschlossen. 50

(1) Kündigung durch den Bewohner

Die Kündigung durch den Bewohner ist in § 11 WBVG geregelt. 51

Die ordentliche Kündigung des Bewohners nach Abs. 1 ist unabhängig 52 von der Pandemielage immer möglich. Die ordentliche Kündigung ist spätestens am dritten Werktag eines Kalendermonats zum Ablauf desselben Monats zulässig, insoweit also gegenüber der Kündigungsfrist im Wohnraummietrecht nach § 573c Abs. 1 BGB um zwei Monate verkürzt.

Der Bewohner ist nach § 11 Abs. 3 WBVG berechtigt, den Vertrag aus 53 wichtigem Grund jederzeit ohne Einhaltung einer Kündigungsfrist zu kündigen, wenn ihm die Fortsetzung des Vertrages bis zum Ablauf der Kündigungsfrist nicht zuzumuten ist. Der wichtige Grund muss aus der Sphäre des Trägers stammen.[35] Das reine Vorhandensein der Corona-Pandemie kommt somit nicht als wichtiger Kündigungsgrund in Betracht. Denkbar ist dagegen eine nicht ausreichende Umsetzung von Prinzipien des Infektionsschutzes durch den Träger, etwa die Außerachtlassung von Empfehlungen des RKI. Umgekehrt stellen Maßnahmen des Infektionsschutzes, die in Übereinstimmung mit den RKI-Richtlinien

---

32 Das WBVG spricht nicht vom Bewohner, sondern vom Verbraucher, in diesem Kapitel wird einheitlich der Begriff Bewohner verwendet.

33 In Übereinstimmung mit dem Gesetzesnamen wird er hier als „Wohn- und Betreuungsvertrag" bezeichnet. Der Gesetzgeber hatte sich auf diese Bezeichnung freilich nicht festgelegt, im WBVG spricht er nur vom „Vertrag". Als der Vertragstypus noch im früheren HeimG geregelt war, wurde er „Heimvertrag" genannt, vgl. § 17 WBVG. Umgangssprachlich ist diese Bezeichnung auch heute noch gebräuchlich.

34 Dickmann/Kempchen B. § 1 Rn. 1.

35 AG Coesfeld Urt. v. 27.2.2006 – 4 C 356/06, BeckRS 2007, 19086; Palandt/Weidenkaff WBVG § 11 Rn. 3; Dickmann/Dickmann B. § 11 Rn. 27; Iffland/Düncher WBVG § 11 Rn. 11.

stehen oder aufgrund einer öffentlich-rechtlichen Vorschrift[36] erfolgen, keinen wichtigen Kündigungsgrund für den Bewohner dar. So stellt etwa die Einrichtung eines Quarantäne- oder Isolierbereichs keinen wichtigen Kündigungsgrund für den Bewohner eines benachbarten Zimmers dar.

54 Selbst die Zuweisung eines anderen als des vertraglich vereinbarten Zimmers stellt keinen wichtigen Kündigungsgrund für den Bewohner dar. Der Wohn- und Betreuungsvertrag wird zwar über ein bestimmtes Zimmer abgeschlossen. Anders als im Krankenhaus benötigt der Träger also die Zustimmung zu Verlegungen. Jedenfalls dann, wenn der Umzug aufgrund einer öffentlich-rechtlich angeordneten Verpflichtung des Trägers zur Einrichtung von Quarantäne- oder Isolierbereichen erfolgt, ist die Verlegung aus dem vertraglich vereinbarten Zimmer nicht als wichtiger Kündigungsgrund anzuerkennen, weil die Maßnahme nicht aus der Sphäre des Trägers stammt.

In Nordrhein-Westfalen ist ausdrücklich geregelt, dass bei der Einrichtung von Quarantäne- und Isolierbereichen die Verlegung von gesunden und nichtinfizierten Bewohnern innerhalb der Einrichtung zulässig ist, wenn dies erforderlich ist.[37]

Selbst bei Verlegungen im Rahmen der vorsorglichen Einrichtung von Quarantäne- oder Isolierbereichen ohne einschlägige landesrechtliche Verpflichtung dazu wird man das Kündigungsrecht des Bewohners mit dem Argument verneinen, dass die vorbeugenden Maßnahmen durch die Pandemie veranlasst sind, also nicht aus der Sphäre des Trägers stammen.

55 Wenngleich Träger idR den Infektionsschutz sicherstellen müssen, gibt es keine landesrechtliche Vorschrift, dass in Heimen im Normalfall ein Quarantäne- und/oder Isolierbereich vorgehalten werden muss, schon gar nicht in Größenordnung, wie sie derzeit mit rund 10% der vorhandenen Plätze in NRW im Gespräch sind.[38] Eine Refinanzierung solcher Reserveflächen im Normalfall über die derzeitigen Investitionskostenregelungen dürfte in keinem Bundesland gelingen.[39]

---

[36] Vgl. in Nordrhein-Westfalen die Verpflichtung aller Träger zur Einrichtung von Quarantäne- und Isolierbereichen gem. CoronaAufnahmeVO vom 3. April 2020.

[37] § 4 Abs. 3 CoronaAufnahmeVO vom 3. April 2020.

[38] In § 4 Abs. 1 CoronaAufnahmeVO ist noch unbestimmt von Bereichen „in einer für die Bewohnerzahl angemessenen Größe" die Rede; die unteren vollziehenden Behörden, in NRW die WTG-Behörde der Kreise und kreisfreien Städte, geben als Richtgröße ca. 10% der Plätze vor.

[39] In Nordrhein-Westfalen etwa müssten Reserveflächen für Isolier- und Quarantänebereiche in die maximal förderfähigen Flächen gem. § 2 Abs. 3 APG DVO (53 qm NGF/Platz) eingerechnet werden und zugleich die Mindestgrößen nach § 7 Abs. 2 WTG DVO (14 qm ohne Bad/Platz) erfüllt werden. Diese planerische Aufgabe gleicht der Quadratur des Kreises.

(2) Kündigung durch den Träger

Der Träger darf den Vertrag unter den Voraussetzungen des § 12 WBVG kündigen. Das WBVG gewährt dem Träger gem. § 12 Abs. 1 S. 1 WBVG nur das Kündigungsrecht aus wichtigem Grund. § 12 Abs. 1 S. 3 WBVG enthält einen Katalog von wichtigen Gründen, der aber nicht abschließend ist („insbesondere"). Aus dem Katalog des § 12 WBVG kommt die Schließungskündigung nach § 12 Abs. 1 S. 3 Nr. 1 WBVG in Betracht, sollte die Corona-Pandemie den Träger zu einer vollständigen Schließung zwingen. 56

Die Zahlungsverzugskündigung nach § 12 Abs.1 S. 3 Nr. 4 WBVG gibt dem Träger das Recht zur Kündigung, wenn der Bewohner für zwei aufeinander folgende Termine mit der Entrichtung des Entgelts oder eines Teils des Entgelts, der das Entgelt für einen Monat übersteigt, im Verzug ist oder wenn er in einem Zeitraum, der sich über mehr als zwei Termine erstreckt, mit der Entrichtung des Entgelts in Höhe eines Betrags in Verzug gekommen ist, der das Entgelt für zwei Monate erreicht. Das Kündigungsmoratorium gem. Art. 240 § 2 EGBGB gilt nicht für Wohn- und Betreuungsverträge. Dieser Vertragstypus ist im Gesetz nicht erwähnt. Eine planwidrige Lücke scheint nicht vorzuliegen. Der Gesetzgeber hat andere Vertragstypen als den Mietvertrag im Blick gehabt. So hat die Erstreckung der für das Mietrecht getroffenen Regelungen gem. Art. 240 § 2 Abs. 3 EGBGB auf Pachtvertragsverhältnisse angeordnet. Für Wohn- und Betreuungsverträge hat er nichts geregelt. Auch aus der Gesetzesbegründung[40] ergeben sich keine Anhaltspunkte für eine planwidrige Lücke. Da sich die Vergütung in Pflegeeinrichtung aus Quellen speist, die durch die Corona-Pandemie nicht beeinträchtigt werden (Leistungen der Pflegeversicherung, Renten der Bewohner, ggf. Sozialhilfe) ist es auch sachgerecht, dass die Wohn- und Betreuungsverträge nicht dem Moratorium des Art. 240 § 2 EGBGB unterworfen sind. 57

Außerhalb des Kataloges von § 12 Abs. 1 Satz 3 WBVG ist an folgende Konstellation zu denken: Muss der Träger aus Gründen des Infektionsschutzes Verlegungen vornehmen (Auflösen von Doppelzimmern; Verlegung von Bewohnern, um einen Bereich baulich und organisatorisch als Isolierbereich abtrennen zu können), und ist der betreffende Bewohner nicht einverstanden, dann kann ihm das Zimmer im Sinne einer Änderungskündigung gekündigt und ein anderes zugewiesen werden. Die gilt zumindest auf Zeit, bis die Pandemie abgeklungen und die baulich/organisatorische Maßnahme rückgängig gemacht ist. Diese Auffassung wird in den Bundesländern vereinzelt durch die Verordnungslage gestützt. 58

---

[40] BT-Drs. 19/18110, 18, 36.

In Nordrhein-Westfalen ist mit der CoronaAufnahmeVO vom 3. April 2020 neben der Einrichtung von Quarantäne- und Isolierbereichen zugleich gem. § 4 Abs. 3 angeordnet worden, dass „bei der Einrichtung der Isolations- und Quarantänebereiche (…) auch Verlegungen von gesunden und nicht-infizierten Bewohnerinnen und Bewohnern innerhalb der Einrichtung zulässig sind, wenn dies erforderlich ist."

Einrichtungen können einer solchen Verordnung nur nachkommen, wenn sie in das zivilrechtliche Vertragsverhältnis dergestalt einseitig eingreifen dürfen, dass ein Bewohner aus dem vertraglich vereinbarten Zimmer in ein anderes verlegt wird.

bb) Befristete Verträge, besonders Kurzzeitpflegeverträge

59 Befristete Wohn- und Betreuungsverträge sind gem. § 4 Abs. 1 Satz 2 WBVG zulässig, wenn die Befristung den Interessen des Bewohners nicht widerspricht. Wichtigste Beispiele sind Verträge über Kurzzeitpflege gem. § 42 SGB XI oder Verhinderungspflege gem. § 39 SGB XI in vollstationären Pflegeeinrichtungen.

60 Die ordentliche Kündbarkeit des befristeten Wohn- und Betreuungsvertrages kommt nicht in Betracht, für keine der Vertragsparteien.[41]

61 Für die Kündigung des Vertrages aus wichtigem Grund gilt § 11 Abs. 3 WBVG (s. die Ausführungen oben zu unbefristeten Verträgen).

cc) Aufhebung

62 Die Aufhebung von Wohn- und Betreuungsverträgen ist jederzeit ohne Beachtung besonderer Form- und Fristvorschriften möglich.

b) Lösung vom Vertrag vor Einzug

63 Ist der Bewohner noch nicht in die Einrichtung eingezogen, so fragt sich, ob sich eine der Vertragsparteien vom Vertrag lösen kann. In der Regel wird es in einer akuten Pandemielage dem beiderseitigen Interesse entsprechen, dass eine vertraglich vereinbarte Aufnahme nicht vollzogen wird. Die Einrichtung wird vermeiden wollen, dass ein potentiell infektiöser Bewohner aufgenommen wird, und der Bewohner wird vorerst die eigene Häuslichkeit der Gemeinschaftseinrichtung vorziehen. Soweit die Pflegeeinrichtung mit einem behördlichen Aufnahmestopp belegt ist, darf sie den Bewohner nicht aufnehmen. Bei gleichgerichteter Interessenlage der Parteien liegt es nahe, den Vertrag vor Beginn des Leistungsaustauschs aufzuheben (→ Rn. 62).

64 Besteht eine der Vertragsparteien auf Erfüllung, kommt der Rücktritt der anderen Partei in Betracht. Analog zum Mietrecht kann es bis zur

---

[41] Palandt/Weidenkaff WBVG § 4 Rn. 2; Dickmann/Kempchen B. § 4 Rn. 4; Dickmann/Dickmann B. § 11 Rn. 4; aA Iffland/Düncher WBVG § 4 Rn. 8.

Übergabe der Mietsache mit der Folge ausgeübt werden, dass es zum Leistungsaustausch nicht mehr kommt.

2. Corona-Infektion oder -erkrankung als Leistungsausschluss

Bei Änderungen des Pflege- oder Betreuungsbedarfs muss der Träger 65
gem. § 8 Abs. 1 WBVG eine dem geänderten Bedarf entsprechende Leistung anbieten. Gem. § 8 Abs. 4 S. 1 WBVG ist er berechtigt, diese Leistungspflicht im Hinblick auf bestimmte Pflege- oder Betreuungsbedarfe auszuschließen. In diesem Fall ist er bei Einritt des vertragsmäßig ausgeschlossenen Pflege- oder Betreuungsbedarfs beim Bewohner zur Kündigung nach § 12 Abs. 1 S. 3 Nr. 2 lit. b WBVG berechtigt. Der Anwendungsbereich der Norm ist klein[42]. Der Eintritt eines pandemisch veranlassten Pflege- oder Betreuungsbedarfs wird nicht als Leistungsausschluss vereinbart werden können, jedenfalls dann nicht, wenn die Einrichtungen zum Infektionsschutz verpflichtet sind.[43]

3. Verlegungen im Rahmen von Isolierungen und Kohortierungen

Im Zuge der Einrichtung von Quarantäne- und Isolierbereichen ist der 66
Träger zu Verlegungen berechtigt (vgl. → Rn. 58 zur Kündigung). Zum Teil ist das in den Verordnungen der Bundesländer ausdrücklich geregelt.[44] Die vertragliche Vereinbarung über den Bezug eines bestimmten Zimmers ist zeitweise ausgesetzt. Dies gilt jedenfalls für die Dauer der Verpflichtung des Trägers zur Vorhaltung der Quarantäne- und Isolierbereiche. Endet die pandemische Lage, besteht der Anspruch des Bewohners auf Rückverlegung in das vereinbarte Zimmer. Wird ein Bewohner aus den hier dargestellten Gründen aus einem Einzelzimmer in ein Doppelzimmer verlegt, was etwa insbesondere bei Corona-positiven Bewohnern im Sinne der Kohortenisolierung zulässig ist, so entfällt selbstverständlich ein vereinbarter Einzelzimmerzuschlag. Wird umgekehrt ein Bewohner eines Doppelzimmers in ein Einzelzimmer verlegt, ist die Frage des Einzelzimmerzuschlags schwierig. Der Bewohner hat das Zimmer nicht frei gewählt. Er schuldet den Zuschlag daher nicht. Im Falle des Sozialhilfebezugs wird der Sozialhilfeträger die Übernahme des Zuschlags ablehnen. Als Teil der Unterkunftskosten nach § 87 SGB XI sind entgangene Einzelzimmerzuschläge als Mindereinnahme im Rahmen des neu geschaffenen § 150 SGB XI erstattungsfähig.

---

[42] Dickmann/Kempchen B. § 8 Rn. 14.

[43] Bis auf Mecklenburg-Vorpommern und Schleswig-Holstein ist das in allen Bundesländern der Fall, s. → Rn. 5.

[44] ZB § 2a CoronaSchVO NRW.

4. Wohn- und Betreuungsverträge in speziellen Quarantäne-, Isolier- und Notpflegeeinrichtungen

67 Das WBVG ist gem. § 1 Abs. 1 WBVG anwendbar bei Überlassung von Wohnraum und gleichzeitiger Verpflichtung zur Erbringung von Pflege- oder Betreuungsleistungen, die der Bewältigung eines durch Alter, Pflegebedürftigkeit oder Behinderung bedingten Hilfebedarfs dienen. Dies wird in aller Regel bei speziellen Quarantäne-, Isolier- und Notpflegeeinrichtungen der Fall sein. Allenfalls dann, wenn eine Isoliereinrichtung krankenhausartig betrieben wird, entfällt das Tatbestandsmerkmal der Wohnraumüberlassung.

68 Im Detail kommt es zu systematischen Unstimmigkeiten. Die „rechtzeitige" vorvertragliche Informationspflicht nach § 3 WBVG wird idR nicht gesetzeskonform durchgeführt werden können.[45] Ob der Vertrag in einer Spezialeinrichtung unbefristet (Regelfall nach § 4 Abs. 1 S. 1 WBVG) oder befristet ist, ist schwierig zu entschieden. Bei der Quarantäne wird man noch von einer Befristung ausgehen können, wenn man die Faustformel von 14 Tagen zu Grunde legt. Bei der Isolierung eines Corona-positiven Bewohners ist zwar die Symptom- bzw. Infektionsfreiheit für andere als zeitlich begrenzendes Momentum gegeben. Aber dieser Zeitpunkt lässt sich nicht fristmäßig im Voraus bestimmen. Noch weniger lässt sich im Fall der Notpflege abschätzen, wie lange sie dauert. Vertraglich lässt sich dadurch Klarheit schaffen, dass dem Bewohner und dem Träger auf den Fall des Endes der Isolierungspflicht oder Notpflegesituation ein Kündigungsrecht eingeräumt wird.

III. Leistungsrechtliche Aspekte in Einrichtungen der Altenhilfe

1. Das COVID-19-Krankenhausentlastungsgesetz (COVKEG)

69 Das COVID-19-Krankenhausentlastungsgesetz[46], das am 25. März 2020 im Bundestag und am 27. März 2020 im Bundesrat beschlossen wurde, am selben Tag im BGBl. veröffentlicht und in wesentlichen Teilen am 28. März 2020 in Kraft getreten ist, enthält in Art. 4 Regelungen zur sozialen Pflegeversicherung (SGB XI). In Bezug auf stationäre Pflegeeinrichtungen seien die nachstehenden Regelungen hervorgehoben:

---

[45] Was freilich auch in der Normalsituation bei Entlassungen aus dem Krankenhaus oft nicht beachtet werden kann.

[46] Gesetzentwurf BT-Drs. 19/18112; Beschlussempfehlung des Gesundheitsausschusses BT-Drs. 19/18151; Bericht und Beschlussempfehlung BT-Drs. 19/18163.

a) Aussetzen von Regelprüfungen

Regelprüfungen des Medizinischen Dienstes und des Prüfdienstes des Verbandes der privaten Krankenversicherungen nach § 114 SGB XI, betreffend die Qualität in Heimen (Altenpflege), sind gem. § 151 SGB XI bis einschließlich 30. September 2020 ausgesetzt. Anlassprüfungen können weiterhin stattfinden. 70

b) Verschieben des Indikatorenmodells

Die Einführung des neuen Indikatorenmodells zur Erhebung und Darstellung der Qualität in Pflegeeinrichtungen wird durch Änderung der Fristen in § 114b SGB XI um ein halbes Jahr verschoben. Im Oktober 2019 hatte die Einführung des neuen vollstationären Qualitätssystems begonnen. In § 114b Abs. 1 und 2 SGB XI waren Fristen zur Erhebung und Übermittlung der indikatorenbasierten Qualitätsdaten festgelegt. Die Frist für die Umsetzung der Datenerhebung ist auf den 31.12.2020 verschoben. Die Veröffentlichung der Qualitätsdaten gemäß Qualitätsdarstellungsvereinbarung beginnt somit erst mit den ab dem 1. Januar 2021 durchzuführenden Datenerhebungen.[47] 71

c) Modifikationen des Einstufungsverfahrens

Gem. § 147 SGB XI wird das Verfahren zur Feststellung der Pflegebedürftigkeit eines Versicherten bis einschließlich 30. September 2020 in mehrfacher Hinsicht abweichend von § 18 SGB XI modifiziert. Betroffen sind Anträge, die zwischen dem 1. Februar 2020 und dem 20. September 2020 gestellt werden (§ 147 Abs. 6 SGB XI). Begründet werden die Modifikationen mit dem Schutz der Pflegebedürftigen als vulnerable Personengruppe sowie mit der Entlastung der Pflegekassen und der Medizinischen Dienste. Zu den vorübergehenden Änderungen gehört ua, dass eine Untersuchung des Versicherten in dessen Wohnbereich nicht erfolgt (Begutachtung nach Aktenlage, § 147 Abs. 1 SGB XI), Wiederholungsbegutachtungen bis Ablauf der Befristung nicht stattfinden (§ 147 Abs. 2 SGB XI) und die Entscheidungsfrist über die Pflegebedürftigkeit ausgesetzt wird (§ 147 Abs. 3 SGB XI). 72

d) Erweiterung des Anspruchs auf Kurzzeitpflege

Zwischen dem 28. März 2020 und dem 30. September 2020 besteht Anspruch auf Leistungen der Kurzzeitpflege in stationären Vorsorge- oder Reha-Einrichtungen (§ 149 SGB XI). 73

---

[47] BT-Drs. 19/18112, 37.

e) Flexibilisierung

74 Träger einer nach § 72 SGB XI zugelassenen Pflegeeinrichtung haben eine wesentliche Beeinträchtigung der Leistungserbringung infolge des neuartigen Coronavirus umgehend den Pflegekassen gegenüber anzuzeigen (§ 150 Abs. 1 S. 1 SGB XI). Unter den Begriff der wesentlichen Beeinträchtigung fallen zB nicht kompensierbare krankheits- oder quarantänebedingte Personalausfälle, ein höherer Bedarf bei der Versorgung von Corona-erkrankten Pflegebedürftigen, pandemiebedingte Mindereinnahmen, erhöhte Anforderungen durch eine behördlich angeordnete Isolation bzw. Quarantäne.[48] Gem. § 150 Abs. 1 S. 3-5 SGB XI haben die Pflegekassen, die Pflegeeinrichtung sowie die nach Landesrecht zuständige Heimaufsichtsbehörde die zur Sicherstellung der pflegerischen Versorgung erforderlichen Maßnahmen und Anpassungen vorzunehmen. Der Gesetzgeber betont, angesichts der dynamischen Lage bedürfe es keiner langwierigen schriftlichen Verfahren.[49]

f) Kostenerstattungsanspruch nach § 150 SGB XI

75 Betroffene Pflegeeinrichtungen erhalten für ihre außerordentlichen Aufwendungen und Mindereinnahmen, die im Rahmen ihrer Leistungsererbringung einschließlich Unterkunft und Verpflegung entstehen gem. § 150 Abs. 2 SGB XI einen Anspruch auf Kostenerstattung gegenüber den Pflegekassen. Der Anspruch steht auch Einrichtungen zu, die auf eine Vergütungsvereinbarung verzichtet haben.[50] Für die Investitionskosten (Länderkompetenz) gilt das nicht unmittelbar. Hier ist auf Länderebene mit der Bereitstellung eines vergleichbaren Anspruchs zu rechnen. Zu den außerordentlichen Aufwendungen gehören zB Aufwendungen im Zusammenhang mit den infektionshygienischen Schutzvorkehrungen der Mitarbeiter, zusätzliche Personalaufwendungen für Ersatzpersonal oder Mehrarbeitsstunden.[51] Mindereinnahmen können entstehen, wenn Tagespflege- oder Kurzzeitpflegegäste ihren geplanten Aufenthalt absagen.[52] Hierzu gehört umgekehrt auch die Situation, dass Pflegeeinrichtungen vollstationäre Dauer- oder Kurzzeitplätze oder teilstationäre Leistungen absagen, wenn die Absage im Kontext der Pandemie steht. Verfahrensrechtlich sind die Erstattungsbeträge gem. § 150 Abs. 2 S. 2-6 SGB XI zum Monatsende geltend zu machen. Der Anspruch ist bei einer Pflegekasse geltend zu machen, die Partei des Versorgungsvertrages ist. Die Auszahlung des gesamten Erstattungsbetrages hat innerhalb von

---

[48] BT-Drs. 19/18112, 40.
[49] BT-Drs. 19/18112, 40.
[50] BT-Drs. 19/18112, 40.
[51] BT-Drs. 19/18112, 41.
[52] BT-Drs. 19/18112, 41.

14 Kalendertagen zu erfolgen; sie kann unter Vorbehalt gestellt werden. Details des Erstattungsverfahrens sind vom Spitzenverband Bund der Pflegekassen und den Bundesvereinigungen der Träger festzulegen. Der Gesetzgeber hat den Parteien in § 150 Abs. 3 Satz 2 SGB XI aufgegeben, dass gemessen an den besonderen Herausforderungen von allen Beteiligten pragmatische Lösungen in der Umsetzung vorzusehen sind. Der GKV-Spitzenverband hat am 27. März 2020 im Benehmen mit den Bundesvereinigungen der Träger ambulanter und stationärer Pflegeeinrichtungen und mit Zustimmung des BMG vom 1. April 2020 die „Kostenerstattungs-Festlegungen" beschlossen, die Verfahrensdetails regeln.[53]

g) Pflegevergütungsregress

Das Verfahren gem. § 115 Abs. 3 S. 1 SGB XI zur Kürzung der Pfle- **76** gevergütung im Falle der Unterschreitung vereinbarter Personalausstattung ist gem. § 150 Abs. 2 S. 6 SGB XI bis zum 30. September 2020 ausgesetzt.

h) Verlängerung der Maßnahmen

Die vorgenannten Fristen können weiter verlängert werden. § 152 **77** SGB XI enthält dazu eine Verordnungsermächtigung für das Bundesministerium für Gesundheit, die der Zustimmung des Bundesrates bedarf. Voraussetzung ist eine erneute Risikobeurteilung bei Fortbestehen oder das erneute Risiko für ein Infektionsgeschehen im Zusammenhang mit dem neuartigen Coronavirus SARS-CoV-2. Die Verlängerung ist jeweils bis zu einem halben Jahr möglich.

2. Besonderheiten bei Feststellung einer epidemischen Lage von nationaler Tragweite

a) Befugnisse des Bundesministeriums für Gesundheit

Wird eine epidemische Lage von nationaler Tragweite festgestellt, so **78** wird gem. § 5 Abs. 2 Nr. 8 IfSG das Bundesministerium für Gesundheit ermächtigt, durch Rechtsverordnung ohne Zustimmung des Bundesrates Maßnahmen zur Aufrechterhaltung der pflegerischen Versorgung in ambulanten und stationären Pflegeeinrichtungen in Abweichung von bestehenden gesetzlichen Vorgaben vorzusehen und insbesondere

– bundesgesetzliche oder vertragliche Anforderungen an Pflegeeinrichtungen auszusetzen oder zu ändern,

---

[53] https://www.gkv-spitzenverband.de/media/dokumente/pflegeversicherung/richtlinien_vereinbarungen__formulare/200403_Pflege_Corona_Kostenerstattungs-Festlegungen_150_Abs_3_SGB_XI.pdf.

– untergesetzliche Richtlinien, Regelungen, Vereinbarungen und Beschlüsse der Selbstverwaltungspartner nach dem Elften Buch Sozialgesetzbuch und nach Gesetzen, auf die im Elften Buch Sozialgesetzbuch Bezug genommen wird, anzupassen, zu ergänzen oder auszusetzen,
– Aufgaben, die über die Durchführung von körperbezogenen Pflegemaßnahmen, pflegerischen Betreuungsmaßnahmen und Hilfen bei der Haushaltsführung bei Pflegebedürftigen hinaus regelmäßig von Pflegeeinrichtungen, Pflegekassen und Medizinischen Diensten zu erbringen sind, auszusetzen oder einzuschränken.

b) Ausübung heilkundlicher Tätigkeiten

79 Gem. § 5a IfSG wird im Rahmen einer epidemischen Lage von nationaler Tragweite die Ausübung heilkundlicher Tätigkeiten folgenden Berufsgruppen gestattet:
– Altenpflegerinnen und Altenpflegern,
– Gesundheits- und Kinderkrankenpflegerinnen und Gesundheits- und Kinderkrankenpflegern,
– Gesundheits- und Krankenpflegerinnen und Gesundheits- und Krankenpflegern,
– Notfallsanitäterinnen und Notfallsanitätern und
– Pflegefachfrauen und Pflegefachmännern.

80 Die Ausübung heilkundlicher Tätigkeiten ist während der epidemischen Lage von nationaler Tragweite gestattet, wenn
– die Person auf der Grundlage der in der jeweiligen Ausbildung erworbenen Kompetenzen und ihrer persönlichen Fähigkeiten in der Lage ist, die jeweils erforderliche Maßnahme eigenverantwortlich durchzuführen und
– der Gesundheitszustand der Patientin oder des Patienten nach seiner Art und Schwere eine ärztliche Behandlung im Ausnahmefall einer epidemischen Lage von nationaler Tragweite nicht zwingend erfordert, die jeweils erforderliche Maßnahme aber eine ärztliche Beteiligung voraussetzen würde, weil sie der Heilkunde zuzurechnen ist.

Die durchgeführte Maßnahme ist in angemessener Weise zu dokumentieren. Sie soll unverzüglich der verantwortlichen Ärztin oder dem verantwortlichen Arzt oder einer sonstigen die Patientin oder den Patienten behandelnden Ärztin oder einem behandelnden Arzt mitgeteilt werden.

81 Das Bundesministerium für Gesundheit wird ermächtigt, durch Rechtsverordnung ohne Zustimmung des Bundesrates weiteren Personen mit Erlaubnis zum Führen der Berufsbezeichnung eines reglementierten Gesundheitsfachberufs während einer epidemischen Lage von nationaler Tragweite die Ausübung heilkundlicher Tätigkeiten zu gestatten.

c) Regelungen auf Länderebene

Die Feststellung einer epidemischen Lage von nationaler Tragweite wird in den Bundesländern vereinzelt durch landesgesetzliche Regelungen ergänzt, so in Bayern mit dem BayIfSG vom 25. März 2020, GVBl. 2020, 174, das ua Materialbewirtschaftung, Meldepflichten und Dienstverpflichtungen regelt, und in Nordrhein-Westfalen mit dem IfSBG-NRW vom 14. April 2020, GV.NRW 2020, 217b, mit vergleichbarem Regelungsgehalt. **82**

IV. Leistungsrechtliche Aspekte in Einrichtungen der Eingliederungshilfe

Das COVKEG enthält keine mit den Regelungen in Art. 4 für stationäre Pflegeeinrichtungen vergleichbare Regeln für die Eingliederungshilfe. Insbesondere fehlt derzeit noch eine § 150 Abs. 2 SGB XI entsprechende Regelung zum Ersatz der außerordentlichen Aufwendungen und Mindereinnahmen. Hier wird eine entsprechende Regelung noch getroffen werden müssen. **83**

Soweit Bewohner von Einrichtungen der Eingliederungshilfe pflegebedürftig sind, gelten die oben genannten Modifikationen der Einstufung. **84**

§ 6 Bauvertrag

Inhaltsübersicht

1 Die Bauwirtschaft ist für Deutschland eine Schlüsselwirtschaft. So betrug der Anteil der Bauinvestitionen am Bruttoinlandsprodukt im Jahr 2018 10,3 %; der Anteil des Baugewerbes an der gesamten Beschäftigung lag bei 5,6 %.[1] Für die nahe Zukunft ist ein Rückgang der Bauinvestitionen aufgrund der Corona-Pandemie durch Rückgang der Nachfrage wie auch Stornierungen von Bauvorhaben mit entsprechenden wirtschaftlichen Folgen für Bauunternehmen aller Größenordnungen absehbar. Das Corona-Virus infiziert also auch die Bauwirtschaft.

2 Wenn auch nach aktuellem Stand die verschiedenen der Bekämpfung der Verbreitung des Coronavirus (SARS-CoV-2) dienenden Maßnahmen zur Beschränkung der sozialen Kontakte keinen Baustopp bedeuten, kann die Ausführung von Bauvorhaben und damit die Abwicklung von Bauverträgen infolge der erheblichen Einschränkungen sowohl auf der wirtschaftlichen Ebene als auch auf der privaten Ebene aus verschiedenen Gründen Störungen ausgesetzt sein. Solche Störungen in der Vertragsdurchführung werden vor allem verursacht durch fehlende Materiallieferungen, Krankheit/Quarantäne bei Personal auf Seiten beider Vertragsparteien oder auch Personalmangel wegen Grenzschließungen. Dieses Kapitel dient der rechtlichen Einordnung solcher „coronabedingten“ Störungen und deren Folgen sowohl für die bestehenden als auch für die in Corona-Zeiten abzuschließenden Bauverträge.

I. Aktuelle Bestandsaufnahme

3 Ende 2019 wurde der Ausbruch von Infektionen mit dem Corona-Virus (SARS-CoV-2) in der Stadt Wuhan (Provinz Hubei/China) bekannt. Nach der schnellen weltweiten Ausbreitung des Virus hat die Weltgesundheitsorganisation (WHO) diesen am 11.3.2020 als Pandemie eingestuft.[2] Nach dem Ausbruch und der Ausbreitung in Deutschland wurden auf Grundlage des Gesetzes zur Verhütung und Bekämpfung von Infektionskrankheiten beim Menschen (Infektionsschutzgesetz – IfSG) verschiedene Maßnahmen getroffen, die sich auch auf die Abwicklung von Bauvorhaben auswirken und Störungen der Bauabläufe verursachen können.

---

[1] Angabe auf der Homepage des Hauptverbandes der Deutschen Bauindustrie e.V., Stand: 31.3.2020 unter Hinweis auf Quelle Statistisches Bundesamt (www.bauindustrie.de/zahlen-fakten/bauwirtschaft-im zahlenbild/bedeutung-der-bauwirtschaft_bwz).

[2] Erklärung des Generaldirektors der WHO Dr. Tedros Adhanom Ghebreyesus vom 11.3.2020, abzurufen unter www.who.int/dg/speeches/detail/who-director-general-s-opening-remarks-at-the-media-briefing-on-covid-19---11-march-2020.

1. Für Bauvorhaben relevante Maßnahmen

Störungen von Bauabläufen können ihre Ursache in nationalen Maßnahmen wie die Einschränkung von Kontakten, grenzüberschreitenden Maßnahmen wie Einreisebeschränkungen und Grenzkontrollen sowie Maßnahmen anderer Länder wegen Grenzschließungen haben. 4

a) Nationale Maßnahmen

Insbesondere die §§ 28–30 IfSG sehen mit „Schutzmaßnahmen", „Beobachtung" und „Quarantäne" verschiedene Maßnahmen zur Bekämpfung von Infektionskrankheiten vor. Zu deren Umsetzung durch Erlass von Rechtsverordnungen werden gemäß § 32 IfSG die Landesregierungen ermächtigt. Bund und Länder haben am 22.3.2020 die am 12.3.2020 beschlossenen Leitlinien zur Beschränkung sozialer Kontakte nochmals verschärft.[3] Diese zunächst mindestens zwei Wochen geltenden Leitlinien wurden am 1.4.2020 vorerst bis zum 19.4.2020 verlängert.[4] Folgende Inhalte der Leitlinien haben Auswirkungen auf Bauvorhaben: 5

- Reduzierung von Kontakten zu anderen Menschen auf ein absolut nötiges Minimum.
- Einhaltung eines Mindestabstands in der Öffentlichkeit von mindestens 1,5 m.
- Einhaltung von Hygienevorschriften in Betrieben und Umsetzung wirksamer Schutzmaßnahmen für Mitarbeiter und Besucher.

Da in Ziff. IV. der Leitlinien ausdrücklich erwähnt wird, dass (ua) der Weg zur Arbeit, die Teilnahme an Sitzungen und an erforderlichen Terminen weiter möglich sind, ist klargestellt, dass grundsätzlich auch die Arbeiten auf den Baustellen vor Ort wie auch die vorbereitenden Tätigkeiten wie Planungs- oder Baubesprechungen, Termine mit Behörden, Sachverständigen usw durchgeführt werden können. 6

In dem Beschluss vom 22.3.2020 wird zudem klargestellt, dass weitergehende Regelungen über die Inhalte der Leitlinien hinaus aufgrund von regionalen Besonderheiten oder epidemiologischen Lagen in den Ländern oder Landkreisen möglich bleiben. Nach Maßgabe der gemeinsam beschlossenen Leitlinien und teilweise darüber hinaus haben die Länder jeweils inhaltlich etwas abweichende Rechtsverordnungen oder auch Allgemeinverfügungen erlassen.[5] 7

---

[3] Beschluss vom 22.3.2020, abzurufen unter www.bundesregierung.de/breg-de/themen/coronavirus/besprechung-der-bundeskanzlerin-mit-den-regierungschefinnen-undregierungschefs-der-laender-1733248.

[4] Beschluss vom 1.4.2020, abzurufen unter www.bundesregierung.de/breg-de/themen/coronavirus/corana-massnahmen-1734724.

[5] Beispielsweise gilt in Baden-Württemberg die Verordnung der Landesregierung über infektionsschützende Maßnahmen gegen die Ausbreitung des Virus SARS-Cov-2

b) Grenzüberschreitende Maßnahmen

8 Der Bundesinnenminister hat in Abstimmung mit den Nachbarstaaten und den betroffenen Bundesländern zur weiteren Eindämmung der Infektionsgefahren durch das Corona-Virus vorübergehende Kontrollen an den Binnengrenzen zu Österreich, der Schweiz, Frankreich, Luxemburg und Dänemark eingeführt, die zunächst bis zum 14.4.2020 gelten. Dabei soll der grenzüberschreitende Warenverkehr und der grenzüberschreitende Verkehr von Berufspendlern gewährleistet werden.[6] Die Einschränkungen, die insbesondere für Reisende ohne deutsche Staatsangehörigkeit gelten, wurden auf den innereuropäischen Luft- und Seeverkehr ausgeweitet, so dass Einreisebeschränkungen auch bei Flug- und Schiffsreisen aus Italien, Spanien, Österreich, Frankreich, Luxemburg, Dänemark und der Schweiz eingeführt wurden.[7]

c) Maßnahmen der EU und anderer Länder

9 Die Europäische Kommission hat am 16.3.2020 dem Europäischen Rat empfohlen, einen koordinierten Beschluss zur Anwendung einer vorübergehenden Beschränkung von nicht unbedingt notwendigen Reisen aus Drittländern in den erweiterten EU-Raum zu fassen.[8]

10 Weitere Beschränkungen sind verbunden mit Grenzschließungen von Nachbarländern wie Polen und Tschechien, die dazu führen können, dass aus den betreffenden Ländern stammende Arbeitskräfte nicht mehr ausreisen; das Gleiche gilt für Reisebeschränkungen von nicht angrenzenden Ländern.

2. Folgen der beschränkenden Maßnahmen für den Bauablauf

11 Die unter → Rn. 4 ff. skizzierten Maßnahmen können folgende teilweise weitgehende Störungen des Bauablaufs verursachen:

– Kontaktbeschränkungen führen insbesondere bei engen Baufeldern oder kleinen Arbeitsräumen zu erheblichem Verlust der Produktivität.

(Corona-Verordnung – CoronaVO) vom 17.3.2020, oder in Nordrhein-Westfalen die Verordnung zum Schutz vor Neuinfizierungen mit dem Coronavirus SARS-CoV-2 (CoronaSchVO) vom 22.3.2020; eine fortwährend aktualisierte Übersicht über die Landesverordnungen/Erlasse und Allgemeinverfügungen der Länder findet sich auf der Homepage der Bundesrechtsanwaltskammer unter www.brak.de/die-brak/coronavirus/uebersicht-covid19vo-der-laender/.

[6] Information des Bundesministeriums des Innern, für Bau und Heimat, abgerufen auf www.bmi.bund.de/DE/themen/bevoelkerungsschutz/coronavirus/coronavirus-schwerpunkt.html, Stand: 4.4.2020.

[7] Pressemitteilung des Bundesministeriums des Innern, für Bau und Heimat vom 18.3.2020.

[8] Mitteilung der Europäischen Kommission an das Europäische Parlament, den Europäischen Rat und den Rat vom 16.3.2020 (COM (2020) 115 final).

- Aufgrund Infektionen oder behördlich angeordneter Quarantäne fallen Mitarbeiter oder extern Beauftragte aus (Planer, Projektleiter, Arbeitskräfte, Sachverständige usw).
- Reisebeschränkungen verursachen das Fehlen von Arbeitskräften auf der Baustelle.
- Beschränkungen insbesondere des grenzüberschreitenden Verkehrs und Gesundheitslage in Herstellerländern führen zu unterbleibenden oder verzögerten Lieferungen von Baumaterial.
- Kontaktbeschränkungen können erforderliche gemeinsame Begehungen zu Zwecken von Abnahmen, Zustandsfeststellungen, Sichtbegehungen oder auch Ortstermine mit Sachverständigen und Behördenvertretern verhindern oder zumindest beeinträchtigen.

II. Corona und höhere Gewalt in Bauverträgen – Überblick und Einfluss auf bauvertragliche Vorschriften und Regelungen

12 Störungen bei der Durchführung von Bauverträgen aufgrund von Sachverhalten, die auf Folgen der Corona-Pandemie in welcher Weise auch immer beruhen (nachfolgend allgemein **„coronabedingte Störungen"** genannt), sind insbesondere im Zusammenhang mit dem unbestimmten Rechtsbegriff der höheren Gewalt zu diskutieren.[9] Das liegt sicherlich auch darin begründet, dass die Vergabe- und Vertragsordnung für Bauleistungen Teil B (VOB/B) in § 6 Abs. 2 Nr. 1. lit. c VOB/B einen Behinderungstatbestand für Fälle höherer Gewalt oder anderer für den Auftragnehmer unabwendbarer Umstände beschreibt.

1. Gesetzliche Regelungen

13 In den Vorschriften des Bürgerlichen Gesetzbuchs (BGB) zum Werkvertrag ist der Begriff der höheren Gewalt nicht zu finden. Vereinzelt, für den speziellen Bauvertrag aber nicht relevant, ist die höhere Gewalt im BGB erwähnt, so etwa in § 206 BGB als tatsächliches Hindernis für die Verjährungshemmung oder in § 701 Abs. 3 BGB als Ausschluss für die Haftung des Gastwirts.

14 An anderer Stelle hat der Gesetzgeber bewusst nicht den Begriff der höheren Gewalt aufgenommen, so etwa bei Umsetzung der Zahlungsdienste-RL (RL 2007/64/EG) in § 676c BGB. Hier hat er den auch in der

[9] So etwa der Erlass des Bundesministeriums des Innern, für Bau und Heimat vom 23.3.2020 zu bauvertraglichen Fragen der Corona-Pandemie (Aktenzeichen 70406/21#1), dazu auch näher → Rn. 51 ff.

Richtlinie verwendeten Begriff „ungewöhnliche und unvorhersehbare Umstände" übernommen, deren Voraussetzungen weniger streng als diejenigen für Fälle Höherer Gewalt sind.[10]

a) Werkvertragsrecht

15 Wie eingangs erwähnt, enthalten die Vorschriften über Werkverträge im BGB (§§ 631-650v BGB) keine Regelungen zu höherer Gewalt oder zu ungewöhnlichen und unvorhersehbaren Ereignissen. Allerdings können die unter → Rn. 11. dargestellten coronabedingten Störungen nicht nur Einfluss auf die Erfüllung der Hauptpflicht des Unternehmers, also die **Herstellung** des versprochenen Werkes gemäß § 631 Abs. 1 BGB, sondern auf auch weitere im Werkvertragsrecht beschriebene Rechten und Pflichten der Bauvertragsparteien haben.

16 Ebenso wie die Herstellung des versprochenen Werkes gestört werden kann, gilt das auch für die Verpflichtung des Unternehmers zur **Nacherfüllung** gemäß § 635 BGB.

17 Wenn die Bauvertragsparteien für die Abnahme gemäß § 640 Abs. 1 BGB, die neben der Zahlung der Vergütung eine Hauptpflicht des Bestellers ist,[11] eine **förmliche Abnahme** vereinbart haben – hierfür bedarf es beim BGB-Bauvertrag anders als beim VOB/B-Bauvertrag einer zweiseitigen Vereinbarung[12], kann das vereinbarte Abnahmeprocedere mit gemeinschaftlicher Durchführung der Abnahme insbesondere bei sehr engen räumlichen Verhältnissen aufgrund von Kontaktbeschränkungen möglicherweise nicht durchgeführt werden.

18 § 642 Abs. 1 BGB gewährt dem Unternehmer einen **Entschädigungsanspruch,** wenn der Besteller eine gebotene **Mitwirkungshandlung unterlässt.** Solche Handlungsobliegenheiten des Bestellers sind etwa die Zurverfügungstellung zuverlässiger Pläne und Unterlagen[13] oder die Bereitstellung des Baugrundstücks mit erforderlicher Vorunternehmerleistung.[14] Auch solche Mitwirkungshandlungen können sich verzögern, wenn etwa das von dem Besteller beauftragte Planungsbüro aufgrund Infektion/Quarantäne geschlossen oder die Vorunternehmerleistung wegen coronabedingten Fehlens von Arbeitskräften auf der Baustelle nicht rechtzeitig fertiggestellt wird.

19 § 648a Abs. 4 BGB gibt nach einer Kündigung aus wichtigem Grund jeder Vertragspartei das Recht, von der anderen zu verlangen, an einer gemeinsamen Feststellung des Leistungsstandes mitzuwirken. Diese

---

[10] Dazu auch BeckOK BGB/Schmalenbach BGB § 676c Rn. 4.

[11] BGH NJW 2019, 2166 (2169).

[12] Messerschmidt/Voit/Messerschmidt, Privates Baurecht, 3. Aufl. 2018, § 640 Rn. 119.

[13] BGH NZBau 2009, 185 (188).

[14] BGH NZBau 2003, 325 (325).

gemeinsame Leistungsstandfeststellung könnte – insbesondere bei engen räumlichen Verhältnissen – an einer Kontaktbeschränkung/erhöhtem Schutzbedarf scheitern. Das Gleiche gilt für die in § 650g Abs. 1 BGB geregelte **gemeinsame Zustandsfeststellung** nach Abnahmeverweigerung des Bestellers.

Haben die Vertragsparteien einen **Verbraucherbauvertrag** im Sinne des § 650i Abs. 1 BGB abgeschlossen, hat der Unternehmer dem Verbraucher zur Nachweisführung gemäß § 650n Abs. 1 S. 1 BGB vor Ausführungsbeginn benötigte Planungsunterlagen und gemäß § 650n Abs. 2 BGB nach tatsächlich erfolgter Ausführung Unterlagen herauszugeben. Der Anspruch des Verbrauchers auf Erstellung und Herausgabe entsteht kraft Gesetzes und ist selbständig einklagbar.[15] An der rechtzeitigen Erfüllung dieser Pflicht könnte der Unternehmer gehindert sein, beispielsweise wenn sein Betrieb oder das von ihm beauftragte Planungsbüro aufgrund Infektion/Quarantäne geschlossen wird. 20

Nicht gesetzlich geregelt, aber für den Bauvertrag als Langzeitvertrag anerkannt, sind **Kooperationspflichten** beider Vertragsparteien. Diese Kooperationspflichten während der Vertragsdurchführung bestehen sowohl bei VOB-Bauverträgen als auch bei BGB-Bauverträgen. Sie sollen gewährleisten, dass Meinungsverschiedenheiten oder Konflikte einvernehmlich beigelegt werden; die Bauvertragsparteien sind gehalten, sich bei der Vertragsabwicklung durch Mitwirkung und Informationsaustausch gegenseitig zu unterstützen.[16] Wenn eine der Vertragsparteien wegen coronabedingten Störungen an der Erfüllung von bauvertraglichen Pflichten gehindert ist, kann die andere Vertragspartei, die auf eine solche Erfüllung besteht, unter Berücksichtigung dieser Kooperationspflichten gehalten sein, sich auf andere Handlungsmöglichkeiten einzulassen. Wenn beispielsweise vertraglich vereinbart ist, dass in einem bestimmten Teilnehmerkreis wöchentliche Baubesprechungen vor Ort stattfinden und das aufgrund Kontaktbeschränkungen nicht möglich ist, muss sich die Vertragspartei, die sich auf die Erfüllung solcher vertraglicher Pflichten beruft, auf eine Besprechung mittels Videokonferenz verweisen lassen. 21

b) Allgemeines Leistungsstörungsrecht

Relevant für die Regelung von coronabedingten Störungen bei Bauverträgen sind über die besonderen werkvertraglichen Vorschriften hinaus insbesondere die Regelungen des allgemeinen Schuldrechts zu Leistungsstörungen wegen Unmöglichkeit (§ 275 BGB) und zur Störung der 22

---

[15] BeckOK BGB/Voit BGB § 650n Rn. 3.

[16] Für den VOB-Bauvertrag BGH NJW 1996, 2158 (2158); NZBau 2007, 581 (583), für den BGB-Bauvertrag OLG Düsseldorf NZBau 2000, 427 (428).

Geschäftsgrundlage (§ 313 BGB).[17] Bei Bauverträgen wird man nur in Ausnahmefällen von einem absoluten Fixgeschäft ausgehen können, so dass bei Fragen der Unmöglichkeit in der Regel die vorübergehende (einstweilige) Unmöglichkeit mit der Folge der Suspendierung der Leistungspflicht des Auftragnehmers für die Zeit des Bestehens des Leitungshindernisses zu diskutieren ist (→ § 1 Rn. 23).

2. Vertragliche Regelungen

23 Zur Beurteilung der rechtlichen Folgen von coronabedingten Störungen sind neben den gesetzlichen Vorschriften auch die für das jeweilige Bauvorhaben vereinbarten vertraglichen Regelungen zu berücksichtigen. Da es in den letzten Jahrzehnten keine der aktuellen weltweiten Corona-Pandemie vergleichbare Situation gab, gibt es naturgemäß auch keine eingeführten Vertragsklauseln, die konkret die Folgen einer solchen Pandemie regeln. Deshalb ist bei der Vertragsprüfung insbesondere darauf zu achten, ob allgemein Fälle höherer Gewalt erfasst sind.

a) VOB/B

24 Für öffentliche Bauvorhaben sind regelmäßig die Bestimmungen der VOB/B Vertragsgegenstand. Denn nach § 8a Abs. 1 VOB/A sind die öffentlichen Auftraggeber gehalten, die VOB/B als Vertragsbestandteil einzubeziehen.[18] Die VOB/B sind als vorformulierte Standardbedingungen Allgemeine Geschäftsbedingungen.[19] Nach § 310 Abs. 1 S. 3 BGB ist die VOB/B insofern privilegiert, als bei Verwendung gegenüber einem Unternehmer im Sinne des § 14 BGB, einer juristischen Person des öffentlichen Rechts oder einem öffentlich-rechtlichen Sondervermögen keine Inhaltskontrolle einzelner Bestimmungen der VOB/B vorgenommen wird; dabei muss die VOB/B in den Vertrag in der jeweils geltenden Fassung ohne inhaltliche Abweichung einbezogen werden.[20]

---

[17] Hierfür kann auf die Ausführungen von Lorenz → § 1 Rn. 19–40 verwiesen werden.

[18] Ungeachtet des Anwendungsbefehls zur Einbeziehung der VOB/B in § 8a Abs. 1 VOB/A wird die VOB/B in den öffentlichen Bauvertrag nur dann einbezogen, wenn sie in den Vergabe- bzw. Vertragsunterlagen auch als Vertragsbestandteil genannt wird; wird das vergessen, ist die Geltung der VOB/B nicht vereinbart, vgl. Ingenstau/Korbion/von Wietersheim, VOB, 21. Aufl. 2020, VOB/A § 8a Rn. 7.

[19] StRspr, vgl. nur BGH NZBau 2008, 640.

[20] Jede inhaltliche Abweichung von der VOB/B führt aber zur Inhaltskontrolle der einzelnen VOB-Klausel nach den §§ 307 ff. BGB, BGH NZBau 2004, 267; wird die VOB/B gegenüber Verbrauchern verwendet, gilt die Privilegierung des § 310 Abs. 1 S. 3 BGB nicht, auch wenn die VOB/B im Bauvertrag ohne inhaltliche Abweichungen vereinbart ist, BGH NZBau 2008, 640 (642).

Auch wenn das Werkvertragsrecht mit dem ab dem 1.1.2018 in Kraft getretenen Gesetz zur Reform des Bauvertragsrechts erstmals seit Inkrafttreten des Bürgerlichen Gesetzbuchs eine tiefgreifende Änderung erfahren hat,[21] ist in der Baupraxis festzustellen, dass nach wie vor auch in der privaten Bauwirtschaft eine Vielzahl von Bauverträgen mit Einbeziehung der VOB/B geschlossen werden. Das kann zum einen damit begründet werden, dass für den gesamten Bereich der öffentlichen Bauvergabe ohnehin die Einbeziehung der VOB/B vorgegeben ist, zum anderen damit, dass insbesondere industrielle Auftraggeber und Generalunternehmer auch nach der Reform des Bauvertragsrechts den gewohnten Umgang mit den Vorschriften der VOB/B nicht aufgeben wollen. 25

aa) § 6 Abs. 2 Nr. 1 lit. c VOB/B

§ 6 VOB/B enthält, anders als das gesetzliche Werkvertragsrecht, Regelungen zur Behinderung und Unterbrechung der Bauausführung. Nach § 6 Abs. 2 Nr. 1 lit. c VOB/B werden Ausführungsfristen verlängert, soweit die Behinderung *„durch höhere Gewalt oder andere für den Auftragnehmer unabwendbare Umstände"* verursacht wurde. Wenn also coronabedingte Störungen eine **Behinderung** durch höhere Gewalt oder andere für den Auftragnehmer unabwendbare Umstände darstellen, folgt daraus, dass sich die **Ausführungsfristen automatisch verlängern.** Es bedarf hierfür keiner gesonderten Vereinbarung der Vertragsparteien.[22] Die Verlängerung der Ausführungsfrist wird gemäß § 6 Abs. 4 VOB/B berechnet nach der Dauer der Behinderung mit einem Zuschlag für die Wiederaufnahme der Arbeiten und die etwaige Verschiebung in eine ungünstigere Jahreszeit. 26

§ 6 Abs. 2 Nr. 1 VOB/B regelt ausschließlich, welche Störungen zur Verlängerung von Ausführungsfristen führen. Nicht behandelt wird ein etwaiger Einfluss dieser Störungen auf die Vergütung des Auftragnehmers. 27

Neben dem tatsächlichen Vorliegen einer Störung im Sinne des § 6 Abs. 2 Nr. 1 VOB/B ist weitere Voraussetzung für den Anspruch des Auftragnehmers auf Bauzeitverlängerung eine **ordnungsgemäße Behinderungsanzeige** gemäß § 6 Abs. 1 VOB. Nach § 6 Abs. 1 S. 1 VOB/B hat der Auftragnehmer dem Auftraggeber unverzüglich schriftlich anzuzeigen, wenn er sich in der ordnungsgemäßen Ausführung der Leistung behindert glaubt. Unterbleibt die Behinderungsanzeige, hat der Auftragnehmer gemäß § 6 Abs. 1 S. 2 VOB/B nur dann Anspruch auf Berück- 28

---

[21] Gesetz zur Reform des Bauvertragsrechts, zur Änderung der kaufrechtlichen Mängelhaftung, zur Stärkung des zivilprozessualen Rechtsschutzes und zum maschinellen Siegel im Grundbuch und Schiffsregisterverfahren vom 28.4 2017, BGBl. 2017 I 969.

[22] Kapellmann/Messerschmidt/Markus, VOB, 7. Aufl. 2020, VOB/B § 6 Rn. 29.

sichtigung der hindernden Umstände, wenn dem Auftraggeber offenkundig die Tatsache und deren hindernde Wirkung bekannt waren.

bb) § 6 Abs. 5, Abs. 7 VOB/B

29 § 6 Abs. 5 VOB/B ermöglicht die Abrechnung der Vergütung bei **Unterbrechung** der Bauausführung für voraussichtlich längere Dauer, ohne dass aber die Leistung dauernd unmöglich wird. In diesem Fall kann der Auftragnehmer die bereits ausgeführten Leistungen nach den Vertragspreisen abrechnen und außerdem die Kosten vergütet verlangen, die ihm bereits entstanden und in den Vertragspreisen des nicht ausgeführten Teils der Leistung enthalten sind. Unterbrechung der Ausführung bedeutet, dass die **Arbeiten des Auftragnehmers insgesamt nicht weitergeführt** werden, bloße Verzögerungen der Arbeiten oder die Einstellung einzelner Teilleistungen genügen hierfür nicht.[23] Der Begriff der Unterbrechung geht über den der Behinderung hinaus. Für die Unterbrechung kommt es ebenso wie für die Behinderung nicht darauf an, ob diese durch einen der Vertragspartner verursacht wurde oder die Ursachen der Unterbrechung in äußeren Ereignissen liegen.[24]

30 Wenn also Folgen der Corona-Pandemie zu einem Stillstand der Baustelle führen, ist dies eine Unterbrechung im Sinne von § 6 Abs. 5 VOB, wenn sie **vorübergehender Natur** ist. Ein völliger Stillstand der Baustelle ist etwa denkbar, wenn aufgrund coronabedingter Lieferverzögerungen keinerlei Baumaterial mehr zur Verfügung steht und der Auftragnehmer deshalb nicht mehr weiterarbeiten kann. Auch sind äußere Einflüsse aufgrund der Corona-Pandemie denkbar, die zwingend zur Unterbrechung von Bauarbeiten führen können. So etwa, wenn Bauarbeiten auf einem Krankenhausgelände den gebotenen erhöhten Versorgungsbedarf für Corona-Patienten behindern können oder eigentlich zum Umbau oder Abriss vorgesehene Gebäude zur Erweiterung von Bettenkapazitäten zur Aufnahme von Corona-Patienten reaktiviert werden müssen.

31 Liegt eine Unterbrechung im Sinne von § 6 Abs. 5 VOB/B vor und dauert diese länger als drei Monate, haben beide Vertragsparteien gemäß § 6 Abs. 7 VOB/B ein **Sonderkündigungsrecht.**

cc) § 7 Abs. 1 VOB/B

32 § 7 VOB/B enthält Regelungen über die Verteilung der Gefahr bei Störungen, die von keiner der Vertragsparteien zu vertreten sind. Dabei regelt § 7 Abs. 1 VOB/B die Vergütungsgefahr abweichend von § 644 Abs. 1 S. 1 BGB, da der Auftraggeber die ausgeführten Teile der Leistung zu vergüten hat, auch wenn die ganz oder teilweise ausgeführte

---

[23] Kapellmann/Messerschmidt/Markus, VOB, 7. Aufl. 2020, VOB/B § 6 Rn. 45.
[24] Ingenstau/Korbion/Döring, VOB, 21. Aufl. 2020, § 6 VOB/B Rn. 7.

Leistung vor der Abnahme durch höhere Gewalt, Krieg, Aufruhr oder andere objektiv unabwendbare vom Auftragnehmer nicht zu vertretende Umstände beschädigt oder zerstört wird. Der Begriff der höheren Gewalt oder anderer unabwendbarer Umstände in § 7 Abs. 1 VOB/B unterscheidet sich inhaltlich nicht von den in § 6 Abs. 2 Nr. 1. lit. c VOB/B verwendeten Begriffen.[25] Dass allerdings coronabedingte Störungen zu einer Beschädigung oder Zerstörung der (Teil-) Bauleistung führen können, ist eher fernliegend.

dd) Weitere Regelungen

Zu weiteren Rechten und Pflichten der Bauvertragsparteien, die durch Corona-Folgen beeinflusst werden können, kann zunächst auf die zum Werkvertragsrecht angeführten Regelungen verwiesen werden (→ Rn. 15 ff.). 33

Anders als bei einem BGB-Bauvertrag, bei welchem die förmliche Abnahme zweiseitig zu vereinbaren ist, hat die **förmliche Abnahme auf Verlangen einer Vertragspartei** stattzufinden, § 12 Abs. 4 Nr. 1 S. 1 VOB/B. Gedanke der förmlichen Abnahme gemäß § 12 Abs. 4 VOB/B ist, beide Vertragspartner an Ort und Stelle der erbrachten Leistungen zur gemeinsamen Feststellung des Befundes an einen Tisch zu bringen, um möglichst gleich eine Einigung oder Klarheit über die Frage der Erfüllung der Leistungspflicht des Auftragnehmers herbeizuführen.[26] Auch hier können coronabedingte Störungen eintreten, wenn eine solche Abnahme aufgrund räumlicher Gegebenheiten auf engem Raum stattfinden müsste. 34

Die in § 648a Abs. 4 BGB vorgesehene gemeinsame Feststellung des Leistungsstands nach der Kündigung aus wichtigem Grund hat ihre Entsprechung in § 8 Abs. 7 VOB/B. Hiernach kann der Auftragnehmer **Aufmaß und Abnahme** der von ihm ausgeführten Leistungen alsbald nach der Kündigung verlangen. § 648a Abs. 4 BGB ist allerdings weiter gefasst, da jeder Vertragspartner die Leistungsstandfeststellung verlangen kann. Insofern schließt § 648 a Abs. 4 BGB eine Lücke.[27] Auch enthält § 9 VOB/B für die dort geregelte Kündigung des Auftragnehmers keine entsprechende Regelung. Insgesamt ist § 648a Abs. 4 BGB bei dem VOB-Bauvertrag ergänzend heranzuziehen. 35

Weiterhin sind bei VOB-Verträgen die Regelungen des § 650g BGB zur **Zustandsfeststellung bei Verweigerung der Abnahme** ergänzend heranzuziehen.[28] 36

---

[25] Kapellmann/Messerschmidt/Markus, VOB, 7. Aufl. 2020, VOB/B § 6 Rn. 25.

[26] Ingenstau/Korbion/Oppler, VOB, 21. Aufl. 2020, § 12 Abs. 4 VOB/B Rn. 1.

[27] BeckOK BauvertrR/Sienz BGB § 648a Rn. 33.

[28] Messerschmidt/Voit/Messerschmidt, Privates Baurecht, 3. Aufl. 2018, BGB § 650g Rn. 108.

37 Eine den Regelungen zur Zustandsfeststellung ähnliche Bestimmung enthält § 4 Abs. 10 VOB/B. Hiernach ist der Zustand von Teilen der Leistung auf Verlangen gemeinsam von den Vertragsparteien festzustellen, wenn diese Teile der Leistung durch die weitere Ausführung der Prüfung und Feststellung entzogen werden. Auch diese **gemeinsame Feststellung** kann bei engen räumlichen Verhältnissen aufgrund Kontaktbeschränkungen als Folge der Corona-Pandemie erschwert oder vorübergehend nicht möglich sein.

b) Höhere Gewalt – Klauseln

38 Bestehende Bauverträge sind zu überprüfen, ob diese höhere Gewalt-Klauseln enthalten. Solche Klauseln sind, anders als etwa bei Lieferverträgen, regelmäßig nicht in Bauverträgen zu finden. Das mag zum einen daran liegen, dass auch bei größeren Bauvorhaben die VOB/B zugrunde gelegt wird, die in §§ 6, 7 VOB/B Regelungen zur höheren Gewalt enthalten (→ Rn. 26–32). Zum anderen wurde bislang in der Baupraxis noch kein Bedarf gesehen, spezielle Fälle höherer Gewalt konkret zu regeln. Mit einer Pandemie im Umfang des Ausmaßes der Corona-Pandemie und damit verbundenen möglichen Störungssachverhalten dürfte auch niemand gerechnet haben.

39 Etwas anderes mag für technisch geprägte Verträge wie Anlagenbauverträge gelten, in welchen regelmäßig nicht die VOB/B vereinbart wird. Das Gleiche gilt für internationale Bau- und Anlagenbauvorhaben. So sehen etwa die vorformulierten FIDIC-Verträge höhere Gewalt („force majeure") – Regelungen vor.[29] Beispielsweise finden sich im Vertragsmuster Red Book, 2. Ed. 2017, welches auf herkömmliche Bauvorhaben abgestellt, in Ziffer 19 Regelungen zur höheren Gewalt. Nach Ziffer 19.1 bezeichnet der Begriff „höhere Gewalt" ein außergewöhnliches Ereignis, (a) das die Partei nicht zu beeinflussen vermag, (b) gegen das diese Partei bei Vertragsschluss vernünftiger Weise keine Vorkehrungen treffen konnte, (c) das nach seinem Eintritt von dieser Partei nicht verhindert oder überwunden werden kann, und (d) das nicht substantiell der anderen Partei zugeschrieben werden kann.[30] Ziffer 19.1. Abs. 2 zählt Beispiele höherer Gewalt auf, ohne diese ausdrücklich als abschließend zu bezeichnen. Epidemien oder Pandemien sind dabei nicht aufgeführt. Wenn der Unternehmer die höhere Gewalt rechtzeitig angezeigt hat (nach Ziffer 19.2 innerhalb von 14 Tagen nach Kenntnis), hat er Anspruch auf eine Bauzeitverlängerung sowie Ersatz daraus entstehender

---

[29] Allgemein zu den FIDIC-Standardvertragsbedingungen und ihren verschiedenen Varianten Leinemann/Hilgers/Kaminsky, VOB/B, 7. Aufl. 2019, FIDIC Conditions of Contract Rn. 6 ff.

[30] Leinemann/Hilgers/Kaminsky, VOB/B, 7. Aufl. 2019, FIDIC Conditions of Contract Rn. 437.

Kosten.[31] Ein Kündigungsrecht für beide Vertragsparteien besteht nach Ziffer 19.6. bei einem ununterbrochenen Zeitraum von 84 Tagen oder einem Zeitraum von 140 Tagen mit Unterbrechungen. Damit geht sowohl das Kündigungsrecht als auch der Anspruch des Unternehmers auf Mehrvergütung über die Regelungen der VOB/B hinaus.

Bei Kaufverträgen über Waren, die dem CISG unterliegen, regelt Art. 79 Abs. 1 CISG Fälle höherer Gewalt (→ § 1 Rn. 68). Das UN-Kaufrecht ist zwar auf den Bauvertrag nicht anzuwenden. Relevanz haben kann Art. 79 Abs. 1 CISG aber bei der grenzüberschreitenden Beschaffung von Baumaterial. **40**

3. Höhere Gewalt im Bauvertrag – Rechtsprechung

Es gibt wenig Rechtsprechung zur höheren Gewalt bei Bauverträgen. **41** Das lässt darauf schließen, dass es in der Vergangenheit wenige Störungen in Bauabläufen durch höhere Gewalt gab und erklärt wiederum, dass bislang der Regelung von Fällen höherer Gewalt in Bauverträgen keine große Beachtung geschenkt wurde.

a) Rechtsprechung zu § 7 VOB/B

Soweit sich ersichtlich die Rechtsprechung mit Fragen höherer Ge- **42** walt/unabwendbare Umstände beschäftigt hat, betraf dies Fälle des § 7 VOB/B zur Regelung der Verteilung der Gefahr.

Der Bundesgerichtshof hat im Jahr 1961 zu der Frage Stellung ge- **43** nommen, ob mehrere Regenfälle höhere Gewalt oder unabwendbare, vom Auftragnehmer nicht zu vertretende Umstände darstellen. In der Sache ging es um Erdarbeiten, die sich durch schwere Regenfälle schwieriger gestalteten, weil durch die außergewöhnliche Witterung Gräben eingestürzt sind und wieder von Hand ausgehoben werden mussten. Der Bundesgerichtshof hat dabei unter Bezugnahme auf seine Rechtsprechung zum Haftpflichtgesetz ausgeführt, dass unter höherer Gewalt ein **von außen auf den Betrieb einwirkendes außergewöhnliches Ereignis** zu verstehen ist, welches unvorhersehbar ist, selbst bei Anwendung äußerster Sorgfalt ohne Gefährdung des wirtschaftlichen Erfolgs des Unternehmens nicht abgewendet werden kann und auch nicht wegen seiner Häufigkeit von dem Betriebsunternehmer in Rechnung zu stellen und mit in Kauf zu nehmen ist.[32] Die Rechtsprechung zum Haftpflichtrecht könne unbedenklich auch zur Auslegung des Begriffs der höheren Gewalt im

---

[31] Kritisch zu der Kostenklausel und der damit verbundenen Risikoabwälzung auf den Auftraggeber Bock/Zons/Johannsen, Rechtshandbuch Anlagenbau, 2015, Teil B IX. Rn. 79.

[32] BGH VersR 1962, 159 (160).

Sinne des § 7 VOB/B herangezogen werden. Der Begriff des unabwendbaren, vom Auftragnehmer nicht zu vertretenden Umstands sei weiter als der Begriff der höheren Gewalt, da er auch Ereignisse umfasse, die nicht von außerhalb des Betriebs einwirkten. Auch dieser setzt aber Ereignisse voraus, die nach menschlicher Einsicht und Erfahrung in dem Sinne unvorhersehbar sind, dass sie oder ihre Auswirkungen trotz Anwendung wirtschaftlich erträglicher Mittel durch die äußerste nach der Sachlage zu erwartende Sorgfalt nicht verfügbar oder in ihren Wirkungen bis auf ein erträgliches Maß unschädlich zu machen sind.[33]

44 Auf der Linie seiner Entscheidung von 1961 hat der Bundesgerichtshof ebenfalls für beschädigte Erdarbeiten nach wolkenbruchartigen Regenfällen vor der Abnahme entschieden, dass ein unabwendbarer Umstand vorlag, weil mit solchen wolkenbruchartigen Regenfällen nicht gerechnet werden konnte.[34] In dieser Entscheidung hat der Bundesgerichtshof auch ausgeführt, dass § 7 VOB/B sowohl nach seinem Wortlaut als auch nach seinem Sinn und Zweck keine Aufteilung der Gefahr zulässt.[35]

45 In einer seiner Entscheidungen im Zusammenhang mit Streitigkeiten über den Schürmann-Bau in Bonn hat sich der Bundesgerichtshof ebenfalls zum Begriff der höheren Gewalt und des unabwendbaren Umstands im Sinne des § 7 VOB/B geäußert. In der Sache ging es wiederum um die Frage, welche Bauvertragspartei die Vergütungsgefahr trägt, nachdem ein sogenanntes Jahrhunderthochwasser des Rheins während den Bauarbeiten dazu führte, dass Wände des erstellten Baukörpers gerissen sind und die bis zu diesem Zeitpunkt erbrachten Leistungen des Auftragnehmers zerstört wurden. Der Bundesgerichtshof hat klargestellt, dass sein Urteil aus dem Jahr 1961 nicht in dem Sinn verstanden werden kann, dass die Unabwendbarkeit nach der Situation des Auftragnehmers zu beurteilen ist.[36] § 7 VOB/B enthalte keine vom allgemeinen Zivilrecht abweichende Regelung der Voraussetzung der höheren Gewalt und des unabwendbaren Ereignisses. So liege – auf der Linie seines Urteils von 1961 – ein Fall höherer Gewalt vor, wenn ein von außen einwirkendes und objektiv unabwendbares Ereignis eingetreten ist, wobei im Unterschied zu dem Tatbestandsmerkmal höhere Gewalt das unabwendbare Ereignis weiter auch unvorhersehbare nicht betriebsfremde Ereignisse erfasse. Notwendig, allerdings nicht hinreichende Voraussetzung als unabwendbares Ereignis sei, dass der Auftragnehmer das Ereignis nicht zu

---

[33] BGH VersR 1962, 159 (160).

[34] BGH NJW 1973, 1698.

[35] Die Vorinstanz hatte ein Mitverschulden gemäß § 254 BGB angenommen und den Wolkenbruch in eine nicht vorhersehbare Regenmenge und einen „normalen Regen“ aufgespalten.

[36] BGH NJW 1997, 3018 (3019).

vertreten hat. Weiter dürfe die Schädigung auch nicht auf den Auftraggeber zurückzuführen sein. Da dies in dem zu entscheidenden Sachverhalt der Fall war, war § 7 VOB/B nicht anzuwenden.

b) Rechtsprechung zu früherer SARS – Epidemie

In einer Entscheidung zum **Reiserecht** hat sich das AG Augsburg im Jahr 2004 mit der Frage befasst, ob die sich im Jahr 2003 in China ausbreitende Lungenseuche SARS, hervorgerufen durch ein neuentdecktes SARS-assoziiertes Corona-Virus, höhere Gewalt darstellt.[37] Das AG Augsburg hatte über Stornierungskosten zu entscheiden, die die Kläger von der Beklagten als Reiseveranstalter bezüglich einer China-Reise mit Kreuzfahrt verlangten, nachdem sie den Reisevertrag gemäß § 651j BGB (aF) wegen höherer Gewalt gekündigt hatten, weil nach der Buchung der Reise bekannt wurde, dass sich SARS in China rasch ausbreitet. Das AG Augsburg hat auf Grundlage der höchstrichterlichen Rechtsprechung ausgeführt, dass höhere Gewalt im Sinne des § 651j BGB (aF) ein von außen kommendes, keinen betrieblichen Zusammenhang aufweisendes, auch durch äußerste, vernünftigerweise zu erwartende Sorgfalt nicht abwendbares Ereignis ist. Auch **Epidemien** gehörten zur höheren Gewalt, da sie weder zum Betriebsrisiko des Reiseveranstalters noch zum allgemeinen Lebensrisiko des Reisenden zählten. Nachdem das AG Augsburg ein Sachverständigengutachten zu der Frage, ob es sich bei SARS um eine Epidemie handelte, eingeholt hatte und das bejaht worden war, hat es eine zur Kündigung berechtigende höhere Gewalt angenommen, da die SARS-Epidemie nicht vorhersehbar war und mit einer Gefährdung der Gesundheit der Reisenden mit erheblicher Wahrscheinlichkeit zu rechnen war.[38] 46

c) Bewertung der Rechtsprechung

Nach den unter → Rn. 41–46 von der Rechtsprechung dargestellten Grundsätzen ist nach hier vertretener Auffassung bei abgeschlossenen Bauverträgen, die durch Folgen der Corona-Pandemie gestört werden, von höherer Gewalt auszugehen. Entscheidend ist, dass die Corona-Pandemie und deren Folgen ein von außen einwirkendes und objektiv unabwendbares Ereignis ist. Wenn als Folge der Corona-Pandemie Störungen eintreten, weil Materiallieferungen nicht oder nur verzögert er- 47

---

[37] AG Augsburg BeckRS 2004, 16212.

[38] Für diesen Grad der erheblichen Wahrscheinlichkeit, nicht der überwiegenden Wahrscheinlichkeit, hat sich das AG Augsburg auf die Rechtsprechung des Bundesgerichtshofs zu einem Kündigungsrecht des Reisenden wegen nicht voraussehbarer höherer Gewalt nach einer Hurrikan-Vorwarnung in der Karibik gestützt, BGH NJW 2002, 3700.

folgen oder Mitarbeiter der Bauvertragsparteien (oder andere Baubeteiligter) aufgrund einer Infektion oder Quarantäne-Maßnahmen oder Betriebsschließungen nicht zur Verfügung stehen, handelt es sich um von außen einwirkende Ereignisse, die nach menschlicher Einsicht und Erfahrung unvorhersehbar sind, mit wirtschaftlich vertretbaren Mitteln auch durch die äußerste, nach der Sachlage vernünftigerweise zu erwartende Sorgfalt nicht verhütet oder unschädlich gemacht werden können und auch nicht wegen ihrer Häufigkeit in Kauf zu nehmen sind.[39]

48 Grundsätzlich können also Epidemien oder Pandemien höhere Gewalt begründen.[40] Zu beachten ist aber, dass alleine die Tatsache der Corona-Pandemie eine Vertragspartei noch nicht berechtigt, sich auf höhere Gewalt zu berufen. Höhere Gewalt kann immer nur ein Sachverhalt sein, der auf die Corona-Pandemie zurückzuführen ist. Das die höhere Gewalt begründende einwirkende **außergewöhnliche Ereignis** ist nicht die Corona-Pandemie als solche, sondern die **konkrete coronabedingte Störung.**

49 Höhere Gewalt könnte im Ausnahmefall nur dann zu verneinen sein, wenn eine der Bauvertragsparteien eine coronabedingte Störung zu vertreten hätte, etwa, wenn Verantwortliche der Vertragsparteien durch eigenes sorgloses Verhalten trotz der allgemein bekannten Verhaltensregeln zur Vermeidung von Infektionen ausfallen.[41] Eine solche Störung wäre dann einer Vertragspartei zuzurechnen.

4. Aktuelle Maßnahmen des Staates

50 Der Gesetzgeber hat bislang keine Maßnahmen zur Bekämpfung der Auswirkungen der COVID-19-Pandemie auf Bauverträge getroffen. Das COVFAG vom 27.3.2020 (BGBl. 2020 I 569) enthält ebenso wenig wie bisherige andere gesetzliche Maßnahmen in der Corona-Krise **keine für das Bauvertragsrecht relevanten Regelungen.** Das gilt auch für Art. 5 COVFAG, der am 01.4.2020 in Kraft getreten ist und Änderungen des Art. 240 EGBGB vornimmt. Das in Art. 240 EGBGB § 1 Abs. 1 geregelte Moratorium für Verbraucher, welches ein Leistungsverweigerungsrecht einräumt, ist nicht auf Bauverträge eines Verbrauchers anzuwenden. Denn der Bauvertrag ist kein wesentliches Dauerschuldverhältnis, das zur Ein-

---

[39] So die grundlegende Definition des Bundesgerichtshofs zu dem Begriff der höheren Gewalt nach dem RHaftG, BGH NJW 1953, 184 (184).

[40] So etwa Palandt/Sprau, BGB, 77. Aufl. 2018, § 651j (aF) Rn. 3; dass Epidemien oder Pandemie nicht als Fälle höherer Gewalt in der baurechtlichen Kommentarliteratur erwähnt sind, liegt sicherlich daran, dass es einen der Corona-Pandemie vergleichbaren Sachverhalt in den letzten Jahrzehnten nicht gegeben hat und die Frage, ob Krankheiten Fälle höherer Gewalt sind, für Bauverträge ersichtlich nicht entschieden wurde.

[41] Beispielsweise durch Teilnahme an sog. „Corona-Partys".

deckung mit Leistungen der angemessenen Daseinsvorsorge erforderlich ist. Auch wenn man für einen Bauvertrag aufgrund seiner Ausgestaltung im Einzelfall ausnahmsweise ein Dauerschuldverhältnis annehmen sollte, wäre dieses nicht von dem Moratorium umfasst, da es an der Wesentlichkeit fehlt. Nach der Gesetzesbegründung stellen solche wesentlichen Dauerschuldverhältnisse Pflichtversicherungen, Verträge über Lieferung von Strom, Gas, Wasser oder Telekommunikationsdienste dar.[42]

Das Bundesministerium des Innern, für Bau und Heimat hat mit zwei **51** Erlassen vom 23.3.2020 und 27.3.2020 zu bauvertraglichen Fragen und zu vergaberechtlichen Fragen im Zusammenhang mit der COVID-19-Pandemie zu Baumaßnahmen und dem Umgang mit Bauablaufstörungen auf den Baustellen des Bundes Stellung genommen.[43] Darin wird ausgeführt, dass die Baustellen des Bundes möglichst weiterbetrieben und erst eingestellt werden sollen, wenn behördliche Maßnahmen dazu zwingen (zB Vertretungsverbote) oder aufgrund behördlicher Maßnahmen ein sinnvoller Weiterbetrieb nicht möglich ist (zB weil überwiegende Teile der Beschäftigten des Auftragnehmers unter Quarantäne gestellt worden sind).

In dem Erlass vom 23.3.2020 zu bauvertraglichen Fragen wird ausge- **52** führt, dass aus Sicht des BMI die Corona-Pandemie **grundsätzlich geeignet** ist, den Tatbestand der höheren Gewalt im Sinne von § 6 Abs. 2 Nr. 1 lit. c VOB/B auszulösen. Allerdings könne das Vorliegen dieser strengen Voraussetzungen auch in der derzeitigen Ausnahmesituation nicht pauschal angenommen werden, denn das Vorliegen von höherer Gewalt müsse **im Einzelfall geprüft** werden und von demjenigen, der sich darauf beruft, dargelegt werden. So müsse der Auftragnehmer, der sich auf höhere Gewalt beruft, darlegen, weshalb er seine Leistung nicht erbringen könne. Dies könne beispielsweise der Fall sein, weil
- ein Großteil der Beschäftigten behördenseitig unter Quarantäne gestellt ist und er auf dem Arbeitsmarkt und durch den Nachunternehmer keinen Ersatz finden kann,
- seine Beschäftigten aufgrund von Reisebeschränkungen die Baustelle nicht erreichen können und kein Ersatz möglich ist,
- er kein Baumaterial beschaffen kann.

Kostensteigerungen seien allerdings nicht grundsätzlich unzumutbar. **53**

In dem Erlass vom 23.3.2020 führt das BMI weiter aus, dass höhere **54** Gewalt auf Seiten des Auftraggebers eintreten kann, etwa, weil dessen Projektleitung unter Quarantäne gestellt wird.

Für den Fall des Vorliegens höherer Gewalt im Einzelfall wird auf die **55** Regelung des § 6 Abs. 4 VOB/B verwiesen, also auf die automatische Ver-

[42] BT-Drs. 19/18110, 34 v. 24.3.2020.
[43] Erlasse des BMI BW I 7 70406/21#1 vom 23.3.2020 und 27.3.2020.

längerung der Ausführungsfristen für die Dauer der Behinderung zuzüglich eines angemessenen Zuschlags für die Wiederaufnahme der Arbeiten (dazu auch → Rn. 26). Zu Vergütungsfolgen führt das BMI aus, dass gegen den Auftragnehmer bei einem berechtigten Berufen auf höhere Gewalt keine Schadens- oder Entschädigungsansprüche entstehen. Gleichzeitig gerate auch der Auftraggeber bei höherer Gewalt nicht in Annahmeverzug mit der Folge, dass die Voraussetzungen des § 642 BGB nicht vorliegen. Das gelte insbesondere auch für Fallkonstellationen, in welchen ein Vorgewerk aufgrund höherer Gewalt nicht rechtzeitig erbracht werden kann und nun das nachfolgende Gewerk deswegen Ansprüche wegen Behinderung gegen den Auftraggeber erhebt.

56 In dem Folgeerlass des BMI vom 27.3.2020 zu vergaberechtlichen Fragen, in welchem ausgeführt wird, das ausschreibungsreife Gewerke weiterhin zu vergeben sind, wird darauf hingewiesen, dass den Ausschreibungsunterlagen für neu abzuschließende Verträge das dem Erlass beigefügte Hinweisblatt zum Umgang von Bauablaufstörungen im Zusammenhang mit der COVID-19-Pandemie beizufügen und im Anlagenverzeichnis unter Buchstabe A) in der Aufforderung zur Angebotsabgabe aufzunehmen ist. In diesem Hinweisblatt werden die Hinweise zur Handhabung von Bauablaufstörungen im Erlass vom 23.3.2020 wiedergegeben. Damit wird nach dem ausdrücklichen Hinweis des BMI im Erlass vom 27.3.2020 klargestellt, dass die Folgen der COVID-19-Pandemie für den einzelnen Bauvertrag weiterhin als unvorhersehbar beurteilt werden und der Tatbestand der höheren Gewalt **auch bei Neuverträgen** ausgelöst werden kann.

III. Rechte und Pflichten der Bauvertragsparteien in Zeiten von Corona

57 Unter Berücksichtigung der im Abschnitt II. beschriebenen Einflüsse von coronabedingten Störungen auf gesetzliche und vertragliche Regelungen sowie die Einordnung solcher Störungen als höhere Gewalt wird in diesem Abschnitt dargestellt, was die Bauvertragsparteien zur Anspruchssicherung und Vermeidung von Pflichtverletzungen zu beachten haben. Dabei wird zunächst der VOB/B-Bauvertrag behandelt, da solcher bei größeren Bauvorhaben überwiegend geschlossen wird (→ Rn. 25) und zudem der VOB-Bauvertrag im Gegensatz zu dem BGB-Bauvertrag auch Regelungen zur höheren Gewalt enthält.

1. VOB – Bauvertrag

58 Coronabedingte Störungen haben im Wesentlichen Einfluss auf die Themen Bauzeit und Vergütung/Entschädigung.

a) Auftragnehmer

Für den Auftragnehmer ist die Einhaltung der vertraglich vereinbarten Termine von entscheidender Bedeutung. Nach § 5 Abs. 1 VOB/B ist die Ausführung nach den verbindlichen Fristen zu beginnen, angemessen zu fördern und zu vollenden. In komplexen Bauverträgen über eine längere Zeit werden zudem häufig auch Zwischenfristen als verbindliche Fristen (Vertragsfristen) vereinbart. Wenn der Auftragnehmer mit dem Beginn der Ausführung und mit der Vollendung der Fristen in Verzug gerät, drohen ihm nach Setzung einer angemessenen Frist zur Vertragserfüllung mit entsprechender Androhung eine außerordentliche Kündigung (§ 5 Abs. 4 VOB/B, § 8 Abs. 3 VOB/B) oder bei Aufrechterhaltung des Vertrags Schadensersatzansprüche des Auftraggebers nach § 6 Abs. 6 VOB/B. Zudem ist der Auftragnehmer im Verzugsfall Vertragsstrafeansprüchen ausgesetzt, wenn Vertragsstrafen vereinbart sind (§ 11 VOB/B). Auf der anderen Seite können dem Auftragnehmer bei Behinderungen Ansprüche auf Verlängerung der Bauzeit und, soweit die Behinderung dem Auftraggeber zuzurechnen ist, auch Vergütungs-, Entschädigungs- oder Schadenersatzansprüche zustehen (§ 6 Abs. 2, Abs. 6 VOB/B). **59**

aa) Bauzeit

Im Falle einer als höhere Gewalt einzuordnenden coronabedingten Störung hat der Auftragnehmer einen **Anspruch auf Bauzeitverlängerung** gemäß § 6 Abs. 2 Nr. 1 lit. c VOB/B (→ Rn. 26). Zur Wahrung des Anspruchs auf Bauzeitverlängerung sollte der Auftragnehmer dem Auftraggeber unverzüglich, also ohne schuldhaftes Zögern (§ 121 BGB), Behinderung anzeigen. Die **Behinderungsanzeige** hat schriftlich zu erfolgen und soll alle Tatsachen aufführen, aus denen sich für den Auftraggeber mit hinreichender Klarheit die Gründe für die Behinderung ergeben, sowie Angaben enthalten, ob und wann die nach dem Bauablauf vorgesehenen Arbeiten ausgeführt werden können oder nicht.[44] **60**

Die Behinderungsanzeige hat auch den Zweck, dem Auftraggeber eine **Abhilfe zu ermöglichen.**[45] Wenn es also beispielsweise dem Auftragnehmer coronabedingt vorübergehend unmöglich ist, das von ihm bestellte Material zu beschaffen, könnte der Auftraggeber bei entsprechender Erläuterung in der Behinderungsanzeige, soweit ihm das möglich ist, entscheiden, selbst solches Material zu beschaffen und beizustellen oder andere Maßnahmen treffen (beispielsweise Entscheidung für andere Qualitäten), um der Behinderung zu entgehen oder diese abzumildern. **61**

Gemäß § 6 Abs. 1 S. 1 VOB/B ist die Behinderungsanzeige entbehrlich, wenn dem Auftraggeber offenkundig die Tatsache und deren hindernde Wirkung bekannt waren. Da der Auftragnehmer für die Offen- **62**

---

[44] Ingenstau/Korbion/Döring, VOB, 21. Aufl. 2020, § 6 Abs. 1 VOB/B Rn. 6.
[45] OLG Düsseldorf BauR 2015, 1168 (1171).

kundigkeit beweisbelastet ist, sollte er im Zweifelsfall immer eine ordnungsgemäße Behinderungsanzeige stellen. Eine für den Auftraggeber nicht zu verneinende Offenkundigkeit einer coronabedingten Störung ist nur dann gesichert zu bejahen, wenn der Auftraggeber selbst die coronabedingte Störung anzeigt, etwa durch eigene Anzeige der Unterbrechung, weil Mitarbeiter ausfallen oder Vorleistungen nicht pünktlich fertiggestellt werden können.

63 Der Auftragnehmer sollte die **Behinderung wegen höherer Gewalt sorgfältig dokumentieren.** Denn gemäß § 6 Abs. 3 S. 1 VOB/B hat er alles zu tun, was ihm billigerweise zugemutet werden kann, um die Weiterführung der Arbeiten zu ermöglichen. Zwar hat der Auftragnehmer in Fällen der Behinderung keine Pflicht zur Beschleunigung. Allerdings darf der Auftragnehmer nicht starr an der vorgesehenen Bauausführung festhalten, sondern muss flexibel reagieren und gegebenenfalls Anpassungsmaßnahmen vornehmen.[46] Deshalb sollte der Auftragnehmer im Streitfall nachweisen können, dass er die Behinderung nicht durch anderweitige Maßnahmen kompensieren konnte.

bb) Vergütung – Entschädigung – Schadensersatz

64 Hat der Auftragnehmer in Fällen höherer Gewalt wegen coronabedingter Störungen einen Anspruch auf Verlängerung der Bauzeit, bedeutet das nicht, dass ihm auch ein Anspruch auf Mehrkosten zusteht, die sich aufgrund der Störung und Verlängerung der Bauzeit ergeben. Ein Vergütungsanspruch ist nur denkbar, wenn der Auftraggeber eine Bauzeitverlängerung oder Bauzeitverschiebung anordnet, da diese einen Mehrkostenanspruch nach § 2 Abs. 5 VOB/B auslösen kann.[47] Eine solche Anordnung ist bei Fällen höherer Gewalt fernliegend.

65 Nach § 6 Abs. 6 S. 1 VOB/B kann der Auftragnehmer Schadensersatz verlangen, wenn die hindernden Umstände von dem Auftraggeber zu vertreten sind. In Fällen höherer Gewalt wegen coronabedingter Störungen kommen solche Schadensersatzansprüche mangels Verschulden des Auftraggebers nicht in Betracht.

66 Denkbar ist schließlich ein Anspruch des Auftragnehmers auf angemessene Entschädigung nach § 642 BGB, der nach der ausdrücklichen Regelung in § 6 Abs. 6 S. 2 VOB/B im Falle einer ordnungsgemäßen Behinderungsanzeige oder bei Offenkundigkeit der Behinderung unberührt bleibt. Denn der Auftragnehmer könnte bei coronabedingten Störungen, die nicht seinem Risikobereich zuzuordnen sind, dem Auftraggeber die Unterlassung einer Mitwirkungshandlung, insbesondere die Ermöglichung der Bauausführung, vorwerfen. § 642 BGB regelt einen verschuldensunabhängigen Entschädigungsanspruch bei Gläubigerver-

---

[46] Kapellmann/Messerschmidt/Markus, VOB, 7. Aufl. 2020, VOB/B § 6 Rn. 30.

[47] BGH NZBau 2000, 187 (187); OLG Düsseldorf BauR 1995, 706 (707).

zug.[48] Nach hier vertretener Auffassung ist allerdings in den Fällen, in welchen sich der Auftraggeber coronabedingt auf höhere Gewalt berufen kann, ein **Entschädigungsanspruch gemäß §§ 6 Abs. 6 S. 2 VOB/B, 642 BGB zu verneinen,** da es an dem für den Anspruch nach § 642 BGB erforderlichen **Annahmeverzug des Auftragsgebers fehlt.**[49] Ein Annahmeverzug, für deren Begründung die allgemeinen Regeln der §§ 293 ff. BGB gelten, liegt nicht vor, wenn dem Auftraggeber die Mitwirkung von vornherein oder während der Ausführung unmöglich wird.[50] Auch ist ein Annahmeverzug ausgeschlossen, wenn völlig unvorhersehbare Ereignisse die Vornahme einer Mitwirkungshandlung als unzumutbar erscheinen lassen.[51] Der Bundesgerichtshof hat im Jahr 2017 entschieden, dass bei höherer Gewalt wegen außergewöhnlich ungünstiger Witterungsverhältnisse der Auftraggeber nicht in Annahmeverzug gerät und die Voraussetzungen des § 642 BGB deshalb nicht vorliegen.[52] Denn eine allgemeine Risikozuweisung zulasten des Auftraggebers bei höherer Gewalt in Bezug auf die Zurverfügungstellung des Baugrundstücks sei nicht ersichtlich.[53] Nach diesen Grundsätzen kann für die Beurteilung von coronabedingten Störungen, die zu einer Behinderung gemäß § 6 Abs. 2 Nr. 1 lit. c VOB/B führen, nichts Anderes gelten. Die Bereitstellung einer „nicht coronagestörten" Baustelle ist keine Mitwirkungshandlung des Auftraggebers.

Ergänzend und grundsätzlich denkbar wäre auch ein Mehrkostenanspruch des Auftragnehmers gemäß § 313 wegen **Änderung der Geschäftsgrundlage.** Auch im VOB-Bauvertrag ist § 313 BGB anzuwenden, wie die Regelung zur Veränderung der Vergütung beim Pauschalvertrag in § 2 Abs. 7 Nr. 1 S. 2 VOB/B belegt. Eine Lösung/Preisanpassung könnte dabei allenfalls über die Störung der sog. „großen Geschäftsgrundlage" erfolgen (→ § 1 Rn. 37), da regelmäßig der Auftragnehmer das Beschaffungsrisiko und damit auch das Kostenrisiko trägt.[54] 67

cc) Handlungen vor Ort

Wenn die Vertragsparteien Termine für gemeinsame Feststellungen vor Ort, insbesondere Termine für Abnahmen (§ 12 Abs. 1, Abs. 4 VOB/B), Zustandsfeststellungen (§ 4 Abs. 10 VOB/B, § 650g BGB) oder auch 68

---

[48] BGH NZBau 2000, 187 (188); NZBau 2018, 25 (26).

[49] Offenbar aA Weise NZBau 2020, 203 (206), der allerdings lediglich auf die Abgrenzung der Risikosphären der Vertragsparteien abstellt.

[50] MüKoBGB/Busche BGB § 642 Rn. 12.

[51] BeckOK BGB/Voit BGB § 642 Rn. 13.

[52] BGH NZBau 2017, 596 (597).

[53] BGH NZBau 2017, 596 (597), vgl. auch für außergewöhnlich ungünstige Witterungsverhältnisse, mit denen nicht gerechnet werden musste Beck'scher VOB-Kommentar/Berger Teil B, 3. Aufl. 2013, § 6 Rn. 121.

[54] BeckOK BGB/Lorenz BGB § 313 Rn. 43.

Leistungsstandfeststellungen (§§ 8 Abs. 7 VOB/B, § 648a Abs. 4 BGB) vereinbart haben und diese Termine nicht eingehalten werden können (Kontaktbeschränkungen bei engen Räumlichkeiten, coronabedingter Ausfall von Mitarbeitern, betriebliche Schließungen etc.) sollte das der Auftragnehmer dem Auftraggeber **umgehend anzeigen** und auf eine Verlegung/Umorganisation dieses gemeinsamen Termins hinwirken.

69 Wenn eine gemeinsame Zustandsfeststellung gemäß § 4 Abs. 10 VOB/B daran scheitert, dass eine Vertragspartei die Mitwirkung unbegründet verweigert, kann eine dann vorgenommene einseitige Zustandsfeststellung im Rahmen der Beweiswürdigung Bedeutung haben, wenn die einseitige Zustandsfeststellung richtig erscheint.[55] Um solche Beweisrisiken zu vermeiden, sollte ein coronabedingtes Fernbleiben von dem Termin rechtzeitig und ausreichend entschuldigt werden.

70 In Fällen einer außerordentlichen Kündigung des Bauvertrags ist jede Vertragspartei nach § 648a Abs. 4 S. 1 BGB berechtigt, von der anderen Vertragspartei die Mitwirkung an einer gemeinsamen Leistungsstandfeststellung zu verlangen. Hierfür kann die Vertragspartei eine angemessene Frist setzen. Bleibt dann die andere Vertragspartei unentschuldigt fern, kann eine einseitige Feststellung vorgenommen werden.[56] Die fernbleibende Vertragspartei trifft dann die Beweislast für den Leistungsstand zum Zeitpunkt der Kündigung, § 648a Abs. 4 S. 2 BGB. Auch in solchen Fällen ist ein coronabedingtes Fernbleiben von dem Termin unverzüglich mitzuteilen und ausreichend zu entschuldigen.

71 Gemäß § 12 Abs. 4 Nr. 1 S. 1 VOB/B hat eine förmliche Abnahme stattzufinden, wenn eine Vertragspartei das verlangt. Nach § 12 Abs. 4 Nr. 2 VOB/B kann die förmliche Abnahme in Abwesenheit des Auftragnehmers stattfinden, wenn der Termin vereinbart war oder der Auftraggeber mit genügend Frist dazu eingeladen hatte. Ist der Auftragnehmer allerdings aus wichtigem Grund an der Wahrnehmung des Abnahmetermins gehindert, kann der Auftraggeber von dieser Regelung keinen Gebrauch machen.[57] Wenn der gemeinsame Abnahmetermin coronabedingt nicht stattfinden kann, sollte der Auftragnehmer den Auftraggeber unverzüglich informieren.

b) Auftraggeber

72 Für den Auftraggeber ist ebenso wie für den Auftragnehmer – nur spiegelbildlich – die Einhaltung der vertraglich vereinbarten Termine von entscheidender Bedeutung. Auch hier sind wiederum in erster Linie die §§ 5, 6 VOB/B zu beachten.

---

[55] Kapellmann/Messerschmidt/Merkens, VOB, 7. Aufl. 2020, VOB/B § 4 Rn. 335.
[56] BeckOK BGB/Voit BGB § 648a Rn. 15.
[57] Kapellmann/Messerschmidt/Havers, VOB, 7. Aufl. 2020, VOB/B § 12 Rn. 245.

aa) Baustopp

Coronabedingte Störungen können nicht nur zu einer Behinderung der Bauausführung, sondern auch zu einem Stillstand der Baustelle führen (dazu → Rn. 30). Wird deshalb die Ausführung im Sinne des § 6 Abs. 5 VOB/B unterbrochen, sollte der Auftraggeber das, auch wenn es für den Auftragnehmer offenkundig sein sollte, mit entsprechender Begründung anzeigen. Hierdurch kann Streit über den **Beginn der Unterbrechung** vermieden werden. Die Festlegung des Zeitpunkts der Unterbrechung ist relevant sowohl für die Berechnung der Verlängerung der Ausführungsfristen gemäß § 6 Abs. 4 VOB/B[58] als auch für die Festlegung des Beginns des Zeitraums von drei Monaten, nach dessen Ablauf beiden Vertragsparteien das Sonderkündigungsrecht gemäß § 6 Abs. 7 VOB/B zusteht. 73

Mit der **Anzeige des Baustellenstillstands** sollte der Auftraggeber, wenn der Auftragnehmer noch ortsunabhängige Vorbereitungshandlungen vornehmen kann (beispielsweise Planungen oder Fertigung von Bauteilen im Betrieb) auch den Hinweis auf die Einstellung der **Vorbereitungshandlungen** verbinden, wenn die coronabedingte Störung zu einer Umstellung der Arbeitsabläufe oder zu technischen Leistungsänderungen führen kann. Zum einen kann damit gegebenenfalls die Abrechnung der Vergütung von (weiteren) erbrachten, aber nicht mehr erforderlichen Leistungen vermieden werden. Zum anderen muss alleine mit dem Stillstand von Bauarbeiten vor Ort noch keine Unterbrechung im Sinne von § 6 Abs. 5 VOB/B vorliegen, wenn der Auftragnehmer andere Leistungspflichten erfüllt, die zur vertraglichen Leistungserbringung als solcher gehören.[59] 74

bb) Vertragsfristen

Wenn aufgrund coronabedingter Störungen Vertragsfristen im Sinne von § 5 VOB/B nicht eingehalten werden können, sind die Vertragsparteien frei, neue Termine einvernehmlich zu vereinbaren. Wird eine solche Vereinbarung nicht getroffen, bestimmen sich die neuen Vertragsfristen nach § 6 Abs. 1, Abs. 2 und Abs. 4 VOB/B.[60] Der Auftraggeber hat dabei allerdings zu beachten, dass die neuen Vertragsfristen nicht mehr kalendermäßig bestimmt sind, so dass für die Herbeiführung eines Verzugs des Auftragnehmers eine entsprechende **Mahnung erforderlich** ist.[61] 75

---

[58] § 6 Abs. 4 VOB/B erwähnt zwar wie auch § 6 Abs. 2 VOB/B nur die Behinderung, nicht die Unterbrechung; als „Extremfall" der Behinderung bezieht sich der Anspruch auf Verlängerung der Ausführungsfristen und deren Berechnung auch auf Fälle der Unterbrechung, vgl. Ingenstau/Korbion/Döring, VOB, 21. Aufl. 2020, § 6 VOB/B Rn. 3 und § 6 Abs. 4 VOB/B Rn. 1.

[59] OLG Düsseldorf BauR 2009, 1597 (1597).

[60] Kapellmann/Messerschmidt/Sacher, VOB, 7. Aufl. 2020, VOB/B § 5 Rn. 39.

[61] BGH BauR 1999, 645 (648); OLG Hamm NZBau 2014, 104 (106).

76 Ausnahmsweise können Behinderungen und Unterbrechungen dazu führen, dass der gesamte vertragliche Bauablauf umgestoßen und deshalb eine **Neuordnung der Bauablaufplanung** erforderlich wird, um das Bauvorhaben noch möglichst konfliktfrei zu realisieren.[62] In diesen Fällen sind die Vertragsparteien auf ihre Kooperationspflichten zu verweisen.[63] Wenn dann eine Verständigung scheitert, soll der Auftraggeber ausnahmsweise gemäß §§ 157, 242 BGB einen neuen Bauzeitenplan nach billigem Ermessen (§ 315 BGB) festlegen können.[64]

cc) Handlungen vor Ort

77 Bei Terminen für gemeinsame Feststellungen vor Ort, die aufgrund coronabedingter Störungen nicht eingehalten werden können, gilt das **Gebot zur Anzeige und Verlegung/Umorganisation** auch für den Auftraggeber.[65]

78 Die gleichen Empfehlungen wie zu der Leistungsstandfeststellung gemäß § 648a Abs. 4 BGB (→ Rn. 70) gelten auch für die Zustandsfeststellung bei Verweigerung der Abnahme gemäß § 650g BGB. Verweigert der Auftraggeber die Abnahme unter Angabe von Mängeln, hat er gemäß § 650g Abs. 1 S. 1 BGB auf Verlangen des Auftragnehmers an einer gemeinsamen Feststellung des Zustands des Werks mitzuwirken. Bleibt der Auftraggeber dann unentschuldigt und ohne unverzügliche Mitteilung einem vereinbarten oder einem von dem Auftragnehmer innerhalb einer angemessenen Frist bestimmten Termin zur Zustandsfeststellung fern, kann der Auftragnehmer die **Zustandsfeststellung einseitig** vornehmen, § 650g Abs. 2 S. 1 und 2 BGB. Neben der Vermutungsregel, dass ein offenkundiger Mangel bei der Zustandsfeststellung nicht vorlag (§ 650g Abs. 3 BGB), lässt sich die Zustandsfeststellung wie das dokumentierte und unterzeichnete Aufmaß als bestätigendes Anerkenntnis qualifizieren.[66] Auch wenn es dabei bleibt, dass der Auftragnehmer bis zur Abnahme die Mängelfreiheit der von ihm ausgeführten Leistungen zu beweisen hat, sollte der Auftraggeber aus Beweislastgesichtspunkten im Hinblick auf quantitative Differenzen dafür Sorge tragen, ein coronabedingtes Fernbleiben von dem Termin unverzüglich mitzuteilen und ausreichend zu entschuldigen.

2. BGB – Bauvertrag

79 Wurden unter 1. zunächst die Rechte und Pflichten der Parteien des VOB-Bauvertrages behandelt, werden diese nachfolgend für den BGB-Bauvertrag und den Verbraucherbauvertrag dargestellt.

---

[62] Leinemann/Leinemann/Kues, VOB/B, 7. Aufl. 2019, § 6 Rn. 86.
[63] Zu der Kooperationspflicht der Bauvertragsparteien → Rn. 21.
[64] Kapellmann/Messerschmidt/Sacher, VOB, 7. Aufl. 2020, VOB/B § 5 Rn. 39.
[65] Zu dem Auftragnehmer → Rn. 68.
[66] Messerschmidt/Voit/Messerschmidt, Privates Baurecht, 3. Aufl. 2018, § 650g Rn. 9.

a) Bauvertrag

Wie bei dem VOB-Bauvertrag haben auch bei dem BGB-Bauvertrag coronabedingte Störungen in erster Linie Einfluss auf die Themen Bauzeit und Vergütung/Entschädigung. Hier ist zunächst zu prüfen, inwiefern bei der Vertragsgestaltung Regelungen zu diesen Bereichen aufgenommen wurden. Anders als die VOB/B kennt das gesetzliche Werkvertragsrecht die Begriffe Behinderung und Unterbrechung nicht. Wenn solche Störungen Folgen unterlassener Mitwirkungshandlungen des Auftraggebers sind, finden diese im Ansatz Eingang in die Regelungen zur Entschädigung und Kündigung gemäß §§ 642, 643 BGB. Die **fehlenden Regelungen zu Behinderungen und Unterbrechungen** können erklärt werden mit den Motiven des Gesetzgebers im 19. Jahrhundert, der sich an der handwerklichen Herstellung und Bearbeitung orientierte und deshalb besondere Vorschriften für das Zusammenwirken der Vertragsparteien während der Herstellungsphase als entbehrlich ansah.[67] Weshalb dann allerdings mit der Reform des Bauvertragsrechts zum 1.1.2018[68], mit welcher schließlich auch in dem Bewusstsein des Regelungsbedarfs für Langzeitverträge in § 650b BGB das Anordnungsrecht des Bestellers aufgenommen wurde, nicht auch Behinderungen und Unterbrechungen geregelt wurden, erschließt sich nicht recht. 80

Eine direkte Übernahme der Regelungen der VOB/B auf den BGB-Bauvertrag ist aufgrund des Charakters der VOB/B als Allgemeine Geschäftsbedingungen nicht möglich, so dass Regelungen zur Behinderung eigenständig allgemeinen Rechtsgrundsätzen zu entnehmen oder im Wege der ergänzenden Vertragsauslegung zu ermitteln sind.[69] 81

aa) Auftragnehmer

Im Falle einer als höhere Gewalt einzuordnenden coronabedingten Störung werden **Ausführungsfristen verlängert.** Zwar ergibt sich der Anspruch des Auftragnehmers auf Bauzeitverlängerung mangels Einbeziehung der VOB/B nicht aus § 6 Abs. 2 Nr. 1 lit. c VOB/B. Jedoch ist bei dem BGB-Bauvertrag außerhalb des Anwendungsbereichs der VOB/B in Fällen höherer Gewalt nach denselben Maßstäben zu verfahren.[70] Zur Wahrung des Anspruchs auf Bauzeitverlängerung sollte der Auftragnehmer dem Auftraggeber **unverzüglich Behinderung anzeigen,** auch wenn – anders als bei dem VOB-Bauvertrag wegen § 6 Abs. 1 82

[67] Messerschmidt/Voit/von Rintelen, Privates Baurecht, 3. Aufl. 2018, H. Rn. 136.

[68] Gesetz zur Reform des Bauvertragsrechts, zur Änderung der kaufrechtlichen Mängelhaftung, zur Stärkung des zivilprozessualen Rechtsschutzes und zum maschinellen Siegel im Grundbuch und Schiffsregisterverfahren vom 28.4.2017, BGBl. 2017 I 969.

[69] Messerschmidt/Voit/von Rintelen, Privates Baurecht, 3. Aufl. 2018, H. Rn. 136.

[70] Staudinger/Peters, 2019, BGB § 642 Rn. 57.

VOB/B – eine ordnungsgemäße Behinderungsanzeige nicht Anspruchsvoraussetzung ist. Denn aus dem Gesichtspunkt der Kooperationspflicht wie auch aus dem Grundsatz von Treu und Glauben ist eine Anzeigepflicht des Auftragnehmers bei Behinderung herzuleiten, deren Nichtbeachtung bei der Verlängerung der Ausführungsfristen angemessen zu berücksichtigen ist.[71]

83 Während der coronabedingten Störung hat der Auftragnehmer ebenso wie beim VOB-Bauvertrag, für den § 6 Abs. 3 S. 1 VOB/B einschlägig ist, alles zu tun, was ihm billigerweise zugemutet werden kann, um die Arbeiten zu ermöglichen. Das ergibt sich aus den allgemeinen **Förderungspflichten** der Bauvertragsparteien.[72] Auch für die Wiederaufnahme der Arbeiten nach Wegfall der coronabedingten Störung gelten die gleichen Grundsätze wie bei § 6 Abs. 3 S. 2 VOB/B, also unverzügliche Wiederaufnahme der Arbeiten und entsprechende Benachrichtigung des Auftraggebers. Eventuelle Pflichtverletzungen können Ansprüche des Auftraggebers gemäß § 280 Abs. 2 BGB, § 286 BGB auslösen.[73]

84 Entsprechend den Ausführungen zum VOB-Bauvertrag hat der Auftragnehmer grundsätzlich **keine monetären Ansprüche** bei einer als höhere Gewalt einzuordnenden coronabedingten Störung (→ Rn. 64 ff.). Das gilt nach hier vertretener Auffassung insbesondere auch für einen Entschädigungsanspruch gemäß § 642 BGB.

85 Für die Vorgehensweise des Auftragnehmers bei einem gemeinsamen Termin zur Leistungsstandfeststellung, deren Wahrnehmung coronabedingt nicht möglich ist, kann für § 648a Abs. 4 BGB auf obige Ausführungen zum VOB-Bauvertrag zu verwiesen werden (→ Rn. 70).

bb) Auftraggeber

86 Die Ansprüche des Auftraggebers bei Behinderungen und Unterbrechungen richten sich im Rahmen eines BGB-Bauvertrages mangels spezieller Regelungen im Werkvertragsrecht – die eingangs unter a) angesprochenen §§ 642, 643 BGB befassen sich mit Rechten des Auftragnehmers – nach den Vorschriften des **allgemeinen Schuldrechts.**[74] Liegen hierfür die entsprechenden Voraussetzungen vor, kann der Auftraggeber Schadensersatz verlangen (§§ 280, 281 BGB) oder von dem Bauvertrag zurücktreten (§ 323 BGB).

87 Regelungen zum Stillstand der Baustelle und zur Sonderkündigungsmöglichkeit bei einem dreimonatigen Stillstand sieht das BGB nicht vor. Allerdings ist mit der Begründung, dass die Sonderkündigungsregelung des § 6 Abs. 7 VOB/B einen besonders geregelten Fall der Störung der

---

[71] Staudinger/Peters, 2019, BGB § 642 Rn. 49.
[72] Staudinger/Peters, 2019, BGB § 642 Rn. 64.
[73] Staudinger/Peters, 2019, BGB § 642 Rn. 66.
[74] Werner/Pastor/Frechen, Der Bauprozess, 16. Aufl. 2018, Rn. 2319.

Geschäftsgrundlage darstellt, nach Sinn und Zweck des § 313 Abs. 3 BGB eine dem § 6 Abs. 7 VOB/B entsprechende Kündigungsmöglichkeit denkbar, wenn einer Vertragspartei aufgrund des Zeitablaufs das **Festhalten an dem Vertrag nicht mehr zumutbar** ist.[75] Eine Kündigung aus wichtigem Grund gemäß § 648a Abs. 1 BGB wird dabei nicht in Frage kommen, auch wenn nach § 648a Abs. 1 S. 2 BGB ein wichtiger Grund dann vorliegt, wenn dem kündigenden Teil unter Berücksichtigung aller Umstände des Einzelfalls und unter Abwägung der beiderseitigen Interessen die Fortsetzung des Vertragsverhältnisses bis zur Fertigstellung des Werks nicht zugemutet werden kann. Denn die Kündigung nach § 648a Abs. 1 BGB setzt für die Unzumutbarkeit ein Zurechnungsmoment auf Seiten der anderen Vertragspartei voraus.[76] Hieran fehlt es bei einer als höhere Gewalt einzuordnenden coronabedingten Störung.

Für die Vorgehensweise des Auftraggebers bei einem gemeinsamen **88**
Termin zur Zustandsfeststellung, deren Wahrnehmung coronabedingt nicht möglich ist, kann für § 650g BGB auf obige Ausführungen zum VOB-Bauvertrag zu verwiesen werden (→ Rn. 78).

b) Verbraucherbauvertrag

Für den Verbraucherbauvertrag, der in den §§ 650i bis 650n BGB, er- **89**
gänzt um die Vorschrift des § 650o BGB zur Unabdingbarkeit, als eigenständiger Verbrauchervertrag geregelt ist, gelten im Vergleich zu dem „herkömmlichen“ BGB-Bauvertag keine Besonderheiten. Die Bestimmungen der §§ 650a-650h BGB zum Bauvertrag sind mit Ausnahme des § 650f BGB (Bauhandwerkersicherung, Hinweis auf § 650f Abs. 6 Nr. 2 BGB) uneingeschränkt anwendbar.[77]

Nach § 650k Abs. 3 S. 1 BGB muss der Verbraucherbauvertrag ver- **90**
bindliche Angaben zum Zeitpunkt der Fertigstellung oder zur Dauer der Bauausführung enthalten. Wenn hier als höhere Gewalt einzuordnende coronabedingte Störungen eintreten sollten, gilt für Fragen der Verlängerung von Ausführungsfristen und deren Folgen nichts Abweichendes zum BGB-Bauvertrag.

IV. Corona und der Abschluss neuer Bauverträge

Werden in Zeiten der Corona-Krise neue Bauverträge geschlossen, **91**
sollten die Vertragsparteien überlegen, wie mit der jetzt bekannten Coro-

[75] Staudinger/Peters, 2019, BGB § 642 Rn. 82.
[76] BeckOK BGB/Voit BGB § 648a Rn. 2.
[77] BeckOGK/Merkle BGB § 650i Rn. 72.

na-Pandemie umzugehen ist. Dafür ist eine erste Weichenstellung die Frage, ob eine coronabedingte Störung überhaupt noch ein unter den Begriff der höheren Gewalt fallendes Ereignis sein kann. Hierauf aufbauend entscheidet sich sowohl für den Auftraggeber als auch für den Auftragnehmer der Umfang des Regelungsbedarfs für „Corona-Sachverhalte".

1. Höhere Gewalt bei bekannter Corona – Pandemie

92 Die Corona-Pandemie ist omnipräsent. Die aktuelle grenzüberschreitende Situation beeinflusst den privaten und beruflichen Bereich jedes Menschen. Da man sich dieser auch aufgrund der ungeteilten Aufmerksamkeit in allen Medien nicht entziehen kann, ist die Corona-Pandemie in der aktuellen Situation jedem Vertragschließenden bekannt. Sie ist Stand heute damit als solche nicht „unvorhersehbar" im Sinne des Verständnisses der Rechtsprechung für höhere Gewalt.[78]

93 Allerdings ist nach hier vertretener Auffassung nicht entscheidend, ob die Corona-Pandemie als solche bei Vertragsschluss bekannt ist. Maßgeblich ist vielmehr, ob das auf die Corona-Pandemie zurückzuführende konkrete Ereignis, auf das sich später bei der Vertragsdurchführung eine Partei als höhere Gewalt berufen wird, bei Abschluss des Bauvertrags nach menschlicher Einsicht und Erfahrung vorsehbar war. Diese Frage ist diskutabel, da die weltweite Entwicklung der Corona-Pandemie sehr dynamisch und schon in sehr kurzfristigen Intervallen nicht absehbar ist, wie diese Wirtschaft und Privatleben beeinflusst. Die rechtlichen Rahmenbedingungen verändern sich fast täglich. Es ist beispielsweise im April 2020 nicht absehbar, welche rechtlichen Maßnahmen auf Grundlage des IfSG im Mai 2020 aufrechterhalten bleiben oder neu verordnet werden. Das Gleiche gilt für den grenzüberschreitenden Waren- und Personenverkehr, der sich sowohl auf die Beschaffung von Baumaterial als auch auf den Arbeitsmarkt auswirkt.

94 Aufgrund der geschilderten derzeitigen Dynamik der Corona-Pandemie liegt es nahe, auch bei dem Abschluss neuer Bauverträge coronabedingte Störungen als höhere Gewalt einzustufen. Bei dem Bauvertrag, der regelmäßig als Langzeitvertrag geschlossen wird, nach welchem Leistungen des Auftragnehmers und auch Mitwirkungshandlungen des Auftraggebers oftmals erst Monate oder Jahre später zu erbringen sind, ist eine eventuelle und in vielen Facetten mögliche coronabedingte Störung als zukünftiges Ereignis nicht vorhersehbar. Anderes muss selbstverständlich gelten, wenn bei dem Abschluss des Bauvertrages bereits einer Partei ein konkreter coronabedingter Störungssachverhalt bekannt

---

[78] → Rn. 41 ff.; grundlegend zum Begriff der höheren Gewalt BGH NJW 1953, 184.

ist, etwa wenn der Auftragnehmer bereits weiß, das erforderliches Baumaterial nicht zum Leistungszeitpunkt verfügbar sein wird, oder wenn dem Auftraggeber bereits bekannt ist, dass er zum vereinbarten Zeitpunkt sein Baugrundstück nicht zur Verfügung stellen kann.

Für den Bereich der öffentlichen Auftragsvergabe gilt nach derzeitigem Stand, dass coronabedingte Störungen auch bei neu abzuschließenden Bauverträgen als höhere Gewalt einzustufen sind. So wird in dem Erlass des BMI zu vergaberechtlichen Fragen vom 27.3.2020[79] ausdrücklich darauf hingewiesen, *„dass die Folgen der COVID-19-Pandemie für den einzelnen Bauvertrag weiterhin unvorhersehbar sind, der Tatbestand der höheren Gewalt also auch bei Neuverträgen ausgelöst werden kann“.* 95

2. Vereinbarungen zu Bauzeit, Kosten und Vertragsbeendigung

Auch wenn nach hier vertretener Auffassung coronabedingte Störungen auch bei dem Abschluss neuer Bauverträge als höhere Gewalt eingestuft werden können, ist es zur Planungssicherheit und zur Streitvermeidung sinnvoll, in diesen neuen Verträgen Regelungen zum Umgang mit Bauablaufstörungen im Zusammenhang mit der Corona-Pandemie vorzusehen. Die zivile Gesetzgebung, Rechtsprechung und Kautelarpraxis zeigen, dass die Folgen einer Pandemie oder Epidemie, wie sie derzeit bei der Corona-Pandemie zu erfahren sind, so bislang nicht vorhergesehen wurden. 96

Aus der bisherigen Erfahrung mit dem Umgang der Corona-Folgen und der hierzu geführten Diskussionen sollten im Mittelpunkt vertraglicher Vereinbarungen im Zusammenhang mit coronabedingten Störungen (oder etwaiger anderer „coronaähnlicher“ Störungen) Regelungen über die Auswirkungen auf die Bauzeit (Verschiebung von Vertragsfristen und -terminen), und auf die Kosten (Vergütung/Entschädigung im Falle von Bauzeitverlängerungen und Kostensteigerungen) stehen. Zudem ist es sinnvoll, konkrete Regelungen zu Lösungsrechten aufzunehmen, um nicht unsichere Diskussion über Zumutbarkeitsgrenzen bei der Heranziehung der §§ 313, 314, 648a BGB führen zu müssen. Auch die starre Regelung des Sonderkündigungsrechts in § 6 Abs. 7 VOB/B mit der Vorgabe des Dreimonatszeitraums für die durchgehende und vollständige Unterbrechung erscheint nicht immer interessengerecht. 97

Auch die Kooperationspflichten der Bauvertragsparteien gebieten den Versuch, durch vertragliche Regelungen für Corona-Sachverhalte möglichst Termin-, Kosten- und Kündigungssicherheit zu erzielen. Das liegt im Interesse von Auftraggebern und Auftragnehmern. Denn insbesondere 98

[79] Erlass des BMI BW I 7 70406/21#1 vom 27.3.2020, s. dazu auch → Rn. 56.

die nach derzeitiger Rechtslage eingeschränkte Möglichkeit für den Auftragnehmer, die monetären Folgen von coronabedingten Störungen weiterzugeben, wird anderenfalls bei der Kalkulation der Vergütung absehbar zu einem „Corona-Zuschlag“ führen.

§ 7 Reiserecht

Inhaltsübersicht

I. Einleitung

Angesichts der zunächst regional beschränkten und inzwischen weltweiten Reisewarnungen sind insbesondere Touristikunternehmen wie Veranstalter, Hoteliers oder Fluggesellschaften erheblich von der Corona-Krise betroffen. Es ist absehbar, dass dies mittelfristig zu Rechtsstreitigkeiten führen wird. Aufgrund der unterschiedlichen Akteure kommen Ansprüche aus verschiedenen Rechtsquellen in Betracht. Der vorliegende Abschnitt gibt einen Überblick zu den im Zusammenhang mit der Corona-Krise wichtigsten Fragestellungen aus den Bereichen des Pauschalreise- (→ Rn. 2ff.), Luftverkehrs- (→ Rn. 71ff.) sowie Beherbergungsrechts (→ Rn. 129ff.). 1

II. Pauschalreiserecht

1. Anwendungsbereich der §§ 651a ff. BGB

Der genannte Abschnitt im BGB ist auf die Pauschalreise und damit eine Gesamtheit von **mindestens zwei verschiedenen Arten von Reiseleistungen** für den Zweck derselben Reise beschränkt (§ 651a Abs. 2 S. 1 BGB). Reiseleistungen sind laut § 651a Abs. 3 S. 1 BGB die Beförderung von Personen (Nr. 1), die Beherbergung (Nr. 2), die Vermietung bestimmter Kraftfahrzeuge (Nr. 3) sowie sonstige touristische Leistungen (Nr. 4).[1] Wichtig ist dabei die **Bündelung** der Leistungen zu einem **Paket,** wofür im Lichte des § 651a Abs. 2 S. 2 Nr. 1 BGB ebenfalls genügt, wenn die einzelnen Elemente auf Wunsch des Kunden zusammengestellt wurden.[2] Für die Einordnung als Pauschalreise ist es ohne Bedeutung, ob sie privaten oder beruflichen Zwecken dient. Demzufolge greifen die §§ 651a ff. BGB gleichermaßen für **Geschäftsreisen** Platz.[3] 2

---

[1] Zu den Einzelheiten und Problemfällen: HdB-ReiseR/Staudinger § 5 Rn. 2ff.

[2] Eingehend: HdB-ReiseR/Staudinger § 5 Rn. 12ff.

[3] jurisPK-BGB/Steinrötter BGB § 651a Rn. 105ff.; zu der Möglichkeit, die §§ 651a ff. BGB bei Geschäftsreisen mittels Rahmenvertrag abzubedingen: HdB-ReiseR/Staudinger § 5 Rn. 47.

3 Bietet ein Veranstalter ein „klassisches" Reisepaket aus Flug und Hotel an, liegt unproblematisch eine Pauschalreise vor. Gleiches gilt für **Kreuzfahrten,** die eine solche Kombination verschiedener Arten von Leistungen darstellen und für die somit §§ 651a ff. BGB gelten.[4] Problematischer ist die Einordnung bei sog. „gewillkürten" Pauschalreisen[5] sowie Leistungen, die um sog. „Servicepakete"[6] ergänzt sind.

4 Auf **reine Einzelleistungen** (zB die Buchung eines Hotels oder einer Ferienwohnung) sind die §§ 651a ff. BGB weder direkt noch analog[7] anwendbar.[8] Insoweit kommt es beispielsweise auf die mietrechtlichen Vorschriften an (→ Rn. 129ff. und → § 3 Rn. 1ff.).

2. Grundsätzliches

5 Für das Pauschalreise- und insbesondere das Gewährleistungsrecht (§§ 651i ff. BGB) besteht die Besonderheit einer sog. **Einheitslösung,** wonach sämtliche Vorschriften der §§ 651a ff. BGB bereits ab Vertragsschluss Anwendung finden.[9] Anders als etwa im Kaufrecht erfordert die Geltung der Regeln über die Gewährleistung grundsätzlich keinen Leistungsaustausch bzw. Gefahrübergang.

6 In ihrem Anwendungsbereich genießen die §§ 651a ff. BGB Vorrang gegenüber allgemeinen Schadensersatzbestimmungen wie §§ 280ff. BGB.[10] Dieses Verhältnis entspricht nicht nur rein deutscher Dogmatik, sondern ist ebenfalls den europäischen Vorgaben geschuldet. Da der Sekundärrechtsakt gemäß Art. 4 RL (EU) 2015/2302 **vollharmonisierend** ausgestaltet ist, gibt der supranationale Gesetzgeber binnenmarktweit ein in sich geschlossenes System des Pauschalreiserechts vor. Laut Art. 2

---

[4] BeckOGK/Alexander BGB § 651a Rn. 479; HdB-ReiseR/Staudinger § 5 Rn. 4, 21; Staudinger/Ruks RRa 2018, 2 (3); ebenso bereits: BGH NJW 2013, 1674.

[5] Führich NJW 2018, 2926 (2927f.); HdB-ReiseR/Staudinger § 28 Rn. 4; MüKoBGB/Tonner BGB § 651a Rn. 14f.; Stamer DAR 2018, 351 (352); Staudinger/Ruks RRa 2018, 2 (4f.).

[6] Führich NJW 2018, 2926 (2928f.); HdB-ReiseR/Staudinger § 5 Rn. 9; MüKoBGB/Tonner BGB § 651a Rn. 15.

[7] Unter früherer Gesetzeslage entsprach die analoge Anwendung der hM, siehe etwa: BGH NJW 2014, 2955; zur Kritik: Staudinger/Staudinger, 2016, BGB §§ 651a Rn. 29f.

[8] AG Hannover RRa 2020, 17; HdB-ReiseR/Staudinger § 28 Rn. 1, 3; Staudinger/Ruks RRa 2018, 2 (4).

[9] Förster JA 2018, 561 (565); Führich NJW 2017, 2945 (2949); HdB-Reiserecht/Staudinger § 17 Rn. 3; HK-BGB/Staudinger BGB § 651i Rn. 1; jurisPK-BGB/Steinrötter BGB § 651i Rn. 3; MüKoBGB/Tonner BGB § 651i Rn. 30ff.; Staudinger/Ruks RRa 2018, 2 (8); Bergmann in Tonner/Bergmann/Blankenburg ReiseR § 2 Rn. 205.

[10] Ausführlich: BeckOGK/Sorge BGB § 651i Rn. 21ff.; HdB-ReiseR/Staudinger § 17 Rn. 2ff.; MüKoBGB/Tonner BGB § 651i Rn. 30ff.

Abs. 3 RL (EU) 2015/2302 lässt die Richtlinie zwar das allgemeine Vertragsrecht (Bestimmungen zur Wirksamkeit, Zustandekommen oder Wirkungen eines Vertrages) unberührt, jedoch nur, soweit diesbezüglich keine supranationalen Regelungen bestehen.

Der Vorrang der pauschalreiserechtlichen Bestimmungen bezieht sich gleichermaßen auf das Verhältnis etwa der §§ 651h, 651l BGB gegenüber §§ 313, 314 BGB (→ § 1 Rn. 38).[11] Rücktritt (§ 651h BGB → Rn. 8ff.) und Kündigung (§ 651l BGB → Rn. 37ff.) regeln abschließend die Möglichkeiten einer **Vertragsbeendigung** vor bzw. nach Reiseantritt durch den Kunden sowie den Veranstalter. Liegen die Voraussetzungen der jeweiligen Bestimmung nicht vor, verbietet es sich, unter Zuhilfenahme von §§ 313, 314 BGB ein eigenes nationales Lösungsrecht zu schaffen und die europäisch geprägten reiserechtlichen Vorgaben zu konterkarieren. Im Übrigen zeigt sich bei einer Gegenüberstellung von § 651h, § 651l einer- und § 313 BGB andererseits, dass die letztgenannte Vorschrift ohnehin nicht über das reiserechtliche Schutzniveau hinausgeht. Auf Rechtsfolgenseite sieht § 313 Abs. 1 BGB nämlich in erster Linie die Anpassung des ursprünglich geschlossenen Vertrages vor. Den Inhalt bestimmt die Norm indes nicht (→ § 1 Rn. 39).[12] Dies könnten in Bezug auf die Reise wohl auch örtliche oder zeitliche Modifikationen sein. Erst wenn derartige Umgestaltungen ausscheiden, kommt ein Rücktritt vom Vertrag gemäß § 313 Abs. 3 S. 1 BGB in Betracht. Somit erweisen sich selbst bei einer Gegenüberstellung die Vorzüge der §§ 651h, 651l BGB, die insoweit auf das Pauschalreiserecht zugeschnittene Regelungen enthalten. Zwar mag die Unsicherheitseinrede des § 321 BGB mit § 313 BGB in einem gewissen Zusammenhang stehen, gleichwohl betrifft die Norm auch Aspekte der Fälligkeit und Durchsetzbarkeit eines Zahlungsanspruchs, welche nicht durch die RL (EU) 2015/2302 geregelt sind. Daher kann die Vorschrift wohl zugunsten des Reisenden trotz der vorgesehenen Insolvenzabsicherung (§ 651r BGB) bei einem drohenden Konkurs des Veranstalters oder einer krisenbedingten Unmöglichkeit der Reisedurchführung eingreifen, sofern dies auf einer verlässlichen Prognose beruht. Dabei muss der Ausnahmecharakter der Vorschrift bedacht werden. 7

3. Rücktritt vor Reisebeginn (§ 651h BGB)

Bis zum Zeitpunkt des Reiseantritts (→ Rn. 9f.) können sowohl der Kunde (→ Rn. 12ff.) als auch der Veranstalter (→ Rn. 28ff.) nach Maßgabe des § 651h BGB vom Vertrag zurücktreten. 8

---

[11] Vgl. HdB-ReiseR/Staudinger § 16 Rn. 20; noch zur Vorgängerregelung: BeckOGK/Martens BGB § 313 Rn. 78; § 314 BGB hält für anwendbar: MüKoBGB/Tonner BGB § 651l Rn. 2.

[12] BeckOGK/Martens BGB § 313 Rn. 123.

a) Grundsätzliches

aa) Zeitlicher Anwendungsbereich

9 Ausweislich der amtlichen Überschrift und des Wortlauts von § 651h Abs. 1 S. 1 BGB bzw. § 651h Abs. 4 S. 1 BGB ist der Rücktritt auf die Phase **bis zum Beginn der Reise** beschränkt. Das deutsche Recht enthält diesbezüglich keine Legaldefinition. Aus den europäischen Vorgaben in Art. 3 Nr. 4 RL (EU) 2015/2302 ergibt sich lediglich, dass es auf den Zeitpunkt ankommen soll, „zu dem die Erbringung der in einer Pauschalreise zusammengefassten Reiseleistungen beginnt". Bei einem aus Flugbeförderung und Hotelunterkunft bestehendem Arrangement stellt die überwiegende Auffassung auf den **Check-In** des Reisenden für den Hinflug ab.[13] Gegen diese Auffassung formiert sich jedoch Widerstand, da in dieser Pauschalität technische Entwicklungen (zB Online- bzw. Vorabend-Check-In) weitestgehend ausgeblendet werden.[14] Bei derartigen Möglichkeiten erscheint es zweifelhaft und eher abzulehnen, dass mit der Vornahme des Online- bzw. Vorabend-Check-In die Leistungsausführung tatsächlich beginnt. Dies gilt umso mehr, als Kunden bei vielen Airlines einen Online-Check-In sogar mehrere Tage im Voraus vornehmen können.[15]

10 Problematisch ist ferner die Bestimmung des Reiseantritts bei sog. **„Rail&Fly"**-Angeboten, durch welche der Kunde im Vorfeld des Abfluges eine bestimmte Zugverbindung zum Flughafen nutzen kann.[16] Hier stellt sich zunächst die Frage, ob es sich um eine eigene Leistung des Veranstalters[17] und damit einen Bestandteil der Pauschalreise oder lediglich um ein vermitteltes Fremdprodukt[18] handelt. Zählen sie zum geschuldeten Leistungsumfang des Paketes, liegt in dem Betreten des Zuges der Beginn der Pauschalreise.[19] Abweichendes gilt, wenn die Bahnbeförderung als lediglich vermittelte Fremdleistung außerhalb des Pauschalreisepaktes von einem anderen Unternehmen verantwortet wird.

bb) Verhältnis zu § 651l BGB

11 Bereits vor Reiseantritt (→ Rn. 9f.) kann auch das Kündigungsrecht aus § 651l BGB einschlägig sein (→ Rn. 34ff.). Das beruht auf der Be-

---

[13] BeckOGK/Harke BGB § 651h Rn. 15; BeckOK BGB/Geib BGB § 651h Rn. 2; vormals: OLG Dresden NJW-RR 2001, 1610.

[14] Ruks, Die Haftung für außergewöhnliche Umstände, 2020, 52ff.; Staudinger DAR 2015, 183 (189).

[15] Vgl. BeckOGK/Harke BGB § 651h Rn. 15.

[16] Hierzu ebenfalls: Ruks, Die Haftung für außergewöhnliche Umstände, 2020, 53f.

[17] HdB-ReiseR/Führich Anh. § 21 Rn. 57f.; zur früheren Rechtslage: BGH NJW 2011, 371 mAnm Führich LMK 2011, 313836; Staudinger/Staudinger, 2016, BGB § 651a Rn. 54.

[18] Exemplarisch: AG Duisburg BeckRS 2019, 33164; krit. Staudinger/Schröder NJW 2020, 886.

[19] BeckOGK/Harke BGB § 651h Rn. 15; vormals: AG Hannover RRa 2017, 115.

sonderheit des Pauschalreiserechts, da nach der sog. **Einheitslösung** sämtliche Gewährleistungsrechte der §§ 651i ff. BGB ab dem Zeitpunkt des Vertragsschlusses anwendbar sind (→ Rn. 34ff.). Die Vorschrift erfasst ebenfalls Beeinträchtigungen der Reise durch **außergewöhnliche Umstände** wie Pandemien (→ Rn. 38). Mit Blick auf die in § 651l Abs. 2, 3 BGB geregelten Rechtsfolgen scheint der Rechtsbehelf in seiner Konzeption auf den ersten Blick zwar eher auf die Situation nach Reisebeginn zugeschnitten. Gleichwohl kann der Kunde vor dem Antritt der Reise frei wählen, ob er nach § 651h Abs. 1 BGB zurücktritt oder gemäß § 651l Abs. 1 BGB kündigt.[20] In aller Regel dürfte in der Phase bis zum Reisebeginn das Rücktrittsrecht nach § 651h Abs. 1 BGB vorzugswürdig sein. Anders als die Kündigung setzt der Rücktritt nämlich keine vorherige Fristsetzung (→ Rn. 39) voraus und ebenso wenig erhält der Veranstalter den (anteiligen) Reisepreis (→ Rn. 40ff.).

b) Rücktritt des Reisenden

aa) Bestehendes Rücktrittsrecht

Dem Kunden steht laut § 651h Abs. 1 S. 1 BGB ein **freies** Rücktritts- 12
recht zu. Es bedarf hierfür keines Grundes.[21] Demzufolge kann der Reisende selbst dann von der Reise Abstand nehmen, wenn er lediglich „abstrakt" um eine weitere Ausbreitung des Corona-Virus besorgt ist und seinen Urlaub deshalb nicht antreten möchte (zB Angst-, Unwohlgefühle). Das gilt erst recht bei einer konkreten Betroffenheit seines Reiseziels durch die Ausweitung einer Infektion. Der **Grund** für den Rücktritt und insbesondere, ob es sich um außergewöhnliche Umstände handelt, werden erst auf der **Rechtsfolgenseite** relevant (→ Rn. 14ff.).

Selbstverständlich muss der Kunde den Rücktritt als Gestaltungsrecht 13
erklären, was schriftlich, elektronisch oder mündlich erfolgen kann.[22] Auch das **bloße Nichterscheinen** zum Reisebeginn (sog. „no show") des Kunden kann als schlüssiges Verhalten einen Rücktritt begründen.[23] Das mag der Fall sein, wenn der Reisende in einem Telefonat mit dem Veranstalter bereits angekündigt hat, nicht an dem Urlaub teilnehmen zu wollen und anschließend nach kurzer Bedenkzeit tatsächlich nicht zum Abflug erscheint.

---

[20] Ruks, Die Haftung für außergewöhnliche Umstände, 2020, 132ff.

[21] HdB-ReiseR/Staudinger § 16 Rn. 2; HK-BGB/Staudinger BGB § 651h Rn. 1; MüKoBGB/Tonner BGB § 651h Rn. 1.

[22] HdB-ReiseR/Staudinger § 16 Rn. 7.

[23] BeckOK BGB/Geib BGB § 651h Rn. 5; HdB-ReiseR/Staudinger § 16 Rn. 7; MüKoBGB/Tonner BGB § 651h Rn. 11; ebenso vormals: Staudinger/Staudinger, 2016, BGB § 651i Rn. 15; aA BeckOGK/Harke BGB § 651h Rn. 11; jurisPK-BGB/Steinrötter BGB § 651h Rn. 12.

bb) Rechtsfolgen

14 Der nach § 651h Abs. 1 S. 1 BGB erklärte Rücktritt des Kunden hat Auswirkungen auf die Pflicht zur Zahlung des Reisepreises (→ Rn. 15 ff.) sowie einen möglichen Entschädigungsanspruch des Veranstalters (→ Rn. 23 ff.).

(1) Reisepreis

15 Tritt der Kunde zurück, verliert der Veranstalter kraft § 651h Abs. 1 S. 2 BGB den Anspruch auf den vereinbarten Reisepreis. Für den Fall, dass der Reisende noch keinerlei Zahlungen erbracht hat, steht dem Veranstalter ein Vergütungsanspruch kraft § 651a Abs. 1 S. 2 BGB nicht zu. Entsprechende (Nach-)Forderungen sind daher unbegründet.

16 Hat der Kunde jedoch den Reisepreis teilweise oder sogar vollständig entrichtet, kann er sich auf einen **Rückzahlungsanspruch** stützen. Das Bestehen einer solchen Forderung geht jedenfalls mittelbar aus § 651h Abs. 5 BGB hervor und wird in der Gesetzesbegründung sogar ausdrücklich genannt.[24] Einen pauschalreiserechtlichen Anspruch sieht ebenfalls Art. 12 Abs. 2 S. 2, Abs. 4 RL (EU) 2015/2302 vor. Demzufolge bedarf es keines Rückgriffs auf nationale Institute wie §§ 346 ff. BGB oder §§ 812 ff. BGB.

17 Die Erstattung muss laut § 651h Abs. 5 BGB „unverzüglich" erfolgen, spätestens jedoch innerhalb von **14 Tagen** nach dem Rücktritt. Überschreitet der Veranstalter diesen Zeitraum, so befindet er sich in Verzug (vgl. § 286 Abs. 2 Nr. 2 BGB).[25]

18 Insoweit stellt sich die Frage, ob eine „Erstattung" des Reisepreises in Form von **Gutscheinen erlaubt** ist. Gegen eine solche Möglichkeit mag zunächst der Wortlaut von § 651h Abs. 5 BGB sprechen, der ausdrücklich eine Rückerstattung des Reisepreises vorsieht. Das meint womöglich einen vollständigen Transfer des entrichtenden Betrages und ist nicht mit der Ausgabe eines vom Veranstalter ausgestellten Gutscheines vergleichbar. Dem Kunden steht nämlich anderenfalls der Betrag nicht wieder zur freien Verfügung, sondern vielmehr bleibt der Reisende an einen bestimmten Vertragspartner gebunden. Das lässt sich mit dem bezweckten Schutz des Reisenden nicht in Einklang bringen und dürfte als Umgehungsversuch iSd § 651y S. 2 BGB zu werten sein. Eine Pflicht des Kunden, derartige Gutscheine als Rückzahlungsmittel anzunehmen, besteht demzufolge im Grundsatz nicht. Die genannten Bestimmungen beruhen aber auf Art. 12 Abs. 4 RL (EU) 2015/2302 sowie Art. 23 RL (EU) 2015/2302, mithin europäischen Vorgaben vor. Folglich bleibt es den Mitgliedstaaten verwehrt, davon abweichende nationale Regelungen zu

---

[24] BT-Drs. 18/10822, 76 f.; HdB-ReiseR/Staudinger § 16 Rn. 10; vgl. BeckOK BGB/Geib BGB § 651h Rn. 7.

[25] HdB-ReiseR/Staudinger § 16 Rn. 10; HK-BGB/Staudinger BGB § 651h Rn. 5.

erlassen und auf diese Weise in das **vollharmonisierende Konzept** der Richtlinie einzugreifen (vgl. Art. 4 RL (EU) 2015/2302). Erwägungsgrund 20 sowie Art. 2 Abs. 3 RL (EU) 2015/2302 erlauben den Rückgriff nur, wenn keine anderslautenden europäischen Regelungen bestehen. Daher kann etwa eine Gutschein-Lösung nur auf europäischer Ebene erreicht werden. Eine solche Lösung lässt sich beispielsweise über eine primärrechtskonforme Auslegung der Richtlinie erreichen (→ Rn. 114ff.). Um eine Friktion innerstaatlichen Regelungen mit den supranationalen Vorgaben zu verhindern, hat die Bundesregierung davon abgesehen, auf rein nationaler Ebene einen Gesetzentwurf zur sog. **Gutschein-Lösung** zu erarbeiten, die eine Erstattung in Gutscheinen statt in Geld beinhaltet. Vielmehr setzte sich die Exekutive bei der EU-Kommission für eine europäische Maßnahme ein.[26] Im Einzelnen sieht der **Beschluss** des sog. „Corona-Kabinetts" der **Bundesregierung** vor, dass Reisende anstelle einer Rückzahlung binnen 14 Tagen einen Gutschein erhalten.[27] Selbstverständlich sollte der Gutschein dann wie im COVFAG kostenlos sein (→ § 1 Rn. 32). Ein gewisser Widerspruch des persönlichen Schutzbereichs droht aber zu der nationalen Gutschein-Lösung etwa im Zusammenhang mit Konzerten (→ § 1 Rn. 27ff.). Im Unterschied zu diesen neuen innerstaatlichen Vorschriften (→ § 1 Rn. 29) sind bei den europäisch geprägten Bestimmungen im Pauschalreise- und Luftverkehrsrecht gerade auch Geschäftsreisende in den Anwendungsbereich einbezogen (→ Rn. 2). Der Beschluss der Bundesregierung stellt zudem verschiedene Bedingungen auf. Die Gutscheine sollen nämlich einer **Insolvenzabsicherung** unterliegen (→ Rn. 57ff.) und gegebenenfalls einer staatlichen Rückversicherung. Als weitere Prämisse enthält das Dokument den Vorschlag von **Härtefallklauseln,** wenn für Kunden ein Gutschein unzumutbar ist. Anzudenken sind hier etwa Situationen, in denen Buchenden finanzielle Mittellosigkeit droht. Für derartige Konstellationen bleibt es demzufolge bei der regulären Erstattung binnen 14 Tagen (→ Rn. 17). Ein weiterer Aspekt des Beschlusses betrifft die Frage der **Gültigkeit.** Sie soll bei den Gutscheinen auf den 31.12.2021 **befristet** sein. Löst der Kunde diesen „Ersatz" bis zu dem Zeitpunkt nicht ein, ist ausdrücklich der Wert zu erstatten. Dieser zusätz-

---

[26] Pressemitteilung Nr. 118 v. 2.4.2020; abrufbar unter: https://www.bundesregierung.de/breg-de/aktuelles/im-sogenannten-corona-kabinett-der-bundesregierung-wurde-heute-folgender-beschluss-fuer-eine-gutscheinloesung-bei-pauschalreisen-flugtickets-und-freizeitveranstaltungen-gefasst--1738744 (letzter Abruf: 8.4.2020).

[27] Pressemitteilung Nr. 118 v. 2.4.2020; abrufbar unter: https://www.bundesregierung.de/breg-de/aktuelles/im-sogenannten-corona-kabinett-der-bundesregierung-wurde-heute-folgender-beschluss-fuer-eine-gutscheinloesung-bei-pauschalreisen-flugtickets-und-freizeitveranstaltungen-gefasst--1738744 (letzter Abruf: 8.4.2020), zum österreichischen Recht: Keiler RdW 17/2020, 1.

liche Passus erscheint aus Schutzgesichtspunkten überzeugend, da anderenfalls ein „Verfall" des Gutscheins drohen könnte. Letztlich bezweckt die Gutschein-Lösung, die Liquidität der Touristikunternehmen sicherzustellen, indem eine Auszahlung faktisch nicht vor dem Ablaufdatum möglich ist. Ein späterer Zeitpunkt als der im Beschluss gewählte könnte überdies zu einer Problematik mit Blick auf die Verjährung führen. Der in § 651h Abs. 5 BGB geregelte Rückzahlungsanspruch (→ Rn. 16) unterliegt nämlich der Regelverjährung aus §§ 195, 199 BGB.[28] Hinsichtlich des im Beschluss gewählten Ablaufdatums scheidet eine Verjährung mithin aus.

19 Ferner stellt sich die Frage, ob und inwieweit der Kunde – auch ohne eine normative Verankerung der Gutschein-Lösung (→ Rn. 18) – solche Ersatzleistungen **freiwillig akzeptieren** darf. Sofern der Reisende bewusst und willentlich die Entscheidung trifft, jene entgegenzunehmen und bei einer späteren Buchung einzusetzen, ginge es wohl zu weit, anzunehmen, das Europarecht und in dessen Umsetzung § 651y BGB würden eine derartige **Ausübung der Privatautonomie** verbieten. Die Möglichkeit ergibt sich außerdem daraus, dass Pauschalreisen außerhalb von Geschäftsräumen oder im Fernabsatzverkehr gebucht werden können und jedenfalls Verbrauchern in diesem Fall kraft § 312 Abs. 7 S. 2 BGB, § 312 g Abs. 1 BGB ein **Widerrufsrecht** zusteht. Löst sich der Verbraucher sodann vom Vertrag (vgl. § 355 Abs. 1 BGB), sind die empfangenen Leistungen nach § 357 Abs. 1 BGB zurückzugewähren. Dabei sieht zwar § 357 Abs. 3 S. 1 BGB grundsätzlich vor, dass bei der Erstattung dasselbe Zahlungsmittel zu verwenden ist, welches der Kunde ursprünglich genutzt hatte. Allerdings lässt § 357 Abs. 3 S. 2 BGB einen abweichenden Ausgleich (zB in Form eines Gutscheins[29]) zu, wenn dies ausdrücklich vereinbart wird und dem Verbraucher dadurch keine Kosten entstehen. Diese Regelung beruht auf Art. 13 Abs. 1 RL (EU) 2011/83 und ist damit europäisch geprägt. Sie verdeutlicht, dass der supranationale Gesetzgeber die Privatautonomie in bestimmten Grenzen wahrt. Auch in der Pauschalreiserichtlinie finden sich Ausführungen zum Widerrufsrecht (vgl. Art. 12 Abs. 5 RL (EU) 2015/2302) und Erwägungsgrund 48 RL (EU) 2015/2302 sowie Art. 7 Abs. 1 RL (EU) 2015/2302, Art. 27 RL (EU) 2015/2302 nehmen sogar ausdrücklich Bezug auf die Verbraucherrechte-RL (EU) 2011/83. Mithin bestehen ebenso auf europäischer Ebene im pauschalreiserechtlichen Kontext Möglichkeiten der Auszahlung von Gutscheinen, sofern dies im Einvernehmen mit dem Kunden erfolgt. Deshalb überzeugt es nicht, die vom Reisenden freiwillig getroffene Entscheidung zur Annahme von Gut-

[28] BeckOGK/Sorge BGB § 651j Rn. 21; MüKoBGB/Tonner BGB § 651j Rn. 5.
[29] Hierzu: Willems NJW 2018, 1049.

scheinen zu untersagen. Insbesondere wäre es widersprüchlich, wenn nur die Vertriebsform darüber entscheiden würde, ob sich der Kunde auf andere Entschädigungsformen einlassen dürfte. Demzufolge lässt sich eine dahingehende Einlassung des Reisenden als Ausfluss der Privatautonomie nicht verhindern.

Nimmt der Kunde einen (Wert-)Gutschein in der dem gezahlten Rei- 20
sepreis entsprechender Höhe an, erscheint die **rechtliche Einordnung** fraglich.[30] Diese könnte zum einen als **Annahme an Erfüllung statt** iSd § 364 Abs. 1 BGB angesehen werden, so dass die Forderungen des Reisenden (§ 651h Abs. 1 S. 2 BGB) mit dem Bewirken der Leistung erlischt. In diesem Fall wäre eine spätere Insolvenz des Reiseveranstalters nicht mehr von der Kundengeldabsicherung erfasst, so dass das Verwertungsrisiko beim Kunden liegt. Denn der noch einzulösende Gutschein verbrieft keine spezifizierte Pauschalreise. Vielmehr steht es dem Kunden frei, wofür er den Gutschein letztlich verwendet (Einzelleistung, Pauschalreise oder verbundene Reiseleistungen). Da insoweit keine Buchung bzw. Zahlung des Reisepreises vorliegt, ist der Gutschein nicht nach § 651r Abs. 1 S. 2 BGB insolvenzgesichert.

Zum anderen kommt auch in Betracht, dass der Urlauber den Gut- 21
schein als eine **Leistung erfüllungshalber** gem. § 364 Abs. 2 BGB annimmt. Im Gegensatz zu § 364 Abs. 1 BGB erhält der Reisende dann als Gläubiger des Erstattungsanspruchs nach § 651h Abs. 1 S. 2 BGB eine zusätzliche Befriedigungsmöglichkeit. In diesem Fall besteht die ursprüngliche Forderung weiterhin fort und Erfüllung tritt erst ein, wenn der Reisende den Gutschein einlöst.[31] Zur Frage, ob eine Leistung an Erfüllung statt oder erfüllungshalber vorliegt, ist zuvörderst die Parteivereinbarung heranzuziehen, die bei Unklarheiten gem. §§ 133, 157 BGB unter Berücksichtigung der beiderseitigen Interessen ausgelegt werden muss.[32] Soweit der Gläubiger direkt durch die Gutscheinhingabe befriedigt werden soll, liegt eine Leistung an Erfüllung statt vor, bei welcher dieser in Bezug auf die andere Leistung das Verwendungs- und Verwertungsrisiko trägt.[33] Demgegenüber ist von einer Leistung erfüllungshalber auszugehen, wenn der Kunde nicht sofort mit der Hingabe des Gutscheins befriedigt werden soll, sondern dies erst im Zuge der Verwertung erfolgt. Kennzeichnend für eine Leistung erfüllungshalber ist, dass der Gläubiger nach der Vereinbarung zwar eine Verwertungs-

---

[30] In einem Gesetzesentwurf der Bundesregierung zur Abmilderung der Folgen der COVID-19-Pandemie im Veranstaltungsvertragsrecht ist eine Gutscheinlösung vorgesehen, um Veranstalter zu entlasten. Der Entwurf verhält sich jedoch nicht zu der Frage, wie Hingabe des Gutscheins mit Blick auf die Erfüllung rechtlich einzuordnen ist.

[31] Palandt/Grüneberg BGB § 364 Rn. 7.

[32] Vgl. BeckOGK/Looschelders BGB § 364 Rn. 51 mwN.

[33] BeckOGK/Looschelders BGB § 364 Rn. 52.

pflicht für den Leistungsgegenstand, nicht aber das Verwertungs- und Verwendungsrisiko übernehmen soll.[34] Bei Auslegungsschwierigkeiten kann zudem auf die Zweifelsregelung des § 364 Abs. 2 BGB zurückgegriffen werden. Soweit der Schuldner zum Zweck der Befriedigung des Gläubigers eine neue Verbindlichkeit übernimmt, ist nämlich im Zweifel nicht davon auszugehen, dass eine Leistung an Erfüllung statt gewollt ist. Hierzu zählt die Zahlung durch Scheck oder Wechsel.[35] Die Hingabe von Gutscheinen[36], welche erst später eingelöst werden sollen, sind damit vergleichbar. Denn auch in diesem Fall wird der Reisende im Zweifel daran interessiert sein, hilfsweise auf die ursprüngliche Forderung zurückgreifen zu können, soweit die Befriedigung durch den Gutschein misslingt. Für dieses Ergebnis spricht insbesondere, dass lediglich die ursprüngliche Forderung auf Rückerstattung der Kundengeldabsicherung unterfällt. Insoweit erscheint eine Einordnung als Leistung erfüllungshalber gem. § 364 Abs. 2 BGB angezeigt. Dementsprechend besteht der Erstattungsanspruch nach § 651h Abs. 1 S. 2 BGB als ursprüngliche Forderung weiterhin fort und ist nach hM gestundet.[37] Nach dieser Ansicht würde der Schuldner wegen der ursprünglichen Forderung nicht mehr in Verzug kommen sowie ein bereits eingetretener Verzug entfallen.[38] Es erscheint fraglich, ob dies mit Blick auf etwaige Verzugsschäden interessengerecht ist. Eine Überschreitung der Zahlungsfrist des § 651h Abs. 5 BGB führt gem. § 286 Abs. 2 Nr. 2 BGB zum Schuldnerverzug. Neben einem Schadensersatzanspruch nach §§ 280 Abs. 1, 2, 286 BGB kann der Reisende die Verzugspauschale nach § 288 Abs. 5 BGB geltend machen, sofern er als Verbraucher handelt. Es dürfte im Zweifel dem Willen der Parteien entsprechen, den Verzug erst mit der Befriedigung des Gläubigers entfallen zu lassen, soweit dieser bereits bei Hingabe der Leistung erfüllungshalber bestand.[39] Maßgeblich ist letztlich die Parteivereinbarung, so dass durch Auslegung zu ermitteln ist, ob eine Stundung oder ein pactum de non petendo in Form eines materiellrechtlichen Leistungsverweigerungsrechts sui generis oder eines prozessualen Ausschlusses der Klagbarkeit oder Vollstreckbarkeit[40] in Bezug

---

[34] Staudinger/Olzen, 2016, BGB § 364 Rn. 21.

[35] Siehe hierzu BGH NJW 1995, 3386; 2009, 2600; NJW-RR 2007, 1118.

[36] Die Hingabe ist von der letztlichen Einlösung zu trennen. Bezahlt der Kunde den Reisepreis durch Einlösung eines erworbenen Gutscheins, hat der Reiseveranstalter diesen insoweit gem. § 364 Abs. 1 BGB an Erfüllung statt angenommen, vgl. AG Frankfurt a.M. Urt. v. 19.4.2018 – 30 C 3256/17 (71).

[37] BGH NJW 1986, 424; 1992, 683.

[38] Vertiefend BeckOGK/Looschelders BGB § 364 Rn. 45; Staudinger/Olzen, 2016, BGB § 364 Rn. 27.

[39] Staudinger/Olzen, 2016, BGB § 364 Rn. 28.

[40] Palandt/Grüneberg BGB § 364 Rn. 8; Staudinger/Olzen, 2016, BGB § 364 Rn. 28.

auf die ursprüngliche Forderung gewollt ist. Der Anspruch auf Auszahlung unterliegt zwar nach § 651h Abs. 5 BGB zum Wohl des Kunden einer kurzen Auszahlungsfrist, diese ist aber von der Verjährungsfrist zu unterscheiden. Der Erstattungsanspruch aus § 651h Abs. 1 S. 2 BGB unterfällt der Regelverjährung nach den §§ 195ff. BGB.[41] Da die Vereinbarung der Leistung erfüllungshalber – unabhängig von ihrer dogmatischen Einordnung – bis zur Erfüllung oder dem Misslingen der Befriedigung[42] verjährungshemmend iSd § 205 BGB wirkt[43], führt eine Befristung des Gutscheins jedenfalls zu keinem Dilemma hinsichtlich der Verjährung des ursprünglichen Erstattungsanspruchs. Soweit der Gutschein insolvenzbedingt nicht mehr eingelöst werden kann, ist zwar nicht dieser von der Kundengeldabsicherung erfasst, jedoch der noch nicht erfüllte Erstattungsanspruch nach § 651h Abs. 1 S. 2 BGB.

Neben **insolvenzrechtlichen Aspekten** (→ Rn. 57ff.) für den Fall einer späteren Zahlungsunfähigkeit des Veranstalters stellt sich die Frage, ob und inwieweit der Kunde an seine **getroffene Entscheidung** zur Akzeptanz des Gutscheins **gebunden** ist. In diesem Zusammenhang enthält die RL (EU) 2015/2302 eine relevante Aussage. Gemäß Art. 23 Abs. 2 RL (EU) 2015/2302 dürfen Reisende nämlich nicht auf die Rechte verzichten, die ihnen aus den nationalen Maßnahmen durch Umsetzung der Richtlinie zustehen. Ferner macht Art. 23 Abs. 3 RL (EU) 2015/2302 deutlich, dass vertragliche Vereinbarungen oder Erklärungen des Kunden über einen entsprechenden Verzicht für ihn **nicht bindend** sind. Daraus ließe sich womöglich ableiten, dass zumindest die freiwillige Annahme von Gutscheinen durch den Reisenden nicht endgültig sein darf, sondern ihm auch zu einem späteren Zeitpunkt die Rückgabe des Coupons und die Forderung nach einer Erstattung in Geld möglich sein muss. Die Tragweite der genannten supranationalen Vorschrift kann letztlich nur der EuGH im Wege eines Vorabentscheidungsverfahrens nach Art. 267 AEUV klären. Dies gilt ebenso für die Reichweite der primärrechtskonformen Auslegung als Grundlage für eine Gutschein-Lösung ohne Einverständnis des Kunden und bindender Wirkung für ihn. 22

(2) Entschädigungsanspruch des Veranstalters („Stornogebühren“)

Im Falle eines Rücktritts des Reisenden nach § 651h Abs. 1 S. 1 BGB 23
darf der Veranstalter grundsätzlich eine angemessene Entschädigung (§ 651h Abs. 1 S. 3 BGB) verlangen. Ihm ist gemäß § 651h Abs. 2 BGB

[41] BeckOGK/Sorge BGB § 651j Rn. 21; MüKoBGB/Tonner BGB § 651j Rn. 5; Palandt/Sprau BGB § 651j Rn. 2.

[42] Hierzu BGH NJW 1986, 426; 1992, 684; 2007, 1357.

[43] Siehe hierzu etwa Palandt/Ellenberger BGB § 205 Rn. 2.

sogar erlaubt, in den Allgemeinen Geschäftsbedingungen pauschalierte Beträge festzulegen.[44]

24 Eine Ausnahme hiervon gilt laut § 651h Abs. 3 S. 1 BGB, wenn am Bestimmungsort oder in dessen unmittelbarer Nähe unvermeidbare, außergewöhnliche Umstände auftreten, welche die Durchführung der Pauschalreise oder die Beförderung von Personen an den Bestimmungsort erheblich beeinträchtigen. **Außergewöhnliche Umstände** liegen nach § 651h Abs. 3 S. 2 BGB vor, wenn sie nicht der Kontrolle der Partei unterliegen, die sich hierauf beruft und sich ihre Folgen auch dann nicht hätten vermeiden lassen, wenn alle zumutbaren Vorkehrungen getroffen worden wären. In derartigen Fällen steht dem Veranstalter **keine Entschädigung** nach § 651h Abs. 1 S. 3 BGB zu. In Bezug auf die Corona-Krise kommt es für die Beurteilung darauf an, wann der Reisende zurückgetreten ist und ob die Gegebenheiten zu dieser Zeit bereits als außergewöhnliche Umstände zu qualifizieren sind. Hier verbietet sich jede schematische Betrachtung, maßgeblich bleiben vielmehr die Geschehnisse des konkreten Einzelfalles. In diesem Zusammenhang ist für die Bewertung der Zeitpunkt der Ausübung des Gestaltungsrechts maßgeblich. Es handelt sich um eine **Prognoseentscheidung,** für die es auf eine **ex-ante-Betrachtung** ankommt.[45] Bei einer für den Herbst 2021 gebuchten Reise lässt sich eine verlässliche Prognose darüber, dass eine Beeinträchtigung durch außergewöhnliche Umstände eintreten wird, somit (noch) nicht treffen. Im Falle eines „übereilten“ Rücktritts fällt in aller Regel eine Entschädigung gemäß § 651h Abs. 1 S. 3 BGB an. Daran ändert sich nichts, wenn sich im Nachhinein eine Betroffenheit der späteren Reise von außergewöhnlichen Ereignissen ergibt und sich der Rücktritt ex-post darauf stützen ließe. Die entrichteten Stornogebühren kann der Kunde nicht zurückverlangen. Es vermag nämlich nicht zu überzeugen, dass der Kunde möglichst frühzeitig vom Vertrag zurücktritt und dann auf die Fortdauer der Krise bis zu einem späteren Zeitpunkt spekuliert. Dieses Vorgehen würde sich faktisch immer zulasten des Veranstalters auswirken, falls nachträglich die spätere Reise von einer Krise betroffen ist und quasi „rückwirkend" doch keine Entschädigung gezahlt werden müsste oder das Arrangement nicht beeinträchtigt ist und der Kunde dann nur die zum frühen Zeitpunkt der Rücktrittserklärung günstigere Stornogebühr entrichten soll. Wie in der Richtlinie angelegt, so zeigt sich auch an § 651h Abs. 5 BGB, dass konzeptionell Rücktritt sowie Bezifferung der Rückerstattung in einem engen zeitlichen Zusammenhang ste-

---

[44] Zu den Einzelheiten der Berechnung und zum Kontrollmaßstab: BeckOGK/Harke BGB § 651h Rn. 28 ff.; HdB-ReiseR/Staudinger § 16 Rn. 12 ff.; jurisPK-BGB/Steinrötter BGB § 651h Rn. 58 ff.; MüKoBGB/Tonner BGB § 651h Rn. 13 ff.; Bergmann in Tonner/Bergmann/Blankenburg ReiseR § 2 Rn. 278 ff.

[45] Ruks, Die Haftung für außergewöhnliche Umstände, 2020, 66 ff.

hen. Umgekehrt mag je nach Einzelfall bei einer im Mai oder Juni 2020 vorgesehenen Reise und einem Rücktritt ab März 2020 die Prognose zutreffend erscheinen, dass eine Beeinträchtigung des Arrangements durch außergewöhnliche Umstände vorliegen wird. In diesem Fall schuldet der Kunde folglich keine Entschädigung nach § 651h Abs. 1 S. 3 BGB. Das gilt selbst dann, wenn sich im Mai oder Juni 2020 ex-post herausstellt, dass die Reise durchgeführt werden kann. Die Prognose und die Tatsachenlage im Zeitpunkt der Gestaltungserklärung wird durch nachträgliche Veränderungen nicht erschüttert.

Ist weder eine Reisewarnung ausgesprochen, noch das Zielgebiet von der Epidemie betroffen und mangelt es auch an einer gewissen Wahrscheinlichkeit (→ Rn. 26), so stellen **rein subjektive Unwohl- oder Angstgefühle** des Reisenden vor einer Krankheit keinen außergewöhnlichen Umstand nach § 651h Abs. 3 BGB dar.[46] Gleiches gilt, wenn der Kunde **selbst** mit dem Corona-Virus **infiziert** ist und seinen Urlaub nicht antreten kann, das Reiseziel aber weiterhin nicht betroffen ist. Es drängt sich ein Vergleich mit Fällen eines bevorstehendes Todes von nahen Angehörigen des Reisenden auf.[47] Wenngleich ein Nichtantritt der Reise aufgrund solch schwerwiegender persönlicher Schicksale nachvollziehbar erscheint, trägt für derartige Risiken nicht der Veranstalter die Gefahr, indem er etwa den vollen Reisepreis erstatten müsste. Hier handelt es sich nicht um einen außergewöhnlichen Umstand, sodass die Regelung des § 651h Abs. 3 S. 1 BGB nicht eingreift und der Veranstalter im Falle eines Rücktritts durch den Reisenden vielmehr eine Entschädigung nach Maßgabe von § 651h Abs. 1 S. 3 BGB verlangen darf (→ Rn. 23). Das lässt sich auch damit begründen, dass dem Kunden in einer solchen Konstellation noch die Möglichkeit zusteht, den Vertrag gemäß § 651e Abs. 1 BGB auf einen Dritten zu übertragen.[48] Überdies kann er das ihn im Falle einer Verhinderung treffende finanzielle Risiko hinsichtlich etwaiger Stornogebühren durch den Abschluss einer Reiserücktrittskostenversicherung minimieren, worauf ihn gem. Art. 250 § 3 Nr. 8 EGBGB der Veranstalter auch hinweisen muss.[49] **25**

Liegen zum Zeitpunkt des Rücktritts **keine amtlichen Reisewarnungen** vor und ist das Zielgebiet (noch) nicht von dem Ausbruch betroffen, schließt das die Annahme eines außergewöhnlichen Umstandes iSd § 651h Abs. 3 BGB nicht generell aus. Vielmehr genügt zur dahingehen- **26**

---

[46] Vgl. HdB-ReiseR/Staudinger § 20 Rn. 6; ebenso vormals: LG Köln NJW-RR 2001, 1064 (1065); Staudinger/Staudinger, 2016, BGB § 651j Rn. 27.

[47] Exemplarisch: AG Hamburg RRa 2017, 92.

[48] HdB-ReiseR/Staudinger § 20 Rn. 6.

[49] BeckOK BGB/Geib BGB § 651h Rn. 23; HdB-ReiseR/Staudinger § 20 Rn. 6. Natürlich ist für die Erstattung von Stornogebühren notwendig, dass ein versichertes Ereignis und kein Risikoausschluss vorliegen → § 11 Rn. 45 ff.

den Einordnung bereits eine **gewisse Wahrscheinlichkeit** für eine gesundheitsgefährdende Ausbreitung.[50] So hat der BGH unter Geltung der früheren Gesetzeslage und in Bezug auf einen drohenden Hurrikan eine „erhebliche“ Wahrscheinlichkeit von 25 Prozent ausreichen lassen, um von höherer Gewalt iSd § 651j BGB aF auszugehen.[51] Ob sich die Entscheidung ohne Weiteres auf das neue Recht übertragen lässt, erscheint generell fraglich.[52] Die Anwendung dieser Maßstäbe darf angesichts der vollharmonisierenden Pauschalreiserichtlinie nicht im „nationalen Alleingang“ erfolgen. In konkreten, entscheidungserheblichen Auslegungsfragen ist dann der EuGH in Luxemburg um Vorabentscheidung zu ersuchen. Letztlich wird sich in der Praxis auch das Überschreiten eines bestimmten Prozentsatzes schwer nachweisen lassen, sodass die Bedenken gegen eine starre Grenze nicht von der Hand zu weisen sind. Im Allgemeinen überzeugt es aus Schutzgesichtspunkten jedoch, dass eine bestimmte Wahrscheinlichkeit ausreicht.[53]

27 Kommt es im Zeitpunkt des Rücktritts zu einem **Ausbruch der Epidemie** am Zielort, ist die Ausbreitung des Corona-Virus grundsätzlich als außergewöhnlicher Umstand iSd § 651h Abs. 3 BGB einzuordnen. So führt der Sekundärrechtsakt selbst entsprechende Fallgestaltungen als pars pro toto an. Der europäische Gesetzgeber benennt nämlich im Erwägungsgrund 31 S. 3 RL (EU) 2015/2302 ausdrücklich „erhebliche Risiken für die menschliche Gesundheit wie einen Ausbruch einer schweren Krankheit am Reiseziel“ als Beispiel für derartige Umstände.[54] Dieses Ergebnis lässt sich mit Bedacht gleichermaßen durch die **Leitlinien der EU-Kommission** und die dortigen Ausführungen zu den außergewöhnlichen Umständen[55] unterfüttern, obschon die Verlautbarung zu dem Bereich der Fluggastrechte erging und als Stellungnahme der Exekutive den EuGH nicht bindet. Außerdem sind insoweit die **amtlichen Reisewarnungen** des konkreten Reisezieles als Indiz für außergewöhnliche Umstände relevant.[56] Auch das weitere Merkmal aus § 651h Abs. 3 S. 1 BGB in Form der erheblichen Beeinträchtigung ist insoweit erfüllt, da wesent-

[50] BeckOGK/Harke BGB § 651h Rn. 47; jurisPK-BGB/Steinrötter BGB § 651h Rn. 43f.; Ruks, Die Haftung für außergewöhnliche Umstände, 2020, 66f.

[51] BGH NJW 2002, 3700 mAnm Tonner LMK 2003, 57.

[52] Dafür: BeckOGK/Harke BGB § 651h Rn. 47; Löw NJW 2020, 1252 (1253); MüKoBGB/Tonner BGB § 651h Rn. 44; ablehnend: Ruks, Die Haftung für außergewöhnliche Umstände, 2020, 67.

[53] Ebenso: Ruks, Die Haftung für außergewöhnliche Umstände, 2020, 66f.

[54] Vgl. auch BT-Drs. 18/10822, 76; Löw NJW 2020, 1252 (1253).

[55] Mitteilung der EU-Kommission v. 18.3.2020, COM(2020) 1830 final, S. 4f.

[56] BeckOGK/Harke BGB § 651h Rn. 47; MüKoBGB/Tonner BGB § 651h Rn. 43; Ruks, Die Haftung für außergewöhnliche Umstände, 2020, 67f.; vormals: LG Bonn RRa 2003, 214; AG Köln BeckRS 2017, 112978 Rn. 14; Staudinger/Staudinger, 2016, BGB § 651j Rn. 27.

liche Reiseleistungen in aller Regel gar nicht erbracht werden können. Dabei muss allerdings berücksichtigt werden, dass dies Reisen in zeitlich naher Zukunft betrifft. Hat ein Kunde beispielsweise im Januar 2020 eine Karibik-Kreuzfahrt für das Jahr 2021 gebucht, sind derartige Reisen bei jetziger Prognose wohl (noch) nicht von der Virus-Ausbreitung und damit von außergewöhnlichen Umständen beeinträchtigt (→ Rn. 24). Davon zu unterscheiden sind Konstellationen, bei denen der Veranstalter eine Reise wie vertraglich vereinbart durchführen kann, der Kunde aber wegen verschärfter Einreisebestimmungen **kein Visum** mehr erhält. Zwar hat der Veranstalter seine Reisenden wohl auch über solche Änderungen zu unterrichten,[57] es bleibt jedoch grundsätzlich in der Verantwortung des Kunden, sich das erforderliche Visum zu verschaffen.[58] Daher fällt es auch in seinen Risikobereich, wenn Staaten Einreiseformalitäten ändern, keine Visa mehr ausstellen oder bereits erteilte Genehmigung widerrufen. In diesem Sinne lehnte der BGH die Einstandspflicht des Veranstalters ab, wenn eine Behörde Ausweisdokumente irrtümlich als abhanden gekommen meldet und Urlaubern deshalb eine Einreise ins Zielgebiet verwehrt wird.[59] Eine ähnliche Konstellation lag dem Urteil des BGH über die Gültigkeit des eigenen Reisepasses zugrunde.[60]

c) Rücktritt des Veranstalters

aa) Bestehendes Rücktrittsrecht

Anders als beim Reisenden (→ Rn. 12) steht dem Veranstalter **kein** 28
jederzeitiges und **freies Rücktrittsrecht** zu. Vielmehr kann er sich nur in den von § 651h Abs. 4 S. 1 Nr. 1, 2 BGB abschließend genannten Fällen von dem geschlossenen Pauschalreisevertrag lösen. In Bezug auf die Corona-Krise ist insbesondere § 651h Abs. 4 S. 1 Nr. 2 BGB relevant. Demnach kommt ein Rücktritt des Veranstalters in Betracht, wenn er aufgrund unvermeidbarer, außergewöhnlicher Umstände an der Erfüllung des Vertrages gehindert wird. Insoweit gilt ebenfalls die Definition des § 651h Abs. 3 S. 2 BGB (→ Rn. 24ff.). Ebenso wie beim Reisenden ist für den Rücktritt vom Veranstalter nach dem Zeitpunkt der Vertragsbeendigung zu differenzieren (→ Rn. 9f.).

bb) Rechtsfolgen

(1) Reisepreis

Tritt der Veranstalter vom Pauschalreisevertrag zurück, verliert er ge- 29
mäß § 651h Abs. 4 S. 2 BGB den Anspruch auf die vereinbarte Vergü-

---

[57] Eingehend zu dieser Thematik: HdB-ReiseR/Staudinger § 9 Rn. 14.
[58] HdB-ReiseR/Staudinger § 9 Rn. 14; vormals: BGH NJW 2017, 2677 (2678); NJW 2014, 2955 (2956); OLG Rostock NJW-RR 2009, 346.
[59] BGH NJW 2017, 2677.
[60] BGH NJW 2014, 2955.

tung. Entsprechend den Ausführungen zur Rechtslage bei dem Rücktritt des Kunden ergibt sich ein etwaiger **Erstattungsanspruch** des Reisenden aus § 651h Abs. 5 BGB (→ Rn. 16).

30 Die in § 651h Abs. 5 BGB normierte Höchstfrist von **14 Tagen** zur Rückzahlung des Reisepreises gilt gleichermaßen für den Fall des Rücktritts durch den Veranstalter.[61]

31 Hinsichtlich der Erstattung stellt sich ferner die Frage, ob der Veranstalter auf **Gutscheine** als Instrument der Rückzahlung zurückgreifen darf. Insoweit ist auf die obigen Ausführungen zu verweisen (→ Rn. 18 ff.).

(2) Entschädigungsanspruch des Veranstalters („Stornogebühren")

32 Im Falle eines Rücktritts des Veranstalters kann er vom Reisenden **keine Entschädigung** nach Maßgabe von § 651h Abs. 1 S. 3 BGB bzw. § 651h Abs. 3 BGB verlangen. Eine solche (selbstverständliche) Rechtsfolge ergibt sich daraus, dass § 651h Abs. 4 S. 2 BGB einen dahingehenden Anspruch gerade nicht regelt und somit von § 651h Abs. 1 S. 3 BGB abweicht. Außerdem folgt dies aus der systematischen Stellung etwa von § 651h Abs. 3 BGB, der sich auf den Rücktritt des Reisenden, nicht jedoch den des Veranstalters nach § 651h Abs. 4 BGB bezieht.

d) Einvernehmliche Vertragsänderungen/Umbuchungen

33 Von einem Rücktritt seitens des Veranstalters oder Kunden sind konsensuale Verschiebungen der Reise zu unterscheiden. Um ihre Liquidität zu sichern, bieten viele Veranstalter Umbuchungen an. Der Vorteil liegt für sie darin, dass sie den Reisepreis nicht unmittelbar erstatten müssen. Erforderlich ist aber ein Konsens mit dem Kunden. Er muss sich freiwillig auf eine Umbuchung einlassen, **verpflichtet** ist er hierzu **nicht**. Davon unterscheiden sich **einseitig** vom Veranstalter angeordnete Modifikationen der Reise, für welche die Bestimmungen der §§ 651f, 651g BGB gelten.[62]

4. Rechtslage während der Reise

a) Allgemeines

34 Nach Reisebeginn (→ Rn. 9 f.) sind verschiedene Konstellationen denkbar, für die jeweils unterschiedliche Rechte des Kunden gelten. Wesentliche Fragestellungen betreffen die Kündigung des Pauschalreisevertrages nach § 651l BGB (→ Rn. 37 ff.), die Beendigung durch den Veranstalter (→ Rn. 45 f.), Minderung (→ Rn. 47 f.) und Schadensersatz (→

[61] BT-Drs. 18/10822, 77.
[62] HdB-ReiseR/Staudinger § 14 Rn. 1 ff., § 15 Rn. 1 ff.

Rn. 49 ff.), Fälle einer unmöglichen Rückbeförderung gemäß § 651k Abs. 4 BGB (→ Rn. 53 f.) sowie die Beistandspflicht laut § 651q BGB (→ Rn. 55 f.).

Sämtliche Vorschriften (einschließlich des Gewährleistungsrechts) sind im Lichte der Einheitslösung bereits ab dem Zeitpunkt des Vertragsschlusses an aktiviert und nicht erst vom Antritt der Reise an (→ Rn. 5 ff.). 35

Allgemeine Regelungen wie §§ 280 ff. BGB, § 313 f. BGB werden durch die spezielleren Tatbestände in § 651l, 651n BGB verdrängt (→ Rn. 7). 36

b) Kündigung des Reisenden (§ 651l BGB)

aa) Bestehendes Kündigungsrecht

Nach dem Antritt der Reise (→ Rn. 9 f.) kann der Kunde nicht gemäß § 651h BGB zurücktreten. Eine Vertragsbeendigung kommt nur noch nach Maßgabe der Kündigungsvorschrift (§ 651l BGB) in Betracht. 37

Eine Beendigung des Vertrages setzt nach § 651l Abs. 1 S. 1 BGB die erhebliche Beeinträchtigung der Pauschalreise durch einen Reisemangel voraus. Das novellierte Pauschalreiserecht sieht **kein Sonderkündigungsrecht** – wie bislang in § 651j BGB aF – mehr vor. Vielmehr gilt § 651l Abs. 1 BGB gleichermaßen für Beanstandungen, die auf **außergewöhnlichen Umständen** beruhen,[63] etwa wenn Hotelanlagen pandemiebedingt geschlossen werden oder touristische Leistungen ausfallen (vgl. § 651i Abs. 2 S. 3 BGB). Für die Kündigung erweist es sich als irrelevant, ob der Veranstalter den Mangel bzw. die erhebliche Beeinträchtigung zu vertreten hat (vgl. § 276 Abs. 1 BGB) oder die Störung überhaupt beeinflussen kann.[64] In Bezug auf die Corona-Krise kommt es maßgeblich auf den Zeitpunkt der Kündigung an und ob in diesem Moment bereits eine mängelbedingte, erhebliche Beeinträchtigung der Reise vorliegt. Insoweit gelten die obigen Ausführungen entsprechend (→ Rn. 24 ff.). An einer solchen Beanstandung fehlt es beispielsweise, wenn der Reisende lediglich **subjektive Unwohl- oder Angstgefühle** in seinem Urlaubsgebiet entwickelt, die Region aber von der Pandemie nicht betroffen ist (→ Rn. 25). Eine andere Beurteilung erscheint hingegen angezeigt, wenn sich die Virus-Erkrankung am Urlaubsort verbreitet hat oder der konkrete Hotelbetrieb unter Quarantäne steht. 38

bb) Fristsetzung

Die Kündigung erfordert gemäß § 651l Abs. 1 S. 2 BGB den erfolglosen Ablauf einer vom Reisenden gesetzten Frist zur Abhilfe. Die Norm erklärt jedoch § 651k Abs. 2 S. 2 BGB für entsprechend anwendbar, wonach es 39

---

[63] BT-Drs. 18/10822, 82; Ruks, Die Haftung für außergewöhnliche Umstände, 2020, 131.

[64] HdB-ReiseR/Staudinger § 20 Rn. 7.

einer solchen Frist nicht bedarf, wenn die Abhilfe vom Veranstalter verweigert wird oder **sofortige Abhilfe notwendig** ist. Hinsichtlich der Corona-Krise könnte man insoweit den zweiten Fall der Vorschrift ins Feld führen. So vermag es angesichts der mit einer Verbreitung im Urlaubsgebiet verbundenen Gesundheitsgefahren kaum zu überzeugen, vor der Kündigung noch eine Abhilfefristsetzung zu fordern. Vielmehr erscheint in diesem Zusammenhang ebenfalls die sofortige Ausübung des Gestaltungsrechts iSd § 651k Abs. 2 S. 2 BGB sachgerecht. Ein weiterer Grund für die Entbehrlichkeit einer Fristsetzung könnte die **Unmöglichkeit von Abhilfehandlungen** sein. Dieser Fall ist zwar gesetzlich nicht geregelt, ergibt sich aber aus dem Sinn und Zweck des § 651l Abs. 2 S. 2 BGB. Der Veranstalter soll durch die ihm eingeräumte Zeitspanne in die Lage versetzt werden, den vertraglich vereinbarten Zustand wiederherzustellen. Ist dies aber von vornherein ausgeschlossen, erschiene eine Fristsetzung wie eine bloße Förmelei.[65] Einen solchen Fall der Unmöglichkeit mag man bei dem Ausbruch der Virus-Erkrankung im Urlaubsgebiet andenken, insbesondere bei entsprechenden behördlichen Anordnungen über Schließungen von Hotelanlagen oder verordneten Quarantäne-Maßnahmen. Bei derart umfassenden und regional weitreichenden Beschränkungen kann der Veranstalter wohl in der Regel keine Abhilfe leisten.

cc) Rechtsfolgen

(1) Reisepreis und Gewährleistung

40 Für **bereits erbrachte oder noch zu erbringende Leistungen** (zB Hinflug, Unterbringung im Hotel) steht dem Veranstalter laut § 651l Abs. 2 S. 1 BGB der (anteilige) Reisepreis zu. Aus der Klarstellung am Ende von S. 1 geht hervor, dass insoweit die Gewährleistungsansprüche nach § 651i Abs. 3 Nr. 6, 7 BGB unberührt bleiben. Der Kunde behält also für die von ihm (anteilig) bezahlten Leistungen im Gegenzug die Rechte auf Minderung (→ Rn. 47 f.) und Schadensersatz (→ Rn. 49 f.). Der Kunde kann aber über den Verweis auf § 651i Abs. 3 Nr. 7 BGB iVm § 284 BGB ebenfalls einen Ausgleich für vergebliche Aufwendungen verlangen.[66]

41 **Erbringt** der Veranstalter Leistungen kündigungsbedingt **nicht mehr** (zB keine weitere Beherbergung des Reisenden im Hotel, keine Teilnahme an Ausflügen), steht ihm hierfür gemäß § 651l Abs. 2 S. 2 BGB kein (anteiliger) Reisepreis zu.

42 Die **Berechnung** des anteiligen Reisepreises kann in der Praxis Schwierigkeiten bereiten, da die Beeinträchtigungen auf die übrigen Be-

[65] BeckOGK/Klingberg BGB § 651l Rn. 43; BeckOK BGB/Geib BGB § 651l Rn. 7; HdB-ReiseR/Staudinger § 20 Rn. 15; MüKoBGB/Tonner BGB § 651l Rn. 17; Ruks, Die Haftung für außergewöhnliche Umstände, 2020, 141.

[66] HdB-ReiseR/Staudinger § 20 Rn. 18; zustimmend: MüKoBGB/Tonner BGB § 651l Rn. 19.

standteile ausstrahlen und eine genaue Abgrenzung oftmals nicht möglich erscheint.[67]

(2) Notwendige Maßnahmen (Rückbeförderung, Unterkunft)

Neben den Vorgaben zur Vergütung und Gewährleistung ergibt sich insbesondere bei einer angetretenen Reise die Problematik, dass der Kunde im Falle einer Kündigung vorzeitig zurückbefördert werden muss. In diesem Zusammenhang verpflichtet § 651l Abs. 3 S. 1 BGB den Veranstalter dazu, die infolge der Vertragsbeendigung „notwendigen Maßnahmen“ zu treffen und nennt hierfür **insbesondere** die ursprünglich von der Reise inbegriffene **Rückbeförderung.** Demzufolge endet also mit der Kündigung nicht die rechtliche Beziehung zwischen Reisendem und Veranstalter, sondern vielmehr treffen Letzteren „nachwirkende Verpflichtungen“.[68] Die Formulierung von § 651l Abs. 3 S. 1 BGB („insbesondere“) zeigt, dass es sich lediglich um ein Beispiel handelt. Als notwendige Maßnahme kommt ferner die **Unterbringung** des Reisenden bis zu der Rückbeförderung in Betracht.[69] Da es sich um eine „noch zu erbringende“ Leistung iSd § 651l Abs. 2 S. 1 BGB handelt, steht dem Veranstalter hierfür ein Anteil vom Reisepreis zu (→ Rn. 40).[70] 43

Die mit den erforderlichen Maßnahmen zusammenhängenden **Mehrkosten der Rückbeförderung** fallen kraft § 651l Abs. 3 S. 2 BGB ausschließlich und in voller Höhe dem Veranstalter zur Last. Das stellt eine Abweichung von der früheren hälftigen Kostenteilung in § 651j Abs. 2 S. 2 BGB aF dar und bewirkt eine Privilegierung des Reisenden. Allerdings erfasst der Wortlaut von § 651l Abs. 3 S. 2 BGB nur die Zusatzkosten der Rückbeförderung, nicht jedoch **andere Mehrausgaben.**[71] Der Gesetzgeber[72] und ein Teil des Schrifttums[73] stellen diesbezüglich auf den Schadensersatzanspruch des Kunden nach Maßgabe von § 651n BGB ab. Andere Stimmen in der Literatur sprechen sich für eine Anwendung des 44

---

[67] Vgl. BeckOGK/Klingberg BGB § 651l Rn. 52; BeckOK BGB/Geib BGB § 651l Rn. 12; Ruks, Die Haftung für außergewöhnliche Umstände, 2020, 142; Staudinger/Staudinger, 2016, BGB § 651e Rn. 42 ff.

[68] BT-Drs. 18/10822, 82; HdB-ReiseR/Staudinger § 20 Rn. 19; HK-BGB/Staudinger BGB § 651l Rn. 5; Ruks, Die Haftung für außergewöhnliche Umstände, 2020, 144 ff.; Bergmann in Tonner/Bergmann/Blankenburg ReiseR § 2 Rn. 343.

[69] BT-Drs. 18/10822, 82; BeckOGK/Klingberg BGB § 651l Rn. 58; BeckOK BGB/Geib BGB § 651l Rn. 13; jurisPK-BGB/Steinrötter BGB § 651l Rn. 27; HdB-ReiseR/Staudinger § 20 Rn. 19; ; HK-BGB/Staudinger BGB § 651l Rn. 5; Ruks, Die Haftung für außergewöhnliche Umstände, 2020, 144 f.

[70] BT-Drs. 18/10822, 82; Ruks, Die Haftung für außergewöhnliche Umstände, 2020, 146 f.

[71] HdB-ReiseR/Staudinger § 20 Rn. 20.

[72] BT-Drs. 18/10822, 83.

[73] BeckOGK/Klingberg BGB § 651l Rn. 59; BeckOK BGB/Geib BGB § 651l Rn. 3; HdB-ReiseR/Staudinger § 20 Rn. 21.

§ 651l Abs. 3 S. 2 BGB auf die Unterbringung bis zur Rückbeförderung aus.[74] Von besonderer Bedeutung erscheint diese umstrittene Problematik im Zusammenhang mit der Corona-Krise und der Einordnung entsprechender Geschehnisse als außergewöhnliche Umstände (→ Rn. 24 ff.). Ein Ausgleich nach § 651n BGB scheidet in derartigen Konstellationen nämlich wegen § 651n Abs. 1 Nr. 3 BGB aus (→ Rn. 50 ff.). Ob sich aus den europäischen Vorgaben zur Kündigung (Art. 13 Abs. 6 RL (EU) 2015/2302) eine Kostentragung hinsichtlich sonstiger Maßnahmen ableiten lässt,[75] erscheint fraglich und muss wohl der EuGH im Rahmen eines Vorabentscheidungsverfahrens nach Art. 267 AEUV klären. Für die Annahme einer solchen Kostenverteilung lässt sich jedenfalls der mit der Norm bezweckte Schutz von Reisenden ins Feld führen.

c) Kündigung des Veranstalters

aa) Beendigung

45 Nach Reisebeginn (→ Rn. 9 f.) steht dem Veranstalter das Rücktrittsrecht aus § 651h Abs. 4 BGB (→ Rn. 28 ff.) nicht zu. Ebenso wenig kommt ihm die Kündigungsvorschrift des § 651l BGB zugute, da dieses Gestaltungsrecht ausschließlich für den Reisenden konzipiert ist. Vielmehr kann sich der Veranstalter nach Reiseantritt – im Gegensatz zur früheren Rechtslage (vgl. § 651j BGB aF) – nicht wegen außergewöhnlicher Umstände vom Vertrag lösen.[76] Da in diesem Fall ebenso der Rückgriff auf allgemeine Vorschriften wie § 313 BGB verwehrt bleibt (→ Rn. 7), sind Touristikunternehmen einer grundlegenden Problematik ausgesetzt. So besteht nämlich in Bezug auf die Corona-Krise das Dilemma, sich einerseits rechtlich nicht vom Vertrag freisprechen zu dürfen, andererseits aber für den (Gesundheits-)Schutz ihrer Urlauber sorgen sowie etwaigen behördlichen Anordnungen (Quarantänemaßnahmen, Schließungen, Untersagung von Reisetätigkeit) Folge leisten zu müssen. Dem Veranstalter bleibt in solchen Konstellationen wohl nur die Möglichkeit, die Pauschalreise in gewisser Weise **„rechtsgrundlos“** und **rein „faktisch“ zu beenden,** indem er die weiteren Veranstaltungen absagt und – sofern ursprünglich Bestandteil der Reise – eine Rückkehr der Urlauber in ihr Heimatgebiet organisiert. In Anbetracht der drohenden Gesundheitsgefahren und behördlichen Anordnungen ist eine solche Vorgehensweise aber wohl kaum als rechtsmissbräuchlich einzuordnen,

---

[74] jurisPK-BGB/Steinrötter BGB § 651l Rn. 28; MüKoBGB/Tonner BGB § 651l Rn. 25; ebenso in Bezug auf die supranationale Vorgabe: Ruks, Die Haftung für außergewöhnliche Umstände, 2020, 147 f.

[75] Dafür: Ruks, Die Haftung für außergewöhnliche Umstände, 2020, 147 f.

[76] BT-Drs. 18/10822, 81; BeckOGK/Klingberg BGB § 651l Rn. 17; HdB-ReiseR/Staudinger § 20 Rn. 1; Staudinger/Ruks RRa 2018, 2 (9); kritisch hierzu: Kressel RRa 2015, 176 (178 f.); Ruks, Die Haftung für außergewöhnliche Umstände, 2020, 152 f.

sondern erscheint vielmehr nachvollziehbar. In der Literatur findet sich insoweit der Ansatz, von einer gewissen „Mitwirkungsobliegenheit" des Reisenden dahin auszugehen, dass er bei akuten Gefahren entsprechende Maßnahmen des Veranstalters nicht behindern darf.[77]

bb) Rechtsfolgen

Im Falle einer solchen **„faktischen" Beendigung** des Arrangements durch den Veranstalter stellt sich die Frage, welche Rechte dem Kunden zustehen. Hinsichtlich der nicht (mehr) erbrachten Leistungen könnte man in Anlehnung an § 651l Abs. 2 S. 2 BGB den Anspruch des Veranstalters auf den (anteiligen) Reisepreis verwehren. Allerdings birgt die Anwendung von § 651l Abs. 2 BGB die Gefahr, dass dem Veranstalter zwar kein Kündigungsrecht zusteht, sein Verhalten aber über die Rechtsfolgen der Kündigung sanktioniert und damit rein praktisch ein formales Recht zur Vertragsbeendigung geschaffen würde. Das Ergebnis des dem Veranstalter nicht zustehenden Reisepreises für die genannten Leistungen lässt sich aber ebenso über die **Minderung** nach § 651m Abs. 1 BGB erreichen (→ Rn. 47 f.). Anders gestaltet sich die Rechtslage indes bei dem etwaigen **Schadensersatzanspruch** des Reisenden aus § 651n BGB. Diese Forderung ist kraft § 651n Abs. 1 Nr. 3 BGB ausgeschlossen, wenn der Reisemangel durch außergewöhnliche Umstände verursacht wurde (→ Rn. 50 ff.). Sollte sich der Rücktransport von Kunden verzögern, gilt § 651k Abs. 4 BGB (→ Rn. 53 f.). 46

d) Minderung (§ 651m BGB)

Bei Beeinträchtigungen der Reise mindert sich laut § 651m Abs. 1 S. 1 BGB der Reisepreis. Hat der Kunde mehr als den geminderten Betrag entrichtet, kann er über §§ 651m Abs. 2 S. 2, 346 Abs. 1 BGB die Erstattung der Differenz begehren. Dieses Recht steht neben der Kündigung (→ Rn. 37 ff.) und dem Schadensersatz (→ Rn. 49 ff.). Eine Minderung kommt auch dann in Betracht, wenn der Veranstalter Leistungen nicht erbringt. Denn laut § 651i Abs. 2 S. 3 BGB gelten Ausfall und Verspätung[78] gleichermaßen als Reisemängel.[79] 47

Die Minderung nach § 651m BGB enthält überdies **keine Entlastung für außergewöhnliche Umstände.** Mithin kann der Veranstalter einen (Teil-)Rückzahlungsanspruch des Kunden nicht mit dem Argument zurückweisen, dass er sich wegen der Corona-Krise zur Absage von Veranstaltungen gezwungen sah. Vielmehr sorgt § 651m BGB für den Aus- 48

---

[77] Ruks, Die Haftung für außergewöhnliche Umstände, 2020, 154.
[78] Ausführlich hierzu: HdB-ReiseR/Staudinger § 17 Rn. 12.
[79] BT-Drs. 18/10822, 78 f.; ; HK-BGB/Staudinger BGB § 651i Rn. 2; jurisPK-BGB/Steinrötter BGB § 651i Rn. 15 f.

gleich des vertraglichen Äquivalenzverhältnisse, und zwar bei Störungen sämtlicher Art.

e) Schadensersatz (§ 651n BGB)

aa) Allgemeines

49 Gemäß § 651n Abs. 1 BGB kann der Reisende „unbeschadet" von Minderung und Kündigung einen finanziellen Ausgleich verlangen, die Rechte stehen also nebeneinander (→ Rn. 47).[80] Das bedeutet selbstverständlich nicht, dass der Kunde über Minderung und Schadensersatz für dieselbe Beeinträchtigung eine „doppelte" Kompensation erhält.[81] Die Norm ersetzt materielle und immaterielle Einbußen (§ 253 Abs. 2 BGB), regelt in § 651n Abs. 2 BGB aber zudem einen Anspruch für nutzlos aufgewendete Urlaubszeit. § 651n Abs. 1 Nr. 1-3 BGB enthält verschiedene Entlastungstatbestände, die sowohl auf den Anspruch aus § 651n Abs. 1 BGB als auch die Entschädigung nach § 651n Abs. 2 BGB anwendbar sind.[82]

bb) Ausschlussgründe

50 Die Forderung scheidet aber laut § 651n Abs. 1 Nr. 1 BGB aus, wenn der Mangel vom **Reisenden** „verschuldet"[83] wurde. Als Beispiel mag die Infektion eines Urlaubers mit dem Virus dienen, der an bestimmten Leistungen des Veranstalters nicht mehr teilnehmen kann. Hier würde sich vorab schon die Frage aufdrängen, ob überhaupt ein Reisemangel iSd § 651i Abs. 2 BGB vorliegt. Doch selbst wenn dem so wäre, beruht die Beanstandung letztlich auf einem Verhalten des Reisenden. Hat der Betroffene Teile der Hotelanlage (zB den Pool) kontaminiert und muss der Veranstalter diese vorübergehend schließen, könnte er seine Einstandspflicht gegenüber den **übrigen Gästen** unter Verweis auf § 651n Abs. 1 Nr. 2 BGB ablehnen. Demnach kommt ein Ausschluss der Haftung in Betracht, wenn ein Dritter den Mangel „verschuldet"[84] hat und die Beanstandung für den Veranstalter nicht vorsehbar bzw. vermeidbar war. Das gilt aber ausdrücklich nicht, wenn Leistungserbringer oder in anderer Weise an der Leistungserbringung Beteiligte die Ursache gesetzt haben. Ist also beispielsweise ein Hotelangestellter infiziert und müssen Teile des Hotels gesperrt werden, kann sich der Veranstalter nicht auf eine Entlastung nach § 651n Abs. 1 Nr. 2 BGB berufen. Denn bei dem Hotelier

[80] HdB-ReiseR/Staudinger § 22 Rn. 3; MüKoBGB/Tonner BGB § 651n Rn. 9.

[81] HdB-ReiseR/Staudinger § 22 Rn. 3; MüKoBGB/Tonner BGB § 651n Rn. 10; vormals: BGH NJW 1985, 132 (133); Staudinger/Staudinger, 2016, BGB § 651f Rn. 3.

[82] HdB-ReiseR/Staudinger § 22 Rn. 20.

[83] Zur Kritik an der fehlerhaften Umsetzung: HdB-ReiseR/Staudinger § 22 Rn. 11.

[84] Zur Kritik an der fehlerhaften Umsetzung: HdB-ReiseR/Staudinger § 22 Rn. 13.

und dessen Personal handelt es sich um Leistungserbringer und damit Erfüllungsgehilfen des Veranstalters, die nicht von dem Ausschluss in § 651n Abs. 1 Nr. 2 BGB erfasst sind.[85]

51 Ein Schadensersatzanspruch ist gemäß § 651n Abs. 1 Nr. 3 BGB ausgeschlossen, wenn der Reisemangel durch **außergewöhnliche Umstände** verursacht wurde. Für den Entlastungsgrund gilt die Legaldefinition aus § 651h Abs. 3 S. 2 BGB (→ Rn. 24ff.). Bei der Einordnung sind deshalb die obigen Differenzierungen nach dem konkreten Stadium der Pandemie zu berücksichtigen (→ Rn. 24ff.). Allerdings müssen die außergewöhnlichen Ereignisse die alleinige Ursache der Beanstandung sein.[86] Daran fehlt es, wenn der jeweilige Veranstalter beispielsweise Kenntnis von einer Virus-Infektion seiner Angestellten oder Hotelbesucher hat, gleichwohl aber untätig bleibt. Kommt es dann zu einer Erkrankung von Reisenden, kann sich der Unternehmer nicht auf außergewöhnliche Umstände berufen. Bei Hotelunterkünften im Ausland sind im Lichte von Art. 17 Rom II-VO die örtlichen Sicherheitsvorschriften als Mindeststandard einzuhalten.[87] Davon sind auch die jeweiligen Hygienevorgaben am Ort der Unterkunft umfasst, beispielsweise Allgemeinverfügungen über verpflichtende Desinfektionsmaßnahmen in Hotelanlagen.

52 Die Entlastungsgründe des § 651n Abs. 1 Nr. 1-3 BGB gelten über die in § 651i Abs. 3 Nr. 7 BGB angeordnete Alternativität gleichermaßen für den **Aufwendungsersatz** nach Maßgabe von § 284 BGB.[88]

f) Nicht mögliche Rückbeförderung (§ 651k Abs. 4 BGB)

53 Ist der Rücktransport des Reisenden aufgrund außergewöhnlicher Umstände (→ Rn. 24ff.) nicht möglich, hat der Veranstalter gemäß § 651k Abs. 4 BGB für eine **notwendige Beherbergung** des Reisenden zu sorgen, und zwar bis zur tatsächlichen Abreise. Die Vorschrift erfasst die planmäßige Rückkehr, aber ebenso den Fall einer kündigungsbedingt vorzeitigen Beförderung (→ Rn. 43f.).[89] Die außergewöhnlichen Ereignisse müssen gerade dazu führen, dass der konkrete Flug nicht durchgeführt werden kann. Das mag der Fall sein, wenn örtliche oder weltweite Reisewarnungen von Behörden vorliegen oder der Personenverkehr für Staats-

---

85 BeckOGK/Klingberg BGB § 651n Rn. 25; HdB-ReiseR/Staudinger § 22 Rn. 13f.

86 Ruks, Die Haftung für außergewöhnliche Umstände, 2020, 179.

87 BGH 14.1.2020 – X ZR 110/18; BGH NJW 2019, 3374 (3376); Mäsch JuS 2020, 176; Schwenker jurisPR-BGHZivilR 21/2019 Anm. 2; Staudinger jM 2020, 141; Staudinger jurisPR-IWR 5/2019 Anm. 1; Staudinger/Schröder NJW 2020, 886; Staudinger/Schröder NJW 2019, 2823 (2824).

88 HdB-ReiseR/Staudinger § 22 Rn. 19.

89 BT-Drs. 18/10822, 83; BeckOK BGB/Geib BGB § 651l Rn. 13; Ruks, Die Haftung für außergewöhnliche Umstände, 2020, 149.

angehörige eines bestimmten Landes eingeschränkt ist (→ Rn. 24ff.).[90] Nach Einschätzung der EU-Kommission soll das ebenfalls für Luftbeförderungen gelten, deren Absage durch den Carrier „aus Gründen des Gesundheitsschutzes der Besatzung“ gerechtfertigt ist (→ Rn. 87ff.).[91]

54 Grundsätzlich schuldet der Veranstalter laut § 651k Abs. 4 BGB die Unterkunft nur für einen Zeitraum von höchstens **drei Nächten.** Diese Beschränkung wird allerdings über § 651k Abs. 5 BGB in zwei Fällen „durchbrochen“. Zum einen dann, wenn der Leistungserbringer nach europäischen Vorschriften eine längere Unterbringung gewähren muss (§ 651k Abs. 5 Nr. 1 BGB). Das ist insbesondere bei der praktisch bedeutsamen **Flugbeförderung** der Fall, weil die entsprechende Pflicht der Airline gemäß Art. 9 Abs. 1 lit. b VO (EG) 261/2004 keinerlei Deckelung enthält (→ Rn. 97ff.).[92] Über § 651k Abs. 5 Nr. 1 BGB gilt diese **unbeschränkte Beherbergung** daher auch für den Reiseveranstalter. Eine weitere „Durchbrechung“ der zeitlichen Deckelung ist vorgesehen, wenn es sich um bestimmte **Schutzgruppen** handelt, wie zB Personen mit eingeschränkter Mobilität, Schwangere, unbegleitete Minderjährige oder Reisende mit medizinischer Betreuung (§ 651k Abs. 5 Nr. 2 BGB).[93] Zu ihren Gunsten gilt unabhängig von der Rechtslage zum jeweiligen Beförderungsmittel, dass der Zeitraum der Unterbringung nicht auf maximal drei Nächte gedeckelt ist. Die in § 651k Abs. 5 BGB angeordnete, zeitlich nicht befristete Beherbergung von Reisenden bis zum nächstmöglichen Rücktransport bedeutet für Veranstalter eine erhebliche wirtschaftliche Belastung.[94]

g) Beistandspflicht (§ 651q BGB)

55 Im Falle einer unmöglichen Rückbeförderung nach § 651k Abs. 4 BGB (→ Rn. 53f.) trifft den Veranstalter gegenüber seinen Reisenden eine Beistandspflicht. Die Norm ist allerdings nicht auf jene Ereignisse beschränkt, sondern erfasst ausweislich ihres Wortlauts ebenso Situationen, in denen sich der Reisende „aus anderen Gründen“ in **Schwierigkeiten** befindet.[95] Streng genommen kommt es also auf die rechtliche Einordnung als außergewöhnlicher Umstand nicht zwingend an.[96] Die den Beistand auslösenden Ereignisse können beispielsweise in einer **ei-**

---

[90] Vgl. Mitteilung der EU-Kommission v. 18.3.2020, COM(2020) 1830 final, S. 6.

[91] Mitteilung der EU-Kommission v. 18.3.2020, COM(2020) 1830 final, S. 6.

[92] EuGH EuZW 2013, 223 mAnm Staudinger EuZW 2013, 227; Ruks, Die Haftung für außergewöhnliche Umstände, 2020, 115ff.; dies übersieht: Löw NJW 2020, 1252 (1255).

[93] BeckOGK/Sorge BGB § 651k Rn. 155; HK-BGB/Staudinger BGB § 651k Rn. 5.

[94] Kressel RRa 2015, 176 (178f.).

[95] Eingehend: HdB-ReiseR/Staudinger § 23 Rn. 4.

[96] Ruks, Die Haftung für außergewöhnliche Umstände, 2020, 123.

genen Infektion des Reisenden zu sehen sein.[97] So nennt der Gesetzgeber als Anwendungsfall von § 651q BGB ausdrücklich die gesundheitlichen Probleme von Reisenden, die womöglich einen speziellen Krankentransport benötigen.[98] In einer derartigen Konstellation muss der Veranstalter etwa geeignete Informationen über Gesundheitsdienste bereitstellen (§ 651q Abs. 1 Nr. 1 BGB) oder den Reisenden bei der Herstellung von Fernkommunikationsmitteln (§ 651q Abs. 1 Nr. 2 BGB) bzw. der Suche nach anderen Reisemöglichkeiten unterstützen (§ 651q Abs. 1 Nr. 3 BGB). Die Aufzählung ist aber nicht abschließend („insbesondere").[99] Die Maßnahmen können vor diesem Hintergrund als „Hilfe zur Selbsthilfe"[100] verstanden werden. So umfasst der Beistand lediglich die Unterstützung bei der Suche geeigneter Handlungsmöglichkeiten. Hingegen zählt es nicht zum Pflichtenkreis des Veranstalters, spezielle Krankentransporte auf eigene Kosten durchzuführen.[101]

Wenn der Kunde die beistandspflichtigen Umstände schuldhaft selbst 56
herbeigeführt hat, kann der Veranstalter nach § 651q Abs. 2 BGB Ersatz seiner **Aufwendungen** verlangen.

5. Insolvenzabsicherung

Die reformierte Pauschalreiserichtlinie enthält in ihren Art. 17 und 18 57
Pauschalreise-RL Vorgaben zur Insolvenzabsicherungspflicht des Reiseveranstalters, welche dem Reisenden vollumfänglichen Schutz bieten sollen.[102] Im nationalen Recht finden sich die Umsetzungsvorschriften in den §§ 651r-651t BGB.

a) Allgemeines

Gem. § 651r Abs. 1 S. 1 BGB ist der Reiseveranstalter dazu ver- 58
pflichtet, die Erstattung des vom Kunden gezahlten Reisepreises sicherzustellen, soweit insolvenzbedingt Reiseleistungen ausfallen (Nr. 1) oder der Reisende Entgeltforderungen des Leistungserbringers nachkommt (Nr. 2). Umfasst der Vertrag die Rückbeförderung, sind diese sowie die Beherbergung bis zum Zeitpunkt der Rückbeförderung ebenfalls sicherzustellen, § 651r Abs. 1 S. 2 BGB. Der Eintritt des Sicherungsfalls setzt eine wirtschaftliche Krise des Reiseveranstalters voraus. Hierzu zählen die Zahlungsunfähigkeit (vgl. § 17 Abs. 2 S. 1 InsO), die

97 HdB-ReiseR/Staudinger § 23 Rn. 4.

98 BT-Drs. 18/10822, 87.

99 BeckOK BGB/Geib BGB § 651q Rn. 3; HK-BGB/Staudinger BGB § 651q Rn. 3; Löw NJW 2020, 1252 (1255); vgl. BT-Drs. 18/10822, 87.

100 BeckOGK/Sorge BGB § 651q Rn. 78; Ruks, Die Haftung für außergewöhnliche Umstände, 2020, 124.

101 Vgl. BT-Drs. 18/10822, 87.

102 Vgl. Erwägungsgrund 39 S. 1 RL (EU) 2015/2302.

Eröffnung des Insolvenzverfahrens (§§ 16ff. InsO) sowie die Abweisung mangels Masse (§ 26 InsO).[103] In diesem Zusammenhang ist Art. 1 § 1 COVFAG = § 1 COVInsAG zu beachten, wonach die Insolvenzantragspflicht gem. § 15a InsO bis zum 30.9.2020 ausgesetzt ist. Insoweit dürfte in der Corona-Krise wohl die Zahlungsunfähigkeit den primären Anknüpfungspunkt bilden. Der Erstattungsanspruch erfordert keinen Ursachenzusammenhang zwischen Sicherungsfall und Konkurs des Veranstalters.[104] Sicherungsmittel des Reiseveranstalters kann entweder die Versicherung bei einem Versicherungsunternehmen (§ 651r Abs. 2 S. 1 Nr. 1 BGB) oder das Zahlungsversprechen eines Kreditinstituts (§ 651r Abs. 2 S. 1 Nr. 2 BGB) sein. Insoweit hat der Reiseveranstalter die Wahl, welche Kundengeldabsicherung für sein Unternehmen angemessen ist.[105] § 651r Abs. 3 S. 3 BGB sieht für den Kundengeldabsicherer die Möglichkeit vor, seine Haftung für die in einem Geschäftsjahr nach diesem Gesetz zu erstattenden Beträge auf 110 Millionen Euro zu begrenzen (hierzu auch → Rn. 66ff.). Zur Erfüllung seiner Verpflichtung nach Absatz 1 hat der Veranstalter dem Reisenden gem. § 651r Abs. 4 S. 1 BGB einen unmittelbaren Anspruch gegen den Kundengeldabsicherer zu verschaffen und durch die Übergabe des (deklaratorischen) Sicherungsscheins nachzuweisen. Reiseveranstalter mit Sitz in einem anderen EU-Mitglied- oder einem EWR-Vertragsstaat müssen sich nicht mehrfach absichern. Es genügt gem. § 651s BGB, wenn sie in Übereinstimmung mit den nationalen Vorschriften ihres Sitzstaats Sicherheit leisten, welche der Umsetzung des Art. 17 RL (EU) 2015/2302 dienen. Zudem können Veranstalter Vorauszahlungen auf den Reisepreis nur unter Einhaltung der § 651t Nr. 1 und 2 BGB fordern bzw. annehmen. Gem. § 651w Abs. 3 S. 4 BGB gelten für den Vermittler verbundener Reiseleistungen § 651r Abs. 2–4 BGB sowie §§ 651s und 651t BGB entsprechend.

b) Erstattungsanspruch des Pauschalreisenden

aa) Ausfall von Reiseleistungen

59 Im Sicherungsfall kann der Reisende vom Kundengeldabsicherer die Erstattung des gezahlten Reisepreises verlangen. Dieser hat den Anspruch gem. § 651r Abs. 3 S. 2 BGB unverzüglich zu erfüllen. Den Ausgangspunkt auf supranationaler Ebene bildet Art. 17 Abs. 1 S. 1 RL (EU) 2015/2302. Hiernach müssen die Mitgliedstaaten gewährleisten, dass die Reiseveranstalter Sicherheit für die Erstattung aller von Reisenden oder in deren Namen geleisteten Zahlungen leisten. Dies schließt die Rück-

[103] Siehe hierzu vertiefend BeckOGK/Blankenburg BGB § 651r Rn. 19ff.
[104] HdB-ReiseR/Staudinger § 12 Rn. 11.
[105] BT-Drs. 18/10822, 88.

zahlung der An- sowie Schlusszahlung ein. Andernfalls wäre ebenfalls das Gebot der praktischen Wirksamkeit nach Art. 17 Abs. 2 S. 1 des Sekundärrechtsakts verletzt. Auch in den Erwägungsgründen, so Nr. 39 S. 1 etwa, findet sich die Aussage, dass die Reisenden vor der Insolvenz des Veranstalters in vollem Umfang geschützt werden müssen. Gleichermaßen wiederholt der Folgesatz die Aussage des Haupttexts, wonach die Mitgliedstaaten die Erstattung aller Zahlungen sicherstellen müssen. Den Gedanken der praktischen Wirksamkeit und damit Effektivität der Kundengeldabsicherung betont der supranationale Gesetzgeber sodann in Erwägungsgrund 40 S. 1 RL (EU) 2015/2302. Im Einklang mit diesen vollharmonisierenden und damit zwingenden Vorgaben formuliert der hiesige Gesetzgeber in § 651r Abs. 1 S. 1 BGB, dass dem Reisenden der gezahlte Reisepreis erstattet wird, und zwar nach Maßgabe von § 651r Abs. 4 S. 1 BGB durch eine unmittelbaren Anspruch gegen den Kundengeldabsicherer. Erstattungsfähig sind Zahlungen für Reiseleistungen, welche letztlich ausfallen. Insoweit bemisst sich die Höhe des Erstattungsanspruchs nach den nicht erbrachten Reiseleistungen. Soweit die Insolvenz des Veranstalters während der Reise eintritt, ist der Ausfall und mithin die Erstattung anteilig zu berechnen.[106]

bb) Rücktritt vor Reisebeginn

Fraglich erscheint, ob § 651r Abs. 1 S. 1 BGB auch in dem Fall eingreift, dass ein Kunde oder der Reiseveranstalter vor Reisebeginn nach § 651h Abs. 1 BGB bzw. § 651h Abs. 4 S. 1 Nr. 2 BGB vom Pauschalreisevertrag zurücktritt und der Veranstalter anschließend insolvent wird. Relevanz hat dies mit Blick auf die Corona-Pandemie insbesondere vor dem Hintergrund, dass die Reiseveranstalter aufgrund der Vielzahl von Rücktritten und damit einhergehenden Rückzahlungsansprüchen der Reisenden in eine wirtschaftliche Krise geraten können. Denn soweit die Pauschalreise aufgrund des Auftretens eines unvermeidbaren, außergewöhnlichen Umstands storniert wird, kann der Kunde den gezahlten Reisepreis vom Veranstalter zurückverlangen, ohne eine Entschädigung leisten zu müssen, § 651h Abs. 3 S. 1 BGB. Um diese finanzielle Belastung abzufedern, bieten Reiseveranstalter den Kunden aktuell Wertgutscheine an.[107] Da es dem Reisenden de lege lata freisteht, den angebotenen Gutschein anzunehmen, erscheint es zweifelhaft, dass hierdurch die wirtschaftliche Krise der Reiseveranstalter deutlich abgemildert werden könnte. Dies gilt insbesondere, da prognostiziert wird, dass nur etwa 10% der Kunden sich dar- 60

---

106 HdB-ReiseR/Staudinger § 12 Rn. 12.

107 Auf den ersten Blick mag bedenklich erscheinen, dass eine äquivalente Reise zu einem späteren Zeitpunkt aufgrund der Marktentwicklung zu einem deutlich höheren Preis angeboten werden könnte. Eine dahingehende Entwicklung ist jedoch unabhängig von der Art der Erstattung. Zudem steht es dem Reisenden frei, welche Reise er später bucht.

auf einlassen werden.[108] Insoweit droht weiterhin die Insolvenz vieler Reiseveranstalter. Dementsprechend ist der Beschluss[109] der Bundesregierung zu begrüßen, um die Aussetzung der Rückerstattungspflicht die Kommission anzurufen.[110] Die Bundesregierung will hinsichtlich der Gutscheinlösung an die Europäische Kommission herantreten und fordert diese auf, unverzüglich zu handeln und für eine einheitliche europäische Regelung zu sorgen (→ Rn. 18). Es bleibt abzuwarten, ob und wie auf supranationaler Ebene der Weg für die Gutscheinlösung geebnet wird.[111] Für den Kunden stellt sich die Frage, ob die Gutscheine vor einer möglichen Insolvenz des Reiseveranstalters abgesichert sind.

61 In der Gesetzesbegründung findet sich der überzeugende Passus, dass die Ursache für den Ausfall der Reiseleistungen nicht zwingend die Insolvenz des Veranstalters sein muss.[112] Auch in der Vergangenheit zur Vorläuferrichtlinie bzw. Umsetzung in Deutschland ergibt sich der klare Befund, dass eine Kausalität zwischen Insolvenz und Ausfall von Reiseleistungen keine conditio sine qua non darstellt.[113] In Übereinstimmung hiermit ist ebenso in der Lehre einhellige Auffassung, dass ein derartiger Ursachenzusammenhang im Rahmen von § 651r Abs. 1 S. 1 BGB verzichtbar erscheint.[114] So formuliert etwa Baumgärtner: „Ausreichend ist, dass eine vertraglich geschuldete Erstattung des gezahlten Reisepreises an der Zahlungsunfähigkeit scheitert.“[115] Gleichermaßen plädiert Tonner[116] aus dem Gesichtspunkt des Kundenschutzes in richtlinienkonformer Auslegung für ein weites Verständnis der Absicherung, die insbesondere keine Kausalität voraussetze. Der Autor selbst hat in dem Hand-

---

[108] Siehe hierzu https://www.spiegel.de/wirtschaft/ausgefallene-reisen-wegen-coronavirus-gutschein-statt-rueckzahlung-a-036126d1-e0a5-41f1-88d8-7cbcf67a3336 (letzter Abruf: 14.4.2020).

[109] Teilweise wird der Beschluss als europarechtswidrig kritisiert. Dem kann nicht gefolgt werden, da der Beschluss nicht zur Aussetzung der Rückerstattungspflicht führt. Vielmehr wird hierdurch die Kommission angerufen, eine Lösung auf europäischer Ebene zu schaffen.

[110] Pressemitteilung 118 der Bundesregierung vom 2.4.2020, https://www.bundesregierung.de/breg-de/aktuelles/im-sogenannten-corona-kabinett-der-bundesregierung-wurde-heute-folgender-beschluss-fuer-eine-gutscheinloesung-bei-pauschalreisen-flugtickets-und-freizeitveranstaltungen-gefasst--1738744 (letzter Abuf: 15.4.2020).

[111] Es deutet sich eine ablehnende Haltung der Kommission an: https://www.spiegel.de/wirtschaft/unternehmen/corona-krise-eu-kommission-gegen-gutscheine-fuer-reiseausfaelle-a-783a656f-a832-4ac7-8986-fe935e336e4e (letzter Abruf: 14.4.2020). Zur primärrechtskonformen Auslegung → Rn. 114 ff.

[112] BT-Drs. 18/10822, 88.

[113] EuGH NJW 2012, 1135; BGH NJW 2012, 997; MüKoBGB/Tonner, 7. Aufl. 2017, BGB § 651k Rn. 7a.

[114] BeckOGK/Blankenburg BGB § 651r Rn. 43 f; HdB-ReiseR/Staudinger § 12 Rn. 11

[115] BeckOK BGB/Baumgärtner BGB § 651r Rn. 18.

[116] MüKoBGB/Tonner BGB § 651r Rn. 10.

buch zum Reiserecht[117] ausgeführt, dass selbst der Rückzahlungsanspruch im Nachgang zum zulässigerweise erklärten Rücktritt des Kunden nach § 651h Abs. 1 BGB von der Insolvenzabsicherung erfasst wird. Hierfür lässt sich ins Feld führen, dass eine Kausalität zwischen Insolvenz und Ausfall der Reiseleistung verzichtbar ist, vor allem aber das Gebot der praktischen Wirksamkeit sowie Effektivität des Kundenschutzes in richtlinienkonformer Weise für eine derartige Auslegung sprechen. Hinzukommt folgende anlassbezogene Überlegung. Im Fall der Corona-Krise tritt der Kunde pandemiebedingt zurück. Ebenso kann sich der Veranstalter gezwungen sehen, durch Vorgaben etwa des RKI oder des Auswärtigen Amts Reisen abzusagen. Nach dem Rücktritt durch den Kunden (oder durch den Veranstalter) entsteht ein Rückzahlungsanspruch, der unverzüglich, spätestens innerhalb von 14 Tagen zu erfüllen ist, und zwar durch den Veranstalter. Dies folgt aus Art. 12 Abs. 4 S. 2 RL (EU) 2015/2302, welchen die deutsche Legislative in § 651h Abs. 5 BGB umgesetzt hat. Unterstellt, ein Kunde hat eine Anzahlung (oder gar die Schlusszahlung) geleistet, wenige Tage später gerät der Veranstalter in die Zahlungsunfähigkeit. Wenn dann nun Reiseleistungen ausfallen, ist zweifelsohne der Rückerstattungsanspruch von der Kundengeldabsicherung gedeckt. Keinen Unterschied darf es aber aus Gründen der praktischen Wirksamkeit sowie dem Sinn und Zweck des Kundenschutzes machen, wenn der Urlauber nach seiner Anzahlung für eine Pauschalreise, die etwa in sechs Monaten beginnen soll, fünf Monate zuvor zurücktritt und wiederum wenige Tage später der Veranstalter zahlungsunfähig wird. Streng genommen hat der Reisende durch Ausübung seines Gestaltungsrechts den Pauschalreisevertrag beendet, so dass die Reiseleistungen vor der Zahlungsunfähigkeit ausgefallen sind. Dieser Umstand geht damit an sich nicht auf die Insolvenz zurück. Ein solcher Ursachenzusammenhang ist aber, wie bereits ausgeführt, ohnehin verzichtbar. Ebenso waren in dem Fall des betrügerisch handelnden Veranstalters[118] sowie in der Fallkonstellation des BGH[119] im Moment der Zahlungsunfähigkeit die Reiseleistungen faktisch schon ausgefallen. Ob aber dieser Grund in der Sphäre des Veranstalters oder Kunden wurzelt, erscheint irrelevant. Die Kundengeldabsicherung ist im Lichte ihrer Effektivität sowie im übertragenen Sinne vielmehr wie ein „akzessorisches" Sicherungsin-

---

[117] HdB-ReiseR/Staudinger § 12 Rn. 12.

[118] EuGH NJW 2012, 1135; hierzu Staudinger RRa 2012, 106; Staudinger/Schürmann NJW 2011, 2769.

[119] BGH NJW 2012, 997. Der X. Zivilsenat entschied zutreffend, § 651k Abs. 1 S. 1 Nr. 1 BGB aF sei richtlinienkonform dahin auszulegen, dass der Reisende auch für den Fall abzusichern ist, dass der Reiseveranstalter, der von einem vorbehaltenen Rücktrittsrecht Gebrauch gemacht und die Reise abgesagt hat, den gezahlten Reisepreis insolvenzbedingt nicht erstattet. Die Gesetzesbegründung zur § 651r BGB verweist auf den vorangehenden Richterspruch, BT-Drs. 18/10822, 88.

strument zu begreifen. Dieses ist genau der Mehrwert für den Kunden, keine Einzelleistungen, sondern das „Rundum-Sorglos-Paket" zu buchen. Er weiß, dass seine An- und Schlusszahlungen einer Kundengeldabsicherung unterstehen, einem besonderen Rettungsschirm. Dies ist der Anreiz für den Abschluss des Pauschalreisevertrages, mit der Wirkungsweise, dass im Fall der Insolvenz der Kunde nicht nur Ansprüche als regulärer Massegläubiger gegen den Insolvenzverwalter limitiert auf die Insolvenzmasse hat. Zu bedenken bleibt überdies, dass es nicht zu einer Verkürzung der Insolvenzabsicherung führt, wenn der Veranstalter nicht unverzüglich den Betrag auskehrt und ebenso wenig die Frist von 14 Tagen laut § 651h Abs. 5 BGB einhält.[120] Wenn nun der Kunde einen bis Ende 2021 gültigen Gutschein akzeptiert, verzichtet er damit zugunsten des Veranstalters auf eine unverzügliche Auszahlung des Betrages. Dies heißt nichts anderes, als dass die Auszahlungsfrist von maximal 14 Tagen auf den 31.12.2021 verschoben wird. Eine Verkürzung der Kundengeldabsicherung kann damit nicht einhergehen, sofern der im Gutschein verbriefte Betrag im Lichte der Zweifelsregelung von § 364 Abs. 2 BGB als neue Forderung begriffen wird (→ Rn. 20). Die Konsequenz ist damit, dass der ursprüngliche Auszahlungsanspruch samt der „akzessorischen" Kundengeldabsicherung entstanden, nicht untergegangen, weil nicht erfüllt worden ist, sondern allein seine Durchsetzbarkeit im Sinne einer echten Auszahlung auf den 31.12.2021 hinausgeschoben wird. Dass womöglich der Kundengeldabsicherer eine andere Lösung favorisieren würde, nämlich dass der Gutschein eine Erfüllungswirkung hat, erweist sich für das relative Schuldverhältnis zwischen Veranstalter und Kunde als irrelevant. Ökonomisch ist aber auch nicht einzusehen, weshalb die Kundengeldabsicherer auf die Gesamtheit der An- und Schlusszahlungen hin entlastet werden sollen, indem diese Rückerstattungsansprüche nicht mehr zu decken wären. Demgegenüber unterliegt der im Gutschein verbriefte Wert an sich und damit die weitere Forderung jedenfalls ohne freiwillige Zusage der Versicherer bzw. Vorgaben der europäischen oder deutschen Legislative oder Judikative nicht der Kundengeldabsicherung. Der rein verbriefte Wert stellt keine Anzahlung auf den Reisepreis einer Pauschalreise dar, da sie in ihren Umrissen überhaupt nicht erkennbar ist.

62 Damit bleibt festzuhalten: Aus § 651h Abs. 5 BGB folgt, dass der Veranstalter infolge eines Rücktritts vom Reisevertrag grundsätzlich zur Erstattung des gezahlten Reisepreises verpflichtet wird. Die Vorgaben der Harmonisierungsmaßnahme dürften einer Erstattung des gezahlten Rei-

[120] Eine Überschreitung der Zahlungsfrist führt gem. § 286 Abs. 2 Nr. 2 BGB zum Schuldnerverzug. Neben einem Schadensersatzanspruch nach § 280 Abs. 1, 2 BGB, § 286 BGB kann der Reisende die Verzugspauschale nach § 288 Abs. 5 BGB geltend machen, sofern er als Verbraucher handelt.

sepreises mittels anderer Erfüllungsarten nach Maßgabe des jeweiligen nationalen Rechts nicht per se entgegenstehen (→ Rn. 18f.). So erscheint die Hingabe eines Gutscheins im Lichte der Privatautonomie grundsätzlich zulässig, soweit es dem Urlauber freisteht, diesen anzunehmen oder abzulehnen.[121] Abweichendes gilt jedoch zunächst dem Wortlaut nach, wenn der Kunde seitens des Veranstalters zur Annahme des Gutscheins verpflichtet werden soll, etwa auch in Form einer Klausel. Dem stehen § 651y S. 1 und 2 BGB entgehen. Abweichendes mag sich aus einer primärrechtskonformen Auslegung von Art. 12 Abs. 4 RL (EU) 2015/2302 sowie insbesondere von § 651h Abs. 5 BGB ergeben (→ Rn. 114ff.).

Die freiwillige Gutscheinlösung erfordert eine Vereinbarung zwischen den Parteien. Akzeptiert der Kunde einen Wertgutschein, wird die ursprüngliche Forderung auf Auszahlungen gegen den Veranstalter gestundet, sie geht aber nicht qua Erfüllung unter, sofern man dem hier vertretenen Ansatz folgt (→ Rn. 62). **63**

Ebenso besteht der auf den alten Auszahlungsanspruch bezogene Schutz durch den Kundengeldabsicherer fort. Sollte mithin beispielsweise Anfang 2021 der betreffende Veranstalter zahlungsunfähig werden, lässt sich der Wertgutschein nicht mehr realisieren, weder durch Verrechnung mit dem neuen Reisepreis einer weiteren Pauschalreise noch als Auszahlung des Betrages. Angesichts dessen wird der Kunde auf die ursprüngliche Forderung zurückgreifen und sich diesbezüglich an den Kundengeldabsicherer wenden. Damit wird wirtschaftlich erreicht, dass der Kunde durch die Gutscheinlösung im Ergebnis nicht gezwungen wird, auf die Insolvenzquote im Rahmen des Insolvenzverfahrens zu hoffen. Hätte der Kunde keinen Gutschein akzeptiert, wäre ihm bereits im Frühjahr 2020 der Betrag auf seinem Konto gutgeschrieben worden bzw. hätte er sich bei einer Insolvenz des Veranstalters in diesem Zeitraum an den Kundengeldabsicherer halten dürfen. Der Ansatz, dass der Gutschein an Erfüllung statt wirkt, lässt sich mithin nur dann andenken, wenn die neu im Gutschein verbriefte Forderung einer äquivalenten Kundengeldabsicherung unterliegt. Andernfalls droht, dass der Kunde nicht nur einstweilen auf die Auszahlung des Betrages zugunsten des Veranstalters verzichtet, sondern auch noch den Versicherer aus der Deckung entlässt. Ein derart doppelter Nachteil ist sicherlich nicht im Interesse des Kunden, was den Ansatz von § 364 Abs. 2 BGB untermauert. Und auch der Kundengeldabsicherer kann kein legitimes Interesse geltend machen. Zunächst ist seine Perspektive, wie bereits zuvor ausgeführt, für die Qualifikation der Hingabe des Gutscheins zwischen Veranstalter und Kunden irrelevant. Die Einstandspflicht des Versicherers wird überdies zu seinem **64**

[121] Gleiches gilt wohl für eine angebotene Gutschrift auf ein Kundenkonto.

Nachteil auch nicht erweitert. Vielmehr erscheint es nicht abwegig, dass letztlich durch die verbleibende Liquidität bei dem versicherten Veranstalter die Gefahr seiner Insolvenz eher abgewendet wird und mithin die Wahrscheinlichkeit der Inanspruchnahme des Kundengeldabsicherers sinkt. Insgesamt bleibt es dabei, dass er insgesamt – die Richtlinienkonformität von § 651r Abs. 3 S. 3 BGB unterstellt (→ Rn. 66ff.) – für 110 Millionen Euro einsteht, eben auch, wenn sich die Insolvenz im Geschäftsjahr 2021 ereignet.

c) Vermittlung verbundener Reiseleistungen

65 Die Insolvenzabsicherung bei der Vermittlung verbundener Reiseleistungen gem. § 651w Abs. 3 BGB erfasst diejenigen Zahlungen, welche der Unternehmer im Wege des Agenturinkassos einnimmt. Hingegen ist gerade nicht der Konkurs des jeweiligen Leistungserbringers abgesichert. Ob der Kunde vom Vertrag zurücktreten und die Erstattung seiner geleisteten Zahlung verlangen kann, richtet sich grundsätzlich nach dem für die betreffende Reiseleistung maßgeblichen Vertragsrecht. Unterstellt wird nachfolgend die Geltung des inländischen Sachrechts, welches in grenzüberschreitenden Sachverhalten kraft der Rom I-VO[122] zur Anwendung berufen wird: Kann ein Unternehmer die seinerseits geschuldete Leistung, etwa ein Konzert oder eine Sportveranstaltung im angekündigten Rahmen und zu der angekündigten Zeit aufgrund öffentlich-rechtlicher Verbote nicht durchführen, ist die Leistung unmöglich geworden und es besteht ein Erstattungsanspruch aus §§ 275, 326 Abs. 1, 4 BGB iVm § 346 Abs. 1 BGB.[123] In einem Gesetzesentwurf zur Abmilderung der Folgen der COVID-19-Pandemie im Veranstaltungsvertragsrecht verfolgt die Bundesregierung das Ziel, die Veranstalter dadurch zu entlasten, dass dem Inhaber einer vor dem 8.3.2020 erworbenen Eintrittskarte oder sonstigen Teilnahmeberechtigung anstelle einer Erstattung des Eintrittspreises oder sonstigen Entgelts ein Gutschein übergeben werden kann.[124] Dessen Wert muss dem gesamten Eintrittspreis oder dem gesamten sonstigen Entgelt einschließlich etwaiger Vorverkaufsgebühren entsprechen. Dem Kunden dürfen durch die Ausstellung und Übersendung keine Kos-

---

[122] Verordnung (EG) Nr. 593/2008 des Europäischen Parlaments und des Rates vom 17. Juni 2008 über das auf vertragliche Schuldverhältnisse anzuwendende Recht (Rom I), ABl. EG L 177, 6, ber. 2009 L 309, 87.

[123] Formulierungshilfe der Bundesregierung zu einem Entwurf eines Gesetzes zur Abmilderung der Folgen der COVID-19-Pandemie im Veranstaltungsvertragsrecht, S. 5; hierzu auch → § 1 Rn. 27.

[124] Sachlich gilt Art. 240 § 5 Abs. 1 EGBGB-E nur für Freizeitveranstaltungen. Insoweit sind Veranstaltungen nicht erfasst, die im beruflichen Kontext erfolgen. Hingegen fallen auch Geschäftsreisen in den Anwendungsbereich der pauschalreiserechtlichen Vorschriften (→ § 1 Rn. 29).

ten in Rechnung gestellt werden. Ferner sieht der Entwurf eine Härtefallregelung für die Fälle vor, in denen der Verweis auf einen Gutschein für den Kunden angesichts seiner persönlichen Lebensumstände unzumutbar ist.[125] Dann kann dieser die Auszahlung des Gutscheins verlangen. Gleiches gilt, soweit der Gutschein nicht bis zum 31.12.2021 eingelöst wurde. Eine Insolvenzabsicherung der Gutscheine ist nicht vorgesehen.

d) Haftungsbeschränkung

Gem. § 651r Abs. 3 S. 3 BGB kann der Kundengeldabsicherer seine Haftung für die in einem Geschäftsjahr zu erstattenden Beträge auf 110 Millionen Euro begrenzen. Aus dem klaren Wortlaut folgt, dass sich die Option der Limitierung lediglich auf die Fälle des § 651r Abs. 1 S. 2 Nr. 1 und 2 BGB bezieht.[126] Seine Einstandspflicht sowohl für Aufwendungen hinsichtlich der Fortsetzung der Pauschalreise als auch für die Rückbeförderung sowie Beherbergung bis zu jener kann der Kundengeldabsicherer nicht beschränken.[127] Dieses Verständnis steht im Einklang mit den Richtlinienvorgaben des Art. 17, welcher zwischen Erstattungsansprüchen und der Sicherstellung der Rückbeförderung sowie Finanzierung von Unterkünften vor dem Rücktransport unterscheidet.[128] **66**

Mit Blick auf die Haftungsbeschränkung nach § 651r Abs. 3 S. 3 BGB darf bezweifelt werden, dass die Höchstsumme von 110 Millionen Euro ausreicht, um alle Kundenforderungen zu befriedigen. Die Regelung wurde in der Literatur bereits vor und insbesondere nach der Insolvenz von Thomas Cook zu Recht kritisiert.[129] So verdeutlichte dieser Vorfall, dass die deutsche Ausgestaltung wohl nicht unionsrechtskonform ist.[130] In diesem Zusammenhang stellt sich bei zukünftigen Insolvenzfällen die Frage der Staatshaftung, welche insbesondere einen hinreichend qualifizierten Richtlinienverstoß erfordert.[131] Allerdings kommt jene nur subsidiär in Betracht, sofern die Heilung des Verstoßes kraft richtlinienkonformer Auslegung bzw. Rechtsfortbildung fehlschlägt. **67**

---

[125] In der Formulierungshilfe der Bundesregierung findet sich auf Seite 9 als Beispiel für ein Eingreifen der Härtefallregelung die Konstellation, dass der Inhaber einer Eintrittskarte die Veranstaltung im Rahmen einer Urlaubsreise besuchen wollte und einen Nachholtermin nur unter Aufwendung hoher Reisekosten wahrnehmen könnte.

[126] Staudinger NJW-aktuell 41/2019, 14.

[127] AA BeckOGK/Blankenburg BGB § 651r Rn. 60, 96f.; Hueck RRa 2019, 254 (256).

[128] Staudinger NJW-aktuell 41/2019, 14.

[129] Hueck RRa 2019, 254 (256f.); HdB-ReiseR/Staudinger § 12 Rn. 23.

[130] BeckOGK/Blankenburg BGB § 651r Rn. 68.

[131] Siehe allgemein zur Staatshaftung: EuGH NZA 2011, 53. Ein hinreichend qualifizierter Verstoß setzt voraus, dass der Mitgliedstaat die Grenzen, die seinem Ermessen gesetzt sind, offenkundig und erheblich überschritten hat, vgl. EuGH EuZW 2007, 182. Zur Staatshaftung in Bezug auf eine nicht hinreichende Umsetzung der Insolvenzabsicherung: EuGH EuZW 1998, 721; 1999, 468 und BeckRS 2014, 80245.

68 Zu den Voraussetzungen einer solchen nahm der BGH in seiner Quelle-Ofen-Entscheidung[132] Stellung. Erforderlich ist demnach eine verdeckte Regelungslücke. Nach Auffassung des VIII. Zivilsenats kann sich eine planwidrige Unvollständigkeit des Gesetzes daraus ergeben, dass die Legislative in der Gesetzesbegründung ausdrücklich ihre Absicht bekundet hat, eine richtlinienkonforme Regelung zu schaffen, die Annahme des Gesetzgebers, die Regelung sei richtlinienkonform, aber fehlerhaft ist. Im Rahmen der Richtlinientransformation setze sich der Gesetzgeber ausführlich mit der Unionsrechtskonformität der Haftungslimitierung auseinander.[133] So betont die Legislative auf Seite 89 der Gesetzesbegründung, dass die Entwicklung des Reise- und Versicherungsmarktes genau beobachtet werden sollte, um auch künftig die richtlinienkonforme Entschädigung des Reisenden sicherzustellen. Hieraus kann abgeleitet werden, dass der Gesetzgeber von einer richtlinienkonformen Regelung ausgeht. Insoweit lässt sich vertreten, dass eine planwidrige Unvollständigkeit des Gesetzes vorliegt. Ferner führt eine richtlinienkonforme Reduktion von § 651r Abs. 3 BGB nicht zu einer faktischen Derogation und mithin einem Widerspruch zu Art. 20 Abs. 3 GG, weil die Norm weiterhin für Sachverhalte außerhalb des Geltungsbereichs der Richtlinie Anwendung findet.[134] So erstreckt sich der Sekundärrechtsakt nicht auf internationale Gastschulaufenthalte, während die reiserechtlichen Vorschriften (unter anderem auch die §§ 651r-651t BGB) auf diese nach § 651u Abs. 1 BGB entsprechende Anwendung finden. Insoweit erscheint eine richtlinienkonforme Reduktion von § 651r Abs. 3 BGB methodisch und verfassungsrechtlich zulässig.[135] Liest man die Vorgaben des Unionsrechts in die nationale Vorschrift mit der Folge hinein, dass die Begrenzung der Erstattungspflicht entfällt, kann der Richtlinienverstoß auf diese Weise geheilt werden. In diesem Fall würde ein Staatshaftungsanspruch des Reisenden ausscheiden.[136] Ebenso wenig könnte sich der Kundengeldabsicherer auf die Staatshaftung berufen, da Art. 17 RL (EU) 2015/2302 diesem keine Rechte verleiht.[137] Folge wäre, dass § 651r Abs. 3 S. 3 BGB kraft richtlinienkonformer Rechtsfortbildung eine Limitierung auf 110 Millionen Euro nicht erlaubt und eine Abweichung im Vertrag zwischen Versicherer und Veranstalter bzw. im Sicherungsschein schon allein wegen § 651y S. 1 BGB unzulässig wäre.

---

[132] BGH NJW 2009, 427; bestätigt durch BGH DAR 2012, 206; NJW 2014, 2646.

[133] BT-Drs. 18/10822, 88 ff.

[134] In der Quelle-Ofen-Entscheidung ließ der BGH offen, ob sich im Lichte von Art. 20 Abs. 3 GG eine Reduktion „auf Null" verbietet, BGH NJW 2009, 437 (430).

[135] So zur bisherigen Rechtslage: Staudinger/Staudinger, 2016, BGB § 651k Rn. 5.

[136] AA noch zu alten Rechtslage BeckOGK/Tamm BGB § 651k Rn. 48.1, welche den Rückzug auf den Staatshaftungsanspruch vorzog.

[137] Vgl. EuGH NZA 2011, 53.

Verneint man hingegen eine richtlinienkonforme Rechtsfortbildung, kommen Staatshaftungsansprüche der Reisenden gegen den Staat in Betracht, soweit insbesondere ein hinreichend qualifizierter Richtlinienverstoß vorliegt. 69

Im Nachgang der Insolvenz von Thomas Cook erscheint es denkbar, einen solchen auf die ausgebliebene Reform des § 651r Abs. 3 BGB zu stützen, da die bestehende Haftungslücke nicht geschlossen wurde.[138] Der qualifizierte Richtlinienverstoß wäre dann im pflichtwidrigen Unterlassen einer Novellierung zu sehen. In diesem Zusammenhang erscheint fraglich, ob dem Gesetzgeber eine Anpassung der Vorschrift zwischenzeitlich überhaupt möglich gewesen wäre. Diesbezüglich gilt es zu beachten, dass wohl eine punktuelle Gesetzesänderung wie eine Anhebung der Haftungshöchstsumme weniger Zeit in Anspruch nehmen dürfte als eine vollkommene Neuausrichtung der Kundengeldabsicherung etwa durch eine Fondslösung. Zudem setzt der Anspruch einen unmittelbaren Kausalzusammenhang zwischen Verstoß und Schaden voraus. An dieser Stelle ist die Frage aufzuwerfen, ob ein solcher überhaupt besteht. Nach Erwägungsgrund 40 S. 5 RL (EU) 2015/2302 sind jedenfalls sehr unwahrscheinliche Risiken nicht abzusichern. Beispielhaft zählt der Unionsgesetzgeber die gleichzeitige Insolvenz mehrerer der größten Reiseveranstalter auf. Hierunter mag ebenso ein Konkurs vieler Reiseveranstalter durch die Corona-Pandemie fallen. Zu der Frage, ob ein wirksamer Insolvenzschutz auch Derartiges erfassen muss, hat letztlich der EuGH im Wege einer Vorabentscheidung nach Art. 267 AEUV Stellung zu beziehen. 70

III. Luftverkehrsrecht

1. Allgemeines

Für den Bereich der Luftbeförderung bestehen insbesondere mit der VO (EG) 261/2004 sowie dem Montrealer Übereinkommen[139] supranationale Regelungen. Europäisch geprägt sind zudem die Rechtsbereiche **weiterer Verkehrsdienste** wie Bahn (VO (EG) Nr. 1371/2007), Schiff (VO (EG) Nr. 392/2009[140] sowie VO (EU) Nr. 1177/2010) und Bus (VO (EU) Nr. 181/2011). Der vorliegende Abschnitt behandelt ausschließlich das Luftverkehrsrecht. Die VO (EG) 261/2004 erfasst Leistungsstörungen wie die (unberechtigte) Nichtbeförderung des Passagiers (→ Rn. 79 ff.), 71

[138] Siehe hierzu Calliess/Ruffert/Ruffert AEUV Art. 340 Rn. 60.

[139] Übereinkommen zur Vereinheitlichung bestimmter Vorschriften über die Beförderung im internationalen Luftverkehr v. 28.05.1999 (BGBl. 2004 II S. 458); HdB-ReiseR/Führich § 37 Rn. 1 ff.

[140] Hierzu BeckOGK/Staudinger/Ruks HGB § 536 Rn. 1 ff.

Annullierungen (→ Rn. 84 ff.) sowie erhebliche Verspätungen des Transportes (→ Rn. 101 ff.). Auf der Rechtsfolgenseite sehen die supranationalen Bestimmungen unterschiedliche Rechte vor: die Erstattung des Flugpreises oder anderweitige Beförderung, pauschalierte Ausgleichszahlungen und Betreuungsleistungen durch die Airline. Die Forderungen richten sich allesamt gegen das **ausführende Luftfahrtunternehmen**[141] iSd Art. 2 lit. b VO (EG) 261/2004. Dabei handelt es sich um die Fluggesellschaft, welche die Beförderung **tatsächlich** vornimmt,[142] selbst wenn der Reisende zu ihr in keiner vertraglichen Beziehung steht.

72 Neben diesen Forderungen gegenüber dem ausführenden Luftfahrtunternehmen steht der Kunde typischerweise in einer vertraglichen Beziehung zu einem anderen Akteur. Hier kommt etwa eine Airline in Betracht, bei welcher der Kunde den Flug gebucht hat. Gegenüber diesem **vertraglichen Luftfahrtunternehmen** ist beispielsweise die Abgabe einer Kündigung statthaft (→ Rn. 73 ff.). Ist die Beförderung **Teil einer Pauschalreise,** kann der Reisende aus der VO (EG) 261/2004 gegen den faktischen Carrier vorgehen oder nach den pauschalreiserechtlichen Bestimmungen (§§ 651a ff. BGB) Ansprüche gegenüber dem Veranstalter erheben.[143] Der Urlauber vermag sogar **parallel** beide Akteure in Anspruch zu nehmen, muss dann aber die **Anrechnungsvorschriften** aus Art. 12 Abs. 1 VO (EG) 261/2004 sowie Art. 14 Abs. 5 RL (EU) 2015/2302 bzw. § 651p Abs. 3 BGB beachten.[144]

2. Kündigung durch den Fluggast

a) Bestehendes Kündigungsrecht

73 Unterliegt der mit einem Unternehmen geschlossene Vertrag über einen Transport – im Lichte von Art. 5 Abs. 2, 3 Rom I-VO – deutschem Sachrecht, handelt es sich in aller Regel um einen **Beförderungs- bzw. Werkvertrag** (§§ 631 ff. BGB).[145] Ein **freies Kündigungsrecht** des Pas-

---

[141] BeckOGK/Steinrötter FluggastVO Art. 2 Rn. 3 ff.; BeckOK FluggastVO/Hopperdietzel Art. 2 Rn. 5 ff.; HdB-ReiseR/Führich § 38 Rn. 77; HK-FluggastVO/Staudinger Art. 2 Rn. 2 ff.; Ruks, Die Haftung für außergewöhnliche Umstände, 2020, 5.

[142] Das gilt auch beim sog. „Wet Lease“: EuGH NJW 2018, 2381 mAnm Goumas NJW 2018, 2382; HdB-ReiseR/Führich § 38 Rn. 78 f.; Keil jurisPR-IWR 4/2018 Anm. 2; Wienbracke NZV 2018, 462; zum „Code-Sharing“: EuGH NJW 2019, 2595 mAnm Möllring NJW 2019, 2597; HdB-ReiseR/Führich § 38 Rn. 80 ff.; Schröder RRa 2019, 225; Stamer DAR 2019, 531.

[143] Zum Gerichtsstand bei solchen Konstellationen: EuGH BeckRS 2020, 4280.

[144] Dieser Mechanismus soll eine Überkompensation des Reisenden verhindern; hierzu: HdB-ReiseR/Staudinger § 24 Rn. 23 ff.; Ruks, Die Haftung für außergewöhnliche Umstände, 2020, 199 ff.

[145] BGH NJW 2018, 2039 (2040); MüKoBGB/Busche BGB § 631 Rn. 136 mwN.

sagiers gegenüber dem vertraglichen Luftfahrtunternehmen ergibt sich daher in erster Linie aus § 648 S. 1 BGB,[146] wonach sich der Besteller bis zur Vollendung des Werkes jederzeit vom Vertrag lösen kann.

Innerhalb der Flugbranche lässt sich erkennen, dass Luftfahrtunter- 74
nehmen dieses freie Kündigungsrecht („Stornierung") etwa für bestimmte Tarife qua AGB **ausschließen.** Der BGH sieht in einer entsprechenden Formularabrede keine Unvereinbarkeit mit wesentlichen Grundgedanken des Werkvertragsrechts iSd § 307 Abs. 2 Nr. 1 BGB oder § 308 Nr. 7 lit. b BGB, § 309 Nr. 5 BGB und erachtet die Klausel als zulässig.[147] Insoweit führt der X. Senat in seiner Entscheidung aus, dass der Personenbeförderungsvertrag Besonderheiten aufweist, denen bei der Bestimmung des gesetzlichen Leitbildes Rechnung getragen werden muss.[148] Zudem sieht auf europäischer Ebene Art. 22 Abs. 1 VO (EG) Nr. 1008/2008 für die Luftfahrtunternehmen ein freies Preisbestimmungsrecht vor, was ebenfalls die Möglichkeit beinhaltet, Tarife ohne Kündigungsmöglichkeit anzubieten.[149] Allerdings gewährte die in dem Verfahren gegenständliche AGB eine Erstattung hinsichtlich „nicht verbrauchter" Steuern und Gebühren (→ Rn. 77).[150] Eine abweichende Beurteilung hinsichtlich der Zulässigkeit entsprechender Vertragsklauseln erscheint angezeigt, wenn die Geschäftsbedingung keinen expliziten Hinweis auf den Ausschluss des Kündigungsrechts enthält.[151] Der BGH hielt eine Beteiligung des EuGH zur Auslegung des Unionsrechts für nicht erforderlich.[152] Das vermag indes nicht gänzlich zu überzeugen, da jedenfalls mit der Klausel-RL (EWG) 93/13 ein europäischer Rechtsakt tangiert ist.

Ist das Kündigungsrecht nicht ausgeschlossen, darf sich der Reisende 75
nach Maßgabe von § 648 S. 1 BGB **ohne Grund** vom Vertrag lösen und eine Rückzahlung verlangen (→ Rn. 77).

Die Anwendung der neu geschaffenen Kündigungsmöglichkeit aus 76
wichtigem Grund nach § 648a BGB kann für die Luftbeförderung jedenfalls nicht ohne Weiteres ausgeschlossen werden.[153] Die Norm mag ausweislich der Gesetzesbegründung zwar auf die „längerfristige Zusammenarbeit" der Vertragsparteien angelegt sein,[154] enthält aber kein

---

146 Vgl. LG Frankfurt aM RdTW 2018, 315; HdB-ReiseR/Führich § 35 Rn. 47; Schmid/Puschkarski NJW 2018, 657 (658).

147 BGH NJW 2018, 2039 (2040) mAnm Hoffmann-Grambow NJW 2018, 2041; HdB-ReiseR/Führich § 35 Rn. 50; aA Seeholzer VRR 4/2020, 2 (8).

148 BGH NJW 2018, 2039 (2040); NJW 2016, 2404.

149 BGH NJW 2018, 2039 (2041).

150 Hierzu: AG Frankfurt aM BeckRS 2018, 27410; Quarch SVR 2019, 140.

151 Beispielhaft: AG Köln NJOZ 2017, 75.

152 BGH NJW 2018, 2039 (2041).

153 Dafür: Seeholzer VRR 4/2020, 2 (9).

154 BT-Drs. 18/8486, 50; Ruks, Die Haftung für außergewöhnliche Umstände, 2020, 154.

dahingehendes einschränkendes Tatbestandsmerkmal.[155] Ebenso wenig verwendet die Legislative den Begriff des Dauerschuldverhältnisses (→ § 1 Rn. 44) zur Begrenzung des Anwendungsbereichs. Aber es mag bei „schneller abzuwickelnden" Verträgen oftmals an der Unzumutbarkeit einer Fortsetzung fehlen.[156] Ob dies der Geltung von § 648a BGB allgemein entgegensteht, erscheint allerdings zweifelhaft. So befürwortet die Literatur vereinzelt die Geltung von § 648a BGB in einem vergleichbaren Bereich, namentlich bei Frachtverträgen[157]. Am Beispiel von Ziff. 3.1.4 der Allgemeinen Beförderungsbedingungen 2018 der Lufthansa[158] zeigt sich, dass die Luftfahrtbranche teilweise dem Passagier ein mit § 648a BGB vergleichbares Recht **vertraglich einräumt,** sofern er durch „höhere Gewalt" am Reiseantritt gehindert wird und er dies der Airline umgehend mitteilt und nachweist. Auf Bedenken stößt allerdings das nach der Klausel in Abzug zu bringende „Verwaltungsentgelt".[159]

b) Erstattungsanspruch

77 Steht dem Passagier das Kündigungsrecht aus § 648 S. 1 BGB uneingeschränkt zu (→ Rn. 73), kann die Fluggesellschaft die vereinbarte Vergütung beanspruchen (vgl. § 648 S. 2 BGB). Allerdings muss sie sich nach der Vorschrift dasjenige **anrechnen** lassen, was sie infolge der Vertragsbeendigung an **Aufwendungen erspart** oder durch anderweitige Verwendung der Arbeitskraft erwirbt bzw. zu erwerben böswillig unterlässt. Zu den Einsparungen zählen sog. **Flugnebenkosten** wie Steuern, Gebühren und sonstige Entgelte, die nur dann anfallen, wenn der Passagier den Flug tatsächlich in Anspruch nimmt.[160] Wegen der fehlenden Einsichtnahme durch den Kunden trifft das Luftfahrtunternehmen eine **sekundäre Darlegungslast.**[161] Besonders problematisch erscheint, ob und unter welchen Voraussetzungen sich die Airline einen alternativen Erwerb durch die Vergabe der frei gewordenen Kapazität an Neubuchen-

---

[155] MüKoBGB/Busche BGB § 648a Rn. 1.

[156] BT-Drs. 18/8486, 51; MüKoBGB/Busche BGB § 648a Rn. 1.

[157] Ramming RdTW 2019, 7 (14 ff.); zur Anwendung von § 313 BGB bei der Beeinträchtigung von Frachtbeförderungen durch eine Aschewolke: OLG Stuttgart RdTW 2015, 143 (146).

[158] Allgemeine Geschäftsbedingungen – Beförderungsbedingungen für Fluggäste und Gepäck (ABB Flugpassage) (Mai 2018) https://www.lufthansa.com/de/de/geschaeftsbedingungen-1 (letzter Abruf: 15.4.2020).

[159] Zur Unzulässigkeit solcher Bearbeitungsentgelte: HdB-ReiseR/Führich § 35 Rn. 52.

[160] LG Frankfurt aM RdTW 2018, 315; LG Frankfurt aM RRa 2017, 72; AG Frankfurt aM BeckRS 2019, 209 Rn. 12; HdB-ReiseR/Führich § 35 Rn. 51; Hoffmann-Grambow RdTW 2018, 1 (2); Schmid/Puschkarski NJW 2018, 657 (660).

[161] LG Frankfurt aM BeckRS 2017, 141401 Rn. 22; Ehlen/Quarch NZV 2018, 117 (122).

de anrechnen lassen muss.[162] Der Mechanismus des § 648 S. 1, 2 BGB erweist sich im Vergleich zu den Ansprüchen aus der VO (EG) 261/2004 gegen den ausführenden Carrier als äußerst komplex. Auch die dem Passagier obliegende Beweislast[163] hinsichtlich der anzurechnenden Bestandteile wirkt sich insoweit nachteilig aus.

Wurde das Kündigungsrecht des Passagiers wirksam ausgeschlossen (→ Rn. 74), kann er keine Erstattung verlangen. 78

3. Nichtbeförderung des Fluggastes

a) Zulässigkeit einer verweigerten Mitnahme

Art. 4 VO (EG) 261/2004 enthält Vorgaben und Sanktionen für die Nichtbeförderung von Passagieren. Allerdings sind davon laut Art. 2 lit. j VO (EG) 261/2004 nur solche Fallgestaltungen erfasst, bei denen für einen verweigerten Transport keine „vertretbaren Gründe“ gegeben sind.[164] Die Norm nennt hierfür als Beispiel[165] ausdrücklich Hindernisse im Zusammenhang mit der Gesundheit, der allgemeinen oder betrieblichen Sicherheit sowie unzureichenden Reiseunterlagen.[166] Für ein Luftfahrtunternehmen bliebe es also etwa ohne Folge, wenn es einem mit dem Virus **erkrankten Passagier** die Mitnahme verweigert. Denn insoweit liegt eine gesundheitliche Beeinträchtigung vor, die andere Fluggäste und das Bordpersonal gefährdet.[167] 79

Ein im Zielland verhängter **„Einreisestopp“** oder sonstige **pandemiebedingte Einschränkungen** der Reisefreiheit zählen nicht zu den zu vertretenden Gründen iSd Art. 2 lit. j VO (EG) Nr. 261/2004. Denn nach Auffassung des EuGH ist etwa eine auf außergewöhnlichen Umständen beruhende Neuvergabe von Flügen an einzelne Passagiere deshalb nicht mit den Beispielen aus Art. 2 lit. j VO (EG) 261/2004 vergleichbar, weil sie „in keiner Weise dem Fluggast zuzurechnen“ sind.[168] Der Gerichtshof geht also von einem inneren Zusammenhang zu dem konkreten Passagier 80

---

[162] Eingehend: LG Frankfurt aM RdTW 2018, 315; LG Frankfurt aM RRa 2017, 72; Hoffmann-Grambow RdTW 2018, 1 (2); Schmid/Puschkarski NJW 2018, 657 (660 f.); Stenzel jurisPR-ITR 16/2017 Anm. 5.

[163] LG Frankfurt aM RdTW 2018, 315.

[164] Zu den dogmatischen Einzelheiten: BeckOGK-FluggastVO/Steinrötter Art. 4 Rn. 9; Schladebach/Mildenstein EuZW 2012, 940 (941); eingehend: HdB-ReiseR/Führich § 39 Rn. 35 ff.

[165] Die Aufzählung ist nicht abschließend: EuGH EuZW 2012, 945 (946); Hk-FluggastVO/Staudinger Art. 2 Rn. 44.

[166] Hierzu: Staudinger/Schmidt-Bendun NJW 2004, 1897 (1898).

[167] Vgl. BeckOGK/Steinrötter FluggastVO Art. 2 Rn. 60; BeckOK FluggastVO/Degott FluggastVO Art. 4 Rn. 37; HK-FluggastVO/Staudinger FluggastVO Art. 2 Rn. 46.

[168] EuGH EuZW 2012, 945 (946 f.); HK-FluggastVO/Staudinger FluggastVO Art. 2 Rn. 46.

aus.[169] Reisebeschränkungen allgemeiner Art zählen indes nicht dazu. Auswirkungen hat dies insbesondere mit Blick auf die Ansprüche der betroffenen Reisenden auf Erstattung des Flugpreises oder von der Airline geschuldete Betreuungsleistungen (→ Rn. 83).

b) Rechtsfolgen

aa) Zulässige Verweigerung

81 Lehnt die Fluggesellschaft berechtigterweise die Beförderung des Passagiers ab (→ Rn. 79), findet Art. 4 VO (EG) 261/2004 keine Anwendung. Die Rechtsfolgen sind also nicht europäisch vorgegeben. Bei der Anwendbarkeit deutschen Rechts im Lichte von Art. 5 Abs. 2, 3 Rom I-VO dürfte ein etwaiger Schadensersatzanspruch nach § 634 Nr. 4 BGB, §§ 280 ff. BGB ausscheiden, weil jedenfalls kein Verschulden der Airline anzunehmen ist.

bb) Unzulässige Verweigerung

82 Im Falle einer unberechtigt abgelehnten Mitnahme richten sich die Folgen nach Art. 4 Abs. 3 VO (EG) Nr. 261/2004. Allerdings ist zu berücksichtigen, dass es sich bei einer durch Reisebeschränkungen im Zielland ausgelösten Absage eines gesamten Fluges eher um einen Fall der Annullierung handelt (→ Rn. 84 ff.), da es an einem inneren Bezug zum jeweiligen Passagier mangelt (→ Rn. 80).[170]

83 Art. 4 Abs. 3 VO (EG) 261/2004 sieht im Falle einer Nichtbeförderung von Fluggästen gegen ihren Willen grundsätzlich eine Entschädigungszahlung (Art. 7 VO (EG) 261/2004 → Rn. 85 ff.) sowie Unterstützungsleistungen (Art. 8, 9 VO (EG) 261/2004 → Rn. 91 ff.) seitens des ausführenden Luftfahrtunternehmens vor.[171]

4. Annullierung des Fluges

a) Tatbestand der Annullierung

84 Von einer Annullierung ist nach der Rechtsprechung des EuGH auszugehen, wenn die Planung des ursprünglichen Fluges aufgegeben wird.[172] Die Abgrenzung zur Verspätung kann im Einzelfall schwierig sein.[173]

---

169 Vgl. HK-FluggastVO/Staudinger FluggastVO Art. 2 Rn. 46.

170 Beachte zur Abgrenzung: EuGH NJW 2011, 3776; NJW 2010, 43 (44); BeckOGK/Steinrötter FluggastVO Art. 2 Rn. 106; HK-FluggastVO/Staudinger FluggastVO Art. 2 Rn. 48.

171 HdB-ReiseR/Führich § 39 Rn. 50.

172 EuGH NJW 2010, 43 (44); HK-FluggastVO/Staudinger FluggastVO Art. 2 Rn. 51.

173 Hierzu: HdB-ReiseR/Führich § 40 Rn. 3 ff.; HK-FluggastVO/Staudinger FluggastVO Art. 2 Rn. 51.

Aus welchem Grund die Airline einen Flug absagt, ist auf der Ebene der Rechtsfolge relevant (→ Rn. 85 ff.).

b) Rechtsfolgen

aa) Ausgleichsanspruch

(1) Grundsatz: Entschädigung

Im Falle der Annullierung steht dem Passagier nach Art. 5 Abs. 1 lit. c **85**
VO (EG) 261/2004 die pauschalierte Entschädigung aus Art. 7 VO (EG) 261/2004 zu. Art. 7 Abs. 1 VO (EG) 261/2004 sieht pauschalierte Zahlungen iHv 250, 400 oder 600 Euro in Abhängigkeit von der jeweiligen Flugstrecke vor. Gemäß Art. 7 Abs. 3 VO (EG) 261/2004 kommt für die Auszahlung in erster Linie die **Barzahlung,** die elektronische oder gewöhnliche **Überweisung** oder die Übergabe eines **Schecks** in Betracht (→ Rn. 94). Die Regelung erlaubt jedoch ebenfalls die Erstattung in Form von **Reisegutscheinen** oder sonstigen Dienstleistungen (zB Freischaltung im Kundenkonto). Das setzt aber das **schriftliche Einverständnis** des Fluggastes voraus, also einen Konsens zwischen den Beteiligten (→ Rn. 94). Es besteht **keine Pflicht** des Passagiers, derartige Gutscheine anzunehmen.[174] Darauf hat die EU-Kommission in ihren jüngsten Leitlinien noch einmal explizit hingewiesen (→ Rn. 94).[175]

(2) Ausnahme: Frühzeitige Mitteilung

Allerdings enthält Art. 5 Abs. 1 lit. c VO (EG) 261/2004 verschiedene **86**
Konstellationen, in welchen dem Reisenden **keine Ausgleichszahlung** zusteht. Das betrifft Fälle, bei denen die Passagiere mindestens **zwei Wochen** vor der planmäßigen Abflugzeit über die Annullierung unterrichtet werden (Art. 5 Abs. 1 lit. c Ziff. i VO (EG) 261/2004). Ferner kann auch bei **kurzfristigeren Annullierungen** von zwei Wochen bis sieben Tagen (Art. 5 Abs. 1 lit. c Ziff. ii VO (EG) 261/2004) oder weniger als sieben Tagen vor Abflug (Art. 5 Abs. 1 lit. c Ziff. iii VO (EG) 261/2004) ein Entschädigungsanspruch ausscheiden. In beiden Situationen muss die Airline aber **zugleich** ein **anderweitiges Beförderungsangebot** unterbreiten, wobei die Abflug- und Ankunftszeiten nur wenige Stunden von der ursprünglichen Buchung abweichen dürfen.

(3) Ausnahme: Außergewöhnliche Umstände

Kommt ein Ausschluss der Entschädigung nach Art. 5 Abs. 1 lit. c Ziff. **87**
i–iii VO (EG) 261/2004 von vornherein nicht in Betracht oder erfüllt der Carrier nicht die jeweiligen Anforderungen, kann er sich noch auf die Ent-

---

[174] HdB-ReiseR/Führich § 42 Rn. 18.
[175] Vgl. zur Erstattung: Mitteilung der EU-Kommission v. 18.3.2020, COM(2020) 1830 final, S. 3.

lastung des Art. 5 Abs. 3 VO (EG) 261/2004 berufen. Demzufolge steht dem Passagier kein finanzieller Ausgleich zu, wenn die Airline nachweisen kann, dass die Annullierung auf außergewöhnliche Umstände zurückgeht, die sich auch dann nicht hätten vermeiden lassen, wenn alle zumutbaren Maßnahmen ergriffen worden wären.[176] Ein solches Ereignis liegt nach der Judikatur des EuGH vor, wenn es seiner Natur oder Ursache nach nicht zur normalen Ausübung der vom Luftfahrtunternehmen erbrachten Tätigkeit zählt und vom Carrier tatsächlich unbeherrschbar ist.[177]

88 Nach Auffassung der EU-Kommission in ihren jüngst veröffentlichten Leitlinien soll diese Bedingung erfüllt sein, wenn **Behörden** bestimmte Flüge entweder von Rechts wegen **verbieten** oder den Personenverkehr in einer Weise untersagen, die faktisch eine Durchführung des betreffenden Fluges ausschließt.[178] Das erscheint nachvollziehbar und überzeugend, entfaltet jedoch als Verlautbarung der Exekutive keine Bindungswirkung. Eine inhaltliche Parallele zeigt sich insoweit zu dem in Erwägungsgrund 15 VO (EG) 261/2004 genannten Beispiel der Entscheidung durch ein Flugverkehrsmanagement über eine konkrete Beförderung. Dass ein Land sogar Flugverbindungen gänzlich untersagt, konnte dem europäischen Gesetzgeber nicht als „Standardfall" vor Augen stehen. In der Sache mag es aber kaum einen Unterschied ausmachen, ob das Flugverkehrsmanagement, eine übergeordnete Behörde oder gar die Regierung eines Staates derartige Anweisungen erteilt. Für die Airline handelt es sich dann um einen außergewöhnlichen Umstand iSd Art. 5 Abs. 3 VO (EG) 261/2004.

89 Das soll nach der Verlautbarung der EU-Kommission gleichermaßen gelten, wenn zwar nicht der gesamte Personenverkehr verboten ist, sondern vielmehr Beschränkungen etwa bezüglich Personen einer **bestimmten Staatsangehörigkeit** vorliegen.[179] Tritt keiner dieser Passagiere den Flug an, „kann es für ein Luftfahrtunternehmen legitim sein", die Beförderung rechtzeitig zu annullieren, um entsprechende Organisations- und Betreuungsmaßnahmen zu ergreifen.[180] Auch insoweit soll die Annullierung – nach Ansicht der Exekutive – auf behördliche Maßnahmen zurückgehen, was etwa auch den **Rückflug der Gegenrichtung** betreffen kann.[181] Diese Ausführungen sind jedoch kritisch zu betrachten. So erscheint es nämlich im Falle einer heterogenen Zusammensetzung der Gäste mit verschiedenen Staatsangehörigen kaum überzeugend, dass

[176] Zur Rechtsprechungsübersicht: BeckOGK/Steinrötter FluggastVO Art. 5 Rn. 39 ff.; BeckOK FluggastVO/Schmid FluggastVO Art. 5 Rn. 37 ff.; HdB-ReiseR/Führich § 40 Rn. 43 ff.; HK-FluggastVO/Maruhn FluggastVO Art. 5 Rn. 11 ff.

[177] EuGH NJW-RR 2019, 562 (563); hierzu: Ruks GPR 2019, 187; EuGH EuZW 2018, 457 (459).

[178] Mitteilung der EU-Kommission v. 18.3.2020, COM(2020) 1830 final, S. 6.

[179] Mitteilung der EU-Kommission v. 18.3.2020, COM(2020) 1830 final, S. 6.

[180] Mitteilung der EU-Kommission v. 18.3.2020, COM(2020) 1830 final, S. 6.

[181] Mitteilung der EU-Kommission v. 18.3.2020, COM(2020) 1830 final, S. 6.

Reisebeschränkungen zulasten eines Teils dieser Gruppe eine Annullierung in Bezug auf die restlichen Passagiere rechtfertigen. Insbesondere die von der Kommission gewählte Formulierung „kann legitim sein" bewirkt wohl eher ein Einfallstor gerade auch für wirtschaftliche Erwägungen von Fluggesellschaften. Diesbezüglich müssen die Umstände des Einzelfalles genau untersucht werden. Ebenso verhält es sich mit Blick auf die Auswirkungen für Flüge der Gegenrichtung, denn Leistungsstörungen im Zusammenhang mit sog. Rotationen bzw. Umläufen sind besonders problematisch.[182] Zwar können grundsätzlich auch Folgeflüge von den außergewöhnlichen Umständen des vorhergehenden Transportes erfasst sein,[183] dies vermag jedoch nur in engen zeitlichen und sachlichen Grenzen zu überzeugen.[184] Insbesondere muss die Airline nachweisen, dass sie beispielsweise die Annullierung des Fluges aus der Gegenrichtung nicht durch eine Umorganisation (zB von Maschinen oder Personal) hätte vermeiden können.[185]

Ferner plädiert die EU-Kommission dafür, dass abgesagte Flüge auf außergewöhnliche Umstände zurückgehen sollen, wenn die Annullierung aus Gründen des **Gesundheitsschutzes der Besatzung** erfolgt.[186] Auch insoweit sind jedoch Bedenken anzumelden. Denn die Formulierung ist äußerst vage und es erscheint fraglich, wann das Kriterium erfüllt sein mag. So könnte bei einer äußerst umsichtigen und präventiven Vorgehensweise bereits jeder potentielle Flug „aus Gründen des Gesundheitsschutzes" annulliert werden, ohne dass es auf konkrete Anhaltspunkte ankäme. Dies bedeutete jedoch letztlich einen „Freibrief", weil prinzipiell bei jeder Flugverbindung – auch unabhängig von der Corona-Krise – ein erhöhtes Gesundheitsrisiko durch internationale Flüge und Passagiere unterschiedlicher Herkunft bestehen kann. Außerdem wird man berücksichtigen müssen, dass die Luftfahrtunternehmen Flugverbindungen noch eine gewisse Zeit lang durchführten. Daher bedarf es einer genauen Prüfung, ob die Airline den jeweiligen Transport tatsächlich aus Schutzgesichtspunkten zugunsten des Personals absagte und sich dies auf tatsächliche Anhaltspunkte stützen lässt. 90

bb) Erstattung oder anderweitige Beförderung

Im Falle einer Annullierung stehen dem Passagier nach Art. 5 Abs. 1 lit. a VO (EG) 261/2004 verschiedene Ansprüche gegenüber dem ausführenden Luftfahrtunternehmen zu. Hierzu zählen die Erstattung des Flug- 91

---

[182] Entlastung abgelehnt bei einer Verzögerung durch Rotation: LG Korneuburg RRa 2018, 50.

[183] LG Kleve NJW-RR 2018, 1084 (1085).

[184] AG Köln BeckRS 2018, 5844; Bergmann/Blankenburg NJW 2019, 3678 (3681).

[185] Zur Vermeidbarkeit im Rahmen von Art. 5 Abs. 3 VO (EG) 261/2004: BeckOGK/Steinrötter FluggastVO Art. 5 Rn. 102ff.; Ruks GPR 2019, 187 (189).

[186] Mitteilung der EU-Kommission v. 18.3.2020, COM(2020) 1830 final, S. 6.

preises (→ Rn. 92ff.) oder die anderweitige Beförderung des Passagiers (→ Rn. 95). Nach der Eingangsformulierung von Art. 8 Abs. 1 VO (EG) 261/2004 können die Fluggäste zwischen den beiden Rechten wählen. Es ist demzufolge nicht möglich, sowohl die Rückzahlung des Ticketpreises als auch zugleich eine (kostenfreie) alternative Transportmöglichkeit zu verlangen.

(1) Erstattung des Flugpreises

92 Art. 8 Abs. 1 lit. a VO (EG) 261/2004 sieht eine **vollständige** Rückzahlung der Flugscheinkosten vor. Das gilt für nicht zurückgelegte Reiseabschnitte, aber ebenso für bereits absolvierte Teilstücke, wenn der Flug im Hinblick auf den ursprünglichen Reiseplan zwecklos geworden ist. Im letzten Fall besteht für die Airline neben der Erstattung sogar noch die Pflicht, den Passagier zum ersten Abflugort zurückzubefördern. Bei Flügen als Bestandteile einer **Pauschalreise** scheidet laut Art. 8 Abs. 2 VO (EG) 261/2004 ein Erstattungsanspruch gegenüber der Airline aus.[187]

93 Die **Modalitäten der „Rückabwicklung“** richten sich nach Art. 8 Abs. 1 lit. a iVm Art. 7 Abs. 3 VO (EG) 261/2004. Demzufolge kommt für die Auszahlung in erster Linie die **Barzahlung**, die elektronische oder gewöhnliche **Überweisung** oder die Übergabe eines **Schecks** in Betracht.

94 Art. 7 Abs. 3 VO (EG) 261/2004 erlaubt jedoch ebenfalls die Erstattung in Form von **Reisegutscheinen** oder sonstigen Dienstleistungen (zB Freischaltung im Kundenkonto). Die Vorschrift setzt hierfür allerdings das **schriftliche Einverständnis** des Fluggastes voraus. Das in Art. 7 Abs. 3 VO (EG) 261/2004 geregelte Formerfordernis erscheint aus Schutzgesichtspunkten überzeugend und minimiert das Risiko einer vom Fluggast nur notgedrungen akzeptierten Annahme des Gutscheins am Schalter oder während einer telefonischen Beratung. Notwendig ist ferner ein **Konsens** zwischen den Beteiligten. Es besteht **keine Pflicht** des Passagiers, derartige Gutscheine anzunehmen.[188] Darauf hat die EU-Kommission in ihren jüngsten Leitlinien noch einmal explizit hingewiesen.[189] Der Vorschlag einer Airline zur Aushändigung eines Gutscheins soll demnach nicht die Entscheidung des Passagiers beeinträchtigen, eine Erstattung (Art. 8 Abs. 1 VO (EG) 261/2004) verlangen zu können.[190] Der Carrier verfügt also im Lichte von Art. 7 Abs. 3 VO (EG) 261/2004 über **keine Möglichkeit**, den Kunden **einseitig** – etwa im Gewande einer

---

[187] Hierzu jüngst: EuGH RdTW 2020, 19; BeckOK FluggastVO/Degott FluggastVO Art. 8 Rn. 14f.
[188] HdB-ReiseR/Führich § 42 Rn. 18.
[189] Mitteilung der EU-Kommission v. 18.3.2020, COM(2020) 1830 final, S. 3.
[190] Mitteilung der EU-Kommission v. 18.3.2020, COM(2020) 1830 final, S. 3.

Klausel – zur Annahme von Gutscheinen zu verpflichten. Die Bundesregierung hat jüngst eine europäische Regelung für eine sog. **Gutschein-Lösung** zugunsten von Airlines gefordert (→ Rn. 18ff.). Der zuständige EU-Kommissar Reynders steht dem Vorstoß der Bundesregierung nach einer Gutschein-Lösung eher ablehnend gegenüber.[191] Ob und inwieweit das **Gebot der primärrechtskonformen Auslegung** (gegebenenfalls im Zusammenspiel mit einer neuen Leitlinie der Kommission) ein abweichendes Ergebnis rechtfertigt, wird unter → Rn. 114ff. erörtert.

(2) Anderweitige Beförderung

Alternativ (→ Rn. 91) zur Erstattung des Flugpreises kann der Passagier einen anderweitigen Transport nach Maßgabe von Art. 8 Abs. 1 lit. b, c VO (EG) 261/2004 verlangen. Das in Art. 8 Abs. 1 lit. b VO (EG) 261/2004 normierte Recht zur alternativen Beförderung zum **frühestmöglichen Zeitpunkt** dürfte in der Corona-Krise wegen der damit verbundenen Unsicherheit wohl eher zu vernachlässigen sein. Art. 8 Abs. 1 lit. c VO (EG) 261/2004 sieht demgegenüber die Möglichkeit vor, dass sich der Reisende für einen Flug zu einem späteren, von ihm **ausgesuchten Zeitpunkt** entscheidet. **95**

(3) Einvernehmliche Umbuchungen

Ungeachtet der vorgenannten Fälle einer alternativen Beförderung (→ Rn. 95) haben viele Fluggesellschaften die Umbuchungsmöglichkeiten für Kunden erheblich ausgeweitet. Es steht dem Kunden frei, sich auf konsensualer Grundlage auf eine solche **Vertragsänderung** einzulassen. Eine Pflicht besteht jedoch nicht. **96**

cc) Betreuungsleistungen

Im Falle der Annullierung muss das ausführende Luftfahrtunternehmen gegenüber den Passagieren Unterstützungsmaßnahmen ergreifen (Art. 5 Abs. 1 lit. b iVm Art. 9 VO (EG) 261/2004). Sie können in die Kategorien Verpflegung und Unterkunft (Art. 9 Abs. 1 VO (EG) 261/2004) einer- sowie Kommunikationsmöglichkeiten (Art. 9 Abs. 2 VO (EG) 261/2004) andererseits unterteilt werden. Die Betreuungsleistungen sollen unmittelbare Bedürfnisse der Passagiere vor Ort befriedigen.[192] **97**

Sämtliche der in Art. 9 Abs. 1 lit. a-c VO (EG) 261/2004 genannten Betreuungsleistungen hat die Airline **unentgeltlich** anzubieten. Das bedeutet zum einen, dass dem Kunden hierfür keine (Teil-)Kosten auferlegt werden **98**

---

[191] Siehe hierzu: https://www.spiegel.de/wirtschaft/unternehmen/corona-krise-eu-kommission-gegen-gutscheine-fuer-reiseausfaelle-a-783a656f-a832-4ac7-8986-fe935e336e4e (letzter Abruf: 14.4.2020).

[192] EuGH NJW 2006, 351; Ruks, Die Haftung für außergewöhnliche Umstände, 2020, 9.

dürfen. Zum anderen sind die Maßnahmen nicht erst auf Verlangen des Fluggastes zu erbringen, vielmehr muss die Airline selbst tätig werden und die Leistungen aktiv anbieten.[193] Art. 9 Abs. 1 lit. a VO (EG) 261/2004 nennt zunächst die Verpflegung von Passagieren durch **Mahlzeiten und Erfrischungen** in angemessenem Verhältnis zur Wartezeit. Die in Art. 9 Abs. 1 lit. b VO (EG) 261/2004 vorgesehene **Hotelunterbringung** ist „notwendig", wenn etwa die alternative Beförderung erst am nächsten Tag stattfinden kann (vgl. Art. 5 Abs. 1 lit. b VO (EG) 261/2004).[194] Die Pflicht zur Beherbergung ist **zeitlich unbegrenzt** und enthält **keine Einschränkung** für außergewöhnliche Umstände.[195] Art. 9 Abs. 1 lit. c VO (EG) 261/2004 stellt außerdem klar, dass die von der Airline geschuldete Unterbringung der Passagiere zugleich den **Transfer** zwischen der Unterkunft und dem Flughafen erfasst.

99 Der Carrier muss dem Reisenden gemäß Art. 9 Abs. 2 VO (EG) 261/2004 außerdem **Kommunikationsmöglichkeiten** (zB Telefongespräche) anbieten. Auch dies hat unentgeltlich (→ Rn. 98) zu erfolgen.

100 Art. 9 Abs. 3 VO (EG) 261/2004 verpflichtet die Airline zur besonderen Berücksichtigung von Personen mit eingeschränkter Mobilität sowie unbegleiteten Minderjährigen.

5. Verspätung des Fluges

a) Tatbestand der Verspätung

101 Art. 6 VO (EG) 261/2004 erfasst mit den Verspätungen ein weitere Kategorie von Leistungsstörungen. Dabei ist vorauszuschicken, dass innerhalb der Norm **keine „einheitliche Verspätungsdauer"** existiert, die sämtliche Ansprüche des Passagiers auslöst (Erstattung des Flugpreises → Rn. 91 ff.; pauschalierte Entschädigung → Rn. 85 ff.; Betreuungsleistungen → Rn. 97 ff.). Vielmehr sieht die Regelung unterschiedliche und an der Flugstrecke orientierte Verzugszeiten vor. Eine Darstellung erfolgt daher innerhalb des jeweiligen Rechts (→ Rn. 102 ff.).

b) Rechtsfolgen

aa) Ausgleichsanspruch

102 Zwar fehlt innerhalb des Art. 6 VO (EG) 261/2004 ein Verweis auf die pauschalierten Entschädigungszahlungen nach Art. 7 (EG) 261/2004.

---

[193] BeckOGK/Steinrötter FluggastVO Art. 9 Rn. 6; Ruks, Die Haftung für außergewöhnliche Umstände, 2020, 111.

[194] Zur Haftung für Mängel der Verkehrssicherheit in dieser Unterkunft: OGH Wien BeckRS 2019, 17148.

[195] EuGH EuZW 2013, 223 mAnm Staudinger EuZW 2013, 227; HdB-ReiseR/Führich § 41 Rn. 16; Ruks, Die Haftung für außergewöhnliche Umstände, 2020, 11.

Seit der Entscheidung des EuGH in der Rechtssache *Sturgeon* gilt diese Norm aber kraft richterrechtlicher Rechtsfortbildung ebenfalls für **erhebliche Ankunftsverspätungen** von **mehr als drei Stunden.**[196]

Der EuGH wendet den Entlastungstatbestand des Art. 5 Abs. 3 VO (EG) 261/2004 für **außergewöhnliche Umstände** gleichermaßen bei den erheblichen Ankunftsverspätungen an.[197] Die obigen Ausführungen gelten daher entsprechend → Rn. 87 ff. 103

bb) Erstattung oder anderweitige Beförderung

(1) Erstattung des Flugpreises

Gemäß Art. 6 Abs. 1 lit. c Ziff. iii VO (EG) 261/2004 kann der Fluggast eines Erstattung des Ticketpreises nach Maßgabe von Art. 8 Abs. 1 lit. a VO (EG) 261/2004 verlangen, wenn die Verspätung der Beförderung **mindestens fünf Stunden** beträgt. Wie sich aus Art. 6 Abs. 1 VO (EG) 261/2004 ergibt, ist die **Verzögerung beim Abflug** gemeint.[198] Für die Rückzahlung und ihre Modalitäten gelten die dargestellten Grundsätze → Rn. 91 ff. 104

(2) Anderweitige Beförderung

Im Falle einer Verspätung steht dem Passagier jedoch **kein Anspruch** auf eine alternative Beförderung nach Art. 8 Abs. 1 lit. b, c VO (EG) 261/2004 zu.[199] Das ergibt sich aus dem auf Art. 8 Abs. 1 lit. a VO (EG) 261/2004 beschränkten Verweis des Art. 6 Abs. 1 lit. c Ziff. iii VO (EG) 261/2004. Die EU-Kommission führt in ihren Auslegungsleitlinien zur VO (EG) 261/2004 als Begründung an, dass sich das Luftfahrtunternehmen „erst bemüht, die Ursache der Verzögerung zu beseitigen".[200] Ob sich auch der EuGH dieser Auffassung anschließen würde oder – ähnlich wie in der Rechtssache *Sturgeon* (→ Rn. 102) – zu einer richterrechtlichen Rechtsfortbildung neigen würde, bleibt ungewiss. Ein solcher Weg erscheint jedenfalls nicht fernliegend. Denn der **Widerspruch** zwischen der hiesigen Konstellation ohne Anspruch auf anderweitige Beförderung und denjenigen Fällen eines **annullierten Fluges** mit einem entspre- 105

---

[196] EuGH EuZW 2009, 890; BeckOGK/Steinrötter FluggastVO Art. 6 Rn. 23 ff.; HdB-ReiseR/Führich § 41 Rn. 5 ff.; HK-FluggastVO/Maruhn FluggastVO Art. 6 Rn. 8 ff.; Ruks, Die Haftung für außergewöhnliche Umstände, 2020, 9; Staudinger RRa 2010, 10.

[197] EuGH EuZW 2009, 890 (893 f.); HdB-ReiseR/Führich § 41 Rn. 22; Ruks GPR 2019, 187 (188); Ruks, Die Haftung für außergewöhnliche Umstände, 2020, 7; Blankenburg in Tonner/Bergmann/Blankenburg ReiseR § 4 Rn. 133.

[198] BeckOGK/Steinrötter FluggastVO Art. 6 Rn. 19; HdB-ReiseR/Führich § 41 Rn. 1 f.

[199] Eingehend: BeckOGK/Steinrötter FluggastVO Art. 6 Rn. 20 mwN.

[200] Leitlinien für die Auslegung der VO (EG) 261/2004 der EU-Kommission v. 10.6.2016, COM(2016) 3502 final, S. 12.

chenden Recht (→ Rn. 95) lässt sich wohl kaum sachlich nachvollziehbar auflösen.

(3) Einvernehmliche Umbuchungen

106 Ebenso wie im Falle der Annullierung bleibt es dem Fluggast unbenommen, freiwillig und in Übereinstimmung mit der Airline eine Vertragsänderung bzw. Umbuchung vorzunehmen → Rn. 96.

cc) Betreuungsleistungen

107 Bei **Abflugverspätungen** verpflichtet Art. 6 Abs. 1 lit. c Ziff. i, ii VO (EG) 261/2004 das Luftfahrtunternehmen außerdem dazu, gegenüber Passagieren die Unterstützung nach Maßgabe von Art. 9 VO (EG) 261/2004 anzubieten. Allerdings werden die jeweiligen Rechte nicht durch eine allgemeingültige Verspätungsdauer ausgelöst. Vielmehr kommt es hier auf ein Zusammenspiel von Verzugszeit und Flugstrecke[201] an.

108 Bei **Kurzstrecken** (bis einschließlich 1500 km) bedarf es einer Abflugverspätung von **mindestens zwei Stunden** (Art. 6 Abs. 1 lit. a VO (EG) 261/2004).

109 Für **innergemeinschaftliche** Flüge[202] der **Mittel- bzw. Langstrecke** (Entfernung von mehr als 1500 km) ist ein Verzug von **mindestens drei Stunden** erforderlich (Art. 6 Abs. 1 lit. b VO (EG) 261/2004).

110 Bei allen anderen, also **nicht innergemeinschaftlichen Mittelstrecken** (Distanz zwischen 1500 und 3000 km) muss eine Verzögerung von **mindestens drei Stunden** vorliegen (Art. 6 Abs. 1 lit. b VO (EG) 261/2004).

111 Die **übrigen Flüge** setzen eine Abflugverspätung von **mindestens vier Stunden** voraus (Art. 6 Abs. 1 lit. c VO (EG) 261/2004). Das betrifft also insbesondere nicht innergemeinschaftliche Langstreckenflüge mit einer Entfernung von mehr als 3000 km.[203]

112 Erst wenn die zuvor genannten Verspätungen erfüllt sind, stehen dem Reisenden gemäß Art. 6 Abs. 1 lit. c Ziff. i VO (EG) 261/2004 die Unterstützungsleistungen zu. Sie stimmen mit den Rechtsfolgen bei der Annullierung überein (→ Rn. 97 ff.). So verweist die Vorschrift auf die Pflicht der Airline zur **Verpflegung** von Passagieren sowie zum Anbieten von **Kommunikationsmöglichkeiten.** Die **Unterbringung** in einem Hotel sowie den erforderlichen **Transfer** schuldet die Airline laut Art. 6 Abs. 1 lit. c Ziff. ii VO (EG) 261/2004, wenn die zu erwartende Abflugzeit auf den nachfolgenden Tag fällt.

---

[201] Zur Streckenberechnung: BeckOGK/Steinrötter FluggastVO Art. 6 Rn. 11.1 ff.; HdB-ReiseR/Führich § 41 Rn. 4.

[202] BeckOGK/Steinrötter FluggastVO Art. 6 Rn. 11.3.

[203] BeckOGK/Steinrötter FluggastVO Art. 6 Rn. 11.

Die Betreuungsleistungen bestehen **zeitlich unbefristet** und erlauben **keine Entlastung** im Falle von außergewöhnlichen Umständen (→ Rn. 98). 113

IV. Primärrechtskonforme Auslegung

Im Folgenden soll der Frage nachgegangen werden, ob und inwieweit sich gegebenenfalls kraft der primärrechtskonformen Auslegung der RL (EU) 2015/2302 bzw. von § 651h Abs. 5 BGB als Transformationsnorm sowie der VO (EG) 261/2004 dennoch eine Gutschein-Lösung (→ Rn. 18) ableiten lässt, wonach der Kunde unter bestimmten einschränkenden Voraussetzungen gezwungen ist, anstelle der begehrten Auszahlung einen Gutschein zu akzeptieren. Der dogmatische Ansatz basiert auf dem pyramidalen Aufbau des Europarechts und eröffnet womöglich einen Weg unabhängig von einer offiziellen Stellungnahme der Kommission. Überdies soll die Aussage einiger Landesjustizministerien auf den Prüfstein gelangen, wonach sich eine Gutscheinlösung angeblich als europarechtswidrig erweise. Als Blaupause dient dabei eine vergleichbare Konstellation, die bereits Gegenstand einer Vorabentscheidung des EuGH war und das Konstrukt der primärrechtskonformen Auslegung gerade der VO (EG) 261/2004 als pars pro toto illustriert. 114

Zunächst sollen Grundzüge der primärrechtskonformen Auslegung in der gebotenen Kürze skizziert werden. Das gesamte sekundäre Unionsrecht ist insofern anhand des Primärrechts, insbesondere der Verträge, der Grundfreiheiten, der Grundrechte-Charta sowie der allgemeinen Grundsätze des Unionsrechts auszulegen. Diesbezüglich ist vor allem das Prinzip der Verhältnismäßigkeit anzuführen.[204] 115

Verordnungen wie die VO (EG) 261/2004 entfalten dabei eine Direktwirkung, sind in allen ihren Teilen verbindlich und gelten unmittelbar in jedem Mitgliedsstaat, Art. 288 Abs. 2 AEUV. Jeder Rechtsanwender muss Vorschriften einer Verordnung im Lichte des Primärrechts auslegen und dazu beitragen, dass jene im europäischen Regelungskontext ihre Wirkung bestmöglich entfalten. Richtlinien sind demgegenüber zwar für jeden Mitgliedsstaat hinsichtlich des zu erreichenden Ziels verbindlich. Der europäische Gesetzgeber überlässt jedoch den innerstaatlichen Stellen die Wahl der Form und der Mittel, Art. 288 Abs. 3 AEUV. Insofern werden nationale Vorschriften geschaffen, die ihre Wurzeln im europäischen Recht haben. Solche Transformationsnormen sind zunächst im Lichte der ihr zugrundeliegenden Richtlinie auszulegen (richtlinienkon- 116

[204] Dauses/Ludwig/Pieper, EU-WirtschaftsR-HdB, B.I. Rn. 56 ff, weiterhin ausführlich zur Auslegung sekundären Unionsrechts Köhler/Bornkamm/Feddersen/Köhler, UWG, Einl. Rn. 3.12.

forme Auslegung). Aufgrund ihres sekundärrechtlichen Ursprungs gilt darüber hinaus, dass sich die Umsetzungsvorschriften als primärrechtskonform erweisen müssen. Zusammengefasst unterliegen also nicht nur Sekundärrechtsakte wie die VO (EG) 261/2004 sowie die RL (EU) 2015/2302 der primärrechtskonformen Auslegung, sondern ebenso die aufgrund einer Richtlinie erlassene Transformationsnorm wie § 651h Abs. 5 BGB.

117 Dabei sichert der EuGH nach Art. 19 Abs. 1 EUV die Wahrung des Rechts bei der Auslegung und Anwendung der Verträge. Dem Gerichtshof obliegt demnach die Kontrolle der Anwendung der Verträge und die Auslegung des Unionsrechts. Hieraus lässt sich jedoch nicht der Schluss ziehen, dass einzig der Gerichtshof an die zuvor aufgezeigten Grundsätze gebunden ist. Das Gebot der primärrechtskonformen Auslegung trifft vielmehr sämtliche Institutionen der EU und ferner alle nationalen Gewalten der Mitgliedsstaaten, demzufolge gleichermaßen die hiesige Richterschaft sowie im Ergebnis die Gesamtheit der Rechtsanwender. Der Richterschaft wiederum kann bzw. muss im Wege des Vorabentscheidungsverfahrens nach Art. 267 AEUV eine offene und entscheidungserhebliche Frage hinsichtlich der Interpretation des EU-Rechts dem EuGH vorlegen. Diesem kommt insofern ein Auslegungsmonopol zu.

118 2010 hatte die Schließung des Luftraums in Europa durch den Ausbruch des Vulkans Eyjafjallajökul mit der Folge der Annullierung einer Vielzahl von Flügen zu einem solchen Vorabentscheidungsersuchen an den EuGH[205] geführt. Es erschien zweifelhaft, ob ein ausführendes Luftfahrtunternehmen dem Fluggast Betreuungsleistungen iSd Art. 9 VO (EG) 261/2004 ohne zeitliche oder finanzielle Begrenzung schuldete oder sich abweichend vom Wortlaut etwa in Abs. 1 lit. b, 1. Spiegelstrich doch eine Limitierung der Einstandspflicht des Carriers aus dem Gebot der primärrechtskonformen Auslegung ableiten lasse. In seiner Entscheidung vom 31.1.2013 wirft der Gerichtshof in der Randnummer 44 die Frage auf, ob und inwieweit die Auslegung der VO (EG) 261/2004 dem Verhältnismäßigkeitsprinzip, dem Grundsatz eines gerechten Interessenausgleichs sowie dem Diskriminierungsverbot und den Art. 16 und 17 der Grundrechtecharta widerspricht. Er verweist in der Randnummer 44 darauf, dass ein Unionsrechtsakt im Einklang mit dem gesamten Primärrecht ausgelegt werden muss und führt insofern sein Urteil vom 16.9.2010 in der Rechtssache C-149/10 an. In der Randnummer 48 geht er im Zuge der Verhältnismäßigkeitsprüfung darauf ein, dass negative wirtschaftliche Folgen selbst beträchtlichen Ausmaßes für bestimmte Wirtschaftsteilnehmer gerechtfertigt sein könnten. Nach Ansicht des EuGH sind dabei die hohen

---

[205] EuGH EuZW 2013, 223 mAnm Staudinger EuZW 2013, 227.

finanziellen Folgen für die Luftfahrtunternehmen gemessen an dem Verordnungsziel eines hohen Schutzniveaus für die Fluggäste nicht als unverhältnismäßig einzustufen. Die Luftfahrtunternehmen hätten als umsichtige Unternehmer die Kosten, die mit der gegebenenfalls anfallenden Erfüllung ihrer Betreuungspflicht verbunden würden, vorausschauend einplanen können. Dabei blendet der Gerichtshof allerdings aus, dass der europäische Gesetzgeber bei der Schaffung der Verordnung einen solchen Fall der tagelangen Schließung des Luftraums selbst nicht mitbedacht hat und es sich bei der fehlenden Deckelung der Betreuungsleistung iSd Art 9 VO (EG) 261/2004 vielmehr um eine unbewusste Regelungslücke handeln dürfte.[206] Ein entsprechender Vorwurf, die Unternehmer hätten Rücklagen für derartige Situationen zu schaffen, vermag somit nicht überzeugen.

In der Randnummer 59 führt er dann unter Verweis auf Art. 16 sowie 17 GRCh aus, dass die Bestimmungen die unternehmerische Freiheit sowie das Eigentumsrecht verbürgen. Indes hält der Gerichtshof in der Randnummer 60 fest, dass die unternehmerische Freiheit sowie das Eigentumsrecht nicht absolut gewährleistet würden, sondern im Zusammenhang mit ihrer gesellschaftlichen Funktion zu sehen seien. Letztlich hält der Gerichtshof hier den Eingriff für gerechtfertigt und verhältnismäßig, da ebenso Art. 38 GRCh zu berücksichtigen sei, der wie Art. 169 AEUV darauf abziele, in der Union ein hohes Niveau des Verbraucherschutzes zu erreichen. **119**

Diese Vorlageentscheidung macht deutlich, dass letztlich eine Interpretation wie diejenige der VO (EG) 261/2004 im Einklang mit dem höherrangigen Primärrecht stehen muss und sie der primärrechts- bzw. chartakonformen Auslegung bedarf. **120**

Nun erweist sich die Corona-Krise von ihren ökonomischen Auswirkungen her zweifelsohne als eine weitaus größere Krise als die damalige Luftraumsperrung infolge des Vulkanausbruchs. Der Ansatz der primärrechtskonformen Auslegung lässt sich dabei gleichermaßen mit Blick auf die RL (EU) 2015/2302 fruchtbar machen. So zählt auch diese zum Kreis des Sekundärrechts, welches im Einklang mit dem allgemeinen Verhältnismäßigkeitsprinzip, den Grundrechten sowie der Grundrechtecharta und damit ganz allgemein dem Primärrecht stehen muss. Zunächst ist davon auszugehen, dass ein Sachverhalt wie die Corona-Pandemie nicht außerhalb des Anwendungsbereichs der vollharmonisierenden Vorgaben der RL (EU) 2015/2302 liegt. Vielmehr handelt es sich um einen Unterfall der außergewöhnlichen Umstände, von denen etwa in Art. 12 Abs. 2 S.1 RL (EU) 2015/2302 die Rede ist. Zweitens hat der Richtliniengeber eine Interessenabwägung mit dem Ergebnis angestellt, dass **121**

[206] Staudinger EuZW 2013, 227 (227).

der Kunde vor Reiseantritt Abstand nehmen kann und seine An- bzw. Schlusszahlung in einer solchen Ausnahmesituation vollständig zurückerhält, ohne dass der Veranstalter etwa eine Entschädigung in Form von Stornogebühren in Rechnung stellen darf. Dies folgt aus Art. 12 Abs. 2 S. 2 RL (EU) 2015/2302 (→ Rn. 15 ff.). Ferner ist die Auszahlung in jedem Fall vorgesehen, und zwar innerhalb einer Frist sowie an sich ausnahmslos, Art. 12 Abs. 4 S. 2 RL (EU) 2015/2302 (→ Rn. 15 ff.). Dass nun Veranstalter in eine wirtschaftliche Schieflage geraten können, ist ebenfalls vom europäischen Gesetzgeber deshalb mit bedacht worden, weil die Richtlinie ja selbst das Instrument der Kundengeldabsicherung vorgibt. Damit bleibt innerhalb des Anwendungsbereichs der RL (EU) 2015/2302 nur der Weg einer primärrechtskonformen Auslegung bzw. Rechtsfortbildung. Andernfalls drohen gerade bei einem nationalen Alleingang Richtlinienverstöße bzw. ein Vertragsverletzungsverfahren. Auch bei der VO (EG) 261/2004 ist nicht erkennbar, dass eine Pandemie außerhalb des Regelungsbereichs liegt. Vielmehr genießt dieser Rechtsakt sogar Anwendungsvorrang und würde abweichende nationale Vorschriften ebenso überspielen wie etwaiges Richterrecht im Widerspruch zur VO (EG) Nr. 261/2004.

122 Ein Blick auf das Jahr 2020 und die Corona-Pandemie lässt nun erst recht den Schluss zu, dass Unternehmen der Touristikbranche auf ein derartiges Ereignis hin keine ausreichenden Vorkehrungen treffen konnten. Eine Übereinstimmung mit der Aschewolke ergibt sich mit Blick auf die supranationale Legislative: Auch der europäische Gesetzgeber hatte bei Schaffung der entsprechenden Vorschriften der RL (EU) 2015/2302 sowie der VO (EG) 261/2004 die pandemiebedingte Absage etlicher Pauschalreisen und Flüge sicherlich nicht vor Augen.

123 Nun lässt sich nicht von der Hand weisen, dass die Vorschriften der RL (EU) 2015/2302 sowie der VO (EG) 261/2004 unter dem Vorbehalt des Primärrechts stehen. Als solche sind sie zu jedem Zeitpunkt in Konformität mit dem Primärrecht und den allgemeinen Prinzipien auszulegen.[207] Dabei gehört das Verhältnismäßigkeitsgebot zu den tragenden Grundsätzen.[208] Nach ständiger Rechtsprechung des Gerichtshofs verlangt das Prinzip der Verhältnismäßigkeit, dass die Handlungen der Organe geeignet sind, die mit der fraglichen Regelung zulässigerweise verfolgten Ziele zu erreichen und nicht die Grenzen dessen überschreiten, was zur Erreichung dieser Ziele geeignet und erforderlich ist.[209] Hierzu zählt die Verwirklichung und die Funktionsfähigkeit des Binnenmarkts,

---

[207] Dazu allgemein Dauses/Ludwig/Pieper, EU-WirtschaftsR-HdB, B.I. Rn. 56.

[208] Pechstein/Nowak/Häde/Pache, Frankfurter Kommentar EUV/GRC/AEUV, EUV Art. 5 Rn. 132 mwN.

[209] EuGH DÖV 2014, 617 = NJW 2014, 2169; EuGH ZUM 2012, 202; EuGH EuZW 2010, 939 mAnm Guckelberger; EuGH EuZW 2009, 651.

Art. 26 Abs. 1 AEUV. Auch seine fortlaufende Funktionsfähigkeit ist zu wahren.[210] Das Binnenmarktziel erscheint demnach wie ein kontinuierlicher Prozess.[211] Dies führt letztlich auch dazu, dass stets geprüft werden muss, ob die Prognosen, die dem zur Binnenmarktverwirklichung erlassenen Sekundärrechtsakt zugrunde liegen, noch immer richtig und zeitgemäß erscheinen. Aktuelle Entwicklungen sind zu beobachten und einzubeziehen.[212] Die vorherrschende Situation führt nun dazu, dass etwa Reiseveranstalter und Airlines bei der pandemiebedingten Absage von Reisen bzw. Flügen verpflichtet sind, vom Kunden getätigte Zahlungen zu erstatten. Dahingehend besteht also das Risiko erheblicher Liquiditätsengpässe, welche den wirtschaftlichen Fortbestand der in Betracht kommenden Unternehmen gefährdet.[213] In Anbetracht des Stellenwertes und der Relevanz der Reise- und Touristikbranche für den Binnenmarkt erscheint eine primärrechtskonforme Auslegung naheliegend. Dabei verbietet es sich allerdings, beide Situationen und damit die Pauschalreisen und reine Luftbeförderungen über einen Kamm zu scheren. Denn trotz vieler Gemeinsamkeiten ergeben sich erhebliche Unterschiede, welche im Rahmen der primärrechtskonformen Auslegung zu divergierenden Ergebnissen führen können. Ohnehin verstehen sich die nachfolgenden Ausführungen nur als Lösungsansatz, dessen Tragfähigkeit letztlich der EuGH überprüfen muss. Dieser mag etwa in einem Verfahren von einem AG nach Art. 267 AEUV angerufen werden, sofern ein Kunde oder Dienstleister als Zessionar den Zwangsgutschein beispielsweise eines Veranstalters nicht akzeptiert, sondern auf Auszahlung klagt. Zwar unterliegt eine Richterin bzw. ein Richter vor dem AG dem Gebot der primärrechtskonformen Auslegung der RL (EU) 2015/2302 bzw. von § 651h Abs. 5 BGB: Die Reichweite dieser Interpretation auszuloten, obliegt aber wie in der Rechtssache zur Vulkanasche letztlich dem EuGH. Während des schwebenden Vorlageverfahrens erscheint es überzeugend, parallel gelagerte Rechtsstreitigkeiten vor der nationalen Justiz auszusetzen.

In Bezug auf Reiseveranstalter bleibt eingangs festzuhalten, dass zu ihren Gunsten Art. 16 sowie 17 der Grundrechtecharta eingreifen, welche die unternehmerische Freiheit sowie das Eigentumsrecht gewährleisten. Zweifelsohne ist bei der RL (EU) 2015/2302 aber auch zu beachten, dass sie einen hohen Kundenschutz verfolgt. Im Ergebnis ist demzufolge eine praktische Konkordanz gerade mit Art. 38 GRCh herzustellen. Es liegt aber nahe, dass hier anders als in der Entscheidung des EuGH zur Vulkanasche das Pendel zugunsten der Veranstalter ausschlagen könnte. Ins 124

210 Calliess/Ruffert/Korte, EUV/AEUV, AEUV Art. 26 Rn. 28
211 Calliess/Ruffert/Korte, EUV/AEUV, AEUV Art. 26 Rn. 28 mwN.
212 Calliess/Ruffert/Korte, EUV/AEUV, AEUV Art. 26 Rn. 28
213 Siehe hierzu die Pressemitteilung 118 des BPA vom 2.4.2020.

Feld führen lassen sich hierfür folgende Überlegungen. Die strikte Vorgabe in Art. 12 Abs. 4 RL (EU) 2015/2302 im Zusammenspiel mit Erwägungsgrund 32 des Rechtsakts enthält eine planwidrige Unvollständigkeit, da der europäische Gesetzgeber an eine Fallkonstellation wie die Pandemie und die dramatischen wirtschaftlichen Konsequenzen nicht gedacht hat. Die Richtlinie erweist sich damit als lückenhaft. Diese Lücke lässt sich primärrechts- wie chartakonform dadurch schließen, dass die strikte Auszahlungspflicht innerhalb von 14 Tagen für eine begrenzte Zeit ausgesetzt und dem Kunden ein Gutschein überlassen wird. Dabei muss allerdings sichergestellt sein, dass der Reisende hinreichend vor der Insolvenz geschützt wird, und zwar während der gesamten Laufzeit des Gutscheins. So wie die Kundengeldabsicherung an sich durch den Richtliniengeber nur vom „ob" her vorgeschrieben ist, jedoch die Ausgestaltung dem jeweiligen Mitgliedstaat überlassen bleibt, lässt sich diese Vorgabe auf den Gutschein übertragen. Folgt man dem hier vertretenen Ansatz (→ Rn. 21) und sieht in dem erfüllungshalber ausgehändigten Gutschein allein eine Stundung des ursprünglichen Auszahlungsanspruchs samt „akzessorischer" Kundengeldabsicherung (→ Rn. 61), wird dem Interesse des Kunden hinreichend Rechnung getragen. Dies gilt umso mehr, wenn eine Härtefallregelung für Einzelfallgerechtigkeit sorgt und dem Reisenden notwendige Liquidität verschafft. Allenfalls bei der Laufzeit des Gutscheines mag man darüber nachdenken, ob auch eine Frist von einem Jahr ab seiner Ausgabe mehr überzeugt als eine Gültigkeit bis zum 31.12.2021. Im Ergebnis wird durch diese Lösung ebenso dem Grundanliegen der Pauschalreiserichtlinie Rechnung getragen, und zwar einen möglichst effektiven Kundenschutz zu schaffen. Vom Sinn und Zweck erscheint es nämlich wenig zielführend, dem Reisenden zwar durchsetzbare, letztlich aber kaum werthaltige Auszahlungsansprüche zu gewähren, die gegebenenfalls zu einer Vielzahl von Insolvenzen auch größerer Veranstalter und damit zu einem Risiko führen dürften, was womöglich laut Erwägungsgrund 40 S. 5 RL (EU) 2015/2302 ohnehin von der Insolvenzabsicherung ausgespart sein könnte. Demzufolge erweist sich die primärrechtskonforme Auslegung und Gutscheinlösung als milderes Mittel, um den Kunden werthaltigere Ansprüche zu verschaffen und vor dem Ausfall mit seiner Forderung bei Zahlungsunfähigkeit des Veranstalters zu bewahren.

125 Zusammengefasst: Kraft primärrechtskonformer Auslegung unter Einschluss des Verhältnismäßigkeitsprinzips, den jeweiligen Schutzverbürgungen der Charta zugunsten von Unternehmen und Kunden folgt: Art. 12 Abs. 4 RL (EU) 2015/2302 ist primärrechtskonform zu reduzieren. Anstelle einer strikten Auszahlungspflicht innerhalb von spätestens 14 Tagen könnten Veranstalter bei Buchungen vor einem bestimmten Stichtag und pandemiebedingten Absagen dem Kunden ohne dessen Zustimmung einen Gutschein überlassen, wenn eine ausreichende Insolvenzabsicherung in Anlehnung an die Richtlinienvorgaben besteht. Dies lässt sich konstruktiv in Deutschland über § 364 Abs. 2 BGB lösen, indem der ursprüngliche Auszahlungsanspruch bestehen bleibt, lediglich gestundet wird und weiterhin der Kundengeldabsicherung unterworfen ist. Hierin liegt der Unterschied zur Konstellation der Aschewolke. Hätte der EuGH eine primärrechtskonforme Reduktion von Art. 9 VO (EG) 261/2004 befürwortet, hätte er den Anspruch des Kunden auf Betreuungsleistungen verkürzt, und zwar auf Dauer. Vorliegend wird aber faktisch der Auszahlungsanspruch ohne Verlust der Kundengeldabsicherung nur gestundet und die Auszahlung lediglich auf einen späteren Zeitpunkt verschoben.

Eine verhältnismäßige und damit interessengerechte Lösung sowie die praktische Konkordanz erfordern zudem eine Härtefallregelung sowie einen ausgewogenen Fristlauf. Die Tragweite der Lösung hat letztlich der EuGH zu verifizieren. Klargestellt werden muss, dass es sich bei diesem Ansatz jedenfalls nicht um einen nationalen Alleingang handelt, bei dem schlichtweg die RL (EU) 2015/2302 ignoriert würde. Die Gutscheinlösung wird vielmehr unter Rückgriff auf die primärrechtskonforme Auslegung und damit im Einklang mit dem Europarecht versucht herzuleiten. **126**

Der aufgezeigte Weg der primärrechtskonformen Interpretation gilt dabei konsequenterweise ebenso für § 651h Abs. 5 BGB; der seinerseits als Umsetzungsvorschrift in der zuvor genannten Konstellation und unter den aufgeführten Voraussetzungen unangewendet bleibt. Eine derartige Wirkungsweise der primärrechtskonformen Auslegung lässt sich anhand der Entscheidung des EuGH vom 6.11.2018 in der Rechtssache C-684/16 illustrieren. Nur der Klarstellung dient der abschließende Hinweis, dass die hier europarechtlich für zulässig erachtete Lösung, Art. 12 Abs. 4 RL (EU) 2015/2302 bzw. § 651h Abs. 5 BGB temporär primärrechtskonform unangewendet zu lassen, keine verfassungsrechtlich unzulässige Rückwirkung bedeutet. **127**

Nimmt man die VO (EG) 261/2004 sowie deren primärrechtskonforme Auslegung in den Blick, ergibt sich demgegenüber ein abweichender Befund. So sieht Art. 7 Abs. 3 VO (EG) 261/2004 vor, dass Ausgleichszahlungen lediglich mit schriftlichem Einverständnis des Fluggastes in Form von Reisegutscheinen erbracht werden können. Dieser Sekundärrechtsakt geht damit explizit auf Gutscheine ein. In Art. 8 Abs. 1 lit. a 1. Spiegelstrich VO (EG) 261/2004 ergibt sich kein Hinweis für eine Relativierung des grundsätzlichen Verbots, dem Fluggast gegen seinen Willen einen Gutschein zu überlassen. Zu bedenken ist ferner, dass anders als bei Pauschalreisen der Fluggast in der Regel den vollen Flugpreis vorauszahlt, und das ungeachtet vom Zeitpunkt des Abflugs. Demgemäß bezieht sich ein Gutschein regelmäßig auf den Flugpreis in toto. Vor allem aber ergibt sich dadurch eine gravierende Abweichung, dass der Auszah- **128** lungsanspruch anders als im Pauschalreiserecht keiner Kundengeldabsicherung unterliegt. Vor diesem Hintergrund dürfte es im Rahmen der primärrechtskonformen Auslegung des Art. 7 Abs. 3 VO (EG) 261/2004 und Art. 8 Abs. 1 lit. a VO (EG) 261/2004 wegen des verfolgten Kundenschutzes, der Verhältnismäßigkeit sowie der praktischen Konkordanz aller betroffenen Bestimmungen der Grundrechtecharta kaum vertretbar erscheinen, es dem Luftbeförderer zu erlauben, dem Kunden ohne dessen Einverständnis auf einen ungesicherten Wertgutschein zu verweisen. Im Ergebnis steht zu erwarten, dass der EuGH wie damals im Verfahren zur Aschewolke erneut eine primärrechtskonforme Korrektur der VO (EG) 261/2004 verneinen würde. Eine abweichende und damit primärrechtskonforme Lösung wäre allenfalls dann vertretbar, wenn abgesehen von einer Härtefallregelung der im Gutschein verbriefte Anspruch durch eine (staatliche oder privatwirtschaftliche) Insolvenzabsicherung gedeckt wäre.

V. Beherbergungsrecht

1. Einordnung des Beherbergungsvertrages und anwendbares Recht

129 Der Beherbergungsvertrag zwischen einem Gast und einem Hotel (auch Motel, Gasthof und ähnliches) ist gerichtet auf die Zurverfügungstellung einer Unterkunft für eine bestimmte Zeit und in der Regel auf weitere damit verbundene Serviceleistungen. Der Hotelbeherbergungsvertrag ist als solcher nicht im BGB geregelt; es handelt sich um einen typengemischten Vertrag mit Elementen verschiedener Vertragstypen und Schwerpunkt im Mietrecht (§§ 535 ff. BGB).[214] Mietrecht ist ebenfalls anwendbar auf das Vertragsverhältnis zwischen einem Gast und dem Vermieter eines Ferienhauses oder einer Ferienwohnung, so dass beide Konstellationen hier gemeinsam betrachtet werden.

130 Sofern das Beherbergungsunternehmen zusätzlich zu der eigentlichen Beherbergung noch weitere Reiseleistungen anbietet oder vermittelt, kann dies in den Anwendungsbereich des Pauschalreiserechts fallen[215], insoweit gelten die Ausführungen unter → Rn. 2 ff.

131 Nachfolgend werden nur solche Beherbergungsverträge betrachtet, auf die deutsches Recht anwendbar ist. Dies ist insbesondere dann der Fall, wenn von den Parteien deutsches Recht wirksam gewählt wurde (Art. 3

---

[214] HdB-ReiseR/Führich § 47 Rn. 3 mwN; MüKoBGB/Henssler BGB § 701 Rn. 6 mwN.

[215] Zur Abgrenzung insbesondere beim Angebot sonstiger touristischer Leistungen durch den Beherbergungsbetrieb ausführlich HdB-ReiseR/Führich § 47 Rn. 8 ff.

Rom I-VO) oder wenn sich die Hauptniederlassung bzw. die Hauptverwaltung des Beherbergungsunternehmens oder Kurzzeit-Vermieters der Ferien-Unterkunft in Deutschland befindet (Art. 4 Abs. 1 lit. b bzw. Abs. 2, jeweils iVm Art. 19 Abs. 1 Rom I-VO).[216]

2. Rechtslage vor Anreise

Mit Abschluss des Beherbergungsvertrages entstehen nach allgemeinen Grundsätzen die gegenseitigen Vertragspflichten und eine Partei kann sich nicht mehr einseitig vom Vertrag lösen, es sei denn, dies ist vertraglich oder gesetzlich vorgesehen. 132

a) Einvernehmliche Vertragsaufhebung und vertragliche Rücktrittsrechte

Natürlich ist es den Parteien jederzeit möglich, den geschlossenen Beherbergungsvertrag einvernehmlich wieder aufzuheben.[217] 133

In Allgemeinen Geschäftsbedingungen von Beherbergungsverträgen ist zudem häufig für den Gast die Möglichkeit des kostenfreien Rücktritts bis zu einem bestimmten Zeitpunkt vor dem gebuchten Aufenthalt ausdrücklich vorgesehen.[218] Sofern ein Gast in einem solchen Fall aufgrund des Ausbruchs der COVID-19-Pandemie rechtzeitig zurücktritt, schuldet er dem Beherbergungsbetrieb weder den Übernachtungspreis noch Schadensersatz. 134

Für den Beherbergungsbetrieb sehen die Allgemeinen Geschäftsbedingungen häufig ein außerordentliches Rücktrittsrecht für den Fall vor, dass „höhere Gewalt oder andere vom Beherbergungsbetrieb nicht zu vertretende Umstände die Erfüllung des Vertrages unmöglich machen“[219]. Je nach Formulierung einer solchen Klausel im Einzelfall kann sich bei Verwendung gegenüber Verbrauchern durchaus die Frage der Zulässigkeit gerade im Hinblick auf § 308 Nr. 3[220] und Nr. 8 BGB stel- 135

---

[216] Die Sonderanknüpfung für Verbraucherverträge nach Art. 6 Rom I-VO ist wegen dessen Abs. 4 lit. a ausgeschlossen. Eingehend zum Ganzen: HdB-ReiseR/Staudinger § 4 Rn. 27 f.

[217] HdB-ReiseR/Führich § 47 Rn. 44; Stenzel in Tonner/Bergmann/Blankenburg ReiseR § 6 Rn. 54.

[218] Der Beherbergungsbetrieb hat bis zu diesem Zeitpunkt dann in der Regel ebenfalls ein entsprechendes erleichtertes Rücktrittsrecht, vgl. z.B. Ziffer 4.2 und 5.1 der Empfehlung des Hotelverband Deutschland (IHA) e.V., Allgemeine Geschäftsbedingungen für den Hotelaufnahmevertrag (AGBH) 8.0, Berlin/Bonn 2019.

[219] So Ziffer 5.3 der Empfehlung des Hotelverband Deutschland (IHA) e.V., Allgemeine Geschäftsbedingungen für den Hotelaufnahmevertrag (AGBH) 8.0, Berlin/Bonn 2019.

[220] Die Ausnahme für Dauerschuldverhältnisse greift nicht, wenn der Rücktritt für die Zeit vor Überlassung der Mietsache vorbehalten wurde, BGH NJW 1987, 831 (833); MüKoBGB/Wurmnest BGB § 308 Rn. 9.

len. Insbesondere muss der sachliche Grund hinreichend bestimmt formuliert sein[221] und es muss die Verpflichtung zur unverzüglichen Information und Erstattung der Gegenleistungen des Gastes enthalten sein.[222] Selbst bei unterstellter Wirksamkeit dürfte die praktische Bedeutung einer so formulierten Klausel allerdings gering sein, da die Rechtsfolgen sich höchstens theoretisch von denen der hier relevanten nicht zu vertretenden Unmöglichkeit (→ Rn. 146 ff.) unterscheiden.

136 Daneben könnte auch dem in den AGB häufig vereinbarten Rücktrittsrecht des Beherbergungsbetriebes wegen Nichtleistung der Vorauszahlung durch den Kunden[223] im Zusammenhang mit der COVID-19-Pandemie verstärkte Bedeutung zukommen, wenn Kunden aufgrund eigener finanzieller Engpässe oder aufgrund allgemeiner Unsicherheit vereinbarte Vorauszahlungen nicht leisten.

b) COVID-19-Pandemie als Grund für einseitige Vertragsbeendigung?

aa) Einseitige Vertragsbeendigung durch den Gast

137 Eine ordentliche Kündigung des Beherbergungsvertrages scheidet regelmäßig schon deshalb aus, weil Beherbergungsverträge für eine bestimmte Zeit geschlossen werden und von daher gemäß § 542 Abs. 2 BGB nicht ordentlich kündbar sind.[224]

138 Grundsätzlich möglich ist hingegen eine außerordentliche Kündigung durch den Gast gemäß § 543 BGB, und zwar auch schon vor Überlassung der Unterkunft.[225] Voraussetzung ist ein wichtiger Grund, der ein Festhalten des Gastes am Vertrag unzumutbar macht. Zu denken ist im Zusammenhang mit der COVID-19-Pandemie an Fälle, in denen dem Gast der vertragsgemäße Gebrauch der Unterkunft nicht gewährt wird (§ 543 Abs. 2 S. 1 Nr. 1 BGB). Sofern der Grund dafür in einer Betriebsuntersagung liegt, entfällt aufgrund (rechtlicher) Unmöglichkeit die Leistungspflicht des Beherbergungsbetriebes (→ Rn. 146 ff.), so dass für eine außerordentliche Kündigung seitens des Gastes kein Raum bleibt. Es mag jedoch außerhalb des Anwendungsbereichs von Betriebsuntersagungen Fälle geben, in denen die Überlassung der Unterkunft zwar rechtlich möglich ist und vom Beherbergungsbetrieb auch angeboten

---

221 MüKoBGB/Wurmnest BGB § 308 Rn. 10.

222 Zum Fall des Rücktrittsvorbehalts beim Gastschulaufenthaltsvertrag vgl. LG Hamburg NJOZ 2010, 1985.

223 Vgl. etwa Ziffer 5.2 der Empfehlung des Hotelverband Deutschland (IHA) e.V., Allgemeine Geschäftsbedingungen für den Hotelaufnahmevertrag (AGBH) 8.0, Berlin/Bonn 2019.

224 Stenzel in Tonner/Bergmann/Blankenburg ReiseR § 6 Rn. 53 mwN.

225 AG Jever NJW 1971, 1086; Stenzel in Tonner/Bergmann/Blankenburg ReiseR § 6 Rn. 83; MüKoBGB/Bieber BGB § 543 Rn. 7.

wird, sich aber schon im Vorfeld abzeichnet, dass der vertragsgemäße Gebrauch der Unterkunft aufgrund von erheblichen Einschränkungen im Zusammenhang mit der COVID-19-Pandemie nicht gewährleistet werden kann. Auf ein Verschulden des Beherbergungsbetriebes kommt es dabei nicht an.[226] Ob ein solches Kündigungsrecht besteht, ist eine Frage des Einzelfalles. Denkbar sind etwa Konstellationen, in denen aufgrund fehlenden Personals absehbar gravierende Mängel der Unterbringung auftreten werden oder in denen aufgrund strenger Hygieneauflagen wichtige Hoteleinrichtungen (zB Wellnessbereich) nicht genutzt werden können. In solchen Fällen werden die ansonsten erforderliche Fristsetzung bzw. das Abhilfeverlangen mangels Erfolgsaussichten wohl meist entbehrlich sein (§ 543 Abs. 3 BGB).

Eine außerordentliche Kündigung des Gastes wegen Gesundheitsge- **139**
fährdung gemäß § 543 Abs. 1 BGB, § 569 Abs. 1 BGB, § 578 Abs. 2 S. 2 BGB kommt im Zusammenhang mit der COVID-19-Pandemie nicht ohne weiteres in Betracht, da diese Vorschriften eine konkrete Gesundheitsgefährdung gerade durch die Beschaffenheit der überlassenen Räumlichkeiten oder deren unmittelbarer Umgebung voraussetzen.[227] Allein die Anwesenheit oder Nähe von möglicherweise infizierten Personen dürfte diese Voraussetzung wohl nicht erfüllen. Es erscheint allerdings auch denkbar, dass eine besondere Beschaffenheit von Räumlichkeiten oder beispielsweise eine vorangegangene Nutzung als Quarantänestation ein zumindest zeitweise erhöhtes Infektionsrisiko zur Folge hat, das eine außerordentliche Kündigung im Einzelfall rechtfertigen könnte, gerade weil es bei der Beherbergung häufig um vergleichsweise kurze Zeiträume geht, während derer sich ein solches – wenn auch seiner Natur nach vorübergehendes – Gesundheitsrisiko möglicherweise stark auswirken würde.

Sofern die Unterkunft durch den Beherbergungsbetrieb (weitgehend) **140**
vertragsgemäß zur Verfügung gestellt wird, stellt sich im Zusammenhang mit der Absage von Messen und anderen Veranstaltungen aufgrund der COVID-19-Pandemie die Frage, ob einem Gast, der zum Zweck des Besuchs der Messe oder Veranstaltung ein Hotelzimmer vor Ort gebucht hatte, ein Rücktrittsrecht aus § 313 BGB wegen Störung der Geschäftsgrundlage zusteht. Ein solches Rücktrittsrecht wurde schon in der Vergangenheit zumeist mit der Begründung abgelehnt, Umstände, die in den Risikobereich einer Partei fielen, könnten nicht Geschäftsgrundlage sein.[228] Beim Beherbergungsvertrag weist § 537 BGB das Risiko, die Unterkunft zum geplanten Zweck verwenden zu können, grundsätzlich

---

226 HdB-ReiseR/Führich § 47 Rn. 76.

227 AG Viechtach NJOZ 2007, 5068; MüKoBGB/Häublein BGB § 569 Rn. 9f.

228 So etwa OLG Braunschweig NJW 1976, 570 bzgl. der Absage der Internationalen Automobilausstellung im Jahr 1971; MüKoBGB/Finkenauer BGB § 313 Rn. 260.

dem Gast zu (→ § 1 Rn. 39). Ein Rücktrittsrecht aus § 313 BGB wäre dann denkbar, wenn die Parteien vertraglich eine von § 537 BGB abweichende Risikoverteilung vereinbart hätten. Solche Fälle können vor allem im B2B-Bereich vorkommen, bei der direkten Vermietung an private Endkunden sind derartige Vereinbarungen eher untypisch und vor allem nicht ohne eindeutige Anhaltspunkte zu unterstellen. Allein die Tatsache, dass dem Beherbergungsbetrieb der Zweck des Aufenthalts des Gastes bekannt ist, reicht hierfür jedenfalls nicht aus.[229]

141 Abgesehen davon wurde die Kündigung eines Beherbergungsvertrages nach § 313 BGB in Fällen für zulässig gehalten, in denen die Unterkunft zwar zur Verfügung gestellt wird, die Anreise aber witterungsbedingt für jedermann unmöglich ist.[230] Im Zusammenhang mit der COVID-19-Pandemie sind ähnliche Situationen vorstellbar, wenn Reiseverbote bestehen, so dass Gäste zu einer zur Verfügung gestellten Unterkunft aus objektiven Gründen nicht anreisen können bzw. dürfen. Ob eine Vertragsanpassung oder gar eine Kündigung nach § 313 BGB in einem solchen Fall interessengerecht wäre, ist im Einzelfall kritisch zu prüfen. Es wäre vor dem Hintergrund der betroffenen Risikosphären durchaus unterschiedlich zu beurteilen, ob das Reiseverbot die Zielregion betrifft oder ob ein (Aus-)Reiseverbot in Bezug auf die Heimatregion des Gastes besteht. Während ersterer Fall dem des objektiven witterungsbedingten Anreisehindernisses vergleichbar wäre, bestünde im letzteren Fall bei einer Anwendung des § 313 BGB die Gefahr, die Wertung des § 537 BGB zu unterlaufen. Ob eine allgemeine behördliche Anordnung, die zwar nicht jeden Gast, aber doch eine ganze Gruppe von Gästen an der Anreise hindert, noch ein in der Person des Gastes liegender Grund iSd § 537 BGB ist, erscheint zumindest fraglich. Denn es würde das Risiko regionaler Reisebeschränkungen einseitig dem Gast zuweisen. Es spricht nicht zuletzt wegen der flexibleren Rechtsfolgen in derartigen Fällen einiges für die Anwendung des § 313 BGB.

bb) Einseitige Vertragsbeendigung durch den Beherbergungsbetrieb

142 Auch seitens des Beherbergungsbetriebes sind im Hinblick auf die COVID-19-Pandemie Konstellationen denkbar, in denen der Beherbergungsbetrieb sich bereits vor Anreise des Gastes einseitig vom Vertrag lösen möchte. Sofern nicht bereits vertraglich vereinbarte Rücktrittsrechte greifen (→ Rn. 134ff.), kann, da eine ordentliche Kündigung nicht in Betracht kommt (→ Rn. 137), allenfalls eine außerordentliche Kündigung ausgesprochen werden. Dies ist bereits vor Überlassung der Unterkunft möglich (→ Rn. 138).

---

229 HdB-ReiseR/Führich § 47 Rn. 51 mwN.

230 Tonner/Krause NJW 2000, 3665; AG Viechtach NJOZ 2007, 5068; MüKoBGB/Finkenauer BGB § 313 Rn. 260.

Die mietrechtlichen Kündigungsgründe im Zusammenhang mit einem Zahlungsverzug des Mieters (§ 543 Abs. 2 S. 1 Nr. 3 BGB) sind bei der typischerweise kurzfristigen Beherbergung und der nicht nach Zeiteinheiten bemessenen Mietzahlung in der Regel nicht einschlägig. Entsprechende Risiken werden bei der Beherbergung häufig durch Rücktrittsrechte des Beherbergungsbetriebes in AGB abgesichert (→ Rn. 136). 143

Es könnte auch die Situation eintreten, dass ein Gast mit dem COVID-19-Virus infiziert ist und der Beherbergungsbetrieb eine Ansteckung anderer Gäste und/oder seines Personals befürchten muss und daher bereits die Anreise des Gastes verhindern möchte. Zumeist wird der infizierte Gast dann ohnehin unter Quarantäne gestellt sein und sich nicht frei bewegen und Hotelaufenthalte antreten dürfen. Es mag jenseits dessen jedoch auch weniger eindeutige Fälle geben, in denen ein Beherbergungsbetrieb sein Personal und seine anderen Gäste vor Infektionen durch anreisende und möglicherweise infizierte Gäste schützen möchte. Die in § 543 Abs. 2 BGB ausdrücklich aufgeführten Kündigungsgründe erscheinen im Hinblick darauf nicht einschlägig, zumal damit soweit ersichtlich keine erhebliche Gefährdung der Mietsache bzw. der Unterkunft (vgl. § 543 Abs. 2 S. 1 Nr. 2 BGB) einhergeht. Auch eine zur außerordentlichen Kündigung berechtigende Störung des Hausfriedens im Sinne des § 569 Abs. 2 BGB erscheint nicht einschlägig, zumal hierfür in der Regel ein unzumutbares Verhalten des Gastes erforderlich wäre, was jedenfalls vor der Anreise kaum denkbar erscheint (nach der Anreise siehe aber → Rn. 157 f.). Neben den in den §§ 543, 569 BGB aufgeführten Gründen kommt noch eine Subsumtion dieser Situation unter die Generalklausel in § 543 Abs. 1 S. 2 BGB in Betracht. Es erscheint nicht undenkbar, dass damit im Einzelfall eine außerordentliche Kündigung gerechtfertigt werden könnte, zumal in diesem Zusammenhang ein Verschulden des Gastes nicht zwingende Voraussetzung ist, sondern vielmehr die Interessenabwägung ergänzt.[231] 144

Sofern nicht schon ein Fall des § 275 BGB gegeben ist (→ Rn. 146 ff.) kann seitens des Beherbergungsbetriebes ein Interesse an einer Vertragsbeendigung vor Anreise zudem dann bestehen, wenn die Unterkunft nur unter erschwerten Bedingungen mangelfrei zur Verfügung gestellt werden kann. Von einem vertraglichen Rücktrittsrecht (→ Rn. 135) abgesehen ist hier grundsätzlich an eine außerordentliche Kündigung gemäß § 543 BGB zu denken, sowie eine Kündigung wegen Wegfalls der Geschäftsgrundlage nach § 313 BGB. Sofern wie hier der wichtige Grund nicht in einem Verhalten des Gastes, sondern in äußeren Umständen liegt, betrifft dies primär den Anwendungsbereich des § 313 BGB.[232] Zwar trägt 145

---

231 BeckOK BGB/Wiederhold BGB § 543 Rn. 6.
232 BeckOK BGB/Wiederhold BGB § 543 Rn. 9.

der Beherbergungsbetrieb das Risiko eines wirtschaftlichen Betriebs, jedoch ist denkbar, dass es in Folge der COVID-19-Pandemie aufgrund von behördlichen Auflagen und Beschaffungsproblemen zu schweren Äquivalenzstörungen kommen kann. Dies dürfte insbesondere langfristige Buchungen betreffen, die bereits abgeschlossen wurden, bevor das Ausmaß der Folgen der Pandemie absehbar war und bei denen nun der Aufwand des Beherbergungsbetriebes für eine (mangelfreie) Leistungserbringung in einem krassen Missverhältnis zum vereinbarten Übernachtungspreis steht. In entsprechend gelagerten Einzelfällen erscheint daher zumindest eine Vertragsanpassung und gegebenenfalls auch eine Kündigung nach § 313 BGB denkbar (→ § 1 Rn. 39). Die Hürden für eine Unzumutbarkeit des Festhaltens am Vertrag sind jedoch hoch.

c) Auswirkungen der COVID-19-Pandemie auf Leistungspflichten aus dem Beherbergungsvertrag

aa) Bereitstellen der Unterkunft durch den Beherbergungsbetrieb

146 Hauptpflicht des Beherbergungsbetriebes ist es, dem Gast die Unterkunft zur Verfügung zu stellen. Soweit Betriebsuntersagungen dem entgegenstehen, liegt ein Fall der (rechtlichen) Unmöglichkeit (→ § 1 Rn. 22) vor, jedenfalls wenn man davon ausgeht, dass es sich bei einem gebuchten Aufenthalt um ein absolutes Fixgeschäft handelt, bei dem die Leistung zu einem späteren Zeitpunkt nicht nachholbar ist. Das wird gerade bei Urlaubsaufenthalten die Regel sein.[233] Es entfällt dann gemäß § 275 Abs. 1 BGB die Leistungspflicht des Beherbergungsbetriebes. Dies betrifft namentlich die Zurverfügungstellung von Unterkünften zu privaten touristischen Zwecken, soweit sie im Untersagungszeitraum liegen.[234] Nicht von allgemeinen Betriebsuntersagungen betroffen sind in der Regel hingegen Unterkünfte, die anlässlich von Geschäftsreisen gebucht wurden.

147 Auch bei Betriebsuntersagungen im Einzelfall, beispielsweise wegen Infektionsfällen im Betrieb, würde es sich um einen Fall der (rechtlichen) Unmöglichkeit gemäß § 275 Abs. 1 BGB handeln, die den Beherbergungsbetrieb von seiner Leistungspflicht befreit.

148 Soweit Betriebsuntersagungen eine Buchung entweder inhaltlich oder zeitlich nicht betreffen, der Beherbergungsbetrieb aber aus wirtschaftlichen Gründen geschlossen wird, beispielsweise weil aufgrund der COVID-19-Pandemie nicht genügend Personal zur Verfügung steht oder weil der Betrieb aufgrund zahlreicher Absagen von Gästen oder nur un-

---

[233] HK-BGB/Schulze BGB § 323 Rn. 7.

[234] Beispielsweise: Allgemeinverfügung des Bayerischen Staatsministeriums für Gesundheit und Pflege vom 17.3.2020, Az. Z6a-G8000-2020/122-83, BayMBl. 2020 Nr. 148 v. 25.3.2020.

ter großem Aufwand zu erfüllender behördlicher Auflagen nicht rentabel ist, liegt zumindest keine rechtliche Unmöglichkeit vor. Zu denken ist in diesem Zusammenhang an eine Einrede nach § 275 Abs. 2 BGB, dessen Voraussetzungen aber nur im Ausnahmefall vorliegen dürften (→ § 1 Rn. 24).

bb) Zahlungspflicht des Gastes

Soweit der Beherbergungsbetrieb die Unterkunft wegen einer Be- 149
triebsuntersagung nicht zur Verfügung stellen kann und muss, also insbesondere bei touristischen Übernachtungen, entfällt gemäß § 326 Abs. 1 BGB auch der Anspruch auf die Gegenleistung, also auf die Zahlung des Kunden (→ § 1 Rn. 26). Geleistete (An-)Zahlungen sind dem Kunden gemäß § 326 Abs. 4 BGB zu erstatten. Sofern ein Beherbergungsbetrieb seinem Kunden einen Gutschein anstelle einer Rückzahlung anbietet, kann der Kunde dies auf freiwilliger Basis akzeptieren. Das wird er wohl allenfalls dann tun, wenn für ihn ein Aufenthalt zu einem späteren Zeitpunkt in Betracht kommt. Eine verpflichtende Gutscheinlösung ist, anders als bei Veranstaltungen (→ § 1 Rn. 27ff.), in diesem Bereich derzeit nicht vorgesehen.

Für Buchungen für die Zeit vor und nach dem Untersagungszeitraum 150
sowie für Geschäftsreisen stellt sich die Frage, ob der Gast zur Zahlung verpflichtet ist, wenn der Beherbergungsbetrieb die Unterkunft zur Verfügung stellt (also keine Unmöglichkeit vorliegt), der Gast aber die Leistung nicht in Anspruch nimmt. Zu denken ist im Zusammenhang mit der COVID-19-Pandemie insbesondere an Fälle, in denen der Gast selbst oder dessen Angehörige erkrankt sind oder der Gast unter Quarantäne steht und darum nicht anreisen kann. Weiterhin betroffen sind Fälle, in denen beispielsweise eine Messe oder ein sonstiger Reiseanlass aufgrund der Pandemie abgesagt wird und der Gast deshalb nicht anreist. Im Bereich der Beherbergung gilt in diesen Fällen § 537 BGB, der die Zahlungspflicht des Gastes aufrechterhält, wenn dieser aus einem in seiner Person liegenden Grund die Leistung nicht in Anspruch nimmt. Dabei ist unerheblich, ob der Gast den Grund der Nichtanreise zu vertreten hat.[235] Auch das Risiko, die bereitgestellte Leistung zu dem geplanten Zweck nutzen zu können, liegt damit beim Gast. Für die Anwendung des § 313 BGB bleibt auch aufgrund dieser Wertungen des § 537 BGB daneben wenig Raum (→ Rn. 140 und → § 1 Rn. 39).

Wenn der Gast aus in seiner Person liegenden Gründen die Leistung 151
nicht in Anspruch nimmt und somit zur Zahlung verpflichtet bleibt, muss sich der Beherbergungsbetrieb jedoch gemäß § 537 Abs. 1 S. 2 BGB ersparte Aufwendungen und Vorteile aus anderweitiger Verwendung (insbesondere Weitervermietung an einen anderen Gast) anrechnen lassen.

[235] HdB-ReiseR/Führich § 47 Rn. 46.

Eine Pauschalierung der ersparten Aufwendungen ist dabei zulässig und in den AGB der Beherbergungsbetriebe sind in der Regel entsprechende Pauschalen vorgesehen.[236]

152 Sofern der Gast (vorübergehend) zahlungsunfähig ist, beispielsweise weil aufgrund der COVID-19-Pandemie seine eigenen Einnahmen (z.B. Gehalt aus Angestelltentätigkeit oder Einkünfte aus einem eigenen Unternehmen) teilweise ausbleiben, gilt weiterhin der Grundsatz, dass ein Geldschuldner für seine finanzielle Leistungsfähigkeit verschuldensunabhängig einzustehen hat (→ § 1 Rn. 16). Der Gast bleibt also unverändert zur Zahlung verpflichtet. Auch das Moratorium für Verbraucher gemäß Art. 240 § 1 Abs. 2 EGBGB gilt in Bezug auf Beherbergungsverträge nicht. Selbst wenn man den Beherbergungsvertrag als Dauerschuldverhältnis einstufen wollte, so ist er jedenfalls kein „wesentliches Dauerschuldverhältnis" zur Eindeckung mit Leistungen der angemessenen Daseinsvorsorge (dazu näher → § 1 Rn. 49).

cc) Schadensersatzpflicht des Beherbergungsbetriebes aufgrund der Leistungsbefreiung

153 Sofern der Beherbergungsbetrieb von seiner Leistungspflicht wegen Unmöglichkeit befreit ist (→ Rn. 146ff.), stellt sich die Frage des Schadensersatzanspruchs des Gastes gemäß §§ 280, 283 BGB. In den auf der COVID-19-Pandemie beruhenden Fällen der Unmöglichkeit dürfte dem Beherbergungsbetrieb jedoch in aller Regel der Entlastungsbeweis gelingen (→ § 1 Rn. 36), so dass ein Schadensersatzanspruch nur in Ausnahmefällen gegeben sein dürfte.

3. Rechtslage ab Anreise

a) Vorzeitige Beendigung der Beherbergung

154 Sofern die unter → Rn. 137ff. bereits erörterten Situationen, die eine Vertragsbeendigung vor der Anreise rechtfertigen, erst während des Aufenthalts des Gastes in der Unterkunft eintreten, kommt eine vorzeitige Vertragsbeendigung und vorzeitige Abreise in Betracht. Auch hier kann der Wille oder die Notwendigkeit, sich vom Vertrag zu lösen, von jeder der Parteien ausgehen.

155 Sofern der Gast aus in seiner Person liegenden Gründen vorzeitig abreist, etwa weil er während des Aufenthalts erkrankt oder weil außerhalb der Sphäre des Hotels geplante Aktivitäten nicht stattfinden, schuldet er gemäß § 537 Abs. 1 BGB weiterhin den Übernachtungspreis bis zum re-

---

[236] Eingehend dazu und auch zur zulässigen Höhe der Pauschalen: HdB-ReiseR/Führich § 47 Rn. 47.

gulären Ende der Beherbergung abzüglich ersparter Aufwendungen und anderweitiger Verwendung (→ Rn. 150f.).

Wenn erst während der Beherbergung Leistungen des Beherbergungsbetriebes unmöglich werden, etwa weil eine Betriebsuntersagung während des schon begonnenen Aufenthalts erfolgt, entfallen die Leistungspflicht des Beherbergungsbetriebes ebenso wie die Zahlungspflicht des Gastes ab diesem Zeitpunkt. Die Ersatzfähigkeit von Anreisekosten aus § 284 BGB und andere verschuldensabhängige Ansprüche des Gastes dürften daran scheitern, dass der Beherbergungsbetrieb bei Betriebsuntersagungen die Unmöglichkeit nicht zu vertreten hat (→ Rn. 153). 156

Eine vorzeitige Beendigung des Beherbergungsvertrages kann auch durch eine außerordentliche Kündigung nach der Anreise des Gastes erfolgen. Über die bereits vor der Anreise bestehenden Kündigungsmöglichkeiten (→ Rn. 138ff.) hinaus, die prinzipiell auch nach der Anreise noch bestehen, kann eine Kündigung, wie nachfolgend dargestellt, nun verstärkt auch durch ein (pflichtwidriges) Verhalten der Vertragsparteien begründet sein. 157

b) Folgen von Pflichtverletzungen

aa) Verletzung von Pflichten des Beherbergungsbetriebs

Im Zusammenhang mit der COVID-19-Pandemie sind vielfältige Einschränkungen des vertragsgemäßen Gebrauchs der Unterkunft vorstellbar, die der Infektionsvorbeugung dienen und die unter Umständen für den Gast ein Recht zur außerordentlichen Kündigung nach § 543 Abs. 2 S. 1 Nr. 1 BGB begründen (→ Rn. 138). Sofern es sich dabei (auch) um Mängel im Sinne des § 536 BGB handelt, treten daneben die mietrechtlichen Mängelrechte des Gastes. Zu denken ist in diesem Zusammenhang insbesondere an Preisminderung und Schadensersatz.[237] 158

Sofern andererseits der Beherbergungsbetrieb keine ausreichenden Sicherheitsvorkehrungen zum Infektionsschutz trifft, ist ein außerordentliches Kündigungsrecht des Gastes aus § 543 Abs. 1 S. 2 BGB denkbar, wenn es zu ernsthaften Gesundheitsgefahren kommt und dem Gast daher ein weiteres Festhalten am Vertrag nicht mehr zumutbar ist. 159

bb) Verletzung von Pflichten des Gastes

Spiegelbildlich dazu können außerordentliche Kündigungsgründe aus dem Verhalten des Gastes (insbesondere im Sinne der §§ 543 Abs. 1 S. 2 und 569 Abs. 2 BGB) etwa darin liegen, dass ein Gast gegen zum Infektionsschutz festgesetzte Sicherheits- und Hygienevorschriften des Beherbergungsbetriebes verstößt, indem er sich beispielsweise weigert, einen Mundschutz zu tragen oder Sicherheitsabstände zu anderen Gästen und 160

---

[237] Eingehend zu den Mängelrechten des Gastes beim Beherbergungsvertrag: HdB-ReiseR/Führich § 47 Rn. 94ff.

zum Personal einzuhalten. Es ist noch nicht genau absehbar, welche Maßnahmen Beherbergungsbetriebe nach der Wiedereröffnung für touristische Übernachtungen treffen werden und ob es wirklich in nennenswertem Umfang Verstöße dagegen geben wird, aber hier liegt gewiss Konfliktpotential.

161 Im Zusammenhang mit der Verletzung solcher Obhuts- und Sorgfaltspflichten des Gastes ist auch daran zu denken, dass diese gemäß § 280 Abs. 1 BGB Schadensersatzansprüche des Beherbergungsbetriebes auslösen können, wobei ein Nachweis der Kausalität für einen Schaden sich im Zusammenhang mit einer Pandemie als schwierig erweisen dürfte.

§ 8 Vereins- und Genossenschaftsrecht

Inhaltsübersicht

Rn.

Literatur: Erman, BGB, 15. Aufl. 2017; Dehesselles/Richter, Die virtuelle Mitgliederversammlung in Verbänden, npoR 2016, 246; Erdmann, Die online-Versammlung im Vereins- und GmbH-Recht, MMR 2000, 526; Fleck, Die virtuelle Mitgliederversammlung im eingetragenen Verein, DNotZ 2008, 245; Grambow, Organe von Vereinen und Stiftungen, 2011; Henssler/Strohn, Gesellschaftsrecht, 4. Aufl. 2019; John, Grundsätzliches zum Wirksamwerden empfangsbedürftiger Willenserklärungen, AcP 184 (1984), 385; Mecking, Mitgliederversammlung 2.0: Zur Zulässigkeit der Willensbildung im Verein über elektronische Medien, ZStV 2011, 161; Noack, Mitgliederversammlung bei Großvereinen und digitale Teilhabe, NJW 2018, 1345; Pöhlmann/Fandrich/Bloehs, Genossenschaftsgesetz, 4. Aufl. 2012; Reichert, Vereins- und Verbandsrecht, 14. Aufl. 2018; Röcken, Der Rücktritt des Vorstandes, ZStV 2014, 236; Roßnagel/Gitter/Opitz-Talidou, Telemedienwahlen in Vereinen, MMR 2009, 383; Sauter/Schweyer/Waldner, Der eingetragene Verein, 20. Aufl. 2016; K. Schmidt, Gesellschaftsrecht, 4. Aufl. 2002; Schulteis, Die (Not-)Vorstandsbestellung bei Genossenschaften, GWR 2019, 207; Schwarz, Neue Medien im Gesellschaftsrecht – Von der Präsenz- zur virtuellen Mitgliederversammlung, MMR 2003, 23; Staudinger, BGB, Neubearbeitung, 2019; Stöber/Otto, Handbuch zum Vereinsrecht, 11. Aufl. 2016; Wiedemann, Gesellschaftsrecht Bd. II, Recht der Personengesellschaften, 2004; Wilken, Die virtuelle Mitgliederversammlung, 2016.

I. Verein

1. Einführung

1 Die Corona-Krise wirft nicht nur Fragen auf, die sich im „Tagesgeschäft" und in der Abwicklung von vertraglichen Beziehungen stellen. Auch die Verbandsorganisation wird vor bis dahin und in dieser Massierung ungewohnte Probleme gestellt. Das Gesetz zur Abmilderung der Folgen der COVID-19-Pandemie im Zivil-, Insolvenz- und Strafverfahrensrecht (COVFAG) v. 27.3.2020 (BGBl. 2020 I 569) hat mit seinem in Art. 2 enthaltenen Gesetz über Maßnahmen im Gesellschafts-, Genossenschafts-, Vereins-, Stiftungs- und Wohnungseigentumsrecht zur Bekämpfung der Auswirkungen der COVID-19-Pandemie (COVMG) für eine begrenzte Zeit Regelungen zu organisatorischen Fragen gebracht, die die Aufrechterhaltung der Vereinsorganisation sicherstellen sollen. Der folgende Abschnitt beleuchtet allgemeine organisationsrechtliche

Fragen zu Vereinen und Genossenschaften im Zusammenhang mit der Corona-Krise, wobei die aktuellen Regelungen des COVMG im Vordergrund stehen. Die Besonderheiten von Sportvereinen sind § 10 dieses Bandes vorbehalten.

2. Grundsätzliches zur Organisation des Vereins

a) Zwingend vorgesehene Organe: Mitgliederversammlung (Vertreterversammlung) und Vorstand

aa) Organstruktur

Für den (eingetragenen wie nicht eingetragenen)[1] bürgerlich- 2
rechtlichen Verein sind von Gesetzes wegen zwingend[2] **zwei Pflichtorgane** vorgesehen:[3] **Vorstand** (§§ 26ff. BGB) und **Mitgliederversammlung** (§§ 32ff. BGB).[4] Dem Vorstand obliegen nach Maßgabe der Satzung Geschäftsführung einschließlich der Vertretung des Vereins,[5] der Mitgliederversammlung als dem obersten Vereinsorgan[6] die Willensbildung[7] (§ 32 Abs. 1 BGB) sowie die Personalhoheit (§ 27 Abs. 1 BGB). Bei mitgliederstarken Vereinen tritt an die Stelle der bei diesen kaum praktisch durchführbaren Mitglieder- die Vertreter- oder Delegiertenversammlung; derartige Abweichungen von § 32 BGB sind von § 40 BGB gedeckt.[8] § 32 Abs. 1 BGB liegt wohl ursprünglich die Vorstellung einer physischen Präsenzversammlung zugrunde,[9] ohne dass dies aber dem Wortlaut der Norm ohne weiteres entnommen werden könnte. Eine ande-

---

[1] Zur organisationsrechtlichen Gleichheit der beiden Typen in Hinsicht auf Vorstand und Mitgliederversammlung schon Erdmann MMR 2000, 526 (527).

[2] Reichert/Wagner VereinsR Kap. 2 Rn. 349, 1114; BeckOGK/Notz BGB § 32 Rn. 7; BeckOK BGB/Schöpflin BGB § 32 Rn. 5, jeweils mit dem zutreffenden Hinweis, dass § 40 BGB zwar § 32 BGB zur Disposition der Vereinssatzung stellt, weitere, eine Mitgliederversammlung voraussetzende Normen aber nicht. Treffend Noack NJW 2018, 1345 (1349): „Das *Organ* Mitgliederverammlung ist unabdingbar, aber das *Verfahren* Mitgliederversammlung ist von Gesetzes wegen durch die Satzung gestaltbar" (Hervorhebungen im Original).

[3] OLG Hamm OLGZ 1978, 26 (27 aE).

[4] Dabei bezeichnet der Begriff „Mitgliederversammlung" sowohl das Organ als auch das Verfahren der organschaftlichen Willensbildung, Noack NJW 2018, 1345 (1346).

[5] Die Satzung kann die Vertretungsmacht des Vorstands begrenzen (§ 26 Abs. 1 S. 3 BGB), die Zuweisung der Vertretung an den Vorstand ist aber zwingend, BeckOK BGB/Schöpflin BGB § 32 Rn. 4.

[6] In diesem Sinn schon Mugdan Mot. I 410; BeckOK BGB/Schöpflin BGB § 32 Rn. 4.

[7] BeckOGK/Notz BGB § 32 Rn. 3.

[8] Allg. Ansicht, statt aller Reichert/Wagner VereinsR Kap. 2 Rn. 5639ff.

[9] Mugdan Mot. I, 411.

re Art der Mitgliederwillensbildung ist dadurch aber nicht völlig ausgeschlossen, wie schon § 32 Abs. 2 BGB entnommen werden kann, der ausdrücklich **Beschlüsse ohne Versammlung** zulässt, wenn alle Mitglieder ihre Zustimmung zu dem Beschluss schriftlich erklären. Was für das Verfahren der Beschlussfassung in der Mitgliederversammlung gilt, ist nach § 28 BGB auch für dasjenige eines mehrköpfigen **Vorstands** maßgeblich.

bb) Verfahren der Willensbildung

3 Auch schon vor und unabhängig von der Corona-Krise wurde und wird diskutiert,[10] ob der historisch etablierte und wohl auch vor dem Erfahrungshorizont des historischen Gesetzgebers zugrunde gelegte **Modus der Präsenzveranstaltung** über die (verhältnismäßig eng formulierten) Möglichkeiten des § 32 Abs. 2 BGB hinaus durch **virtuelle/online-Gestaltungen** ersetzt werden kann und insbesondere, ob dies auch ohne dahingehende Satzungsregelung möglich ist.[11] Im Zusammenhang mit der Corona-Krise sind dabei die Gestaltungen, die sich lediglich in einer Unterstützung/Übertragung von Präsenzveranstaltungen erschöpfen **(online-Versammlung),** zunächst von geringerem Interesse. Das Augenmerk liegt vielmehr auf **vollständig präsenzlosen – „virtuellen" – Versammlungen,**[12] die allein mit Hilfe von telekommunikativen Übertragungsmitteln[13] erfolgen oder auch (etwa bei einem mehrköpfigen Vorstand) in der eher herkömmlichen Telefonkonferenz zustande kommen. Das Vereinsrecht des BGB enthält dazu keine regulatorischen Ansätze, während hier das Gesellschafts-, insbes. in Gestalt des Aktienrechts, weitergehende Möglichkeiten bietet (→ § 9 Rn. 1 ff.); zum Genossenschaftsrecht → Rn. 32. Eine Sonderregelung gibt es im Vereinsrecht nur für die Verwertungsgesellschaften, die regelmäßig rechtsfähige Wirtschaftsvereine kraft Verleihung im Sinn des § 22 BGB sind,[14] und für die § 19 Abs. 3 VGG bestimmt, dass das Statut der Verwertungsgesellschaft die Voraussetzungen zu regeln hat, unter denen die Mitglieder an der Mitgliederhauptversammlung zusätzlich auch ohne Anwesen-

---

[10] In diesem Zusammenhang wird darauf hingewiesen, dass die Durchführung einer physischen Präsenzveranstaltung einerseits kostenintensiv sein kann, andererseits oft verhältnismäßig wenige Verbandsmitglieder sich zur Versammlung begeben, so dass deren Ergebnisse nicht repräsentativ sein können, etwa Noack NJW 2018, 1345 mit der prägnanten Wendung: „Zu viele, zu wenige"; zuvor ähnlich schon Dehesselles/Richter npoR 2016, 246.

[11] Dass die Satzung von § 32 BGB abweichende Modi für die Mitgliederversammlung bestimmen kann, ist im Grundsatz anerkannt (statt aller Noack NJW 2018, 1345 [1346]) und von § 40 BGB gedeckt.

[12] Für Mitglieder- wie für Delegiertenversammlung gilt dasselbe.

[13] In der Literatur wird von einer „entlokalisierten Zusammenkunft" gesprochen, BeckOGK/Notz BGB § 32 Rn. 289.

[14] Bspw. § 1 S. 1 der Satzung der VG Wort.

heit vor Ort teilnehmen und ihr Stimmrecht im Wege elektronischer Kommunikation ausüben können.[15]

4 Der Meinungsstand lässt mit Unterschieden eine (vorsichtige) Tendenz in Richtung auf die Öffnung der Willensbildungsprozedur in Richtung auf eine „telekommunikative" Präsenz erkennen.[16] Schon früh wurde in der Literatur aufgezeigt, dass eine virtuelle Mitgliederversammlung einer Präsenzveranstaltung gleichwertig ist,[17] was insbes. die Sicherung der vereinsrechtlichen Mitwirkungs- und Teilhaberechte der Mitglieder anbelangt.[18] Die rechtliche Zulässigkeit wird allerdings (wohl durchgängig) auf eine zulässige (§ 40 BGB) und erforderliche **Satzungsregelung** oder auf eine **Zustimmung aller Mitglieder** im Einzelfall gestützt,[19] teilweise aber auch die Zulässigkeit einer virtuell durchgeführten Versammlung ohne eine solche Fundierung in der Satzung für zulässig erachtet.[20] Neben anderem wurde zumindest auf den in § 147 Abs. 1 S. 2 BGB zum Ausdruck gekommenen Rechtsgedanken abgehoben, der beim Vertragsschluss den Antrag, der dem anderen Teil mittels Fernsprecher oder einer sonstigen (technischen) Einrichtung „von Person zu Person" gemacht wurde, den Erklärungen unter Anwesenden zurechnet.

5 Das erscheint in der Tat ein überzeugender Ansatz. Die Begründung in den Motiven zum (heutigen)[21] § 147 BGB stellt darauf ab, dass die „große Bedeutung des Fernsprechwesens" eine Entscheidung des Gesetzes dazu erfordere, „ob der telephonische Verkehr rechtlich als ein Verkehr unter Anwesenden oder unter Abwesenden anzusehen sei." Die Entscheidung

---

[15] Auch dazu die Satzung der VG Wort, die das in § 8 iVm der Geschäftsordnung für die Ausübung von Mitgliedschaftsrechten in elektronischer Form vom 17.3.2017 regelt; auf § 19 Abs. 3 VGG weist auch Noack NJW 2018, 1345 (1346 f.) hin.

[16] Dagegen ausdrücklich Stöber/Otto VereinsR-HdB Rn. 638.

[17] Wilken, Die virtuelle Hauptversammlung, 2016, 194, der die Stimmabgabe als solche bei einer virtuell stattfindenden Versammlung als unproblematisch ansieht.

[18] Erdmann MMR 2002, 526 (527 ff.).

[19] OLG Hamm NJW 2012, 940 (941), das eine Satzungsregelung akzeptiert hat, die die Wahl zwischen real und virtuell durchzuführender Mitgliederversammlung vorsah; Staudinger/Schwennicke, 2019, BGB § 32 Rn. 50; Erman/Westermann BGB § 32 Rn. 3; BeckOK BGB/Schöpflin BGB § 32 Rn. 45; in der Tendenz auch BeckOGK/Notz BGB § 32 Rn. 294; Reichert/Wagner VereinsR Kap. 2 Rn. 1905; Sauter/Schweyer/Waldner, Der eingetragene Verein, 20. Aufl. 2016, Rn. 210; Dehesselles/Richter npoR 2016, 246 (248); Erdmann MMR 2000, 526 (527 und öfter); Fleck DNotZ 2008, 245 (247, 249); Mecking ZStV 2011, 161 (164); offengelassen in MüKoBGB/Leuschner BGB § 32 Rn. 22.

[20] Piper NZG 2012, 735 (737); (mindestens) in der Tendenz auch Noack NJW 2018, 1345 (1348 f.).

[21] Die Vorschrift in ihrer heutigen Fassung geht einerseits (was die telefonische Abgabe anbelangt) auf die Fassung des BGB von 1900 zurück; durch das Gesetz zur Anpassung der Formvorschriften des Privatrechts und anderer Vorschriften an den modernen Rechtsgeschäftsverkehr v. 13.7.2001, BGBl. 2001 I 1542, wurde der Passus „oder eine sonstige technische Einrichtung" in den ursprünglichen Text eingeschoben.

für die Zuordnung des „telephonischen Verkehrs“ zu den Erklärungen unter Anwesenden war maßgeblich auf die Erwägung gestützt worden, dass zwar eine körperliche Anwesenheit fehlte, die aber auch nicht erforderlich sei. Als entscheidend wurde vielmehr angesehen, dass „wie bei körperlich Anwesenden, ein mündlicher unmittelbarer Verkehr ermöglicht sei, daß Rede und Gegenrede von Person zu Person erfolgen könne.“ [22] Man kann das als **„telekommunikative“** oder **„online-Präsenz“**[23] bezeichnen, die jedenfalls die auf den Vertragsschluss zielenden Erklärungen als solche unter Anwesenden erscheinen lässt.[24] Nach den Motiven ist diese gesetzliche Wertung nicht auf die Rechtsgeschäftslehre und konkret auf das Zustandekommen von Verträgen zu beschränken. Es wurde nämlich ausdrücklich erwogen, ob die Regelung nicht nur für das Vertragsrecht, sondern auch für andere empfangsbedürftige Willenserklärungen gelten solle, wovon man aber Abstand nahm, weil „sich schwerlich eine passende Fassung“ einer so weitgehenden Anordnung werde finden lasse. Man ließ es daher bei der letztlich Gesetz gewordenen Fassung und überließ es Wissenschaft und Praxis, den hinter der gesetzlichen Regelung liegenden Gedanken auch in anderen Fällen zum Tragen zu bringen.[25]

6 Bei der Frage nach der Zulässigkeit einer (rein) virtuellen Mitgliederversammlung mag man insbesondere die Messlatte hoch hängen, wenn es um deren Kern, nämlich die **Bildung des Verbandswillens** durch **Beschluss** geht. Vergegenwärtigt man sich vor dem zuvor (→ Rn. 5) dargestellten Hintergrund, dass zwar der Beschluss nach heutigem Verständnis kein Vertrag, nach gefestigter Ansicht in Rspr. und Lit. die Stimmabgabe aber gesichert **Willenserklärung** ist,[26] spricht einiges dafür, die **virtuelle, eine telekommunikative Präsenz** vermittelnde Versammlung **auch ohne eine ausdrückliche Regelung in der Satzung** für **zulässig** zu erachten oder umgekehrt sie nur dann für unzulässig zu halten, wenn sich aus der Satzung eine ausdrückliche, derartige nicht auf persönliche Präsenz ausgerichtete Verfahren ausschließende Regelung herauslesen lässt. Dabei muss man nicht einmal entscheiden, ob die für **Rechtsgeschäfte** geltenden Vorschriften auf Beschlüsse anwendbar und in welchem Umfang sie es sind,

---

[22] Wörtliche Zitate aus Mugdan Mot. I 690; John AcP 184 (1984), 385 (393), stellt darauf ab, dass Erklärender und Empfänger der Erklärung unmittelbar Nachrichten austauschen und sich durch sofortige Rückfrage vergewissern können, ob eine Nachricht richtig wahrgenommen wurde.

[23] So Schwarz MMR 2003, 23 (24 und öfter) für die Hauptversammlung der AG.

[24] Dazu auch John AcP 184 (1984), 385 (387, 393), der die sachliche Gleichstellung von unmittelbarem und telefonischem Kontakt schon aus der Natur der Sache herleitet.

[25] Mugdan Mot. I 690.

[26] Statt vieler mit umfassendem Überblick über Rspr. und Lit. BeckOGK/Notz BGB § 32 Rn. 130; K. Schmidt GesR § 15 2. a, b, S. 436 f.; Wiedemann GesR Bd. II § 3 III 2 c bb, S. 217.

und es mag von der Annahme her, dass der Beschluss **Rechtsgeschäft sui generis** und **kein Vertrag** ist, auch anzunehmen sein, dass die §§ 145ff. BGB auf ihn nicht anzuwenden sind.[27] Maßgeblich erscheint, dass das BGB in § 147 erkennbar keine singuläre Sonderregelung für die Abgabe einer auf Vertragsschluss gerichteten Willenserklärung treffen wollte, sondern ausdrücklich eine in Richtung auf andere Situationen offene Regelung, die letztlich eine gesetzgeberische Grundüberlegung ausdrückt: Immer dann, wenn der Erklärende und der Empfänger einer Erklärung sich im wechselseitigen unmittelbaren Kontakt befinden, der Rede und Gegenrede ermöglicht, kann von Anwesenheit gesprochen werden, mag diese auch keine physische, sondern technisch vermittelte sein. Was für den (regelmäßig) Zweierkontakt beim Vertragsschluss gilt, kann von der gesetzgeberischen Intention her auch in anderen rechtsgeschäftlichen Kontexten nutzbar gemacht werden. Dass bei einer virtuellen Versammlung Fehler – etwa in Hinblick auf Gleichbehandlung oder Teilnahmerechte – unterlaufen können,[28] mag sein, ist aber kein grundsätzlicher Kritikpunkt gegen die Wahl des Verfahrens als solche. Fehler können auch bei der physischen Präsenzversammlung unterlaufen,[29] und sie sind im einen wie im anderen Verfahren durch organisatorische und technische Maßnahmen zu vermeiden. Sie stellen demgegenüber keinen Grund dar, virtuelle Verfahrensgestaltung als solche zu unterbinden; zu praktischen Fragen der Einberufung und Durchführung bei Schweigen der Satzung (→ Rn. 11).

b) Zusatzstruktur: Besondere Vertreter, Beiräte, Kassenprüfer.

Mitgliederversammlung und Vorstand sind notwendige Organe, es sind aber nicht notwendig die einzigen Organe des Vereins. § 30 BGB ermöglicht es, besondere Vertreter zu bestellen, wobei dies auch ein Kollegialorgan sein kann.[30] Die Norm lässt offen, wer Bestellungsorgan ist. Sofern die Satzung hierzu Bestimmungen trifft, gelten diese. Schweigt die Satzung, erfolgt die Bestellung durch die Mitgliederversammlung (vgl. § 32 Abs. 1 S. 1 BGB).[31] Der besondere Vertreter hat die Stellung **7**

[27] So ausdrücklich Wiedemann GesR Bd. II § 3 III 2 d, S. 218.

[28] Darauf – trotz der zum Ausdruck kommenden Sympathie für die Zulässigkeit derartiger Handhabung – hinweisend BeckOGK/Notz BGB § 32 Rn. 294.

[29] Darauf weisen etwa (zu Recht) hin Fleck DNotZ 2008, 245 (254), und zuvor schon Erdmann MMR 2000, 526 (528).

[30] MüKoBGB/Leuschner BGB § 30 Rn. 8.

[31] Allgemein werden die Vorschriften über die Bestellung des Vorstands analog angewendet, etwa von BeckOK BGB/Schöpflin BGB § 30 Rn. 10; BeckOGK/Kling BGB § 30 Rn. 16; MüKoBGB/Leuschner BGB § 30 Rn. 8; Erman/Westermann BGB § 30 Rn. 2; wegen der Regelung in § 32 Abs. 1 BGB, nach der die Mitgliederversammlung zuständig ist, wenn die Satzung oder das Gesetz (wie hier) nichts abweichendes regeln, erscheint diese Analogie nicht erforderlich, vgl. auch Reichert/Wagner VereinsR Kap. 2 Rn. 2784; Grambow, Organe von Vereinen und Stiftungen, 2011, Rn. 651.

eines **Vereinsorgans,** nur dass die Reichweite der Organbefugnisse gegenüber derjenigen des Vorstands eingeschränkt ist. Dem besonderen Vertreter werden abgegrenzte[32] Geschäfts- oder Tätigkeitsbereiche zugewiesen, in denen er den Verein **vertritt.**[33] Dabei tritt der besondere Vertreter neben eine – für sich genommen – funktionsfähige Vertretungsorganisation, nämlich den Vorstand. Dabei kann die Vertretungsmacht des besonderen Vertreters so ausgestaltet sein, dass sie diejenige des Vorstands (bis zur Grenze des nicht zulässigen vollständigen Ausschlusses der Vorstandsvertretungsmacht)[34] im Zuständigkeitsbereich des besonderen Vertreters verdrängt.[35] Selbst wenn dies der Fall ist, bleibt der Verein in seiner Vertretungsorganisation aber intakt, wenn ein besonderer Vertreter wegfällt, weil dann die „verdrängte" Struktur in Gestalt des Vorstands wieder in Funktion tritt.

8 Beiräte[36] können in der Satzung des Vereins als zusätzliche Organe vorgesehen und ihnen auch die – im Gesetz nicht geregelten – Befugnisse zugewiesen und Verfahrensregelungen für die Amtsausübung getroffen werden.[37] Regelmäßig sind derartige Strukturen kollegial besetzt, so dass für Verfahrensfragen auf Regelungen in der Satzung oder dem Gesetz zu den Vorständen oder auch zur Mitgliederversammlung zurückgegriffen werden können. Üblicherweise werden daneben mit regelmäßig festgelegter Amtszeit Rechnungsprüfer von der Mitgliederversammlung gewählt, die „in kleiner Runde" die Buchführungsunterlagen des Vereins prüfen und das Ergebnis der Mitgliederversammlung vortragen.

3. Regelungen zu Organisationsfragen im COVMG

a) Mitgliederversammlung

9 Die Durchführung einer Mitgliederversammlung (oder Delegiertenversammlung) als Präsenzversammlung im Sinn einer physischen Zu-

---

[32] Die Abgrenzung kann nach nicht unkritisch aufgenommener Rspr. des OLG München NZG 2013, 32 = ZStV 2013, 60 m. krit. Anm. Gräwe, sehr vage sein.

[33] BeckOGK/Kling BGB § 30 Rn. 48; Sauter/Schweyer/Waldner, Der eingetragene Verein, 20. Aufl. 2016, Rn. 313; die Satzung kann auch vorsehen, dass die Einräumung der Vertretungsmacht nicht oder nur eingeschränkt erfolgt, Reichert/Wagner VereinsR Kap. 2 Rn. 2789.

[34] Stöber/Otto VereinsR-HdB Rn. 573, 456.

[35] MüKoBGB/Leuschner BGB § 30 Rn. 11; BeckOGK/Kling BGB § 30 Rn. 49; jurisPK-BGB/Otto BGB § 30 Rn. 12.

[36] Auch die Bezeichnung der zusätzlichen Organe unterliegt der Bestimmung durch den Verein in der Satzung, gebräuchlich sind neben der Bezeichnung als Beirat etwa auch als Ausschuss oder Aufsichtsrat (vgl. etwa Reichert/Wagner VereinsR Kap. 2 Rn. 2809). Im folgenden wird nur von Beirat gesprochen, gemeint sind alle zusätzlichen Gremien.

[37] Reichert/Wagner VereinsR Kap. 2 Rn. 2809; Stöber/Otto VereinsR-HdB Rn. 553.

sammenkunft von Personen begegnet während der Corona-Krise teils faktischen Hindernissen bei der Entfaltung von Organtätigkeit oder Teilnahme an Versammlungen, insbes. wegen krankheits- oder quarantänebedingter Verhinderung oder auch aus – vernünftiger – Vorsicht erwachsener Einschränkung sozialer Kontakte. Teils stehen auch öffentlich-rechtlich verhängte Kontaktbeschränkungen[38] entgegen. Zur Aufrechterhaltung der Handlungsfähigkeit der Vereine und der Funktionsfähigkeit ihrer Organe enthält das COVMG auf zunächst begrenzte Zeit „substantielle Erleichterungen" für die Durchführung der Mitglieder- oder Vertreterversammlungen.[39]

aa) „Virtuelle/Online" Mitgliederversammlungen, § 5 Abs. 2 Ziff. 1 COVMG.

Auch ohne eine dahingehende Ermächtigung in der Satzung kann der Vorstand nach § 5 Abs. 2 Ziff. 1 COVMG sowohl (vollständig) **virtuelle** Versammlungen einberufen und abhalten als auch den Mitgliedern ermöglichen, an einer physisch stattfindenden Mitgliederversammlung **online** teilzunehmen. Der Gesetzestext unterscheidet nicht zwischen beiden Varianten, sondern könnte vom Wortlaut her nur die online-unterstützte Teilnahme an einer ansonsten physisch durchgeführten Mitgliederversammlung erfassen; die Begründung weist aber ausdrücklich auf beide Varianten als Wahlmöglichkeit hin.[40] Der Wortlaut der Norm legt dabei zugrunde, dass ohne eine solche Ermächtigung die Versammlung der Mitglieder im „traditionellen" Sinn eine physische ist, weil der Text sich ausdrücklich als Abweichung von § 32 Abs. 1 S. 1 BGB versteht (→ Rn. 3 f.). Solange öffentlich-rechtliche Kontaktbeschränkungen gelten, werden online ge- oder unterstützte Versammlungen nur eingeschränkt möglich sein. Zu denken ist etwa daran, dass Vorstandsmitglieder in öffentlich-rechtlich zulässiger Zahl sich physisch versammeln und die übrigen Mitglieder des Vorstands oder des Vereins sich zuschalten. Im weiteren wird, da die Sachfragen weitgehend ähnlich lauten, einheitlich von „virtueller/online"-Versammlung gesprochen. 10

Vorgaben für das bei Einberufung und Durchführung der virtuellen/online-Versammlung einzuhaltende **Verfahren** macht die Vorschrift nicht. In den Fällen, in denen die Satzung eines Vereins derartige virtuelle/online-Versammlungen vorsieht, ergeben sich daraus keine Probleme, weil insofern die Vorschrift (als Ermächtigung) ohnedies leerläuft und in 11

---

[38] ZB aufgrund § 2 Nr. 2 Vierte Corona-Bekämpfungsverordnung des Landes Rheinland-Pfalz v. 17.4.2020, GVBl. 2020, 79, in der Fassung durch die Erste ÄnderungsVO v. 20.4.2020, veröffentlicht gem. § 10 des Verkündungsgesetzes Rheinland-Pfalz auf der Homepage https://corona.rlp.de/de/service/rechtsgrundlagen/.

[39] BT-Drs. 19/18110, 17.

[40] BT-Drs. 19/18110, 30.

den Satzungen prozedurale Vorgaben enthalten sein werden.[41] In den von der Norm geregelten „Notfällen", dh bei den Vereinen, die in der Satzung keine Vorgaben für die online ge- oder unterstützte oder die virtuelle Willensbildung haben oder derartige Verfahrensweisen gar ausschließen, kann die Durchführung den Vorstand vor ungewohnte Aufgaben stellen.

12 Was zunächst die **Einberufung** zu einer nicht physischen Versammlung anbelangt, spricht nichts dagegen, die in der Satzung gemachten Vorgaben zu beachten.[42] Meist werden die Versammlungen schriftlich, ggf. in Textform (§ 126b BGB), unter Einhaltung bestimmter **Fristen** (vgl. § 58 Nr. 4 BGB für den eV) und der Mitteilung der **Tagesordnung** einzuberufen sein. Dies geht auch in Zeiten eingeschränkter Kontaktmöglichkeiten, jedenfalls solange, womit zu rechnen ist, die Briefbeförderung funktioniert. Schon vor der Corona-Krise war es anerkannt, dass die Satzungsvorgabe **schriftlicher** Einladung nicht im strengen Sinn des § 126 BGB zu verstehen ist, so dass also insbesondere eine eigenhändige Unterschrift des Vorstands unter das Einladungsschreiben nicht erforderlich ist.[43] Die Einberufung kann per **e-mail** jedenfalls dann erfolgen, wenn die e-mail-Adressen der Vereinsmitlieder dem Vorstand bekannt sind (das wird nicht stets und eher bei kleinen örtlich strukturierten Vereinen der Fall sein). Ggf. können die Einladungen auch auf unterschiedliche Weise versandt werden, also per e-mail an die bekannten Mailadressen, per Post an die anderen Mitglieder,[44] vorausgesetzt, dass in beiden Fällen die etwaige satzungsmäßige Ladungsfrist eingehalten ist. Als **„Versammlungsort" und -zeit** sind die **Einwahldaten**[45] – mit Passwort[46] – und die Uhrzeit, zu der die Einwahl möglich ist, zu nennen. Welche technischen Daten das sind, ist von der Technik abhängig, die für die Durchführung der Versammlung gewählt wird (→ Rn. 13).

13 Für die **Durchführung** einer virtuellen/online-Versammlung stehen alle Medien zur Verfügung, die eine „telekommunikative" Präsenz vermitteln, bei denen also eine unmittelbare Kommunikation ähnlich wie beim Telefonieren stattfinden kann. Zu nennen sind Telefon- oder Videokonferenzen sowie chat-rooms,[47] die die Kommunikation „von Person zu

---

[41] Siehe dazu die bei OLG Hamm NJW 2012, 940 im Sachverhalt wiedergegebene Satzungsregelung.

[42] Erdmann MMR 2000, 526 (527).

[43] Statt aller BeckOGK/Notz BGB § 32 Rn. 49.

[44] OLG Hamm MMR 2016, 492 Rn. 42 f.; MüKoBGB/Leuschner BGB § 32 Rn. 15.

[45] OLG Hamm NJW 2012, 940 (941); MüKoBGB/Leuschner BGB § 32 Rn. 22; BeckOGK/Notz BGB § 32 Rn. 297.

[46] Die Zugangsschranke per Passwort soll verhindern, dass an der Versammlung Personen teilnehmen, die dazu nicht berechtigt sind, vgl. Erdmann MMR 2000, 526 (528).

[47] Diese Gestaltung lag der Entscheidung OLG Hamm NJW 2012, 940, zugrunde.

Person" ohne nenneswerten Zeitversprung sicherstellen.[48] Grundsätzlich stellt es **keinen Hinderungsgrund** für die Durchführung einer virtuellen/online-Versammlung dar, wenn nicht alle Vereinsmitglieder über die nötigen technischen Hilfsmittel für die Teilnahme verfügen.[49] Es ist auch bei einer physischen Versammlung nicht Aufgabe des Vereins, aktiv für die Anwesenheit der Mitglieder zu sorgen, etwa indem Fahrdienste eingerichtet werden. Allenfalls dann, wenn der überwiegende Teil der Mitglieder über keine EDV-Ausstattung verfügt, die eine Teilnahme ermöglicht, und wenn der Vorstand dies weiß oder erkennen kann,[50] mag auf ein anderes in § 5 Abs. 2 und 3 COVMG genanntes Verfahren zurückzugreifen sein. Was die Auswahl des Verfahrens anbelangt, ist es nicht erforderlich, ein **audio-visuelles** System einzusetzen, mag dies der physischen Präsenzversammlung auch am nächsten kommen. Die schriftliche Diskussion im Rahmen eines chat-rooms wird vielmehr als ausreichend angesehen. Letztlich keine Besonderheiten ergeben sich bei der Feststellung von Mitwirkung bei und Ergebnis von **Abstimmungen;** ebenso, wie dies bei physischen Versammlungen erfolgen kann, besteht auch bei allen online-gestützten Teilnahmen die gleiche Möglichkeit. Dass bei einer online-gestützten Abstimmung die Geschäftsfähigkeit der Abstimmenden nicht festgestellt werden kann, mag sein, das ist aber von groben Ausnahmefällen besonders auffälligen Verhaltens in der physischen Versammlung auch nicht gegeben.[51]

Auch bei der virtuellen/online-Versammlung ist die **geheime Abstimmung** technisch möglich,[52] auch wenn die Verwendung physischer (verdeckter) Stimmzettel nicht erfolgen kann. Inzwischen gibt es (kommerzielle) Anbieter, die eine Internet-Plattform zur Durchführung von online-Abstimmungen zur Verfügung stellen, in deren Rahmen auch geheime Abstimmungen vorgenommen werden können. Ob allerdings geheime Abstimmungen erforderlich sind, ist zunächst einmal Frage der Satzungsregelung, da das Gesetz keine Vorgaben dazu enthält. Sofern die Satzung keine generelle Festschreibung auf eine – etwa bei Personalentscheidungen vorzunehmende – geheime Abstimmung enthält, kann offen 14

[48] Vgl. zu § 147 BT-Drs. 14/4987, 21; BeckOGK/Notz BGB § 32 Rn. 294.

[49] Noack NJW 2018, 1345 (1348).

[50] Die dazu für das Jahr 2000 von Erdmann MMR 2000, 526 (527 mit Fn. 5), geäußerte Vermutung, dass die Mehrheit der Mitglieder nicht über die zur Einwahl und Teilnahme an einer virtuellen/online-Versammlung notwendige Hard- und Software verfüge, dürfte inzwischen (bis auf das Vorhandensein einer Signatursoftware, dazu auch zweifelnd Dehesselles/Richter npoR 2016, 246 [249]) weitgehend überholt sein.

[51] OLG Hamm NJW 2012, 940 (941); BeckOGK/Notz BGB § 32 Rn. 290.

[52] Wilken Die virtuelle Mitgliederversammlung, 2016, 197; Mecking ZStV 2011, 161 (165); Roßnagel/Gitter/Opitz-Taldou MMR 2009, 383 (386), dort auch zu technischen Vorkehrungen; verneinend noch OLG Hamm BeckRS 2001, 7096 zu A. II. 2. b) cc).

und damit auch bei dieser Art der Versammlungsdurchführung unproblematisch abgestimmt werden. Meist ist in den Satzungen vorgesehen, dass grundsätzlich offen abgestimmt werden kann, es sei denn, es wird die geheime (schriftliche) Abstimmung aus dem Kreis der Teilnehmer[53] gefordert.[54] Soweit in der Satzung bspw. für Wahlen die geheime Abstimmung vorgesehen ist, dürfte dies durch die Notregelung in § 5 Abs. 2 COVMG ausgesetzt sein. Wer dem nicht folgt und auch den Weg über angebotene (kostenpflichtige) Internetplattformen nicht gehen will, müsste entweder durch Verschlüsselungssoftware die geheime Abstimmung per Mail ermöglichen[55] oder den Weg der Briefwahl gehen, bei der die Geheimhaltung ohne weiteres möglich ist. Die geheime Abstimmung kann aber auch relativ einfach mit Hilfe von e-mails vorgenommen werden, denen ein nicht persönlich gekennzeichneter Stimmzettel als Dateianhang beigegeben wird. Auf Empfängerseite kann durch vom Vorstand bestimmte Personen („Wahlvorstand“) der Dateianhang ohne Öffnung ausgedruckt werden. Die Übersendungsmail kann zu Registrierungszwecken gespeichert werden, wobei der Dateianhang nach dem Ausdruck und vor Speicherung gelöscht werden kann.

bb) Schriftliche Stimmabgabe vor Durchführung der Versammlung, § 5 Abs. 2 Nr. 2 COVMG

15 Als Alternative zur zuvor dargestellten virtuellen/online-Versammlung ermöglicht § 5 Abs. 2 Nr. 2 COVMG auch ohne entsprechende Ermächtigung in der Satzung die vor Durchführung der Versammlung erfolgende Stimmabgabe. Eine ähnliche Regelung enthält bereits § 33 Abs. 1 S. 2 BGB, der im Fall der – zwingend einstimmigen – Zweckänderung die schriftliche Zustimmung der nicht in einer Versammlung mitwirkenden Mitglieder fordert. Die Gesetzesformulierung in § 5 Abs. 2 Nr. 2 COVMG deutet auf eine **alternative Handhabung** der in den beiden Nummern vorgesehenen Verfahren. Gerade in Konstellationen, in denen eine physische Versammlung nicht zulässig oder nicht tunlich ist, oder auch dann, wenn erkennbar nur ein Teil der Mitglieder über die nötige Hard- und Software zur Teilnahme oder Mitwirkung an einer virtuellen/online-Versammlung verfügt, kommt aber auch eine **Kombination beider Varianten** in Betracht, zumindest was die in einer Versammlung vorgesehene Abstimmung anbelangt. Das Erfordernis der **Schriftlichkeit** ist auch hier nicht im Sinn des § 126 BGB zu verstehen,

---

[53] Jenseits von Satzungsregelungen gibt es keinen Anspruch eines Teilnehmers auf Durchführung einer verdeckten Abstimmung, so jedenfalls für eine Rechtsanwaltskammer BGH NJW 1970, 46 (47); dem folgend für das Vereinsrecht Reichert/Wagner VereinsR Kap. 2 Rn. 1726.

[54] Vgl. dazu die Satzungsbeispiele Rn. 627 § 9 sowie Rn. 628 § 14 bei Sauter/Schweyer/Waldner, Der eingetragene Verein, 20. Aufl. 2016.

[55] Darauf weisen Dehesselles/Richter npoR 2016, 246 (250) hin.

so dass alle hinreichend individualisierten Stimmabgaben, sei es tatsächlich per Brief, sei es als E-Mail, zu werten sind. Die Stimmabgabe muss **vor Beginn der Mitgliederversammlung** erfolgen. Das ist der Zeitpunkt, in dem der Versammlungsleiter die Mitgliederversammlung **förmlich als eröffnet** erklärt.[56] Das kann ebenso wie in der physischen Versammlung auch in einer virtuellen (durch gesprochenes oder geschriebenes Wort) Versammlung unschwer erfolgen und zeitlich festgestellt werden.

Die Vorschrift sieht vor, dass der Vorstand den Mitgliedern diese Verfahrensweise eröffnen **kann**. Nach herkömmlichem Verständnis handelt es sich also um eine **Ermessensentscheidung** des Vorstands. Einen Anspruch auf die Wahl dieses Verfahrens gibt es grundsätzlich nicht. Allenfalls dann, wenn durch die Besonderheiten der Mitgliederstruktur absehbar ist, dass die Durchführung einer virtuellen/online-Versammlung die Mehrzahl der Mitglieder nicht erreichen würde, kommt eine (öffentlichrechtlich ausgedrückt) „Ermessensreduzierung" in Betracht, die zu einer Pflicht des Vorstands führen kann, das in § 5 Abs. 2 Nr. 2 COVMG beschriebene Verfahren zu wählen. Sofern der Vorstand sich für die schriftliche Stimmabgabe entscheidet, ist dies den Mitgliedern mit der Einladung und Übermittlung der Tagesordnung mitzuteilen. Darüber hinaus sollte der Vorstand auf die zeitliche Vorgabe des § 5 Abs. 2 Nr. 2 COVMG, also **Stimmabgabe bis zum Beginn der Versammlung,** hinweisen. Den Zeitpunkt können die Mitglieder aus der Ladung ersehen. Eine Stimmabgabe, die später als der in § 5 Abs. 2 Nr. 2 COVMG genannte Zeitpunkt zugeht, ist ungültig. Etwas anderes kann sich aber dann ergeben, wenn bereits in der Satzung die Möglichkeit einer schriftlichen Stimmabgabe vorgesehen und dort ein späterer Zeitpunkt genannt ist, bis zu dem die Stimmabgabe möglich ist. Dann ist dieser Zeitpunkt der Maßgebliche.[57] 16

cc) Schriftliche Abstimmung ohne Versammlung, § 5 Abs. 3 COVMG

Als Abweichung von § 32 Abs. 2 BGB deklariert ist die eher für kleine Vereine mit überschaubarem Mitgliederbestand in Betracht kommende Stimmabgabe **im Umlaufbeschlussweg.** § 32 Abs. 2 BGB sieht als gesetzlich vorgesehene Alternative zur Versammlung (Abs. 1) die unter **Beteiligung aller Vereinsmitglieder** erfolgende **schriftliche Beschlussfassung** vor. Voraussetzung für die Wirksamkeit eines solchermaßen gefassten Beschlusses ist die Zustimmung aller Mitglieder nicht nur zum Verfahren, sondern auch zum Beschlussgegenstand, so dass bei Fehlen, Enthaltung oder gegenläufiger Stimmabgabe durch ein einziges Ver- 17

---

[56] Sauter/Schweyer/Waldner, Der eingetragene Verein, 20. Aufl. 2016, Rn. 181.
[57] Vgl. Reichert/Wagner VereinsR Kap. 2 Rn. 1730.

einsmitglied schon die Beschlussfassung als solche scheitert.[58] Bei mitgliederstarken Vereinen ist dies illusorisch. Aber auch die im COMVG vorgesehene Abmilderung des schriftlichen Beschlussverfahrens wird allenfalls bei Vereinen mit überschaubarem Mitgliederkreis gangbar sein. § 5 Abs. 3 COVMG sieht vor, dass ein Beschluss ohne (physische) Versammlung gültig ist, wenn alle Mitglieder beteiligt wurden, bis zum Schlusstermin der Abstimmung die Hälfte der Mitglieder ihre Stimmen in Textform (§ 126b BGB) abgegeben haben und die erforderliche Mehrheit für den Beschlussvorschlag gestimmt hat. Nach der Gesetzesbegründung will die Norm lediglich von § 32 Abs. 2 BGB abweichen. Keine Änderung sollen durch die Vorschrift **satzungs- oder gesetzliche Mehrheitserfordernisse** erfahren, und auch das Einstimmigkeitsprinzip des § 33 Abs. 1 S. 2 BGB soll unangetastet bleiben.[59]

b) Vorstand

aa) Amt

18 Der Vorstand ist, wie die Mitgliederversammlung, **zwingendes (Vertretungs-)Organ** des – eingetragenen wie nicht eingetragenen – Vereins, § 26 Abs. 1 S. 1 BGB.[60] Die Anzahl der Vorstandsmitglieder ist in der Satzung zu bestimmen (für den eV § 58 Nr. 3 BGB);[61] bei Schweigen der Satzung ist eine einzelne natürliche Person zum Vorstand zu bestellen.[62] Die Bestellung des Vorstands endet, vom Tod des Bestellten abgesehen,[63] regulär entweder mit **Ablauf der Wahlperiode,** sofern nicht, wie häufig, die Satzung bestimmt, dass der alte Vorstand im Amt bleibt, bis der neue Vorstand gewählt ist und das Amt angetreten hat.[64] Sofern eine Amtszeit in der Satzung nicht vorgesehen ist, die Bestellung also auf unbestimmte Zeit erfolgt, kann sie durch Widerruf enden, der auch bei Bestellungen für eine Wahlperiode grundsätzlich stets zulässig ist (§ 27 Abs. 2 S. 1 BGB); auch mit der Amtsniederlegung, die wie der Widerruf stets zulässig ist, endet die Organstellung.[65] Je nachdem, wieviele Vorstandsmitglieder vorhanden sind, und je nach Satzungsregelung kann der Wegfall eines Vorstandsmitglieds hingenommen werden, wenn auch ohne dieses die Vertretung des Vereins gewährleistet ist. Bisweilen

---

[58] BayObLG BeckRS 1994, 10539 zur entsprechenden Vorschrift in § 23 Abs. 3 WEG; BeckOGK/Notz BGB § 32 Rn. 196; MüKoBGB/Leuschner BGB § 32 Rn. 66.

[59] BT-Drs. 19/18110, 30.

[60] BeckOGK/Segna BGB § 26 Rn. 5; MüKoBGB/Leuschner BGB § 26 Rn. 6.

[61] BayObLG NJW-RR 2002, 456; Stöber/Otto VereinsR-HdB Rn. 392.

[62] Reichert/Wagner VereinsR Kap. 2 Rn. 2007.

[63] Stöber/Otto VereinsR-HdB Rn. 441.

[64] Stöber/Otto VereinsR-HdB Rn. 421 f.; dort Rn 440 f., auch zu weiteren Beendigungsgründen.

[65] Stöber/Otto VereinsR-HdB Rn. 433; Röcken ZStV 2014, 236 (237).

bestimmen Satzungen auch ausdrücklich, dass bei unterperiodischem Wegfall eines Mitglieds der restliche Vorstand bis zum Ende der Wahlperiode weiter tätig ist. Sofern eine Nachwahl satzungsgemäß vorgesehen oder wegen ansonsten nicht gewährleisteter Vertretung des Vereins erforderlich ist, kann die Undurchführbarkeit einer Mitgliederversammlung dies unmöglich machen, zumindest verzögern. In diesen Fällen könnte mit einer Notbestellung nach § 29 BGB durch das zuständige AG geholfen werden (→Rn. 25).

Zur **Vermeidung von Vorstandsvakanzen**[66] (zu krankheitsbedingt 19
verhinderten Organmitgliedern → § 9 Rn. 3, 8) ordnet § 5 Abs. 1 COVMG gesetzlich an, was in Satzungen von Vereinen (und Stiftungen) auch, wenn auch nicht durchgehend, vorgesehen ist: Die Erstreckung einer **zeitlich befristeten Amtsperiode** über ihren Ablauf hinaus auf den Zeitpunkt, in dem das nachfolgende Vorstandsmitglied (wirksam) **bestellt** wird. An sich lässt § 27 Abs. 1 BGB für die Bestellung den **Beschluss der Mitgliederversammlung** genügen. Es ist allerdings anerkannt, dass schon wegen der mit der Vorstandsstellung verbundenen (Geschäftsführungs-) Pflichten der bloße Bestellungsbeschluss für die Begründung der Organstellung nicht ausreicht, sondern Mitteilung an und Annahme durch den Bestellten hinzukommen müssen;[67] demgegenüber ist die Eintragung im Vereinsregister (§§ 64, 67 BGB) lediglich deklaratorisch. Entsprechendes hat auch bei § 5 Abs. 1 COVMG zu gelten, so dass die Amtsdauer des alten Vorstands erst endet, wenn der neue gewählt wurde und er die Wahl nach ihrer Mitteilung (eine gesonderte Mitteilung ist bei Anwesenheit des Gewählten nicht erforderlich) angenommen hat.

Die Norm will dem Verein allerdings keinen Vorstand aufzwingen, 20
dem die Mitglieder nicht mehr vertrauen. Daher ist die Möglichkeit der **Abberufung** mit der Folge der Beendigung der Organstellung ausdrücklich offengehalten. Nicht erwähnt wird im Text (und auch nicht in der Gesetzesbegründung) die **Amtsniederlegung**. Doch ist kaum anzunehmen, dass das Gesetz es einem amtsmüden Vorstand abverlangt, die Organstellung weiter aufrechtzuerhalten. Teils wird angenommen,[68] dass eine Amtsniederlegung **rechtsmissbräuchlich** und damit unwirksam sein kann.[69] Es ist jedoch nicht anzunehmen, dass allein wegen der Corona-Krise eine Amtsniederlegung missbräuchlich oder zur Unzeit erfolgt.[70]

---

[66] BT-Drs. 19/18110, 30.

[67] BGH NJW 1975, 2010; BeckOGK/Segna BGB § 27 Rn. 6; BeckOK BGB/Schöpflin BGB § 27 Rn. 6.

[68] Zweifelnd insofern BeckOGK/Segna BGB § 27 Rn. 51 f.

[69] MüKoBGB/Leuschner BGB § 27 Rn. 31 f.

[70] Differenzierend (Amtsniederlegung zur Unzeit wirksam, aber schadensersatzpflichtig, rechtsmissbräuchliche Niederlegung unwirksam) etwa Grambow, Organe von Vereinen und Stiftungen, 2011, Rn. 213; BeckOK BGB/Schöpflin BGB § 27 Rn. 10.

Davon abgesehen dürfte es ohnedies richtiger sein, auch eine rechtsmissbräuchliche oder zur Unzeit erfolgende Amtsniederlegung zwar als pflichtwidrig (ggf. mit der Folge von Schadensersatzansprüchen),[71] aber als wirksam anzusehen. In den Fällen, in denen nun eine Abberufung oder Amtsniederlegung erfolgt ist, kann durch die **virtuelle/online-Mitgliederversammlung** (→ Rn. 10 ff.) oder im **Beschlussverfahren** nach § 32 Abs. 2 BGB in Form der **Modifikation durch § 5 Abs. 3 COVMG** (→ Rn. 17) ein neues Vorstandsmitglied gewählt werden. Steht dieses Verfahren (kurzfristig) nicht zur Verfügung, bleibt der Weg über die Bestellung eines Notvorstands nach § 29 BGB (→ Rn. 25).

bb) Beschlussfassung im Vorstandsgremium (Hinweis)

21 § 28 BGB bestimmt, dass für die Beschlussfassung in einem mehrköpfigen Vorstandsgremium die dort genannten Vorschriften über die Mitgliederversammlung (§§ 32, 34 BGB) entsprechend gelten. Für Sitzungen des Vorstands können damit die Regelungen des COVMG zu den Mitgliederversammlungen entsprechend herangezogen werden. Angesichts der geringeren Personenzahl wird man hier sogar mit den eher herkömmlichen Mitteln der Telefonkonferenz, ggf. mit Umlaufbeschlüssen arbeiten können.

cc) Insolvenzantragspflicht (Hinweis)

22 Grundsätzlich hat der Vorstand des Vereins nach § 42 Abs. 2 S. 1 BGB im Fall der Zahlungsunfähigkeit (§ 17 InsO) oder der Überschuldung (§ 19 InsO) Antrag auf Eröffnung eines Insolvenzverfahrens zu stellen. Diese Pflicht ist durch § 1 S. 1 COVInsAG[72] vorläufig bis zum 30.9.2020 **ausgesetzt.** Zu den Einzelheiten → § 14 Rn. 1 ff. dieses Buches.

c) Zeitlicher Geltungsbereich

23 Nach § 7 Abs. 5 COVMG ist die zeitliche Geltung von § 5 COVMG auf den **Ablauf von Amtszeiten** von Vereinsvorständen beschränkt, die im Jahr 2020 erfolgen. Gemeint ist das Kalenderjahr. Ebenso gelten die für Mitgliederversammlungen angeordneten Erleichterungen nur dann, wenn die **Versammlung im Jahr 2020** stattfindet. Da nach Art. 6 Abs. 2 COVFAG der die vereinsrechtlichen Regelungen enthaltende Art. 2 am Tag nach der Verkündung des Gesetzes (das war der 27.3.2020) in Kraft trat, sind die ab diesem Termin ablaufenden Amts-

[71] Vgl. BGHZ 121, 257 (261) = NJW 1993, 1198; so offenbar auch Erman/Westermann BGB § 27 Rn. 5.

[72] Gesetz zur vorübergehenden Aussetzung der Insolvenzantragspflicht und zur Begrenzung der Organhaftung bei einer durch die COVID-19-Pandemie bedingten Insolvenz, verkündet als Art. 1 COVFAG v. 27.3.2020, BGBl. 2020 I 569.

zeiten und nach diesem Termin stattfindenden Versammlungen erfasst. Der Geltungszeitraum kann aufgrund der Verordnungsermächtigung in § 8 COVMG im Bedarfsfall – wenn also die fortbestehenden Auswirkungen der Pandemie in der Bundesrepublik Deutschland dies geboten erscheinen lassen – bis längstens zum 31.12.2021 verlängert werden; zu diesem Termin tritt das Gesetz nach Art. 6 Abs. 2 COVFAG auch außer Kraft.

4. Nicht vom COVMG geregelte Organisationsfragen

a) Besondere Vertreter ua nicht zwingende Organe und Gremien

Regelungen zu den nicht gesetzlich vorgeschriebenen Organstrukturen 24
enthält das COVMG nicht. Es empfiehlt sich, die zur Beschlussfassung in der Mitgliederversammlung ermöglichten Vereinfachungen auch bei Kollegialgremien anzuwenden, was wegen geringer Teilnehmerzahl auf keine nennenswerte technische Probleme stoßen wird. Auch eine **schriftliche Beschlussfassung** kommt in Betracht. Was die **Amtszeit** der bestellten Personen anbelangt, sollte ebenfalls die automatische Verlängerung bis zur Bestellung eines Nachfolgers angenommen werden. Beim Wegfall eines besonderen Vertreters kann der Vorstand die Befugnisse einstweilen übernehmen.

b) Verhältnis zu § 29 BGB

§ 29 BGB ermöglicht es dem für den Sitz des Vereins zuständigen 25
Amtsgericht, in dringenden Fällen auf Antrag eines Beteiligten ein Mitglied des Vorstands bis zur Behebung des Mangels zu bestellen. In der Gesetzesbegründung zu § 3 Abs. 5 COVMG, der generell die Amtszeit der Mitglieder des Vorstands und des Aufsichtsrats einer Genossenschaft bis zur Bestellung eines Nachfolgers erstreckt, wurde darauf verwiesen, dass durch diese Regelung die Häufung gerichtlicher Notbestellungen vermieden werden soll.[73] Daraus kann man aber nicht schließen, dass die durch das COVMG auch zum Verein getroffenen Regelungen insoweit abschließend sein sollen. Trotz der in § 5 Abs. 1 COVMG angeordneten Verlängerung der Amtszeit kommt eine **Notbestellung** nach § 29 BGB in Betracht, der richtiger Ansicht nach auch für den nicht rechtsfähigen Verein gilt.[74] Das ergibt sich auch schon aus dem Wortlaut der Norm, der

[73] BT-Drs. 19/18110, 29.

[74] OLG Saarbrücken ZStV 2017, 22 (24); MüKoBGB/Leuschner BGB § 29 Rn. 3; Reichert/Wagner VereinsR Kap. 2 Rn. 2099.

die Abberufung ausdrücklich als Beendigungsgrund der Amtsstellung nennt, und der die Amtsniederlegung nicht ausschließt (→ Rn. 20). Der Begriff des **Beteiligten** ist weit zu fassen, unter ihn fallen die Vereinsmitglieder, andere Vorstandsmitglieder oder auch Dritte, die zur Vermeidung eines Nachteils das Tätigwerden des Vorstands benötigen.[75] Ein **dringender Fall** liegt vor, wenn der Verein sich nicht mehr durch eigene Maßnahmen, insbesondere die Einberufung einer Mitgliederversammlung zur Wahl eines Vorstandsmitglieds, helfen kann und sofortiges Handeln geboten ist, um Schäden für den Verein oder einen anderen Beteiligten zu vermeiden.[76] Das ist aber nicht schon bei jedem Wegfall eines Vorstandsmitglieds gegeben, solange nur die Vertretungsfunktion überhaupt aufrecht erhalten wird. Dabei ist auch zu berücksichtigen, dass zwar eine etwa bestehende **Gesamtvertretungsmacht** nicht schon immer dann zur Einzelvertretungsmacht erstarkt, wenn einer der Gesamtvertreter wegfällt, dies aber dann anzunehmen ist, wenn nach dem Wegfall eines von zwei Gesamtvertretern eine Vertretung des Verbands nicht erfolgen könnte.[77] Gerade wegen der Erleichterungen, die § 5 COVMG für die Abhaltung der Mitgliederversammlung bietet, erscheint ein Bedarf an einer Notbestellung allenfalls dann in Betracht zu kommen, wenn die technischen Möglichkeiten – etwa aufgrund der Mitgliederstruktur – eine in überschaubarer Zeit zu organisierende virtuelle/online-Versammlung nicht möglich erscheinen lassen und auch das schriftliche Verfahren nach § 5 Abs. 3 COVMG nicht realistisch ist, weil abzusehen ist, dass die erforderliche hälftige Beteiligung der Mitglieder ausbleiben wird. Soweit es um die **prozessuale Vertretung** bei fehlendem Vorstand geht, kann das Prozessgericht nach § 57 ZPO einen **Prozesspfleger** bestellen.

c) Beschlussmängelrecht

26 Während für die Aktiengesellschaft, die Kommanditgesellschaft auf Aktien, die Europäische Gesellschaft und den Versicherungsverein auf Gegenseitigkeit in § 1 Abs. 7 ff. COVMG und für die Genossenschaft in § 3 Abs. 1 S. 4 COVMG (→ Rn. 35) einschränkende Sonderregelungen in Hinsicht auf die Beschlussanfechtung getroffen wurden, fehlen diese für das Vereinsrecht. Dabei ist auch dort seit langem bekannt, dass es fehlerhafte Versammlungsbeschlüsse gibt, nur dass die Rechtsfolgen im Vereinsrecht nicht geklärt und damit streitig sind. Überwiegend und vor allem in der Rspr. wird angenommen, dass ein gesetz- oder satzungswid-

---

[75] BeckOK BGB/Schöpflin BGB § 29 Rn. 7 mwN.

[76] So wörtlich OLG Saarbrücken ZStV 2017, 22 (24 f.); MüKoBGB/Leuschner BGB § 29 Rn. 10; Reichert/Wagner VereinsR Kap. 2 Rn. 2113.

[77] BGHZ 41, 367 (369) = NJW 1964, 1624 (1625) zur KG.

riger Beschluss der Mitgliederversammlung **unwirksam** ist und dass die aktienrechtlichen Beschlussmängelvorschriften der §§ 241 ff. AktG (oder § 51 GenG) nicht analog heranzuziehen sind.[78] Letztlich kann die Frage hier unentschieden bleiben, denn jedenfalls sollte auch beim Verein in entsprechender Anwendung der zuvor genannten Vorschriften des COVMG eine – wie auch immer verfahrensrechtlich erfolgende – Geltendmachung von **technischen Fehlern** ausgeschlossen sein. Die Interessenlage ist beim Verein insofern nicht anders als bei den Aktiengesellschaften (und wegen der grundsätzlichen entsprechenden Anwendung der §§ 241 ff. AktG auch bei der GmbH) oder der Genossenschaft. Tragender Gesichtspunkt für die Beschränkung des Anfechtungsrechts war, dass die Einberufungsorgane nicht aus der Sorge, durch technische Fehler in einem ungewohnten Verfahren der Einberufung und Durchführung der Mitgliederversammlung die Beschlussanfechtung auszulösen, die gesetzlichen Vereinfachungen in der Krise nicht wahrnehmen.[79] Dieser Gesichtspunkt gilt erkennbar auch hier; dass es in § 5 COVMG eine gesetzliche Regelung hierüber nicht gibt, beruht wohl nicht auf einer bewussten gesetzgeberischen Entscheidung, sondern eher auf dem Umstand, dass das Problemen nicht gesehen wurde.

5. Laufende Verpflichtungen des Vereins in der Corona-Krise (Hinweise)

Keine eigenständige Regelung hat der Verein im Kontext mit laufenden Verbindlichkeiten erfahren. Dabei kann auch ein Verein aufgrund von Pandemiefolgen uU gehindert sein, (laufenden) Verbindlichkeiten nachzukommen. In Teilbereichen betreffen den Verein aber Entlastungsregelungen aus dem COVFAG. So kann der Verein etwa **Mieter oder Vermieter** von Räumlichkeiten sein, so dass Art. 240 § 2 EGBGB auch für den Verein gilt (→ § 3 Rn. 1 ff.). Soweit der Verein **Kleinstunternehmer**[80] im Sinn von Art. 2 Abs. 2 des Anhangs zu der Empfehlung 2003/361/EG der Kommission v. 6.5.2003 ist,[81] dh wenn der Verein weniger als 10 Personen beschäftigt und einen Jahresum- **27**

---

[78] BGH NZG 2007, 826 Rn. 36 mwN; BGHZ 59, 369 (372); OLG Düsseldorf NJW-RR 2016, 43 Rn. 16; in diesem Sinn aus der Lit. auch Erman/Westermann BGB § 32 Rn. 6; BeckOK BGB/Schöpflin BGB § 32 Rn. 40; Reichert/Wagner VereinsR Kap. 2 Rn. 1917; Stöber/Otto VereinsR-HdB Rn. 863 sieht dies unter dem Aspekt der Rechssicherheit als problematisch an; für entsprechende Anwendung der aktienrechtlichen Vorschriften MüKoBGB/Leuschner BGB § 32 Rn. 64; BeckOGK/Notz BGB § 32 Rn. 205, je mwN.

[79] BT-Drs. 19/18110, 27 (zur AG), 28 (zur eG).

[80] Zur grundsätzlich fehlenden Verbrauchereigenschaft des nicht rechtsfähigen Idealvereins etwa BeckOK BGB/Bamberger BGB § 13 Rn. 25.

[81] ABl. EG 2003 L 124, 36 v. 20.5.2003.

satz/eine Jahresbilanzsumme von 2 Mio EURO nicht überschreitet, kommt die Anwendung des **Moratoriums** in Art. 240 § 1 EGBGB in Betracht (→ § 1 Rn. 46). Darüber hinaus kann die Verpflichtung des Vereins, der kulturelle oder sportliche **Veranstaltungen** nicht durchführen konnte und daher grundsätzlich das schon gezahlte Entgelt für die Teilnahmeberechtigung rückerstatten müsste, zu einer massiven finanziellen Belastung führen. Zu deren Vermeidung sieht Art. 240 § 5 EGBGB nach dem derzeit im Entwurf vorliegenden Gesetz zur Abmilderung der Folgen der COVID-19-Pandemie im Veranstaltungsrecht vor, dass Veranstalter von Musik-, Kultur-, Sport- oder sonstiger Freizeitveranstaltungen statt einer Rückzahlung des Teilnehmerbeitrags oder des Eintrittsgeldes grundsätzlich einen **Gutschein** ausgeben dürfen (→ § 1 Rn. 27 ff.).

II. Genossenschaft

1. Einführung

28 Ebenso wie im Vereins- und Gesellschaftsrecht kann auch die Organisation der Genossenschaft durch die Einschränkungen, die die COVID-19-Pandemie mit sich bringt, empfindlich gestört werden. Zur Abmilderung derartiger Störungen und damit zur weitestgehenden Aufrechterhaltung einer funktionsfähigen Organisation hat das COVFAG in seinem Art. 2 im Gesetz über Maßnahmen im Gesellschafts-, Genossenschafts-, Vereins-, Stiftungs- und Wohnungseigentumsrecht zur Bekämpfung der Auswirkungen der COVID-19-Pandemie (COVMG) auch **Erleichterungen für die Genossenschaften** vorgesehen. Diese betreffen einerseits die Ladung zur und Abhaltung der Generalversammlung, die Gewinnfeststellung und Abschlagszahlungen auf erwartbare Gewinne und schließlich die Amtsdauer von Vorstands- und Aufsichtsratsmitgliedern. Die Regelungen entsprechen teilweise denen zum Verein, worauf ggf. verwiesen werden wird. Zum Teil sind allerdings aufgrund der unterschiedlichen verbandsrechtlichen Gegebenheiten auch vom Vereinsrecht abweichende Regelungen getroffen worden.

2. Geltungsbereich der COVMG-Regelungen

29 Von den COVMG-Regelungen werden neben den Genossenschaften nach bundesdeutschem Recht mit Sitz in der Bundesrepublik Deutschland auch die **Europäischen Genossenschaften (Societas Cooperativa Europaea, SCE)** erfasst, wenn sie ihren Sitz im Inland haben. Denn

Art. 8 Abs. 1 lit. c ii der SCE-VO[82] bestimmt, dass (ergänzend) das Recht des Sitzstaates gilt.[83]

3. Generalversammlung

a) Einberufung, § 3 Abs. 2 COVMG

Mindestinhalt der Satzung einer eG ist nach § 6 Nr. 4 GenG ua die Bestimmung der Form, in der die Einberufung der Generalversammlung zu erfolgen hat. Wegen des Grundsatzes der **Satzungsstrenge** (§ 18 S. 2 GenG) besteht Gestaltungsfreiheit nur im gesetzlich vorgegebenen Rahmen: Nach § 6 Nr. 4 GenG ist die unmittelbare Benachrichtigung aller Mitglieder (mindestens) in Textform (§ 126b BGB) oder die Bekanntmachung in einem öffentlichen Blatt vorzusehen; das Registergericht kann hiervon Abweichungen zulassen. Ein gemischtes Einladungsverfahren ist nicht zulässig.[84] Ist in der Satzung die Bekanntgabe der Einladung in einem öffentlichen Blatt vorgesehen, könnte statt dessen, wenn dieses (vorübergehend)[85] nicht erscheinen kann, nur die Veröffentlichung im Bundesanzeiger erfolgen, § 158 GenG. An § 6 Nr. 4 GenG anknüpfend verpflichtet § 46 Abs. 1 S. 1 GenG dazu, die Generalversammlung mit einer mindestens zweiwöchigen Ladungsfrist unter Bekanntgabe der Tagesordnung in der durch Satzung vorgeschriebenen Art und Weise einzuberufen. Gesetzliches **Einberufungsorgan** ist der **Vorstand,** soweit die Satzung oder das Gesetz (zB § 38 Abs. 2 S. 1 GenG: Aufsichtsrat; § 60 Abs. 1 GenG: Prüfungsverband) nicht ein anderes Organ ebenfalls zur Einberufung ermächtigt (§ 44 Abs. 1 GenG). 30

§ 3 Abs. 2 COVMG ermöglicht in Abweichung von § 46 Abs. 1 S. 1 GenG auch dann die **Einberufung via Homepage der Genossenschaft** oder in **Textform,** wenn in der Satzung die Einberufung durch Veröffentlichung in einem öffentlichen Blatt gewählt wurde. Allerdings soll das nur „im Notfall" gelten, wenn die Veröffentlichung im satzungsgemäßen Zeitschriftenmedium wegen der Auswirkungen der COVID-19-Pandemie nicht erfolgen kann, weil das Medium temporär nicht erscheint oder verteilt werden kann.[86] Insofern erscheint der Wirkungsrahmen der Norm eher eng und gibt dem Einberufungsorgan keine Wahlmöglichkeit aus etwaigen Zweckmäßigkeitserwägungen an die Hand. 31

---

[82] Verordnung 1435/2003/EG des Rates vom 22.7.2003 über das Statut der Europäischen Genossenschaft (SCE), ABl. EG 2003 L 207, 1 v. 18.8.2003.

[83] Hierauf wird in der Gesetzesbegründung BT-Drs. 19/18110, 28, hingewiesen.

[84] Henssler/Strohn/Geibel GenG § 6 Rn. 5; aA zur Vorfassung der Norm Pöhlmann/Fandrich/Bloehs/Fandrich GenG § 6 Rn. 11.

[85] Henssler/Strohn/Geibel GenG § 158 Rn. 1.

[86] BT-Drs. 19/18110, 28.

b) Durchführung der Versammlung, § 3 Abs. 1 S. 1–3 COVMG

32 Das GenG zeigt im Vergleich zum Wortlaut der bürgerlich-rechtlichen Vorschriften zum Verein schon eine gewisse Offenheit[87] gegenüber in elektronischer Form getroffenen **Beschlüssen der Generalversammlung.** So lässt es § 43 Abs. 7 GenG zu, dass bei entsprechender **Zulassung in der Satzung** Beschlüsse entweder **elektronisch** oder **schriftlich** gefasst werden können. Die Regelung greift Art. 58 Abs. 4 SCE-VO (→ Rn. 29) auf, der bereits eine entsprechende Öffnungsklausel zugunsten einer dahingehenden Satzungsregelung enthält. Schon die Begründung des Gesetzes zur Einführung der Europäischen Genossenschaft und zur Änderung des Genossenschaftsrechts[88] sah auch die Durchführung einer **virtuellen Generalversammlung** als von der Norm gedeckt an, meinte aber bezogen auf den damaligen Zeitpunkt, dass derartige Gestaltungen eher in „seltenen Ausnahmefällen, zB bei einer Genossenschaft aus dem IT-Bereich" in Betracht kommen werde.

33 Vor diesem Hintergrund betritt § 3 Abs. 1 S. 1 COVMG für die Genossenschaft kein Neuland, sondern umschreibt einen solchen „Ausnahmefall", der nur nicht branchenbezogen, sondern im Hinblick auf pandemie-bedingte besondere Umstände greift: Beschlüsse der **General- oder Vertreterversammlung** (§ 43a GenG)[89] können auch dann schriftlich oder elektronisch gefasst werden, wenn die Satzung dies **nicht** ausdrücklich zulässt. Nach der Gesetzesbegründung sind von der Regelung auch **virtuelle Generalversammlungen** gedeckt (→ Rn. 3).[90] Soweit der Vorstand eine **schriftliche** Abstimmung durchführen lässt, ist (ebenso wie beim Verein → Rn. 15) nicht die Schriftform im Sinn von § 126 BGB gemeint, sondern jede textliche Art der Stimmabgabe. Anders als § 5 Abs. 2 Nr. 2 COVMG enthält § 3 Abs. 1 COVMG keine Vorgabe für den Zeitpunkt, bis zu dem die Stimmabgabe erfolgt sein muss (→ Rn. 16). Da die Norm nur gilt, wenn die Satzung der Genossenschaft dieses Verfahren nicht ohnedies regelt (wobei auch die Formalia zu regeln sind, § 43 Abs. 7 S. 1 Hs. 2 GenG), muss der Vorstand bei der Anordnung der schriftlichen Abstimmung den letzten Zeitpunkt der möglichen Stimmabgabe festlegen und die Mitglieder zugleich darauf hinweisen, dass später eingehende Stimmen ungültig sind. Dies wird tunlichst zusammen mit der Mitteilung des Beschlussgegenstandes erfolgen. Für Anberaumung, Durchführung und Abstimmung in einer **virtuellen Versammlung** gilt das zum Verein ausgeführte ebenso (→ Rn. 12ff.). Die satzungsmäßigen oder gesetzlichen Mehrheitserfordernisse und sonsti-

---

[87] BT-Drs. 16/1025, 87; dazu auch BeckOGK/Notz BGB § 32 Rn. 291.
[88] BT-Drs. 16/1025, 87.
[89] BT-Drs. 19/18110, 28.
[90] BT-Drs. 19/18110, 28.

gen Vorgaben hinsichtlich des Stimmrechts (§ 43 Abs. 2ff. GenG) werden durch die Norm nicht berührt.

34 Über die Generalversammlung ist nach § 47 GenG eine **Niederschrift** zu fertigen, für die § 3 Abs. 1 S. 2 und 3 COVMG ergänzende Bestimmungen enthält: Danach ist zusätzlich zu der ohnedies anzufertigenden Niederschrift eine Liste der Mitglieder aufzustellen und der Niederschrift hinzuzufügen, die an der Abstimmung teilgenommen haben, und dabei ist für jedes Mitglied zu vermerken, auf welche Weise dies erfolgte (schriftlich, online). Hieraus kann abgeleitet werden, dass das Einberufungsorgan auch eine **kombinierte Abstimmung** vorsehen kann, dass also ein Teil der Mitglieder „herkömmlich" per Brief, ein anderer Teil aber auch elektronisch (per Mail, virtuell) abstimmen kann. Die Fertigung der Liste der Mitglieder, die an der Abstimmung teilgenommen haben, stellt keinen nennenswerten Mehraufwand dar, da der Vorstand ohnedies zur Führung der Mitgliederliste nach § 30 GenG verpflichtet ist. Aus dieser kann dann die Abstimmungsliste ohne weiteres entwickelt werden.

c) Einschränkung der Beschlussanfechtung, § 3 Abs. 1 S. 4 COVMG

35 Bei Vorständen von Genossenschaften, deren Satzung von der Ermächtigung in § 43 Abs. 7 GenG keinen Gebrauch gemacht hat, kann es mangels Übung zu technischen Pannen bei Einberufung und Durchführung der Generalversammlung kommen. Dies könnte wiederum zur Beschlussanfechtung führen, weswegen das Einberufungsorgan davor zurückschrecken könnte, diesen erleichterten Weg der Willensbildung zu beschreiten. Um diese Sorge zu zerstreuen, sind **technische Fehler** „im Zusammenhang mit der Beschlussfassung" sozusagen neutralisiert, auf sie kann nach § 3 Abs. 1 S. 4 COVMG keine Beschlussanfechtung nach § 51 GenG gestützt werden. Durch die etwas offene Formulierung, dass technische Fehler im **Zusammenhang mit der Beschlussfassung** neutralisiert werden, sind von der Norm nicht nur die die **Abstimmung** unmittelbar erfassenden Fehler gemeint, sondern auch solche der **Einberufung.** Vorausgesetzt werden muss aber, dass diese Fehler (allein) in der mangelnden Übung im Umgang mit einer für die konkrete Genossenschaft ungewöhnlichen Art der Beschlussfassung begründet sind. So könnte sich eine Genossenschaft, deren Satzung ohnedies eine virtuelle/online-Versammlung vorsieht und dies schon über Jahre praktiziert wurde, nicht auf die Norm berufen.

36 Allerdings stellt die Norm dem Einberufungs- und Versammlungsleitungsorgan (nach § 6 Nr. 4 GenG ist dieses in der Satzung zu bestimmen) keinen Freibrief für alle möglichen Fehler aus. § 3 Abs. 1 S. 4 GenG lässt das grundsätzliche **Anfechtungsrecht** nach § 51 Abs. 1 und 2 GenG **unberührt.** Sofern also der Fehler nicht in der – ungewohnten – Technik der

virtuellen/online-Versammlung und ihrer Einberufung liegt, bleibt es bei der Anfechtungsmöglichkeit. Auch eklatante Ladungsmängel, die zur **Nichtigkeit** eines Beschlusses der Generalversammlung führen, werden durch die Norm nicht salviert, wie es etwa anzunehmen ist, wenn ein Beschlussgegenstand bei der Einberufung zu Versammlung oder Beschlussfassung nicht genannt ist und dennoch darüber abgestimmt wird.[91] Gleiches gilt nach § 3 Abs. 1 S. 4 HS. 2 COVMG dann, wenn der „Genossenschaft" (gemeint sind die zur Einberufung und Leitung der Versammlung zuständigen Personen) Vorsatz oder grobe Fahrlässigkeit vorgeworfen werden können. Bezugspunkt des Schuldvorwurfs ist das Verhalten, das zum technischen Fehler geführt hat. Lag überhaupt kein „technischer" Fehler vor, hilft die Norm nicht. Das wäre etwa anzunehmen, wenn das Einberufungsorgan eine Mitgliederliste verwendet, die erkannt oder ohne weiteres erkennbar veraltet ist, so dass nicht alle Mitglieder eine Einladung erhalten; gleiches würde gelten, wenn eine Mitgliederverwaltungssoftware als fehlerhaft erkannt worden ist, aber dennoch genutzt wird wiederum mit der Folge, dass nicht alle Mitglieder geladen werden.

d) Alternative Möglichkeit: Verschiebung der Generalversammlung

37 Das GenG formuliert zwar in § 48 Abs. 1 S. 3 GenG die Verpflichtung, dass die Generalversammlung in den ersten sechs Monaten des Geschäftsjahrs stattzufinden hat. Eine verspätete Einberufung und Durchführung zieht aber keine Sanktion nach sich: Das Zwangsgeldverfahren nach § 160 GenG kann wegen eines Verstoßes gegen § 48 Abs. 1 S. 3 GenG nicht eingeleitet werden, denn dort ist die Norm nicht genannt. Im Hinblick auf die Sanktionslosigkeit der Verschiebung hat die Gesetzesbegründung ausdrücklich die Verschiebung als Möglichkeit angesehen, wobei eine zeitliche Beschränkung auf das laufende Geschäftsjahr nicht vorgesehen ist.[92]

4. Vorstand und Aufsichtsrat

a) Amtsdauer

38 Nach § 24 Abs. 2 GenG wird der Vorstand (zu krankheitsbedingt verhinderten Organmitgliedern → § 9 Rn. 3, 8) von der Generalversammlung gewählt und abberufen; die Satzung kann auch ein anderes Gremium für die Wahl bestimmen, insbes. den Aufsichtsrat.[93] Die Amtsdauer

---

[91] OLG Hamm BeckRS 2019, 14259 Rn. 47 mAnm Schulteis EwiR 2019, 719.

[92] BT-Drs. 19/18110, 28.

[93] Pöhlmann/Fandrich/Bloehs/Fandrich GenG § 24 Rn. 17; Schulteis GWR 2019, 207 (209).

ist von Gesetzes wegen nicht bestimmt, es kann vielmehr jederzeit die Bestellung widerrufen werden, § 24 Abs. 3 GenG; die Satzung kann aber eine Amtsdauer vorsehen, auch kombiniert mit der Regelung, dass diese erst mit der Bestellung eines Nachfolgers endet.[94] Das Gesetz spricht in § 24 GenG nur von der **Wahl des Vorstandsmitglieds.** Wie beim Verein (→ Rn. 19) reicht aber auch bei der Genossenschaft nicht der einfache Wahlvorgang und ggf. die Mitteilung an den Gewählten; erforderlich ist auch hier die **Annahme** der Wahl/Bestellung durch das betroffene Organmitglied.[95] Von Gesetzes wegen beträgt die Mindestzahl der Vorstandsmitglieder zwei, die Satzung kann aber auch eine höhere Anzahl festlegen und bei kleinen Genossenschaften (Mitgliederzahl unter 20) kann die Satzung die Besetzung des Vorstands mit nur einer natürlichen (§ 9 Abs. 2 S. 1 GenG) Person vorsehen.

Ähnlich wie beim Verein sieht § 3 Abs. 5 COMVG eine **Verlängerung der Amtszeit** eines Vorstands- oder Aufsichtsratsmitglieds auch dann bis zur **Bestellung seines Nachfolgers** vor, wenn die Satzung der Genossenschaft keine dahingehende Regelung enthält. Die Amtszeit endet damit erst in dem Zeitpunkt, in dem diejenige des Nachfolgers beginnt, nicht schon mit dessen Wahl (→ Rn. 38). Keine Erwähnung findet in § 3 Abs. 5 COVMG (anders als in § 5 Abs. 1 COVMG) die **Abberufung** und ebenso wie in der vereinsrechtlichen Norm auch nicht die **Amtsniederlegung.** Auch hier (zum Verein → Rn. 20) ist aber kaum anzunehmen, dass der Gesetzgeber beides letztlich ausschließen und ein Organmitglied gegen seinen oder den Willen der Genossenschaft im Amt halten will, so dass beides, also Amtsniederlegung und Abberufung, möglich sind. Die Ersatzbestellung kann dann im Rahmen einer virtuellen/online-Generalversammlung vorgenommen werden; es kann aber auch, wenn denn überhaupt noch ein Mitglied des jeweils betroffenen Organs zur Verfügung steht (→ Rn. 25), nach § 3 Abs. 5 S. 2 COVMG für die Übergangszeit bis zur möglichen Nachwahl mit einer **geringeren** als in Satzung oder Gesetz vorgesehenen Zahl der Mitglieder sein Bewenden haben. Eine Einschränkung dahin, dass dies für Aufsichtsräte, die nach mitbestimmungsrechtlichen Vorgaben zu besetzen sind, nicht gelte, macht weder das Gesetz noch seine Begründung. 39

Vor diesem Hintergrund und angesichts der Erwägung in der Gesetzesbegründung,[96] dass **Notvorstandsbestellungen** zur Schonung der Rechtsprechungsressourcen vermieden werden sollen, wird für eine solche gerichtliche Bestellung nur dann Raum sein, wenn tatsächlich nur so die Vertretungsstruktur der Genossenschaft aufrecht erhalten oder wie- 40

[94] Henssler/Strohn/Geibel GenG § 24 Rn. 12.
[95] Henssler/Strohn/Geibel GenG § 24 Rn. 8; Schulteis GWR 2019, 207.
[96] BT-Drs. 19/18110, 29.

derhergestellt werden kann. Dabei kann es dahinstehen, ob eine solche sich, da im GenG nicht geregelt, nach § 29 BGB[97] oder – wegen der größeren strukturellen Nähe der Genossenschaft zur AG – nach § 85 Abs. 1 AktG[98] jeweils in analoger Anwendung richtet. Dabei mag die funktionelle Zuständigkeit für die Entscheidung des Gerichts unterschiedlich zugeordnet sein (Rechtspfleger zuständig nach § 3 Nr. 1 lit. a RPflG für die Bestellung nach § 29 BGB analog, Richter zuständig nach § 3 Nr. 2 lit. d RPflG, § 17 Nr. 2 RPflG, § 375 Nr. 3 FamFG für die Bestellung nach § 85 AktG analog), die Antragsbefugnis und die Voraussetzungen sind bei beiden Vorschriften aber identisch (→ Rn. 25).[99] Da auch für den **Aufsichtsrat** der Genossenschaft eine temporäre Minderbesetzung nach § 3 Abs. 5 COVMG zugelassen ist, bleibt für eine Notbestellung analog § 104 AktG[100] ebenfalls kaum Raum.

b) Sitzungen

41 Für die Gremiensitzungen von Vorstand und Aufsichtsrat sieht § 3 Abs. 6 COVMG **Erleichterungen für deren Durchführung** vor: Beschlussfassungen des Vorstands oder des Aufsichtsrats können im Umlaufverfahren erfolgen, Sitzungen von Vorstand, Aufsichtsrat oder gemeinsame Sitzungen der Gremien können im Wege „telekommunikativer" Präsenz durchgeführt werden; Kombinationen von beidem sind nach der Formulierung des Gesetzes nicht ausgeschlossen. Dabei stellt die Begründung klar, dass dies nicht nur dann gilt, wenn in der Satzung hierzu keine Regelung enthalten ist, sondern auch dann, wenn in der Satzung gerade derartige nicht auf physischer Präsenz beruhende Versammlung oder Beschlussfassung ausgeschlossen ist.[101] Insoweit greift das COVMG auf den Grundsatz in § 18 S. 2 GenG zurück. Zum Umlaufbeschlussverfahren ist lediglich auf die Textform verwiesen; es ist aber nicht anzunehmen, dass dadurch der Austausch anderer verkörperter Erklärungen einschließlich solcher, die den Erfordernissen des § 126 BGB genügen, ausgeschlossen wären. Die im Gesetzestext genannte Video- oder Telefonkonferenz dürfte auch nicht abschließend gemeint sein, so dass auch eine Zusammenkunft via chat-room ausreichend ist.

---

[97] Dafür BGH NJW 1955, 1917 aE.

[98] Dafür OLG Stuttgart NZG 2019, 3919 Rn. 20, dort (Rn. 13 ff.) Übersicht über den Meinungsstand; Pöhlmann/Fandrich/Bloehs/Fandrich GenG § 40 Rn. 10; Schulteis GWR 2019, 207 (210); analoge Anwendung beider annehmend Henssler/Strohn/Geibel GenG § 24 Rn. 6.

[99] Zur Antragsbefugnis und der Dringlichkeit der Maßnahme nach § 85 AktG Hüffer/Koch/Koch AktG § 85 Rn. 2 ff.

[100] Dazu Henssler/Strohn/Geibel GenG § 160 Rn. 1.

[101] BT-Drs. 19/18110, 28.

5. Festellung des Jahresabschlusses und Abschlagszahlung, § 3 Abs. 3, 4 COVMG

a) Verlagerung der Zuständigkeit zur Feststellung des Jahresabschlusses

Die Feststellung des Jahresabschlusses obliegt nach § 48 Abs. 1 S. 1 GenG der **Generalversammlung.** Der Feststellung vorauszugehen hat nach § 336 Abs. 1 HGB, § 33 Abs. 1 GenG die (nach § 336 Abs. 1 S. 2 HGB innerhalb der ersten fünf Monate des Geschäftsjahrs zu erfolgende)[102] **Aufstellung** des Jahresabschlusses nebst Lagebericht und Vorschlag für Gewinnverwendung oder Verlustdeckung (§ 38 Abs. 1 S. 5 GenG) in der Verantwortung des Vorstands und dessen **Vorlage an den Aufsichtsrat.** Dieser, ggf. ein dazu eingesetzter Prüfungsausschuss (§ 38 Abs. 2 GenG), hat den Abschluss zu prüfen (§ 38 Abs. 1 S. 5 GenG); daneben hat eine Prüfung nach § 53 Abs. 2 GenG durch den **Prüfungsverband** unter den dort genannten Voraussetzungen zu erfolgen. Aufgrund des geprüften und von ihr festgestellten Jahresabschlusses beschließt die Generalversammlung sodann über die Gewinnverwendung, § 48 Abs. 1 S. 2 GenG. 42

§ 3 Abs. 3 COVMG ändert nach ausdrücklicher Festlegung in der Gesetzesbegründung[103] nur die ansonsten zwingende[104] Zuständigkeit der Generalversammlung für die **Feststellung** des Jahresabschlusses in § 48 Abs. 1 S. 1 GenG, die Abs. 2 und 3 der Norm bleiben vielmehr unberührt. Nur die Befugnis zur Feststellung des Abschlusses kann der **Aufsichtsrat** damit an sich ziehen, muss es aber nicht. Wo eine virtuelle/online-Generalversammlung oder ein Umlaufbeschlussverfahren möglich ist, hat es dabei sein Bewenden. Mit der Festlegung in der Gesetzesbegründung ist zugleich klargestellt, dass sowohl die Pflichtprüfung nach § 53 GenG als auch die Informationspflichten aus § 48 Abs. 3 GenG einzuhalten sind. Sofern die Prüfung nach § 53 GenG durch pandemiebedingte Umstände verzögert erfolgen kann, würde das die Festellung durch den Aufsichtsrat (oder auch die Generalversammlung) ebenso verzögern. § 3 Abs. 3 COVMG gibt dem Aufsichtsrat nicht die Befugnis, einen ungeprüften Abschluss festzustellen.[105] Was die in § 48 Abs. 3 GenG vorgesehene **Offenlegung** von Jahresabschluss, Lagebericht und 43

[102] Soweit spezialgesetzliche Regelungen wie § 26 Abs. 1 S. 1 KWG einen früheren Termin für die Aufstellung nennen, ist dieser maßgeblich, BeckOK HGB/Hartenberger HGB § 336 Rn. 3.

[103] BT-Drs. 19/18110, 29.

[104] Henssler/Strohn/Geibel GenG § 48 Rn. 1.

[105] Der Beschluss über die Feststellung des Jahresabschlusses ohne eine nach § 53 Abs. 2 GenG erforderliche und bestätigte Prüfung wird als nichtig angesehen, Henssler/Strohn/Geibel GenG § 48 Rn. 3.

Aufsichtsratsprüfung anbelangt, ist auch dies im Prinzip einzuhalten, nur dass bei einer Feststellung durch den Aufsichtsrat die Frist von § 48 Abs. 3 S. 1 GenG vom Termin über dessen Beschlussfassung an zu berechnen ist. Die in § 48 Abs. 3 GenG genannten Veröffentlichungsstellen und -medien sind in Zeiten pandemiebedingter Kontaktbeschränkungen allerdings reduziert. Eine physische Auslegung der Unterlagen in Geschäftsstelle oder einer sonstigen Lokalität wird ausscheiden, zumindest untunlich sein. Demgegenüber wird die Übermittlung per Mail oder die Einstellung der Unterlagen – ggf. passwortgeschützt – auf der Homepage keinen nennenswerten Schwierigkeiten begegnen.

b) Abschlagszahlungen auf den Bilanzgewinn

44 In Anknüpfung an die Feststellung des Jahresabschlusses räumt § 3 Abs. 4 COVMG eine sonst nicht vorgesehene Möglichkeit ein, Abschlagszahlungen auf das Auseinandersetzungsguthaben (§ 73 GenG) oder auf erwartbare Dividendenzahlungen zu leisten. Zuständig für die Entscheidung ist der **Vorstand** mit **Zustimmung des Aufsichtsrates.** Die Entscheidung ist in das pflichtgemäße Ermessen des **Vorstands** gestellt und darüber hinaus ist die entsprechende Anwendung von § 59 Abs. 2 AktG angeordnet. Damit darf ein Abschlag nur ausgezahlt werden, wenn ein **vorläufiger Abschluss** für das betreffende Geschäftsjahr einen Überschuss ausweist. Der vorläufige Abschluss muss nicht um den Lagebericht und den Anhang erweitert und nicht geprüft und testiert sein, eine überschlägige Berechnung oder gar Schätzung reichen demgegenüber als Grundlage für eine Abschlagszahlung nicht aus.[106] Der Abschlag ist sodann in doppelter Weise begrenzt: er darf einmal maximal die Hälfte des um etwaige satzungs- oder gesetzmäßige Gewinnrücklagen verminderten **Jahresüberschusses der abzurechnenden Periode** und zudem die **Hälfte des vorjährigen,** wirksam festgestellten **Bilanzgewinns** nicht übersteigen. Da nur auf § 59 Abs. 2 AktG verwiesen wird, bedarf es keiner ausdrücklichen Ermächtigung in der Satzung (wie sie von § 59 Abs. 1 AktG gefordert wird). Im Hinblick auf die strengen Kautelen aus § 59 Abs. 2 AktG sowie die Haftungsgefahr für den Vorstand aus § 34 Abs. 3 Nr. 1-3 GenG wird ein Abschlag wohl nur dann in Betracht gezogen werden, wenn durch pandemiebedingte Beschränkungen insbes. die Pflichtprüfung nicht (rechtzeitig) vorgenommen werden kann. Sofern dies aber möglich ist, sollte der reguläre Weg der Beschlussfassung über die Gewinnfeststellung und -verwendung – via virtueller/online Generalversammlung oder Umlaufbeschluss – gewählt werden.

45 Stellt sich später heraus, dass die Abschlagszahlung zu Unrecht bezogen wurde, weil die Feststellung nachträglich geändert oder von der Ge-

[106] MüKoAktG/Bayer AktG § 59 Rn. 8.

neralversammlung ein von den Grundannahmen für die Berechnung der Abschlagszahlung abweichender Gewinnverwendungsbeschluss getroffen wird, ist das zu Unrecht bezogene nach § 812 Abs. 1 S. 1 Alt. 1 BGB (bei nachträglicher Änderung der Feststellung) oder nach § 812 Abs. 1 S. 2 Alt. 1 BGB (bei nachträglichem abweichendem Verwendungsbeschluss) zurückzuerstatten. Dem Entreicherungseinwand (§ 818 Abs. 3 BGB) wird § 820 BGB jedenfalls dann entgegenstehen, wenn ausdrücklich und unwidersprochen unter dem Vorbehalt der späteren Rückforderung gezahlt wird.[107]

6. Zeitlicher Geltungsbereich

Der zeitliche Geltungsbereich ist in Hinsicht auf die General- und Vertreterversammlungen und die Regelung zur Amtszeit von Vorständen derselbe wie beim Verein, § 7 Abs. 3 COVMG (→ Rn. 23). Entsprechend der Regelung zu den General- oder Vertreterversammlungen gilt auch § 7 Abs. 6 COVMG für Sitzungen von Vorstand und/oder Aufsichtsrat, die im Jahr 2020 stattfinden. Die Regelung zur Feststellung des Jahresabschlusses und der Abschlagszahlung gilt für solche, die im Jahr 2020 erfolgen. **46**

7. Sonstige Gremien (Hinweis)

Wie beim Verein enthält das COVMG keine Regelungen in Hinsicht auf sonstige Gremien und Ausschüsse (zB § 38 Abs. 2 GenG) sowie unmittelbar zu den Prüfungsverbänden (§§ 54ff. GenG). Soweit die Gremien ihre Tätigkeiten kollegial entfalten, kann auf die Vorgaben des Gesetzes zu Vorstand und Aufsichtsrat zurückgegriffen werden; der Prüfungsverband ist nach § 63b Abs. 1 GenG regelmäßig in der Rechtsform des eV verfasst, so dass für ihn die vereinsrechtlichen Bestimmungen unmittelbar gelten. **47**

8. Laufende Verpflichtungen (Hinweis)

Es gilt das zum Verein Ausgeführte → Rn. 27. **48**

---

[107] Zur entsprechenden Anwendung des § 820 BGB auf die Leistungskondiktion BGH NJW 1989, 161 (162); MüKoBGB/Schwab BGB § 820 Rn. 1; krit. dagegen BeckOK BGB/Wendehorst BGB § 820 Rn. 8.

§ 9 Gesellschaftsrecht

Inhaltsübersicht

1 Gesellschaften sind auf Kommunikation aufgebaut und angewiesen. Das gilt für die politisch-soziale Gesellschaft ebenso wie für die unternehmerische. Wenn die persönliche Interaktion wegen der Pandemie ausfällt oder stark eingeschränkt ist (*social distancing*), können weder der Geschäftsbetrieb weiterlaufen noch die korporativen Verhältnisse wie bisher aufrechterhalten bleiben. Am eindrücklichsten sieht man das bei den Versammlungen der Gesellschafter, die als Präsenztreffen schlicht unterbleiben müssen.

2 Der Gesetzgeber hat durch das COVMG für Aktiengesellschaften die virtuelle Hauptversammlung ermöglicht und für die GmbH die Umlaufbeschlüsse erleichtert (→ Rn. 46ff.). Für die Geschäftsleitung und den Aufsichtsrat ergeben sich neue Herausforderungen bei der Unternehmensführung, die zunächst behandelt werden (→ Rn. 3ff.).

I. Stellung und Aufgaben der Geschäftsleitung in der Corona-Krise

1. Kranke bzw. infizierte Geschäftsführer und Vorstandsmitglieder

3 Was ist, wenn sich Mitglieder der Geschäftsleitung infiziert haben? Dann sind sie nach wie vor Geschäftsführer oder Vorstand – eine Krankheit oder gar nur ein Verdacht auf eine solche lässt das *Amt zunächst unberührt*. Allerdings kann sich die Situation zuspitzen, etwa dergestalt, dass die gesamte Geschäftsleitung in Quarantäne muss oder die Erkrankung einen schweren Verlauf nimmt, der die Amtsführung für längere Zeit unmöglich macht.

a) Organstellung

aa) GmbH-Geschäftsführer

4 Die Bestellung eines GmbH-Geschäftsführers ist „zu jeder Zeit widerruflich“ (§ 38 Abs. 1 GmbHG), es sei denn, der Gesellschaftsvertrag beschränkt den Widerruf auf das Vorliegen eines wichtigen Grundes (§ 38 Abs. 2 GmbHG).

5 Bei Fehlen einer statutarischen Einschränkung der Abberufungsbefugnis haben es die Gesellschafter also ohne Weiteres in der Hand, einen Geschäftsführer durch Beschluss sofort abzuberufen, wenn sich ein COVID19-Verdacht ergibt. Ob sie diesen drastischen Schritt unterneh-

men, steht auf einem anderen Blatt – rechtlich möglich wäre er. Allerdings mit einem Vorbehalt für den *Gesellschafter-Geschäftsführer*, der sich aus den Treubindungen der Gesellschafter ergibt. Nimmt einer von ihnen das Amt wahr, wird von der Rechtsprechung überwiegend ein *sachlicher Grund* verlangt, der die Abberufung rechtfertigt.[1] Ein solcher sachlicher Grund kann darin liegen, dass der Gesellschafter-Geschäftsführer infolge einer dauerhaften Erkrankung nicht mehr im Stande ist, seine Funktion als Geschäftsführer wahrzunehmen.[2] Insoweit kommt es auf den Einzelfall an. Die bloße Quarantäne, die eine Erledigung des Tagesgeschäfts aus dem Heimbüro ermöglicht, wird nicht ausreichen. Bei der COVID-19-Erkrankung kommt es auf den Verlauf an. Ganz überwiegend sind es leichte Beeinträchtigungen, aber es gibt eben auch schwere Fälle. Je nach Situation der GmbH kann gerade in Krisenzeiten ein Führungsdefizit nicht hingenommen werden. Wenn weitere Geschäftsführer nicht vorhanden sind und auch nicht bestellt werden können, weil die Satzung nur einen Geschäftsführer vorsieht, ist der krankheitsbedingte Ausfall ein sachlicher Grund für die Abberufung. Im Ergebnis: Der erkrankte Fremd-Geschäftsführer kann jederzeit abberufen werden, der Gesellschafter-Geschäftsführer grds. nur bei länger andauernder Krankheit.

Existiert eine gesellschaftsvertragliche Beschränkung der Abberufung iSd § 38 Abs. 2 GmbHG, sind der entsprechenden Befugnis deutlich engere Grenzen gesetzt. So wird die *vorübergehende Amtshinderung wegen Krankheit* praktisch selten als *wichtiger Grund* gelten können.[3] So müsste schon eine besondere Lage gegeben sein, etwa die Verhandlung sehr wesentlicher Verträge in einem bestimmten Zeitraum. Wenn der erkrankte oder unter Quarantäne gestellte Geschäftsführer dazu nicht in der Lage ist, kann auch ein an sich überschaubares Krankheitsintervall zu einem wichtigen Grund werden. Doch im Allgemeinen ist dies nicht der Fall. Krankheit als solche ist grundsätzlich kein wichtiger Grund für den Widerruf der Bestellung. Praktisch kann sich allerdings nur der Gesellschafter-Geschäftsführer mit dem Hinweis auf den Gesellschaftsvertrag per Anfechtungsklage gegen den Gesellschafterbeschluss (§§ 46 Nr. 5, 47 GmbHG) wehren – der Fremd-Geschäftsführer hat keine eigene Anfechtungsbefugnis.[4] 6

Die Krise kann sich dahin entwickeln, dass sowohl die Geschäftsführer als auch die Gesellschafter wegen der Krankheit (sei es durch direkte 7

---

[1] BGH DStR 1994, 214 mAnm Goette; KG NZG 2016, 787 (789); OLG Saarbrücken GmbHR 2007, 143 ff. = BeckRS 2006, 13432; OLG Koblenz BeckRS 2007, 10829.

[2] OLG Zweibrücken NZG 2003, 931.

[3] Baumbach/Hueck/Beurskens GmbHG § 38 Rn. 9: „andauernde Krankheit“.

[4] KG NZG 2018, 660 (663).

Betroffenheit, sei es durch Quarantäne) nicht mehr agieren können. Dann kann das Amtsgericht einen oder mehrere Not-Geschäftsführer bestellen. Nach § 29 BGB, der nach allgemeiner Meinung entsprechend gilt, hat dies „in dringenden Fällen für die Zeit bis zur Behebung des Mangels auf Antrag eines Beteiligten" zu geschehen. Ein dringender Fall ist nur gegeben, wenn ohne die Einsetzung ein Schaden entstehen würde.[5] Beteiligt sind neben Gesellschaftern und Organmitgliedern auch Dritte, die einen Anspruch nicht durchsetzen können, solange es der GmbH an einem handlungsfähigen Vertretungsorgan fehlt.

bb) Vorstand der AG

8 Das von der COVID19-Pandemie betroffene Vorstandsmitglied (sei es erkrankt oder nur in Quarantäne) hat diesen Umstand sofort den Vorstandskollegen und dem Vorsitzenden des Aufsichtsrats anzuzeigen.[6]

9 Das Mitglied des Vorstands einer Aktiengesellschaft kann vom Aufsichtsrat abberufen werden, aber nur, wenn ein wichtiger Grund vorliegt (§ 84 Abs. 3 AktG). Das Aktiengesetz sagt: „Ein solcher Grund ist namentlich ... die Unfähigkeit zur ordnungsgemäßen Geschäftsführung". Auf ein Verschulden für diese „Unfähigkeit" kommt es nicht an. Eine lang andauernde Krankheit wird die ordnungsgemäße Geschäftsführung in der Regel hindern, womit ein wichtiger Grund gegeben ist.[7] Da die COVID-19-Infektion allerdings bei normalem Verlauf zu keiner längeren, über Monate anhaltenden Krankheit führt, wird der Aufsichtsrat in der Regel nicht zum Widerruf der Bestellung als Vorstandsmitglied berechtigt sein.

10 Im Falle des Versterbens kommt die Regelung des § 85 Abs. 1 AktG in Betracht: Fehlt ein erforderliches Vorstandsmitglied, kann das Amtsgericht „in dringenden Fällen" das Mitglied „auf Antrag eines Beteiligten" bestellen.

11 Schließlich besteht die Möglichkeit, dass der Aufsichtsrat einzelne seiner Mitglieder vorsorglich zu Stellvertretern von fehlenden oder verhinderten Vorstandsmitgliedern bestellt (§ 105 Abs. 2 AktG). Mit dieser Option kann die Führungskontinuität des Unternehmens gesichert werden.

b) Entgelt

12 Ein erkrankter Geschäftsführer/Vorstandsmitglied hat einen Anspruch auf Fortzahlung des vereinbarten Gehalts. Meistens wird dies im Anstel-

[5] OLG Zweibrücken NZG 2012, 424.

[6] Zu Gesundheitsproblemen eines Vorstandsmitglieds im Lichte des Aktien- und Kapitalmarktrechts s. Fleischer NZG 2010, 561 (564).

[7] Fleischer NZG 2010, 561 ff.; Bayer FS Hommelhoff, 2012, 87; Hüffer/Koch/Koch AktG § 84 Rn. 36; GroßkommAktG/Kort AktG § 84 Rn. 158; Hölters/Weber AktG § 84 Rn. 75.

lungsvertrag geregelt.[8] Ansonsten gilt § 616 BGB; das Entgeltfortzahlungsgesetz findet keine Anwendung.[9] Nach § 616 S. 1 BGB bleibt der Vergütungsanspruch bei einem Ausfall der Dienstleistung „für eine verhältnismäßig nicht erhebliche Zeit" bestehen. Bei der Frage, welche Zeit noch als verhältnismäßig anzusehen ist, stellt die hM insbesondere auf das Verhältnis der Dauer der Verhinderung zur Gesamtdauer des Beschäftigungsverhältnisses ab.[10] Danach dürften die üblichen Zwei-Quarantäne-Wochen zumindest bei seit längerem tätigen Geschäftsführern/Vorstandsmitgliedern noch als eine solche „nicht erhebliche Zeit" anzusehen sein.[11] Ein Rückgriff auf die 6-Wochen-Frist aus § 3 Abs. 1 EFZG scheidet hier indes von vornherein aus.[12] Handelt es sich hingegen um eine verhältnismäßig erhebliche Zeit, scheidet ein Anspruch vollständig aus, da es sich, anders als bei § 3 Abs. 1 EFZG, um ein Tatbestandsmerkmal und nicht um eine Rechtsfolgenbegrenzung handelt.[13]

Größere Praxisrelevanz dürfte der Fall haben, dass der Geschäftsführer/das Vorstandsmitglied sich aufgrund einer pandemiebedingten Kindergarten- oder Schulschließung um die Betreuung der Kinder kümmern muss. Auch in diesen Konstellationen kann § 616 BGB erfüllt sein.[14] Allerdings dürfte in den meisten Fällen eine Fortsetzung der Tätigkeit aus dem Heimbüro heraus möglich sein, so dass sich diese Frage relativiert. Besteht kein Vergütungsfortzahlungsanspruch nach § 616 BGB, kommt ein Entschädigungsanspruch aus der jüngst in Kraft getretenen Regelung des § 56 Abs. 1a IfSG in Betracht, wenn man die Anwendbarkeit auf Organpersonen („erwerbstätige Sorgeberechtigte") bejaht. 13

Ein (teilweiser) Gehaltsverzicht angesichts der Rezession ist im Wege der Vereinbarung (bei der GmbH mit den Gesellschaftern, bei der AG mit dem Aufsichtsrat) immer möglich. Meistens werden sich aber die variablen Gehaltsbestandteile an dem geschäftlichen Erfolg orientieren (s. § 87 Abs. 1 AktG), so dass schon aus diesem Grunde eine Anpassung nach unten stattfindet. Verschlechtert sich die Lage der Aktiengesellschaft nach der Festsetzung des Gehalts so, dass die Weitergewährung der Bezüge unbillig für die Gesellschaft wäre, soll der Aufsichtsrat „die Bezüge auf die angemessene Höhe herabsetzen", § 87 Abs. 2 S. 1 AktG. 14

---

[8] Picker GmbHR 2011, 629 (insb. zur Kündigung).

[9] Fleischer NZG 2010, 561 (565); Haase GmbHR 2005, 1260.

[10] Eingehend Haase GmbHR 2005, 1260 (1266); BGHZ 73, 16 = NJW 1979, 422 (425).

[11] Ähnlich Sagan/Brockfeld NJW 2020, 1112 (1113); deutlich zurückhaltender Hohenstatt/Krois NZA 2020, 413 (416).

[12] Haase GmbHR 2005, 1260 (1266); zum (allgemeinen) Arbeitsrecht Hohenstatt/Krois NZA 2020, 413 (416).

[13] Hohenstatt/Krois NZA 2020, 413 (416).

[14] Zweifelnd Sagan/Brockfeld NJW 2020, 1112 (1114); wie hier Fuhlrott/Fischer NZA 2020, 345 (348).

Bei der GmbH ist die Norm nicht entsprechend anwendbar,[15] dort kann es nur im Konsens gehen oder auf Grundlage des § 313 Abs. 1 BGB.[16]

15 Bei Inanspruchnahme staatlicher Hilfe (Stabilisierungsmaßnahmen) nach dem Stabilisierungsfondsgesetz können sich insoweit auch Entgeltbeschränkungen nach § 10 Abs. 2 S. 1 Nr. 3 StFG iVm § 5 Abs. 2 Nr. 4 S. 2 lit a S. 6 FMStFV bzw. nach § 25 Abs. 3 1 Nr. 3 StFG ergeben. Ersteres betrifft Unternehmen des Finanzsektors, letzteres – neu – Unternehmen der Realwirtschaft.

2. Pflichtenlage angesichts der Pandemie

a) Business Judgement Rule

16 Die Corona-Krise führt zu einer wirtschaftlichen Krise (wenn das Unternehmen nicht gerade Mundschutz herstellt oder einen Impfstoff entwickelt hat!). Darauf müssen Geschäftsleiter (Vorstände/Geschäftsführer) vorbereitet sein. Die Unternehmensplanung ist zu überprüfen, wobei die Sicherung der Zahlungsfähigkeit eine vorrangige Angelegenheit ist. Die laufende Überwachung der Vermögens-, Ertrags- und Finanzlage ist zu intensivieren. Insbesondere besteht die Pflicht der Geschäftsleitung, sorgfältig zu prüfen, ob und inwieweit für die Gesellschaft die Inanspruchnahme staatlicher Hilfen (zB Stabilisierungsmaßnahmen nach dem Stabilisierungsfondsgesetz) und gesetzlicher Erleichterungen (zB Aussetzung von Zahlungspflichten) in Betracht kommt, sowie ggf. entsprechend zu handeln. Dabei müssen die Unternehmensleitungen auch die gesamtgesellschaftlichen Auswirkungen im Blick haben (Renommee des Unternehmens), wie der Adidas-Fall zeigt; die (nicht umgesetzte) Ankündigung, Miet- bzw. Pachtzahlungen auszusetzen, hat einen „Shitstorm" und Ministerschelte hervorgerufen. Des Weiteren wird man bei einem kriselnden Unternehmen auch eine Pflicht der Geschäftsleitung annehmen können zu prüfen, ob – ungeachtet einer fehlenden Verpflichtung hierzu (Art. 1 § 1 COVFAG = § 1 COVInsAG) – die Stellung eines Insolvenzantrags zweckmäßig ist oder nicht.

17 Diese und viele weitere Einzelpflichten laufen in der sog. Business Judgement Rule zusammen: „Die Vorstandsmitglieder haben bei ihrer Geschäftsführung die Sorgfalt eines ordentlichen und gewissenhaften Geschäftsleiters anzuwenden. Eine Pflichtverletzung liegt nicht vor, wenn das Vorstandsmitglied bei einer unternehmerischen Entscheidung vernünftigerweise annehmen durfte, auf der Grundlage angemessener Information zum Wohle der Gesellschaft zu handeln." (§ 93 Abs. 1 S. 1, 2 AktG). In der Krisensituation der Pandemie muss sich der Vorstand aus

[15] BGHZ 207, 190 = NZG 2016, 264 Rn. 25.
[16] Baumbach/Hueck/Beurskens GmbHG § 37 Rn. 130.

seriösen Quellen informieren, ggf. auch eigene Nachforschungen etwa über die Verbreitung im Geschäftsgebiet veranlassen, um seine Beschlüsse auf soweit wie möglich gesicherter tatsächlicher Basis zu treffen.

Die Geschäftsleitung hat das Unternehmen so zu organisieren, dass von ihm und aus ihm heraus möglichst keine Rechtsverstöße ausgehen (sog. Compliance). Bei einer komplexen Einheit, die mit zahlreichen Mitarbeitern an vielen Standorten tätig ist, wird insoweit keine 100%ige „Unfallfreiheit" zu gewährleisten sein, doch es sind zumutbare und verhältnismäßige Präventionsmaßnahmen anzustrengen. Dazu gehört im hier erörterten Zusammenhang der arbeits- und infektionsrechtliche Gesundheitsschutz. Seit dem Auftreten der Pandemie sind die Geschäftsleiter verpflichtet, die notwendigen Anordnungen zu treffen und ihre Durchführung zu überwachen. Bei größeren Unternehmen sind die Pflichten delegierbar, doch die Grundentscheidung und -verantwortung über die Reaktion auf die Pandemie bleibt bei der Geschäftsleitung. 18

Für die Aktiengesellschaft gilt die Anforderung des § 91 Abs. 2 AktG: „Der Vorstand hat geeignete Maßnahmen zu treffen, insbesondere ein Überwachungssystem einzurichten, damit den Fortbestand der Gesellschaft gefährdende Entwicklungen früh erkannt werden." Zwar wird niemand verlangen, dass der Vorstand einen Plan zur Bekämpfung der Pandemie vorbereitet hat – doch nach ihrem Ausbruch muss er umso mehr besorgt sein, die den Bestand des Unternehmens gefährdende Entwicklung zu beherrschen. 19

Hat sich die Krise soweit zugespitzt, dass ein Verlust in Höhe der Hälfte des Grundkapitals eingetreten ist, muss der Vorstand unverzüglich die Hauptversammlung einberufen (§ 92 Abs. 1 AktG); dasselbe gilt bei der GmbH für die Geschäftsführung und deren Pflicht zur Einberufung der Gesellschafterversammlung (§ 49 Abs. 3 GmbHG). Die Versammlungserleichterungen (→ Rn. 48 ff.) können im Jahr 2020 dafür in Anspruch genommen werden. 20

b) Krisenvorlagen an Aufsichtsrat bzw. Gesellschafter

aa) Aktiengesellschaft

„Der Vorstand hat unter eigener Verantwortung die Gesellschaft zu leiten." So bestimmt es § 76 AktG. Daher sind krisenbedingte Entlassungen, Produktionseinschränkungen oder -änderungen (zB die Umstellung auf die Herstellung von Schutzausrüstung oder Beatmungsgeräten) etc. eine Sache, die der Vorstand allein entscheidet. Die Hauptversammlung ist daran grds. nicht zu beteiligen, von dem krassen Fall abgesehen, dass der Unternehmensgegenstand (§ 23 Abs. 3 Nr. 2 AktG) betroffen ist; sie kann nur dann über Fragen der Geschäftsführung beschließen, wenn der Vorstand es verlangt (§ 119 Abs. 2 AktG). Bei kleinen Aktiengesellschaf- 21 ten kann dies durchaus vorkommen, bei größeren, insbesondere börsennotierten AG wäre es ein ganz unübliches Vorgehen.

22 Der Vorstand hat regelmäßig dem Aufsichtsrat über die Unternehmensplanung („beabsichtigte Geschäftspolitik") und den Gang der Geschäfte sowie über die Lage der Gesellschaft zu berichten (§ 90 Abs. 1 AktG). Die Planung ist normalerweise jährlich vorzustellen, die Information über die laufenden Geschäfte vierteljährlich zu erteilen (§ 90 Abs. 2 AktG). Der Aufsichtsrat wiederum kann vom Vorstand jederzeit einen Bericht über Angelegenheiten der Gesellschaft verlangen (§ 90 Abs. 3 AktG). Dass die Berichte nicht geschönt sein dürfen, versteht sich von selbst und wird vom Gesetz noch eigens hervorgehoben („gewissenhafte und treue Rechenschaft"; § 90 Abs. 4 S. 1 AktG).

23 In der Wirtschaftskrise aufgrund der COVID19-Pandemie müssen die Informationsflüsse zwischen den Gesellschaftsorganen verstärkt und ausgeweitet werden. Für den Vorstand besteht Anlass zur unverzüglichen Berichterstattung (§ 90 Abs. 2 Nr. 1 AktG) außerhalb des regulären Schemas, sei es an den gesamten Aufsichtsrat oder sei es an dessen Vorsitzenden aus wichtigem Anlass (§ 90 Abs. 1 S. 3 AktG). Der um die Überwachung besorgte Aufsichtsrat kann und muss sich die Informationen auch aktiv holen.

24 Der Aufsichtsrat hat die Geschäftsführung zu überwachen, kann jedoch selbst keine „Maßnahmen der Geschäftsführung" treffen (§ 111 Abs. 1, Abs. 4 S. 1 AktG). Allerdings hat der Aufsichtsrat (oder die Satzung der AG) zu bestimmen, dass „bestimmte Arten von Geschäften nur mit seiner Zustimmung vorgenommen werden dürfen" (§ 111 Abs. 4 S. 2 AktG). Daher ist zu prüfen, ob die vom Vorstand beabsichtigte Krisenreaktion zustimmungspflichtig ist. Die Zustimmung hat Bedeutung für das Innenverhältnis (§ 82 Abs. 2 AktG), in der Vertretung der AG nach außen ist der Vorstand unbeschränkt (§ 82 Abs. 1 AktG).

25 An der technischen Durchführung dürfte die Kommunikation von Vorstand und Aufsichtsrat nicht scheitern, auch und gerade wenn sich die Beteiligten nicht persönlich treffen (können bzw. dürfen). Die Berichte sind „in der Regel in Textform zu erstatten" (§ 90 Abs. 4 S. 2 AktG; s. § 126b BGB). Das ist ua die E-Mail, die in ihrer schlichten Gestalt allerdings Sicherheitsbedenken aufwirft, wenn es um schützenswerte Informationen geht.[17] Dienstleister begegnen dem mit spezifischen Angeboten für einen digitalen „Board-Room"[18] Diese IT-Lösungen sollen einen sicheren Dokumentaustausch und eine effiziente Arbeitsgrundlage bieten. Dem Aufsichtsratsmitglied steht mit diesen Systemen ein geschlossenes,

---

[17] Spindler ZGR 2018, 17 (31).

[18] Zu frühen Überlegungen eines AR-Intranet v. Schenck NZG 2002, 64 (67); aus heutiger Sicht Deutschmann BOARD 2016, 214 f.; aus der Praxis zB www.brainloop.com/de oder https://diligent.com/board-portal.

über gesicherte Zugänge auch mobil und im Heimbüro nutzbares Tool zur Verfügung. Man sieht: Bei entsprechender Ausrüstung sind Vorstand und Aufsichtsrat auch in Zeiten von strikten Reise- und Kontakteinschränkungen autark arbeitsfähig.

bb) GmbH

Wenn die Geschäftsführung der GmbH eine wesentliche Veränderung vorhat, um das Unternehmen an die krisenhafte Marktsituation anzupassen (was auch bedeuten kann, neue Geschäftsfelder zu erschließen), so kann sie dies nach außen ins Werk setzen. Ihre Vertretungsmacht ist unbeschränkt (§ 37 Abs. 2 GmbHG). Aber im Innenverhältnis werden ungewöhnliche Maßnahmen fast immer Anlass sein, sich bei den Gesellschaftern zu vergewissern, um eine entsprechende Weisung oder Zustimmung der Gesellschafter einzuholen.[19] Kommt die Geschäftsführung dem nicht nach, drohen Abberufung oder gar Schadensersatzhaftung. Im Gegensatz zu den Aktionären bei der AG können die Gesellschafter der GmbH auch direkt auf die Geschäftsführung einwirken, indem sie ihr per Beschluss entsprechende Vorgaben machen (§ 37 Abs. 1 GmbHG, § 46 Nr. 6 GmbHG). 26

3. Kompetenzen: Zuwachs und Verlust

Die gesetzliche Rechts- und Pflichtenlage der Geschäftsleitung ist durch die Pandemie-Krisengesetzgebung grundsätzlich unverändert geblieben. In drei Bereichen sind allerdings Auswirkungen zu verzeichnen. 27

a) Dividendenabschlag ohne Satzungsermächtigung

Nach § 119 Abs. 1 Nr. 2 AktG ist die Hauptversammlung für den Beschluss über die Verwendung des Bilanzgewinns zuständig. Nur wenn es die Satzung erlaubt, kann der Vorstand mit Zustimmung des Aufsichtsrats auf den voraussichtlichen Bilanzgewinn einen Abschlag an die Aktionäre zahlen (§ 59 AktG). Diese Rechtslage verändert Art. 2 § 1 Abs. 4 S. 1 COVID19-G = § 1 Abs.4 S. 1 COVMG. Das Maßnahmengesetz ermöglicht dem Vorstand mit Zustimmung des Aufsichtsrats auch *ohne* Satzungsermächtigung die Ausschüttung eines Dividendenabschlags sowie eine Abschlagszahlung auf die Ausgleichsleistung nach § 304 AktG. Die Regelung nimmt darauf Bedacht, dass die reguläre Präsenz-Hauptversammlung in den Herbst verschoben wird (und die virtuelle Variante nicht gewünscht ist). Dann kann trotzdem ein Teil der Dividende jetzt schon fließen, was für die Liquidität von Pensionsfonds und natürlich auch für Privataktionäre von Bedeutung ist. Das COVMG hat dafür den 28

[19] Baumbach/Hueck/Beurskens GmbHG § 37 Rn. 44 ff.

rechtlichen Weg geebnet, ob es finanziell angesichts der Rezession dazu kommt, liegt im Ermessen des Vorstands.

b) Insolvenzantragspflicht suspendiert

29 Art. 1 COVFAG = COVInsAG regelt die „Aussetzung der Insolvenzantragspflicht und Begrenzung der Organhaftung", was den Spielraum der Vertretungsorgane temporär erweitert. S. dazu → § 14 Rn. 7ff.

c) Restriktionen bei Stabilisierungsmaßnahmen

30 Eine deutliche *Einengung* ihrer Handlungsmöglichkeiten hat die Geschäftsleitung hinzunehmen, wenn sie staatliche Hilfen in Anspruch nimmt. Das Wirtschaftsstabilisierungsfondsgesetz sieht für „Unternehmen des Finanzsektors" und – neu – für „Unternehmen der Realwirtschaft", denen Stabilisierungsmaßnahmen nach dem Stabilisierungsfondsgesetz gewährt werden, wesentliche Modifikationen der gesellschafts- und kapitalmarktrechtlichen Regelungen vor (§§ 3–10, 12, 14f., 19 Wirtschaftsstabilisierungsbeschleunigungsgesetz).

31 So muss das begünstigte Unternehmen nach dem Stabilisierungsfondsgesetz neben weiteren Vorgaben eine Reihe von Anforderungen einhalten, die ua die Verwendung der aufgenommenen Mittel, die Vergütung der Gesellschaftsorgane und die Ausschüttung von Dividenden betreffen. Die vertretungsberechtigten Organe müssen hierzu mit Zustimmung der Aufsichtsorgane eine Erklärung abgeben und veröffentlichen, in der sie sich zur Einhaltung dieser Anforderungen verpflichten (s. § 10 Abs. 2 Stabilisierungsfondsgesetz, § 25 Abs. 3 Stabilisierungsfondsgesetz). Dieser Verpflichtungserklärung zu entsprechen, sind die vertretungsberechtigten Organe auch der Gesellschaft und der Gesamtheit ihrer Gesellschafter gegenüber berechtigt und verpflichtet (§ 3 Abs. 2 S. 1 Wirtschaftsstabilisierungsbeschleunigungsgesetz, § 4 Wirtschaftsstabilisierungsbeschleunigungsgesetz), was unmittelbare Auswirkungen auf die Geschäftsführungsbefugnis und Haftung der Geschäftsleitung im Innenverhältnis hat. Gesellschafterbeschlüsse, die der Verpflichtungserklärung, insbesondere im Hinblick auf die Dividendenpolitik, zuwiderlaufen, können aus diesem Grunde angefochten werden (§ 3 Abs. 2 S. 2 Wirtschaftsstabilisierungsbeschleunigungsgesetz, § 4 Wirtschaftsstabilisierungsbeschleunigungsgesetz). Zahlreiche Besonderheiten gelten nach §§ 5, 7ff. Wirtschaftsstabilisierungsbeschleunigungsgesetz auch für die Durchführung von Kapitalmaßnahmen im Zusammenhang mit Stabilisierungsmaßnahmen, insbesondere im Kontext einer Rekapitalisierung unter Beteiligung des Finanzmarkt- oder Wirtschaftsstabilisierungsfonds nach §§ 7, 22 Stabilisierungsfondsgesetz.

32 Diese und weitere Eingriffe sollen insbesondere auch den (indirekten) Staatseinfluss bei mit Steuergeld geretteten Unternehmen sichern. Deren

Corporate Governance wird gravierenden Veränderungen unterworfen. Die Ausgestaltung der Beteiligungsrechte und der Möglichkeiten zur Einflussnahme sind vielfältig und sie reichen weit. Das Unternehmensinteresse ist die Richtschnur für die Geschäftsleitung, aber gerade hier wird es bei einem Engagement der öffentlichen Hand komplex. Darauf kann im Rahmen dieses Beitrags nicht näher eingegangen werden.

4. Ad-hoc-Publizität

Bei börsennotierten Aktiengesellschaften können Pandemiefolgen ersichtlich einen erheblichen Einfluss auf die Kursentwicklung haben. Bei entsprechenden Ereignissen im Unternehmen stellt sich damit die Frage nach der Ad-hoc-Publizitätspflicht (Art. 17 Abs. 1 MAR). Dass diese derzeit nicht einheitlich beantwortet wird, zeigt der Blick auf die Automobilindustrie. So hat Daimler die geplante Produktionsunterbrechung per Ad-hoc-Mitteilung bekannt gegeben, Volkswagen erachtete hingegen eine einfache Pressemitteilung als ausreichend.[20] Beruht die Produktionsunterbrechung auf Lieferengpässen und ist absehbar, dass diese alsbald behoben sein werden, wird es häufig an der Wesentlichkeit der Auswirkungen fehlen. Für Prognosen gilt nach einem Hinweis der Bundesanstalt für Finanzdienstleistungsaufsicht (BaFin): Muss der Emittent mit hinreichender Wahrscheinlichkeit davon ausgehen, dass bestehende Prognosen deutlich verfehlt werden, ohne dass er bereits eine konkrete neue Prognose abgeben kann, ist dennoch vom Vorliegen einer Insiderinformation auszugehen. Zulässig wäre es in diesem Fall, dass lediglich die alte Prognose mittels einer Ad-hoc-Mitteilung „aus dem Markt genommen" wird.[21] 33

Auch die Erkrankung einer Führungsperson an COVID19 kann eine ad-hoc-pflichtige Insiderinformation darstellen. Dies wird aber in der Regel nur dann in Betracht kommen, wenn ein schwerer Verlauf bereits eingetreten oder zumindest wahrscheinlich ist, da ansonsten keine erheblichen Auswirkungen auf das Unternehmen zu erwarten sind.[22] 34

5. Aufsichtsrat

Aktiengesellschaften brauchen zwingend einen Aufsichtsrat, ebenso die GmbH mit mehr als 500 Arbeitnehmern. Die Mitglieder dieses Gremiums sind eher selten lokal bzw. regional rekrutiert, sondern national bzw. international unterwegs. Daher bedeutet die Beschlussfassung in Sitzungen schon in Normalzeiten einen erheblichen Reise-, Zeit- und 35

---

[20] Kuthe/Zipperle AG 2020, R107.

[21] https://www.bafin.de/DE/Aufsicht/CoronaVirus/CoronaVirus_node.html (Stand 15.4.2020).

[22] Fleischer NZG 2010, 561 (566f.).

Kostenaufwand. Dass die Beratungen extensiver und intensiver werden, um die Krise zu bewältigen, versteht sich von selbst. Die vorgeschriebenen zwei bei nichtbörsennotierten bzw. vier Sitzungen bei börsennotierten Aktiengesellschaften (§ 110 Abs. 3 AktG) werden vielfach nicht ausreichen. Die Zusammenkunft und die Beschlussfassung des Aufsichtsrats müssen daher erleichtert werden.

a) AG-Aufsichtsrat

aa) Präsenzlose Beschlussfassung erleichtert

36 Der Gesetzgeber hatte schon vor über 20 Jahren ein Einsehen und das Präsenzerfordernis gelockert, indem es der Satzung bzw. Geschäftsordnung anheimgestellt ist. Hintergrund war die transatlantische Fusion von Daimler und Chrysler: die Aufsichtsräte sollten nicht jedes Mal den Ozean überqueren müssen; so kam es zur Ergänzung von § 108 Abs. 4 AktG.

37 Sind „fernmündliche oder andere vergleichbare Formen der Beschlussfassung des Aufsichtsrats" durch die Satzung oder die Geschäftsordnung (GO) vorgesehen, dann kann das einzelne AR-Mitglied nicht auf einer Präsenzsitzung beharren. Damit war die Telefon- und Videokonferenz anerkannt, um AR-Sitzungen nach Anordnung des Vorsitzenden auf diese Weise „abhalten" zu können. Soweit hier noch gestritten wird, geht es um die Anrechnung dieser präsenzlosen Konferenzen auf die aktienrechtlichen Pflichtsitzungen (§ 110 Abs. 3 AktG). Das Gesetz schweigt, es gibt keine absolute Regel, sondern die aus der Situation sich ergebende Notwendigkeit. Sitzungen mit körperlicher Anwesenheit können erforderlich sein, weil die Lage des Unternehmens (Übernahme, Krise, Umstrukturierung) danach verlangt. Im Allgemeinen ist heute eine gut durchgeführte Videokonferenz als gleichwertig anzuerkennen.[23]

38 Bei Aufsichtsräten, die bislang keine einschlägige Regelung in der Gesellschaftsatzung oder der GO kannten, ist zwar ebenfalls eine Telefon- bzw. Videokonferenz möglich. Probleme treten auf, wenn Mitglieder des Aufsichtsrats damit nicht einverstanden sind. Dann ist eine Telefonkonferenz nicht zulässig, bei der Videokonferenz ist die Rechtslage umstritten,[24] eine höchstrichterliche Klärung steht aus.

39 Hier hat das COVID19-G insbesondere für den Fall der virtuellen Hauptversammlung eine wichtige Änderung gebracht. § 1 Abs. 6 S. 2 COVMG lautet: „Abweichend von § 108 Absatz 4 des Aktiengesetzes kann der Aufsichtsrat den Beschluss über die Zustimmung ungeachtet der Regelungen in der Satzung oder der Geschäftsordnung ohne physische Anwesenheit der Mitglieder schriftlich, fernmündlich oder in vergleichbarer Weise vornehmen."

---

[23] Hüffer/Koch/Koch AktG § 108 Rn. 22.

[24] Für Zulässigkeit zutr. Kölner Komm AktG/Mertens/Cahn AktG § 108 Rn. 39.

Um die Beschlussfassung über die Zustimmung zu erleichtern, wird auf eine persönliche Anwesenheit der AR-Mitglieder verzichtet. Mündliche Erklärungen im Rahmen einer Telefon- und Videokonferenz reichen aus, ebenso eine Stimmabgabe in Textform im Umlaufverfahren. Dass das COVMG zwar die schriftliche Vornahme, nicht aber die Textform (§ 126b BGB) nennt, will nichts gegen sie besagen. Es handelt sich um eine Vornahme „in vergleichbarer Weise". Die modernen Kommunikationsmedien sind „vergleichbar", dh E-Mail, Chat[25] etc sind als textförmliche Erklärungen zugelassen. 40

Ein Problem ist, dass eine Frist für die präsenzferne Beschlussfassung nicht angeordnet ist. Die Einberufungsfristen der Satzung oder der Geschäftsordnung sind auf die idR aufwendige Präsenzteilnahme ausgerichtet (s. § 110 Abs. 1 S. 2 AktG: „die Sitzung"), weshalb sie kein Maßstab für die elektronische Konferenz sein können. Es gilt der allgemeine Grundsatz, dass eine angemessene Vorbereitung möglich sein muss und die Möglichkeit der elektronischen Abstimmung nicht treuwidrig ausgenützt werden darf. 41

Zu beachten ist, dass die Spezialregelung nicht allgemein für die Beschlussfassung des Aufsichtsrats gilt, sondern nur für den Akt der Zustimmung zur Entscheidung des Vorstands, im Jahr 2020 eine VHV durchzuführen (das „ob" und das „wie") bzw. HV-Fristen abzukürzen oder einen Dividendenabschlag auszuzahlen. Bei allen anderen Beschlussgegenständen bleibt es grundsätzlich bei der allgemeinen Regelung des § 108 Abs. 4 AktG. Allerdings ist zu erwägen, bei Gegenständen, die auf der VHV behandelt werden sollen, ebenfalls die erleichterte Beschlussfassung des Aufsichtsrats zu erlauben. Wenn etwa über die Einberufung der VHV befunden wird und in diesem Zusammenhang über die Beschlussvorschläge des Aufsichtsrats (§ 124 Abs. 3 AktG), so wäre es ungereimt, wenn der erste Teilakt per Videokonferenz, der zweite Teilakt bei Widerspruch eines AR-Mitglieds aber in einer Präsenzsitzung erfolgen müsste. 42

Im Übrigen wird ein Widerspruch eines AR-Mitglieds gegen die präsenzlose Beschlussfassung treuwidrig und damit unbeachtlich sein, wenn das Gremium wegen der Reise- und Ausgangsbeschränkungen gar nicht „in Person" zusammenkommen kann. 43

bb) Teilnahme an der HV

Schließlich gestattet § 118 Abs. 3 S. 2 AktG eine Satzungsregel, wonach Mitglieder des AR „im Wege der Bild- und Tonübertragung" an der Hauptversammlung teilnehmen können. Diese ebenfalls im Jahr 2002 eingeführte Möglichkeit ist, soweit ersichtlich, zwar nicht zu praktischer 44

[25] Vorausgesetzt, dass eine Speichermöglichkeit auf einem „dauerhaften Datenträger" (§ 126b Abs. 1 S. 2 BGB) besteht.

Bedeutung gelangt, doch ist sie ein weiterer Mosaikstein dieser Zeit. Das COVMG verzichtet auf das Erfordernis einer Satzungsklausel und stellt die Entscheidung über eine solche Teilnahme dem Vorstand anheim (§ 1 Abs. 1 COVMG); die Vorstandsentscheidung bedarf wiederum der Zustimmung des Aufsichtsrats (§ 1 Abs. 6 COVMG).

b) GmbH-Aufsichtsrat

45 Für die nach dem Drittelbeteiligungsgesetz bzw. dem Mitbestimmungsgesetz bei der GmbH gebildeten Aufsichtsräte gilt kraft Verweisung weithin das Recht des AG-Aufsichtsrats; § 1 Abs. 1 Nr. 3 DrittelbG, § 25 Abs. 1 S. 1 Nr. 2 MitbestG. Dazu gehört die Norm des § 108 AktG, dessen Abs. 4 bei entsprechender Satzungs- oder GO-Lage eine Telefon- oder Videokonferenz ermöglicht, auch wenn nicht alle im Aufsichtsrat damit einverstanden sind. Die vorstehend geschilderte Erleichterung durch das COVMG, dass auf die Satzungs- bzw. GO-Klausel verzichtet wird, gilt hier nicht, sie bezieht sich nur auf AG-Sachverhalte. Für die GmbH ist keine entsprechende Befugnis der Geschäftsleitung vorgesehen, der zuzustimmen wäre. Allerdings kann auch hier der Widerspruch eines Einzelnen gegen die elektronische Beschlussfassung wegen Missbrauch ins Leere gehen, wenn nach den Umständen eine Präsenzsitzung nicht möglich ist. S. zur Online GmbH-Gesellschafterversammlung → Rn. 57, 58f.

II. Versammlungen der Gesellschafter bzw. der Aktionäre

1. GmbH

a) Präsenz-Gesellschafterversammlung

46 „Die von den Gesellschaftern in den Angelegenheiten der Gesellschaft zu treffenden Bestimmungen erfolgen durch Beschlussfassung nach der Mehrheit der abgegebenen Stimmen." So bestimmt es § 47 Abs. 1 GmbHG. Und § 48 Abs. 1 GmbHG ergänzt: „Die Beschlüsse der Gesellschafter werden in Versammlungen gefasst."

47 Als Versammlung wird überwiegend das Treffen physisch präsenter Gesellschafter angesehen. Die meisten GmbH haben nur wenige Gesellschafter, meistens zwischen 3 und 5. Daher ist es auch in Corona-Zeiten kein großes Problem, sich mit gebührendem Abstand persönlich in einem Raum zu treffen. Doch es gibt auch größere Gesellschafterkreise und/oder solche, die über den Erdball verstreut sind. Wegen der Reisebeschränkungen, Ausgangssperren und Grenzkontrollen kann auch die Präsenzzusammenkunft bei der GmbH praktisch unmöglich sein.

b) Versammlungslose Umlaufbeschlüsse

48 Hier hatte das GmbH-Gesetz schon seit jeher eine Alternative im Sinne versammlungsloser Gesellschafterbeschlüsse zu bieten. Im zweiten Absatz des § 48 GmbHG heißt es: „Der Abhaltung einer Versammlung bedarf es nicht, wenn *sämtliche Gesellschafter* in Textform mit der zu treffenden Bestimmung oder mit der schriftlichen Abgabe der Stimmen sich *einverstanden* erklären." (Hervorhebungen v. Verf.). Die Bestimmung enthält zwei Varianten, nämlich (1) den von allen Gesellschaftern konsentierten Beschluss (allseitige Beschlusseinstimmigkeit) und (2) das von allen Gesellschaftern konsentierte Verfahren bei ggf. kontroversem Beschluss (allseitige Verfahrenseinstimmigkeit).

49 § 2 COVMG bestimmt dazu Folgendes[26]: „Abweichend von § 48 Absatz 2 des Gesetzes betreffend die Gesellschaften mit beschränkter Haftung können Beschlüsse der Gesellschafter in Textform oder durch schriftliche Abgabe der Stimmen auch *ohne Einverständnis sämtlicher Gesellschafter* gefasst werden." (Hervorhebung v. Verf.). Das neue Gesetz unterscheidet, anders als § 48 Abs. 2 GmbHG, nicht danach, ob sich das fehlende Einverständnis auf den Beschluss oder das Verfahren bezieht.

50 Die redaktionell bedenkliche Textfassung ist der Eile der Gesetzgebung geschuldet. Sie erlaubt – bezogen auf die erste Alternative des § 48 Abs. 2 GmbHG – zwar die Lesart, dass die Mehrheit ohne jede Beteiligung der Minderheit in Textform beschließen kann. Doch ist nicht anzunehmen, dass das Not-Gesetz der Mehrheit einen Freibrief ausstellen wollte, der weit über den klaren Normzweck hinausginge, in Pandemie-Zeiten ein erleichtertes *Verfahren* der Beschlussfassung zu ermöglichen. Vielmehr bezieht sich die Abweichung des § 48 Abs. 2 GmbHG ausweislich der Gesetzesbegründung beide Male auf die „Durchführung von Gesellschafterbeschlüssen".[27] Auch an dieser Stelle sieht man die Handschrift der Eile. Denn gemeint ist nicht die „Durchführung" eines gefassten Beschlusses, sondern dessen Herbeiführung. Die im Ansatz klare Unterscheidung der zwei Varianten wird vom COVMG also nicht nachvollzogen. Danach ist die folgende Darlegung ausgerichtet:

51 Nach § 48 Abs. 2 GmbHG iVm § 2 COVMG kann eine versammlungslose Beschlussfassung auch ohne die Zustimmung aller Gesellschafter zu diesem Verfahren ins Werk gesetzt werden. Es soll diese Art der Beschlussfassung nicht an einem Einzelnen hängen oder an einer Minderheit, die auf einer Präsenzversammlung besteht, obwohl die Umstände sie nicht zulassen. Allerdings kommt es nicht darauf an, ob eine

---

[26] Reichert/Knoche GmbHR 2020, 461 ff.
[27] BT-Drs. 19/18110, 26.

herkömmliche Gesellschafterversammlung stattdessen möglich wäre. Das versammlungslose Verfahren *ohne* Einverständnis *aller* Gesellschafter steht im Jahr 2020 generell als Alternative zur Verfügung. Das COVMG verzichtet nur auf das allseitige Einverständnis mit dem Verfahren. Hingegen sind alle Gesellschafter über die Einleitung einer Beschlussfassung zu informieren und zur Teilnahme an der Beschlussfassung bzw. Abstimmung aufzufordern.[28] Dieses im Grunde selbstverständliche Erfordernis ist für das Vereinsrecht in § 5 Abs. 3 COVMG formuliert.

52 Die Durchführung der Abstimmung erfolgt durch Abgabe der Abstimmungserklärungen gegenüber der Gesellschaft. Diese können „in Textform" (§ 126b BGB) abgegeben werden, also insbesondere per E-Mail. Eine mündliche Erklärung, etwa in einer Telefon- oder Videokonferenz, würde nicht genügen. Auch die „schriftliche Abgabe der Stimmen" ist selbstverständlich möglich. Diese Sentenz rekurriert ersichtlich auf die zweite Alternative des § 48 Abs. 2 GmbHG, was als unnötig erscheint, da die Textform die schriftliche Abgabe miterfasst – und die Regelung insgesamt auf das Verfahren zu beziehen ist.

53 Unerheblich ist dabei, von wem der Beschlussantrag ausgeht und wie das Verfahren in Gang gesetzt wird. Auch ein nichtgeschäftsführender Gesellschafter kann ein (schriftliches oder elektronisches) Zirkular auf den Weg bringen oder den Antrag auf einer geeigneten Kommunikationsplattform allen Mitgesellschaftern zur Kenntnis bringen und die Absendung textförmiger Abstimmungserklärungen an die GmbH anregen. Diese wird bei Empfangnahme der Abstimmungserklärungen von einem Geschäftsführer, aber auch evtl. durch einen von der Satzung vorgesehenen Abstimmungsleiter vertreten. Der die Abstimmung in Gang setzende Gesellschafter kann hingegen ohne Satzungsgrundlage die Gesellschaft nicht vertreten, aber die gesammelten Abstimmungserklärungen an die zuständige Person übermitteln und dadurch Abstimmung wirksam machen.

54 Die Abstimmungserklärungen müssen nicht jeweils einzeln gegenüber der Gesellschaft erfolgen, sondern können auch durch ein Zirkular übermittelt werden, das jeder Gesellschafter nach Abgabe seiner Erklärung an die anderen Gesellschafter weiterzugeben hat. Rechtlich wirksam ist Stimme in diesem Fall aber erst mit Eingang des Zirkulars beim Abstimmungsleiter; bis dahin ist auch der Widerruf der Abstimmungserklärung möglich.

55 Ein bestimmter Wortlaut der Abstimmungserklärungen ist nicht erforderlich. Es muss aber, wenn Erklärungen jeweils selbständig abgegeben werden, sachlich volle Inhaltsgleichheit bestehen.

---

[28] Zutr. Bochmann/Cziupka, GmbH-Handbuch Band I, 2020, Rn. 1702b.

Beispiel: Der Geschäftsführer G stellt den Beschlussantrag X zur Abstimmung im Umlaufverfahren. Er händigt den Senior-Gesellschaftern dazu ein Papier aus, das diese nacheinander unterzeichnen. Die jüngeren Gesellschafter werden per E-Mail bzw. Messenger-Nachricht erreicht und antworten auf diesen Wegen. Wichtig ist, dass der auf verschiedene Weise kommunizierte Antrag jeweils gleich formuliert ist und dass die Antworten sich nur auf diesen beziehen sowie mehrheitlich positiv ausfallen (hingegen wäre nach § 48 Abs. 2 Alt. 1 GmbHG die Zustimmung aller vonnöten). 56

c) Telefon- und Videokonferenz

Ohne Grundlage im Gesellschaftsvertrag der GmbH sind Beschlussfassungen im Wege der Telefon- bzw. Videokonferenz nicht möglich. Der Austausch *mündlicher* Erklärungen reicht auch nach dem COVMG nicht aus, das Textform verlangt (→ Rn. 52). Es ist also ratsam, bei einer solchen Tele-Konferenz auf die Stimmabgabe in Textform zu dringen; ein Chat, der parallel zur Videokonferenz läuft, sollte dafür ausreichen, sofern er gespeichert werden kann.[29] 57

d) Kombinierte Beschlussfassung

Anders liegen die Dinge, wenn immerhin eine Präsenzversammlung stattfindet und einzelne Gesellschafter audiovisuell dazu geschaltet werden. Dann kann von Informationsasymmetrien, die bei einer kombinierten Beschlussfassung vorliegen mögen, kaum mehr die Rede sein. Wer als Gesellschafter in dieser Weise mitwirkt, gibt seine Stimme *in* der Versammlung ab. Ein geschicktes Arrangement kann den zuvor besprochenen Problemen begegnen, dass Videokonferenzen ohne Satzungsklausel unzulässig sind. Es müsste zu einer Versammlung einberufen werden, wenigstens ein Gesellschafter sich dort einfinden und die übrigen sich audiovisuell zuschalten. Dass diese „Umgehung“ seltsam wirkt, sei zugestanden. Sie macht darauf aufmerksam, den Versammlungsbegriff neu zu diskutieren. 58

Die unzulässige kombinierte Beschlussfassung soll nach hM mit der drakonischen Nichtigkeitssanktion zu belegen sein. Dies ist allerdings eine zu strikte und starre Rechtsfolge, nicht zuletzt wenn man erkennt, dass die Grenze zur zulässigen Videozuschaltung äußerst dünn ist (→ Rn. 58). Im Aktienrecht besteht eine starke Tendenz, die Nichtigkeit wegen Verfahrensfehlern zurückzudrängen. Es wäre seltsam, ausgerechnet im GmbH-Recht eine Vernichtungsfreude zu pflegen, die den Willen aller beteiligten Gesellschafter ignoriert. Anfechtbarkeit genügt, um Gesellschafter vor gesetz- und satzungsfremden Beschlussmodi zu schüt- 59

---

[29] NK-BGB/Noack/Kremer BGB § 126b Rn. 18.

zen. Wenn sie sich darauf einlassen und eine Anfechtung nicht durchführen, besteht kein Anlass, den Beschluss für nichtig zu halten.

2. Hauptversammlung bei der Aktiengesellschaft

a) Bisher: Präsenz als Pflicht, Online als Kür

60 Die Hauptversammlung ist nach dem deutschen Aktienrecht als Präsenztreffen „im Saal" eingerichtet. Das steht zwar nicht ausdrücklich im Aktiengesetz, doch der Begriff der Versammlung wird ganz überwiegend als physische Zusammenkunft von Menschen verstanden. Zudem entspricht es der allgemeinen Meinung, dass jeder Aktionär unabhängig von seiner Anteilsquote ein individuelles Zugangsrecht zu der Versammlung hat.[30] Wird ihm der Zutritt verweigert, sind die dort gefassten Beschlüsse durch Klage wegen Verletzung des Gesetzes anfechtbar (§ 243 Abs. 1 AktG). Der BGH ist hier sehr streng, er gewährt die Anfechtung auch dann, wenn der Einzelne angesichts seines Stimmengewichts keinesfalls das Beschlussergebnis beeinflussen konnte.[31]

61 Aktionärstreffen großer DAX-Gesellschaften haben oft eine vierstellige Teilnehmerzahl. Die Online-Teilhabe wird verschiedentlich als Alternative zum HV-Besuch angeboten, jedoch hat sie sich breitflächig noch nicht durchgesetzt. Eine gesetzliche Grundlage ist durchaus vorhanden: Seit 11 Jahren gibt es im AktG eine elektronische Teilnahme (§ 118 Abs. 1 S. 2 AktG) bzw. eine „Briefwahl" (§ 118 Abs. 2 S. 1 AktG) aufgrund entsprechender Satzungsregelungen oder -ermächtigungen. Die Gesellschaften wissen nicht recht, wie sie mit dem Rede- und Fragerecht (§ 131 AktG) umgehen sollen, dessen Ausübung schon bei der Präsenz-HV zuweilen zu Problemen führt und das „online" als kaum beherrschbar gesehen wird. Daher waren die Möglichkeiten digitaler Teilhabe bislang die Kür, während die Ausrichtung eines Präsenztreffens die Pflicht darstellte.

b) Seit April 2020: virtuelle Hauptversammlungen ohne präsente Aktionäre

62 Da angesichts der Corona-Krise bis auf Weiteres keine Menschenansammlungen erlaubt sind, können auch reguläre Hauptversammlungen nicht wie gewohnt stattfinden.[32] Dieser Umstand trifft die Aktiengesellschaften sehr empfindlich, denn im Frühjahr startet normalerweise die Hauptversammlungs-Saison.

---

[30] GroßkommAktG/Mülbert AktG § 118 Rn. 66, 80.

[31] BGHZ 206, 143 Rn. 40 = NZG 2015, 1227.

[32] Überlegungen zu einer limitierten Präsenz-HV bei Noack/Zetzsche DB 2020, 658.

Die Hauptversammlung ist für die Entscheidung über die Dividende, über Wahlen zum Aufsichtsrat und für Kapitalmaßnahmen zuständig. Eine Verschiebung hätte zur Folge, dass ausgerechnet in der Krise nicht die notwendigen Beschlüsse gefasst werden können. Außerdem ist ungewiss, ob im weiteren Jahresverlauf große Präsenzveranstaltungen überhaupt stattfinden dürfen. 63

Der Gesetzgeber hat in der letzten Märzwoche schnell reagiert. Das aus der Not geborene COVFAG bricht mit dem Präsenz-Grundsatz in radikaler Weise. Art. 2 § 1 des Artikelgesetzes = § 1 COVMG betrifft die Aktiengesellschaft, deren Vorstand mit Zustimmung des Aufsichtsrats entscheiden kann, „dass die Versammlung ohne physische Präsenz der Aktionäre ... als virtuelle Hauptversammlung abgehalten wird".[33] Etliche große Aktiengesellschaften haben die Möglichkeit sogleich aufgegriffen und berufen virtuelle Hauptversammlungen ein.[34] 64

c) Anwendungsbereich und Geltungsdauer

Die Regelungen zur virtuellen Hauptversammlung (VHV) gelten für ordentliche und für außerordentliche Hauptversammlungen. Alle Aktiengesellschaften sind erfasst, ob sie börsennotiert sind oder nicht. Auf die Größe der Aktionärszahl, die in der Regel die HV besuchen, kommt es nicht an. Die VHV ist also auch eine Option, wenn nur ein kleiner Aktionärskreis existiert, der (nach Lockerung der strikten Versammlungsverbote) sich zulässig wieder treffen dürfte. 65

Der die Aktiengesellschaft und weitere Rechtsformen betreffende Art. 2 COVFAG tritt mit Ablauf des 31.12.2021 außer Kraft (Art. 6 COVFAG). Seine Regelungen sind allerdings zunächst nur für Hauptversammlungen und Abschlagszahlungen auf den Bilanzgewinn anzuwenden, die *im Jahr 2020 stattfinden* (Art. 2 § 7 Abs. 1 COVFAG = § 7 COVMG). Eine Verordnungsermächtigung für das Bundesjustizministerium ermöglicht die Verlängerung der Geltungsdauer bis Ende 2021 (Art. 2 § 8 COVFAG). 66

d) Entscheidung über VHV; Einberufung

Die Entscheidung, eine VHV durchzuführen, liegt bei dem Vorstand der AG, der sich der Zustimmung seines Aufsichtsrats versichern muss (§ 1 Abs. 2 S. 1, Abs. 6 S. 1 COVMG). Der Aufsichtsrat selbst (§ 111 Abs. 3 AktG) oder andere Personen, die nach Gesetz oder Satzung eine HV einberufen können (§ 121 Abs. 3 S. 2 AktG, § 122 Abs. 1, 3 AktG), sind nicht befugt, die virtuelle Variante zu wählen. 67

---

[33] Dazu Noack/Zetzsche AG 2020, 265; E.Vetter/Tielmann NJW 2020, 1175; C.Schäfer NZG 2020, 481; Simons/Hauser NZG 2020, 488, Götze/Roßkopf DB 2020, 768; Mayer/Jenne BB 2020, 835.

[34] Bayer, Beiersdorf, BMW, Deutsche Bank, Lufthansa, Münchener Rück u.a.

68 Die Einberufung hat nach den Vorschriften des AktG zu erfolgen: im Bundesanzeiger (§ 25 AktG) und durch Mitteilungen an die Aktionäre (§ 125 AktG). Hier gibt es keine Modifikation durch das COVMG. Allerdings sind sachliche Anpassungen an das neue Modell vonnöten. So wird man nicht über die „Voraussetzungen für die Teilnahme an der Versammlung" belehren (§ 121 Abs. 3 S. 3 Nr. 1 AktG), wenn es eine solche gar nicht gibt. Die Einberufung an einen bestimmten „Ort", der grundsätzlich am Sitz der Gesellschaft sein soll (§ 121 Abs. 5 AktG), erscheint verzichtbar, da keine Aktionäre kommen dürfen – doch sicherheitshalber sollte der Ort der (Rumpf-)Versammlung, also wie bisher eine Gemeinde mit Postanschrift genannt werden verbunden mit dem Hinweis, dass dort keine Präsenz-Veranstaltung stattfindet. Eine „Zeit" ist ebenfalls anzugeben, zu welcher die (Rumpf-)Versammlung beginnt und damit auch die obligatorische audiovisuelle Übertragung (→ Rn. 84 ff.).

69 § 1 Abs. 3 COVMG stellt es in das Ermessen des Vorstands, mit Zustimmung des Aufsichtsrats eine HV mit gegenüber den §§ 121 ff. AktG verkürzten Fristen und Terminen einzuberufen, um die HV-Vorbereitungszeit zu verkürzen und so den Gesellschaften eine schnellere Reaktion zu ermöglichen. Diese abgekürzten Fristen gelten sowohl für die Präsenz-HV als auch für die VHV.

e) Teilhabe der Aktionäre

70 Das COVMG ermöglicht, auf die physische Präsenz der Aktionäre zu verzichten, doch stellt es dafür mehrere Voraussetzungen auf („sofern").

aa) Stimmrecht

71 Die Ausübung des Stimmrechts muss möglich sein. Dafür gibt es nach § 1 Abs. 2 S. 1 Nr. 3 COVMG mehrere Optionen:

Stimmrechtsausübung über elektronische Kommunikation in Form der Briefwahl oder

Stimmrechtsausübung über elektronische Kommunikation in Form der elektronischen Teilnahme sowie

„Vollmachtserteilung".

(1) E-Voting

72 Die Briefwahl (§ 118 Abs. 2 S. 1 AktG) ist eine Fernabstimmung. Entgegen dem missverständlichen Wortlaut ist sie weder per Brief vorzunehmen noch auf Wahlen beschränkt. Das Aktiengesetz kennt zwei Varianten der Briefwahl: schriftlich und elektronisch. Das COVMG beschränkt sich auf die elektronische Kommunikation. Der Vorstand kann, aber er muss nicht papierschriftliche Briefstimmen entgegennehmen. Eine Möglichkeit für den elektronischen Zugang ist allerdings zu eröffnen, sei es eine E-Mail-Adresse, ein Internetformular („click the box") oder eine Chatnachricht.

Die „elektronische Teilnahme“ ist in § 118 Abs. 1 S. 2 AktG angesprochen. Damit ist gemeint, dass die Aktionäre „auch ohne Anwesenheit“ an der HV teilnehmen. Die Rechteausübung kann beschränkt werden. Für die VHV ist die Beschränkung vorgegeben: es geht nur um das Stimmrecht sowie um das auf die Fragemöglichkeit reduzierte Auskunftsrecht. Dies ist im Wege elektronischer Kommunikation auszuüben, wofür die vorstehend erwähnten Techniken in Betracht kommen. Man sieht, es gibt insoweit keinen Unterschied zur elektronischen Briefwahl. Er äußert sich eigentlich nur im Teilnehmerverzeichnis (§ 129 Abs. 1 S. 2 AktG), was hier dahinstehen mag. 73

Nicht geregelt ist, bis wann das elektronische Stimmrecht ausübbar ist. Da das COVMG die volle audiovisuelle Übertragung der Versammlung verlangt und nicht anzunehmen ist, dass die Aktionäre nur passive Zuschauer sein sollen, ist die Ausübung bis zum Beginn der vom Versammlungsleiter aufgerufenen Abstimmungen zu ermöglichen. 74

(2) Vollmacht

Des Weiteren wird eine „Vollmachtserteilung“ erwartet. Diese Voraussetzung ist etwas rätselhaft. Dass eine Stimmrechtsvertretung als solche möglich ist, sagen die unveränderten § 134 Abs. 3 S. 1 AktG, § 135 AktG. Darüber muss nicht erst vom Vorstand für die VHV positiv entschieden werden. Allerdings ist die *Ausübung* der Vollmacht nicht so möglich wie im Normalfall der Präsenz-HV. Denn auch Vertreter haben keinen Zutritt zu der Versammlung (s. Eingangssatz § 1 Abs. 2 COVMG: „oder ihre Bevollmächtigten“). Die Vertreter, seien es Privatleute, Aktionärsvereinigungen oder Banken, müssen sich der Fernabstimmung bedienen (→ Rn. 72 ff.), um die Erklärungen für ihre Vollmachtgeber abzugeben. 75

Die vom COVMG angesprochene „Vollmachtserteilung“ wäre überflüssig, wenn sie nur das allgemeine Aktienrecht wiederholte. Gemeint ist insoweit eine Vertretung, die von der Gesellschaft organisiert wird. Diese Gestaltung ist seit dem Jahr 2001 verbreitet, es handelt sich um „von der Gesellschaft benannte Stimmrechtsvertreter“ (§ 134 Abs. 3 S. 5 AktG). Er kann schriftlich oder (praxisüblich) elektronisch erreicht werden. Dieser besondere Bevollmächtigte darf dann auch zur Versammlung zugelassen werden (BT-Drs. 19/18110, 26), zwingend ist dies nicht, denn auch ihm ist die Fernabstimmung eröffnet. Ob die Gesellschaft einen Vertreter benennt, ist für die Präsenz-HV ihre Sache, für die VHV ist eine solche (vom Deutschen Corporate Governance Kodex bis zu seiner Neufassung 2020 empfohlene) Gestaltung obligatorisch. 76

bb) „Fragemöglichkeiten“

Den Aktionären ist eine *Online-Fragemöglichkeit* zu eröffnen, sie haben also kein dezidiertes Auskunftsrecht (§ 1 Abs. 2 S. 1 Nr. 3 COVMG) 77

– und der Vorstand entscheidet nach „pflichtgemäßem, freien Ermessen, welche Fragen er wie beantwortet". Er kann auch bestimmen, dass die Fragen bis spätestens zwei Tage vor der Versammlung elektronisch einzureichen sind (§ 1 Abs. 2 S. 2 COVMG).

78 Diese einschneidende Regelung markiert neben dem Wegfall der Aktionärspräsenz die zweite tragende Säule der VHV. Das schneidige Auskunftsrecht des in der HV anwesenden Aktionärs nach § 131 AktG lässt sich nicht 1:1 für die VHV abbilden. Die Gesetzesbegründung sorgt sich: „Es ist nicht vorherzusehen, in welchem Umfang und auf welche Weise von der Fragemöglichkeit Gebrauch gemacht werden wird. Denkbar ist eine Flut von Fragen und auch – wie bei sozialen Medien nicht unüblich – inhaltlich inakzeptablen Einwürfen".[35]

79 Aus der bloßen „Fragemöglichkeit" folgt nicht einmal eine dezidierte Antwortpflicht des Vorstands, sondern die Antwort (ob und wie) steht in seinem freien Ermessen (erster Halbsatz). Bei wenigen, sachlich fundierten Fragen kann eine Ermessensreduktion dahin gehen, dass alle Fragen zu beantworten sind. Ein Ermessensfehler wäre bei vorher einzureichenden (und nicht den Aktionären öffentlich zu machenden) Fragen kaum feststellbar und bliebe sanktionslos, wenn nicht gerade Vorsatz nachweisbar wäre (→ Rn. 90).

80 Der zweite Halbsatz des § 1 Abs. 2 S. 2 COVMG enthält eine die VHV noch mehr entlastende Regelung: „er [der Vorstand] kann auch vorgeben, dass Fragen bis spätestens zwei Tage vor der Versammlung im Wege elektronischer Kommunikation einzureichen sind." Macht der Vorstand von dieser Ermächtigung Gebrauch, besteht für Aktionäre nach diesem Zeitpunkt keine Fragemöglichkeit mehr (ein Fragerecht haben sie ohnedies nicht). Mit dieser Option ist die VHV sehr schlank durchzuführen. Die Fragen sind zwei Tage vor dem Termin gestellt, sie können in Ruhe sortiert, ggf. zusammengefasst und die Antworten in Ruhe vom Back Office vorbereitet werden.

81 Für börsennotierte Gesellschaften ist Art. 9 Aktionärsrechte-RL (RL 2007/36/EG) zu beachten, wonach „jeder Aktionär ... das Recht (hat), Fragen zu Punkten auf der Tagesordnung der Hauptversammlung zu stellen. Die Gesellschaft beantwortet die an sie gestellten Fragen der Aktionäre." Allerdings besteht dieses Fragerecht, das die Mitgliedstaaten zu beachten haben, nicht unbeschränkt. Neben dem „Schutz der Vertraulichkeit und der Geschäftsinteressen" (s. § 131 Abs. 3 AktG) kommt hier die „Gewährleistung des ordnungsgemäßen Ablaufs von Hauptversammlungen" in Betracht, was nach der Richtlinie als legitime Schranke gilt. Die mitgeteilte Überlegung der Gesetzesbegründung stellt auf die Ordnungsmäßigkeit einer VHV ab, was im Zusammenspiel mit der neuarti-

---

[35] BT-Drs. 19/18110, 26.

gen, temporären und aus der Not heraus geborenen vollständigen Verlagerung in das Internet eine hinreichende Rechtfertigung sein dürfte.

82 Die Möglichkeit, Fragen zu stellen, ist im Wege elektronischer Kommunikation einzuräumen. Im Grunde genügt dafür, dass die Gesellschaft eine E-Mail-Adresse zu diesem Zwecke bekanntgibt; etwas aufwendiger wäre, eine Internetseite einzurichten, auf welcher die Fragen einzugeben sind.

cc) Weitere Online-Teilnahmeoptionen

83 Die genannten Optionen für die Stimmrechtsausübung und die Einräumung von Fragemöglichkeiten sind notwendige Gestaltungen bei einer VHV. Darüber hinaus ist der Vorstand frei, eine weiter gefasste elektronische Teilnahme, insbesondere Anträge und Redebeiträge zu ermöglichen. Das gilt auch dann, wenn die Aktiengesellschaft keine Satzungsgrundlage dafür hat, wie § 1 Abs. 1 COVMG bestimmt.

f) Bild- und Tonübertragung der VHV

84 Nach § 1 Abs. 2 S. 1 Nr. 1 COVMG muss bei Durchführung einer VHV die *gesamte Versammlung in Bild und Ton übertragen* werden, und die Begründung des Fraktionsentwurfs sagt, dass die Übertragung „einschließlich der Generaldebatte und der Abstimmungen" zu erfolgen habe. Die überwiegende Praxis der DAX-Gesellschaften, die gemäß § 118 Abs. 4 AktG die Hauptversammlung übertragen, die Übertragung jedoch nach der Rede des Vorstandsvorsitzenden beenden, wäre damit nicht vereinbar. Allerdings gibt es keine „Generaldebatte" mit den Aktionären, wenn Vorstand und Aufsichtsrat unter sich sind. Da die Beantwortung der Fragen nach der Gesetzesbegründung „in" der Versammlung erfolgen soll (das Gesetz selbst lässt dies offen), wird die „Generaldebatte" von einer Frage-Antwort-Runde abgelöst.

85 Die AG hat einen gängigen, mit gewöhnlichen Kommunikationsinstrumenten frei empfangbaren Audio-Videostream anzubieten. Für die technischen Einrichtungen bei dem Aktionär ist die Gesellschaft nicht zuständig. Es könnte demnach nicht moniert werden, man habe am Wohnort keine hinreichende Bandbreite oder besitze kein geeignetes elektronisches Gerät.

86 Weithin entfällt auch die Verantwortung für technische Störungen der Übertragung, selbst wenn sie ihre Ursache in Unzulänglichkeiten bei der Organisation durch die Gesellschaft haben. Denn dafür „haftet" die Gesellschaft im Sinne einer Beschlussanfechtung nur dann, wenn ihr Vorsatz nachzuweisen ist (→ Rn. 90).

g) Widerspruch

87 Das Recht, einen Widerspruch gegen einen Beschluss der Hauptversammlung zu erheben, hat grds. nur der in der Hauptversammlung er-

schienene Aktionär (§ 245 Nr. 1 AktG). Für den Online-Teilnehmer nach § 118 Abs. 1 S. 2 AktG wird streitig diskutiert, ob und wie er einen Widerspruch einlegen kann.[36] Darauf lässt sich das COVMG nicht ein, sondern dekretiert in § 1 Abs. 2 S. 1 Nr. 4 COVMG, dass jeder Aktionär, der sein Stimmrecht ausgeübt hat, auch zum Widerspruch befugt ist. Die „Möglichkeit" dazu muss die Gesellschaft einräumen, wie sie es macht, ist ihre Sache. Nach allgemeinen Grundsätzen wird sie eine gängige elektronische Schnittstelle (E-Mail, Internetseite) zur Verfügung stellen, die den Notar bzw. den Versammlungsleiter erreicht.

88 Problematisch ist die Anknüpfung an die Ausübung des Stimmrechts, das wohl der „Ersatz" für das Erscheinen auf der HV sein soll, was nach § 245 Nr. 1 AktG erforderlich wäre. Denn damit sind Vorzugsaktionäre, die in der Regel kein Stimmrecht haben, ohne Widerspruch und daher auch ohne Anfechtungsbefugnis. Ferner ist fraglich, ob erst nach der Abstimmung der Widerspruch eingelegt werden kann (wofür der Wortlaut spricht: „ausgeübt haben") oder wie bisher schon zu Beginn der Versammlung.

h) Anfechtung

89 Das Aktienrecht kennt ein scharfes Beschluss-Anfechtungsrecht. Jeder Aktionär ist nach Maßgabe des § 245 AktG anfechtungsbefugt. „Ein Beschluss der Hauptversammlung kann wegen Verletzung des Gesetzes oder der Satzung durch Klage angefochten werden" bestimmt § 243 Abs. 1 AktG. Auch und vor allem Verfahrensfehler sind als Verletzungen des Gesetzes anfechtungsrelevant. Nur ausnahmsweise sind bestimmte Verletzungshandlungen nach ausdrücklicher gesetzlicher Anordnung von der Anfechtung ausgeschlossen, insbesondere bestimmte Informationsdefizite (§ 243 Abs. 4 AktG). Und dann findet sich seit 2009 auch ein Ausschluss für „durch eine technische Störung verursachte Verletzung von Rechten, die nach § 118 Abs. 1 Satz 2, Abs. 2 Satz 1 und § 134 Abs. 3 auf elektronischem Wege wahrgenommen worden sind" (§ 243 Abs. 3 Nr. 1 AktG). Dieser Satz zielt auf die internetgestützte Teilhabe an der Versammlung. Er endet mit einem subjektiven Kriterium, das ansonsten dem Beschlussanfechtungsrecht fremd ist: kein Ausschluss, wenn „der Gesellschaft grobe Fahrlässigkeit oder Vorsatz vorzuwerfen (ist)".

90 Das COVMG setzt die soeben genannte Ausschlusslinie nicht nur fort, sondern verschärft sie weiter.[37] Die Missachtung der Aktionärsmitteilungen nach § 125 AktG und überhaupt aller Regelungen, die eigens für die (V)HV im Krisenjahr 2020 geschaffen wurden, ist kein Anfechtungs-

[36] Kölner Komm AktG/Tröger AktG § 118 Rn. 86 (im Erscheinen).
[37] Eingehend C.Schäfer NZG 2020, 481 (484 ff.).

grund. Wenn also die audiovisuelle Übertragung der VHV nicht funktioniert oder die elektronische Kommunikation für die Fragemöglichkeiten aussetzt, kann darauf die Anfechtung nicht gestützt werden – es sei denn, der Gesellschaft ist Vorsatz nachzuweisen (§ 1 Abs. 7 COVMG). Der Kläger trägt mithin die Darlegungs- und Beweislast, dass der Vorstand die Fehler wenigstens billigend in Kauf genommen hat. Diese hohe Hürde dürfte kaum zu überwinden sein.

Auch daran sieht man, dass der Not-Gesetzgeber den Gesellschaften **91** weit entgegengekommen ist, damit die (virtuellen) Hauptversammlungen im Jahr 2020 (und ggf. nach Verlängerung auch 2021) ohne die üblichen Anfechtungssorgen ins Werk gesetzt werden können.

III. Umwandlungsrecht

Schließlich sei noch auf eine Sonderregelung zum Umwandlungsrecht **92** hingewiesen. § 4 COVMG betrifft Verschmelzungen und (wegen der Verweisung in § 125 UmwG) auch Spaltungen. Die Rückbeziehungsfrist nach § 17 Abs. 2 S. 4 UmwG wird von acht auf zwölf Monate ausgedehnt. Diese großzügigere zeitliche Begrenzung erklärt sich vor dem Hintergrund der pandemiebedingten Schwierigkeiten, Umwandlungsbeschlüsse zeitig und sachgerecht vorzubereiten; aufwendige Zwischenbilanzen sollen vermieden werden.[38]

Keine Erwähnung im COVMG haben die „Versammlungen der An- **93** teilsinhaber" gefunden, in welcher nach den § 13 Abs. 1 S. 2 UmwG, § 125 S. 1 UmwG, § 193 Abs. 1 S. 2 UmwG über Umwandlungsmaßnahmen zu beschließen ist.[39] Doch auch diese „Versammlungen" können bei der Aktiengesellschaft als virtuelle Hauptversammlung abgehalten werden, denn § 1 Abs. 2 COVMG erfasst jeden Beschlussgegenstand. Bei der GmbH ist die Rechtslage allerdings so, dass die Erleichterungen für das Umlaufverfahren (→ Rn. 48 ff.) hier nicht greifen.

IV. Fazit

Das schnelle Handeln des Gesetzgebers erleichtert in Zeiten der Kon- **94** taktsperre und der Versammlungsverbote die Beschlussfassung der Gesellschaftsorgane (Aufsichtsrat, Haupt- und Gesellschafterversammlung), → Rn. 36 ff., 48 ff., 62 ff. Insbesondere sind virtuelle Hauptver-

---

[38] E. Vetter/Tielmann NJW 2020, 1175 (1179); Noack/Zetzsche AG 202, 265 (275) (Rn. 93); zu steuerlichen Folgefragen Wübbelsmann DStR 2020 696.

[39] Dazu krit. Lieder FS E. Vetter, 2019, 419 (443).

sammlungen für Aktiengesellschaften möglich, die ohne physisch präsente Aktionäre abgehalten werden können – wenn die elektronische Stimmrechtsausübung gesichert ist, Fragemöglichkeiten bestehen und die Versammlung audiovisuell übertragen wird. Präsenzlose Gesellschafterversammlungen bei der GmbH werden durch die Neuregelung der Umlaufbeschlüsse ermöglicht, da eine Abstimmung per E-Mail zulässig ist (aber nicht in einer Videokonferenz, vorbehaltlich einer Satzungsregelung). Dass die restriktiven Fragemöglichkeiten bzw. die Antworten nach Ermessen keine Begeisterung bei Aktionärsvereinigungen auslösen,[40] liegt auf der Hand. Ob die Praxis alle Möglichkeiten des COVID19-Gesetzes ausreizt und eine autokratische VHV ins Werk setzt oder einen weitherzigen Umgang mit der Aktionärsteilhabe pflegt, ist derzeit (Mitte April 2020) noch offen. Davon wird auch abhängen, welche Elemente des aus der Not geborenen Digitalisierungsschubs später in das allgemeine Aktienrecht übernommen werden.

95 Die allgemeine Kompetenz- und Pflichtenlage der Geschäftsleitung bleibt grundsätzlich gesetzlich unverändert. In der Corona-Krise stellen sich spezifische Anforderungen an die Planung und Führung des Unternehmens (→ Rn. 16 ff.). Der COVID19-Gesetzgeber hat die Kompetenz der Verwaltung für die Dividendenzahlung bei der Aktiengesellschaft erweitert, die Insolvenzantragspflicht zeitlich gestreckt und bei Inanspruchnahme staatlicher Hilfe (Stabilisierungsmaßnahmen) eine besondere Pflichtbindung der Organe vorgesehen.[41]

96 Die Handlungsfähigkeit der Gesellschaftsorgane ist von Rechts wegen gewährleistet. Nach der Business Judgement Rule sollen sie aufgrund „angemessener Information zum Wohle der Gesellschaft" entscheiden. Doch welche Information ist mitten in der schwersten Gesundheits- und Wirtschaftskrise angemessen und auch richtig? An dieses unternehmerische Handeln in Zeiten höchster Unsicherheit sollte sich erinnern, wer später darüber urteilt.

---

[40] Stellungnahme Deutsche Schutzvereinigung für Wertpapierbesitz DSW v. 24.3.2020 https://www.dsw-info.de/presse/pressemitteilungen-2020/online-hv-nur-in-begruendeten-ausnahmefaellen/.

[41] Zu den „unternehmensrechtlichen Gesetzesänderungen im Zuge des Coronavirus" E. Vetter/Tielmann NJW 2020, 1175 ff.; ferner Fröhling/Issmer WM 2020, 669 ff.

§ 10 Sport

Inhaltsübersicht

A. Einleitung

1 Das Coronavirus hat das Potenzial, dem Sport den Garaus zu machen.[1] Was vor wenigen Wochen noch unvorstellbar erschien, ist eingetreten: Die Olympischen Sommerspiele sind auf ein Jahr außerhalb der Olympiade verlegt, die UEFA-Europameisterschaft EURO 2020 ist ebenfalls auf das nächste Jahr verschoben. Die Bundesliga pausiert. Das altehrwürdige Tennisturnier in Wimbledon ist abgesagt. Nicht wenige Bundesliga-Clubs berichten über existenzielle Probleme. Das Ausbleiben erwarteter Einnahmen aus Spielen und Fernsehbildern stellt, das wird klar, schon nach einem relativ kurzen Zeitraum das ganze Sportsystem vor kaum handhabbare Probleme. Ein schnelles Ende des Lockdowns und die Beendigung der Saison – wenn auch mit den ungeliebten Geisterspielen –

[1] Zur sportrechtlichen Einordnung: Stopper SpuRt 2020, 105.

scheinen unabdingbar dafür zu sein, dass „nach Corona" der Profisport, wie wir ihn kennen, so noch existiert.

Dem Sport als Selbstzweck, das Sporttreiben für sich selbst ohne jeglichen Bezug zur überkommerzialisierten Scheinwelt der Profis, konnte das Virus indes zu einer Renaissance verhelfen. In der Zeit häuslicher Isolation und Arbeitserledigung im Home Office mit stark reduzierten Kontakten scheint Deutschland über Nacht ein Land der Jogger und Home-Biker geworden zu sein. Bewegung und das Fitnessstudio fehlen merklich. Sport hingegen tut gut und sorgt auch in diesen schwierigen Zeiten für eine ausreichende körperliche Ertüchtigung und – mindestens genauso wichtig – für seelischen Ausgleich. 2

Dies bleibt aber angesichts der zahlreichen sportlichen, organisatorischen, wirtschaftlichen und rechtlichen Fragen durch die Covid-19-Pandemie ein schwacher Trost. Das nachfolgende Kapitel versucht, einigen der drängendsten Rechtsfragen in diesem Bereich Lösungsansätze an die Seite zu stellen. 3

B. Professioneller Sport

Dem Wirtschaftsbereich „professioneller Sport" wird die Grundlage entzogen. Die Saison im Deutschen Eishockey (DEL) etwa ist abgesagt; es gibt keinen deutschen Meister.[2] Gleiches gilt etwa für das Tischtennis.[3] Zum Zeitpunkt des Redaktionsschlusses dieses Buches steht nicht fest, ob die Saison der Fußballbundesliga zu Ende gespielt wird. Es werden verschiedenste Szenarien diskutiert, wie man im Individual- und Ligenbetrieb damit umgehen soll. 4

I. Ligawettbewerbe im Sport (am Beispiel der Bundesliga)

Das sportrechtlich größte Problem ist, dass der dem Wettbewerb immanente **sportliche Vergleichsvertrag** zwischen den Beteiligten nicht mehr eingehalten werden kann. Das gilt unabhängig davon, ob die Liga durch „echte" Verträge – wie im etwa im Bereich der professionellen Ligen – oder eher (sei es ergänzend oder ausschließlich) durch die Unterwerfung der Beteiligten unter die Satzungen, Ordnungen, Wettbewerbsbestimmungen und Statuten des jeweils veranstaltenden Verbandes konstruiert wird. Die Grundvorstellung ist immer gleich: Jeder spielt gegen jeden – und das zweimal: in Hin- und Rückrunde. Wegen der beschränkten Spielerwech- 5

---

[2] https://www.faz.net/aktuell/sport/wintersport/eishockey-saison-wegen-coronavirus-vorzeitig-abgebrochen-16673126.html (abgerufen am 15.4.2020).

[3] https://www.mytischtennis.de/public/national/14564/saison-ist-abgebrochen--abschlusstabelle-von-mitte-maerz/ (abgerufen am 15.4.2020).

selmöglichkeiten und der auch im Übrigen gleichen Grundbedingungen sind alle Partien vergleichbar und – in einer idealen Welt – hängt das Spielergebnis nur von der sportlichen Leistungsfähigkeit, der gewählten Taktik und nicht näher kontrollierbaren aleatorischen Elementen ab, die Unvorhersehbarkeit und Reiz des Wettbewerbs ausmachen, aber alle Beteiligten in gleicher Weise treffen können. Unter diese Prämisse bildet die **Abschlusstabelle** in Erfüllung der wechselseitigen Vereinbarungen und Erwartungen eine sportlich faire und vertragsgerechte – und die einzige – Grundlage für die vorzunehmenden sportlichen Entscheidungen, wer Meister ist, wer sich für internationale Wettbewerbe qualifiziert, wer direkt auf- und absteigt und wer an Auf- und Abstiegsspielen teilnehmen darf.

6 Kann die Saison nicht zu Ende gebracht werden, gibt es im Regelwerk keine Hinweise darauf, wie die ursprüngliche Vergleichsvereinbarung noch erfüllt werden kann.

1. Problematik von Auf- und Abstieg, Qualifikationsplätze

7 So gibt es keine Regelung, wie mit einer Saison verfahren werden soll, die wegen einer Pandemie nicht mehr durchgeführt werden kann. Ebenso wenig gibt es eine Regelung, wie ein Wettbewerb gewertet werden soll, der nicht zu Ende geführt worden ist. Dies gilt, soweit ersichtlich, für alle in Betracht kommenden Rechtsquellen bei Verbänden mit Ligaspielbetrieben. Für den Fußball geben die DFL-Statuten und insbesondere auch die DFB-Satzung und die DFB-Spielordnung über einen solchen Fall keine Auskunft. Auch aus anderen Regelungen (etwa der Spielwertung bei Spielausfall oder -abbruch) der Sportverbände kann man keine belastbaren Rechtsgedanken ermitteln. Diesen Normen liegt eben die Vorstellung zu Grunde, dass jede Saison bis zum Ende durchgeführt werden kann.

a) Ermächtigungsgrundlage und Entscheidungsmaßstab

8 Fehlt es an einer entsprechenden Ermächtigungsgrundlage, haben die Gremien der Verbände den in ihrer Bestellung liegenden Geschäftsführungsauftrag (für den Vorstand nach § 27 Abs. 3 BGB, §§ 664 ff. BGB) gleichwohl umzusetzen und eine Entscheidung zu treffen. Für die Veranstalterwettbewerbe (wie etwa Einzelsportler- oder Pokalwettbewerbe) ergibt sich die Entscheidungskompetenz des Veranstalters aus der Veranstaltereigenschaft und der grundsätzlichen **Unterwerfung** der teilnehmenden Mannschaften oder Sportler unter seine Regularien. Für die Ligenwettbewerbe wird die Unterwerfung unter die Verbandsregularien durch die abgeschlossenen Lizenzverträge und das jeweilige Ligastatut vertieft. Es gehört zur übereinstimmenden Vorstellung aller Beteiligten, dass der Verband als jeweiliger **Spielleiter** durch Entscheidungen den Spielbetrieb organisiert und gestaltet. Ohne einen solchen Spielleiter ist die Veranstaltung eines Wettbewerbs nicht möglich; dem jeweiligen Verband ist schon nach der Vorstellung aller Beteiligter ein Bestimmungsrecht eingeräumt. Damit bestimmt der veranstaltende Verband Teile des Rechtsverhältnisses einseitig, womit die Situation des § 315 BGB gegeben ist. Hiernach hat er „nach billigem Ermessen zu entscheiden". Etwas anderes ergibt sich auch nicht, wenn man zur Bestimmung des Rechtsverhältnisses maßgeblich auf den zwischen dem Verband und den ligateilnehmenden Clubs abgeschlossenen Zulassungs-, Ligen- oder Lizenzvertrag rekurriert. Zwar berücksichtigt diese Auffassung den Unterwerfungs- und Drittbestimmungscharakter des Verbands-Club-Verhältnisses nicht ausreichend, aber letztlich führt auch ergänzende Vertragsauslegung nicht zu einem anderen Entscheidungsmaßstab. Auch hier ist für den hypothetischen Parteiwillen darauf abzustellen, was die Parteien bei angemessener Abwägung ihrer Interessen nach Treu und Glauben als redliche Vertragspartner vereinbart hätten, wenn sie den nicht geregelten Fall bedacht hätten.[4] Die Interessenabwägung ist dieselbe wie bei der Ermessensentscheidung, wobei bei der ergänzenden Vertragsauslegung zu berücksichtigen ist, dass der „Ligavertrag" kein bilateraler Vertrag zwischen *einem* Club und dem jeweiligen Verband ist, sondern stets die Interessen *aller* Clubs (gerade auch derjenigen, die derzeit auf einem Aufstiegs- oder Abstiegsplatz stehen) zu berücksichtigen sind. Letztlich führt auch die Anwendung von § 242 BGB bei richterlicher Inhaltskontrolle[5] zum gleichen Maßstab, nämlich einer umfassenden Abwägung aller Interessen der beteiligten Parteien.

Für den **Entscheidungsmaßstab** gilt damit Folgendes: Dem zuständi- 9
gen Verband ist eine Ermessensentscheidung eröffnet, die jedoch nicht frei ist. Da nicht nur die teilnehmenden Clubs sich den Satzungen und Ordnungen des jeweiligen Verbandes unterworfen haben, sondern der Verband natürlich selbst seinen Regeln verpflichtet ist, hat er sein Ermessen in diesen Grenzen auszuüben. Daher haben die Verantwortlichen bei ihrer Entscheidung die klassischen Sportwerte zu beachten, denen sich die Verbände regelmäßig in ihrer Satzung selbst verschrieben haben. Schaut man sich beispielsweise den Fußball an, wären bei einer Entscheidung insbesondere die Aspekte aus der Zweckbestimmung des DFB, nämlich Förderung des Fußballsports (§ 4 Nr. 1a DFB-Satzung), Organisation der 3. Liga und des DFB-Vereinspokals (§ 4 Nr. 1g DFB-Satzung), Ermittlung (bzw. das Ermitteln-Lassen) des deutschen Fußballmeisters, der Auf- und Absteiger, der Teilnehmer an den internationa-

---

[4] Palandt/Ellenberger BGB § 157 Rn. 7.

[5] Verbandsentscheidungen unterliegen richterlicher Inhaltskontrolle nach § 242 BGB, intensiv jedenfalls bei Sanktionsentscheidungen: BGHZ 128, 93. Bei Einteilungsentscheidungen ohne Sanktionscharakter dürfte ihr Beurteilungsspielraum im Ergebnis größer sein, vgl. Orth in Cherkeh/Momsen/Orth SportstrafR-HdB Kap. 3 Rn. 464 ff., Kap. 2 Rn. 93 und → Rn. 110. Für Beschlüsse von Gesellschafterversammlungen gelten die gesellschaftsrechtlichen Anfechtungsregeln.

len Wettbewerben sowie in den überregionalen Pokal-Wettbewerben in allen sportlichen Fußballbewerben in Deutschland sowie den Erlass der hierzu notwendigen Regelungen (§ 4 Nr. 1h DFB-Satzung), Gewährleistung der Integrität des sportlichen Wettbewerbs (§ 4 Nr. 1j DFB-Satzung) und Förderung der Leistungsbereitschaft und des fairen Verhaltens (Fair Play) sowie des ethischen Verhaltens von Spielern, Trainern, Betreuern und sonstigen Vereinsmitarbeitern und Funktionsträgern (§ 4 Nr. 2a DFB-Satzung), mit zu berücksichtigen. Vergleichbare Regelungen werden sich in den Satzungen aller großen Sportverbände finden.

10 Letztlich müssen die Verantwortlichen in den Verbandsgremien also Entscheidungen über das Schicksal der Wettbewerbe treffen, die in bestmöglicher Hinsicht **sportlich fair** für alle Beteiligten sind. Hierbei sind die sportlichen und wirtschaftlichen Interessen der Clubs, die sportlichen und wirtschaftlichen Interessen des Verbandes selbst und die tatsächlichen außergewöhnlichen faktischen Umstände gegeneinander abzuwägen. Hierbei ist zu berücksichtigen, dass die Verbände unter dem allgemeinen Rechtsprinzip der **Verhältnismäßigkeit** und auch unter dem Rechtsgedanken des § 254 Abs. 2 BGB verpflichtet sein dürften, das für die meisten Beteiligten **schonendste** (Auswahl eines möglichst milden und zugleich möglichst wirksamen Szenarios) und **gerechteste Szenario** auszuwählen. Bei dieser Auswahlentscheidung ist eine gefundene Lösung nicht nur deswegen unvertretbar, weil sie für einzelne Beteiligte Härten mit sich bringt. Dies ist nämlich entscheidungsimmanent. Andererseits erscheint es für alle Ligenwettbewerbe, in denen bereits sportlich feststeht, dass eine Mannschaft einen Aufstieg erreicht hat oder einen Abstieg nicht mehr verhindern kann, nur mit großem Begründungsaufwand möglich, dieser sportlichen Wertung nicht in der Entscheidung über das Ligaschicksal auch rechtlich Rechnung zu tragen.

b) Wertungsszenarien

11 Wie in Anbetracht der eingetretenen Situation eine Ligasaison beendet oder, falls sie nicht beendet werden kann, gewertet werden kann, ist schwierig und umstritten. Wie sie sachgerecht zu lösen ist, bleibt Frage des Einzelfalls.

aa) Verlängerung der Saison

12 In der Bundesliga scheint derzeit eine Beendigung der Saison und ihrer gleichzeitigen Verlängerung über den 30.6.2020 hinaus Mittel der Wahl zu sein. Ausschlaggebend sind hierfür nicht nur sportliche Motive, sondern auch wirtschaftliche und organisatorische Elemente. In sportlicher Hinsicht ist es in Anbetracht des formulierten Vergleichsvertrags natürlich am befriedigendsten, wenn Meister, Auf- und Absteiger sowie die Teilnehmer der internationalen Wettbewerbe tatsächlich ermittelt und dann auch sportlich ermittelt werden. Dies beseitigt zugleich schwierige organisatorische Fragen, sollten etwa Ligen aufgestockt oder Qualifikanten anders be-

stimmt werden. Wirtschaftlich ist es besonders wichtig, dass den Clubs die Fernsehgelder auch für die im April 2020 verbliebenen neun Saisonspiele zufließen, was jedenfalls Sky der Bundesliega zwischenzeitlich zugesagt haben soll. Ein etwaiger Ausfall bei gleichzeitigem Wegfall von Zuschauereinnahmen, anderen Sponsoreneinahmen usw. bei laufenden Kosten bedroht mittlerweile den Bestand einiger Clubs sogar der obersten Ligen im deutschen Fußball. Hierfür werden nun auch Geisterspiele, also Spiele zwischen den Mannschaften ohne Publikum, in Kauf genommen. Hierdurch kann gewährleistet werden, dass Infektionsgefahren beim Publikum ausgeschlossen werden, die freilich das größte Infektionspotenzial bei Massenveranstaltungen ausmachen. Hinsichtlich der Spieler (und möglicherweise weiterer notwendiger Beteiligter bei diesen Spielen) sollen regelmäßig und häufige Tests auf Covid-19 Infektionsrisiken minimieren.

Bei einem angedachten Wiederbeginn eines Bundesliga-Spielbetriebs, 13
derzeit angedacht auf den 9.5.2020, liegt aber auf der Hand, dass es schwierig ist, die Saison bis zum 30.6.2020 zu Ende zu spielen. Dies gilt insbesondere, wenn für einige Mannschaften auch noch Pokalspiele oder internationale Wettbewerbe beendet werden sollen. Die noch zu verbleibenden Spiele in den zur Verfügung stehenden Wochen zu realisieren, ist bereits eine Herausforderung. Ohne eine Absage der EURO wäre sie unmöglich geworden. Das Datum 30.6.2020 ist „magisch", weil es das typische Saisonende markiert. Hieran knüpfen insbesondere die Arbeitsverträge für die Spieler, die Spielzeitplanungen aller Beteiligten und natürlich die Satzungen und Ordnungen der Verbände insbesondere für die Spielberechtigungsfragen an.

Was die spieltechnischen Fragen angeht, haben sich die beteiligten 14
Verbände, insbesondere FIFA, UEFA, DFL und DFB, erstaunlich flexibel gezeigt.[6] Eine Anpassung der Statuten, Spielberechtigungen und Lizenzierungsbestimmungen liegt in ihren Händen. Für die Profis sind sie in Aussicht gestellt, für die Amateure in Fußballdeutschland sogar schon beschlossen.[7] Ein großes Problem liegt in freilich in den mit den Spielern geschlossenen Arbeitsverträgen. Etliche enden kraft Befristung am 30.6.2020, soweit die Spieler sich nicht über einen längeren Zeitraum dem Club verpflichtet haben. Auch wenn die arbeitsrechtlichen Fragen hier nicht zu vertiefen sind, naht Abhilfe: Es soll im Wege der Auslegung zu einer Verlängerung der Arbeitsverträge bis zum tatsächlichen Saisonende kommen können.[8]

---

[6] Vgl. für den internationalen Fußball FIFA, Fussballregulatorische Probleme, https://img.fifa.com/image/upload/jjzajnptbc8e8h1cqw2e.pdf (abgerufen am 24.4.2020).

[7] Änderungen der DFB-Spielordnungen, veröffentlicht in Offizielle Mitteilungen des Deutschen Fußball-Bunds, Nr. 4 vom 3. April 2020, Seite 1 ff.

[8] Fischinger SpuRt 2020, 112.

15 Wie aber auch schon die FIFA angedeutet hat, kommt eine noch weitere Verlängerung der Saison 2019/2020 über gewisse Datumsgrenzen („Oktober 2020") hinweg nicht in Betracht. Schon von der Bezeichnung her kann eine Spielzeit 19/20 nicht im Jahr 2021 zu Ende gespielt werden. In diesem Jahr wird nach der wettbewerblichen und sportlichen Übung ein anderer Jahreswettbewerb[9] erwartet. Wenn die (auch verzögerte) Aufnahme des nachfolgenden Jahreswettbewerbs organisatorisch nicht mehr möglich ist, muss die Saison abgebrochen werden. Es sind hiermit nämlich nicht nur alle sportlichen Erwartungen verbunden, sondern auch sämtliche vertraglichen Vereinbarungen darauf abgestimmt. Gerade Verträge mit Dritten werden sich aber nicht immer im Sinne des Sports auf das Wettbewerbsjahr und seine Anpassung auslegen lassen.

16 Der größte und unschlagbare Vorteil einer Saisonverlängerung ist die Tatsache, dass die beendete Saison wie ausgetragen gewertet werden kann.

bb) Abbruch der Saison

17 Erlaubt es die Entwicklung der Covid-19-Pandemie nicht oder nicht rechtzeitig, den Betrieb der Liga (auch mit Geisterspielen oder sonst minimiert) wieder aufzunehmen, kommt nur in Betracht, die laufende Saison abzubrechen (Saisonabbruch). Dies muss auch aus sportrechtlicher Sicht so lange wie möglich vermieden werden, weil der zwischen den Beteiligten eingegangene wettbewerbliche Vergleichsvertrag (→ Rn. 5) gerade zur Saisondurchführung verpflichtet. Gleichwohl gilt freilich: *ultra posse nemo obligatur.* Wenn die Saison in einem akzeptablen Zeitrahmen nicht mehr zu Ende gebracht werden kann, kann sie auch abgebrochen werden.

18 Wird die Saison abgebrochen, stellt sich die Wertungsfrage. Eine sportlich faire Bewertung wird nach Vorstellung der Beteiligten nur erreicht, wenn die Saison *sportlich* beendet worden ist. Demgegenüber ist die Frage zu stellen, ob deswegen andere Szenarien als die Nichtwertung der Saison sachgerecht sein können.

19 Sportlich fair und sachgerecht ist im Ausgangspunkt danach aber in jedem Fall die **Annullierung** der Saison. Sie kann damit begründet werden, dass das Vertragsziel der Beteiligten nicht mehr erreicht werden kann. Es wird also niemand zum Meister erklärt, niemand steigt auf oder ab, internationale Qualifikationsplätze haben keine Relevanz. Unabhängig davon, dass dies schwierige Folgefragen aufwirft (Aufstockung einer Liga, Vergabe von Plätzen in internationalen Wettbewerben usw), ist diese Lösung aber auch dann ungerecht, wenn ein ***sportlicher*** **Erfolg** oder Misserfolg bereits **feststeht.** Dies ist etwa dann der Fall, wenn in der

---

[9] Hier ist freilich das fußballerische Spieljahr, also vom 1.7. bis 30.6. des Folgejahres gemeint.

Liga ein Meister oder Absteiger auch neun Spiele vor Saison rechnerisch schon sicher feststeht, also auch bei allen denkbaren Ergebnissen sportlich nicht mehr verhindert werden kann. Da dieses Vergleichsergebnis damit auch ohne Saisonbeendigung eingetreten ist, ist es nur mit erheblichem Begründungsaufwand vertretbar, dass dieser – eindeutig – sportliche Erfolg bzw. die sportliche Niederlage dem betreffenden Club nicht zu Gute kommen bzw. zur Last fallen sollte.

Dies gilt allerdings nur insoweit, als diese Leistungsbewertung *sportlich* und **nicht mathematisch-statistisch** zustande gekommen ist. So ist es klar unzulässig, weil sportfremd, die Saisonplatzierungen etwa aus den Durchschnittspunkt und -torzahlen zu ermitteln, welche die Clubs in der bislang absolvierten Saison erspielt haben. Ebenso unvertretbar ist es, den weiteren Saisonverlauf durch den Einsatz von *predictive software* unter Einsatz statistischer Systeme und Verwendung von *big data* zu berechnen und das fiktive Saisonergebnis zum Abschlussergebnis zu erklären. Dies gilt natürlich nicht, sofern die Beteiligten zustimmen, wie etwa jüngst beim Abbruch der Handball-Bundesliga.[10] Weil eine Liga – mit den genannten Modifikationen – nichts anderes als eine Gesellschaft ist, gilt bei der Abstimmung hierüber das **Einstimmigkeitsprinzip** der BGB-Gesellschaft, sofern nichts anderes bestimmt ist (wie etwa im Gesellschaftsvertrag echter Gesellschaftsligen wie zB der DEL). Fehlt eine Regelung, dürften Clubs, die durch die Abstimmung einen *unmittelbaren* Vorteil erlangen (also etwa eine Aufstiegs- oder Qualifikationswertung erhalten), aus dem hierfür weit auszulegenden Rechtsgedanken der §§ 715, 717, 732 Abs. 2 BGB und § 47 Abs. 4 GmbHG[11] von der Abstimmung ausgeschlossen sein. Ihnen bleibt es unbenommen, im Rahmen der Debatte zum Ausdruck zu bringen, dass sie das Ergebnis mittragen. **20**

Angedacht worden ist es auch, den Meister in der Bundesliga durch ***Playoffs*** zu ermitteln. Da dies grundsätzlich im Sport anerkanntes Mittel der Siegerermittlung ist, kann eine solches Beendigungsszenario wohl noch ermessenfehlerfrei beschlossen werden. *Verf.* würde aber diese Vorgehensweise ebenfalls als sportartfremd strikt ablehnen. Es kommt hinzu, dass auch die Platzierung der zur Teilnahme an den „Playoffs" qualifizierten Mannschaften auch nur eine vorläufige wäre. **21**

Demgegenüber erscheint zumindest die Festlegung der Teilnehmer an den internationalen Wettbewerben durch das **Los** (aus dem Kreis derjenigen Clubs, die einen Qualifikationsplatz sportlich noch erreichen konnten) noch gut vertretbar zu sein. Das Los ist, so unbefriedigend es in jedem Anwendungsfall natürlich ist, jedoch ein anerkanntes Mittel im **22**

---

[10] https://www.faz.net/aktuell/sport/mehr-sport/thw-kiel-nach-corona-abbruch-von-handball-bundesliga-meister-16734977.html (abgerufen am 23.04.2020).

[11] Baumbach/Hueck/Zöllner/Noack GmbHG § 47 Rn. 76.

Sport und auch die Fußballregeln kennen es zB im Zusammenhang mit der Seitenwahl.

23 Nach dem gerade Gesagten ist ebenso klar, dass ein Saisonabbruch mit einem **„Einfrieren der Tabelle"**, also mit einer wertungsmäßigen Zugrundelegung der Tabelle zum Abbruchzeitpunkt, erheblichen Bedenken unterliegt. Soweit sich an Meisterschaft, Auf- und Abstieg oder Qualifikation sportlich noch etwas ändern kann, bedarf eine solche Vorgehensweise einer ausführlichen Rechtfertigung.

c) Empfehlung

24 Nach alledem muss es aus sportrechtlicher Sicht im Sinne der sportlichen Fairness einen Versuch geben, die Saison unter allen möglichen Anstrengungen zu einem sportlichen Ende zu bringen. Dass der Infektions- und Gesundheitsschutz der Beteiligten und der Gesamtbevölkerung letztlich jedoch immer Vorrang haben können, steht völlig außer Frage. Sollte dies nicht gelingen, kann die Spielzeit nicht gewertet werden, soweit zum Abbruchzeitpunkt sportliche Bewertungen endgültig noch nicht feststehen.

2. Schadenersatzansprüche der Clubs gegen die Verbände und die dortigen Entscheider

25 Unabhängig davon, welche Entscheidungen seitens der DFL hinsichtlich des Schicksals der Bundesliga und der 2. Bundesliga in der Spielzeit 2019/2020 getroffen werden, stehen mögliche Schadenersatzforderungen der beteiligten Clubs gegen den DFL e.V. und die DFL GmbH oder sogar gegen die dort tätigen Entscheider nicht im Vordergrund. Denn anders als etwa in der 3. Liga, für die der DFB Spielleiter ist, und in einigen Amateurligen, in denen nicht unbedingt alle Clubs Mitglieder des veranstaltenden Verbandes sind, sind alle Teilnehmer der Bundesliga und 2. Bundesliga Mitglieder des DFL e.V. Allein aus Gründen einer solidarischen Gesamtentscheidung – und natürlich auch aus Haftungsgründen – lässt die DFL ihre Mitgliederversammlung über das Schicksal der Ligen abstimmen. Danach bestehen gegen die DFL schon von Rechts wegen keinerlei Schadenersatzansprüche mehr – jedenfalls bei denjenigen Clubs, die der Entscheidung zugestimmt haben. Die Rechtmäßigkeitsfrage der getroffenen Entscheidung hintangestellt, dürfte es anderen Clubs nicht möglich sein, den Nachweis zu erbringen, die DFL habe es schuldhaft unterlassen, einen rechtmäßigen Beschluss zu fassen, bzw. habe schuldhaft einen rechtswidrigen Beschluss ihrer Mitgliederversammlung umgesetzt. Handelt die Geschäftsführung weisungsgemäß, ist eine persönliche Haftung der dortigen Entscheider ohnehin ausgeschlossen. Ebenso hat im Übrigen auch die Deutsche Eishockeyliga gehandelt,

die den Saisonabbruch ebenfalls durch die Gesellschafterversammlung hat beschließen lassen.

Schwieriger ist die Haftungsfrage in anderem Zusammenhang, nämlich bei den semiprofessionellen oder Amateurligen (→ Rn. 75 ff.). 26

3. Ansprüche der Fans

Der zahlreiche Ausfall von Fußballspielen (und natürlich anderen Sportevents) bedingt Ansprüche der Sportfans, insbesondere der Zuschauer im Stadion, die sich eine Eintrittskarte gekauft haben oder eine Dauerkarte haben, und natürlich derjenigen, die sich der Möglichkeit des Streaming oder Pay-TV bedienen, um den Sport mitzuerleben. 27

a) Erstattung einer Einzeleintrittskarte

Mit dem Kauf eines Tickets geht der Erwerber mit dem veräußernden Veranstalter einen Werkvertrag iSd §§ 631 ff. BGB ein. Geschuldetes Werk ist der Zutritt zum Stadion, die Sitzplatzzuweisung und die Durchführung des Fußballspiels. Das in der Gebrauchsüberlassung des Sitzplatzes erhaltene Mietelement ist nur unselbstständiger Teil der werkvertraglichen Leistung.[12] 28

Wenn ein Fußballspiel aufgrund der Covid-19-Pandemie abgesagt wird (durch die DFL oder eine behördliche Verfügung), wird dem veranstaltenden Fußballclub die Erbringung seiner vertraglichen Leistung unmöglich, § 275 Abs. 1 BGB. Für eine Anwendbarkeit des Sachmängelgewährleistungsrechts bleibt demnach kein Raum. Folglich entfällt auch der Anspruch auf die Gegenleistung nach § 326 Abs. 1 BGB. Den – üblicherweise im Voraus bezahlten – Ticketpreis kann der Zuschauer nach § 326 Abs. 4 BGB, §§ 346 ff. BGB zurückfordern. Dieser Anspruch kann – anders als zunächst Borussia Mönchengladbach meinte[13] – im Rahmen der regelmäßigen Verjährungsfrist nach § 195 BGB geltend gemacht werden. 29

b) Kein Ausschluss durch Ticket-AGB

Dieser Rückzahlungsanspruch kann auch nicht über Ticket-AGB wirksam ausgeschlossen werden. Generell sind hier die Gestaltungsmöglichkeiten bei den gesetzlichen Rechten der Verbraucher sehr eng.[14] So wird etwa der AGB-mäßige Ausschluss des Erstattungsanspruchs bei Geisterspielen, die aufgrund eines verbandsgerichtlichen Urteils durch- 30

[12] Holzhäuser/Karlin in Stopper/Lentze, Handbuch Fußball-Recht, 2. Aufl. 2018, Kap. 25 Rn. 22 mwN in den Fußnoten.

[13] https://www1.wdr.de/sport/fussball/erste-bundesliga/erstattung-tickets-rheinisches-dreby-100.html (abgerufen am 15.4.2020).

[14] Holzhäuser/Karlin in Stopper/Lentze, Handbuch Fußball-Recht, 2. Aufl. 2018, Kap. 25 Rn. 50.

geführt werden müssen, für unwirksam erachtet.[15] Für den vorliegenden Fall kann nichts anderes gelten. Der Ausschluss des Erstattungsanspruch des Zuschauers für das Spiel, das wegen der Covid-19-Pandemie nicht stattfinden kann, ist bereits gemäß § 307 Abs. 2 Nr. 1 BGB unwirksam, weil diese Regelung mit dem Grundgedanken der gesetzlichen Regelung des Leistungsstörungsrechts[16], nämlich der Abhängigkeit von Leistung und Gegenleistung,[17] nicht vereinbar ist. § 326 Abs. 1 BGB enthält nämlich den Grundgedanken, dass der Schuldner der unmöglich gewordenen Leistung die Vergütungsgefahr trägt.[18] Für den hier vorliegenden Fall „höherer Gewalt" (iwS), den keiner der Vertragsparteien verschuldet hat, können keine Ausnahmen gelten. In jedem Fall wäre aber eine solche Klausel nach § 307 Abs. 1 BGB unwirksam, weil sie den beteiligten Verbraucher unangemessen benachteiligt.

c) Verweis auf einen Gutschein

31 Wird der Gesetzesentwurf zur Abmilderung der Folgen der Covid-19-Pandemie im Veranstaltungsvertragsrecht[19] Gesetz, kann der Zuschauer vom Veranstalter nach § 5 Abs. 1 dieses Gesetzes für seine vor dem 8.3.2020 gekauften Eintrittskarte wegen seines Rückzahlungsanspruchs auf einen Gutschein verwiesen werden. Siehe zu weiteren diesbezüglichen Erwägungen → Rn. 161 ff.

32 Es bleibt den mit ihrem Verein emotional eng verbundenen Fans natürlich unbenommen, die Entschädigung oder den Gutschein nicht einzufordern bzw. letzteren nicht einzulösen, um durch diesen faktischen Verzicht einen Beitrag zur Konsolidierung der Clubfinanzen zu leisten. Es steht zu erwarten, dass einige Fans diesen Weg gehen werden, nachdem bereits etliche Profis (Spieler, Trainer und Manager) auf hohe Gehaltsbestandteile verzichtet haben.

d) Dauerkarten

33 Bei den **Dauerkarten** der Clubs wird hingegen zwischen dem ausgebenden Verein und dem Kunden ein Dauerschuldverhältnis begründet.[20] Ob die Dauerkarte dann im Sinne eines Werkvertrags für das jeweilige Spiel außer zum Besuch aller Heimspiele im Ligawettbewerb (Bundesliga, 2. Bundesliga) noch zu weiteren Spielbesuchen berechtigt (Pokal-

---

[15] Korff SpuRt 2017, 97.

[16] Palandt/Grüneberg BGB § 307 Rn. 28, 29.

[17] Palandt/Grüneberg BGB § 307 Rn. 32.

[18] Palandt/Grüneberg BGB § 326 Rn. 2.

[19] https://www.bmjv.de/SharedDocs/Gesetzgebungsverfahren/DE/Covid19_Veranstaltungsvertragsrecht.html (abgerufen am 15.4.2020).

[20] Holzhäuser/Karlin in Stopper/Lentze, Handbuch Fußball-Recht, 2. Aufl. 2018, Kap. 25 Rn. 62b.

wettbewerb, internationale Wettbewerbe) ist Frage individueller Festlegung und letztlich Vertragsinhalt.

Können aufgrund der Corona-Pandemie eine Vielzahl verbleibender Saisonspiele nicht durchgeführt werden, § 275 Abs. 1 BGB (→ Rn. 29), entfällt insoweit gemäß § 326 Abs. 1, 2. Hs. BGB, § 441 Abs. 3 BGB der auf diese Spiele anteilig entfallende Anspruch auf die Gegenleistung. Das bedeutet, dass der Kunde anteilig den Kaufpreis für die Dauerkarte nach § 326 Abs. 4 BGB, §§ 346ff. BGB zurückfordern kann. 34

Bei einer geringeren Anzahl von versäumten Spielen wäre eine analoge Anwendung des Rechtsgedankens aus § 326 Abs. 5 S. 2 BGB dahingehend in Betracht gekommen, dass bei einem geringfügigen Wegfall der „eingekauften“ Spiele keine Minderung des Dauerkartenpreises eintreten soll. Es ließe sich argumentieren, dass der Dauerkartenkäufer mit dem Kauf der Karte bewusst das Risiko eingeht, auch einen Teil der Spiele nicht mitansehen zu können. Dies könnte etwa darin liegen, dass der spielleitende Verband für einen Teil der Spiele Geisterspiele anordnet. Auch wenn ein Ausschluss des diesbezüglichen Rückerstattungsanspruchs durch AGB nicht in Betracht kommt (→ Rn. 30), erscheint ein solche Risikozuweisung durchaus sachgerecht zu sein. Denn Dauerkarteninhaber sehen in der eingegangenen Möglichkeit und Verpflichtung, alle Saisonspiele des eigenen Clubs zu besuchen, auch eine wesentliche Unterstützung des eigenen Vereins an (Liquidität, Planbarkeit der Einnahmen). Dies ließe sich auch auf die Covid-19-Situation übertragen, scheitert aber nach hier vertretener Ansicht daran, dass mit (nach derzeitigem Stand) noch neun zu absolvierenden Spielen ein ganz wesentlicher Teil (4–5, also bis zu rund 30%) der in der Dauerkarte enthaltenen Heimspiele ausfallen konnten. Ein solch großer Verzicht wäre von einer erwartbaren Risikozuweisung nicht mehr gedeckt. 35

Unabhängig davon ist aus den vorgenannten Gründen ohnehin nicht davon auszugehen, dass eine Großzahl der Fans von den Clubs die Minderungsbeträge zurückfordern, falls Spiele tatsächlich ausfallen würden. 36

Aus den gleichen Gründen scheitert die – immer mögliche[21] – **Kündigung** des Dauerschuldverhältnisses aus wichtigem Grund. Abgesehen davon, dass die Fans ihre Dauerkarte in aller Regel auch für die kommende Saison behalten wollen werden, liegt in der pandemiebedingten Nichtdurchführbarkeit kein wichtiger Grund iSd § 314 BGB (→ Rn. 149). 37

e) Erstattung von Sky-Abos, DAZN, amazon usw.

Verfolgen die Fans die Spiele der Bundesliga nicht im Stadion, sondern über die Dienste von Übertragungsanbietern wie Sky oder DAZN im Pay-TV, stellt sich die Frage nach der Zahlungspflicht der Fans aus 38

---

[21] Holzhäuser/Karlin in Stopper/Lentze, Handbuch Fußball-Recht, 2. Aufl. 2018, Kap. 25 Rn. 62b.

dem Abonnement-Vertrag sowie nach der Erstattung eines bereits entrichteten Entgelts.

39 Nach einhelliger Meinung hat der Abonnement-Vertrag die Rechtsnatur eines Dienstvertrags im Sinne des § 611 Abs. 1 BGB.[22] Eine Minderungsmöglichkeit ist dem Dienstvertragsrecht fremd. In Betracht kommt jedoch aufgrund des synallagmatischen Charakters des Vertrags ein Entfall der Zahlungspflicht nach § 326 Abs. 1 S. 1 BGB.

40 Die hierfür vorausgesetzte Unmöglichkeit der Leistungserfüllung des Anbieters im Sinne des § 275 Abs. 1 BGB liegt dann vor, wenn die vertraglich geschuldete Übertragungspflicht der Bundesligaspiele (oder anderer Sportwettbewerbe) auf Dauer nicht erbringbar ist. Dies gilt jedenfalls dann, wenn Hauptleistungspflicht aus dem jeweiligen Programmpaket die Übertragung von „Bundesliga“ oder „Sport“ ist, was bei den Sky-Produkten „Bundesliga“ und „Sport“ sowie bei dem DAZN-Streaming-Angebot unzweifelhaft der Fall ist.

41 Sky selbst schreibt auf seiner Webseite zu den coronabedingten Einschränkungen:

> „Best of Sport
>
> Nahezu alle Ligen und Wettbewerbe weltweit pausieren. Dennoch bieten wir unseren Sportfans weiterhin ein vielfältiges Programm. Dazu zählen unsere Sportnachrichten auf Sky Sport News HD, Spezialformate zB mit den besten Sportmomenten wie legendäre Fußballspiele, unvergessliche Formel 1-Rennen, Saisonrückblicke, Thementage und viele weitere „Best-Ofs“. Aber auch ein deutlich erweitertes On-Demand Angebot auf Sky Q. Schau einfach mal rein.“[23]

42 Eine Unmöglichkeit der Leistungserbringung durch die Streaminganbieter kann jedenfalls derzeit noch nicht festgestellt werden. Es ist unzweifelhaft, dass die Substitution des nicht stattfindenden Sportbetriebs durch die Wiederholungen der „Best of Sports“ unbefriedigend ist. Allerdings können derzeit Sportwettbewerbe aus Gründen nicht gezeigt werden, die keine der Vertragsparteien zu vertreten hat. Seinem Unterhaltungsauftrag kommt der Dienstleister jedenfalls auch durch das Zeigen von Wiederholungen nach. Dies erfüllt den Zweck eines „Sportpakets“ vielleicht gerade noch, bei – sicherlich von beiden Vertragsparteien stillschweigend zur Vertragsgrundlage gemachten – Inhalten eines „Bundesliga“-Pakets kann der Vertragszweck dauerhaft nicht damit erreicht werden, Wiederholungen zu senden, auch wenn der Wettbewerb nicht stattfinden kann.

43 Ob diese Übertragungen nachgeholt werden können, ist noch unklar. Die Annahme eines absoluten Fixschuldcharakters im Rahmen des

---

[22] BGH NJW 2003, 1932; 2008, 360; Palandt/Sprau BGB Einf § 631 Rn. 30. Vgl. zu möglichem Handlungsbedarf auf Seiten des Gesetzgebers MMR-Aktuell 2016, 379185.

[23] https://community.sky.de/t5/Service/Corona-Virus-Aktuelle-Informationen-fuer-Sky-Kunden/ba-p/363061 (abgerufen am 15.4.2020).

Dienstverhältnisses als Dauerschuldverhältnisses erscheint vertretbar. Es ist jedoch naheliegender, dass nach dem Parteiwillen auch eine spätere Übertragung im Abonnementzeitraum zumindest bis zu Saisonende (auch bis zu einem nach hinten verlegten Saisonende) als Erfüllung möglich ist.

Solange aber noch nicht klar ist, ob und in welchem Umfang zum Vertragsinhalt gewordene Sportveranstaltungen noch „nachgesendet" werden können, liegt noch keine Unmöglichkeit vor. Aus Perspektive des Abonnenten handelt es sich um eine Art „vorgezogene Sommerpause", in denen er sich (auch insoweit unzweifelhaft) Vertragsinhalt auch mit Rahmenberichterstattung und Wiederholungen zufriedengeben muss. Von daher sind sportimmanente Pausen und die dadurch bedingte Begleitberichterstattung ohne Weiteres von der vertraglichen Einigung gedeckt. Für diese zufällige Pause (oder möglicherweise nur zufällige Verschiebung einer Pause) kann nichts anderes gelten. **44**

Sobald aber feststeht, dass bestimmte Wettbewerbe nicht mehr stattfinden und nicht mehr nachgesendet werden können, können die Unmöglichkeitsfolgen nach §§ 326 Abs. 1, 2. Hs (Teil-Unmöglichkeit), 275 Abs. 1 BGB (nicht mehr nachholbare Leistung) eintreten. Die Anbieter wären gut beraten, entsprechende Abos rechtzeitig mit kostenlosen Zusatzmonaten zu verlängern. Dauerhaft werden sie durch das Senden von Wiederholungen jedenfalls nicht für eine Erfüllung des geschlossenen Vertrags sorgen können. **45**

Können Kunden nachweisen, dass sie ein Sportpaket ausschließlich zum Ansehen eines bestimmten Wettbewerbs abgeschlossen haben (wofür bei einem „Bundesliga-Paket" freilich der erste Anschein spricht), und dieser Wettbewerb findet für einen längeren Zeitraum (ca. 6 Monate) oder überhaupt nicht mehr statt, muss der Kunde außerdem das Recht zur außerordentlichen Kündigung nach § 314 BGB haben. **46**

II. Verlegung der EURO 2020

Die Fußballeuropameisterschaft im Jahr 2020, die EURO 2020, ist auf das Jahr 2021 verlegt worden. **47**

1. Tatsächliches

Diese Turnierverlegung ist in mehrfacher Hinsicht bemerkenswert. Auch sie ist in der Sportgeschichte beispiellos. Darüber hinaus war sie auch ein wichtiger Schritt, um den nationalen Ligen, wie auch der deutschen Bundesliga, eine Unterbrechung der Saison und ihre Beendigung im Sommer 2020 zumindest theoretisch zu ermöglichen. Das Kommunikationsverhalten der UEFA hat direkt zu Beginn für Überraschung gesorgt: Mit der initialen Verlegungspressemitteilung hieß es zunächst, das **48** im Jahr 2021 zu veranstaltende Turnier hieße trotzdem EURO 2020. Auch die Austragungsorte sollten gleich bleiben.[24]

2. Ansprüche der Fans und Zuschauer

49 Darzustellen ist, welche Ansprüche den Fans und Zuschauern aufgrund der Verlegung des Wettbewerbs zustehen.

a) Ticketstornierung: Rückzahlung oder Gutschrift

50 Da für den zwischen dem Ticketerwerber (Zuschauer/Fan) und der entsprechenden UEFA Vermarktungsgesellschaft („UEFA Events SA") keine Rechtswahl vorgenommen wird (auch die umfassenden Ticket-AGB[25] sehen keine Rechtswahl vor), richtet sich das anwendbare Recht nach dem gewöhnlichen Aufenthalt des Erwerbs als Verbraucher. Es wird also für deutsche Käufer regelmäßig deutsches Recht anwendbar sein.

51 Für die grundsätzliche Erstattbarkeit des Ticketkaufpreises gilt damit das oben zu den Bundesliga-Tickets Gesagte (→ Rn. 27 ff.).

52 Sofern der Gesetzesentwurf zur Abmilderung der Folgen der Covid-19-Pandemie im Veranstaltungsvertragsrecht[26] umgesetzt wird und der Erwerber sein Ticket vor dem 8.3.2020 gekauft hat, kann die UEFA Events SA den deutschen Erwerber auch grundsätzlich nach § 5 Abs. 1 des Gesetzesentwurfs auf einen Gutschein verweisen (zu den Einzelheiten → Rn. 161 ff.). Dies scheint indes nicht beabsichtigt zu sein. Denn auf der Webseite der UEFA heißt es hierzu:

53 *„Aufgrund der beispiellosen globalen Situation um das Coronavirus wurde die EURO 2020 auf 2021 verschoben. Wir versichern, dass Ticketkäufer, die nicht zu Spielen gehen können, den vollen Wert ihrer Tickets erstattet bekommen. Innerhalb des nächsten Monats werden wir hier und über E-Mail weitere Informationen zum Rückerstattungsprozess bekannt geben."*[27]

54 Danach können auch alle deutschen Fans mit einer Rückerstattung des Kaufpreises, in der Regel wohl über Gutschrift auf der belastenden Kreditkarte, rechnen, sofern sie „nicht zu den Spielen gehen können".

b) Wahrung des „Ticketbesitzstandes"

55 Die Formulierung über die Verlegung des Turniers (→ Rn. 48) und über die Erstattungsregelung hinsichtlich der Tickets (→ Rn. 53) wirft die spannende Frage auf, ob die Art des angekündigten Abwicklungspro-

---

[24] https://www.reviersport.de/artikel/trotz-verschiebung-ins-jahr-2021-em-heisst-weiter-euro-2020/ (abgerufen am 15.4.2020).

[25] https://www.uefa.com/MultimediaFiles/Download/competitions/Ticketing/02/60/70/79/2607079_DOWNLOAD.pdf (abgerufen am 15.4.2020).

[26] https://www.bmjv.de/SharedDocs/Gesetzgebungsverfahren/DE/Covid19_Veranstaltungsvertragsrecht.html (abgerufen am 15.4.2020).

[27] https://de.uefa.com/uefaeuro-2020/ticketing/#/ (abgerufen am 15.4.2020).

zesses eine Wahrung des „Ticketbesitzstandes“ beinhaltet. Dies ist nichts weniger als die Frage, ob der Fan, wenn er ein Finalticket bekommen hatte, auch für 2021 einen Anspruch darauf behält. Denn der Vergabeprozess für die EURO 2020 ist mit aleatorischen Elementen ausgestattet, weil es für einige Spiele naturgemäß mehr Interessenten als Tickets gibt.

Sowohl das Kommunikationsverhalten der UEFA als auch die angekündigte Regelung sprechen dafür, dass der Käufer des Tickets den einmal zugelosten Besitzstand behalten soll. Wer also die Spiele „seiner“ Mannschaft oder bestimmte Halbfinal- oder Finalspiele bekommen hat, wird nach diesem Verständnis Tickets zu den vergleichbaren Spielen im Jahr 2021 erhalten. Darauf deutet die von der UEFA hochgehaltene „Turnieridentität“, die Tatsache, dass es sich nur um eine „Verlegung“ handelt, und schließlich der Umstand hin, dass eine Rückerstattung nur dann vorgenommen werden soll, wenn Ticketkäufer „nicht zu den Spielen gehen können“. Dies lässt sich so verstehen, dass es sich um dieselben Spiele handelt, diese nur an einem anderen Datum, nämlich im Jahr 2021, stattfinden. 56

Ob sich dies, wie offensichtlich anfänglich von der UEFA geplant, so umsetzen lässt, erscheint mehr als fraglich. Denn zwischenzeitlich ist nicht mehr sicher, dass alle angedachten Austragungsstädte ihre ursprünglichen Zusagen auch für 2021 aufrechterhalten werden.[28] Unterschiedliche Austragungsorte werden abweichenden Stadiongrößen mit sich bringen, so dass identische Plätze oder nur eine ausreichende oder vergleichbare Anzahl von Plätzen nicht garantiert werden kann. Sollte es also zu einer Verlegung von Austragungsorten kommen, müsste auch die Ticketplanung für konkrete Spiele erneuert werden. 57

Das von der UEFA angedachte Verfahren ist allerdings äußerst fanfreundlich, weil es den Fans häufig gerade auf den Besuch der von ihnen konkret ausgewählten Spiele ankommt. Ob es hingegen einen Rechtsanspruch auf den Erhalt dieses „Ticketbesitzstandes“ gibt, muss mehr als fraglich erscheinen. Der Vertrag über das Ticket für ein Spiel im Jahr 2020 wäre nach einer Rückabwicklung in diesem Jahr erledigt. Eine weitergehende Verpflichtung der UEFA, etwa aus vertraglichen oder vorvertraglichen Nebenpflichten, dem Fan im Verlegungsfalle Zutritt in vergleichbarer Kategorie im identischen Spiel zu verschaffen, kann man dem Schuldverhältnis auch bei fanfreundlichster Auslegung nicht beilegen. Es ist, wie berichtet, auch für die UEFA nicht vorhersehbar, ob sich das Turnier eins zu eins in anderes Jahr verlegen lässt. 58

c) Ticketkombiangebote (Hotel, Flug pp.)

Die Rechtsfolgen für Kombiangebote, die also einen Spielbesuch (Ticket) mit Reiseleistungen (Flug, Hotel) verbinden, richten sich nach dem 59

---

[28] https://www.faz.net/aktuell/sport/fussball-em/corona-plan-fuer-stadien-bei-fussball-em-2021-wackelt-16722369.html (abgerufen am 15.4.2020).

Reiserecht (→ § 7 Rn. 2ff.). Klar ist jedoch, dass der Fan an dem Restprogramm nicht festgehalten werden kann, wenn ihm der Besuch des Spiels unmöglich wird, sei es im Jahr 2020 oder im Verlegungsjahr 2021.

C. Organisierter Amateursport

60 Die Covid-19-Pandemie stellt auch alle Beteiligten im organisierten Amateursport, Sportler, Vereine und Verbände, vor gewaltige Herausforderungen.

I. Ligenwettbewerbe im Amateursport

61 Fraglich ist zunächst, wie die Amateursportverbände mit den dutzenden von Ligenwettbewerben umgehen sollen, die in ihrem Verantwortungsbereich stattfinden.

1. Grundsätze

62 Für die Beendigung oder Bewertung abzubrechender Ligenwettbewerbe im Amateursport können keine anderen Grundsätze gelten als diejenigen, die oben (→ Rn. 8ff.) für die Profiligen dargestellt worden sind. Insoweit ist es im Sinne der Einheitlichkeit von Profi- und Amateursport wohltuend, dass die Maßstäbe identisch sind. Denn der Vertrag, der dem Vergleich im Wettbewerb zu Grunde liegt, unterscheidet sich in Voraussetzungen und Erwartungen von dem der Profis überhaupt nicht.

63 Die zuständigen Verbände sind also gehalten, für jede Liga eine Entscheidung unter Beachtung der oben dargestellten Maßstäbe zu treffen. Hierbei haben sie für jede einzelne Liga eine individuelle Entscheidung zu treffen. Jede schematische Betrachtung verbietet sich. Auch wenn sich viele Verbände eine einheitliche Vorgabe, etwa auch durch Bundesverbandsstatuten, wünschen werden, sind solche nicht zielführend und sollten auch nicht pauschal für ein gesamtes Verbandsgebiet beschlossen werden. Denn dann kann, im Einzelfall vermeidbar ungerecht, bereits sportlich erzielten und feststehenden Siegen und Niederlagen nicht ausreichend Rechnung getragen werden (→ Rn. 19).

64 In Österreich gab es im Amateurfußball schon einmal den Fall, dass der Fußballspielbetrieb wegen der grassierenden Maul- und Klauenseuche nicht wie geplant durchgeführt werden konnte. Entscheidungen wie seinerzeit und unter solchen Voraussetzungen sollten die Verbände unter Compliance-Gesichtspunkten freilich tunlichst vermeiden.[29]

---

[29] https://www.spiegel.de/sport/fussball/coronavirus-als-die-maul-und-klauenseuche-oesterreichs-fussball-durcheinanderbrachte-a-c706ecbc-a5a9-4e8d-a1fc-a41f61c93443 (abgerufen am 15.4.2020).

2. Beschlusszuständigkeit

Bevor ein Verband einen Beschluss trifft, sollte er sich genauestens über die verbandsrechtliche Beschlusszuständigkeit im Klaren sein. Sie ist Voraussetzung für eine rechtmäßige Entscheidung. 65

a) Zuständiges Organ und Beschlussqualität

Die Zuständigkeit des Organs ergibt sich aus der Satzung, den Ordnungen oder dem jeweiligen Ligastatut. Für alle spieltechnischen Fragen einer Liga gibt es in der Regel einen Spielleiter. Manchmal können die spieltechnischen Entscheidungen auch einem Spielausschuss oder dem Präsidium übertragen sein. Es ist im Einzelfall zu prüfen, ob eine bloße Exekutiventscheidung vorliegt oder die zu treffende Entscheidung eine Änderung der verbandsinternen Rechtslage verlangt. 66

So ergibt sich etwa am Beispiel der 3. Liga im Fußball, deren Spielleitung der DFB innehat, Folgendes: Nehmen wir hierfür an, der DFB entschließt sich dazu, um die Folgen der Covid-19-Pandemie nach Abbruch der 3. Liga zu beschränken, keine Mannschaft aus der 3. Liga absteigen zu lassen und für Aufsteiger aus den Regionalligen die 3. Liga aufzustocken. Sowohl die Entscheidung, aus der 3. Liga keine Mannschaft absteigen zu lassen, als auch, die 3. Liga aufzustocken, wären keine bloße Exekutiventscheidungen des Spielleiters der 3. Liga (vgl. § 14 Statut 3. Liga). Was eine Aufstockung angeht, steht dem bereits § 1 Nr. 2 Statut 3. Liga entgegen, der eine „grundsätzliche" Anzahl von 20 Mannschaften vorsieht. Zwar lässt „grundsätzlich" seinem Wortlaut nach auch Ausnahmen (von möglicherweise 1-2 Mannschaften) zu, allerdings ist hier vorzusehende Ausnahmesituation (Aufnahme der Aufsteiger aus den Regionalligen) eine zu große Abweichung vom ursprünglich formulierten Grundsatz. Darüber hinaus ist nach § 6 Nr. 3 Statut 3. Liga die sportliche Qualifikation für die Mitgliedschaft zur Liga entscheidend. Die Norm verweist zudem auf §§ 55a und 55b SpO-DFB, die ausdrücklich einen Auf- und Abstieg vorsehen. Spielordnung und Statut 3. Liga gehen (selbstverständlich) beide an einer Vielzahl von Stellen ausdrücklich wie implizit davon aus, dass in den Ligen Auf- und Abstieg stattfindet. 67

Es ist daher eine Modifikation der DFB-SpO und des Status 3. Liga, also eine Abänderung der DFB-Ordnungen, erforderlich. In Dringlichkeitsfällen liegt die Zuständigkeit hierfür beim DFB-Vorstand (§ 32 Nr. 2 DFB-Satzung). Dass in der aktuellen Situation ein Dringlichkeitsfall vorliegt, bedarf keiner ausführlichen Begründung mehr. Die eigentliche Sachentscheidung sollte der zuständige Spielleiter (§ 14 Nr. 1 Satz 1 Statut 3. Liga, also das bestimmte Mitglied des DFB-Spielausschuss) treffen oder bestätigen, nachdem der DFB-Vorstand die entsprechenden Ordnungen geändert hätte. Der Ausschuss 3. Liga muss beteiligt werden. 68

b) Einberufung einer Mitgliederversammlung?

69 In Betracht kommt in diesen Fällen aber auch immer eine Zuständigkeit der Mitgliederversammlung (→ § 8 Rn. 2ff.) des Verbands nach § 36 2. Alt. BGB. Die Vorschrift sieht vor, dass neben den in der Satzung genannten Fällen die Mitgliederversammlung auch dann einzuberufen ist, wenn das Interesse des Vereins dies erfordert. Wann das Interesse des Vereins die Einberufung der Mitgliederversammlung erfordert, hat das zuständige Organ nach pflichtgemäßem Ermessen zu entscheiden. Im Interesse des Vereins geboten ist die Einberufung, wenn eine wichtige Entscheidung zu treffen ist, die kraft der vereinsinternen Zuständigkeitsordnung der Mitwirkung der Mitgliederversammlung bedarf.[30]

70 Ob diese Norm auch **zuständigkeitsbegründend** wirkt, ist umstritten. Während Leuschner das ablehnt,[31] ist die wohl herrschende Meinung[32] der Auffassung, dass die Mitgliederversammlung in bedeutenden Fällen auch zuständig wird, obwohl sie es nach Satzungslage nicht ist. *Sauter/Schweyer/Waldner* verhalten sich eindeutig: „In Angelegenheiten, die für den Verein von besonders großer Bedeutung sind, muss die Mitgliederversammlung auch dann einberufen werden, wenn sie letztlich über die betreffende Angelegenheit nicht zu entscheiden hat."[33] In die gleiche Richtung äußert sich *Wagner*: „Im Vereinsinteresse kann die Einberufung der Mitgliederversammlung auch dann geboten sein, wenn ein Beschluss gefasst werden muss, der die Kompetenzen des Vorstands überschreitet und dieser nur von der Mitgliederversammlung gefasst werden kann, aber auch wenn ihr keine Entscheidungskompetenz zukommt, wenn es sich also um ungewöhnliche und für den Verein wichtige Maßnahmen bzw. Vorkommen handelt."[34] Als Beispiele werden hierfür der Abschluss eines finanziell bedeutsamen Vertrags[35] und „wirtschaftlich bedeutsame Geschäfte"[36] genannt. Die äußerst knappe Kommentierung von *Ellenberger* in Palandt geht in dieselbe Richtung, indem er ausführt, der Vorstand sei zur Einberufung der Mitgliederversammlung verpflichtet, sofern die Voraussetzungen des § 36 BGB vorliegen, also das Interesse des Vereins es erfordert.[37] Auch *Könen* scheint eine Einberufungspflicht weit zu verstehen, wobei auch er § 36 BGB nicht als zuständigkeitsbegründend ansieht, aber offensichtlich die Zuständigkeit der Mitgliederversammlung als verbandsrechtliche Selbstverständlichkeit für solche Aus-

---

[30] MüKoBGB/Leuschner BGB § 36 Rn. 5.
[31] MüKoBGB/Leuschner BGB § 36 Rn. 5.
[32] S.a. die weiteren Nachweise bei MüKoBGB/Leuschner BGB § 36 Rn. 5.
[33] Sauter/Schweyer/Waldner, Der eingetragene Verein, 20. Aufl. 2016, Rn. 158.
[34] Wagner in Reichert, Vereins- und Verbandsrecht, 14. Aufl. 2018, Rn. 1202.
[35] Wagner in Reichert, Vereins- und Verbandsrecht, 14. Aufl. 2018, Rn. 1202.
[36] Wagner in Reichert, Vereins- und Verbandsrecht, 14. Aufl. 2018, Rn. 3628.
[37] Palandt/Ellenberger BGB § 36 Rn. 1.

sprachen als gegeben ansieht.[38] Ein Vereinsinteresse ist jedenfalls bei allen grundlegenden Entscheidungen des Vereinslebens gegeben, die in die Letztentscheidungskompetenz der Mitgliederversammlung als originärem Willensbildungsorgan des Vereins fallen.[39]

Gegen die Einberufung einer Mitgliederversammlung wegen einer solchen Entscheidung spricht letztlich nur, dass lediglich wettbewerbsbezogene Einzelfallentscheidungen zu treffen sind, die in der Exekutivkompetenz des Spielleiters liegen können. 71

Wenn nicht schon aus dem Erfordernis, dass Satzungen und Ordnungen des Verbands geändert werden müssen, eine Einberufung der Mitgliederversammlung erforderlich wird, sprechen weitere Argumente dafür: Wenn es um Entscheidungen geht, einen Wettbewerb abzubrechen bzw. Regeln dafür zu finden, wie abgebrochene Wettbewerbe gewertet werden sollen, liegt unzweifelhaft eine außergewöhnliche Situation vor, die für den organisierten Sport insgesamt ein ungewöhnliches Vorkommen darstellt. Auch wenn sich die zu treffenden Entscheidungen als Einzelfallentscheidungen darstellen sollten, werden sie mit ihren Erwägungen und Zielsetzungen im gesamten untergeordneten Verbandsgefüge der jeweiligen Sportart (und damit in allen Ligen) bemerkt, beachtet und häufig zum Maßstab genommen werden. Allein deswegen darf auch die kommunikative Bedeutung einer Mitgliederversammlung insoweit nicht unterschätzt werden. 72

Schließlich können sich die zu treffenden Entscheidungen wegen möglicher Schadenersatzforderungen auch wirtschaftlich als bedeutend darstellen, was für sich genommen – wie dargestellt – Teilen der Literatur als Einberufungsgrund ausreicht. Letztlich beginnt mit den zu treffenden Entscheidungen auch im Gesamtverband eine Diskussion darüber, ob und wie ähnliche Ereignisse (weitere Wellen dieser Pandemie, andere Akte höherer Gewalt) einer statuarischen Regelung (eventuell in allgemeinverbindlichen Teilen der jeweiligen Spielordnung) zugeführt werden sollen. Diese Entscheidungskompetenz hat in der Regel nur die Mitgliederversammlung, weswegen sie darüber auch zu verhandeln hat. 73

Entschließt sich aufgrund dieser Erwägungen ein Verband für die Durchführung einer Mitgliederversammlung, kann diese nach Art. 2 § 5 Abs. 2 COVFAG in der Zeit vom 28.3.2020 bis zum 31.12.2021 unter den erleichternden Voraussetzungen durch elektronische Kommunikation durchgeführt werden (→ § 8 Rn. 10). 74

3. Haftungsfragen

Können die Ligenwettbewerbe nicht wie erwartet beendet werden, stellen sich aufgrund der auf Verbandsseite zu treffenden Entscheidungen 75

---

[38] BeckOGK/Könen, 1.2.2020, BGB § 36 Rn. 9-11.
[39] BeckOGK/Könen, 1.2.2020, BGB § 36 Rn. 11.

zahlreiche Haftungsfragen. Sie ergeben sich gegenüber den veranstaltenden Verbänden einerseits und gegenüber den Entscheidern in den zur Entscheidung berufenen Gremien persönlich andererseits.

76 Aus den verschiedenen Ligenwettbewerben der Verbände kommen Schadenersatzansprüche der beteiligten Clubs und der Vertragspartner des veranstaltenden Verbands in Betracht. Bei den Vertragspartnern ist in erster Linie an die Erwerber der Medienrechte, Sponsoren, Werbepartner und beauftragte Dienstleister zu denken. Aber auch Dritte, die Verträge mit den gerade genannten Vertragspartnern des veranstaltenden Verbandes oder die Wettbewerbsveranstaltungen selbst mit wirtschaftlichen Exspektanzen verbinden, können möglicherweise Schadenersatzansprüche aufgrund einer ununterbrochenen Kausalitätskette geltend machen.

77 Wegen der höheren Prüfungsdichte soll in der Darstellung mit den Direktansprüchen gegen die Entscheider selbst begonnen werden. Prüfungsszenario ist eine Situation, in der ein Verband, der einen Ligawettbewerb veranstaltet, durch die Covid-19-Pandemie zu einer Entscheidung veranlasst wird, eine Spielzeit abzubrechen und ggf. auch eine Wertung vorzunehmen. Diese Entscheidung des Verbandes wird durch die zuständigen Gremien beschlossen, in denen natürliche Personen als Organmitglieder abstimmen. Hierbei handelt es sich häufig um (regelmäßig sehr engagierte und schützenswerte) Ehrenamtler.

a) Ansprüche gegen die Entscheider

78 Durch ihre Entscheidungen in Verbandsgremien können sich die – häufig ehrenamtlich tätigen – Entscheider Ansprüchen Betroffener ausgesetzt sehen.

aa) Direkte Ansprüche Dritter

79 Es kommt sogar eine unmittelbare Inanspruchnahme der Entscheider als natürliche Personen in Betracht.

(1) Ansprüche aus §§ 280ff. BGB iVm dem mit dem Verband geschlossenen Vertrag

80 Ein Anspruch aus den §§ 280 BGB ff., insbesondere auf Schadenersatz, scheidet gegen die Entscheider in den Gremien für alle potenziellen Anspruchsteller allerdings aus. Denn Vertragspartner ist der jeweilige Verband als e.V.; für die gegen den Verein gerichteten Ansprüche haftet im Grundsatz der Verein als juristische Person.[40] Dies ist Ausfluss des vereins- und gesellschaftsrechtlichen Trennungsprinzips. Die Vermögenssphäre des e. V. und die Vermögenssphäre seiner Mitglieder sind rechtlich strikt voneinander zu trennen.[41]

---

[40] Sauter/Schweyer/Waldner, Der eingetragene Verein, 20. Aufl. 2016, Rn. 292a.

[41] BeckOK BGB/Schöpflin BGB § 21 Rn. 17; Palandt/Ellenberger BGB Einf v § 21 Rn. 21; BGHZ 175, 12 = NZG 2008, 670 = BeckRS 2008, 04940.

(2) Ansprüche aus § 280 Abs. 1 BGB, §§ 311, 241 Abs. 2 BGB – c.i.c. –

In Betracht kommt möglicherweise ein Anspruch aus c.i.c. (sog. 81
Sachwalterhaftung). Allerdings gilt auch hier zunächst der Grundsatz, dass die Haftung aus c.i.c. grundsätzlich nur die Parteien des geschlossenen Vertrags trifft. Vertreter und Verhandlungsgehilfen können grundsätzlich nur aus Delikt in Anspruch genommen werden.[42] Nach den von der Rechtsprechung entwickelten Grundsätzen können sie ausnahmsweise haftbar sein, wenn sie am Vertragsschluss ein **unmittelbares eigenes wirtschaftliches Interesse** haben oder wenn in sie in besonderer Weise **persönliches Vertrauen in Anspruch** genommen haben.[43]

Diese beiden Voraussetzungen dürften aber jedenfalls in die üblichen 82
Konstellationen ersichtlich nicht vorliegen. Denn die Eigenhaftung wegen eines **unmittelbaren eigenen wirtschaftlichen Interesses** tritt nur ein, wenn der Vertreter gleichsam in eigener Sache tätig wird; er muss als Quasipartner, als wirtschaftlicher Herr des Geschäfts oder eigentlicher wirtschaftlicher Interessenträger anzusehen sein.[44] Dies erscheint bei den eindeutig als Verbandsfunktionären handelnden Personen ausgeschlossen. Dass diese Personen in besonderer Weise **persönliches Vertrauen in Anspruch** genommen haben, also selbst oder durch einen Vertreter bei den jeweiligen Vertragsverhandlungen **anwesend** waren[45] und dadurch durch ihr Auftreten eine über das normale Verhandlungsvertrauen hinzugehende **persönliche Gewähr** für die Seriosität und die Erfüllung des Vertrags übernommen haben,[46] erscheint – auch ohne Kenntnis der konkreten Vertragsverhandlungssituationen – eher fernliegend. Dies müssen allerdings freilich die handelnden Personen in den Verbänden anhand ihres eigenen Verhaltens beurteilen.

(3) Durchgriffshaftung

Auch eine direkte Haftung der Entscheider aus der sog. **Durchgriffs-** 83
haftung dürfte nicht gegeben sein.

Die Durchgriffshaftung stellt eine Abkehr vom strikten **Trennungs-** 84
prinzip (s.o.) dar, dass sich die Haftung gegen die juristische Person (dem jeweiligen Verband als e.V.) und nicht gegen die dahinterstehenden Personen richtet. Bei diesem „Durchgriff durch den Schleier der Rechtspersönlichkeit" ist nach hM äußerste Zurückhaltung geboten.[47] Denn über die Rechtsform der juristischen Person darf nicht leichtfertig und

---

[42] Palandt/Grüneberg BGB § 311 Rn. 60; BGHZ 88, 67 = NJW 1983, 2696.

[43] Palandt/Grüneberg BGB § 311 Rn. 60; stRspr des BGH seit BGHZ 56, 81 (83) = NJW 1971, 1309.

[44] BGH NJW 1986, 597; Palandt/Grüneberg BGB § 311 Rn. 61.

[45] BGHZ 159, 94 = NJW 2004, 2523; Palandt/Grüneberg BGB § 311 Rn. 63.

[46] BGHZ 88, 67 = NJW 1983, 2696; Palandt/Grüneberg BGB § 311 Rn. 63.

[47] BeckOK BGB/Schöpflin BGB § 21 Rn. 18.

schrankenlos hinweggegangen werden.[48] Deshalb nimmt die Rechtsprechung die Durchgriffshaftung eines Mitglieds für Verbindlichkeiten der juristischen Person nur an, wenn der Trennungsgrundsatz „zu Ergebnissen führen würde, die mit Treu und Glauben nicht in Einklang stehen, und wenn die **Ausnutzung der rechtlichen Verschiedenheit** zwischen der juristischen Person und den hinter ihr stehenden natürlichen Personen einen **Rechtsmissbrauch** bedeutet. Es ist Aufgabe des Richters, einem treuwidrigen Verhalten der hinter der juristischen Person stehenden natürlichen Personen entgegenzutreten und die juristische Konstruktion hintanzusetzen, wenn die Wirklichkeit des Lebens, die wirtschaftlichen Bedürfnisse und die Macht der Tatsachen eine solche Handhabung gebieten".[49] Eine Durchgriffshaftung kann man in wesentlichen Fallgruppen darauf zurückführen, dass sich der betroffene Gesellschafter von den Gründungsvoraussetzungen der Gesellschaft lossagt.[50] Anspruchsgegner der Durchgriffshaftung ist, wer für den Durchgriffstatbestand verantwortlich oder mitverantwortlich ist.[51]

85 Dass eine solche Konstellation oder gar eine von der Rechtsprechung anerkannte **Fallgruppe** (Rechtsschein persönlicher Haftung, unlauteres Verhalten, Sphärenvermischung,[52] Unterkapitalisierung, Fremdsteuerung, konzernrechtliche Ausfallhaftung, existenzvernichtender Eingriff[53]) vorliegen könnte, erscheint indes fernliegend. Ein unredliches Verhalten des potenziell haftenden Personenkreises unter Ausnutzung des Trennungsprinzip und der hier gewählten Rechtsform des eingetragenen Vereins ist im organisierten Sport generell nichts ersichtlich.

(4) Haftung aus § 823 Abs. 1 BGB

86 Da das Vermögen an sich in § 823 Abs. 1 BGB nicht geschützt ist, kommt eine deliktische Haftung wegen des Abstimmungs- und Entscheidungsverhaltens nach § 823 Abs. 1 BGB nur dann in Betracht, wenn sich die Beteiligung an der Entscheidung des jeweiligen Verbands als Eingriff in den **eingerichteten und ausgeübten Gewerbebetrieb** eines anspruchstellenden Dritten qualifizieren lässt. Dass andere der in § 823 Abs. 1 BGB genannten Rechte und Rechtsgüter betroffen sein könnten, ist nicht ersichtlich.

87 Dazu müsste sich die Entscheidung des jeweiligen Verbands (und der Entscheidungsbeitrag der Entscheider) zunächst als **betriebsbezogener**

---

[48] BGHZ 20, 4 (11) = NJW 1956, 785.

[49] BGHZ 78, 318 (333) = NJW 1981, 522 – Hervorhebungen nicht dort; BGHZ 175, 12 (18) = NZG 2008, 670 Kolpingwerk; stRspr, vgl. RGZ 99, 232 (234); BGHZ 68, 312 (315) = NJW 1977, 1449; BeckOK BGB/Schöpflin BGB § 21 Rn. 18; Palandt/Ellenberger BGB Einf v § 21 Rn. 12.

[50] BeckOK BGB/Schöpflin BGB § 21 Rn. 18.

[51] BGHZ 125, 366 = NJW 1994, 1801.

[52] Palandt/Ellenberger BGB Einf v § 21 Rn. 13.

[53] BeckOK BGB/Schöpflin BGB § 21 Rn. 19-24.

Eingriff bei dem Dritten darstellen. Hierunter fällt jeder unmittelbare Eingriff in den betrieblichen Tätigkeitskreis, insbesondere wenn er zur Beeinträchtigung des Betriebs als solchen bzw. einer Bedrohung seiner Grundlagen führt.[54] Wegen der Abgrenzung zum von § 823 Abs. 1 BGB nicht erfassten Ersatz mittelbarer Vermögensschäden muss er sich nach objektivem Maßstab spezifisch gegen den betrieblichen Organismus oder die unternehmerische Entscheidungsfreiheit richten, nicht nur gegen vom Betrieb ohne Weiteres ablösbare Rechte und Rechtsgüter.[55]

Es ist zu differenzieren: Hier ist es bei den **Clubs der jeweiligen Liga** nicht von der Hand zu weisen, dass jede Entscheidung des veranstaltenden Verbandes, die beinhaltet, dass ein größerer Teil der ursprünglich geplanten Ligaspiele nicht mehr stattfindet, dem Unternehmen, das seinen Wirtschaftsbetrieb darauf ausgelegt hat, in einer Liga Fußball zu spielen, die Tätigkeitsgrundlage entzieht und damit zielgerichtet eine Entscheidung gegen den „betrieblichen Organismus" dieser Clubs trifft. Denn der Club ist mit seiner Mannschaft gerade Teil des Ligawettbewerbs. Auch wenn hier auf Verteidigungsebene Wertungsmöglichkeiten verbleiben, ist die Annahme dieses Tatbestandsmerkmals zumindest nicht fernliegend. Dies gilt freilich nur, soweit der Verein mit seiner fußballerischen Tätigkeit tatsächlich einen **Wirtschafsbetrieb** unterhält. Dies ist Tatfrage, aber bei reinen Amateurclubs, die etwa in der Kreisliga, Bezirksliga und Landesliga Fußball spielen trotz zT erheblicher Entschädigungsleistungen an die Spieler wohl noch zu verneinen. 88

Vor diesem Hintergrund dürften sich die o.g. Entscheidungen gegenüber allen **Dritten** ebenfalls nur als mittelbare Beeinträchtigungen des jeweiligen Gewerbebetriebs darstellen. Insbesondere für die Käufer der Medienrechte und andere Vertragspartner werden sich etwaige Absage- oder Gestaltungsentscheidungen bezogen auf die jeweilige Liga als **mittelbare Eingriffe** in einzelne, aussonderbare Rechte, nämlich die Übertragungsrechte für das eine Spiel bzw. die verbliebenen Spiele darstellen, so dass es im Ergebnis an einem betriebsbezogenen Eingriff fehlen dürfte. Ihr Betrieb an sich ist durch den Wegfall dieser Berichterstattungsmöglichkeiten oder sonstigen Verwertungsmöglichkeiten nicht gefährdet. 89

Ob ein betriebsbezogener Eingriff vorliegt, kann indes dahinstehen, wenn dieser Eingriff nicht **rechtswidrig** wäre. Da es sich bei dem „eingerichteten und ausgeübten Gewerbebetrieb" als sonstiges Recht iSd § 823 Abs. 1 BGB um ein sog. „Rahmenrecht" (oder auch „offenen Tatbestand") handelt, ist die Rechtswidrigkeit dieses Eingriffs besonders festzustellen.[56] Die Rechtswidrigkeit eines Eingriffs in den „eingerichteten und ausgeübten Gewerbebetrieb" wird durch eine umfassende Interessen- und 90

[54] Palandt/Sprau BGB § 823 Rn. 135.
[55] Palandt/Sprau BGB § 823 Rn. 135.
[56] Palandt/Sprau BGB § 823 Rn. 135.

Güterabwägung mit den im Einzelfall konkret kollidierenden Interessensphären festgestellt.[57] Diese Interessenabwägung dürfte nach hiesiger Bewertung regelmäßig zu dem Ergebnis führen, dass sich eine Rechtswidrigkeit *nicht* feststellen lässt: Eine Rechtswidrigkeit einer Entscheidung, eine Liga aufgrund der Covid-19-Pandemie abzubrechen, ergibt sich nicht. Denn die Verbände kommen regelmäßig ihrem **Sportgestaltungsauftrag** aus Art. 9 Abs. 1 GG nach und treffen eine Entscheidung, die ihnen durch die Pandemie-Rahmenbedingungen aufgezwungen wird oder nur den Zweck habe, die weitere Ausbreitung der Pandemie zu verhindern. Bei den Clubs der Ligen kommt indes hinzu, dass sie sich durch die Teilnahme an der Liga dem Regelwerk des jeweiligen Verbands unterworfen haben, das eine Spielleitung durch seine Stellen vorsieht. Mit den Fußballregeln, den Wettbewerbsbestimmungen und dem Satzungsrecht hat der Verband mit seinen Organen eine Möglichkeit, die Vertragsinhalte zur Teilnahme an seinen Ligen einseitig zu bestimmen, § 315 Abs. 1 BGB. Dies gilt freilich auch für eine Wettbewerbssituation, für die noch keine Regeln existieren. Hier ist den Clubs zwar im Ausgangspunkt zuzugeben, dass eine Änderung der Wettbewerbsregeln während der Saison zwar grundsätzlich ausscheidet, damit jedes Spiel unter den identischen Bedingungen stattfinden kann und die Ergebnisse damit vergleichbar bleiben. Allerdings ist die im Frühjahr 2020 eingetretene Situation beispiellos und der Ligaspielbetrieb bedarf wegen faktischer Unmöglichkeit der Wettbewerbsbeendigung (die zu begründen und zu dokumentieren ist) eines regulierenden Eingriffs. Damit ist den Entscheidern eine Ermessensentscheidung eröffnet, die, sofern vernünftige Erwägungen ausschlaggebend waren und dokumentiert wurden, zwar der gerichtlichen (bzw. schiedsgerichtlichen) Überprüfung unterfällt, aber letztlich wegen eines Beurteilungs- und Ermessenspielraums nur eingeschränkt kontrolliert werden kann (→ Rn. 9 f.).

91 Auch wenn nach den bisherigen Ausführungen jedenfalls kein rechtswidriger Eingriff in den eingerichteten und ausgeübten Gewerbebetrieb potenzieller Anspruchsteller vorliegt, kann hier natürlich anders beurteilt werden. Für diesen Fall muss in Erwägung gezogen werden, dass die Rechtswidrigkeit des Eingriffs wieder entfallen kann. Dies ist etwa der Fall, wenn der Verletzte in die Rechtsgutverletzung **einwilligt.**[58] Für die Verbände und ihre Entscheider ist es daher sinnvoll, entsprechende Entscheidungen im Einklang mit den Vertretern der ligenangehörigen Vereine zu treffen. Stimmen sie einer Abbruchs- oder Wertungsentscheidung zu, scheidet eine Haftung aus.

92 An der **Kausalität** des Abstimmungs- und Entscheidungsbeitrags des einzelnen Entscheiders kann trotz der mittelbaren Verursachung des Scha-

---

[57] Palandt/Sprau BGB § 823 Rn. 133.
[58] Palandt/Sprau BGB § 823 Rn. 38.

dens durch die Entscheidung und die Abstimmung kein Zweifel bestehen, weil sie *conditio sine qua non* iSd Äquivalenztheorie sind und die Schadensfolge nicht außerhalb jeder Lebenswahrscheinlichkeit iSd Adäquanztheorie liegt. Angesichts der besonderen Bedeutung und Streitigkeit der zu entscheidenden Fragen ist davon auszugehen, dass bei den entscheidenden Gremien versucht werden wird, eine einstimmige oder zumindest deutliche Mehrheitsentscheidung zu treffen, die auch als solche nach außen transportiert wird. In diesem Fall stellen sich die besonderen **Kausalitätsfragen bei (knappen) Gremienentscheidungen** nicht.[59] Im Zivilrecht sorgen sie ohnehin nicht für Entlastung, wobei der dogmatische Ansatz hierfür umstritten ist.[60] Jedenfalls wird man jedem Gremiumsmitglied den Unterlassensvorwurf machen können, nicht hinreichend auf eine rechtmäßige Entscheidung des Gremiums hingewirkt zu haben (bestritten).

93 Soweit nach Vorgesagtem ein geringes Restrisiko einer persönlichen Haftung der Entscheider übrig bleiben könnte, verbleibt als Verteidigungslinie letztlich das **Verschulden** der Entscheider. Falls ein Gericht oder Schiedsrichter trotz einer gut dokumentierten und in jeder Hinsicht vertretbaren Ermessenentscheidung einen rechtswidrigen Eingriff in den eingerichteten und ausgeübten Gewerbebetrieb durch die Entscheider annimmt, müsste der Anspruchsteller darlegen und beweisen, dass der jeweilige Entscheider diesen Entscheidungsbeitrag schuldhaft falsch geleistet hat. Dies ist theoretisch möglich, wird aber bei einer umfassenden und dokumentierten Vorbereitung der Entscheidung immer unwahrscheinlicher. Irgendwann hat ein Entscheider alles Zumutbare getan, um sich vor der Entscheidung zu informieren und sich auf sie vorzubereiten. Hier muss auf die Wertungen der *business judgement rule* zurückgegriffen werden (→ Rn. 107).

(5) Haftung aus § 823 Abs. 2 BGB

94 In Bezug auf das Abstimmungs- und Entscheidungsverhalten liegt auch eine Schadenersatzpflicht aus § 823 Abs. 2 BGB nicht auf der Hand, weil sich einschlägige Schutzgesetze nicht aufdrängen. Bei einem redlichen Verhalten der Entscheider scheidet § 263 Abs. 1 StGB (Betrug) aus, weil es bei Ansetzung der Spiele nie eine Mentalreservation gegeben hat, die Spiele dann doch nicht fortzuführen. Auch in der Zwischenzeit sollte durch die Entscheider nie in Aussicht gestellt worden sein, dass die Saison auf jeden Fall mit der regulären Anzahl von Spielen beendet werde.

(6) Haftung aus § 826 BGB

95 Auch eine **vorsätzlich sittenwidrige Schädigung** von Vertragspartnern und Dritten scheidet im Ergebnis aus. Zwar dürften die Entscheider

[59] Satzger Jura 2014, 186.
[60] MüKoBGB/Wagner BGB § 830 Rn. 76.

Schädigungsvorsatz haben, weil sie Art und Richtung des Schadens und die Schadensfolgen voraussehen können und im Sinne eines Zwischenziels zur Erreichung ihres jeweiligen Ziels (Abbruch der Saison, Festlegung der Saisonwertung) billigend in Kauf nehmen und daher insoweit mit Eventualvorsatz handeln.[61] Allerdings dürfte sich die Entscheidung und der Schaden nicht als sittenwidrig darstellen. Der Sittenwidrigkeitsbegriff des § 826 BGB umfasst zwei Komponenten: die **objektive Sittenwidrigkeit** und die **besondere Verwerflichkeit** des Verhaltens.

96 Für die objektive Sittenwidrigkeit gilt die bekannte Formel: Objektiv sittenwidrig ist ein Verhalten, das nach Inhalt oder Gesamtcharakter, der durch zusammenfassende Würdigung von Inhalt, Beweggründen und Zweck zu ermitteln ist, gegen das Anstandsgefühl aller billig und gerecht Denkenden verstößt, d.h. mit den grundlegenden Wertungen der Rechts- und Sittenordnung nicht vereinbar ist.[62] Allerdings reicht das Verhalten gegen vertragliche Pflichten oder ein Gesetz, ein unbilliges Verhalten oder ein beim Dritten eintretender großer Schaden hierfür nicht aus.[63] Insbesondere ist die Verfolgung eigener Interessen bei der Ausübung von Rechten im Grundsatz auch dann legitim, wenn damit eine Schädigung Dritter verbunden ist.[64] Unter diesen Voraussetzungen erscheint schon die Annahme einer objektiven Sittenwidrigkeit äußerst fernliegend. Dass für alle Ligen ein Beendigungsszenario angesichts der faktischen Umstände beschlossen werden muss, steht ebenso außer Frage, wie der Umstand, dass die Entscheider hierbei ihrem **Sportgestaltungsauftrag** aus Art. 9 Abs. 1 GG nachkommen und eine faire, dem sportlichen Geist entsprechende und im Sinne der beteiligten Clubs (mit allen dort beteiligten Personen) liegende Entscheidung zu treffen haben. Wenn die Entscheidung tatsächlich von diesen Maximen geleitet wurde, was sich durch entsprechende Entscheidungsvorlagen und Gutachten dokumentieren lässt, liegt ein Sittenwidrigkeitsverdikt außerhalb jeder Reichweite. Noch deutlicher scheint dies für eine Absage einzelner Spiele vor großem Publikum zu sein: Die Entscheidung, die zweifelsohne über Monate noch bestehende erhebliche Verbreitungsmöglichkeit des SARS-CoV-2-Virus in einem Stadion mit mehreren hundert oder tausend Zuschauern zum Schutze aller Beteiligten und der Gesellschaft zu verhindern, ist nun das genaue Gegenteil von sittenwidrig.

97 Dies leitet über zum zweiten Element der Sittenwidrigkeit nach § 826 BGB, das darin besteht, dass zu einem objektiven sittenwidrigen Verhalten – das nach den obigen Ausführungen schon nicht gegeben ist – eine nach den Maßstäben der allgemeinen Geschäftsmoral und des als „an-

---

[61] Vgl. zu den Anforderungen Palandt/Sprau BGB § 823 Rn. 10.

[62] Vgl. zu den Anforderungen Palandt/Sprau BGB § 823 Rn. 10 mwN zur Rechtsprechung.

[63] Palandt/Sprau BGB § 823 Rn. 4 mwN.

[64] BGHZ 102, 68 = NJW 1988, 700 (703).

ständig" Geltenden **besondere Verwerflichkeit** des Verhaltens dazu kommen muss, die sich aus dem verfolgten Ziel, den eingesetzten Mitteln, der zutage tretenden Gesinnung oder eintretenden Folgen ergeben kann.[65] Wenn die sportliche Notwendigkeit einer Saisonbeendigungsentscheidung plausibel dargelegt und die Hintergründe der Abbruch der Saison im obigen Sinne dokumentiert werden, ist eine besondere Verwerflichkeit des Verhaltens nicht zu erblicken.

bb) Ansprüche des eigenen Verbands/mittelbare Ansprüche

Ein Haftungsrisiko für die Entscheider ergibt sich auch daraus, dass die Gremienmitglieder durch den eigenen Verband oder uU *mittelbar* in Anspruch genommen werden können. 98

Rechtlicher Anknüpfungspunkt ist hierbei immer ein Anspruch, der dem jeweiligen Verband wegen einer Pflichtverletzung gegen seine Gremienmitglieder zusteht. Das Haftungsrisiko verschärft sich, wenn dieser Anspruch auf einen (externen) Dritten übergeht oder der Insolvenzverwalter im Falle der Insolvenz des Verbands wegen der verursachten Schäden den Anspruch für den Verein geltend macht. Dann kommt es nicht mehr darauf an, ob der Verband als eingetragener Verein den Ersatzanspruch gegen seine Gremienmitglieder geltend machen will oder ggf. muss. Hier muss als realistisches Szenario in Betracht gezogen werden, dass zumindest Teile der möglichen Schäden durch den Verband versichert sind, die Versicherung sich als einstandspflichtig erachtet und letztlich auch leistet. In diesem Fall geht der Ersatzanspruch gegen die Gremienmitglieder nach § 86 Abs. 1 VVG in Höhe der durch die Versicherung gezahlten Leistung auf den Versicherer über. 99

Es ist also vorrangig zu prüfen, ob der Verband selbst wegen der zu treffenden Entscheidungen Ansprüche gegen die Entscheider geltend machen kann. 100

(1) Aus § 280 Abs. 1 BGB, §§ 26, 27 Abs. 2 BGB, §§ 664ff. BGB

Gegen die Gremienmitglieder kommt zuvorderst ein vertraglicher Anspruch aus § 280 Abs. 1 BGB wegen der Verletzung der Pflichten als Organ-/Vorstandsmitglied in Betracht. 101

Das nach § 280 Abs. 1 BGB notwendige **Schuldverhältnis** zwischen dem Verband und dem Organmitglied ergibt sich aus der organschaftlichen Stellung, die mit der Annahme der Wahl beginnt und die sich als Auftragsverhältnis darstellt.[66] Dies ist zwar nur für die Vorstandsmitglieder ausdrücklich nach §§ 26, 27 Abs. 2 BGB, § 664ff. BGB gesetzlich geregelt, gilt aber letztlich für alle Organmitglieder.[67] Wenn die Mitglieder der Gre- 102

[65] Palandt/Sprau BGB § 823 Rn. 4.
[66] Wagner in Reichert, Vereins- und Verbandsrecht, 14. Aufl. 2018, Rn. 2058.
[67] Wagner in Reichert, Vereins- und Verbandsrecht, 14. Aufl. 2018, Rn. 3616.

mien nicht unentgeltlich tätig werden, dürfte dieses Schuldverhältnis durch das dienstrechtliche Anstellungsverhältnis überlagert werden.

103 Durch die Entscheidung, einen Ligenwettbewerb abzubrechen oder in einer bestimmten Weise zu werten, könnten die Organmitglieder gegen ihre Pflichten dem Verband gegenüber aus dem Tätigkeitsverhältnis verstoßen haben.

104 Damit überhaupt rechtmäßig entschieden werden kann, muss die Entscheidung vom **zuständigen Vereinsorgan** getroffen worden sein. Hier gilt das oben Gesagte (→ Rn. 65ff.).

105 Auch für die Entscheidungsermächtigung und den **Pflichtenkreis der Entscheider** gilt das bereits für die Profiligen Ausgeführte (→ Rn. 8ff.).

106 Hiernach bleibt auch bei allen anderen Sportverbänden eine **Ermessensentscheidung** zu treffen. Gleichwohl werden immer Wertungsfragen offenbleiben, die entschieden werden müssen – auch, weil die Entscheider schlechterdings nicht prognostizieren können, wie sich der sportliche Erfolg einer Mannschaft weiterentwickelt hätte (wobei sich jede Anwendung mathematischer und statistischer Methoden als sportswidrig verbieten dürfte) und wie sich die Pandemie und ihre Bekämpfung letztlich im weiteren Zeitablauf darstellen wird. Es verbleiben bei jeder Entscheidung immer unvermeidbare Unsicherheiten.[68]

107 Für Ermessensentscheidungen kann das Organ die Haftung durch den Nachweis ausschließen, seine Mitglieder hätten zum Entscheidungszeitpunkt annehmen können, dass die die Entscheidung auf der Grundlage angemessener Information zum Wohle des Vereins und der anderen Beteiligten getroffen würde. Denn auch der Vereinsvorstand kann sich im Rahmen von unternehmerischen Entscheidungen auf die bisher nur im Aktienrecht kodifizierte, sog. *business judgement rule berufen.*[69] Deshalb scheidet analog § 93 Abs. 1 S. 2 AktG eine Pflichtverletzung aus, wenn die Entscheider bei einer unternehmerischen Entscheidung vernünftigerweise annehmen durften, auf der Grundlage angemessener Information zum Wohle des Vereins zu handeln.[70] Hierbei wird auch schon in der Kommentarliteratur darauf hingewiesen, dass es äußerst sinnvoll ist, im Vorfeld risikoträchtiger und bedeutsamer Entscheidungen sowohl die Entscheidungsfindung als auch die Gründe für die Entscheidung zu **dokumentieren.**[71] Die Beschränkung der *business judgement rule* auf unternehmerische Entscheidungen darf nicht darüber hinwegtäuschen, dass auch andere Entscheidungen vielfach unter Unsicherheit getroffen werden müssen.[72] Damit

---

[68] Vgl. zur Haftung für unternehmerische Risikoentscheidungen während der Corona-Pandemie insgesamt Kubiciel NJW 2020, 1249.

[69] MüKoBGB/Leuschner, 8. Aufl. 2018, BGB § 27 Rn. 69 mwN.

[70] MüKoBGB/Leuschner, 8. Aufl. 2018, BGB § 27 Rn. 69.

[71] MüKoBGB/Leuschner, 8. Aufl. 2018, BGB § 27 Rn. 69.

[72] MüKoBGB/Leuschner, 8. Aufl. 2018, BGB § 27 Rn. 72.

kann dahinstehen, ob die in Rede stehenden Entscheidungen „unternehmerische Entscheidungen“ sind, wofür – je nach Liga – auch die wirtschaftlichen Bedeutung sprechen kann, oder es sich um bloß sportbezogene, sporttechnische oder sportpolitische Entscheidungen handelt. Die Erkenntnis, dass das Vorstandshandeln in diesen Fällen aus der ex-ante- und nicht der ex-post-Perspektive zu bestimmen ist, gilt selbstverständlich auch in diesen Fällen, ohne dass es hierzu der Anwendung der *business judgement rule* bedarf.[73] Auch insoweit kommt es daher maßgeblich darauf an, dass sich der Vorstand ausreichend informiert und der Prozess nicht durch Fremdeinflüsse manipuliert wird.[74]

(2) Zwischenergebnis zur Haftung

Es kommt zu einem für hunderte Ehrenamtler in den Vereinen und Verbänden sehr wohltuenden Ergebnis: Diese Entscheider sind nach den hiesigen Bewertungen bei den zu treffenden Entscheidungen vor einer Haftung dem Verband (und damit auch mittelbar Dritten gegenüber) durch die *business judgement rule* **umfassend geschützt,** wenn die oben dargestellten Voraussetzungen eingehalten werden. **108**

Sollten diese Wertungen nicht geteilt werden oder zur haftungsrechtlichen Absicherung weitere Schritte ergriffen werden sollen, ist an einen Weisungsbeschluss der Mitgliederversammlung (→ Rn. 111) oder an ihren Entlastungsbeschluss (→ Rn. 113) zu denken. **109**

Für die Verbände selbst gilt die *business judgement rule* nicht. Ob die getroffene Entscheidung letztlich den Anforderungen des § 315 BGB, einer ergänzenden Vertragsauslegung oder § 242 BGB, also einer billigen Entscheidung unter Abwägung aller beteiligten Interessen, genügt, ist gerichtlich voll überprüfbar, wobei man den Verbänden angesichts der schwierigen Rahmenparameter und dem Tätigwerden im Kernbereich des Art. 9 Abs. 1 GG – Verbandsautonomie: Regelung und Organisation eines sportlichen Wettbewerbs – einen durchaus weiten Beurteilungsspielraum zuerkennen muss. **110**

(3) Ausschluss durch Weisung der Mitgliederversammlung

Da für die Geschäftsführung des Vorstands das Auftragsrecht des BGB heranzuziehen ist (§ 27 Abs. 3 BGB), kann die Mitgliederversammlung dem Vorstand auch für einzelne Geschäfte Weisungen erteilen, sofern die Entscheidung über die Vornahme bestimmter Geschäfte nicht ausdrücklich in der Satzung dem Vorstand allein übertragen ist.[75] Grundsätzlich können also die Verbände ihren Präsidien (oder wie auch immer bezeichneten Vorständen) eine Weisung erteilen. **111**

---

[73] MüKoBGB/Leuschner, 8. Aufl. 2018, BGB § 27 Rn. 72.
[74] MüKoBGB/Leuschner, 8. Aufl. 2018, BGB § 27 Rn. 72.
[75] Sauter/Schweyer/Waldner, Der eingetragene Verein, 20. Aufl. 2016, Rn. 250.

112 Der Vorstand hat die Pflicht, Weisungsbeschlüsse der Mitgliederversammlung zu befolgen, soweit sie rechtlich verbindlich sind und nicht gegen Gesetz, Satzung oder gegen die guten Sitten verstoßen.[76] Gegen die Rechtmäßigkeit einer solchen Entscheidung bestehen bei Beachtung der o.g. Kriterien keine Bedenken. Ob der Beschluss verbindlich ist, richtet sich danach, ob sich eine Zuständigkeit der Mitgliederversammlung dafür ergibt (s.o.). Dies kann jedoch im Ergebnis dahinstehen. Denn jedenfalls kann die Ausführung einer rechtmäßigen Weisung der Mitgliederversammlung durch den Vorstand dem Verein gegenüber nicht pflichtwidrig sein. Damit liegt im Innenverhältnis keine Pflichtverletzung vor, weswegen eine Haftung der Präsidium- oder Vorstandsmitglieder dem Verband gegenüber entfällt.

(4) Ausschluss der Haftung durch Entlastungsbeschluss

113 Ein (späterer) Entlastungsbeschluss der Mitgliederversammlung führt zum Ausschluss einer persönlichen Haftung der Organmitglieder.[77] Da allerdings offen ist, ob eine Mitgliederversammlung im Nachhinein einen Entlastungsbeschluss für den Verbandsvorstand fasst, wenn durch dessen Entscheidungen ein großer Schaden entstanden ist, bietet diese Option keine hinreichende Aussicht auf eine erfolgreiche Rechtsverteidigung.

b) Ansprüche Dritter gegen die Verbände

114 Schadenersatzansprüche gegen Verbände aus Vertrag aufgrund von (Teil-)Unmöglichkeit – einzelne Spiele oder Wettbewerbstage fallen pandemiebedingt aus – dürften regelmäßig ausscheiden, weil es dem veranstaltenden Verband insoweit an einem Verschulden fehlt. Dies gilt insbesondere, wenn eine Veranstaltung aufgrund eines zu befolgenden behördlichen Verbots nicht stattfinden kann.

115 Eine andere Frage ist, ob die Entscheidung, eine Saison abzubrechen oder für die Beteiligten in einer bestimmten Form zu werten (→ Rn. 11 ff.), zum Anknüpfungspunkt eines Schadenersatzanspruchs gemacht werden kann. Das ist im Ausgangspunkt zu bejahen für den Fall, dass sich diese Entscheidung pflichtwidrig darstellt.

116 Hier gelten aber gerade die für Entscheider (→ Rn. 78 ff.) dargestellten Maßstäbe. Eine gut begründete, vertretbare Entscheidung über das Schicksal einer Liga wird sich in aller Regel nicht als pflichtwidrig darstellen.

117 Selbst wenn für den Verband die *business judgement rule* so nicht gilt (→ Rn. 110), sind auch seinem Verschulden bei dem Rechtsirrtum über die Vertretbarkeit einer beispiellosen Entscheidung im deutschen Sport

---

[76] Wagner in Reichert, Vereins- und Verbandsrecht, 14. Aufl. 2018, Rn. 3627.
[77] Sauter/Schweyer/Waldner, Der eingetragene Verein, 20. Aufl. 2016, Rn. 289.

über die Fortführung, Beendigung oder Wertung von Ligenwettbewerben aufgrund einer Pandemie Grenzen gesetzt. Es dürfte damit eine besondere Sachlage vorliegen, welche die Verbände ausnahmsweise auch für Rechtsirrtümer entlastet, wenn sie ihre Rechtsansicht vernünftig gebildet und dies dokumentiert haben.[78]

c) Ansprüche der Clubs gegen die Verbände

Für die Ansprüche der Clubs gilt nichts anderes. Sie werden statt dem Schadenersatzanspruch in Geld, § 251 BGB, häufig eher Naturalrestitution in der Weise verlangen, dass sie – entsprechend einer sportlich erreichten Platzierung – in eine bestimmte Liga aufsteigen oder aus einer Liga nicht absteigen. Dies kann richtigerweise nicht zum Inhalt eines Schadenersatzanspruchs nach § 249 BGB gemacht werden.[79] **118**

Der Aufstiegs- bzw. Nichtabstiegsanspruch kann jedoch ggf. als vertraglicher Erfüllungsanspruch aus dem lizenzvertraglichen oder (mittelbaren) Mitgliedschaftsverhältnis gegen den Verband geltend gemacht werden. Allerdings unterliegt die Gestaltungsentscheidung des Verbandes billigem Ermessen nach § 315 BGB, das zudem von Art. 9 Abs. 1 GG geschützt ist (→ Rn. 8 f.). Erfolgsaussichten sind bei einer sorgfältig begründeten Ligagestaltungsentscheidung gegen den Verband nicht gegeben. **119**

II. Die Krise im Sportverein an der Basis

Bereits jetzt ist klar, dass die Covid-19-Pandemie auch die kleinen Sportvereine an der Basis mit in die Krise zieht. Die Herausforderungen werden sowohl ideeller als auch wirtschaftlicher Natur sein. Freilich stehen diesmal die wirtschaftlichen Probleme im Vordergrund: Während der Sportbetrieb sich aufgrund der behördlichen Einschränkungen nicht aufrechterhalten lässt, laufen fixe Kosten weiter: Viele, auch kleinere, Vereine unterhalten Miet- und Arbeitsverhältnisse, die für die Aufrechterhaltung der organisatorischen Rahmenbedingungen erforderlich sind. Auf der anderen Seite werden Einnahmen ausbleiben: So fehlen etwa Sponsorenleistungen, die an das Stattfinden von Wettbewerben geknüpft sind, genauso wie Eintritts- und Startgelder. Auch können Sportangebote für Nichtmitglieder, die sich die Vereine häufig marktüblich bezahlen lassen, nicht mehr stattfinden. Hingegen müssen sich die Vereine um die Beiträge ihrer Mitglieder keine Sorgen machen. Sie hängen nicht von einer Gegenleistung ab. Die Mitglieder erbringen in ihre Beitragsleistung nicht, um eine konkrete Leistung des Vereins oder dessen Leistungsbereitschaft abzugelten, sondern weil die Mitglieder sich durch den Ver- **120**

---

[78] Palandt/Grüneberg BGB § 276 Rn. 23.
[79] LG Bremen SpuRt 2018, 118.

einsbeitritt dieser körperschaftlichen Pflicht unterworfen haben (s. auch → Rn. 139).[80] Die Beitragspflicht besteht schlicht so lange, bis das Mitglied aus dem Verein austritt.[81]

121 Trotzdem bleibt die Frage, mit welchen Mitteln sich die Vereine in der Krise mit finanziellen Mitteln versorgen können.

1. Freiwillige Unterstützungsleistungen

122 Hier kommen natürlich zuvorderst freiwillige Unterstützungsleistungen der Mitglieder, Förderer und Mäzene in Betracht. Freilich ist hier problematisch, dass freiwillige Leistungen zwar vehement eingefordert werden können, letztlich aber vom Wohlwollen des Gebers abhängen. Sollten die Überzeugungsbemühungen des Vereins fruchten, ist darauf zu achten, dass die Unterstützungsleistung unbar als **Spende** auf das Vereinskonto des Vereins geleistet wird. Dann kann der Spender seine *Spenden*zuwendung (anders als seine Mitgliedsbeiträge im Sport, § 10b Abs. 1 S. 8 Nr. 1 EStG) in seiner Einkommensteuererklärung nach § 10b Abs. 1 EStG insgesamt bis zu 20 Prozent des Gesamtbetrags der Einkünfte bzw. 4 Promille der Summe der gesamten Umsätze und der im Kalenderjahr aufgewendeten Löhne und Gehälter als Sonderausgaben abziehen. Hierbei ist zu beachten, dass der Sportverein regelmäßig als gemeinnützig iSd §§ 52 ff. AO anerkannt sein muss, was Sportvereine regelmäßig nach § 52 Abs. 2 Nr. 21 AO sind. Bis zu einem Spendenbetrag von 200,00 € reicht der eigene Kontoauszug als Nachweis. Auch wenn bei der Steuererklärung die Belege grundsätzlich nicht mehr vorgelegt werden müssen, ist ab einem Spendenbetrag von 200,00 € eine Spendenbescheinigung erforderlich, weil die Finanzämter die Belege nachfordern können. Der Verein sollte sich offizieller Vordrucke bedienen.[82]

2. Verpflichtung zu einmaliger Unterstützungszahlung

123 Sollten freiwillige Spenden zur Überbrückung eines finanziellen Engpasses im Verein nicht mehr ausreichen, kommt in Betracht, die Mitglieder zu einer einmaligen Sonderzahlung zu verpflichten. Eine solche Sonderzahlung wird **Umlage**, hier für einen nicht vorhersehbaren Finanzbedarf, genannt. Sie ist eine außerordentliche Form des Mitgliedsbeitrags.[83]

---

[80] Wagner in Reichert, Vereins- und Verbandsrecht, 14. Aufl. 2018, Rn. 853.

[81] Sauter/Schweyer/Waldner, Der eingetragene Verein, 20. Aufl. 2016, Rn. 123.

[82] https://www.formulare-bfinv.de/ffw/form/display.do?%24context=6FF54695F89973D6F37E (abgerufen am 15.4.2020).

[83] Wagner in Reichert, Vereins- und Verbandsrecht, 14. Aufl. 2018, Rn. 874; Sauter/Schweyer/Waldner, Der eingetragene Verein, 20. Aufl. 2016, Rn. 118.

Eine solche Umlage in der Notsituation zu erheben, erscheint grundsätzlich möglich und auch sachgerecht, verlangt aber – neben den Mitgliedsbeiträgen – eine satzungsmäßige Grundlage.[84] Fehlt diese, muss zunächst die Mitgliederversammlung (→ § 8 Rn. 2ff.) zusammenkommen, um die Satzung zu ändern. Erst nach Satzungsänderung und ihrer Wirksamkeit (Eintragung nach § 71 BGB), kann die Umlage wirksam erhoben werden. Daher stellt sich dieser Weg praktisch schwierig dar, zumal angesichts der noch über Monate fortdauernden Kontaktbeschränkungen und Hygienemaßnahmen zur weiteren Kontrolle der Pandemie die Veranstaltung einer „klassischen" Mitgliederversammlung nicht naheliegt. Natürlich kann auf die Vereinfachungen nach Art. 2 § 5 Abs. 2 COVFAG rekurriert werden, was aber eine entsprechende Organisation und technisches Know-how voraussetzt (→ § 8 Rn. 10ff.). 124

Etwas anderes soll nur gelten, wenn die Umlagenerhebung für den Fortbestand des Vereins unabwendbar ist.[85] Dann ist es der Mitgliederversammlung nach der Literatur möglich, wenn es dem einzelnen Mitglied unter Berücksichtigung seiner schutzwürdigen Belange zumutbar ist, eine einmalige Umlage auch ohne satzungsmäßige Festlegung einer Obergrenze zu beschließen. Die Mitglieder sollen hierzu aus der mitgliedschaftlichen Treuepflicht verpflichtet sein.[86] Allerdings sollen diejenigen Mitglieder, die diese Umlage nicht bezahlen wollen, auch von einem außerordentlichen Austrittsrecht Gebrauch machen können.[87] Auch wenn letzte Wirksamkeitsbedenken wegen einer fehlenden Satzungsermächtigung und einer möglicherweise nicht gegebenen satzungsändernden Mehrheit bestehen bleiben, wäre die Möglichkeit, eine einmalige Umlage „zur Rettung des Vereins" (und auch beschränkt auf die dazu notwendigen Höhe) durch einen einfachen Beschluss der Mitgliederversammlung wirksam umsetzen zu können, äußerst wünschenswert. Dies bleibt aus der Treuepflicht der Mitglieder und der Satzung selbst zu rechtfertigen: Der Bestand der Körperschaft ist auch immer Ziel ihrer Verfassung, § 25 BGB, solange nicht ihre Auflösung beschlossen wird. 125

3. Erhöhung der Mitgliedsbeiträge

Schließlich mag in Betracht kommen, dem in finanzielle Schieflage gekommenen Verein durch Erhöhung der Mitgliedsbeiträge zu helfen. 126

Hat allerdings die Satzung die Höhe des Mitgliedsbeitrags festgelegt, ist für eine Erhöhung der Beiträge eine Änderung der Satzung erforder- 127

---

[84] Wagner in Reichert, Vereins- und Verbandsrecht, 14. Aufl. 2018, Rn. 875.

[85] Wagner in Reichert, Vereins- und Verbandsrecht, 14. Aufl. 2018, Rn. 877; Sauter/Schweyer/Waldner, Der eingetragene Verein, 20. Aufl. 2016, Rn. 118.

[86] Wagner in Reichert, Vereins- und Verbandsrecht, 14. Aufl. 2018, Rn. 877.

[87] Wagner in Reichert, Vereins- und Verbandsrecht, 14. Aufl. 2018, Rn. 877.

lich.[88] Dies bringt die gleichen Erschwernisse mit sich, wie der Beschluss über eine in der Satzung noch nicht vorgesehene Umlage (→ Rn. 124).

128 Ist die Bestimmung der Beitragshöhe – zulässigerweise[89] – in der Satzung einem anderen Organ, beispielsweise dem Vorstand, übertragen, kann dieser Beitrag durch Beschluss erhöhen, etwa indem eine in der Satzung vorgesehene Beitragsordnung geändert wird. Aber auch diese – zunächst praktikabel erscheinende – Möglichkeit ist nicht frei von weiteren Problemen. Unabhängig davon, welches Organ entscheidet, ist eine **rückwirkende Beitragserhöhung** über das laufende Geschäftsjahr hinaus unzulässig, es sei denn, die Satzung sieht etwas anderes vor.[90] Die wenigsten Vereinssatzungen der Sportvereine in Deutschland werden hierzu allerdings eine Regelung enthalten. Im Übrigen ist auch nicht jede Erhöhung der Mitgliedsbeiträge durch die satzungsmäßige Ermächtigung zur Beitragsbestimmung gedeckt. Denn die aus der Mitgliedschaft erwachsenden finanziellen Lasten müssen sich in überschaubarem, im Voraus wenigstens ungefähr abschätzbaren Grenzen halten.[91] So kann etwa der monatliche Mitgliedsbeitrag (um eine Beschlussfassung über eine echte Umlage zu vermieden) nicht ohne Einschaltung der Mitgliederversammlung von 5,00 auf 100,00 € angehoben werden.

129 Eine finanzielle Schieflage eines Vereins aufgrund der Covid-19-Pandemie wird sich also durch bloße Vorstandsbeschlüsse eines amtierenden Vereinsvorstands nicht beheben lassen. Der Vorstand muss entweder durch Exekutivmaßnahmen andere Geldquellen erschließen oder durch die Einberufung einer Mitgliederversammlung alle Mitglieder einbeziehen. Für die Mitgliederversammlung gelten die skizzierten Erleichterungen (→ Rn. 124).

4. Drohende Insolvenz

130 Sollte sich durch die angesprochenen Maßnahmen die Liquidität des Vereins nicht kurzfristig wiederherstellen lassen oder Überschuldung eingetreten sein, muss der Vorstand den Weg des § 42 Abs. 2 S. 1 BGB gehen und die Eröffnung des Insolvenzverfahrens beantragen. Allerdings gelten hier für Vereine die Erleichterung von Art. 1 COVFAG, wonach insbesondere die Insolvenzantragspflicht nach Art. 1 § 1 COVFAG = § 1 COVInsAG bis zum 30.9.2020 ausgesetzt ist (→ § 14 Rn. 12f.).

131 Diese Aussetzung ist jedoch an wesentliche Voraussetzungen geknüpft: So muss die Insolvenzreife (also Zahlungsunfähigkeit oder Über-

---

[88] Wagner in Reichert, Vereins- und Verbandsrecht, 14. Aufl. 2018, Rn. 854.
[89] Wagner in Reichert, Vereins- und Verbandsrecht, 14. Aufl. 2018, Rn. 837.
[90] Wagner in Reichert, Vereins- und Verbandsrecht, 14. Aufl. 2018, Rn. 857.
[91] Wagner in Reichert, Vereins- und Verbandsrecht, 14. Aufl. 2018, Rn. 837.

schuldung) auf die Covid-19-Pandemie zurückzuführen sein (→ § 14 Rn. 10). Außerdem müssen Aussichten bestehen, eine bestehende Zahlungsunfähigkeit zu beseitigen, § 1 S. 2 COVInsAG. Die Voraussetzungen und Ausnahmen sind im Einzelnen schwierig (→ § 14 Rn. 11). Nicht sachkundige Vereinsvorstände sollten sich bei Anzeichen von Insolvenzreife unbedingt fachlicher Beratung, etwa durch Rechtsanwälte oder Steuerberater, bedienen. Vgl. insgesamt vertiefend zur Insolvenzsituation → § 14 Rn. 2ff.

Dies gilt umso mehr angesichts der in § 42 Abs. 2 S. 2 BGB statuier- **132** ten persönlichen Haftung der Vereinsvorstände für den Fall einer schuldhaft verzögerten Insolvenzanmeldung. Sie haften persönlich als Gesamtschuldner den Insolvenzgläubigern für den aufgrund der Verzögerung eingetretenen Schaden.

D. Individualsport

Einschränkungen durch die Pandemie ergeben sich auch für den Indi- **133** vidualsport, hier insbesondere durch die eigene körperliche Betätigung im „Fitnessstudio".

I. Beschränkung von Individualsport durch eine „Ausgangssperre"

Gott sei Dank waren die Politik, also die jeweiligen Landesregierungen, **134** so vernünftig, die Distanz- und Hygienevorschriften (→ § 16 Rn. 57ff.) so zu halten, dass dem Einzelnen die Sportausübung auch im Freien möglich bleibt. So darf ohne Weiteres zum Joggen oder Walken in den Park gehen oder auf der Grünfläche seine Yoga- oder Gymnastikmatte ausrollen – vorausgesetzt man bleibt „allein" iSd jeweiligen Landesregelung. Alles andere erschiene auch verfassungswidrig, weil unverhältnismäßig (→ § 16 Rn. 71ff.). Denn auch der einzelne Freizeitsportler kann sich auf die Allgemeine Handlungsfreiheit aus Art. 2 Abs. 1 GG berufen.[92] Freizeitsport ist nicht gerade nur reines Privatvergnügen, sondern grundrechtlich geschütztes und damit stets abwägungsrelevantes Verhalten im Rahmen unserer Rechtsordnung.[93] Soweit aber durch eine isolierte Sportbetätigung keine hinreichende Wahrscheinlichkeit besteht, an einer Ver-

---

[92] Nolte in Adolphsen/Nolte/Lehner/Gerlinger, Sportrecht in der Praxis, 2011, Rn. 25ff.

[93] Nolte in Adolphsen/Nolte/Lehner/Gerlinger, Sportrecht in der Praxis, 2011, Rn. 29 in zusammenfassender Bewertung der berühmten Entscheidung „Reiten im Walde", BVerfGE 80, 137 = NJW 1989, 2525.

breitung des Coronavirus mitzuwirken, ist ein hiergegen gerichtetes Verbot schon nicht geeignet, um das angestrebte Ziel (Eindämmung der Pandemie) zu erreichen. Hält der Jogger den notwendigen Abstand zu anderen Passanten ein, ist ein diesbezügliches Verbot nicht erforderlich. Dieser Sicherheitsabstand sollte – bis geklärt ist, ob beim Joggen tatsächlich eine größere Anzahl den Virus enthaltender Aerosole ausgestoßen wird – sicherheitshalber etwas größer als 1,5 bis 2 Meter ausfallen.

II. Fitnessstudios

135 Etwa 11,6 Millionen sportlich aktiver Bürger[94] werden täglich mit den Auswirkungen der Pandemie im Rahmen der Nutzung ihres Fitnessstudios konfrontiert: Wegen der Infektionsrisiken sind die Studios meist aufgrund behördlicher Verfügungen geschlossen. Hier stellt sich natürlich zuerst die Frage nach der Zahlungspflicht des regelmäßig monatlich fälligen Betrages seitens des Sportlers. Zu untersuchen ist hierbei auch die Auswirkung bei Alternativangeboten durch das Fitnessstudio, wie etwa durch Outdoor-Aktivitäten oder Onlineangebote. Auch auf die Möglichkeit einer Kündigung ist kurz einzugehen.

1. Schließung der Fitnessstudios

136 Die Schließung der Fitnessstudios ist meist durch Allgemeinverfügungen im Sinne des § 35 S. 2 VwVfG auf Grundlage des Infektionsschutzgesetzes geregelt (→ § 16 Rn. 57ff.). Eine Zuwiderhandlung gegen die behördlichen Schließungen ist spezialgesetzlich strafbewehrt, vgl. §§ 74ff Infektionsschutzgesetz (→ § 18 Rn. 16ff.). Damit steht zivilrechtlich bereits an dieser Stelle fest, dass die Kunden des Fitnessstudios wegen der fehlenden Nutzungsmöglichkeit Schadenersatz vom Betreiber nicht verlangen können. Denn die Schadenersatzansprüche nach den §§ 280ff. BGB (und auch nach eventuell einschlägigem Mängelgewährleistungsrecht) setzen jeweils Verschulden („Vertretenmüssen") des Vertragspartners voraus,[95] das bei einer Schließung aufgrund einer behördlichen Verfügung nicht vorliegt.

2. Vertragscharakter eines Fitnessstudiovertrags

137 Der Fitnessstudiovertrag ist in der Regel ein typengemischter Vertrag.[96] So enthält der Vertrag regelmäßig in Form von Vereinbarungen

---

[94] https://de.statista.com/statistik/daten/studie/5966/umfrage/mitglieder-der-deutschen-fitnessclubs/ (abgerufen am 15.4.2020).
[95] Looschelders Schuldrecht AT § 24 Rn. 1, 9ff.
[96] Palandt/Weidenkaff Einf v § 535 Rn. 36; May SpuRt 2018, 250 mwN.

zur Nutzungsüberlassung der Geräte, Duschen und allgemein den Räumlichkeiten vorwiegend mietrechtliche Elemente, weist aber durch angebotene Fitness-Kurse oder Trainerbetreuung durch Personal zumindest auch dienstrechtliche Elemente auf. Vereinzelt denkbar mitumfasste kauf- oder werkvertragliche Elemente innerhalb eines Fitnessstudiovertrags sind für die hier maßgeblichen Fragestellungen nicht von Belang. Nach der gefestigten Rechtsprechung des Bundesgerichtshofs bildet ein gemischter Vertrag ein einheitliches Ganzes und kann deshalb bei der rechtlichen Beurteilung nicht gegen den Sinn in seine verschiedenen Bestandteile zerlegt werden.[97] Maßgeblich zur Erreichung eines interessengerechten Ausgleichs bei der Rechtsanwendung sind vielmehr Parteiwille, Sinn und Zweck sowie Schwerpunkt des Vertrags.[98] Im Einzelfall hat die Rechtsprechung einen Fitnessstudiovertrag auch als reinen Mietvertrag mit bloß dienstvertraglichen Nebenpflichten qualifiziert.[99]

Es wird es daher in der Praxis regelmäßig dahinstehen können, ob es 138
sich um einen typengemischten Vertrag handelt, dessen Schwerpunkt in der Nutzungsüberlassung liegt, oder ein reiner Mietvertrag vorliegt.

3. Rechtslage durch die Schließung

a) Zahlungspflicht des Monatsbeitrags

Die für den Individualsportler wohl virulenteste Frage ist, ob er weiter- 139
hin vertraglich verpflichtet bleibt, einen in der Regel monatlich fälligen Betrag trotz der fehlenden Nutzungsmöglichkeit zu zahlen. Entgegen der missverständlichen Begrifflichkeit eines „Mitgliedsbeitrags" handelt es sich freilich nicht um eine „Mitgliedschaft", etwa im vereinsrechtlichen Sinne nach § 38 BGB. Echte Mitgliedsbeiträge, etwa für einen den eingetragenen Sportverein oder den nicht eingetragenen Kegelclub, bleiben unabhängig von den coronabedingten Einschränkungen weiterzuzahlen, weil sich die Leistungen des Vereins nicht auf die konkrete Gegenleistung von Sportnutzungsgewährung beschränken, sondern ein umfassendes Mitgliedschaftsrecht iSd § 38 BGB verkörpern (siehe auch → Rn. 120).

Beim Fitnessstudio indes handelt sich es um eine Zahlungspflicht aus 140
dem Fitnessstudiovertrag. Diese Zahlungsverpflichtung entfällt nach § 326 Abs. 1 BGB, wenn die Leistungspflicht des Fitnessstudiobetreibers zur Überlassung und Nutzung der sportlichen Räumlichkeiten wegen Unmöglichkeit nach § 275 Abs. 1 BGB ausgeschlossen ist (→ § 1 Rn. 26). Hinsichtlich dieser Unmöglichkeit kann auf zweierlei abgestellt werden. Sie ergibt sich aufgrund der behördlichen Schließung, die ein

[97] BGH NJW 2010, 150 f. mwN.
[98] BeckOGK/Gehrlein BGB § 311 Rn. 21 (abgerufen am 9.4.2020).
[99] Vgl. etwa zum reinen Mietvertrag mit Nebenpflichten BGH NJW 2012, 1431.

Fall der rechtlichen (vorübergehenden) Unmöglichkeit darstellt, und aus dem Fixschuldcharakter im Rahmen des Dauerschuldverhältnisses (→ § 1 Rn. 26). Es steht außer Frage, dass dem Inhaber des Fitnessstudios seine Hauptleistungspflicht unmöglich geworden ist. Also besteht für den Zeitraum der Schließung keine Zahlungspflicht.

141 Zwar ist § 326 Abs. 1 BGB dem Grunde nach dispositives Recht. Sofern in Fitnessstudioverträgen eine durch Allgemeine Geschäftsbedingungen geregelte Vereinbarung hinsichtlich einer Risikoübernahme für Fälle der zwangsweisen Schließung oder eine entsprechend klausulierte Fortzahlungspflicht vorgesehen sein, wäre diese jedoch wegen Verstoßes gegen § 307 Abs. 1, Abs. 2 Nr. 1 BGB unwirksam.[100] Eine individualvertragliche Vereinbarung mit entsprechendem Inhalt dürfte in der Praxis wohl nicht anzutreffen sein.

142 Die Regelung des § 326 Abs. 1 BGB ist möglicherweise aber durch die *leges speciales* der §§ 536ff. BGB verdrängt. Maßgeblich ist insofern das Verhältnis des mietrechtlichen Gewährleistungsrechts zum allgemeinen Leistungsstörungsrecht. Grundsätzlich ist nach ganz herrschender Meinung ab Gefahrübergang das besondere Leistungsstörungsrecht anwendbar.[101] Im Mietrecht ist der Gefahrübergang zum Zeitpunkt der Überlassung der Mietsache, § 536 BGB.[102] Diese Überlassung wird *in praxi* wegen der Ausstellung eines „Mitgliedsausweises" oder einer sonstigen Zugangsberechtigung zu den Räumlichkeiten nicht streitig sein. Ein vorausgesetzter Sachmangel im Sinne von § 536 BGB für eine Mietminderung in voller Höhe käme aufgrund öffentlich-rechtlicher Gebrauchsbeschränkungen in Betracht. Eine solche liegt dann vor, wenn sich die Beschränkungen auf die Nutzbarkeit der Mietsache beziehen.[103] Die behördliche Schließung der Fitnessstudios schließt die Nutzbarkeit des Fitnessstudios als Mietsache gerade aus (**aA** → § 1 Rn. 39, vertiefend: → § 3 Rn. 62ff.).[104] Eine Mietminderung im Sinn des § 536 Abs. 1 BGB ist – die Anwendbarkeit des Mietrechts unterstellt – somit ebenso in voller Höhe zu bejahen.

143 Im Einzelfall – etwa bei Untergang, Zerstörung oder einem nicht zumutbar behebbaren Mangel der Mietsache – hält die Rechtsprechung aber das allgemeine Leistungsstörungsrecht für sachgerechter auch *nach* der Überlassung für anwendbar.[105] Ob ein solcher Einzelfall auch bei einer infektionsgefahrbedingten Schließung von Fitnessstudios zu bejahen ist, ist

---

[100] BeckOGK/Herresthal BGB § 326 Rn. 41.
[101] BeckOGK/Wiederhold BGB § 536 Rn. 11.
[102] BeckOGK/Zehelein BGB § 535 Rn. 396.
[103] Palandt/Weidenkaff BGB § 536 Rn. 18.
[104] Vgl. weiter zum Problem Sittner NJW 2020, 1169 (1171).
[105] BeckOGK/Wiederhold BGB § 536 Rn. 12; BGH NJW 20005, 3284; 2010, 2050; 2014, 1881.

noch nicht entschieden. Dafür spräche, dass der Betreiber als Vermieter keine Möglichkeit hat, die die gesamte Mietsache betreffende Einschränkung der Nutzung aufzuheben. Soweit die Nutzungsüberlassung bis mindestens zum 20.4.2020 komplett eingeschränkt ist, stellen § 326 Abs. 1 BGB sowie § 536 Abs. 1 BGB einen gleichwertig gangbaren Weg für den Sportler dar, von der Zahlungspflicht vollständig befreit zu sein.

Im Hinblick auf angedachte Lockerungen in absehbarer Zukunft wäre nach hier vertretener Auffassung jedoch das Mietrecht einschlägig. Denkbar wären schon bald Szenarien, in denen die Nutzungsüberlassung in der vereinbarten Form nicht gänzlich, aber eingeschränkt möglich ist und der Sachmangel durch die abgemilderten öffentlich-rechtlichen Beschränkungen weiterhin zu bejahen wäre. So könnte es beispielsweise sein, dass nur eine begrenzte Anzahl an Sportlern das Fitnessstudio benutzen darf, dass nur eine gewisse Kundschaft einer bestimmten Altersgruppe trainieren darf, oder dass Schließungen von Duschen, vereinzelter Geräten oder ähnlicher Trainingsvorrichtungen zur Distanzierung der Nutzer vorgenommen werden. **144**

Fehlt es an einer weitgehenden Einschränkung der ganzen Mietsache, kann für § 326 Abs. 1 BGB kein Anwendungsbereich mehr verbleiben. Hinsichtlich der Höhe der Mietminderung wäre insofern jeweils im Einzelfall zu eruieren, inwieweit diese angemessen ist. Berücksichtigung muss hierbei finden, dass der Sportler auch bei üblichem Betrieb nicht die allzeitige Nutzungsmöglichkeit aller zur Verfügung stehenden Geräte hat und ihm Wartezeit zumutbar ist. **145**

Der Sportler ist also nicht verpflichtet, den Betrag für den Zeitraum der fehlenden bzw. eingeschränkten Nutzbarkeit der Räumlichkeiten zu zahlen. Ist der Betrag bereits entrichtet, kann dieser nach § 326 Abs. 4 BGB (im Unmöglichkeitsfall) zurückgefordert bzw. nach § 812 Abs. 1 S. 1 Alt. 1 BGB kondiziert (im mietrechtlichen Minderungsfall) werden. **146**

b) Zurückbehaltungsrecht des Fitnessstudiobenutzers

Der Fitnessstudiovertrag ist aufgrund seiner gegenseitigen Leistungsverpflichtungen ein synallagmatischer Vertrag. Daher könnte der Sportler, sofern seine Leistungspflicht nach dem gerade Gesagten nicht ohnehin schon untergegangen ist, seine Leistung gemäß § 320 Abs. 1 BGB grundsätzlich verweigern, wenn wegen der Schließung des Fitnessstudios die Gegenleistung nicht erbracht wird. **147**

Indes steht dem Sportler als Verbraucher das besondere Zurückbehaltungsrecht aus Art. 240 § 1 Abs. 1 EGBGB in der Fassung des COVFAG (→ § 1 Rn. 41) *nicht* zu. Der Fitnessstudiovertrag ist zwar ein Dauerschuldverhältnis und mag auch vor dem 8.3.2020 geschlossen worden sein. Allerdings handelt es sich beim Fitnessstudiovertrag nicht um ein wesentliches Schuldverhältnis iSd Art. 240 § 1 Abs. 4 EGBGB. Denn, so **148** wichtig der einzelne sein Training auch ansehen mag, ist es nicht „zur Eindeckung mit Leistungen der angemessenen Daseinsvorsorge erforderlich“. Sind also die Fitnessstudios im Moratoriumszeitraum bis zum 30.6.2020 wieder geöffnet, kann der Studiobenutzer die Zahlung des Mitgliedsbeitrags nicht verweigern, etwa mit der Begründung, durch das Stunden des Mitgliedsbeitrags bis in den Sommer einen Gesamtbeitrag zur Rekonsolidierung seiner Finanzleistung zu leisten.

c) Kündigungsrecht

149 Dem Einzelnen steht kein außerordentliches Kündigungsrecht im Sinne des § 543 Abs. 1 BGB, soweit man Mietrecht für anwendbar hält, bzw. Sonderkündigungsrecht nach § 314 Abs. 1 BGB zu aufgrund der nur vorübergehenden fehlenden Nutzungsmöglichkeit der Einrichtung. Zwar liegt § 543 Abs. 2 Nr. 1 BGB dem Wortlaut nach vor und es kommt auch nicht auf ein Verschulden des Vermieters an.[106] Ein außerordentliches Kündigungsrecht des Fitnessstudionutzers erscheint allerdings aufgrund der Pandemie-Konstellation nicht sachgerecht. Dogmatisch muss hier also entweder die Gebrauchsbehinderung für einen überschaubaren Zeitraum von wenigen Wochen oder Monaten als „unerheblich“[107] iSd Vorschrift angesehen oder der „vertragsgemäße Gebrauch“ durch ergänzende Vertragsauslegung reduziert werden, will man sachgerechte Ergebnisse erreichen. Bei § 314 BGB erreicht man das sachgerechte Ergebnis dadurch, dass beiden Parteien das Festhalten am Vertrag natürlich noch zugemutet werden kann.

150 Kommt es dennoch zur Kündigung, ist diese als ordentliche Kündigung auszulegen und es kommt zur Vertragsbeendigung zum nächstmöglichen Zeitpunkt. Einer vorzeitigen Zahlungspflicht kann also nicht im Wege einer Kündigung begegnet werden.

d) Wegfall der Geschäftsgrundlage

151 Eine Vertragsanpassung über § 313 Abs. 1 BGB seitens des Fitnessstudiobetreibers scheidet aufgrund der bisher nur kurzzeitigen Einschränkung aus und ist auch im Übrigen zur oben vertretenen Lösung subsidiär (→ § 1 Rn. 39).

e) Alternativangebote und Substitution

152 Vielfach versuchen die Betreiber für ihre Kunden eine alternative Lösung zu finden. Zu untersuchen ist, ob hierdurch die vereinbarte Zahlungsverpflichtung aufrechterhalten bleiben kann.

---

[106] Palandt/Weidenkaff BGB § 543 Rn. 18.

[107] Vgl. zu diesen ungeschriebenen Tatbestandsmerkmal Palandt/Weidenkaff BGB § 535 Rn. 19.

153 Outdoor-Angebote wie etwa angeleitetes Gruppentraining im Freien ist aufgrund des Kontaktverbots ebenfalls behördlich verboten und kann somit keine Alternative bieten.

154 Allgemein lässt sich festhalten, dass die vertraglich vereinbarte Leistungspflicht nicht einseitig zu ändern ist *(„pacta sunt servanda“)*. Bietet der Betreiber also erst *im Zuge des Ausfalls* ein umfängliches Online-Angebot mit Video-Kursen oder Anleitungen zum Home-Training als Ersatz an, welches dem Sportler zugänglich gemacht wird, ändert dies nichts am Wegfall der Zahlungspflicht aus dem Fitnessstudiovertrag. Obgleich Fitness-Kurse oder Anleitungen zum Training möglicherweise sogar Vertragsinhalt gewesen waren, stellt die Vertragsabwicklung außerhalb der Räumlichkeiten nur noch über das Internet eine wesentliche Änderung dar. Zwar verfolgen auch die Online-Angebote funktionell das Ziel körperlicher Fitness, bereits konzeptionell ist das sportliche Erlebnis jedoch nicht gleichwertig.

155 Zu überlegen wäre, ob durch eine Nutzung des – zudem häufig ausdrücklich als „Service-Leistung“ angepriesene – Online-Angebots eben dieses nachträglich zum Vertragsinhalt werden kann. Ein zu schließender Änderungsvertrag setzt jedoch eine Annahme des Nutzers im Sinne des § 147 BGB voraus, die regelmäßig am erforderlichen Rechtsbindungswillen scheitern wird. Wird der Sportler nicht ausdrücklich auf die Korrespondenz mit der Zahlungsverpflichtung hingewiesen, kann aus objektiver Empfängersicht keine Willenserklärung bejaht werden, §§ 157, 242 BGB. Vielmehr wird regelmäßig von einer bloßen Kulanz des Betreibers ausgegangen werden können.

156 Sollte es regelmäßig online zu den Vertragsänderungen kommen, ist der Verbraucherschutz im Fernabsatz zu berücksichtigen. Demnach steht bei Bejahung der Wesentlichkeit der Änderung innerhalb des Vertrags dem Verbraucher ein Widerrufsrecht nach den §§ 312g, 312c BGB zu.[108]

157 Ähnlich zu den Vertragsänderungen verhält es sich mit der Qualifizierung der Onlinenutzung als Annahme an Erfüllung statt im Sinne des § 364 Abs. 1 BGB, für die ein unzweideutig erkennbarer rechtsgeschäftlicher Wille vorliegen muss.[109]

158 Anders liegt es dann, wenn der Sportler bereits aus dem ursprünglichen Fitnessstudiovertrag Online-Angebote nutzen konnte. Stellt der Betreiber im Netz erhebliche Dienstleistungen für die Kunden zur Verfügung, muss dies nach Inhalt und Umfang bei der Höhe der Minderung nach § 536 Abs. 1 BGB berücksichtigt werden. Unerheblich wäre insofern, wie häufig das Angebot wahrgenommen wurde, da allein die Zugriffsgewährung zu den Online-Diensten geschuldet ist.

---

[108] OLG Koblenz MMR 2012, 456.

[109] BeckOGK/Fetzer BGB § 364 Rn. 3.

159 Ein Ausgleich für die verlustig gewordene Nutzungsmöglichkeit während der Schließung durch eine kostenlose entsprechende Verlängerung bedarf ebenso einer vertraglichen Einigung im Sinne der §§ 145, 147 BGB, wenn sie als Gegenleistung die Aufrechterhaltung der ursprünglichen Zahlungspflicht zum Gegenstand hat. Ein immanenter Ausschluss der mietrechtlichen Gewährleistung nach § 536d BGB bzw. eine Abbedingung des § 326 Abs. 1 BGB sind zulässig.

f) Schadensersatzansprüche

160 Schadensersatzansprüche gemäß § 536a Abs. 1 Var. 2 BGB (und nach allgemeinem Schuldrecht) scheiden mangels Vertretenmüssen aus. Im Falle der teilweisen Lockerung der behördlichen Beschränkung kommen bei nicht hinreichender Einhaltung der Verkehrssicherungspflichten (Abstand, Hygiene, Reinigung, Hinweise usw) Schadensersatzansprüche wegen Verletzung vertraglicher Nebenpflichten nach § 280 Abs. 1 BGB, § 241 Abs. 2 BGB ebenso wie aus Deliktsrecht in Betracht.

4. Erstattung gezahlter Beiträge durch Gutscheine

161 Ausweislich des Gesetzesentwurfs zur Abmilderung der Folgen der Covid-19-Pandemie im Veranstaltungsvertragsrecht[110] soll der Betreiber eines Fitnessstudios als Sporteinrichtung im Sinne der Vorschrift nach Art. 1 § 5 Abs. 2 berechtigt sein, dem „Mitglied" als Inhaber einer Nutzungsberechtigung anstelle einer Erstattung des Entgelts einen Gutschein zu übergeben. Voraussetzung ist wiederum, dass der Vertrag vor dem 8.3.2020 geschlossen wurde. Diese Konstellation dürfte in der Praxis relativ häufig eintreten, weil der Einzug der „Mitgliedsbeiträge" durch die Fitnessstudios regelmäßig auf während der pandemiebedingten Stilllegung durch Dauerauftrag weiterläuft. Den Rückzahlungsanspruch kann durch den Fitnessstudioinhaber nach der beabsichtigten Regelung durch Hingabe eines Gutscheins erfüllt werden.

162 Hat der Verbraucher den Gutschein bis zum 31.12.2021 nicht eingelöst oder ist der Verweis auf einen Gutschein für ihn angesichts seiner persönlichen Lebensumstände unzumutbar, kann er nach Art. 1 § 5 Abs. 5 des Gesetzentwurfs weiterhin die Rückerstattung nach § 326 Abs. 4 BGB bzw. § 812 Abs. 1 S. 1 Alt. 1 BGB verlangen.

163 Hat der Nutzer des Studios während der Schließung keine Zahlungen entrichtet, liegt kein Fall einer Erstattung vor. Seine Leistungspflicht bleibt ausgeschlossen. Individualsportler sollten sich also das etwaige In-

---

[110] https://www.bmjv.de/SharedDocs/Gesetzgebungsverfahren/DE/Covid19_Veranstaltungsvertragsrecht.html (abgerufen am 15.4.2020).

solvenzrisiko des Betreibers bewusst machen und vor diesem Hintergrund entscheiden, ob sie die Zahlungen einstellen. Hierzu wäre insbesondere ein erteilter Dauerauftrag zu widerrufen.

§ 11 Privatversicherungsrechtliche Probleme der Corona-Krise

Inhaltsübersicht

Rn.

I. Absicherung von Katastrophenrisiken

1. Katastrophen und Schäden

1 Versicherer schützen – in gewissem Maße – vor den Folgen persönlicher „Katastrophen“, unerwarteten Schicksalsschlägen für den Einzelnen, die in Schäden für Eigentum und Vermögen, Beruf, Gesundheit oder Leben münden. Versicherungsverträge sichern gegen Entgelt das Risiko des Eintritts ungewisser Ereignisse ab durch seine **kalkulatorische Verteilung** auf die Vielzahl der von der gleichen Gefahr bedrohten (versicherten) Personen.[1] Diese Konstruktion gerät ins Wanken oder zerbricht, wenn sich das Risiko aufgrund anormaler Entwicklungen nicht nur bei einem oder einer überschaubaren Anzahl Mehrerer verwirklicht oder zu verwirklichen droht, sondern bei Allen. In einem solchen Fall trägt das Konzept nicht: Dann müssten nämlich die „Schäden“ von allen Geschädigten gleichermaßen getragen werden mit der Folge, dass die Solidargemeinschaft der Versicherten als solche leistungsunfähig würde.[2]

2 Es geht also um „Katastrophen“, die zu **Großschäden** oder zu einer außerordentlichen Häufung von einzelnen Schäden **(Kumulschäden)**[3] führen. Das sind Geschehen, bei denen Leben oder Gesundheit einer Vielzahl von Menschen oder die natürlichen Lebensgrundlagen oder bedeutende Sachwerte oder Vermögen **in ungewöhnlichem Ausmaß** gefährdet oder geschädigt werden, die von den für die Gefahrenabwehr zuständigen Behörden mit eigenen Kräften und Mitteln nicht angemessen

---

[1] Vgl. zum Begriff der Katastrophenrisiken Fürstenwerth/Weiß/Conzen/Präve, Versicherungs-Alphabet, 11. Aufl. 2019.

[2] Vgl. zur Funktion von Versicherungen ua Armbrüster, Privatversicherungsrecht, 2. Aufl. 2019, § 7; Wandt, Versicherungsrecht, 6. Aufl. 2016, Rn. 122 ff.

[3] Vgl. zum Begriff des Kumulschadens Armbrüster, Privatversicherungsrecht, 2. Aufl. 2019, Rn. 457 ff.

bewältigt werden können.[4] Ihre Folgen können von der Versichertengemeinschaft nicht ohne Gefährdung ihres Bestandes ausgeglichen werden.

2. Bedingungsvielfalt, Risikoausschlussklauseln, Risikowiedereinschlussklauseln

Aus diesen Gründen sind Versicherer besorgt, das **„Katastrophenrisiko“ auszuschließen.**[5] Versicherungsmakler indessen, die außerhalb standardisierter Alltagsprodukte, vor allem im Industriegeschäft, die Klauseln je nach Marktmacht auch einmal vorgeben können, sind bemüht, den weitestmöglichen Schutz ihrer Kunden zu bewirken. Ob das der einen oder anderen Seite gelingt, hängt von dem jeweiligen Risikobewusstsein, der darauf beruhenden Konstruktion der Bedingungen und – im forensischen Streit – von deren Auslegung[6] ab. Daher kennzeichnet den Markt außerhalb von Verbraucherversicherungsverträgen bunte und leider auch völlig intransparente Bedingungsvielfalt. Ob das Deckungsversprechen den Eintritt von Risiken durch Corona einschließt, hängt daher – in diesem Bereich – **von der im Einzelfall geltenden Bedingungslage** ab. 3

Dabei sind allerdings Wege in nebliger Landschaft markiert. Sie leiten die Interpretation von Allgemeinen Versicherungsbedingungen (AVB).[7] AVB sind so **auszulegen,** wie ein durchschnittlicher, um Verständnis bemühter Versicherungsnehmer sie bei verständiger Würdigung, aufmerksamer Durchsicht und unter Berücksichtigung des erkennbaren Sinnzusammenhangs versteht. Dabei kommt es auf die Verständnismöglichkeiten eines Versicherungsnehmers ohne versicherungsrechtliche Spezialkenntnisse und damit – auch – auf seine Interessen an.[8] Diese Grundlage des Verständnisses von Klauseln nimmt in erster Linie den **Wortlaut und seine Bedeutung in der Alltagssprache** in den Blick. Nur in Fällen der Verwendung spezifischer **Fachbegriffe** – Pandemie etwa – kommt es auf das Verständnis der Verwender der Fachsprache an. 4

---

[4] Zum Begriff der Katastrophe vgl. nur ua Art. 1 Abs. 2 Bayerisches Katastrophenschutzgesetz v. 24.7.1996, GVBl. 1996, 282.

[5] Die nachfolgenden Betrachtungen beruhen auf einer Vielzahl von Allgemeinen Versicherungsbedingungen, die dem Verfasser – teils durch Internetangebote, teils auf anderen Wegen – zur Verfügung standen. Sie werden Anbietern bewusst nicht konkret zugeordnet und Quellen nicht zugeordnet. Alle Gedanken zur Formulierung von einzelnen Klauseln knüpfen allerdings an reale, auf dem Markt verfügbare Bedingungen an.

[6] Veröffentlichte Rechtsprechung zu den in der gegenwärtigen Krise streitigen Bedingungen ist nahezu nicht verfügbar; verfügbare Rechtsprechung ist berücksichtigt.

[7] Langheid/Rixecker/Rixecker VVG § 1 Rn. 47 ff.

[8] Vgl. zu den Grundsätzen der Auslegung von Versicherungsbedingungen ua BGH BeckRS 2020, 3808; BeckRS 2019, 30598 mwN.

Das ist indessen für Klauseln entwickelt worden, die der Versicherer entworfen hat. Sind einmal Klauseln von einem Makler entwickelt[9] und von dem Versicherer akzeptiert worden, müssen die allgemeinen Auslegungsregeln gelten, denen jede Vertragserklärung unterworfen ist. Dann ist das Verständnis des Textes durch seinen Empfänger, zuweilen eben auch den Versicherer, maßgeblich.

5 Ergänzend gilt: **Risikoausschlussklauseln** sind grundsätzlich eng und nicht weiter auszulegen, als es ihr Sinn unter Beachtung ihres wirtschaftlichen Zwecks und der gewählten Ausdrucksweise erfordert.[10] Regelmäßig bedeutet das, dass der Versicherungsschutz nicht weiter verkürzt werden darf, als der erkennbare Zweck der Klausel dies gebietet. Der durchschnittliche Versicherungsnehmer braucht nicht damit zu rechnen, dass sein Versicherungsschutz Lücken hat, ohne dass die Klausel ihm dies hinreichend verdeutlicht. Daraus folgert die Rechtsprechung umgekehrt, dass **Wiedereinschlussklauseln**[11] grundsätzlich weit auszulegen sind.

6 AVB müssen in den Vertrag einbezogen worden sein (§§ 305-305c BGB) und unterliegen der Klauselkontrolle nach § 307 Abs. 2 BGB, auch soweit sie gegenüber Unternehmern verwendet werden (§ 310 Abs. 1 BGB mit Ausnahme von § 310 Abs. 2 und 3 BGB). Dabei wird es, soweit ersichtlich, kaum Zweifel an der Wirksamkeit von Ausschlussklauseln aufgrund ihrer Stellung im Vertragswerk geben. Gelegentlich kann es um die Frage der materiellen Transparenzkontrolle gehen.[12] Im Übrigen wird gelegentlich zu fragen sein, inwieweit **werbende Aussagen** oder **Angaben in Produktinformationsblättern** („Sie sind versichert gegen Seuchengefahr") die Interpretation von Klauseln, die hinter dieser Ankündigung zurückbleiben, korrigierend beeinflussen können.[13]

3. Auslegung einzelner Klauseln

a) Primäre Risikobeschreibung und sekundäre Risikobegrenzung

7 Ob aus Anlass eines pandemiebedingten Schadens Deckung besteht, erschließt sich aus dem Zusammenspiel von primärer Risikobeschrei-

---

[9] Vgl. zur Auslegung und Wirksamkeit von „Maklerbedingungen" Veith/Gräfe/Gebert, Der Versicherungsprozess, 4. Aufl. 2020, Rn. 183 ff.; Prölss/Martin/Dörner VVG § 59 Rn. 144.

[10] BGH r+s 2020, 163 mwN; r+s 2020, 85; Beckmann in Beckmann/Matusche-Beckmann VersR-HdB § 10 Rn. 169 ff.; Armbrüster in Prölss/Martin, VG, 30. Aufl., Einl. Rn. 281 ff.; Rixecker in Langheid/Rixecker/Rixecker VVG § 1 Rn. 53–55.

[11] OLG Hamm NJOZ 2019, 1491.

[12] Vgl. zu möglichen Transparenzbedenken gegen Ausschlussklauseln in den AVB-AT Reise Günther/Piontek r+s 2020, erscheint demnächst.

[13] Langheid/Rixecker/Rixecker VVG § 1 Rn. 57 mwN.

bung und sekundärer Risikobegrenzung des Vertrages, in Ausnahmefällen auch einmal aufgrund eines tertiären Risikowiedereinschlusses.[14] Zu fragen ist daher zunächst, welche Gefahren und welche Schäden ein Vertrag absichert, und dann, ob ein Ausschnitt der genannten Gefahren und Schäden aus dem Schutzversprechen ausgeschlossen ist. Veranschaulichend gesagt: Eine Praxisausfallversicherung schützt bei Praxisunterbrechung durch die die Gefahr bezeichnende Quarantäne, eine Betriebsunterbrechungsversicherung schützt in aller Regel nicht vor jeglicher Betriebsunterbrechung, sondern nur, wenn bestimmte Gefahren – Feuer vor allem – sie verursacht haben. Fehlt es daran, ist eine pandemiebedingte Betriebsunterbrechung unabhängig vom Vorliegen einer Pandemieklausel nicht versichert. Auch eine Allgefahrendeckung weckt zuweilen nur den Anschein, vor allen Gefahren zu schützen.[15] Sagt der Vertrag aber bei verständiger Auslegung zu, jegliche Schäden zu decken, gleichviel auf welcher Ursache sie beruhen, kommt es nur darauf an, ob ein ausdrücklich geregelter Risikoausschluss eingreift.

b) Pandemieklauseln

Manche Verträge regeln, dass die Gefahren von Pandemien nicht ver- 8
sichert sind (bspw Ziffer 5.6 der AVB AT Reise 2008). Unter einer **Pandemie** versteht man den Ausbruch einer infektiösen Erkrankung auf weiten Teilen eines Kontinents oder gar auf mehreren Kontinenten. Fraglich ist aber, **ob und ab wann** eine solche Pandemie mit der Folge anzunehmen ist, dass ab einem bestimmten Zeitpunkt keine Deckung mehr für von nun an eintretende Versicherungsfälle besteht. Denn zunächst lokal begrenzte Epidemien sind noch keine Pandemien; sie verbreiten sich in Zeiten der Globalisierung – wie Corona zeigt – zunächst schleichend, um sich dann zu beschleunigen und rasend schnell immer weitere Infektionsgebiete zu erreichen. Es gibt auch **keine rechtlich verbindlichen** (völkerrechtlichen) **Vorgaben**, ab wann von einer Pandemie gesprochen werden darf.[16] Die Auslegung der Pandemieklauseln muss sich daher nach dem Verständnis des durchschnittlichen Versicherungsnehmers richten. Er wird die international gebräuchlichen Definitionen im Blick haben und von einer Pandemie von dem Augenblick an ausgehen, zu dem der Generaldirektor der WHO eine Seuche zur Pandemie erklärt. **Im Fall von Corona ist das der 11.03.2020.** Das bedeutet, dass Verträge, die den Versicherungsschutz für Pandemien ausschließen, keine Deckung für – pandemiebeeinflusste – Versicherungsfälle bieten, die nach dem 11.3.2020 eingetreten sind oder eintreten.

---

[14] Wandt, Versicherungsrecht, Rn. 804.
[15] BGH NJW-RR 2011, 1595; krit. Armbrüster Rn.1364 ff.
[16] www.rki.de SharedDocs FAQ Pandemie.

9 Soweit in Bedingungen Ausschlüsse an eine **Seuche** oder eine **epidemische Gefahr** anknüpfen sollten, ist die Ausrufung der Pandemie dem nicht gleichzusetzen. Unter einer Seuche ist vielmehr eine sich schnell ausbreitende hoch infektiöse Erkrankung zu verstehen. Zwar können die Begrifflichkeiten des IfSG [17], die das Wort Seuche“ ohnehin nicht verwenden, nicht herangezogen werden. Jedoch wird auch versicherungsrechtlich naheliegen, von einer Seuche schon dann auszugehen, sobald schwere, die Allgemeinheit bedrohende Verläufe einer Infektionserkrankung tatsächlich vorliegen.

c) Naturkatastrophenklauseln

10 Sehen Versicherungsverträge einen Risikoausschluss für Versicherungsfälle aufgrund von Naturkatastrophen vor, fragt sich, ob die Entwicklung der SARS-CoV-2-Infektionen – jedenfalls zu irgendeinem Zeitpunkt ihres Verlaufs – eine „Naturkatastrophe“ darstellt. Das wird zum Teil angenommen,[18] trifft aber nicht zu. Fraglich ist schon, ob die Geburt neuer oder veränderter Viren als „natürliche“ Entwicklung unserer Lebenswelt betrachtet werden kann. Als Naturkatastrophe werden nach allgemeinem Sprachgebrauch regelmäßig Verheerungen des menschlichen Lebens durch **planetarische –** tektonische, klimatische, atmosphärische **– Irregularitäten außergewöhnlichen Ausmaßes** verstanden. Seuchen, die sich regelmäßig unter menschlichem Einfluss verbreiten, gehören dazu jedenfalls nach dem Verständnis eines durchschnittlichen Versicherungsnehmers nicht.[19] Dass diese Sicht auch das juristische Verständnis prägt, zeigt im Übrigen das deutsche Verfassungsrecht, das das Grundrecht der Freizügigkeit unter den Vorbehalt von Schranken bei Seuchen und – alternativ – bei Naturkatastrophen (Art. 11 Abs. 2 GG) stellt.

d) Quarantäneklauseln

11 Manche Versicherungsprodukte versprechen Leistungen bei Ertragsausfällen infolge Quarantäne. Dabei handelt es sich regelmäßig um eine **primäre Risikobeschreibung.** Sie nimmt Bezug auf einen Begriff, den die Alltagssprache (wenn auch vage) als auch die infektionsschutz-

---

[17] Vgl. zum nicht übertragbaren „Tierseuchenbegriff“ Erbs/Kohlhaas/Metzger, Strafrechtliche Nebengesetze, 228.El., Tierseuchengesetz § 2 Rn. 2; zum versicherungsrechtlichen Begriff der „Tierseuche“ Prölss/Martin/Armbrüster AVR § 3.

[18] So Gassner „Im Extremfall können Ortschaften abgeriegelt werden“ in LTO vom 27.02.2020; Dreier/Bauer GG Art. 35 Rn. 29.

[19] Anders für das Verfassungsrecht – allerdings ohne Auseinandersetzung mit Art. 11 Abs. 2 GG – Maunz/Dürig/Herzog/Dederer, GG, 89. EL, GG Art. 35 Rn. 133; Dreier/Bauer GG Art. 35 Rn. 39.

rechtliche und medizinische Fachsprache kennen. Die Quarantäne ist nach dem laienhaften Verständnis schlicht eine regelmäßig (aber nicht ausschließlich) **gesundheitlich bedingte, erzwungene oder frei gewählte Isolierung** von Menschen. Fachsprachlich geht es allerdings um eine aus präventiven Gründen, nämlich dem Schutz Dritter dienende, behördlich angeordnete zeitlich befristete Absonderung von ansteckungsverdächtigen Personen oder von Personen, die verdächtig sind, an bestimmten Infektionskrankheiten erkrankt oder Überträger dieser Krankheiten zu sein.

In solchen Fällen darf man nicht nach den herkömmlichen Ausle- 12
gungsregeln dem alltagssprachlichen Verständnis den Vorzug geben. Das würde nämlich verkennen, dass der Begriff zwar alltagssprachlich verständlich, aber in dem Sinnzusammenhang der Vertragsklauseln erkennbar **kein alltagssprachlicher Begriff** – im Sinne von „Dahergesagtem" – ist. Soweit er in Bedingungen verwendet wird, geht es regelmäßig um die Absicherung spezieller gesundheitlicher, sich auf die berufliche Tätigkeit auswirkender Risiken spezifischer Berufsgruppen. Sie aber können erkennen, dass nicht der lockere „Straßengebrauch" von Quarantäne gemeint ist. **Quarantäne** meint also nicht das selbstgewählte vorsorgliche Eremitentum, sondern die hoheitlich veranlasste (regelmäßig durch vollziehbaren, schriftlichen oder mündlichen aber jedenfalls dokumentierten Verwaltungsakt angeordnete) Isolation.

e) Eingriffe von hoher Hand-Klauseln

Verbreitet finden sich Risikoausschlüsse, die Schäden (oder Gefahren) 13
„aufgrund von „Eingriffen von hoher Hand" aus der Deckungspflicht ausnehmen. Sie stammen aus der Transportversicherung,[20] tummeln sich aber auch auf anderen Spielfeldern. Insoweit ist zunächst von Bedeutung, dass mit dem Merkmal des **„Eingriffs"** Anordnungen, also hoheitliche Maßnahmen befehlender Art, gemeint sind. **Weiche Vorgehensweisen,** wie sie auch in der Corona-Krise erfolgt sind, Ratschläge, Empfehlungen, Warnungen sind nicht gemeint. Zwar kennt das öffentliche Recht die Kategorie des „mittelbaren Eingriffs", der als Eingriff gilt, wenn er trotz seiner fehlenden Finalität und Imperativität das Gewicht eines Ge- oder Verbots erreicht. Der durchschnittliche Versicherungsnehmer muss das nicht wissen und darf unter dem Ausschluss (nur) einen Befehl verstehen.

Hintergrund ist, dass **hoheitliches,** häufig politisch bestimmtes **Vor-** 14
gehen unkalkulierbar und von den Zeitläuften oder dem willkürlichen Belieben von Staaten und Regierungen abhängig ist. Es ist kein privates,

---

[20] Thume/de la Motte/Ehlers/Kollatz, Transportversicherungsrecht, 2.Aufl., DTV-VHV Rn. 80; Heiss/Trümper in Beckmann/Matusche-Beckmann VersR-HdB § 38 Rn. 73.

sondern ein gesellschaftliches Risiko, das sich verwirklicht hat. Dafür hat nicht das Versichertenkollektiv, sondern die Gesellschaft als solche durch Staatshaftung einzustehen. Von hoher Hand setzt also zum einen eine **dem Staat zuzurechnende Maßnahme** voraus, mag sie rechtmäßig oder rechtswidrig sein. Der Eingriff muss entgegen manchem Verständnis in der Versicherungswirtschaft kein konkret-individuell belastender Verwaltungsakt sein, der gegen einen einzelnen Adressaten ergangen ist, der Träger des versicherten Risikos, des Betriebs oder der Veranstaltung, ist. Auch hier ergibt die Auslegung auf der Grundlage des Wortlauts, dass **nicht nur Einzeleingriffe,** sondern alle staatlichen (oder kommunalen) Beschränkungen des Verhaltens von Personen oder des Umgangs mit Gegenständen und Unternehmen, also gerade auch die gegenwärtigen infektionsschutzrechtlichen Verordnungen, gemeint sind.

15 Die Bedingungen sehen im Übrigen regelmäßig vor, dass der Eingriff den Schaden **unmittelbar oder mittelbar** herbeigeführt haben kann. Grundsätzlich genügt daher **jede hoheitlich angeordnete Ursache** einer Beeinträchtigung des versicherten Interesses, mag sie sich auch erst über Zwischenursachen ausgewirkt haben. Vorstellbar ist allerdings eine auf den Schutzzweck bezogene Betrachtungsweise: Nicht jede fernliegende und völlig inadäquate Bedingung eines Risikoeintritts löst den Risikoausschluss aus. Hoheitliche Reaktionen auf Pandemien – die Schließung bestimmter Betriebe und anderer nicht – werden gerade wegen des Hintergrunds des Ausschlusses auch dann erfasst, wenn sie ungeeignet oder nicht erforderlich oder unangemessen erscheinen. Die Rechtsprechung hat sich bislang nur mit dem Fall einer Beschädigung von befördertem Gut bei einer Zollkontrolle befasst. Ihr Gedanke, es gehe um Maßnahmen, die sich „nicht unmittelbar gegen ein transportiertes Gut" richteten[21], darf nicht missverstanden werden: Eingriffe von hoher Hand müssen sich nicht auf das versicherte Interesse selbst (die konkrete Veranstaltung) beziehen. Der Schaden darf aber **nicht nur „gelegentlich"** eines solchen Eingriffs entstanden sein.

f) Analogiefähigkeit von Leistungsbeschreibungen, Risikoausschlüssen und Risikowiedereinschlüssen

16 Möglicherweise wird die Praxis sich mit der These zu befassen haben, die **Neuartigkeit des Coronageschehens** müsse dazu führen, dass Leistungsbeschreibungen oder Wiedereinschlüsse und umgekehrt Risikoausschlüsse **analog für die gegenwärtige Pandemie** gelten müssten. Das ist abzulehnen. Versicherungsbedingungen sind einer Analogie grundsätzlich nicht zugänglich. Darauf hat der BGH in seiner Psychotherapeu-

---

[21] BGH NJW-RR 2018, 632; so auch Heiss/Trümper in Beckmann/Matusche-Beckmann VersR-HdB § 38 Rn. 73.

tenentscheidung aufmerksam gemacht.[22] Verlangt war dort die Erstattung der Aufwendungen für eine Behandlung durch einen psychologischen Psychotherapeuten; nach den vor der gesetzgeberischen Regelung dieses Berufsfeldes vereinbarten AVB – nicht aber nach den Regelungen der gesetzlichen Krankenversicherung – erstreckte sich das Leistungsversprechen nur auf die Kosten der von einem approbierten Arzt oder einer klinischen Psychotherapie vorgenommenen Maßnahmen. Der BGH hat eine analoge Erstreckung auf die „neuen", heilberuferechtlich ermöglichten Behandlungsformen aus mehreren Gründen abgelehnt. Die vertragliche Regelung sei klar. Ihre entsprechene Übertragung auf andere, neue Gegebenheiten verlange ein methodisches Wissen, das dem durchschnittlichen verständigen Versicherungsnehmer im Allgemeinen fehle. Auch sei die Analogievoraussetzung einer gleichen Interessenlage nicht gegeben.

17 Nichts Anderes kann für Bedingungen – welcher Versicherungssparte auch immer – gelten, die bestimmte **katastrophische, auch seuchenbedingte Geschehensabläufe** dem Wortlaut nach eindeutig in ein Deckungsversprechen ein- oder von ihm ausschließen. Ihre analoge Erstreckung auf **neuartige Großschadensverläufe** würde sowohl mit den methodischen Standards der Auslegung von Versicherungsverträgen brechen als auch eine Gleichartigkeit der Interessenlage annehmen, die nicht belegbar und dem durchschnittlichen Versicherungsnehmer nicht erschließbar ist. Insoweit wird der Versuch einer Analogie nicht helfen. Versicherungsbedingungen verschließen sich einer solchen Ergänzung.

II. Allgemeine vertragsrechtliche Probleme

1. Auflösung von Versicherungsverträgen und Leistungsfreiheit wegen Zahlungsverzögerung

a) Prämienverzug im Allgemeinen

18 In ökonomischen Krisen können Versicherungsnehmer mit der Zahlung der Beiträge zu ihren Versicherungsverträgen in Rückstand geraten. Versicherer werden in solchen Zeiten schwerlich vorrangig um eine Stornierung von Verträgen bemüht sein oder sich Verhandlungslösungen verschließen. Das macht es aber nicht überflüssig, sich der gesetzlichen Werkzeuge und ihrer Wirkungsweise sowie ihrer Wirkungsvoraussetzungen zu vergewissern. Denn Versicherungsnehmer haben auch in solchen Zeiten hohes Interesse am **Fortbestand der wohlerworbenen Absicherung** und an Deckung bei Eintritt des (künftigen) Versicherungsfalls. Die Regelung findet sich, da es typischerweise nicht um die erste oder einma-

[22] BGH NJW 2006, 1871.

lige Prämie für den Vertrag geht, sondern um die „Folgeprämie", grundsätzlich in **§ 38 VVG.** Prämie ist das, was als zeitabschnittbezogenes Entgelt für den Versicherungsschutz vereinbart ist. Wird eine „Jahresprämie" vereinbart, die in Raten gezahlt wird, ändert das nichts daran, dass „Prämie" nicht der Jahresbetrag, sondern der unterjährig fällig werdende Teilbetrag ist.[23] Maßgeblich ist, ob der Versicherungsnehmer eine **Folgeprämie** nicht zum vertraglich vorgesehenen Zeitpunkt (unabhängig vom Vorliegen der Verzugsvoraussetzungen) gezahlt hat oder die Abbuchung des Beitrags bei Vorliegen einer Einzugsermächtigung mangels Deckung nicht möglich gewesen ist. Dabei kann es auch um Teilrückstände[24] gehen.

19 Der Versicherer hat dem Versicherungsnehmer nach dem Ausbleiben der Zahlung **in Textform eine Frist von mindestens zwei Wochen zur Zahlung** zu setzen. Dabei müssen die rückständigen Beiträge nach Prämie, Zinsen und Kosten getrennt bezeichnet werden. Das muss bei in einer Police zu verbundenen Verträgen (also nicht bei in einem Vertrag erfassten mehreren Risiken) differenziert für jedes einzelne Deckungs(teil)versprechen erfolgen.[25] Der Versicherer muss in dieser so genannten **„qualifizierten" Mahnung** ausdrücklich und unmissverständlich darauf hinweisen, dass er leistungsfrei ist, wenn der Versicherungsnehmer mit einem der genannten Beträge bei Eintritt des Versicherungsfalls in Verzug ist. Darüber hinaus darf der Versicherer den Vertrag (nach Fristablauf) fristlos kündigen, wenn der Versicherungsnehmer bei Fristablauf mit der Zahlung in Verzug ist. Wird die **Kündigung mit der Fristsetzung verbunden,** wird sie mit Fristablauf wirksam. Allerdings setzt auch das voraus, dass der Versicherer seinen Vertragspartner darüber belehrt und zusätzlich unterrichtet, dass die Kündigung unwirksam wird, wenn die rückständigen Beträge innerhalb eines Monats nach dem Zugang der Kündigungserklärung oder nach Fristablauf beglichen werden.

20 Qualifizierte Mahnung, Kündigung und Belehrungen müssen **dem Versicherungsnehmer zugehen.** Beweiserleichterungen (Beweis der Absendung) gibt es nicht. Sind die Belehrungen unzulänglich oder kann der Versicherer den Zugang nicht beweisen, scheitern seine Berufung auf Leistungsfreiheit und seine Lösung vom Vertrag.

b) Prämienverzug in der substitutiven Krankheitskostenversicherung

21 Besondere Regelungen trifft das Gesetz für die substitutive Krankheitskostenversicherung in § 193 Abs. 6 VVG. Danach **„ruht" ein Vertrag** über eine substitutive Krankheitskostenversicherung, wenn (1) der

---

[23] BGH r+s 2013, 162.

[24] BGH NJW-RR 1988, 1431; Langheid/Rixecker/Rixecker VVG § 38 Rn. 7.

[25] Vgl. zu den formalen Voraussetzungen BGH NJW-RR 1988, 1431; Prölss/Martin/Reiff VVG § 38 Rn. 19 ff.

Versicherungsnehmer mit einem Beitragsbetrag in Höhe von zwei Monatsprämien „in Rückstand“ ist, (2) der Versicherer ihn deshalb gemahnt hat, (3) der Versicherungsnehmer zwei Monate nach Zugang der Mahnung dem Versicherer eine Geldleistung schuldet, die höher ist als eine Monatsprämie, und (4) der Versicherer seinen Vertragspartner ein zweites Mal mahnt und dabei auf die Rechtsfolgen (nämlich das Ruhen des Vertrages sowie die Absicherung im Rahmen eines (fingierten) Notlagentarifvertrages) bei einem fortbestehenden weiteren, eine Monatsprämie übersteigenden Rückstandes (einschließlich der an die Stelle von Verzugszinsen tretenden Säumniszuschläge hinweist) und zum Ablauf eines Monats nach Zugang dieser zweiten Mahnung ein solcher Rückstand immer noch besteht.

Das Gesetz spricht von **Rückstand,** nicht von Verzug. Gemeint sind also unabhängig vom Verschulden objektive Zahlungsausstände. Das Ruhen des Vertrages ist **unabhängig von einem Verschulden** des Versicherungsnehmers.[26] Da die Zahlungspflicht allerdings regelmäßig kalendermäßig terminiert ist, bedeutet Schuldigbleiben stets zugleich Verzug. Allerdings ist ein Versicherer entgegen dem Wortlaut des Gesetzes nicht verpflichtet, den Versicherungsnehmer zu mahnen, kann also den bestehenden Vertrag trotz Prämienrückständen fortbestehen lassen. Der Versicherer kann, muss aber nicht, mit dem Vertrag über eine substitutive Krankheitskostenversicherung verbundene **Zusatzversicherungen** (vor allem Wahlleistungsversprechen) durch Gestaltungserklärung gleichfalls nach § 193 Abs.7 S. 3 VVG zum Ruhen bringen.[27] Voraussetzung dafür ist allerdings, dass eine Versicherung zum Notlagentarif besteht und das Mahnverfahren nach § 193 Abs. 6 VVG korrekt durchgeführt worden ist. Das hat zur Folge, dass solche Verträge fortbestehen, aus ihnen aber keine Leistungspflicht folgt. Sie können jedoch durch Ausgleich der rückständigen und Bedienung der fällig werdenden Prämienzahlungspflichten „reaktiviert“ werden. 22

c) Besonderheiten des COVFAG

aa) Regelung

In beiden Fällen – der Kündigung bestehender Verträge nach § 38 VVG wie der Umwandlung substitutiver Krankheitskostenversicherungsverträge und von Zusatzversicherungsverträgen in ruhende Verträge – stellt sich die Frage, wie sich das **Moratorium** versicherungsrechtsspezifisch auswirkt. Nach Art. 240 § 1 EGBGB hat ein Verbraucher das Recht, Leistungen zur Erfüllung eines Anspruchs, der im Zusammen- 23

[26] Prölss/Martin/Voit VVG § 193 Rn. 40; HK-VVG/Rogler/Marko VVG § 193 Rn. 68ff.

[27] Prölss/Martin/Voit VVG § 193 Rn. 39.

hang mit einem Verbrauchervertrag steht, befristet bis zum 30. Juni 2020 zu verweigern, wenn sie ihm aufgrund von pandemiebedingten Umständen ohne Gefährdung seines angemessenen Lebensunterhalts oder des angemessenen Lebensunterhalts seiner unterhaltsberechtigten Angehörigen nicht möglich sind. Das gleiche gilt für Kleinstunternehmen (weniger als 10 Mitarbeiter und ein Jahresumsatz – der Geldbetrag, der in einem bestimmten Zeitraum eingenommen wurde – oder eine Jahresbilanz (eine Aufstellung der Vermögenswerte und Verbindlichkeiten eines Unternehmens von unter 2 Mio. €), die solche Leistungen aus den gleichen Gründen nicht oder nicht ohne Gefährdung der wirtschaftlichen Grundlagen des Erwerbsbetriebs erbringen können (→ § 1 Rn. 41).

bb) Wesentliche Dauerschuldverhältnisse

24 Erforderlich ist allerdings, dass es sich um ein „wesentliches" Dauerschuldverhältnis handelt. Das ist ein Dauerschuldverhältnis, das für den Gläubiger als Verbraucher zur angemessenen Daseinsvorsorge oder für den Gläubiger als Kleinstunternehmer zur angemessenen Fortsetzung seines Erwerbsbetriebs erforderlich ist. Versicherungsverträge sind in der Regel **Dauerschuldverhältnisse.** Folglich kommt es darauf an, welche von ihnen Leistungen (die Absicherung von Risiken und die Gefahrtragung) der **angemessenen Daseinsvorsorge** oder der **angemessenen Fortsetzung des Erwerbsbetriebes** versprechen. Die Gesetzesbegründung[28] nennt insoweit zutreffend **Pflichtversicherungen.** Das sind vor allem die Kraftfahrzeughaftpflichtversicherung und die private Krankheitskostenversicherung, soweit sie eine substitutive Krankheitskostenversicherung darstellt. Wahlleistungsversprechen oder Zahnzusatzversicherungsverträge zählen dazu nach dem Konzept des Gesetzes nicht. Erfasst werden aber auch die für Kleinstunternehmen, Kanzleien, Praxen, Architekturbüros beispielsweise, zuweilen unerlässlichen Berufshaftpflichtversicherungen.

25 Da Pflichtversicherungen lediglich beispielhaft genannt sind, fragt sich, ob weitere nicht-obligatorische Versicherungsverträge, auch dazu zählen. Hintergrund der Frage kann die (umstrittene) Rechtsprechung des BGH zu **§ 1357 BGB** sein, nach der die **Verpflichtungsermächtigung** von Ehe- und Lebenspartnern sich auf Versicherungsverträge erstreckt, die zur angemessenen Deckung des Lebensbedarfs abgeschlossen worden sind.[29] Das könnte bedeuten, dass im privaten Bereich Hausratsversicherungsverträge oder Verträge über die Deckung der privaten Haftpflicht erfasst würden. Für gewerbliche Versicherungen scheitert eine Übertragung allerdings am Fehlen einer § 1357 BGB vergleichbaren Norm.

---

[28] BT-Drs. 19/18110.

[29] BGH NJW 2018, 1313 m. krit. Anm. von Rixecker zfs 2018, 512.

26 Der unterschiedliche Wortlaut (Geschäfte zur Deckung des angemessenen Lebensbedarfs, Leistungen der angemessenen Daseinsvorsorge) stünde einer wertenden Übertragung der Rechtsprechung nicht grundsätzlich entgegen, da sich der Lebensbedarf und die Daseinsvorsorge kaum voneinander unterscheiden lassen. Jedoch sind die Zwecke beider Normen, die Begründung einer Verpflichtungsermächtigung von Ehe- und Lebenspartnern im Hinblick auf den Schutz des Rechtsverkehrs und seine Erwartung, der Partner verfüge für solche **Alltagsgeschäfte** ohnehin über eine Bevollmächtigung, einerseits und andererseits das **katastrophenbedingt begründete vorübergehende Leistungsverweigerungsrecht** in Bedrängnis geratener Schuldner, derart unterschiedlich, dass eine Übertragung ausscheidet.

27 Dennoch ist der Wortlaut des Art. 240 Abs. 1 EGBGB offen für Versicherungsverträge, **zu deren Abschluss keine gesetzliche Pflicht** besteht, die aber sowohl für Verbraucher als auch für Kleinstunternehmen von existenzieller Bedeutung sein können und an deren Aufrechterhaltung über eine Zeit krisenbedingter Zahlungsprobleme ein nachvollziehbares dringendes Interesse besteht. Das gilt vor allem für die private **Haftpflichtversicherung** und die **Betriebshaftpflichtversicherung,** die nicht durch vorübergehend erscheinende Zahlungsschwierigkeiten beeinträchtigt werden sollten, weil ihr potentieller Wegfall eine wesentliche Bedrohung des Lebensbedarfs oder der betrieblichen Existenz sein kann. Ähnliches sollte für die **Krankentagegeldversicherung von Selbstständigen** gelten, die ein Kleinstunternehmen betreiben. Denn eine solche Absicherung schützt den Lebensbedarf eines Kleinstunternehmers in Fällen krankheitsbedingter Unterbrechung der Arbeitsfähigkeit in gleicher Weise wie die gesetzliche Krankenversicherung jenen eines abhängig Beschäftigten.

cc) Bedeutung der Einrede für das Versicherungsrecht

28 Zu bedenken ist allerdings, dass Art. 240 § 1 EGBGB ein Leistungsverweigerungsrecht begründet und **nicht etwa den Anspruch des Versicherers entfallen** lässt. Es muss ausgeübt werden. Wird es ausgeübt, so hindert es wie jede Einrede die **Durchsetzbarkeit der Forderung** (→ § 1 Rn. 53), mit den Worten der Gesetzesbegründung die „Vollstreckbarkeit der vereinbarten Leistung“. Sie lässt nicht die **Fälligkeit** für die Dauer der berechtigten Leistungsverweigerung entfallen. Ist aber ein versicherungsvertraglicher Beitrag nicht durchsetzbar, so gerät der Versicherungsnehmer zwar weiterhin in Rückstand. Dennoch dürfen Versicherer für die Dauer der sich aus dem Vertrag an sich ergebenden Fälligkeit **keine dem Versicherungsnehmer nachteiligen Konsequenzen** aus dem Schuldigbleiben ziehen. Das ergibt sich schließlich auch aus dem systematischen Vergleich mit Art. 240 §§ 2 und 3 EGBGB, die gleichfalls den Vertrag beendigende Folgen für die Dauer des Moratoriums ausschließen.

29 Das hat wegen der Besonderheiten der § 38 VVG und § 193 Abs. 6 VVG Konsequenzen auch in formaler Hinsicht. Das Lösungsrecht des Versicherers ist nämlich von durchsetzbaren Zahlungsaufforderungen abhängig. Durfte der Schuldner die Zahlung zu dem von dem Versicherer mitgeteilten Zeitpunkt verweigern, erweist sich die Zahlungsaufforderung (wenn auch erst nach Erhebung der Einrede) als unberechtigt. Damit kann sie folglich keine Kündigung rechtfertigen und auch keine Umwandlung eines Krankheitskostenversicherungsvertrages in einen solchen auf der Grundlage des Notlagentarifs. **Nach der Beendigung des Moratoriums** entfällt das Leistungsverweigerungsrecht des Versicherungsnehmers ex nunc. Nunmehr erfolgende Zahlungsaufforderungen sind nach dem Gesetz auch in Bezug auf die Prämienbeträge gestattet, die während der Dauer des Moratoriums fällig gewesen waren. Das ändert aber nichts daran, dass **Rückstände erst jetzt** wieder, anschaulich gesprochen, als Rückstände betrachtet werden und damit Grundlage von Mahnungen oder Kündigungserklärungen sein dürfen.

30 Nichts anderes gilt für die in § 38 Abs. 2 VVG geregelte Leistungsfreiheit für den Fall, dass der Versicherungsfall nach Ausbleiben einer Prämienzahlung und Bestimmung einer Zahlungsfrist eingetreten sein sollte. Die **Bestimmung einer Zahlungsfrist setzt einen Rückstand voraus,** der geltend gemacht und durchgesetzt werden darf. Auf dieser Grundlage verlangt sie bestimmte Belehrungen über rückständige Prämien, Zinsen und Kosten. Daher fehlt es an den formalen Voraussetzungen der Leistungsfreiheit für zwischenzeitlich eingetretene Versicherungsfälle, wenn der Versicherungsnehmer die Einrede erhebt und seine zwischenzeitlichen pandemiebedingten Zahlungsschwierigkeiten darlegen und beweisen kann. Die **Beendigung des Moratoriums** führt dann nicht dazu, dass eine mit der Erhebung der Einrede nicht durchsetzbare Forderung nicht nur von nun an, sondern sogar rückwirkend wieder durchsetzbar wird. Daher gilt gewissermaßen: Alles auf Anfang. Nur jetzt, nach dem Ende des Moratoriums erfolgende korrekte Gestaltungserklärungen sind als solche wirksam und können daher zur Auflösung des Vertrages, zur Leistungsfreiheit oder, in der substitutiven Krankheitskostenversicherung, zum Ruhen des Vertrages führen.

31 Für die **Neuzulassung eines Kraftfahrzeugs** und die damit erforderliche vorläufige Deckung in der Kraftfahrzeughaftpflichtversicherung bedeutet das: Der Versicherer gewährt in solchen Fällen typischerweise (verbunden mit der Ausstellung einer elektronischen Versicherungsbestätigung) vorläufige Deckung.[30] Zugleich wird der Versicherungsschutz – bei entsprechenden notwendigen Belehrungen[31] – davon abhängig ge-

---

[30] Langheid/Wandt/Rixecker VVG § 52 Rn. 13 ff. mwN.

[31] Stiefel/Maier, AKB, KfzPflVV § 9 Rn. 6 ff. mwN; BeckOK VVG/Hanisch VVG § 52 Rn. 12.

macht, dass der Versicherungsnehmer die Erstprämie rechtzeitig zahlt. Versäumt er das, entfällt die vorläufige Deckung rückwirkend, sodass bei zwischenzeitlichem Eintritt eines Versicherungsfalls dem Versicherungsnehmer gegenüber Leistungsfreiheit besteht. Auch insoweit gilt, dass der **rückwirkende Wegfall der vorläufigen Deckung** nur eintreten kann, wenn der Versicherungsnehmer die fällige Erstprämie (oder jene für die vorläufige Deckung) nicht nur schuldig geblieben ist, sondern der Versicherer sie auch zu diesem Zeitpunkt, auf den sich die Belehrungen des Versicherers bezogen haben, durchsetzen konnte. Die Forderung muss als „wirksam" gewesen sein. Daran fehlt es, wenn die Moratoriums-Einrede (auch rückwirkend) erhoben wird und erhoben werden darf.

2. Verletzung der vorvertraglichen Anzeigepflicht bei Vertragsabschlüssen im Angesicht der Krise

Da nicht auszuschließen ist, dass sich Einzelne im Angesicht der Krise 32
bemüht haben, **erstmals Deckung** für bestimmte Risiken zu erlangen, lohnt sich eine knappe Betrachtung der Lösungsrechte des Versicherers. Von vornherein ausgeschlossen sind sie aller Voraussicht nach **Rücktritts-, Kündigungs- und Vertragsänderungsrechte (§§ 19, 21 VVG).** Sie würden Antragsfragen des Versicherers nach einer Infektion oder einer Infektionsgefahr voraussetzen, die in Bezug auf die Gefahrumstände, die sich verwirklicht haben könnten, gefehlt haben werden. Hinzukommen muss fehlende Kenntnis des Versicherers von den konkreten Gefahrumständen. Sie dürfte aber nach den ersten Meldungen über die epidemische Entwicklung für alle bestanden haben.

Fraglich ist allerdings, ob **Zweckabschlüsse** nicht im Wege der Arg- 33
listanfechtung (§ 22 VVG iVm § 123 Abs. 1 BGB) rückgängig gemacht werden können. Das kommt dann in Frage, wenn Personen, die sich in Risikogebieten aufgehalten haben, oder die Kontakt zu infizierten Personen hatten, im Angesicht der Gefahr Verträge (bspw Risikolebens- oder private Krankenversicherungsverträge) abgeschlossen haben. Dann geht es nicht um das Verschweigen allgemeinkundiger Umstände (der drohenden Pandemiegefahr), sondern um jenes spezifischer personenbezogener Risiken. In einem solchen Fall ist nach dem Bestehen einer **„spontanen Anzeigepflicht"** zu fragen.[32]

Unterlässt ein Antragsteller, den Versicherer bei Abgabe seiner Ver- 34
tragserklärung über Gefahrumstände, nach denen der Versicherer nicht gefragt hat, aufzuklären, so schadet ihm das – jedenfalls bei „Alltagsverträgen" – grundsätzlich nicht. Denn den Versicherungsnehmer trifft im

[32] Vgl. zur spontanen Anzeigeobliegenheit in der Reiseversicherung bei HIV-Infektion OLG Hamm BeckRS 2019, 35892; iÜ OLG Karlsruhe r+s 2018, 313; OLG Hamm r+s 2017, 68; OLG Celle r+s 2016, 500.

Allgemeinen nur auf Antragsfragen hin die Pflicht, wahrheitsgemäß und vollständig Auskunft zu erteilen. Er darf sich darauf verlassen, dass der Versicherer das, was ihn bei standardisierten Produkten für seine Risikoübernahmebereitschaft interessiert, erfragt. Das wird man unter der besonderen Situation der Corona-Krise anders sehen dürfen. Hier kann der durchschnittliche Versicherungsnehmer nicht erwarten, dass der Versicherer seine **Antragsfragen kurzfristig erweitert** und besondere individuelle Risiken – bei Beantragung einer Krankenversicherung bspw. die Frage, ob sich der Versicherungsnehmer kürzlich in einem Risikogebiet aufgehalten habe – erfragt. Zugleich haftet solchen Absicherungsbeschaffungen – grundsätzlich, soweit keine besonderen Umstände vorliegen, die ihre Art und ihren Zeitpunkt krisenunabhängig plausibel erscheinen lassen – von vornherein der „Geruch der Arglist" an. Treu und Glauben rechtfertigen in einem solchen Fall eine originäre Aufklärungspflicht, deren Verletzung die Arglistanfechtung erlaubt.

3. Leistungsfreiheit wegen Gefahrerhöhungen im Verlauf der Krise

a) Kündigungsrecht und Leistungsfreiheit wegen Gefahrerhöhung

35 Die Regeln des VVG über die Gefahrerhöhung schützen das **Äquivalenzinteresse** von Versicherungsnehmer und Versicherer. Beide legen ihrem Vertragsabschluss eine bestimmte **längerfristige Erwartung zum Eintritt ungewisser abgesicherter Geschehnisse** zugrunde. Ändern sich die tatsächlichen Grundlagen dieser Erwartung unvorhergesehen dauerhaft zum Nachteil des Versicherers,[33] stehen ihm Lösungsrechte zu. Nach § 23 Abs. 3, § 24 Abs. 2 VVG kann der Versicherer den Vertrag bei objektiver Gefahrerhöhung kündigen. Die **Kündigung ist befristet auf einen Monat** ab Zugang der Mitteilung über die Gefahrerhöhung durch den Versicherungsnehmer oder dem Zeitpunkt einer davon unabhängigen Kenntnis des Versicherers. Das Kündigungsrecht erlischt also in jedem Fall nach Ablauf eines Monats ab Kenntnis des Versicherers von der Gefahrerhöhung. Versicherungsfälle innerhalb dieses Monats werden also noch gedeckt.

36 Versicherungsvertraglich ist allerdings **nicht jede „Erhöhung einer Gefahr" eine Gefahrerhöhung,** die zu einem Kündigungsrecht oder zur Leistungsfreiheit führen kann. Versicherungsverträge sollen ja gerade die Verwirklichung einer ungewissen Gefahr grundsätzlich unabhängig von den temporären Schwankungen ihrer Wahrscheinlichkeit absichern. Daher sind keine relevanten Gefahrerhöhungen auch solche, die nach den

[33] Zu den Voraussetzungen ua Langheid/Rixecker/Langheid VVG § 23 Rn. 11.

Umständen als **mitversichert** betrachtet werden müssen (§ 27 VVG). Das ist in der Vergangenheit aus Anlass des Wachsens von neuartigen Terrorrisiken erörtert worden, die teilweise als unerwartbare und damit nicht mitversicherte Bedrohungen großer Sportereignisse betrachtet wurden.[34] Corona ist damit allerdings nicht ohne Weiteres vergleichbar.

Eine Gefahrerhöhung setzt voraus, dass sich das Risiko des Eintritts eines Versicherungsfalls **dauerhaft auf einem höheren Niveau** stabilisiert, sodass angenommen werden darf, dass Versicherer und Versicherungsnehmer seinen Eintritt stillschweigend übereinstimmend nicht mehr als gedeckt betrachten dürfen. Epidemische Entwicklungen katastrophalen Ausmaßes können ohne Weiteres dazugehören. Allerdings ist von Bedeutung, ob gerade der spezifische Versicherungsvertrag derartige Risikosteigerungen einbezieht. Dem kann zwar entgegengehalten werden, dass trotz der vergangenen viralen Feldzüge von Ebola, Mers oder Sarsvarianten die universale Dimension des Coronageschehens und die temporäre Hilflosigkeit der Gesellschaft es zu beherrschen durchaus neuartig sind. Solche „Erschütterungen der Sozialexistenz" stehen zivilrechtlich jedoch grundsätzlich außerhalb der vertraglichen Risikoverteilung,[35] gewähren also nicht einem der Vertragspartner die Befugnis, sich von Verpflichtungen zu lösen. Dennoch kann nicht für alle Versicherungsverträge einheitlich beurteilt werden, ob nach dem Zweck des spezifischen Vertrages die (sich abzeichnende) Änderung der Gefahrenlage die Deckung fragil machen darf:[36] Der Versicherer, der eine Praxisausfallversicherung für den Versicherungsfall Quarantäne anbietet, kann sich schwerlich bei unerwartet heftiger Ausbreitung einer Seuche, die das Risiko von Quarantäneanordnungen massiv erhöht, vom Vertrag lösen. Ähnliches wird für den Fall der Betriebsschließungsversicherung gelten, die gerade die Gefahr eines infektionsschutzrechtlichen lockdown sachgedanklich miterfasst. 37

Eine Veranstaltungsausfallversicherung ist zudem dadurch gekennzeichnet, dass die **Gefahrerhöhung Teil der Verwirklichung der Gefahr** und damit des Versicherungsfalls ist[37]: Der Versicherungsnehmer darf mit dem Beginn der Gefahrerhöhung jederzeit den Versicherungsfall „auslösen". Es kann nicht sein, dass die Deckung dann eine Frage des 38

---

[34] Vgl. Beckmann ZIP 2002, 1125; Langheid NVersZ 2002, 433; eine Gefahrerhöhung verneinend LG München NVersZ 2002, 454; grundlegend Langheid/Wandt/Reusch VVG § 23 Rn. 254.

[35] Vgl. zu den entsprechenden zivilrechtlichen Erwägungen zur Geschäftsgrundlage MüKoBGB/Finkenauer BGB § 313 Rn. 305 mwN.

[36] Beckmann ZIP 2002, 1125 (1129); allgemein zu Recht für eine sparten- und produktspezifische Betrachtung plädierend Langheid/Wandt/Reusch VVG § 23 Rn. 30.

[37] AA Langheid NVersZ 2002, 433 (436); so aber Beckmann ZIP 2002, 1125 unter Heranziehung des Rechtsgedankens des § 132 Abs. 3 VVG.

Wettlaufs des Versicherungsnehmers, die Veranstaltung abgesichert abzusagen, und des Versicherers, das Schutzversprechen zurückzunehmen, ist. Es kommt bei einer Betrachtung der gerechten Risikoverteilung hinzu, dass es dem Versicherer unbenommen ist, sein Risiko durch entsprechende Ausschlussklauseln zu begrenzen.

39 Sieht man das anders, fragt sich (wenn nicht ohnehin eine Pandemieklausel vorliegt), ab welchem **Zeitpunkt** im Verlauf einer Epidemie von einer pandemischen Gefahrerhöhung auszugehen wäre.[38] Spätester Zeitpunkt ist selbstverständlich jener einer Erklärung der Pandemie durch die WHO. Zuvor allerdings kann – auch wegen der gewissen Dispositionsbefugnis der WHO zum Zeitpunkt dieser Erklärung – auch das Überschreiten der kontinentalen Grenzen einer Seuche den Ernst der Lage, also die Gefahrerhöhung, deutlich machen.

b) Laufende Versicherungen

40 Zuweilen sichern Verträge kein spezifisches, auf einen Einzelfall bezogenes Risiko gegen bestimmte Gefahren ab, sondern erlauben durch Abschluss einer „laufenden Versicherung" die **Absicherung gattungsmäßig bestimmter, sukzessive konkret aufgegebener Risiken** (§ 53 VVG). Im Unterschied zu einem Rahmenvertrag wird sofort eine generelle Absicherung aller von dem Versicherungsnehmer nach allgemeinen Kriterien – Veranstaltungen einer bestimmten Art des Versicherungsnehmers im Laufe einer bestimmten Periode – unter der Bedingung vereinbart, dass das jeweils versicherte Interesse separat definiert wird. Verfügt ein Versicherungsnehmer über einen solchen Schutz, mag er geneigt sein, im Anblick eines am Horizont drohenden Sturms geplante und wenigstens teilweise konzipierte Veranstaltungen, deren Absage nicht ausgeschlossen oder sogar wahrscheinlich ist, **„nachzumelden"** und sich auf diese Weise Versicherungsschutz in der nahe liegenden Erwartung des Versicherungsfalls zu verschaffen. Der Versicherungsnehmer darf – grundsätzlich – im Angesicht des zu erwartenden Unheils „sturmbedrohtes" Vermögen dann **dem Schutzschirm noch unterstellen.**

41 In der Tat: Die „laufende Versicherung" erfasst von ihrem Vertragsbereich erfasste Risiken allein aufgrund einer **Meldung des Versicherungsnehmers**. Auf Gefahränderungen, durch die im Zuge des „Laufs" einer laufenden Versicherung neu gemeldete Risiken drohen, kann der Versicherer nicht reagieren, weil § 57 Abs. 3 VVG eine Kündigung ausschließt. Das gilt auch, wenn die Verwirklichung dieses konkreten Risikos reichlich nahe liegt, der Ausfall des Konzerts oder des Sportwettbewerbs sich also bereits abzeichnet. Nur im Einzelfall wird die verwerfliche Ausnutzung einer solchen formalen Rechtsstellung als vorsätzlich

---

[38] Zum Beginn einer Gefahrerhöhung BGH NJW-RR 2004, 1098.

sittenwidrige Schädigung betrachtet werden können, die es dem Versicherer erlauben würde, sich auf der Grundlage von § 826 BGB vom Vertrag zu lösen, nicht etwa, wenn ein Versicherungsnehmer ein **absicherungsfähiges Ereignis bereits konzipiert** hat und Verpflichtungen eingegangen ist, bevor er es durch Anmeldung im Angesicht von Corona in den Versicherungsschutz einbezieht. In einem solchen Fall liegt es nahe, das Konzeptionsrisiko den sich auf eine laufende Versicherung einlassenden Versicherer tragen zu lassen. Auch werden nur im Einzelfall die Grundsätze des Wegfalls der Geschäftsgrundlage eine Lösung während der Dauer der laufenden Versicherung eine Auflösung erlauben.

4. Schadenminderungsobliegenheiten und Rettungsobliegenheiten

a) Vorerstreckung des Versicherungsschutzes?

Haben Versicherungsnehmer in Erwartung des Eintritts des Versicherungsfalls Maßnahmen zu dessen Abwendung oder zur Geringhaltung des versicherten Schadens getroffen (die vorsorgliche Absage einer Veranstaltung oder die Schließung einer Gaststätte), entschädigt sie der Versicherer (von Vereinbarungen abgesehen) nicht. Denn die Obliegenheiten zur Schadenabwendung oder Schadenminderung gelten nach § 82 VVG „bei Eintritt des Versicherungsfalls".[39] Lediglich die Sachversicherung kennt die vor Erstreckung des Versicherungsschutzes, also die Entschädigung für **„Rettungskosten"** zur Abwendung oder Minderung eines „unmittelbar bevorstehenden" Versicherungsfalls (§ 90 VVG). Da die Sachversicherung aber einen Sachschaden voraussetzt, und es nicht nur dem ausdrücklichen gesetzgeberischen Willen, sondern auch der allgemeinen Auffassung entspricht, dass § 90 VVG nicht (analog) für Schadens- oder gar Haftpflichtversicherungen gilt, gehen kostenträchtige Versuche der Rettung in der Krise zu Lasten des Versicherungsnehmers selbst. Das schließt nicht aus, dass vertraglich – wie gelegentlich in der Veranstaltungsausfallversicherung – präventive Schadenminderungskosten gedeckt sein können. 42

b) Schadenminderungsobliegenheiten

Mit Eintritt des Versicherungsfalls trifft den Versicherungsnehmer die Obliegenheit, nach Möglichkeit für die Abwendung und Minderung des Schadens zu sorgen. Er hat zumutbare Weisungen des Versicherers zu befolgen und, soweit die Umstände dies gestatten, Weisungen einzuholen. Vermag der Versicherer zu beweisen, dass der Versicherungsneh- 43

[39] Prölss/Martin/Voit VVG § 83 Rn. 2 mwN.

mer diese Obliegenheiten vorsätzlich verletzt hat, ist der Versicherer leistungsfrei. Handelt er (was der Versicherungsnehmer zu widerlegen hätte) grob fahrlässig, darf der Versicherer seine Leistung nach dem Maß der Schwere des Verschuldens entsprechend kürzen. Allerdings steht es dem Versicherungsnehmer zu, die fehlende konkrete **Ursächlichkeit** der Obliegenheitsverletzung für die Feststellung des Versicherungsfalls oder für die Feststellung oder den Umfang der Leistungspflicht zu beweisen (§ 82 Abs. 3 VVG).[40]

44 Vorstellbar ist in diesem Zusammenhang ein Streit um die **rechtzeitige Reaktion eines Versicherungsnehmers** auf den Eintritt des Versicherungsfalls. Das kann einmal in einem Zuwarten des Versicherungsnehmers mit der Auflösung von Vertragsverhältnissen (nach Eintritt des Versicherungsfalls) gesehen werden, wenn sie rechtlich zulässig (oder im Einzelfall auch einmal, wie der Versicherer beweisen müsste, im Verhandlungswege erreichbar) gewesen wäre und durch das Unterlassen überhaupt oder erhöhte **Stornierungskosten** entstanden sind. Vorstellbar ist auch, dass **Vorräte,** deren Beschaffung noch rechtzeitig hätte gestoppt werden können, geliefert und bezahlt werden mussten, oder die, wenn ihre Sicherung für die Dauer einer Betriebsschließung schadlos möglich gewesen wäre, verdorben oder unbrauchbar geworden sind. Allerdings kann in einem solchen Fall nicht ohne weiteres von einer **vorsätzlichen** oder auch einer **grob fahrlässigen Verletzung der Schadenminderungsobliegenheit** ausgegangen werden. Gerade in gewissen **krisenhaften Situationen,** in denen einem Versicherungsnehmer eine Vielzahl von Anforderungen begegnen[41], wird sogar nur in Ausnahmefällen von einer grob fahrlässigen Verletzung der Obliegenheit, also einem schwer schuldhaften, völlig unverständlichen und keinem verständigen Versicherungsnehmer unterlaufenden Verhalten ausgegangen werden können.

III. Verbraucherschadensversicherungen

1. Reiseversicherungen

45 Die Corona-Krise hat eine Vielzahl von Urlaubsträumen zerschellen lassen und manchen Reiseplan zunichte gemacht. Die den Reisenden nach Geltendmachung ihrer vertraglichen Ansprüche verbleibenden finanziellen Einbußen sind **in den seltensten Fällen durch Versicherungsverträge gedeckt.** Denn das Schutzversprechen von Reiseversicherern, sei es jenes einer **Reiserücktritts-** oder jenes einer **Reiseab-**

---

[40] BeckOK VVG/Car VVG § 82 Rn. 1 ff.
[41] BeckOK VVG/Klimke VVG § 83 Rn. 1 ff., 8 ff.

bruchversicherung, knüpft – unabhängig von Risikoausschlüssen – im Wesentlichen an einen Versicherungsfall an: die **unerwartete schwere Erkrankung der versicherten Person oder einer anderen Gefahrperson.**[42] Weder die Pandemie als solche noch hoheitliche Reisebeschränkungen im In- oder Ausland, noch Reisewarnungen, noch die Sorge um sich oder Angehörige unterfallen dem Deckungsversprechen. Damit können Touristen die Kosten von **staatlichen Rückholaktionen** (§ 5 Abs. 5 KonsularG) grundsätzlich nicht bei einem Reiseversicherer liquidieren.

Das kann nur dann anders sein, wenn sich bei der reisenden Person selbst – oder einem zu Hause gebliebenen nahen Angehörigen (je nach der Gestalt der Bedingungen) – eine Corona-Infektion bereits zu einer (natürlich dann unerwarteten und schweren) Krankheit entwickelt hat.[43] Die bloße Vermutung einer solchen Erkrankung genügt nicht.[44] In solchen (einzelnen) Fällen fragt sich allerdings, ob ein **allgemeiner Risikoausschluss** eingreift. Dazu bedarf es des Verständnisses der Reiseversicherungen als **„Bausteinprodukten“.**[45] Ihnen liegen (häufig) zunächst AVB als „Allgemeiner Teil“, als Fundament, zugrunde. Hinzu kommen je nach Vereinbarung die Bedingungen für den Fall des Reiserücktritts und (oder) des Reiseabbruchs gewissermaßen als Mauerwerk. 46

Ist vor Reiseantritt oder während des Reiseverlaufs eine Corona-Infektion symptomatisch geworden, fragt sich, ob die Risikoausschlüsse der AVB-AT eingreifen: Manche aber keineswegs alle Versicherer schließen die Gefahren von **Pandemien** aus. Fraglich ist aber, ob eine unerwartet eingetretene SARS-CoV-2 bedingte Erkrankung bei dem Versicherungsnehmer selbst oder einer Risikoperson nach Buchung oder Antritt der Reise unter den Risikoausschluss fällt. Zum Teil wird vertreten, das führe zu einer Lücke im Versicherungsschutz, die der erkennbare Zweck der Klausel, nicht kalkulierbare Risiken vom Versicherungsschutz auszunehmen, nicht gebiete.[46] Das ist fraglich. Ist das Leistungsversprechen des Versicherers von vornherein beschränkt auf den Eintritt unerwartet schwerer Erkrankungen, so wird der durchschnittliche verständige Versicherungsnehmer das als einen ihn (oder eine Risikoperson) singulär treffenden Schicksalsschlag verstehen. Davon abgesehen ist auch nicht erkennbar, was der Risikoausschluss noch erfassen sollte, wenn eine 47

[42] Vgl. zu Transparenzbedenken und zur Auslegung Prölss/Martin/Dörner VB Reiserücktritt Ziff. 2 Rn. 8; Staudinger/Halm/Wendt, Versicherungsrecht, 2. Aufl. 2017, VB Reiserücktritt § 2 Rn. 7.

[43] Günther/Piontek r+s 2020, erscheint demnächst.

[44] OLG München VersR 1987, 1032.

[45] Staudinger/Halm/Wendt, Versicherungsrecht, 2. Aufl. 2017, Reiseversicherung AT-Reise 2008 Rn. 1 ff.

[46] Vgl. die Hinweise bei Günther/Piontek r+s 2020, erscheint demnächst mit Nachweisen zur unterschiedlichen Handhabung durch Versicherer.

pandemiebedingte unerwartet schwere Corona-Virus-Erkrankung vom Deckungsbereich erfasst wäre: Träte eine unerwartete schwere andere Erkrankung, beispielsweise ein Herzinfarkt, während einer Seuche auf, würde es sich natürlich nicht um die ausgeschlossene Gefahr einer Pandemie handeln. Der Risikoausschluss der Gefahr von Pandemien hat also nur dann seinen Sinn, wenn er auch eine pandemische schwere Erkrankung erfasst. Ab dem Zeitpunkt des Eintritts der Pandemie greift daher der Versicherungsschutz nicht mehr ein.

48 Differenzierter muss der Risikoausschluss für „sonstige Eingriffe von hoher Hand" beurteilt werden. Schon der Wortlaut verlangt einen **„Eingriff"**. Darunter versteht man ein **imperatives Ge- oder Verbot**, also eine Einreise- oder Ausreisebeschränkung. Empfehlungen, Warnungen sind keine „Eingriffe", auch wenn sie die Dringlichkeit von Gehorsam plakativ darstellen. Sonstige Eingriffe von hoher Hand sind aber keine Beschreibung des Versicherungsfalls: Bietet Deutschland die Rückholung von reisenden Personen aus aller Welt an und organisiert sie, ist das kein Versicherungsfall, sondern ein Rettungsangebot. Haben aber die inländischen oder ausländischen Behörden Maßnahmen der Quarantäne getroffen, die zum Reiseabbruch führen, oder haben Staaten wie Australien und Neuseeland ihre Grenzen für die Ein-, Durch- oder Ausreise geschlossen, so besteht keine Deckung.[47]

49 In der **Auslandsreisekrankenversicherung,** die in bunter Vielfalt Erstattung von Kosten einer Heilbehandlung im Ausland oder auch in bestimmten Fällen den Rücktransport absichert, finden sich völlig unterschiedliche Bedingungswerke. Manche schließen eine pandemiebedingte Erkrankung ausdrücklich ein[48], manche schließen sie durch Vereinbarung der AVB-AT Reise ausdrücklich aus[49], manche enthalten keinen Ausschluss, sodass eine unerwartete, unvorhergesehene akute Corona-Infektion vom Versicherungsschutz erfasst ist.

2. Restschuldversicherungen

50 Von Bedeutung in der gegenwärtigen Krise können die in verschiedenen Formen bekannten, unter den Namen **Restkredit- oder Ratenschutzversicherung** auftretenden Absicherungen von Leistungspflichten des Versicherungsnehmers aus Verbraucherdarlehens-, Teilzahlungsverträgen oder vergleichbaren Finanzierungshilfen sein. Sie schützen vor schicksalhaften Ausfällen oder Verminderungen des Einkommens, die die Erfüllung von Ratenkreditverbindlichkeiten erschweren, vornehmlich bei Tod, aber auch bei Arbeitsunfähigkeit, Arbeitslosigkeit oder Kurzar-

[47] Günther/Piontek r+s 2020, erscheint demnächst.
[48] Günther/Piontek r+s 2020, erscheint demnächst.
[49] Prölss/Martin/Dörner VB-Reisekrankenversicherung Rn.33.

beit. Das gilt natürlich nur „je nach Vereinbarung". Auch diese Produktpalette ist bunt und kennt neben den primären Leistungsbeschreibungen eine Vielzahl von Ausschlüssen – regelmäßig nicht wegen Pandemien – und, vor allem, Karenzfristen, in deren Verlauf keine Leistungen erfolgen.

Ein spezifisches ungeklärtes Corona-Problem knüpft an die sich von 51
den Klauseln der Krankentagegeldversicherung unterscheidende **Definition des Versicherungsfalls** in einer Vielzahl von Bedingungen an: Versicherer versprechen Leistungen, wenn die versicherte Person infolge einer (ärztlich nachzuweisenden) **Gesundheitsstörung** außerstande ist, ihre bisherige oder eine andere Tätigkeit auszuüben, die sie fachlich und gesundheitlich auszuüben imstande ist.[50] Auslöser der Arbeitsunfähigkeit muss also **keine Krankheit** sein; es genügt eine Gesundheitsstörung, die die – **nicht notwendigerweise unmittelbare** – Ursache dafür sein muss, die versicherte Person an der Fortsetzung ihrer bisherigen beruflichen Tätigkeit zu hindern.

Unter einer gesundheitlichen Störung versteht das Versicherungsrecht 52
bislang – allerdings im Zusammenhang mit der die Obliegenheit zur Anzeige gefahrerheblicher Umstände (Krankheiten, Störungen oder Beschwerden) – **weniger als eine Krankheit.**[51] Das wirft die Frage auf, ob bereits eine bloße bei einer Testung auffallende Infektion mit dem Virus, die mangels symptomatischer funktioneller Einbußen noch keine Behandlungsbedürftigkeit, sondern lediglich einkommensrelevante Kontaktverbote ausgelöst hat, darunter fällt. Wendet man die versicherungsvertragliche Methodik an und bedenkt man, dass die Gesundheitsstörung nicht die letzte, unmittelbare Ursache der Arbeitsunfähigkeit sein muss, spricht viel dafür, eine Eintrittspflicht des Ratenschutzversicherers (unter den weiteren Voraussetzungen seines Deckungsversprechens) anzunehmen.

IV. Betriebliche Schadensversicherungen

1. Betriebsschließungsversicherung

a) Grundlagen

Im Zentrum der versicherungsrechtlichen Betrachtung, ob Betriebe bei 53
einer durch die Pandemie bedingten Schließung bei Vermögensschäden durch Ertragsausfälle geschützt sind, steht – trotz ihrer offenbar geringen

---

[50] Vgl. eingehend zur Arbeitsunfähigkeitszusatzversicherung Schneider VersR 2014, 1295; Prölss/Martin/Schneider VVG Vor § 150 Rn. 27.

[51] BGH NJW-RR 1995, 216; 1999, 173; 2009, 606.

Verbreitung in der Praxis – die **Betriebsschließungsversicherung.** Sie greift ein, wenn die zuständige Behörde mit einer infektionsschutzrechtlichen Anordnung wegen meldepflichtiger Krankheiten oder Krankheitserregern den versicherten Betrieb oder eine Betriebsstätte schließt. In einem solchen Fall wird eine vereinbarte Tagesentschädigung für eine vereinbarte Dauer der auf der hoheitlichen Maßnahme beruhenden Schließung geleistet. Auch werden gegebenenfalls Schäden durch Unbrauchbarwerden von Vorräten und Waren ersetzt. Ob tatsächlich Deckung besteht, richtet sich allerdings naturgemäß nach der konkreten Vereinbarung. Insoweit gilt, dass der Markt sehr **unterschiedliche Bedingungen** kennt. Daher können nur die grundsätzlichen Linien der Prüfung einer Deckungspflicht dargestellt werden.

b) Behördliche Schließungsanordnung

54 Allen Verträgen über eine Betriebsschließungsversicherung ist, soweit ersichtlich, gemeinsam, dass die Entschädigungspflicht eine infektionsschutzrechtliche Verfügung der zuständigen Behörde, mit der der versicherte Betrieb oder eine versicherte Betriebsstätte geschlossen wird, voraussetzt. Das infektionsschutzrechtliche Instrumentarium sieht insoweit sowohl **vollziehbare Anordnungen,** also Verwaltungsakte, als auch die inzwischen von allen Bundesländern gewählte Rechtsform der **Verordnung** vor. Etwaige Schließungen aufgrund des allgemeinen Polizei- und Ordnungsrechts oder auch einmal katastrophenschutzrechtliche Beschränkungen lösen den Versicherungsfall nicht aus.

55 Da die Bedingungen „lediglich" eine behördliche Schließungsmaßnahme verlangen, kommt es schon nach ihrem Wortlaut nicht darauf an, ob die von dem Hoheitsträger gewählte Rechtsgrundlage zu einer solchen Anordnung tatsächlich ermächtigt. Dass die zuständige Behörde gehandelt hat, richtet sich gemäß § 54 IfSG nach dem Landesrecht und zeigt föderale und regionale Vielfalt. Bedeutsam ist das versicherungsrechtlich nicht, weil ein Zuständigkeitsfehler eine durch Verwaltungsakt erfolgende Schließung nicht nichtig macht. Soweit Rechtsverordnungen nichtig sein könnten, ist auch das unerheblich. Denn nach dem Wortlaut der Bedingungen ist die **Rechtmäßigkeit der Anordnung für den Versicherungsschutz irrelevant.** Die juristische Diskussion der letzten Märzwochen um die öffentlich-rechtlichen Voraussetzungen der coronabedingten Schließung von Unternehmen (→ § 16 Rn. 1ff.), vor allem um das Vorhandensein einer dazu genügenden Befugnisnorm oder des verhältnismäßigen Gebrauchmachens von ihr berührt also die Deckungspflicht nicht.

56 Auf die Frage, ob ein Versicherungsnehmer dennoch gehalten sein könnte oder kann, **verwaltungsgerichtlichen Rechtsschutz** zu begehren, um eine Verletzung einer Schadenminderungsobliegenheit zu ver-

meiden – ein Problem, das mit der zunehmenden Dauer einer Schließung an Bedeutung gewinnen kann – , ist darauf hinzuweisen, dass die Regelung der Schadenminderungsobliegenheit in § 82 VVG lediglich für **Schadensversicherungen** gilt, nicht aber für die Betriebsschließungsversicherung, die nach ihrem Leistungsversprechen im Schwerpunkt eine **Summenversicherung** ist. Verträge könnten natürlich eine entsprechende Schadensminderungsobliegenheit vorsehen, tun das aber, soweit ersichtlich, nicht. Voraussetzung von Sanktionen wäre im Übrigen auch ihre ausdrückliche, den Vorgaben des § 28 VVG entsprechende Vereinbarung.

c) Katalog meldepflichtiger Krankheiten und Krankheitserreger

Die wichtigste Frage ergibt sich aus der konkreten Fassung der bedin- 57
gungsgemäßen Regelung des Versicherungsfalls. Insoweit gibt es drei Kategorien von Vertragsmodellen.[52] Nach dem einen (offenbar seltenen) ist Gegenstand der Deckung die **behördliche Schließungsverfügung wegen meldepflichtiger Krankheiten oder Krankheitserreger** auf der Grundlage des Infektionsschutzgesetzes, ohne dass weitere Voraussetzungen statuiert wären. In einem solchen Fall besteht für die pandemiebedingten Schließungen Versicherungsschutz. Das gilt unabhängig davon, dass sich unter den von den §§ 6 und 7 IfSG „namentlich" genannten Krankheiten oder Krankheitserregern das SARS-CoV-2-Virus nicht findet, sondern erst durch die Corona-Meldepflichtverordnung neu benannt wurde. Denn die Bezugnahme eines Versicherungsvertrages auf eine gesetzliche Regelung stellt, soweit nichts Abweichendes geregelt ist, eine **dynamische Verweisung** dar: Der durchschnittliche verständige Versicherungsnehmer muss eine solche Regelung dahin verstehen, dass alle zum Zeitpunkt des Risikoeintritts gesetzlich erfassten Voraussetzungen gemeint sind.

Nach dem anderen Modell muss die behördliche Schließungsverfü- 58
gung **wegen bestimmter** in der Klausel zum Versicherungsfall selbst oder in einem Anhang, auf den ausdrücklich verwiesen wird, **enumerativ aufgeführter meldepflichtiger Krankheiten und Krankheitserreger** erfolgen. Das rechtlich entscheidende Problem ist die Interpretation des tatbestandlichen Merkmals „namentlich". Es entstammt den Vorschriften des IfSG und hat dort seinen Sinn darin, dass der Verordnungsgeber jederzeit **kurzfristig weitere Meldepflichten** begründen kann. Schon dieser Sinn zeigt, dass **„namentlich"** nicht als abschließende Aufzählung ausgelegt werden kann, sondern dass Reaktionen des Gesetzgebers eingeschlossen sind.[53] Versicherungsrechtlich folgt das im

---

[52] Vgl. Günther/Piontek r+s 2020, erscheint demnächst.
[53] AA offenbar Günther/Piontek r+s 2020, erscheint demnächst.

Übrigen allein schon daraus, dass das Wort „namentlich“ nichts anderes bedeutet als „im Besonderen“, „hauptsächlich“ oder „vor allem“. Das ist allerdings wiederum anders, wenn die Klausel formuliert, meldepflichtige Krankheiten oder Krankheitserreger seien **„die im Folgenden namentlich genannten“.** In einem solchen Fall wird deutlich, dass lediglich bestimmte, „mit Namen“ aufgeführte Meldeanlässe der Deckungspflicht unterfallen. Solche Vertragsbedingungen gehören also zum dritten und nicht zum zweiten, gewissermaßen Beispiele bezeichnenden Modell.

59 Das dritte Modell verzichtet auf dieses Merkmal und **benennt die** (häufig: „folgenden“) **meldepflichtigen Krankheiten und Krankheitserreger.** Weil sich darunter das zum Zeitpunkt der Bedingungskonstruktion noch gar nicht bekannte SARS-CoV-2-Virus nicht befindet, fehlt es auch an einer Eintrittspflicht des Versicherers. Insoweit mag die Frage gestellt werden, ob nicht eine im Wege der Analogie erfolgende Ergänzung des Versicherungsvertrages und damit eine Erstreckung des Versicherungsschutzes auch auf die gegenwärtigen Pandemiefolgen, zulässig oder gar geboten ist. Die Rechtsprechung lehnt allerdings **Analogien** im Rahmen der Auslegung von Klauseln eines Versicherungsvertrages ab (→ Rn. 16ff.). Das tut sie gerade im Falle Corona zu Recht. Insoweit ist nicht von entscheidender Bedeutung, ob das SARS-CoV-2-Virus Ähnlichkeiten zu anderen infektionsschutzrechtlich erfassten Viren aufweist. Das entzieht sich sowohl der Kenntnis der Versicherer als auch jener der Versicherungsnehmer als auch ihrer Erkenntnismöglichkeiten zum Zeitpunkt des Vertragsabschlusses, auf den es ankommt. Vor allem besteht ein entscheidender Unterschied zwischen den vertraglich erfassten virologischen Ursachen und der neu aufgetretenen. In Bezug auf die bekannten meldepflichtigen Krankheiten oder Krankheitserreger bestanden zum Zeitpunkt des Vertragsschlusses wissenschaftliche Erkenntnisse über ihren Verlauf und die Möglichkeiten ihrer Bekämpfung. Versicherer konnten folglich ihre Risikokalkulation darauf abstellen. Ließe man eine Analogie zu, wäre das Risiko, dass Versicherer trotz Annahme eines abschließenden Kataloges von meldepflichtigen Krankheiten oder Krankheitserregern unkalkulierbar geworden.

60 Natürlich wird nicht verkannt, dass diese feinsinnigen Unterscheidungen vor der Krise von Niemandem, auch nicht von versicherungsrechtlichen Autoren, bedacht worden sind, weil, wie bei nahezu jeder geschichtlich bekannten Seuche, niemand sich recht vorstellen konnte, was auf die Gesellschaft und ihre Wirtschaft zukommt. Ungeachtet dessen bietet der Markt unterschiedliche Produkte an. Deshalb stellt sich die Frage, ob **Versicherungsmakler** nicht gehalten gewesen wären, auf die auf dem Markt angebotenen, bei Erfüllung ihrer umfassenden **Marktbeobachtungspflicht** auffallenden unterschiedlichen Produkte hinzuweisen und damit selbst in die Haftung geraten, wenn sie ein Produkt des dritten Modells vermittelt haben. Natürlich muss ein Versicherungsmakler nicht auf völlig unerwartbare und gänzlich neuartige Gefahren hinweisen. Aber er muss die Gefahren des von ihm vermittelten Produkts für den Versicherungsnehmer kennen. Dass in den letzten Jahren immer wieder viral verursachte Epidemien mit erheblichen Schadensfolgen aufgetreten sind, muss er in Erinnerung an Ebola, Mers-CoV und Sars wissen. Daher liegt es nicht fern anzunehmen, dass er bei Vermittlung der noch dazu ungewöhnlichen und daher besondere Überlegung voraussetzenden Betriebsschließungsversicherung auf eine umfassende Deckung achten musste, und, erweist sich sein angenommener Deckungsvorschlag als unzulänglich, haften könnte.

d) „Intrinsische" Gefahren

Zuweilen wird in Erwägung gezogen, ob die Betriebsschließungversicherung nicht lediglich **aus dem Inneren des Betriebes stammende Ursachen** erfasst,[54] also Betriebsschließungen, die ohne eine von dem Betrieb oder seinen Beschäftigten oder Angeboten selbst ausgehende Infektionsgefahren erfolgen, gedeckt sind. Dafür kann allerdings nur angeführt werden, dass die Bedingungen solche Gefahren ausdrücklich erfassen, also beispielsweise Schutz bei einer notwendigen Desinfektion der Räumlichkeiten oder bei durch Infektionen Beschäftigter verursachten Betriebsschließungen bieten. Ungeachtet dessen findet allerdings der durchschnittliche verständige Versicherungsnehmer keine Anhaltspunkte dafür, dass sich das Deckungsversprechen des Versicherers nur darauf bezieht. Der Wortlaut der die grundsätzlichen Voraussetzungen des Versicherungsschutzes bestimmenden Klauseln lässt in keiner Weise erkennen, dass nur gewissermaßen „betriebsbedingte" Schließungen gemeint sein könnten und nicht, wie gegenwärtig, Risiken in der Außenwelt. 61

e) Betrieb oder Betriebsstätte

Schließlich setzt die Eintrittspflicht der Versicherung die Schließung des Betriebes oder der Betriebsstätte als solcher voraus, erfasst also **Teilschließungen** – des mit der Bäckerei verbundenen Cafés oder der non-food-Abteilungen von Einkaufsmärkten – nicht. Auch das ergibt sich aus dem Wortlaut der Bedingungen und nicht zuletzt auch aus dem Sinn und Zweck des Versprechens einer Tagesentschädigung, die in keiner Weise danach differenziert, ob mehr oder weniger wesentliche betriebliche Vorgänge noch aufrechterhalten werden können. Ob das auch dann gilt, wenn nicht nur räumlich separierbare Teile eines Betriebes geschlossen, sondern **unternehmerische Alternativen** gewählt werden, die bislang keine oder eine allenfalls geringe Rolle für das Betriebsergebnis gespielt haben – statt des stationären Buchhandels wird der Buchversand online 62

[54] So Günther/Piontek r+s 2020, erscheint demnächst.

angeboten, statt der Ausgabe von Speisen im Restaurant wird ihre Lieferung offeriert – ist eine andere Frage. Sie ist auch sachlich unterscheidbar: Ist die bisherige Struktur des Betriebes offen für oder gar darauf angelegt, wesentliche betriebliche Vorgänge auch nicht-stationär vorzunehmen? Gehört zu den integralen betrieblichen Strukturen der Online-Handel? Wenn ja, ist die Schließung der Station versicherungsrechtlich irrelevant.

2. Betriebsausfallversicherung

63 Wer, gewissermaßen laienhaft, meint, mit einer Betriebsunterbrechungs- oder allgemeinen Ertragsausfallversicherung, gar in der spannend klingenden Form der **All-Risk-Deckung**, Corona-Risiken seines Unternehmens abgesichert zu haben, geht fehl. Er verkennt die versicherungsrechtliche Unterscheidung zwischen der **versicherten Gefahr** und dem **versicherten Schaden.** Nur wenn der Eintritt einer versicherten Gefahr (eines Schadenereignisses) einen versicherten Schaden (am versicherten Objekt) verursacht hat, besteht eine Deckung. Betriebsausfallversicherungen knüpfen schon in ihrer Grundform nach an die Verwirklichung bestimmter Gefahren und die Verursachung bestimmter Schäden an.

64 Im Wesentlichen geht es um durch Feuer aber auch durch Leitungswasser und verschiedene Naturereignisse verursachte nachteilige Einwirkungen auf bestimmte Sachen, die zu Sach- oder Vermögensschäden sowie – nachfolgend – zu einem betrieblichen Ertragsausfall geführt haben.[55] In ihrer erweiternden All-Risk-Variante treten neben ausdrücklich benannten Gefahren zwar auch **„unbenannte" Gefahren** als Auslöser von Versicherungsschutz hinzu. Dazu könnte grundsätzlich auch eine Seuche zählen. Jedoch ist es durchweg notwendig, dass die verwirklichte Gefahr zu einem **Sachschaden (Substanz- oder Sachnutzungsschaden)** geführt hat. Ertragsausfälle von Betrieben sind also in der Betriebsunterbrechungsversicherung grundsätzlich nur dann versichert, wenn sie eine physische (Zwischen-)Ursache haben, vor allem die Zerstörung der Betriebseinrichtung.

65 In jüngerer Zeit sind innovative Versicherungsprodukte entwickelt worden, die unter der allgemeinen Bezeichnung **„Non-damage-business-interruption-insurance"** die traditionelle Sachschadengebundenheit von der Deckung lösen. In aller Regel handelt es sich um maßgeschneiderte Produkte, die spezifische Gefahren für ein in aller Regel global vernetztes Unternehmen durch politische oder digitale Risiken im

---

[55] Prölss/Martin/Armbrüster FBUB § 1 Rn. 1 ff.; Schnepp in Staudinger/Halm/Wendt, Versicherungsrecht, 2. Aufl. 2017, FBUB § 1 Rn. 1 ff.

weitesten Sinn absichern. Maßgeblich für die Definition des Versicherungsfalls sind die (schon aus Gründen der Rückversicherungsdeckung) **individuellen wordings,** die sich einer allgemeinen Betrachtung entziehen.

3. Praxisausfallversicherung

Zu den risikospezifischen Absicherungen von Ertragsausfällen gehört bei **freiberuflich Tätigen** die **Praxisausfallversicherung.** Sie will die aufgrund der personellen Gebundenheit bestimmter (frei-) beruflicher Tätigkeiten zu erwartenden Risiken erfassen: die Hinderung des freiberuflich Tätigen an der Fortführung seines Unternehmens durch „Personenschäden". Dadurch unterscheidet sie sich von der allgemeinen Betriebsausfallversicherung, die die Fortsetzung einer versicherten unternehmerischen (gewerblichen) Tätigkeit aufgrund von Schäden an der Substanz des Betriebes oder an wesentlichen Produktionsmitteln schützt. Die „Substanz" einer freiberuflich geführten Praxis oder einer Kanzlei ist deren Inhaber. Büßt er seine Fähigkeiten oder Fertigkeiten ein mit der Folge, dass sein „Unternehmen" zum zeitweisen Erliegen kommt, bedarf er der Absicherung. 66

Freiberuflich Tätige – vor allem Ärzte – können eine Praxisausfallversicherung abschließen, die **gegen krankheitsbedingte Arbeitsunfähigkeit** und dadurch verursachte Ertragsausfälle absichert. Sie kennt einen besonderen Versicherungsfall: die **Quarantäne.** Der Begriff wird nicht näher erläutert und bedarf daher der Interpretation (→ Rn. 11). Da es sich um einen infektionsschutzrechtlich definierten Rechtsbegriff handelt, der von der Praxisausfallversicherung ohne erkennbare Erweiterung auf die Alltagssprache rezipiert worden ist, geht es (auch soweit das nicht ausdrücklich normiert ist) um eine **behördlich veranlasste Isolierung versicherter Personen,** also im Regelfall des Versicherungsnehmers selbst oder seines Unternehmens. 67

Quarantäneanordnungen ergehen nicht durch einen **förmlichen Bescheid,** der den Versicherungsfall nach Person, Ort, Zeit, Ausmaß und Grenzen berechenbar in einem Dokument bestimmt. Gesundheitsbehörden haben in einem Krisenfall nicht immer die Zeit, solche Maßnahmen auf den genauen Wegen des Verwaltungsverfahrens festzusetzen. Soweit die Versicherungsbedingungen daher keine bestimmte Form der Quarantäneanordnung vorsehen, kommt es allein darauf an, ob (und wie lange) die Schließung der Praxis auf einen solchen **Isolationsbefehl** zurückzuführen ist. 68

Von der Formulierung der AVB ist allerdings abhängig, welcher **Quarantäneanlass** und **Quarantäneort** den Versicherungsfall auslöst. Hat der Praxisinhaber gerade eine Kreuzfahrt unternommen und ist auf dem Schiff eine Infektion aufgetreten, die zu nachfolgenden Freiheitsbe- 69 schränkungen auch des Versicherungsnehmers geführt hat: Ist es erheblich, dass das „an sich" mit der Praxis nichts zu tun hat? Manche (nicht immer transparent gegliederte) AVB versprechen Ersatz des Praxisausfallschadens, der durch die Anordnung von Quarantäne zu Lasten des Versicherungsnehmers – wen immer die Quarantäne betreffen mag und was immer ihr lokaler Anlass ist – entstanden ist. Das bedeutet dann, dass eine „Seuche oder Epidemie" die versicherte Person oder den Versicherungsort (die Praxis) betreffen und zu einer „Betriebs"schließung geführt haben. Solche AVB können intransparent sein und dazu führen, dass alle quarantänebedingten Einschränkungen eines freiberuflichen Unternehmens, mögen sie den Versicherungsnehmer oder beschäftigtes Personal oder die versicherte Praxis betreffen, abgesichert sind.

4. Veranstaltungsausfallversicherung

70 Ganz spezifische Probleme werfen Veranstaltungsausfallversicherungen auf. Sie schützen vor finanziellen Einbußen infolge des Ausfalls, des Abbruchs, der inhaltlichen Änderung oder Verschiebung eines organisierten Geschehens zu einer bestimmten Zeit und an einem bestimmten Ort nach einem bestimmten Ablauf: eines Sportevents, eines Konzerts, einer Feier oder eines jeden anderen inszenierten Ereignisses. Sie tritt in **zwei Formen** auf: der Absicherung der Veranstaltung als solcher gegen ihr Scheitern aus außerhalb des **Einflussbereichs des Veranstalters oder der Organisatoren** liegenden Gründen, und der Absicherung der Veranstaltung gegen ihre Beeinträchtigung oder ihr Scheitern durch den **Ausfall sie prägender Elemente,** auftretender Künstler oder Teams. Sie gewähren (regelmäßig) Schutz durch das Versprechen der Erstattung der für sie aufgewandten Kosten abzüglich durch sie erwarteter Erlöse. Manche Produkte sagen auch die Erstattung der Mehrkosten einer dem Versicherungsnehmer dann (nach vertraglicher Regelung) obliegenden Verschiebung zu.

71 Entscheidend ist zunächst die **Definition des Versicherungsfalls.** Es ist der Ausfall (der Abbruch oder die Änderung) der Veranstaltung – die Absage eines sportlichen Wettbewerbs, eines Musikfestivals, einer Messe oder einer Tagung – aufgrund eines Ereignisses, das sich dem Einfluss des Veranstalters oder der Organisatoren entzieht. Damit führt als letzte Ursache natürlich der Veranstalter den Versicherungsfall herbei. Gemeint sind daher Geschehnisse, die dieser Entscheidung außerhalb der Sphäre des Veranstalters oder Organisators vorgelagert sind. Die Entscheidung steht gleichwohl nicht im Belieben des Veranstalters. Zuweilen wird davon gesprochen, sie liege in seinem (sachgerecht auszuübenden) Ermessen.[56] Zu

---

[56] Beckmann ZIP 2002, 1125 (1131).

beachten ist aber (als Begrenzung des Versicherungsschutzes), dass die Entscheidung über Ausfall, Abbruch oder Verschiebung „durch" das veranstalterexterne Ereignis bewirkt worden ist. Darunter ist kein schlichtweg ursächliches Ereignis im Sinne einer sine-qua-non-Betrachtung gemeint. Ob ein Veranstaltungsausfall durch ein bestimmtes Geschehen bedingt ist, ist eine Frage der **objektiven Zurechnung:** Hat sich die Gefahr realisiert, deren Absicherung der Vertrag versprochen hat? Ist die Entscheidung über die Absage, den Abbruch oder die Verschiebung eine vernünftige, nachvollziehbare Reaktion auf äußere Ereignisse oder ist sie eine atypische, von keinem verständigen Veranstalter ohne Versicherungsschutz zu erwartende, ungewöhnliche Konsequenz? Dass bei einer Absage aufgrund seuchenbedingter Gesundheitsschäden für Veranstaltungsteilnehmer und Auftretende der Versicherungsfall eingetreten ist, ist danach selbstverständlich. Daher richtet sich das Augenmerk auf mögliche Risikoausschlüsse.

Enthalten AVB eine **Pandemieklausel,** ist kein Versicherungsschutz 72 gegeben, wenn die Veranstaltung wegen der Pandemie unterbleibt[57] und ihre Absage oder Verschiebung erfolgt ist, nachdem das Vorliegen der Pandemie festgestellt worden ist. Nichts Anderes gilt, wenn AVB, wie gelegentlich, Infektionsklauseln kennen, die einem Mitwirkenden die Teilnahme verbieten und so zu einem Scheitern der Veranstaltung führen, sofern das Teilnahmeverbot die Absage ausgelöst hat.

Manche Produkte schließen **Schäden bei Verstoß gegen behördliche** 73 **Vorschriften** aus. Darunter sind allerdings nur **veranstaltungsspezifische Vorschriften,** die Beachtung der der Gestaltungsmacht des Versicherungsnehmers oder Organisators unterliegenden Bedingungen und Auflagen der zuständigen Behörden zu verstehen, nicht aber behördliche (infektionsschutzrechtliche) Anordnungen, die präventiv der Veranstaltung als solcher (wie jeder anderen auch) generell entgegenstehen. Darum wird es also in der Regel nicht gehen.

Weit überwiegend finden sich jedoch Schutzversagungen bei **Eingrif-** 74 **fen von hoher Hand.** Dazu zählen vor allem Veranstaltungsverbote aufgrund von infektionsschutzrechtlichen Verboten von Versammlungen. Solche Eingriffe müssen nicht rechtmäßig sein, sondern nur verwaltungsrechtlich wirksam – vor Absage der Veranstaltung – geworden sein. Der Eingriff bedarf auch keiner spezifischen, die konkrete Veranstaltung betreffenden Verfügung (→ Rn. 13 ff.), es genügt ein Verbot durch Allgemeinverfügung oder Verordnung.

Fraglich ist, was gilt, wenn Veranstaltungen im Spätwinter 2019/Früh- 75 jahr 2020 vor dem 11.3.2020 abgesagt worden sind, obwohl formal noch keine hoheitliche Verbotsanordnung (sie sind je nach Bundesland im

[57] Günther/Piontek r+s 2020, erscheint demnächst.

Laufe des März erfolgt) ergangen war. Manche Veranstaltungen sind abgesagt worden, obwohl der **zeitliche Anwendungsbereich** des Eingriffs (die Veranstaltungsverbote haben zunächst nur bis Mitte oder Ende April gegolten) das Ereignis noch nicht erfasst hat. Zur Veranschaulichung: Was gilt, wenn ein im Mai oder Juni 2020 geplantes Musikfestival abgesagt wurde, obwohl (noch) kein Veranstaltungsverbot für Mai oder Juni 2020 ergangen war?

76 Erwägungen zum **„Rettungskostenersatz"** nach § 83 VVG (→ Rn. 42 ff.) trügen nicht, weil es gar nicht um die Vorerstreckung von Versicherungsschutz geht: Versicherungsfall wäre die Absage der Veranstaltung, die nicht auf einer willkürlichen, „ermessensfehlerhaften" Überlegung des Veranstalters beruhte – jedenfalls, solange der zeitliche Rahmen der Einschätzungsunsicherheit über die Dauer der Krise (der gegenwärtig bis Sommer 2020 reichen dürfte) nicht evident überschritten wäre.

77 Liegt ein Risikoausschluss für die Gefahren einer Pandemie vor, stellt sich das Problem nicht. Fehlt es daran, so kommt es naturgemäß darauf an, ob ein Eingriff von hoher Hand den Zeitpunkt der Veranstaltung betrifft. Denn der Risikoausschluss gilt bei der gebotenen engen Auslegung (→ Rn. 5) nur dann, wenn er sachlich und zeitlich das versicherte Interesse erfasst. Hilft dem Versicherer dann das Argument, immerhin habe ein Verbot gedroht, oder hilft ihm in Fällen, in denen die Veranstaltung abgesagt wurde, bevor ein Verbot erfolgt ist, das Argument, der **Risikoausschluss** hätte ja gegolten, wenn der Veranstalter nicht „zu früh" den Versicherungsfall herbeigeführt hätte? Beide Fragen sind zu verneinen: Weder ist ein Risikoausschluss der Erweiterung dahin zugänglich, dass schon sein Drohen seinem Eintritt gleichsteht, noch vermag eine Reserveursache – der Versicherungsfall wäre ja unter den Risikoausschluss gefallen, hätte er sich erst später ereignet – einen gedeckten Versicherungsfall in einen ungedeckten zu verwandeln.

V. Private und betriebliche Haftpflichtversicherungen

78 Die aus ganz pragmatischen Gründen – nämlich der Beweisbarkeit – eher in den Hintergrund des Interesses tretenden privaten oder betrieblichen Haftpflichtversicherungen gehen von § 100 VVG aus. Danach stellt der Versicherer Versicherungsnehmer frei, die von einem Dritten aufgrund der **Verantwortlichkeit des Versicherungsnehmers** für eine im versicherten Zeitraum eingetretene Tatsache geltend gemacht werden, und verspricht, erhobene Ansprüche abzuwehren. Die Bedingungen setzen grundsätzlich einen Personen- oder Sachschaden oder einen sich daraus ergebenden Vermögensschaden voraus, knüpfen also an eine gewissermaßen greifbare Rechtsgutsverletzung bestimmter absolut geschützter Rechtsgüter an. Die Corona-Krise erlaubt als Szenario insoweit anzunehmen, dass eine versicherte Person, die einen infektiösen Kontakt unterhalten hat, Dritte dadurch infiziert und ihnen einen Personenschaden zugefügt hat.

Rechtlich stellt sich insoweit – unabhängig von der Beweisbarkeit – vor allem die Frage des **Risikoausschlusses** der Bedingungen. Denn nach Ziffer 7.18 AHB und Ziffer A1-7.11 BHV („Infektionsklauseln") sind Haftpflichtansprüche wegen Personenschäden ausgeschlossen, die aus der **Übertragung einer Krankheit des Versicherungsnehmers** resultieren. Ausgenommen davon sind (Personen-) Schäden, die der Versicherungsnehmer – was er zu beweisen hat – weder vorsätzlich noch oder grob fahrlässig verursacht hat. Diese sogenannten **„Infektionsklauseln"**[58] sind als Risikoausschlüsse wirksam, auch wenn die – abdingbare (§ 112 VVG) – Vorschrift des § 103 VVG Haftpflichtversicherungsschutz lediglich für Fälle der vorsätzlichen Herbeiführung des Schadens versagt. **79**

Die Haftpflichtversicherung gewährt Deckung für den Fall, dass eine versicherte Person aufgrund gesetzlicher Haftpflichtbestimmungen in Anspruch genommen wird wegen eines von ihr (angeblich) verursachten Personenschadens. Folglich kann sich – veranschaulicht – die nicht ganz fernliegende Frage stellen, ob ein Versicherungsnehmer, der trotz der medial hinreichend bekannt gemachten Gefahren aus einem Risikogebiet kommend (beispielsweise vom Skifahren aus Ischgl) **Kontakt zu Dritten** aufgenommen hat, die daraufhin erkrankt sind, seinen privaten Haftpflichtversicherer – und sei es auch nur auf Abwehr – in Anspruch nehmen kann. Gleiches gilt für die Inhaber von Betrieben, Diskotheken und Bars, die, beispielsweise, Corona-Partys veranstaltet oder zugelassen haben. Im Haftpflichtprozess wird sich naturgemäß die Frage des Beweises stellen, für den aber die **Typik eines solchen Verlaufs** prima facie streiten kann. **80**

Ist die Risikoausschlussklausel wirksam, so hat der Versicherer nach der normativen Konzeption der Regelung Deckung nur dann zu leisten, wenn der Versicherungsnehmer beweist, bloß fahrlässig – und nicht grob fahrlässig – gehandelt zu haben. Jedenfalls in Fällen, in denen Versicherungsnehmer nach dem Bekanntwerden von Infektionen in Risikogebieten und nach dem Erlass der ersten Kontaktbeschränkungen mit ihrer generellen normativen Appellfunktion in solcher Weise sorglos gehandelt haben, liegt nahe, eine **schwere und unverständliche Verletzung von Verhaltensgeboten** anzunehmen, wenn sie also außer Acht gelassen haben, was jedem hätte einleuchten müssen. **81**

Allerdings werfen die Infektionsklauseln weiter die Frage auf, wann von der **Übertragung einer „Krankheit"** gesprochen werden kann. Ge- **82**

[58] Vgl. Prölss/Martin/Voit AHB Ziff. 7 Rn. 149; HK-VVG/Schimikowski AHB Ziff. 7.18 Rn. 87; zur Interpretation allg. Harsdorf-Gebhardt in Späte/Schimikowski, Haftpflichtversicherung, 2. Aufl. 2015, AHB Ziff. 7 Rn. 428 ff.; Voit VersR 1989, 8 ff.

nügt insoweit bereits, dass (bei dem Versicherungsnehmer) eine **Infektion** mit dem Virus vorliegt oder bedarf es bereits **manifester körperlicher Beeinträchtigungen?** Das ist nach dem Sprachgebrauch des täglichen Lebens zu entscheiden. Von einer Krankheit wird – krankenversicherungsrechtlich – herkömmlich zwar erst dann gesprochen, wenn nach ärztlichem Urteil ein anormaler regelwidriger Zustand vorliegt, der zu einer nicht nur unerheblichen Störung der körperlichen Funktionen geführt hat und eine Heilbehandlung notwendig macht. Dieses Verständnis kann indessen für die Infektionsklauseln nicht ohne Weiteres gelten, weil ein irregulärer körperlicher Zustand ja nicht übertragen werden kann, sondern lediglich die Auslöser dieses Zustands, also die Krankheitserreger. Daher kann es auch nicht darauf ankommen, ob sich bei der versicherten Person schon Symptome der virusverursachten Erkrankung zeigen. Denn bei aller formalen Begrenzung eines Risikoausschlusses auf den Wortlaut einer Klausel muss der durchschnittliche verständige Versicherungsnehmer doch dessen Sinn und Zweck in den Blick nehmen und erkennen, dass es um Haftpflichtansprüche wegen der Übertragung von Krankheitserregern geht. Seinem Schutz wird dann der Wiedereinschluss fahrlässigen Verhaltens gerecht.[59]

VI. Personenversicherungen

1. Krankheitskostenversicherung

83 Die private Krankheitskostenversicherung bietet Versicherungsschutz für die **medizinisch notwendige Heilbehandlung** wegen Krankheit (§ 192 Abs. 1 VVG, § 1 Abs. 2 MB/KT). Sie deckt also die Aufwendungen, die einer versicherten, an COVID-19 erkrankten Person durch ihre ambulante und stationäre medizinische Versorgung entstanden sind. Da eine Kausaltherapie derzeit nicht zur Verfügung steht, muss sich die ärztliche Intervention auf symptomatische Interventionen, vornehmlich die Bekämpfung sekundärer Infektionen, beschränken. Allerdings wird nach den Mitteilungen der Intensivmediziner in umfangreichem Maße auch mit Therapien und Wirkstoffen **„experimentiert"**, die bislang ganz anderen Erkrankungen – dem Ebola-Virus, bestimmten Influenza-Viren, gar der Malariabekämpfung – galten. So wenig das in der Praxis streitig sein wird: Auch solche Griffe nach Strohhalmen sind abgesichert: Nach § 4 Abs. 6 S. 2 MB/KK leistet der Versicherer (unabhängig von der Frage, ob eine alternative Medizin dies vorschlägt) für Methoden oder Arz-

---

[59] Harsdorf-Gebhardt in Späte/Schimikowski, Haftpflichtversicherung, 2. Aufl. 2015, AHB Ziff. 7 Rn. 430, 431.

neimittel, die angewandt werden, weil, wie bei COVID-19, **keine anerkannten schulmedizinischen Therapien** zur Heilung oder Linderung **zur Verfügung stehen.** Maßgebend ist allein die objektive medizinische Vertretbarkeit zum Zeitpunkt der Behandlung selbst.[60]

Impfungen gegen das SARS-CoV-2 Virus stehen noch nicht zur Ver- **84**
fügung, sodass sich die Frage nach der Übernahme ihrer Kosten gegenwärtig nicht stellt. Im Übrigen zählen **Impfungen** als vorbeugende Schutzmaßnahmen nicht zu der medizinisch notwendigen Heilbehandlung einer Krankheit, sondern werden von Versicherern nur im Rahmen eines **erweiterten Leistungsversprechens** getragen. Fraglich ist, ob das auch dann gilt, wenn sich – wie zumindest zeitweise empfohlen worden ist – Personen einer Risikogruppe, vor allem ältere Menschen, gegen andere, durch die von der Virusinfektion ausgelöste Abwehrschwäche impfen lassen, um zu verhindern, dass andere Krankheitserreger sie ausnutzen und schwerste, erst recht lebensbedrohliche Verläufe der Infektion auslösen. Voraussetzung einer Kostentragungspflicht ist aber auch in solchen Fällen, dass bereits eine zumindest leichte Erkrankung durch das SARS-CoV-2-Virus vorliegt und die Impfung, soweit das medizinisch dann überhaupt in Frage kommt, eingesetzt wird, um eine Verschlimmerung des Leidens zu verhindern.

Davon abgesehen wirft COVID-19 die Frage auf, inwieweit der Versi- **85**
cherer die **Kosten von Testungen** ersetzt.[61] Grundsätzlich gehören zu den Aufwendungen einer Heilbehandlung auch Kosten diagnostischer Maßnahmen.[62] Zu der „Heilbehandlung" gehört die medizinische Untersuchung, die auf die Erkennung des Leidens abzielt, wenn sie geeignet ist, den richtigen Weg einer notwendigen Heilbehandlung zu erkunden. Voraussetzung ist aber stets, dass objektive Befunde vorliegen, die es medizinisch vertretbar erscheinen lassen, dieses diagnostische Instrument einzusetzen. Die **reine Vorsorge** oder die allein furchtgeleitete Sorge, zu dem Kreis infizierter Personen zu gehören, ohne dass irgendwelche Symptome Anlass dazu bieten, ist schon deshalb kein Versicherungsfall (und schließt damit auch die Erstattungsfähigkeit der Kosten eines Tests aus), weil mangels Beschwerden oder funktioneller Einbußen keine Krankheit vorliegt und, bei objektiver Betrachtung, auch der Einsatz eines Test medizinisch nicht als vertretbar betrachtet werden kann.

---

60 Langheid/Wandt/Boetius VVG § 192 Rn. 23 ff.; BGH NJW 2003, 294 zu schulmedizinisch nicht anerkannten Methoden; missverständlich Rüffer/Halbach/Schimikowski/Rogler MB/KK 2009 § 1 Rn. 15.

61 Vgl. zur grundsätzlichen Bereitschaft von Krankenversicherern, die Kosten ärztlich attestierter Testungen zu tragen https://www.derprivatpatient,de/infothek/nachrichten/coronavirus-wichtige-informationen-fuer-patienten-und-versicherte (17.3.2020).

62 Langheid/Wandt/Boetius VVG Vor § 192 Rn. 1315; zu den Grenzen OLG Köln NJOZ 2016, 1932.

2. Krankentagegeldversicherung

86 Die Krankentagegeldversicherung schützt die versicherte Person gegen Verdienstausfall, wenn infolge einer Krankheit (oder eines Unfalls) Arbeitsunfähigkeit entstanden ist (§ 192 Abs. 5 VVG iVm § 1 Abs. 1 MB/KT). Versicherungsfall ist also die krankheitsbedingte (oder unfallbedingte) Arbeitsunfähigkeit. Nicht anders als die Krankheitskostenversicherung verlangt die Krankentagegeldversicherung zunächst, dass eine **Krankheit** vorliegt, also ein irregulärer körperlicher Zustand mit nicht ganz unerheblichen funktionellen Störungen. Es muss eine medizinische Intervention zur Heilung, Besserung, Linderung oder auch nur zur Verlangsamung des Krankheitsverlaufs oder zur Vorbeugung einer Verschlimmerung objektiv erforderlich erscheinen. Dadurch muss die versicherte Person **arbeitsunfähig** geworden sein, also nach objektivem ärztlichem Befund außerstande sein, ihre berufliche Tätigkeit in keiner Weise auszuüben. Sie darf sie auch nicht ausüben und darf keiner anderweitigen Erwerbstätigkeit nachgehen. Ein **Krankheitsverdacht** oder ein **Ansteckungsverdacht** genügt ebenso wenig wie andere infektionsschutzrechtliche Maßnahmen der Isolierung oder der Kontaktverbote, um den Versicherungsfall auszulösen. Ist ein Versicherungsnehmer mit der Folge von Arbeitsunfähigkeit infiziert, so ist es im Übrigen unerheblich, wenn nach dem Eintritt des Versicherungsfalls aus pandemiebedingten Gründen die Arbeitsmöglichkeit (infolge von Kontaktverboten oder Betriebsschließungen) vorübergehend entfällt.[63]

87 Allerdings stehen einer versicherten Person unter Umständen **infektionsschutzrechtliche Entschädigungsansprüche** zu. Zahlt der Versicherer ein Krankentagegeld, gehen diese Ansprüche allerdings nicht nach § 86 Abs. 1 VVG über. Die Vorschrift ist nämlich auf die Krankentagegeldversicherung als Summenversicherung nicht anwendbar. Auch § 56 Abs. 10 IfSG, der für den Fall einer Entschädigungspflicht des Staates bei infektionsschutzrechtlichen Isolierungsmaßnahmen den Übergang von Ansprüchen auf den Ersatz des Verdienstausfall anordnet, ist auf das Versicherungsverhältnis zum Krankentagegeldversicherer nicht anwendbar, weil der Anspruch nicht auf anderen „gesetzlichen Vorschriften“ beruht.

3. Unfallversicherung

88 Von geringerer Bedeutung für die Absicherung der COVID-19-Folgen ist die private Unfallversicherung. Ob eine durch Tröpfcheneinfluss über Atemluft, Sekretnebel oder Schleimhautkontakt verursachte Gesund-

---

[63] BGH r+s 2008, 201; HK-VVG/Rogler MB/KT § 15 Rn. 13.

heitsschädigung als **plötzlich von außen auf den Körper wirkendes Ereignis** (§ 178 Abs. 2 VVG), also als Versicherungsfall, betrachtet werden kann, ist streitig. Der ausdrückliche teilweise Risikoausschluss für Infektionen (Ziffer 5.2.4 AUB) erlaubt insoweit keinen Gegenschluss, weil er den Ausschluss von „Gesundheitsschäden", nicht aber von Unfällen regelt. Obwohl ein solcher Befall bei rein formal-begrifflicher Betrachtung durchaus die tatbestandlichen Voraussetzungen eines „Unfalls" erfüllt, wird der maßgebliche allgemeine Sprachgebrauch eine Virusinfektion schwerlich als einen solchen verstehen. Genau diese „Infektionsklausel" schließt aber den Unfallversicherungsschutz für COVID-19-Folgen regelmäßig aus.

Allerdings bieten Versicherer **Wiedereinschlüsse gerade auch für** 89
Heilberufe (vor allem Ärzte, aber auch Studierende der Medizin und Krankenpflegepersonal) an. Sie schließen bei entsprechender Vereinbarung abweichend von Ziffer 5.2.4 AUB das plötzliche Eindringen infektiöser Substanzen in Auge, Mund oder Nase als Unfallereignis ausdrücklich ein, nehmen davon aber rückausschließend die Übertragung durch Anhauchen, Annießen oder Anhusten wiederum aus. Insoweit trifft, vermag der Versicherungsnehmer, regelmäßig unterstützt durch einen Anscheinsbeweis, eine Virusinfektion auf den genannten Wegen zu beweisen, den Versicherer die Beweislast für einen nicht versicherten Übertragungsweg.

VII. Schlussbemerkung

Corona wird Versicherer beuteln, wenn auch vornehmlich nicht wegen 90
ihrer vertraglich berechtigten oder vertraglich unberechtigten Inanspruchnahme, sondern wegen der Werthaltigkeit ihrer Anlagen in der ökonomischen Krise und, medial, vor allem im Netz, wegen der verbreiteten Annahme, ein jedes Risiko müsse versicherbar und versichert sein. Letzteres richtig zu stellen, nämlich die Erkenntnis zu gewinnen, dass es Risiken gibt, die die Gesellschaft als ganze treffen und daher von ihr, letztlich von der Gemeinschaft der Abgabenpflichtigen und nicht jener der Beitragszahler, zu tragen sind, wird eine Lehre sein, die zu verarbeiten wir noch lange lernen müssen.

§ 12 Transportrecht

Inhaltsübersicht

I. Transportwirtschaftliche Entwicklung

1 Die Coronakrise stellt die Transportwirtschaft vor bis dato nie dagewesene Herausforderungen. Dabei ist die Situation für jedes einzelne Unternehmen ganz anders – je nachdem, in welchem Segment es tätig ist. So ist zB im Bereich der Lebensmittelversorgung und der Waren des täglichen Bedarfs – nicht zuletzt aufgrund völlig überzogener Hamsterkäufe – ein regelrechter Boom entstanden, der aber wohl alsbald wieder enden wird.

2 Dagegen sind viele andere Logistikbereiche völlig eingebrochen. Da ganze Industriezweige ruhen ist das Frachtaufkommen insgesamt erheblich gesunken. Ferner sind die Folgen der Pandemie für Transportunternehmen, die mit Events und Veranstaltungen ihr Geld verdienen, besonders gravierend, weil diese und fast alle Messen und Ausstellungen abgesagt beziehungsweise verschoben worden sind. Das gilt ferner für alle grenzüberschreitenden Verkehre, weil – beginnend in China – die Produktion von Gütern verschiedenster Art wochen-, ja monatelang völlig zum Erliegen kam. In Deutschland traf – und trifft es noch – aus den gleichen Gründen zB die gesamte Automobil- und Zuliefererlogistik sowie die Belieferung aller übrigen nicht dem täglichen Bedarf dienenden Geschäfte, Kaufhäuser und Läden. Lagerkapazitäten werden dagegen zur Mangelware, weil bereits produzierte Güter mangels Abnahme nicht mehr versandt werden. An anderen Orten stehen sie jedoch leer, weil die avisierten Güter nicht angekommen sind. Spediteuren und Frachtführern werden erhebliche Frachteinbußen und Mehrkosten bei erforderlichen Umbuchungen und Zwischenlagerungen entstehen.

Internationale Reisewege sind teilweise ganz geschlossen; So ist beispielsweise die Transsibirische Eisenbahn ab Mongolei völlig –also wohl auch für den Warenverkehr – gesperrt. Der Container-Schiffsverkehr rechnet mit Umsatzrückgängen von mehr als 20% weil auch teilweise Seewege und Anlegeplätze gesperrt wurden. Im Luftverkehr sind die Beiladungen in Passagiermaschinen entfallen. Im Hamburger Hafen stauen sich die Container der inzwischen verspätet aus China eingelaufenen Schiffe, weil die Empfänger sie nicht abholen. 3

Hinzu kommen weltweit Exportverbote. So hat zB Indien nach Ausbruch der Corona Epidemie die Ausfuhr bestimmter Arzneimittel verboten, während Russland und mehrere asiatische Staaten den Außenhandel für Reis und/oder Weizen untersagt haben. 4

Neben dem völligen Ausfall von Beförderungen aus den genannten Gründen traten infolge der Coronakrise zahlreiche Verzögerung der internationaler Lieferketten aufgrund von Grenzkontrollen und Einreisebehinderungen ein, die zu Blockaden und beispielsweise im Straßengüterverkehr zu bis zu 60 km langen Lkw-Staus geführt haben. 5

Die wirtschaftlichen Folgen der Corona-Krise für die gesamte Logistikbranche sind gravierend. Ihr Ausmaß ist derzeit noch gar nicht absehbar. Mit ihnen sind aber zugleich auch neue Rechtsprobleme entstanden oder doch augenfällig geworden. Damit befassen sich die nachstehenden Ausführungen. 6

II. Deutsches und Internationales Transportrecht

Zum Transportrecht zählen das Frachtrecht, das Speditionsrecht, das Lagerrecht und neuzeitlich das Logistikrecht. Die Rechtsquellen sind zersplittert. Im deutschen Recht sind die ersten drei Bereiche in den §§ 407 ff. HGB zu finden. Die §§ 407–450 HGB behandeln das allgemeine Frachtrecht – d.i. die Beförderung- mit Land- , Binnenschiffs- und Luftfahrzeugen innerhalb der Bundesrepublik (die §§ 451–451h HGB, auf die hier nicht näher eingegangen wird, enthalten Sonderbestimmungen für Umzugsgut) und die §§ 452–452d HGB regeln den Frachtverkehr mit verschiedenen Beförderungsmitteln. Das Speditionsgeschäft ist in den §§ 453–466 HGB und das Lagergeschäft in den §§ 467-475h HGB enthalten. Das nationale Seerecht folgt in den §§ 476 ff. HGB. Die Logistik ist gesetzlich nicht geregelt. Es handelt sich hier um Verträge, in denen sich der eine Partner nicht nur zur Beförderung, sondern auch zu zahlreichen anderen Leistungen, etwa Projektierung, Vormontage, Verpackung, Preisauszeichnung usw. verpflichtet. Nach den Regeln über typengemischte Verträge sind dort jene Leistungen zu beurteilen, welche nicht mehr die Qualität frachtvertragstypischer Zusatzleistungen aufwei- 7 sen, vielmehr den Leitbildern anderer werk- oder dienstvertraglicher Tätigkeiten entsprechen.

8 Während das deutsche Frachtrecht in den §§ 407-450 HGB einheitliche Bestimmungen für Beförderungen mit Land-, Binnenschiffs- und Luftfahrzeugen geschaffen hat, sind im internationalen Frachtverkehr unterschiedliche Rechtsabkommen vorhanden, die sich auf die jeweiligen Verkehrsträger beziehen und sich teilweise bei den Haftungsregimen und anderen Aspekten unterscheiden. Es sind dies die Convention relative au Contrat de transport international de merchandises par route (CMR) für den grenzüberschreitenden Straßentransport, das Montrealer Übereinkommen (MÜ) und das Warschauer Abkommen (WA) für den grenzüberschreitenden Luftfrachtverkehr, die Règles uniformes concernant le contrat de transport international ferroviare des merchandises (CIM) für den grenzüberschreitenden Eisenbahntransport, das Budapester Übereinkommen (CMNI) und das Strassburger Haftungsbeschränkungsübereinkommen (CLNI) für grenzüberschreitende Binnenschifftransporte sowie mehrere Seerechtsabkommen.

9 Aufgrund dieser Rechtszersplitterung muss sich die hier Darstellung der einzelnen Rechtsfragen im Wesentlichen auf das deutsche allgemeine Fracht-, Speditions- und Lagerrecht der §§ 407-475h HGB beschränken, die hierbei erörterten Regeln gelten aber weitgehend auch entsprechend in allen anderen – auch internationalen – Frachtrechtsordnungen.

III. Allgemeine Leistungsstörungen

10 Das deutsche Frachtrecht trägt der Nichterfüllung bzw. nicht korrekten Erfüllung der Vertragspflichten des Frachtführers insbesondere mit seinen Regelungen in § 419 HGB über Beförderungs- und Ablieferungshindernisse sowie in den §§ 425 ff. HGB über die Haftung für Verlust, Beschädigung und Überschreitung der Lieferfrist Rechnung. Auch in anderen frachtrechtlichen Sondervorschriften finden sich Gedanken aus dem allgemeinen Leistungsstörungsrecht wieder, so etwa in der Regelung über die Nichteinhaltung der Ladezeit (§ 417 HGB). Ein Grundsatz, dass die frachtrechtlichen Bestimmungen in ihrem Anwendungsbereich vollständig die allgemeinen Rechtsbehelfe für Vertragsverletzung und Gefahrtragung, insbes. für Unmöglichkeit, Verzug und Schlechterfüllung stets verdrängen, lässt sich aber nicht aufstellen. Vielmehr sind immer dann, wenn sich das Frachtgut noch nicht oder nicht mehr in der Obhut des Frachtführers befindet und weder das Speditions- noch das Lagerrecht einschlägig ist, die Bestimmungen des allgemeinen Leistungsstörungsrechts anzuwenden, die in § 1 dieses Buches dargelegt sind. Insoweit wird auf die dortigen Ausführungen von Prof. Lorenz verwiesen.

IV. Rückgang des Transportvolumens – Unmöglichkeit

1. Vorbemerkung

Die im Transportrecht relevanten Vertragstypen werden idR „Verkehrverträge“ genannt (ADSp 2017 Ziffer 1.14.b). Sie sind Werkverträge. Gläubiger der vereinbarten Werkleistung ist der jeweilige Auftraggeber, also beim Frachtvertrag der Absender (§ 407 Abs. 2 HGB und zB Art. 7 CMR), beim Speditionsvertrag der Versender (§ 453 Abs. 2 HGB) und beim Lagervertrag der Einlagerer (§ 467 Abs. 2 HGB). Diese sind zugleich jeweils Schuldner der vereinbarten Vergütung, Der Frachtführer, Spediteur und Lagerhalter ist jeweils Schuldner der vereinbarten Werkleistung und Gläubiger der Vergütung. 11

Wird in diesen Verträgen aufgrund der Corona- Pandemie die Beförderung oder Lagerung vereitelt, dh vorübergehend oder dauerhaft unmöglich, führt das zu folgenden Konsequenzen: 12

Maßgeblich ist, wann die Unmöglichkeit eintritt. Da bei zunächst zu unterscheiden, ob dies vor oder nach Abschluss des jeweiligen Verkehrsvertrages geschieht. Ferner kommt es darauf an, wo sich die Ware, also das Gut, befindet. Ist es nämlich zu diesem Zeitpunkt bereits dem Frachtführer bzw. dem Fixkosten- oder Sammelladungsspediteur zur Beförderung übergeben, so befindet es sich schon in seiner Obhut. Für diese Fälle enthält das deutsche Frachtrecht unter dem Stichwort „Beförderungshindernis“ in § 419 HGB eine spezielle Regelung, auf die später in → Rn. 38ff. näher eingegangen wird. 13

2. Unmöglichkeit vor Vertragsschluss

Für den Fall, dass die Ausführung eines geplanten Verkehrsvertrages vor dessen Abschluss unmöglich wird, enthält das Transportrecht keine Regelungen. Hier muss deshalb auf die im § 1 dieses Buches erläuterten allgemeinen Bestimmungen des BGB über die Unmöglichkeit zurückgegriffen werden. 14

a) Leistungsfreiheit

Bei absoluten Fixgeschäften tritt nach § 275 Abs. 1 BGB Leistungsfreiheit des jeweiligen Schuldners ein (→ § 1 Rn. 21). 15

Das gilt in Corona-bedingten Fällen auch bei rechtlicher Unmöglichkeit im Sinne von § 275 Abs. 1 BGB, zB wenn das Gut beim Absender bzw. Versender oder Einlagerer noch nicht angekommen ist oder wenn die für das Ausland vorgesehene Beförderung infolge von Grenzschlie- 16 ßungen das Ziel innerhalb des mit dem Abnehmer vereinbarten Zeitraums nicht erreicht werden kann. (→ § 1 Rn. 22). Eine zeitweilige Unmöglichkeit, etwa während einer vorübergehenden Grenzschließung hat dagegen nur eine vorübergehende Leistungsfreiheit für deren Dauer zur Folge (→ § 1 Rn. 23).

b) Gegenleistung

17 Der Anspruch auf die Vergütung wird im Zusammenhang mit der Corona-Krise in aller Regel gem. § 326 Abs. 1 S. 1 Hs. 1 BGB entfallen. Abs. 2 S. 1 der Bestimmung wird in diesen Fällen nicht zur Anwendung kommen, weil der Auftrageber für die eingetretene Unmöglichkeit nicht allein oder weit überwiegend verantwortlich gemacht werden kann (→ § 1 Rn. 26ff.). Anderer Auffassung ist allerdings Koller, der offenbar auch bei Eintritt der Unmöglichkeit vor Abschluss eines Frachtvertrages die Vergütungsfrage nach § 420 Abs. 2 und 3 lösen will[1].

c) Kollers Auffassung

18 Koller plädiert ferner dafür, § 419 Abs. 1-3 HGB auch dann analog heranzuziehen, wenn die anfängliche *Unmöglichkeit* der Beförderung zwar bereits *vor* Übernahme des Gutes *erkennbar* war, jedoch *erst nach der Übernahme* des Gutes *erkannt* worden ist. In diesem Fall greift nach seiner Auffassung § 420 Abs. 2 S. 2 HGB ein, nicht dagegen § 420 Abs. 3 HGB, wenn der Frachtführer mit dem Transport beginnt, obwohl dessen Undurchführbarkeit erkennbar war.[2]

3. Unmöglichkeit nach Vertragsschluss vor Übernahme des Gutes

19 Tritt die Unmöglichkeit nach Vertragsschluss, aber noch vor der Übergabe des Frachtgutes an den Beförderer oder Spediteur ein, so muss erneut auf das in § 1 beschriebene allgemeine Leistungsstörungsrecht des BGB zurückgegriffen werden. Ähnlich ist es auch, wenn die Lagerung des Gutes vor Übergabe an den Lagerhalter unmöglich wird.

a) Frachtverträge

aa) Leistungsfreiheit

20 Haben die Parteien die Beförderung als **Fixgeschäft** vereinbart, was häufig im Luftfrachtverkehr geschieht, so wird der Frachtführer nach § 275 Abs. 1 BGB von seiner Leistungspflicht befreit (→ § 1 Rn. 21).

---

[1] Koller, Transportrecht, 10. Aufl. 2020, HGB § 407 Rn. 83.
[2] Koller, Transportrecht, 10. Aufl. 2020, HGB § 407 Rn. 84.

Wird die Beförderung nach Abschluss des Frachtvertrages unmöglich, weil das Ziel im Ausland aufgrund einer Grenzschließung nicht erreicht werden kann, liegt rechtliche Unmöglichkeit im Sinne von § 275 Abs. 1 BGB vor, wenn und soweit der Transport innerhalb des Zeitraums durchgeführt werden und ans Ziel gelangen soll, in dem das Einreiseverbot besteht. (→ § 1 Rn. 22). Andernfalls handelt es sich nicht um eine endgültige, sondern nur um eine zeitweilige, vorübergehende Unmöglichkeit, Diese hat nur eine vorübergehende Leistungsfreiheit für die Dauer der Grenzschließung zu Folge (→ § 1 Rn. 23). 21

Zu denken ist im Fall der Grenzschließung auch an eine Störung der Geschäftsgrundlage gem. § 313 BGB, wobei diese Bestimmung aber gegenüber § 275 BGB subsidiär ist (→ § 1 Rn. 37f.). 22

Problematisch sind die Fälle, in denen keine generelle Grenzschließung vorliegt, sondern das Beförderungsgut aus anderen Gründen zur vereinbarten oder bei Vertragsschluss als angemessen angesehenen Frist (§ 423 HGB) nicht ans Ziel kommen kann. Hier liegt noch kein Fall der Unmöglichkeit vor, sondern es ist ein Beförderungshindernis zu erwarten. Zu den Folgen, wenn sich der Absender dann entschließt, auf die Beförderung endgültig zu verzichten, → Rn. 26. 23

bb) Gegenleistung

Erfährt der Absender nach Abschluss des Frachtvertrages, dass das noch bei ihm befindliche Gut –aus welchen Gründen auch immer – das beabsichtigte Ziel zumindest auf absehbare Zeit nicht erreichen kann, wird er es dem Frachtführer nicht zur Beförderung übergeben. Der Anspruch auf die Vergütung wird im Zusammenhang mit der Corona-Krise in aller Regel gem. § 420 Abs. 2 S. 1 HGB entfallen. Abs. 3 dieser Bestimmung, wonach der Frachtführer den Frachtanspruch behalten würde, wird nicht anwendbar sein, weil die Unmöglichkeit der Beförderung nicht dem Risikobereich des Absenders zugerechnet werden kann. Der hier verwendete Begriff des frachtrechtlichen Sphärengedankens deckt sich im Wesentlichen mit dem in § 326 Abs. 2 BGB verwandten Begriff der Verantwortung. Ein Leistungshindernis ist der Sphäre des Absenders dann zuzurechnen, wenn er es durch sein Fehlverhalten herbeigeführt hat. Dieses Fehlverhalten kann in der Verletzung von Rechtspflichten oder Obliegenheiten liegen. 24

Das Gleiche gilt, wenn der Frachtführer den Auftrag hat, das Gut bei einem Dritten abzuholen, bei dem es womöglich noch gar nicht angekommen ist oder wenn der Transport aus anderen Gründen unmöglich wird. In jedem Fall muss aber der Absender den Frachtführer rechtzeitig über ein diesem unbekanntes Beförderungshindernis unterrichten, andernfalls würde der Frachtführer gem. § 420 Abs. 3 HGB den Anspruch auf die Fracht behalten. Aber er muss sich das, was er an Aufwendungen 25 erspart oder anderweitig erwirbt oder zu erwerben böswillig unterlässt, anrechnen lassen (§ 420 Abs. 3 S. 2 HGB).

cc) Annahmeverzug

26 Das deutsche Frachtrecht enthält zum Annahmeverzug des Gläubigers, der nach §§ 293 ff. BGB unabhängig von Vertreten müssen ist (→ § 1 Rn. 17) und bei vorausgehender Unmöglichkeit der Leistung ohnehin nicht zur Anwendung gelangt, nur die in → Rn. 24 und 25 schon erwähnte Regelung des § 420 Abs. 3 HGB. Nach dieser Bestimmung behält der Frachtführer den Anspruch auf die Fracht, wenn die Beförderung aus Gründen unmöglich ist, die dem Risikobereich des Absenders zuzurechnen sind oder die zu einer Zeit eintreten, zu welcher der Absender im Verzug der Annahme ist. Er muss sich jedoch das anrechnen lassen, was er an Aufwendungen erspart oder anderweitig erwirbt oder zu erwerben böswillig unterlässt. So wäre es in dem in → Rn. 22 beschiebenem Fall, wenn der Absender sich aufgrund der zu erwartenden Transportverzögerung entschließen würde, das Gut nicht abzusenden und es deshalb dem Frachtführer nicht übergäbe. Dann würde die Beförderung aus dem in seinem Risikobereich liegenden Grund endgültig unmöglich werden. .

27 Im Übrigen sind die Anwendungsmöglichkeiten des § 420 HGB sehr begrenzt, denn während der Beförderung befindet sich das Gut schon in der Obhut des Frachtführers, sodass ein Annahmeverzug des Absenders nicht mehr möglich ist. Dieser ist vielmehr erst wieder am Ende der Beförderung, also bei der Ablieferung, vorstellbar. Dann entsteht nämlich ein Ablieferungshindernis, wenn der Empfänger das Gut nicht entgegen nimmt (→ Rn. 75 ff.) und das muss sich der Absender ohne Rücksicht auf Verschulden zurechnen lassen.[3] In der Literatur wird allerdings dafür plädiert, § 420 Abs. 3 HGB (bzw. im Seerecht § 493 HGB) auch dann entsprechend anzuwenden, wenn der Absender oder der Empfänger während der Beförderung oder bei der Ablieferung eine Handlung nicht vornimmt, die ihm nach dem Frachtvertrag obliegt.[4] Das würde dann auch gelten, wenn der Absender das Gut nicht ordnungsgemäß verpackt oder gekennzeichnet hat; wenn er erforderliche Begleitpapiere nicht bereit stellt, dem Frachtführer nicht die erforderlichen Angaben zum Gut übermittelt oder auf Anforderungen keine Weisungen erteilt.

dd) Rücktritt

28 Wenn die Leistungsfreiheit des Frachtführers nach § 275 BGB eingetreten ist, kann der Absender gem. § 326 Abs. 5 BGB auch vom Vertrag

---

[3] Koller, Transportrecht, 10. Aufl. 2020, HGB § 420 Rn. 27.

[4] Koller, Transportrecht, 10. Aufl. 2020, HGB § 420 Rn. 27 und Bahnsen in Rabe/Bahnsen, Seehandelsrecht, 5. Aufl. 2018, HGB § 493 Rn. 66.

zurücktreten, jedenfalls solange der Beförderungsvertrag noch nicht in Vollzug gesetzt ist, das Frachtgut sich also noch nicht beim Frachtführer befindet. Eine vorherige Fristsetzung ist hier nicht erforderlich. Ergänzend kommt § 323 BGB zur Anwendung.

b) Speditionsverträge

29 Beim Speditionsvertrag hat der Spediteur keine direkte Beförderungspflicht, sondern er ist verpflichtet, die Versendung des Gutes zu besorgen (§ 453 HGB). Seine Vertragspflicht umfasst also die Organisation der Beförderung, insbesondere *die Bestimmung des Beförderungsmittels und des Beförderungsweges, die Auswahl ausführender Unternehmer, den Abschluss der für die Versendung erforderlichen Fracht-, Lager- und Speditionsverträge sowie die Erteilung von Informationen und Weisungen an die ausführenden Unternehmer und die Sicherung von Schadensersatzansprüchen des Versenders (§ 454 HGB).* Bei zu erwartender Unmöglichkeit der Beförderung wird aber der Versender seinem Spediteur das Gut allenfalls zunächst nur zur einstweiligen Lagerung aushändigen, soweit dies möglich und gewollt ist. Dann tritt insoweit an die Stelle des Speditionsvertrags ein Lagervertrag. Die Besorgung der Beförderung wird aber ebenfalls unmöglich, solange keine Beförderung möglich ist. Das Speditionsrecht enthält für diesen Sonderfall keine Regelung, sodass auch hier das Recht der allg. Leistungsstörungen anzuwenden ist Es gilt also auch hier das Gleiche, wie oben zum Frachtvertrag in → Rn. 19 ff. dargelegt.

30 Wenn die ADSp 2017 vereinbart sind, gilt die dortige Ziff. 12 ADSp, in der es heißt: Kann der Spediteur das Gut nicht oder nicht rechtzeitig übernehmen, so hat er dies dem Auftraggeber oder Verlader unverzüglich anzuzeigen und entsprechende Weisungen einzuholen. Der Auftraggeber bleibt berechtigt, den Verkehrsvertrag zu kündigen, ohne dass der Spediteur berechtigt ist, Ansprüche nach § 415 Abs. 2 HGB geltend zu machen. Nach Ziffer 12.2 ADSp befreien Leistungshindernisse, die nicht dem Risikobereich einer Vertragspartei zuzurechnen sind, die Vertragsparteien für die Dauer der Störung und den Umfang ihrer Wirkung von den Leistungspflichten. Als solche Leistungshindernisse gelten höhere Gewalt, Unruhen, kriegerische oder terroristische Akte, Streiks und Aussperrungen, Blockade von Beförderungswegen sowie sonstige unvorhersehbare, unabwendbare und schwerwiegende Ereignisse. Ferner wird dort im Falle eines Leistungshindernisses jede Vertragspartei verpflichtet, die andere Partei unverzüglich zu unterrichten; der Spediteur ist zudem verpflichtet, Weisungen des Auftraggebers einzuholen.

c) Lagerverträge

31 Das Lagerrecht des HGB enthält keine besonderen Bestimmungen für den Fall der Unmöglichkeit. Diese kann infolge der Corona-Krise insbe-

sondere dadurch eintreten, dass die für die Einlagerung vorgesehenen Lagerflächen bereits belegt sind, weil die dort befindlichen Güter vom vorhergehenden Einlagerer nicht abgeholt wurden, oder weil das avisierte Gut beim Einlagerer noch nicht eingetroffen ist. Auch bei Lagerverträgen kommen in solchen Fällen die allgemeinen Bestimmungen des BGB über Leistungsstörungen zur Anwendung.[5] Insoweit kann daher erneut auf die oben in → Rn. 19ff. enthaltenen Ausführungen verwiesen werden.

4. Kündigungsmöglichkeiten

32 Einen Frachtvertrag kann der Absender gemäß § 415 Abs. 1 HGB jederzeit kündigen. Tut er das, so kann der Frachtführer jedoch idR entweder die vereinbarte Fracht, das etwaige Standgeld sowie zu ersetzende Aufwendungen unter Anrechnung dessen, was er infolge der Aufhebung des Vertrages an Aufwendungen erspart oder anderweitig erwirbt oder zu erwerben böswillig unterlässt, oder ein Drittel der vereinbarten Fracht (Fautfracht) verlangen (§ 415 Abs. 2 HGB). Deshalb wird dem Absender anzuraten sein, eine solche Kündigung gem. § 415 HGB nicht auszusprechen.

33 Aber Fracht- und Speditionsverträge sind Werkverträge.[6] Diese können, wenn sie nach dem 31.12.2017 abgeschlossen wurden, nach dem neu geschaffenen § 648a BGB von beiden Vertragsparteien aus wichtigem Grund ohne Einhaltung einer Kündigungsfrist gekündigt werden. Der wichtige Grund muss zum Zeitpunkt der Kündigung vorliegen; er ist gegeben, wenn dem kündigenden Teil unter Berücksichtigung aller Umstände des Einzelfalls und unter Abwägung der beiderseitigen Interessen die Fortsetzung des Vertragsverhältnisses bis zur Fertigstellung des Werks nicht zugemutet werden kann. Das wird stets der Fall sein, wenn nach Abschluss des Vertrages aber bereits vor der Übernahme des Gutes durch den Frachtführer erkennbar wird, dass die Beförderung zumindest auf absehbare Zeit unmöglich ist.

34 Diese Kündigung gem. § 648a BGB wird häufig auch noch zum Zeitpunkt nach Übergabe des Gutes an den Frachtführer bzw. Spediteur zweckmäßig sein, jedenfalls solange die Beförderung selbst noch nicht begonnen hat.

35 Lagerverträge sind eine besondere Art der Verwahrungsverträge nach §§ 688ff. BGB.[7] Als solche sind sie zugleich auch Dauerschuldverhält-

---

[5] Koller, Transportrecht, 10. Aufl. 2020, HGB § 467 Rn. 18.

[6] Zum Frachtvertrag MüKoHGB/Thume HGB § 407 Rn. 95 und Koller, Transportrecht, 10. Aufl. 2020, HGB § 407 Rn. 35; zum Speditionsvertrag Koller, Transportrecht, 10. Aufl. 2020, HGB § 543 Rn. 39 und MükoHGB/Bydlinski HGB § 543 Rn. 20.

[7] MükoHGB/Hesse HGB § 467 Rn. 3; Koller, Transportrecht, 10. Aufl. 2020, HGB § 467 Rn. 6.

nisse. Für sie besteht deshalb nach § 314 BGB die gleiche Kündigungsmöglichkeit, wie sie oben in → Rn. 33 für Fracht- und Speditionsverträge dargelegt ist.

36 Wenn der Fracht-, Speditions- und/oder Lagervertrag schon in Vollzug gesetzt ist, dh, wenn sich das Gut schon in Händen des jeweiligen Vertragsschuldners befindet, ersetzt nach hM die Kündigung nach §§ 648a und 324 BGB die Rücktrittsrechte nach § 326 BGB.[8]

V. Transportverzögerungen

37 Der freie Warenverkehr ist durch die zur Verhinderung der Virusverbreitung weltweit in fast allen Staaten eingeführten Einreisebeschränkungen und Grenzkontrollen ganz erheblich behindert. Nicht nur die Lieferketten sind unterbrochen, sondern es kommt in allen Bereichen, namentlich aber im Straßengüterverkehr zu ganz erheblichen Transportverzögerungen. So hatten sich auf den deutschen Autobahnen in Richtung Polen LKW-Staus bis zu 60 km Länge gebildet, wodurch nahezu tagelange Wartezeiten entstanden. Zwar galten die dortigen Einreiseverbote für Ausländer angeblich nicht für Lenker von Gütertransportmitteln, aber dennoch wurde häufig ein Austausch der übermüdeten und/oder erkrankten Fahrer erforderlich.

1. Beförderungshindernisse

38 Hat der Absender das Gut dem Spediteur/Frachtführer bereits übergeben, als erkennbar wird, dass die Beförderung nicht vertragsgemäß durchgeführt wird, so liegt ein Beförderungshindernis iS des § 419 Abs. 1 HGB vor. Das gilt auch, wenn die Beförderung selbst noch nicht begonnen hat. Maßgeblich ist vielmehr allein der Zeitpunkt der Übernahme des Gutes seitens des Frachtführers zum Zweck der Beförderung; dh das Frachtgut muss in seine Obhut gelangt sein.

39 Unter den Begriff „Hindernis“ sind alle nach Übernahme des Gutes erkennbar werdenden Umstände zu verstehen, die die vertragsgemäße Durchführung und Beendigung der Beförderung beeinträchtigen. Dabei ist, wie aus der Formulierung *„vertragsgemäße Durchführung“* folgt, nicht nur auf die Beförderung als solche abzustellen, sondern darauf, in welcher Art und Weise die Beförderung vertraglich vereinbart war, also insbesondere, ob die Verwendung eines bestimmten Beförderungsmittels, das Befahren einer bestimmten Strecke oder die Einhaltung einer fest bestimmten Lieferfrist vertraglich vorgeschrieben war.[9]

---

[8] Palandt/Grüneberg BGB § 314 Rn. 12.
[9] MüKoHGB/Thume, 4. Aufl. 2020, HGB § 419 Rn. 5.

40 Hindernis ist also zunächst jeder Umstand, der die Durchführung der Beförderung oder Ablieferung *objektiv oder subjektiv unmöglich* iSd § 275 Abs. 1 BGB macht, dh für jedermann oder für den Frachtführer unmöglich macht. Darüber hinaus reicht aber auch eine *Erschwerung der Beförderung und Ablieferung* aus. Dabei muss es sich freilich um eine qualifizierte Erschwerung handeln. Diese liegt vor, wenn die Voraussetzungen des § 275 Abs. 2 BGB erfüllt sind, mithin die Durchführung der Beförderung, wie sie im Vertrag vereinbart wurde, oder die Ablieferung des Gutes einen Aufwand erfordern würde, der in einem groben Missverhältnis zu dem Leistungsinteresse des Absenders oder Empfängers steht. Außerdem muss das Hindernis derart beschaffen sein, dass mit seinem *Wegfall* auf absehbare Zeit oder doch während einer allseits noch zumutbaren Wartefrist *nicht zu rechnen* ist.

2. Haftung des Auftraggebers

41 Der Auftraggeber des Verkehrsvertrages haftet für die Folgen eines Hindernisses, wenn dieses auf seinem Verschulden beruht, nach § 280 BGB und ggf. nach § 414 HGB.[10] Diese Fälle werden im Rahmen der Corona–Krise kaum von Bedeutung sein, es sei denn dass schon beim Vertragsschluss mit Transportverzögerungen zu rechnen war. Dann sollten längere Lieferfristen vereinbart und das Gut auch entsprechend der zu erwartenden Dauer zusätzlich verpackt, gegen Korrosion geschützt usw. sein.

3. Haftung des Frachtführers

a) Grundsatz

42 Für die Frachtführer und können derartige Hindernisse ganz erhebliche Folgen haben. Ihnen droht nämlich nach §§ 425, 426 HGB die Haftung, wenn hierdurch Schäden entstehen.

43 Ähnliche Haftungsbestimmungen sind auch in allen anderen Frachtrechtsordnungen enthalten, sie gelten gem. §§ 459 und 460 HGB jeweils auch für Fixkosten- und Sammelladungs- und selbst eintretende Spediteure (§§ 458 ff. HGB; → Rn. 71 ff.).

b) Regelhaftung

44 Nach § 425 HGB haftet Frachtführer für den Schaden, der durch Verlust oder Beschädigung des Gutes in der Zeit von der Übernahme zur Beförderung bis zur Ablieferung oder durch Überschreitung der Liefer-

[10] Koller, Transportrecht, 10. Aufl. 2020, HGB § 419 Rn. 25a.

frist entsteht. Wenn bei der Schadensentstehung ein Verhalten des Absenders oder des Empfängers oder ein besonderer Mangel des Gutes mitgewirkt hat, hängen die Verpflichtung zum Ersatz sowie der Umfang des zu leistenden Ersatzes davon ab, inwieweit diese Umstände zu dem Schaden beigetragen haben. Es handelt sich um eine besondere Art der Gefährdungshaftung des Frachtführers, die im Hinblick auf Güterschäden auch als Obhutshaftung bezeichnet wird. Ein Verschulden des Frachtführers wird nicht vorausgesetzt. Vielmehr haftet der Frachtführer gem. § 428 HGB in gleicher Weise auch für alle Handlungen und Unterlassungen seiner Leute, zu denen auch Unterfrachtführer und deren Bedienstete gehören. § 431 HGB begrenzt diese Regelhaftung bei Güterschäden auf einen Höchstbetrag von 8,33 Rechnungseinheiten für jedes Kilogramm des Rohgewichts des Gutes, das sind etwa 10 €, und bei Überschreitung der Lieferfrist auf den dreifachen Betrag der Frachtvergütung. Diese Haftung ist nach § 449 HGB nur sehr eingeschränkt abdingbar.

Eine solche Regelhaftung besteht im Wesentlichen in allen Frachtrechtsordnungen, also auch im grenzüberschreitenden Straßengüterverkehr (Art. 17 CMR), im internationalen Luftfrachtrecht (Art. 19 MÜ und Art. 19 WA) im internationalen Eisenbahnfrachtrecht (Art. 23 COTIV-CIM) und im internationalen Binnenschifffahrtsrecht (Art. 16 CMNI). Nur im deutschen Seefrachtrecht fehlt wegen der dortigen Besonderheiten bewusst eine Regelung für Lieferfristüberschreitungen.[11] In der nachstehenden Kommentierung kann aus Platzgründen auf dortige Besonderheiten und etwaige Abweichungen nicht eingegangen werden. Sie beinhaltet also nur das deutsche Landfrachtrecht. Die hier dargelegten Grundsätze gelten aber auch dort jeweils entsprechend. **45**

Ausnahmen von dieser Regelhaftung gibt es nur wenige. Eine allgemeine Haftungsbefreiung tritt nach § 426 HGB nur ein, wenn der Güterschaden oder die Überschreitung der Lieferfrist auf Umständen beruht, die der Frachtführer auch bei größter Sorgfalt nicht vermeiden und deren Folgen er nicht abwenden konnte. Näheres dazu → Rn. 49f. **46**

Ferner enthält § 427 Abs. 1 HGB einige zusätzliche Haftungsbefreiungen für jene Fälle, bei denen Güter– und Verspätungsschäden auf folgende besonderen Gefahren zurückzuführen ist: **47**

1. vereinbarte oder der Übung entsprechende Verwendung von offenen, nicht mit Planen gedeckten Fahrzeugen oder Verladung auf Deck;
2. ungenügende Verpackung durch den Absender;
3. Behandeln, Verladen oder Entladen des Gutes durch den Absender oder den Empfänger;

---

[11] Näheres siehe Bahnsen in Rabe/Bahnsen, Seehandelsrecht, 5. Aufl. 2018, HGB § 498 Rn. 168.

4. natürliche Beschaffenheit des Gutes, die besonders leicht zu Schäden, insbesondere durch Bruch, Rost, inneren Verderb, Austrocknen, Auslaufen, normalen Schwund, führt;
5. ungenügende Kennzeichnung der Frachtstücke durch den Absender und
6. Beförderung lebender Tiere.

Der Frachtführer kann sich auf diese Befreiungsgründe aber nur berufen, wenn der Güter- oder Verspätungsschaden nicht darauf zurückzuführen ist, dass er besondere Weisungen des Absenders im Hinblick auf die Beförderung des Gutes nicht beachtet hat. Außerdem muss er das Gut ggf. gegen Einwirkungen von Hitze, Kälte, Temperaturschwankungen, Luftfeuchtigkeit, Erschütterungen oder ähnlichen Einflüssen besonders geschützt haben.

c) Haftung bei qualifiziertem Verschulden

48 Nach § 435 HGB entfallen zudem alle Haftungsbefreiungen und Haftungsbegrenzungen, wenn der Schaden auf eine Handlung oder Unterlassung zurückzuführen ist, die der Frachtführer oder eine seiner Hilfsperson vorsätzlich oder leichtfertig und in dem Bewusstsein, dass ein Schaden mit Wahrscheinlichkeit eintreten werde, begangen hat. Diese besondere Schuldform ist gleichlautend oder doch ähnlich auch in mehreren internationalen Übereinkommen enthalten, so in Art. 29 CMR, Art. 25 WA, Art. 36 COTIV-CIM und Art. 21 CMNI. Sie beinhaltet eigentlich einen verschärften, über die grobe Fahrlässigkeit hinausgehenden Verschuldensgrad, was in der deutsche Rechtspraxis – im Gegensatz zu anderen Staaten – häufig aber nur unzureichend beachtet wird.

d) Ausnahme: Unabwendbarkeit

49 Nach § 426 HGB ist der Spediteur/Frachtführer bei Güterschäden und Überschreitung der jeweiligen Lieferfrist von dieser Haftung nur befreit, wenn sie auf Umständen beruht, die er auch bei größter Sorgfalt nicht vermeiden und deren Folgen er nicht abwenden konnte. Als Lieferfrist gilt dabei jeweils die mit dem Absender vereinbarte Frist oder- bei fehlender Vereinbarung – jene Frist, die einem sorgfältigen Frachtführer unter Berücksichtigung aller Umstände vernünftigerweise zuzubilligen ist (§ 423 HGB). Entsprechende oder ähnliche Haftungsfreistellungsklauseln sind auch in Art. 17 Abs. 2 CMR, Art. 19 MÜ; Art. 20 WA; Art. 23 § 2 COTIV-CIM und Art. 16 Abs. 1 CMNI enthalten.

50 Diese Haftungsbefreiung tritt aber nur dann ein, wenn auch ein besonders gewissenhafter Frachtführer bei Anwendung der äußersten ihm zumutbaren Sorgfalt den Schaden nicht hätte vermeiden können. Die Unvermeidbarkeit und Unabwendbarkeit des Schadens sind daher in jedem Einzelfall anhand des Maßstabes eines „idealen“ Frachtführers zu bestimmen, der eine über den gewöhnlichen Durchschnitt erheblich hinausgehende Aufmerksamkeit, Geschicklichkeit und Umsicht sowie ein geistesgegenwärtiges und sachgemäßes Handeln im Rahmen des Menschenmöglichen an den Tag legt.[12] Erschwerend kommt hinzu, dass der Frachtführer die Beweislast für die Unabwendbarkeit der Lieferfristüberschreitung zu tragen hat.[13] Unabwendbarkeit wird deshalb auch im Zeichen der Corona-Krise nur vorliegen, wenn der Frachtführer diese strengen Kriterien nachweisen kann, wenn also zB während der Beförderung völlig überraschend auf seiner Route Grenzkontrollen angeordnet werden und er sich plötzlich im Stau befindet, dem er nicht mehr ausweichen kann.

e) Haftung für Verspätung

Die aufgrund der während der Corona-Pandemie hoheitlich angeordneten Grenzschließungen und -Kontrollen haben zu zahlreichen Blockaden und auch umwegbedingten Transportverzögerungen geführt. Soweit in derer Folge Lieferfristen überschritten werden, können Verspätungsschäden und – bei verderblichen und nur befristet verkauffähigen Waren – auch Güterschäden entstehen. 51

aa) Verspätungsschäden

Verspätungsschäden sind Vermögensschäden. Sie entstehen zB bei vergeblichen Aufwendungen für bereit gestelltes Personal und Entladegerät, Preisverfall zwischen dem vertragsgemäßen Tag der Ablieferung und dem tatsächlichen Ablieferungstag, Versäumung eines Versteigerungstermins mit vermindertem Erlös bei einer Nachauktion, Kosten der Vorhaltung anderer Güter, die zum Zweck einer Projektdurchführung schon bereitstehen[14] und Mehrkosten eines Deckungskaufs[15]. 52

Für derartige Schäden, die infolge der Lieferfristüberschreitung entstehen, haftet der Spediteur/Frachtführer (nachstehend nur noch Frachtführer genannt) – wenn er sich nicht auf die Unabwendbarkeit berufen kann – gem. § 431 Abs. 3 HGB begrenzt auf den dreifachen Betrag der Frachtvergütung. Bei grobem Verschulden iSd § 435 HGB haftet er unbegrenzt. 53

bb) Güterschäden

Kein Verspätungsschaden liegt dagegen vor, wenn die *Verspätung zu Verlust oder Beschädigung des Gutes geführt hat.* Hat das Gut selbst 54

---

[12] Koller, Transportrecht, 10. Aufl. 2020, HGB § 426 Rn. 4.

[13] Koller, Transportrecht, 10. Aufl. 2020, HGB § 426 Rn. 20; EBJS/Schaffert HGB § 426 Rn. 17; MüKoHGB/Herber HGB § 426 Rn. 24.

[14] MüKoHGB/Herber/Harm HGB § 425 Rn. 24; Koller, Transportrecht, 10. Aufl. 2020, HGB § 425 Rn. 91.

[15] BGH RdTW 2019, 416 = TranspR 2019, 502.

Schaden genommen, weil es länger als die Lieferzeit erlaubt unterwegs war (etwa Verderb von Obst und Gemüse oder Zeitüberschreitung bei Arzneimitteln) so handelt es sich um Verlust oder Beschädigung. Die Verzögerung macht hier lediglich einen der möglichen –aber auch wesentlichen – schadensverursachenden Umstände aus.[16] Zu ersetzen ist daher – außer bei Unabwendbarkeit – der Güterschaden in den Grenzen des § 431 HGB und bei grobem Verschulden unbegrenzt der volle Schaden.

55 Wenn allerdings wegen des verspäteten Eintreffens des beschädigten Guts noch ein zusätzlicher Verzögerungsschaden eintritt, ist auch dieser neben dem Güterschaden gesondert zu ersetzen.

f) Abwendungsmaßnahmen

56 Nicht jede Folge einer coronabedingten Verzögerung ist unabwendbar: Frachtführer und Spediteure haben vielmehr sofort nach Entstehen eines Hindernisses das Gut mit äußerster Sorgfalt zu schützen und die Interessen des Verfügungsberechtigten bestmöglich zu wahren. Sie müssen also alle möglichen Gegenmaßnahmen ergreifen. Um der Verspätungshaftung zu entgehen, müssen sie sich ohnehin laufend über die Verkehrssituation auf der geplanten Route bei Fachverbänden, Industrie- und Handelskammern, über den Rundfunk etc zu informieren, auch wenn noch kein Anzeichen für eine Störung erkennbar ist. Werden solche Anzeichen sichtbar, so haben sie die sicherste Möglichkeit zu wählen, um nicht in Staus und Blockaden zu geraten, selbst wenn dies mit erhöhten Kosten verbunden ist. Nur absurde Maßnahmen sind von ihnen nicht zu erwarten. Bei größter Sorgfalt unvermeidbar und unabwendbar sind deshalb in aller Regel nur solche Blockaden, die völlig überraschend oder flächendeckend verhängt werden.[17] Ferner muss der Spediteur/Frachtführer, sobald nach Übernahme des Gutes erkennbar wird, dass die Beförderung nicht vertragsgemäß durchgeführt werden kann, Weisungen des Absenders einholen und ggf. auch befolgen (§ 419 Abs. 1 HGB; → Rn. 59ff.).

57 Nach diesen seit Jahrzehnten in der Rechtsprechung geltenden Grundsätzen waren die überraschend angeordneten Grenzkontrollen und die dadurch eingetreten Verzögerungen für jene Spediteur/ Frachtführer, deren Verkehrsmittel sich zu diesem Zeitpunkt bereits auf der entsprechenden Route befanden, wohl unabwendbar. Standen ihre Fahrzeuge erst mal inmitten der Blockade, so gab es keine Ausweichmöglichkeit mehr.

58 Problematisch und ggf. anders kann in jenen Fällen sein, in denen die Beförderung erst nach Bekanntwerden der Grenzschließungen und dadurch drohenden Blockaden begonnen hat. Hier waren die Spediteur/

---

[16] MüKoHGB/Herber/Harm HGB § 425 Rn. 24; Koller, Transportrecht, 10. Aufl. 2020, HGB § 425 Rn. 91.

[17] Koller, Transportrecht, 10. Aufl. 2020, HGB § 426 Rn. 6; EBJS/Schaffert HGB § 426 Rn. 13; MüKoHGB/Herber HGB § 426 Rn. 17.

Frachtführer aufgrund ihrer Informationspflichten gehalten, Auswegmöglichkeiten zu ergreifen. Beim Abschluss neuer Verkehrsverträge nach diesem Zeitpunkt müssen die veränderten Umstände erst recht berücksichtigt werden, Ausweichrouten gesucht und längere Lieferfristen vereinbart werden. Sonst sind Verspätungsschäden oft nicht unabwendbar.

g) Weisungen

aa) Begriff

59 *Transportverzögerungen sind – wie schon erwähnt- Beförderungshindernisse iS des § 419 HGB. Deshalb hat der Frachtführer Weisungen des Verfügungsberechtigten einzuholen, sobald nach* Übernahme des Frachtgutes erkennbar wird, dass die Beförderung nicht vertragsgemäß durchgeführt werden kann, also mit Verspätungen zu rechnen ist. Der BGH hat zu diesem auch in Art. 12 CMR enthaltenen Begriff folgendes konstituiert: „Weisungen sind verbindliche Anordnungen des zur Verfügung über das Gut berechtigten Absenders oder Empfängers, die der Konkretisierung der vom Frachtführer im Beförderungsvertrag übernommenen Pflichten dienen und die die Art und Weise der Beförderung und der Ablieferung des Gutes sowie die im Zusammenhang mit der Beförderung stehenden Nebentätigkeiten wie etwa die Verzollung, die Nachnahme, die Verwiegung, die Überprüfung und die Kühlung des Gutes betreffen. Es handelt sich um ein einseitiges Recht des Absenders oder Empfängers zur Vertragsänderung, darf aber weder dessen Kern noch dessen Natur ändern. Eine Weisung stellt eine einseitige Willenserklärung dar, die als solche zu dem Zeitpunkt wirksam wird, zu dem sie dem Frachtführer zugeht. Sie muss so in den Geschäftsbereich des Frachtführers gelangen, dass dieser von ihr nach den Umständen des Einzelfalls bei Beachtung der im Verkehr erforderlichen Sorgfalt eines ordentlichen Frachtführers Kenntnis nehmen kann“.[18]

60 Der Frachtführer muss diese Weisungen ohne schuldhaftes Zögern auf schnellstem Weg anfordern und dabei auch die Art und Auswirkungen des Hindernisses mitteilen, damit sachgerechte Weisungen gegeben werden können. Es ist auch, soweit erforderlich, über die voraussichtliche Dauer des Hindernisses und sonstige für die Entschlüsse des Weisungsberechtigten wesentliche Faktoren zu informieren, die für den Frachtführer leicht erkennbar, für den Weisungsberechtigten wegen seiner Distanz zum Gut jedoch nur mit Schwierigkeiten zu ermitteln sind. Hierzu gehören auch Informationen über die Kosten, die bei der Ausführung der in Betracht kommenden Weisungen anfallen und mit denen der Verfügungs-

---

[18] BGH RdTW 2017, 462 = TranspR 2018, 11; zum Begriff siehe auch eingehend Koller, Transportrecht, 10. Aufl. 2020, HGB § 418 Rn. 3 ff.; ferner MüKoHGB/Herber HGB § 520 Rn. 3 und MüKoHGB/Jesser-Huß CMR Art. 12 Rn. 5-8.

berechtigte nicht ohne weiteres rechnen muss, wie zB infolge der Weisungsausführung entgehende Gewinne.[19]

bb) Weisungsbefugnis

61 Weisungsberechtigt ist grundsätzlich derjenige, dem die frachtrechtliche Verfügungsbefugnis zusteht, das ist – wenn kein Ladeschein ausgestellt ist (dazu → Rn. 64) – nach § 418 HGB während der Beförderung mangels besonderer Abreden der Absender *bis zur Ankunft* des Gutes an der Ablieferungsstelle und *nach dortiger Ankunft* des Gutes der Empfänger[20].

62 Der Absender kann insbesondere verlangen, dass der Frachtführer das Gut nicht weiterbefördert oder es an einem anderen Bestimmungsort, an einer anderen Ablieferungsstelle oder an einen anderen Empfänger abliefert (§ 418 Abs. 1 HGB); der Frachtführer kann die Befolgung der Weisung von einem Vorschuss abhängig machen.

63 Der Absender kann nach § 418 Abs. 4 HGB jedoch durch einen sog. Sperrvermerk in der Ausübung seines Weisungsrechts beschränkt werden. Ein solcher Sperrvermerk liegt vor, wenn der ausgestellte und von beiden Parteien des Frachtvertrages unterschriebene Frachtbrief den Vermerk enthält, dass das Verfügungsrecht nur gegen Vorlage der Absenderausfertigung des Frachtbriefs (§ 408 Abs. 2 S. 4 HGB) ausgeübt werden kann. Ist der Absender nicht mehr im Besitz der Absenderausfertigung, sondern ein Dritter, beispielsweise der Empfänger oder eine Bank, führt der Sperrvermerk faktisch dazu, dass die Auslieferung an einen bestimmten Empfänger vom Absender nicht mehr aufgehalten werden kann.

64 Wurde – was selten geschieht – ein Ladeschein ausgestellt, ist Verfügungsberechtigter stets der durch den Ladeschein legitimierte Besitzer. Ein solcher Ladeschein (§ 443 HGB), der in der Binnenschifffahrt als Binnen- oder Flusskonnossement, im Landverkehr dagegen praktisch nicht verwendet wird, ist ein Wertpapier, er verbrieft die Verpflichtung des Frachtführers, das Gut abzuliefern; die Ablieferung braucht nur gegen Rückgabe des Ladescheins zu erfolgen (§ 445 HGB). Nach § 446 Abs. 1 S. 2 HGB muss der Frachtführer einer Weisung wegen Rückgabe oder Ablieferung des Gutes aber nur Folge leisten, wenn ihm der Ladeschein vorgelegt wird.

cc) Befolgungspflicht

65 Der Frachtführer hat solche Weisungen zu befolgen, soweit sie weder den Kern des Beförderungsvertrages noch dessen Natur ändern und wenn deren Ausführung weder Nachteile für den Betrieb seines Unter-

---

[19] Koller, Transportrecht, 10. Aufl. 2020, HGB § 419 Rn. 20.
[20] Koller, Transportrecht, 10. Aufl. 2020, HGB § 419 Rn. 13.

nehmens noch Schäden für die Absender oder Empfänger anderer Sendungen mit sich zu bringen droht. Sind Weisungen im Einzelfall nicht durchführbar, gesetzwidrig, nachteilig, gefährlich oder unzumutbar, so kann er deren Befolgung ausnahmsweise ablehnen. Beabsichtigt der Frachtführer, einer Weisung nicht nachzukommen, so hat er den Berechtigten *unverzüglich zu benachrichtigen* (§ 418 Abs. 5 HGB), damit diesem die Möglichkeit verbleibt, gegebenenfalls eine wirksame Weisung zu erteilen. Bei Verstoß gegen die Benachrichtigungspflicht haftet der Frachtführer nach § 280 Abs. 1 BGB, soweit nicht die Spezialnorm des § 433 HGB eingreift.

dd) Fehlende Weisungen

Wenn der Frachtführer solche Weisungen, innerhalb angemessener Zeit nicht erlangen kann, muss er die Maßnahmen ergreifen, die im Interesse des Verfügungsberechtigten die besten zu sein scheinen. Er kann etwa das Gut entladen und verwahren, für Rechnung des Verfügungsberechtigten einem Dritten zur Verwahrung anvertrauen oder zurückbefördern; vertraut der Frachtführer das Gut einem Dritten an, so haftet er nur für die sorgfältige Auswahl des Dritten. Schließlich kann der Frachtführer das Gut auch gemäß § 373 Abs. 2–4 HGB verkaufen lassen, wenn es sich um verderbliche Ware handelt oder der Zustand des Gutes eine solche Maßnahme rechtfertigt oder wenn die andernfalls entstehenden Kosten in keinem angemessenen Verhältnis zum Wert des Gutes stehen. Unverwertbares Gut darf der Frachtführer vernichten. Nach dem Entladen des Gutes gilt die Beförderung als beendet (§§ 418, 419 BGB).[21] **66**

ee) Haftung bei Weisungsfehlern

Wenn der Frachtführer den Absender nicht oder verspätet oder eine falsche Person um Weisung bittet, haftet er gemäß § 280 BGB, für Vermögensschäden bis zur Höchstgrenze des § 433 HGB, bei grobem Verschulden iS. des § 435 HGB voll. Entsteht infolgedessen ein Güterschaden so haftet er- wie stets – gem. §§ 425 ff. HGB und bei grobem Verschulden gem. § 435 HGB voll. **67**

Das Gleiche gilt, wenn der Frachtführer eine ihm wirksam erteile Weisung nicht beachtet oder fehlerhaft ausführt und dadurch ein Verspätungs- bzw. Güterschaden entsteht.[22] **68**

Ist die Ausübung des Verfügungsrechts von der Vorlage des Frachtbriefs abhängig gemacht worden und führt der Frachtführer eine Weisung aus, ohne sich die Absenderausfertigung des Frachtbriefs vorlegen zu lassen, so haftet er dem Berechtigten für den daraus entstehenden **69**

---

[21] Näheres zum Begriff der Weisungen und deren Folgen siehe Koller, Transportrecht, 10. Aufl. 2020, HGB § 418 Rn. 3 ff.; MüKoHGB/Thume HGB § 418 Rn. 3 ff.

[22] MüKoHGB/Thume HGB § 418 Rn. 48 f.; Koller, Transportrecht, 10. Aufl. 2020, HGB § 419 Rn. 57 ff.

Schaden. Die Haftung ist hier auf den Betrag begrenzt, der bei Verlust des Gutes zu zahlen wäre (§ 418 Abs. 6 HGB). Das gilt auch, wenn ein Ladeschein ausgestellt ist und der Frachtführer Weisungen befolgt, ohne sich diesen vorlegen zulassen (§ 446 Abs. 2 HGB).

h) Vergütungen

70 Der Frachtführer hat wegen der ergriffenen Maßnahmen Anspruch auf Ersatz der erforderlichen Aufwendungen und auf angemessene Vergütung, es sei denn, dass das Hindernis seinem Risikobereich zuzurechnen ist Er kann die Befolgung der Weisung auch von einem Vorschuss abhängig machen (§§ 418, 419 HGB). Ist ein Spediteur auf der Basis der ADSp 2017 tätig so hat er nach Ziff. 17 ADSp Anspruch auf Ersatz der Aufwendungen, die er den Umständen nach für erforderlich halten durfte und nicht zu vertreten hat, insbesondere Beiträge zu Havereiverfahren, Detention- oder Demurrage-Kosten, Nachverpackungen zum Schutz des Gutes.

4. Haftung des Spediteurs

71 Der Fixkosten-, Sammelladungs- und der selbst eintretende Spediteur haftet nach den §§ 458ff. HGB jeweils wie ein Frachtführer; das gilt auch für die Folgen einer Verspätung. Für diese Spediteure gelten also die gleichen Regeln, wie in Rn. 41ff.

72 Sonst haftet der Spediteur für Güter- und Güterfolgeschäden der in seiner Obhut befindlichen Waren gem. § 461 Abs. 1 HGB nach den dort aufgezählten und entsprechend anzuwendenden frachtrechtlichen Vorschriften. Aber nicht alle Frachtrechtsvorschriften sind dort erwähnt, so richtet sich die Gehilfenhaftung nicht nach §§ 428 und 433 HGB, sondern nach § 462 HGB.

73 In allen anderen Fällen haftet der Spediteur nach § 461 Abs. 2 HGB für einen Schaden, der nicht durch Verlust oder Beschädigung des in der seiner Obhut befindlichen Gutes entstanden ist, wenn er eine ihm nach § 454 HGB obliegende Pflicht verletzt hat, insbes. also, wenn er fehlerhaft das Beförderungsmittel, den Beförderungsweg oder den ausführender Unternehmer ausgewählt hat, wenn er die Erteilung von Informationen und Weisungen an die ausführenden Unternehmer unterlassen hat und wenn er die Sicherung von Schadensersatzansprüchen des Versenders versäumt hat. Diese Haftung ist unbegrenzt, aber abdingbar.[23] Von ihr ist der Spediteur befreit, wenn der Schaden durch die Sorgfalt eines ordentlichen Kaufmanns nicht abgewendet werden konnte. Es handelt sich also um eine Haftung für vermutetes Verschulden, die auch für Ver-

[23] Vgl. dazu ADSp 2017 Ziff. 22-27.

spätungsschäden gilt.[24] Wenn bei der Entstehung des Schadens ein Verhalten des Versenders oder ein besonderer Mangel des Gutes mitgewirkt hat, hängen die Verpflichtung zum Ersatz sowie der Umfang des zu leistenden Ersatzes davon ab, inwieweit diese Umstände zu dem Schaden beigetragen haben.[25]

5. Haftung des Lagerhalters

74 Das Lagerrecht enthält in § 475 HGB nur eine Haftungsnorm für Güterschäden. Der Lagerhalter haftet für diese, wenn sie während der Einlagerung entstehen, es sei denn, dass der Schaden durch die Sorgfalt eines ordentlichen Kaufmanns nicht abgewendet werden konnte. Dies gilt auch dann, wenn der Lagerhalter gemäß § 472 Abs. 2 HGB das Gut bei einem Dritten einlagert. Für etwaige durch die Coronakrise entstehende Schäden kommt ggf. eine Haftung nach § 280 BGB in Frage.

VI. Ablieferungshindernisse

1. Begriff

75 Ein *Ablieferungshindernis* liegt immer dann vor, wenn an der Ablieferungsstelle ein Hindernis besteht, das die Entgegennahme des Gutes durch den Empfänger unmöglich oder unzumutbar macht. Die Ablieferungsstelle, die nach § 408 Abs. 1 S. 1 Nr. 4 HGB im Frachtbrief enthalten sein soll, ist genauer zu bezeichnen, als der bloße Bestimmungsort. Anzugeben sind die genaue geographische Bezeichnung des Ortes der Ablieferung, also neben der politischen Gemeinde auch die Straße und Hausnummer, bzw. die genaue Stelle im Bahnhof oder Hafen. Die Angabe der *Meldeadresse* (sog. „notify address", die in § 408 Abs. 1 Nr. 5 HGB neben dem Namen und Anschrift des Empfängers anzugeben ist, soll dem Frachtführer als eine weitere Anschrift zur Kontaktaufnahme dienen , um sich nähere Informationen über Ort, Zeit, Modalitäten der Ablieferung einzuholen oder um dessen Entladebereitschaft anzuzeigen. Sie kann, muss aber nicht mit der in § 408 Abs. 1 S. 1 Nr. 4 HGB genannten Ablieferungsstelle übereinstimmen. Zum Begriff des Hindernisses → Rn. 39ff.

---

[24] MüKoHGB/Bydlinski HGB § 461 Rn. 10; EBJS/Rinkler, 3. Aufl. 2015, HGB § 461 Rn. 20.

[25] Die ADSp 2017 enthalten in Ziff. 22 und 23 ADSp für Verkehrverträge aller Art besondere Haftungs- und Haftungsbeschränkungsklauseln, auf die hier nicht näher eingegangen werden kann.

2. Arten

76 Die Coronakrise hat häufig zu solchen Ablieferungshindernissen geführt. Nicht selten kommt das Frachtgut zwar an der mit dem Absender vereinbarten Ablieferungsstelle an, aber die Firma, das Geschäft und /oder der Laden des Empfängers sind geschlossen und niemand ist dort erreichbar.

77 Ein Ablieferungshindernis liegt ferner vor, wenn sich der Empfänger – aus welchen Gründen auch immer – weigert, das Gut anzunehmen. Häufig geschieht dies, weil das Gut verspätet ankommt, zumal dann, wenn es sich um verderbliche Waren handelt. Ferner kann eine Abnahmeverweigerung vorkommen, weil der Empfänger die Infektionsgefahr fürchtet oder weil sein Lager noch übervoll ist, weil die von ihm vorgesehene Weiterleitung der dort befindlichen Waren nicht möglich war.

78 Gleiches gilt, wenn der Empfänger, obwohl ihn die Entladepflicht trifft[26], das Entladen verweigert, etwa weil aufgrund eines Ausgangsverbots hierfür kein Personal vorhanden ist. Auch die nur vorübergehend gemeinte Weigerung, weil etwa nicht während der Geschäftszeit angeliefert wird oder dem Empfänger die räumliche Kapazität für Entladung oder Lagerung gerade nicht verfügbar ist, falls sie nicht lediglich vorhersehbar ganz kurz ist, als Ablieferungshindernis anzusehen.

79 Schließlich kann ein Ablieferungshindernis auch vorliegen, wenn sich – was derzeit wegen der Infektionsgefahr häufig geschieht – der Empfänger weigert, das Empfangsbekenntnis zu unterschreiben. Um in diesen Fällen trotzdem die Ablieferung zu ermöglichen sind die Paketdienstleister dazu übergegangen, die Empfangsquittungen durch andere Maßnahmen zu ersetzen. Hermes bittet Kunden, mit eigenem Stift auf dem Paketaufkleber zu unterschreiben. Der Zusteller macht anschließend ein Foto davon. UPS verlangt für die meisten Pakete keine Unterschrift mehr. Dort werden die Ablieferbelege mit dem Code CV19 plus 11 Zeichen des Empfängernamens gekennzeichnet. Ausgenommen sind Pakete, bei denen der Absender ausdrücklich eine Zustellung gegen Unterschrift verlangt. DHL und Deutsche Post verzichten bei Einschreiben und Paketen auf Kundenunterschriften. Deren Zusteller unterschreiben selbst mit einem Q für Quarantäne zuzüglich ihrem eigenen Namen. DHL-Pakete werden nach Möglichkeit vor der Tür abgestellt, dann klingelt der Bote und tritt einige Schritte zurück, so dass Abstand gewahrt bleibt. In diesen Fällen ist dann die Ablieferung zwar jeweils erfolgt, aber der Frachtführer, der die Beweislast für die ordnungsgemäße Ablieferung trägt,[27] kann ggf. in Nachweisschwierigkeiten geraten.

---

[26] Näheres zur Entladepflicht des Empfängers MüKoHGB/Thume HGB § 412 Rn. 20ff.; Koller, Transportrecht, 10. Aufl. 2020, HGB § 412 Rn. 25ff.

[27] BGH TranspR 2015, 33 (35).

3. Folgen

a) Annahmeverzug

Nach § 407 Abs. 1 HGB ist der Frachtführer verpflichtet, das Gut am Bestimmungsort an den Empfänger abzuliefern. Der Absender ist als sein Vertragspartner verpflichtet dabei mitzuwirken. Besonders deutlich wird dies in § 412 Abs. 1 S. 1 HGB, denn nach dieser Bestimmung hat der Absender das Gut nicht nur zu verladen, sondern auch zu entladen, soweit sich aus den Umständen (zB bei Vereinbarung) oder der Verkehrssitte nicht etwas anderes ergibt. Beim Entladen ist der Absender idR zwar nicht anwesend, aber der Empfänger ist insoweit als Hilfsperson des Absenders (§ 278 BGB) anzusehen. Das gilt auch für jedes andere Verhalten des Empfängers nach der Ankunft des Gutes an der Ablieferungsstelle, zumal zu diesem Zeitpunkt auch das Verfügungs- und damit das Weisungsrecht gem. § 418 HGB auf ihn übergeht (→ Rn. 83). **80**

Deshalb gerät der Absender in Annahmeverzug, wenn er – bzw. an seiner Stelle der Empfänger – das Gut nicht annimmt. Das Verhalten des Empfängers muss sich der Absender ohne Rücksicht auf Verschulden zurechnen lassen.[28] Die Folgen des Abnahmeverzugs des Absenders sind in § 420 Abs. 3 HGB geregelt (→ Rn. 26). Danach behält der Frachtführer den Anspruch auf die Fracht, wenn nun die Beförderung unmöglich wird. Er muss sich jedoch das, was er an Aufwendungen erspart oder anderweitig erwirbt oder zu erwerben böswillig unterlässt, anrechnen lassen. **81**

b) Weisungen

Sobald erkennbar ist, dass die Ablieferung nicht vertragsgemäß durchgeführt werden kann, muss der Frachtführer – genau wie bei einem Beförderungshindernis – nach § 419 Abs. 1 HGB Weisungen des Verfügungsberechtigten einzuholen. **82**

c) Weisungsbefugnis

Nach Ankunft des Gutes an der Ablieferungsstelle erlischt jedoch – von den seltenen Fällen, in denen ein Ladeschein ausgestellt ist (→ Rn. 64), einmal abgesehen – das Verfügungsrecht des Absenders (§ 418 Abs. 2 HGB). Von diesem Zeitpunkt an steht das Verfügungsrecht und damit die Weisungs-befugnis allein dem Empfänger zu. Wenn der Empfänger in Ausübung dieses Verfügungsrechts die Ablieferung des Gutes an einen Dritten angeordnet, so ist dieser allerdings nicht berechtigt, seinerseits einen anderen Empfänger zu bestimmen (§ 418 Abs. 3 HGB). Im Übri- **83**

---

[28] Koller, Transportrecht, 10. Aufl. 2020, HGB § 420 Rn. 27.

gen nimmt in diesem Fall der Empfänger die Stelle des Absenders und der Dritte die des Empfängers ein, falls anschließend ein Ablieferungshindernis eintritt.

84 Ist der Empfänger nicht zu ermitteln oder verweigert er die Annahme des Gutes, so ist, soweit kein Ladeschein ausgestellt ist, Verfügungsberechtigter weiterhin der Absender; ist die Ausübung des Verfügungsrechts von der Vorlage eines Frachtbriefs abhängig gemacht worden, so bedarf es in diesem Fall der Vorlage des Frachtbriefs nicht (§ 419 Abs. 1 S. 2 und 3 HGB).

d) Weitere Folgen

85 Auch bei Ablieferungshindernissen trifft den Frachtführer die Befolgungspflicht wie bei einem Beförderungshindernis. Ferner sind die Folgen fehlender Weisungen und die Haftung bei Weisungsfehlern sowie die Vergütungsansprüche des Frachtführers die Gleichen wie dort. Insoweit kann auf die Ausführungen in → Rn. 56ff. Bezug genommen werden,

VII. Versicherungsfragen

86 Die Folgen von Transporthindernissen und – Verzögerungen sind Verspätungs – und zuweilen auch Güterschäden. Diese sind, wie fast alle Risiken, versicherbar, aber der Versicherungsschutz ist nicht immer umfassend gegeben. Zwei Arten von Versicherung sind – neben der hier nicht näher zu erörternden Kaskoversicherung – im Bereich der Logistik von besonderer Bedeutung.

1. Transportversicherung

87 Die klassische Transportversicherung ist die Versicherung von Gütern gegen die Gefahren der Beförderung jeglicher Art. Sie ist keine Haftpflichtversicherung sondern eine Sachversicherung. Gesetzliche Grundlagen für Beförderung zu Lande und auf Binnengewässern bieten die §§ 130ff. VVG, die allerdings unbeschränkt abdingbar sind, weil es sich versicherungsrechtlich um sogenannte „Großrisiken" (dazu auch → Rn. 94ff.) handelt. Im Seerecht fehlen seit der VVG-Reform gesetzliche Vorschriften.

88 In der Praxis werden Transportversicherungsverträge deshalb nahe ausschließlich nach allgemeinen Versicherungsbedingungen abgeschlossen. Die ursprünglich für die Seebeförderung maßgeblich gewesenen ADS 1919 – und ADS-Güter 73/84/94 wurden früher häufig auch in anderen Sparten des Güterverkehrs angewendet. Sie werden aber seit eini-

gen Jahren immer mehr ersetzt durch die Güterversicherungsbedingungen DTV-Güter 2000/2011. Für zahlreiche einzelne Beförderungssparten – wie etwa Camping, Filmtheater, Musikinstrumente, Schmuck und Pelze – gibt es Spezialbedingungen, auf die hier nicht näher eingegangen werden kann.[29]

Eingedeckt werden Transportversicherungen in aller Regel vom Ab- 89
sender oder Versender (seerechtlich: Befrachter). Aber auch Spediteure besorgen diese Versicherung, wenn der Auftraggeber sie damit beauftragt hat. Der Spediteur muss dies sogar tun, wenn es im Interesse des Auftraggebers liegt und das darf er insbesondere vermuten, wenn er schon bei einem früheren Verkehrsvertrag im Rahmen noch laufender Geschäftsbeziehung eine Versicherung besorgt hat oder wenn der Auftraggeber im Auftrag einen „Warenwert für eine Versicherung des Gutes" angegeben hat (ADSp 2017 Ziff. 21).

Die gebräuchliche Güterversicherung deckt aber grundsätzlich nur den 90
reinen Güterschaden, also nur den Verlust und Beschädigung des Gutes selbst. Die DTV-Güter Vers 2000/2011 enthält zudem in Ziff. 2.5.1.1 und 2.5.1.2 zwei weitere bedeutsame Risikoausschlüsse. Kein Versicherungsschutz besteht danach nämlich für Schäden, verursacht durch eine Verzögerung der Reise und einen inneren Verderb oder die natürliche Beschaffenheit der Güter.

Vermögensschäden wegen Verspätung und Nachnahmefehlern können 91
zwar zusätzlich versichert werden, aber nur sofern ein an diesem Transport beteiligter Verkehrsträger im Rahmen eines üblichen Verkehrsvertrages nach deutschem Recht dem Grunde nach haftet (DTV-Güter 2000/2011 Vermögensschadensklausel).

Die infolge der Coronakrise durch Blockaden eintretenden Schäden 92
sind jedoch durch die heute allg. übliche Transportversicherung meist nicht gedeckt. So sind nach Ziffer 2.4.1.3 DTV-Güter Vers 2000/2011 die Gefahren der Beschlagnahme, Entziehung oder sonstiger Eingriffe von hoher Hand –wozu auch Grenzschließungen gehören – ausgeschlossen. Gleiches gilt nach Ziffer 4.1.3 DTV-Güter 2000/2011 Vermögensschadensklausel. Insoweit müsste also ein besonderer Versicherungsvertrag unter Einschluss der DTV- Beschlagnahmeklausel abgeschlossen sein.

2. Verkehrshaftungsversicherung

Die Verkehrshaftungsversicherung ist eine Haftpflichtversicherung. 93
Auch sie gehört, soweit es sich um Beförderungsleistungen handelt, zu

---

[29] Näheres dazu s. Thume/de la Motte/ Ehlers, Transportversicherungsrecht, 2. Aufl. 2010; 3. Aufl. von Thume/Schwampe in Vorbereitung, erscheint noch 2020.

den Großrisiken gemäß Art. 10 Abs. 1 EGVVG iV mit Anlage A Ziffer 10 b, 11 und 12 VAG. Gemäß § 210 VVG können daher alle im VVG enthaltenen Beschränkungen der Vertragsfreiheit schriftlich oder in AVB abbedungen werden.

94 Soweit sie als laufende Versicherung abgeschlossen wird, gilt das Gleiche.

95 Gegenstand dieser Versicherungen ist die Haftung des Versicherungsnehmers aus Verkehrsverträgen, das sind Speditions-, Fracht- und Lagerverträge. Eingedeckt werden sie deshalb in der Regel von Frachtführern oder Spediteuren,[30] aber auch Logistikdienstleister, Lagerhaltern, Schwergutunternehmern, Umschlagsbetrieben, Binnenschiffern, Eisenbahnen sowie Kurier-, Eil- und Paketdienstleistern („Verkehrsträger"). Logistikleistungen, die nicht spezifisch speditioneller Art sind, müssen gesondert versichert werden.

96 Soweit nicht abbedungen, gelten die §§ 100ff. VVG, ausgenommen im Seeverkehr (§ 209 VVG).

97 Im innerdeutschen Straßengüterverkehr besteht nach § 7a GüKG eine Pflichtversicherung für Güterschäden des gewerblichen Güterkraftverkehrs mit Kfz über 3,5 t Gesamtgewicht.

98 Für diese Versicherung gelten die §§ 113ff. VVG direkt. Allerdings hat der Geschädigte – anders als bei der Kfz-Haftpflicht – keinen Direktanspruch gegen den Versicherer. Dieser wird ihm jedoch in einzelnen Bedingungswerken eingeräumt (vgl. zB Ziff. 11.5 Frachtführer-Europa-Police Kravag-Logistik).

99 Die meisten in Deutschland insoweit abgeschlossenen Verträge basieren auf den DTV- Verkehrshaftungs-Bedingungen für die laufende Versicherung für Frachtführer, Spediteure und Lagerhalter 2003/2011 (DTV-VHV 2003/2011). Auch diese enthalten in Ziffer 6.6 einen Risikoausschluss für Schäden durch Beschlagnahme, Entziehung oder sonstige Eingriffe von hoher Hand. Daneben gibt es jedoch zahlreiche Sonder-AVB verschiedener Versicherer und im Seeverkehr die P&I –Seehaftungsversicherung.[31]

VIII. Staatliche Maßnahmen

100 Bund und Länder haben umfangreiche Hilfsmaßnahmen beschlossen, um entstehende finanzielle Engpässe der von der Pandemie betroffenen Unternehmen aufzufangen oder doch abzumildern.

---

[30] Vgl. ADSp 2017 Ziff. 29.

[31] Näheres dazu s. Thume/de la Motte/ Ehlers, Transportversicherungsrecht, 2. Aufl. 2010; 3. Aufl. von Thume/Schwampe in Vorbereitung, erscheint noch 2020.

1. Gesetze und Verordnungen

a) Moratorium für Kleinstunternehmer

Wichtig für die Logistikbranche ist vor allem der mit dem COVFAG[32] neu eingeführte Art. 240 § 1 Abs. 2 EGBGB (→ § 1 Rn. 55). Dieser gibt Kleinunternehmern[33] die Möglichkeit, vorübergehend[34] die Leistung aus wesentlichen Dauerschuldverhältnissen zu verweigern, die „zur angemessenen Fortsetzung des Erwerbsbetriebes erforderlich sind". Dazu werden zB die Leasingraten für Betriebsfahrzeuge, die Mietbeiträge für Lagerräume und wohl auch die Prämien für die Verkehrshaftungsversicherung gehören. Das gilt zumindest für die Pflichtversicherung nach § 7a GüKG (→ § 1 Rn. 56). 101

b) Arbeitszeitverlängerungen

Bedeutsam für Spediteure und Lagerhalter ist auch die COVID-19-ArbZV,[35] die es in zahlreichen lebenswichtigen Bereichen – insbes. bei Waren des täglichen Bedarfs, Arzneimitteln einschließlich ihrer Verpackung etc. – ermöglicht, die werktägliche Arbeitszeit auf bis zu zwölf Stunden zu verlängern, die Ruhezeiten um bis zu zwei Stunden zu verkürzen und auch Beschäftigungen an Sonn- und Feiertagen erlaubt. Bislang sind diese Ausnahmen nur bis zum 30. Juni 2020 zulässig. 102

c) Insolvenzen

Trotz aller finanziellen Hilfen des Bundes und der Länder besteht für kleine Logistikunternehmen die Gefahr, in Insolvenz zu geraten. Auch hier soll Artikel 1 COVFAG = COVInsAG zumindest temporäre Abhilfe schaffen, weil die Pflicht zur Insolvenzantragstellung bis zum 30. September 2020 ausgesetzt sein soll. Dies gilt allerdings nicht, wenn die Insolvenzreife nicht auf den Folgen der Ausbreitung von COVID-19 beruht oder wenn keine Aussichten darauf bestehen, eine bestehende Zahlungsunfähigkeit zu beseitigen. Zu den Einzelheiten → § 14 Rn. 17 ff. 103

2. Maßnahmen des BMVI

Auch das Bundesministerium für Verkehr und digitale Infrastruktur hat eine Reihe von Maßnahmen ergriffen, um die Folgen der Pandemie 104

---

[32] Gesetz zur Abmilderung der Folgen der COVID-19-Pandemie im Zivil-, Insolvenz- und Strafverfahrensrecht vom 27.3.2020 (COVID19-FAG), BGBl. 2020 I 569.

[33] Definition → § 1 Rn. 55.

[34] Bislang bis 30.6.2020, mit Verlängerungsmöglichkeit → § 1 Rn. 45.

[35] Verordnung zu Abweichungen vom Arbeitszeitgesetz infolge der COVID-19-Epidemie, BAnz. AT 9.4.2020 V2.

einzudämmen. So sind beispielsweise derzeit im Zusammenwirken mit dem *Bundesamt für Güterverkehr vorübergehend* in allen Bundesländern Deutschlands alle Fahrzeuge für den Transport aller Güter vom Sonn- und Feiertagsfahrverbots befreit.

a) Lenkzeiten

105 Ferner darf für Fahrerinnen und Fahrer von Fahrzeugen, die im Werkverkehr oder im gewerblichen Güterkraftverkehr Waren des täglichen Bedarfs, insbesondere Lebens- und Futtermitte und Güter zur medizinischen Versorgung sowie zur Eingrenzung, Bekämpfung und Bewältigung der SARS-CoV-2-Pandemie sowie Treibstoffe befördern, die tägliche Lenkzeit höchstens fünfmal in der Woche auf zehn Stunden verlängert werden. Es dürfen zwei aufeinanderfolgende reduzierte wöchentliche Ruhezeiten eingelegt werden, sofern in vier jeweils aufeinanderfolgenden Wochen mindestens vier wöchentliche Ruhezeiten eingelegt werden, von denen mindestens zwei regelmäßige wöchentliche Ruhezeiten sein müssen. Das Bundesamt für Verkehr berücksichtigt diese Ausnahmeregelungen bei allen Fahrzeugen unabhängig vom zulässigen Gesamtgewicht

b) Gefahrgut VO

106 Die GefahrgutVO Straße-GGVSEB[36] wurde ergänzt: Patientenproben, die (möglicherweise) mit COVID-19 belastet sind, sind nun als ansteckungsgefährlicher Stoff der Kategorie B der UN Nummer 3373 (BIOLOGISCHER STOFF, KATEGORIE B) zuzuordnen und im Straßenverkehr gemäß Verpackungsanweisung P 650 des ADR zu verpacken und kennzeichnen. Bei Einhaltung der Verpackungsanweisung P 650 unterliegen die Beförderungen keinen weiteren Vorschriften des ADR. Medizinische Abfälle, die (möglicherweise) mit COVID-19 belastet sind, sind als ansteckungsgefährlicher Stoff der Kategorie B der UN Nummer 3291 (KLINISCHER ABFALL, UNSPEZIFIZIERT, N.A.G. oder (BIO)-MEDIZINISCHER ABFALL, N.A.G. oder UNTER DIE VORSCHRIFTEN FALLENDER MEDIZINISCHER ABFALL, N.A.G) zuzuordnen und im Straßenverkehr unter Einhaltung der Vorschriften des ADR zu befördern. Die BAM hat hierzu eine Festlegung für die Beförderung in loser Schüttung bekannt gemacht.

c) Kabotage

107 Schließlich wollte das BMNI am 18.3.2020 zur Sicherstellung der flächendeckenden Verfügbarkeit von Waren des täglichen Bedarfs, von Gü-

[36] Verordnung über die innerstaatliche und grenzüberschreitende Beförderung gefährlicher Güter auf der Straße, mit Eisenbahnen und auf Binnengewässern BGBl. 2019 I 258.

tern zur medizinischen Versorgung sowie von Treibstoffen die für die Kontrollen und Ahndung von Ordnungswidrigkeiten des Straßengüterverkehrs zuständigen Behörden auffordern, in diesem Bereich bis 30.9.2020 auf Kontrollen der erforderlichen Gemeinschafts- und Kabotagelizenzen und Verfolgung von Verstößen zu verzichten.[37] Das hätte zur Folge gehabt, dass in diesem sodann kontroll- und ahndungsfreien Beförderungssektor zahlreiche ausländische Frachtführer tätig geworden wären. Das hätte sich massiv zu Lasten deutscher Logistikunternehmen auswirken können, weil viele osteuropäische Transportunternehmen, deren Fahrer weit unter dem Level des deutschen Mindestlohngesetzes beschäftigt sind, innerdeutsche Kabotagebeförderung hätten betreiben können. Bis heute ist bekanntlich die Frage höchstrichterlich nicht entschieden, ob in einem solchen Fall die Fahrer des ausländischen Unternehmens nach dem Mindestlohngesetz entlohnt werden müssen oder nicht[38]. Auf Intervention deutscher Verkehrs- und Logistikverbände wurde dieses Vorhaben jedoch aufgegeben.

IX. Ausblick

Die Transportwirtschaft ist durch die Corona-Pandemie tief betroffen. **108**
Noch lassen sich zwar deren endgültige Auswirkungen nur schwer abschätzen, aber die wirtschaftlichen Einbußen der gesamten Logistikbranche sind schon jetzt gewaltig und bedrohen insbesondere kleinere Unternehmen bis an deren Existenzgrenzen. Es ist nur zu hoffen, dass die überaus großzügigen und dabei auch durchaus riskanten finanziellen Unterstützungsmaßnahmen der Bundesregierung und der einzelnen Länder rechtzeitig und ausreichend dazu beitragen, drohende Insolvenzen zu vermeiden.

---

[37] Schreiben der Staatssekretärin des BMVI vom 18.3.2020 – StV 13/7372.1/3.

[38] Beim BFH sind mehrere Verfahren anhängig, um zu klären ob die Anwendung des Mindestlohngesetzes auf ein ausländisches Transportunternehmen mit Verfassungs- und Unionsrecht vereinbar ist (BFH VII R 12/19, VII R 34/18 und VII R 35/18).

§ 13 Zivilverfahren in Zeiten des Coronavirus

Inhaltsübersicht

Die Ziviljustiz trifft die Corona-Krise zum denkbar ungünstigsten Zeitpunkt. Die **Digitalisierung** der Justiz ist weitgehend ein Wunschprojekt und über Ansätze und Pilotvorhaben nicht hinausgekommen, so dass aktuell eine virtuelle Aktenbearbeitung kaum möglich ist. Dies zeigt sich bereits bei der Anwendung des besondere elektronische Anwaltspostfach (beA) in der Justiz, die nahezu flächendeckend bedeutet, dass eingehende Dateien nicht nur ausgedruckt werden, um sie in die Papierakten der Gerichte hinzuzufügen, sondern auch um die Schriftstücke wie seit jeher in Papierform an den Gegner zuzustellen. Dieser scannt die Dokumente 1 bestenfalls wieder und fügt sie seiner elektronischen Akte hinzu. Ein **virtueller Justizarbeitsplatz** aus dem Homeoffice, wie er in Anwaltskanzleien denkbar ist, steht aktuell in der Justiz, abgesehen von wenigen Modellgerichten, nicht zur Verfügung. Dies führt dazu, dass die Ziviljustiz gar keine andere Chance hat, als den „normalen" Betrieb, soweit dies möglich ist, mit allen damit verbundenen **Komplikationen** aufrecht zu erhalten.

2 Hinzu kommt die organisatorische Schwerfälligkeit der Justizverwaltung, die zur Folge hat, dass es an einheitlichen Regelungen fehlt, wie mit der Corona-Pandemie umzugehen ist, so dass es letztlich **Aufgabe jedes** einzelnen **Richters** ist, darüber zu befinden, wie er auf die Krisensituation reagiert. De facto führt dies dazu, dass für **Eilverfahren** flächendeckend eine Bearbeitung gewährleistet wird, nicht notwendige Termine sind überwiegend abgesagt und die Richter und Geschäftsstellen arbeiten – soweit dies geht – von zu Hause.[1] Was der sich dabei aufbauende **Verfahrensstau** nach Abflauen der Krise für die ohnehin nahezu überall am Rande der Belastungsgrenze arbeitende Ziviljustiz bedeutet, mag man sich kaum ausmalen.

3 Für die Zivilverfahren stellen sich dabei eine ganze Reihe von Problemen. So ist die Frage relevant, ob eine **Fristenunterbrechung** in der Krise erfolgt und welche Möglichkeiten es im Falle von **Fristversäumnissen** gibt. Völlig neu zu diskutieren sind aber auch Fragen der Durchführung der **mündlichen Verhandlung** in Zeiten erheblicher Gefährdungen der Beteiligten durch ein Virus, wobei vor allem die Möglichkeiten **alternativer Verhandlungswege** in den Blick zu nehmen sind. Dies bietet eventuell sogar eine Chance, nach dem Abflauen der Krise gestärkt aus dieser hervorzugehen.

I. Unterbrechung und Aussetzung von Verfahren

4 Die einfachste und für alle Seiten befriedigendste Lösung wäre gewesen, wenn während der Krisenzeit, in der ohnehin ein halbwegs normales Arbeiten weder im Gericht noch in den Anwaltskanzleien denkbar ist, der Gesetzgeber **Zivilverfahren ausgesetzt** hätte. Das Ergebnis wäre für die Praxis extrem hilfreich gewesen, denn dies hätte zur Folge gehabt, dass keine Fristen laufen würden, keine Prozesshandlung vorgenommen werden könnte und nach Fortführung des Rechtsstreits die vollen Fristen erneut zu laufen begännen (§ 249 ZPO). Dies hätte vor allem die Geschäftsstellen in erheblicher Weise entlastet, da die zahllosen Fristverlängerungsgesuche nicht mühevoll in die Akten einzusortieren gewesen

[1] Vgl. den Bericht von Rebehn DRiZ 2020, 122 (123).

wären und nach der Entscheidung an die Parteivertreter hätten versandt werden müssen. Eine denkbare kleine Lösung hätte zudem darin liegen können, die Vorschriften zu den früheren **Gerichtsferien** (§ 223 ZPO aF) zu reaktivieren, so dass zwar die Notfristen weiter gelaufen wären, im Übrigen der Gerichtsbetrieb im Zivilbereich aber auf Notfälle hätte beschränkt werden können. Der Eilgesetzgeber hat allerdings – anders als für das Strafprozessrecht – für das Zivilprozessrecht im COVFAG keine Notwendigkeit zur Abhilfe gesehen.

Gleichwohl stellt sich die Frage, ob es im geltenden Recht Möglichkeiten der Verfahrensunterbrechung oder -aussetzung gibt. Hier kommen neben den bislang kaum beachteten Vorschriften der § 245 ZPO und § 247 ZPO vor allem die Möglichkeiten einer einvernehmlichen Ruhendstellung (§ 251 ZPO) des Verfahrens in Betracht. **5**

1. Keine Unterbrechung durch Stillstand der Rechtspflege (§ 245 ZPO)

Eine automatische Unterbrechung wäre gegeben, wenn ein Zustand des **Stillstands der Rechtspflege** (§ 245 ZPO) eingetreten ist. Die Vorschrift wird bislang in Kommentaren als Norm beschrieben, die glücklicherweise keine praktische Bedeutung hat.[2] Sie wird immer wieder im Zusammenhang mit Epidemien angeführt. Trotz der Heftigkeit der Corona-Pandemie werden ihre Voraussetzungen indes nicht gegeben sein. **6**

§ 245 ZPO verlangt nämlich, dass die Tätigkeit des zuständigen Gerichts **tatsächlich aufgehört** hat, also eine **vollständige Lahmlegung** des Gerichtes erfolgt ist.[3] Soweit jedoch noch eine „Rest"**arbeitsfähigkeit** des Gerichtes vorhanden ist, ist für die Anwendung des § 245 ZPO kein Raum. Hinzu kommt, dass das Gericht die Tätigkeit für eine ungewisse längere Dauer eingestellt haben muss.[4] Hierzu wird es jedoch kaum irgendwo gekommen sein, denn bereits im Vorfeld der Pandemie waren die Justizverwaltungen darum bemüht, die Arbeitsfähigkeit der Gerichte zumindest für Eilverfahren aufrecht zu erhalten. Jedenfalls bei den Landgerichten und den größeren Amtsgerichten dürfte eine derartige Situation ausgeschlossen sein. **7**

Anders mag es bei kleineren Gerichten liegen, bei denen – ua aufgrund der eingangs beschriebenen unbegrenzten Fortführung der Dienstgeschäfte zu Beginn der Pandemie – etwa **alle Richter erkrankt** oder aber aufgrund ihres Kontaktes zu erkrankten Personen unter **Quarantä-** **8**

---

[2] MüKoZPO/Stackmann ZPO § 245 Rn. 2.

[3] Vgl. nur MüKoZPO/Stackmann ZPO § 245 Rn. 2; Musielak/Voit/Stadler ZPO § 245 Rn. 1.

[4] Vgl. nur MüKoZPO/Stackmann ZPO § 245 Rn. 3; Musielak/Voit/Stadler ZPO § 245 Rn. 1.

ne gestellt worden sind, sodass sie an der Ausübung der Dienstgeschäfte gehindert sind.[5] Eine effektive Ausübung der richterlichen Tätigkeit, wozu auch die Möglichkeit gehört, Entscheidungen zu verkünden und zu verhandeln, ist aus einer Quarantäne heraus nicht möglich. Hat hier die Justizverwaltung nicht schnell reagiert, ist der Anwendungsbereich des § 245 ZPO dem Wortlaut nach eröffnet. Gleichwohl tritt eine Verfahrensunterbrechung nicht ein. Denn für den Fall eines **örtlich begrenzten Stillstandes** der Rechtspflege wendet der BGH, wie er für den Fall eines 1931 begonnenen und bei Kriegsende noch nicht abgeschlossenen Konkursverfahrens vor dem AG Königsberg entschieden hat, **§ 36 Abs. 1 Nr. 1 ZPO** auch dann an, wenn das an sich zuständige Gericht nicht nur in einem einzelnen Fall, sondern generell an der Tätigkeit gehindert ist.[6] Ist aber damit – zumindest theoretisch – eine Bestimmung eines anderen zuständigen Gerichts möglich, ist ein Stillstand der Rechtspflege nicht gegeben.[7] Zwar wird eine derartige Bestimmung in der Praxis kaum weiterhelfen. Wenn nämlich die insoweit zuständigen nächsthöheren Gerichte mit derartigen Anträgen überhäuft werden, wird eine Bearbeitung derzeit kaum erfolgen können, bevor nicht zumindest ein Richter wieder den Dienstbetrieb aufnehmen kann. Damit entfällt allerdings die Verhinderung.[8] Bei ganz kleinen Gerichten mag es allerdings möglich sein, dass der Weg des § 36 Abs. 1 Nr. 1 ZPO zum Erfolg führt. Allerdings wäre es eigentlich Aufgabe der **Justizverwaltung,** durch **Zuweisung** eines **Richters** für Abhilfe zu sorgen.

2. Verfahrensaussetzung gemäß § 247 ZPO

9 Ebenfalls Vorsorge für den **Katastrophenfall** trifft § 247 ZPO, der allerdings nicht zu einer automatischen Unterbrechung des Verfahrens führt, sondern dem Gericht die Möglichkeit eröffnet, das **Verfahren** auf Antrag oder auch von Amts wegen mit den Folgen des § 249 ZPO **auszusetzen.** Erforderlich ist, dass sich eine Partei an einem Ort befindet, der durch obrigkeitliche Anordnung, durch Krieg oder durch andere Zufälle von dem **Verkehr** mit dem Prozessgericht **abgeschnitten** ist. Anders als bei § 245 ZPO kommt es hier auf den jeweiligen Einzelfall an. Jedenfalls in einigen Konstellationen ist mit dieser Vorschrift in der aktuellen Krisensituation eine Verfahrensunterbrechung denkbar.

10 Die Norm stellt zunächst auf die **Partei** ab, so dass weder entscheidend ist, ob ein Prozessbevollmächtigter bestellt ist oder bestellt werden

---

[5] Zu möglichen verfassungsrechtlichen Bedenken insoweit auf der Heiden NJW 2020, 1023 (1027).

[6] BGHZ 7, 307 (310) = NJW 1952, 1413 (1414).

[7] MüKoZPO/Stackmann ZPO § 245 Rn. 3.

[8] Musielak/Voit/Heinrich ZPO § 36 Rn. 14.

muss (§ 78 ZPO). Entscheidend ist alleine, dass der Partei der Verkehr zum Gericht abgeschnitten ist. Ob dies auch oder alleine für den **Prozessbevollmächtigen** gilt, ist **ohne Relevanz.**[9]

a) Abgeschnittener Verkehr zur Partei

Voraussetzung für eine Aussetzung wäre, dass der Partei der Verkehr 11
zum Gericht abgeschnitten ist. Ob diese Voraussetzung aktuell denkbar ist, mag man zunächst in Zweifel ziehen, da ein **Postverkehr** mit dem Gericht wohl zu jeder Zeit der Krise sichergestellt ist. Bloße **Kommunikationserschwernisse** fallen insoweit jedenfalls nicht unter den Anwendungsbereich des § 247 ZPO.[10]

Allerdings gilt es bei der Auslegung zu beachten, dass § 247 ZPO 12
nicht nach **Verfahrensabschnitten** trennt und etwa andere Aussetzungsgründe in Abhängigkeit vom jeweiligen Stand des Verfahrens vorsieht. Vielmehr ist bei einer in der Norm genannten Behinderung das Verfahren insgesamt auszusetzen. Daher dürfte weiterhin gelten, was das Kammergericht im Zusammenhang mit der Errichtung der Berliner Mauer entscheiden hat, dass nämlich die Voraussetzungen des § 247 ZPO bereits dann gegeben sind, wenn die **Partei verhindert** ist, **persönlich vor Gericht zu erscheinen** und die ihr vom Gesetz eingeräumten Befugnisse wahrzunehmen.[11] Hierzu gehört neben der Möglichkeit, Zeugen Fragen vorlegen zu lassen, so es zu einer Beweisaufnahme kommt (§ 397 ZPO), vor allem die Möglichkeit, im Prozess das Wort zu ergreifen (§ 137 Abs. 4 ZPO). Verfassungsrechtlich ist diese Beteiligungsmöglichkeit durch das Gebot des rechtlichen Gehörs abgesichert (Art. 103 Abs. 1 GG). Da die **mündliche Verhandlung** nach § 128 Abs. 1 ZPO Kernelement des Zivilprozesses ist, auf die ohne Zustimmung der Parteien mit wenigen Ausnahmen nicht verzichtet werden kann, ist es weiterhin sachgemäß, auf die **physische Erreichbarkeit** des **Gerichtsortes** abzustellen.[12]

Das Prozessgericht muss allerdings für die Partei nicht erreichbar sein, 13
bloße **Reiseerschwernisse genügen nicht.** Auf letztere muss das Gericht ggf. bei der Terminierung Rücksicht nehmen. Daher genügt die Sorge, sich in den Epidemie-Zeiten im Gericht oder während der Reise mit dem Virus anzustecken nicht. Eine generelle Unerreichbarkeit wäre nur dann gegeben, wenn es behördlich angeordnete **Ausgangsbeschränkungen** gäbe, welche für Gerichtstermine keine Ausnahmen vorsähen. Dies ist

---

[9] KG NJW 1962, 542; MüKoZPO/Stackmann ZPO § 245 Rn. 2.

[10] OLG Zweibrücken NJW 1999, 2907 für den Fall eines Soldaten im Kfor-Einsatz.

[11] KG NJW 1962, 542.

[12] Anders auf der Heiden NJW 2020, 1023 (1025) und Rauscher COVuR 2020, 2 (12), die auf Briefverkehr abstellen.

jedoch überwiegend nicht der Fall.[13] Solange jedoch lediglich von einem unnötigen Aufenthalt in der Öffentlichkeit abgeraten wird, Ansammlungen verboten sind und ein Mindestabstand einzuhalten ist, ist der Verkehr zum Gericht jedenfalls nicht generell abgeschnitten.

14 Anders liegt es hingegen im Falle von **Maßnahmen** nach §§ 28, 32 IfSG. Führen diese dazu, dass bestimmte Gebiete nicht mehr verlassen werden können, oder das Gebiet, in dem sich das Gericht befindet, nicht betreten werden kann, liegt ein Fall des abgeschnittenen Verkehrs vor. Da es bei § 247 ZPO auf die jeweilige Partei ankommt, ist diese Voraussetzung auch dann gegeben, wenn gegenüber der Partei eine entsprechende **Quarantäneanordnung** ergangen ist (§ 30 IfSG). Allerdings genügen **zeitlich begrenzte Hindernisse** nicht.[14] Soweit daher Quarantänemaßnahmen nur für einen kurzen Zeitraum – zumeist von 2 Wochen – angeordnet werden, dürften die Aussetzungsvoraussetzungen noch nicht vorliegen. Hier kann mit milderen Mitteln, etwa Fristverlängerungen oder Terminsverlegungen, sachgerecht reagiert werden. Anders liegt es aber bei zeitlich nicht absehbaren Quarantäneanordnungen, selbst wenn diese – wie zumeist – zunächst befristet angeordnet werden.

15 Besondere Relevanz hat die Norm indes bei **ausländischen Parteien.** Hier liegen die Tatbestandsvoraussetzungen vor, wenn der Partei die Anreise zum Gerichtstermin unmöglich ist. Für Bürger der benachbarten Länder kommt es hierbei darauf an, ob die weitgehenden **Grenzschließungen** Ausnahmeregelungen für Gerichtstermine vorsehen. Im Regelfall dürften diese als dringender Grund für eine Einreise anzusehen sein.[15] In Betracht kommt aber der klassische Fall des Abschneidens vom Verkehr, wenn für weiter entfernt wohnende Parteien eine Anreise zum Termin de facto unmöglich ist, weil **Zug- und Flugverbindungen eingestellt** worden sind.

b) Aussetzung als Ermessensentscheidung?

16 Wenig diskutiert ist, welche inhaltlichen **Kriterien** das Gericht bei seiner **Aussetzungsentscheidung** zugrunde legen muss. Einerseits wird vertreten, dass bei Vorliegen der Voraussetzungen das Verfahren ohne weitere Ermessensprüfung auszusetzen ist.[16] Andererseits wird dem Gericht ein Prüfungsspielraum zugestanden, wobei sich im Einzelfall die **Ermessensausübung** jedoch auf **Null reduzieren** kann.[17]

---

[13] Vgl. bspw. für Hessen in der Verordnung vom 22. März 2020 Artikel 1 § 1 Abs. 3 Nr. 1; abzurufen unter https://www.hessen.de/fuer-buerger/corona-hessen/verordnungen-und-allgemeinverfuegungen (abgerufen am 2.4.2020).

[14] BeckOK ZPO/Jaspersen ZPO § 247 Rn. 2.

[15] Vgl. https://www.bmi.bund.de/SharedDocs/faqs/DE/themen/bevoelkerungsschutz/coronavirus/coronavirus-faqs.html, abgerufen am 25. 3.2020.

[16] So Zöller/Greger ZPO § 247 Rn. 3; MüKoZPO/Stackmann ZPO § 247 Rn. 4.

[17] BeckOK ZPO/Jaspersen ZPO § 247 Rn. 3.

Da anders als in § 245 ZPO die Aussetzung nach § 247 ZPO vom Gericht anzuordnen ist („kann“), hat das Gericht jedenfalls im Rahmen seiner Ermessensentscheidung die konkreten **Umstände** des **Einzelfalls** zu berücksichtigen. Liegt ein Verfahren vor, bei dem eine **mündliche Verhandlung nicht erforderlich** ist (vgl. etwa § 128 Abs. 3 ZPO, § 341 Abs. 1 ZPO, § 495a ZPO) oder haben die Parteien auf diese verzichtet (§ 128 Abs. 2 ZPO), ist eine Verfahrensaussetzung bei lediglich physischer Unerreichbarkeit des Gerichtsortes jedenfalls nicht geboten. Hier hat eine Aussetzung zu unterbleiben. Auch in anderen Fällen kann das Verfahren fortgeführt werden, wenn ausgeschlossen ist, dass sich die Abgeschnittenheit des Verkehrs auf das Verfahren auswirkt. Alleine eine **anwaltliche** Vertretung **genügt** insoweit aber **nicht,**[18] denn das Gesetz stellt auf die Wahrnehmungsrechte der Partei ab. Anders liegt es jedoch, wenn es lediglich um Rechtsfragen geht oder es der Partei zuzumuten ist, sich im Termin von ihrem Prozessbevollmächtigten vertreten zu lassen, was vor allem für juristische Personen gilt. Für die praktische Handhabung kann eine Aussetzung jedenfalls verneint werden, wenn für die Partei durch die Nichterreichbarkeit des Ortes kein Terminsverlegungsanspruch besteht (dazu → Rn. 47). Für eine Aussetzung von Amts wegen besteht in Fällen einer anwaltlichen Vertretung ohnehin kein Anlass. Begehrt eine Partei in diesem Fall jedoch die Aussetzung, dürfte dem im Regelfall stattzugeben sein. 17

Befindet sich das Verfahren allerdings nicht in einem Stadium, in dem eine mündliche Verhandlung ansteht (etwa noch im **schriftlichen Vorverfahren**), kann im **Einzelfall** von einer Aussetzung abgesehen werden. Dabei ist stets der **Schutzzweck** der Norm zu beachten, der darin besteht, der Partei zu ermöglichen, ihre **Verfahrensrechte sachgerecht** auszuüben. Sichergestellt muss dann aber eine hinreichende Kommunikation von Anwalt und Partei sein. Hierzu muss die Partei auch die Möglichkeit haben, ein persönliches Beratungsgespräch mit ihrem Rechtsanwalt zu führen. Jedenfalls die rechtsunkundige Partei kann daher nicht darauf verwiesen werden, sich im Wege der Telekommunikation mit dem Rechtsanwalt auszutauschen.[19] Ist ein derartiges persönliches Gespräch nicht möglich, weil auch der Kontakt vom Rechtsanwalt zum Mandanten durch die vorgenannten Schutzmaßnahmen untersagt ist, kann von einer Aussetzung nicht abgesehen werden. Lediglich bei absehbar bloß **kurzfristigen Kontaktunterbrechungen** mag, um eine Aussetzung zu vermeiden, lediglich eine **großzügige Fristverlängerung** gewährt werden. 18

Die **Verkündung** eines **Urteils** nach Schluss der mündlichen Verhandlung steht § 247 ohnehin nicht entgegen (§ 249 Abs. 3 ZPO). 19

---

[18] KG NJW 1962, 542; aA BeckOK ZPO/Jaspersen ZPO § 247 Rn. 3.
[19] Vgl. dazu umfassend MüKoZPO/Schulz ZPO § 91 Rn. 138.

c) Verfahren bei Anordnung der Aussetzung

20 Die Verfahrensaussetzung kann das Gericht von **Amts wegen** beschließen Die Aussetzung kann auch von der Partei beantragt werden.[20] Die Entscheidung ergeht durch Beschluss ohne mündliche Verhandlung (§ 248 Abs. 2 ZPO). Das Gericht hat vor der Entscheidung **rechtliches Gehör** zu gewähren. Dies betrifft in jedem Fall die nicht von der Absperrung betroffenen Partei. Hat die abgeschnittene Partei einen Prozessbevollmächtigten und beabsichtigt das Gericht eine Aussetzung von Amts wegen, ist diesem Gehör zu gewähren.

21 Gegen die Entscheidung ist, wenn es sich um eine erstinstanzliche eines Amts- oder Landgerichts handelt, die **sofortige Beschwerde** eröffnet (§ 252 ZPO). Gegen zweitinstanzliche Entscheidungen ist bei Zulassung die **Rechtsbeschwerde** (§ 574 ZPO) eröffnet.

Zwar kann nach dem Wortlaut das Gericht die Aussetzung bis „zur Beseitigung des Hindernisses" anordnen. Praktikabel dürfte es aber alleine sein, die **Beendigung** der Aussetzung von einem **Gerichtsbeschluss** abhängig zu machen,[21] wenn nicht die Aussetzung an ein objektiv leicht feststellbares Kriterium geknüpft ist. Ein derartiges Kriterium könnte etwa die Aufhebung von eindeutig zu identifizierenden und damit objektiv bestimmbaren Quarantänemaßnahmen sein. Die Parteien können übereinstimmend jederzeit die Wiederaufnahme beantragen (§ 250 ZPO): Dem wird ebenso wie einem Wiederaufnahmeantrag der abgeschnittenen Partei stets stattzugeben sein, da die Aussetzung alleine dem Schutz der Partei dient, die ihre Rechte nicht sachgerecht ausüben kann. Die Gegenseite kann lediglich eine Überprüfung der Aussetzung anregen.

3. Unterbrechung durch Tod oder Anwaltsverlust (§§ 241, 244 ZPO)

22 Keine Besonderheiten stellen sich im Falle des **Versterbens** einer **Partei** oder ihres Anwalts aufgrund einer COVID-19-Erkrankung. Stirbt die **Partei,** findet eine **Verfahrensunterbrechung** statt (§ 241 ZPO), wenn die Partei nicht anwaltlich vertreten war (§ 246 ZPO), im Vertretungsfalle kann eine Verfahrensaussetzung (§ 246 ZPO) beantragt werden. Verstirbt der mandatierte **Rechtsanwalt** sieht § 244 Abs. 1 ZPO eine Unterbrechung des Verfahrens vor.

23 In der aktuellen Diskussion ist aber die zweite Alternative des § 244 Abs. 1 ZPO in den Blick geraten, die eine **Unterbrechung** auch dann

---

[20] MüKoZPO/Stackmann ZPO § 247 Rn. 4; Zöller/Greger ZPO § 247 Rn. 3.

[21] Thomas/Putzo/Hüßtege ZPO § 247 Rn. 1; MüKoZPO/Stackmann ZPO § 247 Rn. 5.

vorsieht, wenn der Rechtsanwalt **„unfähig"** wird, die **Vertretung** der Partei fortzuführen. In der Rechtsprechung des BGH wird insoweit mit bislang einhelliger Zustimmung im Schrifttum[22] in Anlehnung an eine Entscheidung des Reichsgerichts aus dem Jahre 1933[23] die Norm lediglich auf **rechtliche** und nicht auf tatsächliche Hindernisse angewandt.[24] Dies wird nunmehr zum Teil – mit Blick auf die von „nationalsozialistischem Gedankengut geprägte" Entscheidung des Reichsgerichts – in Zweifel gezogen[25] und eine Anwendung der Vorschrift auch auf Fälle einer Erkrankung oder Quarantäne befürwortet, wenn diese unvorhersehbar dazu führt, dass der Anwalt die Vertretung der Partei nicht gewährleisten kann.[26] Auch wenn der Wortlaut des § 244 ZPO eine tatsächliche Verhinderung als Unterbrechungsgrund denkbar erscheinen lässt, dürften jedenfalls die besseren Argumente dagegen sprechen, eine Erkrankung, die zu einer vorübergehenden Handlungsunfähigkeit führt, oder eine Quarantäne, hier zu erfassen. Dies bereits deshalb, weil die Norm für derartige **nicht auf Dauer angelegte** Vertretungshindernisse nicht geschaffen ist. Dieser Umstand zeigt sich bereits am Grundfall der Norm, dem Tod des Anwaltes. Er wird aber auch dadurch deutlich, dass die Unterbrechung durch die Anzeige der Vertretung eines anderen Anwalts endet. Die bislang in diesem Zusammenhang diskutierten Fälle[27] – etwa des Verlustes der Anwaltseigenschaft oder der Zulassung bei dem Gericht sowie der Prozessfähigkeit – sind allesamt keine zeitlich begrenzbaren Vertretungshindernisse. Liegt eine vorübergehende Unfähigkeit der sachgerechten Vertretung vor, bietet das Wiedereinsetzungsrecht (→ Rn. 100 ff.) sachgerechte Lösungsmöglichkeiten mit einer ausdifferenzierten Rechtsprechung. Eine Verfahrensunterbrechung ist hier nicht erforderlich. Für eine Abgrenzung nach vorhersehbaren und unvorhersehbaren Vertretungshindernissen oder gar Vorsorgeobliegenheiten (§ 53 BRAO)[28] bietet § 244 ZPO – anders als das Wiedereinsetzungsrecht – jedenfalls keinen Raum.[29] Letztlich würde die Anwendung des § 244 ZPO auch zu kaum handhabbaren praktischen Problemen führen, weil etwa bei einer Erkrankung kaum sicher feststellbar wäre, wann diese dazu führt, dass das Verfahren unterbrochen ist, und der Gegner zur Wiederaufnahme laden kann (§ 244 Abs. 2 ZPO).

---

[22] Vgl. die Nachweise bei Vorwerk NJW 2020, 1196.
[23] RGZ 141, 167; krit. dazu Vorwerk NJW 2020, 1196.
[24] BGHZ 66, 59 = BeckRS 1976, 105795.
[25] Vorwerk NJW 2020, 1196 (1197).
[26] So jetzt auch BeckOK ZPO/Jaspersen ZPO § 244 Rn. 6b.
[27] Dazu MükoZPO/Stackmann ZPO § 244 Rn. 14 ff.
[28] So aber Vorwerk NJW 2020, 1196 (1198); BeckOK ZPO/Jaspersen ZPO § 244 Rn. 6b.
[29] Rauscher COVuR 2020, 2 (11).

4. Ruhen des Verfahrens (§ 251 ZPO)

24 Liegen die Voraussetzungen der Aussetzung und Unterbrechung nicht vor, was bei den meisten Verfahren der Fall sein dürfte, ist das Verfahren **fortzuführen.** Das Gericht hat dann jedenfalls keine Möglichkeit von Amts wegen das Verfahren nicht weiter zu betreiben. Da das Zivilverfahren aber in nahezu vollem Umfang zur Disposition der Parteien steht, können diese sich auf das **Ruhen des Verfahrens** verständigen (§ 251 ZPO). Dies hat allerdings auf den Lauf der wesentlichen Verfahrensfristen keinen Einfluss (§ 251 S. 2 ZPO). Die nicht in § 233 ZPO genannten Fristen laufen jedoch nicht.[30]

Alleine ein **übereinstimmender Parteiantrag** genügt nach § 251 ZPO noch nicht, um das Ruhen anzuordnen. Erforderlich ist darüber hinaus ein Grund für die Annahme, dass diese **Anordnung sachgerecht** ist. Beantragen die Parteien allerdings übereinstimmend, das Verfahren zum Ruhen zu bringen, wird in aller Regel ein derartiger Grund gegeben sein und das Gericht dem nur in Ausnahmefällen nicht entsprechen. Denkbar ist dies etwa bei einem Ruhensantrag zur Unzeit – zB nach mündlicher Verhandlung -, da die Möglichkeit ein Urteil trotz Ruhensanordnung zu verkünden, nicht besteht.[31] Die Corona-Krise und die zahlreichen damit verbundenen Unwägbarkeiten und Probleme der Erreichbarkeit von Parteien und Gerichten stellen jedenfalls unzweifelhaft einen Grund dar, der das Ruhen des Verfahrens rechtfertigt. Die Entscheidung, mit der das Ruhen des Verfahrens angeordnet wird, ergeht im Regelfall durch **Beschluss** ohne mündliche Verhandlung (§ 128 Abs. 4 ZPO).[32] Ausreichend ist aber auch eine hinreichend **deutliche Verfügung** des Gerichts.[33]

25 Die **Wiederaufnahme** des Verfahrens ist formfrei. Sie kann von jeder Partei beantragt werden und etwa in einem Antrag auf Terminsbestimmung liegen (§ 250 ZPO). Aufgrund dieser leichten Möglichkeit, das Verfahren fortzuführen, besteht jedenfalls für eine **Anfechtbarkeit** des Beschlusses, der das Ruhen des Verfahrens anordnet, **kein Rechtsschutzbedürfnis.**[34]

5. Verjährungsfolgen von Aussetzung, Unterbrechungs- und Ruhensanordnungen

26 Die vorbezeichneten prozessualen Varianten, ein Verfahren nicht zu betreiben, haben auch nicht zu vernachlässigende Auswirkungen auf das Verjährungsrecht, die es gilt, im Blick zu behalten. Insbesondere eine

---

[30] MüKoZPO/Stackmann ZPO § 251 Rn. 14.
[31] MüKoZPO/Stackmann ZPO § 251 Rn. 14.
[32] Vgl. BayObLG NJW-RR 1988, 16.
[33] BeckOK ZPO/Jaspersen ZPO § 252 Rn. 5.
[34] LSG Schleswig-Holstein BeckRS 2016, 65303; BeckOK ZPO/Jaspersen ZPO § 251 Rn. 10.

großzügige Ruhensanordnung kann sich hier leicht zur **Haftungsfalle** für den Rechtsanwalt entwickeln.

Lägen die Voraussetzungen des § 245 ZPO vor, wäre die **Verjährung** gehemmt. Zwar ist der alte Hemmungsgrund des Stillstands der Rechtspflege (§ 203 BGB aF) nicht mehr ausdrücklich im BGB aufgeführt. Er ist aber anerkanntermaßen ein Unterfall der höheren Gewalt iSv § 206 BGB[35], so dass die Verjährung gehemmt ist, unabhängig von der Frage, ob Klage erhoben ist oder nicht. Hierzu dürfte es indes, wie ausgeführt (→ Rn. 6ff.), nicht gekommen sein. 27

Zu einem **Verjährungsproblem** kann es im Falle einer **Ruhensanordnung** nach § 251 ZPO kommen. Zwar hemmt eine Klageerhebung die Verjährung (§ 204 Abs. 1 Nr. 1 BGB). Im Fall einer Ruhensanordnung betreiben die Parteien das Verfahren jedoch nicht, so dass nach Ablauf von 6 Monaten nach der letzten Verfahrenshandlung die Hemmung der Verjährung endet (§ 204 Abs. 2 BGB). Dass § 251 ZPO eine Gerichtsentscheidung verlangt, ändert hieran nichts, denn es sind die Parteien, die den Rechtsstreit nicht weiter betreiben.[36] Zu beachten ist, dass die Wirkung des § 204 Abs. 2 BGB auch dann eintritt, wenn das Verfahren ohne förmliche Anordnung dadurch in Stillstand gerät, dass die Parteien es faktisch nicht fortführen.[37] Droht bei einer Forderung die Verjährung, ist daher darauf zu achten, dass das Verfahren nicht länger als 6 Monate in Stillstand gerät, denn mit der Wiederaufnahme beginnt die Hemmung erneut (§ 204 Abs. 2 S. 3 BGB). 28

Praxistipp: Da derzeit niemand sicher sagen kann, ob innerhalb von 6 Monaten die Krise hinreichend überwunden ist, muss ein Rechtsanwalt, der einem Ruhen des Verfahrens zustimmt, diese **Frist** unbedingt **notieren.** Um Verjährungsprobleme von vorneherein zu vermeiden, bietet es sich an, mit dem Prozessgegner bereits zu dem Zeitpunkt, zu dem eine Einigkeit über das Ruhen des Verfahrens erzielt wird, auch einen **Verjährungsverzicht**[38] zu vereinbaren. 29

II. Probleme der mündlichen Verhandlung

Die meisten Zivilverfahren werden durch die Corona-Krise weder ausgesetzt noch unterbrochen sein, so dass sie zumeist durch den Austausch von Schriftsätzen weitergeführt werden können. Die Verfahrensförderung wird dabei Rechtsanwälten durch bessere IT-Ausstattung und einem Vorsprung bei der Digitalisierung deutlich einfacher gelingen als dem Gericht, was weiterhin darauf angewiesen ist, dass die Akten in Pa- 30

[35] Vgl. nur MüKoBGB/Grothe BGB § 206 Rn. 8 mwN.
[36] BGH NJW 1983, 2496 (2497).
[37] Vgl. nur BGH NJW 1983, 2496 (2497).
[38] Dazu Windorfer NJW 2015, 3329.

pierform zusammengefügt und vom Gericht ins Homeoffice befördert werden. Sollen die Verfahrensbestände jedoch nicht in Unermessliche steigen, wird sich relativ bald nach einem leichten Abflauen der Krise – teils allerdings auch währenddessen – die Frage stellen, unter welchen **Bedingungen** mündliche Verhandlungen durchgeführt werden können und inwieweit eine **Verpflichtung** – vor allem für Prozessbevollmächtigte – **zur Teilnahme** besteht.

1. Öffentlichkeit des Verfahrens

31 Wiederholt wurde in Gerichtsverfahren die Frage erörtert, ob angesichts der Corona-Pandemie und den Empfehlungen zur Vereinzelung dem **Gebot der Öffentlichkeit (§ 169 GVG)** Genüge getan ist, wobei dieses Problem in der zivilrechtlichen anders als der strafrechtlichen Praxis (dazu → § 18 Rn. 68 ff.) jedenfalls bislang keine größere Rolle spielt.

32 Kein Problem besteht im Hinblick auf die Teilnahmemöglichkeit durch die **Verordnungen** oder Allgemeinverfügungen zu den Beschränkungen der Teilnahme am öffentlichen Leben. Dies wäre nur dann der Fall, wenn es generelle **Ausgangssperren** gäbe, die auch für die Teilnahme – als Zuhörer – an Gerichtsverhandlungen keine Ausnahme vorsähen.[39] Dass der Zuhörer persönlich im Rahmen einer Risikoabwägung von einer Teilnahme an der Gerichtsverhandlung Abstand nimmt und daher die Verhandlung vor leeren Zuschauerplätzen stattfindet, beeinträchtigt den Öffentlichkeitsgrundsatz nicht. Dies entspricht ohnehin dem Regelfall im Zivilverfahren.

33 Auch durch das **Hausrecht** des Gerichtspräsidenten darf ein Ausschluss der Öffentlichkeit von Verhandlungen nicht erfolgen.[40] Ein solcher liegt auch nicht darin, dass – wie derzeit üblich – am Eingang oder der Internetseite darauf hingewiesen wird, dass von **Besuchen** von **Gerichtsverhandlungen abgeraten** wird, solange ein Besuch von Verhandlungen nicht generell ausgeschlossen ist. Selbst ein Ausschluss von bestimmten Personen vom **Betreten** des **Gerichtsgebäudes,** etwa wenn sie **Krankheitssymptome** haben, in Risikogebieten innerhalb einer bestimmten Zeit waren oder Kontakt mit Infizierten hatten[41], ist vom Hausrecht gedeckt. Denn das BVerfG sieht in gewichtigen Gründen, die der

---

[39] Ausdrücklich als Ausnahme aufgeführt in der Verordnung für Hessen vom 22. März 2020 in Artikel 1 § 1 Abs. 3 Nr. 1; abzurufen unter https://www.hessen.de/fuerbuerger/corona-hessen/verordnungen-und-allgemeinverfuegungen (abgerufen am 2.4.2020).

[40] MüKoZPO/Zimmermann GVG § 169 Rn. 38.

[41] Vgl. beispielhaft die Verfügung der Präsidentin des BGH; wiedergegeben etwa in der Terminsankündigung des BGH zur Verhandlung am 23.4.2020 im Verfahren 4 StR 482/19 (https://www.bundesgerichtshof.de/SharedDocs/Pressemitteilungen/DE/2020/2020035.html; angerufen am 7.4.2020).

Funktionstüchtigkeit der **Rechtspflege** oder zwingenden Gründen des Gemeinwohls dienen, eine ausreichende Rechtfertigung für einen teilweisen Ausschluss der Öffentlichkeit auch im Rahmen von Sicherungsanordnungen im Rahmen des Hausrechts.[42] Der Schutz vor Infektionen mit einer Erkrankung, die in den Katalog der Krankheiten nach § 1 Abs. 1 IfSG fällt, ist zweifellos ein derartiger Grund, der einen partiellen Ausschluss der Öffentlichkeit rechtfertigt. Zur Prüfung, inwieweit einlassbegehrende Zuhörer Krankheitssymptome haben, wären dabei auch jedenfalls kontaktlose **Fiebermessungen** vorstellbar.[43]

Der Öffentlichkeitsgrundsatz gilt auch für **Verkündungstermine** 34
(§ 310 ZPO). Hier ist darauf zu achten, dass dieser Termin für die **Öffentlichkeit erreichbar** ist. In vielen Gerichten ist es üblich geworden, die Urteile vom Dienstzimmer oder der Geschäftsstelle aus zu verkünden. Wenn diese sich in Gebäudeteilen befinden, die nun für die Öffentlichkeit nicht (mehr) zugänglich sind, muss der Verkündungstermin in einen **erreichbaren Verhandlungsaal** verlegt werden. Eine Verkündung durch ein Fenster auf die Straße, wie vereinzelt vorgeschlagen[44], dürfte dabei nicht nötig werden.

Beschränkungen im Hinblick auf Abstandsgebote im **Sitzungssaal,** 35
die dazu führen, dass nur noch ein kleiner Teil der Zuschauerplätze genutzt werden kann, führt ebenfalls nicht zu einer Beeinträchtigung der Öffentlichkeit, selbst wenn so Plätze leer bleiben und Interessierte abgewiesen werden müssen, was allerdings in der Praxis des Zivilverfahrens wohl nur in wenigen Ausnahmefällen vorgekommen ist. Dass nur ein Teil der Zuschauer im Sitzungssaal Platz findet, stellt keine Verletzung der Verfahrensöffentlichkeit dar. Aus § 169 S. 1 GVG ergibt sich unstreitig keine Verpflichtung des Gerichts, jedem Interessierten einen Platz zu verschaffen.[45] Erforderlich aber auch ausreichend ist es, wenn überhaupt Platz für Zuhörer vorhanden ist.[46] Zumindest einige wenige Plätze müssen daher vorgehalten werden. Ebenso muss der Zutritt zum Gericht und zum Sitzungssaal möglich sein.

Voraussetzung dafür, dass Plätze freizuhalten sind, ist aber, dass dies **er-** 36
forderlich ist. Zwingend wäre dies, wenn öffentlich-rechtliche Normen, etwa entsprechende Verordnungen, die aufgrund des IfSG ergangen sind und Kontaktbeschränkungen vorsehen, auch auf Gerichtsverhandlungen anzuwenden wären In diesen Fällen wäre ein entsprechender Mindestabstand einzuhalten; dies würde die Kapazitäten objektiv-normativ be-

---

[42] BVerfG NJW 2012, 1863 Rn. 24ff.
[43] Vgl. zu entsprechendem Vorgehen in der Schweiz auf der Heiden NJW 2020, 1023.
[44] Fischer im MDR Blog; https://blog.otto-schmidt.de/mdr/2020/04/02/verkuendungstermine-in-corona-zeiten/ (abgerufen am 4.4.2020).
[45] BGH NJW 1977, 157; MüKoZPO/Zimmermann GVG § 169 Rn. 31.
[46] Vgl. OLG Köln NStZ 1984, 282 – beengte Sitzung im Richterzimmer.

schränken. Flächendeckend ist dies jedoch nicht der Fall, teils sind sogar ausdrückliche Ausnahmen für Gerichtsverhandlungen vorgesehen.[47] In diesen Fällen ist eine objektive Beschränkung zunächst nicht gegeben.

37 Gibt es keine derartigen Beschränkungen, die sich bereits aus Verordnungen ergeben, können allerdings gleichwohl Plätze zur Wahrung des **Abstandsgebotes** freigehalten werden. Die insoweit zumeist in diesem Zusammenhang diskutierte Ausnahme für Pressevertreter[48] spielt hier ersichtlich keine Rolle. Zu fragen ist vielmehr, unter welchen Bedingungen Plätze überhaupt freizuhalten sind. Insoweit hat der BGH anerkannt, dass Begrenzungen des Zugangs auch gerechtfertigt sind, um die **Ordnung** der Verhandlung aufrecht zu erhalten und eine ungestörte und geordnete Durchführung der Verhandlung zu ermöglichen.[49] Eine Begrenzung der Zuhörerzahl ist ebenfalls aus **Sicherheitsgründen** möglich. Als zulässig wird es etwa angesehen, für die Durchführung von Sicherungsmaßnahmen einen Teil der Plätze freizuhalten.[50] Diese Grundsätze lassen sich bedenkenlos auf die derzeitige Situation übertragen. Da auch der **Schutz vor Infektionen** zu den Aufgaben der Aufrechterhaltung der Ordnung (→ Rn. 67 ff.) gehört, sind Maßnahmen, die auf die Einhaltung des Abstandsgebotes abzielen, auch dann möglich, wenn dabei die Kapazitäten der Zuhörerplätze eingeschränkt werden.

38 Wie **formal** eine derartige Platzbeschränkung im Sitzungssaal anzuordnen ist, ist dunkel. Der BGH hat entschieden, dass eine Beschränkung, die sich aus den **örtlichen Gegebenheiten** ergibt, die Vorschriften über die Öffentlichkeit auch dann nicht verletzt, wenn Teile des Sitzungssaales, insbesondere Galerien oder Logen, für Zuhörer unzugänglich bleiben, und zwar auch dann nicht, wenn ein Teil der Interessenten abgewiesen werden muss.[51] In der derzeitigen Situation ließe sich das wohl auf die Konstellation übertragen, dass die Platzzahl dadurch reduziert wird, dass **Stühle entfernt** werden und dadurch eine Beschränkung der Zuhörermöglichkeiten eingetreten ist. Ob dem der Fall gleichsteht, dass etwa aufgrund einer Verfügung des Präsidenten im Rahmen seines Hausrechts jeder zweite Platz mit einem **Zettel „freizuhalten“** versehen wird, erscheint zweifelhaft.

39 **Praxistipp:** Der sicherste und am wenigsten angreifbare Weg dürfte für Platzbeschränkungen in einer Anordnung nach § 176 GVG durch den Vorsitzenden (dazu → Rn. 67 ff.) liegen.[52]

---

[47] Vgl. etwa die Verordnung für Hessen vom 22. März 2020 Artikel 1 § 1 Abs. 3 Nr. 1; abzurufen unter https://www.hessen.de/fuer-buerger/corona-hessen/verordnungen-und-allgemeinverfuegungen (abgerufen am 2.4.2020).

[48] Vgl. dazu BVerfG NJW 2003, 500; 2013, 1293.

[49] BGH NJW 2006, 1220 (1221).

[50] BeckOK GVG/Walther GVG § 169 Rn. 7.

[51] BGH DRiZ 1971, 206.

[52] BGH NJW 2006, 1220 (1221).

Unzulässige Beschränkungen der Öffentlichkeit stellen einen **Verfahrensfehler** dar. Geschieht dieser Fehler in erster Instanz, liegt hierin zwar ein Fehler iSv § 538 Abs. 2 Nr. 1 ZPO, eine Zurückverweisung dürfte aber in aller Regel daran scheitern, dass aufgrund dieses Fehlers keine umfangreiche oder aufwändige Beweisaufnahme droht, so dass das Berufungsgericht diesen Fehler auffangen kann. 40

Anders liegt es bei einer unzulässigen Beschränkung der Öffentlichkeit im **Berufungsverfahren.** Hier läge ein absoluter Revisionsgrund nach § 547 Nr. 7 ZPO vor. Besonders hier zeigt sich, dass für Gerichte Anordnungen der **Platzbeschränkung nach § 176 GVG** die zu empfehlende Variante sind, da diese Anordnungen vom **Revisionsgericht nur eingeschränkt überprüfbar** sind.[53] Diese Überprüfung beschränkt sich alleine auf Rechtsfehler bei der Ermessensausübung, die tatsächlichen Details – etwa ob noch weitere Personen Platz gefunden hätten – unterliegen keiner revisionsrechtlichen Nachprüfung.[54] 41

Da die vorgenannten Maßnahmen in der Praxis ausreichen werden, um eine Infektion so weitgehend wie möglich zu minimieren, dürfte ein **vollständiger Ausschluss** der Öffentlichkeit als **unverhältnismäßig** nicht in Betracht kommen.[55] Einschlägig wäre zwar dem Wortlaut nach § 172 Nr. 1a GVG, der bei einer Gefährdung von Leib und Leben einen Ausschluss der Öffentlichkeit erlaubt, milderen Mitteln ist aber hier stets der Vorrang einzuräumen. Hinzu kommt, dass die Ansteckungsgefahr nicht nur von den Zuschauern, sondern auch den Prozessbeteiligten ausgehen kann. Vorzugswürdig sind insoweit auch aus diesem Grund Maßnahmen zur Minderung der Infektionsgefahr nach § 176 GVG (→ Rn. 69 ff.). 42

2. Ansprüche auf Terminierung und Terminsverlegungen

Da bei den Gerichten klare landesweite Handlungsempfehlungen fehlten, liegt es letztlich im **Entscheidungsermessen** eines jeden Richters, ob er unter den Bedingungen einer Corona-Pandemie seine Sitzungen „normal" durchführt oder nicht. In beiden Fällen sind dadurch allerdings **Verfahrensinteressen** der **Parteien** betroffen, denn neben Parteien die auch in der Krisenzeit dringend auf die Durchführung eines Gerichtstermins angewiesen sind, gibt es andererseits Parteien, die die Abhaltung einer mündlichen Verhandlung derzeit für unzumutbar halten. 43

a) Terminierungsentscheidungen durch das Gericht

Relativ unproblematisch ist die Sachlage bei noch **nicht terminierten Verfahren.** Hier liegt es letztlich in der Macht des entscheidenden Rich- 44

---

[53] BGH NJW 2006, 1220 (1221).
[54] BGH NJW 2006, 1220 (1221).
[55] Ebenso von der Heiden NJW 2020, 1020 (1024).

ters den Verhandlungstermin anzusetzen. Zwar besteht ein Anspruch der Partei auf Terminierung, wenn die Sache entscheidungsreif ist, durchsetzbar ist dieser Anspruch aber de facto nicht. Dies gilt selbst dann, wenn das Gesetz, wie bei § 272 Abs. 4 ZPO für **Räumungssachen** eine vorrangige und beschleunigte Behandlung vorschreibt.[56]

45 War bereits ein Termin angesetzt, stellt sich die Frage, ob dieser im Hinblick auf die Corona-Situation **verlegt** werden kann oder gar ein Anspruch auf Verlegung besteht. § 227 ZPO regelt abschließend die Voraussetzungen der Terminsverlegung. Erforderlich sind daher **erhebliche Gründe.** Liegt ein derartiger Grund vor, kann das Gericht von Amts wegen oder auf Antrag einer Partei den Termin aufheben oder verlegen. Das Gericht hat dabei ein Ermessen und muss sowohl das Gebot der Beschleunigung des Verfahrens als auch den Anspruch beider Parteien auf Gewährung rechtlichen Gehörs zu berücksichtigen.[57] Dabei können an die Anforderungen des erheblichen Grundes im Einzelfall – etwa vor dem Hintergrund des Beschleunigungsgebotes – erhöhte Anforderungen gestellt werden.[58] Indes beeinträchtigt eine unberechtigte Ablehnung eines Verlegungstermins trotz Vorliegens erheblicher Gründe das Gebot der Gewährung rechtlichen Gehörs.[59] Dies führt dazu, dass sich bei Gegebensein eines erheblichen Grundes das Ermessen des Gerichts regelmäßig zu einer Rechtspflicht zur Terminsverlegung verdichtet.[60]

46 Da eine **Terminsverlegung nicht anfechtbar** und der Anspruch auf Durchführung einer mündlichen Verhandlung ohnehin nicht ernsthaft justitiabel ist, bereitet eine Terminsverlegung durch den Richter keine größeren juristischen Probleme, so unangenehm die damit verbundenen Verfahrensverzögerungen für die Parteien auch sein werden.

b) Terminverlegungsanträge der Parteien

47 Deutlich konfliktreicher sind Fallkonstellationen, in denen **Anträge** auf **Terminsverlegung** im Hinblick auf die von dem Virus ausgehenden Gefahren von den Parteien bzw. Vertretern gestellt werden. Hier besteht ein **Anspruch** auf eine Terminsverlegung, wenn hierfür bei der Partei oder ihrem Prozessbevollmächtigten ein **erheblicher Grund** vorliegt. Da auch in Anwaltsverfahren die **Partei** ein **Anspruch auf persönliche Teilnahme** am Termin hat, genügt deren Verhinderung, vor allem natürlich dann, wenn das persönliche Erscheinen der Partei angeordnet oder eine Beweisaufnahme anberaumt ist (§ 357 ZPO). Ist hingegen abzusehen, dass es in der Verhandlung nur um Rechtsfragen geht, wird vertreten, dass eine Ver-

---

[56] MüKoZPO/Prütting ZPO § 272 Rn. 34.
[57] BGH NJW-RR 2019, 695.
[58] BGH NJW 2019, 687 Rn. 22.
[59] BVerwG NJW 1992, 2042; vgl. OLG Köln NJW-RR 1998, 1076.
[60] BGH NJW-RR 2019, 695 Rn. 22.

hinderung der Partei nicht erheblich sei.[61] Dies wird jedenfalls dann zu bejahen sein, wenn es sich bei der Partei etwa um eine juristische Person ohne persönliches Interesse an dem Rechtsstreit handelt.

Ein erheblicher Grund, der zu einem Verlegungsanspruch führt, liegt zunächst vor, wenn die **Partei,** soweit ihr Erscheinen notwendig ist oder diese ein Interesse an dem Erscheinen hat, hieran **nachvollziehbar verhindert** ist. Dies ist unproblematisch im **Krankheitsfalle** gegeben. Aber auch wenn die Partei unter eine **Quarantänemaßnahme** nach dem IfSG fällt oder gar ihr **Aufenthaltsort abgeriegelt** ist. Gleiches gilt, wenn derartige **Beschränkungen** für den **Prozessbevollmächtigten** bestehen. Bereits im Grundsatz darf die Partei darauf vertrauen, im Termin von dem im Vorfeld mit der Sache befassten Rechtsanwalt vertreten zu werden.[62] In der aktuellen Situation ist es jedenfalls nicht zu verlangen, dass für die Terminswahrnehmung ein Vertreter organisiert werden muss, bei dem seinerseits die Gefahr besteht, dass er vor dem Termin erkrankt oder unter eine Quarantäneanordnung fällt. 48

Eine Verhinderung ist auch anerkannt, wenn **unzumutbare Anreiseschwierigkeiten** bestehen. Diese für den Fall des Streiks im öffentlichen Personennahverkehr entwickelte Fallgruppe[63] wird jedenfalls dann zum Tragen kommen, wenn erhebliche Beschränkungen im öffentlichen Personenverkehr bestehen. Alleine die Streichung von Flügen, jedenfalls wenn sie längerfristig angekündigt ist, genügt aber wohl nicht, wenn eine Erreichbarkeit mit dem Zug gesichert ist. Eine Verpflichtung auf öffentliche Verkehrsmittel zu verzichten und mit dem eigenen PKW anzureisen, besteht jedenfalls nicht.[64] 49

Die entscheidende Frage stellt sich jedoch **unterhalb** dieser **Extremfälle.** Ist einer Partei oder einem Rechtsanwalt **zuzumuten,** in der Situation einer Corona-Epidemie, in der die für den Infektionsschutz zuständigen Behörden beispiellose Schutzmaßnahmen für die Bevölkerung ergreifen, einen **Gerichtstermin wahrzunehmen?** Bereits mit dieser Fragestellung wird juristisches Neuland betreten. 50

Sicher wird eine rein **subjektive Angst,** sich mit Krankheiten anzustecken, die im Grundsatz in bestimmten Jahreszeiten regelmäßig besteht, nicht genügen. Allerdings unterscheidet sich die Situation von normalen Krankheitswellen grundlegend und zwar bereits im rechtlichen Ansatz, da es sich bei Infektionen mit dem Coronavirus um **meldepflichtige Krankheiten** nach § 6 Abs. 1 Nr. 1 IfSG handelt,[65] so dass diese recht- 51

---

[61] BeckOK ZPO/Jaspersen ZPO § 227 Rn. 7.

[62] OLG Frankfurt aM NJW 2008, 1328; MüKoZPO/Stackmann ZPO § 227 Rn. 11; Zöller/Feskorn ZPO § 227 Rn. 6a.

[63] Dazu BVerwG NJW 1995, 1441 (1442).

[64] BVerwG NJW 1995, 1441 (1442).

[65] § 1 „2019-nCoV“-Meldepflicht-Verordnung.

lich der Pest, dem Milzbrand oder der Cholera gleichsteht. Neben dem **Ansteckungsrisiko** ist zudem zu berücksichtigen, dass bereits der Kontakt mit einem Infizierten genügt, um als **„Ansteckungsverdächtiger"** (§ 2 Nr. 7 IfSG) mit strafbewehrten **Quarantänemaßnahmen** (§ 30 Abs. 1 IfSG) belegt zu werden.

52 Andererseits ist ein **Erscheinen** vor Gericht tatsächlich **möglich,** solange dies nicht durch Ausgangssperren verhindert wird. Auch rechtlich sind durch die Verordnungen der Länder zur Bekämpfung des Corona-Virus teilweise ausdrücklich Gerichtsverhandlungen von den Beschränkungen ausgenommen.[66] Die Gerichte veranlassen das ihnen Mögliche zum Schutz von Mitarbeitern und Prozessbeteiligten. Zudem bestehen weitreichende Möglichkeiten im Rahmen von sitzungspolizeilichen Anordnungen, das Ansteckungsrisiko zu reduzieren, auch wenn dies in Zivilverfahren Neuland bedeutet (→ Rn. 67 ff.). Soweit ein Risiko in der Anreise zum Gericht gesehen wird, ist als Einwand zu berücksichtigen, dass diese auch bei anderen weiter zulässigen Handlungen, etwa Ausübung der Berufstätigkeit oder Einkaufen, besteht.

53 Eine **Pauschalentscheidung** dahingehend, dass Verhandlungen unproblematisch möglich sind, wird daher ebenso wenig möglich sein, wie andererseits eine grundsätzliche Verpflichtung, sämtliche Verhandlungstermine zu verlegen, solange noch eine Ansteckungsgefahr mit dem Virus besteht. Entscheidend wird sein, ob im jeweiligen Einzelfall ein Erscheinen der Partei oder Prozessbevollmächtigten vertretbar verlangt werden kann. Ob eine Teilnahme an der Verhandlung **zumutbar** ist, hängt von der **konkreten Situation** ab. Zu berücksichtigen sind dabei auf der einen Seite die Interessen des auf Terminsverlegung Antragenden, sich nicht einer **Infektionsgefahr** auszusetzen und auf der anderen Seite das **Beschleunigungs**- und **Konzentrationsgebot.**

54 Im Regelfall deutlich zugunsten eines Verlegungsanspruchs wird die Abwägung auszufallen haben, wenn für die konkrete **Region** des **Gerichts** oder dem **Wohnort** der Prozessbeteiligten oder gar für ganz Deutschland eine nachweisbare – etwa vom Robert-Koch-Institut bescheinigte – **hohe Infektionsgefahr** besteht und das **öffentliche Leben** weitgehend **ruht.** In dieser Situation sind aufgrund der Empfehlungen der zuständigen Stellen, Sozialkontakte zur Vermeidung von Infektionen weitgehend zu minimieren und auf das absolut Notwendige zu beschränken. Die **Wahrnehmung** eines **Termins** in einem normalen Zivilverfahren wird dann **regelmäßig nicht zumutbar** sein.[67] Dies gilt selbst dann, wenn keine Anreise aus einer anderen Stadt erforderlich ist, da nicht si-

---

[66] Vgl. etwa für Hessen die Verordnung zur Beschränkung sozialer Kontakte und zur Anpassung von Verordnungen zur Bekämpfung des Corona-Virus v. 22.3.2020 (GVBl. 2020, 183) Artikel 1 § 1 Abs. 3 Nr. 1.

[67] Ebenso Rauscher COVuR 2020, 2 (7).

chergestellt ist, dass überall auf dem Weg in den Gerichtssaal und zurück sämtliche Personen den erforderlichen Abstand einhalten und vor allem kein Kontakt mit infizierten Gegenständen (etwa Türklinken) besteht.

Aber selbst in dieser Situation kann die Abwägung anders ausfallen, 55
wenn dem **Beschleunigungsgebot Vorrang** einzuräumen ist. Dies wird primär in Verfahren des **einstweiligen Rechtsschutzes** der Fall sein. Da der Gesetzgeber sich gegen die Schließung von Gerichten entschieden hat, besteht auch zu Zeiten des Höhepunktes der Corona-Pandemie der **Justizgewährungsanspruch,** so dass derartige Verfahren durchzuführen sind. Allerdings muss dann das Gericht sicherstellen, dass Infektionsgefahren so gering wie möglich gehalten werden (dazu → Rn. 67ff.). Verlegungsgesuche in derartigen Verfahren werden daher keinen Erfolg haben und zwar auch dann nicht, wenn die Prozessbevollmächtigten vorbringen, individuell zu einer Risikogruppe zu gehören. Denn mit der Übernahme eines entsprechenden Mandats in der derzeitigen Situation muss damit gerechnet werden, dass es zu einer Terminierung kommt. Im Zweifelsfall muss hier eine Unterbevollmächtigung erfolgen, die im einstweiligen Rechtsschutz ohnehin den Parteien eher zuzumuten ist, als im Hauptverfahren.[68] Möglich sind aber auch andere als eilbedürftig anzusehende Verfahren, wobei **Räumungssachen** (§ 272 Abs. 4 ZPO) aufgrund der gesetzlichen **Priorisierung** besonders hervorzuheben sind.

Die Problematik wird sich aber auch in Zukunft noch längere Zeit 56
stellen. Selbst wenn das öffentliche Leben langsam wieder anläuft, wird es Verlegungsanträge im Hinblick auf **individuelle Gefährdungen,** etwa von **Risikopersonen** oder für unzumutbar gehaltene weite **Anreisen** mit öffentlichen Verkehrsmitteln geben. Beide Aspekte sind im Rahmen der Abwägung gewichtige Indizien, die für eine Verlegung sprechen. Je weiter allerdings das öffentliche Leben zur Normalität zurückkehrt, umso geringeres Gewicht wird ihnen jedoch beizumessen sein. Auf der anderen Seite je länger die Verfahren faktisch ruhten, das Gewicht des Beschleunigungsgrundsatzes steigt. Dies gilt in diesem Stadium natürlich erst recht für Verfahren, in denen bereits das Gesetz eine **beschleunigte Erledigung** anmahnt, wie etwa bei **Räumungsverfahren** (§ 272 Abs. 4 ZPO). Ebenfalls kann ein gesteigertes Interesse der Allgemeinheit an einer zeitnahen Entscheidung das Gewicht des Beschleunigungsgrundsatzes stärken.[69] Letztlich kann auch eine Entscheidungsreife[70] besonders bei älteren Verfahren Berücksichtigung finden, genügt alleine aber nicht und führt insbesondere nicht zur Entkräftung eines an sich vorliegenden

---

68 Scholz in Danckwerts/Papenhausen/Scholz/Tavanti, Wettbewerbsprozessrecht, 2016, Kapitel D Rn. 942.

69 Vgl. BGH NJOZ 2019, 544 Rn. 14.

70 BeckOK ZPO/Jaspersen ZPO § 227 Rn. 5.

erheblichen Grundes für eine Terminsverlegung.[71] Jedenfalls für Verfahren, die nach pflichtgemäßer Einschätzung der Gerichte einer **zeitnahe Erledigung** bedürfen, dürften Verlegungsanträge nicht mehr erfolgreich sein, wenn nicht mehr generell von Reise abgeraten wird und das Ansteckungsrisiko gesunken ist. Dies gilt umso mehr, wenn das Gericht – vor allem im Rahmen von Anordnungen des Vorsitzenden nach § 176 GVG (dazu → Rn. 67ff.) Maßnahmen zur Minderung des Infektionsrisikos ergreift. Sieht sich der Anwalt in dieser Situation, etwa aufgrund persönlicher Risiken, trotzdem zu einer Anreise zum Terminsort nicht in der Lage, muss er für eine Vertretung oder einen Unterbevollmächtigten sorgen oder sogar das Mandat abgeben.[72]

57 Lehnt der Richter eine Vertagung ab, ist dies mit einem Rechtsmittel **nicht anfechtbar.** Die gerne geübte Praxis, hierauf mit einem **Ablehnungsantrag** zu reagieren, führt zwar bei kurzfristigen Terminen häufig praktisch zum Erfolg, wenn der Antrag nicht selbst vom Richter als rechtsmissbräuchlich zurückgewiesen wird, hat aber in der Sache **keine Erfolgsaussichten.**

3. Versäumnisurteil bei corona-bedingtem Fernbleiben?

58 Es stellt sich sodann jedoch die Frage, ob ein Versäumnisurteil ergehen kann, wenn der Prozessbevollmächtigte im Anwaltsprozess oder die Partei nicht erscheint. Hier gelten die obigen Ausführungen weitgehend sinngemäß, denn der Erlass eines Versäumnisurteils ist ausgeschlossen, wenn die **Säumnis unverschuldet** war (§ 337 ZPO). Eine derartige Entschuldigung liegt vor, wenn ein **Anspruch** auf **Terminsverlegung** bestand und der Termin gleichwohl stattgefunden hat.[73]

59 Insoweit kann im Grundsatz auf die obigen Ausführungen verwiesen werden (→ Rn. 47ff.). Gleichwohl ist das **Vorgehen** für den Rechtsanwalt **heikel,** denn er muss nahezu sicher damit rechnen, dass das Gericht ebenso wie bei der Ablehnung des Terminverlegungsantrags keinen Grund für eine Entschuldigung sieht und ein Versäumnisurteil erlässt. Gegen ein erstes Versäumnisurteil könnte dann allerdings mit dem Einspruch eine Einstellung der Zwangsvollstreckung ohne Sicherheitsleistung begehrt werden (§ 719 Abs. 1 S. 2 ZPO), da das Versäumnisurteil mangels Säumnis nicht in gesetzlicher Weise ergangen ist. Ob dies das Gericht allerdings so sieht, erscheint ebenso zweifelhaft. Anfechtbar ist die Entscheidung nicht.[74] Droht gar ein zweites Versäumnisurteil (§ 345 ZPO), ist dagegen nur die Berufung mit dem Einwand möglich, ein Fall der schuldhaften

---

71 BGH NJW-RR 2019, 695 Rn. 22.

72 BeckOK ZPO/Jaspersen ZPO § 227 Rn. 7.

73 BGH NJW-RR 2019, 695 Rn. 21ff.; NJW 2009, 687 Rn. 8.

74 Vgl. Thomas/Putzo ZPO § 719 Rn. 12.

Säumnis habe nicht vorgelegen (§ 514 Abs. 2 ZPO). Auch dieses Vorgehen ist **risikobehaftet,** wenn die Sachlage nicht eindeutig ist.

Entstehen die **Gründe** für eine **Terminsverlegung** erst **kurzfristig,** 60
etwa bei Erkrankung, besteht anders als bei der Anfertigung von Schriftsätzen im Rahmen der Wiedereinsetzung (→ Rn. 100ff.) keine Verpflichtung, kurzfristig für eine Vertretung durch einen Unterbevollmächtigten zu sorgen. Allerdings muss der Prozessbevollmächtigte alles ihm Mögliche und Zumutbare unternehmen, um den erkennenden **Spruchkörper** – und nicht nur das Gericht allgemein[75] – noch rechtzeitig vor Sitzungsbeginn von der Verhinderung zu unterrichten. Kommt der Anwalt dem nicht nach, etwa weil er erst nach Sitzungsbeginn eine Information an das Gericht sendet, ist die Säumnis gleichwohl verschuldet.[76]

Da in den Zeiten der Virusverbreitung mit der naheliegenden Mög- 61
lichkeit einer Erkrankung zu rechnen ist, muss der Anwalt hier besondere **Vorsichtsmaßnahmen** ergreifen und sicherstellen, dass das Gericht informiert werden kann, auch wenn er am Verhandlungstag nicht in die Kanzlei kommen kann. Insoweit legt der BGH[77] die gleichen Maßstäbe für die erforderliche Vorsorge an wie beim Wiedereinsetzungsgesuch (→ Rn. 101). Berücksichtigen muss der Anwalt in der Zeit einer weiten Verbreitung des Virus auch die **eingeschränkte Besetzung der Gerichte,** so dass jedenfalls ein Fax an die zentrale Faxnummer eines größeren Gerichts kurz vor Sitzungsbeginn nicht genügt. Dies dürfte auch für eine Übermittlung per beA gelten, denn auch diese werden nicht unmittelbar verteilt, sondern zumeist zunächst (noch) zentral ausgedruckt und im Anschluss über die Geschäftsstellen verteilt. Zudem ist zu beachten, dass jedenfalls in einigen Bundesländer Richter auf diese Postfächer keinen Zugriff haben. Findet allerdings eine Verhandlung statt, darf darauf vertraut werden, dass die Geschäftsstelle des Spruchkörpers besetzt ist oder der Richter sich vor der Verhandlung darüber informiert, ob kurzfristig Schriftsätze eingegangen sind, so dass ein rechtzeitiges Fax an die Geschäftsstelle ausreichend ist. Ob dies auch bei einem – erfolglosen – Anrufversuch der Fall ist, dürfte demgegenüber zweifelhaft sein, denn hier hat bei nicht besetzter Geschäftsstelle der Richter keine Chance, von dem Verlegungsgesuch Kenntnis zu erhalten.

Praxistipp: Im Fall einer kurzfristigen Verhinderung unbedingt vor der Sitzung die Geschäftsstelle des erkennenden Spruchkörpers unterrichten und eine Kontaktaufnahme mit dem Vorsitzenden oder Berichterstatter versuchen! Im Zweifel ist ein Fax unmittelbar an die Geschäftsstelle zu senden. 62

[75] BGH NJW 2009, 687 Rn. 13.
[76] BGH NJW 2009, 687.
[77] BGH NJW 2009, 687 Rn. 11.

4. Zeugenpflichten in den Zeiten der Corona-Krise

63 Die Frage der **Zumutbarkeit** des Erscheinens stellt sich in gleichem Maße für **Zeugen** und **Sachverständige**. Auch diese werden in Zeiten einer erhöhten Ansteckungsgefahr oft nicht bereit sein, bei Gericht zu erscheinen, insbesondere wenn sie zu einer Risikogruppe gehören. Im Grundsatz haben Zeugen die **Pflicht** vor dem Gericht am Terminsort **zu erscheinen.** Verstöße hiergegen sind mit den Ordnungsmitteln des § 380 ZPO zu begegnen, wenn der Zeuge sein Ausbleiben nicht hinreichend **entschuldigt.** Maßstab ist auch hier die Zumutbarkeit, so dass eine hinreichende Entschuldigung vorliegt, wenn dem Zeugen bei Würdigung sämtlicher Umstände ein Erscheinen nicht zugemutet werden kann.[78]

64 Hier können die für **Parteien** und Prozessbevollmächtigte **entwickelten** Kriterien übertragen werden (→ Rn. 47 ff.). Wenn diesen schon eine Teilnahme nicht zumutbar wäre, gilt dies für Zeugen erst Recht. Umgekehrt gilt dieses aber nicht in jedem Fall. Wenn etwa im Hinblick auf die Eilbedürftigkeit eines Verfahrens (etwa Räumungsverfahren nach § 272 Abs. 4 ZPO) eine Durchführung des Termins angeordnet werden kann, bedeutet dies nicht, dass auch ein Zeuge, der etwa einer Risikogruppe angehört oder aus anderen Gründen, etwa bei der erforderlichen Anreise mit der Bahn, einem Ansteckungsrisiko ausgesetzt ist, zur Anreise verpflichtet ist. Hier dürften für Zeugen deutlich **großzügigere Maßstäbe** als für Parteien gelten.

65 Da die Corona-Krise nach dem derzeitigen Wissensstand wohl nur auf **absehbare Zeit** die Zeugenvernehmung verhindert, kann eine **vorübergehende Unerreichbarkeit** des Zeugen nicht dazu führen, dass diese Beweiserhebung abgelehnt werden kann.[79] Im Hinblick auf den Grundsatz der möglichst umfassenden Sachverhaltsaufklärung wäre das Gericht hier ohnehin gezwungen zunächst alle Möglichkeiten der Beweiserhebung auszuschöpfen.[80] Hier bestehen – bei Einverständnis der Parteien – mit der **schriftlichen Zeugenanhörung** (§ 284 S. 2 ZPO) und vor allem der **Videovernehmung** (§ 128a Abs. 2 ZPO) hinreichende Alternativmöglichkeiten.

66 **Praxistipp:** Soweit möglich sollte in der derzeitigen Situation auf die Vernehmung von Zeugen und Sachverständige im Gerichtsaals verzichtet werden; denkbare Alternativen sind Videovernehmungen gem. § 128a Abs. 2 ZPO (→ Rn. 89) oder schriftliche Zeugenvernehmungen (§ 284 S. 2 ZPO → Rn. 93).

[78] BeckOK ZPO/Scheuch ZPO § 381 Rn. 1.
[79] Vgl. dazu Saenger ZPO § 284 Rn. 54.
[80] BGH BeckRS 2010, 17422 Rn. 7; vgl. MüKoZPO/Heinrich ZPO § 363 Rn. 3.

5. Anordnungen zur Sitzungsdurchführung

Mit Blick auf die Corona-Epidemie gewinnen die **sitzungspolizeilichen Maßnahmen** (§ 176 GVG), die bisher im **Zivilverfahren** (zum Strafprozessrecht → § 18 Rn. 68 ff.) ein Schattendasein geführt haben, eine ungeahnte Relevanz. Zu den von § 176 GVG umfassten Aufgaben, für die Aufrechterhaltung der Ordnung in der mündlichen Verhandlung Sorge zu tragen, gehört auch für die Sicherheit der Verfahrensbeteiligten zu sorgen. Dazu gehört auch die **Gesundheitsvorsorge** für Verfahrensteilnehmer, woraus schon bisher auch ein Schutz vor Ansteckungen bei Infektionsgefahren hergeleitet wurde.[81] Aus § 176 GVG folgt – wie schon das Reichsgericht im Jahre 1893 entschieden hat[82] – auch eine **Verpflichtung** für die Ordnung im Gerichtssaal und damit auch für entsprechende **Schutzmaßnahmen** Sorge zu tragen. Unterbleiben derartige Maßnahmen, kann dies als eine – im Einzelfall sogar revisible – Behinderung der Wahrheitsermittlung oder des rechtlichen Gehörs auswirken.[83] Aktuell kann dies etwa dann der Fall sein, wenn eine Partei mangels möglicher Schutzmaßnahmen auf die Teilnahme an der Verhandlung verzichtet oder Beweismittel nicht beibringen kann. 67

Ideal wären insoweit bei Infektionsgefahren **bauliche Maßnahmen** im Gerichtssaal, etwa Abtrennungen mittels **Plexiglasscheiben** zwischen den Verfahrensbeteiligten und dem Richtertisch[84], wie sie sich inzwischen auch in den Kassenbereichen zahlreicher Supermärkte finden. Da für das Corona-Virus lediglich eine Tröpfcheninfektion ausgeschlossen werden muss, ist eine vollständige Einhausung der Plätze, wodurch eine Verständigung nur mit Lautsprecher und Kopfhörer möglich ist, nicht erforderlich.[85] Ausreichend dürfte ein Schutz bis zum Kopfbereich sein. Allerdings steht zu erwarten, dass bis derartige Maßnahmen durch die Justizverwaltung umgesetzt werden können, die Epidemie komplett abgeklungen ist. 68

Art und Weise der Anordnung von sitzungspolizeilichen Maßnahmen liegen im **pflichtgemäßen Ermessen** des Vorsitzenden. Die Maßnahmen sind nicht auf Zuschauer begrenzt, vielmehr unterliegen alle Personen im räumlichen und zeitlichen Bereich der Sitzung der Sitzungspolizeigewalt, so dass auch Parteien, Rechtsanwälte ja sogar die übrigen Mitglieder des Gerichts erfasst werden.[86] In Zeiten der Virus-Pandemie muss der 69

---

81 Kissel/Mayer/Mayer GVG § 176 Rn. 15.

82 RGZ 32, 390 (391).

83 Zöller/Lückemann ZPO § 176 GVG Rn. 10; BGHSt 16, 111 = NJW 1961, 1781 (1782).

84 Dazu Kissel/Mayer/Mayer GVG § 176 Rn. 15.

85 So der Vorschlag bei Kissel/Mayer/Mayer GVG § 176 Rn. 15.

86 KK-StPO/Diemer GVG § 176 Rn. 3.

Vorsitzende durch derartige Maßnahmen sicherstellen, dass eine **Infektionsgefahr** in der Sitzung so **gering** wie möglich gehalten wird. Dabei kann er sich von den Empfehlungen der Gesundheitsbehörde oder des Robert-Koch-Instituts leiten lassen. Möglich sind hier vor allem Verfügungen, die für die Einhaltung des empfohlenen **Abstandsgebotes** sorgen, wenn dieses nicht bereits zwingend einzuhalten ist, da für Gerichtsverhandlungen keine Ausnahmen vorgesehen sind (vgl. → Rn. 32). Praktisch werden derartige Anordnungen dahin gehen, dass zu jedem Zuhörer ein oder zwei benachbarte Plätze freizuhalten sind, wobei dieser Abstand auch für Parteien und deren Anwälte angeordnet werden kann. Je nach baulichen Gegebenheiten kann auch ein Freihalten der vorderen Plätze auf der Bank der Parteien vorgesehen werden, um den erforderlichen Abstand zum Richtertisch zu wahren. Die **Beschränkung** der benutzbaren **Sitzplätze**, so diese tatsächlich zur Verfügung stehen und nicht zuvor abmontiert wurden, um einen hinreichenden Sicherheitsabstand einzuhalten, ist insoweit eine Maßnahme, die unter § 176 GVG fällt.[87] Jedenfalls soweit sich der angeordnete Abstand, der in der Praxis damit sichergestellt wird, dass eine hinreichende Zahl von Sitzplätzen zwischen den Zuschauern freigehalten wird, im Rahmen der Empfehlungen der zuständigen Behörden hält, entspricht auch dies pflichtgemäßem Ermessen. Eine Beschränkung der **Öffentlichkeit** (dazu → Rn. 31 ff.) liegt hierin nicht.

70 **Praxistipp:** Denkbar ist folgende Verfügung „Gemäß § 176 GVG wird angeordnet, dass Zuhörer und Verfahrensbeteiligte im Sitzungssaal einen Mindestabstand von 1,50 m einhalten. Zu diesem Zweck sind zwischen den Verfahrensbeteiligten jeweils zwei Stühle freizulassen. Zwischen den Zuhörern sind ebenfalls jeweils zwei Plätze freizulassen, dies gilt auch für hintereinander sitzende Zuhörer."

71 Denkbar sind aber auch weitere Maßnahmen, so dass jedenfalls bei einer objektiv gesteigerten Infektionsgefahr auch die in der Anfangszeit der Virusepidemie noch belächelte Anordnung zum Tragen eines **Mundschutzes**[88] zu den denkbaren Anordnungen gehört. In Betracht kommen insoweit auch **Einmalhandschuhe.** Bei beiden Maßnahmen steht nicht der Schutz des Trägers, sondern der übrigen Verfahrensbeteiligten im Vordergrund. § 176 Abs. 2 GVG steht mit seinem Vermummungsverbot dem nicht entgegen, denn zum einen verfolgt die Norm einen ganz anderen Schutzzweck, zum anderen sieht § 176 Abs. 2 S. 2 GVG ausdrücklich Ausnahmen vor. Der derzeitige virusbedingte Ausnahmezustand ist sicher ein hinreichender Grund. Auf eine konkrete Ansteckungsgefahr, die ohne umfassende medizinische Untersuchung ohnehin nicht möglich ist, kommt es dabei

[87] Vgl. BVerfG NJW 2014, 3013 Rn. 14.

[88] Vgl. https://www1.wdr.de/nachrichten/ruhrgebiet/richter-am-amtsgericht-hagen-ordnet-atemmasken-pflicht-an-100.html abgerufen am 2.4.2020; krit. dazu auf der Heiden NJW 2020, 1023 (1024).

nicht an.[89] Erforderlich ist alleine eine hinreichend konkrete Gefahr, die ermessensfehlerfrei bejaht werden kann, wenn das Ansteckungsrisiko von den zuständigen Stellen etwa als hoch eingeschätzt wird und noch Empfehlungen zur Kontaktvermeidung in Kraft sind. Gleiches gilt, wenn das Tragen eines derartigen Schutzes in der Öffentlichkeit, etwa im Nahverkehr oder in Einkaufsgeschäften empfohlen oder gar vorgeschrieben wird. Auch wenn derartige generelle Empfehlungen nicht mehr bestehen, kommen solche Maßnahmen aber noch in Betracht, wenn besondere Umstände eine erhöhte Risikogefahr bedeuten. Dies kann etwa dann der Fall sein, wenn ein Verfahrensbeteiligter, etwa ein Richter, zu einer **Risikogruppe** gehört und die Krankheit noch nicht hatte. Im Rahmen der Schutzpflicht sind derartige Maßnahmen aber auch zu erwägen, wenn ein **Anwalt** oder eine **Partei** auf ein Risiko hinweist.

Beeinträchtigungen der **Rechte** der **Prozessbeteiligten** dürfen mit 72
derartigen Maßnahmen nicht verbunden sein.[90] **Beschränkungen** der anwaltlichen Tätigkeit können damit aber verbunden sein, wenn sie unter Abwägung des Grundsatzes der **Verhältnismäßigkeit** zumutbar sind.[91] Jedenfalls das Tragen eines **Mundschutzes** beeinträchtigt, abgesehen von einem **Lästigkeitsfaktor,** die Ausübung der Parteirechte nicht, denn eine Kommunikation ist problemlos möglich. Auch Abstandsgebote zwischen der Partei und ihrem Anwalt sind unproblematisch. Zwar besteht nun eventuell nicht mehr die Möglichkeit des von Gericht und Gegner unbeobachteten Austausches von Informationen, dies stellt aber keine unzumutbare Beschränkung dar, denn für den Fall, dass insoweit ein Beratungsbedarf besteht, ist die **Sitzung** kurz zu **unterbrechen.** Hierauf besteht zweifellos ein Anspruch, wenn etwa eine kurze Beratung aufgrund des Verlaufes der Sitzung erforderlich wird.

Angesichts des Mangels an verfügbaren Masken ist es sicher ausge- 73
schlossen, dass diese vom Gericht zur Verfügung gestellt werden. Erfordert die **Beschaffung** aber einen erheblichen Aufwand, ist leicht die Hürde der **Unzumutbarkeit** überschritten. Dem kann jedoch vorgebeugt werden, wenn man auf die Funktion der Maske zum Schutz vor Tröpcheninfektionen abstellt und entsprechende Tücher oder Schals ebenfalls zulässt. Probleme können sich allenfalls im Bereich der **Öffentlichkeit** ergeben, jedenfalls solange derartige Schutzmaßnahmen im öffentlichen Raum noch **unüblich** sind, aber auch hier dürfte gelten, dass die Einschränkung der Öffentlichkeit unter dem Aspekt des Schutzes der Funktionsfähigkeit der Rechtspflege gerechtfertigt ist (dazu → Rn. 33). In na-

---

89 AA von der Heiden NJW 2020, 1023 (1024), der es für erforderlich hält, dass ein Anwesender krank, krankheits- oder ansteckungsverdächtig iSd IfSG ist.

90 Vgl. nur KK-StPO/Diemer GVG § 176 Rn. 3.

91 BGH NJW 2006, 1500 Rn. 9ff. für den Fall von Durchsuchungen von Rechtsanwälten.

her Zukunft wird sich dieses Problem ohnehin erledigen, da zu erwarten ist, dass die Lockerung der Kontaktbeschränkungen mit weitreichenden Verpflichtungen zu derartigen Schutzmaßnahmen einhergehen wird.

74 **Praxistipp:** Denkbar ist folgende Verfügung „Gemäß § 176 GVG wird angeordnet, dass Zuhörer und Verfahrensbeteiligte im Sitzungssaal einen geeigneten **Mund-Nasen-Schutz** zu tragen haben, der Mund und Nase bedeckt. Zulässig ist jeder Schutz, der aufgrund seiner Beschaffenheit geeignet ist, eine Ausbreitung von übertragungsfähigen Tröpfchenpartikeln durch Husten, Niesen, Aussprache zu verringern (ausreichend sind daher auch aus Baumwolle selbstgeschneiderte Masken, Schals, Tücher, Schlauchtuch etc)[92]. Der oberhalb der Nase befindliche Gesichtsteil, insbesondere die **Augen,** dürfen **nicht bedeckt** sein."

75 **Isoliert anfechtbar** sind sitzungspolizeiliche Maßnahmen nicht. Auf derartige Maßnahmen gestützte **Ablehnungsgesuche** werden ebenfalls in aller Regel keinen Erfolg haben.[93] Anders als im Strafrecht dürften auch kaum in nennenswertem Umfang die Gefahr bestehen, dass zu weitreichende Anordnungen zum Erfolg von **Rechtsmitteln** gegen die Sachentscheidung führen werden. Denn insoweit wäre im **Revisionsverfahren** erforderlich, dass die Sachentscheidung auf der zu weitgehenden Sitzungsanordnung **beruht.** Dies dürfte kaum nachweisbar sein.[94] Eine Ausnahme gibt es nur für den Grundsatz der Öffentlichkeit, aber auch dort sind die Überprüfungsmöglichkeiten des Revisionsgerichts begrenzt (dazu → Rn. 40). Im Berufungsverfahren können mögliche Verfahrensfehler der ersten Instanz ohnehin behoben werden, eine Zurückverweisung kommt hier im Regelfall nicht in Betracht (§ 538 ZPO).

76 Die angeordneten Maßnahmen können, wenn sie nicht befolgt werden, die **Zwangsmittel** der §§ 177ff. GVG angeordnet werden. Insbesondere Zuschauer, die sich nicht an das angeordnete Abstandsgebot halten, können notfalls nach Ermahnung aus dem Saal „entfernt" werden, Ordnungshaft dürfte kaum je verhältnismäßig sein. Die Maßnahmen können auch gegen Parteien, nicht jedoch gegen Rechtsanwälte angeordnet werden.[95] Hält der Prozessbevollmächtigte sich nicht an die Anordnungen, wobei vor allem eine angeordnete Mundschutzpflicht Relevanz haben kann, kommt angesichts des eindeutigen Wortlauts des § 177 GVG eine Zurückweisung des Anwaltes, mit der Folge, dass ggf. ein Versäumnisurteil ergehen kann, wohl nicht in Betracht.[96]

---

[92] Angelehnt an die Allgemeinverfügung des Landkreises Nordhausen vom 3.4.2020, abzurufen unter https://www.landratsamt-nordhausen.de/informationen-coronavirus.html (abgerufen am 4.4.2020).

[93] MüKoZPO/Zimmermann GVG § 176 Rn. 16.

[94] MüKoZPO/Zimmermann GVG § 176 Rn. 16.

[95] BeckOK GVG/Walther GVG § 177 Rn. 2.

[96] MüKoZPO/Zimmermann GVG § 176 Rn. 12 unter Verweis auf die Diskussion zum krawattenlosen Rechtsanwalt; vgl. LAG Niedersachsen BeckRS 2008, 57012.

Möglich bleibt bei Weigerungen eines Prozessbevollmächtigten, sich an die Anordnungen zu halten, dann nur eine **Vertagung.**[97] Dabei ist die Möglichkeit der Auferlegung einer **Verzögerungsgebühr** § 38 GKG – ebenso wir für den Fall der Säumnis[98] – in Betracht zu ziehen. Sie kann auch bei Verzögerungen, die durch den Prozessbevollmächtigten verursacht werden, allerdings nur der vertretenen Partei auferlegt werden. Diese kann aber beim Rechtsanwalt **Regress** nehmen.[99] 77

6. Möglichkeiten virtueller mündlicher Verhandlungen

Wie in allen Bereichen stellt sich auch bei Zivilrechtssitzungen aktuell die Frage dringender denn ja, was virtuell zulässig ist. Bisher hat dieses Thema leider weitgehend nur ein **Nischendasein** geführt. Betrachtet man die Möglichkeiten, stellt man erstaunt fest, dass die rechtlichen Möglichkeiten weit über die in aller Regel kaum vorhandenen technischen Möglichkeiten der Gerichte hinausgehen. Möglichkeiten virtueller Verhandlung sieht **§ 128a ZPO** vor und zwar sowohl für Zeugenvernehmungen als auch für die mündliche Verhandlung. Während die Vernehmung eines Zeugen im Wege der Bild- und Tonübertragung einen Antrag erfordert, kann das Gericht eine virtuelle Verhandlung mit den Anwälten, Parteien oder Beiständen auch **von Amts wegen** anordnen (§ 128a Abs. 1 ZPO).[100] 78

Die Übertragung muss in jedem Falle in einen **Gerichtssaal** erfolgen, da auch für eine derartige Verhandlung der Grundsatz der **Öffentlichkeit** gilt, so dass diese Kontrollfunktion jedenfalls theoretisch gewahrt ist.[101] Ausgeschlossen ist jedenfalls, dass sich Parteien und Richter an ihren Schreibtischen „zusammenschalten“. 79

Anders als der Zielort der Übertragung muss der Ort, von dem sich die **Anwälte** oder Parteien zuschalten, weder in einem Gericht liegen, noch öffentlich zugänglich sein Dies kann vom anwaltlichen **Schreibtisch** oder dem **Homeoffice** aus erfolgen.[102] Das Interesse der Öffentlichkeit ist durch die Übertragung in den Sitzungssaal gewahrt. Möglich ist natürlich auch eine Zuschaltung von zwei verschiedenen Orten, so dass der Richter im leeren Sitzungszimmer vor einem Monitor mit zwei Bildern sitzt. Der Einwand, dass es hier an der Möglichkeit fehle, **sitzungspoli-** 80

---

[97] Ebenso LAG Niedersachsen BeckRS 2008, 57012.

[98] Dazu OLG Celle NJW-RR 2007, 1726.

[99] Binz/Dorndörfer/Zimmermann/Zimmermann GKG § 38 Rn. 16.

[100] BT-Drs. 17/12418, 14.

[101] Musielak/Voit/Stadler ZPO § 128a Rn. 2; Schultzky NJW 2003, 313 (315); Rauscher COVuR 2020, 2 (5).

[102] BT-Drs 17/1224, 12; Musielak/Voit/Stadler ZPO § 128a Rn. 2; MüKoZPO/Fritsche ZPO § 128a Rn. 4.

zeiliche Maßnahmen durchzusetzen,[103] hat in der Ziviljustiz bei Verhandlungen keine nennenswerte Relevanz. Im Zweifel verbleibt immer noch die Möglichkeit, in einem solchen Falle die virtuelle Verhandlung zu vertagen, einen realen Fortsetzungstermin anzuberaumen und damit die Videoverhandlung zu unterbrechen.[104]

81 Erforderlich ist für Verhandlungen, dass eine **zeitgleiche Bild-Ton-Übertragung** zwischen allen Beteiligten erfolgt, um so eine reale Verhandlung weitgehend nachempfinden zu können, dies gilt auch bei Vernehmungen von Zeugen (§ 128a Abs. 2 S. 2 ZPO). Die Öffentlichkeit hat jedoch keinen Anspruch darauf, auch das Bild der Übertragung zu sehen: Ausreichend ist, dass sie der Tonübertragung folgen kann,[105] so dass jedenfalls aus diesem Grund nicht die Installation mehrerer Monitore im Sitzungssaal erforderlich ist.

82 Zumindest die Landgerichte verfügen inzwischen ganz überwiegend über entsprechende Technik, die entweder in speziellen Sitzungssälen installiert ist oder mobil in den jeweiligen Sitzungssaal transportiert wird. In aller Regel lässt diese Technik aber nur eine Übertragung aus anderen Gerichtssälen oder Behörden zu und ist häufig auch nur in **geringer Stückzahl** vorhanden, so dass jedenfalls die Erwartung, durch diese Verfahrensart in großer Zahl mündliche Verhandlungen zu ersetzen, trügerisch ist.

83 Allerdings sieht § 128a ZPO ausdrücklich **kein spezielles technisches Verfahren** vor, auf dem die Bild-Ton-Übertragung erfolgen muss, auch um hier der weiteren technischen Entwicklung nicht im Wege zu stehen. Erforderlich, aber auch ausreichend, ist alleine, dass „zeitgleich in Bild und Ton" an den Ort des Gerichts und der Zugeschalteten übertragen wird. Dies eröffnet durchaus die Möglichkeit, wenn datenschutzrechtliche Belange gewahrt sind, dass beliebige, eine derartige Kommunikation ermöglichende Programme insoweit eingesetzt werden, wobei empfehlenswert nur verbreitete Programme oder webbasierte Anwendungen sind.[106] Auch hier ist das Nadelöhr die Justiztechnik, die den Einsatz derartiger Programme auf den Dienstrechnern nicht flächendeckend erlaubt, zumal die meisten Sitzungssäle ohnhin nicht mit Computern, die über eine Kamera verfügen, ausgestattet sind. So dies aber gestattet ist oder gar der Richter auf private Technik – etwa sein **Smartphone** – zurückgreift, steht § 128a ZPO dem jedenfalls nicht entgegen.

84 Gerade in der aktuellen Situation bietet sich, wenn die Videotechnik der Justiz es zulässt, hier durchaus eine Möglichkeit, Verhandlungen mit dem erforderlichen Abstand zu führen und kann daher in der derzeitigen Krise nur empfohlen werden. Ordnet das Gericht das Verfahren nach § 128a

---

[103] Zöller/Greger ZPO § 128a Rn. 4; Schultzky NJW 2003, 313 (315).
[104] Schultzky NJW 2003, 313 (317).
[105] MüKoZPO/Fritsche ZPO § 128a Rn. 3; Schultzky NJW 2003, 313 (317).
[106] Zur Nutzung von Skype Sturm/Schulz ZRP 2019, 71 (74).

ZPO an, bedarf es einer Zustimmung der Parteien nicht. Erforderlich für die Anordnung dieses Verfahrens soll ein **Beschluss** des Gerichts sein; eine Anordnung in der Ladungsverfügung soll demgegenüber nicht genügen.[107] Demzufolge würde eine bloße Anordnung in einer Verfügung nicht zum Erlass eines Versäumnisurteils berechtigen. Hat die Verhandlung hingegen stattgefunden, obwohl es an einem Beschluss fehlt, schließt § 295 ZPO eine spätere darauf gestützte Rüge aus. Die Entscheidung des Gerichts, das Verfahren nach § 128a ZPO zu führen oder davon abzusehen, ist unanfechtbar (§ 128a Abs. 3 S. 2 ZPO). In dem Beschluss ist neben der Anordnung auch der Ort der Übertragung[108] sowie die Übertragungsart anzuordnen, zumindest letztere ist zwingend vorher abzuklären, damit sich am Ende keine unauflösbaren technischen Probleme stellen.

Praxistipp: Die Anordnung ist bei der üblichen Zuschaltung von anderen Gerichten wie folgt: 85

Für die Klägerseite/Beklagtenseite besteht die Möglichkeit, an dem Termin … gem. § 128a Abs. 1 ZPO im Wege eine Bild- Ton-Übertragung beim LG (Adresse, Sitzungssaal) … teilzunehmen.

Soll ein Zugang aus der Kanzlei/Homeoffice gestattet werden:

Für die Parteien und Prozessbevollmächtigten besteht die Möglichkeit, an dem Termin … gem. § 128a Abs. 1 ZPO im Wege einer Bild-Ton-Übertragung von ihrem Wohnort oder Kanzleisitz teilzunehmen. Die Einwahl erfolgt zur Terminszeit über [den Link … den Code des Programms etc.].

Für die Verhandlung selbst gelten die allgemeinen Vorschriften. Es ist 86
ein Protokoll zu erstellen; die Verhandlung selbst darf nicht aufgezeichnet werden (§ 128a Abs. 3 S. 1 ZPO). Im Rahmen des rechtlichen Gehörs kommen indes die Schwierigkeiten, die mit der technischen Übertragung verbunden sind, hinzu. Bestehen hier Defizite, ist die Verhandlung – notfalls real – zu wiederholen.[109]

Zu beachten ist, dass auch die **Säumnisvorschriften** gelten.[110] Als ein 87
Nichterscheinen gilt hier die **fehlende Zuschaltung** und zugleich das fehlende Erscheinen am Gerichtsort. Hier werden allerdings im Rahmen der Entschuldigung nach § 337 Abs. 1 ZPO **technische Hindernisse** zu berücksichtigen sein. Scheitert die Zuschaltung an ihnen, dürfte im Regelfall eine Entschuldigung in Betracht kommen. Scheitert der Verhandlungstermin deshalb, weil eine Zuschaltung eines Rechtsanwaltes nicht gelingt, dürfte im Regelfall die sofortige Verkündung eines Versäumnisurteils nicht in Betracht kommen. Vielmehr ist ein zeitnaher Verkündungstermin anzuberaumen, um eine Entschuldigung abzuwarten.

107 Zöller/Greger ZPO § 128a Rn. 3; Musielak/Voit/Stadler ZPO § 128a Rn. 9.
108 Zöller/Greger ZPO § 128a Rn. 3.
109 Zöller/Greger ZPO § 128a Rn. 5.
110 BeckOK ZPO/von Selle ZPO § 128a Rn. 7; Zöller/Greger ZPO § 128a Rn. 5.

88 Scheitert die virtuelle Verhandlung daran, dass der Rechtsanwalt – vielleicht aufgrund fehlender Technik – die **Anordnung nicht umsetzen kann oder will,** stellt sich die Frage, ob dies ein Säumnisfall ist. Im Normalfall stellt sich diese Frage nicht, da die Anordnung nach § 128a Abs. 1 ZPO den Parteien lediglich „gestattet", sich an einem anderen Ort aufzuhalten, eine Verpflichtung der Verhandlung im Wege der virtuellen Übertragung beizuwohnen, besteht nicht. Kommt daher die Nutzung von Technik für den Rechtsanwalt nicht in Frage, hat er normalerweise die Möglichkeit zur Verhandlung persönlich zu erscheinen. Wenn jedoch dies – aufgrund der vorgenannten Ausführungen – nicht zumutbar ist und daher bei einer realen Verhandlung das Nichterscheinen entschuldigt wäre, stellt sich die Frage, ob sich das Erscheinen zu einer Verpflichtung zur Teilnahme an dem Verfahren nach § 128a ZPO verdichtet. Dies dürfte zu verneinen sein, denn eine entsprechende Verpflichtung sieht das Gesetz nicht vor. Erforderlich für den Erlass eines Versäumnisurteils ist daher neben dem Nichterscheinen (virtuell oder leibhaftig), dass eine **Terminswahrnehmung vor Ort zumutbar** ist (→ Rn. 47 ff.).

89 Für die **Beweisaufnahme** (§ 128a Abs. 2 ZPO) gelten die Ausführungen zur Verhandlung entsprechend. Ein Einverständnis der Parteien ist ebenfalls nicht notwendig. Das Verfahren kann mit der virtuellen Verhandlung nach § 128a Abs. 1 ZPO kombiniert werden, so dass auch hiermit eine Verhandlung ohne physische Anwesenheit von Parteien, Anwälten und Zeugen im Gerichtssaal erfolgen kann. Eine Verpflichtung des Zeugen, sich auf diese Art und Weise vernehmen zu lassen, besteht allerdings nicht. Dieser kann auf einer Vernehmung im Gerichtssaal bestehen[111]. Allerdings soll eine verkappte Sanktion darin bestehen, dass dem Zeugen die Anreisekosten nicht erstattet werden.[112] Zwingend ist bei der Anordnung der Videovernehmung abzuklären, wie diese geschehen soll, also ob der Zeuge selbst die Möglichkeit hat, diese zu schalten. Hierzu besteht ganz sicher keine Verpflichtung. Empfehlenswert ist dies sicher auch nicht bei allen Zeugen. Ist dies nicht der Fall oder vom Gericht nicht gewünscht, muss eine Schaltung vom Gericht – in der Praxis zumeist über ein anderes Gericht im Wege der Rechtshilfe (§ 156 GVG) – sichergestellt werden. Hier stellt sich für den Zeugen die oben für Parteien und Anwälte erörterte Frage sinngemäß, inwieweit ein Erscheinen im Gericht zumutbar ist.

90 **Praxistipp:** Die Formulierung kann an die Anordnung des Verfahrens nach § 128a Abs. 1 ZPO angelehnt werden. Da der Vorhalt von Unterlagen per Videoschaltung nicht unproblematisch ist, empfiehlt es sich, mit der Terminsladung um die Übersendung von Kopien der vorzuhaltenden Unterlagen zu bitten, damit diese an das Gericht versandt werden können, bei dem die Vernehmung stattfindet, um sie dort dem Zeugen vorlegen zu lassen.

---

[111] Musielak/Voit/Stadler ZPO § 128a Rn. 9.
[112] Schultzky NJW 2003, 313 (316).

7. Flucht in das schriftliche Verfahren

Soweit die Möglichkeit einer Videoverhandlung nach § 128a ZPO technisch nicht bestehen, liegt die klassische Möglichkeit der Vermeidung einer mündlichen Verhandlung in dem **schriftlichen Verfahren**, welches nach § 128 Abs. 2 ZPO mit Zustimmung der Parteien angeordnet werden kann. Seit 1.1.2020 ist eine derartige Anordnung auch ohne Zustimmung der Parteien möglich, wenn nur noch über die **Kosten** oder **Nebenforderungen** zu entscheiden ist.[113] 91

Mit dem schriftlichen Verfahren können Gerichtsverfahren auch in Zeiten weitgehender Kontaktbeschränkungen schnell und effektiv erledigt werden, so dass jedenfalls von Gerichtsseite ein großes Bestreben für die Zustimmung zu dieser Verfahrensart besteht. Einer abschließenden Erledigung können hiermit indes nur Verfahren zugeführt werden, bei denen es keiner Beweisaufnahme bedarf, was im Regelfall bei Berufungsverfahren der Fall ist. Aber auch in der ersten Instanz gibt es ausreichend Verfahren, die ohne Beweisaufnahme auskommen. 92

Aber auch Verfahren mit einer Beweisaufnahme lassen sich im schriftlichen Verfahren erledigen, wenn die Parteien mit einer Beweiserhebung im **Freibeweisverfahren einverstanden** sind (§ 284 S. 2 ZPO). Die Vorschrift erlaubt nicht nur etwa eine schriftliche Zeugenvernehmung, die gelegentlich anzutreffen ist. Möglich ist sogar eine telefonische Befragung von Zeugen oder Sachverständigen oder eine Kommunikation per E-Mail.[114] Sind die Parteien hierzu bereit, bietet die Norm eine effektive Möglichkeit – vor allem einfache – Verfahren ohne Verhandlungstermin zu erledigen. Ein Verzicht auf Parteirechte ist damit auch nur insofern verbunden, als nicht die Möglichkeit der unmittelbaren Befragung des Zeugen besteht. Wo dies aber nicht erforderlich ist, besteht gleichwohl die Möglichkeit, dem Zeugen eigene Fragen vorlegen zu lassen. Über die Ergebnisse der Beweisaufnahme sind die Parteien stets zu informieren.[115] 93

Praktisches Hindernis zur Zustimmungserteilung ist häufig, dass der Anwalt sich damit der Möglichkeit der **unmittelbaren Einflussnahme auf** die **Entscheidungsfindung** beraubt, zumal zumeist vor der mündlichen Verhandlung das Gericht seine Rechtsauffassung noch nicht kundgetan hat. 94

Hier bietet sich jedoch eine Chance durch die derzeitige Situation der sehr eingeschränkten Verhandlungsmöglichkeit, um diese Bedenken aus dem Weg zu räumen. Der klassische – umständliche – Weg insoweit ist, dass das Gericht in einem **Hinweisbeschluss** seine Rechtsansichten dar- 95

---

[113] Dazu Schultzky MDR 2020, 1 (3).
[114] Musielak/Voit/Foerste ZPO § 284 Rn. 26.
[115] Musielak/Voit/Foerste ZPO § 284 Rn. 26.

stellt und so den Anwälten die Möglichkeit eröffnet, nach Anordnung des schriftlichen Verfahrens hierauf zu reagieren.

96 Ebenso möglich ist es aber hier die flexiblen Möglichkeiten moderner Kommunikation auszunutzen. Denkbar ist zunächst, dass der Richter zum Telefonhörer greift und die Anwälte – idealerweise im Wege einer von der Justiztechnik allerdings im Regelfall kaum unterstützten **Telefonkonferenz** – von seinen Rechtsansichten in Kenntnis setzt. Wenn derartige Telefonate jeweils der Gegenseite offengelegt und durch einen Vermerk aktenkundig gemacht werden, ist eine derartige Verfahrensweise unproblematisch. In diesem Zusammenhang ist auch eine **Videokonferenz** zwischen Anwälten und Gericht möglich, ohne dass es hier des Verfahrens nach § 128a ZPO bedarf.[116] Praktisch werden sich auf diesem Wege viele Verfahren unbürokratisch „abräumen" lassen, denn an einer Erörterung der Probleme im Wege der offenen Kommunikation ist auch Rechtsanwälten sehr gelegen.

97 Hat die Erörterung mit den Anwälten zu einer vergleichsweisen Lösung geführt oder erscheint ein Vergleich möglich, besteht mit **§ 278 Abs. 6 ZPO** bereits eine Möglichkeit hier ohne mündliche Verhandlung das Verfahren abzuschließen, wobei die Norm zum **1.1.2020** dahingehend **erweitert** wurde, dass es nun auch möglich ist, dass eine Partei einen Vergleichsvorschlag in der mündlichen Verhandlung annimmt oder das Gericht einen Vergleichsvorschlag zu Protokoll der mündlichen Verhandlung – damit auch einer Verhandlung nach § 128a ZPO macht.[117]

III. Corona und Fristen

1. Anspruch auf Fristverlängerung

98 Zumindest erstmalige **Fristverlängerungen** sind im Zivilverfahren in der Praxis **unproblematisch.** Aus Richtersicht scheint auf eine Fristsetzung ein Anwalt ohnehin zunächst standardmäßig mit einem Fristverlängerungsantrag zu reagieren. § 224 Abs. 2 ZPO verlangt an sich erhebliche Gründe, wobei die Anforderungen im Falle von wiederholten Anträgen steigen.[118] Wird jedoch zu Unrecht eine Fristverlängerung abgelehnt, mit der ein Rechtsanwalt rechnen kann, ist das Grundrecht auf faire Verfahrensgestaltung verletzt, wobei das BVerfG dies bereits im Falle „normaler" Arbeitsüberlastung angenommen hat.[119] In der Situation einer Virus-Pandemie, in welcher sich die gesamte Gesellschaft in einer Aus-

[116] Zöller/Greger ZPO § 128a Rn. 2; ZPO § 139 Rn. 4.
[117] Dazu Schultzky MDR 2020, 1 (6).
[118] Vgl. zu den Einzelheiten Musielak/Voit/Stadler ZPO § 224 Rn. 4 mwN.
[119] BVerfG NJW 2007, 3342.

nahmesituation befindet und weitgehende Kontaktverbote gelten, die auch zu Schwierigkeiten für Besuche von Mandanten naturgemäß beinhalten, ist bei Anlegung dieser Maßstäbe zweifellos eine **großzügige Fristverlängerung** zu gewähren.

Die Dauer der Verlängerung liegt im **Ermessen** des **Gerichts,** nach den Beobachtungen aus der Praxis gewähren die Gerichte in der aktuellen Situation großzügige Fristverlängerungen. Bei **wiederholten Anträgen** ist jedoch zu beachten, dass der **Gegner** vor der Verlängerung **gehört** wird (§ 225 Abs. 2 ZPO). 99

2. Wiedereinsetzung und Corona

Wiedereinsetzung wird von den Instanzgerichten im Grundsatz sehr zurückhaltend gewährt. Hier dürfte auch davon auszugehen sein, dass dies im Zusammenhang mit der Corona-Krise nicht anders ist. Anders als bei der Wahrnehmung von Gerichtsterminen ist für Fristwahrungen ein persönlicher Kontakt nicht erforderlich, so dass sich hier die Gefahren der Pandemie nur eingeschränkt auswirken. Im Regelfall wird eine Bearbeitung aus dem Homeoffice möglich sein. Probleme stellen sich vor allem in Fällen von Erkrankungen oder – vor allem bei anwaltlich nicht vertretenen Parteien – der Schwierigkeit einer persönlichen Kontaktaufnahme zu Anwälten oder Gerichten. 100

a) Erkrankung des Rechtsanwaltes

Wichtigste Fallgruppe der Wiedereinsetzung in der Praxis ist eine **Erkrankung** des Prozessbevollmächtigten. Gerade in einer Pandemiewelle wird mit Sicherheit davon auszugehen sein, dass auch Anwälte vom Corona-Virus befallen werden und dies auch teilweise schwere Verläufe haben wird, die dazu führen, dass Notfristen versäumt werden. Eine Wiedereinsetzung wird gleichwohl im Regelfall nicht in Betracht kommen. Denn nach ständiger Rechtsprechung des BGH muss ein Rechtsanwalt allgemeine **Vorkehrungen** dafür treffen, dass das zur Wahrung von Fristen Erforderliche auch dann unternommen wird, wenn er unvorhergesehen ausfällt.[120] Dies bedeutet, dass ein Rechtsanwalt in der Kanzlei Weisungen für den Fall hinterlegen muss, dass er unerwartet ausfällt. 101

Aber selbst wenn er als **Einzelanwalt** ohne Personal tätig ist, fordert der BGH, dass er Absprachen mit **vertretungsbereiten Kollegen** trifft.[121] Bereits im Grundsatz muss der Rechtsanwalt dann alles ihm Mögliche und Zumutbare tun, um das Fristversäumnis abzuwenden. Hier kommt es auf die konkrete Frist an. Ist lediglich ein Rechtsmittel oder ein Einspruch 102

[120] Zuletzt BGH NJW-RR 2019, 1207 Rn. 11 mwN.
[121] BGH NJW-RR 2019, 1207 Rn. 11 mwN.

einzulegen, wird hier eine Anweisung an einen Kollegen möglich sein, ebenso wird eine Beantragung einer Verlängerung der Berufungsbegründungsfrist und ggf. eine Einholung der Zustimmung des gegnerischen Anwalts (§ 522 Abs. 2 S. 3 ZPO) unproblematisch möglich sein.

103 Hinzu kommt, dass der BGH verlangt, dass bei Vorhersehbarkeit eines Ausfalls sogar darüber hinaus konkrete Maßnahmen getroffen werden müssen, um Fristversäumnisse zu vermeiden.[122] In der derzeitigen Situation einer hohen Ansteckungsgefahr und eines zur Vermeidung der Krankheit allgemein vorhandenen Ausnahmezustandes wird man durchaus die Auffassung vertreten können, dass eine Erkrankungsgefahr konkret vorhersehbar ist und daher Vorsorge zu treffen ist. Dies kann etwa durch die **Bestellung** eines **Vertreters** nach **§ 53 Abs. 2 S. 2 BRAO** im **Vorhinein** für alle Verhinderungsfälle in einem Kalenderjahr geschehen.[123] Wird keine Vorsorge getroffen, ist auch keine Wiedereinsetzung zu gewähren.

b) Sonstige Wiedereinsetzungsgründe

104 Ebenso wie eine Erkrankung sind Fälle von **Quarantänemaßnahmen** zu behandeln, die den Rechtsanwalt daran hindern, seine Kanzlei zu erreichen, sei es, dass er persönlich unter eine Anordnung als Kranker oder Ansteckungsverdächtiger fällt oder aber eine generelle Quarantänemaßnahme ihn daran hindert, zur Kanzlei zu gelangen. Soweit diese Beschränkungen ihn in Zeiten mobiler Kommunikation überhaupt daran hindern, Anträge, etwa auf Fristverlängerung bei Gericht einzureichen, wird man ebenso wie bei Erkrankungen darauf abzustellen haben, ob insoweit hinreichend **Vorsorge** für den Fall der **Abwesenheit** getroffen wurde. Daher wird auch bei derartigen Hindernissen eine Wiedereinsetzung im Regelfall ausscheiden.

105 Erschwernisse bei der **Übersendung** von **Anträgen,** die zu einer Wiedereinsetzung führen, dürften durch die Corona-Krise derzeit nicht zu erwarten sein, denn der Postverkehr ist hinreichend gewährleistet, Fax und beA stehen ohnehin uneingeschränkt zur Verfügung. Verschärft sich hier die Lage und kommt es zu **Zustellverzögerungen** durch die **Post,** werden die Grundsätze, die der BGH für einen **Poststreik** entwickelt hat, heranzuziehen sein. Demnach trifft zwar im Grundsatz den Anwalt kein Verschulden an dem verspäteten Zugang eines Schriftsatzes, wenn er veranlasst, dass dieser so rechtzeitig in den Briefkasten eingeworfen wird, dass er nach den normalen Postlaufzeiten fristgerecht bei dem Gericht hätte eingehen müssen. Anders liegt es aber bei bekannten Zustellverzögerungen aufgrund einer **Ausnahmesituation.** Ist durch diese das Vertrauen in

---

[122] St. Rspr. zuletzt BGH NJW-RR 2019, 1207 Rn. 11.

[123] So auch die Empfehlung von auf der Heiden NJW 2020, 1023 (1025); aA angesichts der statistisch lediglich bei 14 % liegenden schweren Krankheitsverläufe Rauscher COVuR 2020, 2 (9).

die Einhaltung der normalen Postlaufzeiten erschüttert, treffen den Anwalt **gesteigerte Sorgfaltspflichten,** wenn er für die Beförderung eines fristgebundenen Schriftstücks gleichwohl den Postweg wählt, obwohl sichere Übermittlungswege zumutbar sind.[124] Hier wird man dem Prozessbevollmächtigten aufgeben, sich zu erkundigen, ob es zu Zustellverzögerungen im Absende oder Empfangsgebiet kommt, im Zweifel dürfte er auf die Nutzung des Telefaxes oder des beA zu verweisen sein.

c) Verhinderung der Partei

War eine Partei **anwaltlich** nicht **vertreten,** gelten die vorbezeichneten Maßstäbe auch zur Vorsorgeverpflichtung ebenfalls, wenn es sich um ein **Geschäftsunternehmen** oder eine **juristische Person** handelt.[125] Für **Privatpersonen** gelten sie hingegen nur **eingeschränkt.** Entscheidend ist, ob die anwaltlich vertretene Partei in der Lage war, ihren Rechtsanwalt sachgerecht zu unterrichten.[126] Dies dürfte letztlich eine Frage des Einzelfalls sein. Eine Erkrankung, die nicht die **Handlungsunfähigkeit** zur Folge hat, scheidet insofern aus. Ist diese nicht gegeben, ist Wiedereinsetzung zu gewähren. 106

Sah sich die nicht anwaltlich vertretene Partei daran gehindert einen Antrag zu stellen, weil sie sich etwa nicht in der Lage sah, beim Amtsgericht einen Einspruch gegen das Versäumnisurteil zu **Protokoll der Geschäftsstelle** zu erklären (§§ 496, 129a ZPO), werden die oben entwickelten Kriterien für die Zumutbarkeit des Erscheinens vor Gericht (→ Rn. 47 ff.) entsprechend gelten. Da die Gerichte auch in der Krisenzeit derartige Möglichkeiten vorsehen und ein Gang zu Gericht nicht unter Ausgangssperren fällt, dürften objektive Hindernisse nur vorliegen, wenn **Quarantänemaßnahmen** greifen. Dann ist aber Wiedereinsetzung zu gewähren, denn die Möglichkeit zur Abgabe von Erklärungen zu Protokoll der Geschäftsstelle soll gerade die Möglichkeit eröffnen, auch ohne anwaltliche Hilfe Prozesshandlungen und -erklärungen prozessrechtskonform vorzunehmen bzw. abzugeben.[127] Daher wäre es nicht angängig, im Verhinderungsfalle die Partei auf die Möglichkeit des Schriftsatzes zu verweisen. 107

3. Demnächst-Zustellung (§ 167 ZPO)

Fristenprobleme kann es auch im Bereich des § 167 ZPO geben, der eine **Vorverlagerung** der **Rechtshängigkeitswirkungen** im Falle der Verjährung und der Fristenwahrung anordnet. Zu denken ist etwa an ver- 108

---

[124] BGH NJW 2016, 2750 Rn. 8 f.
[125] MüKoZPO/Stackmann ZPO § 233 Rn. 56.
[126] BGH NJW-RR 1994, 957.
[127] BeckOK ZPO/Toussaint ZPO § 496 Rn. 5.

sicherungsrechtliche Fristen oder Anfechtungsfristen, etwa im Bereich des Wohnungseigentumsrechts. Insoweit erfordert § 167 ZPO bekanntlich, dass die Zustellung „demnächst" erfolgt. Allerdings ist es in Anbetracht der sowohl in Anwaltskanzleien als auch den Gerichten verbreiteten Heimarbeit und eventuellen Krankheitsfällen nicht unwahrscheinlich, dass es zu Verzögerungen kommt.

109 Hier kann es zunächst zu **Verzögerungen** im **Bereich** der **Gerichte** kommen, weil diese nur spärlich besetzt sind und daher eingehende Verfahren nur zögerlich bearbeiten und daher etwa der **Kostenvorschuss** nicht zeitnah **angefordert** wird. Im Grundsatz gilt, dass Zustellverzögerungen, die ihre Ursache in der Sphäre des Gerichts haben, nicht zu Lasten des Klägers gehen.[128] Allerdings darf der Kläger auch nicht unbegrenzt lange untätig bleiben, wenn er etwa bemerkt, dass das Gericht keinen Kostenvorschuss abruft. Nach der Rechtsprechung des BGH muss er jedoch frühestens nach **drei Wochen** sich nach dem Verbleib des Vorschusses **erkundigen.** Bleibt er weiter untätig, beginnt die für den Kläger nachteilige Verzögerungszeit.[129] Da die vom BGH gesetzte Frist von drei Wochen bereits äußerst großzügig bemessen ist, gibt es auch in Corona-Zeiten kein Anlass hier von einer längeren Wartefrist auszugehen. Hat der Anwalt nach drei Wochen immer noch keine Vorschussanforderung erhalten, muss er bei Gericht nachfragen.

110 **Praxistipp:** Für die Anwaltspraxis ist es hierbei extrem wichtig, die **Nachfrage** in einer **beweisbaren Form** zu halten, damit später – etwa im Berufungsverfahren – kein vermeidbarer Rechtsverlust für den Mandanten droht. Im Zweifel ist daher per **Fax** anzufragen und nicht die Sekretärin bei der Geschäftsstelle, die ohnehin die Vorschussanforderung nicht berechnet, anrufen zu lassen.

111 **Verzögerungen** im **Bereich** der **Partei** liegen vor, wenn es durch Umstände, die einer Partei als Nachlässigkeit vorgeworfen werden können, zu einer Verzögerung von 14 Tagen kommt.[130] Eine Verlängerung der Frist ist aufgrund der Corona-Krise nicht geboten. Allerdings besteht hinreichend **Spielraum** bei der Frage der **Nachlässigkeit** der Partei. Der BGH sieht hier üblicherweise einen Zeitraum von drei Tagen für die **Übermittlung** der **Kostenforderung** vom Anwalt an die Partei als nicht zustellverzögernd an.[131] Hier erscheint es bei entsprechendem Vortrag jedenfalls in kleinen Kanzleien denkbar, diese Zeitspanne geringfügig zu erweitern. Gleiches gilt für die **Zahlungsfrist,** die üblicherweise mit einer Woche zu bemessen ist. Aber auch hier sieht der BGH eine angemes-

[128] BGH NZM 2011, 752 Rn. 6.
[129] BGH NJW 2016, 568 Rn. 13 ff.
[130] BGH NZM 2015, 664 Rn. 6; NJW 2016, 568 Rn. 9.
[131] BGH NJW-RR 2018, 461 Rn. 13 f.

sene Verlängerung vor, wenn dies nach den Umständen des Einzelfalls angemessen ist.[132] Diese bislang für Feiertage angenommene Ausnahme mag im konkreten Fall auch eingreifen, wenn sich die Zahlung aufgrund von Folgen der Corona-Krise verzögert. Dies betrifft allerdings nur Verzögerungen bei der Abwicklung der Zahlung. Dass durch Verdienstausfälle etc das angeforderte Geld nicht zur Zahlung des Vorschusses vorhanden ist, ist kein Grund, der hier ins Feld geführt werden kann. Ebenso führen Verzögerungen durch den Rechtsschutzversicherer nicht zu einer Entlastung des Klägers, sondern gehen in vollem Umfang in den Bereich der als Nachlässigkeit anzurechnenden Verfahrensverzögerungen.[133]

IV. Ausblick

Die Corona-Krise stellt Zivilverfahren vor große **Herausforderungen.** 112
Die größten Probleme stellen sich dabei bei den mündlichen Verhandlungen. Hier besteht, jedenfalls solange noch eine hohe Ansteckungsgefahr vorliegt, abgesehen von besonders dringlichen Fällen ein Anspruch, einen anberaumten Termin zu verlegen. De facto führt dies dazu, dass während der Hochzeiten der Corona-Epidemie, deren Dauer beim Verfassen dieser Zeilen nicht absehbar ist, ein erheblicher **Verfahrensstau** anwachsen wird. Dieser wird die Ziviljustiz noch geraume Zeit in Atem halten und beinhaltet leider aufgrund des mit einem höheren Verfahrensbestand verbundenen erhöhten Aktenumlaufs die Gefahr der Potenzierung.

Die Krise bietet aber auch die **Chance,** die in der ZPO im Dornrö- 113
schenschlaf befindliche Norm des **§ 128a ZPO** auszureizen und Verhandlungen großzügig virtuell durchzuführen. Ebenfalls kann im Wege moderner Kommunikationsmöglichkeiten mit den Anwälten vor Anordnung des schriftlichen Verfahrens kommuniziert werden. Zu hoffen bleibt, dass die Justizverwaltung auf die Krise durch eine deutliche Verbesserung der EDV-Ausstattung der Justiz reagiert. Für die elektronische Akte dürfte die Situation einen kräftigen Motivationsschub bedeuten.

---

[132] BGH NJW-RR 2018, 461 Rn. 9 mwN.
[133] BGH VersR 1968, 1062 (1063); Musielak/Voit/Wittschier ZPO § 167 Rn. 10.

§ 14 Sanierung und Insolvenz

Inhaltsübersicht

I. Einleitung

1 Bestandteil des am 27.3.2020 verkündeten Gesetzes zur Abmilderung der Folgen der Covid-19-Pandemie im Zivil-, Insolvenz- und Strafverfahrensrecht (BGBl. 2020 I 569) ist gemäß dessen Art 1 das Gesetz zur vorübergehenden Aussetzung der Insolvenzantragspflicht und zur Begrenzung der Organhaftung bei einer durch die Covid-19-Pandemie bedingten Insolvenz (Covid-19-Insolvenz-Aussetzungsgesetz – COVInsAG). Das COVInsAG ist nach Art. 6 S. 1 des Gesetzes zur Abmilderung der Folgen der Covid-19-Pandemie im Zivil-, Insolvenz- und Strafverfahrensrecht rückwirkend am 1.3.2020 in Kraft getreten.

2 Ziel der durch das COVInsAG eingeführten insolvenzrechtlichen Regelungen ist es, die Fortführung von Unternehmen zu ermöglichen und zu erleichtern, die infolge der COVID-19-Pandemie insolvent geworden sind oder wirtschaftliche Schwierigkeiten haben.[1] Zugunsten der von der Covid-19-Pandemie betroffenen haftungsbeschränkten Gesellschaften, Vereine und Stiftungen und zugunsten ihrer Organe wurden zum einen die Insolvenzantragspflichten gemäß § 15a InsO und § 42 Abs. 2 BGB, zum anderen die Zahlungsverbote der § 64 GmbHG, § 92 Abs. 2 AktG, § 99 GenG, § 130a Abs. 1 HGB, § 177a HGB eingeschränkt. Des Weiteren wurde die Möglichkeit zur Stellung von Gläubigerinsolvenzanträgen gemäß § 14 InsO eingeschränkt. Den betroffenen Unternehmen und ihren organschaftlichen Vertretern soll auf diese Weise Zeit gegeben werden, um die notwendigen Vorkehrungen zur Beseitigung der Insolvenzreife zu treffen, insbesondere um zu diesem Zwecke staatliche Hilfen in Anspruch zu nehmen oder Finanzierungs- und Sanierungsarrangements mit Gläubigern und Kapitalgebern zu treffen.[2]

3 Zugunsten der Kreditgeber und sonstigen Geschäftspartner der von der Covid19-Pandemie betroffenen Unternehmer, ungeachtet der Rechtsform, in der das betroffene Unternehmen gehalten wird (also auch Kleingewerbetreibende, eingetragene Kaufleute, GbR, OHG, KG und Partnerschaften), wurden die Haftungsgefahren bei der Kreditvergabe und die Insolvenzanfechtungsregeln eingeschränkt. Durch die Einschränkung von Haftungs- und Anfechtungsrisiken sollen die Voraussetzungen dafür geschaffen werden, dass solchen Unternehmen Sanie-

[1] BT-Drs. 19/18110, 17.
[2] BT-Drs. 19/18110, 17.

rungskredite gewährt werden können und dass die Geschäftsverbindungen zum Schuldner nicht abgebrochen werden.[3]

4 Die Regelungen zur Aussetzung der Insolvenzantragspflicht, der Folgen einer verzögerten Antragstellung für die Restschuldbefreiung und der Zahlungsverbote sowie die Änderungen im Anfechtungsrecht sind befristet bis zum 30. September 2020, weil sie der Bekämpfung einer spezifischen und vorübergehenden Notlage dienen sollen, welche durch die COVID-19-Pandemie hervorgerufen wird.[4]

5 Die Einschränkung der Gläubigerinsolvenzanträge ist auf drei Monate befristet, um den damit verbundenen Eingriff in die Gläubigerrechte zu beschränken.[5]

6 Ein grundlegender Leitgedanke des COVInsAG scheint die Vermeidung von Insolvenzverfahren und ihrer Folgen (vor allem der Insolvenzanfechtung) um fast jeden Preis zu sein. Ungeachtet der Frage, ob man mit dieser Zielsetzung rechtspolitisch konform geht, wird man diesen Leitgedanken jedenfalls bei der Auslegung des COVInsAG und bei der Beantwortung sich ergebender Zweifelsfragen zu berücksichtigen haben.

II. Einschränkung der Insolvenzantragspflicht

7 Nach § 1 S. 1 und 2 COVInsAG wird die Pflicht zur Stellung eines Insolvenzantrags nach § 15a InsO und nach § 42 Abs. 2 BGB bis zum 30. September 2020 ausgesetzt, es sei denn, die Insolvenzreife beruht nicht auf den Folgen der Ausbreitung des SARS-CoV-2-Virus (COVID-19-Pandemie) oder es bestehen keine Aussichten darauf, eine bestehende Zahlungsunfähigkeit zu beseitigen.

1. Gesetzeszweck

8 Durch die befristete Einschränkung der Insolvenzantragspflicht sollen die betroffenen Gesellschaften, Vereine und Stiftungen die Gelegenheit erhalten, die Insolvenzreife, insbesondere unter Inanspruchnahme der bereitzustellenden staatlichen Hilfen, gegebenenfalls aber auch im Zuge von Sanierungs- und Finanzierungsvereinbarungen zu beseitigen.[6]

9 Durch § 1 COVInsAG werden nur die Insolvenzantragspflichten eingeschränkt, während die zur Insolvenzantragspflicht führenden Insolvenzgründe der Zahlungsunfähigkeit (§ 17 InsO) und Überschuldung (§ 19 InsO) als solche nicht ausgesetzt oder eingeschränkt wurden.

---

[3] BT-Drs. 19/18110, 17.
[4] BT-Drs. 19/18110, 21.
[5] BT-Drs. 19/18110, 21.
[6] BT-Drs. 19/18110, 22.

2. Eingeschränkte Insolvenzantragspflichten

a) § 15a InsO

Gemäß § 15a Abs. 1 S. 1 InsO haben die Vertretungsorgane einer juristischen Person, die zahlungsunfähig (§ 17 InsO)[7] oder überschuldet (§ 19 InsO)[8] ist, unverzüglich, spätestens binnen drei Wochen einen Insolvenzantrag zu stellen. Das gleiche gilt gemäß § 15a Abs. 1 S. 2 InsO für die organschaftlichen Vertreter der zur Vertretung der Gesellschaft ermächtigten Gesellschafter bei einer Gesellschaft ohne Rechtspersönlichkeit, bei der kein persönlich haftender Gesellschafter – unmittelbar oder mittelbar – eine natürliche Person ist (v. a. Kapital & Co. KG). 10

Die Frage, wann die Insolvenzantragsfrist beginnt, mit der Kenntnis des Vertretungsorgans von Zahlungsunfähigkeit oder Überschuldung, mit deren Erkennbarkeit oder bereits mit deren objektivem Eintritt, wird uneinheitlich beantwortet. Nach einer im Vordringen befindlicher Auffassung beginnt die Antragsfrist mit dem objektiven Eintritt von Zahlungsunfähigkeit oder Überschuldung, wohingegen deren Erkennbarkeit nur für etwaige verschuldensabhängige Haftungsfolgen von Bedeutung sein soll.[9] Diese Auffassung steht auch im Einklang mit dem Wortlaut des § 15a InsO. 11

b) § 42 Abs. 2 S. 1 BGB

Neben der Insolvenzantragspflicht gemäß § 15a InsO schränkt § 1 COVInsAG auch die Insolvenzantragspflicht gemäß § 42 Abs. 2 BGB ein. Gemäß § 42 Abs. 2 BGB hat der Vorstand eines Vereins im Falle der Zahlungsunfähigkeit oder der Überschuldung die Eröffnung des Insolvenzverfahrens zu beantragen. Wird die Stellung des Antrags verzögert, so sind die Vorstandsmitglieder, denen ein Verschulden zur Last fällt, den Gläubigern für den daraus entstehenden Schaden verantwortlich. 12

Damit werden neben den vom Prinzip der sozialen Distanzierung derzeit besonders betroffenen Vereinen unter den in § 1 COVInsAG genannten Voraussetzungen auch Stiftungen bürgerlichen Rechts[10] und – soweit insolvenzfähig – juristische Personen des öffentlichen Rechts[11] von der Insolvenzantragspflicht befreit. 13

3. Begriff des Aussetzungszeitraums

Die Insolvenzantragspflicht, die ansonsten gemäß § 15a InsO beziehungsweise gemäß § 42 Abs. 2 BGB bestehen würde, ist gemäß § 1 S. 1 14

---

[7] Zur Definition vgl. Gehrlein DB 2020, 713.

[8] Zur Definition vgl. Gehrlein DB 2020, 713 (714).

[9] Gehrlein DB 2020, 713 (714); Kadenbach in Ahrens/Gehrlein/Ringstmeier, InsO, 3. Aufl. 2017, § 15a Rn. 23; MüKoInsO/Klöhn, 4. Aufl. 2019, InsO § 15a Rn. 119 mwN.

[10] Vgl. § 86 BGB.

[11] Vgl. § 89 Abs. 2 BGB.

COVInsAG für den Zeitraum vom 1.3.2020 bis längstens zum 30.9.2020 ausgesetzt, sofern nicht eine der in § 1 S. 2 COVInsAG genannten Ausnahmen eingreift.[12] Der Zeitraum, für den die Insolvenzantragspflicht ausgesetzt ist, wird im COVInsAG auch als Aussetzungszeitraum bezeichnet.

15 Die Aussetzung der Insolvenzantragspflicht kann bereits vor dem 30.9.2019 enden, nämlich wenn der betroffene Schuldner zahlungsunfähig (§ 17 InsO) ist und im Sinne von § 1 S. 2 Alt. 2 COVInsAG keine Aussicht mehr besteht, eine bestehende Zahlungsunfähigkeit zu beseitigen. *Gehrlein* will den betroffenen zahlungsunfähigen Schuldnern zur Beseitigung einer bestehenden Zahlungsunfähigkeit in Anlehnung an § 3 COVInsAG grundsätzlich nur einen Zeitraum von längstens drei Monaten einräumen, während eine Verlängerung dieses Zeitraums (nicht pauschal bis zum 30.9.2020) nur in Betracht kommen soll, wenn sich die Aussichten auf eine künftige Sanierung zur Gewissheit verdichtet haben.[13]

16 Ist der betroffene Schuldner dagegen „nur“ überschuldet, aber nicht zahlungsunfähig, dann kann die Ausnahme des § 1 S. 2 Alt. 2 COVInsAG nicht eingreifen mit der Folge, dass die Insolvenzantragspflicht ohne Weiteres bis zum 30.9.2020 ausgesetzt ist.[14]

4. Ausnahmen von der Aussetzung der Insolvenzantragspflicht

17 Auch wenn § 1 S. 1 COVInsAG unmittelbar keine tatbestandlichen Voraussetzungen für die Aussetzung der Insolvenzantragspflicht formuliert, ergeben sich diese – allerdings mit umgekehrten Vorzeichen – aus § 1 S. 2 COVInsAG.[15] Gemäß § 1 S. 2 COVInsAG sind die Insolvenzantragspflichten der § 15a InsO und § 42 Abs. 2 BGB nicht ausgesetzt, wenn die Insolvenzreife entweder nicht auf den Folgen der Ausbreitung des SARS-CoV-2-Virus (COVID-19-Pandemie) beruht (Alt. 1) oder wenn keine Aussichten darauf bestehen, eine bestehende Zahlungsunfähigkeit zu beseitigen (Alt. 2).

18 Demnach ist die Aussetzung der Insolvenzantragspflichten letztlich, ungeachtet der Frage der Beweislast, an folgende Voraussetzungen geknüpft:

- Die Insolvenzreife beruht auf den Folgen der Ausbreitung des SARS-CoV-2-Virus (COVID-19-Pandemie). Damit entscheidet unter anderem die Ursache der Insolvenzreife darüber, ob eine Insolvenzantragspflicht besteht oder ausgesetzt ist.[16]

---

[12] Schluck-Amend NZI 2020, 289 (290).
[13] Gehrlein DB 2020, 713 (714).
[14] Gehrlein DB 2020, 713 (715).
[15] Gehrlein DB 2020, 713 (714).
[16] Römermann NJW 2020, 1108.

– Es bestehen Aussichten darauf, eine bestehende Zahlungsunfähigkeit zu beseitigen.

a) Insolvenzreife beruht nicht auf den Folgen der Ausbreitung des SARS-CoV-2-Virus (COVID-19-Pandemie)

Gemäß § 1 S. 2 Alt. 1 COVInsAG ist die Insolvenzantragspflicht zum einen dann nicht ausgesetzt, wenn die Insolvenzreife nicht auf den Folgen der COVID-19-Pandemie beruht. 19

Das Beruhen der Insolvenzreife auf den Folgen der COVID-19-Pandemie ist sowohl beim Vorliegen des Eröffnungsgrundes der Zahlungsunfähigkeit (§ 17 InsO) wie auch beim Vorliegen des Eröffnungsgrundes der Überschuldung (§ 19 InsO) Voraussetzung für die Aussetzung der Insolvenzantragspflicht. 20

aa) Begriff der Insolvenzreife

§ 1 S. 2 COVInsAG verwendet den Begriff der „Insolvenzreife", der in der Insolvenzordnung und im BGB nicht verwendet wird und dort auch nicht definiert ist. Da sich § 1 S. 2 COVInsAG auf § 1 S. 1 COVInsAG bezieht und die dort in Bezug genommenen Insolvenzantragspflichten gemäß § 15a InsO, § 42 Abs. 2 BGB Zahlungsunfähigkeit oder Überschuldung voraussetzen, ist Insolvenzreife im Sinne von § 1 S. 2 COVInsAG mit dem Vorliegen von Zahlungsunfähigkeit im Sinne des § 17 InsO oder Überschuldung im Sinne des § 19 InsO gleichzusetzen.[17] Dies folgt auch mittelbar aus § 2 Abs. 2 Halbsatz 2 COVInsAG. 21

bb) Beruhen der Insolvenzreife auf der COVID19-Pandemie

Fraglich ist, wann eine Zahlungsunfähigkeit oder Überschuldung im Sinne von § 1 S. 2 Alt. 1 COVInsAG auf den Folgen der COVID-19-Pandemie beruhen. Der Gesetzesbegründung lässt sich nicht entnehmen, in welchen Fällen der Gesetzgeber von einem Beruhen der Insolvenzreife auf den Folgen der COVID-19-Pandemie ausgeht. 22

(1) Unmittelbare und mittelbare Verursachung der Insolvenzreife durch die COVID-19-Pandemie

Der Zweck des § 1 COVInsAG gebietet eine weite Auslegung des Begriffs des Beruhens.[18] Neben den Fällen einer unmittelbaren Verursachung der Insolvenzreife durch die COVID-19-Pandemie, etwa infolge des Wegfalls von Lieferketten oder aufgrund von Absatzrückgängen, sind auch Fälle einer mittelbaren Verursachung der Insolvenzreife durch die COVID-19-Pandemie erfasst, etwa wenn Kunden aus Angst vor Anste- 23

[17] Thole ZIP 2020, 650 (653).
[18] Hölzle/Schulenberg ZIP 2020, 633 (636).

ckung einem geöffneten Ladenlokal fernbleiben oder Mitarbeiter aufgrund einer Schulschließung an der Arbeit gehindert sind.[19]

(2) Mitursächlichkeit der COVID-19-Pandemie für die Insolvenzreife

24 § 1 S. 2 COVInsAG verlangt nicht, dass die COVID-19-Pandemie alleinige oder Hauptursache für die Insolvenzreife ist.[20] Eine Mitursächlichkeit der COVID-19-Pandemie im Sinne einer kumulativen Kausalität reicht damit aus, um von einem Beruhen der Insolvenzreife auf der COVID-19-Pandemie auszugehen.[21]

25 Fraglich ist, ob der Verursachungsbeitrag der COVID-19-Pandemie eine gewisses Gewicht haben muss oder ob auch ein gänzlich untergeordneter Verursachungsbeitrag der COVID-19-Pandemie ausreicht, um von einem Beruhen der Insolvenzreife auf der COVID-19-Pandemie ausgehen zu können. Nach Auffassung von *Hölzle/Schulenberg* sollen die Fälle gänzlich untergeordneter Verursachungsbeiträge der COVID-19-Pandemie zum Eintritt der Insolvenzreife von der Privilegierung des § 1 S. 1 COVInsAG ausgenommen werden.[22] Nach Ansicht von *Thole* soll die Ausnahme des § 1 S. 2 Alt. 1 COVInsAG dagegen nur dann eingreifen, wenn die Insolvenzreife „gar nicht" auf den Auswirkungen der COVID-19-Pandemie beruht.[23] Mit Rücksicht auf den Wortlaut des § 1 S. 2 Alt. 1 COVInsAG „nicht" sowie den vom Gesetzgeber verfolgten Zweck, die derzeit bestehenden Unsicherheiten und Schwierigkeiten hinsichtlich des Nachweises der Kausalität in keiner Weise zulasten des Antragspflichtigen gehen soll,[24] erscheint es überzeugender, die Ausnahme des § 1 S. 2 Alt. 1 COVInsAG nur dann eingreifen zu lassen, wenn die Insolvenzreife überhaupt nicht auf den Folgen der COVID-19-Pandemie beruht. Dies obgleich es unbefriedigend erscheint, dass hierdurch dem einen oder anderen Trittbrettfahrer die Möglichkeit eröffnet wird, einen an sich erforderlichen Insolvenzantrag weiter hinauszuzögern.[25] Allerdings wird in diesen Fällen bei zahlungsunfähigen oder zahlungsunfähig werdenden Schuldnern voraussichtlich die Ausnahme des § 1 S. 2 Alt. 2 COVInsAG – fehlende Aussicht auf Beseitigung einer bestehenden Zahlungsunfähigkeit – für ein gewisses Korrektiv sorgen.

(3) Hypothetische Kausalität

26 Von der Frage der Mitursächlichkeit zu unterscheiden sind Fälle der hypothetischen Kausalität, also Fälle, in denen Reserveursachen vorhan-

---

[19] Hölzle/Schulenberg ZIP 2020, 633 (636).
[20] Hölzle/Schulenberg ZIP 2020, 633 (637); Thole ZIP 2020, 650 (652).
[21] Thole ZIP 2020, 650 (652).
[22] Hölzle/Schulenberg ZIP 2020, 633 (637).
[23] Thole ZIP 2020, 650 (652).
[24] BT-Drs. 19/18110, 22.
[25] Gehrlein DB 2020, 713 (715).

den sind, die unabhängig von der COVID-19-Pandemie zur Folge gehabt hätten, dass die Insolvenzreife im Verlaufe des Aussetzungszeitraums in jedem Fall eingetreten wäre.[26] Diese Fälle werden sich in der Praxis voraussichtlich kaum nachweisen lassen. Sollte dies allerdings doch einmal der Fall sein, erscheint es richtig, in diesen Fällen die Ausnahme des § 1 S. 2 Alt. 1 COVInsAG anzuwenden und von einem fehlenden Beruhen auszugehen, da es keinen Grund gibt, solche Gesellschaften zu privilegieren und von der Insolvenzantragspflicht auszunehmen.[27]

Auch in diesen Fällen dürfte im Übrigen die Ausnahme des § 1 S. 2 Alt. 2 COVInsAG häufig als weiteres Korrektiv fungieren. 27

(4) Nachweis fehlenden Beruhens mit Hilfe des bloßen Zeitpunkts des Eintritts der Insolvenzreife?

Fraglich ist, ob es zur Widerlegung eines Beruhens der Insolvenzreife auf der COVID-19-Pandemie ausreicht, wenn die darlegungs- und beweisbelastete Partei lediglich nachweist, dass der betroffene Schuldner vor dem 1.3.2020 zahlungsunfähig oder überschuldet war.[28] 28

In den Fällen, in denen der Eröffnungsgrund der Zahlungsunfähigkeit zwar vor dem 1.3.2020, aber nicht schon am 31.12.2019 vorlag, ist die Frage zu verneinen. Denn andernfalls würde die Vermutung des § 1 S. 3 COVInsAG letztlich leerlaufen. Nichts Anderes kann im Ergebnis für den Eröffnungsgrund der Überschuldung gelten, wenn dieser im Zeitraum zwischen dem 1.1.2020 und dem 1.3.2020 eingetreten ist. Da die Überschuldung in der Regel einerseits die in die Zukunft betrachtete Zahlungsunfähigkeit wiederspiegelt, mithin isoliert als Eröffnungsgrund weniger akut ist als eine Zahlungsunfähigkeit, andererseits mit einer eingetretenen Zahlungsunfähigkeit regelmäßig einhergeht, sollte ihr, will man den Willen des Gesetzgebers des COVInsAG respektieren, keine weitergehende Bedeutung bei der Widerlegung des Beruhens zukommen als dem Eröffnungsgrund der Zahlungsunfähigkeit. 29

Das gleiche gilt für den Fall, dass die betroffene Gesellschaft bereits am 31.12.2019 zahlungsunfähig oder überschuldet war. Auch in diesen Fällen reicht allein der Nachweis, dass der betroffene Schuldner zum 31.12.2019 zahlungsunfähig oder überschuldet war, nicht aus, um das Beruhen der Insolvenzreife der auf den Folgen der COVID-19-Pandemie zu widerlegen. Vielmehr bleibt es auch hier bei der sich aus § 1 S. 2 COVInsAG ergebenden Verteilung der Darlegungs- und Beweislast. Für den Fall der Zahlungsunfähigkeit zum 31.12.2019 ergibt sich dies unmittelbar aus der Gesetzesbegründung zum COVInsAG, wonach das Nicht- 30

---

[26] Thole ZIP 2020, 650 (652).

[27] Hölzle/Schulenberg ZIP 2020, 633 (637); Thole ZIP 2020, 650 (652).

[28] So wohl Hölzle/Schulenberg ZIP 2020, 633 (636); Schluck-Amend NZI 2020, 289 (290); Thole ZIP 2020, 650 (652).

beruhen der Insolvenzreife auf den Folgen der COVID-19-Pandemie oder das Fehlen von Aussichten auf eine Beseitigung der Zahlungsunfähigkeit auch dann von demjenigen zu beweisen ist, der sich darauf beruft, dass eine Verletzung der Insolvenzantragspflicht vorliegt, wenn der Schuldner zum 31.12.2019 zahlungsunfähig war.[29] Daraus folgt, dass es der Gesetzgeber für möglich hält, das selbst in diesen Fällen die Insolvenzreife auf den Folgen der COVID-19-Pandemie beruhen kann – auch wenn dies nach derzeitigem Kenntnisstand unwahrscheinlich erscheinen sollte – und unter dieser Voraussetzung von einer Aussetzung der Insolvenzantragspflicht gemäß § 1 S. 1 COVInsAG ausgeht (vorausgesetzt, die Ausnahme des § 1 S. 2 Alt. 2 COVInsAG liegt nicht vor).[30] Für die Überschuldung als Eröffnungsgrund, die – wie erwähnt – in der Regel weniger akut ist und der Zahlungsunfähigkeit typischerweise vorhergeht, kann auch hier nichts anderes gelten.

31 Dies schließt es selbstverständlich nicht aus, den Beweis fehlenden Beruhens der Insolvenzreife auf der COVID-19-Pandemie auf andere Weise als durch den bloßen Nachweis des Zeitpunkts des Eintritts der Insolvenzreife zu führen. Der Nachweis muss aber eben an den Ursachen der Insolvenzreife ansetzen. Je früher vor dem 1.3.2020 die Insolvenzreife eingetreten ist, desto leichter dürfte dieser Beweis in der Regel zu führen sein. Bestand die Insolvenzreife der betroffenen Gesellschaft schon vor dem 1.1.2020 wird es nach dem, was bislang über die Auswirkungen der COVID-19-Pandemie auf das Wirtschaftsleben bekannt ist, in aller Regel an einem Beruhen der Insolvenzreife auf der COVID-19-Pandemie fehlen. Kann derjenige, der sich auf den Ausnahmetatbestand des § 1 S. 2 Alt. 1 COVInsAG beruft, beweisen, dass zu dem Zeitpunkt, zu dem die Insolvenzreife der betroffenen Gesellschaft eingetreten ist, im räumlichen und sachlichen Betätigungsfeld der Gesellschaft noch keine Auswirkungen der COVID-19-Pandemie festzustellen waren, sollte erwogen werden, dem betroffenen Schuldner beziehungsweise dessen Vertretungsorgan eine sekundäre Darlegungs- und Beweislast dahingehend aufzuerlegen, dass die Insolvenzreife gleichwohl auf den Folgen der COVID-19-Pandemie beruhte.

b) Keine Aussichten, eine bestehende Zahlungsunfähigkeit zu beseitigen

32 Gemäß § 1 S. 2 Halbs. 2 COVInsAG ist die Insolvenzantragspflicht bei zahlungsunfähigen – naturgemäß dagegen nicht bei „nur" überschuldeten – Schuldnern ferner dann nicht ausgesetzt, wenn keine Aussichten darauf bestehen, eine bestehende Zahlungsunfähigkeit zu beseitigen.

---

[29] BT-Drs. 19/81110, 22.
[30] Gehrlein DB 2020, 713 (716).

aa) Zeitpunkt, bis zu dem die Zahlungsunfähigkeit beseitigt sein muss

Fraglich ist, bis zu welchem Zeitpunkt die Zahlungsunfähigkeit spätestens beseitigt sein muss. Denkbar wäre einmal, an das Ende des Aussetzungszeitraums gemäß § 1 S. 1 COVInsAG anzuknüpfen, was bedeuten würde, dass Aussicht bestehen muss, die Zahlungsunfähigkeit spätestens mit Ablauf des 30.9.2020 beseitigt zu haben. Mithin müsste die Zahlungsunfähigkeit spätestens am 1.10.2020 wiederhergestellt sein.[31] Denkbar wäre ferner, dass die Aussicht ausreichend ist, die Zahlungsunfähigkeit zwar nicht bis zum Ablauf des 30.9.2020, aber innerhalb einer sich anschließenden Drei-Wochen-Höchstfrist im Sinne des § 15a Abs. 1 S. 1 InsO zu beseitigen. 33

Gehrlein will den betroffenen Schuldnern zur Beseitigung einer bestehenden Zahlungsunfähigkeit dagegen im Regelfall in Anlehnung an § 3 COVInsAG nur einen Zeitraum von längstens drei Monaten einräumen, während eine Verlängerung dieses Drei-Monats-Zeitraums (nicht pauschal bis zum 30.9.2020) nur in Betracht kommen soll, wenn sich die Aussichten auf eine künftige Sanierung zur Gewissheit verdichtet haben.[32] 34

bb) Anforderungen an die Beseitigung einer bestehenden Zahlungsunfähigkeit

Um beurteilen zu können, ob Aussichten bestehen, eine bestehende Zahlungsunfähigkeit zu beseitigen, muss zunächst Klarheit darüber bestehen, unter welchen Voraussetzungen überhaupt von der Beseitigung einer einmal eingetretenen Zahlungsunfähigkeit ausgegangen werden kann. 35

Der *Bundesgerichtshof* hat sich mit dieser Frage – soweit ersichtlich – bislang nur mittelbar, nämlich im Zusammenhang mit der Zahlungseinstellung im Sinne von § 17 Abs. 2 S. 2 InsO und deren Beseitigung befasst. Nach einer in ständiger Rechtsprechung vom *Bundesgerichtshof* verwendeten Formel setzt die Beseitigung einer einmal eingetretenen Zahlungseinstellung voraus, dass der Schuldner seine Zahlungen im Allgemeinen wieder aufnimmt.[33] In einem Urteil vom 25.10.2012 hat der *Bundesgerichtshof* hierzu ausgeführt, dass es für die Beseitigung einer Zahlungseinstellung nicht ausreichend ist, dass der Schuldner an einem bestimmten Stichtag zur Befriedigung seiner Gläubiger, aber nicht auf Dauer zu einer allgemeinen Begleichung seiner alsbald fälligen Verbindlichkeiten in der Lage ist.[34] Weitergehend hat der *Bundesgerichtshof* aus- 36

---

[31] Römermann NJW 2020, 1108 (1109); Thole ZIP 2020, 650 (653).
[32] Gehrlein DB 2020, 713 (714).
[33] BGH NZI 2012, 963 Rn. 18 mwN; NZI 2007, 27.
[34] BGH NZI 2012, 963 Rn. 19 mwN.

geführt, dass von einer Wiederherstellung der „Zahlungsfähigkeit“ nicht ausgegangen werden kann, wenn sich der Schuldner durch die Befriedigung seiner gegenwärtigen Gläubiger der Mittel entäußert, die er zur Begleichung seiner künftigen, alsbald fällig werdenden Verbindlichkeiten benötigt.[35] Nimmt man die Begründung des *Bundesgerichtshofs* wörtlich, dann betreffen die Ausführungen nicht nur die – mit einer Zahlungsunfähigkeit nicht zwingend identische – Zahlungseinstellung, sondern auch die Zahlungsunfähigkeit selbst.

37 Aus dem Urteil geht nicht hervor, wann ein Schuldner „auf Dauer zu einer allgemeinen Begleichung seiner alsbald fälligen Verbindlichkeiten in der Lage ist“, das heißt welcher Zeitraum hier zu betrachten ist. In der Literatur wird insoweit postuliert, dass keine positive Fortbestehensprognose im Sinne von § 19 Abs. 2 S. 1 Halbs. 2 InsO erforderlich sei, sondern eine „nachhaltige“ Wiederherstellung der Zahlungsfähigkeit.[36] Eine vor den coronabedingten Beschränkungen bestehende Überlebensfähigkeit aus eigener Kraft müsse, gegebenenfalls mit Hilfe finanzieller Maßnahmen im Rahmen der Maßnahmenpakete, wieder erreicht werden können.[37] Wie sich diese Prognose konkret von einer positiven Fortbestehensprognose im Sinne von § 19 Abs. 2 S. 1 Halbs. 2 InsO unterscheiden soll, bleibt allerdings unklar.

cc) Anforderungen an die Aussicht auf Beseitigung

38 An den Begriff der Aussichten sind keine hohen Anforderungen zu stellen, insbesondere nicht im Sinne einer überwiegenden Wahrscheinlichkeit entsprechend § 19 Abs. 2 S. 1 Halbs. 2 InsO.[38] Aussichten auf eine Beseitigung einer bestehenden Zahlungsunfähigkeit bestehen vielmehr erst dann nicht mehr, wenn gar keine Aussichten mehr bestehen, eine eingetretene Zahlungsunfähigkeit zu beseitigen, eine solches Unterfangen also offensichtlich aussichtslos ist.[39]

39 Von *Thole* wird insoweit eine gewisse Objektivierbarkeit der Annahme gefordert, dass Aussicht auf eine Beseitigung der Zahlungsunfähigkeit bestehe.[40] Allein ein gutes subjektives Gefühl des betreffenden Vertretungsorgan soll nicht ausreichen.[41] Dieser Forderung ist schon mit Rücksicht auf die in § 91 Abs. 2 AktG für die Aktiengesellschaft kodifizierte und für andere Gesellschaftsformen durch die Rechtsprechung entwickelte Selbstprüfungspflicht, wonach das Vertretungsorgan für eine Organisation zu sorgen hat, die ihm die zur Wahrnehmung seiner Pflichten

---

35 BGH NZI 2012, 963 Rn. 19.
36 Hölzle/Schulenberg ZIP 2020 633 (637).
37 Hölzle/Schulenberg ZIP 2020, 633 (638).
38 Thole ZIP 2020, 650 (653).
39 Schluck-Amend NZI 2020, 289 (291).
40 Thole ZIP 2020, 650 (653).
41 Thole ZIP 2020, 650 (653).

erforderliche Übersicht über die wirtschaftliche und finanzielle Situation der Gesellschaft jederzeit ermöglicht,[42] zuzustimmen. Eine solche Objektivierbarkeit lässt sich letztlich nur dadurch erreichen, dass man zum einen vom Vertretungsorgan verlangt, dass dieses konkret darlegt, auf welche Umstände die Aussicht auf Beseitigung einer bestehenden Zahlungsunfähigkeit gestützt wird. Als solche konkreten Umstände kommen beispielsweise in Betracht:[43]

– Die Erwartung, dass bereits beantragte staatliche Finanzhilfen in Kürze ausgezahlt werden.
– Die Erwartung, dass staatliche Beschränkungen, die die Fortführung des Unternehmens ausschließen oder behindern, aufgehoben werden.
– Die erwarteten Effekte bereits eingeleiteter Sanierungsmaßnahmen.

Zum anderen wird man eine fortlaufende Liquiditätsplanung fordern **40** müssen, aus der sich ableiten lässt, dass sich die Zahlungsunfähigkeit mit Hilfe der erwarteten konkreten Effekte auch tatsächlich beseitigen lässt.[44]

Hieraus folgt, dass das Vertretungsorgan im Eigeninteresse eine diesen **41** Anforderungen genügende, objektiv nachvollziehbare Dokumentation vorbereiten und bereithalten sollte, um sich vor etwaigen späteren Haftungsansprüchen des Insolvenzverwalters und vermeintlich geschädigter Gläubiger sowie vor der Verfolgung durch die Staatsanwaltschaft zu schützen.[45] Eine ähnliche Fragestellung kennt die Insolvenzordnung in § 270b Abs. 1 S. 1 InsO, wonach der Zugang zum Schutzschirmverfahren unter anderem nur dann eröffnet sein soll, wenn die angestrebte Sanierung nicht offensichtlich aussichtslos ist. Es ist daher zu überlegen, sich bei Prüfung und Dokumentation der Frage, ob Aussicht auf Beseitigung der Zahlungsunfähigkeit im Sinne von § 1 S. 2 Alt. 2 COVInsAG besteht, an den zur Bescheinigung nach § 270b Abs. 1 S. 3 InsO entwickelten Kriterien zu orientieren.

Nicht erforderlich ist es, dass auch Aussicht besteht, eine etwa beste- **42** hende Überschuldung zu beseitigen.[46]

c) Darlegungs- und Beweislast

Die Aussetzung der Insolvenzantragspflichten soll gemäß § 1 S. 2 **43** COVInsAG dann nicht greifen, wenn die Insolvenzreife nicht auf den Auswirkungen der COVID-19-Pandemie beruht oder wenn keine Aussichten darauf bestehen, eine eingetretene Zahlungsunfähigkeit zu besei-

[42] BGH NJW-RR 2012, 1122.
[43] Gehrlein DB 2020, 713 (714).
[44] Hölzle/Schulenberg ZIP 2020, 633 (637).
[45] Schluck-Amend NZI 2020, 289 (293).
[46] Hölze/Schulenberg ZIP 2020, 633 (637); Thole ZIP 2020, 650 (654).

tigen. Die Beweislast dafür liegt bei demjenigen, der sich auf das Bestehen der Antragspflicht beruft.[47] An das Vorliegen eines Ausnahmetatbestandes gemäß § 1 S. 2 COVInsAG soll ein strenger Darlegungs- und Beweismaßstab anzulegen sein.[48] Derjenige, der sich auf das Fortbestehen der Insolvenzantragspflicht beruft, muss also neben dem Vorliegen der Insolvenzreife

- im Falle der Überschuldung den Ausnahmetatbestand des § 1 S. 2 Alt. 1 COVInsAG;
- im Falle der Zahlungsunfähigkeit einen der beiden Ausnahmetatbestände des § 1 S. 2 COVInsAG

darlegen und beweisen.

44 Die Vermutungsregelung des § 1 S. 3 COVInsAG ändert nichts an der durch den Wortlaut des § 1 S. 2 COVInsAG angeordneten Beweislastverteilung.[49] Auch wenn der Schuldner zum 31. Dezember 2019 zahlungsunfähig war, bleibt es dabei, dass das Nichtberuhen der Insolvenzreife auf den Folgen der COVID-19-Pandemie oder das Fehlen von Aussichten auf eine Beseitigung der Zahlungsunfähigkeit von demjenigen zu beweisen ist, der sich darauf beruft, dass eine Verletzung der Insolvenzantragspflicht vorliegt.[50]

45 Von der aus § 1 S. 2 COVInsAG abzuleitenden Darlegungs- und Beweislast unberührt bleiben die allgemeinen prozessualen Grundsätze, also auch diejenigen zur sekundären Darlegungs- und Beweislast.[51] Für die Vertretungsorgane betroffener Schuldner folgt daraus eine Obliegenheit zur Prüfung und Dokumentation der Voraussetzungen des § 1 S. 2 COVInsAG,[52] die sich aber ohnehin auch schon bereits aus § 91 Abs. 2 AktG beziehungsweise der Rechtsprechung des Bundesgerichtshofs zur Selbstprüfungspflicht von Organen haftungsbeschränkter Gesellschaften ergibt.[53] Relevant kann diese Obliegenheit für spätere Prozesse wegen einer Verletzung der Insolvenzantragspflicht oder wegen eines Verstoßes gegen die Zahlungsverbote von § 64 GmbHG, § 92 Abs. 2 AktG, § 99 GenG, § 130a Abs. 1 HGB, § 177a HGB werden.

46 Noch weitergehend wollen *Hölzle/Schulenberg* den Ausnahmetatbestand des § 1 S. 2 Alt. 2 COVInsAG bereits dann als nachgewiesen ansehen, wenn das Geschäftsleitungsorgan gegen die Selbstprüfungspflicht verstoßen hat.[54]

---

[47] BT-Drs. 19/18110, 22; Gehrlein DB 2020, 713 (715); Hölzle/Schulenberg ZIP 2020, 633 (635).

[48] Hölzle/Schulenberg ZIP 2002, 633 (636).

[49] BT-Drs. 19/18110, 22.

[50] BT-Drs. 19/18110, 22; Gehrlein DB 2020, 713 (715).

[51] Schluck-Amend NZI 2020, 289 (291); Thole ZIP 2020, 650 (654).

[52] Schluck-Amend NZI 2020, 289 (291).

[53] BGH NJW-RR 2012, 1122.

[54] Hölzle/Schulenberg ZIP 2020, 633 (638).

d) Vermutung zugunsten von Schuldnern, die am 31.12.2019 nicht zahlungsunfähig waren

47 War der Schuldner am 31. Dezember 2019 nicht zahlungsunfähig, wird gemäß § 1 S. 3 COVInsAG vermutet, dass die Insolvenzreife auf den Auswirkungen der COVID-19-Pandemie beruht und Aussichten darauf bestehen, eine bestehende Zahlungsunfähigkeit zu beseitigen.

aa) Gesetzeszweck

48 Da unklar sein kann, ob die Insolvenz auf den Auswirkungen der COVID-19-Pandemie beruht oder nicht und sich bei den bestehenden Unsicherheiten auch schwer Prognosen treffen lassen, sollen die potentiell Antragspflichtigen weitergehend durch die Vermutung entlastet werden, dass bei bestehender Zahlungsfähigkeit am 31. Dezember 2019 davon auszugehen ist, dass die spätere Insolvenzreife auf der COVID-19-Pandemie beruht und Aussichten darauf bestehen, eine bestehende Zahlungsunfähigkeit zu beseitigen.[55] Damit soll gewährleistet werden, dass die derzeit bestehenden Unsicherheiten und Schwierigkeiten hinsichtlich des Nachweises der Kausalität und der Prognostizierbarkeit der weiteren Entwicklungen in keiner Weise zulasten des Antragspflichtigen geht.[56] An die Widerlegung der Vermutung sollen höchste Anforderungen zu stellen sein.[57]

bb) Anwendung der Vermutung auf am 31.12.2019 überschuldete Gesellschaften?

49 War die Gesellschaft am 31.12.2019 im Sinne von § 19 InsO überschuldet, aber nicht zahlungsunfähig, greift nach dem Wortlaut des § 1 S. 3 COVInsAG die gesetzliche Vermutung, dass die Insolvenzreife auf den Auswirkungen der Covid-19-Pandemie beruht.[58] Wurde die betroffene Gesellschaft nachfolgend zahlungsunfähig, greift nach dem Wortlaut des § 1 S. 3 COVInsAG zudem die Vermutung, dass Aussicht besteht, eine bestehende Zahlungsunfähigkeit zu beseitigen.

50 Teilweise wird die Auffassung vertreten, dass die Vermutung des § 1 S. 3 COVInsAG in diesen Fällen nicht greifen könne, da in diesen Fällen für die vom Gesetz gewollte rückschauende Vermutung kein Raum sei.[59] Diese Auffassung geht von der Annahme aus, dass es nach derzeitigem Kenntnisstand am 31.12.2019 wohl keine Auswirkungen der COVID-19-Pandemie auf deutsche Gesellschaften gegeben haben kann. Allerdings

---

[55] BT-Drs. 19/18110, 22.
[56] BT-Drs. 19/18110, 22.
[57] BT-Drs. 19/18110, 22.
[58] Römermann NJW 2020, 1108 (1109); Schluck-Amend NZI 2020, 289 (291); Thole ZIP 2020, 650 (653).
[59] Gehrlein DB 2020, 713 (716).

ist nicht ersichtlich, dass dem Gesetzgeber bei der Formulierung des § 1 S. 3 COVInsAG ein Versehen oder Versäumnis unterlaufen ist und dieser eigentlich lauten sollte: „War der Schuldner am 31. Dezember 2019 nicht zahlungsunfähig oder überschuldet […]". Aus der Gesetzesbegründung zum COVInsAG geht eindeutig hervor, dass das Nichtberuhen der Insolvenzreife auf den Folgen der COVID-19-Pandemie von demjenigen zu beweisen ist, der sich darauf beruft, dass eine Verletzung der Insolvenzantragspflicht vorliegt.[60] Daraus folgt, dass es der Gesetzgeber für möglich hält, das selbst in diesen Fällen die Insolvenzreife auf den Folgen der COVID-19-Pandemie beruhen kann – auch wenn dies nach derzeitigem Kenntnisstand unwahrscheinlich erscheinen mag – und unter dieser Voraussetzung von einer Aussetzung der Insolvenzantragspflicht gemäß § 1 S. 1 COVInsAG ausgeht (vorausgesetzt, die Ausnahme des § 1 S. 2 Alt. 2 COVInsAG liegt nicht vor). Aus diesem Grund spricht mehr dafür, die Fälle, in denen die betroffene Gesellschaft am 31.12.2019 „nur" überschuldet war, im Anwendungsbereich des § 1 S. 3 COVInsAG zu belassen und die Fragestellung auf der Beweisebene zu lösen. Denn in der Regel dürfte in den Fällen, in denen der Schuldner bereits am 31.12.2019 überschuldet war, der Beweis, dass die Ursache der Insolvenzreife nicht die COVID-19-Pandemie war, nicht schwerfallen.

cc) Praktische Bedeutung des § 1 S. 3 COVInsAG

51 Eine Abänderung des Beweismaßes des § 286 Abs. 1 ZPO kann aus § 1 S. 3 COVInsAG nicht hergeleitet werden.[61] Denn anders als beispielsweise § 2 Abs. 1 Nr. 2 oder Nr. 3 COVInsAG sieht § 1 S. 3 COVInsAG keine unwiderlegliche Vermutung vor.[62] Ebenso wenig enthält § 1 S. 3 COVInsAG eine Beweisregel im Sinne des § 286 Abs. 2 ZPO.[63] Selbst bei Eingreifen der Vermutung des § 1 S. 3 COVInsAG gelten also die allgemeinen zivilprozessualen Grundsätze, insbesondere was die Widerlegung der Vermutung und die sekundäre Darlegungs- und Beweislast des Vertretungsorgans anbelangt.[64] Auch was die Verteilung der Darlegungs- und Beweislast angeht, erscheint § 1 S. 3 COVInsAG überflüssig.[65]

52 Vor diesem Hintergrund bleibt abzuwarten, ob § 1 S. 3 COVInsAG in der Rechtsanwendung überhaupt eine eigene Bedeutung zukommen wird.[66]

---

[60] BT-Drs. 19/18110, 22.
[61] Hölzle/Schulenberg ZIP 2020, 633 (635); Thole ZIP 2020, 650 (654).
[62] Römermann NJW 2020, 1108 (1109).
[63] Thole ZIP 2020, 650 (654).
[64] Thole ZIP 2020, 650 (654).
[65] Thole ZIP 2020, 650 (652).
[66] Davon ausgehend offenbar Gehrlein DB 2020, 713 (715): „[…] Ungleich schwerer ist der Gegenbeweis zu führen, wenn der Schuldner Ende des Jahres 2019 nicht insolvenzreif war.[…]".

5. Aussetzung der Insolvenzantragspflicht auch nach bereits abgelaufener Insolvenzantragsfrist?

Es sind Fälle denkbar, in denen die Drei-Wochen-Höchstfrist zur Insolvenzantragstellung gemäß § 15a Abs. 1 S. 1 InsO am 1.3.2020 (rückwirkendes Inkrafttreten des COVInsAG) bereits abgelaufen war. Es stellt sich daher die Frage, ob auch in diesen Fällen, in denen bei Inkrafttreten des COVInsAG praktisch bereits eine Insolvenzverschleppung vorlag, die Aussetzung der Insolvenzantragspflicht gemäß § 1 S. 1 COVInsAG eingreifen soll. 53

Die Frage ist im Ergebnis trotz gewisser rechtspolitischer Bedenken zu bejahen, da sich aus der insoweit eindeutigen Gesetzesbegründung zum COVInsAG ergibt, dass der Gesetzgeber die sich aus § 1 S. 2 COVInsAG ergebende Verteilung der Darlegungs- und Beweislast selbst dann für einschlägig hält, wenn die betroffene Gesellschaft am 31.12.2019 bereits zahlungsunfähig war.[67] Der Gesetzgeber hält es damit für möglich, das selbst in diesen Fällen die Insolvenzreife auf den Folgen der COVID-19-Pandemie beruhen kann – auch wenn dies nach derzeitigem Kenntnisstand unwahrscheinlich erscheinen mag – und geht unter dieser Voraussetzung von einer Aussetzung der Insolvenzantragspflicht gemäß § 1 S. 1 COVInsAG aus (vorausgesetzt, die Ausnahme des § 1 S. 2 Alt. 2 COVInsAG liegt nicht vor).[68] Damit sind von der Aussetzung der Insolvenzantragspflicht gemäß § 1 S. 1 COVInsAG auch Fälle erfasst, in denen die Drei-Wochen-Höchstfrist zur Insolvenzantragstellung gemäß § 15a Abs. 1 S. 1 InsO am 1.3.2020 bereits abgelaufen war. 54

Eine bereits begründete Haftung wegen verbotener Zahlungen gemäß § 64 S. 1 GmbHG, § 92 Abs. 2 AktG, § 99 GenG, § 130a Abs. 1 HGB, § 177a HGB vor dem 1.3.2020 wurde durch das COVInsAG nicht beseitigt. § 2 Abs. 1 Nr. 1 COVInsAG privilegiert lediglich unter den dort genannten Voraussetzungen gewisse Zahlungen im Aussetzungszeitraum. Ebenso wenig wurde durch das COVInsAG eine bereits vor dem 1.3.2020 entstandene Insolvenzverschleppungshaftung gemäß § 23 Abs. 2 BGB iVm § 15a InsO beseitigt. *Gehrlein* erwägt daher, in diesen Fällen die Haftung des Vertretungsorgans in entsprechender Anwendung des in § 2 Abs. 2 und Abs. 3 StGB zum Ausdruck kommenden Rechtsgedankens entfallen zu lassen.[69] Denkbar erscheint ferner, auf der Verschuldensebene anzusetzen,[70] möglicherweise bereits auf der Rechtfertigungsebene.[71] 55

---

[67] BT-Drs. 19/81110, 22.

[68] Gehrlein DB 2020, 713 (716).

[69] Gehrlein DB 2020, 713 (718).

[70] Gehrlein DB 2020, 713 (718).

[71] Vgl. Borchardt in Schmidt, Hamburger Kommentar zum Insolvenzrecht, 6. Aufl. 2017, InsO § 15a Rn. 17f. zum rechtfertigenden Notstand.

6. Rücknahme bereits gestellter Insolvenzanträge?

56 Auch wenn sie eher theoretischer Natur sein dürfte, stellt sich ferner die Frage, ob Insolvenzanträge, die bereits vor dem 1.3.2020 wegen eingetretener Insolvenzreife gestellt wurden, unter Hinweis auf § 1 COVInsAG ohne Haftungsrisiko wieder zurückgenommen werden können, wenn das Verfahren noch nicht eröffnet wurde. Nach Meinung von *Thole* ist diese Möglichkeit ausgeschlossen, da der Insolvenzantrag[72] in diesen Fällen denklogisch nicht auf der COVID-19-Pandemie beruht haben könne.[73] Denklogisch erscheint dies indessen nach dem oben Gesagten nicht, auch wenn nach der Lebenserfahrung viel dafür sprechen dürfte, dass in diesen Fällen meist einer oder beide der in § 1 S. 2 COVInsAG geregelten Ausnahmetatbestände eingreifen. Liegen die Ausnahmetatbestände des § 1 S. 2 COVInsAG dagegen nicht vor, dann spricht auch nichts dagegen, dass das Vertretungsorgan den Insolvenzantrag wieder zurücknimmt. Warum sollten solche Schuldner nur deshalb anders oder gar schlechter dastehen als andere insolvenzreife Schuldner, weil der Insolvenzantrag über ihr Vermögen früher gestellt wurde? Die gegenteilige Auffassung könnte im Einzelfall dazu führen, dass der Insolvenzverschlepper in den Genuss der Privilegierung des § 1 S. 1 COVInsAG kommt, während dem Schuldner, dessen Vertretungsorgan innerhalb der Frist des § 15a Abs. 1 S. 1 InsO Insolvenzantrag gestellt hat, die Privilegierung des § 1 S. 1 COVInsAG verwehrt bleibt; ein Ergebnis das nicht überzeugen würde.

57 Unzweifelhaft kann der Antrag jedenfalls dann zurückgenommen werden, wenn die Insolvenzreife als solche beseitigt wurde.[74]

7. Dauer der Aussetzung der Insolvenzantragspflicht

58 Die Aussetzung der Insolvenzantragspflicht ist zunächst (beachte aber die Verordnungsermächtigung in § 4 COVInsAG, wonach die Aussetzung der Insolvenzantragspflicht bis zum 31.3.2021 verlängert werden kann) bis zum 30.9.2020 befristet. Spätestens ab dem 1.10.2020 besteht demnach bei dann noch bestehender Insolvenzreife eine Insolvenzantragspflicht.

59 Bei der Aussetzung der Insolvenzantragspflicht bis zum 30.9.2020 handelt es sich um eine Höchstfrist für die Aussetzung. Dies folgt aus den Anforderungen des § 1 S. 2 Alt. 2 COVInsAG, wonach die Aussetzung die Insolvenzantragspflicht unter anderem dann nicht (mehr) gilt, wenn keine Aussichten darauf bestehen, eine bestehende Zahlungsunfähigkeit zu be-

[72] Genauer: Die Insolvenzreife.
[73] Thole ZIP 2020, 650 (654).
[74] Gehrlein DB 2020, 713 (716) mwN.

seitigen. Da Fälle denkbar sind, in denen diese Voraussetzung zwar bei Inkrafttreten des COVInsAG vorliegt, aber vor dem 30.9.2020 entfällt oder die Zahlungsunfähigkeit erst nach dem 1.3.2020 eingetreten ist, endet die Aussetzung der Insolvenzantragspflicht in diesen Fällen mit Wegfall dieser Voraussetzung, also in dem Moment, ab dem keine Aussicht mehr besteht, eine bestehende Zahlungsunfähigkeit zu beseitigen.[75]

Ist der betroffene Schuldner dagegen „nur“ überschuldet, aber nicht zahlungsunfähig, dann kann die Ausnahme des § 1 S. 2 Alt. 2 COVInsAG nicht eingreifen mit der Folge, dass die Insolvenzantragspflicht ohne Weiteres bis zum 30.9.2020 ausgesetzt ist.[76] 60

Die Aussetzung der Insolvenzantragspflicht bis längstens einschließlich 30.9.2020 hat zur Folge, dass die Drei-Wochen-Höchstfrist zur Insolvenzantragstellung des § 15a Abs. 1 S. 1 InsO mit dem Ende der Aussetzung, sei es, weil während des Aussetzungszeitraums die Aussicht auf Beseitigung der Zahlungsunfähigkeit im Sinne von § 1 S. 2 Alt. 2 COVInsAG entfallen ist, sei es, weil die betroffene Gesellschaft am 1.10.2020 noch insolvenzreif ist, entsprechend § 249 ZPO von Neuem zu laufen beginnt.[77] Besteht allerdings keine Aussicht, eine eingetretene Zahlungsunfähigkeit oder Überschuldung zu beseitigen, dann liegen die Voraussetzungen für eine Ausschöpfung der Drei-Wochen-Höchstfrist des § 15a Abs. 1 S. 1 InsO nicht vor. Der Antrag ist dann unverzüglich zu stellen. 61

8. Antragsberechtigung bei fehlender Insolvenzantragspflicht

Liegen die Voraussetzungen für eine Aussetzung der Insolvenzantragspflicht gemäß § 1 COVInsAG vor und möchte eines von mehreren Organmitgliedern des Vertretungsorgans gleichwohl einen Insolvenzantrag stellen, stellt sich die Frage, ob § 18 Abs. 3 InsO entsprechend angewendet werden sollte.[78] 62

9. Auswirkungen auf bestehende Verträge

Vertragliche Regelungen, etwa zu Sonderkündigungsrechten, knüpfen mitunter an die Zahlungsunfähigkeit oder Überschuldung eines Vertragspartners an. Da die Insolvenzgründe der Zahlungsunfähigkeit und Über- 63

---

[75] Hölzle/Schulenberg ZIP 2020, 633 (638); Schluck-Amend NZI 2020, 289 (291); Thole ZIP 2020, 650 (653).
[76] Gehrlein DB 2020, 713 (715).
[77] Hölzle/Schulenberg ZIP 2020, 633 (638).
[78] Römermann NJW 2020, 1108.

schuldung, auch soweit die Insolvenzantragspflicht ausgesetzt ist, als solche nicht aufgehoben sind, bleiben solche Regelungen von der Aussetzung der Insolvenzantragspflicht unberührt, soweit sie nicht durch den neu eingeführten Art. 240 EGBGB gesperrt sind.[79]

10. Auswirkungen auf verwaltungsrechtliche Vorschriften

64 Da die Insolvenzgründe der Zahlungsunfähigkeit und Überschuldung, auch soweit die Insolvenzantragspflicht ausgesetzt ist, als solche nicht aufgehoben sind, können mit der eingetretenen Insolvenzreife ferner verwaltungsrechtliche Folgen, etwa im Bereich des Gewerberechts, verbunden sein.[80]

11. Weitere branchenspezifische Auswirkungen

65 Wenn die nach § 15a InsO bestehende Pflicht zur Stellung eines Insolvenzantrags nach § 1 ausgesetzt ist, sind die Bundesanstalt für Finanzdienstleistungsaufsicht beziehungsweise die zuständigen Aufsichtsbehörden nicht verpflichtet, das ihnen nach § 46b Abs. 1 Kreditwesengesetz (KWG), § 43 Abs. 1 Kapitalanlagegesetzbuch (KAGB) iVm § 46b Abs. 1 KWG, § 21 Abs. 4 und 5 Zahlungsdiensteaufsichtsgesetz (ZAG) und § 312 Abs. 1 Versicherungsaufsichtsgesetz (VAG) zustehende Antragsrecht zu nutzen.[81] Gleiches gilt, wenn der Schuldner aufgrund seiner Rechtsform nicht § 15a InsO unterliegt, die übrigen Voraussetzungen des § 1 COVInsAG jedoch erfüllt sind.[82]

III. Ausnahmen von den Zahlungsverboten der § 64 S. 1 GmbHG; § 92 Abs. 2 S. 1 AktG; § 130a Abs. 1 S. 1 HGB, § 177a S. 1 HGB; § 99 S. 1 GenG im Aussetzungszeitraum

66 Gemäß § 2 Abs. 1 Nr. 1 COVInsAG gelten Zahlungen, die im ordnungsgemäßen Geschäftsgang erfolgen, insbesondere solche Zahlungen, die der Aufrechterhaltung oder Wiederaufnahme des Geschäftsbetriebes oder der Umsetzung eines Sanierungskonzepts dienen, als mit der Sorg-

[79] Thole ZIP 2020, 650.
[80] Thole ZIP 2020, 650.
[81] BT-Drs. 19/18110, 22f.
[82] BT-Drs. 19/18110, 23.

falt eines ordentlichen und gewissenhaften Geschäftsleiters im Sinne von § 64 S. 2 GmbHG, § 92 Abs. 2 S. 2 AktG, § 130a Abs. 1 S. 2 HGB, § 177a S. 1 HGB, § 99 S. 2 GenG vereinbar.

1. Gesetzeszweck

§ 2 Abs. 1 Nr. 1 COVInsAG soll die Vertretungsorgane der genannten Gesellschaften vor weiteren Haftungsgefahren schützen.[83] Die bloße Aussetzung der Insolvenzantragspflicht wäre hierzu nicht ausreichend, da die Zahlungsverbote gesetzestechnisch nicht an die Insolvenzantragspflicht, sondern an den Eintritt einer Zahlungsunfähigkeit oder Überschuldung anknüpfen. **67**

2. Voraussetzungen

Voraussetzung für die Anwendung der Privilegierung des § 2 Abs. 1 Nr. 1 COVInsAG ist die Aussetzung der Insolvenzantragspflicht gemäß § 1 COVInsAG. **68**

3. Privilegierung von Zahlungen im ordnungsgemäßen Geschäftsgang

§ 2 Nr. 1 COVInsAG setzt nicht die Zahlungsverbote als solche aus, sondern weitet den Anwendungsbereich der privilegierten Zahlungen gemäß § 64 S. 2 GmbHG, § 92 Abs. 2 S. 2 AktG, § 130a Abs. 1 S. 2 HGB, § 177a S. 1 HGB, § 99 S. 2 GenG aus. **69**

a) Einleitung

Der Begriff der Zahlungen, die mit der Sorgfalt eines ordentlichen Geschäftsmannes vereinbar sind im Sinne von § 64 S. 2 GmbHG, § 92 Abs. 2 S. 2 AktG, § 130a Abs. 1 S. 2 HGB, § 177a S. 1 HGB, § 99 S. 2 GenG wird von der neueren Rechtsprechung und Literatur eng ausgelegt. Danach kommt es allein darauf an, ob die in Rede stehende Zahlung für den Erhalt des Wertes der Insolvenzmasse förderlich ist oder nicht.[84] Eine den Unternehmenswert und Chancen erhaltende Fortführung des Geschäftsbetriebs innerhalb der Drei-Wochen-Höchstfrist des § 15a Abs. 1 S. 1 InsO, insbesondere die Aufrechterhaltung des Bildes eines nicht insolventen Unternehmens nach außen hin zur Vermeidung von an- **70**

---

[83] BT-Drs. 19/18110, 19.
[84] Schluck-Amend NZI 2020, 289 (292) mwN.

sonsten drohenden Nachteilen für die Sanierung[85] wird hierdurch praktisch unmöglich gemacht.[86]

71 § 2 Abs. 1 Nr. 1 COVInsAG erweitert nun die in § 64 S. 2 GmbHG, § 92 Abs. 2 S. 2 AktG, § 130a Abs. 1 S. 2 HGB, § 177a S. 1 HGB, § 99 S. 2 GenG vorgesehene Ausnahme von den Zahlungsverboten um Zahlungen im ordnungsgemäßen Geschäftsgang, einschließlich der Maßnahmen zur Aufrechterhaltung oder Wiederaufnahme der Geschäftstätigkeit, aber auch zur Neuausrichtung des Geschäfts im Rahmen einer Sanierung.[87]

b) Begriff der Zahlungen im ordnungsgemäßen Geschäftsgang

72 Soweit nach § 1 COVInsAG die Pflicht zur Stellung eines Insolvenzantrags ausgesetzt ist, gelten Zahlungen, die im ordnungsgemäßen Geschäftsgang erfolgen als mit der Sorgfalt eines ordentlichen und gewissenhaften Geschäftsleiters im Sinne von § 64 S. 2 GmbHG, § 92 Abs. 2 S. 2 AktG, § 130a Abs. 1 S. 2 HGB, § 177a S. 1 HGB, § 99 S. 2 GenG vereinbar und fallen somit aus den jeweiligen Haftungstatbeständen heraus. Bei § 2 Abs. 1 Nr. 1 COVInsAG handelt es sich um eine gesetzgeberische Fiktion, durch die den Geschäftsführern die Freiheit verschafft wird, Zahlungen vorzunehmen, ohne dass sie befürchten müssten, hierfür im Falle einer Insolvenz in die persönliche Haftung genommen zu werden.[88] Diese Fiktion greift allerdings erst auf Ebene des jeweiligen subjektiven Tatbestandes beim Tatbestandsmerkmal des Verschuldens ein, wenn nämlich angeordnet wird, dass tatbestandlich von § 2 Abs. 1 Nr. 1 COVInsAG erfasste Zahlungen als mit der Sorgfalt eines ordentlichen und gewissenhaften Geschäftsleiters vereinbar gelten.[89]

73 Der Begriff des „ordnungsgemäßen Geschäftsgangs" ist auslegungsbedürftig.[90] Der Gesetzgeber nennt als Regelbeispiele[91] Zahlungen
- die der Aufrechterhaltung oder Wiederaufnahme des Geschäftsbetriebes dienen und
- die der Neuausrichtung des Geschäfts im Rahmen einer Sanierung dienen.

74 In der Gesetzesbegründung der Bundesregierung zum COVInsAG wird hervorgehoben, dass die Geschäftsleiter bei der Fortführung des Unternehmens nicht durch die engen Grenzen der genannten Vorschrif-

---

[85] Anders und insoweit großzügiger noch BGH NJW 1979, 1823, LS 4.

[86] Schluck-Amend NZI 2020, 289 (292); K. Schmidt in: K. Schmidt/Uhlenbruck, Die GmbH in Krise, Sanierung und Insolvenz, 5. Aufl. 2016, Rn. 11.38 „drakonische Rechtsprechung".

[87] BT-Drs. 19/18110, 23.

[88] Thole ZIP 2020, 650 (655).

[89] Thole ZIP 2020, 650 (655).

[90] Thole ZIP 2020, 650 (655).

[91] BT-Drs. 19/18110, 23.

ten beschränkt werden sollen.[92] Hieraus lässt sich schließen, dass der Begriff der Zahlung im ordnungsgemäßen Geschäftsgang weiter sein muss, als derjenige der Zahlung, die mit der Sorgfalt eines ordentlichen Kaufmanns vereinbar ist, so wie er bislang seine Ausprägung durch die Rechtsprechung erlangt hat.[93]

In einem ersten Schritt kann man sich dem Begriff negativ nähern, indem man diejenigen Zahlungen abgrenzt, die auf keinen Fall von § 2 Abs. 1 Nr. 1 COVInsAG privilegiert werden.[94] Das sind alle Zahlungen ohne Bezug zur Wiederaufnahme, Fortführung oder Sanierung des Geschäftsbetriebes der betroffenen Gesellschaft.[95] Nicht privilegiert sind insbesondere alle Zahlungen, welche die wirtschaftliche Basis und damit die Fortführungsfähigkeit des Unternehmens schwächen.[96] Zu den nicht privilegierten Zahlungen dürften etwa 75

- Rückzahlungen von Gesellschafterdarlehen, die außerhalb des Aussetzungszeitraums gewährt wurden;[97]
- einmalige, überhöhte oder verschleierte Zahlungen an Gesellschafter;[98]
- Gewinnausschüttungen, Tantiemen, Boni;
- Vermögensverschiebungen, Selbstbegünstigungen, Schmiergelder;[99]
- schenkweise Zuwendungen, sowie die Zahlung von überhöhten Preisen oder Gehältern;
- sonstige außergewöhnliche Geschäfte;[100]
- weitergehend sämtliche Zahlungen, die nicht einmal im Ansatz der Aufrechterhaltung oder Wiederaufnahme des Geschäftsbetriebs oder der Sanierung des Schuldners dienen können;

gehören.

In einem zweiten Schritt kann man sich dem Begriff positiv nähern, indem man an die vom Gesetzgeber genannten Regelbeispiele[101] der Zahlungen 76

- die der Aufrechterhaltung oder Wiederaufnahme des Geschäftsbetriebes oder
- die der Umsetzung eines Sanierungskonzepts dienen

unmittelbar anknüpft.

Die auch bislang getätigten Aufwendungen für den operativen Geschäftsbetrieb, sogenannte Betriebskosten (OPEX) dürften in der Regel 77

---

[92] BT-Drs. 19/18110, 23.
[93] Ausführlich Gehrlein ZRI 2020, 183 mwN.
[94] Thole ZIP 2020, 650 (655).
[95] Hölzle/Schulenberg ZIP 2020, 633 (641); Thole ZIP 2020, 650 (655).
[96] Hölzle/Schulenberg ZIP 2020, 633 (641).
[97] Hölzle/Schulenberg ZIP 2020, 633 (642).
[98] Thole ZIP 2020, 650 (655).
[99] Thole ZIP 2020, 650 (655).
[100] Thole ZIP 2020, 650 (655).
[101] BT-Drs. 19/18110, 23.

auch zukünftig als Zahlungen, die der Aufrechterhaltung oder der Wiederaufnahme des Geschäftsbetriebes dienen, gemäß § 2 Abs. 1 Nr. 1 COVInsAG privilegiert sein, sofern nicht eine der oben im Rahmen der Negativabgrenzung genannten Ausnahmen eingreift.[102]

78 Auch Investitionen (CAPEX) sind vom Begriff des ordentlichen Geschäftsgangs grundsätzlich erfasst.[103] Hier sollte allerdings die zusätzliche Anforderung gestellt werden, dass solche Investitionen Bestandteil eines Sanierungskonzeptes beziehungsweise von diesem gedeckt sind, um planlose Investitionen zum Nachteil der Gläubigergesamtheit zu vermeiden. Daher sollte die Privilegierung auch nicht unabhängig von Art und Qualität des Sanierungskonzepts erfolgen.[104] Dies entspräche nicht dem Zweck der Privilegierung des § 2 Abs. 1 Nr. 1 COVInsAG. Das Sanierungskonzept sollte vielmehr den in der Rechtsprechung entwickelten Anforderungen entsprechen.[105]

79 Zunächst sind damit weiterhin solche Zahlungen privilegiert, die schon nach der bisherigen Rechtsprechung[106] mit der Sorgfalt eines ordentlichen Kaufmanns im Sinne von § 64 S. 2 GmbHG, § 92 Abs. 2 S. 2 AktG, § 130a Abs. 1 S. 2 HGB, § 177a S. 1 HGB, § 99 S. 2 GenG vereinbar waren.[107] Da der Gesetzgeber mit § 2 Abs. 1 Nr. 1 COVInsAG darüber hinaus ausdrücklich das Ziel verfolgt, die Aufrechterhaltung von Geschäftsbeziehungen des Schuldners zu seinen Vertragspartnern nicht zu gefährden,[108] müssen auch Zahlungen auf sogenannte Altverbindlichkeiten privilegiert sein, bei denen die betroffene Gesellschaft die Gegenleistung zum Zeitpunkt des Eintritts der Insolvenzreife bereits entgegengenommen hat.[109] Angesichts des weiten Begriffs des ordnungsgemäßen Geschäftsgangs dürfte während des Aussetzungszeitraums auch die Abführung der Arbeitgeberbeiträge zur Sozialversicherung haftungsfrei sein.[110]

80 Die Darlegungs- und Beweislast dafür, dass eine Zahlung im ordnungsgemäßen Geschäftsgang erfolgte, liegt beim Vertretungsorgan, dem insoweit keine Beweiserleichterungen zugutekommen.[111] Vertretungsorgane insolvenzreifer Gesellschaften sollten daher den Zahlungsverkehr

---

[102] Hölzle/Schulenberg ZIP 2020, 633 (641).
[103] Schluck-Amend NZI 2020, 289 (292).
[104] So aber Römermann NJW 2020, 1108 (1110).
[105] Ausführlich zu den von der Rechtsprechung entwickelten Anforderungen an Sanierungskonzepte Löser in: Knops/Bamberger/Lieser, Recht der Sanierungsfinanzierung, 2. Aufl. 2019, § 25 Rn. 63 mwN.
[106] Ausführlich Gehrlein ZRI 2020, 183 mwN.
[107] Hölzle/Schulenberg ZIP 2020, 633 (641).
[108] BT-Drs. 19/18110, 2.
[109] So wohl auch Hölzle/Schulenberg ZIP 2020, 633 (642). Römermann NJW 2020, 1108 (1110).
[110] Thole ZIP 2020, 650 (655).
[111] Hölzle/Schulenberg ZIP 2020, 633 (641).

eng kontrollieren, Zahlungen von ihrer beziehungsweise der Freigabe entsprechend geschulter Personen abhängig machen und im Zweifelsfall Rechtsrat einholen, wenn Unsicherheit besteht, ob eine Zahlung noch unter die Privilegierung des § 2 Abs. 1 Nr. 1 COVInsAG fällt oder nicht. Des Weiteren sollte auch dokumentiert werden, aufgrund welcher konkreten Umstände eine Zahlung als privilegiert im Sinne von § 2 Abs. 1 Nr. 1 COVInsAG ausgeführt wurde.

Insgesamt sind die strengen Grenzen der Rechtsprechung nun deutlich 81
aufgeweicht.[112] Es wäre zu wünschen, wenn der Gesetzgeber das Zahlungsverbot der § 64 GmbHG, § 92 Abs. 2 AktG, § 130a Abs. 1 HGB, § 177a S. 1 HGB, § 99 GenG nach Außerkrafttreten des COVInsAG dahingehend modifizieren würde, dass Zahlungen im ordnungsgemäßen Geschäftsgang innerhalb der Drei-Wochen-Höchstfrist des § 15a Abs. 1 S. 1 InsO jedenfalls so lange als mit der Sorgfalt eines ordentlichen Geschäftsmannes im Sinne von § 64 S. 2 GmbHG, § 92 Abs. 2 S. 2 AktG, § 130a Abs. 1 S. 2 HGB, § 177a S. 1 HGB, § 99 S. 2 GenG vereinbar sind, wie eine Sanierung des schuldnerischen Unternehmens erfolgversprechend erscheint.

4. Verbleibende Haftungsrisiken für Vertretungsorgane

Durch § 1 und § 2 Abs. 1 Nr. 1 COVInsAG wird das Risiko von Ver- 82
tretungsorganen, sich im Aussetzungszeitraum wegen verbotener Zahlungen oder wegen verspäteter Insolvenzantragstellung haftbar zu machen, erheblich eingeschränkt.

Allerdings schränken §§ 1 und 2 Abs. 1 Nr. 1 COVInsAG nur die In- 83
solvenzantragspflicht und das Zahlungsverbot als solche ein. Von den Regelungen unberührt bleiben die Tatbestände der Zahlungsunfähigkeit und der Überschuldung sowie alle weiteren Vorschriften, die tatbestandlich unmittelbar oder mittelbar an das Vorliegen einer Zahlungsunfähigkeit oder Überschuldung anknüpfen. Als solche sind zu nennen:

- Die mögliche Verletzung der Sanierungspflicht gemäß § 43 Abs. 2 GmbHG.[113].

---

[112] Schluck-Amend NZI 2020, 289 (292).

[113] Dem Geschäftsleiter kann im Einzelfall der Vorwurf drohen, die Sanierung der Gesellschaft vereitelt zu haben, weil er pflichtwidrig mit der Stellung eines Insolvenzantrages zugewartet und damit die Chancen einer gerichtlichen Sanierung vereitelt hat. Des Weiteren kann es den Geschäftsleitern auch zum Vorwurf gemacht werden, Mängel eines vorliegenden Sanierungskonzepts vor oder bei dessen Umsetzung nicht erkannt zu haben, vgl. Römermann NJW 2020, 1108 (1110). Bei Zahlungen, die von § 2 Abs. 1 Nr. 1 COVInsAG privilegiert werden, dürfte es dagegen in der Regel an einer Pflichtverletzung im Sinne von § 43 Abs. 2 GmbHG fehlen, vgl. Thole ZIP 2020, 650 (655).

– § 43 Abs. 3 S. 1 Var. 1 GmbHG, § 30 GmbHG.[114]
– § 49 Abs. 3 GmbHG, § 84 GmbHG.
– §§ 283, 283c, 266a, 266, 265b, 263 StGB.[115]
– § 823 Abs. 2 BGB iVm § 263 StGB.
– § 823 Abs. 2 BGB iVm § 266a StGB.
– § 311 Abs. 3 BGB.
– §§ 34, 69 AO.[116]
– § 826 BGB.

IV. Freistellung bestimmter Rechtshandlungen von Insolvenzanfechtung und Haftung

84 § 2 Abs. 1 Nr. 2-4 COVInsAG enthält weitere Regelungen, durch die Geschäftspartner von Schuldnern, die sich in der Krise befinden, vor Haftung und Insolvenzanfechtung geschützt werden sollen. Der Zweck dieser Privilegierungen besteht darin, Anreize zu schaffen, um den betroffenen Unternehmen neue Liquidität zuzuführen und die Geschäftsbeziehungen zu diesen aufrecht zu erhalten.[117]

1. Privilegierung der Rückzahlung und Besicherung von Darlehen, die im Aussetzungszeitraum gewährt werden

85 Die § 2 Abs. 1 Nr. 2 und 3 COVInsAG privilegieren die Gewährung von Darlehen im Aussetzungszeitraum.

a) Einschränkung der Insolvenzanfechtung

86 Soweit die Insolvenzantragspflicht gemäß § 1 COVInsAG ausgesetzt ist, gilt gemäß § 2 Abs. 1 Nr. 2 COVInsAG die bis zum 30. September 2023 erfolgende Rückgewähr eines im Aussetzungszeitraum gewährten neuen Kredits sowie die im Aussetzungszeitraum erfolgte Bestellung von Sicherheiten zur Absicherung solcher Kredite als nicht gläubigerbenachteiligend.

87 Die Einschränkung der Insolvenzanfechtung knüpft tatbestandsmäßig an die Aussetzung der Insolvenzantragspflicht gemäß § 1 COVInsAG an und fingiert bei Vorliegen dieser Voraussetzung unwiderleglich, dass (1)

---

[114] Hölzle/Schulenberg ZIP 2020, 633 (645); Thole ZIP 2020, 650 (655).
[115] Hölzle/Schulenberg ZIP 2020, 633 (648 f.); Schluck-Amend NZI 2020, 289 (292); Thole ZIP 2020 (650).
[116] Schluck-Amend NZI 2020, 289(292).
[117] BT-Drs. 19/18110, 4.

die bis zum 30.9.2023 erfolgende Rückgewähr eines solchen Kredits und (2) die im Aussetzungszeitraum erfolgende Besicherung eines solchen Kredits keine Gläubigerbenachteiligung im Sinn von § 129 InsO zur Folge hat.

aa) Gesetzeszweck

Die Regelung soll nach dem Willen des Gesetzgebers die Geber von neuen Krediten, einschließlich von Warenkrediten und anderen Formen der Leistungserbringung auf Ziel schützen. Sie sollen nicht befürchten müssen, zur Rückgewähr zwischenzeitlicher Leistungen verpflichtet zu werden oder den Zugriff auf die bei der Vergabe der neuen Kredite gewährten Sicherheiten zu verlieren, wenn die Bemühungen um eine Rettung des Unternehmens der Kreditnehmerin oder des Kreditnehmers scheitern und deshalb doch ein Insolvenzverfahren eröffnet wird.[118] **88**

bb) Erfasste Schuldner

Die Einschränkung der Insolvenzanfechtung knüpft tatbestandsmäßig an die Aussetzung der Insolvenzantragspflicht gemäß § 1 COVInsAG an. Die tatbestandsmäßige Anknüpfung des § 2 Abs. 1 Nr. 2 COVInsAG an die Aussetzung der Insolvenzantragspflicht gemäß § 1 COVInsAG hätte grundsätzlich zur Folge hat, dass Darlehen an Personen bzw. Gesellschaften, die nicht der Insolvenzantragspflicht gemäß § 15a InsO, § 42 Abs. 2 BGB unterliegen sowie Darlehen an Personen, die weder zahlungsunfähig noch überschuldet sind, von der Privilegierung ausgenommen sind. § 2 Abs. 2 COVInsAG stellt daher klar, dass § 2 Abs. 1 Nr. 2 COVInsAG auch für Unternehmen gilt, die keiner Antragspflicht unterliegen, sowie für Schuldner, die weder zahlungsunfähig noch überschuldet sind. **89**

cc) Voraussetzungen

(1) Aussetzung der Insolvenzantragspflicht

Die Einschränkung der Insolvenzanfechtung knüpft tatbestandsmäßig an die Aussetzung der Insolvenzantragspflicht gemäß § 1 COVInsAG an. Diese Anknüpfung hat zur Folge, dass die Privilegierung des § 2 Abs. 1 Nr. 2 COVInsAG nicht eingreift, wenn eine der in § 1 S. 2 COVInsAG geregelten Ausnahmen eingreift.[119] **90**

Damit verbleibt für die Kreditgeber aber auch das Risiko, dass der Insolvenzverwalter den Beweis gemäß § 1 S. 2 COVInsAG führt und die Vermutung des § 1 S. 3 COVInsAG widerlegt.[120] Die Aussetzung der Insolvenzantragspflicht gemäß § 1 COVInsAG ist objektive Tatbestandsvoraussetzung des § 2 Abs. 1 Nr. 2 COVInsAG; der gute Glaube des **91**

---

[118] BT-Drs. 19/18110, 23.
[119] Gehrlein DB 2020, 716 (721).
[120] Römermann NJW 2020, 1108 (1110).

Gläubigers an die Aussetzung der Insolvenzantragspflicht wird nicht geschützt.[121] § 2 Abs. 1 Nr. 2 COVInsAG nimmt dem Insolvenzverwalter also keineswegs jegliche Möglichkeit für die Insolvenzanfechtung der unter § 2 Abs. 1 Nr. 2 COVInsAG fallenden Darlehen.[122] Aus diesem Grund sollte jedenfalls der vorsichtige Kreditgeber auf einem Nachweis bestehen, dass keine der in § 1 S. 2 COVInsAG genannten Ausnahmen vorliegt[123] und diesen Nachweis einer Plausibilisierung unterziehen.[124]

92 Nach teilweise vertretener Auffassung sollen die Erleichterungen der § 2 Abs. 1 Nr. 2 bis 4 COVInsAG in den Fällen des § 2 Abs. 2 COVInsAG voraussetzungslos gelten, das heißt, die Voraussetzungen des § 1 S. 2 COVInsAG nicht zusätzlich zu prüfen sein.[125] Im Fall des § 2 Abs. 2 Alt. 2 COVInsAG (der Schuldner ist weder zahlungsunfähig noch überschuldet) ist die Annahme unproblematisch, da bei einem Schuldner, der weder zahlungsunfähig noch überschuldet ist, keiner der in § 1 S. 2 COVInsAG genannten Ausnahmetatbestände vorliegen kann. Im Fall des § 2 Abs. 2 Alt. 1 COVInsAG (Schuldner unterliegt keiner Antragspflicht) ist dieser Auffasung dagegen nicht zu folgen. Zum einen lässt sich dem § 2 Abs. 2 COVInsAG für ein solches Verständnis nichts entnehmen, da dieser schlicht auf die § 2 Abs. 1 Nr. 2-4 COVInsAG Bezug nimmt, die sich ihrerseits jeweils auf § 2 Abs. 1 COVInsAG (am Anfang des Absatzes) beziehen.[126] Zum anderen gibt es keine sachliche Rechtfertigung für eine solche Privilegierung von Kreditgebern und Gläubigern nicht insolvenzantragspflichtiger, aber zahlungsunfähiger Schuldner, bei denen die Zahlungsunfähigkeit nicht auf der COVID-19-Pandemie beruht oder bei denen keine Aussicht besteht, eine bestehende Zahlungsunfähigkeit zu beseitigen. Für die hier vertretene Auffassung spricht im Übrigen auch die in § 1 S. 4 und 5 COVInsAG zum Ausdruck kommende Wertung.

(2) Gewährung neuen Kredits oder einer Sicherheit im Aussetzungszeitraum

93 Weitere Voraussetzung des § 2 Abs. 1 Nr. 2 COVInsAG ist die Gewährung neuen Kredits oder einer Sicherheit für einen solchen Kredit im Aussetzungszeitraum.

(a) Begriff des Kredits

94 Der Begriff des Kredits im Sinne des § 2 Abs. 1 Nr. 2 COVInsAG ist weit zu verstehen. Neben dem Geldkredit im Sinne von § 488 BGB sind

[121] Hölzle/Schulenberg ZIP 2020, 633 (643).
[122] Anders Schluck-Amend NZI 2020, 289 (293).
[123] Römermann NJW 2020, 1108 (1110).
[124] Hölzle/Schulenberg ZIP 2020, 633 (643).
[125] Hölzle/Schulenberg ZIP 2020, 633 (640).
[126] Thole ZIP 2020, 650 (655).

auch Warenkredite und andere Formen der Leistungserbringung auf Ziel erfasst.[127]

Nach teilweise vertretener Auffassung sollen vom Anwendungsbereich des § 2 Abs. 1 Nr. 2 COVInsAG noch weitergehend sämtliche Fälle erfasst sein, in welchen der Vertragspartner des Schuldners auf den Schutz des Synallagmas aus § 320 BGB verzichtet und in Vorleistung tritt.[128] Dagegen hat der *Bundesgerichtshof* in einer Entscheidung zu § 135 Abs. 1 Nr. 2 InsO entschieden, dass bei einer Leistungsgewährung auf Ziel von einer Kreditgewährung erst dann ausgegangen werden kann, wenn die betreffende Forderung mindestens drei Monate gestundet wurde.[129] Legt man diesen Maßstab auch im Rahmen des § 2 Abs. 1 Nr. 2 COVInsAG zugrunde, dann sind Forderungen mit kürzerem Zahlungsziel und die hierfür bestellten Sicherheiten nicht gemäß § 2 Abs. 1 Nr. 2 COVInsAG privilegiert, sondern allenfalls – bei Vorliegen der entsprechenden Voraussetzungen – gemäß § 2 Abs. 1 Nr. 4 COVInsAG.[130] Die zuletzt genannte Auffassung überzeugt, auch weil sie Abgrenzungsschwierigkeiten vermeidet. 95

(b) „Neuer" Kredit

Eine privilegierte Kreditgewährung im Sinne von § 2 Abs. 1 Nr. 2 COVInsAG setzt die Gewährung neuen Kredits voraus. Die Regelung zielt nach dem Willen des Gesetzgebers ausdrücklich darauf ab, Banken und andere Kreditgeber zu motivieren, Krisenunternehmen zusätzliche Liquidität zur Verfügung zu stellen.[131] Die Anwendung des § 2 Abs. 1 Nr. 2 COVInsAG erfordert also die Überlassung frischen Geldes.[132] 96

Nicht von § 2 Abs. 1 Nr. 2 COVInsAG privilegiert sind daher Novationen und Prolongationen sowie wirtschaftlich ähnliche Sachverhalte, die dem Unternehmen des Schuldners keine zusätzliche Liquidität zur Verfügung stellen,[133] wie Stundungen oder Hin- und Herzahlen.[134] Solche Handlungen können allenfalls der Privilegierung des § 2 Abs. 1 Nr. 4 COVInsAG bei Vorliegen der dort genannten Voraussetzungen unterfallen.[135] 97

Ebenfalls nicht privilegiert sein soll die Auszahlung von Kreditmitteln aus einer bereits vor dem Aussetzungszeitraum zur Verfügung gestellten Kreditlinie, da die Privilegierung des § 2 Abs. 1 Nr. 2 COVInsAG Kreditgeber dazu motivieren soll, den betroffenen Schuldnern zusätzliche 98

[127] BT-Drs. 19/18110, 23.
[128] Hölzle/Schulenberg ZIP 2020, 633 (643).
[129] BGH NJW-RR 2019, 1336.
[130] Gehrlein DB 2020, 716 (721).
[131] BT-Drs. 19/18110, 23.
[132] Römermann NJW 2020, 1108 (1110).
[133] BT-Drs. 19/18110, 23.
[134] Römermann NJW 2020, 1108 (1110).
[135] Hölzle/Schulenberg ZIP 2020, 633 (643).

Liquidität zur Verfügung zu stellen.[136] Jedenfalls wenn der Kreditgeber berechtigt gewesen wäre, die Kreditlinie zum Zeitpunkt der Auszahlung der Kreditmittel zu kündigen, erscheint diese Auffassung nicht zwingend. In diesen Fällen sollte daher aus Sicht des Kreditgebers auch überlegt werden, ob der Kreditgeber seine Position nicht dadurch verbessern kann, dass er die Kreditlinie zunächst kündigt, dem Schuldner sodann eine neue Kreditlinie eröffnet und die Kreditauszahlung aus dieser neuen Kreditlinie vornimmt (wenn er den Kredit in Anbetracht dieses Risikos überhaupt noch zur Verfügung stellen will).

(c) Gewährung im Aussetzungszeitraum

99 Maßgeblich für die Beurteilung, ob der neue Kredit oder die betreffende Sicherheit im Aussetzungszeitraum gewährt wurde, ist der Zeitpunkt der effektiven Zuführung der Liquidität beziehungsweise der Bestellung der Sicherheit, nicht der Zeitpunkt, zu dem der Darlehensvertrag beziehungsweise die Sicherungsvereinbarung abgeschlossen wurde.[137]

dd) Umfang der Privilegierung

100 § 2 Abs. 1 Nr. 2 COVInsAG fingiert, dass die erfassten Darlehensrückzahlungen und Besicherungen keine gläubigerbenachteiligende Wirkung im Sinne von § 129 InsO haben.[138] Da das Vorliegen einer Gläubigerbenachteiligung im Sinne von § 129 InsO Voraussetzung jeder Insolvenzanfechtung ist, scheidet eine Insolvenzanfechtung bei Vorliegen der in § 2 Abs. 1 Nr. 2 COVInsAG genannten Voraussetzungen nach sämtlichen in Betracht kommenden Insolvenzanfechtungstatbeständen aus.[139]

101 Gemäß § 2 Abs. 1 Nr. 2 COVInsAG privilegiert ist zum einen die Rückgewähr eines solchen Darlehens bis zum 30.9.2023 einschließlich angemessener Zinszahlungen.[140] Solche Zahlungen gelten als nicht gläubigerbenachteiligend. Erfolgt die Rückgewähr dagegen nach dem 30.9.2023, finden auf diese Rückzahlungen die allgemeinen Regeln zur Insolvenzanfechtung Anwendung.

102 Privilegiert ist ferner die Bestellung von Sicherheiten für solche Kredite sowie deren spätere Verwertung. Anders als die Darlehensrückgewähr bleibt die Sicherheitenbestellung ohne Enddatum dauerhaft privilegiert.[141]

103 Die Privilegierung des § 2 Abs. 1 Nr. 2 COVInsAG gilt nicht für sonstige mit dem Vertrag verknüpfte oder in den Vertrag einbezogene Leistungen.[142]

---

[136] Gehrlein DB 2020, 716 (721).
[137] Gehrlein DB 2020, 716 (720); Thole ZIP 2020, 650 (656).
[138] Gehrlein DB 2020, 716 (721).
[139] Gehrlein DB 2020, 716 (722).
[140] BT-Drs. 19/18110, 23.
[141] Gehrlein DB 2020, 716 (720); Hölzle/Schulenberg ZIP 2020, 633 (644).
[142] Thole ZIP 2020, 650 (655).

104 Fraglich ist, wie mit einer nachträglich erfolgenden Besicherung innerhalb des Aussetzungszeitraums umzugehen ist. Nach teilweise vertretener Auffassung soll die Privilegierung nur für die anfängliche vertragsgemäße Besicherung von Darlehen gelten, nicht für eine später erfolgte Nachbesicherung.[143] Eine erst später erfolgende Besicherung soll als inkongruente Nachbesicherung weder durch § 2 Abs. 1 Nr. 2 noch durch Nr. 4 COVInsAG privilegiert und nach den allgemeinen Regeln gemäß §§ 131, 133 InsO anfechtbar sein.[144]

105 Besondere Bedeutung kann dieser Einschränkung bei Lieferungen unter erweitertem Eigentumsvorbehalt zukommen. Treffen die Parteien keine von § 366 Abs. 2 BGB abweichende Tilgungsbestimmung, dann sichert der (verlängerte) Eigentumsvorbehalt zunächst die älteste offene Forderung mit der Folge, dass durch den erweiterten (verlängerten) Eigentumsvorbehalt eine Nachbesicherung eintreten kann.[145] Nach anderer Auffassung ist auch die nachträgliche Besicherung innerhalb des Aussetzungszeitraums privilegiert. Da § 2 Abs. 1 Nr. 2 COVInsAG – anders als § 2 Abs. 1 Nr. 4 COVInsAG – nicht zwischen kongruenten und inkongruenten Deckungen differenziert, soll auch die Nachbesicherung eines im Aussetzungszeitraums gewährten Darlehens durch § 2 Abs. 1 Nr. 2 COVInsAG privilegiert sein, sofern die Nachbesicherung bis zum 30.9.2020 erfolgt.[146]

106 Fraglich ist weiter, wie mit der Prolongation eines im Aussetzungszeitraums gewährten und ursprünglich von § 2 Abs. 1 Nr. 2 COVInsAG privilegierten Darlehens umzugehen ist. Nach teilweise vertretener Auffassung soll nur die erstmalig vereinbarte Darlehenslaufzeit sowie eine noch im Aussetzungszeitraum erfolgende Prolongation eines bereits privilegierten, zunächst nur kurzfristig gewährten Darlehens und seine Besicherung gemäß § 2 Abs. 1 Nr. 2 COVInsAG privilegiert sein.[147] Wortlaut und Gesetzesbegründung sind insoweit unergiebig und erfordern eine solche Sachbehandlung nicht. Mit Rücksicht auf den Zweck des § 2 Abs. 1 COVInsAG, Gläubiger während der COVID-19-Pandemie zur Kreditvergabe zu ermutigen und im Hinblick darauf, dass § 2 Abs. 1 Nr. 2 COVInsAG die fehlende Gläubigerbenachteiligung der Kreditvergabe fingiert, überzeugt diese Auffassung nicht.

107 Nach teilweise vertretener Auffassung soll die Privilegierung des § 2 Abs. 1 Nr. 2 COVInsAG in bestimmten Fällen der Einschränkung bedürfen, etwa wenn der Schuldner unlauter im Sinne von § 142 Abs. 1 aE InsO handelt und der Gläubiger hiervon Kenntnis hat.[148] Aus Gründen

---

[143] Hölzle/Schulenberg ZIP 2020, 633 (642).
[144] Hölzle/Schulenberg ZIP 2020, 633 (642).
[145] Hölzle/Schulenberg ZIP 2020, 633 (643).
[146] Gehrlein DB 2020, 716 (722).
[147] Hölzle/Schulenberg ZIP 2020, 633 (644).
[148] Thole ZIP 2020, 650 (655).

der Rechtssicherheit spricht mehr dafür, eine solche Beschränkung zu verneinen, zumal eine Korrektur in Missbrauchsfällen mit Hilfe des § 826 BGB erfolgen kann.[149]

108 Fraglich ist schließlich, ob § 2 Abs. 1 Nr. 2 COVInsAG der Einschränkung bedarf, wenn die Rückgewähr des Darlehens inkongruent erfolgt.[150] Auch diese Frage ist aus systematischen Gründen zu verneinen, da § 2 Abs. 1 Nr. 2 COVInsAG – anders als § 2 Abs. 1 Nr. 4 COVInsAG – bereits bei der Gläubigerbenachteiligung ansetzt und anders als § 2 Abs. 1 Nr. 4 COVInsAG keine Differenzierung zwischen kongruenten und inkongruenten Deckungen vornimmt.[151] Für ein Versehen oder ein Versäumnis des Gesetzgebers ist insoweit nichts ersichtlich.

b) Einschränkung der Anfechtung nach dem AnfG

109 Aus dem Umstand, dass § 2 Abs. 1 Nr. 2 COVInsAG an die Fiktion fehlender Gläubigerbenachteiligung anknüpft, lässt sich schließen, dass die Privilegierung des § 2 Abs. 1 Nr. 2 COVInsAG nicht auf Fälle der Insolvenzanfechtung beschränkt ist, sondern gleichermaßen für eine Anfechtung nach dem AnfG gilt.

c) Fehlende Sittenwidrigkeit der Darlehensgewährung im Aussetzungszeitraum

110 Soweit die Insolvenzantragspflicht gemäß § 1 COVInsAG ausgesetzt ist, sind gemäß § 2 Abs. 1 Nr. 3 COVInsAG Kreditgewährungen und Besicherungen im Aussetzungszeitraum nicht als sittenwidriger Beitrag zur Insolvenzverschleppung anzusehen.

aa) Gesetzeszweck

111 Die Regelung ist vor dem Hintergrund zu sehen, dass eine unbürokratische Kreditvergabe in der Krise, insbesondere ohne vorherige Erstellung eines den Anforderungen der Rechtsprechung genügenden Sanierungskonzepts, zu einer straf- und zivilrechtlichen Haftung des Kreditgebers wegen Insolvenzverschleppung führen kann.[152]

112 Durch die Regelung des § 2 Nr. 3 COVInsAG soll die Rechtssicherheit für die Geber neuer Finanzierungen in der Krise erhöht werden, da die Voraussetzungen eines Sittenverstoßes (§§ 138, 826 BGB) bei der Gewährung von Krediten und/oder deren Besicherung im Rahmen der finanziellen Stützung von Unternehmen, die durch die Corona-Krise in eine akute Schieflage geraten sind, in aller Regel nicht vorliegen.[153]

---

149 Gehrlein DB 2020, 716 (721).
150 Thole ZIP 2020, 650 (656).
151 Gehrlein DB 2020, 716 (721).
152 Schluck-Amend NZI 2020, 289 (292 f.) .
153 BT-Drs. 19/18110, 24.

bb) Erfasste Schuldner

Die Privilegierung des § 2 Abs. 1 Nr. 3 COVInsAG findet gemäß § 2 Abs. 2 COVInsAG auch bei Schuldnern Anwendung, die keiner Insolvenzantragspflicht unterliegen sowie bei Schuldnern, die weder Zahlungsunfähig noch überschuldet sind. Auf die diesbezüglichen Ausführungen zu § 2 Abs. 1 Nr. 2 COVInsAG wird insoweit verwiesen. **113**

cc) Voraussetzungen

Wie aus § 2 Abs. 1 aA COVInsAG „Soweit nach § 1 die Pflicht zur Stellung eines Insolvenzantrages ausgesetzt ist" entnommen werden kann, ist auch die Fiktion des § 2 Abs. 1 Nr. 3 COVInsAG daran geknüpft, dass die Voraussetzungen für eine Aussetzung der Insolvenzantragspflicht gemäß § 1 COVInsAG vorliegen.[154] Auf die diesbezüglichen Ausführungen zu § 2 Abs. 1 Nr. 2 COVInsAG wird insoweit verwiesen. **114**

dd) Umfang der Privilegierung

§ 2 Abs. 1 Nr. 3 COVInsAG beinhaltet eine unwiderlegliche Fiktion, die die Anwendung der §§ 138, 826 BGB auf Kreditgewährungen und Besicherungen im Sinne von § 2 Abs. 1 Nr. 2 COVInsAG bereits tatbestandlich ausschließt.[155] Allerdings schließt § 2 Abs. 1 Nr. 3 COVInsAG lediglich aus, dass die Kreditgewährung beziehungsweise Besicherung als solche als sittenwidriger Beitrag zur Insolvenzverschleppung anzusehen sind. Die Anwendung der §§ 138, 826 BGB ist dagegen nicht ausgeschlossen, wenn das Unwerturteil der Sittenwidrigkeit aus weiteren Umständen abzuleiten ist, die zur bloßen Kreditgewährung beziehungsweise Besicherung hinzutreten.[156] Als Beispiel nennt *Gehrlein* den Fall, dass ein Darlehen zu unternehmensfremden, allein den Gesellschafter oder Geschäftsführer begünstigenden Zwecken aufgenommen wird.[157] **115**

Anders als § 2 Abs. 1 Nr. 2 COVInsAG umfasst § 2 Abs. 1 Nr. 3 COVInsAG auch Novationen und Prolongationen von bestehenden Krediten.[158] Allerdings beschränkt sich die Privilegierung auf die Novation oder Prolongation als solche und erstreckt sich nicht auf die ursprüngliche Darlehensgewährung, deren mögliche Sittenwidrigkeit nicht geheilt wird.[159] **116**

---

[154] Anders offenbar Römermann NJW 2020, 1108 (1111), wonach § 2 Abs. 1 Nr. 3 COVInsAG auch die Fälle privilegieren soll, in denen der Geschäftsleiter eine Insolvenzverschleppung begeht, weil die Voraussetzungen für eine Aussetzung der Insolvenzantragspflicht gemäß § 1 COVInsAG nicht vorliegen.

[155] Hölzle/Schulenberg ZIP 2020, 633 (646).

[156] Gehrlein DB 2020, 716 (724).

[157] Gehrlein DB 2020, 716 (724) mwN.

[158] BT-Drs. 19/18110, 23; Gehrlein DB 2020, 716 (724); Thole ZIP 2020, 650 (656); anders Hölzle/Schulenberg ZIP 2020, 633 (646) nach deren Auffassung auch § 2 Abs. 1 Nr. 3 COVInsAG nur „neue" Kredite privilegiert.

[159] Thole ZIP 2020, 650 (656).

d) Gesellschafterdarlehen und diesen wirtschaftlich entsprechende Rechtshandlungen

117 Die Privilegierung des § 2 Abs. 1 Nr. 2 COVInsAG gilt auch für die Rückgewähr von Gesellschafterdarlehen und Zahlungen auf Forderungen aus Rechtshandlungen, die einem solchen Darlehen wirtschaftlich entsprechen. Mit der Privilegierung will der Gesetzgeber auch Gesellschafter zur Gewährung von neuen Darlehen motivieren.[160]

118 Anders als bei sonstigen Darlehen ist bei Gesellschafterdarlehen allerdings deren Besicherung – nicht: die Besicherung von Drittdarlehen durch Gesellschafter,[161] bei solchen Sicherheiten handelt es sich um Rechtshandlungen, die einem Gesellschafterdarlehen wirtschaftlich entsprechen und damit um von § 2 Abs. 1 Nr. 2 COVInsAG privilegierte Rechtshandlungen[162] – von der Privilegierung ausgenommen.[163] Daher wird die Anfechtung gemäß § 135 Abs. 1 Nr. 1 InsO von § 2 Abs. 1 Nr. 2 COVInsAG auch nicht eingeschränkt.[164]

119 Neben der anfechtungsrechtlichen Privilegierung der Rückgewähr von Gesellschafterdarlehen hat der Gesetzgeber in § 2 Abs. 1 Nr. 2 COVInsAG zugleich angeordnet, dass § 39 Abs. 1 Nr. 5 InsO und § 44a InsO keine Anwendung finden, wenn die Gesellschafterdarlehen im Aussetzungszeitraum gewährt wurden und das Insolvenzverfahren über das Vermögen der betreffenden Gesellschaft bis zum 30.9.2023 beantragt wird.[165] Die Forderungen auf Rückgewähr von Gesellschafterdarlehen, die im Aussetzungszeitraum gewährt wurden, werden in solchen Insolvenzverfahren also nicht als nachrangig, sondern im Rang des § 38 InsO berücksichtigt.

120 Ebenso wenig muss sich ein dritter Darlehensgeber, der sein im Aussetzungszeitraum gewährtes Darlehen von einem Gesellschafter hat besichern lassen, gemäß § 44a InsO auf die vorrangige Inanspruchnahme der Gesellschaftersicherheit verweisen lassen.[166]

e) Darlehen der Kreditanstalt für Wiederaufbau

121 Gemäß § 2 Abs. 3 COVInsAG gelten die zeitlichen Beschränkungen des Abs. 1 Nr. 2 und 3 für Finanzierungen nicht, die im Rahmen der staatlichen Hilfsprogramme gewährt werden. Das gilt nicht nur für die von der Kreditanstalt für Wiederaufbau bereitgestellten Teile der Finanzierung, sondern auch für die von Dritten bereitzustellenden Teile davon.

---

[160] BT-Drs. 19/18110, 23.
[161] So aber offenbar Römermann NJW 2020 1108 (1111).
[162] Gehrlein DB 2020, 716 (722).
[163] BT-Drs. 19/18110, 23.
[164] Gehrlein DB 2020, 713 (722).
[165] BT-Drs. 19/18110, 23 f.
[166] BT-Drs. 19/18110, 23 f.; Gehrlein DB 2020, 716 (722).

Insgesamt muss gewährleistet sein, dass die im Rahmen der staatlichen Hilfsprogramme gewährten Kredite in den Genuss der Haftungs- und Anfechtungsbeschränkungen des Abs. 1 Nr. 2 und 3 kommen. Das bedeutet insbesondere, dass insoweit auch Kreditvergaben nach dem Auslaufen des Aussetzungszeitraums erfasst sind und dass der Schutz sich auch auf Rückzahlungszeiträume nach dem 30. September 2023 erstreckt. Durch die im Rahmen der Vergabekontrolle bestehenden Kontroll- und Steuerungsmöglichkeiten, ist die Entfristung für die Kreditvergabe, deren Besicherung und Rückgewähr gerechtfertigt.

2. Unanfechtbarkeit bestimmter im Aussetzungszeitraum gewährter Sicherungen und Befriedigungen

Soweit die Insolvenzantragspflicht gemäß § 1 COVInsAG ausgesetzt 122
ist, sind gemäß § 2 Abs. 1 Nr. 4 COVInsAG Rechtshandlungen, die dem anderen Teil eine Sicherung oder Befriedigung gewährt oder ermöglicht haben, die dieser in der Art und zu der Zeit beanspruchen konnte (kongruente Deckungen), in einem späteren Insolvenzverfahren nicht anfechtbar; dies gilt nicht, wenn dem anderen Teil bekannt war, dass die Sanierungs- und Finanzierungsbemühungen des Schuldners nicht zur Beseitigung einer eingetretenen Zahlungsunfähigkeit geeignet gewesen sind.

Entsprechendes gilt gemäß § 2 Abs. 1 Nr. 4 S. 2 COVInsAG für be- 123
stimmte inkongruente Deckungen, nämlich

a) Leistungen an Erfüllungs statt oder erfüllungshalber;
b) Zahlungen durch einen Dritten auf Anweisung des Schuldners;
c) die Bestellung einer anderen als der ursprünglich vereinbarten Sicherheit, wenn diese nicht werthaltiger ist;
d) die Verkürzung von Zahlungszielen und
e) die Gewährung von Zahlungserleichterungen.

Die Aufzählung privilegierter inkongruenter Rechtshandlungen ist ab- 124
schließend.[167]

a) Gesetzeszweck

Bei eingetretener Insolvenzreife des Schuldners besteht das erhöhte 125
Risiko, dass Gläubiger und Vertragspartner des Schuldners erhaltene Leistungen und Zahlungen in einem späteren Insolvenzverfahren infolge einer Insolvenzanfechtung wieder herausgeben müssen, was die Aufrechterhaltung von Geschäftsbeziehungen zum Schuldner gefährden kann.[168] Ein Bedürfnis für einen Anfechtungsschutz besteht auch in be-

---

[167] BT-Drs. 19/18110, 24
[168] BT-Drs. 19/18110, 17.

stimmten Fällen, in denen kein neuer Kredit im Sinne des § 2 Abs. 1 Nr. 2 COVInsAG vorliegt. Dies betrifft beispielsweise Vertragspartner von Dauerschuldverhältnissen wie Vermieter sowie Leasinggeber, aber auch Lieferanten. Wenn solche Vertragspartner befürchten müssten, erhaltene Zahlungen im Falle des Scheiterns der Sanierungsbemühungen des Krisenunternehmens mit anschließender Eröffnung des Insolvenzverfahrens aufgrund einer Anfechtung zurückzahlen zu müssen, wären sie geneigt, die Vertragsbeziehung auf dem schnellsten Wege zu beenden, was wiederum die Sanierungsbemühungen vereiteln würde.[169]

b) Erfasste Schuldner

126 Die Privilegierung des § 2 Abs. 1 Nr. 3 COVInsAG findet gemäß § 2 Abs. 2 COVInsAG auch bei Schuldnern Anwendung, die keiner Insolvenzantragspflicht unterliegen sowie bei Schuldnern, die weder Zahlungsunfähig noch überschuldet sind. Auf die diesbezüglichen Ausführungen zu § 2 Abs. 1 Nr. 2 COVInsAG wird insoweit verwiesen.

c) Voraussetzungen

127 Die Privilegierung des § 2 Abs. 1 Nr. 4 COVInsAG setzt gemäß § 2 Abs. 1 COVInsAG (am Anfang des Absatzes) voraus, dass die Insolvenzantragspflicht ausgesetzt ist. Hierbei handelt es sich um ein objektives Tatbestandsmerkmal der Privilegierung, der gute Glaube des Anfechtungsgegners wird nicht geschützt. Auch hier ist der betroffene Gläubiger daher auf der sicheren Seite, wenn er sich das Nichtvorliegen der in § 1 S. 2 COVInsAG genannten Voraussetzungen vom Schuldner nachweisen lässt. Auf die diesbezüglichen Ausführungen zu § 2 Abs. 1 Nr. 2 COVInsAG wird verwiesen.

128 Des Weiteren greift die Privilegierung gemäß § 2 Abs. 1 Nr. 4 S. 1 Halbs. 2 COVInsAG nicht ein, wenn dem anderen Teil, also dem potentiellen Anfechtungsgegner, bekannt war, dass die Sanierungs- und Finanzierungsbemühungen des Schuldners nicht zur Beseitigung der Zahlungsunfähigkeit geeignet gewesen sind. Die Darlegungs- und Beweislast für das Vorliegen dieser Ausnahmetatbestände liegt indessen beim Insolvenzverwalter.[170] Erforderlich ist positive Kenntnis des Anfechtungsgegners von den Tatsachen, aus denen sich die Schlussfolgerung zwingend ergibt, ähnlich § 130 Abs. 2 InsO.[171]

129 Nach Auffassung von *Hölzle/Schulenberg* kann zur Konkretisierung der Anforderungen an die Sanierungs- und Finanzierungsbemühungen des Schuldners auf die von der Rechtsprechung entwickelten Grundsätze

[169] BT-Drs. 19/18110, 24.
[170] Gehrlein DB 2020, 716 (723).
[171] Thole ZIP 2020, 650 (657).

zurückgegriffen werden.[172] Nach Ansicht von *Gehrlein* sollen die von der Rechtsprechung im Rahmen der Vorsatzanfechtung zu einem ernsthaften, aber gescheiterten Sanierungsversuch entwickelten Grundsätze[173] im Rahmen der Ausnahme des § 2 Abs. 1 Nr. 4 S. 1 Halbs. 2 COVInsAG allerdings keine Anwendung finden.[174]

Zu den Anforderungen an die Beseitigung einer Zahlungsunfähigkeit wird auf das → Rn. 32–42 zu § 1 S. 2 Alt. 2 COVInsAG Gesagte verwiesen. Nicht geeignet zur Beseitigung der Zahlungsunfähigkeit meint wiederum „gar nicht geeignet".[175] Die Sanierungs- und Finanzierungsbemühungen des Schuldners müssen mit anderen Worten aussichtslos gewesen sein.[176] Als Beispiel wird der Fall genannt, in dem der Schuldner über einen dem Gläubiger bekannten Berg an Altverbindlichkeiten verfügt, der mögliche staatliche Hilfsmittel vollständig aufzehren wird.[177] **130**

Es stellt sich damit die naheliegende Frage, wie sich der potentielle Anfechtungsgegner im Umgang mit dem Schuldner am besten verhält, um eine positive Kenntnis zu vermeiden. Nach Auffassung von *Thole* kann man eine gewisse Objektivierung der Voraussetzungen für die Privilegierung vom Anfechtungsgegner fordern können, wohingegen eine bloße Hoffnung auf Besserung unzureichend sein soll.[178] Insgesamt müsse aber nach den Umständen festgestellt werden können, dass die Bemühungen des Schuldners nach dem Vorstellungsbild des potentiellen Anfechtungsgegners ungeeignet sind Nach der Gesetzesbegründung muss sich der andere Teil, also der potentielle Anfechtungsgegner, allerdings nicht davon überzeugen, dass der Schuldner geeignete Sanierungs- und Finanzierungsbemühungen entfaltet.[179] Das scheint auf den ersten Blick ein sehr großzügiger Maßstab zu sein. **131**

Für den potentiellen Anfechtungsgegner scheint es daher auf den ersten Blick die naheliegend, möglichst überhaupt keine Erkundigungen zu den Sanierungs- und Finanzierungsbemühungen des Schuldners einzuholen oder entsprechende Kenntnisse zu erlangen. Denn wer viel fragt bekommt bekanntlich viele Antworten. Letztlich wird man die richtige Vorgehensweise des potentiellen Anfechtungsgegners aber doch von den besonderen Umständen des Einzelfalles abhängig machen müssen. Denn hat der potentielle Anfechtungsgegner Kenntnis von der Zahlungsunfähigkeit des **132**

---

172 Hölzle/Schulenberg ZIP 2020, 633 (648). Zu den Anforderungen der Rechtsprechung an Sanierungskonzepte ausführlich Löser in Knops/Bamberger/Lieser, Recht der Sanierungsfinanzierung, 2. Aufl. 2019, § 25 Rn. 63.
173 BGHZ 210, 249 = NJW-RR 2016, 1518.
174 Gehrlein DB 2020, 716 (723).
175 Thole ZIP 2020, 650 (657).
176 Römermann NJW 2020, 1108 (1111).
177 Schluck-Amend NZI 2020, 289 (293).
178 Thole ZIP 2020, 650 (657).
179 BT-Drs. 19/18110, 24.

Schuldners beziehungsweise (was häufiger vorkommen wird) von seiner Zahlungseinstellung im Sinne des § 17 Abs. 2 S. 2 InsO und muss er mangels anderweitiger Informationen annehmen, dass der Schuldner gar keine Sanierungs- und Finanzierungsbemühungen zur Beseitigung seiner Zahlungsunfähigkeit ergreift, dann ist dieses Vorstellungsbild möglicherweise auch nicht geeignet, um das Eingreifen des Ausnahmetatbestandes des § 2 Abs. 1 Nr. 4 S. 1 Halbs. 2 COVInsAG zu vermeiden. Es könnte in diesem Fall für den potentiellen Anfechtungsgegner vorzugswürdig sein, sich von dem Schuldner (oder besser noch von einem geeigneten Berater des Schuldners) plausibel bestätigen zu lassen, dass der Ausnahmetatbestand des § 2 Abs. 1 Nr. 4 S. 1 Halbs. 2 COVInsAG nicht erfüllt ist.

133 Erwogen wird eine teleologische Reduktion auf die Deckung von Forderungen, die im Aussetzungszeitraum begründet wurden.[180] Eine solche Einschränkung findet allerdings weder im Wortlaut des § 2 Abs. 1 Nr. 4 COVInsAG noch in der Gesetzesbegründung eine Stütze. Mit Rücksicht auf den Umstand, dass es offensichtlich das Ziel Gesetzgebers war, dem Schuldner die mehr oder weniger uneingeschränkte Aufrechterhaltung des Geschäftsbetriebs in der Krise zu ermöglichen, spricht im Ergebnis wohl mehr gegen eine solche teleologische Reduktion.

d) Umfang der Privilegierung

134 Die Unanfechtbarkeit erstreckt sich auf sämtliche in Betracht kommenden Insolvenzanfechtungstatbestände.[181] Da sich § 2 Abs. 1 Nr. 4 COVInsAG nicht auf einzelne Anfechtungstatbestände bezieht, schließt er auch die Anfechtung kongruenter sowie der in § 2 Abs. 1 Nr. 4 S. 2 COVInsAG genannten inkongruenten Deckungen gemäß § 133 InsO aus. Von § 2 Abs. 1 Nr. 4 COVInsAG unberührt bleibt dagegen die Möglichkeit der Anfechtung von Verpflichtungsgeschäften sowie von echten Vermögensverschiebungen, die keine Deckung im Sinne von § 2 Abs. 1 Nr. 4 COVInsAG darstellen.

e) Anfechtung nach dem AnfG

135 Aus der Formulierung „in einem späteren Insolvenzverfahren" lässt sich schließen, dass die Möglichkeit der Anfechtung der von § 2 Abs. 1 Nr. 4 COVInsAG nach dem AnfG von § 2 Abs. 1 Nr. 4 COVInsAG unberührt bleibt und damit uneingeschränkt möglich ist.

3. Handlungsempfehlungen für den Umgang mit in der Krise befindlichen Geschäftspartnern

136 Aus dem Vorgesagten ergibt sich, dass sich der potentielle Anfechtungsgegner je nach Lage des Falles zur Vermeidung von Anfechtungsri-

---

[180] Thole ZIP 2020, 650 (657).
[181] Gehrlein DB 2020, 716 (723).

siken vom Schuldner in plausibler Weise – idealerweise durch entsprechende Bescheinigung eines geeigneten Beraters – bestätigen lassen sollte, dass keiner der Ausnahmetatbestände des § 1 S. 2 COVInsAG und des § 2 Abs. 1 Nr. 4 S. 1 Halbs. 2 COVInsAG vorliegt.

Darüber hinaus ist der potentielle Anfechtungsgegner, wie bereits vor dem Inkrafttreten des COVInsAG, in der Regel auf der sicheren Seite, wenn er Geschäfte mit in der Krise befindlichen Schuldnern im Zweifelsfall im Wege eines Bargeschäfts im Sinne des § 142 InsO durchführt.[182] Nach § 142 Abs. 1 InsO neuer Fassung kann der Einwand des Bargeschäfts auch vor einer Vorsatzanfechtung nach § 133 InsO schützen, solange der Schuldner nicht, für den Anfechtungsgegner erkennbar, unlauter handelt. Unlauterkeit in diesem Sinne liegt nicht schon dann vor, wenn der Schuldner seine eigene Zahlungsunfähigkeit kennt oder wenn die Betriebsfortführung des Schuldners unrentabel ist.[183] 137

V. Einschränkung von Gläubigerinsolvenzanträgen

Gemäß § 3 COVInsAG setzt bei zwischen dem 28.3.2020 und dem 28.6.2020 gestellten Gläubigerinsolvenzanträgen die Eröffnung des Insolvenzverfahrens voraus, dass der Eröffnungsgrund bereits am 1.3.2020 vorlag. Dadurch soll betroffenen Unternehmen mit Restrukturierungsbedarf Ruhe verschafft werden, um sich ohne allzu großen Druck einzelner Gläubiger zu sanieren.[184] Will der Gläubiger in diesem Zeitraum erfolgreich einen Gläubigerinsolvenzantrag stellen, muss er in Ergänzung des § 14 InsO auch glaubhaft machen, dass der Eröffnungsgrund bereits am 1.3.2020 vorlag.[185] 138

Maßnahmen der Einzelzwangsvollstreckung werden durch das COVInsAG nicht ausgeschlossen oder eingeschränkt.[186] 139

Die Regelung gilt nicht für außerhalb der Insolvenzordnung geregelte Antragsrechte der Bundesanstalt für Finanzdienstleistungsaufsicht und zuständigen Aufsichtsbehörden, insbesondere für Antragsrechte nach § 46b Abs. 1 KWG und § 312 Abs. 1 VAG.[187] 140

Die Vorschrift wurde gemäß Art. 6 Abs. 1 COVFAG ebenfalls rückwirkend zum 1. März 2020 in Kraft gesetzt. Sie betrifft aber nach ihrem Wortlaut nur Anträge, bei denen am Tag nach der Verkündung dieses Gesetzes noch nicht über die Eröffnung des Verfahrens entschieden worden ist.[188] 141

---

[182] Gehrlein DB 2020, 716 (724).
[183] Gehrlein DB 2020, 716 (724) mwN.
[184] BT-Drs. 19/18110, 25.
[185] Thole ZIP 2020, 650 (654).
[186] Schluck-Amend NZI 2020, 289 (293).
[187] BT-Drs. 19/18110, 25.
[188] BT-Drs. 19/18110, 25.

VI. Schonfrist im Rahmen des § 290 Abs. 1 Nr. 4 InsO

142 Ist der Schuldner eine natürliche Person, so ist gemäß § 1 S. 4 COVInsAG § 290 Abs.1 Nr. 4 InsO mit der Maßgabe anzuwenden, dass auf die Verzögerung der Eröffnung des Insolvenzverfahrens im Zeitraum zwischen dem 1. März 2020 und dem 30. September 2020 keine Versagung der Restschuldbefreiung gestützt werden kann; § 1 S. 2 und 3 COVInsAG gelten entsprechend.

143 Aus den gleichen Gründen, die eine Aussetzung der Insolvenzantragspflicht nach § 15a InsO und § 42 Abs. 2 BGB rechtfertigen, soll nach der Vorstellung des Gesetzgebers auch eine Aussetzung der nachteiligen Rechtsfolgen einer Verzögerung der Eröffnung des Insolvenzverfahrens nach § 290 Abs. 1 Nr. 4 InsO geboten sein.[189]

VII. Verordnungsermächtigung

144 Gemäß § 4 COVInsAG wird das Bundesministerium der Justiz und für Verbraucherschutz ermächtigt, durch Rechtsverordnung ohne Zustimmung des Bundesrates die Aussetzung der Insolvenzantragspflicht nach § 1 COVInsAG und die Regelung zum Eröffnungsgrund bei Gläubigerinsolvenzanträgen nach § 3 COVInsAG bis höchstens zum 31. März 2021 zu verlängern, wenn dies aufgrund fortbestehender Nachfrage nach verfügbaren öffentlichen Hilfen, andauernder Finanzierungsschwierigkeiten oder sonstiger Umstände geboten erscheint.

---

[189] BT-Drs. 19/18110, 25.

§ 15 Vergabe- und EU-Beihilfenrecht

Inhaltsübersicht

A. Vergaberecht

Das europäische Vergaberecht erlebt in der COVID-19 Pandemie eine seiner ersten echten Bewährungsproben. Nie zuvor mussten öffentliche 1

Auftraggeber innerhalb kürzester Zeit begrenzt verfügbare Güter erwerben und dies innerhalb des engen Korsetts des europäischen Vergaberechts. Bisher stand das europäische Vergaberecht nicht notwendigerweise für eine schnelle und effiziente Form des Einkaufs. Zu viele Regelungen stehen einem Vertragsschluss durch die öffentliche Hand „gefühlt" im Wege. Das Vergaberecht wird gemeinhin als kompliziert, wenig praxisnah und ineffizient angesehen.

2 Dieses Kapitel beleuchtet vergaberechtliche Möglichkeiten, die den Staat und seine Institutionen auch in Krisenzeiten wie der COVID-19 Pandemie unterstützen können, um dringend benötigte Waren und Dienstleistungen vergaberechtskonform zu beschaffen. Der Autor äußert hier seine persönliche Ansicht. Die vergaberechtlichen Nachprüfungsinstanzen und die Rechnungsprüfungsinstitutionen wie Bundes- und/oder Landesrechnungshöfe werden die vergaberechtliche Handhabung der öffentlichen Hand in der COVID-19 Pandemie bewerten müssen und schließlich Lehren daraus für die Fortentwicklung des europäischen und nationalen Vergaberechts ziehen können. Denn: Jede Krise ist auch eine Chance! Die Chance besteht darin, die gemachten Fehler zu erkennen und sie nicht zu wiederholen!

I. Einführung – Ist Vergaberecht überhaupt anwendbar?

3 Die Ausbreitung des neuartigen SARS-CoV-2-Virus (COVID-19-Pandemie) hat in der Bundesrepublik Deutschland zu bislang ungeahnten und erheblichen Einschränkungen in sämtlichen Bereichen des privaten und öffentlichen (Wirtschafts-) Lebens geführt. Damit stellt sich die Frage, ob auch in Zeiten einer solchen Krise das Vergaberecht gilt oder die öffentliche Hand zur Bekämpfung der COVID-19-Pandemie von den üblichen Beschaffungsregeln befreit ist und schlicht wie ein privater Wirtschaftsteilnehmer seine Waren und Dienstleistungen am Markt beschaffen kann.

4 § 106 Gesetz gegen Wettbewerbsbeschränkung[1] (GWB) bestimmt, dass der 4. Teil des GWB für die Vergabe von öffentlichen Aufträgen und Konzessionen sowie die Ausrichtung von Wettbewerben, deren geschätzter Auftrags- oder Vertragswert ohne Umsatzsteuer die jeweils festgelegten Schwellenwerte erreicht oder überschreitet, gilt. Öffentliche Aufträge sind nach § 103 GWB entgeltliche Verträge zwischen öffentlichen Auftraggebern oder Sektorenauftraggebern und Unternehmen über die Beschaffung von Leistungen, die die Lieferung von Waren, die Ausführung von Bauleistungen oder die Erbringung von Dienstleistungen zum Gegenstand ha-

[1] Gesetz gegen Wettbewerbsbeschränkungen in der Fassung der Bekanntmachung vom 15.7.2005 (BGBl. 2005 I 2114, ber. 2009 I 3850) zuletzt geändert durch Gesetz vom 25.3.2020 (BGBl. 2020 I 674) mWv 2.4.2020.

ben. Der jeweilige Schwellenwert ergibt sich für öffentliche Aufträge und Wettbewerbe, die von öffentlichen Auftraggebern vergeben werden, wiederum aus Art. 4 RL 2014/24/EU in der jeweils geltenden Fassung;[2] der sich hieraus für zentrale Regierungsbehörden ergebende Schwellenwert ist von allen obersten Bundesbehörden sowie allen oberen Bundesbehörden und vergleichbaren Bundeseinrichtungen anzuwenden. Nach § 30 Haushaltsgrundsätzegesetz (HGrG) muss dem Abschluss von Verträgen über Lieferungen und Leistungen in nationalen Vergabeverfahren eine Öffentliche Ausschreibung oder eine Beschränkte Ausschreibung mit Teilnahmewettbewerb vorausgehen, sofern nicht die Natur des Geschäfts oder besondere Umstände eine Ausnahme rechtfertigen.

Eine Außerkraftsetzung des Vergaberechts hat es (zumindest bislang) 5
nicht gegeben. Stattdessen haben die zuständigen Behörden auf europäischer und bundesstaatlicher Ebene sowie in den Bundesländern reagiert und das Vergaberecht nicht ausgesetzt, sondern die im Vergaberecht möglichen Erleichterungen aufgezeigt. Seit dem 19.3.2020 liegt ein Rundschreiben des Bundesministeriums für Wirtschaft und Energie vor.[3] Die Europäische Kommission hat am 1.4.2020 „Leitlinien zur Nutzung des Rahmens für die Vergabe öffentlicher Aufträge in der durch die COVID-19-Krise verursachten Notsituation" (ABl. EU 2020 C 108 I/01) veröffentlicht.[4]

So stellt das Bundesministerium für Wirtschaft und Energie in seinem 6
Rundschreiben vom 19.3.2020 ausdrücklich fest, dass auf „öffentliche Aufträge, die die EU-Schwellenwerte nach § 106 GWB (zurzeit für klassische Liefer- und Dienstleistungen 139.000 Euro bei obersten Bundesbehörden und 214.000 Euro für alle anderen Behörden) [erreichen], die vom EU-Vergaberecht geprägten Vorschriften des Teil 4 des Gesetzes

---

[2] Mit den Verordnungen (EU) 2019/1827 – 1930 vom 30. Oktober 2019 gelten ab dem 1.1.2020 folgenden Schwellenwerte: Klassische Richtlinie (2014/24/EU) Bauleistungen 5.350.000 EUR; Liefer-/Dienstleistungen 214.000 EUR; zentrale Regierungsbehörden 139.000 EUR; übrige öffentliche Auftraggeber 214.000 EUR; Konzessionen (2014/23/EU) 5.350.000 EUR.

[3] Bundesministerium für Wirtschaft und Energie (BMWi), Rundschreiben zur Anwendung des Vergaberechts, (Az. 20601/000#003) vom 19.3.2020: Abrufbar unter: https://www.bmwi.de/Redaktion/DE/Downloads/P-R/rundschreiben-anwendung-vergaberecht.pdf?__blob=publicationFile&v=6.

[4] Leitlinien der Europäischen Kommission zur Nutzung des Rahmens für die Vergabe öffentlicher Aufträge in der durch die COVID-19-Krise verursachten Notsituation (2020/C 108 I/01) vom 1.4.2020, abrufbar unter: https://eur-lex.europa.eu/legal-content/DE/TXT/HTML/?uri=CELEX:52020XC0401(05)&from=EN.

Zur Frage der Rechtswirkung einer Mitteilung der Kommission hat das Gericht erster Instanz im Jahre 2010 (EuG Slg. 2010, II-2017 Rn. 150 ff. = ECLI:EU:T:2010:214 = NZBau 2010, 510 – Deutschland/Kommission. Hierzu Knauff/Schwensfeier EuZW 2010, 611 ff.) entschieden, dass die Mitteilung keine verbindliche Rechtswirkung entfaltet. Sie darf lediglich als Auslegungsmitteilung die Rechtsprechung des Gerichtshofs „nachzeichnen", nicht jedoch darüber hinausgehen und wird in ihrer Bedeutung damit zugleich erheblich eingeschränkt.

gegen Wettbewerbsbeschränkungen (GWB) und der hierauf erlassenen Rechtsverordnungen anwendbar [sind]".

7 Die Frage der Anwendung des Vergaberechts wird von den zuständigen Behörden daher erst gar nicht gestellt, auch wenn man ggfs. aus § 107 Abs. 1 Nr. 4 GWB, wonach der 4. Teil des GWB auf die Vergabe von öffentlichen Aufträgen und Konzessionen für Dienstleistungen des Katastrophenschutzes, des Zivilschutzes und der Gefahrenabwehr nicht anwendbar sein soll, einen entsprechenden Ausnahmecharakter hätte herleiten können. Leider enthält § 107 Abs. 1 Nr. 4 GWB aber eine Einschränkung der Anwendung des Vergaberechts nur für den Fall, dass entsprechende Dienstleistungen von gemeinnützigen Organisationen oder Vereinigungen erbracht werden. Diese Eigenschaften liegen bei Beschaffungen durch öffentliche Auftraggeber in aller Regel nicht vor. Eine allgemeine Ausnahmeregelung zur Anwendbarkeit des Vergaberechts in Fällen der Aufrechterhaltung der öffentlichen Sicherheit und Ordnung ist sowohl den europäischen wie auch den nationalen Rechtsnormen derzeit noch unbekannt. Es ist aber nicht ausgeschlossen, dass die zukünftige Rechtsentwicklung als Folge der Erfahrungen aus der COVID-19-Pandemie eine solch allgemeine Ausnahmevorschriften schafft, um den besonderen Anforderungen in Krisenzeiten Rechnung zu tragen.

8 Das Vergaberecht steht oberhalb und unterhalb der EU-Schwellenwerte sehr schnellen und flexiblen Vergaben aber nicht grundsätzlich im Wege, sondern weist angesichts einer bisher unvorstellbaren Ausnahmesituation eine Vielzahl an Reaktionsmöglichkeiten auf. Neben den allgemein bekannten Ausnahmetatbeständen kann zunächst auf die Ausschöpfung von Rahmenvereinbarungen iSv § 103 Abs. 5 GWB durch sofortige Einzelabrufe, die Änderung bestehender öffentlicher Aufträge ohne Durchführung eines neuen Vergabeverfahrens nach § 132 Abs. 2 und Abs. 3 GWB sowie den Verzicht auf die Vorabinformationspflicht nach § 134 Abs. 1 S. 1 GWB bei dringenden Verhandlungsverfahren ohne Teilnahmewettbewerb, das erst recht in Fällen äußerster Dringlichkeit anwendbar ist, verwiesen werden. Doch auch in einer solchen Krisenzeit sollte nicht vergessen werden, dass bestimmte vergaberechtliche Grundsätze auch jetzt gelten und die Tatbestandsanforderungen eines Ausnahmetatbestands auch tatsächlich erfüllt sein müssen. Dies gilt umso mehr, als dass Ausnahmetatbestände grundsätzlich eng auszulegen sind und die Darlegung- und Beweislast für das Vorliegen einer Ausnahme der Vergabestelle zugewiesen ist und Ausnahmen in einem Vergabevermerk sorgfältig zu begründen sind.

II. Verfahrensarten

9 Das europäische Vergaberecht kennt fünf Verfahrensarten. Nach § 119 Abs. 1 GWB erfolgt die Vergabe von öffentlichen Aufträgen grundsätz-

lich im offenen Verfahren, im nicht offenen Verfahren, im Verhandlungsverfahren, im wettbewerblichen Dialog oder in mittels einer Innovationspartnerschaft.

§ 119 Abs. 2 GWB bestimmt, welche Rangfolge Auftraggeber bei der Auswahl der verschiedenen Verfahrensarten zu beachten haben. Dabei gilt seit der Vergaberechtsreform 2016, dass ein Auftraggeber vorrangig offene oder nicht offene Verfahren durchzuführen hat und zwischen diesen beiden Verfahren frei wählen kann. Das Verhandlungsverfahren, ein wettbewerblicher Dialog und die Innovationspartnerschaft dürfen hingegen nur dann durchgeführt werden, wenn die entsprechenden, in den Vergabeverordnungen aufgeführten Voraussetzungen vorliegen.[5] § 119 Abs. 2 S. 2 GWB verlangt, dass sich die Gestattung „aufgrund dieses Gesetzes" vollzieht, womit auch Regelungen auf untergesetzlicher Ebene, die im Rahmen der Ermächtigung des § 113 GWB zur Konkretisierung der Bestimmungen des GWB erlassen wurden, erfasst sind. **10**

Beim offenen Verfahren nach § 119 Abs. 3 GWB (bei nationalen Verfahren unterhalb der EU-Schwellenwerte: öffentliche Ausschreibung) fordert der öffentliche Auftraggeber eine unbeschränkte Anzahl von Unternehmen öffentlich zur Abgabe von Angeboten auffordert. **11**

Im nicht offenen Verfahren nach § 119 Abs. 4 GWB fordert der öffentliche Auftraggeber eine beschränkte Anzahl von Unternehmen zur Abgabe von Angeboten auf, die er nach objektiven, transparenten und nichtdiskriminierenden Kriterien Teilnahmewettbewerb auswählt. Bei der beschränkten Ausschreibung (im Rahmen nationaler Verfahren unterhalb der EU-Schwellenwerte) fordert der öffentliche Auftraggeber in der Regel erst öffentlich zur Teilnahme (Teilnahmewettbewerb) auf, bevor er sodann aus dem daraus ermittelten Bewerberkreis eine beschränkte Anzahl von Unternehmen zur Angebotsabgabe auffordert. **12**

Das Verhandlungsverfahren nach § 119 Abs. 5 GWB lässt (bei nationalen Verfahren unterhalb der EU-Schwellenwerte: Verhandlungsvergabe bzw. freihändige Vergabe) im Gegensatz zu den vorangestellten Vergabearten unter anderem Verhandlungen über die Auftragsbedingungen mit den Unternehmen zu. Das Verhandlungsverfahren beziehungsweise die Verhandlungsvergabe kann mit oder ohne einen vorgeschalteten Teilnahmewettbewerb durchgeführt werden. Letztere Variante erfordert keine europaweite Veröffentlichung und ist daher nur in besonders restriktiv auszulegenden Ausnahmefällen zulässig. Seit der Vergaberechtsreform 2016 unterliegt das Verhandlungsverfahren mit Teilnahmewettbewerb aber erleichterten Zulassungsvoraussetzungen. In Betracht kommt es nun etwa bei Aufträgen mit konzeptionellen oder innovativen Lösungen oder, wenn **13**

---

[5] Zur Rechtsfolge bei Verstoß gegen diese Vorgaben vgl. OLG Düsseldorf NZBau 2017, 679 (684).

der Auftrag aufgrund konkreter Umstände, die mit der Art, der Komplexität oder dem rechtlichen oder finanziellen Rahmen oder entsprechenden Risiken zusammenhängen, eine vorherige Verhandlung erfordert.

14 Der wettbewerbliche Dialog (nur bei europaweiten Vergabeverfahren) nach § 119 Abs. 6 GWB eröffnet dem öffentlichen Auftraggeber noch mehr Spielraum bei den Verhandlungen mit den Bietern. Er ist ein Verfahren zur Vergabe öffentlicher Aufträge mit dem Ziel der Ermittlung und Festlegung der Mittel, mit denen die Bedürfnisse des öffentlichen Auftraggebers am besten erfüllt werden können. Dazu eröffnet der öffentliche Auftraggeber nach einem Teilnahmewettbewerb mit den ausgewählten Unternehmen einen Dialog zur Erörterung aller Aspekte der Auftragsvergabe.

15 Die Innovationspartnerschaft (nur bei europaweiten Vergabeverfahren) ist nach § 119 Abs. 7 GWB ein Verfahren zur Entwicklung innovativer, noch nicht auf dem Markt verfügbarer Liefer-, Bau- oder Dienstleistungen und zum anschließenden Erwerb der daraus hervorgehenden Leistungen. Nach einem Teilnahmewettbewerb verhandelt der öffentliche Auftraggeber in mehreren Phasen mit den ausgewählten Unternehmen über die Erst- und Folgeangebote.

16 Zwischen den nachrangigen Verfahrensarten iSd § 119 Abs. 2 S. 2 GWB untereinander besteht grundsätzliche Gleichrangigkeit. Der öffentliche Auftraggeber hat somit zwischen ihnen Wahlfreiheit, sofern die spezifischen Voraussetzungen, etwa der § 14 Abs. 3 oder Abs. 4 Vergabeverordnung (VgV), § 17 VgV, § 18 VgV oder § 19 VgV, zur objektiven Nutzung dieser an sich nachrangigen Verfahren, einschlägig sind. Die Beweislast für die rechtmäßige Durchführung des Vergabeverfahrens liegt immer beim öffentlichen Auftraggeber, da er das Verfahren führt und gestaltet.

1. Krisenrelevante Ausnahmen: Das Verhandlungsverfahren ohne Teilnahmewettbewerb nach § 119 Abs. 5 GWB iVm § 14 Abs. 4 Nr. 3 VgV, § 17 VgV

17 In der aktuellen Situation der Ausbreitung des Coronavirus können Leistungen nach Auffassung des Bundesministeriums für Wirtschaft und Energie[6] und der Europäischen Kommission[7] sehr schnell und verfah-

---

[6] Bundesministerium für Wirtschaft und Energie (BMWi), Rundschreiben zur Anwendung des Vergaberechts, (Az. 20601/000#003) vom 19.3.2020: Abrufbar unter: https://www.bmwi.de/Redaktion/DE/Downloads/P-R/rundschreiben-anwendung-vergaberecht.pdf?__blob=publicationFile&v=6.

[7] Leitlinien der Europäischen Kommission zur Nutzung des Rahmens für die Vergabe öffentlicher Aufträge in der durch die COVID-19-Krise verursachten Notsituation (2020/C 108 I/01) vom 1.4.2020, abrufbar unter: https://eur-lex.europa.eu/legal-content/DE/TXT/HTML/?uri=CELEX:52020XC0401(05)&from=EN.

Zur Frage der Rechtswirkung einer Mitteilung der Kommission hat das Gericht erster Instanz im Jahre 2010 (EuG Slg. 2010, II-2017 Rn. 150 ff. = ECLI:EU:T:2010:214 = NZBau 2010, 510 – Deutschland/Kommission. Hierzu Knauff/Schwensfeier EuZW

renseffizient insbesondere über das Verhandlungsverfahren ohne Teilnahmewettbewerb nach § 119 Abs. 5 GWB iVm § 14 Abs. 4 VgV, § 17 VgV beschafft werden.

a) Voraussetzungen des Verhandlungsverfahrens ohne Teilnahmewettbewerb nach § 119 Abs. 5 GWB iVm § 14 Abs. 4 Nr. 3 VgV, § 17 VgV

Um ein Verhandlungsverfahren ohne Teilnahmewettbewerb wegen äu- 18
ßerster Dringlichkeit nach § 14 Abs. 4 Nr. 3 VgV durchführen zu dürfen, müssen drei Voraussetzungen kumulativ vorliegen:

– Erstens müssen äußerst dringliche Gründe im Zusammenhang mit Ereignissen, die der betreffende öffentliche Auftraggeber nicht voraussehen konnte, es nicht zulassen, die Mindestfristen einzuhalten, die für das offene oder das nicht offene Verfahren sowie für das Verhandlungsverfahren mit Teilnahmewettbewerb vorgeschrieben sind, § 14 Abs. 4 Nr. 3 Halbsatz 1 VgV.
– Zweitens dürfen die Umstände zur Begründung der äußersten Dringlichkeit dem öffentlichen Auftraggeber nicht zuzurechnen sein, § 14 Abs. 4 Nr. 3 Halbsatz 2 VgV.
– Drittens muss nach einschlägiger Rechtsprechung ein kausaler Zusammenhang zwischen dem unvorhergesehenen Ereignis und den sich daraus ergebenen zwingenden, dringlichen Gründen bestehen.

Das Bundesministerium für Wirtschaft und Energie hat diese Voraus- 19
setzungen nach Konsultationen mit der EU-Kommission[8] in einem Rundschreiben vom 9.1.2015 (Az. I B 6 – 270/100/15)[9] noch auf Basis des damaligen § 3 EG Abs. 4 Buchst. d VOL/A auf der Grundlage der gefestigten Rechtsprechung des EuGH konkretisiert, erläutert und ausdrücklich auf den engen Anwendungsbereich der Ausnahmevorschriften hingewiesen.

Da die öffentlichen Auftraggeber in diesen Fällen vom Transparenz- 20
grundsatz des Vertrages über die Arbeitsweise der Europäischen Union (AEUV) abweichen, fordert der Gerichtshof der Europäischen Union, dass dieses Verfahren nur in Ausnahmefällen angewendet wird. Sämtli-

---

2010, 611 ff.) entschieden, dass die Mitteilung keine verbindliche Rechtswirkung entfaltet. Sie darf lediglich als Auslegungsmitteilung die Rechtsprechung des Gerichtshofs „nachzeichnen", nicht jedoch darüber hinausgehen und wird in ihrer Bedeutung damit zugleich erheblich eingeschränkt.

[8] Mitteilung der Europäischen Kommission an das Europäische Parlament und den Rat vom 9.9.2015 zu den Vorschriften für die öffentliche Auftragsvergabe im Zusammenhang mit der aktuellen Flüchtlingsproblematik (COM(205) 454 final).

[9] Rundschreiben des BMWi vom 9. 1. 2015 „zur Anwendung von § 3 EG Abs. 4 Buchst. d VOL/A, § 3 Abs. 4 Buchst. c VOF und § 6 Abs. 2 Nr. 4 SektVO – Vergabe ohne vorherigen Aufruf zum Wettbewerb/Dringlichkeit", Az. IB6–270100/14 u. 270100/15, S. 2.

che Bedingungen müssen erfüllt sein und sind eng auszulegen.[10] Beim Verhandlungsverfahren ohne Teilnahmewettbewerb können öffentliche Auftraggeber insofern direkt mit potenziellen Auftragnehmern verhandeln; eine direkte Vergabe des Auftrags an einen vorab ausgewählten Wirtschaftsteilnehmer ist jedoch ausschließlich dann möglich, wenn nur ein Unternehmen in der Lage sein wird, den Auftrag unter den durch die zwingende Dringlichkeit auferlegten technischen und zeitlichen Zwängen zu erfüllen. Doch stellt die Europäische Kommission klar, dass jeder öffentliche Auftraggeber zu prüfen hat, ob die Bedingungen für die Anwendung eines solchen Verhandlungsverfahrens ohne Teilnahmewettbewerb erfüllt sind. Auch muss der öffentliche Auftraggeber die Wahl eines solchen Verfahrens in einem Vergabevermerk begründen. Bei der Einzelprüfung jedes Falles müssen die folgenden, kumulativ zu berücksichtigenden Kriterien erfüllt sein:

- ein unvorhergesehenes Ereignis,
- äußerst dringliche und zwingende Gründe, die die Einhaltung der in anderen Verfahren vorgeschriebenen Fristen nicht zulassen und
- ein kausaler Zusammenhang zwischen dem unvorhergesehenen Ereignis und der Unmöglichkeit, die Fristen anderer Vergabeverfahren einzuhalten.

aa) Ereignisse, die die betreffenden öffentlichen Auftraggeber nicht voraussehen konnten

21 Unvorhersehbar sind Ereignisse, mit denen auch bei Anlegung eines hohen objektiven Sorgfaltsmaßstabs nicht gerechnet werden konnte. Maßstab für die Existenz eines unvorhersehbaren Ereignisses ist der objektive Maßstab der Sorgfaltspflicht. Nur Umstände, mit denen bei der Planung unter Berücksichtigung der allgemeinen Sorgfaltspflicht nicht gerechnet werden konnte, sind erfasst.[11] Dies ist nicht der Fall, wenn ein zukünftiger Beschaffungsbedarf aus objektiver Sichtweise frühzeitig erkennbar gewesen ist.[12]

---

[10] EuGH Slg 2009, I-168 Rn. 54ff. – Kommission/Deutschland. Der EuGH stellt insofern fest, dass „ferner daran zu erinnern ist, dass nach ständiger Rechtsprechung diese Bestimmungen als Ausnahme von den Vorschriften, die die Wirksamkeit der im Gemeinschaftsrecht anerkannten Rechte im Bereich des öffentlichen Auftragswesens gewährleisten sollen, eng auszulegen sind (vgl. in diesem Sinne Urteile vom 17. November 1993, Kommission/Spanien, C-71/92, Slg. 1993, I-5923, Rn. 36, vom 18. Mai 1995, Kommission/Italien, C-57/94, Slg. 1995, I-1249, Rn. 23, vom 10. April 2003, Kommission/Deutschland, Rn. 58, vom 14. September 2004, Kommission/Italien, C-385/02, Slg. 2004, I-8121, Rn. 19, und vom 2. Oktober 2008, Kommission/Italien, C-157/06, Slg. 2008, I-7313, Rn. 23).

[11] Ziekow/Völlink/Völlink, 3. Aufl. 2018, VgV § 14 Rn. 60.

[12] Ziekow/Völlink/Völlink, 3. Aufl. 2018, VgV § 14 Rn. 60ff.: Auch rechtfertigen die Abrufbarkeit von Fördermitteln bis zu einem bestimmten Termin ebenso wenig wie der Ablauf des Haushaltsjahres den Verzicht auf eine EU-Bekanntmachung. Glei-

Die Europäische Kommission und das Bundesministerium für Wirtschaft und Energie gehen in ihren Rundschreiben und Mitteilungen übereinstimmend vom Vorliegen eines solchen Ereignisses aus. Auch wenn die Institutionen in solchen Krisenzeiten das Vorliegen eines unvorhersehbaren Ereignisses letztendlich zu Recht bejahen, dürfte es in der Aufarbeitung auch kritische Aussagen zur Vorhersehbarkeit geben. Denn ähnlich wie in der Flüchtlingskrise 2015 wird man auch vertreten können, dass die schließlich eintreffende Entwicklung (leider) für die zuständigen staatlichen Stellen in einer gewissen Form absehbar – und damit auch vorhersehbar gewesen ist. In Zeiten der Globalisierung und der stark zugenommen Reisetätigkeit wäre schon beim Ausbruch der ersten COVID-19 Fälle im Dezember 2019 unter Zugrundlegung einer entsprechenden Sorgfalt eine Voraussehbarkeit einer Krisensituation nicht gänzlich außer Reichweite eines objektiven Maßstab der Sorgfaltspflicht gewesen.[13] 22

Die Europäische Kommission stellt aber gleichwohl fest, dass „diese Ereignisse und insbesondere ihre spezifische Entwicklung für jeden öffentlichen Auftraggeber als unvorhersehbar anzusehen [sind]. Der spezifische Bedarf von Krankenhäusern und anderen Gesundheitseinrichtungen zur Durchführung von Behandlungen, sowie an persönlichen Schutzausrüstungen, Beatmungsgeräten, zusätzlichen Betten und ferner an zusätzlicher Intensivpflege- und Krankenhausinfrastruktur, einschließlich der gesamten technischen Ausrüstung, könnte sicherlich nicht im Voraus vorhergesehen und geplant werden und stellt somit ein nicht voraussehbares Ereignis für die öffentlichen Auftraggeber dar."[14] 23

bb) Zwingende Dringlichkeit, die eine Einhaltung der allgemeinen Fristen nicht zulässt

Äußerste Dringlichkeit ist regelmäßig nur bei unaufschiebbaren, nicht durch den Auftraggeber verursachten Ereignissen anzunehmen, bei denen eine gravierende Beeinträchtigung für die Allgemeinheit und die 24

---

ches gilt für vorhersehbare Verzögerungen bei der Beschaffung notwendiger behördlicher Genehmigungen. Ebenfalls nicht unter den Tatbestand fallen regelmäßig Konstellationen, in denen der Beschaffungsbedarf die Folge einer Nicht- oder Schlechtleistung eines Vertragspartners ist, und dem durch rechtzeitige Aufnahme von Vertragsstrafen- oder Streitschlichtungsmechanismen hätte begegnet werden können.

[13] Um einer Ausbreitung in Staaten ohne leistungsfähige Gesundheitssysteme entgegenzuwirken, rief die Weltgesundheitsorganisation (WHO) am 30. Januar 2020 die internationale Gesundheitsnotlage aus. Vgl. https://www.who.int/news-room/detail/30-01-2020-statement-on-the-second-meeting-of-the-international-health-regulations-(2005)-emergency-committee-regarding-the-outbreak-of-novel-coronavirus-(2019-ncov), abgerufen am 13.4.2020 (englisch).

[14] Bundesministerium für Wirtschaft und Energie (BMWi), Rundschreiben zur Anwendung des Vergaberechts, (Az. 20601/000#003) vom 19.3.2020 Ziffer 2.3.1: Abrufbar unter: https://www.bmwi.de/Redaktion/DE/Downloads/P-R/rundschreiben-anwendung-vergaberecht.pdf?__blob=publicationFile&v=6.

staatliche Aufgabenerfüllung droht, etwa durch einen schweren, nicht wiedergutzumachenden Schaden. Als dringliche und zwingende Gründe kommen deshalb nur akute Gefahrensituationen und höhere Gewalt in Betracht, die zur Vermeidung von Schäden der Allgemeinheit ein sofortiges, die Einhaltung von Fristen ausschließendes Handeln, erfordern.[15]

25 Die Voraussetzungen für die besondere Dringlichkeit sind vom Bundesministerium für Wirtschaft und Energie in einem Rundschreiben vom 24.8.2015 abermals konkretisiert worden.[16] Der Begriff der besonderen Dringlichkeit wurde insbesondere bei der Unterbringung von Flüchtlingen und den damit verbundenen Beschaffungsnotwendigkeiten bedeutsam. In dem Rundschreiben stellte das Bundesministerium für Wirtschaft und Energie fest, dass – jedenfalls zum damaligen Zeitpunkt – die Unterbringung und Versorgung von Flüchtlingen im Einzelfall die Voraussetzungen für die Durchführung eines Verhandlungsverfahrens ohne Teilnahmewettbewerb erfülle, da die öffentlichen Auftraggeber nicht vorausgesehen hatten, dass kurzfristig wesentlich mehr Flüchtlinge aufzunehmen waren, als ursprünglich erwartet worden waren. Dass diese Auffassung nicht ohne weiteres uneingeschränkt Geltung beansprucht, ist allerdings an gegenteiliger Rechtsprechung zu erkennen.[17]

26 Dringlichkeit kann hingegen regelmäßig bejaht werden bei einer akuten oder jedenfalls möglicherweise bevorstehenden Gefährdung von Menschen und der Abwehr terroristischer Angriffe.[18] Diese Auffassung vertritt das Bundesministerium für Wirtschaft und Energie (selbstverständlich) auch im Hinblick auf die COVID-19-Pandemie. Der sprunghafte Anstieg der COVID-19-Infektionen außerhalb der VR China seit Februar 2020 führe zu „kurzfristigem Beschaffungsbedarf, bei dem aufgrund der bestehenden Gefährdungen fundamentaler Rechtsgüter (Leben und Gesundheit) Aufträge zügig vergeben und ausgeführt werden müssen".[19]

---

[15] Ziekow/Völlink/Völlink, 3. Aufl. 2018, VgV § 14 Rn. 62.

[16] Rundschreiben des BMWi vom 24.8.2015 „zur Anwendung des Vergaberechts im Zusammenhang mit der Unterbringung und Versorgung von Flüchtlingen", Az. IB6–270100/14; vgl. auch Mitteilung der EU-Kommission vom 9.9.2015 „an das Europäische Parlament und den Rat zu den Vorschriften für die öffentliche Auftragsvergabe im Zusammenhang mit der aktuellen Flüchtlingsproblematik" – COM (2015) 454 final.

[17] VK Südbayern Beschl. v. 12.8.2016 – Z3-3-3194-1-27-07-16, IBRRS 2016, 2124, BeckRS 2016, 15052.

[18] VK Sachsen Beschl. v. 17.6.2016 – 1/SVK/011-16; OLG Frankfurt Beschl. v. 30.1.2014 – 11 Verg 15/13; Favier/Schüler ZfBR 2016, 761; OLG Dresden Beschl. v. 21.9.2016 – Verg 5/16, BeckRS 2016, 118858, für die Beschaffung von ballistischen Polizeihelmen im direkten zeitlichen Umfeld der terroristischen Angriffe im Herbst 2015 in Paris; OLG Celle Beschl. v. 24.9.2014 – 13 Verg 9/14, NZBau 2014, 784.

[19] Bundesministerium für Wirtschaft und Energie (BMWi), Rundschreiben zur Anwendung des Vergaberechts, (Az. 20601/000#003) vom 19.3.2020: Abrufbar unter: https://www.bmwi.de/Redaktion/DE/Downloads/P-R/rundschreiben-anwendung-vergaberecht.pdf?__blob=publicationFile&v=6.

Die Europäische Kommission stellt in ihrer Mitteilung dazu fest, dass der unmittelbare Bedarf der Krankenhäuser und Gesundheitseinrichtungen (Waren, Dienstleistungen und Bauleistungen) möglichst schnell mittels eines Verhandlungsverfahrens ohne Teilnahmewettbewerb gedeckt werden kann. Gleichwohl ist der öffentliche Auftraggeber verpflichtet, auch unter diesen Umständen von Fall zu Fall zu prüfen und zu dokumentieren, inwiefern es unter diesen Konstellationen möglich ist, die Fristen des beschleunigten offenen oder nichtoffenen Verfahrens (15 bzw. 10 (Kalender-)Tage für die Einreichung der Angebote) einzuhalten, auch wenn dies für die meisten Fälle äußerst unwahrscheinlich sein dürfte, zumindest was den durch die ansteigende Infektionskurve erheblich erhöhten kurzfristigen Bedarf betrifft.[20] 27

Insofern sollte nochmals verdeutlicht werden, dass der Beschaffungsbedarf bei Berufung auf zwingende Dringlichkeit auch unverzüglich zu decken ist. Sollte die Auftragsvergabe im Nachhinein schließlich mehr Zeit in Anspruch nehmen als ein transparentes (offenes oder nichtoffenes) Verfahren, einschließlich beschleunigter (offener oder nichtoffener) Verfahren, ist eine rechtmäßige Berufung auf den Ausnahmetatbestand sehr fraglich. Zudem dürfen die Umstände zur Begründung der äußersten Dringlichkeit dem öffentlichen Auftraggeber nicht zuzurechnen sein, § 14 Abs. 4 Nr. 3 Halbsatz 2 VgV. 28

Insoweit bietet sich für die Dokumentation in einem Vergabeverfahren die Prüfung in einem abgestuften Verhältnis der Fristen zueinander an. Die Anforderungen an die Dringlichkeit können danach geringer sein und gar auch andere Fälle als die der Katastrophenszenarien erfassen, wenn es einem Auftraggeber unmöglich ist, die im Vergaberecht genannten Fristen der § 15 Abs. 3 VgV (15 Tage), § 16 Abs. 7 VgV (zehn Tage) oder § 17 Abs. 8 VgV (zehn Tage) einzuhalten. Denn immerhin sieht der Auftraggeber in den vorgenannten Fällen nicht gänzlich von einer europaweiten Bekanntmachung ab. 29

cc) Kausalzusammenhang zwischen dem nicht voraussehbaren Ereignis und der zwingenden Dringlichkeit

Nach einschlägiger Rechtsprechung muss zudem ein kausaler Zusammenhang zwischen dem unvorhergesehenen Ereignis und den sich daraus ergebenen zwingenden, dringlichen Gründen bestehen.[21] Dieses ist für die COVID-19-Pandemie schlicht zu bejahen. 30

---

[20] Bundesministerium für Wirtschaft und Energie (BMWi), Rundschreiben zur Anwendung des Vergaberechts, (Az. 20601/000#003) vom 19.3.2020: Abrufbar unter: https://www.bmwi.de/Redaktion/DE/Downloads/P-R/rundschreiben-anwendung-vergaberecht.pdf?__blob=publicationFile&v=6, Ziffer 2.3.2.

[21] EuGH Slg 2009, I-168 Rn. 54 ff. – Kommission/Deutschland = NZBau 2010, 63; zur vormaligen Richtlinienlage der VKR; so auch OLG Düsseldorf Beschl. v. 10.6.2015 – VII-Verg 39/14, BeckRS 2015, 10629.

b) Anzahl der Marktteilnehmer in einer Dringlichkeitsbeschaffung

31 Allerdings ist fraglich, wie viele Bieter an einer Dringlichkeitsbeschaffungsmaßnahme zu beteiligen sind. § 51 Abs. 2 VgV sieht vor, dass die vom öffentlichen Auftraggeber vorgesehene Mindestzahl der einzuladenden Bewerber nicht niedriger als drei sein darf, beim nicht offenen Verfahren nicht niedriger als fünf. In jedem Fall muss die vorgesehene Mindestzahl ausreichend hoch sein, sodass der Wettbewerb gewährleistet ist. So muss die Vergabestelle, soweit die Umstände es erlauben, aus Wettbewerbsgründen vor der Vergabe des Auftrags versuchen, mehrere geeignete Bewerber zu finden.[22]

32 An dieser Auffassung ist aber nicht festzuhalten. Zwar empfiehlt es sich im Sinne einer effizienten Verwendung von Haushaltsmitteln, nach Möglichkeit mehrere Unternehmen zur Angebotsabgabe aufzufordern. Sollten es die Umstände aber erfordern, kann auch nur ein Unternehmen angesprochen werden. Das Bundesministerium für Wirtschaft und Energie stellt daher zutreffend fest, dass § 51 Abs. 2 VgV, der für das Verhandlungsverfahren mit Teilnahmewettbewerb die Ansprache von mindestens drei Unternehmen vorsieht, im Kontext der COVID-19-Pandemie nicht anwendbar ist.[23] Diese Auffassung wird durch die Ausführungen der Europäischen Kommission bestätigt, wonach beim Verhandlungsverfahren ohne Teilnahmewettbewerb öffentliche Auftraggeber direkt mit möglichen Auftragnehmern verhandeln können, wobei nochmals festgestellt wird, dass eine direkte Vergabe des Auftrags an einen vorab ausgewählten Wirtschaftsteilnehmer ausschließlich dann möglich ist, wenn nur ein Wirtschaftsteilnehmer in der Lage sein wird, den Auftrag unter den durch die zwingende Dringlichkeit auferlegten technischen und zeitlichen Zwängen zu erfüllen.[24]

c) Einschränkung auf bestimmte Waren und Dienstleistungen

33 Eine „Direktbeschaffung" über ein Verhandlungsverfahren ohne Teilnahmewettbewerb ist aber nur dann gestattet und damit zulässig, solange Leistungen über Verhandlungsverfahren ohne Teilnahmewettbewerb eingekauft werden, die der Eindämmung und kurzfristigen Bewältigung der Corona-Epidemie und/oder der Aufrechterhaltung des Dienstbetriebs der

---

[22] Vgl. (zur Interimsvergabe) Marx/Hölz NZBau 2010, 535 (536).

[23] Bundesministerium für Wirtschaft und Energie (BMWi), Rundschreiben zur Anwendung des Vergaberechts, (Az. 20601/000#003) vom 19.3.2020: Abrufbar unter: https://www.bmwi.de/Redaktion/DE/Downloads/P-R/rundschreiben-anwendung-vergaberecht.pdf?__blob=publicationFile&v=6.

[24] Mitteilung der Europäischen Kommission an das Europäische Parlament und den Rat vom 9.9.2015 zu den Vorschriften für die öffentliche Auftragsvergabe im Zusammenhang mit der aktuellen Flüchtlingsproblematik (COM(205) 454 final).

öffentlichen Verwaltung dienen. Das Bundesministerium für Wirtschaft und Energie sowie zahlreiche Landesministerien bestätigen dies zB für die Beschaffung von Heil- und Hilfsmitteln wie etwa Desinfektionsmittel, Einmalhandschuhe, Masken, Schutzkittel, Verbandsmaterialien, Tupfer, Bauchtücher und medizinischen Geräts – wie etwa Beatmungsgeräten – sowie für in diesen Krisenzeiten notwendige Leistungen (etwa mobiles IT-Gerät zB zur Einrichtung von Homeoffice-Arbeitsplätzen, Videokonferenztechnik und IT-Leitungskapazitäten), betonen dabei aber zugleich, dass die in den Rundschreiben genannten Aufzählungen nicht abschließend sind. Öffentliche Auftraggeber, die Waren oder Dienstleistungen über ein Verhandlungsverfahren ohne Teilnahmewettbewerb beschaffen wollen, die nicht aufgelistet sind, müssen besondere Sorgfalt auf die Begründung des Einzelfalles legen.

d) Eignungsanforderungen an die Bieter

Gemäß § 122 Abs. 1 GWB werden öffentliche Aufträge an fachkundige und leistungsfähige (geeignete) Unternehmen vergeben, die nicht nach den §§ 123 oder 124 GWB ausgeschlossen worden sind. Danach ist ein Unternehmen geeignet, wenn es die durch den öffentlichen Auftraggeber im Einzelnen zur ordnungsgemäßen Ausführung des öffentlichen Auftrags festgelegten Kriterien (Eignungskriterien) erfüllt. Die Eignungskriterien dürfen ausschließlich Folgendes betreffen: 34

1. Befähigung und Erlaubnis zur Berufsausübung,
2. wirtschaftliche und finanzielle Leistungsfähigkeit,
3. technische und berufliche Leistungsfähigkeit.

Die Prüfung der Eignung ist Teil der insgesamt vierstufigen Angebotswertung. Diese dient dazu, einerseits die Unternehmen zu ermitteln, die Grund ihrer Fachkunde und Leistungsfähigkeit zur Erbringung der konkret zu beschaffenden Leistung in Betracht kommen und andererseits die nicht ausreichend qualifizierten Unternehmen aus dem Vergabeverfahren auszusondern. Die Eignungskriterien sind in der Auftragsbekanntmachung, der Vorinformation oder der Aufforderung zur Interessensbestätigung aufzuführen und gelten auch im Verhandlungsverfahren ohne Teilnahmewettbewerb. 35

Da öffentliche Aufträge nur an geeignete Bieter erteilt werden dürfen, muss auch im Verhandlungsverfahren ohne Teilnahmewettbewerb eine Eignungsprüfung erfolgen. Es bleibt auch weiterhin unzulässig, inländische oder gar regionale Bieter bei der Vergabe eines öffentlichen Auftrags zu bevorzugen. Diskussionswürdig ist allerdings, inwiefern aufgrund der Erfahrungen in der aktuellen Corona-Pandemie in Zukunft Vorgaben zum Produktionsstandort und dem Anteil an Ware aus Nicht-EWR-Ländern aufgestellt werden darf. Um Regelungen in diesem Bereich zu schaffen, bedürfte es des Gesetzgebers. Allerdings scheint es 36 derzeit in Anbetracht bestehender Reise- und Handelsbeschränkungen in Einzelfällen vertretbar, nationale Produkte aus Gründen der eignungstechnischen Lieferzuverlässigkeit zumindest im Rahmen einer Punktematrix bevorzugt zu bepunkten oder spezifische Kriterien für die Eignung und/oder Zuschlagskriterien in diesem Themenkomplex zu erschaffen. Eine zentrale Rolle sollte in Zukunft die Frage der Lieferketten spielen, sodass es denkbar erscheint, in begründeten Fällen eine inländische oder wenigstens europäische Produktion als Eignungsmerkmal zu fordern.

37 Inwiefern öffentliche Auftraggeber beispielsweise bei einer Beschaffung von persönlicher Schutzausrüstung oder medizinischem Sachbedarf (FFP2-Masken, MN-Schutz usw) aus dem Ausland die Eignungsanforderungen des Bieters tatsächlich prüfen können[25] und dies eine Pflichtverletzung darstellt, wird in Zukunft zu diskutieren sein.

2. Sonderformen der Beschaffung – Open House Verfahren

38 Die Bundesrepublik Deutschland, vertreten durch das Bundesministerium für Gesundheit (BMG), hat Rahmenverträge über die Lieferung von persönlicher Schutzausrüstung (Atemmasken, OP-Masken, Schutzkittel) zur Versorgung und Aufrechterhaltung des deutschen Gesundheitssystems während der Corona-Krise in einem Verhandlungsverfahren ohne Teilnahmewettbewerb gemäß § 14 Abs. 4 Nr. 3 VgV ausgeschrieben (sog. Dringlichkeitsvergabe). Das Vergabeverfahren wurde gemäß den Bestimmungen des 4. Teils des Gesetzes gegen Wettbewerbsbeschränkungen (GWB) sowie der Verordnung über die Vergabe öffentlicher Aufträge (VgV) durchgeführt und vom Bundesministerium für Gesundheit zumindest irreführend als „Open-House-Verfahren" qualifiziert.[26]

39 Im Folgenden soll geprüft werden, inwiefern Open-House Verfahren ebenfalls Beschaffungsstrategie in Zeiten der COVID-19 Pandemie sein kann. Bei einem Open-House Verfahren handelt es sich nach der Rechtsprechung des EuGH gerade nicht um die Vergabe öffentlicher Aufträge im Sinne der Richtlinie 2014/24/EU des Europäischen Parlaments und des Rates bzw. der §§ 97 ff. GWB. Open-House Verfahren unterliegen nach der Rechtsprechung des EuGH nicht dem Vergaberecht, da aufgrund der fehlenden Auswahlentscheidung kein Wettbewerb stattfindet. Um dennoch ein weitestgehendes Maß an Transparenz für die beabsich-

---

[25] Zur Lieferung mangelhafter Atemschutzmasken sei – beispielhaft verwiesen auf: https://www.derstandard.de/story/2000116628567/schwere-maengel-bei-importierten-masken-aus-china.

[26] https://www.aerzteblatt.de/nachrichten/111492/Medizinische-Schutzausruestung-Erste-Lieferungen-Not-dennoch-gross.

tigten Vertragsabschlüsse zu gewährleisten, muss die Veröffentlichung der vertragsgegenständlichen Leistung aber dennoch im Supplement zum Amtsblatt der Europäischen Union erfolgen.

Die Durchführung eines Open-House Verfahrens ist nach der aktuellen Auffassung des EuGH bei grenzüberschreitendem Interesse zumindest dann zulässig,[27] wenn 40

- vor Beginn des Verfahrens eine europaweite Bekanntmachung veröffentlicht wird,
- für alle Unternehmen dieselben Eintrittsbedingungen festgelegt werden,
- ein jederzeitiges Beitrittsrecht während der gesamten Vertragslaufzeit besteht, so dass eine Alleinstellung eines oder mehrerer Marktteilnehmer ausgeschlossen ist, und
- der Preis von vornherein unveränderbar vom öffentlichen Auftraggeber festgelegt ist.

Bei Open-House-Verträgen handelt es sich damit um eine weitere Beschaffungsvariante, bei dem der öffentliche Auftraggeber zu vorher von ihm bestimmten Konditionen mit allen interessierten Unternehmen kontrahieren will. Der Europäische Gerichtshof hatte diese Variante dem Anwendungsbereich des klassischen Vergaberechts entzogen. Hauptargument des EuGHs war, dass der Auftraggeber kein Unternehmen auswählen möchte. Ein öffentlicher Auftrag sei immer nur dann gegeben, wenn der Auftraggeber eine Auswahlentscheidung treffen müsse. Eine Vergabe nach dem Open-House-Verfahren unterliege nur den Grundregeln des AEUV (soweit sie Aufträge betrifft, an denen ein grenzüberschreitendes Interesse besteht). Dazu gehörten insbesondere die Grundsätze der Nichtdiskriminierung und der Gleichbehandlung sowie das Gebot der Transparenz. 41

Für Dringlichkeitsbeschaffungen eröffnet sich damit eine weitere Möglichkeit der Beschaffung, die sehr schnell und wirtschaftlich sein kann. Zwar ist in der Rechtsprechung und Literatur die Übertragbarkeit auf andere Beschaffungszweige außer Arzneimittel noch nicht abschließend geklärt. Es spricht aber vieles dafür, dass ein Open-House-Verfahren bei ordnungsgemäßer Anwendung unter Einhaltung der Grundregeln des AEUV so zielführend sein kann wie ein Verhandlungsverfahren ohne Teilnahmewettbewerb. Einziger Nachteil ist, dass die ausschreibende Stelle nicht sicher ist, ob und inwiefern Angebote eingehen, da Verhandlungen über die Bedingungen der Beschaffungsmaßnahme unstatthaft sind. Da Verhandlungen bei einem Verhandlungsverfahren ohne Teilnahmewettbewerb möglich sind, und der öffentliche Auftraggeber damit 42

---

[27] Ausführlich zum Open-House-Vertrag vor dem EuGH Kimmich Bucerius Law Journal Heft 1/2017, 30.

die Vergabesituation stärker beeinflussen kann, wird die Durchführung von Open-House Verfahren während der Corona-Krise eher die Ausnahme bleiben.

III. Fristen im Vergabeverfahren

43 Fristen sind in Vergabeverfahren gesetzlich festgelegt, um Bietern die Möglichkeit zu geben, in ausreichender Zeit ein attraktives und auskömmliches Angebot für die öffentlichen Auftraggeber zu erarbeiten.

1. Regelfristen

44 Die Fristen für EU-weite Ausschreibungen sind wie folgt geregelt:
- Die Angebotsfrist für das offene Verfahren beträgt 35 Tage (§15 Abs. 2 VgV),
- Die Teilnahme- sowie die Angebotsfrist für das nicht offene Verfahren beträgt jeweils 30 Tage (§ 16 Abs. 2 VgV)
- Die Teilnahmefrist wie auch die Angebotsfrist für das Erstangebot beträgt im Verhandlungsverfahren 30 Tage (§ 17 Abs. 2 VgV), wobei die Frist des Erstangebotes sogar mit den Teilnehmern auch darunter vereinbart werden kann; wird keine Einigung erzielt, kann der öffentliche Auftraggeber eine Mindestfrist von 10 Tagen festsetzen.

45 Diese Regelfristen können sowohl im offenen als auch im nichtoffenen Verfahren verkürzt werden. Entweder im Falle einer Vorinformation, die nicht als Aufruf zum Wettbewerb verwendet wurde, die aber alle für die Vergabebekanntmachung in Anhang V Teil B Abschnitt I erforderlichen Angaben enthielt und zwischen 35 Tagen und 12 Monaten vor dem Tag der Absendung der Vergabebekanntmachung versandt wurde, oder in vom öffentlichen Auftraggeber hinreichend begründeten dringenden Fällen, die die vorgeschriebene Frist unmöglich machen.

2. Dringlichkeit

46 Für dringende Fälle sieht das Vergaberecht eine erhebliche Kürzung der allgemeinen Fristen vor:
- im offenen Verfahren kann die Frist für die Einreichung von Angeboten in Fällen einer hinreichend begründeten Dringlichkeit auf 15 Tage verkürzt werden;
- im nichtoffenen Verfahren kann die Frist für die Einreichung eines Teilnahmeantrags auf 15 Tage und für die Einreichung eines Angebots auf 10 Tage verkürzt werden.

Die Anwendung eines „beschleunigten“ offenen oder nicht offenen Verfahrens steht nach Überzeugung der Europäischen Kommission auch im Einklang mit den Grundsätzen der Gleichbehandlung und der Transparenz und gewährleistet den Wettbewerb auch im Fällen von Dringlichkeit. Dieses ist gemäß § 15 Abs. 3 VgV aber nur statthaft, wenn es: 47
- eine „hinreichend begründete Dringlichkeit“ für die Beschaffungsmaßnahme gibt, und
- diese Dringlichkeit die Einhaltung der Regelfrist unmöglich macht.

Sofern eine „hinreichend begründete Dringlichkeit“ die Einhaltung der regelmäßigen Angebotsfrist unmöglich macht, ist der öffentliche Auftraggeber berechtigt, eine kürzere Frist festzulegen, die allerdings 15 Kalendertage, gerechnet ab dem Tag nach der Absendung der Auftragsbekanntmachung, nicht unterschreiten darf. Die 15-Tagesfrist kann wiederum selbst nicht mehr durch weitere Ausnahmevorschriften wie § 15 Abs. 4 VgV oder in Kombination mit einer Vorinformation nach § 38 Abs. 3 VgV weiter unterschritten werden. Es handelt sich insofern um eine absolute Mindestfrist. 48

Für die Verkürzung der regelmäßigen Mindestfrist bedarf es allerdings objektiver Gründe. Sie dürfen zwar das Vergabeverfahren nicht völlig ausschließen, es dem Auftraggeber aber unmöglich machen, die Regelfrist von 35 bzw. 30 Kalendertagen einzuhalten. Anders als bei § 14 Abs. 4 Nr. 3 VgV, der ein Verhandlungsverfahren ohne Teilnahmewettbewerb bei „äußerst dringlichen, zwingenden Gründen“ zulässt, ist es für die Frage, inwiefern der Auftraggeber die Ereignisse, die zur Dringlichkeit führten, kannte oder ob die Umstände dem Auftraggeber zuzurechnen sind grundsätzlich unerheblich. Dies kann aber nur im Lichte eines Umgehungsverbotes gewertet werden, so dass im Rahmen des § 15 Abs. 3 VgV davon ausgegangen werden muss, dass der öffentliche Auftraggeber den dringenden Beschaffungsbedarf nicht durch absichtsvolles Zuwarten heraufbeschwören darf. 49

IV. Elektronische Vergaben in Zeiten der Dringlichkeit

Elektronische Vergabe (kurz E-Vergabe oder eVergabe) bezeichnet die elektronische Durchführung von Verfahren zur Vergabe öffentlicher Aufträge. Kennzeichnend ist die Nutzung von elektronischen Informations- und Kommunikationsmitteln bei der Vergabe von Liefer-, Bau- und Dienstleistungen speziell für die Institutionen des Öffentlichen Sektors nach Maßgabe des Vergaberechts. Für Beschaffungen des Bundes im sogenannten Oberschwellenbereich (siehe Schwellenwerte) besteht seit dem 18. April 2017 für zentrale Beschaffungsstellen des Bundes sowie der Länder und Kommunen die Verpflichtung zur ausschließlichen elektronischen Kommunikation mit Teilnehmern und Bietern einschließlich 50 der elektronischen Übermittlung von Teilnahmeanträgen und Angeboten. Bis spätestens 18. Oktober 2018 müssen alle Auftraggeber und Auftragnehmer vollständig auf eine elektronische Kommunikation umgestellt haben. Nicht-elektronische Dokumente dürfen nach dem 18. Oktober 2018 nicht mehr angenommen werden. Für Beschaffungen des Bundes im Unterschwellenbereich müssen ab einem Wert von 25.000 EUR spätestens ab dem 1. Januar 2020 Angebote und Teilnahmeanträge über elektronische Mittel eingereicht werden.

1. Formlose Angebotsabgabe

51 Die Unternehmen übermitteln ihre Interessensbekundungen, Interessensbestätigungen, Teilnahmeanträge und Angebote in Textform nach § 126b des Bürgerlichen Gesetzbuchs mithilfe elektronischer Mittel gemäß § 10 VgV.

Gemäß § 9 Abs. 2 VgV kann die Kommunikation in einem Vergabeverfahren mündlich erfolgen, wenn sie nicht die Vergabeunterlagen, die Teilnahmeanträge, die Interessensbestätigungen oder die Angebote betrifft und wenn sie ausreichend und in geeigneter Weise dokumentiert wird. Für das Senden, Empfangen, Weiterleiten und Speichern von Daten in einem Vergabeverfahren verwenden der öffentliche Auftraggeber und die Unternehmen grundsätzlich Geräte und Programme für die elektronische Datenübermittlung (elektronische Mittel).

Die elektronischen Mittel, die von dem öffentlichen Auftraggeber für den Empfang von Angeboten, Teilnahmeanträgen und Interessensbestätigungen sowie von Plänen und Entwürfen für Planungswettbewerbe genutzt werden, müssen über eine einheitliche Datenaustauschschnittstelle verfügen. Es sind die jeweils geltenden Interoperabilitäts- und Sicherheitsstandards der Informationstechnik gemäß § 3 Absatz 1 des Vertrags über die Errichtung des IT-Planungsrats und über die Grundlagen der Zusammenarbeit beim Einsatz der Informationstechnologie in den Verwaltungen von Bund und Ländern vom 1. April 2010 zu verwenden.

52 Dagegen besagt das Rundschreiben des Bundesministeriums für Wirtschaft und Energie, dass Angebote im Rahmen eines Verhandlungsverfahrens ohne Teilnahmewettbewerb „formlos“ und ohne die Beachtung konkreter Fristvorgaben eingeholt werden können.[28] Nach § 11 Abs. 2 VgV verwendet der öffentliche Auftraggeber für das Senden, Empfangen, Weiterleiten und Speichern von Daten in einem Vergabeverfahren allerdings ausschließlich solche elektronischen Mittel, die die Unver-

---

[28] Bundesministerium für Wirtschaft und Energie (BMWi), Rundschreiben zur Anwendung des Vergaberechts, (Az. 20601/000#003) vom 19.3.2020: Abrufbar unter: https://www.bmwi.de/Redaktion/DE/Downloads/P-R/rundschreiben-anwendung-vergaberecht.pdf?__blob=publicationFile&v=6.

sehrtheit, die Vertraulichkeit und die Echtheit der Daten gewährleisten. Ein formloses Einholen von Angeboten sollte daher tunlichst unterbleiben. Denn nach § 53 Abs. 1 VgV haben die Unternehmen ihre Interessensbekundungen, Interessensbestätigungen, Teilnahmeanträge und Angebote in Textform nach § 126b des Bürgerlichen Gesetzbuchs mithilfe elektronischer Mittel gemäß § 10 VgV zu übermitteln. Der öffentliche Auftraggeber ist nach § 54 VgV verpflichtet, elektronisch übermittelte Interessensbekundungen, Interessensbestätigungen, Teilnahmeanträge und Angebote auf geeignete Weise zu kennzeichnen und verschlüsselt zu speichern. Insofern sollten Angebote trotz aller Notlage grundsätzlich nicht ohne weiteres per E-Mail abgefragt werden, sondern nichtsdestotrotz über eine Vergabeplattform, die den Anforderungen der VgV gerecht wird.

2. Digitale Verhandlungsrunden, Aufklärungsgespräche und Teststellungen

Reisebeschränkungen machen derzeit persönliche Verhandlungsrunden oder Aufklärungsgespräche unmöglich. Sie lassen auch Bemusterungen und Teststellungen ausfallen. Im Falle eines mehrstufigen Verhandlungsverfahrens können öffentliche Auftraggeber auch nicht ohne weiteres auf Verhandlungen verzichten, sofern sie sich nicht gemäß § 17 Abs. 11 VgV, § 3b EU Abs. 3 Nr. 7 VOB/A den Zuschlag auf das Erstangebot in der EU-Bekanntmachung oder den Vergabeunterlagen vorbehalten haben. Die Bieter haben sich bei Abgabe ihres Erstangebotes immerhin auf die zukünftigen Verhandlungen und die damit verbundene Möglichkeit der Angebotsüberarbeitung eingestellt. 53

Das stellt gerade Verhandlungsverfahren und notwendige Aufklärungen bei allen Verfahren vor erhebliche Umsetzungsprobleme. § 3a VwVfG ebenso wie § 102a VwGO und § 128a ZPO ermöglichen aber inzwischen eine elektronische Kommunikation. Dies schließt Video-Übertragungen selbst in gerichtlichen Verhandlungen ein, so dass auch vergaberechtliche Verhandlungsrunden und Aufklärungsgespräche über Videokonferenzen abgebildet werden können. Diese sind in diesem Fall aber hinreichend zu dokumentieren. 54

Sofern die Vergabeverfahren erst nach Ausbruch der COVID-19 Pandemie veröffentlicht werden und keine dringliche Beschaffung betreffen, die ohnehin unter vereinfachten Bedingungen durchgeführt wird, sollte in den Vergabeunterlagen klargestellt werden, dass Verhandlungen und Aufklärungsgespräche voraussichtlich in elektronischer Weise stattfinden werden. Ist das Vergabeverfahren schon veröffentlicht und war nicht nur eine verifizierende, sondern eine bewertende Bemusterung/Teststellung als Wertungskriterium vorgesehen, wäre ggfs. unter Hinweis auf die aktuelle Lage und die aktuelle Unmöglichkeit der Durchführung der Test- 55 stellung die Zustimmung der Bieter zum Entfall der Teststellung einzuholen. Dieses Vorgehen birgt aber dennoch die Unsicherheit einer Wettbewerbsverzerrung. Die Abänderung der Zuschlagskriterien stellt unabhängig von der Corona-Krise immer noch eine wesentliche Änderung des Verfahrens dar und damit einen Verstoß gegen die Verfahrensgrundsätze aus § 97 GWB.

3. Bieterpräsentationen als Teil der Bewertung

56 Die COVID-19 Pandemie läßt auch die sonst gern gesehenen Präsentation von Bietern beim Auftraggeber und die Vorstellung seines Teams, dessen Qualifikation der Wertung iRd § 58 Abs. 2 VgV unterliegen soll, entfallen.

57 Allerdings ist derzeit ohnehin umstritten, inwiefern die fachlich-inhaltliche Vorstellung des Angebots sowie des einzusetzenden Personals in Form einer mündlichen Präsentation vorgenommen und entsprechend bewertet werden können. Nach Auffassung der VK Südbayern verstoße die Wertung einer Präsentation bei der Zuschlagsentscheidung bereits gegen den in § 9 Abs. 2 VgV niedergelegten Grundsatz, wonach die Kommunikation (nur) mündlich erfolgen könne, solange sie nicht die Vergabeunterlagen, die Teilnahmeanträge, die Interessensbestätigungen oder die Angebote betreffe.[29] Die VK Bund ist dieser Auffassung nicht gefolgt und hat hingegen in einem Beschluss vom 22.11.2019[30] unter Hinweis auf den Beschluss des OLG München vom 2. November 2011, Verg 26/12 überzeugend argumentiert, dass die Wertung einer Präsentation bei der Zuschlagsentscheidung nicht gegen den in § 9 Abs. 2 VgV verstößt.

58 Sie führt über den Wortlaut hinaus – neben Systematik sowie Sinn und Zweck der Norm – gerade auch den Willen des Gesetzgebers an. Immerhin hat dieser nach der Gesetzesbegründung[31] der Verordnung zur Modernisierung des Vergaberechts eine mündliche Kommunikation über die Angebote gerade nicht ausgeschlossen. In Art. 22 Abs. 2 RL 2014/24/EU heiße es außerdem ausdrücklich, dass „die mündliche Kommunikation mit Bietern, die einen wesentlichen Einfluss auf den Inhalt und die Bewertung des Angebots haben könnte, in hinreichendem Umfang und in geeigneter Weise dokumentiert werden“ müsse. In der Begründung zur Verordnung zur Modernisierung des Vergaberechts wird diese Aussage auch noch ohne jegliche Einschränkung aufgegriffen, wenn es heißt: „Bei der Dokumentation der mündlichen Kommunikation mit Bietern, die einen Einfluss auf Inhalt und Bewertung von deren Angebot haben

[29] VK Südbayern Beschl. v. 2.4.2019 – Z3-3-3194-1-43-11/18.
[30] VK Bund Beschl. v. 22.11.2019 – VK 1-83/19.
[31] BT-Drs. 18/7318, 153 v. 20. Januar 2016, zu § 9 Abs. 2.

könnte, ist in besonderem Maße darauf zu achten, dass in hinreichendem Umfang und in geeigneter Weise dokumentiert wird." Mündlicher Vortrag im Rahmen der Bewertung von Angeboten ist damit zulässig, vorausgesetzt, es hat eine entsprechende Dokumentation stattgefunden.

Nach alledem dürfte eine mündliche Präsentation unter Beachtung der 59 seitens der Rechtsprechung dazu mittlerweile aufgestellten Anforderungen vergaberechtlich zulässig sein. Dann dürfte aber auch eine Präsentationen über Videokonferenzen denkbar sein und eine Verhandlungsrunde einschließlich Bewertungsanteil volldigitalisiert durchgeführt werden können. Die damit verbundenen Nachteile der teils eingeschränkten Wahrnehmung von Mimik und Ausdruck trifft jeden Bieter gleichermaßen. Eine weitere Digitalisierung – gerade auch von Verhandlungsrunden und Präsentationen – halte ich daher nicht mehr für ausgeschlossen.

V. Auftragsänderungen nach § 132 GWB

§ 132 GWB ist eine der zentralen Normen, denn sie räumt den Auf- 60 traggebern in weitem Umfang die Möglichkeit ein, einen Auftrag während der Vertragslaufzeit zu ändern. § 132 GWB normiert erstmals Auftragsänderungen während der Vertragslaufzeit im 4. Teil des GWB, nachdem allein die Rechtsprechung des EuGH[32] jahrelang Grundsätze zu Auftragsänderungen entwickelt hatte. § 132 GWB eröffnet öffentlichen Auftraggebern die Möglichkeit, Zusatz- oder Anschlussaufträge ohne neue förmliche Vergabeverfahren zu vergeben.

1. Anwendbarkeit

Zur Bewältigung kurzfristiger Beschaffungsbedarfe kommt daher ins- 61 besondere eine Vertragsänderung, -verlängerung und/oder -ausweitung nach § 132 Abs. 2 S. 1 Nr. 3 GWB in Betracht. Über § 47 Abs. 1 UVgO gilt diese Vorschrift auch für die Vergabe von Liefer- und Dienstleistungen unterhalb der EU-Schwellenwerte für nationale Vergabeverfahren des Haushaltsrechts. Der Norm kommt damit eine zentrale Stellung im Umgang mit Änderungen eines bestehenden Vertrages zu.

2. Wesentlichkeit der Auftragsänderung

Wesentliche Änderungen eines öffentlichen Auftrags während der Ver- 62 tragslaufzeit erfordern nach § 132 Abs. 1 GWB in der Regel jedoch ein

[32] EuGH 19.6.2008 – C-454/06, NZBau 2008, 518 = VergabeR 2008, 758 Rn. 1ff. – Pressetext.

neues Vergabeverfahren. Wesentlich sind Änderungen, die dazu führen, dass sich der öffentliche Auftrag erheblich von dem ursprünglich vergebenen öffentlichen Auftrag unterscheidet. Eine wesentliche Änderung liegt nach dem Gesetzeswortlaut insbesondere vor, wenn

1. mit der Änderung Bedingungen eingeführt werden, die, wenn sie für das ursprüngliche Vergabeverfahren gegolten hätten,
   a) die Zulassung anderer Bewerber oder Bieter ermöglicht hätten,
   b) die Annahme eines anderen Angebots ermöglicht hätten oder
   c) das Interesse weiterer Teilnehmer am Vergabeverfahren geweckt hätten,
2. mit der Änderung das wirtschaftliche Gleichgewicht des öffentlichen Auftrags zugunsten des Auftragnehmers in einer Weise verschoben wird, die im ursprünglichen Auftrag nicht vorgesehen war,
3. mit der Änderung der Umfang des öffentlichen Auftrags erheblich ausgeweitet wird oder
4. ein neuer Auftragnehmer den Auftragnehmer in anderen als den in Absatz 2 S. 1 Nummer 4 vorgesehenen Fällen ersetzt.

Aus anwaltlicher Vorsicht dürften in der Regel bei einer Ausweitung und Ergänzung des ursprünglichen Auftrags mindestens die Tatbestände Nr. 1 und 2 erfüllt sein.[33] Insofern verbleibt es beim Grundsatz aus § 132 Abs. 1 GWB, wonach in der Regel ein neues Vergabeverfahren erforderlich ist. Inwiefern die COVID-19 Pandemie diesbezüglich zu einer anderen Bewertung führen kann, wird im Folgenden aufgezeigt.

3. Zulässige Auftragsänderungen nach § 132 Abs. 2 GWB

63 Nach § 132 Abs. 2 GWB ist die Änderung eines öffentlichen Auftrags aber trotz einer wesentlichen Änderung ohne Durchführung eines neuen Vergabeverfahrens zulässig, wenn

1. in den ursprünglichen Vergabeunterlagen klare, genaue und eindeutig formulierte Überprüfungsklauseln oder Optionen vorgesehen sind, die

[33] In der Kommentarliteratur werden teils abweichende Schemata zur Prüfung des Tatbestandes des §132 GWB aufgezeigt. 1) Ist die De-minimis-Grenze für den Wert der Änderung nach § 132 Abs. 3 GWB nicht überschritten, ist die Änderung bei Wahrung des Gesamtcharakters des Auftrags zulässig. 2) Bei Vorliegen eines der – alternativ zu verstehenden – Tatbestände des § 132 Abs. 1 Nr. 1–4 GWB ist die Änderung selbst dann zulässig, wenn sie im Sinne des Abs. 1 wesentlich wäre. Einer Prüfung der Wesentlichkeit der Änderung bedarf es in diesen Fällen also nicht. 3) Nur für Auftragsänderungen, die weder unter § 132 Abs. 2 noch Abs. 3 GWB fallen, kommt es darauf an, ob sie wesentlich sind oder nicht. § 132 Abs. 1 GWB unterscheidet insoweit zwischen den in S. 3 Nr. 1–4 explizit benannten Fällen, in denen bei Vorliegen der jeweiligen Voraussetzungen ausnahmslos eine wesentliche Änderung vorliegt, und der – systematisch erst bei Nichteingreifen der benannten Fälle zu prüfenden – offenen Wesentlichkeitsprüfung nach S. 2.

Angaben zu Art, Umfang und Voraussetzungen möglicher Auftragsänderungen enthalten, und sich aufgrund der Änderung der Gesamtcharakter des Auftrags nicht verändert,
2. zusätzliche Liefer-, Bau- oder Dienstleistungen erforderlich geworden sind, die nicht in den ursprünglichen Vergabeunterlagen vorgesehen waren, und ein Wechsel des Auftragnehmers
   a) aus wirtschaftlichen oder technischen Gründen nicht erfolgen kann und
   b) mit erheblichen Schwierigkeiten oder beträchtlichen Zusatzkosten für den öffentlichen Auftraggeber verbunden wäre,
3. die Änderung aufgrund von Umständen erforderlich geworden ist, die der öffentliche Auftraggeber im Rahmen seiner Sorgfaltspflicht nicht vorhersehen konnte, und sich aufgrund der Änderung der Gesamtcharakter des Auftrags nicht verändert oder
4. ein neuer Auftragnehmer den bisherigen Auftragnehmer ersetzt (...).

a) Überprüfungsklauseln oder Optionen – § 132 Abs. 2 S. 1 Nr. 1 GWB

Eine Überprüfungsklauseln oder eine Option ermöglichen es dem öffentlichen Auftraggeber, Waren zu bereits vereinbarten Bedingungen über den bestehenden Vertrag zu beschaffen. Die Bedingungen der Beschaffung sind zwischen den Vertragsparteien bereits festgelegt. Zugleich gibt Erwägungsgrund Nr. 111 RL 2014/24/EU aber vor, dass solche Überprüfungsklauseln dem öffentlichen Auftraggeber keinen unbegrenzten Ermessensspielraum einräumen dürfen. Sie sollen soweit möglich Leistung und Gegenleistung klar, präzise und eindeutig formuliert erfassen und optimaler Weise zugleich die notwendigen Angaben zu Art, Umfang und Voraussetzungen für die Änderung des Vertrags beinhalten. Für die weiteren Einzelheiten sei auf die Kommentarliteratur verwiesen.[34] **64**

Die Beschaffung darf aber eben auch nicht zu einer Veränderung des Gesamtcharakters des Auftrags führen. Änderungen zentraler, für die Angebotserstellung wesentlicher Elemente führen dazu, dass es sich um einen anderen Vertrag, ein aliud, handelt. Aus einem Dienstleistungsauftrag kann somit kein Bauauftrag werden. Aus einem befristeten Auftrag kann kein unbefristeter Auftrag werden. Auch kann der Liefergegenstand nicht ausgewechselt werden. Die *essenialia negotii* müssen folglich unverändert bleiben. **65**

Im Gegensatz zu den in § 132 Abs. 2 S. 1 Nr. 2 und 3 GWB genannten Fällen weist die Regelung des § 132 Abs. 2 S. 1 Nr. 1 GWB aber keine wertmäßige Begrenzung der Auftragsänderung auf. Dies dürfte gerade in Notsituationen, in denen sehr schnell ungeheure Mengen an Material und **66**

---

[34] Beck VergabeR/Hüttinger, 3. Aufl. 2017, GWB § 132 Rn. 1-82.

Gütern beschafft werden muss als vorteilhaft, da diese Beschaffungen – trotz einer Ausweitung des ursprünglichen Auftragswerts über mehr als 50% hinaus – für zulässig erachtet werden müssten.

b) Zusätzliche Liefer-, Bau- oder Dienstleistungen – § 132 Abs. 2 S. 1 Nr. 2 GWB

67 § 132 Abs. 2 S. 1 Nr. 2 GWB ermöglicht zusätzliche Liefer-, Bau- oder Dienstleistungen, selbst wenn sie nicht in den ursprünglichen Vergabeunterlagen vorgesehen waren, sofern ein Wechsel des Auftragnehmers aus wirtschaftlichen oder technischen Gründen nicht erfolgen kann und mit erheblichen Schwierigkeiten oder beträchtlichen Zusatzkosten für den öffentlichen Auftraggeber verbunden wäre.[35] Stellvertretend sei für die weiteren Einzelheiten auf die entsprechende Kommentarliteratur verwiesen.[36]

68 Angesichts der aktuellen Sachlage zur Entwicklung der Corona-Pandemie dürften die resultierenden konkreten Bedarfe weder in ihrem Umfang und der Kurzfristigkeit ihrer Erforderlichkeit auch bei Beachtung aller Sorgfaltspflichten vorhersehbar gewesen sein. Sofern daher ein Lieferant überhaupt lieferfähig ist, kann bei diesem – auch wenn es sich um zusätzliche Liefer-, Bau- oder Dienstleistungen handelt, die nicht in den ursprünglichen Vergabeunterlagen vorgesehen waren – der gewünschte Bedarf bestellt werden. Der Gesamtcharakter des Vertrags würde dadurch nicht geändert, sofern lediglich die Liefermengen der vereinbarten Leistung erhöht werden oder ein bestehender Liefervertrag über bestimmte medizinische Hilfsmittel um weitere Gegenstände ergänzt wird, die dem gleichen oder einem ähnlichen Zweck dienen.[37]

c) äußere Umstände

69 Nach § 132 Abs. 2 S. 1 Nr. 3 GWB ist eine wesentliche Auftragsänderung nach § 132 Abs. 1 GWB ohne Durchführung eines neuen Vergabeverfahrens ferner dann zulässig, wenn die Änderung aufgrund von

---

[35] Die Vergabe zusätzlicher Leistungen an den bereits gebundenen Auftragnehmer ist dem Vergaberecht auch bislang nicht fremd gewesen; so konnte im Wege der Verhandlungsvergabe/freihändiger Vergabe oder des Verhandlungsverfahrens ohne Teilnahmewettbewerb im begründeten Einzelfall der Auftrag auch schon früher an den bisherigen Auftragnehmer vergeben werden, wenn zusätzliche Leistungen zur teilweisen Erneuerung erforderlich waren und ein Wechsel des Unternehmens andernfalls zu technischen Inkompatibilitäten führte.

[36] Beck VergabeR/Hüttinger, 3. Aufl. 2017, GWB § 132 Rn. 1-82.

[37] Bundesministerium für Wirtschaft und Energie (BMWi), Rundschreiben zur Anwendung des Vergaberechts, (Az. 20601/000#003) vom 19.3.2020: Abrufbar unter: https://www.bmwi.de/Redaktion/DE/Downloads/P-R/rundschreiben-anwendung-vergaberecht.pdf?__blob=publicationFile&v=6, Seite 6 von 7.

Umständen erforderlich geworden ist, die der öffentliche Auftraggeber im Rahmen seiner Sorgfaltspflicht nicht vorhersehen konnte, und sich aufgrund der Änderung der Gesamtcharakter des Auftrags nicht verändert.[38]

Die Ausführungen zu § 132 Abs. 2 S. 1 Nr. 2 GWB sind entsprechend 70
heranzuziehen. Die resultierenden konkreten Bedarfe waren für die öffentlichen Auftraggeber im Lichte der Sachlage zur Entwicklung der Corona-Pandemie wohl weder in ihrem Umfang noch in ihrer Kurzfristigkeit und ihrer Erforderlichkeit auch bei Beachtung aller Sorgfaltspflichten vorhersehbar. Allein die Ausweitung der Liefermenge ändert den Gesamtcharakter des Vertrags nicht über das zulässige Maß hinaus. Das sieht auch das Bundesministerium für Wirtschaft und Energie so, wenn es feststellt, dass eine statthafte Anwendung des § 132 Abs.S. 1 Nr. 3 GWB bei der Bestellung zusätzlicher Waren und Artikel gegeben ist, sofern lediglich die Liefermengen der vereinbarten Leistung erhöht werden oder ein bestehender Liefervertrag über bestimmte medizinische Hilfsmittel um weitere Gegenstände ergänzt wird, die dem gleichen oder einem ähnlichen Zweck dienen.[39]

VI. Kurzübersicht zur Unterschwellenvergabe nach der UVgO

Bei öffentlichen Aufträgen unterhalb der EU-Schwellenwerte bietet 71
sich für eine schnelle und effiziente Beschaffung in Dringlichkeits- und Notfallsituationen die Verhandlungsvergabe ohne Teilnahmewettbewerb nach§ 8 Abs. 4 Nr. 9 der Unterschwellenvergabeordnung (UVgO) an.

Wie bei einer Verhandlungsvergabe ohne Teilnahmewettbewerb for- 72
dert der Auftraggeber mehrere, grundsätzlich mindestens drei Unternehmen unmittelbar zur Angebotsabgabe auf. Dabei sind angemessene Fristen zu setzen, die in Anbetracht der Gesamtumstände aber sehr kurz ausfallen können und auch null Tage betragen können.

Wenn eine Leistung im Falle von Umständen, die der Auftraggeber 73
nicht voraussehen konnte, besonders dringlich ist und die Gründe für die besondere Dringlichkeit nicht dem Verhalten des Auftraggebers zuzurechnen ist, kann auch nur ein Unternehmen zur Angebotsabgabe aufge-

---

[38] Nach der Begründung des VergRModG (BT-Drs. 18/6281, 119 f.) sollen Fälle erfasst werden, bei denen öffentliche Auftraggeber mit externen Umständen konfrontiert werden, die sie zum Zeitpunkt der Zuschlagserteilung nicht absehen konnten.

[39] Bundesministerium für Wirtschaft und Energie (BMWi), Rundschreiben zur Anwendung des Vergaberechts, (Az. 20601/000#003) vom 19.3.2020: Abrufbar unter: https://www.bmwi.de/Redaktion/DE/Downloads/P-R/rundschreiben-anwendung-vergaberecht.pdf?__blob=publicationFile&v=6, Seite 6 von 7.

fordert werden (§ 12 Abs. 3 UVgO). Diese Voraussetzung dürfte im Fall von Beschaffungen, die zur Eindämmung und Bewältigung der Corona-Epidemie kurzfristig erforderlich sind, regelmäßig gegeben sein und ist in den Vergabeunterlagen zu begründen.

74 Eine Verhandlungsvergabe ohne Teilnahmewettbewerb kann darüber hinaus auch ohne Beachtung bestimmter Zulassungsvoraussetzungen angewandt werden, wenn dies durch Ausführungsbestimmungen eines Bundes- oder Landesministeriums bis zu einem bestimmten Höchstwert zugelassen ist. Diese Wertgrenze kann sogar bis zur Höhe der EU-Schwellenwerte festgelegt werden. Den Ländern steht es darüber hinaus – als Ultima Ratio und unbeschadet anderweitiger haushaltsrechtlicher Vorgaben – auch grundsätzlich frei, etwa die Anwendung bestimmter Regeln der UVgO in bestimmten Bereichen insgesamt auszusetzen. Zum 14.4.2020 waren in den Bundesländern folgende Ausnaheregelungen (ohne Anspruch auf Vollständigkeit) in Kraft:

75 Bayern hat per Verwaltungsvorschrift zum öffentlichen Auftragswesen vom 24. März 2020 (Az. B II 2 – G17/17 – 2)[40] öffentlichen Auftraggebern für Beschränkte Ausschreibungen und für Freihändige Vergaben bzw. Verhandlungsvergaben gestattet, die Angebotsabgabe per einfacher E-Mail zuzulassen. Zugleich wurde u.a. die Wertgrenzen für den Direktauftrag auf 25.000 € (netto) für "Corona-bedingte" Beschaffungen erhöht.

76 Die Freie und Hansestadt Hamburg (Finanzbehörde) hat mit ihrem Schreiben vom 20. März 2020[41] weitgehende Erleichterungen für alle Vergaben unterhalb der EU-Schwellenwerte ermöglicht. Auf Grundlage des § 2a Abs. 3 HmbVgG3 setzt die Finanzbehörde die Wertgrenze für Verhandlungsvergaben über Liefer- und Dienstleistungen nach der UVgO, die im Zusammenhang mit Beschaffungen zur Sicherstellung der Versorgung der Bevölkerung und zur Bekämpfung der Ausbreitung des Coronavirus stehen, bis zum EU-Schwellenwert für Liefer- und Dienstleistungen nach § 106 Abs. 2 Nr. 1 GWB in Höhe von aktuell 214.000 EUR fest. Auch die Wertgrenze zur verpflichtenden Anwendung der E-Vergabe (§ 38 Abs. 2–5 UVgO) wird für Verhandlungsvergaben über Liefer- und Dienstleistungen nach der UVgO, die im Zusammenhang mit Beschaffungen zur Sicherstellung der Versorgung der Bevölkerung und zur Bekämpfung der Ausbreitung des Coronavirus stehen, bis zum EU-Schwellenwert für Liefer- und Dienstleistungsaufträge in Höhe von aktuell 214.000 EUR festgesetzt. Diese Regelungen gelten mit sofortiger Wirkung und sind befristet bis zum 31.12.2020.

---

[40] Abrufbar unter: https://www.verkuendung-bayern.de/files/baymbl/2020/155/baymbl-2020-155.pdf.

[41] Abrufbar unter: http://www.forum-vergabe.de/fileadmin/user_upload/Downloads/2020.03.20_HHVergaberecht_FB_42_Corona-Rundschreiben_Vergaberecht.pdf.

Die Neufassung der Verordnung über Auftragswertgrenzen und Verfahrenserleichterungen zum Niedersächsischen Tariftreue- und Vergabegesetz (Niedersächsische Wertgrenzenverordnung – NWertVO) ist am 7.4.2020 im Nds. Gesetz- und Verordnungsblatt verkündet worden.[42] 77

Durch Rundschreiben des Wirtschafts- und des Finanzministeriums NRW vom 27. März 2020[43] ist dort vorerst nur für den Länderbereich die Anwendung der Unterschwellenvergabeordnung (UVgO) wie folgt ausgesetzt worden: „Für den Einkauf von Waren und Dienstleistungen, die der Eindämmung und kurzfristigen Bewältigung der Corona-Epidemie und/oder der Aufrechterhaltung des Dienstbetriebs dienen, wird die Anwendung der Unterschwellenvergabeordnung bis zum 30. Juni 2020 ausgesetzt. Der Grundsatz der Wirtschaftlichkeit und Sparsamkeit bleibt weiterhin zu berücksichtigen.“ 78

Die Landesregierung Rheinland-Pfalz hat den Kommunen im Land mit Schreiben vom 20. März 2020[44] im Unterschwellenbereich erlaubt, Liefer-, Dienst- und Bauleistungen, die unmittelbar oder mittelbar zur Eindämmung der Corona-Pandemie beitragen, bei Beachtung der Haushaltsgrundsätze Wirtschaftlichkeit und Sparsamkeit ohne ein förmliches Vergabeverfahrens zu beschaffen (Direktauftrag). Hierzu zählen neben medizinischen Bedarfsgegenständen (Schutz-, Heil- und Hilfsmittel) zur Eindämmung der Verbreitung des Virus auch Gegenstände für die Errichtung von Corona-Test-Stationen. Weiter können öffentliche Aufträge, die dem Aufrechterhalt des Dienstbetriebs in der öffentlichen Verwaltung dienen, direkt vergeben werden. Hierzu gehören Lieferungen und Leistungen, die etwa zur Einrichtung von Homeoffice-Arbeitsplätzen dienen, Videokonferenztechnik und die Erweiterung der IT- Leitungskapazitäten. Vor Inanspruchnahme dieser Vereinfachungen ist stets zu prüfen, ob Bedarfsgegenstände über bestehende Rahmenverträge bezogen werden können. Die Nutzung von Rahmenverträge hat insgesamt den Vorteil, dass nicht neu ausgeschrieben werden muss. 79

Auch Thüringen hat mit Schreiben vom 10.3.2020[45] Vereinfachungen bei der Beschaffung von Leistungen ermöglicht. 80

---

[42] Die Verordnung über Auftragswertgrenzen und Verfahrenserleichterungen zum Niedersächsischen Tariftreue- und Vergabegesetz (Niedersächsische Wertgrenzenverordnung – NWertVO) vom 3. April 2020 (erschienen am 7. April 2020 im Nds. GVBL. Nr. 8/2020, S. 50) tritt am 8. April 2020, in Kraft.

[43] Abrufbar unter: https://www.vergabe.nrw.de/sites/default/files/documents/2020-03/20200327_veroeffentlichung_portal.pdf.

[44] Abrufbar unter: https://mwvlw.rlp.de/fileadmin/mwkel/Abteilung_2/8203/RdSchr_MWVLW_Vergaberecht_Corona-Pandemie_20.03.2020.pdf.

[45] Abrufbar unter: http://www.forum-vergabe.de/fileadmin/user_upload/Downloads/2020.03.19_TMWWDG_-_Rundschreiben.

VII. Umgang mit unwirtschaftlichen Angeboten in europaweiten Vergaben

81 Nicht selten werden die öffentlichen Auftraggeber feststellen müssen, dass die Preise für die nachgefragten Güter massiv gestiegen sind und nicht mehr den – vor der Corona-Pandemie – geltenden Preisgefügen entsprechen.

1. Ausschluss von unwirtschaftlichen Angeboten

82 § 63 Abs. 1 VgV bestimmt, unter welchen Umständen ein Vergabeverfahren nach den §§ 97 ff. GWB ohne Erteilung eines Zuschlags aufgehoben werden darf. Ein wesentlicher Grund zur Aufhebung eines Vergabeverfahrens ist eine unwirtschaftliche Beschaffung. Doch dürfte dieser sonst so oft genutzte Tatbestand in Zeiten der Corona-Pandemie weitestgehend ungenutzt bleiben. Denn eine Überschreitung des Auftragswertes um ein Vielfaches dürfte gerade bei der Beschaffung von persönlicher Schutzausrüstung für Krankenhäuser an der Tagesordnung sein und die öffentlichen Auftraggeber werden bereitwillig jeden Preis zahlen, solange sie nur mit entsprechendem Material beliefert werden.

83 Insofern stellt sich die Frage, inwiefern der öffentliche Auftraggeber zur Aufhebung einer Ausschreibung verpflichtet ist, wenn der ursprünglich angesetzte Preis um ein Vielfaches überschritten wird. Allein aus § 63 Abs. 1 VgV ist eine solche Pflicht nicht zu entnehmen. Der dritte Aufhebungsgrund ist gegeben, wenn mit der Ausschreibung kein wirtschaftliches Ergebnis erzielt wurde. Ein Ergebnis in diesem Sinne liegt vor, wenn dem öffentlichen Auftraggeber vor dem Hintergrund des Gebots zur sparsamen Mittelverwendung ein Zuschlag unzumutbar ist. Nach der Rechtsprechung würde dieses Gebot unterlaufen, wenn der Auftraggeber trotz sorgfältig ermittelter Kostenschätzung verpflichtet wäre, den Zuschlag auf ein Angebot zu erteilen, das kostenmäßig erheblich über dem von ihm veranschlagten Kostenansatz liegt. Dies habe zur Konsequenz, dass der Bieter nicht schon von vornherein eine Zuschlagserteilung erwarten kann, auch wenn er das annehmbarste Angebot abgegeben hat.

84 Die Aufhebung der Ausschreibung steht im Ermessen des öffentlichen Auftraggebers. Entscheidet er sich für die Aufhebung, muss er die relevanten Gründe und Erwägungen sorgfältig und vollständig dokumentieren. Dabei ist darzulegen, dass Alternativen zur Aufhebung (wie zB die Aufhebung einzelner Lose oder die Einholung neuer geänderter Angebote im laufenden Verfahren) geprüft (und für untauglich befunden) wurden. Dies ist erforderlich, weil die Aufhebung der Ausschreibung als

„Ultima Ratio" nur in Ausnahmefällen in Betracht kommt. Allerdings kann der Auftraggeber auch zur Aufhebung verpflichtet sein (Ermessensreduzierung auf null), wenn die Weiterführung des Vergabeverfahrens bzw. die Zuschlagserteilung einen Verstoß gegen Vergabebestimmungen darstellen würde, so zB bei Durchführung eines nationalen anstatt eines europaweiten Vergabeverfahrens, grob unvollständigen oder grob fehlerhaften Vergabeunterlagen, oder einem wettbewerbsverzerrenden Informationsvorsprung eines einzelnen Bieters (zB eines Projektanten). Eine solche Konstellation liegt bei einem „nur" überhöhten Preis aber nicht vor. Es ist vielmehr eine Abwägung zwischen dem Gebot der wirtschaftlichen und sparsamen Mittelverwendung einerseits und dem Schutz von Leib und Leben andererseits zu treffen. Sofern eine Beschaffung daher – wenn auch zu mitunter stark überhöhten Preisen – überhaupt eine Belieferung mit den dringend benötigten Materialien verspricht, so ist der öffentliche Auftraggeber im Wege der Ermessensreduktion nahezu zum Kauf verpflichtet.

Die Frage, ab wann ein Zuschlag unzumutbar ist, kann nicht mittels eines festen Prozentsatzes der Abweichung des Angebotes vom Marktpreis bestimmt werden. Entscheidend ist nach der Rechtsprechung vielmehr stets eine Abwägung aller Umstände des Einzelfalls. 85

2. Öffentliches Preisrecht

Nicht geläufig sind vielen Auftraggebern in diesem Zusammenhang allerdings die Regelungen des öffentlichen Preisrechts. Die Verordnung PR Nr. 30/53 über die Preise bei öffentlichen Aufträgen (PreisV 30/53) enthält für alle juristischen Personen des öffentlichen Rechts – nicht aber für öffentliche Auftraggeber mit zivilrechtlicher Organisationsform – Regelungen zu Preisen für öffentliche Aufträge. Bauaufträge sind vom Preisrecht allerdings nicht umfasst. 86

Die Verordnung PR Nr. 30/53 über die Preise bei öffentlichen Aufträgen (PreisV 30/53) bestimmt in § 1 den Vorrang des Marktpreises. Danach ist für Leistungen auf Grund öffentlicher Aufträge bei der Vereinbarung von Preisen grundsätzlich Marktpreisen gemäß § 4 Verordnung PR Nr. 30/53 vor Selbstkostenpreisen gemäß §§ 5-8 Verordnung PR Nr. 30/53 der Vorzug zu geben. 87

Findet allerdings – wie bei einer Interims- oder Eilvergabe – kein Wettbewerb statt und kann auch sonst kein Marktpreis ermittelt werden, müssen die Preise entweder den Grundsätzen der PreisV 30/53 für die Bildung von Selbstkosten genügen oder aber ist auf § 4 Abs. 1 PreisV 30/53 abzustellen, wonach die Einschränkung, dass die im Verkehr üblichen preisrechtlich zulässigen Preise nicht überschritten werden dürfen, nur für marktgängige Leistungen gilt. In den Zeiten eines sehr einge- 88 schränkten Marktumfeldes dürften die Leistungen aber eben nicht wie gewohnt marktgängig sein, sondern die Beschaffungen finden in einem sehr schwierigen Marktumfeld statt und die öffentlichen Auftraggeber werden froh sein, überhaupt einen Lieferanten für entsprechend dringend benötigtes Material zu finden.

89 Bei der Ermittlung des Selbstkostenpreises ist auf die „angemessenen Kosten des Auftragnehmers" abzustellen. Zur Ermittlung dieser Kosten sind die „Leitsätze für die Preisermittlung auf Grund von Selbstkosten" heranzuziehen. Zum Schutz des öffentlichen Auftraggebers vor überhöhten Preisen stellt das Höchstpreisprinzip in § 1 Abs. 3 PreisV 30/53 klar, dass die für öffentliche Aufträge nach der PreisV 30/53 ermittelnden Preise Höchstpreise sind. Sie stellen zugleich eine Preisobergrenze dar, die auch durch vertragliche Vereinbarung nicht überschritten werden dürfen. Ein preisrechtlich zu hoher Preis ist kraft Gesetzes nichtig; der Vertrag gilt als mit dem preisrechtlich zulässigen Preis zustande gekommen.

90 Dabei sollte nicht unerwähnt bleiben, dass die PreisV 30/53 einen – auch historisch bedingten –anderen Regelungszweck hat, der nicht ohne weiteres auf die gegenwärtige Ausnahmesituation übertragen werden kann. Ist ein in einem öffentlichen Auftrag vereinbarter Preis daher zwar preisrechtlich unzulässig, weil er etwa den Höchstpreisgrundsatz verletzt (überhöhter Preis), so ist nicht der gesamte Vertrag nichtig, sondern nur die Preisvereinbarung. Ein Anbieter dürfe gegenüber dem Krankenhaus keinen höheren Preis verlangen als den, den er üblicherweise auf dem allgemeinen – funktionierenden – Markt bisher durchgesetzt habe; der bereits abgeschlossene Liefervertrag bliebe damit zwar wirksam, nur der unzulässige Preis kann im Vertrag durch den „zulässigen Preis" ersetzt werden. Rein theoretisch kann der öffentliche Auftraggeber die zuständige Preisprüfbehörde einschalten, um die angemessenen Selbstkosten feststellen zu lassen. Bei schon geschlossenen Verträgen mit überhöhter Preisvereinbarung kann ebenfalls die Preisbehörde eingeschaltet werden.

91 In der Praxis dürfte ein solches Vorgehen aktuell aber zum Scheitern verurteilt sein. Es ist nur schwer vorstellbar, dass Kaufverträge mit Herstellern der derzeit benötigten Produkte und Materialien sich darauf einließen. Macht ein öffentlicher Auftraggeber im Beschaffungsvorgang selbst auf das Preisrecht und dessen Konsequenzen aufmerksam, ist es nicht ausgeschlossen, dass die gewünschte Ware nicht den Weg nach Deutschland, sondern zu europäischen Nachbarn oder aber gleich über den Atlantik in die Vereinigten Staaten findet. Im Nachhinein eine Preisprüfung durchzuführen scheint aufgrund der mit zahlreichen chinesischen Herstellern getroffenen Direktvereinbarungen nahezu ausgeschlossen. Das Schwert des Preisrechts verliert vor diesem Hintergrund weitgehend an Schärfe.

VIII. Abschluss eines Vergabeverfahrens

Bestimmte Vergabeverstöße, wie insbesondere eine unterbliebene Mitteilung nach § 134 GWB oder das vergaberechtswidrige Unterlassen einer EU-weiten Bekanntmachung, können nach § 135 GWB die sogenannte „schwebende Unwirksamkeit" eines geschlossenen Vertrages zur Folge haben. Dies führt neben anderen Voraussetzungen aber erst dann zur Unwirksamkeit, wenn letztere in einem Nachprüfungsverfahren festgestellt wurden.[46] 92

1. Muss ein Informationsschreiben nach § 134 GWB immer sein?

Nach § 134 GWB haben öffentliche Auftraggeber die Bieter, deren Angebote nicht berücksichtigt werden sollen, über den Namen des Unternehmens, dessen Angebot angenommen werden soll, über die Gründe der vorgesehenen Nichtberücksichtigung ihres Angebots und über den frühesten Zeitpunkt des Vertragsschlusses unverzüglich in Textform zu informieren. Dies gilt auch für Bewerber, denen keine Information über die Ablehnung ihrer Bewerbung zur Verfügung gestellt wurde, bevor die Mitteilung über die Zuschlagsentscheidung an die betroffenen Bieter ergangen ist. Insofern darf ein Vertrag erst 15 Kalendertage nach Absendung der Information nach § 134 Abs. 1 GWB geschlossen werden. Wird die Information auf elektronischem Weg oder per Fax versendet, verkürzt sich die Frist auf zehn Kalendertage. Die Frist beginnt am Tag nach der Absendung der Information durch den Auftraggeber; auf den Tag des Zugangs beim betroffenen Bieter und Bewerber kommt es nicht an. In Anbetracht der Dringlichkeit ist eine Einhaltung dieser Anforderung nur schwerlich möglich. Auch wird es in den allermeisten Fällen einer Dringlichkeitsbeschaffung keine unterlegenen Bieter geben, deren Angebot nicht angenommen werden soll. 93

Der Gesetzgeber hat diese Korrelation aber vorausgesehen und mit § 134 Abs. 3 GWB eine Regelung geschaffen, wonach die Informationspflicht in Fällen, in denen das Verhandlungsverfahren ohne Teilnahmewettbewerb wegen besonderer Dringlichkeit gerechtfertigt ist, entfallen kann. Im Fall verteidigungs- oder sicherheitsspezifischer Aufträge können öffentliche Auftraggeber ohnehin beschließen, bestimmte Informa- 94

[46] Der Vergabesenat des OLG Düsseldorf hat in einer kürzlich ergangenen Entscheidung (v. 11.12.2019, Verg 53/18) betont, dass für einen derartigen Feststellungsantrag zwei Voraussetzungen erfüllt sein müssten: Zum einen die Darstellung des Unwirksamkeitsgrundes, zum anderen müsse zusätzlich – wie bei jedem anderen Nachprüfungsantrag auch – dargestellt werden, dass durch weitere Vergabeverstöße die Zuschlagschancen des Antragstellers beeinträchtigt wurden.

tionen über die Zuschlagserteilung oder den Abschluss einer Rahmenvereinbarung nicht mitzuteilen, soweit die Offenlegung den Gesetzesvollzug behindert, dem öffentlichen Interesse, insbesondere Verteidigungs- oder Sicherheitsinteressen, zuwiderläuft, berechtigte geschäftliche Interessen von Unternehmen schädigt oder den lauteren Wettbewerb zwischen ihnen beeinträchtigen könnte. Da es sich jedoch um eine Ausnahmeregelung handelt und eine unzulässig unterbliebene Information weitreichende Rechtsfolgen bis hin zur Unwirksamkeit des Vertrages (vgl. § 135 Abs. 1 Nr. 1 GWB) zur Folge haben und Schadenersatzansprüche auslösen kann, sollten öffentliche Auftraggeber von dieser Möglichkeit nur bei tatsächlich bestehender „besonderer Dringlichkeit" Gebrauch machen.

95 Sofern aber eine Mitteilung nach § 134 GWB an die Bieter übermittelt wird, ist die Auffassung der Vergabekammer Südbayern[47] zu beachten, wonach die Stillhaltefrist des § 134 Abs. 2 S. 1 und 2 GWB nicht ausgelöst wird, wenn die Mitteilung nach § 134 GWB den Bieter zwar über ein Vergabeportal erreicht, der Bieter aber lediglich eine Hinweis-Email über den Zugang einer Mitteilung erhält und damit das eigentliche Vorabinformationsschreibens eben nicht unmittelbar zugänglich ist. Denn die reine Hinweis-Email über den Zugang einer Mitteilung enthält eben nicht die nach § 134 Abs. 1 S. 1 GWB notwendigen Informationen. Auch in Zeiten der Corona-Pandemie sollten Vorabinformationsschreiben daher aufgrund dieser Rechtsprechung – abhängig von der technischen Funktionsweise der e-Vergabe Plattform – entweder parallel per E-Mail an die Bieter oder aber wie althergebracht per Fax den Bietern zugesendet werden, um einen Rechtsverstoß zu vermeiden.

2. Information der unterlegenen Bieter auch im Unterschwellenbereich?

96 Seit der Entscheidung des OLG Düsseldorf vom 13.12.2017[48] besteht eine große Rechtsunsicherheit für öffentliche Auftraggeber, inwiefern auch im Unterschwellenbereich eine Vorabinformation vor Zuschlagserteilung erfolgen muss und ob, diese Pflicht unterstellt, ein Verstoß gegen diese Pflicht zur Nichtigkeit des abgeschlossenen Vertrages führt.

97 Der Auffassung des OLG Düsseldorf folgen das Kammergericht Berlin[49] und das OLG Celle[50] nicht und gelangen zur gegenteiligen Auffassung, wonach außerhalb des Anwendungsbereichs des Kartellvergaberechts keine den Vorgaben des § 134 GWB entsprechende Mitteilungs- und Wartepflicht besteht; eine solche soll nur bei entsprechender

---

[47] VK Südbayern Beschl. v. 29.3.2019 – Z3-3-3194-1-07-03/19.
[48] OLG Düsseldorf Beschl. v. 13.12.2017 – 27 U 25/17, NZBau 2018, 168.
[49] Kammergericht Berlin Urt. v. 7.1.2020 – 9 U 79/19, IBRRS 2020, 0825.
[50] OLG Celle Urt. v. 9.1.2020 – 13 W 56/19, BeckRS 2020, 28.

(landes-)gesetzlicher Grundlage oder europarechtlich, soweit der ausgeschriebene Auftrag eine Binnenmarktrelevanz aufweist, bestehen.

Diese Auffassung überzeugt, weshalb nach Auffassung des Autors ein unter Verstoß hiergegen geschlossener Vertrag folglich weder entsprechend § 135 GWB noch grundsätzlich nach § 134 BGB unwirksam wäre. 98

IX. Fazit

In der Gesamtschau kann festgestellt werden, dass das europäische Vergaberecht seine erste echte Bewährungsprobe bestanden haben dürfte. Dies auch dank des beherzten Eingreifens der europäischen und bundesstaatlichen Behörden. Ihnen ist in dieser Krise – rein rechtlich – nach Auffassung des Autors gelungen, die Möglichkeiten des europäischen Vergaberechts in den Vordergrund zu stellen anstatt die – auch vorhandene – Inflexibilität dieses Rechts die Oberhand gewinnen zu lassen. Nie zuvor mussten öffentliche Auftraggeber innerhalb kürzester Zeit derart begrenzt verfügbare Güter erwerben. Dies ist ihnen innerhalb des engen Korsetts des europäischen Vergaberechts soweit gelungen. Und wenn nicht, scheint der Misserfolg nicht unbedingt auf das Konto des europäischen Vergaberechts zu gehen. Stand das europäische Vergaberecht bisher nicht gerade notwendigerweise für eine schnelle und effiziente Form des Einkaufs, kann sich dies nach Abflauen der Krise ggfs. ändern und das Vergaberecht als (auch) nicht-kompliziert, (soweit notwendig) praxisnah und (teils eben auch) effizient angesehen werden. 99

Dann könnte sich das eingangs erwähnt Zitat möglicherweise doch noch bewahrheiten: Jede Krise ist auch eine Chance! Die Chance besteht darin, die gemachten Fehler zu erkennen und sie nicht zu wiederholen! Doch trotz aller Dringlichkeit und Personalknappheit muss auch in Zeiten von COVID-19 auf die Begründung und das sorgfältige Führen der Vergabeakte geachtet werden, um eine Überprüfung der Maßnahmen zu ermöglichen. 100

B. EU-Beihilfenrecht

I. Einführung

Der Ausbruch von COVID-19 hat mit großer Geschwindigkeit eine globale Verbreitung und damit auch alle Mitgliedstaaten der EU erreicht. Die jeweiligen Regierungen haben hierauf mal mehr und mal weniger schnell mit umfangreichen seuchenhygienischen Maßnahmen – Mana- 101 gement von Kontaktpersonen sowie Maßnahmen wie der Schließung von öffentlichen Einrichtungen wie Schulen, Kindergärten usw., die Untersagung von Großveranstaltungen, die Stilllegung des ÖPNV, Einreiseverbote und die Anordnung häuslicher und stationärer Isolierung bzw. Quarantäne – reagiert.

102 Neben der gesundheitlichen Notlage kam es nicht zuletzt wegen des weltweiten Maßstabs der Ereignisse zu einem teilweisen Stillstand der Wirtschaft, der nach Feststellung der EU-Kommission einen „schwerwiegenden Versorgungs- und Nachfrageschock“[51] mit sich bringt. Die wirtschaftlichen Auswirkungen betreffen Unternehmen aller Wirtschaftszweige und jeglicher Größe in sämtlichen Mitgliedstaaten der EU.

103 Diese volkswirtschaftlichen Problemstellungen führen neben Liquiditätsengpässen auch zu erheblichen Schäden auf Seiten der Unternehmen und bedroht die Kontinuität der Wirtschaftstätigkeit. Schnell wurde der Ruf nach Hilfsprogrammen erhört, um die schlimmsten Folgen der Krise abzuwenden. Doch auch in der Krise gelten die Vorschriften des EU-Beihilfenrechts, das die Spielräume für Finanztransfers und andere Hilfen aus staatlichen Mitteln an Unternehmen erheblich einschränkt.

104 Sinn und Zweck des EU-Beihilfenrechts ist die Herstellung und dauerhafte Gewährleistung eines einheitlichen, diskriminierungsfreien Binnenmarktes in der EU. Hierzu ist es erforderlich, die ungerechtfertigte Gewährung von Wettbewerbsvorteilen an Unternehmen durch einzelne Mitgliedstaaten zu verhindern und so den unverfälschten Wettbewerb zwischen den Unternehmen zu sichern. Das Beihilfenrecht ist insoweit selbständig neben den Grundfreiheiten des AEUV anwendbar und setzt anders als diese für seine Anwendung keine Diskriminierung von EU-Ausländern voraus; die Grundfreiheiten des einzelnen Unternehmens werden bereits durch die Gewährung ungerechtfertigter Wettbewerbsvorteile an bestimmte Unternehmen verletzt.[52] Kurz gesagt, liegt die *Ratio* des EU-Beihilfenrechts darin, eine Verzerrung des Wettbewerbs durch staatliche Beihilfen zu verhindern. Hierzu dient das grundsätzliche unionsrechtliche Beihilfenverbot aus Art. 107 Abs. 1 AEUV.

105 Diese in hohem Maße ökonomischen Begründung einer rigiden europäischen Beihilfenkontrolle gilt jedoch nicht unbeschränkt. So werden in Art. 107 Abs. 2 AEUV bestimmte Beihilfen als mit dem Binnenmarkt vereinbar bestimmt (sog. Legalausnahmen). In Art. 107 Abs. 3 AEUV werden zudem Ausnahmetatbestände definiert, nach denen unter bestimmten Voraussetzungen Beihilfen zulässig sind (sog. Ermessensausnahmen). Die Kompetenz für die Prüfung staatlicher Maßnahmen nach

---

[51] Mitteilung der EU-Kommission „Befristeter Rahmen für staatliche Beihilfen zur Stützung der Wirtschaft angesichts des derzeitigen Ausbruchs von COVID-19“ vom 19.03.2020, C(2020) 1863 final, S. 1.

[52] MüKoBeihilfenR/*Säcker* Einl. Rn. 1 ff.

diesen Vorschriften liegt bei der EU-Kommission, die zur Beurteilung der materiellen Vereinbarkeit von Beihilfen mit den Vorgaben des AEUV berufen ist.[53] Hierzu müssen Beihilfen vor Ihrer Gewährung bei der EU-Kommission angezeigt werden, die sodann im Wege eines sog. Notifizierungsverfahrens über die Beihilfeeigenschaft der Maßnahmen und ggf. deren Vereinbarkeit mit dem Binnenmarkt entscheidet. Zuvor besteht ein Durchführungsverbot.

Im Hinblick auf den Individualrechtsschutz sind auch die nationalen Gerichte verpflichtet, Mängel an der formellen Vereinbarkeit mit dem AEUV – also die Gewährung einer Beihilfe unter Missachtung der Notifizierungspflicht – zu berücksichtigen. Nach der Rechtsprechung des BGH ist das unionsrechtliche Durchführungsverbot des Art. 108 Abs. 3 S. 3 AEUV ein Verbotsgesetz im Sinne des § 134 BGB[54] und zudem ein Schutzgesetz im Sinne des § 823 Abs. 2 BGB.[55] 106

Im Jahr 2010 wurde die Strategie „Europa 2020“ eingeleitet, in deren Zusammenhang die EU-Kommission im Jahr 2012 ein Reformprogramm zur „*state aid modernisation*“ (SAM), also der „Modernisierung der EU-Beihilfenkontrolle“ konzipiert und umgesetzt hat. Eine wesentliche Grundidee war dabei, die Ressourcen der Kommission im Bereich der Beihilfenkontrolle auf solche Fälle zu konzentrieren, die potentiell erhebliche Wettbewerbsauswirkungen haben. Hierzu wurde von der Kommission die Losung „*big on big, small on small*“ ausgegeben, in deren Umsetzung eine Vielzahl staatlicher Maßnahmen von einer Vorabprüfung durch die EU-Kommission freigestellt wurden. Im Rahmen dieser Freistellungstatbestände wird die Prüfung der Rechtskonformität auf die Mitgliedstaaten und damit auf die jeweils handelnde Behörde verlagert, die die Einhaltung des Beihilfenrechts zu dokumentieren und in bestimmter Weise hierüber an die EU-Kommission zu berichten haben. 107

Dieser Beitrag soll vor diesem Hintergrund dreierlei leisten. Zunächst soll durch eine Einführung in den Tatbestand der Beihilfe der bisher damit nicht befasste Leser an die Materie herangeführt werden. Sodann werden die rechtlichen Voraussetzungen staatlicher Hilfemaßnahmen zugunsten von Unternehmen aus Sicht des Unionsrechts beleuchten und schließlich betroffenen Akteuren Handlungsoptionen aufgezeigt. 108

II. Tatbestand der Beihilfe, Art. 107 Abs. 1 AEUV

Ausgangspunkt der Betrachtung ist der Tatbestand der Beihilfe gemäß Art. 107 Abs. 1 AEUV. Danach sind – „staatliche oder aus staatlichen 109

---

[53] EuGH Rs. C-364/04, Slg. I 2006, 9957 Rn. 38 – Transalpine Ölleitung GmbH.
[54] BGH EuZW 2003, 444.
[55] BGHZ 188, 326 = EuZW 2011, 440.

Mitteln gewährte Beihilfen gleich welcher Art" – „mit dem Binnenmarkt unvereinbar", wenn solche Maßnahmen „durch die Begünstigung bestimmter Unternehmen oder Produktionszweige den Wettbewerb verfälschen oder zu verfälschen drohen" und „soweit sie den Handel zwischen den Mitgliedstaaten beeinträchtigen". Dieses unionsrechtliche Beihilfenverbot gilt, „soweit in den Verträgen nicht etwas anderes bestimmt ist".

110 Eine staatliche Beihilfe in diesem Sinne liegt somit vor, wenn sämtliche Tatbestandsmerkmale kumulativ erfüllt sind.

1. Staatliche Mittel

111 Es muss sich um eine Maßnahme aus **staatlichen Mitteln** handeln. Dies ist regelmäßig gegeben bei Mitteln einer Körperschaft des öffentlichen Rechts, die hoheitliche Aufgaben wahrnimmt und in die öffentliche Verwaltung eingegliedert ist. Handelt dagegen eine von staatlichen Einrichtungen unterschiedliche juristische Person, kommt es darauf an, ob die konkrete Maßnahme dem Staat zuzurechnen ist.

2. Begünstigung

112 Die Maßnahme muss **begünstigende Wirkung** haben. Steht einer finanziellen Zuwendung des Staates keine angemessene, marktübliche Gegenleistung gegenüber und erfolgt sie auch nicht aus anderen Gründen zu Marktbedingungen, stellt dies eine Begünstigung dar. Maßstab für die Marktüblichkeit ist ein Vergleich mit einem marktwirtschaftlich handelnden Wirtschaftsbeteiligten in der Rolle der die staatlichen Mittel gewährenden Stelle, wobei eine Zurechnung der Maßnahme – wie vorstehend – zu berücksichtigen ist.

3. Selektivität

113 **Selektivität** der gewährten Begünstigung als drittes Merkmal ist gegeben, wenn sie zugunsten eines bestimmten Unternehmens oder eines bestimmten Produktionszweiges gewährt wird.

4. Unternehmenseigenschaft

114 Der Beihilfeempfänger muss ein **Unternehmen** – unionsrechtlich definiert als „jede Einheit, soweit sie eine wirtschaftliche Tätigkeit ausübt" – sein. Eine wirtschaftliche Tätigkeit in diesem Sinne ist das Anbieten von Waren und/oder Dienstleistungen auf einem bestimmten Markt.[56]

---

[56] EuGH Urt. v. 12.9.2000 – Rs. C-180/98, BeckRS 2004, 74737.

Grundsätzlich wird vorausgesetzt, dass für die unternehmerische Tätigkeit ein Markt besteht, der durch die Beihilfe beeinträchtigt werden kann.

Der Unternehmensbegriff ist somit tätigkeitsbezogen.[57] Dies führt dazu, dass ein Unternehmen im Sinne des nationalen Rechts mit manchen Tätigkeiten nach unionsrechtlichem Verständnis als unternehmerisch, mit anderen hingegen als nicht-unternehmerisch anzusehen sein kann. Soweit eine wirtschaftliche, also unternehmerische Tätigkeit nicht vorliegt, stellen dafür gewährte staatliche Ausgleichsleistungen keinesfalls Beihilfen dar. Ein Indiz für das Vorliegen einer wirtschaftlichen Tätigkeit ist, ob in diesem Bereich auch private Anbieter tätig sind und in der Folge grundsätzlich jeder weitere gewerbliche Anbieter die betreffende Tätigkeit übernehmen könnte. Diese Definition der wirtschaftlichen Tätigkeit ist sehr weit zu verstehen und führt zu erheblichen Unsicherheiten bei der Abgrenzung von beihilferechtlich relevanten und beihilferechtlich irrelevanten Tätigkeiten. 115

5. Wettbewerbsverfälschung und Beeinträchtigung des innergemeinschaftlichen Handels

Durch die selektive Begünstigung eines Unternehmens muss eine Wettbewerbsverfälschung und Beeinträchtigung des innergemeinschaftlichen Handels zumindest drohen. Die Wettbewerbsverfälschung droht, wenn die staatliche Maßnahme geeignet ist, die Wettbewerbsposition des Empfängers gegenüber seinen Wettbewerbern in anderen Mitgliedstaaten zu verbessern. Der innergemeinschaftliche Handel ist beeinträchtigt, wenn die Ein- oder Ausfuhr von Waren oder Dienstleistungen erschwert bzw. erleichtert wird. 116

6. Hinweis

Die EU-Kommission hat am 19.7.2016 die „Bekanntmachung zum Begriff der staatlichen Beihilfe im Sinne des Artikels 107 Absatz 1 des Vertrags über die Arbeitsweise der Europäischen Union“, Az. 2016/C 262/01, veröffentlicht. Darin erläutert sie die zu diesem Zeitpunkt aus ihrer Sicht maßgebliche beihilfenrechtliche EU-Rechtsprechung und Kommissionspraxis. Diese hier so genannte „Beihilfenbekanntmachung“ kann in der Rechtsanwendung wertvolle Hilfestellung bieten. 117

III. Beihilfenausschluss auf Tatbestandsebene

Fehlt es bei einer Maßnahme an nur einem dieser Tatbestandsmerkmale, ist das EU-Beihilfenrecht nicht anwendbar. Die Kommission hat so 118

---

[57] Beihilfebekanntmachung Rn. 7 ff.

etwa in ihrer Mitteilung über eine koordinierte wirtschaftliche Reaktion auf die COVID-19-Pandemie vom 13.3.2020[58] den Mitgliedstaaten verschiedene Handlungsoptionen außerhalb des Anwendungsbereichs der EU-Beihilfenkontrolle aufgezeigt.

119 Beispielhaft: Sofern ein Mitgliedstaat Lohnzuschüsse oder etwa die Stundung von Steuern und/oder Sozialbeiträgen allgemein, das heißt für alle Unternehmen sämtlicher Produktionszweige, gewährt, fehlt es am Merkmal der Selektivität. Unterstützt der Mitgliedstaat Verbraucher im Falle abgesagter Veranstaltungen, indem er den von den Veranstaltern nicht erstatteten Wert des stornierten Tickets erstattet, fehlt es am Merkmal des Unternehmens.[59]

120 Eine tatbestandliche Beihilfe setzt zudem voraus, dass durch die selektive Begünstigung eines Unternehmens zumindest eine Beeinträchtigung des innergemeinschaftlichen Handels droht. Dieses Kriterium dient der Abgrenzung von nicht dem EU-Beihilfenrecht unterworfenen rein lokalen oder regionalen Vorgängen. Während der EuGH insoweit eine Beeinträchtigung des innergemeinschaftlichen Handels früher bereits annahm, wenn der grenzüberschreitende Handel innerhalb der EU für das begünstigte Unternehmen erleichtert beziehungsweise für Wettbewerber erschwert wird, legt die EU-Kommission ihrer Genehmigungspraxis seit einigen Jahren eine zurückhaltendere Auslegung der Binnenmarktrelevanz zu Grunde. So hat die Kommission etwa im Jahr 2016 mehrere Maßnahmen als beihilfenrechtlich unbedenklich qualifiziert und dies u.a. damit begründet, dass die Beihilfenkontrolle im Interesse der Verbraucher auf größere Fälle konzentriert werden soll, die den Wettbewerb auf dem Binnenmarkt tatsächlich beeinträchtigen.[60] Auch im Rahmen der Beihilfenbekanntmachung werden diese Kriterien dargestellt und erläutert. In den genannten Fällen stellte die Kommission insbesondere fest, „dass der Beihilfeempfänger Waren oder Dienstleistungen nur in einem geografisch begrenzten Gebiet in einem Mitgliedstaat anbot und es unwahrscheinlich war, dass er Kunden aus anderen Mitgliedstaaten gewinnen würde; ferner war nicht davon auszugehen, dass die Maßnahme mehr als marginale Auswirkungen auf grenzüberschreitende Investitionen oder die Niederlassung von Unternehmen in anderen Mitgliedstaaten haben würde“[61].

121 Zwar sollen sich nach Auffassung der Kommission insoweit keine allgemeinen Kategorien von Maßnahmen festlegen lassen, die diese Vor-

---

[58] COM(2020) 112 final.

[59] In diesem Fall könnte sich aber die von der Kommission nicht aufgeworfene Frage stellen, ob hier nicht staatlicherseits Kosten getragen werden, die normalerweise die Unternehmen zu tragen hätten. In diesem Fall käme durchaus eine Begünstigung bestimmter Unternehmen in Betracht.

[60] Vgl. Pressemitteilung der Kommission vom 21.9.2016, IP/16/3141.

[61] Beihilfenbekanntmachung Rn. 196.

aussetzungen in der Regel erfüllen – sonst hätte sie eine abstrakt-generelle Freistellungsregelung erlassen können. Die Kommission hat das Vorliegen dieser Voraussetzungen aber in einer Vielzahl von Einzelentscheidungen angenommen. Dort soll sich die Maßnahme entsprechend nicht auf den Handel innerhalb der EU auswirken, so dass keine staatliche Beihilfe im Sinne des EU-Rechts vorliegt.

Das Europäische Gericht erster Instanz hat diese Entscheidungspraxis **122**
der Kommission mit Urteil vom 14. Mai 2019[62] im Grundsatz am Beispiel eines kommunalen Mittelmeerhafens gebilligt, wenngleich insoweit auch eine Einzelfallprüfung „von Fall zu Fall" für geboten erachtet wurde, ob diese Voraussetzungen tatsächlich vorliegen. Dies folgt auch aus dem Umstand, dass die bloße Förderung (nur) kleinerer Unternehmen die Binnenmarktrelevanz dieser Förderung nicht bereits zwingend ausscheidet. Dieser Entscheidung ist in rechtlicher Hinsicht zuzustimmen. Der Anwendungsbereich des EU-Beihilfenrechts bezieht sich nur auf solche Maßnahmen, die (potentiell) grenzüberschreitende Auswirkungen haben. Aus der selektiven Begünstigung allein folgt aber keine unwiderlegliche Vermutung für eine Beeinträchtigung des innergemeinschaftlichen Handels.[63]

Nach dieser Rechtsprechung ist es grundsätzlich denkbar, Hilfen im **123**
Zusammenhang mit COVID-19 für kleinste und kleine Unternehmen mit rein lokalem Wirkungs- und Einzugsbereich ohne Anwendung des EU-Beihilfenrechts zu gewähren. Für die Praxis ist diesbezüglich aber darauf hinzuweisen, dass die beihilfegewährende Stelle diese Tatbestandsmerkmale sorgfältig prüfen und dies dokumentieren muss. Die fehlende Handels- und Wettbewerbsbeeinträchtigung muss mangels generalisierender Vorschriften im konkreten Einzelfall anhand einer Marktanalyse nachgewiesen werden. Ob dieser Prüfungsmaßstab auch vom EuGH geteilt wird, ist zudem noch unklar. In der Rechtsanwendung bestehen daher gewisse Risiken. Andererseits bestehen aus dieser Sicht bei Einhaltung der von der Kommission aufgestellten Voraussetzungen für die Annahme nicht binnenmarktrelevanter, rein lokal wirkender Fördermaßnahmen gute Chancen, dass jedenfalls die Kommission eine entsprechende Fördermaßnahme nicht beanstanden wird. Sofern aber ein beihilfenrechtlicher Ausnahme- oder Freistellungstatbestand in Betracht kommt, kann die Anwendung dieses Instrumentariums unter Rechtssicherheits- und Zweckmäßigkeitsgesichtspunkten vorzugswürdig sein.

Staatlicherseits an Unternehmen gewährte Kompensationsmaßnahmen **124**
für die Folgen des COVID-19-Ausbruchs werden im Übrigen, wenn sie

---

[62] EuG Urt. v. 14.5.2019 – T-728/17, IR 2019, 285 m. Anm. Kafka.

[63] Für möglich gehalten noch durch Generalanwalt *Wahl* in den Schlussanträgen zu EuGH Rs. C-518/13, Rn. 85ff.

nicht ganz unwesentlich und lokal begrenzt sind, häufig staatliche Beihilfen im Sinne des Art. 107 Abs. 1 AEUV darstellen.

IV. Beihilfenverbot und Rechtsfolgen

125 Rechtsfolge des Beihilfetatbestandes ist das Beihilfenverbot, weil eben – vorbehaltlich einer anderweitigen Bestimmung in den Verträgen – staatliche Beihilfen mit dem EU-Binnenmarkt grundsätzlich nicht zu vereinbaren sind. Die Mitgliedstaaten unterliegen daher einer Unterrichtungs- bzw. Anmeldepflicht, der sie vor Einführung oder Umgestaltung von Beihilfen nachzukommen haben (Notifizierung). Bis zu einer abschließenden Entscheidung der Kommission darf die beabsichtigte Maßnahme nicht durchgeführt werden, Art. 108 Abs. 3 S. 3 AEUV (Durchführungsverbot).

126 Im Falle einer rechtswidrigen Gewährung einer tatbestandlichen Beihilfe entgegen dem Durchführungsverbot schließt sich in der Regel die Rückforderung der Beihilfe an, die entweder aufgrund einer entsprechenden Anordnung der EU-Kommission nach Art. 13 Abs. 2 VO (EU) 2015/1589 zu erfolgen hat, aber auch nach Feststellung eines Beihilfenverstoßes durch die beihilfegewährende Stelle eigenständig durchzuführen ist.

127 Wie eingangs bereits erwähnt, ist das Durchführungsverbot des Art. 108 Abs. 3 S. 3 AEUV nach der Rechtsprechung des BGH ein Verbotsgesetz im Sinne des § 134 BGB und auch ein Schutzgesetz im Sinne des § 823 Abs. 2 BGB.[64] Die EuGH-Rechtsprechung hat sich darauf festgelegt, dass ein Verstoß gegen das Durchführungsverbot die Unwirksamkeit der betreffenden Beihilfemaßnahme zur Folge hat.[65] Eine spätere Vereinbarkeitsentscheidung der Kommission kann insoweit nicht zu einer rückwirkenden Heilung führen. Deshalb geht der BGH davon aus, dass ein Vertrag, durch den unter Verletzung des beihilfenrechtlichen Durchführungsverbots eine Beihilfe gewährt worden ist, wegen eines Verstoßes gegen ein gesetzliches Verbot nach § 134 BGB nichtig ist.[66]

V. Ausnahmen vom Beihilfeverbot

128 Das Beihilfenverbot gilt vorbehaltlich einer anderweitigen Bestimmung in den Verträgen. Beihilfen im Zusammenhang mit der COVID-

---

[64] BGH EuZW 2003, 444; BGH EuZW 2004, 252; BGHZ 188, 326 = EuZW 2011, 440.

[65] EuGH EuZW 1993, 62; EuGH EuZW 1996, 564.

[66] BGH EuZW 2003, 444; BGH WM 2012, 2024 Rn. 19.

19-Pandemie können so aufgrund der sog. Legalausnahme nach Art. 107 Abs. 2 AEUV und aufgrund der sog. Ermessenausnahme nach Art. 107 Abs. 3 AEUV mit dem Binnenmarkt vereinbar bzw. als vereinbar anzusehen sein.

1. Legalausnahmen nach Art. 107 Abs. 2 AEUV

Art. 107 Abs. 2 AEUV definiert drei Gruppen von Beihilfen, die mit dem Binnenmarkt vereinbar sind. Die geregelten Fälle betreffen Beihilfen sozialer Art an einzelne Verbraucher (lit. a)), solche zur Beseitigung von Schäden, die durch Naturkatastrophen oder sonstige außergewöhnliche Ereignisse entstanden sind (lit. b)) und Beihilfen für die Wirtschaft bestimmter, durch die Teilung Deutschlands betroffener Gebiete der Bundesrepublik Deutschland (lit. c)). Diesen Beihilfen ist gemein, dass sie zum Ausgleich bestimmter Härten dienen, der gegenüber dem Wettbewerbsprinzip vorrangig ist. Die Aufzählung der genannten Härtefälle ist abschließend, nicht erweiterungsfähig und nach der EuGH-Rechtsprechung als gesetzliche Ausnahmeregelung eng auszulegen.[67] 129

Auch wenn nach dem Wortlaut der Norm die genannten Beihilfen kraft Gesetzes dem Beihilfenverbot nicht unterliegen, müssen sie dennoch in dem durch Art. 108 Abs. 3 AEUV vorgegebenen Verfahren von der Kommission geprüft werden. Die Kommission prüft im Rahmen ihrer Befugnis insoweit nur, ob die Tatbestandsvoraussetzungen vorliegen. Bejaht die Kommission in Ausübung ihres Beurteilungsspielraums das Vorliegen der Voraussetzungen, steht die Vereinbarkeit der Beihilfe mit dem Binnenmarkt fest. 130

Die Kommission hat den Ausbruch von COVID-19 schon frühzeitig als „sonstiges außergewöhnliches Ereignis" im Sinne des Art. 107 Abs. 2 lit. b AEUV anerkannt[68] und setzt dies im Beihilferahmen COVID-19 vom 19.3.2020[69] voraus, ohne sich ausdrücklich nochmals mit den Voraussetzungen der Norm auseinanderzusetzen. In der Folge wird die Kommission aufgrund der in dem Beihilferahmen COVID-19 ausgesprochenen Maßgaben über angemeldete Beihilfen der Mitgliedstaaten entscheiden, und dabei die Prüfung – da ein sonstiges außergewöhnliches Ereignis vorliegt – auf den Kausalzusammenhang mit dem COVID-19-Ausbruch und die Verhältnismäßigkeit insbesondere unter dem Gesichtspunkt der Vermeidung von Überkompensationen beschränken. 131

---

[67] MüKoBeihilfenR/*Säcker* AEUV Art. 107 Rn. 676.

[68] Siehe etwa Entscheidung vom 12.3.2020, „DK – Compensation scheme for cancellation of events related to COVID-19", SA.56685, C(2020) 1698 final.

[69] Mitteilung der EU-Kommission „Befristeter Rahmen für staatliche Beihilfen zur Stützung der Wirtschaft angesichts des derzeitigen Ausbruchs von COVID-19" vom 19.3.2020, C(2020) 1863 final, S. 1.

2. Ermessensausnahmen nach Art. 107 Abs. 3 AEUV

132 Regelungsgegenstand von Art. 107 Abs. 3 AEUV ist die Genehmigung staatlicher Beihilfen durch Ermessensentscheidung der Kommission, die bestimmte Maßnahmen für mit dem Binnenmarkt vereinbar erklären kann. Dabei bindet die Kommission ihr Ermessen mit den Instrumenten des sog. *soft law* durch den Erlass von Leitlinien, im Unionsrahmen oder im Wege der Mitteilung an die Mitgliedstaaten. Die Einhaltung dieser selbst auferlegten Regeln kann Gegenstand gerichtlicher Überprüfung sein.[70]

133 Die Kommission kann dabei die Vereinbarkeit von Beihilfen mit dem Binnenmarkt einzelfallbezogen feststellen oder auch ganze Gruppen von Beihilfen in einer abstrakt-generellen Regelung vom Beihilfenverbot freistellen.

134 Im Hinblick auf die COVID-19-Pandemie bringt die Kommission Art. 107 Abs. 3 lit. b Var. 2 AEUV zur Anwendung, wonach Beihilfen zur Behebung einer beträchtlichen Störung im Wirtschaftsleben eines Mitgliedstaates als mit dem Binnenmarkt vereinbar angesehen werden können. Mit dem Beihilferahmen COVID-19 hat die Kommission hierzu befristete Beihilfemaßnahmen festgelegt, die diese Voraussetzungen ihrer Ansicht nach erfüllen und die nach Anmeldung durch die Mitgliedstaaten „sehr rasch" genehmigt werden.

3. De-minimis-Beihilfen aufgrund der VO (EU) Nr. 1407/2013 der Kommission

135 Ebenfalls nicht der Beihilfenkontrolle unterliegen die sog. „De-minimis-Beihilfen". Dabei handelt es sich um verhältnismäßig kleine Beihilfen bis zu bestimmten Schwellenwerten, die einem einzigen Unternehmen in einem Bezugszeitraum von drei aufeinander folgenden Steuerjahren gewährt werden. Diese werden aufgrund ihres Bagatellcharakters als Beihilfemaßnahmen angesehen, die nicht alle Merkmale des Beihilfentatbestands erfüllen. Die Voraussetzungen sind in verschiedenen De-minimis-Verordnungen geregelt.

136 Die EU-Kommission hat neben einer „allgemeinen" De-minimis-Verordnung Nr. 1407/2013 unterschiedliche sektorspezifische De-minimis-Verordnungen erlassen, die jeweils unterschiedliche Beihilfehöchstbeträge enthalten, unterhalb derer die Maßnahmen nach Ansicht der Kommission weder Auswirkungen auf den Handel zwischen Mitgliedstaaten haben noch den Wettbewerb verfälschen oder zu verfälschen drohen. Damit unterliegen diese Maßnahmen nicht der EU-Beihilfenkontrolle.

---

[70] EuG Slg. 2004, II-4177.

Die maßgebliche Größe zur Beurteilung der Eigenschaft als De-minimis-Beihilfe ist das so genannte Bruttosubventionsäquivalent, welches den jeweiligen Schwellenwert der anwendbaren De-minimis-Verordnung nicht überschreiten darf. 137

Im Falle der „allgemeinen“ De-minimis-Verordnung beträgt dieser Schwellenwert 200.000 Euro, bezogen auf den Referenzzeitraum von drei Steuerjahren. Abweichend hiervon gilt für Unternehmen des Straßengüterverkehrs ein Wert von 100.000 Euro, wobei der Erwerb von Fahrzeugen des Straßengüterverkehrs nicht gefördert werden darf. Vom Anwendungsbereich der Verordnung ausgenommen sind die Wirtschaftsbereiche Fischerei und Aquakultur, Primärerzeugung landwirtschaftlicher Erzeugnisse sowie teilweise deren Vermarktung. Im Übrigen gilt die De-minimis-Verordnung für Unternehmen aller Wirtschaftsbereiche, sofern die gewährten Maßnahmen nicht Exportbeihilfen oder Importwaren diskriminierende Beihilfen beinhalten. 138

Das Instrumentarium der De-minimis-Verordnung erfasst grundsätzlich alle sog. transparenten Beihilfen. Dies sind solche, deren Bruttosubventionsäquivalent im Voraus genau berechnet werden kann, ohne dass eine Risikobewertung erforderlich ist. Unterhalb des De-minimis-Schwellenwerts stets transparent sind Zuschüsse und Zinszuschüsse sowie Kapitalzuführungen und Risikofinanzierungsmaßnahmen – bei diesen leitet sich das Bruttosubventionsäquivalent unmittelbar aus dem monetären Wert der gewährten Mittel ab. Darlehen, Bürgschaften und Garantien gelten dagegen nur eingeschränkt als transparente Beihilfen, wenn der für das Bruttosubventionsäquivalent maßgebliche Wert (Zins- bzw. Avaldifferenz) auf Grundlage einer bestimmten Methode berechnet wurde und zudem die in der Verordnung bestimmten Laufzeiten und Höchstbeträge nicht überschritten werden. 139

Die De-minimis-Verordnung stellt somit nicht nur nach Auffassung der EU-Kommission ein taugliches Mittel dar, um Unternehmen in kurzer Frist Finanzhilfen geringeren Ausmaßes zur Kompensation der Folgen des COVID-19-Ausbruchs gewähren zu können. Auch der bürokratische Aufwand ist vergleichsweise gering. Das zu fördernde Unternehmen muss vor Gewährung der Beihilfe einen Antrag einreichen, der unter anderem Aussagen zu eventuell bereits erhaltenen Beihilfen enthalten muss. Dies ist erforderlich, um die Einhaltung der Schwellenwerte sowie der Vorschriften zur Kumulierung prüfen zu können. Da sämtliche Geber von De-minimis-Beihilfen zur Erteilung einer Bescheinigung nach Gewährung der De-minimis-Beihilfe verpflichtet sind, sollten die betreffenden Unternehmen dies jedenfalls hinsichtlich dieser Beihilfen unschwer leisten können. 140

Aus Sicht des Fördergebers kann im Einzelfall die Bestimmung dessen schwierig sein, was „ein einziges Unternehmen“ im Sinne des Beihilfenrechts ist. Die De-minimis-Verordnung stellt hinsichtlich des Bei- 141 hilfehöchstbetrages zunächst auf den unionsrechtlichen Unternehmensbegriff ab, der unabhängig von der rechtlichen Verfasstheit auszulegen ist. Dieser wird für die Zwecke der Verordnung dahingehend erweitert, dass sämtliche Unternehmen, die in einer der in Art. 2 Abs. 2 De-minimis-Verordnung genannten Beziehungen zueinander stehen, als „ein einziges Unternehmen" anzusehen sind. Dies betrifft unter anderem Unternehmensverbünde, für die dann unter Umständen der Beihilfehöchstbetrag insgesamt nur einmal angewandt werden kann und die sich die erhaltenen Beihilfen aller Verbundgesellschaften ggf. im Rahmen der Kumulierung anrechnen lassen müssen.

142 Die Kumulierungsvorschriften aus Art. 5 De-minimis-Verordnung sind stets zu beachten. Allgemein gilt, dass De-minimis-Beihilfen weder mit staatlichen Beihilfen für dieselben beihilfefähigen Kosten noch mit staatlichen Beihilfen für dieselbe Risikofinanzierungsmaßnahme kumuliert werden dürfen, wenn die Kumulierung dazu führen würde, dass die höchste einschlägige Beihilfeintensität oder der höchste einschlägige Beihilfebetrag, die bzw. der im Einzelfall in einer Gruppenfreistellungsverordnung oder einem Beschluss der Kommission festgelegt ist, überschritten wird. Werden De-minimis-Beihilfen nicht in Bezug auf bestimmte beihilfefähige Kosten gewährt und können keinen solchen Kosten zugewiesen werden, so dürfen diese mit anderen staatlichen Beihilfen kumuliert werden, die auf der Grundlage einer Gruppenfreistellungsverordnung oder eines Beschlusses der Kommission gewährt wurden. Diese Vorschriften sind insbesondere in den Fällen wichtig, in denen ein Unternehmen bereits eine Vorförderung erhalten hat, die etwa aufgrund des Beihilferahmens COVID-19 für mit dem Binnenmarkt vereinbar erklärt wurde, da die Kommission in den bisherigen aufgrund dessen ergangenen Entscheidungen Regelungen zur Kumulierung getroffen hat.

VI. Der temporäre Rahmen der EU-Kommission

143 Die EU-Kommission hat am 19.3.2020 den Beihilferahmen COVID-19 erlassen, der die beihilfenrechtliche Prüfung der von den Mitgliedstaaten angemeldeten Beihilfen struktuiert und das Ermessen im Notifizierungsverfahren bindet. Damit soll der Zugang von Unternehmen, insbesondere KMU, die derzeit mit plötzlichen Engpässen konfrontiert sind, zu Liquidität und zu Finanzmitteln gesichert werden. Dieser Rahmen wurde mit Wirkung zum 3.4.2020 überarbeitet.[71]

---

[71] Az. C(2020) 2215 final.

1. Festlegungen im Hinblick auf die Legalausnahmen

Die Kommission weist in dem Beihilferahmen COVID-19 zunächst darauf hin, dass die Mitgliedstaaten aufgrund von Art. 107 Abs. 2 lit. b AEUV Unternehmen in besonders stark betroffenen Sektoren – beispielhaft genannt sind die Sektoren Verkehr, Tourismus, Kultur, Gastgewerbe und Einzelhandel – für Verluste entschädigen, die diesen infolge des Ausbruchs entstanden oder unmittelbar auf den Ausbruch zurückzuführen sind. Die Mitgliedstaaten müssen hierzu eine Beihilferegelung nach nationalem Recht treffen, die dann von der Kommission in einem beschleunigten Notifizierungsverfahren geprüft wird. 144

2. Festlegungen im Hinblick auf die Ermessensausnahmen

Zudem legt die Kommission in dem Beihilferahmen COVID-19 bestimmte Beihilfemaßnahmen fest, die sie nach Art. 107 Abs. 3 lit. b AEUV für mit dem Binnenmarkt vereinbar betrachtet. Diese Maßnahmen sollen dazu beitragen, dass der COVID-19-Ausbruch die Existenzfähigkeit von Unternehmen, insbesondere von KMU, nicht beeinträchtigt. Diese sind: 145

a) Direkte Zuschüsse und Steuervorteile (Nr. 3.1)

An die Unternehmen dürfen direkte Zuschüsse, rückzahlbare Vorschüsse oder Steuervorteile von bis zu 800.000 Euro pro Unternehmen gewährt werden. Dafür gelten unter anderem folgende Voraussetzungen: 146
- Die Beihilfe wird auf der Grundlage einer Beihilferegelung mit geschätzter Mittelausstattung gewährt.
- Die Beihilfe darf an kein Unternehmen gewährt werden, das am 31. Dezember 2019 ein Unternehmen in Schwierigkeiten war.
- Das Unternehmen ist durch den Ausbruch von COVID-19 in Schwierigkeiten geraten.
- Die Beihilfe wird spätestens am 31. Dezember 2020 gewährt.

Abweichende Bestimmungen gelten für die Sektoren der Landwirtschaft und der Fischerei und Aquakultur. 147

b) Staatliche Garantien für Darlehen (Nr. 3.2)

Üblicherweise dürfen staatliche Garantien nach der Bürgschaftsmitteilung[72] nur gegen marktangemessene Avalprovisionen gewährt werden. 148

[72] Mitteilung der Kommission über die Anwendung der Art. 87 und 88 des EG-Vertrags auf staatliche Beihilfen in Form von Haftungsverpflichtungen und Bürgschaften, ABl. EU v. 20.6.2008, S.10.

Abweichend hiervon sieht die EU-Kommission nunmehr bestimmte Mindestprämien vor, die je nach Art des Unternehmens und Laufzeit des Darlehens wischen 25 und 200 Basispunkten über dem Basiszins betragen. Zudem darf der Darlehensbetrag folgende Werte nicht übersteigen, sofern das Darlehen länger als bis zum 31.12.2020 läuft:

- die doppelten jährlichen Lohnkosten des Kreditnehmers in 2019,
- 25% des Umsatzes des Kreditnehmers in 2019 oder
- seinen Liquiditätsbedarf ab der Gewährung des Darlehens für den Zeitraum von 18 Monaten für KMU und 12 Monaten bei großen Unternehmen.

Bei kürzeren Laufzeiten kann der Darlehensbetrag höher sein, sofern die Verhältnismäßigkeit der Beihilfe gewahrt bleibt.

149 Ferner ist die Garantie auf eine Laufzeit von höchstens sechs Jahre begrenzt und darf bestimmte Höchstgrenzen relativ zur Darlehenssumme (90% bzw. 35%) nicht überschreiten. Die Garantie muss bis zum 31.12.2020 gewährt werden. Der Umfang der Garantie muss proportional zu Tilgung des Darlehens sinken. Durch die Darlehen dürfen sowohl Investitions- als auch Betriebskosten finanziert werden.

c) Zinszuschüsse für Darlehen / Darlehen zu vergünstigten Zinssätzen (Nr. 3.3)

150 Für Zinszuschüsse für Darlehen gelten grundsätzlich die gleichen Voraussetzungen wie für Garantien. Der Mindestzins wird nach dem IBOR zuzüglich eine Kreditrisikoaufschlags von 25 bis 200 Punkten über dem Basiszins bestimmt. Abweichungen durch die Mitgliedstaaten sind möglich.

d) Weiterleitung der Beihilfen durch Kreditinstitute oder andere Finanzintermediäre (Nr. 3.4)

151 Die Kommission bringt im Beihilferahmen COVID-19 klar zum Ausdruck, dass Beihilfen, die von Kreditinstituten an den Endkunden weitergeleitet werden, direkte Beihilfen für die Kunden der Kreditinstitute sind und nicht Beihilfen für die Kreditinstitute selbst. Deshalb geht die Kommission davon aus, dass diese nicht nach den Beihilfevorschriften für den Bankensektor zu prüfen sind. Die Gefahr einer Wettbewerbsverfälschung durch solche indirekten Beihilfen wird aber gesehen. Deshalb müssen die Kreditinstitute oder Finanzintermediäre nachweisen können, dass sie die Vorteile der öffentlichen Garantien oder Zinszuschüsse für Darlehen an die Endempfänger weitergeben.

e) Kurzfristige Exportkreditversicherung (Nr. 3.5)

152 Grundsätzlich dürfen marktfähige Risiken nicht mithilfe der Mitgliedstaaten durch Exportkreditversicherungen gedeckt werden. Wegen des

COVID-19-Ausbruchs kann aus Sicht der Kommission aber nicht ausgeschlossen werden, dass in einigen Ländern vorübergehend keine Deckung für marktfähige Risiken zur Verfügung steht. Die Mitgliedstaaten können deshalb durch bestimmte Nachweise ein Marktversagen darlegen. In diesem Fall wird die Inanspruchnahme der Ausnahmeregelung in Bezug auf nicht marktfähige Risiken nach der Mitteilung über die kurzfristige Exportversicherung für gerechtfertigt betrachtet.

3. Überwachung und Berichterstattung

In Ziffer 4 des Beihilferahmens COVID-19 werden schließlich bestimmte Transparenzpflichten durch Veröffentlichung auf der ausführlichen Beihilfewebsite und weitere Aufzeichnungspflichten der Mitgliedstaaten festgelegt. 153

VII. Nationale Beihilfemaßnahmen zur Krisenbewältigung

1. Überblick

Nach derzeitigem Stand hat die EU-Kommission insgesamt 43 beihilferechtliche Beschlüsse im Zusammenhang mit dem Ausbruch von COVID-19 erlassen und dabei 53 nationale Maßnahmen genehmigt. Auf Grundlage des Beihilferahmens COVID-19 hat sie 39 darauf gestützte Beihilfebeschlüsse erlassen. Auf diese Weise wurden 49 nationale Maßnahmen genehmigt, über die den europäischen Unternehmen Liquidität zur Verfügung gestellt wird. Darüber hinaus wurden vier nationale Maßnahmen auf der Grundlage von Art. 107 Abs. 2 lit. b AEUV als Beihilfen zum Ausgleich außergewöhnlicher Umstände wie des Ausbruchs des Coronavirus genehmigt. 154

2. Maßnahmen der Bundesregierung („Corona-Schutzschild")

Die Bundesregierung hat folgende Beihilferegelungen von der EU-Kommission notifizieren lassen:[73] 155

- Am 21.3.2020 genehmigte die Kommission gemäß Artikel 107 Absatz 3 lit. b) AEUV zwei deutsche Beihilferegelungen, aufgrund derer die Kreditanstalt für Wiederaufbau den von der Corona-Krise betroffenen Unternehmen in enger Zusammenarbeit mit den Geschäftsbanken Liquidität in Form vergünstigter Darlehen verschaffen können soll.

[73] Stand: 15.4.2020.

- Am 24.3.2020 genehmigte die Kommission auf der Grundlage des Beihilferahmen COVID-19 eine weitere Regelung zur Unterstützung von Unternehmen, die von dem COVID-19-Ausbruch betroffen sind. Die Beihilfen im Rahmen der „Bundesregelung Kleinbeihilfen 2020" bestehen aus direkten Zuschüssen, rückzahlbaren Vorschüssen oder Steuer- und Zahlungsvorteilen.
- Ebenfalls am 24.3.2020 genehmigte die Kommission auf der Grundlage Beihilferahmens COVID-19 eine Regelung, die in Form zinsgünstiger Darlehensgarantien den unmittelbaren Betriebs- und Investitionsmittelbedarfs der Wirtschaft decken soll. Diese Unterstützungsmaßnahme wird von den deutschen Bundes- und Landesbehörden sowie von Förder- und Bürgschaftsbanken durchgeführt.
- Am 2.4.2020 hat die Kommission auf der Grundlage des Beihilferahmens COVID-19 eine weitere Beihilferegelung zur Verlängerung der am 22.3.2020 beschlossenen Maßnahmen zur Unterstützung der Wirtschaft in der Corona-Krise genehmigt. Insbesondere ermöglicht die Verlängerung die Gewährung von Fördermitteln durch andere regionale Behörden und Förderbanken, die nicht unter die bisherigen Maßnahmen fielen. Die neue Regelung steht allen Unternehmen der Realwirtschaft offen und ermöglicht die Vergabe zinsgünstiger Darlehen, um Unternehmen bei der Deckung ihres unmittelbaren Betriebs- und Investitionsmittelbedarfs zu helfen.

156 In der Folge hat die Bundesregierung verschiedene Änderungen der notifizierten Beihilferegelungen bei der EU-Kommission angemeldet, die zuletzt am 11.4.2020 genehmigt worden sind. Es ist aufgrund des sehr dynamischen Geschehens damit zu rechnen, dass nach Redaktionsschluss dieses Beitrags bei fortdauernder Krise zahlreiche weitere Beihilferegelungen notifiziert werden.

3. Zusätzliche Maßnahmen auf Länder- und Kommunalebene

157 Eigenständig notifizierte Einzelbeihilfen oder Beihilferegelungen mit Ursprung im Bereich der Länder und Kommunen sind bis zum Redaktionsschluss nicht bekannt geworden.

VIII. EU-beihilfenrechtliches Standardinstrumentarium zur Bewältigung der Krise

158 Außerhalb einer Notifizierung steht den öffentlichen Stellen auch zur Bewältigung der Folgen des COVID-19-Ausbruchs das übliche beihilfenrechtliche Instrumentarium zur Verfügung. Ausführlich wurde bereits die Anwendung der allgemeinen De-minimis-Verordnung Nr. 1407/2013 erläutert. Darüber hinaus kommt insbesondere die Anwendung der folgenden, ausgewählten beihilfenrechtlichen Standardinstrumente in Betracht.

1. Bürgschaftsmitteilung

Die Gewährung von Bürgschaften ist ein gängiges Instrument der Wirtschaftsförderung sowohl auf Ebene des Bundes, der Länder, als auch der Kommunen. Bürgschaften ermöglichen es Unternehmen, zu vergünstigten Bedingungen an Kredite zu kommen. Es liegt auf der Hand, dass, auch wenn es nicht zu einem unmittelbaren Transfer staatlicher Mittel durch eine Bürgschaft kommt, hierdurch den Unternehmen ein Vorteil gewährt wird. 159

Die EU-Kommission hat in der so genannten Bürgschaftsmitteilung[74] die Voraussetzungen dargestellt, unter denen sie öffentliche Bürgschaften und sonstige Haftungsverpflichtungen als beihilfefreie Maßnahmen ansieht. Danach dürfen Bürgschaften nur an Unternehmen gewährt werden, die sich nicht in finanziellen Schwierigkeiten befinden, also kein Unternehmen in Schwierigkeiten Sinne der Rettungs- und Umstrukturierungsleitlinien der EU-Kommission sind. Weiterhin muss der Haftungsumfang der Bürgschaft im Zeitpunkt ihrer Gewährung betragsmäßig bestimmbar sein; hierzu muss die Bürgschaft an eine bestimmte finanzielle Transaktion geknüpft und auf einen festen Höchstbetrag beschränkt und zudem für eine begrenzte Laufzeit gewährt werden. Weiterhin darf eine staatliche Bürgschaft nach der Bürgschaftsmitteilung grundsätzlich max. 80% des Kreditrisikos absichern, um dem Kreditgeber durch das verbleibende Mindestrisiko Anreize dafür zu schaffen, dass er die Kreditwürdigkeit des Kreditnehmers ordnungsgemäß prüft und das aus dem Kreditgeschäft folgende Risiko marktüblich bewertet. Schließlich ist eine Bürgschaft nur dann beihilfenfrei, wenn für die Bürgschaft ein marktübliches Bürgschaftsentgelt (Avalprovision) an den staatlichen Bürgen gezahlt wird. 160

Mit der genehmigten „Bundesregelung Bürgschaften 2020" wurden diese Voraussetzungen unter bestimmten Bedingungen modifiziert. Danach darf bei einer proportionalen Risikotragung zwischen Kreditinstitut und Staat eine Bürgschaft bis zu 90% des Darlehenskapitals gewährt werden. Im Falle einer so genannten Erstverlustgarantie – die nach der Bürgschaftsmitteilung wohl nicht möglich wäre – darf die Bürgschaft bis zu 35% des Darlehenskapitals betragen. 161

---

[74] Mitteilung der Kommission über die Anwendung der Art. 87 und 88 des EG-Vertrags auf staatliche Beihilfen in Form von Haftungsverpflichtungen und Bürgschaften, ABl. EU v. 20.6.2008, S.10.

2. Allgemeine Gruppenfreistellungsverordnung Nr. 651/2014

162 Wichtigster Anwendungsfall für die abstrakt-generelle Freistellung ganzer Gruppe von Beihilfen von der Anmeldepflicht ist die Allgemeine Gruppenfreistellungsverordnung Nr. 651/2014 (AGVO). Mit dieser hat die EU-Kommission auf Grundlage von Art. 109 AEUV zahlreiche Arten von Beihilfen definiert, die unter den formellen und materiellen Voraussetzungen des jeweiligen Freistellungstatbestandes durch die Mitgliedstaaten aufgrund einer eigenen Prüfung und unter Wahrung bestimmter Transparenz- und Berichtspflichten gewährt werden dürfen.

163 In der Praxis sind aus Sicht der öffentlichen Hand insbesondere die Regelungen in den Bereichen Kultur, Sport- und multifunktionale Freizeitinfrastrukturen sowie für lokale Infrastrukturen relevant. Diese werden vielfältig zur Finanzierung beihilferelevanter Tätigkeiten eingesetzt, wobei nach diesen Tatbeständen teilweise sowohl Investitionszuschüsse, als auch Betriebsbeihilfen zulässig sind. Soweit die Gewährung von Betriebsbeihilfen aufgrund eines Tatbestands der AGVO möglich ist, kann dies prinzipiell auch Zuschüsse zu den Betriebskosten legalisieren, die aufgrund des COVID-19-Ausbruchs erforderlich werden.

164 In Art. 50 AGVO ist ausdrücklich die Freistellung von Beihilferegelungen zur Bewältigung der Folgen bestimmter Naturkatastrophen geregelt. Auch wenn dieser Tatbestand auf den ersten Blick großes Potenzial im Rahmen der Bewältigung der COVID-19-Pandemie hätte haben können, ist seine Fassung hierzu zu eng. Der Wortlaut bezieht sich nämlich lediglich auf Beihilferegelungen zur Bewältigung der Folgen von Erdbeben, Lawinen, Erdrutschen, Überschwemmungen, Wirbelstürmen, Orkanen, Vulkanausbrüchen und Flächenbränden natürlichen Ursprungs. Damit ist lediglich die erste Tatbestandsvariante von Art. 107 Abs. 2 lit. b AEUV – die Beseitigung von Schäden durch Naturkatastrophen – angesprochen, nicht aber das „sonstige außergewöhnliche Ereignis" der zweiten Tatbestandsvariante. Da die unionsrechtlichen Ausnahmetatbestände stets eng auszulegen sind, besteht nach hier vertretener Ansicht kein Spielraum, etwaige COVID-19-bezogene Beihilfen dem Tatbestand des Art. 50 AGVO zu subsumieren.

3. DAWI-Freistellungsbeschluss

165 Besondere Relevanz insbesondere im Hinblick auf die kommunale Daseinsvorsorge hat der DAWI-Freistellungsbeschluss 2012/21/EU.[75]

[75] „Beschluss der Kommission vom 20.12.2011 über die Anwendung von Art. 106 Abs. 2 des Vertrags über die Arbeitsweise der Europäischen Union auf staatliche Beihilfen in Form von Ausgleichsleistungen zugunsten bestimmter Unternehmen, die mit der Erbringung von Dienstleistungen von allgemeinem wirtschaftlichem Interesse betraut sind," ABl. 2012 L 7, 3.

Dieser ermöglicht es der öffentlichen Hand, Unternehmen mit der Erbringung bestimmter Dienstleistungen von allgemeinem wirtschaftlichem Interesse (DAWI) im Wege eines rechtsverbindlichen Aktes (Betrauungsakt) zu betrauen und ihnen dadurch bestimmte gemeinwirtschaftliche Verpflichtungen aufzuerlegen. Diese bestehen in der Regel darin, eine vom Markt nicht oder nicht zu annehmbaren Bedingungen bereitgestellte Dienstleistung zu erbringen. Im Gegenzug können die die Betrauung aussprechenden Stellen dem betrauten Unternehmen einen Ausgleich für die hierdurch entstandenen so genannten Nettokosten gewähren.

Viele öffentliche Unternehmen sind mit der Durchführung solcher 166
Dienstleistungen betraut worden, wodurch die öffentlichen Gesellschafter die aus den betrauten Tätigkeiten herrührenden Verluste ausgleichen dürfen. Je nach Gestaltung der jeweiligen Ausgleichsregelung, die in dem Betrauungsakt beschrieben sein muss, können hiernach auch solche Verluste ausgeglichen werden, die infolge des COVID-19-Ausbruchs entstanden sind und einen Bezug zu der auferlegten gemeinwirtschaftlichen Verpflichtung haben.

IX. Öffentliche/Kommunale Unternehmen

Neben Beihilfemaßnahmen zugunsten der Privatwirtschaft werden gerade aus Sicht von Ländern und Kommunen Finanzierungsmaßnahmen zur Sicherung öffentlicher, insbesondere kommunaler Unternehmen erforderlich werden. Diese dienen zu einem erheblichen Teil der Gewährleistung der Daseinsvorsorge und erfüllen Aufgaben unmittelbar im Interesse der Bürger. Im Rahmen der kontaktreduzierenden Maßnahmen kann das Dienstleistungsangebot dieser Unternehmen zudem nicht aufrechterhalten bzw. in Anspruch genommen werden. Wurden dann, wie oftmals der Fall, im öffentlichen Interesse – je nach Dienstleistung – keine, keine kostendeckenden oder zumindest knapp kalkulierte Entgelte für die erbrachten Leistungen erhoben, bestehen keine hinreichenden Rücklagen zur Überbrückung des eingetretenen Umsatzeinbruchs. Im Hinblick auf die typischen kommunalen unternehmerischen Dienstleistungen, die den besonders betroffenen Sektoren zuzuordnen sind, führt das zu folgenden Fragestellungen.

1. Die finanzielle Beziehung der öffentlichen Hand zu ihren Unternehmen

Die finanziellen Beziehungen zwischen der öffentlichen Hand und ih- 167
ren Unternehmen wird im Zusammenhang des EU-Beihilfenrechts häu-

fig skeptisch gesehen. Ausgangspunkt ist dabei die Vermutung, dass öffentliche Unternehmen eine privilegierte Beziehung zum Staat haben und aus dieser einen Vorteil schöpfen können, wenn und weil dieser ihnen Kapital unter Umständen zur Verfügung stellt, die über seine Rolle als Eigentümer des Unternehmens hinausgehen. Eine Beihilfe ist danach immer dann naheliegend, wenn und weil die öffentliche Hand unter Verletzung des Neutralitätsprinzips auf Grundlage von nicht-wirtschaftlichen Überlegungen Kapital bereitstellt. Dies gilt unabhängig davon, ob das betreffende Unternehmen sich in einer Verlustsituation befindet oder grundsätzlich profitabel ist.

168 Im Zusammenhang mit Finanzierungsmaßnahmen zugunsten öffentlicher Unternehmen durch ihre Gesellschafter kommt ein Beihilfenausschluss auf Tatbestandsebene in Betracht, wenn aufgrund der Maßnahme keine Begünstigung des Unternehmens eintritt. Eine Begünstigung in diesem Sinne ist jeder wirtschaftliche Vorteil, den ein Unternehmen unter normalen Marktbedingungen nicht erhalten hätte.[76] Anders gewendet liegen staatliche Beihilfen nicht vor, wenn es sich bei der betreffenden wirtschaftlichen Transaktion um einen marktüblichen Vorgang handelt.

169 Dies wird im Hinblick auf Kapitalzuführungen anhand des Kriteriums des *„marktwirtschaftlich handelnden Kapitalgebers“* geprüft. Es wird also geprüft, ob ein unter normalen Marktbedingungen handelnder privater Kapitalgeber von vergleichbarer Größe in ähnlicher Lage wie der handelnde Beihilfegeber/die handelnde öffentliche Stelle zu dem zu prüfenden Kapitaltransfer hätte bewegt werden können.[77] Zentrales Kriterium ist damit die wirtschaftliche Rationalität, die in erster Linie durch die Rentabilität für den Kapitalgeber ausgedrückt wird. Bei der Beurteilung von Kapitalzuführungen verwendet die EU-Kommission ein bestimmtes Beurteilungsschema, welches sie in zwei Mitteilungen an die Mitgliedstaaten bekannt gegeben hat.[78]

170 Konkret wird von öffentlichen Kapitalgebern erwartet, dass diese ebenso wie private Unternehmen und private Geldgeber das Risiko und das zu erwartende Ergebnis des Investitionsvorhabens kalkulieren. Ergebnis einer solchen Analyse ist dann anerkanntermaßen eine bestimmte Bandbreite von Beurteilungsmöglichkeiten durch den Investor, innerhalb derer der öffentlichen Stelle ein Beurteilungsspielraum zusteht. In den Grenzen dieses Beurteilungsspielraums kann durch die Kommission nicht auf das Vorliegen von staatlichen Beihilfen geschlossen werden.[79]

---

[76] EuGH Urt. v. 11.7.1996 – Rs. C-39/94, BeckRS 2004, 76964 – SFEI.

[77] Beihilfebekanntmachung Rn. 74, mwN.

[78] Mitteilung der Kommission an die Mitgliedstaaten vom 13.11.1993 – 93/C 307/03 sowie Standpunkt der Kommission „Beteiligung der öffentlichen Hand am Kapital von Unternehmen“, Bull. EG 9-1984, 104.

[79] Mitteilung der Kommission 93/C 307/03, Tz. 27.

Für bestimmte Fallgruppen hat die Kommission zudem bekannt gegeben, unter welchen Umständen sie nicht vom Vorliegen staatlicher Beihilfen ausgeht. Danach liegt eine staatliche Beihilfe bei der Bereitstellung von neuem Kapital für öffentliche Unternehmen unter anderem nicht vor, wenn damit ausschließlich der Bedarf an Neuinvestitionen und die damit unmittelbar verbundenen Kosten gedeckt werden, sofern in dem Sektor, in dem das Unternehmen tätig ist, im gemeinsamen Markt keine strukturellen Überkapazitäten bestehen und es sich um ein finanziell gesundes Unternehmen handelt. In diesem Fall entspricht die Kapitalzuführung auch dann dem Verhalten eines wirtschaftlich handelnden Kapitalgebers, wenn die Investitionen erst zu einem späteren Zeitpunkt rentabel werden wird.[80] Mit anderen Worten erkennt die Kommission an, dass sich staatliche Stellen im Rahmen ihrer Beteiligung wirtschaftlich-investiv verhalten dürfen, solange sie dabei ihren Unternehmen keine wirtschaftlich nicht gerechtfertigten Vorteile gewähren. 171

Diese von der EU-Kommission vorgegebenen Fallgruppen sind für Finanzierungsmaßnahmen zur Kompensation der Folgen des COVID-19-Ausbruchs nicht hilfreich, da sie sich allein auf Investitionsbeihilfen beziehen, und nicht auf Betriebsbeihilfen. Die Gewährung beispielsweise von Kapitaleinlagen zum Ausgleich COVID-19-bedingter Verluste wird aber wohl nur als Zuschuss zu den laufenden Betriebskosten interpretiert werden können und stellt damit eine Betriebsbeihilfe dar. Auch Betriebsbeihilfen können nach hier vertretener Auffassung im Lichte des Prinzips des marktwirtschaftlich handelnden Kapitalgebers marktüblich sein. 172

Fraglich ist dann der Maßstab der Marktüblichkeit, der sich holzschnittartig wie folgend darstellen lässt. Man wird wohl davon auszugehen haben, dass ein privater Vergleichsinvestor in einer entsprechenden Situation vor Gewährung von Kapitaleinlagen neben einer Aufzehrung etwaiger Rücklagen im Unternehmen alle greifbaren Kostensenkungsoptionen ausüben wird. Zu denken ist hier an Einführung von Kurzarbeit, Einstellung von Mietzahlungen, Verkauf oder Stilllegung nicht benötigter Betriebsmittel, etc. Was im Einzelnen zu verlangen ist, hängt stark von Struktur und Branche des betreffenden Unternehmens ab. Allerdings werden in öffentlichen Unternehmen nicht alle Kostensenkungsoptionen gezogen werden können oder sollen, was Zweifel an der Marktüblichkeit begründen kann. 173

Als weiteren Schritt vor Gewährung von Investorenmitteln wird man verlangen müssen, dass sämtliche anderweitigen Finanzierungsoptionen ausgeschöpft sind, die sich etwa aus den aufgelegten Förder- und Hilfsprogrammen ergeben. 174

---

[80] Standpunkt der Kommission, Bull-EG 1984-4, Erl. 3.2.

175 Sofern die vorgenannten Schritte nicht ausreichen, um die Liquidität zu sichern, wird ein marktwirtschaftlich handelnder Kapitalgeber wohl prüfen, ob er angesichts der wirtschaftlichen Lage und des zu erwartenden Geschäfts mit einem positiven Ausgang dahingehend rechnen kann, dass seine Betriebsbeihilfe eine reine Überbrückung erstellt, die sich kurz- oder langfristig für ihn lohnt. In diesem Zusammenhang müsste anhand einer realistischen Prognose gezeigt werden, dass das betreffende Unternehmen für ein außerhalb der Krise tragfähiges Geschäftsmodell steht, welches bei Normalisierung der Umstände die geleisteten Finanzierungsmaßnahmen trägt.

2. Öffentlicher Personennahverkehr/Kommunale Verkehrsunternehmen

a) Betroffenheit durch COVID-19

176 Nach wie vor betreiben in Deutschland zahlreiche Kommunen ein Verkehrsunternehmen oder unterhalten in einem (Stadtwerke-)Unternehmen eine Verkehrssparte. Durch die kontaktreduzierenden Maßnahmen kommt es zu Rückgängen der Fahrgastzahlen von verbreitet 80% bis über 90%. Da im Bereich des ÖPNV durchschnittlich ein Kostendeckungsgrad von etwa 76% besteht[81] – also ohnehin eine erhebliche öffentliche Finanzierung erforderlich ist – führt der Entfall der Fahrgeldeinnahmen auch bei erheblichen Kosteneinsparungen zu einer Erhöhung des Zuschussbedarfs.

b) Ausgleich im Rahmen bestehender Regelungen

177 Der Verkehrsbetrieb erfolgt entweder im Rahmen eines sog. gemeinwirtschaftlichen oder eines sog. eigenwirtschaftlichen Verkehrs. Hintergrund sind die Vorschriften des PBefG und der Verordnung (EG) 1370/2007, die unter anderem die Finanzierung des öffentlichen Personennahverkehrs in beihilfenrechtlicher Hinsicht regeln.

178 Gewährt danach eine zuständige Behörde einem Betreiber Ausgleichsleistungen gleich welcher Art für die Erfüllung gemeinwirtschaftlicher Verpflichtungen, muss sie hierfür eine Regelung erlassen, die entweder die Form eines sog. öffentlichen Dienstleistungsauftrages oder einer sog. allgemeinen Vorschrift annehmen kann. Eigenwirtschaftlich sind insoweit Verkehrsleistungen, deren Aufwand gedeckt wird durch Beförderungserlöse, Ausgleichsleistungen auf der Grundlage von allgemeinen Vorschriften nach Art. 3 Abs. 2 und 3 VO (EG) 1370/2007 und sonstige Unternehmenserträge im handelsrechtlichen Sinne, soweit diese keine

---

[81] VDV-Statistik 2018, S. 35.

Ausgleichsleistungen für die Erfüllung gemeinwirtschaftlicher Verpflichtungen nach Art. 3 Abs. 1 VO (EG) 1370/2007 darstellen und keine ausschließlichen Rechte gewährt werden. Hierzu muss man wissen, dass Allgemeine Vorschriften in diesem Sinne lediglich gemeinwirtschaftliche Verpflichtungen zur Festsetzung von Höchsttarifen für alle Fahrgäste oder bestimmte Gruppen von Fahrgästen und diesbezügliche Ausgleichsleistungen festsetzen können. Darüber hinausgehende Ausgleichsleistungen können im Rahmen öffentlicher Dienstleistungsaufträge gewährt werden.

Somit kann je nach Ausgestaltung der Finanzierungsregelung im öf- **179**
fentlichen Dienstleistungsauftrag die Gewährung von Finanzmitteln als Ausgleichsleistung für die Aufrechterhaltung des gemeinwirtschaftlichen Verkehrs in Anbetracht des COVID-19-Ausbruchs in Betracht kommen.

Betreibt das Unternehmen den Verkehr dagegen eigenwirtschaftlich, **180**
können COVID-19-bedingte Finanzierungsmaßnahmen nicht durch die insoweit geltenden Allgemeinen Vorschriften im Sinne der VO (EG) 1370/2007 gerechtfertigt werden.

In Betracht kommt aber in beiden Fällen ein Marktüblichkeitsnach- **181**
weis auf Grundlage des dargestellten Prinzips des marktwirtschaftlich handelnden Kapitalgebers.

c) Einzelnotifizierung aufgrund des Beihilferahmens COVID-19

Weiterhin können Finanzierungsmaßnahmen durch eine Einzelnotifi- **182**
zierung durch die betroffene Kommune / das betroffene Land legalisiert werden. Ausdrücklich mit Blick unter anderem auf den Verkehrssektor als besonders stark betroffener Sektor hat die EU-Kommission im Beihilferahmen COVID-19 eine Genehmigung auf Grundlage des Art. 107 Abs. 2 lit. b AEUV für Beihilfen in Aussicht gestellt, mit denen die auf den COVID-19 zurückzuführenden Verluste ausgeglichen werden sollen. Eine Bewertung der Unterstützung für die Unternehmen in diesem Sektor will die Kommission auf einer Fall-zu-Fall-Basis vornehmen. Für eine entsprechende Entscheidung benötigt die Kommission nach Anhang I des Rahmens folgende Informationen:

- Ermittlung der zusätzlichen Kosten, der entgangenen Einnahmen (zB Verkehrsverluste infolge von Beschränkungen durch die Mitgliedstaaten, wie Flugverbote, Sperren oder ganz allgemein eine verringerte Nachfrage aufgrund von COVID-19) sowie der nicht entstandenen Kosten (zB variable Kosten, Catering). Diese Gegenstände sollten in direktem Zusammenhang mit dem Ausbruch von COVID-19 stehen;
- Definition eines Bezugszeitraums, in dem die Situation mit der Situation vergleichbar ist, die während der Zeit der Verbreitung des COVID-19 hätte bestehen sollen (zB Sommer- und Wintersaison, Ferien);

- Ermittlung der Schäden, die durch den Vergleich der Situation während des Zeitraums der Verbreitung des COVID-19 und des Referenzzeitraums verursacht wurden. Dabei sollte die Änderung maßgeblicher Parameter berücksichtigt werden (zB Rückgang der Treibstoffpreise).
- Zudem sind einige spezifische Ausführungen, Regelungen und Verpflichtungen gegenüber dem Beihilfeempfänger erforderlich.

183 Bei aller Vereinfachung der Einzelfallnotifizierungen darf nicht verkannt werden, dass der Aufwand hierfür gerade für kommunale Beihilfegeber erheblich ist, zumal diese die Notifizierung nicht eigenständig betreiben können, sondern hierfür im Regelfall auf das jeweilige Landes- und das Bundeswirtschaftsministerium angewiesen sind. Es wäre daher wünschenswert, wenn auf Bundes- oder Länderebene eine Rahmenregelung für entsprechende Finanzierungsmaßnahmen bei der EU-Kommission notifiziert würde. Über diesbezügliche Bestrebungen war bei Redaktionsschluss noch nichts bekannt.

3. Tourismus

a) Betroffenheit durch COVID-19

184 Ein weiterer besonders betroffener Sektor ist der Tourismus und das Gastgewerbe. Kommunale Hotels und andere öffentliche Beherbergungsbetriebe gibt es zwar vereinzelt, die überwiegende Zahl der kommunalen Tourismusunternehmen befasst sich aber mit der Förderung des lokalen Tourismus und der Unterhaltung örtlicher Kur- und Tourismuseinrichtungen sowie die Durchführung von Veranstaltungen. Auch für diesen besonders betroffenen Sektor steht den Kommunen die Möglichkeit einer Einzelfallnotifizierung offen, wenn diese erforderlich sein sollte. Im Übrigen können die nachfolgend dargestellten Instrumente hilfreich sein. Diese stellen im Wesentlichen den auch unabhängig von COVID-19 bestehenden Status quo der Finanzierung öffentlicher Tourismusunternehmen dar, die zum großen Teil dauerhaft defizitär operieren. Eine besondere Betroffenheit durch COVID-19 ergibt sich gegebenenfalls durch die aufgrund der kontaktreduzierenden Maßnahmen abzusagenden Veranstaltungen. Teilweise wird Tourismusunternehmen in der Rechtsform des Eigenbetriebs zudem die Kurtaxe als eigene Einnahme zugewiesen, die derzeit wegen des bundesweiten Verbots touristischer Übernachtungen entfallen wird.

b) Beihilfenfreie nicht-wirtschaftliche Tätigkeiten

185 Zahlreiche Tätigkeiten im Bereich der Tourismusförderung unterfallen als nicht-wirtschaftliche Aktivitäten nicht dem Beihilfenrecht. Insoweit hat die Bundesrepublik Deutschland am 19.11.2013 eine Liste von bestimmten nicht-einnahmeschaffenden touristischen Infrastrukturen bei der EU-Kommission zur Prüfung vorgelegt. Am 24.4.2014 hat die EU-Kommission darauf hin einen so genannten „Comfort Letter“ an die Bundesrepublik erlassen, in dem sie bestimmte, nicht einnahmeschaffende Tourismusinfrastrukturen unter bestimmten Bedingungen als beihilfefrei anerkannt hat.[82] Die darin geäußerte Rechtsauffassung hat die EU-Kommission in einem internen Arbeitspapier im Herbst 2017 weiter vertieft, welches jedoch dem Vernehmen nach im Entwurfsstadium verblieben ist.[83] Zudem sind Verhandlungen zwischen der Bundesrepublik Deutschland und der EU-Kommission aus dem Jahr 2017 in einem Rundschreiben des Bundesministeriums für Wirtschaft vom 18.5.2017 dokumentiert.

Als nicht-wirtschaftliche und damit nicht unter die Beihilfenkontrolle 186
fallende Tätigkeiten gelten danach

a) Allgemeines Destinationsmarketing im Sinne werblicher Maßnahmen, Organisation von (kostenlosen) Informationsevents, Erstellung und Betrieb einer Informationswebsite, Messeteilnahmen, Touristeninformation und Gästeinformation.

b) Produktion und Verteilung von (touristischem) Informationsmaterial wie Broschüren, Karten, Fahrpläne und vergleichbare Informationen über kulturelle und touristische Aktivitäten sowie kostenlose Führungen.

c) Errichtung, Vorhaltung und Betrieb nicht-einnahmeschaffender touristischer Infrastrukturen wie öffentlicher Toiletten, unentgeltlicher Informationszentren, Promenaden, Seebrücken, Wassertretanlagen und dergleichen, sofern ein Bezug zu einer wirtschaftlichen Tätigkeit völlig ausgeschlossen ist und die Infrastrukturen zudem im öffentlichen Interesse errichtet und jedermann offen und allgemein zugänglich sind.

Die diesbezüglichen Aufwendungen dürfen somit durch die öffentliche Hand außerhalb der Beihilfenkontrolle ausgeglichen werden, ganz gleich, ob sie COVID-19-bedingt sind, oder nicht.

Vielfältige Tätigkeiten von Tourismusunternehmen verbleiben somit 187
dennoch im wirtschaftlich-unternehmerischen und damit beihilfenrechtsrelevanten Bereich. Zu denken ist hier etwa an Leistungen wie Buchungsservice, entgeltliche Vermittlung von Zimmern und sonstigen Angeboten Dritter, Verkauf von Reiseliteratur und Souvenirs, Werbedienstleistungen am Markt, etc. Hinsichtlich dieser Tätigkeiten besteht das Beihilfenverbot. Sollen also Zuschüsse für nicht-wirtschaftliche Tätigkeiten gewährt werden, sind diese zur Vermeidung von Quersubventionen im Wege einer Trennungsrechnung buchhalterisch zu separieren.[84]

---

[82] SA.37755 – (2013 PN).

[83] Meßmer in Weiß, Kommunales EU-Beihilfenrecht, 2018, 98.

[84] Schreiben des BMWi vom 18.05.2017, „Finanzierung öffentlicher Tourismusorganisationen und EU-Beihilfenrecht“.

c) Keine Beihilfe im Falle rein lokaler Sachverhalte

188 Nach Ansicht der Kommission kommt bei Maßnahmen des Tourismusmarketings auch ein Ausschluss einer Beeinträchtigung des Handels zwischen den Mitgliedstaaten nach Art. 107 Abs. 1 AEUV in Betracht, wenn es sich um rein lokale Sachverhalte handelt. Dies mag zunächst bei der Tätigkeit des Tourismusmarketings wenig intuitiv erscheinen, sind diese Aktivitäten doch gerade auf die Erzielung überregionaler Kundenakquise ausgerichtet. Von dem eingangs bereits dargestellten neuen Ansatz hat die Kommission jedoch bereits in zwei Entscheidungen Gebrauch gemacht.[85] Somit gilt auch im Bereich der Tourismusförderung die Beihilfefreiheit lokaler Sachverhalte. Dabei darf jedoch nur der lokale Markt in einer bestimmten Region angesprochen werden und das Angebot nicht auf Kunden aus anderen Mitgliedstaaten abzielen. Zudem darf die in Frage stehende Maßnahme nicht mehr als marginale Auswirkung auf die Bedingungen für grenzübergreifende Investitionen oder grenzübergreifenden Niederlassungen auf dem betroffenen Markt haben. Auch hier gilt, dass bis zu einer Klärung durch den EuGH die Anwendung dieses Prüfmaßstabs der EU-Kommission mit einer gewissen Rechtsunsicherheit behaftet ist.

d) Ausgleichsleistungen bei Dienstleistungen von allgemeinem wirtschaftlichem Interesse

189 Im Hinblick auf den vielerorts angenommenen Daseinsvorsorgecharakter der Tourismusförderung haben zahlreiche Kommunen in der Vergangenheit zudem ihre Tourismusunternehmen mit der Erbringung bestimmter Dienstleistungen von allgemeinem wirtschaftlichem Interesse (DAWI) betraut. DAWI sind wirtschaftliche, also marktbezogene Tätigkeiten, bei deren Durchführung bestimmte in einem Betrauungsakt festgelegte gemeinwirtschaftliche Verpflichtungen erfüllt werden müssen. Im Gegenzug darf die betrauende Stelle die Tätigkeit nach Maßgabe des DAWI-Freistellungsbeschlusses der EU-Kommission 2012/21/EU bezuschussen. Oftmals werden so Dienstleistungen sichergestellt, die ohne öffentliche Subvention aufgrund Marktversagens nicht oder nicht zu sozialverträglichen Bedingungen erbracht würden.

190 Die Höhe der Ausgleichsleistung darf nach den Vorgaben des DAWI-Freistellungsbeschlusses unter Berücksichtigung eines angemessenen Gewinns nicht über das hinausgehen, was zur Abdeckung der für die Erfüllung der auferlegten gemeinwirtschaftlichen Verpflichtung erforderlichen Nettokosten erforderlich ist. Die Nettokosten sind die Differenz zwischen den Kosten für die DAWI-Erbringung und den diesbezüglich

---

[85] SA.41158 – Erfurt Tourismus und Marketing GmbH; SA.41273 – Zweckverband Tourismuszentrale Holsteinische Schweiz.

erzielten Einnahmen, Art. 5 Abs. 1, 2 DAWI-Freistellungsbeschluss. Brechen die Einnahmen hinsichtlich der DAWI durch COVID-19-Effekte weg, steigen die Nettokosten entsprechend an, sodass eine diesbezügliche Ausgleichsleistung im Rahmen eines bestehenden Betrauungsakts denkbar ist. Ob die durch den COVID-19-Ausbruch entstandenen Verluste eines Unternehmens insgesamt auf diesem Wege ausgeglichen werden können, hängt von dem im jeweiligen Betrauungsakt definierten gemeinwirtschaftlichen Verpflichtungen sowie dem gewählten Modus des Verlustausgleichs ab. Übt das Unternehmen neben DAWI noch weitere (wirtschaftliche) Tätigkeiten aus, ist der Ausgleich streng auf die DAWI zu begrenzen. Dies muss in der dann ohnehin verpflichtend zu erstellenden Trennungsrechnung nachgewiesen werden.

e) Anwendung der De-minimis-Verordnung Nr. 1407/2013

Auch im Hinblick auf Tourismusunternehmen steht den Beihilfegebern zudem die Anwendung der De-minimis-Verordnung offen. Vorbehaltlich der Kumulierungsregeln dürfen Beihilfen auf dieser Grundlage auch im Bereich der wirtschaftlichen Tätigkeiten gewährt werden. 191

4. Schwimmbäder

a) Betroffenheit durch COVID-19

Öffentliche Schwimm- und Spaßbäder sind nach sämtlichen Landesverordnungen zur Corona-Bekämpfung geschlossen worden.[86] Bei fortlaufenden Fixkosten sind die Einnahmen dieser Einrichtungen damit von einem Tag auf den anderen auf die Nulllinie gefallen. 192

b) Keine Beihilfe im Falle rein lokaler Sachverhalte

Schwimmbäder waren in der Vergangenheit schon in mehreren Fällen Gegenstand einer beihilfenrechtlichen Prüfung durch die EU-Kommission.[87] Dabei war ein maßgeblicher Prüfungspunkt stets das Tatbestandsmerkmal der Handelsbeeinträchtigung, die aufgrund einer rein lokalen Bedeutung der betreffenden Bäder gegebenenfalls abzulehnen war. Insoweit gilt das bereits dargestellte Prüfungsraster der EU-Kommission, welches insbesondere bei kleineren Sport- oder Freibädern den Ausschluss einer Binnenmarktrelevanz nahelegen kann. Gelingt es, dieses Ergebnis durch eine entsprechende Marktanalyse zu untermauern, kön- 193

---

[86] Vgl. etwa § 1 Abs. 1 Nr. 7 Dritte Corona-Bekämpfungsverordnung Rheinland-Pfalz.

[87] Bspw. Entscheidungen in der Beihilfensache N 258/2000, „Freizeitbad Dorsten", ABl. EG 2001 C 172, 16; sowie SA.33045, „Kristallbäder AG".

nen dem Betreiber des Bades öffentliche Mittel außerhalb der Beihilfenkontrolle zur Verfügung gestellt werden.

c) Ausgleichsleistungen bei Dienstleistungen von allgemeinem wirtschaftlichem Interesse

194 Im Bereich der öffentlichen Schwimmbäder haben Kommunen in der Praxis häufig dem Betreiber bestimmte Verpflichtungen im Hinblick auf ermäßigte Eintrittspreise für bestimmte Nutzergruppen, reservierte Öffnungszeiten für Vereine und dergleichen als DAWI auferlegt. Teilweise wurde auch aufgrund eines lokal wahrgenommenen Marktversagens gleich die Unterhaltung und der Betrieb des gesamten Bades pauschal als DAWI definiert und das Unternehmen hiermit betraut. Je nach Ausgestaltung des Betrauungsaktes kann dies einen Ausgleich der COVID-19-bedingten Verluste ermöglichen, da aufgrund des DAWI-Freistellungsbeschlusses 2012/21/EU die Nettokosten, also die mit der DAWI verbundenen Kosten abzüglich der Einnahmen zuzüglich eines angemessenen Gewinnszuschlags, ausgeglichen werden dürfen.

195 Soweit aufgrund des Betrauungsaktes abzugrenzende wirtschaftliche Tätigkeiten ausgeübt werden, die nicht unter den DAWI-Freistellungsbeschluss fallen, gelten für diese die zuvor dargestellten Regeln (Trennungsrechnung, gegebenenfalls Ausgleich über die De-minims-Verordnung).

d) Allgemeine Gruppenfreistellungsverordnung Nr. 651/2014

196 Die AGVO stellt in Art. 55 Beihilfen zu Gunsten von Sport- und multifunktionalen Freizeitinfrastrukturen von der Anmeldepflicht frei. Der Begriff der Sportinfrastruktur ist in der Norm nicht definiert, dürfte aber jegliche für Sportzwecke errichtete Infrastruktur erfassen und damit auch auf Schwimmbäder anwendbar sein. Die multifunktionale Freizeitinfrastruktur dagegen ist nach Art. 55 Abs. 3 AGVO eine Freizeiteinrichtung mit multifunktionalem Charakter, die insbesondere Kultur- und Freizeitdienstleistungen anbieten, mit Ausnahme von Freizeitparks und Hotels. Erwägungsgrund 74 der AGVO deutet darauf hin, dass multifunktionale Freizeitinfrastrukturen mehr als einem Freizeitzweck dienen. Hieraus wird zu folgern sein, dass die Infrastruktur für unterschiedliche Aktivitäten zu nutzen sein muss. Die Abgrenzung ist deswegen wichtig, weil gemäß Art. 55 Abs. 8, 10 AGVO Investitionsbeihilfen sowohl bei Sport-, als auch bei multifunktionalen Freizeitinfrastrukturen zulässig sind, Betriebsbeihilfen jedoch nur für Sportinfrastrukturen. Zur Kompensation etwaiger Einnahmeausfälle wegen des COVID-19-Ausbruch kommen indes nur Betriebsbeihilfen in Betracht, die sich insbesondere auf Personal-, Material-, Fremdleistungs-, Kommunikations-, Energie-, Wartungs-, Miets-, und Verwaltungskosten beziehen dürfen, Art. 55 Abs. 7 lit. b, Abs. 9 AGVO.

Damit kommt es maßgeblich auf die jeweils vor Ort vorhandene Infrastruktur, also die Gestaltung des konkreten Bades an, ob ein Ausgleich nach der AGVO erfolgen kann. Zentraler Vorteil ist hier, dass im Gegensatz zu einer DAWI-Betrauung kein Betrauungsakt gegenüber dem Betreiber erlassen werden muss und zudem die Nachweis- und Dokumentationspflichten deutlich weniger umfänglich sind. Weiterhin entfallen Unsicherheiten dahingehend, ob die konkrete Tätigkeit vor Ort eine betrauungsfähige DAWI darstellt. 197

e) Anwendung der De-minimis-Verordnung Nr. 1407/2013

Auch im Hinblick auf Bäderunternehmen steht den Beihilfegebern zudem die Anwendung der De-minimis-Verordnung offen. Vorbehaltlich der Kumulierungsregeln dürfen Beihilfen auf dieser Grundlage auch im Bereich der wirtschaftlichen Tätigkeiten gewährt werden. 198

5. Kulturförderung

a) Betroffenheit durch COVID-19

Oftmals bestehen in kommunaler Hand kleinere Theater, Museen und ähnliche Kultureinrichtungen. Diese sind aufgrund der Corona-Bekämpfungsverordnungen der Länder geschlossen worden.[88] Bei fortlaufenden Fixkosten sind die Einnahmen dieser Einrichtungen damit von einem Tag auf den anderen auf die Nulllinie gefallen. 199

b) Besonderheiten der Beihilfenkontrolle bei Kultureinrichtungen

Unter Berücksichtigung der besonderen Merkmale solcher Tätigkeiten im Bereich Kultur werden diese von der EU-Kommission unter erleichterten Voraussetzungen als nicht-wirtschaftliche Tätigkeiten anerkannt, so dass ihre öffentliche Finanzierung nicht in den Anwendungsbereich des EU-Beihilfenrechts fällt.[89] Dies gilt nach Auffassung der EU-Kommission insbesondere für solche Tätigkeiten, die der Öffentlichkeit kostenlos oder kostengünstig zugänglich gemacht werden und im Ergebnis deshalb rein soziale und kulturelle Zwecke erfüllen. Maßgeblicher Anknüpfungspunkt für diese dennoch wirtschaftliche Betrachtung ist die Erhebung und Höhe eines Eintrittsgeldes oder Beitrags. Wird ein Eintrittsgeld erhoben, ist die Aktivität dennoch als nicht-wirtschaftlich anzusehen, wenn 200

---

[88] Vgl. etwa § 1 Abs. 1 Nr. 4 Dritte Corona-Bekämpfungsverordnung Rheinland-Pfalz.

[89] Beihilfenbekanntmachung Rn. 33ff.

– der Zugang der breiten Öffentlichkeit offensteht, und
– der erhobene finanzielle Beitrag nur einen Bruchteil der tatsächlichen Kosten deckt.

In diesem Fall wird das erhobene Entgelt nicht als echte Vergütung für die erbrachte Dienstleistung angesehen, sodass im Ergebnis eine nichtwirtschaftliche (beihilfefreie) Tätigkeit vorliegt.

201 Anders verhält sich dies, wenn solche Aktivitäten vorwiegend aus Besucher- bzw. Benutzerentgelten oder durch andere kommerzielle Mittel finanziert werden, wie etwa kommerzielle Ausstellungen, Kinovorführungen etc. In diesem Fall handelt es sich um eine wirtschaftliche Tätigkeit, sodass öffentliche Zuschüsse beihilfenrechtliche Relevanz aufweisen können. Aus dem Zusammenhang der Regelung, die einerseits von einer Bruchteilsfinanzierung, andererseits von einer vorwiegenden Finanzierung aus Nutzerentgelten spricht ergibt sich, dass von einem „Bruchteil" auszugehen ist, wenn 50% oder weniger der Kosten durch Besucher- bzw. Benutzerentgelte gedeckt werden. Folgt man dieser Auffassung der EU-Kommission, so können auch die durch den COVID-19-Ausbruch gegebenenfalls erforderlich werdenden Finanzierungsmaßnahmen außerhalb der Beihilfenkontrolle gewährt werden.

c) Keine Beihilfe im Falle rein lokaler Sachverhalte

202 Darüber hinaus haben die meisten kulturellen Aktivitäten nur regionalen Bezug und wirken sich deshalb nicht auf den Handel zwischen den Mitgliedstaaten aus. Lediglich dann, wenn es sich um große und renommierte kulturelle Aktivitäten oder Institutionen handelt, für die außerhalb des regionalen Einzugsbereichs intensiv geworben wird, kommt eine Beeinträchtigung des Handels zwischen den Mitgliedstaaten in Betracht, die ebenfalls Voraussetzung für eine (unzulässige) Beihilfe ist.

d) Allgemeine Gruppenfreistellungsverordnung Nr. 651/2014

203 Sofern ein Kulturbetrieb als wirtschaftlich und damit als Unternehmen anzusehen ist, besteht aufgrund Art. 53 AGVO ein weitgehender Freistellungstatbestand zur vereinfachten Förderung im Wege von sowohl Investitions- als auch Betriebsbeihilfen, die für die unterschiedlichsten kulturellen Zwecke und Aktivitäten gewährt werden können. Die sich aus den Anmeldeschwellen ergebenden Höchstbeträge betragen im Fall der Investitionsbeihilfen 150 Millionen € je Projekt bzw. bei den Betriebsbeihilfen 75 Millionen € pro Jahr. Hierunter fallen unter anderem Museen, Theater, Denkmäler, historische Stätten und Gebäude, förmlich anerkannte Naturerbestätten sowie die Förderung von Brauchtum und Handwerk, Festivals und Tätigkeiten im Bereich der kulturellen und künstlerischen Bildung. Der Tatbestand soll jedoch gemäß Erwägungs-

grund 72 zur AGVO nicht für solche Tätigkeiten gelten, die überwiegend kommerziellen Charakter haben.

e) Anwendung der De-minimis-Verordnung Nr. 1407/2013

Auch im Hinblick auf die Kulturförderung steht den Beihilfegebern zudem die Anwendung der De-minimis-Verordnung offen. Vorbehaltlich der Kumulierungsregeln dürfen Beihilfen auf dieser Grundlage auch im Bereich der wirtschaftlichen Tätigkeiten gewährt werden. 204

X. Schlussbemerkung

Im Hinblick auf die notwendigen Finanzierungs- und Liquiditätssicherungsmaßnahmen hat die EU-Kommission in Windeseile auf den COVID-19-Ausbruch reagiert und in Abstimmung mit den Mitgliedstaaten die erforderlichen beihilfenrechtlichen Instrumente geschaffen und fortentwickelt. Wie gezeigt wurde, konnten dabei jedoch nicht sämtlichen dringenden Fälle mit einer ausdrücklichen Regelung im Hinblick auf COVID-19 bedacht werden; hier haben öffentliche Stellen dennoch aufgrund der beihilferechtlichen Standardinstrumente zahlreiche Möglichkeiten, die Existenz von Unternehmen durch öffentliche Hilfeleistung zu sichern. Gleichwohl scheint es in einzelnen Bereichen geboten, auf Bundes- oder Länderebene Beihilfenregelungen zum Ausgleich bestimmter Verluste öffentlicher Unternehmen zu erstellen und zu notifizieren, um einem sonst gegebenenfalls erforderlichen Wust an Einzelfallnotifizierungen vorzubeugen. 205

§ 16 Öffentliches Recht

Inhaltsübersicht

1 Die Maßnahmen, die der Staat ergreift, um die Ausbreitung des Coronavirus zu bekämpfen, die Fallzahlen zumindest einzudämmen und damit einer Überlastung des Gesundheitssystems, zumal der Intensivmedizin, vorzubeugen, sind dem Bereich des Öffentlichen Rechts zuzuordnen. Das Öffentliche Recht betrifft die Rechtsverhältnisse zwischen Bürger und Staat sowie zwischen Trägern von Hoheitsgewalt und regelt, welche Maßnahmen der Staat zur Erfüllung einer Aufgabe, hier zur Bekämpfung einer Seuche ergreifen darf, wie weit diese Maßnahmen gehen dürfen, welche Ebene (Bund oder Land) und Behörden für die einzelnen Maßnahmen zuständig ist und welche Rechtsbehelfe dem Bürger dagegen zustehen. Die rechtlichen Grundlagen dafür sind nicht in einem einzigen Gesetzbuch enthalten, sondern auf verschiedene Gesetze des Bundes und der Länder verstreut. Die elementaren Grundlagen staatlichen Handelns, die auch im Falle des gesundheitlichen „Notstandes“[1] ohne Abstriche gelten, finden sich im Verfassungsrecht, also im Grundgesetz und in den Verfassungen der Länder (→ Rn. 2ff.). Welche konkreten Maßnahmen zur Bekämpfung von Corona im Einzelnen zulässig sind, richtet sich hauptsächlich nach dem Infektionsschutzgesetz des Bundes (IfSG), das durch das „Gesetz zum Schutz der Bevölkerung bei einer epidemischen Lage von nationaler Tragweite“ (BGBl. 2020 I 587) ebenso kurzfristig wie grundlegend geändert worden ist (→ Rn. 47ff.). Weite-

[1] Der Begriff „gesundheitlicher Notstand“ oder „Gesundheitsnotstand“ wird zwar in der politischen Diskussion mitunter verwendet, es handelte sich bislang jedoch nicht um einen eingeführten Rechtsbegriff, insbesondere nicht um ein rechtliches oder gar verfassungsrechtliches Institut, aus dem man rechtliche Konsequenzen ableiten oder konkrete Maßnahmen rechtfertigen könnte. Allerdings wird der Begriff „Gesundheitsnotstand“ nunmehr in Art. 1 Bayerisches Infektionsschutzgesetz (BayIfSG) verwendet; s. dazu → Rn. 5.

re Maßnahmen können auf die Katastrophenschutzgesetze der Länder gestützt werden (→ Rn. 97ff.). Schließlich sind auch Maßnahmen der Polizei auf der Grundlage der Polizeigesetze der Länder zulässig, insbesondere zur Durchsetzung der auf das Infektionsschutzgesetz gestützten Ver- und Gebote der Infektionsschutzbehörden (→ Rn. 100ff.). Jedem Bürger steht gegen eine ihn per Einzelakt, per Allgemeinverfügung oder im Wege der Rechtsverordnung getroffene Maßnahme der Rechtsweg zu den Verwaltungsgerichten offen (→ Rn. 103ff.).

I. Verfassungsrechtliche Grundlagen

Nach dem Grundgesetz (GG) – die Verfassungen der Länder bleiben nachfolgend außer Betracht[2] – richtet sich, welche Ebene (Bund oder Länder) für den Erlass (→ Rn. 3ff., 1) und den Vollzug (→ Rn. 15ff., 2.) der zur Bekämpfung übertragbarer Krankheiten erforderlichen gesetzlichen Grundlagen zuständig ist. Dabei entfalten die Grundrechtsbestimmungen und das Rechtsstaatsprinzip eingriffsbegrenzende Funktion (→ Rn. 31ff., 3.). Für den Erlass von Rechtsverordnungen ist zusätzlich Art. 80 GG zu beachten (→ Rn. 44ff., 4.). 2

1. Gesetzgebungskompetenzen (Art. 30, 70ff. GG)

a) Bundeskompetenzen

Die Gesetzgebungskompetenz für das Infektionsschutzrecht liegt beim Bund (Art. 30, 70 Abs. 1 GG, Art. 72, 74 Abs. 1 Nr. 19 GG). Nach Art. 74 Abs. 1 Nr. 19 GG hat der Bund die konkurrierende Gesetzgebungskompetenz für „Maßnahmen gegen gemeingefährliche oder übertragbare Krankheiten bei Menschen und Tieren". Der Bund hat von dieser Gesetzgebungskompetenz mit dem Infektionsschutzgesetz (IfSG) Gebrauch gemacht, welches das frühere Bundesseuchengesetz abgelöst 3

---

[2] Auch das EU-Recht wird im Rahmen dieses Beitrages nicht näher behandelt. Der EU stehen keine Kompetenzen zur Bekämpfung von Corona durch Erlass von Einzelanordnungen zu. Es gibt kein europäisches Infektionsschutzrecht. Zwar weist Art. 168 AEUV der EU im Gesundheitsbereich Aufgaben zu, gibt ihr jedoch keine seuchenrechtlichen Eingriffsbefugnisse (vgl. Art. 168 Abs. 5 AEUV). Allerdings haben die mitgliedstaatlichen Infektionsschutzbehörden bei Erlass von Maßnahmen das EU-Recht, insbesondere die EU-Grundfreiheiten und das Diskriminierungsverbot als „höherrangiges" Recht im Sinn eines Nichtwiderspruchsvorbehaltes zu beachten; dazu Lindner, Öffentliches Recht, 2. Aufl. 2017, Rn. 363ff.

hat. Zuletzt wurde das IfSG im Zeichen der Coronakrise durch das „Gesetz zum Schutz der Bevölkerung bei einer epidemischen Lage von nationaler Tragweite“ umfangreich geändert.[3]

4 Soweit mit der Bekämpfung von Infektionserkrankungen Maßnahmen im Bereich der Grenzsicherung oder des Grenzschutzes, zB im Hinblick auf die Schließung von Grenzen, auf Kontrollmaßnahmen in Verkehrseinrichtungen (Flughäfen, Deutsche Bahn) o.ä. in Betracht kommen, liegt die Gesetzgebungskompetenz für die entsprechenden Rechtsgrundlagen beim Bund (Art. 73 Abs. 1 Nr. 5 GG), wozu auf Bundesebene das Gesetz über die Bundespolizei besteht. Für das Polizeirecht im Übrigen sind die Länder zuständig, ebenso wie für das Katastrophenschutzrecht.

b) Landeskompetenzen

5 Den Ländern steht das Gesetzgebungsrecht für die Verhütung und Bekämpfung übertragbarer Erkrankungen nur soweit und solange zu, als der Bund von seiner Gesetzgebungskompetenz nach Art. 74 Abs. 1 Nr. 19 GG keinen abschließenden Gebrauch gemacht hat (Art. 72 Abs. 1 GG); ein Fall der Abweichungsgesetzgebungskompetenz nach Art. 72 Abs. 3 GG ist im Fall des Art. 74 Abs. 1 Nr. 19 GG nicht gegeben. Hinsichtlich der gesetzlichen Eingriffsbefugnisse zur Bekämpfung übertragbarer Krankheiten, die im IfSG detailliert, insbesondere in den §§ 24ff. IfSG geregelt sind (→ Rn. 47ff.), wird man davon ausgehen müssen, dass der Bund insofern von seiner Gesetzgebungskompetenz abschließenden Gebrauch gemacht hat, so dass die Länder durch Landesinfektionsschutzgesetze jedenfalls keine weiterreichenden Eingriffsbefugnisse für solche Maßnahmen schaffen können als sie durch das IfSG gegeben sind. Wohl keinen abschließenden Gebrauch von Art. 74 Abs. 1 Nr. 19 GG hatte der Bundesgesetzgeber bislang in Bezug auf Maßnahmen zur Sicherstellung der Handlungsfähigkeit des Gesundheitssystems im Falle einer Epi- oder Pandemie gemacht, zumal im Hinblick auf das medizinische oder pflegerische Personal sowie im Hinblick auf Engpässe bei Produktion, Herstellung und/oder Verteilung medizinisch benötigter Materialien (etwa Schutzmasken oder Beatmungsgeräte) sowie Arzneimittel.

---

[3] BGBl. 2020 I 587. Dieses Artikelgesetz enthält (1) Änderungen des IfSG (Art. 1, 2, 3), (2) Änderungen des Gesetzes zur Durchführung der Internationalen Gesundheitsvorschriften, IGV-Durchführungsgesetz – IGV-DG (Art. 4), Änderungen des SGB V (Art. 5) sowie (4) Änderungen des BauGB (Art. 6): mit § 246b BauGB werden bauplanungsrechtliche Sonderregelungen für Anlagen für gesundheitliche Zwecke im Zuge der COVID-19-Pandemie geschaffen, die ein Abweichen von den Vorschriften des BauGB ermöglichen.

c) Exkurs: Das Bayerische Infektionsschutzgesetz (BayIfSG) vom 25.3.2020

6 Deswegen hat der Freistaat Bayern in Ergänzung des IfSG nach Art. 72 Abs. 1 GG iVm Art. 74 Abs. 1 Nr. 19 GG ein Bayerisches Infektionsschutzgesetz (BayIfSG)[4] erlassen, in dem entsprechende Sicherstellungsbefugnisse vorgesehen sind. Art. 1 BayIfSG gibt der Staatsregierung die Befugnis zur Feststellung eines „Gesundheitsnotstands“, „wenn eine übertragbare Krankheit im Sinne des Infektionsschutzgesetzes (IfSG) in der bayerischen Bevölkerung so zahlreich oder in so schwerer Ausprägung auftritt oder aufzutreten droht, dass dadurch die Versorgungssicherheit durch das öffentliche Gesundheitswesen und die Gesundheit oder das Leben einer Vielzahl von Menschen ernsthaft gefährdet erscheint.“[5]

7 Die – je nach Gefährdungslage zeitlich oder örtlich beschränkte (Art. 1 Abs. 1 S. 2 BayIfSG) – Feststellung des Gesundheitsnotstandes, die neben der „Ausrufung des Katastrophenfalles nach dem Bayerischen Katastrophenschutzgesetz“ (Art. 1 Abs. 1 S. 3 BayIfSG) steht, dient – anders als das IfSG des Bundes – nicht der unmittelbaren Verhütung oder Bekämpfung einer übertragbaren Krankheit, sondern der Verhinderung einer Überlastung des Gesundheitssystems. Dazu räumt das BayIfSG den zuständigen Behörden eine Reihe von Befugnissen ein, die allerdings erst und nur solange zum Tragen kommen, als das Vorliegen eines Gesundheitsnotstands festgestellt ist (Art. 1 Abs. 2 S. 1 BayIfSG)[6].

---

[4] Vom 25.3.2020 – BayGVBl. 2020, 174.

[5] Während für die Feststellung des Vorliegens des Gesundheitsnotstands die Staatsregierung als Kollegialgremium zuständig ist, sind für die Feststellung des Endes des Gesundheitsnotstands Landtag oder Staatsregierung zuständig (Art. 1 Abs. 1 S. 4 BayIfSG). Das Parlament kann sich also diesbezüglich über ein Votum der Staatsregierung, am Vorliegen eines Gesundheitsnotstands festzuhalten, hinwegsetzen und diesen für beendet erklären. Damit kommen dann die Befugnisse in Art. 2 ff. BayIfSG nicht mehr zur Anwendung.

[6] Fraglich, ob es sich bei der Feststellung des Vorliegens eines Gesundheitsnotstand im Sinn des Art. 1 BayIfSG durch die Staatsregierung um einen Verwaltungsakt nach Art. 35 S. 1 BayVwVfG handelt (ggf. in der Modalität einer Allgemeinverfügung nach Art. 35 S. 2 BayVwVfG), der mit der Anfechtungsklage nach § 42 Abs. 1 VwGO zum Verwaltungsgericht angegriffen werden könnte. Dagegen spricht, dass es an einer Regelungswirkung nach außen fehlt. Denn an die Feststellung des Gesundheitsnotstands selbst sind keine unmittelbaren Rechte oder Pflichten des Einzelnen geknüpft. Entsprechende Maßnahmen der zuständigen Behörde sind erst auf der Basis der Art. 2 ff. BayIfSG möglich. Zwar ist die Feststellung des Gesundheitsnotstands Voraussetzung dafür, dass von den Befugnissen der Art. 2 ff. BayIfSG Gebrauch gemacht werden darf (Art. 1 Abs. 2 BayIfSG), also entsprechende Verwaltungsakte erlassen werden dürfen. Dieser Konnex macht die Feststellung aber nicht selbst zum Verwaltungsakt. Hierin liegt auch keine ungerechtfertigte Verkürzung der in Art. 19 Abs. 4 GG verbürgten Rechtsschutzgarantie. Denn der Einzelne hat ohne Weiteres die Möglichkeit, die auf Art. 2 ff. BayIfSG gestützten Maßnahmen, bei denen es sich re-

8 Zur „Sicherung der Materialversorgung“ (Teil 1 des BayIfSG) kann nach Art. 2 Abs. 1 BayIfSG „bei jedermann medizinisches, pflegerisches oder sanitäres Material“ beschlagnahmt werden, wobei allerdings ein Betreten von Wohnungen unzulässig ist. Art. 2 Abs. 2 BayIfSG sieht ein diesbezügliches Verkaufsverbot vor, Abs. 3 eine Abgabepflicht an den Staat (zu einem behördlich festzusetzenden Preis). Art. 3 BayIfSG ermächtigt dazu, Betriebe, die zur Herstellung benötigten Materials in der Lage sind, zur vorrangigen und umgehenden Produktion einer bestimmten Menge dieses Materials zu verpflichten, wobei der Staat die vollständige Annahme dieses Materials garantiert, wodurch wohl inzident auch die Bezahlung gemeint ist; dies wird durch den Verweis in Art. 3 S. 2 BayIfSG auf Art. 2 Abs. 3 BayIfSG bestätigt. In Art. 4 BayIfSG sind Meldepflichten für benötigtes Material normiert.

9 Weitere Vorschriften haben die „Sicherung der Personalkapazität“ (Teil 2 des BayIfSG) zum Ziel. Dazu räumt Art. 5 BayIfSG die Befugnis ein, Feuerwehren und Hilfsorganisationen im Sinne des Art. 2 Abs. 13 Bayerisches Rettungsdienstgesetz zur Hilfe bei der Bewältigung des Gesundheitsnotstandes zu verpflichten. Die bayerische Landesärztekammer und Landeszahnärztekammer können verpflichtet werden, Kontaktdaten ihrer Mitglieder zu übermitteln, die geeignet sind, einen für die Bewältigung des Gesundheitsnotstands zusätzlich erforderlichen ärztlichen Personalbedarf zu decken. Art. 6 BayIfSG schließlich enthält eine Befugnis zur Inanspruchnahme Dritter, wobei auf Art. 9 Bayerisches Katastrophenschutzgesetz verwiesen wird.

10 Art. 7 BayIfSG enthält, da es sich bei den skizzierten Maßnahmen regelmäßig um enteignende Eingriffe zu Lasten von „Nichtstörern“ handeln wird, eine Entschädigungsvorschrift.

11 Anfechtungsklagen gegen auf das BayIfSG gestützte Maßnahmen haben nach Art. 8 BayIfSG keine aufschiebende Wirkung (§ 80 Abs. 2 S. 1 Nr. 3 VwGO). Der Betroffene hat jedoch die Möglichkeit, beim zuständigen Verwaltungsgericht (§§ 40, 45, 52 VwGO) einen Antrag nach § 80 Abs. 5 S. 1 Alt. 1 VwGO auf Anordnung der aufschiebenden Wirkung seiner Klage zu stellen (zum Rechtsschutz s. auch → Rn. 103 ff.).

12 Das IfSG des Bundes sah solche Sicherstellungsbefugnisse, wie sie jetzt im BayIfSG geregelt sind, bislang nicht vor, so dass die These gerechtfertigt ist, der Bund habe insofern von seiner Kompetenz aus Art. 74 Abs. 1 Nr. 19 GG keinen abschließenden Gebrauch – womit insoweit die Länder zur Gesetzgebung befugt sind (Art. 30, 70 Abs. 1 GG, Art. 72 Abs. 1 GG).

---

gelmäßig um Verwaltungsakte handeln dürfte, verwaltungsgerichtlich anzugreifen. Das VG müsste dann inzident die Rechtmäßigkeit der Feststellung des Gesundheitsnotstands überprüfen. Die Tatbestandsvoraussetzungen in Art. 1 Abs. 1 S. 1 BayIfSG sind verwaltungsgerichtlich voll überprüfbar. Der Staatsregierung kommt kein Beurteilungsspielraum zu.

13 Allerdings hat der Bund nach Erlass des BayIfSG (25.3.2020) seinerseits das IfSG durch das „Gesetz zum Schutz der Bevölkerung bei einer epidemischen Lage von nationaler Tragweite“[7] vom 27.3.2020 (BGBl. 2020 I 587) umfassend geändert. Es fragt sich daher, ob das BayIfSG dadurch über Art. 31 GG nichtig geworden sein könnte. Dies setzte voraus, dass das IfSG des Bundes nunmehr im thematischen Regelungsbereich des BayIfSG diesem widersprechendes Bundesrecht enthält.[8] Dies ist differenziert zu betrachten: Zwar sieht § 5 IfSG nunmehr die Feststellung[9] einer epidemischen Lage von nationaler Tragweite durch den Deutschen Bundestag vor. Diese Feststellung widerspricht aber nicht einer Feststellung des Gesundheitsnotstandes durch die Staatsregierung nach Art. 1 Abs. 1 BayIfSG. Denn beide Feststellungen haben unterschiedliche Funktion: Während die Feststellung einer epidemischen Lage von nationaler Tragweite die Befugnisse und Ermächtigungen nach § 5 Abs. 2 IfSG sowie die Rechtsfolgen in § 5a IfSG eröffnet, dient die Feststellung des Gesundheitsnotstandes nach Art. 1 BayIfSG dazu, die Befugnisse zur Sicherung der Materialversorgung und der Personalkapazität zu aktivieren. Beide Feststellungen und die daran anknüpfenden Befugnisse widersprechen einander nicht. § 5 Abs. 2 IfSG stellt zudem ausdrücklich klar, dass „die Befugnisse der Länder unberührt bleiben“.

14 Allerdings regelt das IfSG nunmehr auch selbst Aspekte der Sicherstellung der Versorgungsfähigkeit des Gesundheitswesens im Epi- oder Pandemiefall, auf die auch das BayIfSG abzielt. § 5 Abs. 2 Nr. 3, 4, 7, 8 IfSG sowie § 5a IfSG ermächtigen das Bundesministerium für Gesundheit, die dort genannten Bereiche durch Rechtsverordnung zu regeln.[10] Diese Ermächtigungsgrundlagen überschneiden sich thematisch mit den Regelungen im BayIfSG. Soweit das Bundesgesundheitsministerium von den Rechtsverordnungsermächtigungen Gebrauch macht, können die thematisch entsprechenden Regelungen des BayIfSG zur Sicherung der Materialversorgung und Personalkapazität nur Bestand haben, soweit sie dem Bundesverordnungsrecht nicht widersprechen, sondern diese nur ergänzen. Ansonsten wären sie nach Art. 31 GG nichtig. Dieses Problem könnte freilich dadurch entschärft werden, dass die Geltung des BayIfSG nach dessen Art. 11 S. 1 auf den 31.12.2020 begrenzt ist und eine dies-

---

[7] Zu den Änderungen im Einzelnen s. Fn. 3.

[8] Zu den Anwendungsvoraussetzungen des Art. 31 GG s. Lindner, Öffentliches Recht, 2. Aufl. 2017, Rn. 448ff.

[9] Auch hierbei handelt es sich nicht um einen selbständig anfechtbaren Verwaltungsakt (vgl. bereits Fn. 6), da an die Feststellung einer epidemischen Lage von nationaler Tragweite durch den Deutschen Bundestag keine unmittelbaren Regelungswirkungen geknüpft sind, sondern die Feststellung Voraussetzung für die in § 5 Abs. 3 IfSG normierten Befugnisse und Ermächtigungen bzw. für die in §5a IfSG gesetzesunmittelbar geregelten Rechtsfolgen ist.

[10] Zur mangelnden Bestimmtheit im Sinne des Art. 80 Abs. 1 GG → Rn. 44ff.

bezügliche Verlängerung oder Neuregelung unter Beachtung des dann vorliegenden Bundesrechts erfolgen kann.

2. Verwaltungskompetenzen (Art. 83ff. GG)

a) Ausführung des IfSG in Landeseigenverwaltung durch Landesbehörden

15 Das IfSG wird als Bundesgesetz nach Art. 83, 84 GG von den Ländern als eigene Angelegenheit ausgeführt. Das Infektionsschutzrecht fällt weder in den Bereich der Bundesauftragsverwaltung (Art. 85 GG) noch in den der bundeseigenen Verwaltung (Art. 86ff. GG). Dies bedeutet, dass für den Vollzug des IfSG die Landesbehörden zuständig sind, die durch Landesrecht bestimmt werden. Dementsprechend bestimmt § 54 IfSG, dass die Landesregierungen durch Rechtsverordnung die zuständigen Behörden im Sinne des IfSG festlegen. Dies sind überwiegend die kreisfreien Gemeinden und die Landratsämter bzw. die auf Kreisebene bestehenden Gesundheitsämter. Im Freistaat Bayern beispielsweise sind für den Vollzug des IfSG die Kreisverwaltungsbehörden zuständig, also die kreisfreien Gemeinden und die Landratsämter. Oberste Landesgesundheitsbehörde ist das Staatsministerium für Gesundheit und Pflege, welches den Kreisverwaltungsbehörden Weisungen erteilen oder auch eigenständige Maßnahmen anordnen kann.[11]

b) Keine Verwaltungskompetenz des Bundes

16 Der Bund hat für die Ausführung des IfSG keine eigene Zuständigkeit und darf sie nach Art. 83, 84 GG auch nicht haben. Zwar besteht nach § 4 IfSG das Robert-Koch-Institut (RKI), dem allerdings in erster Linie beratende und analytische Kompetenzen im Hinblick auf Infektionserkrankungen zukommen, jedoch keine Befugnisse zum Vollzug des IfSG im Sinne des Erlasses von Einzelmaßnahmen. Das RKI[12] ist nach § 4 Abs. 1 IfSG „die nationale Behörde zur Vorbeugung übertragbarer Krankheiten sowie zur frühzeitigen Erkennung und Verhinderung der Weiterverbreitung von Infektionen". Dies umfasst auch „die Entwicklung und Durchführung epidemiologischer und laborgestützter Analysen sowie Forschung zu Ursache, Diagnostik und Prävention übertragbarer Krankheiten" (§ 4 Abs. 1 S. 2 IfSG). Das RKI hat mit den jeweils zuständigen Bundesbehörden, den zuständigen Landesbehörden, den natio-

---

[11] Geregelt ist dies in der Bayerischen Zuständigkeitsverordnung (ZustV) vom 16. Juni 2015 (GVBl. 2015, 184).

[12] Es handelt sich staats- und verwaltungsorganisatorisch um eine Bundesoberbehörde ohne eigenen Verwaltungsunterbau, dessen Errichtung auf Art. 87 Abs. 3 S. 1 GG gestützt werden kann.

nalen Referenzzentren, weiteren wissenschaftlichen Einrichtungen und Fachgesellschaften zusammenzuarbeiten (§ 4 Abs. 1 S. 3 IfSG).

Zwar ermöglicht es Art. 84 Abs. 1 S. 5 GG dem Bund in Ausnahme- 17
fällen wegen eines besonderen Bedürfnisses nach bundeseinheitlicher Regelung, das Verwaltungsverfahren ohne Abweichungsmöglichkeit für die Länder zu regeln. Auch diese Norm gibt dem Bund indes keine eigenen Ausführungsbefugnisse.

Nach Art. 84 Abs. 3 S. 1 GG übt die Bundesregierung die Aufsicht dar- 18
über aus, dass die Länder die Bundesgesetze dem geltenden Recht gemäß ausführen. Es handelt sich hierbei um eine Art Rechtsaufsicht, die dem Bund ebenfalls keine eigenen Vollzugsbefugnisse gibt. Die Bundesregierung kann zum Zweck der Aufsicht Beauftragte zu den obersten Landesbehörden entsenden, mit deren Zustimmung und – falls diese Zustimmung versagt wird – mit Zustimmung des Bundesrates auch zu den nachgeordneten Behörden. Auch diese Entsendungsbefugnisse eröffnen dem Bund noch keine eigenen Vollzugsbefugnisse für Maßnahmen nach dem IfSG. Sollten sich beim Vollzug des IfSG durch die Landesbehörden Mängel herausstellen, etwa weil die Landesbehörden das IfSG in unzureichender Weise vollziehen, so kann auf Antrag der Bundesregierung der Bundesrat beschließen, „ob das Land das Recht verletzt hat". Es ist ersichtlich, dass dieses – durchaus langwierige – Verfahren nicht geeignet ist, einen ggf. mangelhaften Vollzug des IfSG in den Ländern kurzfristig zu korrigieren.

Um hier Abhilfe zu schaffen, ermöglicht es Art. 84 Abs. 5 GG, dass 19
der Bundesregierung durch Bundesgesetz, welches der Zustimmung des Bundesrates bedarf, zur Ausführung von Bundesgesetzen die Befugnis verliehen werden kann, für besondere Fälle Einzelweisungen zu erteilen. Eigene Ausführungskompetenzen darf sich der Bund durch Bundesgesetz im Rahmen der Landeseigenverwaltung jedoch nicht vorbehalten, auch nicht mit Zustimmung des Bundesrats.

c) Durchbrechung des Art. 84 GG durch den Notstandsfall (Art. 35 GG)?

Eine gewisse Durchbrechung des Art. 84 GG und der dortigen Rege- 20
lungen über die Landeseigenverwaltung von Bundesgesetzen ist im sog. „Notstandsfall" möglich. Nach Art. 35 Abs. 2 S. 2 GG kann zur Hilfe bei einer Naturkatastrophe oder bei einem besonders schweren Unglücksfall ein Land Polizeikräfte anderer Länder, Kräfte und Einrichtungen anderer Verwaltungen sowie des Bundesgrenzschutzes, also der Bundespolizei sowie der Streitkräfte anfordern. Zu den genannten Fällen eines schweren Unglücksfalls und der Naturkatastrophe gehört zweifelsohne auch eine Pandemie wie die Corona-Pandemie.

Während Art. 35 Abs. 2 S. 2 GG lediglich die Anforderung von Unter- 21
stützung durch ein Land regelt, geht Art. 35 Abs. 3 GG weiter: Gefährdet

eine Naturkatastrophe oder ein Unglücksfall das Gebiet mehr als eines Landes, was bei der Corona-Pandemie der Fall ist, so kann die Bundesregierung, soweit es zur wirksamen Bekämpfung erforderlich ist, den Landesregierungen die Weisung erteilen, Polizeikräfte anderen Ländern zur Verfügung zu stellen. Wenn also beispielsweise bei der Überwachung von Maßnahmen, die auf das IfSG gestützt werden, Polizei eingesetzt wird, was regelmäßig der Fall sein wird (→ Rn. 100ff.), und die Polizeikräfte eines Landes überfordert sind, könnte die Bundesregierung eine Landesregierung anweisen, Polizeikräfte zur Verfügung zu stellen. Sie könnte auch selbst den Einsatz der Bundespolizei und der Streitkräfte zur Unterstützung der Polizeikräfte anordnen.

22 Diese Anforderungs- und Weisungsbefugnisse sind ersichtlich auf den Notfall der Handlungsunfähigkeit eines Landes zugeschnitten, eröffnen der Bundesregierung aber keine Möglichkeit, ihrerseits in Vollzug des IfSG Maßnahmen zur Eindämmung einer Pandemie anzuordnen. Solche Vollzugsmaßnahmen könnten auch nicht auf Art. 91 GG gestützt werden.

d) Verfassungswidrigkeit des § 5 IfSG?

23 Ungeachtet der soeben dargestellten grundgesetzlichen Verteilung der Verwaltungskompetenzen zwischen Bund und Ländern hat der durch das „Gesetz zum Schutz der Bevölkerung bei einer epidemischen Lage von nationaler Tragweite“[13] neu gefasste § 5 IfSG dem Bund gleichwohl eigene Vollzugsbefugnisse eingeräumt.

24 (1) Nach § 5 Abs. 1 IfSG kann der Deutsche Bundestag eine epidemische Lage von nationaler Tragweite im Falle einer ernsthaften Gefahr für die öffentliche Gesundheit in der gesamten Bundesrepublik Deutschland feststellen (→ Rn. 13). Die Feststellung der epidemischen Lage ist im Bundesgesetzblatt bekannt zu machen.[14]

25 Die Feststellung nach § 5 Abs. 1 IfSG ist zwar weder ein Verwaltungsakt noch eine Rechtsverordnung, sie stellt jedoch gleichwohl eine Ausführung des Gesetzes im Sinne des Art. 83, 84 GG dar. Durch § 5 Abs. 1 IfSG ist dem Bundestag[15] eine eigene, bundesgesetzlich eingeräumte Ausführungskompetenz eingeräumt.

26 (2) § 5 Abs. 2 IfSG ermächtigt das Bundesministerium für Gesundheit für den Fall, dass eine epidemische Lage von nationaler Tragweite festgestellt ist, zu einer Reihe von Einzelanordnungen bzw. Rechtsverord-

---

[13] Vgl. zum Gesetz Fn. 3.

[14] § 5 Abs. 1 S. 2 IfSG regelt die Aufhebung der Feststellung der epidemischen Lage durch den Deutschen Bundestag.

[15] Eine Besonderheit der Regelung besteht darin, dass sich der Bundestag in einem Bereich, der in die Verwaltungskompetenz der Länder fällt (Art. 83, 84 GG) eine eigene Vollzugskompetenz einräumt. Hierin ist nicht nur ein Verstoß gegen Art. 83, 84 GG zu sehen, sondern möglicherweise ist auch der Gewaltenteilungsgrundsatz verletzt.

nungen. So kann es beispielsweise nach § 5 Abs. 2 Nr. 1 IfSG durch Anordnung Personen, die in die Bundesrepublik Deutschland einreisen wollen oder eingereist sind und die wahrscheinlich einem erhöhten Infektionsrisiko für bestimmte bedrohliche, übertragbare Krankheiten ausgesetzt waren, eine Reihe von Pflichten auferlegen, insbesondere zur Bekanntgabe von Identität, Reiseroute und Kontaktdaten, sich ärztlich untersuchen zu lassen und anderes mehr. § 5 Abs. 2 Nr. 2 IfSG ermächtigt das Bundesministerium für Gesundheit, durch Anordnung Unternehmen, die im Eisenbahn-, Bus-, Schiffs- oder Flugverkehr grenzüberschreitend Reisende befördern, Betreiber von Flugplätzen, Häfen, Personenbahnhöfen und Omnibusbahnhöfen sowie Reiseveranstalter zur Feststellung und Verhinderung einer Einschleppung einer bedrohlichen, übertragbaren Krankheit verpflichten, ua Beförderungen aus bestimmten Ländern in die Bundesrepublik Deutschland zu unterlassen, Reisende über die Gefahren übertragbarer Krankheiten zu informieren, die zur Identifizierung einer Person oder zur Früherkennung von Kranken, Krankheitsverdächtigen, Ansteckungsverdächtigen und Ausscheidern notwendigen Angaben zu verarbeiten, Passagierlisten und Sitzpläne zur Verfügung zu stellen, ärztliche Untersuchungen von Reisenden zu ermöglichen oder den Transport in ein Krankenhaus oder in eine andere geeignete Einrichtung zu ermöglichen.

Bei diesen Befugnisnormen handelt es sich ohne Zweifel um Ausführungskompetenzen für eine Bundesbehörde, nämlich das Bundesministerium für Gesundheit. Da es sich aber beim Infektionsschutzrecht weder um eine Materie handelt, die in die Bundesauftragsverwaltung (Art. 85 GG) fällt, noch um eine solche der Bundeseigenverwaltung (Art. 86ff. GG), darf sich der Bund selbst mit Zustimmung des Bundesrates keine Ausführungskompetenzen einräumen. Das IfSG wird von den Ländern als Bundesgesetz in eigener Angelegenheit ausgeführt (Art. 83 GG). Art. 84 GG sieht keine Möglichkeit vor, dem Bund eigene Ausführungskompetenzen zu geben. Zwar lässt es Art. 84 Abs. 5 S. 1 GG zu, dass ein Bundesgesetz mit Zustimmung des Bundesrates der Bundesregierung zur Ausführung von Bundesgesetzen die Befugnis verliehen wird, für besondere Fälle Einzelweisungen zu erteilen. Damit ist jedoch nicht die Zuweisung eigener bundesrechtlicher Vollzugskompetenzen erfasst. 27

Allenfalls könnte man eine sog. ungeschriebene Kompetenz im Sinne einer Vollzugskompetenz „kraft Natur der Sache“ annehmen, wenn es sich um eine Materie handelt, die notwendigerweise nur bundeseinheitlich durch eine Bundesbehörde vollzogen werden kann.[16] Ob es sich bei den Vollzugskompetenzen nach § 5 Abs. 2 Nr. 1 und 2 IfSG um solche Ange- 28

[16] In der Literatur ist die Figur der ungeschriebenen Verwaltungskompetenz kraft Natur der Sache anerkannt: s. etwa von Mangoldt/Klein/Starck, 7. Aufl. 2018, GG Art. 83 Rn. 83.

legenheiten handelt, die zwingend kraft ihrer Eigenart nur bundeseinheitlich durch eine Bundesbehörde ausgeführt werden können, darf bezweifelt werden. So reisen beispielsweise Personen, die in die Bundesrepublik Deutschland einreisen, ja stets in ein Land ein, so dass die diesbezüglichen Maßnahmen auch von den Landesinfektionsschutzbehörden ergriffen werden können. Gleiches gilt für die Anordnung gegenüber Verkehrsunternehmen und Reiseveranstaltern. Auch hier ist nicht ersichtlich, weshalb nicht die zuständigen Landesbehörden ggf. in länderübergreifender Abstimmung die entsprechenden Maßnahmen erlassen könnten. Vielleicht mag eine Bundesausführungskompetenz hier zweckmäßig sein, notwendig ist sie nicht. Insgesamt dürfte § 5 Abs. 2 Nr. 1 und 2 IfSG daher gegen Art. 83, 84 GG verstoßen und damit verfassungswidrig sein.

29 Die Feststellung der Verfassungswidrigkeit bleibt freilich dem BVerfG vorbehalten. Würde etwa eine auf § 5 Abs. 2 Nr. 1 oder Nr. 2 IfSG gestützte Maßnahme des Bundesministeriums für Gesundheit, bei der es sich unzweifelhaft um einen Verwaltungsakt im Sinne des § 35 S. 1 VwVfG handelt, mit der Anfechtungsklage vor einem Verwaltungsgericht angegriffen werden (dazu auch → Rn. 103 ff.), müsste das Verwaltungsgericht inzident die Verfassungskonformität des § 5 IfSG als Rechtsgrundlage prüfen und dem BVerfG ggf. nach Art. 100 Abs. 1 GG vorlegen.

30 Soweit § 5 Abs. 2 Nr. 6 IfSG das Bundesministerium für Gesundheit ermächtigt, die notwendigen Anordnungen zur Durchführung der Maßnahmen nach Nr. 4 lit. a und lit. c-lit. g zu treffen, also die dort genannten Rechtsverordnungen zu vollziehen, liegt auch hierin eine verfassungsrechtlich unzulässige Zuweisung von Bundesverwaltungskompetenzen an den Bund.

3. Grundrechte

31 Die im IfSG und im BayIfSG geregelten Befugnisse ermöglichen den Behörden zur Bekämpfung übertragbarer Krankheiten und zur Sicherung der Gesundheitsversorgung sehr weitreichende und tief in Grundrechtspositionen der Bürger eingreifende Maßnahmen. Von Ausgangsbeschränkungen und Betretungsverboten über die Schließung von Einrichtungen bis hin zu Maßnahmen der Quarantäne reicht das Spektrum dieser Maßnahmen (näher → Rn. 47 ff.). Sowohl die Rechtsgrundlagen für diese Maßnahmen als auch die konkreten Maßnahmen selbst müssen sich freilich am Maßstab der Grundrechtsnormen des Grundgesetzes[17] messen lassen.

---

[17] Grundrechte der Landesverfassungen sowie der EUGRCh bleiben nachfolgend außer Betracht.

a) Kein grundrechtlicher Notstandsvorbehalt

Weder die Feststellung eines Katastrophenfalls nach Maßgabe des Katastrophenschutzrechts[18] noch die Feststellung des Notstands nach Art. 35 GG noch die Feststellung einer epidemischen Lage von nationaler Tragweite nach § 5 Abs. 1 IfSG und auch nicht die Feststellung des Gesundheitsnotstandes nach Art. 1 BayIfSG suspendieren den Staat von der Pflicht zur Beachtung der Grundrechte. Die Grundrechte stehen weder unter einem allgemeinen noch einem besonderen Notstandsvorbehalt, Art. 1 Abs. 3 GG gilt bedingungslos. 32

Die Notwendigkeit der Bekämpfung einer Pandemie eröffnet also als solches noch nicht das Recht des Staates, in Grundrechtspositionen der Bürger einzugreifen. Vielmehr muss sich jede Maßnahme eigens an den dafür in den Grundrechtsnormen selbst vorgesehenen sog. Grundrechtsvorbehalten beurteilen lassen. 33

b) Geschriebene und ungeschriebene Grundrechtsvorbehalte

Solche Grundrechtsvorbehalte sind den wichtigsten, im Rahmen der Bekämpfung von übertragbaren Krankheiten betroffenen Grundrechten, beigegeben. So ermöglicht es etwa Art. 2 Abs. 2 S. 3 GG, durch Gesetz in das Recht auf körperliche Unversehrtheit sowie in das Recht der Freiheit der Person einzugreifen. Soweit also entsprechende Maßnahmen die Freiheit der Person verkürzen, beispielsweise die Quarantäne nach Maßgabe des § 30 IfSG, ist dies aufgrund des Gesetzesvorbehalts in Art. 2 Abs. 2 S. 3 GG zulässig.[19] 34

Gleiches gilt für die Versammlungsfreiheit im Hinblick auf Versammlungen unter freiem Himmel: Nach Art. 8 Abs. 2 GG können Versammlungen unter freiem Himmel durch Gesetz oder aufgrund eines Gesetzes beschränkt werden, wozu auch das IfSG gehört. Gemäß § 28 Abs. 1 S. 2 IfSG können Ansammlungen, wozu auch Versammlungen gehören, eingeschränkt oder verboten werden (vgl. auch → Rn. 81, 91).[20] Ähnliches gilt für Art. 11 GG, der die Freizügigkeit aller Deutschen im gesamten Bundesgebiet als Grundrecht verbürgt. In dieses Grundrecht darf aufgrund eines Gesetzes oder durch Gesetz unter anderem eingegriffen werden, wenn dies zur Bekämpfung von „Seuchengefahr, Naturkatastrophen oder besonders schweren Unglücksfällen…“ erforderlich ist. Solche Eingriffe ermöglichen § 28 Abs. 1 IfSG sowie § 32 IfSG; in beiden Normen ist Art. 11 GG dementsprechend zitiert. 35

---

[18] Vgl. zB Art. 4 Bayerisches Katastrophenschutzgesetz (dazu auch → Rn. 97 ff.).

[19] Dementsprechend ist Art. 2 Abs. 2 S. 2 GG in § 30 IfSG zitiert, wie es Art. 19 Abs. 1 S. 2 GG verlangt.

[20] Art. 8 GG ist in § 28 Abs. 1 IfSG zitiert; VG Hannover Beschl. v. 27.3.2020 – 15 B 1968/20, BeckRS 2020, 4665.

36 Eingriffe in die Berufsfreiheit beispielsweise durch die Schließung von Betrieben, die Untersagung der Ausübung bestimmter beruflicher Tätigkeiten nach § 31 IfSG oder die Verpflichtung zur Herstellung von medizinisch oder pflegerisch benötigtem Material (Art. 3 BayIfSG) müssen sich nach Art. 12 Abs. 1 GG rechtfertigen lassen. Zugriffe auf das Eigentum sind nach Maßgabe des Art. 14 GG entweder als sog. Inhalts- und Schrankenbestimmung oder sogar im Wege der Enteignung möglich, beispielsweise um die Leistungsfähigkeit des Gesundheitssystems sicherzustellen (zB Beschlagnahme von medizinischem Material wie Beatmungsgeräten zB auf der Basis des Art. 2 BayIfSG).

37 Soweit einige Grundrechte, in die zur Bekämpfung der Ausbreitung des Corona-Virus eingegriffen wird, nicht unter solchen ausdrücklichen Gesetzes- oder Regelungsvorbehalten stehen, können sie nach der herrschenden Grundrechtsdogmatik und der Rechtsprechung des BVerfG[21] jedenfalls zum Zwecke des Schutzes überragender Rechtsgüter mit Verfassungsrang eingeschränkt werden. So kann etwa die Religionsfreiheit (Art. 4 GG) oder die Versammlungsfreiheit für Versammlungen in geschlossenen Räumen zur Bekämpfung einer Pandemie gesetzlich beschränkt werden, da solche Maßnahmen – wie im Rahmen der Bekämpfung einer Pandemie kaum bestreitbar – legitimen Zwecken von Verfassungsrang dienen.

c) Schranken-Schranken, insbesondere Verhältnismäßigkeit

38 Die Befugnisnormen des IfSG und des BayIfSG können also auf die den einzelnen Grundrechtsnormen beigegebenen oder ungeschriebene Gesetzesvorbehalte gestützt werden. Damit ist jedoch der Eingriff in diese Grundrechte noch keineswegs gerechtfertigt. Vielmehr ist es erforderlich, dass auch die sog. „Schranken-Schranken“ beachtet werden.

aa) Bestimmtheitsgrundsatz

39 Diesbezüglich könnte man der Auffassung sein, dass manche Normen im IfSG defizitär sind. Insbesondere § 28 IfSG, der weitreichende Schutzmaßnahmen zur Bekämpfung übertragbarer Krankheiten ermöglicht, ist mit einer denkbar offenen Rechtsfolgenermächtigung versehen. Dies gilt insbesondere für § 28 Abs. 1 S. 1 Hs. 1 IfSG, der sogar eine generalklauselartige Befugnisnorm darstellt, die es den Behörden ermöglicht, zur Bekämpfung einer übertragbaren Krankheit alle notwendigen Maßnahmen zu treffen, die zur Bekämpfung einer übertragbaren Krankheit erforderlich sind. Gleichwohl wird man einen Verstoß gegen das Be-

---

[21] Man spricht dann von ungeschriebenen Schranken oder ungeschriebenen Grundrechtsvorbehalten; vgl. nur Kingreen/Poscher, Grundrechte, 35. Aufl. 2019, Rn. 387.

stimmtheitsgebot nicht annehmen müssen.[22] Denn wie im allgemeinen Gefahrenabwehrrecht und insbesondere im Polizeirecht ist auch im Infektionsschutzrecht das Verwenden von Generalklauseln und unbestimmten Rechtsbegriffen zulässig. Angesichts der Unvorhersehbarkeit infektionsschutzrechtlich relevanter Situationen, die mit einer Pandemie einhergehen können, ist es dem Gesetzgeber in abstrakt-genereller Hinsicht nicht möglich, alle möglichen Befugnisse, die zur Bekämpfung einer entsprechenden Situation erforderlich werden könnten, vorab zu bestimmen.

Deswegen ist gegen die Regelungssystematik des IfSG, das einige 40 spezielle Eingriffsbefugnisse (§§ 29 ff. IfSG) regelt und im Übrigen eine Generalklausel bereithält (→ Rn. 49 ff.), nichts einzuwenden.[23] Entscheidend ist aber, dass eine zurückgenommene Bestimmtheit auf der Rechtsfolgenseite durch eine besonders intensive Prüfung des Verhältnismäßigkeitsgrundsatzes bei der Anwendung der Befugnisnormen kompensiert werden muss – je unbestimmter die Norm, desto strenger die Verhältnismäßigkeitsprüfung.

bb) Grundsatz der Verhältnismäßigkeit

Sowohl die Befugnisnormen des IfSG selbst als auch deren Vollzug 41 müssen dem Verhältnismäßigkeitsgrundsatz genügen. Dies bedeutet, dass die grundrechtsbeschränkende Maßnahme, etwa eine Ausgangsbeschränkung oder die Anordnung von Quarantäne (vgl. § 30 IfSG), einem

---

[22] Der BayVGH sieht in §§ 28 Abs. 1, 32 IfSG keinen Verstoß gegen das Bestimmtheitsgebot, Beschluss vom 30.3.2020 – 20 NE 20.632, Rn. 38, BeckRS 2020, 4618: „Die in der Hauptsache angegriffene Verordnung findet in § 32 Satz 1 i.V.m. § 28 Abs. 1 Satz 1 IfSG eine hinreichende gesetzliche Grundlage." Skeptisch zumindest insofern, ob auch grundrechtsintensive Maßnahmen auf die Generalklausel gestützt werden dürfen *Kingreen*, Whatever it takes, verfassungsblog vom 20.3.2020; *Möllers*, Parlamentarische Selbstverzwergung im Zeichen des Virus, verfassungsblog vom 26.3.2020. Keine durchgreifenden Zweifel an der Bestimmtheit bei VG Freiburg Beschl. v. 25.3.2020 – 4 K 1246/20, BeckRS 2020, 4437 wohl aber beim VGH Mannheim Beschl. v. 9.4.2020 – 1 S 925/20, BeckRS 2020, 6351. Vgl. auch eine Entscheidung des BVerwG vom 22.3.2012 – 3 C 16/11, NJW 2012, 2823 Rn. 24: „Hinsichtlich Art und Umfang der Bekämpfungsmaßnahmen – „wie" des Eingreifens – ist der Behörde, wie bereits ausgeführt, Ermessen eingeräumt (BR-Drs. 566/99, 169). Dem liegt die Erwägung zu Grunde, dass sich die Bandbreite der Schutzmaßnahmen, die bei Auftreten einer übertragbaren Krankheit in Frage kommen können, nicht im Vorfeld bestimmen lässt. Der Gesetzgeber hat § 28 Abs. 1 IfSG daher als Generalklausel ausgestaltet. Das behördliche Ermessen wird dadurch beschränkt, dass es sich um „notwendige Schutzmaßnahmen" handeln muss, nämlich Maßnahmen, die zur Verhinderung der (Weiter-)Verbreitung der Krankheit geboten sind. Darüber hinaus sind dem Ermessen durch den Verhältnismäßigkeitsgrundsatz Grenzen gesetzt (vgl. Entw. eines Vierten Gesetzes zur Änderung des Bundesseuchengesetzes, BT-Drs. 8/2468, 27 (zur Vorgängerregelung in § 34 BSeuchG))."

[23] So auch Rixen NJW 2020, 1097 (1099).

verfassungsrechtlich legitimen Zweck dienen muss, zu dessen Erreichung geeignet und erforderlich zu sein hat, und schließlich nicht übermäßig sein darf. Im Hinblick auf die abstrakt-generellen Befugnisnormen im IfSG (insbesondere §§ 28ff. IfSG) wird man davon ausgehen müssen, dass diese Voraussetzungen erfüllt sind.[24] Da bei einer Pandemie vom Ausmaß der Corona-Krise höchstrangige Rechtsgüter, nämlich das Leben und die Gesundheit sehr vieler Menschen bedroht sind, zumal im Hinblick auf eine mögliche Überlastung der Intensivmedizin, wird man an der Verhältnismäßigkeit der Maßnahmen im Grundsätzlichen kaum Zweifel anmelden können. Dies gilt selbst für so tiefgreifende Eingriffe wie ein Versammlungsverbot (§ 28 Abs. 1 S. 2 IfSG), die Quarantäne (§ 30 IfSG) oder Ausgangsbeschränkungen und Betretungsverbote (§ 28 Abs. 1 S. 1 Hs. 2 IfSG).

42 Mit der Verfassungskonformität der einzelnen Befugnisnormen im IfSG ist freilich noch nicht gesagt, dass damit ohne weiteres auch deren Vollzug verfassungskonform wäre. Vielmehr ist bei jeder einzelnen Maßnahme, die von den Landesbehörden auf der Basis des IfSG angeordnet wird – sei es in der Modalität eines Einzelverwaltungsaktes (§ 35 S. 1 VwVfG), einer Allgemeinverfügung (§ 35 S. 2 VwVfG) oder einer Rechtsverordnung (§ 32 IfSG) – zu prüfen, ob der Verhältnismäßigkeitsgrundsatz eingehalten ist, insb. ob die Maßnahme auch im Einzelfall zumutbar ist. So wird man eine Ausgangssperre im strengen Sinne des Wortes theoretisch auf § 28 Abs. 1 S. 1 Hs. 2 IfSG stützen können, sie wird jedoch angesichts der gesundheitlichen Gefahren, die mit einer strikten Ausgangssperre für den „Eingesperrten" verbunden sind, regelmäßig unverhältnismäßig im engeren Sinne, also nicht zumutbar sein (dazu näher → Rn. 75, 87ff.). Gleiches wird für die grundsätzliche Einweisung von mit Corona infizierten Personen in Quarantänezentren gelten.

43 Die Verhältnismäßigkeit der einzelnen auf das IfSG gestützten Maßnahme ist vom Verwaltungsgericht im Rahmen einer Anfechtungsklage nach § 42 Abs. 1 VwGO voll überprüfbar. Die Behörde hat hier keinen wie auch immer gearteten Einschätzungsspielraum, der gerichtlicher Kontrolle entzogen wäre – die Verwaltungsgerichte (→ Rn. 103ff.) haben das letzte Wort – wie es Art. 19 Abs. 4 GG verlangt.

4. Art. 80 Abs. 1 GG

44 Das Infektionsschutzrecht enthält neben Befugnissen zum Erlass von Einzelanordnungen eine Reihe von Rechtsverordnungsermächtigungen. So ermächtigt etwa § 32 IfSG die Landesregierungen, unter den Voraussetzungen, die für die Maßnahmen nach den §§ 28-31 maßgebend sind,

[24] So auch Rixen NJW 2020, 1097 (1098).

durch Rechtsverordnungen entsprechende Ge- und Verbote zur Bekämpfung übertragbarer Krankheiten zu erlassen.[25] § 5 Abs. 3 Nr. 3, 4, 7, 8 IfSG enthält eine Reihe von sehr weitreichenden Rechtsverordnungsermächtigungen für das Bundesministerium für Gesundheit.

Solche Rechtsverordnungsermächtigungen müssen als Durchbrechung des Grundsatzes der Gewaltenteilung nach Art. 80 Abs. 1 S. 2 GG nach Inhalt, Zweck und Ausmaß hinreichend bestimmt sein. Der Gesetzgeber selbst muss also das Regelungsprogramm festlegen, kann aber Einzelheiten dem Rechtsverordnungsgeber überlassen. Die wesentlichen Dinge sind gesetzlich zu regeln, die ausfüllungsbedürftigen Details können der Exekutive überlassen werden.[26] Je schwerwiegender, zumal grundrechtsrelevanter die Regelungsmaterie ist, desto höhere Anforderungen sind an die Bestimmtheit zu stellen.[27] 45

Kann man bei § 32 IfSG durch die Bezugnahme auf die detaillierten Vorschriften in den §§ 28ff. IfSG das Erfordernis der Bestimmtheit nach Inhalt, Zweck und Ausmaß noch – zumindest mühsam – bejahen[28], so sieht es bei den Rechtsverordnungsermächtigungen in § 5 Abs. 2 IfSG anders aus. Diese entfernen sich von den Mindestanforderungen, die an die Bestimmtheit zu stellen sind, in teilweise drastischem Ausmaß. Wenn etwa § 5 Abs. 2 Nr. 3 IfSG das Bundesministerium für Gesundheit ermächtigt, durch Rechtsverordnung Ausnahmen von den Vorschriften des IfSG sowie der auf seiner Grundlage erlassenen Rechtsverordnungen zu bestimmen, wenn Nr. 4 eine Ermächtigung dahingehend enthält, durch Rechtsverordnung Ausnahmen von den Vorschriften des Arzneimittelgesetzes, des Betäubungsmittelgesetzes oder des Apothekengesetzes zu treffen, so ist die Reichweite solcher Rechtsverordnungsermächtigungen nicht im Ansatz erkennbar. Nr. 4 enthält praktisch eine Blankettermächtigung für den Rechtsverordnungsgeber, vom Gesetzesrecht abzuweichen. Dies ist – bei aller Legitimität der Zwecksetzung – verfassungsrechtlich nicht hinnehmbar, weshalb die genannten Rechtsverordnungsermächtigungen gegen Art. 80 Abs. 1 GG verstoßen (zum Rechtsschutz → Rn. 129ff.).[29] 46

---

[25] Ähnliches gilt nach § 17 IfSG in Bezug auf die Verhütung übertragbarer Krankheiten.

[26] BVerfGE 58, 257 = NJW 1982, 921; BVerfGE 113, 167 = NVwZ 2006, 559; BVerfGE 123, 39 = NVwZ 2009, 708.

[27] BVerfGE 62, 203 (210) = BeckRS 1982, 30709396.

[28] Der BayVGH hat § 32 IfSG in einem Eilverfahren nach § 47 Abs. 6 VwGO (Beschluss vom 30.3.2020 – 20 NE 20.632, NJW 2020, 1236) für mit Art. 80 Abs. 1 S. 2 GG vereinbar gehalten.

[29] Vorsichtiger Rixen NJW 2020, 1097 (1103): „nicht unbedenklich". Vgl. aber die Kritik bei Möllers, Parlamentarische Selbstverzwergung im Zeichen des Virus, verfassungsblog vom 26.3.2020.

II. Schutzmaßnahmen auf der Grundlage des Infektionsschutzgesetzes (IfSG)

1. Regelungsinhalte des IfSG

47 Das IfSG[30] enthält zunächst Vorschriften zur Überwachung epidemischer Situationen, insbesondere zu meldepflichtigen Krankheiten (§ 6 IfSG) sowie zur Meldung solcher Krankheiten (§§ 7ff. IfSG). Weitere Vorschriften sind der *Verhütung* übertragbarer Krankheiten gewidmet (§§ 16ff. IfSG). Diese Maßnahmen dienen in erster Linie der Verhinderung des Auftretens einer übertragbaren Krankheit und entfalten im Rahmen der Bekämpfung des Corona-Virus keine praktische Bedeutung mehr,[31] da diese Infektionserkrankung bereits aufgetreten ist.

48 Maßgeblich sind in erster Linie die Vorschriften im 5. Abschnitt des IfSG zur Bekämpfung übertragbarer Krankheiten (§§ 24-32 IfSG).[32] Zentrales Handlungsinstrumentarium sind die §§ 28ff. IfSG, auf die sich die nachfolgenden Darstellungen beschränken. Die weiteren Abschnitte des IfSG haben für die Bekämpfung von Corona keine größere Bedeutung – mit Ausnahme des Abschnitts 12 (§§ 56ff. IfSG), wo die Entschädigung geregelt ist (→ § 17 Rn. 1ff.).

2. Systematik der Normen zur Bekämpfung übertragbarer Krankheiten (§§ 28ff. IfSG)

49 Zunächst gilt es, sich der Regelungssystematik der Vorschriften zur Bekämpfung übertragbarer Krankheiten, insbesondere der Schutzmaßnahmen zu vergewissern. § 28 Abs. 1 S. 1 Hs. 1 IfSG enthält eine Generalklausel für Schutzmaßnahmen zur Bekämpfung übertragbarer Krankheiten. Diese Generalklausel kommt erst und nur dann zur Anwendung, wenn kei-

---

[30] Die Literatur zum Infektionsschutzrecht, insbesondere im Hinblick auf Corona, ist spärlich; vgl. aber jüngst Rixen NJW 2020, 1097. Dies gilt insbesondere für Kommentare (zB Erdle, Infektionsschutzgesetz, 7. Aufl. 2020; Gerhardt, Infektionsschutzgesetz, 3. Aufl. 2020), die naturgemäß die speziell auf die Bekämpfung von COVID 19 zugeschnittenen aktuellen Maßnahmen noch nicht aufnehmen konnten (Stand 22.4.2020). Aktuelle Beiträge insbesondere zur Verfassungsmäßigkeit von Maßnahmen auf der Basis der §§ 28, 32 IfSG finden sich auf verfassungsblog.de (Beiträge von Kingreen, Möllers, Edenharter, Kube, Steinbeis, Hong, Krüper, Thielbörger/Behlert, Friehe, Lehner, Sußner, Klafki, Bäcker, Bethge, Lepsius u.a.); vgl. auch Klafki, Risiko und Recht, 2017.

[31] Vgl. allerdings VG Köln Beschl. v. 20.3.2020 – 7 L 510/20, BeckRS 2020, 4208 wo hinsichtlich der Schließung von Spielhallen zur Bekämpfung von Corona auf § 16 IfSG abgestellt wird.

[32] S. auch Rixen, Befugnisse und Grenzen des staatlichen Infektionsschutzrechts, in Kloepfer, Pandemien als Herausforderung für die Rechtsordnung, 2011, 67.

ne speziellere Befugnisnorm einschlägig ist. Eine speziellere Befugnisnorm ist in § 28 Abs. 1 S. 1 Hs. 2 IfSG sowie § 28 Abs. 1 S. 2 IfSG enthalten. Weitere speziellere Befugnisnormen befinden sich in §§ 29 ff. IfSG.

Systematisch ist also zunächst zu überlegen, ob eine Maßnahme auf 50 §§ 29 ff. IfSG gestützt werden kann (§ 29: Beobachtung, § 30: Quarantäne, § 31: Berufliches Tätigkeitsverbot).

Fällt eine Maßnahme nicht in den Anwendungsbereich dieser Normen, 51 ist auf § 28 Abs. 1 S. 2 IfSG zurückzugreifen, der die zuständige Infektionsschutzbehörde ermächtigt, Veranstaltungen und sonstige Ansammlungen einer größeren Anzahl von Menschen zu beschränken oder zu verbieten und Badeanstalten oder in § 33 genannten Gemeinschaftseinrichtungen oder Teile davon zu schließen.

Ist § 28 Abs. 1 S. 2 IfSG sachlich nicht einschlägig, kann § 28 Abs. 1 52 S. 1 Hs. 2 IfSG zur Anwendung kommen, wonach Personen verpflichtet werden können, den Ort, an dem sie sich befinden, nicht oder nur unter bestimmten Bedingungen zu verlassen oder bestimmte Orte nicht oder nur unter bestimmten Bedingungen zu betreten.

Fällt eine Anordnung thematisch nicht in den Anwendungsbereich des 53 § 28 Abs. 1 S. 1 Hs. 2 IfSG, so kann auf die Generalklausel in § 28 Abs. 1 S. 1 IfSG zurückgegriffen werden.

3. Verhältnis des IfSG zu anderen Rechtsbereichen

Ein schwieriges, bislang nicht ansatzweise geklärtes rechtssystemati- 54 sches Problem besteht darin, wie sich die genannten Befugnisnormen des IfSG zu anderen Regelungskomplexen verhalten, die nicht der Bekämpfung von übertragbaren Krankheiten dienen. Beispiele lassen sich zuhauf finden, etwa das Gerichtsverfassungsrecht, das Prozessrecht, das Staatsorganisationsrecht oder das Wahlrecht. Die Frage lautet: Können Maßnahmen auf der Basis insbesondere des § 28 IfSG beispielsweise auch die Untersagung von Gerichtsverhandlungen, die Durchführung von Parlamentssitzungen, die Abhaltung von Wahlen, etwa von Kommunalwahlen, zum Gegenstand haben?[33]

Würde man dies bejahen, könnte letztlich auf der Basis des IfSG das ge- 55 samte öffentliche, juristische und politische Leben unterbunden werden. Deshalb wird man davon ausgehen müssen, dass auf das IfSG gestützte Maßnahmen jedenfalls nicht solche Sachverhalte treffen dürfen, die durch eine andere Regelungsmaterie abschließend geregelt sind. So wird beispielsweise die Durchführung von Wahlen, die Feststellung des Wahltermins, die Terminierung und Durchführung von Gerichtsverhandlungen

[33] Vgl. am Beispiel der Kommunalwahl im Freistaat Bayern am 15. und 29.3.2020 Lindner, Wahlen in Zeiten von Corona – Zur Infektionsschutzfestigkeit des Wahlrechts, Verfassungsblog vom 13.3.2020; Lindner, Wahlen in Zeiten von Corona Teil 2 – Infektionsschutzrecht bricht doch Wahlrecht? Verfassungsblog vom 25.3.2020.

durch das einschlägige Wahlrecht oder das Gerichtsverfassungs- bzw. Prozessrecht abschließend geregelt. Die insoweit zuständigen Wahlbehörden oder Gerichte haben zwar im Rahmen der Anwendung des Wahlrechts bzw. des Prozessrechts, etwa bei Terminierungen auch Infektionsschutzaspekte zu beachten, etwa durch die Organisation von Wahlen als Briefwahlen oder die Anordnung einer bestimmten Bestuhlung in einer Gerichtsverhandlung unter Wahrung hinreichender Abstände. So können Schulen oder Kindergärten nach § 28 Abs. 1 S. 2 iVm § 33 IfSG als Gemeinschaftseinrichtungen von der zuständigen Infektionsschutzbehörde geschlossen werden, eine vergleichbare Befugnisnorm gibt es aber nicht gegenüber Gerichten, Wahlbehörden etc. Insofern kann die Infektionsschutzbehörde allenfalls dazu verpflichten, Ansammlungen von Menschen zu vermeiden, also entsprechende organisatorische Vorgaben zu machen.

56 Vorrangig ist das IfSG aber gegenüber dem Versammlungsrecht (vgl. unten → Rn. 81, 91). Nach § 28 Abs. 1 S. 2 IfSG kann die Infektionsschutzbehörde Versammlungen verbieten, obwohl kein Verbotsgrund im Sinn des Versammlungsrechts vorliegt. § 28 Abs. 1 S. 2 IfSG geht den Versammlungsgesetzen als lex specialis vor.[34] Ein vergleichbares Vorrangverhältnis wird man – etwa im Hinblick auf das infektionsschutzbedingte Schließen von Gaststätten oder von Vergnügungs- oder Freizeiteinrichtungen – auch im Verhältnis von § 28 Abs. 1 IfSG zum Gaststätten- und Gewerberecht annehmen müssen.

4. Tatbestandsvoraussetzungen des § 28 Abs. 1 S. 1 Hs. 1 IfSG

57 Die infektionsschutzrechtliche „Grundnorm“ zur Bekämpfung der übertragbaren Krankheit „Corona – Covid 19“ ist § 28 Abs. 1 S. 1 Hs. 1 IfSG. Dabei handelt es sich zwar auch um die befugnisrechtliche Generalklausel zum Ergreifen von Schutzmaßnahmen im Hinblick auf übertragbare Krankheiten, die dort genannten Tatbestandsvoraussetzungen sind jedoch auch bei den nachfolgenden Befugnisnormen, insbesondere bei § 28 Abs. 1 S. 2 und §§ 29ff. IfSG zu beachten und auch für den Erlass von Rechtsverordnungen nach § 32 IfSG maßgeblich.

58 Voraussetzung für die Anwendung des § 28 Abs. 1 S. 1 Hs. 1 ist es, dass Kranke[35], Krankheitsverdächtige[36], Ansteckungsverdächtige[37] oder

---

[34] AA VG Hamburg Beschl. v. 16.4.2020 – 17 E 1648/20.

[35] Nach § 2 Nr. 4 IfSG ist „Kranker“ eine „Person, die an einer übertragbaren Krankheit erkrankt ist.“

[36] Nach § 2 Nr. 5 IfSG ist „Krankheitsverdächtiger“ eine „Person, bei der Symptome bestehen, welche das Vorliegen einer bestimmten übertragbaren Krankheit vermuten lassen.“

[37] Nach § 2 Nr. 7 IfSG ist „Ansteckungsverdächtiger“ eine „Person, von der anzunehmen ist, dass sie Krankheitserreger aufgenommen hat, ohne krank, krankheitsverdächtig oder Ausscheider zu sein.“

Ausscheider[38] festgestellt werden oder sich ergibt, dass ein Verstorbener krank, krankheitsverdächtig oder Ausscheider war. In diesem Fall kann die zuständige Infektionsschutzbehörde die notwendigen Maßnahmen treffen, solange und soweit es zur Verhinderung der Verbreitung übertragbarer Krankheiten erforderlich ist. Die Tatbestandsvoraussetzungen sind also relativ weit gefasst. Es genügt bereits, dass entsprechende Personen festgestellt sind, um das infektionsschutzrechtliche Eingriffsinstrumentarium zu aktivieren. Eine spezifische „Gefahr" ist nicht verlangt. Lediglich bei der Quarantäne (§ 30 IfSG) kommen weitere Tatbestandsvoraussetzungen hinzu.

Die niedrige Eingriffsschwelle ist dadurch zu kompensieren, dass an 59
das Kriterium der Erforderlichkeit und insbesondere an die Verhältnismäßigkeit der Maßnahme je nach Eingriffstiefe der Maßnahme erhöhte Anforderungen zu stellen sind. Je intensiver die Eingriffstiefe der Maßnahme, desto höhere Anforderungen sind an das Vorliegen der infektionsschutzmäßigen Gefährdungslage zu stellen.[39] Die rechtsstaatlich und grundrechtlich gebotene Eingriffsbegrenzung erfolgt mithin nicht auf der Tatbestands-, sondern auf der Rechtsfolgenebene.

5. Maßnahmerichtung

Zwar handelt es sich beim Infektionsschutzrecht um besonderes Ge- 60
fahrenabwehrrecht, jedoch sind deswegen nicht alle Grundsätze, die auch im sonstigen Gefahrenabwehrrecht gelten, ohne Weiteres auch für das Infektionsschutzrecht anwendbar.[40] Dies gilt insbesondere für die Frage der Maßnahmerichtung, also der Inanspruchnahme einer Person als Störer oder Nichtstörer. Während im allgemeinen Polizei- und Gefahrenabwehrrecht Eingriffsmaßnahmen zunächst gegen den Störer, also gegen den Handlungs- und Zustandsstörer zu richten sind und erst subsidiär und unter besonderen Voraussetzungen gegen Dritte, also insbesondere Nicht-Störer gerichtet werden dürfen[41], ist dies im IfSG anders.

---

[38] Nach § 2 Nr. 6 IfSG ist „Ausscheider" eine „Person, die Krankheitserreger ausscheidet und dadurch eine Ansteckungsquelle für die Allgemeinheit sein kann, ohne krank oder krankheitsverdächtig zu sein."

[39] Vgl. aber VG Bayreuth Beschl. v. 11.3.2020 – B 7 S 20.223, Rn. 44, BeckRS 2020, 3610: „Bei der Beurteilung der Rechtmäßigkeit der verfügten Beschränkungen ist der im allgemeinen Polizei- und Ordnungsrecht geltende Grundsatz heranzuziehen, dass an die Wahrscheinlichkeit des Schadenseintritts umso geringere Anforderungen zu stellen sind, je größer und folgenschwerer der möglicherweise eintretende Schaden ist. Dafür sprechen das Ziel des Infektionsschutzgesetzes, eine effektive Gefahrenabwehr zu ermöglichen (§ 1 Abs. 1 IfSG, § 28 Abs. 1 IfSG), sowie der Umstand, dass die betroffenen Krankheiten nach ihrem Ansteckungsrisiko und ihren Auswirkungen auf die Gesundheit des Menschen unterschiedlich gefährlich sind."

[40] Dazu Engels Infektionsschutzrecht als Gefahrenabwehrrecht DÖV 2014, 464.

[41] Vgl. zB Art. 7 ff. BayPAG; Schenke, Polizei- und Ordnungsrecht, 8. Aufl. 2013, Rn. 222 ff.; vgl. dazu auch Giesberts/Gayger/Weyand NVwZ 2020, 417.

61 Bereits der Wortlaut des § 28 Abs. 1 S. 1 IfSG zeigt dies deutlich. Es müssen zwar – tatbestandsmäßig – an einer übertragbaren Krankheit Erkrankte oder zumindest ansteckungsverdächtige Personen vorliegen, die Richtung der notwendigen Maßnahme ist aber nicht darauf beschränkt, gegen diesen „gefährlichen“ Personenkreis Maßnahmen zu ergreifen. Es ist gerade nicht so, dass Maßnahmen nach § 28 Abs. 1 IfSG nur gegen den dort genannten Personenkreis gerichtet werden dürften. Vielmehr können von Maßnahmen auch solche Personen betroffen sein, die weder krank, krankheitsverdächtig, ansteckungsverdächtig oder Ausscheider sind.[42]

62 Dass Adressaten nicht nur „infektionsschutzrechtliche Störer“ sein können, liegt gerade in der Logik der Bekämpfung übertragbarer Krankheiten begründet. Denn es soll ja durch solche Maßnahmen gerade verhindert werden, dass sich die übertragbare Krankheit weiter ausbreitet, dh auf noch „nicht infizierte“ Personen erstreckt, weshalb grundsätzlich jede Person Adressat sein kann. Dies umso mehr, als – wie im Fall von Corona – häufig gar nicht erkennbar ist, ob eine Person infiziert ist oder nicht, also Störer oder Nichtstörer.[43] Deswegen verzichtet § 28 Abs. 1 IfSG folgerichtig und im Sinne effektiver Infektionsbekämpfung darauf, den Kreis der potenziellen Adressaten einzugrenzen.

63 Von den darauf gestützten Maßnahmen sind vielmehr typischerweise auch sog. infektionsschutzrechtliche „Nicht-Störer“ betroffen. So betrifft etwa das Verbot von Veranstaltungen oder sonstigen Ansammlungen von Menschen nach § 28 Abs. 1 S. 2 IfSG potenziell jeden, der an einer solchen Veranstaltung teilnehmen will, unabhängig davon, ob er dem in Abs. 1 S. 1 IfSG genannten Personenkreis angehört oder nicht.

64 Kurz: Es gibt kein infektionsschutzrechtliches Störerrecht. Zwar kann im Rahmen der Entscheidung über die zu ergreifende Maßnahme und dem dabei anzuwendenden Ermessen durchaus danach differenziert werden, wen die Maßnahme in erster Linie und vor allem betrifft. Eine grundsätzliche Rechtmäßigkeitsvoraussetzung für diese Maßnahme ist eine solche Differenzierung jedoch nicht.

---

[42] VG Ansbach Beschl. v. 27.3.2020 – AN 18 S 20.00538: „§ 28 Abs. 1 Satz 1 IfSG sieht vor, dass die zuständige Behörde, insbesondere wenn Kranke, Krankheitsverdächtige oder Ansteckungsverdächtige festgestellt werden, die notwendigen Schutzmaßnahmen trifft, soweit und solange es zur Verhinderung der Verbreitung übertragbarer Krankheiten erforderlich ist. Die Generalklausel des § 28 Abs. 1 S. 1 IfSG verpflichtet die zuständige Behörde zum Handeln (gebundene Entscheidung), wobei sich die Maßnahmen nicht nur gegen die in der Vorschrift genannten Personen (Kranke, Ansteckungsverdächtige usw), sondern entsprechend der gleichlautenden Vorgängervorschrift des § 34 BSeuchG gerade auch gegen Nichtstörer richten können (BT-Drs. 8/2468, 27; vgl. auch BVerwG Urt. v. 22.3.2012 – 3 C 16.11, NJW 2012, 2823 Rn. 29).“.

[43] Rixen NJW 2020, 1097 (1101).

Allerdings gilt dies zunächst nur für die in § 28 IfSG selbst genannten Schutzmaßnahmen. Andere Befugnisnormen stellen durchaus auf infektionsschutzrechtlich „verantwortliche" Personen ab. Dies gilt etwa für § 29 IfSG, wonach nur die dort genannten Personen, also Kranke, Krankheitsverdächtige, Ansteckungsverdächtige und Ausscheider einer Beobachtung unterworfen werden können. Gleiches gilt für § 30 IfSG, der die Quarantäne regelt. Auch diese kann nur gegen Kranke, Krankheitsverdächtige, Ansteckungsverdächtige oder Ausscheider gerichtet werden. Und dies gilt schließlich auch für § 31 IfSG, wonach die zuständige Behörde bei den dort genannten Personen berufliche Tätigkeitsuntersagungen aussprechen kann. 65

Dies alles gilt auch für den Erlass von Rechtsverordnungen nach § 32 IfSG. Deren Erlass setzt nämlich voraus, dass die Voraussetzungen der §§ 28-31 IfSG vorliegen. Soweit eine Rechtsverordnung nach § 32 IfSG also Maßnahmen nach § 28 IfSG ausspricht, können sich diese auch an solche Personen richten, die weder krank, krankheitsverdächtig oder ansteckungsverdächtig sind. 66

6. Ordnungsgemäßer Ermessensgebrauch

Wenig Klarheit bieten die §§ 28ff. IfSG in Bezug auf die Frage, ob und inwieweit der Erlass der zur Bekämpfung einer übertragbaren Krankheit erforderlichen Maßnahmen im Ermessen der Infektionsschutzbehörde steht. § 28 Abs. 1 S. 1 IfSG dürfte von seinem Wortlaut her dahingehend zu verstehen sein, dass er zwischen dem Entschließungsermessen und dem Auswahlermessen differenziert. Nach § 28 Abs. 1 S. 1 IfSG trifft bei Vorliegen der Voraussetzungen die zuständige Behörde die notwendigen Schutzmaßnahmen. Aus dieser Formulierung „trifft die …" ergibt sich, dass der Behörde insofern kein Ermessen eingeräumt ist, als es um das Ergreifen von Maßnahmen überhaupt geht. Werden kranke, krankheitsverdächtige oder ansteckungsverdächtige Personen oder Ausscheider festgestellt, so steht der Behörde kein Entschließungsermessen dahingehend zu, ob sie überhaupt tätig werden will. Sie ist vielmehr verpflichtet, vorzugehen.[44] 67

Erst hinsichtlich der Auswahl der Maßnahme, also bei der Frage, welches Mittel die Infektionsschutzbehörde als erforderlich einsetzt, steht ihr ein Ermessensspielraum zu. Sie hat unter den in § 28 Abs. 1 S. 2, S. 1 Hs. 2 IfSG und §§ 29ff. IfSG genannten Mitteln auszuwählen[45] und kann, wenn sich diese als nicht hinreichend erweisen, auf die General- 68

[44] VG Minden Beschl. v. 12.3.2020 – 7 L 212/20, Rn. 11ff., BeckRS 2020, 3592; Rixen NJW 2020, 1097 (1098).

[45] Zum Gebrauch des Auswahlermessens s. OVG Hamburg Beschl. v. 26.3.2020 – 5 Bs 48/20, BeckRS 2020, 4731.

klausel in § 28 Abs. 1 S. 1 Hs. 1 IfSG zurückgreifen. Es können – unter Beachtung des Verhältnismäßigkeitsprinzips sowie des Gleichbehandlungsgebotes – auch mehrere Maßnahmen gleichzeitig getroffen werden (zB Ausgangsbeschränkung, Versammlungsverbot, Schließung von Gaststätten und Geschäften). Gleiches gilt für den Fall, dass sich der Rechtsverordnungsgeber für den Erlass entsprechender Maßnahmen im Wege der Rechtsverordnung entscheidet, da § 32 IfSG auch insofern auf §§ 28 ff. IfSG Bezug nimmt.

69 Dementsprechend regelt § 28 Abs. 1 S. 2 IfSG, dass die zuständige Behörde unter den in S. 1 genannten Voraussetzungen die in S. 2 genannten Maßnahmen treffen kann. Auch die Anordnung der Beobachtung nach § 29 Abs. 1 IfSG steht im Auswahlermessen der Behörde. Bei der Anordnung der Quarantäne (§ 30 IfSG) ist zu unterscheiden: Hinsichtlich Personen, die an Lungenpest oder an übertragbarem hämorrhagischem Fieber erkrankt oder dessen verdächtig sind, ist die Absonderung in einem dafür geeigneten Krankenhaus zwingend. Nach § 30 Abs. 1 S. 2 IfSG ist bei sonstigen Kranken, Krankheitsverdächtigen, ansteckungsverdächtigen Personen oder Ausscheidern die Quarantäne ins Ermessen der Behörde gestellt. Sie kann angeordnet werden (→ Rn. 79). Schließlich ist auch die Verhängung eines beruflichen Tätigkeitsverbots nach § 31 IfSG ins Ermessen der Behörde gestellt.

70 Soweit die Infektionsschutzbehörde ein Auswahlermessen hat, ist die getroffene Maßnahme daraufhin zu überprüfen, ob ein Ermessensfehler vorliegt, ob also die Behörde überhaupt von ihrem Ermessensspielraum Gebrauch gemacht hat und ob sie sich dabei von sachgerechten Kriterien hat leiten lassen. Insbesondere wird der Verhältnismäßigkeitsgrundsatz im Rahmen der Ermessensausübung eine zentrale Rolle spielen, wenn man diesen nicht als eigene Rechtsmäßigkeitsvoraussetzung gesondert prüft.

7. Verhältnismäßigkeit

71 Das IfSG regelt – anders als die allgemeinen Polizeigesetze der Länder[46] – den Grundsatz der Verhältnismäßigkeit nicht eigens. Er folgt jedoch auch als ungeschriebenes Prinzip des Verwaltungsrechts unmittelbar aus den Grundrechten sowie dem Rechtsstaatsprinzip und ist jedenfalls im Rahmen der Ermessensausübung bei der Auswahl des einzusetzenden Mittels und dessen „Dosierung“ zu berücksichtigen. Ist eine Maßnahme unverhältnismäßig, ist sie zugleich ermessensfehlerhaft und deswegen rechtswidrig.

72 Die von der Infektionsschutzbehörde ausgewählte Maßnahme muss zur Erreichung des verfolgten Zwecks, in unserem Kontext also der Verhinderung der Verbreitung übertragbarer Krankheiten, geeignet und er-

---

[46] Vgl. zB Art. 4 BayPAG.

forderlich sein und darf nicht unangemessen im Sinne von unzumutbar sein. Dabei sind insbesondere die Tiefe des mit der Maßnahme verbundenen Grundrechtseingriffs und die durch den Eingriff zu schützenden Rechtsgüter ins Verhältnis zu setzen.

Es sind alle – auch medizinisch und epidemiologisch – relevanten Aspekte zu berücksichtigen, insbesondere die Aggressivität des Virus, das Ausmaß seiner Übertragbarkeit, der Verlauf der Infektionserkrankung, die Komplikationsraten, die Mortalität, aber auch die Leistungsfähigkeit des Gesundheitswesens, etwa die personellen und sächlichen Ressourcen zur Intensivbehandlung von Coronapatienten bei schwererem Verlauf. Jedenfalls dann, wenn eine Schwere des Krankheitsverlaufs nicht nur ganz ausnahmsweise eintritt oder in seltenen Fällen zum Tod führt, wenn also schwerer Verlauf und der Tod ein durchaus typisches Erscheinungsmerkmal der Erkrankung ist (wie es bei Corona der Fall ist), können auch weitreichende und grundrechtsintensive Maßnahmen wie etwa eine Ausgangsbeschränkung oder Quarantäne getroffen werden. 73

Dabei können auch Aspekte eine Rolle spielen, die nicht unmittelbar mit der Erkrankung zu tun haben, sondern in einem zunächst nur mittelbaren Zusammenhang damit stehen. Dies gilt insbesondere für die Belastungsfähigkeit der Krankenhausversorgung im Hinblick darauf, zu vermeiden, dass gleichzeitig eine zu hohe Zahl an intensivpflichtigen Personen stationär behandelt werden müssen. Hier geht es eigentlich nicht um die Bekämpfung der übertragbaren Krankheit als solche, sondern um die Sicherstellung der medizinischen Versorgung für schwere Verläufe oder für andere akut intensivpflichtige, nicht coronabedingte Erkrankungen (zB Herzinfarkt, Schlaganfall). Droht – wie bei der Corona-Krise – eine derartige Überlastung, können zu deren Verhinderung auch weitreichende Maßnahmen getroffen werden, um die Erkrankung epidemiologisch zu „strecken". 74

Auf der anderen Seite müssen bei der Verhältnismäßigkeitsprüfung auch negative Konsequenzen von weitreichenden Maßnahmen in die Waagschale geworfen werden. Lässt sich das Verbot von Versammlungen und größeren Menschenansammlungen nach § 28 Abs. 1 S. 2 IfSG angesichts der Gewichtigkeit der betroffenen Rechtsgüter (Leben und Gesundheit) noch mehr oder weniger mühelos rechtfertigen, so gilt dies für eine Maßnahme wie die generelle Ausgangssperre nicht. Denn eine Ausgangssperre in dem Sinne, dass keine Person mehr berechtigt ist, überhaupt zu irgendeinem Zweck ihre Wohnung zu verlassen, kann seinerseits zu schweren gesundheitlichen und psychischen Problemen der betroffenen Personen. Eine generelle Ausgangssperre wird man daher im Falle des Corona-Virus als unverhältnismäßig und damit rechtswidrig bezeichnen müssen. Allenfalls zulässig wären Ausgangssperren – auf der Basis des § 28 Abs. 1 S. 1 Hs. 2 IfSG (dazu → Rn. 87 ff.) – für einige Stunden tagsüber oder als nächtliche Ausgangssperre. 75

76 Anderes wiederum gilt für Ausgangsbeschränkungen, bei denen zwar kein Verbot besteht, die Wohnung zu verlassen, der Aufenthalt in der Öffentlichkeit jedoch an bestimmte Bedingungen und Regeln (zB Abstandspflicht, „Kontaktverbot") geknüpft ist.[47] Bei solchen Maßnahmen werden die gesundheitlichen Gefährdungen, die bei einer „echten" Ausgangssperre eintreten, vermieden, so dass diese Maßnahmen grundsätzlich als verhältnismäßig einzustufen sind (→ Rn. 89).

77 Der Verhältnismäßigkeitsgrundsatz bezieht sich indes nicht nur auf die Auswahl des konkreten Mittels, sondern hat auch eine Dimension auf der Schiene der Zeit. Dies bringt § 28 Abs. 1 S. 1 IfSG mit der Formulierung „soweit und solange es zur Verhinderung der Verbreitung übertragbarer Krankheiten erforderlich ist" zum Ausdruck. Maßnahmen sind daher grundsätzlich von vorneherein zu befristen, begleitend zu evaluieren und spätestens zu beenden, wenn sie zur Bekämpfung der übertragbaren Krankheit nicht mehr erforderlich sind. Der BayVGH hat dies in einem Beschluss vom 30.3.2020[48] im Hinblick auf per Rechtsverordnung nach § 32 IfSG angeordnete Ausgangsbeschränkungen wie folgt auf den Punkt gebracht: „Für die Verhältnismäßigkeit der angegriffenen Regelungen in zeitlicher Hinsicht spricht, dass der Rechtsverordnungsgeber den Geltungszeitraum der Rechtsverordnung bis zum Ablauf des 3. April 2020 von vornherein vergleichsweise kurz befristet hat. Unabhängig davon trifft ihn nach Auffassung des Senats im Hinblick auf das Gewicht der mit der Rechtsverordnung verbundenen Grundrechtseingriffe aber eine fortlaufende Evaluierungspflicht. Der Rechtsverordnungsgeber hat für die Dauer der Gültigkeit der angegriffenen Rechtsverordnung ständig zu überwachen, ob deren Aufrechterhaltung noch erforderlich und angemessen ist. Dabei dürften die Anforderungen an die Verhältnismäßigkeit umso strenger werden, je länger die Regelungen schon in Kraft sind. Sollte sich die Unverhältnismäßigkeit einzelner Regelungen herausstellen, wären diese auch vor Ablauf des befristeten Geltungszeitraums unverzüglich aufzuheben."

78 Des Weiteren hat der Verhältnismäßigkeitsgrundsatz eine räumliche Komponente. Die Maßnahme ist zunächst räumlich auf das Gebiet zu beschränken, wo (erhöhte) Infektionszahlen bestehen. Allerdings darf die Infektionsschutzbehörde insoweit in Erwägung ziehen, dass sich ohne das Ergreifen von Maßnahmen der betroffene räumliche Bereich erwei-

---

[47] Vgl. etwa § 1 Bayerische Verordnung „über eine vorläufige Ausgangsbeschränkung anlässlich der Corona-Pandemie" vom 24.3.2020 (BayMBl. Nr. 130/2020, BayRS 2126-1-4-G). Der BayVGH hat in einem Eilverfahren nach § 47 Abs. 6 VwGO, Beschl. v. 30.3.2020 – 20 NE 20.632, NJW 2020, 1236 keine durchgreifenden rechtlichen Bedenken gegen die durch Rechtsverordnung verfügten Ausgangsbeschränkungen erhoben. Ähnliche Maßnahmen haben auch die anderen Bundesländer erlassen.

[48] 20 NE 20.632.

tert, so dass auch räumlich darüber hinaus gehende Maßnahmegebiete, sogar landesweite denkbar und nicht von vorneherein unverhältnismäßig sind. So ist etwa eine landesweite Ausgangsbeschränkung nicht schon deswegen unverhältnismäßig, weil sie auch Gebiete mit nur geringen Infektionszahlen betrifft.

8. Maßnahmen nach §§ 29, 30, 31 IFSG

Im Zusammenhang mit der Bekämpfung des Corona-Virus spielen die Maßnahmen nach §§ 29, 30, 31 IfSG bislang eine eher untergeordnete Rolle. § 29 IfSG ermöglicht eine Beobachtung, § 30 IfSG die Quarantäne und § 31 IfSG das Verbot der Ausübung beruflicher Tätigkeiten. Insbesondere die Quarantäne nach § 30 IfSG kommt – auf den ersten Blick überraschend – eher selten zum Tragen. § 30 IfSG betrifft die Quarantäne im Sinne einer Absonderung in einem Krankenhaus, in einer dafür spezialisierten Abteilung eines Krankenhauses oder in einer anderen zur „Absonderung" geeigneten Einrichtung. Dies kommt zwar auch im Zusammenhang mit Corona vor, jedoch ganz im Mittelpunkt steht die sog. „häusliche Quarantäne", die mangels „Absonderung" aber keine Quarantäne im Sinne des § 30 IfSG ist, sondern eine auf § 28 Abs. 1 S. 1 Hs. 2 IfSG gestützte Maßnahme.[49] Bei der häuslichen Quarantäne handelt es sich um ein personalisiertes Ausgangsverbot (→ Rn. 87). Auch dem Verbot der Ausübung beruflicher Tätigkeiten in § 31 IfSG kommt in der Praxis der Corona-Bekämpfung eher eine untergeordnete Rolle zu. Die in diesem Kontext getroffenen Maßnahmen haben in erster Linie Betriebsuntersagungen (Gaststätten, Bars, Ladengeschäfte, Friseurgeschäfte, etc) zum Gegenstand, in deren Folge zwar auch die berufliche Tätigkeit der dort Beschäftigten eingeschränkt ist. Die Betriebsuntersagung ist aber nicht auf die Untersagung der beruflichen Tätigkeit selbst gerichtet, sondern lediglich ein Reflex der Schließung des entsprechenden Betriebs. Diese Maßnahmen sind daher nicht auf § 31 IfSG gestützt, sondern auf § 28 Abs. 1 IfSG. 79

9. Maßnahmen auf der Grundlage des § 28 Abs. 1 S. 2 IfSG

Kommen die §§ 29-31 IfSG als Rechtsgrundlage nicht zur Anwendung, ist auf § 28 Abs. 1 S. 2 IfSG zurückzugreifen. Liegen die Tatbestandsvoraussetzungen des § 28 Abs. 1 S. 1 IfSG vor, werden also Kranke, Krankheitsverdächtige, ansteckungsverdächtige Personen oder Ausscheider festgestellt, kann die zuständige Behörde Veranstaltungen oder sonstige Versammlungen von Menschen beschränken oder verbieten und 80

[49] So auch Rixen NJW 2020, 1097 (1098).

Badeanstalten oder in § 33 genannte Gemeinschaftseinrichtungen oder Teile davon schließen.

81 Auf dieser Grundlage können mithin Versammlungsverbote[50] (aber auch → Rn. 91) ausgesprochen werden und jegliche Veranstaltungen und sonstige Ansammlungen von Menschen beschränkt oder verboten werden. Dazu gehört jede Art von Veranstaltungen[51], insbesondere Sportveranstaltungen, kulturelle Veranstaltungen, Messen etc. Unter den Begriff „sonstige Ansammlungen von Menschen" fallen nicht nur Ansammlungen im Freien, sondern auch im privaten Bereich, etwa Geburtstagsfeiern, Hochzeiten, Beerdigungen, Besprechungen in Rechtsanwaltskanzleien ohne triftigen Grund[52].

82 Fraglich ist, ob auch die Bildung kleinerer Grüppchen – auf Verabredung oder spontan, beispielsweise in einem Park, an einem Flussufer oder auf einem öffentlichen Platz – darunterfällt. Begrifflich ist für eine „sonstige Ansammlung" von Menschen jedenfalls erforderlich, dass es sich um mehr als eine Person handelt. Man wird also jegliche Grüppchenbildung von mehr als einer Person unter § 28 Abs. 1 S. 2 IfSG subsumieren können. Jedenfalls wird man als „Minus" eine Regelung auf § 28 Abs. 1 S. 2 IfSG stützen können, die eine Ansammlung von zwei oder mehr Personen unter den Vorbehalt stellt, dass zwischen diesen Personen ein Mindestabstand von etwa 1,5 Metern eingehalten wird.

83 Im Übrigen lässt § 28 Abs. 1 S. 2 IfSG auch die Beschränkung oder das Verbot von religiösen Veranstaltungen, also die Durchführung von Gottesdiensten mit Besuchern, zu. Nicht gedeckt wäre allerdings die Verpflichtung, religiöse Stätten wie Kirchen, Moscheen oder Synagogen auch für das private Einzelgebet zu schließen; hier liegt keine Ansammlung von Menschen vor.

84 Des Weiteren ermächtigt § 28 Abs. 1 S. 2 IfSG zur Schließung von Badeanstalten und von in § 33 IfSG genannten Gemeinschaftseinrichtungen. Bei diesen Gemeinschaftseinrichtungen handelt es sich um Einrichtungen, in denen überwiegend minderjährige Personen betreut werden. Dazu gehören nach § 33 IfSG insbesondere Kindertageseinrichtungen und Kinderhorte sowie Schulen und sonstige Ausbildungseinrichtungen.

85 Nicht genannt sind Hochschulen, so dass die Schließung von Hochschulen jedenfalls nicht auf § 28 Abs. 1 S. 2 IfSG gestützt werden könn-

[50] VG Hannover Beschl. v. 27.3.2020 – 15 B 1968/20, BeckRS 2020, 4665; VG Dresden Beschl. v. 30.3.2020 – 6 L 212/20, BeckRS 2020, 4780.

[51] Zum Verbot eines „Late-Night-Shoppings" s. bestätigend VG Stuttgart Beschl. v. 14.3.2020 – 16 K 1466/20, BeckRS 2020, 3739 („Das Verbot eines Late-Night-Shoppings stellt eine notwendige Schutzmaßnahme dar, um die rasche Ausbreitung des Covid-19-Virus zu verhindern").

[52] OVG Berlin-Brandenburg Beschl. v. 8.4.2020 – OVG 11 S 20/20, BeckRS 2020, 5417 (keine Verletzung der Berufsfreiheit von Rechtsanwälten).

te. Ein Rückgriff auf die Generalklausel des S. 1 Hs. 1 oder auf S. 1 Hs. 2 ist insofern problematisch, als die Spezialregelung in S. 2 die Schließung von Einrichtungen ausdrücklich regelt, ohne die Hochschulen einzubeziehen. Hieraus könnte man schließen, dass der Gesetzgeber eine Schließung von Hochschulen gerade nicht ermöglichen wollte, so dass auch der Rückgriff auf die Generalklausel des S. 1 Hs. 1 oder auf S. 1 Hs. 2 nicht zulässig wäre. Davon unberührt bleibt allerdings die Möglichkeit der Präsidentin oder des Präsidenten der Hochschule, die oder der über das Hausrecht verfügt[53], auf dieser Basis (partielle) Schließungen der Hochschule anzuordnen. Die Untersagung wissenschaftlicher Veranstaltungen wie zB Fachtagungen oder der Durchführung von Lehrveranstaltungen können hingegen auf der Basis des § 28 Abs. 1 S. 2 IfSG untersagt werden, da es dort jeweils zu einer Ansammlung mehrerer Menschen kommt. Dies gilt auch für die Schließung von Bibliotheken.

10. Maßnahmen auf der Grundlage des § 28 Abs. 1 S. 1 Hs. 2 IfSG

Ist § 28 Abs. 1 S. 2 IfSG nicht einschlägig, so ist ein Rückgriff auf die 86
Generalklausel des S. 1 zulässig. Zu beachten ist, dass dieser nunmehr aus zwei Halbsätzen besteht. Dabei bildet Hs. 1 die echte Generalklausel. Hs. 2 ist die speziellere Regelung und daher vorrangig zu prüfen. Nach Hs. 2 kann die zuständige Infektionsschutzbehörde insbesondere Personen verpflichten, den Ort, an dem sie sich befinden, nicht oder nur unter bestimmten Bedingungen zu verlassen oder von ihr bestimmte Orte oder öffentliche Orte nicht oder nur unter bestimmten Voraussetzungen zu betreten.

Die erste Alternative, also das Verbot, den Ort, wo man sich befindet, 87
nicht oder nur unter bestimmten Bedingungen zu verlassen, ermöglicht in erster Linie die häusliche Quarantäne, die kein Fall des § 30 IfSG darstellt (→ Rn. 79). Dabei beschränkt sich Hs. 2 nicht darauf, die Maßnahme gegen infektionsschutzrechtliche „Störer" (→ Rn. 60ff.) zu richten, vielmehr ist die Maßnahmerichtung in Hs. 2 überhaupt nicht festgelegt. Es wäre also denkbar, die häusliche Quarantäne gegenüber jedermann anzuordnen, unabhängig davon, ob er vom Virus bisher überhaupt betroffen ist. Dies käme freilich einer allgemeinen „Ausgangssperre" gleich, und zwar einer echten Ausgangssperre, bei der jedermann verpflichtet ist, in seiner Wohnung zu verbleiben. Angesichts der damit verbunden negativen Wirkungen für Psyche und Gesundheit der betroffenen Personen ist eine solche Maßnahmen grundsätzlich unverhältnismäßig und damit rechtswidrig (s. bereits → Rn. 75).

---

[53] Vgl. zB Art. 21 Abs. 12 BayHSchG.

88 Verhältnismäßig ist die häusliche Quarantäne regelmäßig nur gegenüber infizierten oder infizierungsverdächtigen Personen, also gegenüber solchen, die entweder bereits positiv getestet worden sind oder die unmittelbar Kontakt zu positiv Getesteten haben oder hatten oder sich in einem Bereich aufgehalten haben, in dem es positiv getestete Personen gegeben hat. Diesen Personen gegenüber ist die häusliche Quarantäne aber auch nur für den Zeitraum zulässig, in dem diese noch andere Personen infizieren können. Eine pauschale Pflicht zur häuslichen Quarantäne für Einreisende aus dem Ausland ohne jeglichen Infizierungsverdacht dürfte mit dem Verhältnismäßigkeitsgrundsatz nur vereinbar sein, wenn Ausnahmen zugelassen sind.[54]

89 Von der grundsätzlichen Ausgangssperre, die nur gegenüber infizierten Personen und auch nur zeitlich beschränkt zulässig ist, zu unterscheiden ist die Ausgangsbeschränkung, bei der kein grundsätzliches Verbot besteht, die Wohnung zu verlassen, der Aufenthalt in der Öffentlichkeit jedoch an bestimmte Bedingungen im Sinne eines präventiven Verbotes mit Erlaubnisvorbehalt geknüpft ist. So regelt etwa § 1 Abs. 4 Bayerische Verordnung über die vorläufige Ausgangsbeschränkung anlässlich der Corona-Pandemie vom 24.3.2020[55], dass das Verlassen der eigenen Wohnung nur bei Vorliegen „triftiger Gründe" erlaubt ist. Diese triftigen Gründe werden in § 1 Abs. 5 beispielhaft (insbesondere) aufgezählt.[56] Die Aufzählung ist daher nicht abschließend[57], so dass auch andere berechtigte Interessen zum Aufenthalt in der Öffentlichkeit herangezogen werden können. So ist etwa das Aufsuchen eines Gerichts, um dort eine Klage einzureichen, im Ausnahmekatalog in § 1 Abs. 5 der Rechtsverordnung nicht ausdrücklich genannt, jedoch im Lichte des Art. 19 Abs. 4 GG ohne Weiteres als triftiger Grund anzuerkennen. Gleiches gilt für den Besuch einer Kirche oder einer sonstigen religiösen Stätte im Hinblick auf Art. 4 Abs. 1 GG.

90 Zusätzlich können auf § 28 Abs. 1 S. 1 Hs. 2 Besuchs- oder Betretungsverbote gestützt werden. So regelt etwa § 1 Abs. 3 der genannten

---

[54] Vgl. dazu etwa die bayerische „Verordnung über Quarantänemaßnahmen für Einreisende zur Bekämpfung des Coronavirus (Einreise-Quarantäneverordnung – EQV) vom 9.4.2020 (BayMBl. 192/2020).

[55] BayMBl. Nr. 130/2020, BayRS 2126-1-4-G; ein Eilantrag nach § 47 Abs. 6 VwGO auf vorläufige Außervollzugsetzung dieser Rechtsverordnung wurde vom BayVGH mit Beschl. v. 30.3.2020 – 20 NE 20.632 NJW 2020, 1236 abgelehnt.

[56] Nach Auffassung des BayVGH Beschl. v. 30.3.2020 – 20 NE 20.632 Rn. 52 ff. durfte der Rechtsverordnungsgeber, gestützt auf § 28 Abs. 1 S. 1 IfSG das Verlassen der eigenen Wohnung unter ein „präventives Verbot mit Erlaubnisvorbehalt" stellen.

[57] Hierin sieht der BayVGH Beschl. v. 30.3.2020 – 20 NE 20.632 Rn. 61 ff. ein entscheidendes Argument für die Verhältnismäßigkeit von Ausgangsbeschränkungen, die in erheblichem Maße in die Grundrechte aus Art. 2 Abs. 2 S. 2 und 11 GG eingreifen.

bayerischen Rechtsverordnung die Untersagung des Besuchs von Krankenhäusern sowie Vorsorge- und Rehabilitationseinrichtungen, von vollstationären Einrichtungen der Pflege, von Einrichtungen für Menschen mit Behinderung, von ambulant betreuten Wohngemeinschaften sowie von Altenheimen und Seniorenresidenzen.

Die mit den genannten Maßnahmen verbundenen tiefgreifenden Grundrechtseingriffe sind auf ein zeitlich erforderliches Mindestmaß zu beschränken. Zudem sind Ausnahmevorbehalte vorzusehen, mit denen besonders problematische Grundrechtseingriffe vermieden werden können. So sieht etwa § 1 Abs. 1 S. 1 Bayerische Verordnung über Infektionsschutzmaßnahmen anlässlich der Corona-Pandemie vom 27.3.2020[58] vor, dass Veranstaltungen und Versammlungen jeglicher Art landesweit untersagt sind. Damit wären beispielsweise auch Beerdigungen naher Angehöriger mit Besuchern am Grab oder in der Aussegnungshalle verboten. Da dies für die von einem Todesfall betroffenen Angehörigen unzumutbar ist, sieht § 1 Abs. 1 S. 3 der genannten Rechtsverordnung Ausnahmegenehmigungen vor, soweit dies im Einzelfall aus infektionsschutzrechtlicher Sicht vertretbar ist. Im Rahmen dieser Ausnahmegenehmigung ist der Grundsatz praktischer Konkordanz zu beachten, wonach einerseits der Infektionsschutz gewährleistet werden soll, anderseits den Menschen aber eine Teilnahme an Beerdigungen naher Angehöriger ermöglicht werden soll. Die einzig vertretbare Lösung wird daher darauf hinauslaufen, Beerdigungsgäste zuzulassen, jedenfalls bis zu einer bestimmten Personenzahl und diesen die Einhaltung des infektionsschutzmäßig erforderlichen Mindestabstandes aufzuerlegen. Vergleichbares wird man für die Durchführung von und die Teilnahme an Gottesdiensten annehmen müssen. Auch hier wird ein vollständiges Verbot vor dem Hintergrund des Art. 4 Abs. 1 GG keinen Bestand haben können. Praktische Konkordanz wird insofern nicht durch die kategorische Untersagung erreicht, sondern erst durch die Zulassung unter Einhaltung von infektionsschutzbezogenen Sicherungsmaßnahmen (Abstandsregeln, Festlegung einer Höchstzahl von Teilnehmern etc.).[59] Auch für auf § 28 Abs. 1 IfSG gestützte Verbote von Versammlungen wird man – im Lichte des Art. 8 GG – entsprechend flankierte Ausnahmen anerkennen müssen.[60] Dagegen wird man die Anwesenheit 91

---

[58] BayMBl. Nr. 158/2020, BayRS 2126-1-5-G.

[59] So wohl auch Rixen NJW 2020, 1097 (1102). Anders, dem Grundsatz der praktischen Konkordanz aber zu wenig Rechnung tragend VG Berlin Beschluss vom 7.4.2020 – 14 L 32/20 bestätigend OVG Berlin-Brandenburg Beschl. v. 8.4.2020 – OVG 11 S 21.11 sowie VGH Kassel Beschl. v. 7.4.2020 – 8 B 192/20 N. Bestätigend aber auch BVerfG Beschl. v. 10.4.2020 – 1 BvQ 28/20, BeckRS 2020, 5589 (Ablehnung des Erlasses einer einstweiligen Anordnung).

[60] Vgl. BVerfG Beschl. v. 15.4.2020 – 1 BvR 828/20, BeckRS 2020, 5766 sowie VG Hamburg Beschl. v. 16.4.2020 – 1 Z E 1648/20; Beschl. v. 17.4.2020 – 15 E 1640/20; anders OVG Hamburg Beschl. v. 16.4.2020 – 5 Bs 58/20.

werdender Väter im Kreißsaal auch nicht ausnahmsweise für grundrechtsgeboten halten müssen.[61]

11. Maßnahmen auf der Grundlage des § 28 Abs. 1 S. 1 Hs. 1 IfSG (Generalklausel)

92 Soweit § 28 Abs. 1 S. 1 Hs. 2 IfSG thematisch nicht einschlägig ist, kommt die Anwendung der Generalklausel in § 28 Abs. 1 S. 1 Hs. 1 IfSG zum Tragen. Danach kann die zuständige Behörde die notwendigen Schutzmaßnahmen treffen, soweit und solange dies zur Verhinderung der Verbreitung übertragbarer Krankheiten erforderlich ist. Auf dieser Grundlage werden unter anderem Betriebsuntersagungen insbesondere[62] im Hinblick auf Gastronomiebetriebe, Einzelhandelsbetriebe[63] oder Betriebe der Freizeitgestaltung[64] gestützt.[65] Eine Schließung sämtlicher Betriebe zur Lebensmittelversorgung wäre unverhältnismäßig, da der Staat nicht in der Lage sein wird, die Bevölkerung anderweit hinreichend mit Lebensmitteln zu versorgen. Anderes kann allenfalls bei noch gefährlicheren Infektionserkrankungen wie zB Ebola angenommen werden. Zulässig wäre es, unterschiedliche Einkaufszeiten für unterschiedlich gefährdete Personengruppen festzulegen oder bestimmte Schutzvorkehrungen anzuordnen (Tragen von Schutzmasken, Schutzscheiben an Kassen, Ausschluss von Bargeld etc).

93 Allerdings ist fraglich, ob auf die Generalklausel auch die Schließung von Sportstätten, wie zB Fitnessstudios gestützt werden kann. Denn § 28 Abs. 1 S. 2 IfSG regelt ausdrücklich die Befugnis zur Schließung von „Badeanstalten". Da es sich dabei um einen Teilbereich der Sport- und Freizeiteinrichtungen handelt und S. 2 ausdrücklich auf Badeanstalten beschränkt ist und sonstige vergleichbare Einrichtungen nicht einbezieht,

---

[61] So im Hinblick auf das Hausrecht auch VG Leipzig Beschl. v. 9.4.2020 – 7 L 192/20.

[62] Vgl. VG Aachen Beschl. v. 21./23.3.2020 – 7 L 230/20 und 7 L 233/20, BeckRS 2020, 4533 (betreffend Schließung von Lottoannahmestellen und Pralinenfachgeschäften).

[63] VG Bremen Beschl. v. 26.3.2020 – 5 V 553/20, BeckRS 2020, 5927; OVG Hamburg Beschl. v. 26.3.2020 – 5 Bs 48/20, BeckRS 2020, 4731; BayVGH Beschl. v. 30.3.2020 – 20 CS 20.611, BeckRS 2020, 4616.

[64] Zur Schließung von Spielhallen, Spielbanken und Wettbüros s. VG Düsseldorf Beschl. v. 20.3.2020 – 7 L 575/20, BeckRS 2020, 4419; VG Köln Beschl. v. 20.3.2020 – 7 L 510/20, BeckRS 2020, 4208.

[65] Vgl. § 2 Bayerische Verordnung über Infektionsschutzmaßnahmen anlässlich der Corona-Pandemie vom 27.3.2020 (BayMBl. Nr. 158/2020, BayRS 2126-1-5-G), wo der Betrieb sämtlicher Einrichtungen untersagt ist mit Ausnahme solcher, die „notwendigen Verrichtungen des täglichen Lebens" dienen, also vor allem solcher des Lebensmittelhandels, von Banken, Apotheken und einigen sonstigen Betrieben von besonderer Bedeutung (wie zB Hörgeräteakustiker). Dazu, dass auch Weinhandlungen Lebensmittelgeschäfte sind, s. OVG Weimar Beschl. v. 7.4.2020 – 3 EO 236/20.

spricht zumindest die systematische Auslegung dagegen, dass der Rückgriff auf die Generalklausel in Abs. 1 S. 1 Hs. 1 zulässig ist.

Zur Bekämpfung von Corona wurde auf die Generalklausel auch die Verschiebung von planbaren Behandlungen in Krankenhäusern im Rahmen medizinischer Vertretbarkeit[66] gestützt, um Kapazitäten für Coronapatienten mit schwerem Verlauf zu schaffen. Dagegen ist aus Gründen der Verhältnismäßigkeit nichts einzuwenden. 94

12. Maßnahmen durch Rechtsverordnung (§ 32 IfSG)

Nach § 32 IfSG können unter den Voraussetzungen, die für Maßnahmen nach den §§ 28-31 IfSG maßgebend sind, auch durch Rechtsverordnungen der Landesregierung entsprechende Gebote und Verbote zur Bekämpfung übertragbarer Krankheiten erlassen werden. Die per Rechtsverordnung getroffenen Ver- und Gebote dürfen nicht weitergehen oder unter erleichterten Voraussetzungen ergehen, wie Maßnahmen durch Verwaltungsakt nach §§ 28 ff. IfSG. Die Rechtsverordnung (der Landesregierung) wird sich als Handlungsinstrument vor allem dann anbieten, wenn eine Maßnahme für das ganze Land oder einen großen Teil davon in einheitlicher Weise angeordnet werden soll. Das Handeln durch Rechtsverordnung schränkt den Rechtsschutz der Betroffenen nicht in einer im Hinblick auf Art. 19 Abs. 4 GG problematischen Weise ein, da auch gegen Rechtsverordnungen im Sinne des § 32 IfSG effektiver Rechtsschutz möglich ist (dazu → Rn. 124 ff.). 95

Da Art. 11 GG nunmehr sowohl in § 28 Abs. 1 S. 3 IfSG als auch in § 32 IfSG zitiert ist[67], können Ausgangsbeschränkungen (→ Rn. 89) sowohl per Verwaltungsakt (Allgemeinverfügung) als auch per Rechtsverordnung verfügt werden.[68] 96

III. Maßnahmen auf der Grundlage des Katastrophenschutzrechts

Neben dem infektionsschutzrechtlichen Handlungsinstrumentarium nach Maßgabe des IfSG geben auch die Katastrophenschutzgesetze der 97

---

[66] ZB die Allgemeinverfügung des Bayerischen Staatsministeriums für Gesundheit und Pflege „Verschiebung elektiver Eingriffe und geplanter Behandlungen in Krankenhäusern" vom 19.3 2020 (BayMBl. Nr. 151/2020).

[67] Zur alten Rechtslage noch VG München Beschl. v. 24.3.2020 – M 26 S 20.1252, Rn. 25 ff.

[68] Das VG München Beschl. v. 24.3.2020 – M 26 S 20.1252, Rn. 21 ff. hält aber eine Rechtsverordnung für erforderlich, wenn es sich um landesweite Ausgangsbeschränkungen für jedermann im Sinne abstrakt-genereller Regelungen handelt. Hierfür genügt nicht die Allgemeinverfügung, weil es sich bei dieser um einen Verwaltungsakt, nicht um eine Rechtsnorm handele.

Länder den Behörden einschlägige Befugnisse. Allerdings dürfen spezifische Maßnahmen zur Bekämpfung übertragbarer Krankheiten lediglich auf das IfSG gestützt werden, nicht jedoch auf das Katastrophenschutzrecht, da das IfSG als Bundesrecht vorrangig ist und insoweit als lex specialis zu qualifizieren ist.

98 Allerdings kann im Falle einer übertragbaren Krankheit auch ein Katastrophenfall vorliegen. So ist nach Art. 1 Abs. 2 Bayerisches Katastrophenschutzgesetz (BayKSG) eine Katastrophe „ein Geschehen, bei dem Leben oder Gesundheit einer Vielzahl von Menschen … in ungewöhnlichem Ausmaß gefährdet oder geschädigt werden und die Gefahr nur abgewehrt oder die Störung nur unterbunden und beseitigt werden kann, wenn unter Leitung der Katastrophenschutzbehörde die im Katastrophenschutz mitwirkenden Behörden, Dienststellen, Organisationen und die eingesetzten Kräfte zusammenwirken". Man wird die Corona-Krise und insbesondere die drohende Überlastung des Gesundheitswesens mit einer unabsehbaren Zahl an schwer an der Gesundheit beeinträchtigten oder versterbenden Menschen als Katastrophe in diesem Sinne ansehen können.

99 Im Falle der Feststellung eines Katastrophenfalles, wie sie im Freistaat Bayern erfolgt ist (vgl. Art. 4 BayKSG), gibt das Gesetz eine Reihe von besonderen Befugnissen, wie etwa die Inanspruchnahme Dritter (Art. 9 BayKSG) oder die Platzverweisung und Räumung (Art. 10 BayKSG). Art. 14 BayKSK enthält eine Entschädigungsregelung. Angesichts der weitreichenden Befugnisse, die das IfSG einerseits und das BayIfSG (→ Rn. 6ff.) andererseits bereithalten, dürfte den genannten Befugnisnormen im Katastrophenschutzgesetz nur subsidiäre Bedeutung zukommen. Allerdings ermöglicht es das Katastrophenschutzrecht über die genannten Befugnisse hinaus, Zuständigkeiten bei der Bekämpfung einer Katastrophe zu bündeln, insbesondere unter einer sog. „Einsatzleitung" (Art. 5 BayKSG).

IV. Maßnahmen auf der Grundlage des Polizeirechts

100 Zusätzlich gibt das allgemeine Polizeirecht Befugnisse im Rahmen der Bekämpfung von Corona. Zwar können diese nicht spezifisch infektionsschutzrechtliche Maßnahmen zum Inhalt haben, da das IfSG insoweit vorrangig ist. Jedoch kann die Bundespolizei nach Maßgabe des Bundespolizeigesetzes und die Landespolizei nach Maßgabe der Landespolizeigesetze Maßnahmen zur Durchsetzung von auf das IfSG gestützten Ge- und Verboten erlassen.

101 Verstößt beispielsweise eine Person gegen Maßnahmen, die auf § 28 Abs. 1 S. 1 IfSG gestützt sind, etwa gegen eine Ausgangsbeschränkung, gegen Betriebsverbote etc, so kann die Polizei, gestützt auf das Polizeirecht, entsprechende Maßnahmen zur Durchsetzung treffen. Diese Maßnahmen sind aber nicht ohne weiteres zulässig, sie richten sich vielmehr nach den polizeirechtlichen Befugnisnormen, deren Voraussetzungen eigens zu prüfen sind. Da der Verstoß gegen infektionsschutzrechtliche Ge- und Verbote eine Ordnungswidrigkeit oder gar eine Straftat darstellt (vgl. §§ 73, 74 IfSG), liegt regelmäßig eine Störung der öffentlichen Sicherheit vor, die von der Polizei beseitigt werden kann. Die Zulässigkeit der zu treffenden Maßnahmen richtet sich nach den Befugnisnormen des Polizeirechts, notfalls nach der polizeirechtlichen Generalklausel.[69] Die Polizei darf also nicht bereits deswegen eine Person anhalten, kontrollieren, befragen oder ihre Identität feststellen, weil dies in einer auf § 32 IfSG gestützten Rechtsverordnung so vorgesehen ist.[70] Die Zulässigkeit entsprechender Maßnahmen richtet sich vielmehr nach den Polizeigesetzen.[71]

Die Polizei kann etwa im Falle einer unzulässigen Ansammlung von Menschen Platzverweise erteilen und die Teilnehmer auffordern, sich nach Hause zu begeben, sie kann einen Betriebsinhaber, der seinen Betrieb entgegen einer infektionsschutzrechtlichen Anordnung geöffnet hält, zur Schließung des Betriebs verpflichten etc. Im Rahmen solcher Maßnahmen kann die Polizei – ebenfalls gestützt auf das Polizeirecht (vgl. zB Art. 70ff. BayPAG) – Zwangsmaßnahmen anwenden, bis hin zu unmittelbarem Zwang (zum Rechtsschutz diesbezüglich → Rn. 103ff.). 102

V. Rechtsschutzmöglichkeiten des Bürgers gegen Maßnahmen nach dem IfSG

1. Rechtsschutzgarantie des Art. 19 Abs. 4 GG

Der durch Art. 19 Abs. 4 GG verfassungsrechtlich verbürgte Rechtsschutz gegen exekutivische Maßnahmen jedweder Art erfährt keinerlei grundsätzliche Einschränkungen in der Krisensituation. Der Rechtsschutz steht nicht unter Notstandsvorbehalt, er ist infektionsschutzrechtsfest. Dies bedeutet, dass auch in der Krisensituation getroffene Maßnahmen ohne Weiteres und uneingeschränkt mit den dazu statthaften Rechtsbehelfen angegriffen werden können. Die Krise gewährt dem Staat keinen Rechtsschutzrabatt, fordert vom Einzelnen kein Rechtsschutz-Sonderopfer oder gar einen diesbezüglichen Verzicht. 103

---

[69] Vgl. zB Art. 11 Abs. 1 BayPAG. Zur Systematik der polizeirechtlichen Befugnisnormen s. Gallwas/Lindner/Wolff, Bayerisches Polizei- und Sicherheitsrecht, 4. Aufl. 2015, Rn. 350ff.

[70] § 1 Abs. 6 Bayerische Verordnung über eine vorläufige Ausgangsbeschränkung anlässlich der Corona-Pandemie vom 24.3.2020 (BayMBl. Nr. 130/2020, BayRS 2126-1-4-G) lautet: „Die Polizei ist angehalten, die Einhaltung der Ausgangsbeschränkung zu kontrollieren." Dies ist noch keine hinreichende Grundlage für die Polizei für polizeiliche Eingriffsmaßnahmen.

[71] Vgl. zB Art. 12ff., 11 BayPAG.

2. Maßgeblichkeit der Verwaltungsgerichtsordnung

104 Im Einzelnen richtet sich der Rechtsschutz gegen hoheitliche Maßnahmen, insbesondere auf der Basis des Infektionsschutzrechts, nach der Verwaltungsgerichtsordnung (VwGO). Bei den infektionsschutzrechtlichen Maßnahmen handelt es sich zweifelsohne um öffentlich-rechtliche Akte, so dass mangels auf- und abdrängender Sonderzuweisung der Verwaltungsrechtsweg gegeben ist (§ 40 Abs. 1 S. 1 VwGO). Rechtswegbezogene Spezialzuweisungen sieht allerdings § 68 IfSG vor. Danach ist für Streitigkeiten über Entschädigungsansprüche nach den §§ 56 und 65 IfSG sowie für Streitigkeiten über Erstattungsansprüche nach § 56 Abs. 4 S. 2 IfSG, § 57 Abs. 1 S. 3 und Abs. 3 S. 3 IfSG sowie § 58 S. 1 IfSG der ordentliche Rechtsweg gegeben. Für öffentlich-rechtliche Streitigkeiten in Angelegenheiten der §§ 60-63 IfSG ist der Rechtsweg zu den Sozialgerichten eröffnet.

105 Die Zulässigkeitsvoraussetzungen für verwaltungsgerichtliche Klagen gegen Maßnahmen nach dem IfSG, dem BayIfSG, dem Katastrophenschutz- sowie dem Polizeirecht richten sich nach der VwGO und weichen nicht von den diesbezüglichen Üblichkeiten ab. Es ist das allgemeine Verwaltungsprozessrecht einschlägig. Dies gilt insbesondere für die sachliche und örtliche Zuständigkeit des Verwaltungsgerichts (§§ 45, 52 VwGO), für die Notwendigkeit eines Vorverfahrens nach §§ 68 ff. VwGO, die Klagefrist (§ 74 VwGO), für die Beteiligten- und Prozessfähigkeit (§§ 60, 61 VwGO), für die Formvoraussetzungen der Klageerhebung (§§ 81, 82 VwGO), für die Klagebefugnis (§ 42 Abs. 2 VwGO) sowie für die Statthaftigkeit der Klageart.

106 Die Klagebefugnis wird bei Anfechtungsklagen gegen belastende Verwaltungsakte ohne Weiteres gegeben sein, da Maßnahmen insbesondere nach den §§ 28 ff. IfSG grundrechtsbeschränkenden Charakter haben, so dass die Klagebefugnis jedenfalls aus einer Beeinträchtigung einer grundrechtlichen Position, letztlich aus Art. 2 Abs. 1 GG abgeleitet werden kann.

3. Statthafte Klageart

107 Im Regelfall handeln die landesrechtlichen Infektionsschutzbehörden durch Verwaltungsakt (§ 35 S. 1 VwVfG).[72] Insbesondere das Institut der Allgemeinverfügung nach § 35 S. 2 VwVfG findet im Rahmen der Be-

---

[72] Da das IfSG regelmäßig von den Landesbehörden vollzogen wird, findet das Verwaltungsverfahrensgesetz des jeweiligen Landes Anwendung. Soweit eine Bundesbehörde handelt, etwa der Bundesgesundheitsminister nach § 5 Abs. 2 IfSG per Anordnung, findet das Verwaltungsverfahrensgesetz des Bundes Anwendung.

kämpfung übertragbarer Krankheiten häufig Anwendung. Auch bei Allgemeinverfügungen handelt es sich um Verwaltungsakte im Sinne des allgemeinen Verwaltungsrechts und des Verwaltungsprozessrechts. Statthafte Klageart gegen Einzelverwaltungsakte sowie Allgemeinverfügungen ist daher die Anfechtungsklage nach § 42 Abs. 1 VwGO.[73] Für Verwaltungsakte, die auf das Katastrophenschutzrecht gestützt werden, etwa Beschlagnahme oder Inanspruchnahme der Dienstleistung oder der Gegenstände von Dritten, gilt verwaltungsprozessual nichts Anderes. Es handelt sich regelmäßig um Verwaltungsakte.

Vor Erhebung der Anfechtungsklage ist nach § 68 VwGO ein Wider- **108**
spruchsverfahren durchzuführen, soweit dieses nicht nach § 68 VwGO selbst entbehrlich ist oder nach Landesrecht, wie zB im Freistaat Bayern (vgl. Art. 15 BayAGVwGO) ausgeschlossen ist.

Soweit bei Zuwiderhandlungen gegen Allgemeinverfügungen von der **109**
dafür zuständigen Behörde Bußgeldbescheide erlassen werden, so können diese nicht mit der Anfechtungsklage nach der VwGO, sondern durch Einspruch beim Amtsgericht nach Maßgabe des OWiG angegriffen werden. Dieses überprüft dann inzident die Rechtmäßigkeit des Verwaltungsakts oder der Allgemeinverfügung, gegen die verstoßen worden ist. Gleiches gilt bei Verstößen gegen Rechtsverordnungen auf der Basis des § 32 IfSG.

---

[73] Abgrenzungen: (1) Praktisch relevant könnte auch die Verpflichtungsklage (§ 42 Abs. 1 Alt. 2 VwGO) werden, nämlich dann, wenn ein Bürger vom Staat bestimmte Eingriffsmaßnahmen zu seinem Schutz fordert, von der zuständigen Behörde also verlangt, dass die sie einen Verwaltungsakt gegen Dritte erlässt (Verwaltungsakt mit Doppelwirkung). Diese Fallkonstellation bleibt nachfolgend außer Betracht. Problematisch wäre in dieser Konstellation insbesondere, ob sich den infektionsschutzrechtlichen Befugnisnormen Drittschutz in dem Sinne zuordnen ließe, dass sie auch einem Dritte Rechte verleihen, die die Klagebefugnis nach § 42 Abs. 2 VwGO begründen könnten. Dies könnte dadurch gelingen, dass man die Befugnisnormen des IfSG im Lichte der grundrechtlichen Schutzpflichten zumal aus Art. 2 Abs. 2 S. 1 GG interpretiert. Das VG Frankfurt Beschl. v. 26.3.2020 – 5 L 744/20.F, COVuR 2020, 56 hat einen Anspruch eines Aktionärs auf ein Verbot einer Hauptversammlung durch die Infektionsschutzbehörde mit der Begründung verneint, das IfSG diene nicht Aktionärsinteressen, sei insofern also nicht drittschützend. (2) Eine andere Konstellation ist gegeben, wenn ein Anwohner mit Vorerkrankung die Errichtung einer Anlaufpraxis für Coronatests verhindern will. Hier kommt die Leistungsklage in Gestalt der Unterlassungsklage und im vorläufigen Rechtsschutz ein Antrag nach § 123 VwGO in Betracht. Dazu VG Bremen Beschl. v. 20.3.2020 – 5 V 533/20, BeckRS 2020, 5029: „Ein Anwohner kann, auch wenn er eine Vorerkrankung hat, keinen Verstoß gegen Art. 2 Abs. 2 Satz 1 GG geltend machen, wenn in seiner Nachbarschaft eine Anlaufpraxis zum Test auf das Coronavirus eröffnet wird. Dies gilt zumindest dann, wenn die handelnde Behörde ausreichende Maßnahmen ergreift, um einer Infektionsgefahr für die Anwohner zu begegnen. Es ist ihm zuzumuten, ein etwaiges Risiko durch sein Verhalten einzudämmen."

4. Keine aufschiebende Wirkung der Anfechtungsklage; Antrag nach § 80 Abs. 5 VwGO

110 Nach § 16 Abs. 8 IfSG, der insbesondere auch im Rahmen des § 28 IfSG Anwendung findet (wegen § 28 Abs. 3 IfSG), haben Widerspruch und Anfechtungsklage entgegen der Regel in § 80 Abs. 1 S. 1 VwGO keine aufschiebende Wirkung. Es handelt sich dabei um eine gesetzliche Sonderregelung im Sinne des § 80 Abs. 2 S. 1 Nr. 3 VwGO, wie sie auch in anderen Rechtsgebieten nicht selten ist.[74] Einen Ausschluss der aufschiebenden Wirkung sieht auch § 5 Abs. 4 S. 4 IfSG bei Widersprüchen und Anfechtungsklagen gegen Anordnungen des Bundesministeriums für Gesundheit nach § 5 Abs. 2 IfSG im Rahmen einer festgestellten epidemischen Lage von nationaler Tragweite vor. Eine weitere Norm, die die aufschiebende Wirkung von verwaltungsgerichtlichen Rechtsbehelfen ausschließt, ist Art. 8 BayIfSG hinsichtlich Klagen gegen die auf Art. 2ff. BayIfSG gestützte Maßnahmen (→ Rn. 6ff.). Bei Rechtsbehelfen gegen Maßnahmen von Polizeivollzugsbeamten entfällt die aufschiebende Wirkung in der Regel nach § 80 Abs. 2 S. 1 Nr. 2 VwGO.

111 Daher kommt ein Antrag beim Verwaltungsgericht nach § 80 Abs. 5 S. 1 Alt. 1 VwGO auf Anordnung der aufschiebenden Wirkung in Betracht. Die Zulässigkeitsvoraussetzungen für diesen Antrag folgen im Wesentlichen denen der Anfechtungsklage. Im Rahmen der Begründetheit ist letztlich auf die Erfolgsaussichten in der Hauptsache abzustellen, in der Sache also zu prüfen, ob der angegriffene Verwaltungsakt bzw. die im Raume stehende Allgemeinverfügung nach summarischer Prüfung möglicherweise rechtswidrig ist. Ist dies der Fall, so ordnet das Verwaltungsgericht die aufschiebende Wirkung an. Ist dies nicht der Fall, wird der Antrag auf Anordnung der aufschiebenden Wirkung abgelehnt.

112 Sind die Erfolgsaussichten in der Hauptsache offen, stellt sich also die Rechtmäßigkeit des angegriffenen Verwaltungsaktes als unklar dar, so erfolgt eine Abwägung zwischen dem Aussetzungsinteresse des Antragstellers und dem Vollzugsinteresse der Behörde. Angesichts der betroffenen Rechtsgüter im Kontext der Bekämpfung von übertragbaren Krankheiten, also insbesondere angesichts der Gefährdung von Leben und Gesundheit, dürfte die Abwägung regelmäßig zu Gunsten des Vollzugsinteresses der Infektionsschutzbehörde ausfallen.

5. Erledigung des Verwaltungsaktes; Fortsetzungsfeststellungsklage

113 Insbesondere bei befristeten Maßnahmen wird es nicht selten so sein, dass sich der angegriffene Verwaltungsakt vor oder nach Klageerhebung

---

[74] Vgl. zB § 212a BauGB.

durch Zeitablauf oder in anderer Weise, etwa durch Befolgung, erledigt (§ 43 Abs. 2 VwVfG). In diesem Fall kommt eine Fortsetzungsfeststellungsklage in Betracht.

114 Erledigt sich der Verwaltungsakt *nach* Klageerhebung, endet beispielsweise eine befristete Allgemeinverfügung nach Erhebung der Klage, so ist die Fortsetzungsfeststellungsklage in direkter Anwendung des § 113 Abs. 1 S. 4 VwGO durch eine entsprechende Änderung des Klageantrags statthaft (sog. „echte“ Fortsetzungsfeststellungklage)[75]. Das Verwaltungsgericht prüft in diesem Fall, ob der angegriffene Verwaltungsakt rechtswidrig war und stellt ggf. dessen Rechtswidrigkeit fest.

115 Bezüglich des Fortsetzungsfeststellungsinteresses bestehen keine Besonderheiten. Regelmäßig wird im Hinblick darauf, dass es sich um tiefgreifende Grundrechtseingriffe handelt, das Fortsetzungsfeststellungsinteresse bereits damit bejaht werden können. Ggf. kommt auch eine Wiederholungsgefahr in Betracht. Auch die Absicht der Erhebung einer Amtshaftungsklage wegen Rechtswidrigkeit der Maßnahme kann das Bestehen eines Fortsetzungsfeststellungsinteresses begründen.

116 Erledigt sich der Verwaltungsakt – zB durch Befolgung – sofort oder nach einem kurzen Zeitraum, jedoch vor Klageerhebung, so kommt entweder die Feststellungsklage nach § 43 Abs. 1 VwGO oder – so die herrschende Meinung – die (unechte) Fortsetzungsfeststellungsklage in analoger Anwendung des § 113 Abs. 1 S. 4 VwGO zum Tragen.[76] Diese ist allerdings nur dann zulässig, wenn sich der Verwaltungsakt vor Ablauf der Klagefrist des § 74 Abs. 1 VwGO erledigt hat, da er ansonsten bestandskräftig geworden ist. Die Fortsetzungsfeststellungsklage ist kein Instrument, eine versäumte Klagefrist zu kompensieren. Der Betroffene darf also beispielsweise eine Allgemeinverfügung nicht erst bestandskräftig werden lassen und sie dann mit der Fortsetzungsfeststellungsklage nach Erledigung angreifen. Die Fortsetzungsfeststellungsklage gewährt nicht mehr Rechtsschutz als es eine zulässige Anfechtungsklage täte.

117 Praktisch relevant dürfte die unechte Fortsetzungsfeststellungsklage etwa bei polizeilichen Verwaltungsakten werden, insbesondere dem Platzverweis oder der Aufforderung, sich nach Hause zu begeben, also zur Durchsetzung infektionsschutzrechtlicher Allgemeinverfügungen. Gleiches gilt für sonstige polizeirechtliche Verwaltungsakte, etwa Anhaltungen, Auskunftsersuchen, Vorladungen oder Ähnliches.

118 Soweit die Polizei – sei es die Landespolizei, sei es die Bundespolizei – zur Durchsetzung ihrer Verfügungen Zwangsmittel anwendet, etwa unmittelbaren Zwang zur Durchsetzung eines Platzverweises, handelt es

---

[75] Schenke, Verwaltungsprozessrecht, 16. Aufl. 2019, Rn. 306ff.
[76] Schenke, Verwaltungsprozessrecht, 16. Aufl. 2019, Rn. 323ff.

sich dabei nach heute wohl herrschender Meinung nicht um Verwaltungsakte im Sinne des § 35 S. 1 VwVfG, sondern um Realakte. Allerdings müssen auch solche nach Art. 19 Abs. 4 GG vor den Verwaltungsgerichten angegriffen werden können. Statthafte Klageart ist hierfür nicht die Anfechtungsklage, sondern regelmäßig die Feststellungsklage (§ 43 Abs. 1 VwGO), gerichtet auf Feststellung, dass die Anwendung des Zwangsmittels bzw. der dafür angewendete Realakt rechtswidrig, insbesondere unverhältnismäßig war.

6. Rechtsschutz gegen Rechtsverordnungen

119 Die Infektionsschutzbehörden handeln nicht nur durch Verwaltungsakt, zumal durch Allgemeinverfügung nach § 35 S. 2 VwVfG, sondern auch durch Rechtsverordnung. Nach § 32 S. 1 IfSG sind die Landesregierungen ermächtigt, unter den Voraussetzungen für die Maßnahmen nach den §§ 28-31 IfSG durch Rechtsverordnung entsprechende Ge- und Verbote zur Bekämpfung übertragbarer Krankheiten zu erlassen (→ Rn. 95 f.). Die Landesregierungen können diese Ermächtigung delegieren, etwa an das jeweils zuständige Landesministerium oder eine andere Infektionsschutzbehörde (§ 32 S. 2 IfSG).

a) Rechtsverordnungen des Landes

120 Auch wenn diese Rechtsverordnungen auf eine bundesrechtliche Ermächtigungsgrundlage (§ 32 IfSG) gestützt werden, handelt es sich doch um Landesrechtsakte, um *Landes*rechtsverordnungen, nicht etwa um Bundesrechtsverordnungen.

121 Rechtsverordnungen auf der Grundlage des § 32 IfSG sind von ihrer Rechtsnatur und Einstufung in die Normenhierarchie her „im Rang unter dem Landesgesetz stehende Rechtsvorschriften“ im Sinne des § 47 Abs. 1 Nr. 2 VwGO. Sie können also, soweit das Landesrecht dies zulässt[77], im Wege der Normenkontrolle zum Oberverwaltungsgericht bzw. Verwaltungsgerichtshof angegriffen werden. Bei Landesrechtsverordnungen im Sinne des § 32 IfSG handelt es sich also um einen statthaften Antragsgegenstand für das Normenkontrollverfahren nach § 47 Abs. 1 Nr. 2 VwGO.[78]

---

[77] Vgl. für Bayern Art. 5 AGVwGO; für Baden-Württemberg § 4 AGVwGO; für Brandenburg § 4 Abs. 1 VwGG; für Bremen Art. 7 AGVwGO; für Hessen § 15 AGVwGO; für Mecklenburg-Vorpommern § 13 AGGerStrG; für Niedersachsen § 7 VwGG; für Nordrhein-Westfalen § 109a JustG NRW; für das Saarland § 18 AGVwGO; für Sachsen § 24 SächsJG; Sachsen-Anhalt § 10 AGVwGO; für Schleswig-Holstein § 5 AGVwGO; für Thüringen § 4 AGVwGO. Eine Normenkontrolle nach § 47 Abs. 1 Nr. 2 VwGO ist nicht zugelassen in Berlin und in Hamburg.

[78] Näher zu diesem Verfahren s. Lindner, Öffentliches Recht, 2. Aufl. 2017, Rn. 846 ff.; Schenke, Verwaltungsprozessrecht, 16. Aufl. 2019, Rn. 671 ff.

Antragsberechtigt ist jede natürliche Person, aber auch Behörden, die mit der Ausführung der angegriffenen Norm befasst sind oder diese beachten müssen. Die Antragsbefugnis nach § 47 Abs. 2 S. 1 VwGO wird sich bei Rechtsverordnungen, die Ge- und Verbote aussprechen, ohne Weiteres begründen lassen. Zu beachten ist die Frist des § 47 Abs. 2 S. 1: Der Antrag muss innerhalb eines Jahres nach Bekanntmachung der Rechtsvorschrift eingereicht werden. 122

Der Normenkontrollantrag ist begründet, wenn die angegriffene Rechtsverordnung ungültig ist. Dabei werden grundsätzlich sämtliche Normen des höherrangigen Rechts, also insbesondere des IfSG, aber auch des Grundgesetzes sowie des EU-Rechts als Prüfungsmaßstab herangezogen. Insbesondere ist auch der letztlich aus den Grundrechten folgende Verhältnismäßigkeitsgrundsatz wichtiger Prüfungsmaßstab. Dieser gilt nicht nur im Rahmen der Ermessensausübung für den Erlass von Verwaltungsakten und insbesondere von Allgemeinverfügungen (s. → Rn. 41, 71 ff.), sondern auch für die einschlägigen Ge- und Verbote, die im Wege der Rechtsverordnung nach § 32 IfSG erlassen werden. 123

b) Einstweiliger Rechtsschutz im Normenkontrollverfahren (§ 47 Abs. 6 VwGO)

Für die Praxis wichtig dürfte der einstweilige Rechtsschutz im Rahmen des Normenkontrollverfahrens nach § 47 VwGO sein. Hierfür sieht § 47 Abs. 6 VwGO eine spezielle Regelung vor. Danach kann das Gericht, also das Oberverwaltungsgericht oder der Verwaltungsgerichtshof, auf Antrag eine einstweilige Anordnung erlassen, wenn dies zur Abwehr schwerer Nachteile oder aus anderen wichtigen Gründen dringend geboten ist. So wie Widerspruch und Anfechtungsklage gegen eine Allgemeinverfügung, die auf § 28 IfSG gestützt ist, nach § 80 Abs. 2 S. 1 Nr. 3 VwGO iVm § 16 Abs. 8 IfSG keine aufschiebende Wirkung haben, so dass ein Antrag auf Anordnung der aufschiebenden Wirkung nach § 80 Abs. 5 S. 1 Alt. 1 VwGO gestellt werden muss (→ Rn. 110 ff.), so hat auch die Erhebung eines Normenkontrollantrages gegen eine Landesverordnung nach § 32 IfSG keine aufschiebende Wirkung, so dass der vorläufige Rechtsschutz eigens über § 47 Abs. 6 VwGO herbeigeführt werden muss. 124

Da diese Vorschrift eine abschließende Sonderregelung darstellt, ist § 80 VwGO auch nicht analog anwendbar. Auch im Rahmen dieses Eilverfahrens findet eine summarische Prüfung statt, in deren Mittelpunkt die Frage steht, ob die angegriffene Rechtsverordnung offensichtlich rechtmäßig oder rechtswidrig ist. Im ersteren Fall bleibt der Antrag erfolglos, im zweiteren dürfte er regelmäßig Erfolg haben, da am Bestand einer offensichtlich rechtswidrigen Rechtsverordnung kein öffentliches Interesse bestehen kann. 125

126 Allerdings wird sich die Evidenz der Rechtmäßigkeit oder Rechtswidrigkeit nur in den seltensten Fällen bejahen lassen, so dass letztlich eine Interessenabwägung zum Tragen kommt, die ähnlich streng ist, wie sie das Bundesverfassungsgericht im Rahmen des Erlasses einstweiliger Anordnungen nach § 32 BVerfGG anstellt. Angesichts der Bedeutung der im Raume stehenden Rechtsgüter, die durch eine Rechtsverordnung nach § 32 IfSG geschützt werden sollen, dürfte die Abwägung regelmäßig zu Lasten des Antragstellers ausfallen.

127 Der BayVGH hat dies mit Beschluss vom 30.3.2020 in Bezug auf die Bayerische Verordnung über eine vorläufige Ausgangsbeschränkung anlässlich der Corona-Pandemie vom 24.3.2020[79] wie folgt konkretisiert und den Antrag auf Erlass einer einstweiligen Anordnung nach § 47 Abs. 6 VwGO abgelehnt:

„Ergibt demnach die Prüfung der Erfolgsaussichten der Hauptsache, dass der Normenkontrollantrag voraussichtlich unzulässig oder unbegründet sein wird, ist der Erlass einer einstweiligen Anordnung nicht zur Abwehr schwerer Nachteile oder aus anderen wichtigen Gründen dringend geboten. Erweist sich dagegen, dass der Antrag zulässig und (voraussichtlich) begründet sein wird, so ist dies ein wesentliches Indiz dafür, dass der Vollzug bis zu einer Entscheidung in der Hauptsache suspendiert werden muss. In diesem Fall kann eine einstweilige Anordnung ergehen, wenn der (weitere) Vollzug vor einer Entscheidung im Hauptsacheverfahren Nachteile befürchten lässt, die unter Berücksichtigung der Belange des Antragstellers, betroffener Dritter und/oder der Allgemeinheit so gewichtig sind, dass eine vorläufige Regelung mit Blick auf die Wirksamkeit und Umsetzbarkeit einer für den Antragsteller günstigen Hauptsacheentscheidung unaufschiebbar ist. Lassen sich die Erfolgsaussichten des Normenkontrollverfahrens im Zeitpunkt der Entscheidung über den Eilantrag nicht (hinreichend) abschätzen, ist über den Erlass einer beantragten einstweiligen Anordnung im Wege einer Folgenabwägung zu entscheiden: Gegenüberzustellen sind die Folgen, die eintreten würden, wenn eine einstweilige Anordnung nicht erginge, das Hauptsacheverfahren aber Erfolg hätte, und die Nachteile, die entstünden, wenn die begehrte einstweilige Anordnung erlassen würde, das Normenkontrollverfahren aber erfolglos bliebe. Die für den Erlass der einstweiligen Anordnung sprechenden Erwägungen müssen die gegenläufigen Interessen dabei deutlich überwiegen, mithin so schwer wiegen, dass der Erlass der einstweiligen Anordnung – trotz offener Erfolgsaussichten der Hauptsache – dringend geboten ist.“[80]

c) Inzidentkontrolle von Landesrechtsverordnungen

128 Neben der offenen Rechtssatzbeschwerde des § 47 Abs. 1 Nr. 2 VwGO kommt auch eine Inzidentprüfung einer Landesrechtsverordnung in Betracht. Dies kann dann der Fall sein, wenn auf die Rechts-

---

[79] BayMBl. Nr. 130/2020, BayRS 2126-1-4-G.

[80] BayVGH Beschl. v. 30.3.2020 – 20 NE 20.632, Rn. 32, NJW 2020, 1236; zur Verfassungsbeschwerde dagegen und dem (abgelehnten) Antrag auf Erlass einer einstweiligen Anordnung nach § 32 BVerfGG s. BVerfG Beschl. v. 7.4.2020 – 1 BvR 755/20, BeckRS 2020, 5317; vgl. auch VGH Mannheim Beschl. v. 9.4.2020 – 1 S 925/20, BeckRS 2020, 6351.

verordnung gestützt bzw. zu dessen Vollzug Verwaltungsakte ergehen, etwa ein Verwaltungsakt der Polizei zur Durchsetzung der in der Rechtsverordnung geregelten Ge- und Verbote, oder wenn bei Zuwiderhandlungen gegen die Ge- oder Verbote in der Rechtsverordnung ein Bußgeld verhängt wird. In solchen Fällen kommt im Rahmen der Anfechtungsklage gegen den Vollzugsakt oder im Rahmen des Einspruchs gegen den Bußgeldbescheid eine Inzidentprüfung der Rechtsverordnung in Betracht, die allerdings – anders als das Normenkontrollverfahren (§ 47 Abs. 5 S. 2 Hs. 2 VwGO) – nicht erga omnes, sondern nur inter partes wirkt.

d) Rechtsverordnungen des Bundes

Das IfSG sieht nicht nur die Möglichkeit von Landesrechtsverordnungen nach § 32 IfSG vor, sondern nach den jüngsten Änderungen durch das „Gesetz zum Schutz der Bevölkerung bei einer epidemischen Lage von nationaler Tragweite“ auch eine Fülle von Rechtsverordnungen des Bundes. So ist der Bundesgesundheitsminister ermächtigt, im Falle der Feststellung einer epidemischen Lage von nationaler Tragweite (§ 5 IfSG) neben den Anordnungen nach § 5 Abs. 2 IfSG (dazu bereits → Rn. 26) Rechtsverordnungen nach § 5 Abs. 2 Nr. 3, 4, 7, 8 IfSG zu erlassen. Auch solche Rechtsverordnungen können belastende Wirkungen mit sich bringen, so dass sich die Frage des Rechtsschutzes stellt. 129

Wichtig ist, dass Rechtsverordnungen des Bundes *nicht* mit der Normenkontrolle nach § 47 VwGO angegriffen werden können. Denn bei solchen Rechtsverordnungen handelt es sich ersichtlich nicht um Normen im Sinne des § 47 Abs. 1 Nr. 1 VwGO und auch nicht um Rechtsvorschriften, die im Rang unter dem Landesgesetz (§ 47 Abs. 1 Nr. 2 VwGO) stehen. Sie stehen als Bundesrechtsverordnungen vielmehr im Rang über dem Landesgesetz. 130

Die VwGO sieht keine Möglichkeit vor, Rechtsverordnungen des Bundes in einem originären Normenkontrollverfahren überprüfen zu lassen. In Betracht kommt verwaltungsprozessual lediglich die Inzidentüberprüfung im Rahmen von Anfechtungsklagen gegen auf die Rechtsverordnung gestützte Vollzugsakte. Angesichts der klaren und abschließenden Regelung in § 47 Abs. 1 VwGO kommt auch eine analoge Anwendung des § 47 Abs. 1 Nr. 2 VwGO nicht in Betracht. 131

Bedarf die Bundesrechtsverordnung keines eigenen Vollzugsaktes, weil sich die Regelungswirkungen, insbesondere die Ge- und Verbote unmittelbar aus der Rechtsverordnung ergeben, so kommt eine Feststellungsklage nach § 43 VwGO in Betracht, innerhalb derer im Rahmen der Begründetheit inzident die Rechtmäßigkeit der Rechtsordnung sowie ggf. des zugrunde liegenden Bundesgesetzes (letzterenfalls mit eventueller Vorlage nach Art. 100 Abs. 1 GG zum BVerfG) überprüft wird. Eine 132 gegen den Normgeber gerichtete Feststellungsklage kommt insbesondere dann in Betracht, wenn die Rechtsverordnung unmittelbar Rechte und Pflichten der Betroffenen begründet, ohne dass eine Konkretisierung oder Individualisierung der rechtlichen Beziehungen zwischen Normgeber und Normadressat durch Verwaltungsvollzug erforderlich ist.[81] Der Klageantrag zum Verwaltungsgericht würde dann allerdings nicht auf Feststellung der Rechtswidrigkeit der Bundesrechtsverordnung zielen, sondern auf die Feststellung des Bestehens oder Nicht-Bestehens eines Rechtsverhältnisses dergestalt, dass der Betroffene bestimmte Pflichten nicht zu erfüllen habe.

133 Im Übrigen bleibt als Rechtsschutzmöglichkeit letztlich nur die Verfassungsbeschwerde zum BVerfG nach Art. 93 Abs. 1 Nr. 4a GG, da es sich auch bei einer Bundesrechtsverordnung um einen mit der Verfassungsbeschwerde angreifbaren hoheitlichen Akt handelt. Allerdings stellt sich hier das Problem der Subsidiarität, insbesondere der Rechtswegerschöpfung. Regelmäßig wird vor Erhebung einer Verfassungsbeschwerde der fachgerichtliche Rechtsschutz vor den Verwaltungsgerichten im Wege einer Feststellungsklage erforderlich sein.[82]

134 Freilich dürfte es sich bei den Rechtsverordnungen des Bundes nach dem IfSG um „eilige" Rechtsverordnungen handeln, so dass es dem Einzelnen kaum zumutbar sein wird, Rechtsschutz vor den Verwaltungsgerichten zu erzielen. Zwar kommt auch im Rahmen einer Feststellungsklage nach § 43 Abs. 1 VwGO die Möglichkeit des Erlasses einer einstweiligen Anordnung nach § 123 VwGO in Betracht. Es erscheint jedoch nicht ausgeschlossen, dass das BVerfG auch vor Ausschöpfung dieser Rechtsschutzmöglichkeit eine Verfassungsbeschwerde zulässt, in deren

---

[81] Näher hierzu Schenke, Verwaltungsprozessrecht, 16. Aufl. 2019, Rn. 1073 ff.; BVerwGE 136, 54 = NVwZ 2010, 1300; BVerwGE 157, 126 = NVwZ 2017, 791.

[82] Dies gilt auch bei Landesrechtsverordnungen, die keines Vollzugs bedürfen, in Ländern, die die Normenkontrolle nach § 47 Abs. 1 Nr. 2 VwGO nicht zulassen (wie zB Berlin); vgl. zB BVerfG Beschl. v. 31.3.2020 – 1 BvR 712/20, BeckRS 2020, 4748: Unzulässigkeit einer Verfassungsbeschwerde gegen die „Eindämmungsmaßnahmenverordung" des Landes Berlin vom 22.3.2020: „Denn der Beschwerdeführer kann fachgerichtlichen Rechtsschutz auch auf andere Weise, also ohne vorherigen Verstoß gegen §§ 1 oder 14 SARS-CoV-2-EindmaßnV und einen daran anknüpfenden Vollzugsakt erlangen. Das gilt unabhängig von der – im Land Berlin fehlenden – Möglichkeit einer prinzipalen Normenkontrolle untergesetzlichen Landesrechts durch das Oberverwaltungsgericht gemäß § 47 Abs. 1 Nr. 2 VwGO. Der Beschwerdeführer ist gehalten, vor einer Anrufung des Bundesverfassungsgerichts beim Verwaltungsgericht eine mit einem Antrag auf einstweiligen Rechtsschutz verbundene negative Feststellungsklage nach § 43 VwGO gegen die individuelle Verbindlichkeit der hier angegriffenen Verbote zu erheben, die nach der verwaltungsgerichtlichen Rechtsprechung insbesondere dann grundsätzlich zulässig ist, wenn dem Betroffenen das Abwarten eines Normvollzugsakts wegen drohender Sanktionen nicht zugemutet werden kann.".

Rahmen auch der Erlass einer einstweiligen Anordnung nach § 32 BVerfGG gestellt werden kann.[83]

7. Verfassungsgerichtliche Rechtsbehelfe

Neben der Verfassungsbeschwerde unmittelbar gegen eine Rechtsver- 135
ordnung des Bundes sind auch weitere verfassungsgerichtliche Rechtsbehelfe nicht ausgeschlossen. So kann nach Erschöpfung des Verwaltungsrechtswegs eine Verfassungsbeschwerde nach Art. 93 Abs. 1 Nr. 4a GG gegen Verwaltungsakte, insbesondere Allgemeinverfügungen auf der Basis des § 28 IfSG bzw. gegen die diese bestätigenden verwaltungsgerichtlichen Entscheidungen, erhoben werden. Im Falle der Zulässigkeit einer solchen Verfassungsbeschwerde würde das BVerfG inzident auch die Rechtsgrundlage überprüfen. Es kommt auch ein Antrag auf Erlass einer einstweiligen Anordnung nach § 32 BVerfGG in Betracht, dessen Zulässigkeit freilich die Erschöpfung des fachrechtlichen Eilrechtsschutzes (insbesondere nach § 80 Abs. 5 VwGO) voraussetzt.[84]

Daneben gibt es auch landesverfassungsrechtliche Möglichkeiten zu 136
verfassungsgerichtlichem Rechtsschutz. So kann etwa im Freistaat Bayern gegen landesrechtliche Normen, also insbesondere eine Rechtsverordnung nach § 32 IfSG, die Popularklage nach Art. 98 S. 4 BayVerf iVm Art. 55 Verfassungsgerichtshofsgesetzes (VfGHG) zum Bayerischen Verfassungsgerichtshof erhoben werden. Zwar ist eine solche Rechtsverordnung auf der Basis eines Bundesgesetzes erlassen, es handelt sich jedoch um einen Landesrechtsakt, gegen den die Popularklage statthaft ist.

Popularklage zum BayVerfGH und der Normenkontrollantrag zum 137
BayVGH nach § 47 VwGO sind nebeneinander zulässig. Allerdings überprüft der VGH die angegriffene Rechtsverordnung wegen § 47 Abs. 3 VwGO nicht am Maßstab der Grundrechte der Bayerischen Verfassung. Dies tut hingegen der BayVerfGH: Denn der Erlass der Rechtsverordnung und die dort getroffenen einzelnen Ge- und Verbote beruhen nicht auf einer *zwingenden* bundesrechtlichen Anordnung, sondern lediglich auf einer Ermächtigung zum Erlass einer entsprechenden Rechtsverordnung. Die Landesregierungen werden nach § 32 IfSG zum Erlass ei-

---

[83] Vgl. BVerfG Beschl. v. 7.4.2020 – 1 BvR 755/20, BeckRS 2020, 5317 (Ablehnung einer einstweiligen Anordnung im Hinblick auf die Corona-Verordnung des Freistaates Bayern vom 27.3.2020).

[84] BVerfG Beschl. v. 20.3.2020 –1 BvR 661/20, BeckRS 2020, 4022 (Ablehnung des Erlasses einer einstweiligen Anordnung im Verfassungsbeschwerdeverfahren gegen ein infektionsschutzrechtliches Versammlungsverbot (hier: gem. § 28 Abs. 1 S. 2 IfSG iVm § 3 Abs. 3 CoronaVV BW). Die Beschwerdeführer haben von der Möglichkeit, gegen das angegriffene Versammlungsverbot um verwaltungsgerichtlichen Eilrechtsschutz gem. § 80 Abs. 5 VwGO nachzusuchen, keinen Gebrauch gemacht.

ner entsprechenden Rechtsverordnung nur „ermächtigt“, nicht indes verpflichtet. Es besteht für die Länder mithin ein Umsetzungsspielraum, der nicht bundesrechtlich determiniert und daher der Überprüfung am Maßstab der Landesgrundrechte zugänglich ist.

138 Auch im Rahmen eines Popularklageverfahrens kann nach Art. 26 VfGHG der Erlass einer einstweiligen Anordnung gestellt werden, mit dem die Anwendung der angegriffenen Rechtsnorm vorläufig ausgesetzt wird.[85]

8. Individualbeschwerde zum EGMR

139 Neben dem Rechtsschutz zu den Fachgerichten und den verfassungsprozessualen Rechtsschutzmöglichkeiten besteht subsidiär noch die Möglichkeit einer Individualbeschwerde zum EGMR. Nach Erschöpfung des innerstaatlichen Rechtswegs kann eine solche nach § 34 EMRK erhoben werden.

---

[85] Im Rahmen einer gegen die auf § 32 S. 1 IfSG gestützte Bayerische Verordnung über eine vorläufige Ausgangsbeschränkung anlässlich der Corona-Pandemie vom 24. März 2020 (BayMBl. Nr. 130/2020, BayRS 2126-1-4-G) gerichteten Popularklage (Vf. 6-VII-20) wurde der Erlass einer einstweiligen Anordnung auf vorläufige Außervollzugesetzung der angegriffenen Rechtsverordnung abgelehnt. Die Entscheidung wurde nach Art. 26 Abs. 3 VfGHG vom Präsidenten alleine getroffen. Da die Popularklage in der Hauptsache weder offensichtlich begründet noch offensichtlich unbegründet sei, müsse eine Folgenabwägung vorgenommen werden, die angesichts der Gewichtigkeit der bedrohten Rechtsgüter gegen die einstweilige Aussetzung des Vollzugs spreche.

§ 17 Entschädigungsansprüche

Inhaltsübersicht

I. Einführung

1 Der Entwurf zum „Gesetz zur Abmilderung der Folgen der COVID-19-Pandemie im Zivil-, Insolvenz- und Strafverfahrensrecht" (COVID-19-FAG) bringt es auf den Punkt:

„Zur Eindämmung des massiven Anstiegs der Infektionen mit dem SARS-CoV-2-Virus haben Behörden im März 2020 die Schließung einer Vielzahl von Freizeit- und Kultureinrichtungen, Kinderbetreuungseinrichtungen, Gastronomiebetrieben und Einzelhandelsgeschäften angeordnet und zahlreiche öffentliche Veranstaltungen untersagt. Gesundheitsbehörden haben für Menschen, die sich mit diesem Virus infiziert haben oder die Kontakt mit Infizierten hatten, häusliche Quarantäne angeordnet. In der Folge haben auch Unternehmen des produzierenden Gewerbes ihr Geschäft beschränkt oder eingestellt.

Diese Maßnahmen werden zu erheblichen Einkommensverlusten bei Personen führen, die ihren Lebensunterhalt überwiegend aus dem Betrieb dieser Einrichtungen und Unternehmen oder aus öffentlichen Veranstaltungen bestritten haben oder deren Einnahmen davon abhängig sind."

2 Um die Folgen der beschriebenen Verluste abzumildern, hat der Gesetzgeber zahlreiche Erleichterungen geschaffen. Diese Erleichterungen können aber nicht den Blick darauf verstellen, dass Verursacher eines Großteils der Verluste der Staat selbst ist. Er ist es, der die Schließungen oder etwa eine Quarantäne angeordnet hat. Jenseits der freiwillig gewährten (Staats)Hilfen steht daher (auch) die Frage nach von Gesetzes wegen geschuldeten Schadensersatz- oder Entschädigungsleistungen durch die öffentliche Hand im Raum. Einer solchen Haftung lässt sich nicht per se entgegenhalten, dass – soweit ersichtlich – die Verfassungs- und Verwaltungsgerichte die getroffenen Maßnahmen in Eilrechtsverfahren bis dato weit überwiegend gebilligt haben.[1] Sowohl das Infektionsschutzgesetz (IfSG) als auch das allgemeine Staatshaftungsrecht kennen Entschädigungsansprüche auch bei rechtmäßigem Staatshandeln. Überdies wird sich in den verwaltungsgerichtlichen Hauptsacheverfahren insbesondere die Verhältnismäßigkeit der getroffenen Eingriffe erst noch erweisen müssen; das gilt namentlich bei fortschreitender Dauer der

[1] Vgl. BayVerfGH BeckRS 2020, 4602; BayVGH, BeckRS 2020, 4616; OVG Berlin-Brandenburg BeckRS 2020, 4408; OVG Münster BeckRS 2020, 5158; OVG Bremen BeckRS 2020, 5629.

Schließungsmaßnahmen.[2] Das Bundverfassungsgericht hat die Rechtmäßigkeit ausdrücklich offengelassen.[3] Im Auge zu behalten sind die Maßnahmen auch unter dem Gesichtspunkt der Gleichbehandlung.[4]

So vielfältig die angeordneten Maßnahmen und so weit der Kreis der von ihr Betroffenen sind, so zahlreich und verschieden gestalten sich denkbare Schadensersatz- oder Entschädigungsverlangen. Zu differenzieren ist nicht nur nach rechtmäßigem und rechtswidrigem Verwaltungshandeln, sondern unter anderem auch danach, ob eine Behörde gegenüber einer konkreten Person, insbesondere wenn sie sich mit dem Virus infiziert hat, tätig wird oder ob ihre Maßnahmen einen unbestimmten Kreis von – weit überwiegend – gesunden Personen trifft. Zwar entfaltet diese, für das Gefahrenabwehrrecht typische Unterscheidung zwischen Störern und Nichtstörern im Infektionsschutzrecht nicht ihre herkömmliche Wirkung, insbesondere ist die Inanspruchnahme der Nichtstörer nicht subsidiär;[5] insbesondere die Entschädigungstatbestände des IfSG differenzieren jedoch danach, ob eine Person als Kranker, Krankheitsverdächtiger, Ansteckungsverdächtiger und Ausscheider sowie sonstiger Träger von Krankheitserregern in Anspruch genommen wird oder als Dritter (Nichtstörer). 3

II. Entschädigung nach dem Infektionsschutzgesetz

1. Maßnahmen zur Infektionsverhütung und zur Infektionsbekämpfung

Systematisch differenziert das Infektionsschutzgesetz zwischen Maßnahmen zur Gefahrverhütung (§§ 16ff. IfSG) und Maßnahmen zur Gefahrbekämpfung (§§ 24ff. IfSG). Der Anwendungsbereich der §§ 16ff. IfSG ist nur und nur solange eröffnet, wie eine übertragbare Krankheit noch nicht aufgetreten ist. Ist im Zeitpunkt der Maßnahme bereits eine Erkrankung festgestellt worden, darf sich die zuständige Behörde allein auf §§ 24ff. IfSG stützen.[6] 4

a) Maßnahmen zur Infektionsverhütung

§§ 16, 17 IfSG regeln Maßnahmen zur Infektionsverhütung, also bis zum Zeitpunkt des erstmaligen Auftretens einer übertragbaren Krankheit. Die Behörde ist gemäß § 16 Abs. 1 S. 1 IfSG berechtigt, die notwendigen Maßnahmen zur Abwendung der dem Einzelnen oder der Allgemeinheit drohenden Gefahren zu treffen, wenn Tatsachen festgestellt werden, die zum Auftreten einer übertragbaren Krankheit führen können, 5

---

[2] BayVGH BeckRS 2020, 4616 Rn. 25.
[3] BVerfG BeckRS 2020, 5317 Rn. 7.
[4] VG Sigmaringen BeckRS 2020, 6384 Rn. 29.
[5] Vgl. zu dieser Unterscheidung → § 16 Rn. 60ff.
[6] OVG Lüneburg BeckRS 2011, 46763.

oder anzunehmen ist, dass solche Tatsachen vorliegen. Mit der Ermächtigung soll die Behörde in die Lage versetzt werden, präventiv tätig zu werden.[7] Allerdings bedarf es konkreter Anhaltspunkte dafür, dass tatsächlich eine vom Anwendungsbereich des § 16 Abs. 1 IfSG erfasste Gefahrenlage vorliegt.[8] Welche Maßnahmen getroffen werden dürfen, legt § 16 IfSG nicht im Einzelnen fest. Ermessensleitend wirkt insbesondere der Grundsatz der Verhältnismäßigkeit.[9] In der aktuellen COVID-19-Pandemie spielen die Maßnahmen zur Infektionsverhütung allenfalls eine untergeordnete Rolle, da die Behörden erst tätig wurden, nachdem die ersten Krankheitsfälle aufgetreten waren.

b) Maßnahmen zur Infektionsbekämpfung

6 Die Maßnahmen zur Infektionsbekämpfung finden ihre Rechtsgrundlage in §§ 24ff. IfSG. Die Generalklausel in § 28 Abs. 1 S. 1 IfSG sieht vor, dass die zuständige Behörde die „notwendigen Schutzmaßnahmen" trifft, wenn Kranke, Krankheitsverdächtige, Ansteckungsverdächtige oder Ausscheider festgestellt werden oder sich ergibt, dass ein Verstorbener krank, krankheitsverdächtig oder Ausscheider war. Der Begriff der „Schutzmaßnahmen" ist umfassend und eröffnet der Infektionsschutzbehörde ein breites Handelsspektrum, das durch die Notwendigkeit der Maßnahme im Einzelfall begrenzt wird.[10] Geschäftsschließungen können – so die ersten obergerichtlichen Verwaltungsentscheidungen – eine solche Schutzmaßnahme sein.[11] Dafür spreche insbesondere, dass (Einzelhandels-)Betriebe mit Publikumsverkehr den in § 28 Abs. 1 S. 2 IfSG ausdrücklich genannten Veranstaltungen und sonstigen Zusammenkünften insoweit ähnele, als sie ebenso wie diese Anziehungspunkte für Menschen an einem begrenzten Ort seien und damit ein besonderes Risiko für die Weiterverbreitung einer von Mensch zu Mensch übertragbaren Krankheit darstellten.[12]

7 Die gegenüber einer unbestimmten Vielzahl von Personen getroffenen Anordnungen von Geschäftsschließungen ergehen regelmäßig durch Rechtsverordnung nach § 32 IfSG oder durch Allgemeinverfügung der Bundesländer;[13] auch Landkreise und Kommunen haben insbesondere

---

[7] OVG Münster BeckRS 2008, 40609.

[8] OVG Münster BeckRS 2008, 40609.

[9] Trute GSZ 2018, 125 (131).

[10] Kritisch zur von den Behörden in Anspruch genommenen Maßnahmenvielfalt aber Kingreen, Whatever it takes – Der demokratische Rechtsstaat in Zeiten von Corona, abrufbar unter https://verfassungsblog.de/whatever-it-takes/.

[11] BayVGH BeckRS 2020, 4616 Rn. 11; OVG Münster BeckRS 2020, 5158.

[12] BayVGH BeckRS 2020, 4616 Rn. 11; OVG Münster BeckRS 2020, 5158.

[13] Bspw. Allgemeinverfügung des Bayerischen Staatsministeriums für Gesundheit und Pflege vom 16. März 2020, BayMBl. 2020 Nr. 143; Verordnung der Landesregierung Baden-Württemberg über infektionsschützende Maßnahmen gegen die Ausbrei-

vor einer gemeinsamen Maßnahmenkoordinierung der Länder Schließungsmaßnahmen durch Allgemeinverfügung angeordnet.[14]

Verwaltungsakte gegen Einzelpersonen ergehen regelmäßig auf der Grundlage der § 28 Abs. 1 S. 2 IfSG, §§ 29, 30 und 31 IfSG, die – neben der Generalklausel in § 28 Abs. 1 S. 1 IfSG – spezielle Schutzmaßnahmen normieren. § 29 IfSG regelt die Unterwerfung unter eine Beobachtung. § 30 Abs. 1 S. 2 IfSG erlaubt die Anordnung von Quarantäne, also die Absonderung eines Betroffenen im Krankenhaus oder in „sonst geeigneter Weise“; es ist streitig, ob hierunter auch die häusliche Quarantäne zu subsumieren ist[15] oder ob deren Anordnung nur auf § 28 Abs. 1 S. 1 Hs. 2 IfSG gestützt werden kann (→ § 16 Rn 79). Die vollständige oder teilweise Untersagung beruflicher Tätigkeiten kann unmittelbar nach § 31 IfSG angeordnet werden oder sich reflexhaft bei Betriebsschließungen nach § 28 Abs. 1 S. 1 IfSG ergeben.[16] In Betracht kommt weiter die Untersagung von Veranstaltungen oder anderer Zusammenkünfte, sowie Betretungs- und Versammlungsverbote (§ 28 Abs. 1 S. 2 IfSG), die Schließung von Gemeinschaftseinrichtungen (§§ 33 ff. IfSG) oder öffentlicher Badeeinrichtungen (§§ 37 ff. IfSG). 8

Voraussetzung sämtlicher Maßnahmen ist, dass Personen als krank, krankheitsverdächtig, ansteckungsverdächtig oder Ausscheider festgestellt werden oder ein Verstorbener krank, krankheitsverdächtig oder Ausscheider war (vgl. zur Terminologie § 2 Nr. 4–7 IfSG). Allerdings ist der Kreis der Adressaten der Maßnahmen nicht auf diese „Störer“ beschränkt (das heißt Kranke, Krankheitsverdächtige, Ansteckungsverdächtige oder Ausscheider), sondern Maßnahmen können auch gegenüber Nichtstörern angeordnet werden, die etwa vor einer Ansteckung zu schützen sind.[17] Die Inanspruchnahme eines Nichtstörers muss allerdings den Voraussetzungen des allgemeinen Polizeirechts genügen.[18] 9

2. Die Entschädigungstatbestände des IfSG

Das IfSG enthält zwei – im vorliegenden Kontext – interessierende Entschädigungsbestimmungen. 10

---

tung des Virus SARS-Cov-2, abrufbar unter https://www.baden-wuerttemberg.de/fileadmin/redaktion/dateien/PDF/200317_StM_VO_IfSG_Corona.pdf.

[14] Vgl. zur Zuständigkeit Giesberts/Gayger/Weyand NVwZ 2020, 417 (418).

[15] So Giesberts/Gayger/Weyand NVwZ 2020, 417 (418 f.).

[16] Vgl. zu dieser Unterscheidung → § 16 Rn. 79.

[17] BVerwG NJW 2012, 2823 Rn. 26; OVG Lüneburg BeckRS 2011, 46763: § 8 Abs. 1 Nr. 1 Nds. SOG; BT-Drs. 8/2468, 27 f.; Bales/Baumann/Schnitzler, IfSG, 2. Aufl. 2003, IfSG § 28 Rn. 3.

[18] BVerwG NJW 2012, 2823 Rn. 29; OVG Lüneburg BeckRS 2011, 46763: § 8 Abs. 1 Nr. 1 Nds. SOG.

§ 56 Abs. 1 IfSG lautet:

„Wer auf Grund dieses Gesetzes als Ausscheider, Ansteckungsverdächtiger, Krankheitsverdächtiger oder als sonstiger Träger von Krankheitserregern im Sinne von § 31 Satz 2 Verboten in der Ausübung seiner bisherigen Erwerbstätigkeit unterliegt oder unterworfen wird und dadurch einen Verdienstausfall erleidet, erhält eine Entschädigung in Geld. Das Gleiche gilt für Personen, die als Ausscheider oder Ansteckungsverdächtige abgesondert wurden oder werden, bei Ausscheidern jedoch nur, wenn sie andere Schutzmaßnahmen nicht befolgen können. Eine Entschädigung nach den Sätzen 1 und 2 erhält nicht, wer durch Inanspruchnahme einer Schutzimpfung oder anderen Maßnahme der spezifischen Prophylaxe, die gesetzlich vorgeschrieben ist oder im Bereich des gewöhnlichen Aufenthaltsorts des Betroffenen öffentlich empfohlen wurde, ein Verbot in der Ausübung seiner bisherigen Tätigkeit oder eine Absonderung hätte vermeiden können.“

11 Mit dem Gesetz zum Schutz der Bevölkerung bei einer epidemischen Lage von nationaler Tragweite vom 27. März 2020 wurde in § 56 IfSG ein neuer Abs. 1 a eingefügt:

„Werden Einrichtungen zur Betreuung von Kindern oder Schulen von der zuständigen Behörde zur Verhinderung der Verbreitung von Infektionen oder übertragbaren Krankheiten auf Grund dieses Gesetzes vorübergehend geschlossen oder deren Betreten untersagt und müssen erwerbstätige Sorgeberechtigte von Kindern, die das zwölfte Lebensjahr noch nicht vollendet haben oder behindert und auf Hilfe angewiesen sind, in diesem Zeitraum die Kinder selbst betreuen, weil sie keine anderweitige zumutbare Betreuungsmöglichkeit sicherstellen können, und erleiden sie dadurch einen Verdienstausfall, erhalten sie eine Entschädigung in Geld.[19]*“*

12 Eine weitere Entschädigungsbestimmung enthält § 65 IfSG:

„Soweit auf Grund einer Maßnahme nach §§ 16 und 17 Gegenstände vernichtet, beschädigt oder in sonstiger Weise in ihrem Wert gemindert werden oder ein anderer nicht nur unwesentlicher Vermögensnachteil verursacht wird, ist eine Entschädigung in Geld zu leisten; eine Entschädigung erhält jedoch nicht derjenige, dessen Gegenstände mit Krankheitserregern oder mit Gesundheitsschädlingen als vermutlichen Überträgern solcher Krankheitserreger behaftet oder dessen verdächtig ist […].“

13 Das Bayerische Infektionsschutzgesetz (BayIfSG) vom 25.3.2020[20] enthält in Art. 7 ebenfalls eine Entschädigungsvorschrift. Sie lautet:

„Soweit eine Maßnahme nach diesem Gesetz enteignende Wirkung hat, ist der hiervon Betroffene angemessen in Geld zu entschädigen.“

a) Entschädigungsansprüche nach § 56 IfSG

aa) Entschädigung bei Tätigkeitsverboten oder Absonderung

14 § 56 Abs. 1 IfSG regelt Entschädigungsansprüche bei rechtmäßigen Anordnungen gegenüber Krankheitsverdächtigen, Ansteckungsverdäch-

---

[19] Das Gesetz tritt mit Wirkung vom 30. März 2020 in Kraft.
[20] BayGVBl. 2020, 174.

tigen und Ausscheidern sowie sonstigen Trägern von Krankheitserregern.[21] Die Bestimmung entspricht im Wesentlichen dem früheren § 49 BSeuchG.[22]

Sind die genannten Personen in der Ausübung ihrer Erwerbstätigkeit Verboten unterworfen (§ 31 IfSG) oder wird Quarantäne angeordnet (§ 30 IfSG) und erleiden die Betroffenen dadurch einen Verdienstausfall, erhalten sie eine Entschädigung in Geld. Die Entschädigung bemisst sich während der ersten sechs Wochen nach dem erlittenen Verdienstausfall; ab Beginn der siebenten Woche wird sie in Höhe des Krankengeldes nach § 47 Abs. 1 SGB V gewährt, soweit der Verdienstausfall die für die gesetzliche Krankenversicherungspflicht maßgebende Jahresentgeltgrenze nicht übersteigt (§ 56 Abs. 2 IfSG). Etwaige sonstige Leistungen sind nach § 56 Abs. 8 IfSG anzurechnen.[23] 15

Die Vorschrift des § 56 IfSG ist aufgrund ihres Zwecks eng auszulegen.[24] Das zugrunde liegende Tätigkeitsverbot dient der Beseitigung der von dem Betroffenen ausgehenden Ansteckungsgefahr für Dritte. Diese rechtmäßigen Anordnungen belasten ihn daher nicht mit einem Sonderopfer, sondern weisen ihn lediglich in die Schranken einer Rechtsstellung zurück. Der Betroffene muss solche Anordnungen an sich grundsätzlich entschädigungslos hinnehmen, selbst wenn er durch sie wirtschaftliche Nachteile erleidet.[25] Krankheits- und Ansteckungsverdächtige sowie Ausscheider und sonstige Träger von Krankheitserregern sollen indessen nach dem Willen des Gesetzgebers mit Kranken gleich behandelt werden, denen regelmäßig Leistungen der Krankenversicherung gewährt werden.[26] Die nach dem Infektionsschutzrecht zu zahlende Entschädigung stellt demnach eine Billigkeitsregelung dar, durch die den Betroffenen, die an sich Störer im polizeirechtlichen Sinne sind, eine gewisse Sicherung, kein voller Schadensersatz, vor materieller Not zugute kommen soll.[27] 16

Eine Entschädigungspflicht des Staates besteht nur dann, wenn der Betroffene mangels anderweitiger Ansprüche auf Grund der infektionsschutzrechtlichen Maßnahmen sonst in Not geraten würde. Ein Verdienstausfall liegt daher nicht vor, wenn einem Arbeitnehmer für den fraglichen Zeitraum ein gesetzlicher oder vertraglicher Anspruch auf Fortzahlung seines Lohns oder Gehalts gegen den Arbeitgeber zusteht. 17

---

[21] Erdle, IfSG, 7. Aufl. 2020, 159.

[22] BGH NJW-RR 2009, 165.

[23] Bales/Baumann/Schnitzler, IfSG, 2. Aufl. 2003, IfSG § 56 Rn. 5.

[24] Erdle, IfSG, 7. Aufl. 2020, 159.

[25] BGH NJW 1979, 422 (424); BGH NJW 1979, 1460 jeweils zur Vorgängerregelung des § 49 BSeuchG.

[26] BGH NJW 1972, 632 zur Vorgängerregelung des § 49 BSeuchG.

[27] BGH NJW 1979, 422 (424); BGH NJW 1979, 1460 jeweils zur Vorgängerregelung des § 49 BSeuchG; Bales/Baumann/Schnitzler, IfSG, 2. Aufl. 2003, § 28 Rn. 1.

Aus diesem Grund ist auch ein Anspruchsübergang auf den Arbeitgeber ausgeschlossen.[28]

18 Aufgrund der geboten engen Auslegung scheidet eine Anwendung des § 56 IfSG bei im Tatbestand nicht explizit angeführten Maßnahmen aus. Entschädigungsansprüche etwa wegen einer (nur) häuslichen Quarantäne bestehen nur dann, wenn man auch hierin eine „Absonderung" im Sinne des § 56 Abs. 1 S. 2 IfSG erblickt oder mit ihr ein Tätigkeitsverbot einhergeht. Namentlich die Vertreter, die die häusliche Quarantäne unter § 30 Abs. 1 S. 2 IfSG subsumieren, sehen in § 56 IfSG demgegenüber „einen Hauptanwendungsfall staatlicher Auffangleistung in der Corona-Krise."[29]

19 Auch eine Ausweitung in personeller Hinsicht scheidet aus. § 56 Abs. 1 IfSG gewährt eine Entschädigung ausschließlich den Adressaten des Tätigkeitsverbots oder der Absonderungsanordnung. Einen Verdienstausfall können neben Arbeitnehmern auch Selbständige erleiden.[30] Nicht erfasst werden demgegenüber Nichtstörer, die deshalb finanzielle Nachteile haben, weil gegenüber Dritten Verbote ausgesprochen werden. So steht beispielsweise Künstlern, die auf der Grundlage von Werkverträgen für – nunmehr geschlossene – (Kultur-)Einrichtungen tätig sind, kein Entschädigungsanspruch nach § 56 Abs. 1 IfSG zu.

20 Der Anspruch auf Entschädigung nach § 56 Abs. 1 S. 1 und 2 IfSG entfällt, wenn der Betroffene ein Tätigkeitsverbot oder eine Absonderung hätte vermeiden können (§ 56 Abs. 1 S. 3 IfSG), wenn ihn an der Erkrankung also ein „Verschulden gegen sich selbst" trifft. Dies könnte bei Reisen in Risikogebiete (vgl. § 4 IfSG), vor denen schon vor der Hinfahrt gewarnt wurde, anzunehmen sein, sofern kein triftiger Grund für die Reise bestand.[31]

bb) Entschädigung bei Kinderbetreuung

21 Mit dem Gesetz zum Schutz der Bevölkerung bei einer epidemischen Lage von nationaler Tragweite vom 27. März 2020 wurde in § 56 IfSG ein neuer Absatz 1a eingefügt. Dieser sieht Entschädigungsansprüche berufstätiger Eltern vor, die wegen Schul- und Kindertagesstättenschließungen in Betreuungsnot sind und einen Verdienstausfall erleiden. Anspruchsberechtigt sind unter diesen besonderen Voraussetzungen also auch Nichtstörer. Der Anspruch entfällt bei einer anderen zumutbaren Betreuungsmöglichkeit, insbesondere wenn ein Anspruch auf eine sogenannte Notbetreuung in der Kindertagesstätte oder der Schule besteht, auf den anderen Elternteil zurückgegriffen werden kann oder andere

---

[28] BGH NJW 1979, 422 (424); BGH NJW 1979, 1460 jeweils zur Vorgängerregelung des § 49 BSeuchG.; weiterführend Hohenstatt/Krois NZA 2020, 413 ff.

[29] Giesberts/Gayger/Weyand NVwZ 2020, 417 (419).

[30] BGH NJW 1979, 1460 zur Vorgängerregelung des § 49 BSeuchG.

[31] Weller/Lieberknecht/Habrich NJW 2020, 1017 (1018).

hierzu bereite Familienmitglieder/Verwandte die Betreuung des Kindes oder – bei Geschwistern – mehrerer Kinder wahrnehmen können.[32] Personen, die einer Risikogruppe angehören – beim Corona-Virus namentlich Personen mit Vorerkrankungen oder über 60jährige – gelten nicht als zumutbare Betreuungsalternative.[33]

Ein Anspruch besteht ferner nicht, wenn die Arbeitszeit von Sorgeberechtigten aufgrund der Anordnung von Kurzarbeit verkürzt ist. Müssen die betreuenden Eltern keine Arbeitsleistung erbringen, können sie ihre Kinder während dieser Zeit selbst betreuen.[34] Die Möglichkeit zur Arbeit im Home Office eröffnet demgegenüber keine vollumfassende Betreuungsmöglichkeit, die einer Entschädigung entgegensteht.[35] 22

Schließlich muss allein die infektionsbedingte Schließung bzw. das Betretungsverbot der Schulen oder anderer Betreuungseinrichtungen zum Verdienstausfall geführt haben, was insbesondere während der Schulferien nicht der Fall ist. Der Entschädigungsanspruch ist auf die Dauer von längstens sechs Wochen und auf die Höhe von 67 % des entstandenen Verdienstausfalls und maximal 2.016 Euro monatlich beschränkt, § 56 Abs. 2 S. 4 IfSG nF. 23

In der aktuellen COVID-19-Pandemie können also sowohl die genannten Adressaten von Tätigkeitsverboten und Quarantäneanordnungen (§ 56 Abs. 1 S. 2 IfSG iVm § 30 Abs. 1 S. 1 IfSG) als auch berufstätige Eltern betreuungsbedürftiger Kinder bei Betreuungsnot, soweit sie tatsächlich einen Verdienstausfall erleiden, eine billige Entschädigung auf Grundlage von § 56 Abs. 1, 1a IfSG geltend machen. Gerade bei betreuenden Eltern ist die Entschädigung der Höhe nach stark begrenzt (§ 56 Abs. 2 S. 4 IfSG nF). 24

Nach § 66 Abs. 1 IfSG ist das Land, in dem das Tätigkeitsverbot erlassen oder die Absonderung angeordnet worden ist, zur Zahlung der Entschädigung nach § 56 IfSG verpflichtet.[36] 25

b) Entschädigung nach § 65 IfSG

aa) Unmittelbare Anwendung von § 65 IfSG

§ 65 IfSG gewährt nach seinem ausdrücklichen Wortlaut eine Entschädigung nur bei Maßnahmen nach §§ 16 und 17 IfSG, also bei Maßnahmen zur *Verhütung* übertragbarer Krankheiten. Die Vorschrift entspricht der Vorgängernorm in § 57 BSeuchG aF. Sie regelt eine Enteignungsentschädigung für Maßnahmen gegen Nichtstörer.[37] 26

---

[32] BT-Drs. 19/18111, 25.
[33] BT-Drs. 19/18111, 25.
[34] BT-Drs. 19/18111, 25.
[35] Hohenstatt/Krois NZA 2020, 413 (417).
[36] BGH NJW-RR 2009, 165.
[37] Zu § 57 BSeuchG vgl. BT-Drs. VI/1568.

27 Die ersten drei Tatbestandsvarianten des § 65 Abs. 1 S. 1 IfSG entschädigen für den Verlust von mit Krankheitserregern behafteten Gegenständen. In seiner Ursprungsfassung war § 57 BSeuchG auf eine solche Entschädigung bei Vernichtung, Beschädigung oder einer sonstigen Minderung von Gegenständen – in § 39 IfSG als Maßnahmen der Gefahrbekämpfung geregelt – beschränkt.[38] Erst das Dritte Gesetz zur Änderung des Bundesseuchengesetz von 1971 ergänzte die Entschädigungsregelung des § 57 BSeuchG um einen „Auffang"-Tatbestand in Variante 4: Erfasst werden seither auch Maßnahmen nach § 10 BSeuchG (heute: § 16 IfSG), aufgrund welcher „ein anderer nicht nur unwesentlicher Vermögensnachteil verursacht wird" und damit „alle in der Praxis vorkommenden Enteignungsfälle über die Vernichtung, Beschädigung und sonstige Wertminderung hinaus".[39]

28 Macht die zuständige Behörde von der Ermächtigung nach § 16 IfSG Gebrauch, steht den Adressaten unter den Voraussetzungen von § 65 IfSG ein Entschädigungsanspruch zu. Zahlungsverpflichtet ist nach § 66 Abs. 1 S. 2 IfSG das Land, in dem der Schaden verursacht wurde.

29 Für eine direkte Anwendung des § 65 IfSG dürfte aufgrund der Begrenzung auf Maßnahmen zur Gefahrverhütung in der aktuellen COVID-19-Pandemie kaum Raum sein. Die Maßnahmen der Landesregierungen und Kommunen wurden erst zu einem Zeitpunkt angeordnet, in dem bereits (zahlreiche) Erkrankungen in Deutschland – und sogar erste Todesfälle – aufgetreten waren. Die Behörden handelten nicht präventiv im Vorfeld einer drohenden Pandemie, sondern haben Maßnahmen zur Krankheitsbekämpfung getroffen. Die Rechtsverordnungen und Allgemeinverfügungen zitieren als Ermächtigungsgrundlage folgerichtig die §§ 24ff. IfSG. Noch weiter verkleinert sich der Anwendungsbereich des § 65 IfSG, wenn man der Auffassung folgt, dass es sich bei § 65 Abs. 1 S. 1 Halbsatz 1 Var. 4 IfSG lediglich um einen Auffangtatbestand für über die in den Var. 1–3 genannten konkreten Enteignungstatbestände (Vernichtung, Beschädigung oder Wertminderung in sonstiger Weise) hinausgehenden denkbaren Einbußen bezogen auf *Gegenstände* handele, hierin also per se keinen nicht gegenstandsbezogen-, pauschalen Entschädigungsanspruch erkennt.[40]

bb) Analoge Anwendung des § 65 IfSG auf Maßnahmen zur Gefahrbekämpfung

30 Da der Anwendungsbereich von § 65 IfSG ausweislich seines Wortlauts nur bei Maßnahmen der Gefahrverhütung eingreift, stellt sich – versteht man § 65 Abs. 1 S. 1 IfSG nicht allein gegenstandsbezogen – die

---

[38] Bundesseuchengesetz idF v. 18.7.1961.

[39] BT-Drs. VI/1568, 10.

[40] Giesberts/Gayger/Weyand NVwZ 2020, 417 (420).

Frage, ob die Vorschrift auf Maßnahmen der Gefahrbekämpfung analog anwendbar ist. Voraussetzungen einer Gesetzesanalogie sind das Vorliegen einer planwidrigen Regelungslücke und einer vergleichbaren Interessenlage.[41]

Das Infektionsschutzgesetz enthält keine dem § 65 IfSG entsprechende allgemeine Entschädigungsvorschrift für Maßnahmen der Gefahrbekämpfung. Eine Regelungslücke könnte daher insbesondere dann zu bejahen sein, wenn man dem IfSG hinsichtlich des Nachteilsausgleichs für sämtliche auf seiner Grundlage erlassenen Maßnahmen abschließenden Charakter zuerkennen möchte, also den ergänzenden Rückgriff auf das allgemeine Staatshaftungsrecht sperrt (dazu nachfolgend Ziff. III.1). Fraglich ist, ob eine unter dieser Voraussetzung zu bejahende Regelungslücke planwidrig ist. 31

Anhaltspunkte hierfür finden sich in der Gesetzeshistorie. Die Vorgängernorm des § 65 IfSG, § 57 BSeuchG, bezog sich ursprünglich auf Maßnahmen nach § 39 BSeuchG.[42] Diese Vorschrift erlaubte die Anordnung einer Entseuchung von Räumen, Gegenständen oder menschlichen Ausscheidungen. Es handelte sich damit um Maßnahmen *zur Bekämpfung* übertragbarer Krankheiten, für die § 57 BSeuchG eine Entschädigung gewährte. Das Dritte Gesetz zur Änderung des BSeuchG von 1971 erweiterte den Anwendungsbereich von § 57 BSeuchG sodann auf § 10 BSeuchG – heute § 16 IfSG – und damit erstmals auf Maßnahmen zur Gefahrverhütung. 32

Der Gesetzgeber begründete die Erweiterung damit, dass eine Enteignungsentschädigung auch bei Maßnahmen der Gefahrverhütung erforderlich werden könne.[43] Zugleich schuf er einen Auffangtatbestand, nach dem eine Entschädigung nicht mehr nur beim Verlust oder der Beeinträchtigung von Sachen beansprucht werden konnte, sondern auch dann, wenn „ein anderer nicht nur unwesentlicher Vermögensnachteil verursacht wird".[44] Die Auswirkungen dieser gegenständlichen Ausweitung des Entschädigungstatbestands begrenzte der Gesetzgeber mit einer Einschränkung des Kreises der Anspruchsberechtigten, indem er diejenigen von einer Leistung ausnahm, deren Gegenstände mit Krankheitserregern oder mit Gesundheitsschädlingen als vermutlichen Überträgern solcher Krankheitserreger behaftet oder dessen verdächtig sind.[45] 33

Mit dem Vierten Gesetz zur Änderung des BSeuchG fiel § 39 BSeuchG als Maßnahme der Gefahrbekämpfung weg, mit der Folge, dass § 57 BSeuchG nunmehr nur noch auf §§ 10 ff. BSeuchG und damit 34

[41] BGH NJW 2018, 2863 (2870).
[42] BSeuchG idF v 18.7.1961.
[43] BT-Drs. VI/1568, 10.
[44] BT-Drs. VI/1568, 3, 10.
[45] BT-Drs. VI/1568, 10.

erstmals nur noch auf Maßnahmen der Gefahrverhütung verwies. Die vormals in § 39 BSeuchG aufgeführten Maßnahmen wurden in § 10a BSeuchG als Maßnahmen zur Gefahrverhütung neu verortet. Zur Begründung führte der Gesetzgeber aus, dass gerade die Maßnahmen der Entseuchung und Entwesung als Teil der Gefahrbekämpfung auch bei der Infektionsverhütung eine Rolle spielten.[46] Dafür, dass der Gesetzgeber zugleich den Anwendungsbereich des Entschädigungsanspruchs in § 57 BSeuchG auf Maßnahmen der Gefahrverhütung beschränken wollte, gibt es indessen keine Anhaltspunkte.

35 Der ausschließliche Verweis in § 57 BSeuchG auf §§ 10, 10a BSeuchG, also auf Maßnahmen der Gefahrverhütung, wurde ohne Diskussion in § 65 IfSG übernommen. Die Ausklammerung von Maßnahmen der Gefahrbekämpfung wurde nicht problematisiert.

36 Neben der Gesetzeshistorie könnte die Interessenlage für eine analoge Anwendung des § 65 IfSG auf Maßnahmen nach § 28 IfSG sprechen. Werden Nichtstörer von Maßnahmen zur Gefahrbekämpfung betroffen, werden sie ebenso schicksalhaft zu Geschädigten wie solche Nichtstörer, die von Maßnahmen zur Gefahrverhütung betroffen sind.[47] Die Interessenlage ist also vergleichbar. Zwar hat sich die Gefahr einer Infektion im Zeitpunkt einer Gefahrbekämpfung schon verdichtet; Nichtstörer könnten also gehalten sein, tiefgreifendere Maßnahmen entschädigungslos zu dulden als im Stadium der Gefahrverhütung. Allerdings ist der Übergang vom Stadium der Gefahrverhütung zur Gefahrbekämpfung unscharf und damit oft zufällig. Entschädigungsansprüche von Nichtstörern allein vom arbiträren Eingreifen der Behörden noch im Stadium der Gefahrverhütung oder schon im Stadium der Gefahrbekämpfung abhängig zu machen, überzeugt nicht. Hinzu kommt, dass ein solches Normverständnis falsche Anreize setzen könnte: Behörden könnten veranlasst sein, aus fiskalischen Erwägungen (zu) spät zu handeln, um Entschädigungsansprüche zu vermeiden.

37 Gegen eine analoge Anwendung von § 65 IfSG auf Maßnahmen zur Gefahrbekämpfung nach den §§ 24ff. IfSG spricht auch nicht per se, dass der Bundesgerichtshof § 57 BSeuchG die Analogiefähigkeit mit der Begründung abgesprochen hat, dass es sich um eine Entschädigungsregelung mit Ausnahmecharakter handele, die einer erweiternden Auslegung nicht zugänglich sei.[48] Bezeichnenderweise bezog sich diese vor dem Dritten Gesetz zur Änderung des BSeuchG von 1971 ergangene Rechtsprechung nämlich auf die Frage, ob § 57 BSeuchG auf § 10 BSeuchG als Maßnahme der Gefahrverhütung anwendbar sei. Dies lehnte der Bundesgerichtshof mit der Begründung ab, dass der Betroffene im

---

[46] BT-Drs. 8/2468, 19.
[47] BGH NJW 1971, 1080.
[48] BGH NJW 1971, 1080 (1081).

Stadium der Gefahrbekämpfung, die durch eine öffentliche Not gekennzeichnet sei und ein schärferes und weitgespanntes Einschreiten gebiete und rechtfertige, in der Regel ohne Verschulden und schicksalsbedingt zum Störer geworden sei.[49] Übertragen auf die Maßnahmen zur Bewältigung von Covid-19 spricht diese Bemerkung also für, nicht gegen eine Anwendung der Entschädigungsregelung auch auf Maßnahmen der Gefahrbekämpfung: Es handelt sich um tiefgreifende Maßnahmen in einer Zeit der öffentlichen Not. Bestimmte Gruppen – Ladenbesitzer, Gastronomen, Hotelinhaber, Veranstalter – werden ohne eigenes Zutun in Anspruch genommen.

38 Für die These, dass auch Maßnahmen zur Infektionsbekämpfung einen Entschädigungsanspruch zur Folge haben müssen, lässt sich schließlich die Schaffung des § 7 BayIfSG anführen. Der Landesgesetzgeber führt aus, die Regelung zur Entschädigung stelle „eine salvatorische Entschädigungsklausel dar", die „die Verfassungsmäßigkeit des Gesetzes vor Art. 14 GG sicherstellt."[50]

cc) Nichtstörer im Sinne des Infektionsschutzgesetzes

39 Erstreckt man den Anwendungsbereich des § 65 IfSG auf Maßnahmen der Gefahrbekämpfung nach § 28 IfSG, ist die Folgefrage zu beantworten, wer als „Nichtstörer" im Sinne von § 65 IfSG anspruchsberechtigt ist. Nahe liegt, nach den Grundsätzen des allgemeinen Polizeirechts diejenigen als Störer zu qualifizieren und damit von einer Entschädigung auszunehmen, von denen die zu bekämpfende Gefahr ausgeht. Störer im Sinne des Infektionsschutzgesetzes – und damit nicht nach § 65 IfSG anspruchsberechtigt – sind die Kranken, Krankheitsverdächtigen, Ansteckungsverdächtigen oder Ausscheider, § 28 Abs. 1 S. 1 IfSG iVm § 2 Nr. 4–7 IfSG.[51] Die ganz überwiegende Anzahl der Inhaber von Einrichtungen, Geschäften oder Betrieben ist indessen weder krank noch scheidet sie das Virus aus. Die Reichweite der Entschädigung nach § 65 IfSG hängt damit maßgeblich davon ab, wer als krankheits- oder ansteckungs-*verdächtig* gilt. Je weiter man diesen Personenkreis zieht, desto stärker reduziert sich die Zahl der Anspruchsberechtigten.

40 Krankheitsverdächtiger ist nach der Begriffsbestimmung des § 2 Nr. 5 IfSG eine Person, bei der Symptome bestehen, die das Vorliegen einer bestimmten übertragbaren Krankheit vermuten lassen. Voraussetzung für eine Qualifizierung als Krankheitsverdächtiger sind also im Einzelfall feststellbare Symptome. An einer solchen Feststellung wird es beim Adressatenkreis insbesondere der Rechtsverordnungen und Allgemeinverfügungen betreffend Schließungsmaßnahmen regelmäßig fehlen.

---

[49] BGH NJW 1971, 1080.
[50] Bayerischer Landtag Drs. 18/6945, 8.
[51] BVerwG NJW 2012, 2823 Rn. 25.

41 Ansteckungsverdächtiger ist nach der Legaldefinition des § 2 Nr. 7 IfSG eine Person, von der anzunehmen ist, dass sie Krankheitserreger aufgenommen hat, ohne krank, krankheitsverdächtig oder Ausscheider zu sein. Erfasst wird eine Gefahrenverdachtslage, also ein Sachverhalt, bei dem zwar objektive Anhaltspunkte für eine Gefahr (Aufnahme von Krankheitserregern) sprechen, die aber eine abschließende Beurteilung der Gefahrensituation nicht ermöglichen.[52] Die mit einem Ansteckungsverdacht verbundene Gefährdungslage kann auf Grund der Eigenheiten der jeweiligen Krankheit (zB hohe Infektionsfähigkeit, schwere Krankheitsverläufe) oder der epidemiologischen Erkenntnisse als hoch zu bewerten sein.[53]

42 Trotz dieses Abhebens auf einen bloßen Gefahrenverdacht lässt sich auch angesichts des hochinfektiösen Covid-19-Virus schwerlich vertreten, jedermann gelte als ansteckungsverdächtig und damit als Störer im Sinne des Infektionsschutzgesetzes. Die Vermutung, eine Person habe Krankheitserreger aufgenommen, muss vielmehr naheliegen. Eine bloß entfernte Wahrscheinlichkeit genügt nicht. Die Feststellung eines Ansteckungsverdachts ist nicht schon gerechtfertigt, wenn die Aufnahme von Krankheitserregern nicht auszuschließen ist. Erforderlich und ausreichend ist, dass die Annahme, der Betroffene habe Krankheitserreger aufgenommen, wahrscheinlicher ist als das Gegenteil.[54] Dabei sind an die Wahrscheinlichkeit des Schadenseintritts umso geringere Anforderungen zu stellen, je größer und folgenschwerer der möglicherweise eintretende Schaden ist.[55]

43 Gemessen daran sind die betroffenen Ladenbesitzer, Gastronomen, Hotelinhaber und Veranstalter bereits nach der Schutzrichtung der ergriffenen Maßnahmen nicht als ansteckungsverdächtig anzusehen. Denn die Stilllegung ihrer Betriebe erfolgt nicht, weil die Inhaber krank, krankheitsverdächtig, ansteckungsverdächtig oder ausscheidend sind, sondern schlicht, weil der Anziehungskraft ihrer Betriebe die Gefahr einer Gruppenbildung inhärent ist. Zudem sind die Maßnahmen in einer Zeit getroffen worden, in dem schon rein prozentual nicht – jedenfalls nicht überwiegend – von einer Infizierung der Adressaten auszugehen war. Da eine Infektion jedenfalls in etwa 80 % der Fälle einen „milden bis moderaten" Verlauf nimmt,[56] rechtfertigen auch die Größe und Folgenschwere des Schadens nicht die Annahme eines Ansteckungsverdachts.

44 Ob der von Ansprüchen nach § 65 IfSG auszunehmende Kreis von Störern unter Rückgriff auf die Figur des Zweckveranlassers im Sinne

---

[52] BVerwG NJW 2012, 2823 Rn. 25.
[53] BVerwG NJW 2012, 2823 Rn. 25.
[54] BVerwG NJW 2012, 2823 Rn. 31.
[55] BVerwG NJW 2012, 2823 Rn. 32.
[56] RKI, SARS-CoV-2 Steckbrief zur Coronavirus-Krankheit-2019 (COVID-19).

des Polizeirechts zu erweitern ist, ist ebenfalls zweifelhaft. Die polizeirechtliche Verantwortlichkeit des Zweckveranlassers ist gerade mit Blick auf Veranstalter umstritten.[57] Die Einordnung eines Veranstalters als polizeirechtlich verantwortlicher Zweckveranlasser wird teilweise mit der Begründung bejaht, dass der Veranstalter mit der „Eröffnung einer imponderablen Gefahrenquelle Raum für Störungen durch Dritte und eine Gefahr ganz eigener Art schafft".[58] Gemessen daran könnte man die Einordnung der Ladenbesitzer, Gastronomen, Hotelinhaber und Veranstalter als Zweckveranlasser mit der Begründung bejahen, dass die in einer Innenstadt mit geöffneten Läden, auf (Groß-)Veranstaltungen oder in Hotels und Restaurants zu erwartende Gruppenbildung das Ansteckungsrisiko signifikant erhöhe.

Jedenfalls im Anwendungsbereich des Infektionsschutzgesetzes dürfte einer pauschalen Qualifizierung von Ladenbesitzern, Gastronomen, Hotelinhabern und Veranstaltern als Zweckveranlasser aber entgegenstehen, dass das Gesetz den Adressatenkreis der als Störer in Anspruch zu nehmenden Personen in § 2 Nr. 4–7 abschließend festlegt. 45

dd) Entschädigungen für Eingriffe in Art. 14 Abs. 1 GG nach dem IfSG

Die Entschädigungsvorschrift des § 65 IfSG ist auf „alle in der Praxis vorkommenden Enteignungsfälle über die Vernichtung, Beschädigung und sonstige Wertminderung hinaus"[59] anwendbar. Voraussetzung ist also ein Eingriff in eine von Art. 14 Abs. 1 S. 1 GG geschützte Eigentumsposition. 46

Ganz überwiegend stellen die hoheitlichen Maßnahmen zur Bewältigung der Corona-Krise keine Enteignungen im klassischen Sinne dar. Anderes gilt allenfalls bei der Beschlagnahme von medizinischem, pflegerischem oder sanitärem Material auf Grundlage von Art. 2 BayIfSG. In Bezug auf die wirtschaftlich tiefgreifenden Maßnahmen der Stilllegung des non-Food-Handels, der Gastronomie und Hotels sowie der Veranstaltungsverbote kommt aber ein Eingriff in den eingerichteten und ausgeübten Gewerbebetrieb in Betracht. 47

Zwar ist umstritten, ob das Recht am eingerichteten und ausgeübten Gewerbebetrieb unter den verfassungsrechtlichen Eigentumsbegriff fällt.[60] Einigkeit besteht aber dahingehend, dass die Substanz des Gewerbebetriebs eigentumsrelevant ist; ein enteignender Eingriff in einen Gewerbebetrieb als Eigentum im Sinne des Art. 14 GG liegt danach vor, wenn 48

---

[57] Vgl. zum Streitstand BVerwG NVwZ 2019, 1444 Rn. 37.

[58] Beutel, Wirtschaftlich vorteilhafte Gefahrenverursachung, 2014, 327.

[59] BT-Drs. VI/1568, 10.

[60] Bejahend zB BGH NJW 1980, 2700 (2701); NJW 1990, 3260 (3262) und BVerwGE 81, 49 (54); offengelassen in BVerfG GRUR 1979, 773 (778).

in die Substanz des Betriebs eingegriffen wird.[61] Die Substanz ist nicht nur der gegenständliche Bestand des Betriebs, sondern der Betrieb als „Sach- und Rechtsgesamtheit", also alles, was zusammengenommen den wirklichen Wert des Betriebs ausmacht.[62] Sie ist berührt, wenn in die den Betrieb darstellende Sach- und Rechtsgesamtheit als wirtschaftlichen Organismus eingegriffen und damit das ungestörte Funktionieren dieses Organismus unterbunden oder beeinträchtigt, wenn mit anderen Worten der „Eigentümer" gehindert wird, von dem Gewerbebetrieb als der von ihm aufgebauten und aufrechterhaltenen Organisation sachlicher und persönlicher Mittel den bestimmungsgemäßen Gebrauch zu machen.[63]

49 Unmittelbare Eingriffe in das Recht am bestehenden Gewerbebetrieb sind daher diejenigen, die gegen den Betrieb als solchen gerichtet, also betriebsbezogen sind, und nicht vom Gewerbebetrieb ohne weiteres ablösbare Rechte betreffen.[64] Einen Eingriff in den eingerichteten und ausgeübten Gewerbebetrieb hat der Bundesgerichtshof bejaht, wenn eine staatliche Maßnahme gleichsam eine Erdrosselung des Betriebs zur Folge hat[65] oder der Betriebsinhaber als Folge der Maßnahmen der öffentlichen Hand den Großteil seines bestellten Arbeitsfeldes brachliegen lassen muss, aus ihm nicht die benötigten Erträge ziehen kann, andererseits aber aufgrund einer auf längere Zeit ausgerichteten Planung nach wie vor Aufwendungen erbringen muss, als ob er das ganze Arbeitsfeld bestellen würde.[66] Die Maßnahme muss sich als Verbot einer weiteren bestimmten Verwendung vorhandener Vermögensgüter in ihrer unternehmensrechtlichen Zusammenfassung auswirken.[67]

50 Nicht von der Substanz erfasst sind die allgemeinen Gegebenheiten und Chancen, innerhalb deren der Unternehmer seine Tätigkeit entfaltet. Diese Umstände, die keinen Bezug zu einem bestimmten einzelnen Gewerbebetrieb haben, mögen für das Unternehmen von erheblicher Bedeutung sein und über das Risiko des Unternehmers entscheiden, seine Leistungen günstig anzubieten und rentabel abzusetzen; sie werden vor der Rechtsordnung aber nicht dem geschützten Bestand des einzelnen Unternehmens zugeordnet.[68] Gewissen Auflagen für die Gewerbeausübung hat die verfassungsgerichtliche Rechtsprechung daher die Qualität eines Eingriffs in den eingerichteten und ausgeübten Gewerbebetrieb abgesprochen. [69]

---

[61] BGH GRUR 1992, 127 (129).
[62] BGH GRUR 1992, 127 (129); GRUR 1980, 1007 (1008).
[63] BGH GRUR 1992, 127 (129).
[64] BGH NJW 2012, 2579 Rn. 21; NJW 1959, 479 (480).
[65] BGH GRUR 1992, 127 (129).
[66] BGH NJW 1957, 1927 (1928).
[67] BGH GRUR 1980, 1007 (1008).
[68] BGH GRUR 1980, 1007 (1008).
[69] BVerfG NJW 1962, 100 (101).

Gemessen daran sprechen gute Gründe dafür, dass die Stilllegung des non-food-Handels, der Sport- und Kultureinrichtungen sowie der Gastronomie und Hotels einen Eingriff in den eingerichteten und ausgeübten Gewerbebetrieb darstellen. Die Betriebe stehen still, ausweichen lässt sich allenfalls – sofern vorhanden – auf den Online-Handel. Angestellte und Mieten müssen weiterhin bezahlt werden, bereits eingekaufte Ware kann derzeit nicht und – soweit es sich beispielsweise um Saisonware handelt – teilweise auch zukünftig nicht mehr verkauft werden, Veranstaltungen müssen abgesagt und bereits gezahlte Eintritts- oder Teilnahmetickets erstattet werden. Der Betrieb ist buchstäblich erdrosselt, die Arbeitsfelder liegen brach. 51

Hinsichtlich des Verbots von Veranstaltungen wird jedoch abhängig von den bereits investierten Mitteln zu differenzieren sein: Soweit noch keine wesentlichen Aufwendungen getätigt worden sind, dürfte ein Eingriff in den eingerichteten und ausgeübten Gewerbebetrieb ausscheiden.[70] 52

ee) Sonderopfer

In ersten Stellungnahmen zu Entschädigungsansprüchen im Zusammenhang mit der COVID-19-Pandemie wird vertreten, dass Ansprüche nach § 65 IfSG ein Sonderopfer voraussetzten, wie es auch Voraussetzung einer Entschädigung aus enteignendem und enteignungsgleichem Eingriff sei. Das Staatshaftungsrecht gewähre insbesondere bei rechtmäßigem Behördenhandeln gegenüber Nichtstörern eine Entschädigung nur punktuell; das Risiko einer Entschädigungspflicht könne überdies die Bereitschaft der Behörden zu Schutzeingriffen, für deren Folgen ihr Träger zu zahlen hätte, hemmen.[71] 53

Wortlaut, Systematik und Entstehungsgeschichte legen eine solche einschränkende Auslegung des § 65 IfSG indessen nicht nahe. Auch stellt sich die Frage, ob eine „hemmende" Wirkung bei der Anordnung von Maßnahmen zur Infektionsverhütung und -bekämpfung per se nachteilig ist oder nicht im Gegenteil gewährleistet, dass tatsächlich nur *notwendige* Schutzmaßnahmen im Sinne des § 28 Abs. 1 S. 1 IfSG angeordnet werden. Schließlich ist keineswegs ausgemacht, dass ein Sonderopfer der von den Schließungsmaßnahmen im Zuge der COVID-19- 54

---

[70] Bei einem Vertriebsverbot für Traubenkernöl hat der BGH einen Eingriff in den eingerichteten und ausgeübten Gewerbebetrieb verneint, soweit dadurch lediglich die Chance vereitelt wurde, weiterhin Traubenkernöl aus Italien zu importieren. Anderes sollte hinsichtlich derjenigen Bestände gelten, die bereits in den Gewerbebetrieb des Winzers einbezogen waren und damit zu dessen eigentumsrechtlich geschützter Substanz gehörten. Vgl. BGH NVwZ-RR 2000, 744 ff.

[71] Cornils, Corona, entschädigungsrechtlich betrachtet, 13.3.2020, abrufbar unter: https://verfassungsblog.de/corona-entschaedigungsrechtlich-betrachtet/ (Stand 14.4.2020).

Pandemie Betroffenen zu verneinen ist (vgl. dazu nachfolgend → Rn. 72, Ziff. III.3).

ff) Umfang der Entschädigung

55 Der Umfang der nach § 65 IfSG zu gewährenden Entschädigung richtet sich nach den allgemeinen Grundsätzen einer billigen Entschädigung bei Enteignungen: Im Falle der Vernichtung eines Gegenstands bemisst sich die Höhe der Entschädigung nach dessen gemeinem Wert, im Falle der Beschädigung oder sonstigen Wertminderung nach der Minderung des gemeinen Werts, § 65 Abs. 2 S. 1 IfSG. Die Entschädigung darf den gemeinen Wert nicht übersteigen, den der Gegenstand ohne die Beschädigung oder Wertminderung gehabt hätte, § 65 Abs. 2 S. 3 IfSG. Bei der Bestimmung des gemeinen Wertes sind der Zustand und alle sonstigen den Wert des Gegenstands bestimmenden Umstände in dem Zeitpunkt maßgeblich, in dem die Maßnahme getroffen wurde, § 65 Abs. 2 S. 4 IfSG. Die Entschädigung für andere nicht nur unwesentliche Vermögensnachteile darf den Betroffenen nicht besser stellen, als er ohne die Maßnahme stehen würde, § 65 Abs. 2 S. 5 IfSG.

56 Handelt es sich um Eingriffe in den eingerichteten und ausgeübten Gewerbebetrieb, richtet sich der Umfang der Entschädigung nach den zum enteignenden und enteignungsgleichen Eingriff entwickelten Grundsätzen. Entsprechend den Vorgaben des § 65 Abs. 2 IfSG ist die angemessene Entschädigung beim enteignenden/enteignungsgleichen Eingriff an dem Verkehrswert der entzogenen Substanz und nicht an einer hypothetischen Vermögensentwicklung auszurichten.[72] Zu ermitteln ist die Substanzeinbuße (Wertminderung), die die Sache – der Gewerbebetrieb – durch die Beschädigung erlitten hat, wobei die einzelnen Bewertungsfaktoren, aus denen sich der Entschädigungsanspruch zusammensetzt, gesondert ermittelt und berechnet werden können.[73]

57 Bei vorübergehenden Eingriffen in den eingerichteten und ausgeübten Gewerbebetrieb gelten indessen Ausnahmen von dem Grundsatz einer begrenzten Ersatzpflicht. In diesen Fällen ist in der Regel derjenige Betrag als angemessene Entschädigung anzusehen, den der Gewerbebetrieb infolge des Eingriffs weniger als ohne den Eingriff abgeworfen hat.[74] Dem geschädigten Gewerbetreibenden ist im Ergebnis also auch der Ertragsverlust zu ersetzen, der bei den vorübergehenden Eingriffen in den Gewerbebetrieb letztlich nur den eingetretenen Substanzverlust angibt.[75]

---

72 BGH NJW 1972, 1574 (1575).

73 BGH NJW 1999, 938 (939).

74 BGH NJW 1975, 1966 (1967); vgl. auch BGH NJW 1972, 1574 (1575).

75 BGH NJW 1975, 1966 (1967); Maunz/Dürig/Papier/Shirvani, 89. EL Oktober 2019, GG Art. 14 Rn. 809; MüKoBGB/Papier/Shirvani, 7. Aufl. 2017, BGB § 839 Rn. 51.

Der Umstand, dass die Sonderopferentschädigung nicht auf vollen Schadensersatz abzielt, wirkt sich in diesen Fällen allein dahingehend aus, dass bei der Errechnung des Ertragsverlustes Zuwachsraten für die Zukunft nicht berücksichtigt werden.[76]

III. Entschädigung nach allgemeinen Grundsätzen

Das Infektionsschutzgesetz sieht – wie dargelegt – eine Entschädigung nur für bestimmte Eingriffe vor. Entfaltet es keine Sperrwirkung, können daneben oder ergänzend Schadensersatz- und Entschädigungsansprüche nach allgemeinen Staatshaftungstatbeständen begründet sein. Da Maßnahmen der Gefahrenabwehr in Rede stehen, kommen Ansprüche nach dem landesrechtlichen Polizei- und Ordnungsrecht in Betracht. Bejaht man durch die weitgehende Stilllegung des Handels, der Gastronomie und der Hotels einen Eingriff in den eingerichteten und ausgeübten Gewerbebetrieb, ist außerdem an Entschädigungsansprüche wegen enteignungsgleicher und enteignender Eingriffe zu denken. Erweisen sich Verwaltungsakte, etwa Quarantäneanordnungen oder Allgemeinverfügungen als rechtswidrig, können die Voraussetzungen eines Amtshaftungsanspruchs nach § 839 BGB erfüllt sein. 58

1. Sperrwirkung des Infektionsschutzgesetzes

Ein Rückgriff auf das allgemeine Staatshaftungsrecht setzt voraus, dass das IfSG Entschädigungsansprüche bei staatlichen Maßnahmen zur Infektionsverhütung und -bekämpfung nicht abschließend regelt. Eine solche abschließende Regelung lässt sich indessen weder den einzelnen Tatbeständen noch der Systematik des Gesetzes entnehmen.[77] 59

Eine Sperrwirkung von § 56 Abs. 1 IfSG ist schon deshalb zweifelhaft, weil die Vorschrift nur den sehr spezifischen Fall der Entschädigung eines Verdienstausfalls von Störern, namentlich Krankheitsverdächtigen, Ansteckungsverdächtigen oder Ausscheidern, bei behördlich angeordneter Quarantäne oder beruflichem Tätigkeitsverbot regelt. Überdies gewährt die Vorschrift eine Entschädigung bereits bei rechtmäßigem Behördenhandeln. Es ist nicht ersichtlich, dass sie einer – regelmäßig erst recht geschuldeten – Kompensation bei rechtswidrigen Maßnahmen insbesondere nach § 839 BGB, Art. 34 GG entgegensteht.[78] 60

---

[76] BGH NJW 1975, 1966 (1967); Maunz/Dürig/Papier/Shirvani, 89. EL Oktober 2019, GG Art. 14 Rn. 809; MüKoBGB/Papier/Shirvani, 7. Aufl. 2017, BGB § 839 Rn. 51.

[77] Ebenso Giesberts/Gayger/Weyand NVwZ 2020, 417 (420).

[78] Erdle, IfSG, 7. Aufl. 2020, 159.

61 Auch § 65 IfSG lässt nicht erkennen, dass die dort geregelten Entschädigungsansprüche abschließend sind. Das gilt insbesondere dann, wenn man den Anwendungsbereich der Vorschrift auf Maßnahmen der Infektionsverhütung beschränkt; dass damit zugleich Entschädigungsansprüche bei Maßnahmen der Infektionsbekämpfung ausgeschlossen sein sollen, lässt sich der Norm nicht entnehmen. Überdies regelt § 65 IfSG einen speziellen Entschädigungsanspruch bei Enteignungsmaßnahmen. Jedenfalls solche Nichtstörer, die aufgrund behördlicher Maßnahmen nach dem IfSG keine Enteignung, sondern andere Schäden erleiden, sind also auf das allgemeine Staatshaftungsrecht verwiesen. Es ist kein Grund dafür ersichtlich, dass das Infektionsschutzgesetz etwa einen Rückgriff auf § 839 BGB, Art. 34 GG verbietet, wenn den Behörden rechtswidrige Nichtenteignungsmaßnahmen anzulasten sind. Entschädigungsansprüche bestehen nach allgemeinen Grundsätzen neben dem Amtshaftungsanspruch, da sie unterschiedliche haftungsrechtliche Wurzeln haben.[79]

62 Hinzu kommt, dass der Bundesgerichtshof einen abschließenden Charakter der Vorgängervorschrift von § 65 IfSG explizit verneint hat. Unter der Geltung von § 57 BSeuchG für Maßnahmen der Gefahrbekämpfung nach § 39 BSeuchG hat er ausgeführt, dass dem Betroffenen eine Entschädigung bei – von § 57 BSeuchG seinerzeit (noch) nicht erfassten – Maßnahmen zur Gefahrverhütung nach § 10 BSeuchG nicht schlechthin versagt sei. Die Entschädigungsvorschriften in den §§ 49 ff. BSeuchG (heute: §§ 56 ff. IfSG) enthielten keine abschließende, ausschließliche Regelung. Das folge schon aus der Überschrift des Siebenten Abschnitts „Entschädigung in besonderen Fällen", die besage, dass darin nur die wichtigsten der nach dem Gesetz in Betracht kommenden Entschädigungsfälle geregelt seien, ohne damit die Entschädigungspflicht in anderen Fällen auszuschließen, soweit sie aufgrund anderweiter Rechtsvorschriften oder Gewohnheitsrecht bestehe.[80] Dieser Standpunkt entspricht auch der Gesetzesbegründung zum BSeuchG.[81]

63 Da die Entschädigungsvorschriften des Infektionsschutzgesetzes den Tatbeständen des Bundesseuchengesetzes im Wesentlichen nachgebildet sind, beanspruchen diese Ausführungen weiterhin Gültigkeit. Auch die aktuelle Abschnittsüberschrift im IfSG spricht wie seinerzeit das BSeuchG von einer „Entschädigung in besonderen Fällen". Die dort geregelten Tatbestände schränken Ersatzansprüche nach anderen Rechtsvorschriften oder aufgrund Gewohnheitsrechts nicht ein.[82]

---

[79] BGH NJW 1954, 993 (994); Ossenbühl/Cornils, Staatshaftungsrecht, 6. Aufl. 2013, 118.

[80] BGH NJW 1971, 1080 (1081) mit Verweis auf BGH Urt. v. 25.1.1968 – III ZR 131/66.

[81] BT-Drs. III/1888, 27, zu §§ 48 ff. BSeuchG.

[82] Bales/Baumann/Schnitzler, IfSG, 2. Aufl. 2003, Vor § 56.

2. Entschädigung auf Grundlage des allgemeinen Polizei- und Ordnungsrechts

Regelt das IfSG Entschädigungsansprüche nicht abschließend, kommen Ansprüche zunächst aufgrund sonstiger spezialgesetzlicher Regelungen in Betracht. Für Maßnahmen der Gefahrenabwehr – hierunter fallen grundsätzlich auch die Maßnahmen zur Infektionsverhütung und -bekämpfung – sehen die Polizeigesetze der Länder Ausgleichsansprüche eines auf der Grundlage des Polizeirechts in Anspruch genommenen Nichtstörers vor.[83] Voraussetzung der Entschädigungsansprüche ist regelmäßig das rechtmäßige Handeln einer Polizei- oder Gefahrenabwehrbehörde. Teilweise räumen die Landesgesetze dem Nichtstörer Entschädigungsansprüche auch bei rechtswidrigen Eingriffen der Polizei ein.[84] Diese spezialgesetzlichen Ausprägungen einer Aufopferung haben Vorrang vor einem Entschädigungsanspruch aus enteignungsgleichem Eingriff.[85] 64

Streitig ist, ob die Entschädigungsregelungen der (allgemeinen) Polizeigesetze auch Anwendung finden, wenn Maßnahmen auf der Grundlage des speziellen Gefahrenabwehrrechts, hier des IfSG, angeordnet werden.[86] Dagegen wird eingewandt, dass es keinen überzeugenden Grund für die Annahme gebe, sämtliche Maßnahmen von Ordnungsbehörden seien vom Geltungsbereich des polizeirechtlichen Entschädigungsrechts erfasst. Fehle eine allgemeine Verweisung im Spezialgesetz auf das Haftungsregime des Polizeigesetzes, fehle ein Anknüpfungspunkt für die Anwendung der Entschädigungsregelungen.[87] Schließt man sich diesem Standpunkt an, lassen sich Entschädigungsansprüche wegen Maßnahmen zur Infektionsbekämpfung nicht auf die Tatbestände des allgemeinen Polizei- und Ordnungsrechts stützen. Soweit ersichtlich sind die Maßnahmen zur Bekämpfung der COVID-19-Pandemie nicht auf die Ermächtigungsgrundlagen der jeweiligen Polizeigesetze gestützt worden, sondern auf §§ 24 ff. IfSG.[88] 65

---

[83] § 55 Abs. 1 S. 1 BWPolG; Art. 70 Abs. 1 BayPAG; § 59 Abs. 1 ASOG Bln.; § 70 BbgPolG iVm § 38 Abs. 1 lit. a BbgOBG; § 56 Abs. 1 S. 1 BremPolG; § 10 Abs. 3 S. 1 HbgSOG; § 64 Abs. 1 S. 1 HSOG; § 72 Abs. 1 SOG MV; § 80 Abs. 1 S. 1 NdsSOG; § 67 PolG NRW, § 39 Abs. 1 lit. a NRWOBG; § 68 Abs. 1 S. 1 RhPfPOG; § 68 Abs. 1 S. 1 SaarlPolG; § 52 Abs. 1 S. 1 SächsPolG; § 69 Abs. 1 S. 1 SOG LSA; § 221 Abs. 1 VwG SH; § 68 Abs. 1 S. 1 ThürPAG; § 52 ThürOBG.

[84] § 59 Abs. 2 ASOG Bln; § 38 Abs. 1 lit. b BbgOBG iVm § 70 BbgPolG; § 56 Abs. 1 S. 2 BremPolG; § 80 Abs. 1 S. 2 NdsSOG; § 39 Abs. 1 lit. b NRWOBG und § 67 NRWPolG; § 68 Abs. 1 S. 2 POG RP; § 68 Abs. 1 S. 2 SaarlPolG; § 69 Abs. 1 S. 2 SachsAnhSOG; § 68 Abs. 1 S. 2 ThürPAG; § 52 ThürOBG.

[85] Ossenbühl/Cornils, Staatshaftungsrecht, 6. Aufl. 2013, 322.

[86] BGH NJW 1994, 2087 (2088); Ossenbühl/Cornils, Staatshaftungsrecht, 6. Aufl. 2013, 513 ff.

[87] OLG Bremen BeckRS 2013, 4149.

[88] Vgl. zum Vorrang des IfSG gegenüber dem allgemeinen Polizeirecht → § 16 Rn. 100.

66 Entschädigungsansprüche nach allgemeinem Polizeirecht setzen überdies Maßnahmen der Gefahrenabwehr, das heißt präventives Handeln der Polizei- und Ordnungsbehörden voraus. Repressives Handeln wird nicht erfasst. Damit scheiden Entschädigungsansprüche nach dem Polizei- und Ordnungsrecht per se aus, wenn die Polizei Zuwiderhandlungen gegen erlassene Infektionsschutzmaßnahmen (§§ 28, 75 IfSG) verfolgt.

67 Voraussetzung für die Anwendung der Entschädigungsregelungen des allgemeinen Polizeirechts ist ferner ein Handeln der Ordnungsbehörden (vgl. beispielsweise §§ 55, 59, 60, 66 Abs. 2 PolG BW). Von vorneherein nicht unter die Entschädigungsregelungen des Polizeigesetzes fallen daher die Verordnungen der Landesregierungen auf Grundlage des § 32 IfSG. Mangels Handelns einer Ordnungsbehörde dürften die spezialgesetzlichen Entschädigungsregelungen des Polizei- und Ordnungsrechts die allgemeinen Entschädigungsregelungen – wegen enteignenden und enteignungsgleichen Eingriffs – aber auch nicht verdrängen.

68 Demgegenüber sind Ansprüche nach den Entschädigungsregelungen des allgemeinen Polizeirechts bei Verwaltungsakten oder Allgemeinverfügungen nach §§ 28, 30, 31 IfSG denkbar. Die insoweit zuständige Behörde bestimmt sich gemäß § 54 IfSG nach den Rechtsverordnungen der jeweiligen Länder. Jedenfalls teilweise berufen die landesrechtlichen Regelungen die jeweilige Ordnungsbehörde zur Ausführung des Infektionsschutzgesetzes.[89] Handelt im Einzelfall also die Ordnungsbehörde, kommt ein Entschädigungsanspruch auf Grundlage des Polizeirechts in Betracht, wenn man der Auffassung folgt, dass die Entschädigungsregelungen der Polizeigesetze auch Anwendung finden, sobald eine Gefahrenabwehr- oder Polizeibehörde präventiv auf Grundlage eines speziellen Gefahrenabwehrrechts tätig wird. Auch in diesem Fall reicht der Rückgriff aber nur so weit, wie das Infektionsschutzgesetz nicht selbst Entschädigungsansprüche vorsieht. Da namentlich § 56 Abs. 1 IfSG derartige Ansprüche etwa für Quarantäneanordnungen oder Tätigkeitsverbote durch Ordnungsbehörden erfasst, dürfte der Anwendungsbereich der polizeirechtlichen Entschädigungsregelungen also nur in Einzelfällen eröffnet sein. In Betracht kommen insbesondere Fälle, in denen die Polizei- und Ordnungsbehörden zur Durchsetzung der auf das IfSG gestützten Maßnahmen gefahrenabwehrrechtlich tätig werden.

3. Entschädigung wegen enteignenden oder enteignungsgleichen Eingriffs

69 Namentlich dann, wenn man eine analoge Anwendung des § 65 IfSG auf Maßnahmen der Infektionsbekämpfung verneint, stellt sich die Fra-

---

[89] So zB § 1 Abs. 6 IfSG-ZustV BW – Ortspolizeibehörde; § 3 ZVO-IfSG NRW – örtliche Ordnungsbehörde; anders: § 65 BayZustV – Kreisverwaltungsbehörde.

ge, ob die Eingriffe in den eingerichteten und ausgeübten Gewerbebetrieb nach Maßgabe des enteignenden oder enteignungsgleichen Eingriffs auszugleichen sind. Rechtsgrundlage für eine Entschädigung bei enteignendem oder enteignungsgleichem Eingriff ist der Gedanke der Aufopferung, wie er sich in §§ 74, 75 der Einleitung zum Allgemeinen Landrecht für die Preußischen Staaten von 1794 findet, in seiner richterrechtlichen Ausprägung.[90] Eine Entschädigung wegen eines enteignenden Eingriffs kommt in Betracht, wenn sich die Maßnahmen der Infektionsschutzbehörden als rechtmäßig erweisen, ein Entschädigungsanspruch aus enteignungsgleichem Eingriff setzt voraus, dass eine von Art. 14 GG geschützte Rechtsposition rechtswidrig verletzt worden ist.

a) Enteignender Eingriff

aa) Unmittelbarkeit des Eingriffs

Nach der ständigen Rechtsprechung des Bundesgerichtshofs kommen **70**
Ansprüche aus enteignendem Eingriff in Betracht, wenn an sich rechtmäßige hoheitliche Maßnahmen bei einem Betroffenen unmittelbar zu Nachteilen führen, die er aus rechtlichen oder tatsächlichen Gründen hinnehmen muss, die aber die Schwelle des enteignungsrechtlich Zumutbaren übersteigen. Hierbei geht es zumeist um atypische und unvorhergesehene Nachteile; dies ist für den Anspruch aus enteignendem Eingriff aber nicht Voraussetzung.[91]

Bejaht man einen Eingriff in den eingerichteten und ausgeübten Ge- **71**
werbebetrieb durch die Schließung des Handels, der Gastronomie und der Hotels, ist an der Unmittelbarkeit des Eingriffs nicht zu zweifeln. Die Maßnahmen zielen auf eine vollständige Stilllegung der Betriebe ab, um ihre Anziehungskraft und damit ihren Charakter als Ansammlungsort aufzuheben und eine Verbreitung des Virus zu verhindern.

bb) Sonderopfer

Darüber hinaus muss die Beeinträchtigung des Eigentums ein Sonder- **72**
opfer des Eigentümers darstellen, das heißt der zwangsweise staatliche Zugriff auf das Eigentum muss den Betroffenen im Vergleich zu anderen entgegen dem verfassungsrechtlichen Gleichheitssatz ungleich behandeln beziehungsweise treffen und ihn zu einem besonderen, den Übrigen nicht zugemuteten Opfer für die Allgemeinheit zwingen.[92] Wesensbestimmend ist der gesetzlich zulässige zwangsweise staatliche Eingriff in das Eigentum, sei es in der Gestalt der Entziehung oder der Belastung, der die betroffenen Einzelnen oder Gruppen im Vergleich zu anderen un-

---

[90] BGH NJW 1984, 1876 (1877); NJW 1984, 1169 (1171).
[91] BGH NJW 2013, 1736 Rn. 7.
[92] BGH NJW 2013, 1736 Rn. 8.

gleich, besonders trifft und sie zu einem besonderen, den übrigen nicht zugemuteten Opfer für die Allgemeinheit zwingt, und zwar zu einem Opfer, das gerade nicht den Inhalt und die Grenzen der betroffenen Rechtsgattung allgemein und einheitlich festlegt, sondern das aus dem Kreise der Rechtsträger Einzelne oder Gruppen von ihnen unter Verletzung des Gleichheitssatzes besonders trifft.[93]

73 Während beim enteignungsgleichen Eingriff die Rechtswidrigkeit der Maßnahme indiziert, dass das dem Einzelnen durch den Eingriff auferlegte Opfer jenseits der gesetzlichen allgemeinen Opfergrenze liegt und damit ein entsprechend dem Gebot des Gleichheitssatzes zu entschädigendes Sonderopfer darstellt,[94] bedarf bei rechtmäßigen Eingriffen die Annahme eines entschädigungspflichtigen Sonderopfers einer besonderen Begründung.

74 Hier ist der Ersatzanspruch dann gegeben, wenn die Einwirkungen die Sozialbindungsschwelle überschreiten, also im Verhältnis zu anderen ebenfalls betroffenen Personen eine besondere „Schwere“ aufweisen oder im Verhältnis zu anderen nicht betroffenen Personen einen Gleichheitsverstoß bewirken.[95] Ob in diesem Sinn eine hoheitliche Maßnahme die Schwelle des enteignungsrechtlich Zumutbaren überschreitet oder sich noch als Ausdruck der Sozialbindung des Eigentums begreifen lässt, kann nur aufgrund einer umfassenden Beurteilung der Umstände des Einzelfalls entschieden werden[96]; maßgeblich ist letztlich, wo nach dem vernünftigen Urteil aller billig und gerecht Denkenden die Opfergrenze liegt[97] beziehungsweise wo die Grenze dessen liegt, was eine Gemeinschaft, die ihre verfassungsmäßige Ordnung in einem sozialen Rechtsstaat gefunden hat, dem Einzelnen entschädigungslos zumuten kann und will.[98] Bei Beeinträchtigungen von Betrieben durch öffentliche Straßenarbeiten wurde beispielsweise berücksichtigt, dass ein gesunder Betrieb gewisse Umsatz- und Gewinnrückgänge aus Anlass bevorstehender Straßenbaumaßnahmen grundsätzlich einkalkulieren muss und große Betriebe Beeinträchtigungen einer Filiale durch Filialen in anderen Straßen in gewissem Umfang auffangen können.[99] Die Opfergrenze ist aber jedenfalls dann überschritten, wenn die Arbeiten sich nach Art und Dauer besonders einschneidend, gar existenzbedrohend auswirken.[100]

75 Gemessen daran könnte man zweifeln, ob eingedenk der Vielzahl der insbesondere von den Schließungsmaßnahmen Betroffenen eine Sonder-

---

93 BGH NJW 1952, 972.
94 BGH NJW 1960, 1149 (1150).
95 BGH NJW 2013, 1736 Rn. 8; NVwZ 1988, 1066 (1067).
96 BGH NVwZ 1988, 1066 (1067).
97 BGH NJW 1955, 1109 (1110).
98 BGH NJW 2013, 1736 Rn. 8; NJW 1960, 379 (380).
99 BGH NJW 1983, 1663 (1664).
100 BGH NJW 1980, 2703 (2704).

opfersituation vorliegt.[101] Jedenfalls bei branchenspezifischer Betrachtung – alle Friseure, alle Hotelbetreiber, alle Konzertveranstalter – ordnen sie keine Ungleich-, sondern eine Gleichbehandlung an.

Es liegt aber auf der Hand, dass eine vorübergehende Betriebsschließung in vielen Fällen nicht nur einen kurzzeitigen Verdienstausfall zur Folge hat, sondern existenzgefährdend ist. Fällt im non-food-Handel sowie in einem Restaurant oder Hotel, einem Fitnesscenter oder einer Musikschule der Publikumsverkehr – für einen ungewissen Zeitraum – vollständig weg, und fehlen (wie regelmäßig) kompensierende Alternativen wie Lieferservice oder Online-Handel, fehlen die Einnahmen, um die Ausgaben für angestelltes Personal, eingekaufte Ware und andere bereits getätigte Aufwendungen zu amortisieren. Dieser Gruppe von Betriebsinhabern wird im Vergleich zu anderen also ein „besonderes" Opfer, mithin ein Sonderopfer auferlegt. Gegenüber Betrieben, die nicht schließen müssen, wird die Gruppe ungleich behandelt. Dass dieses Opfer zugunsten der Gemeinschaft entschädigungslos hinzunehmen ist, ist zweifelhaft.[102] 76

cc) Umfang der Entschädigung

Rechtsfolge des Anspruchs aus enteignendem Eingriff ist eine angemessene Entschädigung.[103] Da grundsätzlich nur eine Entschädigung für die entzogene Vermögenssubstanz zu gewähren ist, muss bei einer vorübergehenden Schließung des Betriebs zunächst der Gesamtwert des Betriebs ermittelt, danach die entgangene Nutzung oder Verzinsung dieses Kapitals errechnet und hiervon für die streitige Zeit ein entsprechender Teil zugesprochen werden. Zur Vereinfachung hat der Bundesgerichtshof bei vorübergehenden Eingriffen zugelassen, dass ohne die Ermittlung des Betriebswerts, die nur mit erheblichen Schwierigkeiten möglich ist, der für diese Zeit ausgebliebene Ertrag aus der entzogenen Vermögenssubstanz zugesprochen wird, weil das als die angemessene Nutzung des im Betrieb steckenden Substanzwerts betrachtet werden kann.[104] Maßgeblich ist in der Regel also derjenige Betrag, den der Gewerbebetrieb infolge des Eingriffs weniger als ohne den Eingriff abgeworfen hat.[105] 77

---

[101] Cornils, Corona, entschädigungsrechtlich betrachtet, 13.3.2020, abrufbar unter: https://verfassungsblog.de/corona-entschaedigungsrechtlich-betrachtet/ (Stand 14.4.2020).

[102] Ebenso Papier, abrufbar unter https://www.sueddeutsche.de/politik/coronavirus-grundrechte-freiheit-verfassungsgericht-hans-juergen-papier-1.4864792?reduced=true.

[103] Siehe hierzu schon zu § 65 IfSG → Rn. 55 ff.

[104] BGH NJW 1972, 243 (246).

[105] BGH NJW 1975, 1966 (1967); NJW 1972, 243 (246); vgl. auch BGH NJW 1972, 1574 (1575).

78 Erfasst ist in diesem Fall auch der entgangene Gewinn, § 252 BGB.[106] Die Entschädigung für einen Eingriff, der zur Stilllegung eines eingerichteten und ausgeübten Gewerbebetriebs führt, darf grundsätzlich nicht hinter dem zurückbleiben, was der Betroffene bei Fortführung des Betriebs in gewohnter Weise unter Berücksichtigung der allgemeinen wirtschaftlichen Lage während der Dauer der Inanspruchnahme als Verdienst erworben haben würde.[107] Der Umstand, dass die Sonderopferentschädigung nicht auf vollen Schadensersatz abzielt, wirkt sich aber dahingehend aus, dass bei der Errechnung des Ertragsverlustes die hypothetische Weiterentwicklung nicht berücksichtigt werden darf, es erfolgt vielmehr eine Momentaufnahme.[108] Nicht berücksichtigt werden also künftige Umsatzsteigerungen, entgangene Investitionshilfen, sonstige öffentliche Zuschüsse sowie verlorengegangene Marktanteile.[109] Der tatsächlich entgangene Gewinn bildet aber nur einen Faktor für die Schadensberechnung. So kann eine Entschädigung auch für einen schon vor dem Eingriff mit Verlust arbeitenden Gewerbebetrieb zu leisten sein.[110] Maßgeblich ist die begründete Aussicht, künftig noch Gewinne zu erzielen. Das trifft beispielsweise auf Gewerbebetriebe zu, die bereits mit Gewinn gearbeitet haben und nur zeitweilig in die Verlustzone geraten sind oder neueröffnete Betriebe, bei denen die Regel ist, dass sie zunächst eine „Durststrecke" überwinden müssen, ehe sie sich tragen und Gewinn abwerfen.[111]

79 Bei der Bestimmung der billigen Entschädigung kann nach höchstrichterlicher Rechtsprechung auf § 287 ZPO zurückgegriffen werden, obwohl es sich bei den Entschädigungsansprüchen nicht um echte Schadensersatzansprüche handelt.[112] Ferner sind die Grundsätze der Vorteilsausgleichung anzuwenden.[113]

80 Gemessen daran ist der Schaden zu berechnen durch den Rückgang der Einnahmen abzüglich ersparter Personal- und Energiekosten.[114] In Betracht kommt insbesondere die Einholung eines Sachverständigengutachtens zum Ertragsverlust.[115] Anzurechnen wären etwaige „Vorteile" der Krise wie insbesondere erhaltene Staatshilfen.

---

[106] BGH NJW 1975, 1966 (1967); Maunz/Dürig/Papier/Shirvani, 89. EL Oktober 2019, GG Art. 14 Rn. 809; MüKoBGB/Papier/Shirvani, 7. Aufl. 2017, BGB § 839 Rn. 51.

[107] BGH NJW 1975, 1966 (1967).

[108] BGH NJW 1975, 1966 (1967); Maunz/Dürig/Papier/Shirvani, 89. EL Oktober 2019, GG Art. 14 Rn. 809.

[109] Maunz/Dürig/Papier/Shirvani, 89. EL Oktober 2019, GG Art. 14 Rn. 809.

[110] BGH NJW 1975 (1967), Ossenbühl/Cornils, Staatshaftungsrecht, 6. Aufl. 2013, 321.

[111] BGH NJW 1975, 1966 (1968).

[112] BGH NJW 1959, 386; VerwRspr 1958, 573 (575); VerwRspr. 1959, 671 (674).

[113] BGH NJW 1970, 1371; NJW 1977, 1817 (1818).

[114] BGH NJW 1983, 1663.

[115] BGH Urt. v. 3.3.1977 – III ZR 181/74, juris-Rn. 20f.

dd) Entschädigungspflichtiger

81 Der Entschädigungsanspruch richtet sich gegen den „Begünstigten“. Der Begriff der „Begünstigung“ in diesem Sinne wird allerdings zu eng gefasst, wenn man ihn dahingehend versteht, dass dem betroffenen Hoheitsträger unmittelbare Vorteile aus der den Eingriffstatbestand darstellenden Maßnahme zugeflossen sein müssen. Entschädigungspflichtig ist nach der Rechtsprechung des Bundesgerichtshofs der Hoheitsträger, dessen Aufgaben wahrgenommen wurden oder dem die Vorteile des Eingriffs zugeflossen sind.[116] Damit sollte sich der Entschädigungsanspruch wegen enteignender Eingriffs im Kontext der COVID-19-Pandemie ebenso wie die Ansprüche nach § 65 IfSG gegen das jeweilige Bundesland richten.

b) Enteignungsgleicher Eingriff

aa) Unmittelbarkeit, Sonderopfer, Umfang der Entschädigung

82 Voraussetzung eines Entschädigungsanspruchs wegen enteignungsgleichen Eingriffs ist, dass von hoher Hand rechtswidrig in eine durch Art. 14 GG geschützte Rechtsposition eingriffen wird.[117] Hinzu kommen muss – wie beim enteignenden Eingriff – die Unmittelbarkeit des Eingriffs, die voraussetzt, dass schädigende Auswirkungen vorliegen, die für die konkrete Betätigung der Hoheitsgewalt typisch sind und aus der Eigenart der hoheitlichen Maßnahme folgen.[118] Das ist – wie beim enteignenden Eingriff dargestellt – bei den Schließungsmaßnahmen im Rahmen der COVID-19-Pandemie der Fall.

83 Keine Unterschiede zwischen enteignungsgleichem und enteignendem Eingriff ergeben sich auch hinsichtlich der Anspruchsvoraussetzung „geschützte Rechtsposition“ sowie hinsichtlich des Umfangs der Entschädigung und der Person des Entschädigungspflichtigen.[119] Gleiches gilt, wenn man bereits beim enteignenden Eingriff ein Sonderopfer bejaht. Wie dargetan, indiziert beim enteignungsgleichen Eingriff die Rechtswidrigkeit der Maßnahme ohnehin, dass das dem Einzelnen durch den Eingriff auferlegte Opfer jenseits der gesetzlichen allgemeinen Opfergrenze liegt und damit ein entsprechend dem Gebot des Gleichheitssatzes zu entschädigendes Sonderopfer darstellt.[120]

bb) Legislatives Unrecht

84 Das richterrechtlich geprägte und ausgestaltete Haftungsinstitut des enteignungsgleichen Eingriffs gewährt keinen Ausgleich von Nachteilen,

---

[116] BGH NJW 1997, 1229 (1230).
[117] BGH NJW 1994, 1647 (1648).
[118] BGH NJW 1988, 478 (479).
[119] Vgl. Staudinger/Wöstmann, 2013, BGB § 839 Rn. 436.
[120] BGH NJW 1960, 1149 (1150).

die unmittelbar oder mittelbar durch ein verfassungswidriges formelles Gesetz herbeigeführt werden.[121] Diese Einschränkung gilt indessen nicht für untergesetzliche Normen, die aufgrund rechtswirksamer Gesetze ergangen sind. Das Institut des enteignungsgleichen Eingriffs bildet also eine geeignete Grundlage für eine Staatshaftung für rechtswidrige untergesetzliche Normen, die an eigenen, nicht auf ein Parlamentsgesetz zurückgehenden Nichtigkeitsgründen leiden. Rechtsverordnungen und Satzungen gehören nicht zur Gesetzgebung im formellen Sinn, sondern sind der vollziehenden Gewalt zuzuordnen. Es ist daher anerkannt, dass sich das Haftungsinstitut des enteignungsgleichen Eingriffs auch auf Eingriffe durch derartige rechtswidrige Recht(setzungs)akte bezieht.[122]

85 Die auf Grundlage der §§ 24 ff. IfSG erlassenen Verordnungen, Allgemeinverfügungen oder Verwaltungsakte können danach einen Entschädigungsanspruch wegen eines enteignungsgleichen Eingriffs unterschiedslos begründen, es sei denn, die §§ 24 ff. IfSG erwiesen sich ihrerseits als verfassungswidrig. Hierfür gibt es keine Anhaltspunkte.[123]

cc) Vorrang speziellerer Ansprüche

86 Entschädigungsansprüchen wegen enteignungsgleichen Eingriffs wird verschiedentlich ein Anwendungsbereich neben Ansprüchen aus dem allgemeinen Polizei- und Ordnungsrecht der Länder abgesprochen.[124] Die Entschädigungstatbestände in den Polizeigesetzen wegen rechtswidrigen Verhaltens einer Ordnungsbehörde sollen als spezial-gesetzliche Konkretisierung dem allgemeinen Anspruch wegen enteignungsgleichen Eingriffs vorgehen, der die Beeinträchtigung einer verfassungsmäßig geschützten Rechtsposition des Betroffenen voraussetzt.[125] Die Sperrwirkung soll allerdings auch nach dieser Auffassung nur eingreifen, wenn ein Handeln einer Ordnungsbehörde tatbestandsmäßig ist.[126] Daran fehlt es jedenfalls bei den umfangreichen Schließungsverordnungen der Landesregierungen.

dd) Obliegenheit, Primärrechtsschutz zu erstreiten

87 Anders als beim enteignenden Eingriff ist bei Ansprüchen aus enteignungsgleichem Eingriff der Subsidiaritätsgrundsatz zu beachten. Um sich nicht dem Vorwurf des Mitverschuldens nach dem Rechtsgedanken des § 254 BGB auszusetzen, ist der durch eine rechtswidrige hoheitliche

---

[121] BGH NJW 1987, 1875 (1877).

[122] BGH NJW 1990, 3260 (3261); NVwZ-RR 1993, 450.

[123] Vgl. OVG Münster BeckRS 2020, 5158; siehe aber zu § 5 IfSG nF → § 16 Rn. 23 ff.

[124] BGH NJW 1979, 34 (36); Ossenbühl/Cornils, Staathaftungsrecht, 6. Aufl. 2013, 322; anders für den enteignenden Eingriff BGH NJW 2011, 3157 (3158).

[125] BGH NJW 1979, 34 (36).

[126] BGH NJW 1979, 34 (36).

Maßnahme Geschädigte zur Prüfung angehalten, ob der durch den Hoheitsakt erfolgte Eingriff in sein Eigentum rechtmäßig ist. Bestehen begründete Zweifel an der Rechtmäßigkeit oder hätte eine Prüfung solche Zweifel ergeben, so muss der Betroffene in der Regel die zulässigen verwaltungsgerichtlichen Rechtsbehelfe ergreifen, um den Schaden abzuwenden (Vorrang des Primärrechtsschutzes). Unterlässt er eine zumutbare Anfechtung und kann ihm dies im Sinne eines „Verschuldens in eigener Angelegenheit" vorgeworfen werden, so steht ihm im Regelfall ein Entschädigungsanspruch für solche Nachteile nicht zu, die er durch Anfechtung hätte vermeiden können.[127]

Für die tatsächlichen Grundlagen der Mitverantwortung des Betroffenen für den Schaden trifft die Darlegungs- und Beweislast zwar grundsätzlich die in Anspruch genommene Körperschaft. Macht jedoch der Betroffene geltend, das Absehen von einer Anfechtung könne ihm ausnahmsweise nicht vorgeworfen werden, so wird er die Gründe hierfür vorzutragen haben, etwa, weshalb er mit der Begründung eines rechtswidrigen Verhaltens staatlicher Stellen eine Entschädigung begehrt, es aber gleichwohl unterlassen hat, ihm zur Verfügung stehende Mittel des öffentlichen Rechts zur Beseitigung des Eingriffs zu gebrauchen. Diese Umstände gehören in aller Regel zu seinem Lebensbereich und entziehen sich daher vielfach der Kenntnis der in Anspruch genommenen Körperschaft.[128] Gerade bei normativen Akten wie Satzungen und Verordnungen dürfen die Anforderungen an die Prüfungspflicht des Betroffenen andererseits aber auch nicht überspannt werden. Von ihm kann nicht verlangt werden, dass er ohne deutliche Anhaltspunkte für die Rechtswidrigkeit einer ihn betreffenden hoheitlichen Maßnahme Rechtsrat einholt.[129] An einer entsprechenden Obliegenheit kann es beispielsweise fehlen, wenn gegenüber einer Vielzahl anderer Personen auf die gleiche Art vorgegangen wird.[130] Hätte der Schaden durch einen Prozess nicht abgewehrt werden können, weil er, insbesondere wegen der Dauer, sowieso eingetreten wäre und nicht rückgängig gemacht werden kann, braucht sich der Bürger ebenfalls nicht auf den Primärrechtsschutz verweisen zu lassen.[131] 88

Gemessen daran ist zweifelhaft, ob die betroffenen Laden-, Restaurant- und Hotelinhaber gehalten sind (oder waren), sich gegen die Schließung ihrer Betriebe zu wenden. In Rede stehen bundesweit abgestimmte Verordnungen oder Allgemeinverfügungen zur Eindämmung des Corona-Virus. Der non-food-Handel, Kultur- und Sporteinrichtungen, 89

[127] BGH NJW 1984, 1169 (1172).
[128] BGH NJW 1984, 1169 (1172).
[129] Ossenbühl/Cornils, Staathaftungsrecht, 6. Aufl. 2013, 316.
[130] Vgl. BGH NJW 1971, 1168 (1170).
[131] BGH NJW 1984, 1876f.

Hotels und Gastronomie werden nicht nur deutschland-, sondern fast weltweit stillgelegt. Soweit die Maßnahmen bislang Gegenstand der verwaltungsgerichtlichen Rechtsprechung waren, wurde ihre Rechtmäßigkeit bejaht.[132] Auch in der Öffentlichkeit wird die Rechtmäßigkeit der nur vorübergehenden Schließungsmaßnahmen – soweit ersichtlich – nicht kontrovers diskutiert. Hinzu kommt, dass die erlittenen Schäden jedenfalls überwiegend nicht durch die Inanspruchnahme von Primärrechtsschutz hätten abgewehrt werden können. In Betracht wäre ohnehin nur Rechtsschutz in Form des Eilrechtsschutzes gekommen; selbst dann wäre ein Schaden aber zumindest teilweise bereits eingetreten.[133]

4. Schadensersatz nach den Grundsätzen der Amtshaftung

90 Den Adressaten rechtswidriger Verwaltungsakte beziehungsweise rechtswidriger Allgemeinverfügungen etwa in Form von Quarantäneanordnungen, kommunalen Ausgangssperren oder Schließungsmaßnahmen könnte schließlich ein Amtshaftungsanspruch nach § 839 BGB iVm Art. 34 GG zustehen.

a) Handeln durch einen Beamten

91 Voraussetzung des Amtshaftungsanspruchs ist die Verletzung einer drittbezogenen Amtspflicht durch einen Beamten im haftungsrechtlichen Sinne. Haftungsrechtlich ist hiernach Beamter jeder, den der Bund, ein Land oder eine andere öffentlich-rechtliche Körperschaft mit öffentlicher Gewalt ausgestattet hat, ohne Rücksicht darauf, ob ihm staatsrechtliche Beamteneigenschaft zukommt.[134]

92 Die Anspruchsvoraussetzung einer Amtspflichtverletzung durch einen Beamten ist im Kontext der COVID-19-Pandemie erfüllt. Die Behörden, handelnd durch ihre Amtsträger, werden bei der Anordnung von Maßnahmen zur Eindämmung und Bekämpfung des Covid-19-Virus auf Grundlage des Infektionsschutzgesetzes in Ausübung eines öffentlichen Amts tätig.

b) Rechtswidrige Verletzung einer drittbezogenen Amtspflicht

93 Weitere Voraussetzung eines Schadensersatzanspruchs nach § 839 BGB iVm Art. 34 GG ist die Verletzung einer drittbezogenen Amtspflicht. Drittbezogen ist eine Amtspflicht, wenn sie auch gegenüber dem

---

[132] VGH München BeckRS 2020, 4616; aus diesem Grund hat das BVerfG die Subsidiarität des verfassungsgerichtlichen Eilrechtsschutzes gegen die bayerische Ausgangssperre verneint; vgl. auch OVG Münster BeckRS 2020, 5158.

[133] Vgl. zum Rechtsschutz in diesem Band umfassend → § 16 Rn. 103 ff.

[134] BGH NVwZ 2006, 966.

Geschädigten besteht und seinen Schutz vor dem erlittenen Schaden bezweckt.[135] Aus den die Amtspflicht begründenden und sie umreißenden Bestimmungen sowie aus der besonderen Natur des Amtsgeschäfts muss sich ergeben, dass der Geschädigte zu dem Personenkreis zählt, dessen Belange nach dem Zweck und der rechtlichen Bestimmung des Amtsgeschäfts geschützt und gefördert werden sollen; darüber hinaus kommt es darauf an, ob in qualifizierter und zugleich individualisierbarer Weise auf schutzwürdige Interessen eines erkennbar abgegrenzten Kreises Dritter Rücksicht zu nehmen ist.[136]

Bei rechtswidrigen belastenden Verwaltungsakten fällt die Drittgerichtetheit regelmäßig mit der Klagebefugnis nach § 42 Abs. 2 VwGO zusammen. Dritter ist demnach, wer durch den Verwaltungsakt in seinen Rechten verletzt wird.[137] 94

Welche Maßnahmen auf Grundlage des Infektionsschutzgesetzes drittschützend sind, ist höchstrichterlich nicht geklärt. 95

Das Landgericht Köln hat in seiner Entscheidung vom 18. Dezember 2018 eine Drittbezogenheit sämtlicher Vorschriften des Infektionsschutzgesetzes pauschal verneint.[138] Der Zweck des Gesetzes gemäß § 1 Abs. 1 IfSG, übertragbaren Krankheiten beim Menschen vorzubeugen, Infektionen frühzeitig zu erkennen und ihre Weiterverbreitung zu verhindern, offenbare die Prävention als Leitgedanken des gesamten Infektionsschutzrechts. Daneben diene das IfSG der Verhinderung der Weiterverbreitung von Krankheiten und Infektionen. Der Schutz privater Vermögensinteressen lasse sich dem Infektionsschutzgesetz hingegen nicht als allgemeiner Rechtsgedanke entnehmen. Es enthalte lediglich in § 65 einen für konkrete Sonderfälle normierten Anspruch auf Ersatz von Vermögensschäden.[139] 96

Gegen diese Pauschalierung spricht schon, dass § 63 Abs. 2 IfSG (Versorgungsansprüche bei Impfschäden) die Geltung von Haftungsansprüchen nach § 839 Abs. 1 BGB neben solchen nach dem IfSG ausdrücklich anordnet.[140] Die obergerichtliche Rechtsprechung hat eine drittbezogene Amtspflichtverletzung überdies bejaht, wenn das Gesundheitsamt sich bei Auftreten eines Tuberkulosefalles in einer Schulklasse darauf beschränkt, Röntgenuntersuchungen durchzuführen, nicht aber Tuberkulinproben vornimmt und über eventuelle Symptome der Krankheit nicht aufklärt.[141] Ferner liegt eine drittbezogene Amtspflichtverlet- 97

[135] BGH NJW 1977, 1875 (1877).
[136] BGH NVwZ 2020, 90 Rn. 41.
[137] BGH NJW 1994, 1647 (1649).
[138] LG Köln BeckRS 2018, 34949 Rn. 37 ff.
[139] LG Köln BeckRS 2018, 34949 Rn. 38 ff.
[140] So zu § 54 Abs. 4 BSeuchG BGH NJW 1990, 2311.
[141] OLG Karlsruhe NJW-RR 1990, 1366.

zung vor, wenn eine Impfärztin – in Ausübung eines ihr anvertrauten öffentlichen Amts – es versäumt, vor der Impfung die Impfvoraussetzungen zu prüfen und über die besondere Gefährlichkeit der konkreten Impfung aufzuklären.[142]

98 Die Drittgerichtetheit ergibt sich bei Verwaltungsakten gegen Einzelpersonen, etwa bei Quarantäneanordnungen, auch zwanglos aus ihrer Adressateneigenschaft. Aber auch hinsichtlich der Schließungsmaßnahmen, die einen weiten Kreis von Ladenbesitzern, Gastronomen, Hotelinhabern und Veranstaltern betrifft, haben die Verwaltungsgerichte die Klagebefugnis im Eilrechtsschutz regelmäßig ohne Begründungsaufwand bejaht. Klagebefugt sind allerdings nur die Inhaber selbst, ggf. also die juristische Person, nicht dagegen deren Gesellschafter.[143]

99 Die Drittgerichtetheit lässt sich auch mit Blick auf die bei den Maßnahmen nach §§ 24 ff. IfSG geltenden Grundsätze des geringstmöglichen Eingriffs und der Verhältnismäßigkeit begründen. Diese Einschränkungen dienen dem Schutz der Adressaten vor einer übermäßigen Belastung ihrer Individualinteressen zugunsten der Volksgesundheit.[144] Erleiden sie aufgrund rechtswidriger, da übermäßiger Inanspruchnahme Schäden, fallen diese Nachteile in den Schutzbereich des der Ermächtigungsgrundlage innewohnenden („notwendige Maßnahmen") Übermaßverbots.

100 Danach bestehen keine durchgreifenden Zweifel an einer drittbezogenen Amtspflichtverletzung, wenn sich die erlassenen Maßnahmen zur Eindämmung der COVID-19-Pandemie im Einzelfall als unverhältnismäßig und damit rechtswidrig erweisen.

c) Verschulden

101 Bejaht man die Verletzung einer drittbezogenen Amtspflicht, stellt sich die Frage nach dem Verschulden des handelnden Amtsträgers. Es genügt der – im Kontext der COVID-19-Pandemie im Mittelpunkt stehende – Vorwurf fahrlässigen Verschuldens.

102 Fahrlässigkeit ist gegeben, wenn der Beamte bei Beachtung der für seinen Pflichtenkreis erforderlichen Sorgfalt hätte erkennen können und müssen, dass er seiner Amtspflicht zuwider handelt.[145] Das Verschulden im Rahmen des § 839 BGB muss sich nur auf die Verletzung der Amtspflicht beziehen; dass der Beamte den hieraus für einen in den Schutzbereich der Amtspflicht einbezogenen Dritten entstandenen Schaden – oder überhaupt einen Schaden – vorausgesehen hat oder voraussehen konnte, ist nicht erforderlich.[146] Auszugehen ist davon, dass jeder Beamte die zur

---

[142] BGH NJW 1990, 2311.
[143] OVG Bremen BeckRS 2020, 5629 Rn. 10 f.
[144] Bales/Baumann/Schnitzler, IfSG, 2. Aufl. 2003, § 28 Rn. 3.
[145] Staudinger/Wöstmann, 2013, BGB § 839 Rn. 198 mwN.
[146] BGH NJW 1998, 142 (144).

Führung seines Amtes notwendigen Rechtskenntnisse und Verwaltungskenntnisse besitzen oder sich verschaffen muss. Daher kommt es für die Verschuldensfrage auf die Kenntnisse und Einsichten an, die für die Führung des übernommenen Amtes im Durchschnitt erforderlich sind. Es ist auf die Anforderungen an die pflichtgetreuen Beamten in der in Frage stehenden konkreten Amtsstellung abzuheben.[147]

Indessen kann einem Beamten ein Fehlgreifen in einer schwierigen, zu Zweifeln Anlass gebenden Rechtslage grundsätzlich nicht als Verschulden angelastet werden, solange die Rechtslage nicht höchstrichterlich geklärt ist. Kann die nach sorgfältiger Prüfung gewonnene und auf vernünftige Überlegungen gestützte Beurteilung des Beamten als rechtlich vertretbar angesehen werden und hält er an ihr bis zur Klärung der Rechtslage durch die dazu berufenen Gerichte fest, so fällt ihm kein Verschulden zur Last, auch wenn seine Auffassung später von den Gerichten nicht geteilt wird.[148] Erst recht fehlt es nach ständiger Rechtsprechung des Bundesgerichtshofs an einem Verschulden, wenn ein mit mehreren Rechtskundigen besetztes Kollegialgericht die Amtstätigkeit als objektiv rechtmäßig angesehen hat.[149] Die Richtlinie erfasst jedoch nicht Entscheidungen, die im summarischen Verfahren ergehen, weil in diesen ein gegenüber der eigenen Prüfpflicht des Beamten reduzierter Prüfungsmaßstab gilt.[150] 103

Allein der Umstand, dass die Verwaltungsgerichte die Maßnahmen zur Bekämpfung der COVID-19-Pandemie im einstweiligen Rechtsschutz weitgehend gebilligt haben, entkräftet einen Verschuldensvorwurf damit nicht. Andererseits ist nicht zu verkennen, dass die Behörden unter hohem Zeitdruck und auf unsicherer Tatsachengrundlage handeln. Beispiele im Umgang mit einer vergleichbaren Gefahr in der Vergangenheit fehlen. Ein Fahrlässigkeitsvorwurf wird sich mithin auch dann nicht in jedem Einzelfall begründen lassen, wenn die Gerichte in zukünftigen (Hauptsache-)-Verfahren die Rechtswidrigkeit einer Maßnahme feststellen. 104

d) Verweisungsprivileg/Subsidiaritätsklausel

Fällt einem Beamten nur Fahrlässigkeit zur Last, kann er nur dann in Anspruch genommen werden, wenn der Verletzte nicht auf andere Weise Ersatz verlangen kann (§ 839 Abs. 1 S. 2 BGB). Diese – von der Rechtsprechung restriktiv ausgelegte[151] – Einschränkung des Amtshaftungsan- 105

---

[147] BGH NJW 1979, 2097 (2098).

[148] BGH NJW 1979, 2097 (2098).

[149] Staudinger/Wöstmann, 2013, BGB § 839 Rn. 211 mwN; MüKoBGB/Papier/Shirvani, 7. Aufl. 2017, BGB § 839 Rn. 290; BeckOK-BGB/Reinert, 53. Ed. 1.2.2020, BGB § 839 Rn. 97.

[150] BGH NJOZ 2018, 1334 (1337); MüKoBGB/Papier/Shirvani, 7. Aufl. 2017, BGB § 839 Rn. 290.

[151] Staudinger/Wöstmann, 2013, BGB § 839 Rn. 261 mwN.

spruchs sollte im Kontext mit der COVID-19-Pandemie von geringer Bedeutung sein. Insbesondere müssen sich Betroffene nicht auf Versicherungsleistungen verweisen lassen.[152]

e) Vorrang des Primärrechtsschutzes

106 Ansprüchen nach § 839 BGB iVm Art. 34 GG steht der Haftungsausschluss nach § 839 Abs. 3 BGB entgegen, wenn der Geschädigte es vorsätzlich oder fahrlässig unterlassen hat, den Schaden durch Gebrauch eines Rechtsmittels abzuwenden (Vorrang des Primärrechtsschutzes beziehungsweise Verbot des dulde und liquidiere).[153]

107 Rechtsmittel im Sinne von § 839 Abs. 3 BGB sind alle Rechtsbehelfe, die sich gegen die eine Amtspflichtverletzung darstellende Handlung oder Unterlassung richten und sowohl deren Beseitigung oder Berichtigung als auch die Abwendung des Schadens zum Ziel haben und herbeizuführen geeignet sind.[154] Darunter fallen auch Widerspruchsverfahren sowie Maßnahmen des vorläufigen Rechtsschutzes.[155] Ihr Nichtgebrauch muss vorwerfbar sein, wobei leichte Fahrlässigkeit des Geschädigten genügt.[156] Der betroffene Bürger ist aber nicht gehalten, eine Maßnahme „auf Verdacht" anzugreifen.[157] Das gilt namentlich dann, wenn Umstände vorliegen, die geeignet sind, Vertrauen in die Rechtmäßigkeit eines Verwaltungsakts zu begründen oder zu verstärken, etwa der Erlass gleichartiger Verwaltungsakte gegenüber anderen Personen oder die Versicherung der Ordnungsmäßigkeit des behördlichen Vorgehens durch Amtspersonen.[158] Primärrechtschutz ist außerdem dann nicht zu verlangen, wenn der Betroffene dadurch nicht wesentlich schneller zu seinem Ziel gelangt als ohne.[159] Gleiches gilt, wenn die Erfolgsaussicht so gering oder zweifelhaft ist, dass dem Verletzten dessen Gebrauch nicht zumutbar ist.[160]

108 Die Ersatzpflicht entfällt überdies nur, soweit die schuldhafte Einlegung eines Rechtsmittels für den eingetretenen Schaden ursächlich geworden ist.[161] Dabei gilt im Bereich des § 839 Abs. 3 BGB der Grundsatz,

---

[152] Staudinger/Wöstmann, 2013, BGB § 839 Rn. 270ff.; MüKoBGB/Papier/Shirvani, 7. Aufl. 2017, BGB § 839 Rn. 309; BeckOK BGB/Reinert, 53. Ed. 1.2.2020, BGB § 839 Rn. 101.

[153] BVerfG NJW 1982, 745 – Nassauskiesung.

[154] BGH NJW 1958, 1531; NJW 1978, 1522 (1523); Ossenbühl/Cornils, Staatshaftungsrecht, 6. Aufl. 2013, 95.

[155] BGH NJW 1986, 1107 (1108); NJW 2011, 2586 Rn. 30ff.

[156] Staudinger/Wöstmann, 2013, BGB § 839 Rn. 345; BeckOK BGB/Reinert, 53. Ed. 1.2.2020, BGB § 839 Rn. 96.

[157] BGH NJW 1991, 1168 (1170).

[158] BGH NJW 1971, 1168 (1170).

[159] BGH NJW 1995, 865 (868).

[160] BGH NJW 2003, 1308 (1312).

[161] BGH,NJW 1986, 1924.

dass allein auf die sachlich richtige, nicht auf die tatsächliche Entscheidung abzustellen ist, nicht uneingeschränkt. Wenn es um die (hypothetische) Entscheidung eines Gerichts geht und ersichtlich eine einigermaßen zuverlässige Beurteilung, wie richtigerweise zu entscheiden gewesen wäre, nicht ohne weiteres möglich ist, rückt die Frage in den Vordergrund, ob dem Betroffenen tatsächlich Rechtsschutz gewährt worden wäre.[162]

Ob die Schäden im Zusammenhang mit Maßnahmen zur Bekämpfung des COVID-19-Virus durch die Inanspruchnahme von Primärrechtsschutz hätten verhindert werden können und müssen, hängt von den jeweiligen Umständen des Einzelfalls ab.[163] Bei gegen eine konkrete Person angeordneten Eingriffen, etwa die Anordnung einer Quarantäne durch Verwaltungsakt, spricht mehr dafür, dass der Adressat Widerspruch erheben und einstweiligen Rechtsschutz begehren muss, als bei von Allgemeinverfügungen betroffenen Ladenbesitzern, Gastronomen, Hotelinhabern oder Veranstaltern.[164] Das Gebot, Primärrechtsschutz in Anspruch zu nehmen, gilt namentlich dann, wenn der konkrete Adressat etwa die Voraussetzungen einer Quarantäne bestreitet. Fraglich könnte in diesem Fall alleine sein, ob er innerhalb einer verhängten Dauer von zwei Wochen einstweiligen Rechtsschutz hätte erlangen können. Anders als bei diesen maßgeblich von den konkreten Umständen geprägten Einzelverwaltungsakten können die in ihren Rechten im Wesentlichen gleichermaßen betroffenen Adressaten von Allgemeinverfügungen demgegenüber auf (erste) Entscheidungen der Verwaltungsgerichte hierzu verweisen. 109

f) Ausschluss bei legislativem Unrecht

Bei legislativem Unrecht sind Amtshaftungsansprüche ausgeschlossen. 110
Amtspflichten der öffentlichen Amtsträger dienen in erster Linie dem Interesse der Allgemeinheit an einem geordneten Gemeinwesen. Soweit sich die Amtspflichten darin erschöpfen, diesem Allgemeininteresse zu dienen und noch keine besonderen Beziehungen zwischen diesen Amtspflichten und Personen oder Personengruppen bestehen, kommen bei ihrer Verletzung Schadensersatzansprüche für außenstehende Dritte nicht in Betracht. Um derartige Amtspflichten handelt es sich im Allgemeinen bei Pflichten, die für die dafür Verantwortlichen im Rahmen der Gesetzgebungsaufgaben bestehen. Gesetze und Verordnungen enthalten durchweg generelle und abstrakte Regeln. Der Gesetzgeber nimmt hier – bei Tätigwerden und Untätigbleiben – grundsätzlich ausschließlich Aufgaben gegenüber der Allgemeinheit wahr, denen die Richtung auf bestimmte Personen oder Personengruppen fehlt.[165]

---

162 BGH NJW 2003, 1308 (1313).
163 Vgl. zum Rechtsschutz in diesem Band umfassend → § 16 Rn. 103 ff.
164 VGH München BeckRS 2020, 4618.
165 BGH NJW 1997, 123 (124).

111 Nur in Ausnahmefällen, etwa bei sogenannten Maßnahme- oder Einzelfallgesetzen, kann etwas anderes in Betracht kommen und können Belange bestimmter Einzelner unmittelbar berührt werden, sodass sie als „Dritte" iSd § 839 BGB angesehen werden können.[166] Maßnahme- und Einzelfallgesetze liegen vor, wenn Einzelpersonen oder ein individuell bestimmter Personenkreis betroffen sind,[167] dagegen nicht, wenn ein an das abstrakte Merkmal einer Gruppenzugehörigkeit anknüpfend unüberschaubar großer und nicht individuell begrenzter Personenkreis betroffen ist.[168]

112 Damit fallen sämtliche Maßnahmen aus dem Anwendungsbereich der Amtshaftung heraus, die seitens der Landesregierungen durch Rechtsverordnung angeordnet worden sind. Auch wenn die Verbote teils bestimmte Personengruppen betreffen, dürfte nicht von einem Maßnahme- respektive Einzelfallgesetz auszugehen sein. Denn die Gruppe der Gastronomie oder des non-food-Handels ist noch so groß, dass sie als Gattung abstrakt-generell zu qualifizieren ist.

113 Anspruchsbegründend sind daher lediglich – soweit rechtswidrig – Allgemeinverfügungen, wenn deren Rechtswidrigkeit sich nicht von einer zugrunde liegenden Verordnung ableitet, sowie Verwaltungsakte, beispielsweise Quarantäneanordnungen oder berufliche Tätigkeitsverbote auf Grundlage des Infektionsschutzgesetzes.

g) Umfang des Schadensersatzes

114 Art und Umfang des Schadensersatzes ergeben sich zunächst aus den allgemeinen Vorschriften (§§ 249 ff. BGB). Der zu leistende Schadensersatz soll die Vermögenslage herstellen, die bei pflichtgemäßem Verhalten des Beamten eingetreten wäre.[169] Ersatzfähig ist also auch der entgangene Gewinn nach § 252 BGB.[170] Der Schadensersatzanspruch schließt immaterielle Schäden gemäß §§ 253, 847 BGB ein.[171] Ein Anspruch auf Schmerzensgeld kommt nach § 253 Abs. 2 BGB namentlich bei einem Eingriff in die Freiheit der Person, Art. 2 Abs. 2 S. 2 GG, in Betracht.[172]

115 Adressaten rechtswidriger, da etwa unverhältnismäßiger Quarantäneanordnungen oder Berufstätigkeitsverbote können also Kompensation eines dadurch etwaig erlittenen Verdienstausfalls verlangen. Anders als bei einem Entschädigungsanspruch nach § 56 Abs. 1 IfSG haben sie bei rechtswidrigen Maßnahmen einen Anspruch auf vollen Schadensersatz.

---

[166] BGH NVwZ 1993, 601; NJW 1971, 1172 (1173).
[167] BGH NJW 1971, 1172 (1173).
[168] BGH NJW 1989, 101.
[169] BGH BeckRS 1972, 30404378.
[170] BGH BeckRS 2011, 23097 Rn. 11. Siehe oben aber die Ausnahme bei vorübergehenden Eingriffs in den eingerichteten und ausgeübten Gewerbebetrieb.
[171] Ossenbühl/Cornils, Staatshaftungsrecht, 6. Aufl. 2013, 111.
[172] OLG Frankfurt BeckRS 2019, 17013 Rn. 67 ff.; OLG Karlsruhe BeckRS 2015, 20407 Rn. 46 f.

Bejaht man infolge rechtswidriger, da unverhältnismäßiger Ausgangssperren eine Verletzung der Freiheit der Person, Art. 2 Abs. 2 S. 2 GG, sind auch Schmerzensgeldansprüche der hiervon betroffenen Personen denkbar. Bei der Bemessung des Schmerzensgelds sind die Umstände des Einzelfalls, wie Dauer der Freiheitsentziehung, sachliche Rechtfertigung einer Freiheitsentziehung – hier: Volksgesundheit – und Intensität der Freiheitsentziehung zu berücksichtigen.[173]

Da es sich bei der Frage, ob durch eine Amtspflichtverletzung ein **116** Vermögensschaden entstanden ist, um eine Beurteilung der haftungsausfüllenden Kausalität handelt, kommt dem Geschädigten die Beweiserleichterungen des § 287 ZPO zugute.[174]

h) Anspruchsverpflichteter

Nach ständiger Rechtsprechung des Bundesgerichtshofs beantwortet **117** sich die Frage nach dem Haftungssubjekt danach, welche Körperschaft dem Amtsträger das Amt, bei dessen Ausübung er fehlerhaft gehandelt hat, anvertraut hat, wer – mit anderen Worten – dem Amtsträger die Aufgaben, bei deren Wahrnehmung die Amtspflichtverletzung vorgekommen ist, übertragen hat. Es haftet daher im Regelfall die Körperschaft, die diesen Amtsträger angestellt und ihm damit die Möglichkeit zur Amtsausübung eröffnet hat.[175]

Anspruchsverpflichtet sind danach die Körperschaften, deren Amts- **118** träger die konkreten Infektionsbekämpfungsmaßnahmen angeordnet haben, im Fall von Allgemeinverfügungen oder Verwaltungsakten also die Länder, Landkreise oder Kommunen.[176]

5. Unionsrechtlicher Staatshaftungsanspruch

Gestreift werden soll abschließend der unionsrechtliche Staatshaf- **119** tungsanspruch, der bei einem Verstoß gegen das Europarecht neben die Ansprüche aus Amtshaftung und enteignungsgleichen Eingriff treten kann. Der Anspruch setzt erstens einen Verstoß gegen eine europäische Rechtsvorschrift voraus, die es bezweckt, dem Einzelnen Rechte zu verleihen, zweitens einen hinreichend qualifizierten Rechtsverstoß sowie drittens die unmittelbare Kausalität zwischen dem Rechtsverstoß und dem entstandenen Schaden.[177] Die erste und dritte Voraussetzung sollten

---

173 OLG Frankfurt BeckRS 2019, 17013 Rn. 67 ff.; OLG Karlsruhe BeckRS 2015, 20407 Rn. 46 f.

174 BGH NJW 1998, 142 (145).

175 BGH NVwZ 2006, 966.

176 Vgl. zur Zuständigkeit Giesberts/Gayger/Weyand NVwZ 2020, 417 (418).

177 Staudinger/Wöstmann, 2013, BGB § 839 Rn. 530; BeckOGK/Krainer, 1.4.2020, BGB § 89 Rn. 18.

sich unschwer bejahen lassen, schließlich greift namentlich die weitreichende Unterbindung von Geschäftstätigkeiten in die Grundfreiheiten des Primärrechts ein. Die Frage, ob auch die zweite Voraussetzung eines qualifizierten Rechtsverstoßes vorliegt, dürfte sich vorliegend nach denselben Maßstäben beantworten, die über die Rechtmäßigkeit bzw. Rechtswidrigkeit der Maßnahmen nach nationalem Recht entscheiden.

IV. Fazit

120 Das Infektionsschutzgesetz sieht in § 56 Abs. 1 S. 1 IfSG einen eng auszulegenden Entschädigungsanspruch vor, wenn Infektionsverdächtige einem Tätigkeitsverbot unterliegen oder in behördlich angeordnete Quarantäne geschickt werden. Das Gesetz zum Schutz der Bevölkerung bei einer epidemischen Lage von nationaler Tragweite vom 27. März 2020 räumt in § 56 Abs. 1a IfSG berufstätigen Eltern, die ihre Kinder mangels zumutbarer Betreuungsalternative betreuen müssen und dadurch einen Verdienstausfall erleiden, einen – allerdings begrenzten – Entschädigungsanspruch ein. Nicht berücksichtigt werden weiterhin solche berufstätigen Nichtstörer, die wegen anderer behördlicher Maßnahmen einem faktischen Berufsverbot unterliegen und einen Verdienstausfall erleiden.

121 Bei Maßnahmen, die in den Schutzbereich des Art. 14 Abs. 1 S. 1 GG eingreifen, haben Nichtstörer unter den Voraussetzungen des § 65 IfSG einen Anspruch auf billige Entschädigung. Nach seinem Wortlaut ist die Vorschrift allein auf Maßnahmen der Gefahrverhütung anwendbar. Eine analoge Anwendung auf die von den Infektionsschutzbehörden ergriffenen Maßnahmen zur Gefahrbekämpfung ist zu diskutieren. Insbesondere Ladeninhaber, Gastronomen und Hoteliers, deren Betriebe zur Bewältigung der Corona-Krise stillgelegt wurden, könnten – bejaht man die Analogie – erlittene Schäden jedenfalls teilweise ersetzt verlangen.

122 Das Infektionsschutzgesetz regelt Entschädigungs- und Schadensersatzansprüche nicht abschließend. Hinsichtlich der Schließungsmaßnahmen stehen Eingriffe in den eingerichteten und ausgeübten Gewerbebetrieb in Rede, die – in Abhängigkeit von der Rechtmäßigkeit der Maßnahmen – Ansprüche nach den Grundsätzen des enteignenden und enteignungsgleichen Eingriffs begründen können. Beim enteignenden Eingriff dürfte insbesondere von Bedeutung sein, ob dem Betroffenen ein Sonderopfer auferlegt wird. Amtshaftungsansprüche sind bei rechtswidrigen behördlichen Maßnahmen denkbar, soweit diese nicht unmittelbar auf Gesetz oder Rechtsverordnung beruhen. Erheblichen Schwierigkeiten dürfte sich ein Anspruchsteller beim Nachweis eines schuldhaften Handelns des handelnden Amtsträgers gegenübersehen.

§ 18 Straf- und Strafprozessrecht

Inhaltsübersicht

I. Einführung

Im Folgenden wird zunächst strafbares Verhalten erörtert, das in unmittelbarem Zusammenhang mit der aktuellen, durch das neuartige Corona-Virus Sars-CoV-2 ausgelösten Pandemie (im Folgenden: Corona-Pandemie) steht.[1] Das Virus kann eine Erkrankung der Atemwege bis hin **1**

[1] In diesem Kapitel wird bis zum 15.4.2020 erschienene Rechtsprechung und Literatur berücksichtigt.

zur Lungenentzündung auslösen, nämlich die sog. Corona Virus Disease 2019 (im Folgenden COVID-19). Darüber hinaus werden die Auswirkungen auf das Strafverfahrensrecht besprochen; insbesondere die Änderungen durch das Gesetz zur Abmilderung der Folgen der COVID-19-Pandemie im Zivil-, Insolvenz- und Strafverfahrensrecht (COVFAG).

II. Materielles Strafrecht

2 In der folgenden Darstellung des materiellen Strafrechts müssen Fragen außer Betracht bleiben, die lediglich als Begleiterscheinung der Corona-Pandemie auftreten. Soweit also etwa Täter im Internet (Cybercrime) die aktuelle Situation missbrauchen, um Schadsoftware zu verbreiten, oder Banden die Pandemie nutzen, um beispielsweise ältere Menschen zu betrügen, werden diese Probleme hier nicht behandelt. Insoweit ergeben sich auch keine Besonderheiten aus der Corona-Pandemie, zumal die „eigentliche Masche" der Täter (noch) unverändert ist. Alte Tricks werden auf „Corona getrimmt" und wieder aufgewärmt.[2] Bei der Behandlung dieser Fälle gelten die allgemeinen Grundsätze.

1. Straftaten nach dem Infektionsschutzgesetz (IfSG)

3 Das IfSG enthält in seinem **15. Abschnitt Straf- und Bußgeldvorschriften** (§§ 73-76 IfSG). Ähnlich wie andere Strafvorschriften im Nebenstrafrecht – etwa §§ 58-60 Lebensmittel- und Bedarfsgegenständegesetz (LFGB) oder §§ 95-97 Arzneimittelgesetz (AMG) – hat sich der Gesetzgeber zunächst dazu entscheiden, in § 73 IfSG Bußgeldtatbestände zu schaffen, die bei Hinzutreten weiterer Voraussetzungen eine Straftat nach § 74 IfSG darstellen. § 75 IfSG geht darüber hinaus und enthält weitere Strafvorschriften, die eigenständige Straftaten bei Verstößen gegen Anordnungen der Behörden regeln. § 76 IfSG beschäftigt sich mit der Einziehung von Beziehungsgegenständen. Die Straf- und Bußgeldnormen des IfSG sind sog. **Blankettnormen**, dh der Gesetzgeber bestimmt den Straftatbestand nicht aus sich heraus, sondern dadurch, dass er auf andere, auch untergesetzliche Vorschriften verweist.[3]

---

[2] Siehe etwa https://www.spiegel.de/panorama/justiz/corona-betrueger-nutzen-die-krise-aus-auf-netzbetrug-umgeschult-a-00000000-0002-0001-0000-000170323257; Abfragestand: 15.4.2020.

[3] Zum Problem der Bestimmtheit im Hinblick auf Art. 103 Abs. 2 GG siehe MüKoStGB/Schmitz StGB Vor § 324 Rn. 45 f.; Sachs/Degenhart GG Art. 103 Rn. 65 ff. mwN.

a) Verwaltungsakzessorietät der Straftaten nach dem IfSG

4 Das IfSG ist ebenso wie das Umweltstrafrecht von der Verwaltungsakzessorietät geprägt, dh durch die Verknüpfung von Verwaltungsrecht und Strafrecht.[4] Die Verwaltungsakzessorietät kennt drei Unterformen, nämlich die **begriffliche Akzessorietät,** die **Verwaltungsrechtsakzessorietät** und die **Verwaltungsaktakzessorietät.**[5]

5 Mit **begrifflicher Akzessorietät** ist gemeint, dass Tatbestandsmerkmale strafrechtlich grundsätzlich nicht anders auszulegen sind als verwaltungsrechtlich.[6] Aus diesem Grund sind etwa die Begriffsbestimmungen des § 2 IfSG auch strafrechtlich maßgebend. Für die Definition des Krankheitserregers in § 75 Abs. 1 Nr. 3 und 4 IfSG ist deshalb verwaltungsrechtlich wie strafrechtlich § 2 Nr. 1 IfSG entscheidend. Ähnlich wie im Umweltstrafrecht kann die begriffliche Akzessorietät aber an ihre Grenzen stoßen, wenn etwa verwaltungsrechtlich Begriffe mithilfe von Analogien oder Fiktionen – die jeweils Strafrecht unzulässig sind – bestimmt werden. Auch kann der Rechtsgüterschutz im Einzelfall eine andere Auslegung rechtfertigen.[7] Spezielle strafrechtliche Legaldefinitionen, wie etwa in § 330d StGB, kennt das IfSG aber nicht.

6 **Verwaltungsrechtsakzessorisch** ist ein Straftatbestand, wenn er ausdrücklich oder konkludent auf verwaltungsrechtliche Normen verweist.[8] Dieser Teil der Verwaltungsakzessorietät zeigt sich exemplarisch an den Straftatbeständen des § 75 Abs. 1 IfSG, die allesamt auf verwaltungsrechtliche Regelungen im IfSG verweisen.

7 **Verwaltungsaktakzessorietät** beschreibt schließlich die Abhängigkeit des Strafrechts von Einzelfallentscheidungen der Verwaltungsbehörden.[9] Einerseits können etwa verwaltungsrechtliche Genehmigungen tatbestandsausschließend oder rechtfertigend wirken. Andererseits kann die strafrechtliche Verantwortlichkeit von vollziehbaren Anordnungen der Verwaltungsbehörde abhängen. Ein Musterbeispiel für die Verwaltungsaktakzessorietät ist § 75 Abs. 1 Nr. 1 IfSG. Strafbar macht sich nach dieser Norm nur, wer gegen eine vollziehbare Anordnung der Verwaltungsbehörde nach § 28 Abs. 1 S. 2 IfSG, § 30 Abs. 1 IfSG oder § 31 IfSG verstößt. Das bedeutet, dass eine Strafbarkeit von vornherein ausscheidet, wenn etwa das Gesundheitsamt per Verwaltungsakt keine Quarantäne verhängt hat, obwohl die Tatbestandsvoraussetzungen dafür vorlagen und es sich bei § 30 Abs. 1 S. 1 IfSG sogar um eine gebunde-

---

[4] Ausführlich dazu MüKoStGB/Schmitz StGB Vor § 324 Rn. 42ff.
[5] MüKoStGB/Schmitz StGB Vor § 324 Rn. 42.
[6] MüKoStGB/Schmitz StGB Vor § 324 Rn. 42.
[7] BGH NJW 1990, 2477 (2478) zum Abfallbegriff.
[8] Breuer/Gärditz Öffentliches und privates Wasserrecht Rn. 1584ff.
[9] Schönke/Schröder/Sternberg-Lieben StGB Vor § 32ff. Rn. 32a mwN.

ne Entscheidung handelt. Schwierigkeiten bereitet die Verwaltungsaktakzessorietät immer dann, wenn die Entscheidung der Verwaltung materiell rechtsfehlerhaft ergangen ist. Die Problematik spitzt sich etwa auf die Frage zu, ob auch derjenige nach § 75 Abs. 1 Nr. 1 IfSG bestraft werden kann, der gegen eine rechtswidrige Anordnung nach § 28 Abs. 1 S. 2 IfSG verstoßen hat. Nach hM ist bei fehlerhaften belastenden Verwaltungsakten von strenger Verwaltungsaktakzessorietät auszugehen, sodass selbst Verstöße gegen rechtswidrige noch nicht bestandskräftige, aber sofort vollziehbare Verwaltungsakte mit dem Strafrecht zu sanktionieren sind.[10] Lediglich Verstöße gegen nichtige Verwaltungsakte (§ 44 VwVfG) sind strafrechtlich bedeutungslos.[11] Begründet wird dieses Ergebnis vor allem damit, dass aus Gründen der Rechtssicherheit auf allen Ebenen des Verwaltungshandelns für die Strafbarkeit nur auf die Verhältnisse zur Tatzeit abgestellt werden kann und der spätere Wegfall eines Tatumstandes die bereits vollendete Zuwiderhandlung nicht zu beseitigen vermag.[12] Dem ist zu folgen. Die expliziten Regelungen zum Umgang mit rechtswidrigen Verwaltungsakten im Umweltstrafrecht in § 330d Abs. 1 Nr. 5 StGB belegen im Übrigen dieses Rechtsverständnis und die Einordnung durch den Gesetzgeber.

8 Bis zum Ausbruch der Corona-Pandemie fristeten die Strafvorschriften des IfSG ein Schattendasein. Auf die Schreibtische von Staatsanwälten kamen allenfalls Verstöße im Hinblick auf fehlende **Gesundheitszeugnisse** von Beschäftigten beim gewerbsmäßigen Umgang mit Lebensmitteln. Die Beschäftigung einer Person ohne gültiges Gesundheitszeugnis (§ 43 Abs. 1 IfSG) stellt nach § 73 Abs. 1a Nr. 20 IfSG eine Ordnungswidrigkeit dar, die bei Vorliegen der besonderen Voraussetzungen des § 74 IfSG (→ Rn. 16) eine Straftat begründet.[13] Bei Beschäftigung einer Person mit einer Krankheit, die in § 42 Abs. 1 S. 1 IfSG (etwa Typhus, Cholera, Salmonellen, enterohämorrhagische Escherichia coli, aber auch Mitarbeiter mit infizierten Wunden oder Hautkrankheiten, bei denen die Möglichkeit besteht, dass deren Krankheitserreger über Lebensmittel übertragen werden können) aufgeführt ist, kommt sogar eine eigenständige Straftat nach § 75 Abs. 1 Nr. 2 IfSG in Betracht.

---

[10] Ausführlich zum Streitstand MüKoStGB/Schmitz StGB Vor § 324 Rn. 69 ff.; Rn. 88 ff. mwN.

[11] Schönke/Schröder/Sternberg-Lieben StGB Vor § 32 ff. Rn. 32a.

[12] BGH NJW 1969, 2023 (2025); Fischer StGB Vor § 324 Rn. 7 mwN; aA MüKoStGB/Schmitz StGB Vor § 324 Rn. 88 ff. mwN.

[13] Verstöße gegen Aufbewahrungs- und Vorzeigepflichten von Arbeitgebern hinsichtlich der Gesundheitszeugnisse ihrer Mitarbeiter nach § 43 Abs. 5 S. 2 IfSG können hingegen nur eine Ordnungswidrigkeit nach § 73 Abs. 1a Nr. 21 IfSG, aber keine Straftat nach § 74 IfSG sein, weil § 73 Abs. 1a Nr. 21 IfSG in § 74 IfSG nicht aufgenommen worden ist.

b) Besonderheiten der Corona-Pandemie

Aufgrund der Corona-Pandemie stellen sich nunmehr neue Fragen der Strafbarkeit nach dem IfSG. Bei den folgenden Ausführungen ist zu beachten, dass nicht nur die Pandemie dynamisch ist, sondern auch die einschlägigen Rechtsgrundlagen ständiger Änderung und Anpassung unterworfen sind. In diesem Abschnitt soll dargestellt werden, ob Verstöße gegen Kontaktverbote oder Ausgangssperren (zB durch Feiern sog. Corona-Partys), Nichteinhalten von Quarantänevorschriften oder Betretungsverboten, Zuwiderhandlungen gegen Abstandsregelungen, aber auch absichtliches Anspucken, Anhusten oder Anniesen von (älteren) Personen oder Polizeibeamten etc Straftaten nach dem IfSG – aber auch nach allgemeinen Strafvorschriften – sein können. Zwar gibt es aufgrund der Aktualität der Krise noch keine Verurteilungen. Bei den Staatsanwaltschaften landen aber bereits erste Fälle, und es stellt sich die Frage, wie mit diesen umzugehen ist. Da auch die Justiz aufgrund der Pandemie bundesweit ihre Arbeit auf das Nötigste beschränkt,[14] werden die Fälle sie vermutlich noch Jahre beim Aufarbeiten der Pandemie begleiten. Aktuell brauchen aber Strafjuristen, Polizeibehörden, Ordnungsämter und jeder einzelne Bürger Klarheit, was zulässig, bußgeldbewehrt und strafbar ist. 9

Die Bundesländer haben zur Bekämpfung der Corona-Pandemie entweder Verwaltungsakte in Form sog. **Allgemeinverfügungen** (§ 35 S. 2 VwVfG) gestützt auf § 28 Abs. 1 IfSG oder **Rechtsverordnungen** nach § 32 S. 1 IfSG – teilweise ebenfalls ausdrücklich iVm § 28 Abs. 1 S. 1 und 2 IfSG – erlassen (ausführlich auch → § 16 Rn. 47ff.).[15] Darüber hinaus sind auch in den Kommunen Allgemeinverfügungen ergangen.[16] 10

---

[14] Vgl. etwa Rebehn DRiZ 2020, 122 (123).

[15] Siehe beispielhaft das Bundesland *Niedersachsen* (Stand: 15.4.2020); dort gab es zunächst die AV d. MS v. 23.3.2020 – 401-41609-11-3 –; seit dem 27.3.2020 galt die Niedersächsische Verordnung zur Beschränkung sozialer Kontakte anlässlich der Corona-Pandemie (Nds. GVBl. Nr. 6/2020; im Folgenden **NdsCOVID-19VO KontBeschränk**), die mittlerweile in der dritten Fassung (Nds. GVBl. Nr. 8/2020) vorliegt. Die vierte Version wurde als Niedersächsische Verordnung zum Schutz vor Neuinfektionen mit dem Corona-Virus v. 17.4.2020 (GVBl. 2020, 74) verkündet.

[16] Siehe beispielhaft (Stand: 15.4.2020) die AV der *Stadt Göttingen* – Fachbereich Gesundheitsamt für die Stadt und den Landkreis – vom 24.3.2020 (Amtsblatt der Stadt Göttingen – Nr. 11/2020), die allerdings durch die Allgemeinverfügung der Stadt Göttingen im Hinblick auf die NdsCOVID-19VO KontBeschränk aufgehoben worden ist (Amtsblatt der Stadt Göttingen – Nr. 14/2020). Die Allgemeinverfügungen des *Landkreises Northeim* (COVID-19 [Coronavirus SARS-CoV-2] Allgemeinverfügung Nr. 6 und Nr. 7 des Landkreises Northeim vom 20.3.2020 und 31.3.2020 in Amtsblatt für den Landkreis Northeim – Nr. 15/2020, Nr. 17/2020) ist mittlerweile angepasst worden, sodass die NdsCOVID-19VO KontBeschränk immer dann vorrangige rechtliche Bindung im Verhältnis zu den Allgemeinverfügungen des Landkreises Northeim entfaltet, wenn sie im Einzelnen restriktivere Regelungen trifft (COVID-19

Unabhängig davon, ob die Bundesländer den Weg über Allgemeinverfügungen oder Rechtsverordnungen gewählt haben, ist strafrechtlich zwischen den Sätzen 1 und 2 von § 28 Abs. 1 IfSG zwingend zu differenzieren.[17] Verstöße gegen Anordnungen, die auf § 28 Abs. 1 S. 1 IfSG beruhen, können grundsätzlich lediglich als Ordnungswidrigkeiten nach § 73 Abs. 1a Nr. 6 IfSG bzw. § 73 Abs. 1a Nr. 24 IfSG – sofern die Anordnung in einer Rechtsverordnung nach § 32 S. 1 IfSG getroffen worden ist – verfolgt werden, es sei denn, es liegen die besonderen Voraussetzungen des § 74 IfSG vor (dazu → Rn. 16). Zuwiderhandlungen gegen Anordnungen, die auf Grundlage von § 28 Abs. 1 S. 2 IfSG ergangen sind, begründen hingegen einen Anfangsverdacht für Straftaten nach § 75 Abs. 1 Nr. 1 IfSG (dazu → Rn. 17 ff.). Unter § 28 Abs. 1 S. 1 IfSG fallen dabei alle Anordnungen, die nicht unter den abschließenden Katalog der § 28 Abs. 1 S. 2 IfSG, §§ 29, 30 31 IfSG zu subsumieren sind.[18]

c) Das IfSG nach dem Gesetz zum Schutz der Bevölkerung bei einer epidemischen Lage von nationaler Tragweite vom 27. März 2020

11 Mit dem Gesetz zum Schutz der Bevölkerung bei einer epidemischen Lage von nationaler Tragweite vom 27.3.2020 hat der Gesetzgeber die Strafvorschriften im IfSG nicht unmittelbar geändert. Lediglich in den Bußgeldtatbeständen des § 73 IfSG hat es Veränderungen gegeben. Zum einen wird in § 73 Abs. 1a IfSG eine Nr. 1 vorangestellt, wonach ordnungswidrig handelt, wer einer vollziehbaren Anordnung nach dem neuen § 5 Abs. 2 Nr. 1 und 2 IfSG zuwiderhandelt. Dies hat mittelbar auch Auswirkungen auf die Strafvorschrift des § 74 IfSG (Näheres → Rn. 16). Zum anderen wird in § 73 Abs. 1a Nr. 24 IfSG der Wortlaut den Gesetzesänderungen insoweit angepasst, als das auch Zuwiderhandlungen gegen Rechtsverordnungen, die auf § 5 Abs. 2 Nr. 4 lit. c, d, e, g oder Nr. 8 lit. c IfSG und § 32 S. 1 IfSG beruhen, oder vollziehbare Anordnungen auf Grund einer solchen Rechtsverordnung bußgeldbewehrt sein können.

12 Größere Bedeutung könnte auf den ersten Blick der Änderung des § 28 Abs. 1 S. 1 und 2 IfSG zukommen, weil die Blankettstrafnorm des § 75 Abs. 1 Nr. 1 IfSG Verstöße gegen § 28 Abs. 1 S. 2 IfSG unter Strafe stellt. Wesentliche Änderung ist, dass in Bezug auf Ansammlungen der

---

[Coronavirus SARS-CoV-2] Allgemeinverfügung Nr. 8 des Landkreises Northeim vom 1.4.2020 in Amtsblatt für den Landkreis Northeim – Nr. 19/2020).

[17] Zur Frage der Verfassungsmäßigkeit von § 28 Abs. 1 IfSG siehe Rixen NJW 2020, 1097 (1098 ff.); zweifelnd im Hinblick auf den Vorbehalt des Gesetzes VGH Mannheim Beschl. v. 9.4.2020 – 1 S 925/20, wobei bei Erstellung dieses Beitrages nur die Presseerklärung vorlag.

[18] Nach Rixen NJW 2020, 1097 (1101) fallen alle Anordnungen aus den Rechtsverordnungen der Bundesländer unter § 28 Abs. 1 S. 1 IfSG.

Zusatz *„einer größeren Anzahl von Menschen"* gestrichen worden ist. Außerdem ist der zweite Satzteil von § 28 Abs. 1 S. 2 IfSG, der Verbote, Orte zu verlassen oder zu betreten, in Satz 1 von § 28 Abs. 1 IfSG verlagert worden. Unverändert geblieben in § 28 Abs. 1 S. 2 IfSG sind die Möglichkeiten der (Teil-) Schließungen von Badeanstalten und Gemeinschaftseinrichtungen nach § 33 IfSG. Dem neuen § 28 Abs. 1 S. 2 IfSG unterfallen daher nunmehr die Beschränkung oder das Verbot von Veranstaltungen oder sonstigen Ansammlungen, die (Teil-) Schließung von Badeanstalten und Gemeinschaftseinrichtungen nach § 33 IfSG, also Kindertageseinrichtungen, Kinderhorte, erlaubnispflichtige Kindertagespflege nach § 43 Abs. 1 SGB VIII, Schulen, sonstige Ausbildungseinrichtungen, Heime und Ferienlager. Aus der geänderten Gesetzesfassung ergeben sich keine Änderungen hinsichtlich der erfassten strafrechtlichen Fälle, weil nach dem Willen des Gesetzgebers der Wortlaut des § 28 Abs. 1 IfSG nur aus Gründen der Normenklarheit angepasst worden ist.[19] Zu Einzelheiten in Bezug auf konkrete Verstöße → Rn. 19ff.

13 In einigen Bundesländern wird in den unter → Rn. 10 genannten Allgemeinverfügungen bzw. Rechtsverordnungen geregelt, dass Verstöße gegen sie **per se nur eine Ordnungswidrigkeit** darstellen sollen. So lautete beispielsweise Nr. 13 der Niedersächsischen Allgemeinverfügung: „Verstöße gegen Anordnungen stellen Ordnungswidrigkeiten nach § 73 Abs. 1a Nr. 6 IfSG dar und werden mit Bußgeldern bis zu 25.000 EUR geahndet."[20] § 12 Abs. 1 NdsCOVID-19VO KontBeschränk bestimmt nunmehr, dass Verstöße gegen die §§ 1, 2 und 5 – 10 Ordnungswidrigkeiten nach § 73 Abs. 1a Nr. 24 IfSG darstellen und mit Bußgeldern bis zu 25.000 € geahndet werden. Der Presse ist darüber hinaus zu entnehmen, dass einzelne Bundesländer Bußgeldkataloge für Verstöße gegen ihre Corona-Allgemeinverfügungen bzw. Corona-Rechtsverordnungen erlassen wollen.[21] Das alles führt aber nicht dazu, dass Verstöße gegen Anordnungen, die auf § 28 Abs. 1 S. 2 IfSG beruhen, nunmehr zu Ordnungswidrigkeiten herabgestuft werden. Bundesrecht kann weder durch Allgemeinverfügungen noch durch landesrechtliche Rechtsverordnungen abbedungen werden.

d) Verhältnis Straf- und Ordnungswidrigkeitsrecht

14 Ist eine Handlung im Einzelfall gleichzeitig Straftat und Ordnungswidrigkeit, so wird nach **§ 21 Abs. 1 OWiG** nur das Strafgesetz ange-

---

[19] Siehe BT-Drs. 19/18111, 25.

[20] Niedersächsische AV d. MS v. 23.3.2020 – 401-41609-11-3 –; die bayerische AV v. 20.3.2020 – Z6a-G8000-2020/122-98 – stellt hingegen in der Begründung zu Nr. 7 ausdrücklich klar: „Die Zuwiderhandlung gegen eine vollziehbare Anordnung nach § 28 Abs. 1 Satz 2 IfSG ist gemäß § 75 Abs. 1 Nr. 1 IfSG strafbewehrt.".

[21] So zB für Niedersachsen; siehe https://www.ndr.de/nachrichten/niedersachsen/Corona-Bussgelder-Polizei-erhoeht-Ostern-Praesenz,bussgeldkatalog110.html; Abfragestand: 15.4.2020.

wendet.[22] Auch dieser Grundsatz kann weder mit einer Rechtsverordnung noch einer Allgemeinverfügung außer Kraft gesetzt werden. Ist eine Handlung also etwa Ordnungswidrigkeit nach § 73 Abs.1a Nr. 24 IfSG und Straftat nach § 75 Abs. 1 Nr. 1 IfSG, hat die Straftat Vorrang. Verdrängt nach dem allgemeinen Grundsatz des § 21 Abs. 1 OWiG die Straftat die Ordnungswidrigkeit, so ist außerdem § 41 Abs. 1 OWiG zu beachten. Die zuständigen Bußgeldbehörden sind danach verpflichtet, die Akten den Staatsanwaltschaften vorzulegen, wenn ein Anfangsverdacht für eine Straftat vorliegt. Ein Ermessen steht den Verwaltungsbehörden dabei nicht zu.[23] Legen sie die Akten nicht den Staatsanwaltschaften vor, so machen sich die Verantwortlichen der Ämter gegebenenfalls sogar wegen **Strafvereitelung durch Unterlassen** gemäß §§ 258, 13 StGB strafbar, denn § 41 OWiG begründet eine Garantenpflicht für sie.[24] Eine Strafvereitelung im Amt nach § 258a StGB scheidet hingegen aus, weil die Verantwortlichen in den Bußgeldbehörden nicht zur „Mitwirkung bei dem Strafverfahren" berufen sind.

15 Sollten Verwaltungsbehörden versehentlich Bußgeldbescheide in Fällen erlassen, in denen eine Straftat nach § 75 Abs. 1 Nr. 1 IfSG gegeben ist, und sind diese Bescheide auch bestandskräftig geworden, so tritt dadurch **kein Strafklageverbrauch** ein. Vielmehr gilt **§ 86 OWiG.** Der Bußgeldbescheid wird im Strafverfahren aufgehoben, was das Gericht (neben der Anrechnung nach § 86 Abs. 2 OWiG) in seinem Urteil zu tenorieren hat.[25] Bei der Beantragung von Strafbefehlen ist dies ebenfalls zu berücksichtigen. Bei Einstellungen nach §§ 153, 153a StPO durch das Gericht bleibt der Bußgeldbescheid grundsätzlich unberührt. Wirkt sich allerdings ausnahmsweise die Beurteilung, dass die Schuld des Täters gering ist, zugleich auf die Beurteilung der Handlung als Ordnungswidrigkeit aus, so gilt in diesem Fall § 86 Abs. 1 S. 2 OWiG.[26] Stellt die Staatsanwaltschaft nach § 153a StPO ein, so ist § 86 OWiG nicht – auch nicht analog – anzuwenden.[27] Die Tatsache, dass wegen derselben Tat bereits ein Bußgeldbescheid erlassen worden ist, kann aber bei der Auswahl und Bemessung der Auflagen berücksichtigt werden.[28] Gemäß § 86 Abs. 2 OWiG sind weiterhin Geldbeträge, die aufgrund des aufgehobenen Bußgeldbescheides gezahlt oder beigetrieben worden sind, zunächst auf die Geldstrafe, dann auf die Nebenfolgen, die zu einer Geldzahlung verpflichten, und zuletzt auf

---

[22] Zur Geltung für die Bußgeld- und Straftatbestände im IfSG Peglau jurisRR-StrafR 7/2020, Anm. 1.

[23] BeckOK OWiG/Inhofer OWiG § 41 Rn. 2.

[24] Zur aus § 41 OWiG erwachsenen Garantenpflicht siehe auch MüKoStGB/Cramer StGB § 258a Rn. 8; Korte NStZ 1997, 514 (517).

[25] BayObLG NJW 1979, 827; KK-OWiG/Lutz OWiG § 86 Rn. 6.

[26] KK-OWiG/Lutz OWiG § 86 Rn. 9.

[27] Ebenso KK-OWiG/Lutz OWiG § 86 Rn. 7; Göhler NStZ 1984, 158.

[28] Siehe dazu BeckOK OWiG/Ganter OWiG § 86 Rn. 10.

die Kosten des Strafverfahrens anzurechnen. Bei Freiheitsstrafen kann somit die Anrechnung nur auf die Kosten des Verfahrens ausgesprochen werden.[29] Zurückzuerstatten an den Betroffenen sind die Geldbeträge, die durch Anrechnung nicht getilgt werden können.[30]

e) Straftaten nach § 74 IfSG

Eine Ordnungswidrigkeit nach § 73 Abs. 1a Nr. 6, 24 IfSG wird zu einem Vergehen nach § 74 IfSG qualifiziert, wenn es zu einem Verbreitungserfolg einer in § 6 Abs. 1 Nr. 1 IfSG genannten meldepflichtigen Krankheit oder eines Krankheitserregers nach § 7 IfSG kommt und der Täter sowohl hinsichtlich dieses Erfolges als auch der Tatbestandsvoraussetzungen des § 73 Abs. 1a Nr. 6 IfSG oder § 73 Abs. 1a Nr. 24 IfSG vorsätzlich gehandelt hat. Nach § 1 Abs. 1 „2019 nCoV"-Meldepflicht-Verordnung wird die Pflicht zur namentlichen Meldung nach § 6 Abs. 1 S. 1 Nr. 1 IfSG auch auf den Verdacht einer COVID-19-Erkrankung erweitert. § 1 Abs. 3 „2019 nCoV"-Meldepflicht-Verordnung bestimmt, dass die Pflicht zur namentlichen Meldung nach § 7 Abs. 1 S. 1 IfSG auch auf den direkten oder indirekten Nachweis des neuen Corona-Virus ausgedehnt wird.[31] Verbreiten bedeutet hier die Übertragung der Krankheit oder des Erregers auf einen anderen unter solchen Umständen, die die unkontrollierte Ansteckung einer unbestimmten Anzahl von Menschen erwarten lässt.[32] Nach allgemeinen strafrechtlichen Grundsätzen muss für die Übertragung der Krankheit oder des Erregers Kausalität iSd sog. Äquivalenztheorie[33] vorliegen, weil § 74 IfSG kein Gefährdungsdelikt, sondern ein Erfolgsdelikt ist.[34] Kausalität liegt danach vor, wenn ohne die Handlung des Täters – etwa Verstoß gegen das Abstandsgebot – der Verbreitungserfolg (Anstecken einer Person) nicht hinweggedacht werden kann. In der aktuellen Corona-Pandemie wird sich diese Kausalität regelmäßig nicht nachweisen lassen. In Fällen etwa, in denen ein Infizierter gegen Kontaktverbote verstößt, wird sich selbst dann ein Verbreitungserfolg kaum strafrechtlich belastbar belegen lassen, wenn das Opfer später tatsächlich infiziert worden sein sollte. Aufgrund des Grundsatzes „in dubio pro reo" wird bei der vorliegenden Pandemie immer zu Gunsten des Beschuldigten streiten müssen, dass sich der Geschädigte mit 16

---

[29] Vgl. KK-OWiG/Lutz OWiG § 86 Rn. 15.

[30] Krenberger/Krumm OWiG § 86 Rn. 10.

[31] Rixen NJW 2020, 1097 (1101) und Peglau jurisRR-StrafR 7/2020, Anm. 1 sind gleichwohl der Auffassung, dass mit dieser Erweiterung der Meldepflichten weder die Krankheit noch der Erreger in § 6 Abs. 1 S. 1 Nr. 1 IfSG und § 7 IfSG genannt sind, sodass eine Strafbarkeit insoweit ausscheiden soll.

[32] Erbs/Kohlhaas/Häberle IfSG § 74 Rn. 4.

[33] Siehe nur Schönke/Schröder/Eisele StGB Vor §§ 13 ff. Rn. 73 a ff. mwN.

[34] So ausdrücklich Erbs/Kohlhaas/Häberle IfSG § 74 Rn. 4.

dem Virus auch an anderer Stelle infiziert haben kann. Auf die Grundsätze des Bundesgerichtshofs aus der sog. Lederspray-Entscheidung kann auch nicht zurückgegriffen werden. In dem Urteil hat der zweite Strafsenat entschieden, dass der Ursachenzusammenhang zwischen der Beschaffenheit eines Produkts und Gesundheitsbeeinträchtigungen seiner Verbraucher auch dann rechtsfehlerfrei festgestellt ist, wenn offenbleibt, welche Substanz den Schaden ausgelöst hat, aber andere in Betracht kommende Schadensursachen auszuschließen sind.[35] Vorliegend kommen aber andere Schadensursachen, nämlich die Infizierung durch einen Dritten, in Betracht. Zudem betrifft die Entscheidung spezielle Konstellationen der Unterlassungstat in der strafrechtlichen Produkthaftung. Da es sich bei § 74 IfSG auch um kein Verbrechen, sondern um ein Vergehen handelt und eine Versuchsstrafbarkeit nicht explizit vorgesehen ist (vgl. § 23 Abs. 1 StGB iVm § 12 StGB), scheidet in Fällen einer versuchten Verbreitung der COVID-19-Krankheit oder des Corona-Erregers auch eine Bestrafung des Täters wegen strafbaren Versuches aus.

17 Sollten sich die objektiven Voraussetzungen im Einzelfall doch einmal belegen lassen, genügt in subjektiver Hinsicht bedingter Vorsatz, dh im Hinblick auf den Verbreitungserfolg reicht es aus, dass der Täter eine Ansteckung des Opfers für möglich hält, sich aber gleichwohl mit ihr abfindet. Gleiches gilt hinsichtlich der Voraussetzungen des § 73 Abs. 1a Nr. 6 IfSG bzw. § 73 Abs. 1a Nr. 24 IfSG. Verstöße gegen die Allgemeinverfügungen der einzelnen Bundesländer oder Kommunen bzw. Rechtsverordnungen der Bundesländer werden sogar regelmäßig mit direktem Vorsatz begangen worden sein.

f) Straftaten nach § 75 IfSG

18 Bei Verstößen gegen Anordnungen nach § 28 Abs. 1 S. 2 IfSG liegen immer zureichende tatsächliche Anhaltspunkte für eine Straftat nach § 75 Abs. 1 Nr. 1 IfSG vor. Die Allgemeinverfügungen der Bundesländer und Kommunen sind vollziehbare Anordnungen, weil sie für sofort vollziehbar erklärt worden sind (§ 28 Abs. 3 IfSG iVm § 16 Abs. 8 IfSG). Soweit Bundesländer Rechtsverordnungen nach § 32 S. 1 iVm § 28 IfSG erlassen haben, sind diese nach Verkündung und Inkrafttreten ebenfalls sofort vollziehbare Anordnungen. Es bedarf insbesondere keiner zusätzlichen behördlichen Verwaltungsentscheidung auf Grundlage der Verordnungen (sog. Verwaltungsaktakzessorietät), um eine Straftat zu begründen.[36] Für eine derartige Lesart spricht neben dem Wortlaut von § 75 Abs. 1 Nr. 1 IfSG ein Vergleich mit § 75 Abs. 2 IfSG und § 73 Abs. 1a Nr. 24 IfSG, weil

---

35 BGH NJW 1990, 2560.

36 So aber Peglau jurisRR-StrafR 7/2020, Anm. 1; Lorenz/Oglakcioglu KriPoZ 2020, 108 (115).

dort jeweils explizit geregelt ist, dass der Täter sanktioniert wird, der entweder der Verordnung oder „einer vollziehbaren Anordnung aufgrund einer solchen Verordnung“ zuwider gehandelt hat. Einen derartigen Passus enthält § 75 Abs. 1 Nr. 1 IfSG aber gerade nicht. § 32 S. 1 IfSG ist vielmehr so zu verstehen, dass der Bundesgesetzgeber den Bundesländern die Möglichkeit eröffnet, entweder vollziehbare Anordnungen in Form von Verwaltungsakten (etwa Allgemeinverfügungen) direkt nach § 28 Abs. 1 S. 1 und 2 IfSG oder gleichberechtigt in Form einer Rechtsverordnung nach § 32 S. 1 IfSG iVm § 28 Abs. 1 S. 1 und 2 IfSG zu erlassen.

Welche konkreten Anordnungen vom abschließenden Katalog des § 28 Abs. 1 S. 2 IfSG erfasst werden, kann im Einzelfall schwierig zu beantworten sein. An dieser Stelle kann nicht jede einzelne Regelung besprochen werden. Die Bundesländer aber auch die Kommunen haben im Detail unterschiedliche Schutzmaßnahmen erlassen. Beispielsweise sind in manchen Kommunen private Feiern und Veranstaltungen mit einer gewissen Anzahl an Personen verboten, während derartige Zusammenkünfte in anderen Gemeinden noch erlaubt sind. An dieser Stelle soll deshalb auf einzelne Schutzmaßnahmen, die alle Bundesländer ergriffen haben und die besonders wichtig sind, eingegangen werden. Darüber hinaus soll versucht werden, allgemeine Kriterien zu benennen, welche Verstöße straf- und welche lediglich bußgeldbewehrt sind. 19

Das in allen Bundesländern verhängte **Kontaktverbot**, wonach der Aufenthalt im öffentlichen Raum von mehr als zwei Personen – ausgenommen Angehörige sowie Personen, die in einer gemeinsamen Wohnung leben – verboten ist, unterfällt § 28 Abs. 1 S. 2 IfSG. Die Norm spricht nach der Gesetzesänderung davon, dass Veranstaltungen oder sonstige **Ansammlungen** von Menschen beschränkt oder verboten werden können. Oberbegriff ist die Ansammlung; eine Veranstaltung ist ein bespielhaft genannter Unterfall. Was unter einer Ansammlung zu verstehen ist, wird im Gesetz – etwa in § 2 IfSG – nicht definiert. Ein Blick in andere Gesetze ist ebenfalls wenig hilfreich. Zwar ist die unerlaubte Ansammlung gemäß § 113 OWiG bußgeldbewehrt. Der Begriff der Ansammlung wird im Ordnungswidrigkeitsrecht aber gemeinhin als identisch mit dem Begriff der Menschenmenge in §§ 124, 125 StGB angesehen, wobei eine Zusammenkunft von mindestens fünfzehn bis zwanzig Personen – in besonderen Einzelfällen von zehn Personen – erforderlich sein soll.[37] In § 28 Abs. 1 S. 2 IfSG muss die Ansammlung aber bereits bei einer Zusammenkunft von zwei Personen angenommen werden (ebenso → § 16 Rn. 82).[38] Für diese Auslegung spricht die Ratio des Ge- 20

[37] KK-OWiG/Rogall OWiG § 113 Rn. 6ff.; Möllers/Gusy Wörterbuch der Polizei zum Begriff „Ansammlung“; BGH NStZ 1994, 483; BGH NJW 1986, 1116.

[38] Peglau jurisRR-StrafR 7/2020, Anm. 1 verweist bereits darauf, dass die Materialien (BT-Drs. 14/2530, 75) für diese Auslegung sprechen.

setzes. Zum einen wollte der Gesetzgeber mit der neuen Gesetzesfassung keine inhaltlichen Änderungen hinsichtlich der von § 28 Abs. 1 S. 2 IfSG erfassten (strafbaren) Verstöße herbeiführen. Der Gesetzgeber hat § 28 IfSG nur aus Gründen der Normenklarheit angepasst.[39] § 28 Abs. 1 S. 2 IfSG aF enthielt aber die Möglichkeit der Verpflichtung von Personen, einen bestimmten Ort, an dem sie sich befinden, nicht zu verlassen oder bestimmte Orte nicht zu betreten (jetzt § 28 Abs. 1 S. 1 IfSG nF aE). Zum anderen hat der Gesetzgeber bei der Ansammlung den Zusatz „*einer größeren Anzahl von Menschen*" gestrichen, womit er zum Ausdruck bringen wollte, dass auch Zusammenkünfte von wenigen Menschen erfasst werden sollen. Des Weiteren genügen im Versammlungsrecht für eine Versammlung grundsätzlich auch zwei Personen.[40] Der Unterschied zwischen einer Ansammlung und einer Versammlung ist der, dass sich Letztere gegenüber einer Ansammlung durch den Ausdruck gemeinschaftlicher auf Kommunikation angelegter Entfaltung auszeichnet.[41] Ansonsten sind die Begriffe parallel auszulegen, zumal sowohl das Versammlungsrecht als auch das Infektionsschutzrecht dem besonderen Gefahrenabwehrrecht zuzuordnen sind. Außerdem lässt sich ein effektiver Infektionsschutz und eine wirksame Verhinderung der Verbreitung übertragbarer Krankheiten nur bei einer Erfassung auch kleinerer Menschenzusammenkünfte erreichen, wie die aktuelle Corona-Pandemie eindrücklich belegt.[42] Schließlich sprechen auch die Regelungen durch den Verordnungsgeber für diese Auslegung. In Niedersachsen bestimmt § 2 Abs. 3 S. 2 NdsCOVID-19VO KontBeschränk, dass Zusammenkünfte und Ansammlungen im öffentlichen Raum auf höchstens zwei Personen beschränkt sind. Der Wortlaut verdeutlicht, dass Ansammlungen ab zwei Personen gegeben sind. Nach diesem Normverständnis unterfallen den Ansammlungen auch Zusammenkünfte von zwei oder mehr Personen in Gaststätten und Restaurants jeder Art, Sportvereinen, Bibliotheken, Spielplätzen, Fitnessstudios, Bordellen etc.

21 **Veranstaltungen**, als Unterfall der Ansammlungen, sind organisierte, vorher bestimmte Zusammenkünfte, von zwei oder mehr Personen.[43] Gaststätten oder Verkaufsstellen des Einzelhandels sind keine Veranstal-

---

[39] BT-Drs. 19/18111, 25.

[40] Maunz/Dürig/Depenheuer GG Art. 8 Rn. 44 mwN; § 2 NVersG lautet: Eine Versammlung iSd Gesetzes ist eine ortsfeste oder sich fortbewegende Zusammenkunft von mindestens **zwei Personen** zur gemeinschaftlichen, auf die Teilhabe an der öffentlichen Meinungsbildung gerichteten Erörterung oder Kundgebung; für die Annahme einer Versammlung erst ab drei Personen siehe OLG Düsseldorf NStZ 1981, 226; Erbs/Kohlhaas/Wache VersammlG § 1 Rn. 23 mwN.

[41] BVerfG NJW 1985, 2395.

[42] Siehe insoweit auch BT-Drs. 14/2530, 75.

[43] Zur Definition einer Veranstaltung nach dem Informations- und Medienrecht siehe BeckOK InfoMedienR/Cornils RStV § 5 Rn. 11 ff.

tungen, weil es sich nicht um eine organisierte Zusammenkunft – etwa durch das Ausgeben von Eintrittskarten – handelt, sondern um eine zufällige Zusammenkunft von Menschen, die etwas essen, trinken oder einkaufen möchten. Treffen sich aber zwei oder mehr Personen in einem Geschäft oder Restaurant, liegt eine Ansammlung vor. Unter Veranstaltungen fallen insbesondere Theater, Opern, Museen, Konzerte, Versammlungen, Sportereignisse sowie alle übrigen kulturellen, wirtschaftlichen, religiösen und politischen Zusammenkünfte.

Soweit Ansammlungen nur im **öffentlichen Raum** verboten oder beschränkt sind, stellt sich die Frage, was unter diesem zu verstehen ist. Der Begriff darf nicht mit „draußen", „im Freien" oder „unter freiem Himmel" verwechselt werden. Zur Auslegung kann auch an dieser Stelle zunächst das Versammlungsrecht und zudem das Straßenverkehrsrecht herangezogen werden. Ohne Rücksicht auf den Versammlungsort ist eine Versammlung öffentlich, wenn der Zutritt zu ihr nicht auf einen namentlich oder sonst individuell bezeichneten Personenkreis beschränkt, sondern jedem gestattet ist. Gleichgültig ist, ob der Veranstalter die Versammlung als öffentlich bezeichnet.[44] Für den öffentlichen Verkehrsraum ist entscheidend, dass die fragliche Fläche zur Tatzeit einem unbestimmten Personenkreis zur möglichen Benutzung zur Verfügung steht.[45] Auch private Grundstücke, die von jedermann betreten werden können, zählen deshalb zum öffentlichen Verkehrsraum. Beispielhaft werden etwa genannt: Parkhäuser, Parkplätze, Parkplätze an einem Supermarkt sowie vorübergehend dem öffentlichen Verkehr gewidmete Flächen wie die Felder eines Landwirtes, auf denen etwa ein allgemein zugängliches Fest stattfindet.[46] Der Allgemeinheit zugängliche Restaurants, Gaststätten etc. sowie Verkaufsstellen des Einzelhandels, die für den Publikumsverkehr geöffnet sind, stellen deshalb ebenfalls öffentlichen Raum dar. Das in allen Bundesländern geltende Kontaktverbot, wonach der Aufenthalt im öffentlichen Raum von mehr als zwei Personen – ausgenommen Angehörige sowie Personen, die in einer gemeinsamen Wohnung leben – verboten ist, erfasst damit alle öffentlich zugänglichen Bereiche wie zB auch Supermärkte. Die Erlaubnis zur Öffnung etwa von Lebensmittelgeschäften mit Auflagen (Abstand zwischen den Kunden, Schutz des Personals etc) in den Allgemeinverfügungen oder Rechtsverordnungen der Bundesländer stellt deshalb lediglich eine Ausnahme von diesem generellen Ansammlungsverbot im öffentlichen Raum dar. Wenn aber etwa in einer Kneipe eine private „Corona-Party" stattfindet, an der nicht jeder teilnehmen kann, weil der Teilnehmerkreis vom Veranstalter zB auf Freunde und Bekannte begrenzt ist, liegt keine öffentliche, sondern eine private Ansammlung vor. 22

---

[44] Erbs/Kohlhaas/Wache VersammlG § 1 Rn. 25 f. mwN.
[45] Hentschel/Krumm Erster Teil: Rauschmittel im Straßenverkehr Rn. 352 ff.
[46] Blum SVR 2011, 173 (174) mwN.

23 Zu beachten ist allerdings, dass auch **private Ansammlungen** beschränkt oder verboten werden können, weil § 28 Abs. 1 S. 2 IfSG die Ansammlungen nicht auf die im öffentlichen Raum beschränkt. Wie die Zusammenkunft im öffentlichen Raum stattfindet, ist ebenfalls nicht von Bedeutung. Zusammenkünfte von mehr als zwei Personen etwa im Rahmen einer Fahrgemeinschaft in einem Fahrzeug oder mit Fahrrädern, sind auch eine Ansammlung im öffentlichen Raum.

24 Neben Veranstaltungen und Ansammlungen nennt § 28 Abs. 1 S. 2 IfSG ausdrücklich die Schließung von **Badeanstalten** oder in **§ 33 IfSG** genannte Gemeinschaftseinrichtungen oder Teile davon. Badeanstalten sind insbesondere Schwimmbäder, Spaßbäder und Saunen. In § 33 IfSG sind Kindertageseinrichtungen, Kinderhorte, erlaubnispflichtige Kindertagespflege nach § 43 Abs. 1 SGB VIII, Schulen, sonstige Ausbildungseinrichtungen, Heime und Ferienlager genannt. Auch Verstöße hiergegen unterfallen damit der Strafbarkeit nach § 75 Abs. 1 Nr. 1 IfSG.

25 Von den in einzelnen Bundesländern oder Kommunen derzeit beschlossenen Freiheitseinschränkungen werden damit *nicht* von § 28 Abs. 1 S. 2 IfSG, sondern § 28 Abs. 1 S. 1 IfSG erfasst: zB verbotenes Betreten von Spielplätzen durch eine Familie (anders bei Zusammentreffen mehrerer Familien, dann greift das Ansammlungsverbot), alleiniger Sport in einer geschlossenen Sportanlage oder das Unterschreiten des **Mindestabstandsgebotes** von 1,5 m. Derartige Verstöße können als Ordnungswidrigkeit nach § 73 Abs. 1a Nr. 6 IfSG bzw. § 73 Abs. 1a Nr. 24 IfSG iVm der jeweiligen landesrechtlichen Rechtsverordnung nach § 32 S. 1 IfSG geahndet werden. Auch bloße formale Verstöße gegen Schließungen und Betretungsverbote sind grundsätzlich nur bußgeldbewehrt. Wer also ein Geschäft, Restaurant, eine Sportstätte oder **Kirche**[47] – soweit verboten – öffnet, handelt erst einmal nur ordnungswidrig. Treffen sich jedoch in ihnen zwei Personen (oder mehr) und liegt keine ausdrückliche Ausnahme vom Ansammlungsverbot vor, ist ein Anfangsverdacht für eine Straftat gegen die sich ansammelnden Personen gegeben. Für denjenigen, der gegen das Schließungs- bzw. Betretungsverbot verstoßen hat, kommt eine Beihilfe (§ 27 StGB) zum Verstoß gegen § 75 Abs. 1 Nr. 1 IfSG in Betracht. Gerade unter dem Gesichtspunkt der wirksamen Bekämpfung der Pandemie durch Social Distancing erscheint diese Differenzierung sachgerecht, weil die genannten Fälle des Zusammentreffens die Gefahr der Verbreitung der In-

[47] In Niedersachen etwa sind nach § 2 Abs. 5 Nr. 3 NdsCOVID-19VO KontBeschränk Zusammenkünfte in Kirchen, Moscheen, Synagogen und Zusammenkünfte anderer Glaubensgemeinschaften, einschließlich der Zusammenkünfte in Gemeindezentren, verboten. Gleichwohl sind die Kirchen nicht geschlossen. Es dürfen sich aber nicht mehr als zwei Gläubige und deren Angehörige sowie Personen, die zu deren Haushalt gehören, zeitgleich zum stillen Gebet in der Kirche treffen. Gottesdienste sind damit unzulässig.

fektion erhöhen, während die formalen Verstöße dies nicht vermögen. Gleichwohl sind auch sie zu sanktionieren, weil sich einzelne Personen Sonderrechte gegenüber anderen herausnehmen.

Neben § 28 Abs. 1 S. 2 IfSG werden in § 75 Abs. 1 Nr. 1 IfSG auch Verstöße gegen § 30 Abs. 1 IfSG und § 31 IfSG unter Strafe gestellt. § 30 Abs. 1 IfSG erfasst Verstöße gegen **Quarantäne-** oder sonstige Absonderungsmaßnahmen durch die Gesundheitsämter. Quarantäne ist zunächst die insbesondere an Kranke (§ 2 Nr. 4 IfSG), Krankheitsverdächtige (§ 2 Nr. 5 IfSG) oder Ansteckungsverdächtige (§ 2 Nr. 7 IfSG) adressierte Anordnung (§ 30 I S. 1 IfSG), sich in einem Krankenhaus oder sonst in geeigneter Weise abzusondern. Die gegen Kranke, Krankheits- oder Ansteckungsverdächtige angeordnete häusliche Quarantäne ist hiervon ebenfalls erfasst;[48] anders ist dies nur zu beurteilen, wenn sie sich gegen unbeteiligte Dritte als Ausgangssperre richtet (insoweit Maßnahme nach § 28 Abs. 1 S . 1).[49] § 31 IfSG enthält berufliche **Betätigungsverbote**, die ebenfalls konkret durch die zuständige Behörde ausgesprochen worden sein müssen, um strafrechtlich sanktioniert werden zu können. Die übrigen in § 75 Abs. 1 Nr. 2-4 IfSG aufgeführten Straftatbestände dürften in der aktuellen Corona-Pandemie zu vernachlässigen sein. 26

Zu berücksichtigen ist, dass nicht nur vorsätzliches Handeln, sondern auch **Fahrlässigkeit** strafbewehrt ist, § 75 Abs. 4 IfSG. 27

Fraglich ist, wie **Irrtümer** zu behandeln sind. **Tatbestandsirrtümer** gemäß § 16 StGB dürften in der derzeitigen Pandemie die Ausnahme bilden, weil sich kaum Fallgestaltungen vorstellen lassen, in denen Täter über Tatsachen irren. **Verbotsirrtümer** nach § 17 S. 1 StGB über die erlassenen Regelungen dürften hingegen in der Praxis eher auftreten. Gerade zu Beginn der ergriffenen Schutzmaßnahmen der Bundesländer und Kommunen mag es sogar Fälle geben, in denen Einzelpersonen von diesen Regelungen noch keine Kenntnis hatten. Auch bei Reisen von einem Bundesland in ein anderes sowie beim Wechsel der Kommune können aufgrund der im Detail sehr unterschiedlichen Schutzmaßnahmen Irrtümer über das auftreten, was konkret verboten ist. Irrtümer über die Auslegung einzelner Begriffe – etwa Ansammlung – sind ebenfalls denkbar. Soweit Täter etwa irrig davon ausgehen, eine Ansammlung liege erst ab zehn Personen vor, befinden sie sich in einem sog. Subsumtionsirrtum, der ebenfalls als – regelmäßig vermeidbarer – Verbotsirrtum nach § 17 S. 1 StGB zu behandeln ist.[50] Verbotsirrtümer führen nur bei Unvermeidbarkeit zu Straflosigkeit. Aufgrund der breiten medialen Berichterstattung und der Recherchemöglichkeiten im Internet, wird Unvermeidbar- 28

---

48 Ebenso Lorenz/Oglakcioglu KriPoZ 2020, 108 (112).

49 So auch Rixen NJW 2020, 1097 (1098).

50 Zur Einordnung des Subsumtionsirrtums als Verbotsirrtum BGH NStZ 2010, 337; MüKoStGB/Hoffmann-Holland StGB § 22 Rn. 90f. mwN.

keit regelmäßig ausscheiden.[51] Im Übrigen besteht eine Unterrichtungspflicht. Der Täter braucht die Strafbarkeit seines Vorgehens nicht zu kennen; es genügt, dass er wusste oder hätte erkennen können, Unrecht zu tun.[52] Konnte der Irrtum vermieden werden, so kommt gemäß § 17 S. 2 StGB eine Strafmilderung nach § 49 Abs. 1 StGB in Betracht.

29 Soweit in einzelnen Allgemeinverfügungen oder Rechtsverordnungen geregelt ist, dass Verstöße gegen sie allenfalls Ordnungswidrigkeiten und keine Straften sind, ist dies aus den oben genannten Gründen häufig unzutreffend (→ Rn. 13). Es fragt sich, wie Täter zu behandeln sind, die sich dahin einlassen, davon ausgegangen zu sein, ihr Verhalten sei ordnungswidrig, aber nicht strafbar. Derartige **Strafbarkeitsirrtümer** sind **unbeachtlich.** Kennt der Täter zumindest in der Laiensphäre das Unrecht der Tat, dh die materielle, normvertypte Wertwidrigkeit seines Verhaltens, so ist unerheblich, ob er glaubt, gegen straf-, zivil- oder öffentlich-rechtliche Normen zu verstoßen.[53] Derartige Irrtümer sind allenfalls im Rahmen der Strafzumessung zu berücksichtigen.

g) Sanktionen und staatsanwaltschaftliche Ermittlungen

30 Verstöße gegen § 75 Abs. 1 IfSG werden mit Freiheitsstrafen bis zu zwei Jahren oder Geldstrafe bestraft. Handelt der Täter fahrlässig in den Fällen des Abs. 1, so ist die Strafe Freiheitsstrafe bis zu einem Jahr oder Geldstrafe. Da die COVID-19-Krankheit und das neuartige Corona-Virus als meldepflichtige Krankheit und Erreger gemäß § 1 Abs. 1 und 3 „2019 nCoV"-Meldepflicht-Verordnung gelten, können Taten nach § 75 Abs. 1 Nr. 1 IfSG gemäß § 75 Abs. 3 IfSG **qualifiziert** sein, wenn der Täter die Krankheit oder das Virus verbreitet (auch → Rn. 16). Verstöße von Infizierten gegen Kontaktverbote stellen dabei nicht per se ein Verbreiten des Corona-Virus oder der Krankheit dar. Hinzukommen müssen besondere Handlungen wie etwa das unkontrollierte Niesen eines Infizierten bei einer Zusammenkunft von mehreren Personen (auch → Rn. 52). Darüber hinaus ist erforderlich, dass die Verbreitung – zumindest bedingt – vorsätzlich erfolgt. Grobe Fahrlässigkeit genügt nicht.[54] Aufgrund der Subsidiaritätsklausel des § 75 Abs. 3 IfSG kann aus der Norm nur bestraft werden, soweit die Tat nicht aus anderen Strafvorschriften mit schwererer Strafe bedroht ist (insbesondere §§ 211, 212, 224, 226, 227 StGB –; dazu → Rn. 34ff.). Ist ausnahmsweise ein Fall

---

[51] Zur Vermeidbarkeit eines Verbotsirrtums aufgrund Recherchemöglichkeiten im Internet siehe OLG Celle Urt. v. 23.9.2015 – 2 Ss 158/15, BeckRS 2016, 9489 Rn. 41 ff.

[52] BGH NStZ 1996, 236 (237).

[53] MüKoStGB/Joecks StGB § 17 Rn. 13; Schönke/Schröder/Sternberg-Lieben/Schuster StGB § 17 Rn. 5 jew. mwN.

[54] Erbs/Kohlhaas/Häberle IfSG § 75 Rn. 10.

von § 75 Abs. 3 IfSG gegeben, so ist auf Freiheitsstrafe von drei Monaten bis zu fünf Jahren zu erkennen.

Der Einziehungsvorschrift des § 76 IfSG kommt im Rahmen der aktuel- 31
len Pandemie keine praktische Bedeutung zu, weil sie sich nur auf sog. Beziehungsgegenstände erstreckt, dh solche, die notwendiger Gegenstand der Tat selbst sind (zB entgegen § 44 IfSG verbrachte Krankheitserreger). Gegenstände, die zur Begehung oder Vorbereitung einer vorsätzlichen Tat gebraucht worden oder bestimmt gewesen sind (Tatmittel), können aber nach § 74 Abs. 1 StGB eingezogen werden. So kommt eine Einziehung des Fahrzeugs nach dieser Vorschrift in Betracht, wenn ein Täter etwa eine verbotene Busreise organisiert. Die Einziehung muss aber im Einzelfall verhältnismäßig sein, § 74f StGB. Hat der Täter durch seinen Verstoß gegen § 28 Abs. 1 S. 2 IfSG etwas erlangt (beispielsweise Einnahmen von Gaststättenbetreibern oder Geschäftsleuten) kommt eine **Einziehung des Erlangten** nach den allgemeinen Regeln der §§ 73 ff. StGB in Betracht. Vorsätzliche Straftaten nach § 75 Abs. 1 Nr. 1 IfSG **verjähren** nach fünf Jahren, auch wenn der Qualifikationstatbestand des § 73 Abs. 3 IfSG vorliegen sollte (§ 78 Abs. 3 Nr. 4 StGB). Fahrlässige Taten nach § 75 Abs. 1 Nr. 1 iVm Abs. 4 IfSG verjähren in drei Jahren (§ 78 Abs. 3 Nr. 5 StGB). Für die Strafbarkeit ist gemäß § 2 Abs. 1 StGB das zur Zeit der Tat geltende Gesetz maßgeblich. Da die Allgemeinverfügungen der Kommunen und Bundesländer bzw. die Rechtsverordnungen der Bundesländer einem stetigen Wandel unterworfen sind, ist genau zu prüfen, welche **Regelungen zum Tatzeitpunkt** galten. Waren beispielsweise im Tatzeitpunkt nur Ansammlungen im öffentlichen Raum von mehr als zehn Personen verboten, scheidet eine Strafbarkeit von Personen aus, die sich im Zeitpunkt der Geltung dieser Schutzmaßnahmen zu fünft angesammelt haben. Sobald die Regelungen – etwa nach Zeitablauf – aufgehoben werden, entfällt eine Strafbarkeit nicht im Nachhinein. Gemäß § 2 Abs. 4 StGB ist ein Gesetz, das nur für eine bestimmte Zeit gelten soll, auf Taten, die während seiner Geltung begangen sind, auch dann anzuwenden, wenn es außer Kraft getreten ist. Löst eine Rechtsverordnung etwa eine Allgemeinverfügung ab, sodass ein Zeitgesetz gewissermaßen durch ein inhaltlich gleiches, jedoch ebenso befristetes und auf der gleichen tatsächlichen Grundlage – Corona-Pandemie – beruhendes Zeitgesetz ersetzt wird, fragt sich, ob das außer Kraft getretene Zeitgesetz die Nachwirkung des § 2 Abs. 4 StGB hat oder die Meistbegünstigungsklausel des § 2 Abs. 3 StGB Anwendung findet. Bei Änderung der dem Gesetz zugrundeliegenden Rechtsauffassung dürfte § 2 Abs. 3 StGB gelten.[55]

Hinsichtlich der **Einleitung strafrechtlicher Ermittlungsverfahren** 32
ergeben sich grundsätzlich keine Besonderheiten. Die Polizei hat in allen

[55] Schönke/Schröder/Hecker StGB § 2 Rn. 37.

Fällen, in denen ein Anfangsverdacht für eine Straftat gegeben ist, eine Strafanzeige zu fertigen. Die Nichtaufnahme von Ermittlungen bei Vorliegen eines Anfangsverdachtes ist aufgrund des geltenden Legalitätsprinzips (§ 152 Abs. 2 StPO, § 160 StPO) kaum vertretbar. Sollte gleichwohl so verfahren werden, könnte sich sogar ein Anfangsverdacht für eine Strafvereitelung im Amt (§ 258a StGB) gegen den jeweiligen Beamten ergeben. Eine situationsangepasste, verhältnismäßige Handhabung, insbesondere auch unter Berücksichtigung des Gesundheitsinteresses der eingesetzten Beamten, kann aber Ausnahmen begründen. Zunächst sollte in derartigen Fällen aber versucht werden, durch Zurückstellung weiterer Ermittlungen bis Ende der Pandemie die Belange der Beamten zu schützen. In geeigneten Fällen kommen für Vernehmungen schriftliche Anhörungen von Zeugen und Beschuldigten – etwa nach Anordnung durch die Staatsanwaltschaft – in Betracht. Die Akten sollten der Staatsanwaltschaft übersandt werden, um die Strafbarkeit im Einzelfall zu prüfen und gegebenenfalls zur Schonung der Ressourcen von Polizei und Justiz möglichst frühzeitig Einstellungen aus Opportunitätsgründen (insbesondere nach §§ 153, 153a StPO) vorzunehmen. Diese kommen etwa bei leichten Verstößen von Ersttätern in Betracht. In anderen Fällen wird auch zu prüfen sein, ob das Verfahren nach Einstellung zur Verfolgung etwaiger Ordnungswidrigkeiten nach § 73 IfSG gemäß § 43 Abs. 2 OWiG an die Bußgeldbehörde abzugeben ist. Ausnahmen ergeben sich für besonders schwere Fälle (etwa wiederholte Verstöße, besondere Uneinsichtigkeit, Gewaltbereitschaft, hohe Einnahmen durch Verstoß etc). In diesen Fällen sollte auch aus generalpräventiven Gründen das Verfahren möglichst zügig gefördert werden.

2. Straftaten nach dem Strafgesetzbuch

33 Neben den speziellen Straftaten des IfSG kommen bei Verstößen gegen Schutzmaßnahmen der Behörden sowie vorsätzlichem oder fahrlässigem Umgang mit der COVID-19-Erkrankung bzw. dem neuartigen Corona-Virus auch allgemeine Straftaten in Betracht, die im Einzelfall sogar deutlich schwerere Konsequenzen nach sich ziehen können als die Sanktionen nach dem IfSG.

a) Tötungsdelikte

34 Spuckt, hustet oder niest etwa ein mit dem neuen Corona-Virus Infizierter eine andere Person an, die daraufhin an COVID-19 erkrankt und verstirbt, stellt sich die Frage, ob der Täter wegen eines Tötungsdeliktes und/oder Körperverletzungsdeliktes zu bestrafen ist. Bei der Beurteilung derartiger Fallgestaltungen können die von Rechtsprechung und Literatur entwickelten Grundsätze zu den HIV-Fällen (siehe → Rn. 35, 42, 52)

herangezogen werden, wobei aber die Besonderheiten des aktuellen Virus und der Erkrankung zu berücksichtigen sind.

aa) Vorsätzliche und fahrlässige Tötungsdelikte

In dem eingangs gebildeten Beispiel stellt sich zunächst die Frage, ob ein vorsätzliches Tötungsdelikt, etwa Mord (§ 211 StGB) oder Totschlag (§ 212 StGB), in Betracht kommt. Erforderlich ist dafür zunächst, die Tötung eines anderen. Diese setzt Kausalität voraus, dh ohne die Handlung des Täters (hier Anspucken etc.) muss der tatbestandliche Erfolg – Tod des Opfers – nicht hinweggedacht werden können. Hinsichtlich des Ursachenzusammenhanges gilt zunächst das zu § 74 IfSG Ausgeführte (→Rn. 16). Aufgrund der Vielzahl der bereits bekannten Infizierten und der vermutlich hohen Dunkelziffer an Personen, die sich mit dem neuen Corona-Virus angesteckt haben, wird sich im Einzelfall nicht nachweisen lassen, dass selbst bei einer Tathandlung wie Anspucken, die Infizierung des Opfers konkret auf dieses Verhalten zurückzuführen ist. 35

Sollte der Kausalitätsnachweis im Einzelfall doch einmal gelingen, stellt sich immer die Frage nach dem Vorsatz. Bei fehlender Ursächlichkeit kommt grundsätzlich auch ein versuchtes Tötungsdelikt in Betracht, wenn der Beschuldigte Tatentschluss hatte. Für (versuchten) Mord und Totschlag genügt bedingter Vorsatz.[56] Für das deutlich gefährlichere HI-Virus ist es gefestigte Rechtsprechung des Bundesgerichtshofs, dass bedingter Tötungsvorsatz aufgrund der sog. Hemmschwellentheorie zu verneinen ist.[57] Nach dieser Theorie liegt zwar bei erkannter objektiver Gefährlichkeit einer Handlung Tötungsvorsatz nahe. Aufgrund der hohen Hemmschwelle gegenüber einer Tötung ist aber gleichwohl in jedem Einzelfall eine umfassende Indizienwürdigung erforderlich.[58] Anders als in den HIV-Fällen wird deshalb bereits auf der ersten Stufe der Hemmschwellentheorie in den eingangs beschriebenen Fällen ein Tötungsvorsatz zu verneinen sein, weil die Letalität einer COVID-19-Erkrankung wohl unter 2% oder gar 1% liegt, [59] sodass es bereits an der erkannt objektiven Gefährlichkeit der Handlung fehlt. Die an der Rechtsprechung zum HI-Virus von Seiten der Literatur zum Teil geäußerte Kritik, die Rechtsprechung sei gerade im Hinblick auf den bejahten Verletzungsvorsatz inkonsequent,[60] schlägt bei dem neuen Corona-Virus aufgrund des- 36

---

[56] So schon BGH NJW 1960, 1261.

[57] BGH NJW 1989, 781; 1990, 129 (130).

[58] Vgl. etwa BGH NStZ 2017, 342; Lackner/Kühl/Kühl StGB § 212 Rn. 3 mwN.

[59] Letalität beschreibt die Anzahl der verstorbenen Fälle als Anteil der Zahl der (tatsächlich) erkrankten Fälle; siehe dazu und speziell zur Letalität von COVID-19 https://www.rki.de/DE/Content/InfAZ/N/Neuartiges_Coronavirus/Steckbrief.html#doc13776792bodyText8; https://www.n-tv.de/wissen/Heinsberg-Studie-entraetselt-Coronavirus-article21704605.html; Abfragestand jew.: 15.4.2020.

[60] Siehe etwa NK-StGB/Neumann/Saliger StGB § 212 Rn. 17.

sen wesentlich geringerer Letalität ebenfalls nicht durch. Bei ausnahmsweise gegebenem Kausalitätsnachweis kommen mithin allenfalls eine fahrlässige Tötung bzw. eine Körperverletzung mit Todesfolge (dazu → Rn. 46) in Betracht.

37 Besondere Aspekte werfen in diesem Zusammenhang die derzeit auftretenden Corona-Infizierungen in **Alten- oder Pflegeheimen** auf. Dabei geht es weniger um die einzelnen Personen, die das Virus in das Heim gebracht haben. Diese werden sich entweder kaum ermitteln oder aber aufgrund fehlenden Kausalitätsnachweises belangen lassen. Soweit sich ein hinreichender Tatverdacht ausnahmsweise doch begründen lässt, gilt das zuvor in → Rn. 35 Gesagte entsprechend. Besonderheiten ergeben sich aber hinsichtlich der Strafbarkeit der Heimleitungen. Sie können den Tatbestand der fahrlässigen Tötung oder fahrlässigen Körperverletzung dann verwirklichen, wenn sie ein **Organisationsverschulden** trifft. Die Haftung ergibt sich aus Unterlassen. Die Heimträger oder Einrichtungsträger haben eine **Garantenstellung** für die körperliche Unversehrtheit und das Leben der Bewohner aus dem individuell abgeschlossenen Vertrag, tatsächlicher Übernahme oder den Bestimmungen der Heimgesetze der Länder.[61] Heime sind so zu organisieren, dass Personen mit ansteckenden Krankheiten dort nicht ohne entsprechende Schutzmaßnahmen für die restlichen Bewohner aufgenommen werden. Auch ist sicherzustellen, dass das Personal nicht an ansteckenden Krankheiten leidet und mit diesen zur Arbeit kommt. Es ist mindestens entsprechende Schutzkleidung zur Verfügung zu stellen. Inwieweit die Heimleitungen im Hinblick auf die Verletzung dieser Verpflichtungen bei Engpässen etwa im Hinblick auf den Ankauf von Schutzkleidung die tatsächliche Möglichkeit haben, den tatbestandlichen Erfolg abzuwenden, ist eine Frage des Einzelfalles. Auch im Hinblick auf den Fahrlässigkeitsvorwurf können allgemeingültige Aussagen kaum getroffen werden. Falls ein leitender Angestellter einer gemeinnützigen Stiftung des öffentlichen Rechts damit betraut ist, ein von der Stiftung privatrechtlich organisiertes Altenheim zu betreuen, kommt eine Körperverletzung im Amt gemäß § 340 Abs. 1, Abs. 3 StGB aufgrund Amtsträgereigenschaft nach § 11 Abs. 1 Nr. 2 lit. c StGB in Betracht.

bb) Sonderfall: Triage

38 Besondere strafrechtliche Konsequenzen kommen möglicherweise auf Mediziner zu, sollten tatsächlich die befürchteten Engpässe in der Versorgung Schwerstkranker eintreten. Den Medien ist zu entnehmen, dass in Italien, Spanien und der Stadt New York ua Beatmungsgeräte für Personen, die an COVID-19 erkrankt sind, nicht zur Behandlung aller

[61] OLG Nürnberg Urt. v. 18.10.2010 – 1 St OLG Ss 106/10, BeckRS 2010, 27806; Drasdo NZM 2017, 577 (583); Crößmann GuP 2011, 81 (84).

Schwerstkranker ausreichen, sodass Ärzte entscheiden müssen, welche Patienten sie an ein Beatmungsgerät anschließen.[62] Diese Problematik wird unter dem Begriff Triage diskutiert. Triage kommt aus dem Französischen und bedeutet sortieren, aussuchen, auslesen. In Deutschland spricht man deshalb auch meist von Sichtung oder Einteilung.[63] Der aus der Militärmedizin stammende Begriff Triage meint ein nicht gesetzlich kodifiziertes oder methodisch spezifiziertes Verfahren zur Priorisierung medizinischer Hilfeleistung, insbesondere bei unerwartet hohem Aufkommen an Patienten und objektiv unzureichenden Ressourcen.[64] Der in der Bundesrepublik hoffentlich im Rahmen der aktuellen Corona-Pandemie nicht eintretende Fall einer so weitgehenden Triage kann an dieser Stelle unter strafrechtlichen Gesichtspunkten nicht abschließend beleuchtet werden, weil es sich um eine hypothetische Situation handelt. Aus diesem Grund sind die möglichen Konstellationen mannigfaltig. Es werden deshalb einige wesentliche Punkte herausgegriffen, die auch die aktuelle Diskussion kennzeichnen. Zunächst ist auf die bereits von der Deutschen Interdisziplinären Vereinigung für Intensiv- und Notfallmedizin erarbeiteten klinisch-ethischen Empfehlungen zu „Entscheidungen über die Zuteilung von Ressourcen in der Notfall- und der Intensivmedizin im Kontext der COVID-19-Pandemie" vom 25.3.2020 (sog. **DIVI-Empfehlungen**) hinzuweisen.[65] Diese Empfehlungen haben keine Gesetzeskraft und können daher die strafrechtliche Verantwortlichkeit von Medizinern, die sich an sie halten, nicht beseitigen, soweit darin strafrechtliche Grundsätze nicht beachtet werden. Die klinisch-ethischen Empfehlungen sind aber ein wertvoller Ansatz, um Ärzten bei der Abwägung im Rahmen eines übergesetzlichen entschuldigenden Notstandes zu helfen (dazu → Rn. 40 f.).

Beim tätigen Behandlungsabbruch durch einen Arzt, zB Abschalten eines Beatmungsgerätes, ist nach neuerem Rechtsverständnis regelmäßig ein aktives Tun und nicht bloß ein Unterlassen gegeben.[66] Wird hingegen eine notwendige Behandlung – etwa eine Beatmung mittels eines Beatmungsgerätes – unterlassen, kommt eine Strafbarkeit des Arztes nach §§ 212, 13 StGB in Betracht. Eine Strafbarkeit aus einem unechten Un- **39**

---

[62] Siehe etwa https://www.tagesspiegel.de/wissen/die-grausamkeit-der-triage-der-moment-wenn-corona-aerzte-ueber-den-tod-entscheiden/25650534.html; Abfragestand: 15.4.2020.

[63] Ausführlich dazu Laufs/Kern/Rehborn § 21 Katastrophenmedizin Rn. 11.

[64] Greve NVwZ 2010, 429.

[65] Abrufbar unter: https://www.divi.de/aktuelle-meldungen-intensivmedizin/covid-19-klinisch-ethische-empfehlungen-zur-entscheidung-ueber-die-zuteilung-von-ressourcen-veroeffentlicht; siehe auch: https://www.faz.net/aktuell/politik/inland/beatmung-wegen-corona-aerzte-muessten-im-extremfall-entscheiden-16696450.html; Abfragestand: 15.4.2020.

[66] BGH NJW 2010, 2963 Rn. 31 ff.; Spickhoff/Knauer/Brose StGB § 216 Rn. 9 ff. mwN.

terlassungsdelikt setzt zunächst eine **Garantenstellung** voraus. Der Bundesgerichtshof hat mehrfach entschieden, dass bei tatsächlicher Übernahme einer ärztlichen Behandlung den behandelnden Arzt eine Garantenstellung trifft.[67] Eine strafrechtliche Haftung aus Unterlassen verlangt darüber hinaus die **physisch reale Abwendungsmöglichkeit** hinsichtlich des tatbestandlichen Erfolges für den Täter. Der Betroffene muss in der Lage sein, eine zur Abwendung des Erfolges geeignet erscheinende Handlung entweder selbst auszuführen oder aber durch einen Dritten ausführen zu lassen.[68] An dieser Tatbestandsvoraussetzung wird das Unterlassungsdelikt regelmäßig ebenfalls nicht scheitern, weil die Ärzte tatsächlich in der Lage sind, den Patienten adäquat zu versorgen. Beatmungsgeräte stehen grundsätzlich zur Verfügung.

40 Aufgrund der begrenzten Anzahl der Geräte muss möglicherweise aber eine Auswahl vorgenommen werden, welche Person angeschlossen wird. Dieses Problem ist bei den unechten Unterlassungsdelikten keine Frage der physisch realen Abwendungsmöglichkeit und damit des Tatbestandes, sondern der **Rechtfertigung** bzw. **Schuld.** Eine Rechtfertigung nach § 34 StGB scheidet dabei aus, weil Leben nicht gegen Leben abgewogen werden kann,[69] selbst wenn der eine Patient möglicherweise eine höhere Überlebenswahrscheinlichkeit als der andere hat. Rechtfertigend kann allenfalls eine ausdrücklich erklärte oder mutmaßliche **Einwilligung** wirken, insbesondere wenn ein Patient eine Intensivtherapie aufgrund eines aktuell geäußerten Willens (zum Beispiel in einer Patientenverfügung) ablehnt.[70] Ansonsten kommt auch ein entschuldigender Notstand nach § 35 StGB regelmäßig nicht in Betracht, weil der Arzt die unterlassene Hilfeleistung nicht vornimmt, um eine Gefahr von sich, einem Angehörigen oder einer anderen ihm nahestehenden Person abzuwenden. Eine Bestrafung der Ärzte bzw. des medizinischen Personals kann daher allenfalls über die Grundsätze des übergesetzlichen entschuldigenden Notstandes entfallen.

41 Insoweit kommt eine rechtfertigende[71] oder entschuldigende[72] **Pflichtenkollision** in Betracht, die immer dann vorliegt, wenn zwei Hand-

[67] Siehe etwa BGH NJW 2015, 477; Lackner/Kühl/Heger StGB § 13 Rn. 9 mwN.

[68] NK-StGB/Gaede StGB § 13 Rn. 12.

[69] Siehe etwa Schönke/Schröder/Perron StGB § 34 Rn. 23f.

[70] BGH NJW 1995, 204; 2010, 2963; BGH NStZ 2019, 666; LG Berlin NStZ-RR 2018, 246; zu Einzelheiten siehe MüKoStGB/Schneider StGB Vor § 211 Rn. 99ff.

[71] Für Rechtfertigung etwa MüKoStGB/Erb StGB § 34 Rn. 38ff. mwN.

[72] Für Entschuldigung etwa NK-StGB/Paeffgen/Zabel StGB Vor § 32ff. Rn. 292ff. mwN. Die Annahme einer Entschuldigung dürfte aufgrund des sog. Notwehrargumentes vorzugswürdig sein, weil ansonsten der Inhaber des bedrohten Rechtsgutes sein Notwehrrecht verliert; zum Notwehrargument BeckOK StGB/Momsen/Savic StGB § 34 Rn. 24; Schönke/Schröder/Perron StGB § 34 Rn. 41b für den Nötigungsnotstand.

lungs- oder Unterlassungspflichten miteinander kollidieren und die Erfüllung der einen zwangsläufig die andere verletzen muss.[73] Dabei sind verschiedene Fallgestaltungen zu unterscheiden. Müssen mehrere Schwerstkranke beatmet werden und reichen die Beatmungsgeräte nicht zur Beatmung aller aus, so dürfen die Geräte denjenigen Patienten zugewiesen werden, die die höchste Wahrscheinlichkeit auf Genesung haben. In dieser Konstellation kollidieren für den behandelnden Arzt mehrere Handlungspflichten miteinander. Aufgrund der DIVI-Empfehlungen kann hier patientenorientiert nach gründlicher Abwägung – insbesondere anhand des Kriteriums der klinischen Erfolgsaussicht – entschieden werden, welcher Patient an das Gerät angeschlossen wird; sehenden Auges, dass andere voraussichtlich sterben werden. Besonders schwierig wird diese Situation, wenn die Geräte nicht ausreichen und mehrere Patienten Überlebenschancen haben. Bei einem solchen Konflikt wird man sich an anderen Kriterien wie Vorerkrankungen, dem Alter oder der Frage zu orientieren haben, welcher Patient etwa (kleine) Kinder zu versorgen hat. Die für den Einzelfall entscheidenden Kriterien werden die Kliniken ermitteln und dokumentieren müssen. Wichtig ist an dieser Stelle aber darauf hinzuweisen, dass anders als möglicherweise in anderen Ländern das Alter nur ein Faktor von vielen ist. Unzulässig sind jedenfalls die diskutierten Losverfahren. Bei falscher Abwägung stellen sich schwierige Irrtumsfragen. Eine analoge Anwendung von § 35 Abs. 2 StGB kann hier helfen.[74] Strafrechtlich äußerst problematisch und nach bisheriger Dogmatik nicht schuldausschließend handeln wohl Ärzte, die einem bereits beatmeten Patienten das Beatmungsgerät wegnehmen, um es einem anderen in der sicheren Erwartung zu geben, dass der erste sterben wird. Nach deutschem Rechtsverständnis kann die (entschuldigende) Pflichtenkollision nur zur Straffreiheit führen, wenn zwei gleichwertige Handlungs- oder Unterlassungspflichten miteinander, nicht aber Handlungs- mit Unterlassungspflichten kollidieren. In derartigen Fällen ist die Rettungshandlung immer verboten, weil Unterlassungspflichten Vorrang gegenüber Handlungspflichten haben.[75] In tatsächlicher Hinsicht kann

---

[73] BeckOK StGB/Momsen/Savic StGB § 34 Rn. 24.

[74] Siehe zu Irrtümern beim übergesetzlichen schuldausschließenden Notstand Lackner/Kühl/Kühl StGB § 35 Rn. 13.

[75] Vgl. zu diesem Vorrang MüKoStGB/Erb StGB § 34 Rn. 38 ff. mwN. Zu weitergehenden Vorschlägen siehe Legal Tribune Online vom 9.4.2020, Medizinrechtler zur Triage, Behandelt wird, wer die besten Chancen hat, https://www.lto.de/persistent/a_id/41273/ (Abfragestand: 15.4.2020); auch Spiegel plus vom 10.4.2020, Wie Ärzte der Uniklinik Augsburg sich auf die Triage vorbereiten, https://www.spiegel.de/politik/deutschland/corona-wie-aerzte-der-uniklinik-augsburg-sich-auf-die-triage-vorbereiten-a-828149f6-f2d5-4a67-9e2c-618e62a1d9ff; Abfragestand: 15.4.2020. Soweit in der Uniklinik Augsburg offensichtlich Schwangere bei gesundem Fötus bevorzugt behandelt werden sollen, „denn es sind ja zwei Leben“, missachtet dieser

dieser Vorrang dazu führen, dass zwei Menschen an Stelle eines sterben, obwohl einer hätte gerettet werden können. De lege lata darf also ein Beatmungsgerät einem schwer an COVID-19 erkrankten 90-jährigen mit Vorerkrankungen nicht zu Gunsten eines ebenfalls schwer an COVID-19 erkrankten 30-jährigen Familienvaters ohne Vorerkrankungen gegeben werden. Dieses Dilemma könnte allenfalls der Gesetzgeber lösen, wenngleich auch ihm im Hinblick auf die Menschenwürde aus Art. 1 Abs. 1 GG Grenzen gesetzt sind.[76] Einstellungen aus Opportunität nach §§ 153, 153a StPO kommen jedenfalls in dieser Situation nicht in Betracht, weil es sich beim Totschlag durch Unterlassen um ein Verbrechen handelt. Strafrechtlich unentschuldbar dürfte es nach aktueller Gesetzeslage auch sein, bei Verwendung aller Beatmungsgeräte bis auf eines, dieses Gerät einem schwer kranken Patienten vorzuenthalten, der nach medizinischer Einschätzung kaum Überlebenschancen hat, um es zur Verfügung zu haben, wenn ein Patient eingeliefert wird, der beatmet werden muss und eine höhere Überlebenschance aufweist. Hier liegt ebenfalls keine Pflichtenkollision vor, weil im Zeitpunkt der erforderlichen Handlung – Beatmung des aktuell hilfsbedürftigen Patienten – keine zwei Handlungspflichten miteinander kollidieren. Die potentielle Konfliktlage tritt erst später ein und ist zudem unsicher.

b) Körperverletzungs- und Beleidigungsdelikte

aa) Taten durch Infizierte

42 Beim Anspucken, Anhusten oder Anniesen von Personen durch einen Infizierten liegt ein Anfangsverdacht für Körperverletzungsdelikte vor. Im Hinblick auf das HI-Virus hat der Bundesgerichtshof bereits 1989 entschieden, das die Ansteckung eines anderen mit dem die Immunschwächekrankheit Aids hervorrufenden HI-Virus den objektiven Tatbestand einer Körperverletzung erfüllt.[77] Als Gesundheitsbeschädigung iSd §§ 223 ff. StGB, so der Senat, sei jedes Hervorrufen oder Steigern eines vom Normalzustand der körperlichen Funktionen des Opfers nachteilig abweichenden Zustandes anzusehen, gleichgültig, auf welche Art und Weise die Beeinträchtigung erfolge; mit einer Schmerzempfindung brauche sie nicht verbunden zu sein. In Rechtsprechung und Schrifttum sei anerkannt, dass auch die Ansteckung eines anderen mit einer nicht ganz unerheblichen Krankheit – auch und insbesondere mit einer Geschlechtskrankheit – eine Verschlechterung der Gesundheit darstelle. In

---

aufgestellte Grundsatz, dass Leben nicht gegen Leben – gerade auch nach Quantität – abgewogen werden darf. Auch die Erstellung eines „Score“ (Punktwert) von 1–8 anhand von Kriterien erscheint unter dem Erfordernis der Abwägung im Einzelfall problematisch.

[76] Hömig/Wolff/Antoni GG Art. 1 Rn. 2 ff.

[77] BGH NJW 1989, 781.

Anbetracht dessen, dass ein HIV-Infizierter mit dem Eintritt des Virus in den Organismus seinerseits infektiös werde und dies für die gesamte Dauer seines weiteren Lebens bleibe, müsse dies in gleicher Weise und erst recht für die Ansteckung mit der – bislang nicht heilbaren und bei Ausbruch regelmäßig tödlich verlaufenden – Immunschwächekrankheit Aids gelten. Dabei trete – wie auch bei anderen gefährlichen Infektionen – die Schädigung der Gesundheit und damit die Körperverletzung bereits mit der bloßen Infizierung als solcher ein, weil diese – objektiv – den körperlichen Normalzustand des Opfers tiefgreifend verändere. Es komme hinzu, dass bei vielen HIV-Infizierten einige Wochen nach der Infizierung ein flüchtiges grippeähnliches Bild auftrete.[78] Übertragen auf das neuartige Corona-Virus bedeutet dies, dass eine Infektion einer anderen Person, selbst wenn diese nicht erkrankt, eine Gesundheitsschädigung darstellt. In Bezug auf Fragen der Kausalität gilt jedoch das zu den Tötungsdelikten und § 74 IfSG Gesagte auch hier entsprechend (→ Rn. 16, → Rn. 35).

Bei infizierten Tätern ist jedenfalls regelmäßig eine versuchte Körper- 43
verletzung zu bejahen, zumal der Versuch gemäß § 223 Abs. 2 StGB iVm § 23 Abs. 1 StGB, § 12 StGB strafbar ist. Wer also den Tatentschluss hat, einen anderen durch Anspucken, Anniesen oder Anhusten zu infizieren, setzt mit derartigen Handlungen gemäß § 22 StGB unmittelbar zur Tatbestandsverwirklichung an, auch wenn es zu keiner Infektion kommt. Die Tat wird darüber hinaus nach § 224 Abs. 1 Nr. 1, Abs. 2 StGB, §§ 22, 23 StGB qualifiziert sein, weil Viren als andere gesundheitsschädliche Stoffe anzusehen sind.[79] Unter Beibringen iSv § 224 Abs. 1 Nr. 1 StGB ist ein solches Einführen der Stoffe in oder Auftragen der Stoffe auf den Körper eines anderen zu verstehen, dass die Stoffe ihre schädigende Eigenschaft zu entfalten in der Lage sind.[80] Anders als bei der Vergiftung nach § 229 aF StGB genügt hierfür nach herrschender Auffassung auch die Herstellung eines äußeren Körperkontaktes etwa mit Bakterien oder Viren, sodass ein Eindringen in den Körper nicht erforderlich ist.[81] Durch Anspucken etc gelangen die Viren direkt in Nase, Mund oder Atemwege bzw. über den Umweg der Haut – etwa durch Anfassen im Gesicht – mittelbar in die Atemwege. Soweit in der Literatur teilweise verlangt wird, dass die Wirkung des Stoffes im Körperinneren eingetreten sein muss, ist auch diese Voraussetzung erfüllt, weil das Corona-Virus im Körperinneren (Rachen,

[78] Siehe zum Ganzen BGH NJW 1989, 781 (783); auch BGH NJW 1990, 129; LG Kempten NJW 1989, 2068.

[79] Siehe zu Viren Fischer StGB § 224 Rn. 5 mwN; konkret zu HIV siehe Schönke/Schröder/Sternberg-Lieben StGB § 223 Rn. 7b.

[80] Fischer StGB § 224 Rn. 5.

[81] MüKoStGB/Hardtung StGB § 224 Rn. 10 mwN; aA NK-StGB/Paeffgen StGB § 224 Rn. 10.

Lunge) wirkt und der Tatentschluss des Beschuldigten auch dahingeht. Eine versuchte gefährliche Körperverletzung mittels einer das Leben gefährdenden Behandlung nach § 224 Abs. 1 Nr. 5, Abs. 2 StGB, §§ 22, 23 StGB dürfte hingegen nicht gegeben sein. Zwar wird das Sars-CoV-2-Virus mittels Tröpfcheninfektion übertragen und kann die Lungenkrankheit COVID-19 auslösen. Anders als in Fällen mit HI-Viren, in denen der Bundesgerichthof eine das Leben gefährdende Behandlung bejaht,[82] ist – wie bereits ausgeführt (→ Rn. 36) – ein letaler Ausgang der Infektion eher selten, sodass es am Vorsatz hinsichtlich der Gefährlichkeit der Behandlung fehlt. Die Situation kann anders zu beurteilen sein, wenn der Täter jemanden aus einer Risikogruppe anspuckt und weiß, dass die Person besonders gefährdet ist.

44 Der Presse sind die irrwitzigsten Konstellationen zu entnehmen. So soll die Polizei in München eine Person festgenommen haben, die in der dortigen U-Bahn Gegenstände abgeleckt hat. Sie wollte die Aufnahmen später im Internet veröffentlichen („coronachallenge“).[83] Im Netz kursieren ähnliche Videos, wie Personen Toilettensitze in Flugzeugen oder Türgriffe ablecken. Für den Täter kommt entsprechend der obigen Ausführungen eine versuchte gefährliche Körperverletzung in Betracht, wenn er infiziert war oder dies glaubte. In Wiederholungsfällen muss hier sogar über den Haftgrund der Wiederholungsgefahr gemäß § 112a StPO nachgedacht werden. Es lässt sich aufgrund derartiger Fallgestaltungen in der gegenwärtigen Situation auch nicht ausschließen, dass sich Personen bewusst von Infizierten ablecken, anspucken, anhusten oder anniesen lassen. Auch freiwillige intime Kontakte (etwa Zungenküsse oder Geschlechtsverkehr) mit Infizierten dürfte es geben.[84] In derartigen Konstellationen kann es am Tatbestand der (versuchten) gefährlichen Körperverletzung mangeln, wenn dem Opfer das Infektionsrisiko bekannt ist, sodass sich die Tat für den Infizierten als bloße Mitwirkung an einer eigenverantwortlichen Selbstschädigung oder **Selbstgefährdung** des Opfers darstellt.[85]

45 Subjektiv genügt für die (versuchte) gefährliche Körperverletzung bedingter Vorsatz. Es gelten die allgemeinen Regeln. Versuche, den Vorsatzbereich anhand konkreter Fallgestaltungen im Rahmen der AIDS-Bekämpfung zu bestimmen, sind gescheitert.[86] Eine Übertragung auf die

---

[82] Siehe dazu etwa BGH NJW 1989, 781.

[83] https://www.br.de/nachrichten/bayern/coronachallenge-mann-leckt-gegenstaende-in-muenchner-u-bahn-ab,Ru48lFW; Abfragestand: 15.4.2020.

[84] Siehe etwa https://www.welt.de/politik/deutschland/article206942587/Berliner-Bezirksbuergermeister-infiziert-sich-absichtlich-mit-Coronavirus.html; Abfragestand: 15.4.2020.

[85] Zu Einzelheiten siehe etwa Fischer StGB § 223 Rn. 15; Schönke/Schröder/Sternberg-Lieben StGB § 223 Rn. 7c mwN.

[86] Siehe dazu Lackner/Kühl/Kühl StGB § 224 Rn. 10 mwN.

vorliegenden Fälle ist deshalb auch nicht möglich. Bedingter Vorsatz erfordert, dass der Beschuldigte seine Infektion für möglich hält, sich gleichwohl mit ihr abfindet. Im Hinblick auf die Gesundheitsschädigung genügt ebenfalls „ein für möglich halten" und die billigende Inkaufnahme der Infektion des Opfers. Im Einzelfall ist die Abgrenzung zwischen bedingtem Vorsatz und bewusster Fahrlässigkeit schwierig. Schematische Betrachtungen verbieten sich gleichwohl. Da der Versuch von Fahrlässigkeitstaten nicht strafbar ist, kommt bei bloßer Annahme von (bewusster) Fahrlässigkeit eine Strafbarkeit des Täters wegen fahrlässiger Körperverletzung nur dann in Betracht, wenn sich die Infektion durch den Täter ausnahmsweise nachweisen lässt. Nimmt der Täter irrig an, infiziert zu sein und begeht Handlungen wie die beschriebenen, kommt ein strafbarer untauglicher Versuch der versuchten gefährlichen Körperverletzung in Betracht.

Schwere Körperverletzungen nach § 226 Abs. 1 Nr. 3 StGB oder **Körperverletzungen mit Todesfolge** gemäß § 227 StGB dürften aufgrund der bereits mehrfach erwähnten Kausalitätsproblematik regelmäßig nicht nachzuweisen sein. In speziell gelagerten Einzelfällen mag ein Versuch dieser Erfolgsqualifikationen gegeben sein. 46

Die **Verjährungsfrist** für die gefährliche Körperverletzung beträgt gemäß § 78 Abs. 1 Nr. 3 StGB iVm § 224 StGB zehn Jahre. Die Verjährung beginnt gemäß § 78a S. 1 StGB mit der Beendigung der Tat. Beendet ist die Tat schon mit dem Vollzug der Handlung, bei der das Virus übertragen worden ist. Bei der versuchten Tat beginnt die Verjährung grundsätzlich, sobald der Täter diejenigen Tathandlungen, die auf die Vollendung gerichtet gewesen sind, abgeschlossen hat.[87] Dies ist regelmäßig mit dem abgeschlossenen Anspucken etc gegeben.[88] 47

bb) Taten durch Nichtinfizierte

Auch Übergriffe durch Nichtinfizierte mit der Drohung einer vermeintlichen Corona-Infektion können strafrechtliche Folgen haben. Zu denken ist etwa an Fälle, in denen Nichtinfizierte andere Personen Anspucken etc und behaupten, sie hätten COVID-19. Motive für derartiges Verhalten sind vielfältig. Während manche meinen, sich so einen Spaß erlauben zu dürfen, wollen andere oberlehrerhaft die Abstandsregelungen von 1,5 m auf diese Weise durchsetzen. Auch Fälle von erheblich alkoholisierten und psychisch kranken Tätern, die sich derartig verhalten, tauchen in der Praxis auf. 48

---

87 MüKoStGB/Mitsch StGB § 78a Rn. 7.

88 Vgl. zum Verjährungsbeginn BGH NStZ 2009, 34 (Verjährung einer Körperverletzung durch HIV-Übertragung). Anders ist die Situation nach Auffassung des Bundesgerichtshofs in den AIDS-Fällen zu beurteilen, in denen die Krankheit zwar bereits offen ausgebrochen ist, aber erst später zu schweren Folgen iSv § 226 Abs. 1 Nr. 3 StGB geführt hat. In derartigen Fällen ist die Tat erst mit deren Eintritt beendet.

49 Die erste Frage ist, ob eine Körperverletzung vorliegt, wenn das Opfer durch ein solch übergriffiges Verhalten **psychische Beeinträchtigungen** erlitten hat. Das Opfer muss sich möglicherweise einem Corona-Test unterziehen, wobei das Warten auf das Testergebnis psychisch belastend ist. Auch danach wird sich das Opfer möglicherweise in Quarantäne begeben müssen und weitere Testungen abzuwarten haben. Die Auswirkungen bei einzelnen Personen können sehr unterschiedlich ausgeprägt sein. Besonders schwierig wird es, wenn das Opfer beispielsweise an Vorerkrankungen (Herz-Kreislauf-Erkrankungen, Diabetes, Atemwegserkrankungen, Krebs etc) leidet. Der Bundesgerichtshof hat mehrfach entschieden, dass auch eine psychische Einwirkung einen krankhaften Zustand, dh eine Gesundheitsschädigung hervorrufen kann. Erforderlich ist aber, dass die psychischen Beeinträchtigungen jedenfalls den Körper im weitesten Sinne in einen pathologischen, somatisch objektivierbaren Zustand versetzen.[89] Bloße emotionale Reaktionen wie Angst, Panik und Aufregung sind hingegen nicht ausreichend.[90] Erleidet aber beispielsweise ein Diabetiker einen „Zuckerschock" oder werden durch Angst Magenschmerzen hervorgerufen, stellen diese körperlichen Symptome eine Gesundheitsschädigung dar.

50 Unabhängig von der Frage einer psychischen Beeinträchtigung kann das Anspucken etc durch einen Nichtinfizierten auch an sich eine üble unangemessene Behandlung, dh eine körperliche Misshandlung iSv § 223 Abs. 1 StGB sein. Auch hier ist jedoch eine Körperlichkeit der Reaktion erforderlich, sodass die bloße Erregung von **Ekelgefühlen** nicht ausreichend ist. Der Bundesgerichtshof hat entschieden, dass beim Anspucken eines Polizeibeamten das Hervorrufen von Brechreiz tatbestandsmäßig ist.[91] Bei der Tathandlung muss sich der Vorsatz des Täters aber auch auf diese Folge gerichtet haben. Hat er hingegen nicht einmal bedingten Vorsatz im Hinblick auf ein Auslösen von Brechreiz beim Opfers durch Anspucken etc, scheidet selbst bei objektiv körperlicher Reaktion eine vorsätzliche Körperverletzung aus. In einem derartigen Fall ist aber ggf. eine fahrlässige Körperverletzung gegeben.

51 Das Anspucken stellt aber grundsätzlich eine besonders kränkende Behandlung und damit eine **tätliche Beleidigung** nach § 185 StGB dar.[92] Im Hinblick auf die Beleidigung ist zu beachten, dass es sich bei ihr um ein absolutes Antragsdelikt (§ 194 StGB) handelt, sodass die Tat nur verfolgt werden kann, wenn binnen drei Monaten ein Strafantrag durch den

---

[89] BGH NStZ 1997, 123; 2007, 218; 2015, 269; BGH NStZ-RR 2012, 340; Schönke/Schröder/Sternberg-Lieben StGB § 223 Rn. 6 mwN.

[90] Fischer StGB § 223 Rn. 12.

[91] BGH NStZ 2016, 27; OLG Zweibrücken NJW 1991, 240.

[92] OLG Zweibrücken NJW 1991, 240.

Geschädigten oder einen anderen Antragsberechtigen gestellt wird, § 77b Abs. 1 StGB.

c) Schwere Gefährdung durch Freisetzen von Giften, § 330a StGB

Hustet oder niest ein Infizierter unkontrolliert in der Öffentlichkeit – etwa in einem vollbesetzten Bus – kommt eine schwere Gefährdung durch Freisetzen von Giften gemäß § 330a StGB in Betracht. Tatobjekt der Norm sind Stoffe, die Gifte enthalten oder hervorbringen können. Anders als § 314 StGB und § 224 Abs. 1 Nr. 1 StGB setzt die Norm die anderen gesundheitsschädlichen Stoffe den Giften nicht gleich. Gleichwohl vertritt die hM, dass auch Erreger infektiöser Krankheiten als Gift iSd Vorschrift anzusehen sind.[93] Gifte sind alle organischen oder anorganischen Stoffe, die unter bestimmten Bedingungen geeignet sind, die Gesundheit von Menschen durch chemische oder chemisch-physikalische Wirkung zu zerstören, dh zu schweren Gesundheitsschädigungen zu führen.[94] Viren und Bakterien als Lebewesen lassen sich trotz sicherlich erheblicher Gefährlichkeit unter den eindeutigen Wortlaut nicht subsumieren, zumal der Gesetzgeber die anderen gesundheitsschädlichen Stoffe bewusst weggelassen hat.[95] Folgt man gleichwohl der herrschenden Auffassung, stellt sich die Frage, ob durch das beschriebene Verhalten in der Öffentlichkeit die Corona-Viren verbreitet oder freigesetzt werden. Diese Tathandlungen, die sich nicht trennscharf voneinander abgrenzen lassen, setzen jeweils voraus, dass sich das Gift ganz oder wenigstens zum Teil unkontrollierbar in der Umwelt ausbreiten kann.[96] Anders als beim Geschlechtsverkehr eines HIV-Infizierten mit einer anderen Person, bei der es an einer unkontrollierten Verbreitung aufgrund Steuerung durch den Infizierten mangelt,[97] wird beim Corona-Virus, das sich per Tröpfcheninfektion verbreitet, ein unkontrolliertes Ausbreiten beim Niesen ohne Schutz – etwa in die Ellenbeuge – anzunehmen sein. § 330a StGB ist an dieser Stelle auch weiter als § 74 IfSG oder § 75 Abs. 3 IfSG (→ Rn. 16 und → Rn. 30). Taterfolg des § 330a StGB ist die konkrete Gefährdung anderer. Während die konkrete Gefahr des Todes oder einer schweren Gesundheitsschädigung eines anderen Menschen aufgrund der geringen 52

---

[93] Fischer StGB § 330a Rn. 2; § 314 Rn. 3; MüKoStGB/Krack StGB § 314 Rn. 7; Schönke/Schröder/Heine/Bosch StGB § 314 Rn. 14; aA Dölling/Duttge/König/Rössner/Weiler StGB § 314 Rn. 3.

[94] Fischer StGB § 314 Rn. 3 mwN.

[95] Wie hier Dölling/Duttge/König/Rössner/Weiler StGB § 314 Rn. 3, der darauf abstellt, dass Viren und Bakterien Lebenwesen sind und deshalb nicht als organische oder anorganische Stoffe anzusehen sind.

[96] Lackner/Kühl/Heger StGB § 330a Rn. 3.

[97] So auch NK-StGB/Paeffgen/Böse StGB § 224 Fn. 54; aA für das HI-Virus Wisuschil MedR 2006, 337.

Letalität der COVID-19-Erkrankung zu verneinen sein wird, ist die Gefahr einer Gesundheitsschädigung einer großen Zahl von Menschen bei den beschriebenen unkontrollierten Handlungen in der Öffentlichkeit aufgrund der hohen Infektiosität[98] der Krankheit anzunehmen. An dieser Stelle reicht auch die konkrete Gefahr einer einfachen Gesundheitsschädigung aus.[99] Von einer großen Anzahl von Menschen ist ab zwanzig Personen auszugehen;[100] also etwa beim unkontrollierten Niesen in einem vollbesetzten Bus. Subjektiv verlangt das Delikt im Grundsatz Vorsatz sowohl hinsichtlich des Tatobjektes und der Tathandhandlung als auch der konkreten Gefährdung. Gemäß § 330a Abs. 4 StGB macht sich aber auch strafbar, wer die konkrete Gefahr fahrlässig verursacht hat. Nach § 330a Abs. 5 StGB wird sogar bestraft, wer im Hinblick auf das Verbreiten oder Freisetzen der Stoffe leichtfertig gehandelt und die konkrete Gefahr fahrlässig verursacht hat. Leichtfertigkeit bezeichnet einen erhöhten Grad von Fahrlässigkeit, der etwa der groben Fahrlässigkeit im Bürgerlichen Gesetzbuch entspricht. Leichtfertigkeit liegt auch vor, wenn der Täter grob achtlos handelt und nicht beachtet, was sich ihm aufgrund seiner Kenntnisse und Fähigkeiten aufdrängen muss.[101] Damit können sich auch höchstunachtsame Personen wegen des Freisetzens von Giften strafbar machen, die zwar nichts von ihrer Infizierung wissen, aufgrund der Gesamtumstände (Aufhalten in einem Risikogebiet, Zusammenleben mit einem Infizierten, enger Kontakt mit einem Infizierten etc) aber zwingend damit rechnen müssen, infiziert sein zu können.

d) Sonstige Allgemeindelikte

53 Eine **Aussetzung** gemäß § 221 Abs. 1 Nr. 1 StGB bei infizierten Personen, die andere etwa Anspucken etc, kommt regelmäßig nicht in Betracht, weil auch für diesen Tatbestand erforderlich ist, dass das Tatopfer durch die körperliche Einwirkung hilflos oder jedenfalls hilfsbedürftig geworden ist.[102] Aus den bereits mehrfach genannten Gründen wird diese Ursächlichkeit in der Praxis kaum nachweisbar sein.

54 Sowohl infizierte als auch nichtinfizierte Personen, die durch ihr Verhalten dafür sorgen, dass sich andere Personen in Quarantäne nach § 30 IfSG begeben müssen, können wegen **Freiheitsberaubung** in mittelbarer Täterschaft (§ 239 Abs. 1 StGB, § 25 Abs. 1 S. 2 StGB) zu bestrafen

---

[98] Siehe zur Infektiosität https://www.rki.de/DE/Content/InfAZ/N/Neuartiges_Coronavirus/Steckbrief.html#doc13776792bodyText5; siehe auch https://www.welt.de/debatte/kommentare/article206188505/Corona-Im-Kampf-gegen-das-Virus-koennen-wir-nur-auf-Sicht-fahren.html; Abfragestand: 15.4.2020.

[99] Lackner/Kühl/Heger StGB § 330 Rn. 6.

[100] Streitig, wie hier die hM; siehe dazu etwa Fischer StGB § 330a Rn. 4; § 330 Rn. 8 mwN.

[101] Fischer StGB § 15 Rn. 35.

[102] Zur Tathandlung siehe Fischer StGB § 221 Rn. 8.

sein. Zu denken ist etwa an enttäuschte Lebenspartner, die gegenüber der zuständigen Behörde falsche Angaben im Hinblick auf eine Infizierung ihres Partners machen und so mittelbar dessen Quarantäne veranlassen. Darüber hinaus kommt in solchen Verfahren auch eine **falsche Verdächtigung** gemäß § 164 Abs. 2 StGB in Betracht.

Wer einen anderen mittels einer Corona-Infizierung bedroht, indem er 55
beispielsweise erklärt, er huste den anderen an, wenn dieser nicht eine bestimmte Handlung vornimmt, kann wegen **Nötigung** gemäß § 240 Abs. 1 StGB bestraft werden. Das in Aussicht stellen einer Corona-Infizierung ist ein empfindliches Übel iSd Norm. Sollte es im Einzelfall um finanzielle Interessen gehen, kommt auch eine **Erpressung** gemäß § 253 StGB in Betracht. Der Tatbestand der **Bedrohung** gemäß § 241 StGB scheidet hingegen derzeit noch regelmäßig aus, weil das in Aussicht stellen einer Infizierung mit dem Corona-Virus nicht das Drohen mit einem Verbrechen (§ 12 Abs. 1 StGB) ist. Das Bundeskabinett hat jedoch am 19.2.2020 den Entwurf des Gesetzes zur Bekämpfung des Rechtsextremismus und der Hasskriminalität beschlossen. Der Gesetzentwurf setzt das Maßnahmenpaket um, das die Bundesregierung am 30.10.2019 nach dem rechtsterroristischen Anschlag auf die Jüdische Gemeinde in der Stadt Halle/Saale beschlossen hat. Der Gesetzentwurf sieht unter anderem vor, dass § 241 StGB zukünftig auch die Bedrohung mit einer rechtswidrigen Tat gegen die körperliche Unversehrtheit oder gegen eine Sache von bedeutendem Wert erfasst.[103] Sobald das Gesetz verabschiedet ist, wäre also die Bedrohung mit einer Corona-Infektion strafbar.

Wer etwa als Corona-Infizierter in einem Supermarkt auf Obst oder 56
Gemüse niest, kann einer **Sachbeschädigung** hinreichend verdächtig sein. Durch derartiges Verhalten wird die funktionsmäßige Brauchbarkeit der Sache zerstört, auch wenn es zu keiner Substanzverletzung kommt.[104] Die Sachbeschädigung als relatives Antragsdelikt wird gemäß § 303c StGB nur auf Antrag verfolgt, es sei denn an der Strafverfolgung besteht ein besonderes öffentliches Interesse. In schweren Fällen wird ein solches auch aufgrund der Wertungen aus Nr. 234 RiStBV regelmäßig zu bejahen sein.

Wer aufgrund der Allgemeinverfügungen der Länder oder Kommunen 57
bzw. Rechtsverordnungen der Länder ein geschlossenes Geschäft etc entweder betritt oder nach zulässigem Betreten des Geschäfts dieses

[103] Siehe zum Referentenentwurf des BMJV https://www.bmjv.de/SharedDocs/Gesetzgebungsverfahren/Dokumente/RegE_Bekaempfung_Hasskriminalitaet.pdf;jsessionid=07466E247B1D601813226687DE7BADC4.2_cid297?__blob=publicationFile&v=4NJW-Spezial 2020, 90; Abfragestand: 15.4.2020.

[104] Zur Sachbeschädigung bei Einschränkung der Funktionsfähigkeit ohne Verletzung der Sachsubstanz siehe MüKoStGB/Wieck-Noodt StGB § 303 Rn. 21 ff.

nach Aufforderung nicht verlässt, kann sich wegen **Hausfriedensbruchs** gemäß § 123 StGB strafbar machen. Auch bei diesem Delikt handelt es sich wie bei der Beleidigung um ein absolutes Antragsdelikt, sodass auf die obigen Ausführungen verwiesen wird (→ Rn. 51).

58 Der **Diebstahl** von Schutzkleidung wie Masken aus einem Krankenhaus kann trotz fehlender Verwirklichung der Regelbeispiele nach § 243 Abs. 1 Nr. 1 und 2 StGB durch den Täter ein besonders schwerer Fall sein, weil die aktuelle Corona-Pandemie als gemeine Gefahr iSv § 243 Abs. 1 Nr. 6 StGB anzusehen ist.[105] Zu beachten ist allerdings die Geringwertigkeitsgrenze[106] – derzeit 25,00 € – des § 243 Abs. 2 StGB, welche die Regelwirkung ausschließt (zB Diebstahl einer Maske im Wert von wenigen Euro). In einem solchen Fall kann aber über ein unbenanntes Regelbeispiel nachgedacht werden.[107] Steckt sich medizinisches Personal infolge einer derartigen Tat aufgrund fehlender Schutzkleidung mit dem Corona-Virus an, wird sich Kausalität zwischen dem Diebstahl und der Körperverletzung in der Praxis kaum belegen lassen, weil nicht sicher festgestellt werden kann, ob ohne die Wegnahme die Infektion ausgeblieben wäre.

3. Wirtschaftsdelikte

59 Bei den Wirtschaftsdelikten ist zunächst an **Wucher** zu denken. Davon wird in den Medien etwa gesprochen, wenn Personen oder Unternehmen in der aktuellen Krise Ware zu völlig überhöhten Preisen verkaufen. So sollen beispielsweise Atemschutzmasken oder Desinfektionsmittel für Privatpersonen, die zuvor teilweise zu Cent-Beträgen veräußert worden sind, nunmehr mit 1000-prozentigen Aufschlägen versehen worden sein. Aber auch das für die aktuelle Krise sinnbildliche Toilettenpapier wird mittlerweile zu überhöhten Preisen angeboten, sodass von Wucher die Rede ist. Wucher gemäß § 291 StGB setzt aber voraus, dass der Täter eine Zwangslage des Opfers ausnutzt, um dieses dadurch auszubeuten. Der Täter muss sich außerdem Vermögensvorteile versprechen lassen, die in einem auffälligen Missverhältnis zu der von ihm zu erbringenden Leistung stehen. Diese Diskrepanz zwischen Leistung und Gegenleistung wird sich in den eingangs genannten Fällen regelmäßig noch bejahen lassen. Eine Zwangslage liegt aber nicht vor. Nach hM in der Rechtsprechung und juristischen Literatur ist die Zwangslage eine ernste Bedrängnis, in der der Geschädigte auf die Leistung angewiesen ist. Ausreichend ist zwar eine ernste persönliche oder wirtschaftliche Be-

---

[105] Zur gemeinen Gefahr MüKoStGB/Schmitz StGB § 243 Rn. 54.
[106] Fischer StGB § 243 Rn. 25.
[107] Fischer StGB § 243 Rn. 24 mwN.

drängnis des Opfers, die auch nicht unbedingt existenzbedrohend zu sein braucht. Notwendig sind aber so bedrängende Umstände, dass sich das Tatopfer dem Leistungserbieten des Täters nicht ohne erhebliche Schwierigkeiten entziehen kann.[108] Solche Umstände sind nach der Rechtsprechung nicht schon immer dann anzunehmen, wenn die eingetretene Situation das Vorhaben des Täters, diese zu eigenen Gunsten gewissermaßen schamlos auszunutzen, lediglich erleichtert.[109] Besondere Umstände im vorbezeichneten Sinne, die für Privatpersonen einen Erwerb von Schutzkleidung oder Desinfektionsmitteln als besonders dringlich oder gar zum jetzigen Zeitpunkt unabweisbar erscheinen ließen, sind nicht gegeben. Selbst wenn der objektive Tatbestand bejaht werden sollte, müsste der Täter diese Gründe im Einzelfall auch kennen. Das bloße Anbieten der begehrten Produkte zu überhöhten Preisen in Kenntnis der Pandemie reicht jedenfalls nicht, um den subjektiven Tatbestand des § 291 StGB anzunehmen.

Nach § 15a Abs. 4-6 InsO macht sich wegen **Insolvenzverschleppung** 60
strafbar, wer als Mitglied des Vertretungsorgans einer juristischen Person oder als ihr Abwickler im Falle der Zahlungsunfähigkeit oder Überschuldung der juristischen Person nicht ohne schuldhaftes Zögern, spätestens aber drei Wochen nach Eintritt der Zahlungsunfähigkeit oder der Überschuldung, einen Antrag auf Eröffnung des Insolvenzverfahrens stellt. Nach § 1 S. 1 COVID-19-Insolvenzaussetzungsgesetz (COVInsAG) ist diese Pflicht zur Stellung eines Insolvenzantrags nach § 15a InsO und nach § 42 Abs. 2 BGB bis zum 30.9.2020 ausgesetzt. Voraussetzung dafür ist aber, dass die Insolvenzreife auf den Folgen der Ausbreitung des SARSCoV-2-Virus (COVID-19-Pandemie) beruht und Aussichten darauf vorliegen, eine bestehende Zahlungsunfähigkeit[110] – etwa durch öffentliche Hilfen – zu beseitigen, § 1 S. 2 COVInsAG. War der Schuldner am 31.12.2019 noch nicht zahlungsunfähig, wird gemäß § 1 S. 3 COVInsAG vermutet, dass die Insolvenzreife auf den Auswirkungen der COVID-19-Pandemie beruht und Aussichten darauf bestehen, eine bestehende Zahlungsunfähigkeit zu beseitigen (ausführlich zur Aussetzungen der Insolvenzantragspflicht → § 14 Rn. 7ff.). In allen anderen Fällen gilt weiterhin die dreiwöchige Frist des § 15a Abs. 1 InsO. Gesetzliche Vermutungen sind im Strafrecht zwar regelmäßig nicht von Bedeutung, weil sie dem Grundsatz der individuellen Schuld widersprechen. Vorliegend erhalten derartige Regeln aber über den Grundsatz „in dubio pro reo" gleichwohl auch im Strafrecht Bedeutung, sodass sich die

---

[108] OLG Brandenburg FD-StrafR 2020, 424526; Schönke/Schröder/Heine/Hecker StGB § 291 Rn. 23f. mwN.

[109] Siehe etwa BGH NStZ 1997, 386; OLG Köln NJ 2017, 158.

[110] Für die Überschuldung greift die Regelung nicht; vgl. Römermann NJW 2020, 1108 (1109).

Vermutungsregel in der Praxis strafrechtlich kaum widerlegen lassen wird, weil die derzeitige Krise die nationale und internationale Wirtschaft wie kaum eine Krise zuvor trifft.[111] Ist die Gesellschaft nach dem 30.9.2020 weiterhin zahlungsunfähig oder überschuldet, ist ein Insolvenzantrag zu stellen; andernfalls erlischt die Insolvenzantragspflicht. Wird dieser Antrag nicht unverzüglich gestellt, liegt ein Anfangsverdacht für eine Insolvenzverschleppung vor. Das COVInsAG ist gemäß Art. 6 COVFAG rückwirkend zum 1.3.2020 in Kraft getreten. Daraus kann aber nicht gefolgert werden, dass bei Taten, die zwischen dem 1.1.2020 und 29.2.2020 begangen worden sind – etwa bei Zahlungsunfähigkeit oder Überschuldung am 15.1.2020 und fehlendem Insolvenzantrag bis 5.2.2020 – eine Strafbarkeit nachträglich entfällt. Die nach dem 1.3.2020 ausgesetzte Insolvenzantragsfrist ist nicht als milderes Gesetz iSv § 2 Abs. 3 StGB anzusehen.[112] Beim COVInsAG handelt es sich um ein sog. Zeitgesetz, sodass es nach der Ratio des § 2 Abs. 4 StGB nur auf Sachverhalte anwendbar ist, die in seinen Zeitraum fallen. Der Hinweis von Altenburg/Kremer, die Corona-Pandemie als Ursache für die Unternehmenskrise und eine Aussicht auf Sanierung zu dokumentieren,[113] ist sicherlich für die Unternehmensverantwortlichen sinnvoll, um spätere mögliche strafrechtliche Ermittlungen gegen sich jedenfalls schnell wieder zu beenden.

61 Problematisch gestaltet sich trotz des COVInsAG die Strafbarkeit wegen **sog. Insolvenzbegleitdelikte.** Hier sind neben dem Bankrott (§ 283 StGB), die Verletzung der Buchführungspflicht (§ 283b StGB), die Gläubigerbegünstigung (§ 283b StGB), die Schuldnerbegünstigung (§ 283d StGB) und vor allem die Strafbarkeit wegen Vorenthaltens und Veruntreuens von Arbeitsentgelt nach § 266a StGB zu nennen. Hinsichtlich § 283b StGB ist zu beachten, dass § 2 Abs. 1 COVInsAG bestimmte Handlungen von in der Krise geratenen Unternehmen als nicht gläubigerbenachteiligend ansieht. Für § 266a StGB ist zu berücksichtigen, dass die Sozialversicherungsträger angekündigt haben, Sozialversicherungsbeiträge zu stunden, wenn ein Unternehmen in Folge der Corona-Krise in Schwierigkeiten gerät. Voraussetzung ist, dass das Unternehmen ernsthafte Zahlungsschwierigkeiten hat oder im Falle der sofortigen Einziehung der Beiträge in solche Schwierigkeiten geraten würde. Eine Stundung soll für die Monate März und April 2020 möglich sein. Die Entscheidung über eine Stundung fällt die zuständige Krankenkasse oder der Rentenversicherungsträger. Ansonsten ist das COVInsAG aufgrund seines eindeutigen Wortlautes und Regelungsgehaltes auf die genannten

---

[111] Zur kaum wiederlegbaren Vermutung siehe auch Römermann NJW 2020, 1108 (1109).

[112] So aber Altenburg/Kremer Newsdienst Compliance 2020 210002.

[113] Altenburg/Kremer Newsdienst Compliance 2020 210002.

Insolvenzbegleitdelikte nicht anwendbar, sodass die allgemeinen Regeln weiterhin gelten. Für die strafrechtliche Praxis empfiehlt sich aber, aufgrund der Besonderheiten der aktuellen Krise und des Rechtsgedankens des COVInsAG in geeigneten Fällen großzügig von § 153 StPO bzw. § 153a StPO Gebrauch zu machen.

4. Ausländerrechtliche Straftaten

Auch für Ausländer, die in der Bundesrepublik festsitzen und deren Aufenthaltstitel ablaufen, stellt sich die Frage, ob sie sich bei Nichtausreise strafbar machen. Die Problematik liegt darin, dass aufgrund weltweiter Reisebeschränkungen und der massiven Einschränkung des Flugverkehrs, eine Ausreise häufig aus tatsächlichen Gründen unmöglich ist. Gleichwohl liegen in derartigen Fällen regelmäßig die Voraussetzungen für eine Strafbarkeit insbesondere nach § 95 Abs. 1 Nr. 2 AufenthG vor. Für diese Fälle haben zunächst die Kommunen in den meisten Fällen Allgemeinverfügungen erlassen. Diese bestimmen die Fortgeltungsfiktion befristeter Aufenthaltstitel, Verlängerungen von Duldungen und Aufenthaltsgestaltungen sowie die Verlängerung von Ausreisefristen jeweils von Amts wegen für einen bestimmten Zeitraum.[114] Damit fehlen die Tatbestandsvoraussetzungen für einen illegalen Aufenthalt in den genannten Zeiträumen. Seit dem 8.4.2020 gilt die Verordnung zur vorübergehenden Befreiung von Inhabern ablaufender Schengen-Visa vom Erfordernis eines Aufenthaltstitels auf Grund der COVID-19-Pandemie (Schengen-Visa-COVID-19-Pandemie-Verordnung – SchengenVisaCOVID-19-V) des Bundesministeriums des Innern, für Bau und Heimat (BMI). Inhaber ablaufender Schengen-Visa sind danach bis zum 30.6.2020 vom Erfordernis eines Aufenthaltstitels befreit. Die Betroffenen dürfen zudem nach Ablauf des Schengen-Visums bis zum 30.6.2020 weiterhin erwerbstätig sein. 62

III. Strafprozessrecht

Die Corona-Pandemie hat aufgrund der angeordneten Kontaktverbote und des Social Distancing auch Auswirkungen auf die Durchführung von Strafprozessen. An dieser Stelle sollen die wichtigsten Fragen in diesem Zusammenhang erörtert werden. 63

[114] Siehe beispielhaft etwa die AV der Stadt Göttingen – Fachbereich Ordnung – vom 24.3.2020 (Amtsblatt der Stadt Göttingen – Nr. 11/2020).

1. Beschleunigungsgebot in Haftsachen

64 Im Strafprozessrecht gilt das sog. Beschleunigungsgebot.[115] So bestimmt Art. 6 Abs. 1 EMRK, dass jede Person das Recht darauf hat, dass über eine gegen sie erhobene Anklage innerhalb angemessener Frist verhandelt wird. In Haft- und Unterbringungssachen ist sogar ein besonderes Beschleunigungsgebot zu beachten. Dieses kommt insbesondere in der sog. **6-Monatsprüfung** durch die Oberlandesgerichte nach §§ 121, 122 StPO zum Ausdruck. § 121 Abs. 1 StPO bestimmt, dass vor einem auf Freiheitsentziehung lautenden Urteil der Vollzug der Untersuchungshaft wegen derselben Tat über sechs Monate hinaus nur aufrechterhalten werden darf, wenn die besondere Schwierigkeit oder der besondere Umfang der Ermittlungen oder ein anderer wichtiger Grund das Urteil noch nicht zulassen und die Fortdauer der Untersuchungshaft rechtfertigen. Hat die Hauptverhandlung bereits begonnen, bevor die Frist abgelaufen ist, so ruht der Fristablauf bis zur Verkündung des Urteils (§ 121 Abs. 2 S. 2 StPO). Es stellt sich die Frage, ob durch die aktuelle Corona-Pandemie ein anderer wichtiger Grund vorliegt, der einen Vollzug von Untersuchungshaft über sechs Monate hinaus erlaubt. Mit dieser Frage hatte sich das Oberlandesgericht Braunschweig aktuell beim Beschleunigungsgebot in Überhaftsachen zu befassen, wobei die dort aufgestellten Grundsätze auch im Rahmen einer 6-Monatsprüfung zu berücksichtigen sind. Das Gericht hat entschieden, dass eine Aufrechterhaltung des Haftbefehls bereits dann als unverhältnismäßig erscheint, wenn das Tatgericht jegliche Begründung für eine Aussetzung vermissen lässt. In der konkreten Entscheidung bemängelt das Gericht, dass sich insbesondere der Aussetzungsentscheidung nicht entnehmen lasse, dass der Schutz der Gesundheit der Verfahrensbeteiligten diese Maßnahme tatsächlich erfordere und eine Fortführung der bereits fortgeschrittenen Hauptverhandlung auch bei denkbaren Schutzvorkehrungen – zB ein größerer Abstand zwischen den einzelnen Sitzplätzen der Verfahrensbeteiligten und das Tragen von Schutzkleidung für Wachtmeister – nicht möglich sei. Schließlich rechtfertige die Verfahrensaussetzung auch nicht, dass einem Rechtsanwalt des Angeklagten aufgrund seiner gesundheitlichen Situation die weitere Teilnahme an der Hauptverhandlung derzeit nicht zugemutet werden könne. Denn der Beschwerdeführer habe noch zwei weitere Verteidiger, wobei jedenfalls in Bezug auf einen dieser Strafverteidiger, der ein erfahrener Strafverteidiger sei, ein besonders erhöhtes Risiko für einen schweren Verlauf bei einer Infektion mit COVID-19 nicht zu erkennen sei.[116] Die

---

[115] KK-StPO/Fischer Einl. Rn. 34.

[116] OLG Braunschweig Beschl. v. 25.3.2020 – 1 Ws 47/20, BeckRS 2020, 4624 Rn. 69; siehe auch VerfGH Sachs Beschl. v. 20.3.2020 – Vf. 39-IV-20, BeckRS 2020, 4039 Rn. 23.

Entscheidung ist zutreffend. Mit Berufung auf die Corona-Pandemie kann eine Verzögerung in Haftsachen nicht per se begründet werden. Es muss vielmehr vorab versucht werden, dem besonderen Beschleunigungsgebot anderweitig – etwa durch Änderungen in der Sitzordnung – Rechnung zu tragen. Lediglich wenn derartige Maßnahmen nicht ausreichen, um dem gebotenen Infektionsschutz gerecht zu werden oder sich das Verfahren trotz solcher Schutzmittel gleichwohl verzögert, liegt ein anderer wichtiger Grund iSv § 121 Abs. 1 StPO vor.

Das OLG Celle hat aktuell in einem bislang nicht veröffentlichten Beschluss entschieden, dass in den Regelungen zur Unterbrechung der Hauptverhandlung durch das COVFAG (Näheres →Rn. 64) der zum Ausdruck gekommene Rechtsgedanke auch für § 121 StPO Anwendung finde.[117] Nicht behebbare unabwendbare Schwierigkeiten oder unvorhersehbare Zufälle und schicksalhafte Ereignisse, wie etwa die krankheitsbedingte, zur Aussetzung der Hauptverhandlung berechtigende Verhinderung unentbehrlicher Verfahrensbeteiligter, stellten einen wichtigen Grund iSd § 121 Abs. 1 StPO dar. Auch die Erkrankung eines Verfahrensbeteiligten mit einer hochansteckenden Krankheit, die an sich kein Hinderungsgrund sei, aber eine erhebliche Gefährdung anderer in sich berge, könne einen solchen Grund darstellen. In Anbetracht der zwischenzeitlich als nachgewiesen anzusehenden hohen Ansteckungsgefahr, der vermutlich hohen Anzahl unentdeckter Infektionen und des derzeit noch nicht abschließend einschätzbaren Ausmaßes schwerer bis tödlicher Krankheitsverläufe könne ein solch wichtiger Grund deshalb auch in der aktuell rapide fortschreitenden COVID-19-Pandemie bestehen. Gegen § 121 Abs. 1 StPO werde jedenfalls nicht verstoßen, wenn sich das Gericht nicht in der Lage sehe, das Ansteckungsrisiko der Verfahrensbeteiligten, der Bediensteten des Gerichtes, der Sicherheitsbeamten und des Publikums im Einklang mit den Vorschriften über das Verfahren, namentlich der zur Sicherung der Verteidigungsrechte und zur Wahrung der Öffentlichkeit der Hauptverhandlung auf ein vertretbares Maß zu reduzieren. Schließlich geht das OLG Celle sogar noch weiter als das OLG Braunschweig in der bereits dargestellten Entscheidung vom 25.3.2020. Das maßgebliche Prinzip der Kontaktvermeidung diene, so das Gericht, nicht nur dem unmittelbaren Schutz von erhöht gefährdeten Personen, sondern vornehmlich der gesamtgesellschaftlich notwendigen Verringerung der Infektionsrate. Die Kammer sei deshalb auch zur Durchführung einer Hauptverhandlung unter besonderen Sicherheitsvorkehrungen wie etwa einer Sitzanordnung mit 1,5 m Mindestabstand nicht gehalten.[118] 65

---

[117] OLG Celle Beschl. v. 1.4.2020 – 2 HEs 6/20.

[118] OLG Celle Beschl. v. 1.4.2020 – 2 HEs 6/20; ebenso OLG Celle Beschl. v. 3.4.2020 – 2 HEs 7/20; OLG Celle Beschl. v. 6.4.2020 – 2 HEs 5/20; OLG Karlsruhe

2. Aussetzung und Unterbrechung der Hauptverhandlung

66 Des Weiteren stellt sich die Frage, ob die Verfahrensbeteiligten einen **Anspruch auf Aussetzung oder Unterbrechung** einer Hauptverhandlung aus Gründen des Infektionsschutzes haben.[119] Mit dieser Frage hat sich der Verfassungsgerichtshof des Freistaates Sachsen aktuell befasst. Verteidiger hatten in einer Nichthaftsache gefordert, das Verfahren für einen bestimmten Zeitraum zu unterbrechen und zur Fristwahrung (§ 229 Abs. 1 StPO) nur zwingend notwendige Verhandlungstermine durchzuführen, wobei diese als sog. Schiebetermine stattfinden sollten. Später wurde sogar die Aussetzung beantragt. Das sächsische Verfassungsgericht hat nicht zuletzt auch hier aufgrund des Beschleunigungsgrundsatzes entschieden, die Durchführung einer Hauptverhandlung sei weder gänzlich zu untersagen noch auf das von den Antragstellern begehrte Maß zu begrenzen. Das Gericht hat aber Maßstäbe für den äußeren Rahmen der einzelnen Verhandlungstage vorgegeben. Verbleibende Risiken für die körperliche Unversehrtheit bei Nichtaussetzung dürften nur hingenommen werden, wenn die Dauer der einzelnen Verhandlungstage und deren Teilnehmerzahlen soweit begrenzt und durch organisatorische Maßnahmen sichergestellt werde, dass eine Ansteckungsgefahr weitgehend auszuschließen sei. Speziell hat der Verfassungsgerichtshof festgelegt, dass eine Verhandlung zur Sache auch durch Beweisaufnahme weiterhin stattfinden könne, sofern die einzelnen Verfahrenstage zeitlich und personell weitestgehend beschränkt werden.[120]

67 Während auf der einen Seite alle Verfahrensbeteiligten ein Interesse an wirksamen Infektionsschutzmaßnahmen im Gerichtssaal haben, ist auf der anderen Seite für die Gerichte wichtig, wie mit bereits lange andauernden, aber auch neu beginnenden Hauptverhandlungen umzugehen ist, wenn während des Verfahrens ein Verfahrensbeteiligter an COVID-19 erkrankt und in Quarantäne muss. § 229 Abs. 1 StPO bestimmt, dass eine Hauptverhandlung bis zu drei Wochen unterbrochen werden darf. Nach § 229 Abs. 2 StPO kann eine Hauptverhandlung bis zu einem Monat un-

---

Beschl. v. 30.3.2020 – 1 Ws 84/20, BeckRS 2020, 4623 Rn. 12, die jeweils auch betonen, dass dem zuständigen Spruchkörper bei der Einschätzung, ob und welche Maßnahmen zur Senkung des Ansteckungsrisikos geeignet und zumutbar sind, ein nur eingeschränkt überprüfbarer Beurteilungsspielraum zusteht. OLG Celle Beschl. v. 3.4.2020 – 2 HEs 7/20 weist aber darauf hin, dass mit zunehmender Dauer der Untersuchungshaft geeignete Schutzmaßnahmen zur Durchführung der Hauptverhandlung ergriffen werden müssten (Abstandsgebote, kurze Verhandlungstermine, ggf. Verlegung der Hauptverhandlung in einen anderen Saal oder sogar außerhalb des Gerichtsgebäudes).

[119] Zur Unzulässigkeit einer Verfassungsbeschwerde aufgrund Subsidiarität BVerfG Beschl. v. 19.3.2020 – 2 BvR 474/20, BeckRS 2020, 3985.

[120] VerfGH Sachs Beschl. v. 20.3.2020 – Vf. 39-IV-20, BeckRS 2020, 4039 Rn. 23f.

terbrochen werden, wenn sie davor jeweils an mindestens zehn Tagen stattgefunden hat. § 229 Abs. 3 StPO enthält dabei auch bereits vor der Corona-Krise eine Erleichterung für die Gerichte. Kann nämlich ein Angeklagter oder eine zur Urteilsfindung berufene Person zu einer Hauptverhandlung, die bereits an mindestens zehn Tagen stattgefunden hat, wegen Krankheit nicht erscheinen, so ist der Lauf der Fristen aus § 229 Abs. 1 und 2 StPO während der Dauer der Verhinderung, längstens für die Dauer von sechs Wochen gehemmt. Der Bundesrat hat aufgrund der aktuellen Corona-Pandemie am 27.3.2020 Änderungen im Strafverfahrensrecht gebilligt, die der Bundestag am 25.3.2020 verabschiedet hat. Durch das COVFAG ist das Einführungsgesetz zur Strafprozessordnung (EGStPO) geändert worden. Für strafgerichtliche Hauptverhandlungen werden die üblichen **Unterbrechungsfristen** des § 229 Abs. 1 und Abs. 2 StPO nunmehr zusätzlich für die Dauer von längstens zwei Monaten gehemmt, solange die Hauptverhandlung aufgrund von Schutzmaßnahmen zur Verhinderung der Verbreitung von Infektionen mit dem SARS-CoV-2-Virus (COVID-19-Pandemie) nicht durchgeführt werden kann, § 10 Abs. 1 EGStPO nF. Die Norm wird nur bei Unmöglichkeit der Durchführung einer Hauptverhandlung zur Anwendung kommen können, weil ansonsten die Hauptverhandlungen mit Schutzmaßnahmen und den üblichen Unterbrechungsfristen durchgeführt werden können. Denkbare Anwendungsbereiche von § 10 Abs. 1 EGStPO nF sind Fallgestaltungen, in denen etwa nacheinander notwendige Prozessbeteiligte erkranken und/oder in Quarantäne müssen, sodass mit den üblichen Unterbrechungsfristen nicht auszukommen ist. Die beschriebene Fristhemmung gilt im Übrigen auch für die **Urteilsverkündungsfrist** des § 268 Abs. 3 S. 1 StPO, vgl. § 10 Abs. 2 EGStPO nF.

3. Grundsatz der Öffentlichkeit und sitzungspolizeiliche Schutzmaßnahmen

Während der Corona-Pandemie ist der Besuch öffentlicher Hauptver- 68
handlungen weiter möglich. Es kommt allerdings auch in den Gerichten zu Schutzmaßnahmen (zu den damit verbundenen Problemen → § 13 Rn. 31 ff.). So verwehren Gerichte den Einlass, wenn Betroffene Kontakt mit Corona-Infizierten hatten. In Hauptverhandlungen ist die Zahl der Zuschauer beschränkt. Plätze müssen frei bleiben und Mindestabstände sind einzuhalten, um Ansteckungsgefahren im Publikum zu vermeiden.[121] Es fragt sich, ob derartige Maßnahmen gegen den **Grundsatz der Öffentlichkeit** aus § 169 GVG verstoßen, was einen absoluten Revisionsgrund nach § 338 Nr. 6 StPO begründen kann. Gemäß § 169 GVG ist

[121] Siehe auch Rebehn DRiZ 2020, 122 (123); Rauscher COVuR 2020, 2 (14 f.).

zwar grundsätzlich die Verhandlung vor dem erkennenden Gericht, dh in Strafsachen die Hauptverhandlung, in vollem Umfang öffentlich durchzuführen. Die Öffentlichkeit der Hauptverhandlung gehört dabei zu den grundlegenden Einrichtungen des Rechtsstaats (Verfassungsgrundsatz). Die Bestimmungen darüber sollen gewährleisten, dass sich die Rechtsprechung „in aller Öffentlichkeit" und nicht hinter verschlossenen Türen abspielt, sofern nicht ein Verhandeln in nichtöffentlicher Sitzung durch Gesetz zwingend vorgeschrieben ist oder ein gesetzlich vorgesehener Grund vorliegt, der den Ausschluss der Öffentlichkeit für die Hauptverhandlung oder einen Teil davon gebietet oder zumindest zulässt. Daraus folgt aber nicht, dass – auch wenn keine der gesetzlichen Ausnahmen gegeben ist – jedermann immer und unter allen Umständen Zutritt zu einer Hauptverhandlung haben muss, und dass tatsächliche Hindernisse, die sich dem entgegenstellen, stets eine Verletzung des Prinzips der Öffentlichkeit darstellen.[122] Die Beachtung dieses Grundsatzes findet vielmehr ihre Grenze in der tatsächlichen Unmöglichkeit, ihm zu entsprechen. So kann in der Regel von einer gesetzwidrigen Beschränkung der Öffentlichkeit keine Rede sein, wenn die Türen des Sitzungssaales wegen Überfüllung geschlossen werden oder wenn die Einhaltung bestimmter, zB gesundheitspolizeilicher Sicherungsvorschriften der Anwesenheit nicht prozessbeteiligter Personen entgegensteht.[123] Die Beschränkungen der Zuschauerzahlen durch Verringerung der Plätze und die Einhaltung von Mindestabstandgeboten ist deshalb im Hinblick auf den Grundsatz der Öffentlichkeit unbedenklich. Auch sind Kontrollmaßnahmen zulässig. Psychologische Hemmschwellen, die dadurch vor Betreten des Gerichtssaals entstehen können, stellen ebenfalls keinen Verstoß gegen den Grundsatz der Öffentlichkeit dar.[124]

69 Schwierig kann im Einzelfall sein, wer für die Anordnung und Durchsetzung der einzelnen Maßnahmen zuständig ist. § 176 Abs. 1 GVG bestimmt, dass die Aufrechterhaltung der Ordnung in der Sitzung dem Vorsitzenden obliegt, sog. **Sitzungspolizei**. Daraus folgt etwa, dass zur Wahrung von Sicherheit und Ordnung die Beschränkung der Zahl der Zuschauer durch den Vorsitzenden vorgenommen werden kann.[125] Auch hier gilt aber die „Macht des Faktischen". Sind beispielsweise Sitze ausgebaut oder anderweitig unbrauchbar gemacht worden, um etwa das Abstandsgebot von 1,5 m einzuhalten, sind damit weder das Recht des Vorsitzenden aus § 176 Abs. 1 StPO noch der Grundsatz der Öffentlichkeit verletzt.[126] Außerhalb des Sitzungsbereiches steht das Hausrecht dem

---

[122] Meyer-Goßner/Schmitt StPO GVG § 169 Rn. 5 mwN.
[123] So ausdrücklich schon BGH NJW 1966, 1570.
[124] BGH NJW 1980, 249.
[125] BGH NJW 1954, 281.
[126] BGH DRiZ 1971, 206.

Gerichtspräsidenten zu, der es aber dem Vorsitzenden übertragen kann. Dieses Hausrecht erstreckt sich auf den gesamten Gebäudekomplex sowie das Gebäudeumfeld, soweit es von der Justiz berechtigt genutzt wird. Inhaltlich berechtigt das Hausrecht den Gerichtspräsidenten zu allen Maßnahmen, die der Sicherheit und Ordnung des Hausfriedens – insbesondere der Gewährung eines geordneten Geschäftsablaufs – dienen.[127] Bei Maßnahmen innerhalb des Gerichtssaals im Zusammenhang mit einer Hauptverhandlung[128] sollte immer – ggf. zusätzlich zu Anordnungen des Gerichtspräsidenten im Rahmen der Corona-Pandemie – (auch) eine sitzungspolizeiliche Anordnung des Vorsitzenden ergehen. Besteht für derartige Maßnahmen nämlich kein Grund oder werden Ermessensgrenzen überschritten, so können die Vorschriften über die Öffentlichkeit verletzt sein.[129] Um zu vermeiden, dass ein Revisionsgericht bereits aus formalen Gründen einen absoluten Revisionsgrund nach § 338 Nr. 8 StPO annimmt, weil der unzuständige Gerichtspräsident entschieden hat, erscheint diese Vorgehensweise sachgerecht.

Problematisch ist, ob unter bestimmten Voraussetzungen auch die **Öffentlichkeit** gänzlich **ausgeschlossen** werden kann, § 172 GVG. Allein aufgrund der abstrakten Gefahr, dass sich krankheits- oder ansteckungsverdächtige Personen im Publikum aufhalten könnten, ist weder eine Gefährdung der öffentlichen Ordnung (§ 172 Nr. 1 GVG) noch eine Gefährdung des Lebens, des Leibes oder der Freiheit eines Zeugen oder einer anderen Person zu besorgen (§ 172 Nr. 1a GVG), sodass die Öffentlichkeit grundsätzlich nicht ausgeschlossen werden kann.[130] 70

Den genannten Umständen kann im Übrigen auch durch die eingangs beschriebenen Schutzmaßnahmen Rechnung getragen werden. In Einzelfällen – etwa bei der zwingenden Teilnahme von Infizierten an der Hauptverhandlung – kann diese Frage anders zu beurteilen sein. 71

Welche konkreten sitzungspolizeilichen Maßnahmen neben der Festlegung von Höchstteilnehmerzahlen oder Abstandsgeboten in Sitzungen zulässig sind, lässt sich generell nicht beantworten. Diskutiert werden etwa durch den Vorsitzenden angeordnetes **Fiebermessen** oder das Tragen von **Mundschutz- bzw. Atemschutzmasken**. Das Anordnen von Fiebermessungen gegenüber Verfahrensbeteiligten oder Zuschauern – etwa mittels Stirnmessungen – dürfte aufgrund der geringen Schwere des Eingriffs in das Persönlichkeitsrecht des einzelnen zulässig sein, auch wenn es in der Sache selbst wenig Aussagekraft besitzt. Zum einen tritt nicht bei allen COVID-19-Erkrankungen Fieber auf. Zum anderen sind 72

---

127 Meyer-Goßner/Schmitt StPO GVG § 176 Rn. 3 mwN.

128 Zur Einordnung, was in zeitlicher Hinsicht alles zur Hauptverhandlung gehört, siehe Meyer-Goßner/Schmitt StPO GVG § 176 Rn. 2.

129 BGH NJW 1962, 1260.

130 So auch auf der Heiden NJW 2020, 1023 (1024).

Infizierte auch schon vor den ersten Krankheitssymptomen infektiös. Das Tragen von Masken kann ebenfalls durch den Vorsitzenden angeordnet werden. Soweit in einer derartigen Anordnung ein Verstoß gegen § 176 Abs. 2 S. 1 GVG erblickt wird, handelt es sich um eine rein akademische Diskussion. § 176 Abs. 2 S. 1 GVG bestimmt zwar, dass an der Verhandlung beteiligte Personen ihr Gesicht während der Sitzung weder ganz noch teilweise verhüllen dürfen. § 176 Abs. 2 S. 2 GVG gestattet aber Ausnahmen durch den Vorsitzenden, wenn und soweit die Kenntlichmachung des Gesichts weder zur Identitätsfeststellung noch zur Beweiswürdigung notwendig ist. Zur Identitätsfeststellung wird in der aktuellen Corona-Pandemie ein Verzicht auf Masken regelmäßig nicht erforderlich sein, zumal die Masken auch nicht das gesamte Gesicht bedecken. Zu beachten ist auch, dass in der aktuellen Diskussion immer mehr Fachleute ein Tragen von Schutzmasken befürworten. So ist dies beispielsweise in der Tschechischen Republik[131] bzw. in Österreich in weiten Teilen des öffentlichen Lebens sogar bereits zwingend vorgeschrieben. Auch das Robert-Koch-Institut empfiehlt mittlerweile hierzulande ein Tragen von Masken.[132] Eine generelle Anordnung fehlt in der Bundesrepublik vor allem deshalb (Stand: 15.4.2020), weil es nicht ausreichend Schutzkleidung am Markt gibt und die vorhandene Schutzkleidung dem Fachpersonal vorbehalten werden soll. Die Anordnung, Masken zu tragen, muss aber im Vorfeld der Hauptverhandlung durch den Vorsitzenden – etwa mit der Ladung – angekündigt werden. Für die Öffentlichkeit müssen Masken grundsätzlich vom Gericht zur Verfügung gestellt werden. Die Beschaffung derartiger Masken ist aufgrund von Lieferengpässen derzeit nicht jedermann möglich. Außerdem wäre eine Person ohne vorherige Ankündigung andernfalls an einer Teilnahme an der Hauptverhandlung als Zuschauer oder Verfahrensbeteiligter gehindert.

73 Gegen sitzungspolizeiliche Maßnahmen des Vorsitzenden kann zunächst Entscheidung des Gerichtes gemäß § 238 Abs. 2 StPO beantragt werden. Wird dabei den Maßnahmen nicht abgeholfen, ist eine Beschwerde gegen den Gerichtsbeschluss gemäß § 304 StPO grundsätzlich nicht zulässig. In der Revision kann allerdings ein absoluter Revisionsgrund nach § 338 Nr. 6 StPO vorliegen, wenn die Vorschriften über die Öffentlichkeit des Verfahrens verletzt worden sind.[133] Ist die Verteidigung durch einen derartigen Beschluss in einem für die Entscheidung

---

[131] https://www.n-tv.de/panorama/Tschechien-fuehrt-Mundschutz-Pflicht-ein-article21651043.html; https://www.tagesschau.de/ausland/schutzmaske-osterreich-101.html; Abfragestand jeweils: 15.4.2020.

[132] https://www.rki.de/SharedDocs/FAQ/NCOV2019/FAQ_Mund_Nasen_Schutz.html; Abfragestand: 15.4.2020.

[133] Siehe dazu auch Kulhanek NJW 2020, 1183 (1186).

wesentlichen Punkt unzulässig beschränkt worden, kann dies ebenfalls einen absoluten Revisionsgrund nach § 338 Nr. 8 StPO begründen. Wird den sitzungspolizeilichen Maßnahmen des Vorsitzenden keine Folge geleistet, so kommen Ordnungsmittel gemäß §§ 177, 178 GVG in Betracht. Die Vollstreckung der Ordnungsmittel erfolgt gemäß § 179 GVG. Für die Anwendung der Regeln über die sitzungspolizeilichen Maßnahmen auf Ermittlungsrichter siehe § 180 GVG. Gegen die Ordnungsmittel kann Beschwerde gemäß § 181 GVG eingelegt werden.

4. Sonstige Beeinträchtigungen von Beschuldigen- und Verteidigerrechten

Erkranken Angeklagte an COVID-19 und erscheinen deshalb nicht 74
zum Hauptverwendungstermin, so können gegen sie keine Zwangsmaßnahmen ergriffen werden. Die Anordnung von Quarantäne nach § 30 IfSG ist als genügende Entschuldigung iSv § 230 Abs. 2 StPO anzusehen.[134] Unter den Voraussetzungen des § 232 StPO und § 233 StPO kann in – wenigen – geeigneten Fällen allerdings auch in Abwesenheit des Angeklagten verhandelt werden.

Liegen die Voraussetzungen der notwendigen Verteidigung gemäß 75
§ 140 StPO vor, kann bei Abwesenheit des Verteidigers nicht verhandelt werden, weil gemäß § 226 StPO die ununterbrochene Gegenwart der zur Urteilsfindung berufenen Personen erforderlich ist. Hierzu gehört auch der Verteidiger. Ist also ein Verteidiger an COVID-19 erkrankt, kann ohne ihn die Hauptverhandlung nicht fortgesetzt werden. Gleiches dürfte für Fälle gelten, in denen ein Verteidiger zu einer Risikogruppe zählt, sodass er einer erhöhten Gefahr eines schweren Verlaufs der Krankheit ausgesetzt ist, und sich deshalb weigert, zur Hauptverhandlung zu erscheinen.[135] Anders ist die Situation zu beurteilen, wenn der Angeklagte mehrere (Pflicht- oder Wahl-) Verteidiger hat und nur einer erkrankt ist. Für die Gerichte empfiehlt sich deshalb in der aktuellen Pandemie, in geeigneten Fällen den Angeklagten mehrere notwendige Verteidiger beizuordnen. Auch ein großzügiger Einsatz von Ersatzrichtern (Berufs- und Laienrichter) dürfte derzeit angezeigt sein.

Sofern Verteidigerbesuche in den Justizvollzugsanstalten aufgrund or- 76
ganisatorischer Schutzmaßnahmen im Rahmen der aktuellen Pandemie eingeschränkt sind, ergeben sich daraus keine unzumutbaren Einschränkungen der Verteidigung.

---

[134] Ebenso auf der Heiden NJW 2020, 1023 (1026).

[135] Siehe auch OLG Braunschweig Beschl. v. 25.3.2020 – 1 Ws 47/20, BeckRS 2020, 4624, Rn. 69.

Sachverzeichnis

bearbeitet von Ass. iur. Frederike Engels